党和国家领导人
为中医药工作题词

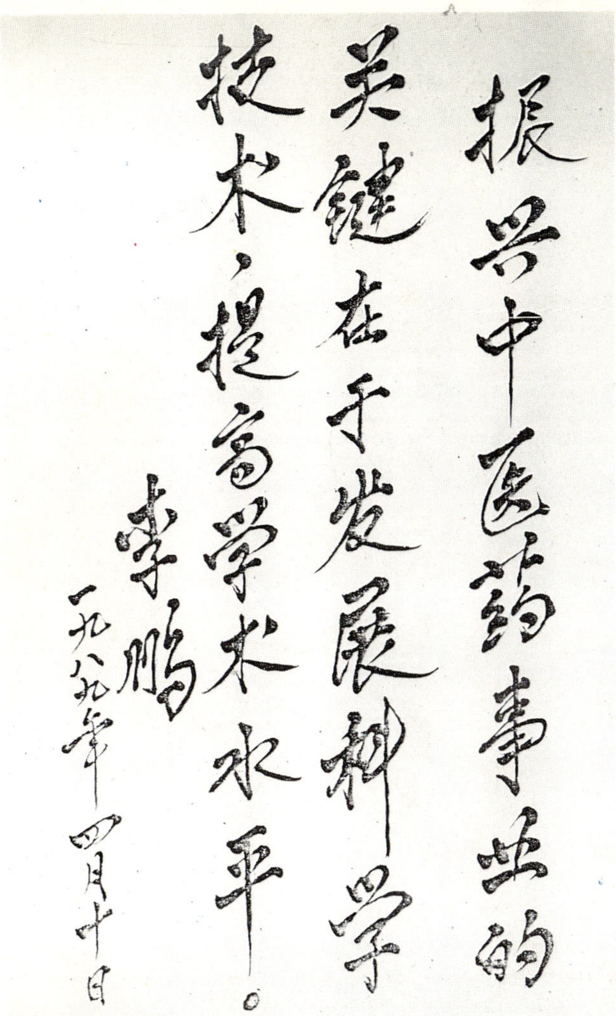

国务院总理李鹏为《建国40年中医药科技成就》一书题词

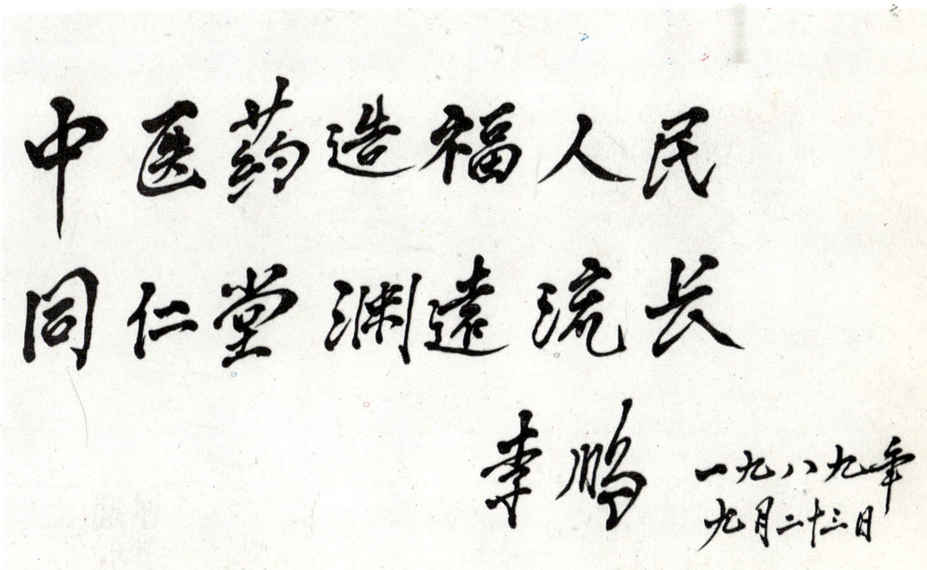

国务院总理李鹏为北京同仁堂开业 320 周年题词

（北京市药材公司办公室　供稿）

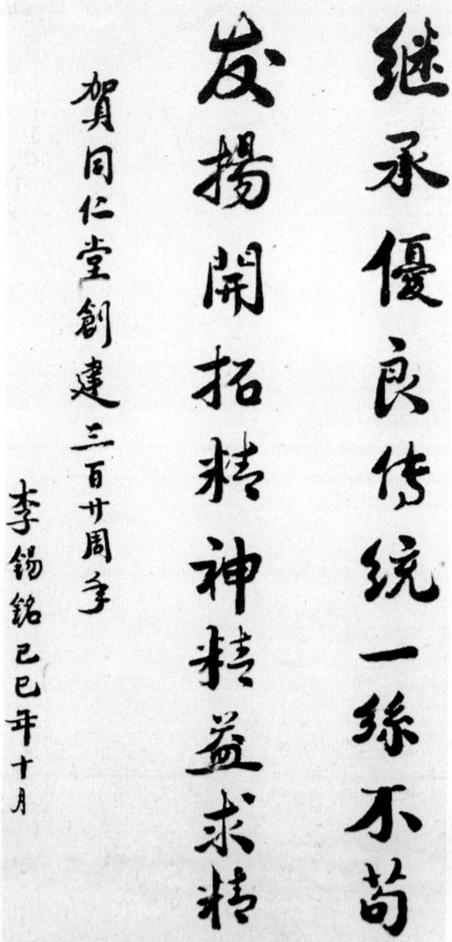

中共中央政治局委员李锡铭同志为北京同仁堂开业 320 周年题词

（北京市药材公司办公室　供稿）

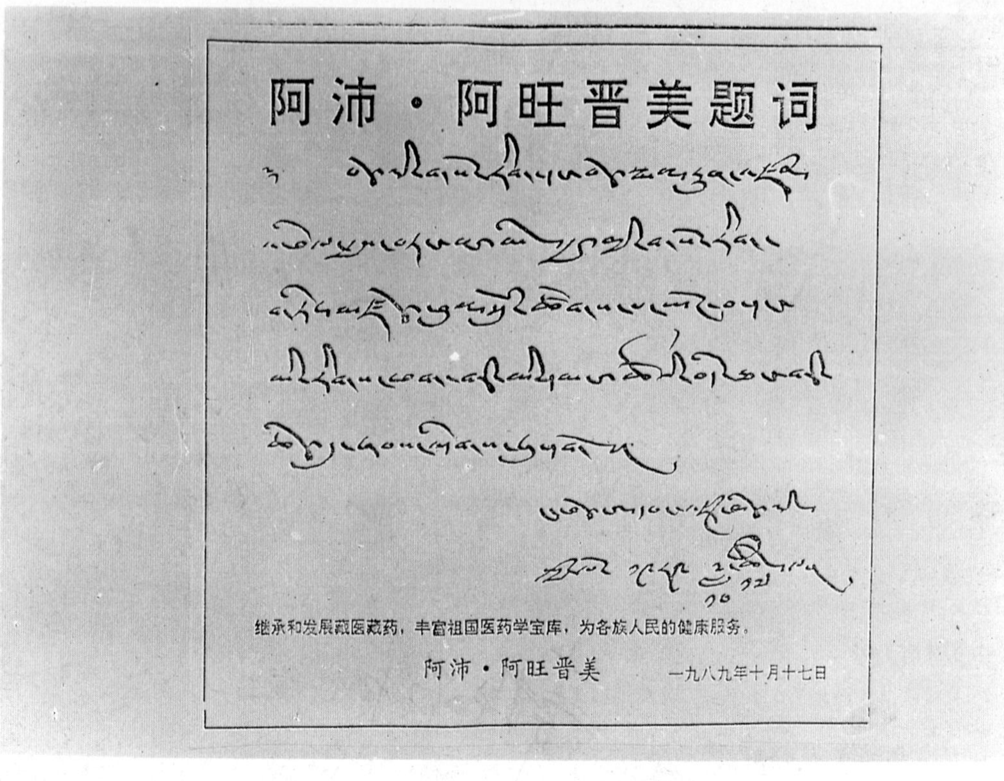

阿沛·阿旺晋美题词

继承和发展藏医藏药，丰富祖国医药学宝库，为各族人民的健康服务。

阿沛·阿旺晋美　　一九八九年十月十七日

全国人大常委会副委员长阿沛·阿旺晋美为民族医药工作题词

各项会议

1989年7月20日至24日国家中医药管理局在哈尔滨市主持召开全国中医药工作会议。

卫生部部长陈敏章同志在会上讲话。左为卫生部副部长兼国家中医药管理局局长胡熙明同志。

（黑龙江省中医管理局　供稿）

全国中医药高等教育学会成立大会暨学术研讨会于1989年4月8日在北京召开。图为大会开幕式会场。

（国家中医药管理局人事教育司　供稿）

山西中医学院于1989年6月30日召开成立大会

（山西中医学院孙 玮 供稿）

穗台港澳中医中药界联谊会成立大会于1989年11月3日在广州中医学院召开

（广州中医学院 供稿）

全国中医护理技术交流会于1989年11月15日至18日在郑州召开

（河南省中医管理局张智民 供稿）

前进中的 中药工作

北京市药材公司于1989年11月20日在北京饭店举办纪念同仁堂开业320周年新闻发布会

（北京市药材公司　供稿）

同仁堂

北京市藥材公司

BEIJING MEDICINAL MATERIALS CORP

首批馬德里商標國際注册申請紀念

A SOUVENIR FOR
THE FIRST BATCH OF APPLICATIONS
FOR THE INTERNATIONAL REGISTRATION OF MARKS
UNDER THE MADRID AGREEMENT
EN SOUVENIR DES PREMIERS DEPOTS DE L'ENREGISTREMENT
INTERNATIONAL DES MARQUES DE L'ARRANGEMENT DE MADRID

（第一個申請）
(FIRST APPLICATION)
(PREMIER DEPOT)

中華人民共和國
國家工商行政管理局商標局贈

WITH THE COMPLIMENTS OF
THE TRADEMARK OFFICE OF
THE STATE ADMINISTRATION FOR INDUSTRY AND COMMERCE OF
THE PEOPLE'S REPUBLIC OF CHINA
AVEC LES COMPLIMENTS DE L'OFFICE DES MARQUES
ADMINISTRATION NATIONALE POUR L'INDUSTRIE ET LE COMMERCE
DE LA REPUBLIQUE POPULAIRE DE CHINE

北京　1989.11
BEIJING, NOVEMBER 1989
BEIJING 1989.11

1989年11月同仁堂商标作为全国第一家参加商标国际注册马德里协定。图为中华人民共和国国家工商行政管理局商标局颁发的纪念证书

（北京市药材公司　供稿）

1989年2月天津达仁堂制药厂获全国企业管理优秀奖。图为厂综合车间大楼

（天津达仁堂制药厂代　阎 供稿）

走向世界的中医药

第三届亚细安中医药学术大会于1989年9月2日至3日在泰国曼谷召开。图为卫生部副部长、国家中医药管理局局长胡熙明教授在大会开幕式上讲话。

（国家中医药管理局办公室　供稿）

◀ 国际针灸教育研讨会于1989年9月5日在北京召开。图为国家中医药管理局局长、中国针灸学会主席、世界针灸学会联合会主席胡熙明在会议上讲话。

（世界针联秘书处麻颖　供稿）

国际针灸临床学术会议于1989年5月2日至5日在天津召开。

（天津市卫生局谷宝森　供稿）

◀ 施奠邦、关幼波、张鸿恩、吕仁和、路文堂5人组成的中医专家组2月25日至3月8日访问阿拉伯联合酋长国图为阿拉伯联合酋长国卫生部部长接见中医专家组。

（施奠邦　供稿

安徽含山　玉片·玉龟出土时情景　张敬国摄　〔见医史文物·五千年前的洛书·八卦图形玉片〕

安徽含山出土的“洛书·八卦”玉片　李新国摄

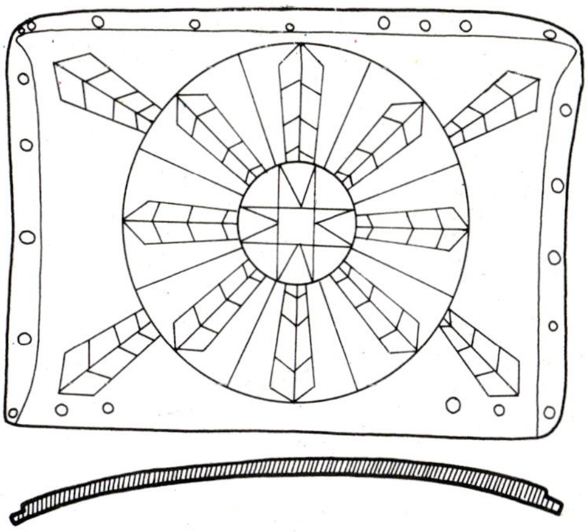

“洛书·八卦”玉片摹图　张　捷绘　〔见医史文物·五千年前的洛书　八卦图形玉片〕

新都出土酿酒画像砖　王有鹏摄
〔见医史文物·古代蒸馏酒起源再考〕

四川剑阁古驿道的"禁止早婚石碑" 毋学勇摄
〔见医史文物·剑阁发现禁止早婚石碑〕

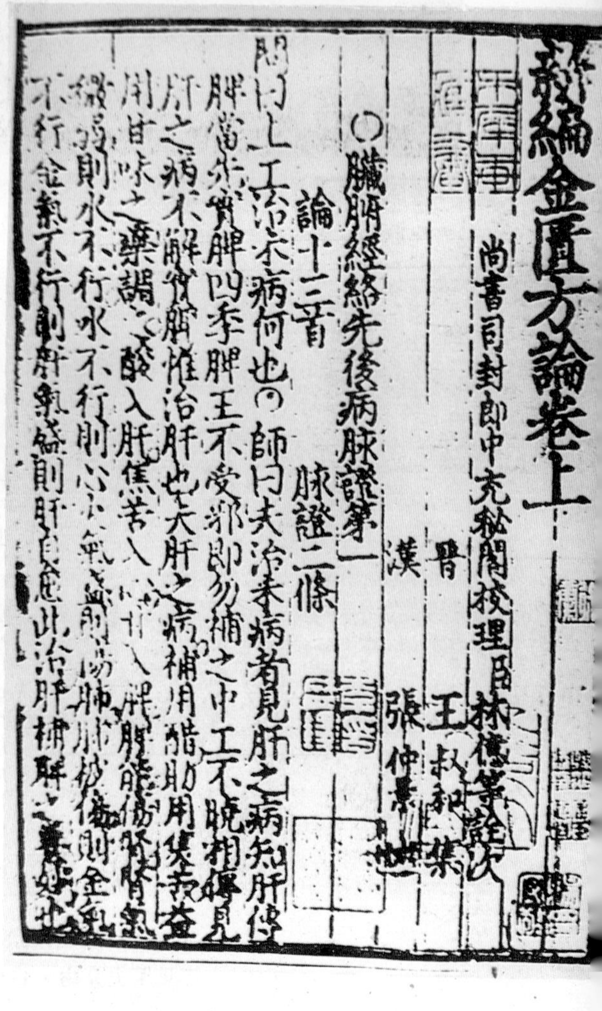

新編金匱方論卷上
尚書司封郎中充秘閣校理臣林億等詮次
晋 王叔和 集
漢 張仲景 述
○臟腑經絡先後病脉證第一
論十三首 脉證二條
問曰上工治未病何也師曰夫治未病者見肝之病知肝傳
脾當先實脾四季脾王不受邪即勿補之中工不曉相傳見
肝之病不解實脾惟治肝也夫肝之病補用酸助用焦苦益
用甘味之藥調之酸入肝焦苦入心甘入脾脾能傷腎腎氣
微弱則水不行水不行則心火氣盛則傷肺肺被傷則金氣
不行金氣不行則肝氣盛則肝自愈此治肝補脾之要妙也

元刊《金匮要略》书影〔见国外中医药研究·元刊珍本《金匮要略》简介〕

《中国中医药年鉴》编辑委员会

编辑说明

一、《中国中医药年鉴》(1990卷)是继1984年出版《中医年鉴》首卷之后的第8卷，是改名为《中国中医药年鉴》的第2卷。本年鉴仍为综合性、资料性工具书。记录了中医药事业的发展情况和学术进展情况。

二、本卷的条目与内容，一般以上一年度12月底为限，以公开发表的资料为依据，少数资料由主管部门提供或有关部门提供。

三、本书共分7部分

1．特载：收录了中共中央领导同志对中医药工作的指示、题词和讲话。

2．专论：收载了5篇文章，以乘胜前进、振兴中医药事业为指导思想，分别从中医、中西医结合、中药及教育事业作了专门的论述。

3．行政管理：收载了(1)陈佑邦同志撰写的1989年中医药事业发展的概况；(2) 1989年全国卫生厅局长会议及陈敏章部长的总结报告；(3) 1989年全国中医药工作会议及国务院副秘书长刘忠德同志的书面发言、卫生部陈敏章部长讲话、卫生部副部长兼国家中医药管理局局长胡熙明同志的报告和大会总结发言；(4) 1989年有关中医药事业的行政文件；(5) 医政管理；(6)中药管理；(7) 科研管理；(8) 教育管理；(9) 其他管理。

4．学术进展：本卷展示了1989年度中医，中西医结合，中药，医史文物，民族医药的学术进展情况；介绍了港、澳、台中医药的现状；收载了国外中医药的发展及研究成果。每一栏目均末附参考文献，供读者查阅。

5．杏林人物：收录了16位当代在中医药事业中有突出贡献的老专家(以姓氏笔划为序)。

6．资料：收载了(1) 1989年中医药纪事；(2) 中医药机构情况。

7．索引：为了读者查阅方便，末附主题词索引。

四、本卷《中国中医药年鉴》的出版，得到了中医各界人士的关怀和支持，在此表示衷心的感谢。并欢迎广大读者批评指正。

目 录

特　　載

为《建国40年中医药科技成就》一书题词

振兴中医药事业的关键在于发展科学技术，提高学术水平。

李　鹏

一九八九年四月十日

发展中医药学，加强学术研究。

宋　健

一九八九年二月二十二日

为纪念北京同仁堂开业320周年的题词

中医药造福人民　同仁堂渊远流长

李　鹏

一九八九年九月二十三日

继承优良传统一丝不苟　发扬开拓精神精益求精

李锡铭

己巳年十月

货真价实，童叟无欺，誉满中外，自强不息。

陈希同

一九八九年十二月

为中医药工作的题词

继承和发展藏医藏药，丰富祖国医药学宝库，为各族人民的健康服务。

阿沛·阿旺晋美

一九八九年十月十七日

建国四十年来，中医药工作的成就，进一步证明中医药学是中国医药卫生事业的一大特点和优势。

陈敏章

一九八九年国庆

党的中医药政策是发展中医药事业的根本保证。

胡熙明

一九八九年国庆

关于解决中医药有关问题的会议纪要

（一九八九年四月七日）

此件已经国务院领导同志批准　　国阅【1989】67号

四月七日，铁映同志主持会议，研究了中药工作当前存在的问题。国务院秘书长罗干、副秘书长刘忠德同志，以及国家计委、财政部、人事部、机构编制委员会、农业部、林业部、商业部、经贸部、卫生部、人民银行、农业银行、物价局、工商局、医药局、税务局、中医药局等有关部门的同志参加了会议。

会议听取了中医药局的工作汇报，分析了当前中药工作的形势，对中医药管理体制、治理整顿中药市场以及给中药一定优惠政策等问题进行了研究。会议提出如下意见：

一、关于中医药管理体制问题　鉴于地方机构改革暂缓进行的情况，又考虑到国家中医药管理局对各地行政管理工作上的困难，国家中医药管理局可以向地方中药管理部门直接发放，部署指导工作，召集会议。地方中药管理部门要认真贯彻执行国家中医药管理局关于中药工作的各项安排部署，切实把中药工作抓好。国家中医药管理局在同有关地方协商后，可选择几个省、市进行中医中药统一管理的试点工作。各地人民政府在新形势下要切实加强对中药工作的领导，支持中药事业的发展。自去年五月三日国务院决定成立国家中医药管理局以来，有的地方对中药机构采取了更名、撤并等削弱中药事业的做法，有关地方要认真采取措施，尽快予以制止和纠正。

二、关于中药市场的管理和整顿问题　首先，要加强对药材主要产区的保护和建设。中医药局和农业部、林业部等有关部门，要共同研究，制定有针对性的具体措施，制止对药材资源的破坏，并加强药材生产基地的建设。各地人民政府也要把这方面的工作认真做好。其次，要选择确定一批骨干中成药厂和饮片厂，进行重点建设，在资金、贷款等方面优先保证，在技术改造、生产扶持上优先考虑，在出口任务上优先安排，采取明确的政策导向促使其发展。银行、经贸等有关部门要积极配合。对药材生产基地的建设也要采取上述办法。第三，要整顿中药批发市场，发挥国营药材公司的主渠道作用，其他部门、单位或个人不得搞中药批发。要抓好全国十大药市（指大的中药材集散地，河北安国、河南禹县、河南百泉、江西樟树、安徽亳州、广州清平、西安康复路、成都荷花池、广西玉林、湖南邵东）的治理整顿。请中医药局会同工商行政管理、物价、税务和药政管理等部门，依靠当地人民政府的支持，把十大药市管好。通过治理整顿十大药市，取得经验，以便制定有关管理条例和政策，把全国中药生产、流通的正常秩序建立起来。

三、关于发展中药事业的政策问题　对于中医药事业的发展要给以政策扶持，这个总的原则是国家已经确定了的。在具体政策上，中医药局提出，从中药销售总额中提取百分之二，以解决中药储备资金短缺；中药材应与其他农副产品同等对待，免收批发营业税；按照实际需要增加对中药的贷款数额，并实行与粮棉油同等的优惠贷款利率等问题。鉴于国家财政目前比较困难，这些政策措施在同财政、税务、银行等部门协商一致之后，实行的范围暂定为中药主要生产基地和骨干企业。在政策扶持上，国家主要是抓好重点，其他的基地和企业请各地给予扶持。对中药进出口贸易中存在的混乱问题，中医药局要会同经贸等有关部门，制定出切实可行的整顿措施，特别要解决好多头出口问题。

四、关于中药交接工作及其他问题 有关天津中药研究所、南京中药学院和重庆医药设计院的归属问题，请机构改革办公室的同志会同有关部门协商解决，必要时，请刘忠德同志协调。对挪用中药储备资金，扣拨中药生产扶持资金、中成药技术措施资金、中药简易建筑费和中药科研三项费用指标划转等问题，请财政部仲裁，并将结果报告国务院。

五、为了促进中医药事业长期稳定地发展，请卫生部和国家中医药管理局的有关同志进行研究，经过充分论证，提出中医药事业发展的战略、方针、政策的若干意见，报国务院批转，以指导今后较长时间的工作。

在国际传统康复医学学术交流会上的讲话

习　仲　勋

各位代表、各位来宾、女士们、先生们：

今天，诸位为了发展传统康复医学，繁荣康复医学事业，从世界各地聚会北京，参加首届国际传统康复医学学术交流会，我谨向在座的朋友们表示热烈的欢迎，并向大会表示热烈的祝贺！

传统康复医学是康复医学的重要组成部分。世界上许多国家和民族都有着自己独特的、行之有效的传统康复医学，它们对疾病的康复和伤残人身体功能的改善，发挥着十分重要的作用。当今世界康复医学研究的范畴，已经不只是聋哑残疾病人康复和身体功能的改善，而且还包括许多慢性疾病的康复，养生保健和抗衰老等。我们高兴地看到，近年来各国专家学者在传统康复医学的研究和实验中，做了大量卓有成效的工作，促进了传统康复医学的发展，为保护人民健康做出了可贵的贡献。

中国的传统康复医学有着悠久的历史、系统的理论和丰富的实践经验，对保护人民健康曾经发挥并且继续发挥着重要作用。我国政府对传统康复医学的发展十分重视，不仅在各类医疗机构中大力支持传统康复工作的开展，而且建立了一批具有中国特色的机构，培养了一批传统康复医学人才，并积极组织开展了各种形式的传统康复医学学术交流，但是，传统康复医学的发展任重而道远，还有大量工作需要我们努力去做。一方面，必须认真继承发掘和整理长期形成的传统康复医学的宝贵经验，另一方面，必须充分利用先进的科学技术和现代化手段，使之不断提高发展。我国政府一如既往地支持发展传统康复医学，从各方面创造条件，促使其发扬光大，为保护我国和世界人民的健康服务。

希望世界各国的专家学者们，今后进一步加强联系与协作，更多更好地开展学术交流，为发展传统康复医学，为人类的健康事业做出更大贡献。

（一九八九年十一月十二日）

专 論

乘胜前进　振兴在望

《中国中医药报》社论

中华人民共和国成立以后的40年，是中医药事业从日趋衰落到开始振兴、从从属地位到自主发展的40年。中医界把这40年总结为“老兵新传”。中药界自称“古老的行业，新兴的产业。”全国人民都为中医中药造福人民、走向世界而感到高兴，感到骄傲。

自从鸦片战争以来，西学东渐，传统倾废。北洋政府和国民党政府以行政力量歧视、排斥中医，并企图通过立法，取缔和消灭中医，以致新中国成立以前，全国城乡几乎无一所公办中医学校或中医医院，中药生产一片萧条。

新中国成立以后，中国共产党采取了截然相反的政策，继承和发展传统医学。毛泽东主席指出，“中国医药学是一个伟大的宝库，应当努力发掘，加以提高。”尽管在左的思想影响下和在某些不同认识的争议下，中医药工作的发展仍然遇到这样那样的困难，但是，正是这样一个保护、支持、发展中医药的政策，使中医药学得到了施展才华、复苏振兴的机会，为我国人民保存了一份国宝，为世界各国正确对待传统医学树立了榜样。

40年的中医药工作成就，可以概括为三个方面：一是在全面继承的基础上，恢复了中医药学术体系，使中医、中药、针灸、推拿、按摩、气功各个学术领域都取得一定进展。二是在白手起家的情况下，建立了初具规模的、包括医疗、教育、科研及中药生产经营在内的中医药企事业体系。三是在新旧交替的时代，经过反复的摸索，建立了中国独有的中医药统一管理体系，首先在中央建立了国家中医药管理局。特别是党的十一届三中全会以来，中医药事业得到了比较快的恢复和发展，为中医中药的同步发展和全面振兴打下了基础。

在庆祝中华人民共和国建国40周年之际，我们冷静地反思过去，展望未来，首先必须进一步贯彻落实党的中医药政策。要接受历史的教训，正确对待中医中药，把中医和西医摆在同等重要的地位，一视同仁地发展现代医药和我国传统医药。鉴于中医药因遭受不公正对待形成的基础薄弱，发展缓慢的状况，必须采取优先发展的倾斜政策，象小平同志所说的那样，特别是要为中医创造良好的发展与提高的物质条件。其次要发展和完善中医药管理体制，要根据国务院《纪要》精神，做好建立地方中医药统一管理机构的试点工作，并逐步推开，日臻完善。第三，在中医药医教研机构建设上要巩固发展，填平补齐，充实内涵，提高质量。发展中医药学术，突出中医药特色。第四要在发展科技、教育上狠下功夫。发展中医药科技应该有战略眼光和战略决策，争取有所创造，有所突破。要深化教育改革，提高教育质量，培养足够数量的合格人才。让我们继续努力，乘胜前进，使中医药更好地为中国人民和世界人民服务。

（转自《中国中医药报》1989年10月2日）

在高层次上开展中西医结合

吴 咸 中

在中西医结合领域中，中西医结合治疗急腹症是一个起步较早、坚持较好及学术活动相当活跃的一个分支。通过近 30 年的长期努力，已经形成一支人数可观的临床及实验研究队伍；先后在北京、上海、天津、辽宁、吉林、黑龙江、广东、陕西、江西、河北及湖北等省市建立了研究基地；在人才培养上，已初步形成从短期培训、在职提高到招收硕士生及博士生等不同的培养层次；研究课题除大量临床研究外，还涉及到流行病学调查、基础理论研究及药物研究等许多方面。近年来的研究进展在最近出版的《急腹症研究》及全国第三届中西医结合急腹症学术会议上，已经作了较为充分的反映。

为了加速中西医结合治疗急腹症的研究步伐，还有许多工作要做。其中最重要的问题是确定研究方向，把有限的研究力量用到影响最大的一些关键课题上去。对此，我愿谈一谈个人的看法。

80年代以来，中西医结合治疗急腹症开始进入向较高层次发展的新阶段。这是由两方面的因素来决定的：一是通过 20 多年的探索与实践，已经积累了较为丰富的研究经验，形成了一支有一定研究能力的队伍，从主观上具备了开展高层次研究的能力；二是随着新的诊断与治疗仪器的引进，新的实验手段与方法的掌握，从客观上也具备了开展高层次研究的条件。二者是缺一不可的。

认识来源于实践。什么是高层次的中西医结合？经过近几年来的实践已经取得初步的认识，概括起来至少可有以下四个方面：

一、临床诊治上的高层次结合 应具备以下三个特点：(1) 采用当代先进的诊断技术，作出明确的定位、定性及定量诊断；(2) 采用中西医结合治疗后，取得明显优于单用西医或中医的治疗效果；(3) 通过临床及实验室指标的动态观察或实验研究，能说明其治愈机理。属于这一类型的结合在胆道疾病的治疗中，已开始出现。天津市急腹症研究所等对胆管结石常规进行B超及内窥镜逆行胆囊——胰腺造影术检查，可以明确结石的部位、大小及数目，能够显示出胆总管的扩张程度及胆道下端有无狭窄。对于具备适应症的患者，在施行经内镜括约肌切开后，再服用利胆排石中药，可使结石的排净率达到 90%以上，疗程明显缩短。其治疗效果既优于单纯括约肌切开，更优于一般的中药排石治疗。再如对重型胆管炎，采用经内镜鼻胆管引流（ERBD）及内服中药，不但明显地降低了该病的病死率，还可使大部分患者免于急症手术，为下一步根治性治疗创造良好条件，有利于减少胆道重复手术。通过临床及实验研究已经证实，这组中西医结合治疗可发挥胆道内、外引流的双重作用，因而既有利于控制胆源性感染，也有利于消除肠源性内毒素血症。中药在治疗过程中发挥着抑菌、解毒、利胆消黄及增强免疫功能等多方面的作用。这组结合为重型胆管炎的治疗提供了一个新途径。

二、医、理、药的系统结合 80 年代以来，在中西医结合治疗急腹症中，出现了一批从临床治疗、剂型改革到机理探讨，较为系统的科研成果。同济医科大学李鸣真等通过大量临床实践，筛选出四味有明显疗效的清热解毒中药，组成新方，命名为“热毒清”，可广泛用于有“热证”表现的急性阑尾炎、胆道感染及胰腺炎等。以后，经过加工制成静脉注射液。1982年通过湖北省4个市的8所医院临床验证，证明在各种感染性疾病中该制剂的有效率达86.8%。多学科的实验研究表明，该药具有抑菌、抗炎、拮抗内毒素及增强免疫功能等多方面的作用，对清热解毒药物的作用给予了科学的证明。

在腹部外科手术后，早期服用中药以减少“两管一禁”在70年代初期已有成功的报告。1984年以来，北京积水潭医院马必生等组织药物、基础医学及外科临床等多学科对“胃肠复元汤”开展了系统的前瞻性研究。通过中药剂型改革，406例的对比观察及实验动物多指标分析，取得了令人信服的科研成果，推进了腹部手术后减少“两管一禁”的临床应用。

三、在“难病”治疗中发挥中西医结合的优势 近年来，在消化系统的“难病”治疗中采用中西医结合治疗，已受到医务界的重视。除前述的重型胆管炎外，对重症急性胰腺炎的治疗报道亦不断增加。但总的看来，目前对“难病”的中西医结合治疗还没有形成较为系统的经验。为了加快研究步伐，更好地发挥中西医结合的优势，很需要组织起来，制定统一的诊断标准及疗效观察指标，充分利用现代诊断及治疗手段，深入研究中医辨证论治，以期在今后不长的时间内取得较快的进展。

四、在理论研究上有所突破 80年代以来，各地在急腹症常用治则、针刺与中药实验治疗及中医“证”的实质探讨等研究方面都取得了一定的进展。但与广泛的中西医结合实践相比，我们在理论研究上的进展还不能令人满意。在今后的高层次结合中，必须提高对理论研究重要性的认识，抓好研究规划，组织协作攻关，以期在今后3～5年内有所突破。

在高层次上开展中西医结合应当作为今后的努力方向，但这决不意味着可以忽视常见病的中西医结合治疗。相反，常见病的中西医结合治疗是高层次结合的起点，而在高层次结合上取得的成果又必将进一步推动常见病治疗水平的提高。二者应当是相辅相成、互相依赖的。让我们在30年结合经验的基础上，不失时机地提出新的前进目标，制定新措施，迈出新步伐，把中西医结合治疗急腹症工作不断推向前进。

（转自《中西医结合杂志》1989年第9卷第3期）

加强中药生产经营的宏观管理

万　典　武

中医中药是我国对世界科学文化的重大贡献，是中华民族的灿烂国宝。我国中药的生产经营，随着经济的开放和改革，取得了显著的进展。但是，也出现了许多令人担忧的弊病和反常现象，诸如以假乱真，投机倒把，走私贩私，盲目办厂，乱跨行业等等。当然，中药作为一种商品，它应当遵循商品经济的各种规律，执行开放搞活的方针。但是，大量的事实教育人们，中药不是一般的商品，而是治病救人、人命关天的特殊商品，必须从中药生产经营的实际情况出发，加强宏观管理，以促进中药生产的经营和提高，杜绝现有各种弊端的发生。加强中药生产经营的宏观管理，有许多方面的工作，我着重提出以下 3 点：

一、适当的计划管理　过去中药的计划商品高时达到 70 多种，少时也有十几种。当然，计划商品过多，卡的过死，束缚了生产经营，这是不对的。但是，不能认为计划商品越少越好，甚至把开放搞活绝对化，误以为完全不列计划才符合改革的要求。中药中有一些是野生的珍稀动植物，完全放开必然导致乱采乱捕，严重破坏资源。即便是人工种植培养的某些品种，生长年限比较长技术要求高，也必须有计划的指导，免得缺时贵如金、多时贱如柴，大起大落，严重影响生产者和患者。

二、国营中药企业必须牢牢掌握批发环节，发挥主导作用　我国人多地广，除了在城市和县镇设立专业的药店向医院、患者出售各种剂型的中药外，还有不少商店特别是乡镇的供销社兼营一些中成药，也有一些个体商经营中药的。这样，在零售上就形成了多种经济成分、多条流通渠道经营中药。没有众多的网点，用户和患者很不方便。但是，多中难免有乱，低劣的、冒牌的都容易出现。中国药材公司系统是国家明令赋予了对中药进行行业管理权的单位，应当认真担负起自己对广大患者负责的神圣职责。比较有效而又实际可行的经济手段，就是牢牢掌握批发环节。把住总闸门，绝不让劣质药品进入流通领域。原则上，所有的兼营企业只能向国营中药材公司进货，或者规定一批药品只能由国营中药材公司经营批发业务，其他单位不准插手。

三、国营中药材公司系统在国家中医药管理局领导下，严格控制中药厂的审批　中药原材料有强烈的地域性，中药制剂生产需要统筹安排。有些地方单纯从财政收入和增大工业产值出发，盲目上马开办中药厂。技术、工艺、检测等手段都很差，把药品这种特殊产品当成谋利的一般商品，粗制乱造，假冒商标，浮夸宣传，造成了严重混乱和社会祸患。工商行政管理部门管理千行百业，不可能对中药这种技术性很强而且以经验型技术为主的行业进行登记前的周密审查。因此，中药厂的开歇业必须先经当地中医药行政管理部门和国营中药材公司的审查同意，然后请工商局办理登记领照等手续。不从生产这第一道关加强专业管理，中药市场的混乱是难以从根上治理的。

（转自《中国中医药报》1989 年 2 月 6 日）

中医临床疗效亟待提高

吉　玉

目前，中医临床疗效有下降趋势，这已成为影响中医事业发展的一个严重问题。笔者认为，导致疗效下降的原因主要有以下几个方面：

一、临床人员素质不高　建国以来，那些久负盛名的名老中医正逐年减少，目前真正能够起到承上启下作用的中年名医为数不多，多数青年中医在临床上尚未成熟起来，加上"外语热"、"写书著说热"的冲击，真正潜心于临床，注重于提高临床疗效的人不多。

二、临床辨证论治水平有所下降　目前，在临床中，常常仅凭主诉，诊病施药，将脉诊仅作为一种形式，忽视"望闻问切"四诊合参。有的以一方治一病，不加辨证，盲目泛用。还有相当多的中青年医生受着"西医辨病、中医辨证"的影响，逐渐简化了传统的辨证论治程序和方法。

三、临床治疗手段单一化　目前，在中医临床中存在着重"药"轻"术"的倾向，忽视了中医传统的非药物疗法及药物外治法等综合性治疗手段，结果使中医一些有特长的专、小科萎缩。

四、医与药严重脱节　由于长期医与药在管理体制上的分离，造成了临床上医与药严重脱节。中药传统的地道药材逐步减少，"药"不治病，往往并非医之过，而为药物不地道所为。

五、临床研究工作进展缓慢，科研成果缺乏大面积推广　长期以来，学术探讨与研究一直徘徊在一般性的临床经验总结上，未能有理论上系统化的提高和发展。所以同一内容同一水平重复者多。

临床是中医赖以生存的根本，疗效是中医学术的生命力所在，因此，认真研究提高中医临床疗效的对策，是发展中医事业的核心问题。笔者认为，针对以上影响疗效的因素，应采取以下对策：

一、加强临床人才培养　首先应当建立、健全中医在职教育体系，扩大中医临床进修基地。采用多种途径、多种方式、分期分批轮训现有在职人员，重点提高中青年医生的临床业务能力。同时应采取举办中医临床高级进修班或名医高徒班等形式，集中全国名老中医授课，然后分散跟师见习，有目的地培养一批在职临床中年技术骨干。与此同时，应当进一步加快中、高等教育改革步伐，大胆改革现有课程设置、教学内容与教学方法，使之紧密联系临床的各个环节，以培养和造就一大批有较强临床适应能力，能够满足社会需求的临床人才。

二、提高辨证论治水平，实现辨证论治规范化　中青年中医应当结合临床实践，不断深入学习和掌握中医历代文献中有关辨证论治的论述，包括辨证论治的内容、思路、方法、程序、步骤、经验等。同时，应当加强辨证论治理论研究工作，以"证侯"为中心，抓住当前多发病、常见病及难治病，展开宏观与微观相结合的多层次、多途径、多方位的研究，探索各种证侯形成的原因、本质、机理、演变和提高疗效的方法，找出辨证论治的规律，逐步实现辨证论治规范化、标准化，进而提高临床辨证论治的准确性和疗效。

三、开展中医传统综合治疗，丰富临床治疗手段　临床医生应尽可能多掌握一些中医传统治疗方法，如外治法、针灸、推拿、按摩、正骨、捏脊、气功、食疗、心理疗法等。针对不同疾病，因人、因地、因时制宜，采取多种中医综合治疗手段，提高临床疗效。

四、大力开展中医临床研究，加强中医专科、小科建设，提高中医的急诊诊疗水平 要遵循中医传统研究方法，对中医各科常见病、多发病进行全国性的分工协作，有计划地进行专病研究。并努力发展骨伤、推拿、针灸、眼科、皮肤科等小科。各级中医院也应当在现有基础上集中力量，首先办好1～2个重点专科。

五、抓好中药工作，促进医药在临床上的紧密结合 制订中药资源保护法统筹规划，建立若干个大规模的地道药材生产基地，加强医药市场管理，严禁销售伪劣药品，进一步疏通中药供销渠道，确保临床药品的质量和品种齐全，并采取强有力的措施，稳定中药药材价格。

（转自《中国中医药报》1989年8月14日）

发展继续教育　振兴中医事业（摘要）

高　奎　乃

我们要大力发展中医药事业，使之更好地为我国社会主义建设和全民族健康服务，不仅需要大量培养各级各类中医药技术人才，而且还需要不断地努力提高已经进入中医药技术队伍的各级各类人才的水平。特别是我国实行了对外开放政策，中医药开始走向世界，为全人类的健康做出贡献。面对这种新形势，大力提高在职的中医药人才的素质就显得更为重要。为了解决这个问题，一种新型的教育形式—继续教育亟待去开发，尽快建立起适应我国国情并具有中医药特色的继续教育制度和规范，是十分必要的。

建国以来，特别是党的十一届三中全会以来，中医教育有了很大的发展，已经形成了初、中、高级教育、成人教育和继续教育比较完整的中医教育体系。目前，全国有高等中医院校29所，其中有一所民族医学院，在西医高等院校中设置中医药学系有12所，每年共招生近7500人。中等中医药学校37所，每年招生近6千人，此外尚有91所西医中等专业学校设置了中医药专业，每年招生近4500人。中医的成人教育和继续教育也已经做了不少工作，诸如住院医师培养、研究生教育、各级各类医师进修、各种培训班、学习班、各种学术活动，以及夜大、函大等等。

但是，成人教育和继续教育是处于无统一制度和相应规范的状态，对各层次的进修没有统一的目标和要求，没有健全的考试和考核制度，与晋级及职务晋升也没有必然的联系，参加进修的人员大多靠机遇。成人教育，特别是继续教育的作用还没能充分发挥。近几年来，全国中医技术人员队伍增长较快，据1988年年底统计，已达到36.2万人。其中，中医师为19.2万人，比1977年的12.9万人增加了6.2万人，增长率为48.6%。在新增加的6.2万名中医师中，有90%以上是通过职称评定由中级晋升到高级的，很显然在他们中间有大专学历的人，是为数极少的。为了改善中医技术人员队伍的素质，提高他们的中医学术水平和医疗预防的技术水平，以适应日益增长的人民群众对中医的需求和中医药走向世界的新形势，必须不断地对在职人员进行各种培训和教育，这就是历史赋予继续教育的使命。对于没有完成基本教育的中医技术人员（指未取得医师资格的）的提高任务，主要由成人教育来完成。

第一，中医继续教育必须制度化规范化：为了提高中医技术人员的学术水平和医疗技术水平，不仅提倡各级中医人员自觉自愿地接受继续教育，也应有法律和制度，规定他们有接受继续教育的义务。要求不同层次的中医人员参加不同层次的继续教育，并定期组织同行进行考核。

第二，实行继续教育（包括毕业后教育）基地和导师的认可制度：为了保证继续教育质量，应根据继续教育的不同层次和要求，认定教学基地，遴选导师。例如高等中医院校的附属医院、科研单位的附属医院、省、自治区、直辖市所属中医院可负担二级、三级专科医师培训，地区中医院及有条件的县医院可负责全科医师培训。经审核认定培养全科医师和二、三级专科医师的医院可不再设置住院医师的编制，他们的工作由受训者代替。这些医院需要补充医务技术人员时，可优先在本院或外院所培训的对象中遴选。

经审核认可的高等中医院校、中央及地方中医科学研究单位、中华全国中医学会及其各专科学会，可为取得高级职称的中医技术人员开设继续教育课程、学术讲座，以及举办学术报告会和学术讨论会等。考核单位应承认他们所授予的学习凭证或学分。

第三，继续教育应贯彻业余、自学及理论联系实际的原则：由于参加继续教育的中医技术人员是在职人员，要强调边工作边学习，以自学和业余学习为主。当然也不排除相对集中一段时间参加学习班或学术讨论会。但不管采取何种办法学习都应该结合自己所从事的专业工作，并注意理论联系实际，做到通过继续教育，不断提高学术水平。

为了为偏远地区中医技术人员参加继续教育提供良好的学习条件，也可采用电影、电视、录音、录相等电教手段，以及用通信方式进行。

第四，考核与评估：为了保证继续教育的质量，对参加继续教育的人员必须进行认真的考核与评估。在毕业后教育阶段，理论知识主要采取考试的办法，实践部分的质和量主要采取考核的办法，例如：接诊病人数、辨证施治符合率、病历书写数量及质量，抢救急重症病人数量及质量、手术数量、难度及质量等等。

高职称医技人员继续教育的考核，主要采取学分积累和同行评议的方式进行评估。例如规定某类学术活动为若干学分，每位高职称医师每年或若干年如 1～5 年应获得若干学分，评审小组可根据获得学分数、本人学术水平及医疗质量提出专科医师再认可或晋升高一级职称的建议。

各级各类医师的考核与评估，都应该注重思想品德方面，如政治态度、治学态度、工作态度、协作精神等。

第五，组织领导：为了组织中医继续教育实施和加强领导，国家中医药管理局应成立中医继续教育委员会，制订有关中医继续教育的方针、政策，以及有关制度，并提请立法。确定各继续教育基地标准及导师标准，负责国家医师资格考试及颁发国家中医资格证书。授权地方中医行政部门、中医学会及其专科学会对地方医师资格进行考试并发给证书；按规定条件认定各类继续教育基地及导师；按规定考核各类参加继续教育人员成绩，并发给证书或其它证明文件。

第六，经费：中央和各省、自治区、直辖市建立中医继续教育基金。在卫生事业费中，规定一定分额作为继续教育经费；也可以向社会、企事业单位筹措捐款。个体开业者及参加毕业后教育后不由国家分配者应交纳或返还部分继续教育费用。

（摘自《中医教育》1989年第6期）

行政管理

一、一九八九年中医药工作概况

陈 佑 邦

1989年是国家中医药管理局成立后对全国中医和中药工作实行统一管理的第一年。全国中医药行业认真贯彻中央关于治理整顿和深化改革的方针，以治理整顿中药流通秩序和中医医疗环境与秩序为重点，群策群力，团结奋斗，克服前进中的困难，促进中医药事业在原有的基础上有了新的进展。至年底，全国卫生机构中医药专业技术队伍发展到544001人，比上一年增加11579人。全国中医医院达到2070所，中医病床达到186255张，分别比上一年增加117所和10930张。高等中医药院校达到33所（含民族医学院和二级学院），中等中医药学校和中医药职业技术学校达到66所，独立中医药研究院所达到109个。中药系统职工和专业技术人员达到46万人，中成药厂、中药饮片厂和中药经营企业由于采取严格控制发展的方针，其数量仍保持在上一年的水平，即中成药厂600余家，中药饮片厂1500余家，中药经营企业3万多个。

国家中医药管理局成立后，从调查研究入手，通过行政、法规和经济等管理手段，加强了对中医药工作的宏观管理与调控。年初，在对全国27个省、自治区、直辖市的中药工作情况进行全面调查的基础上，进行了认真的研究分析。通过分析，认为党的十一届三中全会以来，由于认真贯彻改革开放的总方针，我国的中药事业有了很大的发展，总的形势是好的。但同时由于管理工作没有及时跟上，也存在着市场和流通秩序混乱、价格猛涨、质量下降和资源遭到掠夺性破坏等严重问题，并就这四个方面提出了材料丰富、内容翔实的专题调查报告。4月7日，国务院召开了16个有关部委局参加的会议，专门听取了国家中医药局关于中医药工作的汇报，研究了存在的问题。会后，经李鹏、姚依林、田纪云、李铁映、陈俊生等领导同志批准，国务院印发了《关于解决中医药有关问题的会议纪要》。这个《纪要》对中医药管理体制、治理整顿中药市场及给中药行业一定的优惠政策等问题做出了重要决定，是当前中医药工作的一个指导性文件。

为了认真贯彻党的十三届三中全会和四中全会精神，落实国务院《关于解决中医药有关问题的会议纪要》，7月20日至24日，国家中医药管理局在哈尔滨市召开了全国中医药工作会议。会议重点分析了中药工作的形势，制定措施，部署了中医药行业的治理整顿、深化改革及其他各项业务工作。会议还明确了1985年中央书记处在关于卫生工作的决定中对中医药工作的指示，是当前我国中医药工作的基本指导方针。同时明确了在中医药工作中要坚决贯彻医药结合、医药并重、同步发展、全面振兴的指导思想，对中医工作和中药工作一视同仁，促进两者的稳定协调发展。

为抓好中药市场和流通秩序的治理整顿，国家中医药管理局在进行大量调查研究的基础上，经过反复论证、修改，会同国家计委、商业部、卫生部、国家工商局、国家物价局联合颁发了《关于整顿中药流通秩序的通知》，从加强中药市场、价格和重点品种的管理、提高中药质量、加强收购工作和计划经营等方面提出了治理整顿的明确措施和要求。各地通过传达贯彻全国中医药工作会议精神，按照国务院《关于解决中医药有关问题的会议纪要》要求，都把中药行业的治理整顿当作一件大事来抓。四川、浙江、陕西、山东、广东、辽宁、安徽、吉林、上海、沈阳、大连等省市人民政府都发了关于整顿医药市场的文件，强调发挥国营药材公司的主渠道作用，中药批发业务由国营药材公司统一经营，从而使"百业经药"的问题得到了一定程度的解决。在中药资源保护方面，国家中医药管理局为进一步贯彻国务院颁发的《野生药材资源保护管理条例》，召开了有关省区参加的野生药材资源保护工作座谈会，交流了各地的经验。不少地方根据当地特点，制定了相应的规定或实施细则，对保护中药资源起了一定的作用。经过一年来的努力，中药行业的治理整顿取得了初步成效。流通秩序有所好转，价格趋稳，产品结构得到一定调整，经营过热的势头得到初步控制，制售伪劣中药的现象也相应减少，国营药材公司的主渠道作用得到一定加强。中药行业在治理整顿中积极想办法，挖潜力，从加强管理和促进技术进步上要效益，在银行、税务等有关部门的支持下，克服资金、能源紧缺等困难，保证了中药生产、经营的顺利进行，基本完成了本年的各项生产、经营指标。从而保证了市场供应，使中药紧缺品种没有出现大的波动。同时，在企业和产品评优中，本年又有 17 家中成药厂晋升为国家二级企业，5 个中药产品被评为国优产品，22 个中药产品被评为局优产品。

为了抓好中医医疗环境与秩序的治理整顿，3 月份，国家中医药管理局召开会议，提出了《关于治理整顿中医医疗环境、深化中医医院改革的意见》，确定以北京、厦门、襄樊三个地区作为治理整顿的试点。各地也把这项工作摆到重要议事日程，南京、上海、辽宁等地还对中医药人员个体开业进行了整顿，对于恢复和维护正常的医疗秩序起到了积极作用。国家中医药管理局还先后发出了《中医医疗机构管理条例(试行)》、《中医师、士管理条例(试行)》、《中医人员个体开业管理补充规定》、《关于加强气功医疗管理的若干规定（试行）》等一系列治理整顿的法规性文件，并认真组织实施，有力促进了中医医疗环境与秩序的治理整顿和行业管理。与此同时，为了加强内涵建设，提高城乡中医医院质量，国家中医药管理局制定了《全国中医医院分级管理标准》，并在 9 个省市开展了分级的模拟试评工作。9 月和 11 月又分别召开了全国民族医医院工作会议和全国中西医结合医院工作会议，对民族医医院和中西医结合医院的建设与发展提出了要求，制定了标准，起到了积极的促进作用。

中医药教育和科研工作也取得了应有的成绩。教育方面，在做好人才需求预测和规划工作的同时，加强了大学专科教育和中专教育的建设，制定了《高等中医药院校办学水平评估方案》，认真进行了试评工作；对各种形式的成人教育和在职岗位培训加强了管理；继续注意加强了对农村基层人才的培养。全年共新建中医大专院校 3 所，中等专业学校 6 所。毕业中医药研究生 610 人，本科生 6300 人，中专生 4500 人。科研方面，继续推行科技体制改革，重点实行了科研招标制、基金制和指令性课题相结合的制度，坚持科研为临床、生产服务的方向；同时加强了科研机构建设、科研课题管理和科研成果的评定及推广应用工作。全年共评出局级中医药科技进步奖成果 47 项，其中一等奖 4 项，二等奖 20 项，三等奖 23 项。

中医药的国际交流与合作也有了很大的发展。通过双边、多边的交流与合作及民间交往等形式，进一步扩大了中医药在国际上的影响，使一些西方国家如法国、西班牙、意大利等国政府开始部分承认中医药在其国家的合法地位。11月初，世界卫生组织在日内瓦召开的国际经穴命名标准化科学组会议，通过了以我国汉语拼音为基础的国际针灸标准穴名方案，标志着我国针灸医学进一步得到了世界卫生组织的承认，为中医药学全面走向世界迈出了重要的一步。11月中旬，在我国召开了第二次世界医学气功大会并成立了由我国出任主席的世界医学气功学会。由国家中医药管理局组织的中医药试治艾滋病工作一年来在国外继续进行，取得的一些进展引起了许多国家的重视。此外，海峡两岸的中医药学术交流也日益频繁，台湾学者多次组团来大陆参加学术会议和参观、考察、学习，并就中医药的相互学术交流、合作开发等方面进行了广泛的商谈，表现了对研究和发展中医药学的浓厚兴趣。

一年来，中医药工作的成绩是显著的。但是由于中医药事业基础差、底子薄，管理工作起步晚，加之国家中医药管理局刚刚组建，因而在工作中也存在着一些亟待解决的问题。主要是：中医药管理机构不健全，管理体制不顺，增加了中医药行业管理的难度；中药行业资金不足、经济效益下降和销售疲软的问题仍很严重；中药流通秩序和中医医疗环境与秩序的治理整顿离要求还有很大差距；中医药对外交流、合作与中药对外贸易中存在的一些混乱状况仍然没有很好扭转，等等。

二、一九八九年全国卫生厅局长会议

全国卫生厅局长会议于三月九日至十三日在京召开。各地介绍了卫生改革和贯彻落实预防保健工作的情况。围绕党的十三届三中全会提出的指导方针、国务院(1989)10号文件“关于深化改革鼓励教育科研卫生单位增加社会服务意见的通知”精神，就如何在整顿治理中全面深化卫生改革的问题进行了认真讨论，提出了许多好的设想和建议。陈敏章部长做了总结报告。他着重讲了以下几个问题。

(一) 关于当前卫生改革形势和任务

会议认真回顾了几年来卫生改革历程，对卫生改革进行全面总结，大家对一些问题基本上取得了一致意见：一是卫生改革在全国改革大环境的影响和推动下，取得了显著成绩，同时也遇到了前进中的困难和问题。二是加深了对社会主义初级阶段国情的理解，对卫生事业不进行改革，就没有出路，就不能发展的严峻形势有了比较深刻的认识。三是为了解决困扰卫生事业发展的卫生资源短缺和卫生机构缺乏活力的问题，经过探索，逐渐把发展卫生事业的视线从单纯盯着国家财政，拓宽到面向整个国民收入再分配，合理地分配一部分资源投入医疗卫生方面，以补充财政投资的严重不足。并根据医疗卫生机构自身特点，借鉴其他领域的改革经验，按照社会主义有计划商品经济的规律，从政策、体制、制度上充分调动广大医疗卫生人员的积极性，挖掘潜力，扩大医疗卫生服务，增强医疗卫生单位的活力。这是符合社会主义卫生事业的宗旨和特征的。由此所派生出来的一系列具体改革措施大多是行之有效的。四是各级政府把卫生工作列入政府的主要职责，加强领导，是深化卫生改革的前提和关键。五是为了保证卫生改革的健康发展，必须认真贯彻党的十三届三中全会提出的治理整顿与深化改革的指导方针。六是一九八八年卫生改革的成效显著，为发展卫生事业，适应人们日益增长的医疗卫生保健需求，创造了条件。卫生改革的情况和经验是：

1．各级政府重视和有关部门的支持，为卫生改革创造了一个比以往较为宽松的社会环境。近年来，中央、国务院领导同志亲自主持会议，多次讨论教育、卫生、科技改革，放宽政策，改善知识分子待遇问题。去年，先后有十个省、自治区、直辖市以政府名义召开了卫生改革会议。去年十月，“中国卫生政策与卫生发展管理程序研讨会”上，有十二位省、区、市的政府负责同志介绍了卫生改革经验。

2．初步形成了以公有制为主体的多种所有制结构，出现了社会办医的格局，促进了卫生事业的发展，扩大了为社会提供医疗卫生服务的能力。目前，除部分城市大医院及一些专科医院外，群众看病难、住院难、手术难的状况已经在相当程度上得到缓解。

3．通过调整政策，改善经营管理机制，改革部分不合理的低收费制度，开展优质服务，调动了医疗卫生人员的积极性，增加了医疗卫生单位自我改善的能力。医疗卫生单位实行多种形式的承包责任制、院长负责制和目标管理责任制，显示了经营与竞争活力。一些有条件的医疗卫生单位，组织多余人员，兴办第三产业或小型工副业，以工助医，以副补主，为补偿和发展卫生事业提供了有益经验。

4．改革开放搞活的政策，渗透在卫生事业的各个领域，在思想观念、管理制度和工作方法上都注入了新的形式和内容，从而全面促进了各项工作的开展。全国广泛推行预防保健有偿服务和各种形式保偿保险制度，保证了防保任务真正落实到基层。各地拓宽了为农村培养和输送人才的渠道。目前，全国高等医学院校在院内外举办农村大专班或分校（院）的增多。本科生部分名额直接定向到县，专科生大部分定向到乡，职业中专、夜大、电大在农村扩大招生。

5．认真贯彻执行党的十三届三中全会精神，针对某些医疗秩序混乱和忽视医德医风现象，积极治理整顿，把加强宏观管理，完善监控系统和建立约束机制作为深化卫生改革的一项重要内容来抓，取得了初步成效。

卫生改革面临的问题和困难主要有以下三个方面：

第一，卫生改革的某些措施在执行过程中，由于配套管理措施没有相应跟上，缺乏宏观调控和质量监督，内部约束和社会制约机制不健全，制度不规范，产生了一些弊病，出现了一些不健康的现象。曾成为社会议论“热点”的有：一是“开大方”、“乱收费”；二是有的医疗卫生单位追求经济收入，服务质量下降；三是少数医务人员吃请、受礼、拿“回扣”；四是开展业余服务缺乏组织领导，影响医、教、研工作；五是个别医疗卫生单位违法乱纪，把日用百货当药品销售，在社会上影响极坏，严重损害了卫生部门的声誉。

第二，由于卫生经费短缺，医疗收费标准过低，医疗服务过程中消耗的补偿问题没有得到合理解决，医疗卫生单位有很多难处。近几年卫生事业费虽有增长，但大多被物价上涨和各种补贴所抵销。各级医院财政差额预算补助经费，占基本工资总额的比例逐年下降。各地对医疗收费标准虽然陆续进行了一些调整，但调整的幅度较小，医疗价格背离价值的问题随着物价上涨而显得更加严重。

第三，对当前卫生改革的形势和政策措施，缺乏有力的宣传，对出现的一些问题和不良倾向，缺少正确引导。

最近，国务院以国发（1989）10号文件批转了三部两局《关于扩大医疗卫生服务有关问题的意见》，这是继国务院（1985）62号文件之后又一个推进卫生改革的重要文件。为我们全面抓好治理整顿、深化卫生改革，指明了方向。为了贯彻好这个文件，需要强调六个方面的问题。

第一，加强形势教育，统一认识，坚定改革信念。

第二，深化卫生改革，需要继续解决好几个观念和认识问题，并积极向社会各界进行宣传。要充分认识卫生发展与社会经济发展的双向关系，增强国家与国民共同重视健康投资的意识。医疗卫生单位必须树立强化经营管理机制的观念。要重视提高卫生技术劳务价值和给予合理补偿的政策。

第三，积极推行和完善各种形式的承包责任制以及其他形式的责、权、利相结合的管理责任制。医疗卫生单位推行承包责任制，必须结合医疗卫生事业自身特点，制定承包方案和措施。需特别强调的是要搞综合性的承包，不能把承包片面理解为只是经济收支方面的单项承包。综合承包的内容，应包括行政首长负责、目标管理、任务指标、定额包干、经济核算、岗位责任制、多劳多得的分配原则、精神文明建设等。承担教学和科研任务的单位，必须把培养人才、科技研究的内容纳入承包合同的指标中。要建立一组综合指标，特别要强调质量和技术指标，努力使质量、技术和服务指标“硬”化。要合理确定承包基数，并考虑到财政补贴和承包期内业务收支的变化因素。为了防止短期行为，还必须把事业发展指标列入承包合同。卫生行政部门在签订综合承包合同后，主要实行宏观调控和考核各项指标的实施。

第四，正确理解和有组织地开展有偿业余服务、超额服务和兼职服务。允许有条件的单位和医疗卫生人员在保质保量完成任务的前提下，开展业余服务和兼职活动，主要是为了充分发挥技术骨干的潜力、特长，向社会扩大服务，把高技术引向基层及农村，以更好地满足群众的医疗预防保健需求，也有利于提高基层医务人员的专业技术，医疗卫生人员也可以从增加服务中改善部分生活待遇。但必须加强对业余服务的管理与制约。还要注意调整分配政策，既要体现技术劳务价值和多劳多得的原则，打破平均主义；又要注意减少由于职业岗位不同所带来的分配方面的消极影响，尤其对一些主要从事科研教学工作的技术骨干，应在统筹分配中给予合理的补偿。要鼓励和支持卫生技术人员合理流动，到城乡基层服务。

第五，继续调整不合理的医疗收费标准，逐步理顺医疗价格体系。最近有的地方通过物价大检查，核定成本，先把一些所谓“合理不合法”的分解收费项目认定下来，调整为比较合理的综合收费标准。同时，要继续抓好公费、劳保医疗的改革试点工作。

第六，建立健全自我完善和自我约束机制，加强宏观控制、监督和管理。要尽快建立质量监控系统和内部审计制度，制定一套科学、实用的监控措施与具体办法，包括业务技术质量、经济收支和医德医风等多方面内容。要自上而下地建立自我检查与部门检查考评制度、社会监督与举报制度，自查与上级抽查、同行互查相结合，内部监督与病人、合同单位监督相结合，行政手段与经济、法律手段相结合。要把改革中带有普遍适用性的措施和办法，逐步制度化、规范化和程序化，并尽可能形成法律、法令或行政法规，使大家有法可依，有章可循，维护卫生改革成果，保障卫生改革继续健康发展。

（二）突出战略重点，继续抓好预防保健工作

过去的一九八八年，是预防保健工作取得很大成绩的一年，特别是计划免疫和妇幼保健有了重大进展。但去年也是发生突发事件——上海甲肝、新疆副霍乱流行，引起国内外震动的一年。通过大面积的防治活动，检验和锻炼了预防保健部门的应急能力与防治水平，证实我们在短期内能够迅速控制疫情，并使各种传染病发病率明显下降。总的来看，预防保健工作形势是好的。在肯定一九八八年预防保健工作取得重大进展的同时，应当清醒地看到，预防保健工作面临着新的挑战，我国初级卫生保健的现状与“二〇〇〇年人人享有卫生保健”的全球目标还有很大距离，形势仍很严峻。概括起来主要有：一是受自然、经济条件和生活习惯的影响，目前我国（尤其在农村）传染病、寄生虫病、地方病仍是危害群众健康的主要疾病，有的疾病在一些地区有回升或蔓延趋势。二是生物疾病谱的转移，非生物疾病的增加，将是预防保健工作的新课题。特别是乡镇工业的发展，“三废”污染、有毒物质的扩散、生态环境失调以及不良生活方式和不讲卫生的习惯，给预防保健工作带来了很多困难。三是农村孕产妇、婴幼儿死亡率较高，有的地方人口劣生很严重。更为严重的是，这些危害健康的现实问题，还没有引起全社会的足够重视，“大卫生”的观念还没有真正树立起来。

今年的预防保健工作，总的要求是认真贯彻落实国务院(1988) 61 号文件和国办(1988) 49号文件精神，切实抓好各项具体措施，努力把预防保健工作提高到一个新水平。

1. 加强卫生法制建设，推进预防保健工作的法制化管理。

2. 加强农村基层卫生组织建设，把预防保健工作真正落到实处。

3. 大力推行计划免疫保偿制和妇幼保健保偿制，确保计划免疫两个百分之八十五的完

成。

4. 认真制定规划，建立检查评估制度，分阶段地实施初级卫生保健战略目标。

5. 大力普及卫生科学知识，开展全社会的健康教育活动。

6. 把预防工作、初级卫生保健和爱国卫生运动有机结合起来，全面加强对预防保健战略重点的领导。

（三）发挥政治优势，进行职业道德教育，提倡奉献精神

第一，当前，卫生部门的思想政治工作要围绕社会经济、政治体制改革中出现的各种思想问题来进行。要继续组织广大卫生人员学习党的十三届三中全会提出的方针政策，联系卫生部生部门实际，理直气壮地宣传改革的大好形势，同时也实事求是地指出存在的困难和问题，统一大家的思想认识，坚定改革的信心。这是当前思想政治工作的主题，也是全体党政人员的重任。同时各级卫生行政管理干部都要做思想政治工作。为此，要求各级领导和党政干部更新观念，转变作风，把思想政治工作做到卫生改革中去。医学院校要抓好学生的思想政治工作，切实做到教书育人；承担教学任务的医疗卫生单位要重视言传身教，影响和培养学生。

第二，坚持不懈地把医德医风教育作为卫生系统思想教育的重要内容，这是卫生部门政治工作的特色，必须经常抓紧抓好。当前要结合贯彻卫生部发布的《医德规范及实施办法》进行职业道德教育，使大家深刻认识到，我们所从事的事业连结着千家万户的安康，负有神圣的职责，是深受社会尊敬的职业，是社会主义精神文明之窗，要求我们医疗卫生人员都应具有高尚的医德医风。在商品交换关系中，买卖双方是平等的，消费者还比较容易维护自身的利益；而在医疗卫生服务过程中，医生对患者的治疗起着决定性作用，而患者对医生又是抱有高度的期望和信赖。这就要求我们每一个医务人员，更要设身处地为病人利益着想，发扬人道主义精神，自觉遵循职业道德规范，廉洁行医，文明服务，以自己的行动维护医疗卫生人员的形象，赢得社会群众更多的支持和尊敬。

第三，要在广大医务人员中提倡为理想、为事业多作奉献的精神。全国几百万医疗卫生人员多年来在党的教育下，坚守岗位，除害灭病，抗震救灾，救死扶伤，在当前改革、开放过程中，在生活条件比较清苦的情况下，勤勤恳恳，兢兢业业，钻研技术，服务社会。总的来说，是一支优秀的、富有事业心和献身精神的技术队伍。我们应当有这样一个全面的正确估计。要引导广大医务人员进行自我教育，爱惜自己的名誉，维护职业的声望，全面认识自己的社会价值，提高社会责任感。

（罗益勤　摘）

三、一九八九年全国中医药工作会议

国家中医药管理局主持召开的全国中医药工作会议于1989年7月20日至24日在哈尔滨市举行。参加这次会议的有各省、自治区、直辖市及计划单列市人民政府的主管秘书长、办公厅（室）主任，中医管理局长、卫生厅局长、医药管理局长和药材公司经理，以及有关部委的代表共293人。会议首先宣读了国务院副秘书长刘忠德的书面讲话，卫生部部长陈敏章、前部长崔月犁、原国家医药管理总局局长关舟出席会议并讲了话，黑龙江省副省长黄枫也在会上讲了话。卫生部副部长兼国家中医药管理局局长胡熙明做了《治理整顿、深化改革，推动中医中药事业的同步发展和振兴》的工作报告，并做了会议总结。代表们普遍反映，这次会议经国务院同意，邀请了各省、自治区、直辖市及计划单列市人民政府的主管秘书长或办公厅主任参加，体现了国务院和各地人民政府对中医药事业的关怀和重视。大家认为，这次会议议题集中，针对性强，开得非常及时，很有成效，为新形势下中医药事业的发展和振兴进一步指明了方向。

（杨　锐）

在全国中医药工作会议上的书面讲话（摘要）

国务院副秘书长　刘忠德

（一九八九年七月二十日）

两个多月来，我们国家出现了一场十分严重的政治风波。极少数人利用学潮，在北京和一些地方掀起了一场有计划、有组织、有预谋的政治动乱，进而在北京发展成了反革命暴乱。在这场严肃的政治斗争中，党中央、国务院的决策和采取的一系列重大措施，都是必要的和正确的，得到了全党和全国人民的拥护。党的十一届三中全会以来的路线、方针、政策是正确的，改革开放是正确的。决不能因为出现了动乱和暴乱，就怀疑我们既定的方针。邓小平同志说“改革开放政策不变，几十年不变，一直要讲到底”，“我们原来制定的基本路线、方针、政策，照样干下去，坚定不移地干下去。”我认为，中医药政策也是一样。我们应该继续贯彻执行党的中医药工作的方针政策，把我国的中医药事业推向前进。

中医药学是一门科学，是中华民族优秀文化的重要组成部分，过去为我们民族的繁衍昌盛做出过重大贡献，今天仍然是我国人民医药卫生事业的特点和优势。不仅中国人民珍视它，需要它，世界上许多国家都在研究它，应用它，甚至不断地掀起“针灸热”和“中医药热”。在四化建设当中，人民对医疗保健的要求越来越高。我国既有西医西药，又有中医中药和民族医药，这就比别人高出一筹。可惜在过去很多年中，大家比较重视外来文化的引入，而对本国的传统科学文化重视不够，对中医药的科学性，它在四化建设中的地位和作用，它的优势，它在世界上的地位认识不足。特别是过去在“左”的思想影响下，对自己民族的精华，否定得太多。中医药事业的道路很不平坦，有过不少失误和曲折，使中医药事业发展缓慢，条件十分艰苦。尽管如此，中医药战线上的同志还是专心致力于自己的事业，为人民的医疗卫生事业尽职尽责，这种精神是难能可贵的，党和政府是非常理解的。

中医中药过去的困难，简而言之，就是由于没有把中医药放在应有的位置上造成的。党的十一届三中全会以来，首先从认识上解决了“要把中医和西医摆在同等重要的地位”，同时从管理体制上建立了国家中医药管理局，使中医药事业的发展在组织上有了保证。从这几年的实践来看，中国中医药事业的恢复和发展，在国内外都引起了强烈的反响，说明我们的这个决策是成功的。但是中央有了国家中医药管理局，由于地方的机构改革没有开始，如何建立相适应的中医药管理机构尚未解决，这就给中医中药工作带来困难。所以在管理体制没有理顺以前，请各地的秘书长来，参加这个会议，一方面是为了加强和协调这项工作，使中医药工作在新旧体制的交替中不受影响；另一方面在会议之后，请各地认真研究，解决好这个问题。同时国务院又批准国家中医药管理局在同有关地方协商后，可选择几个省市进行中医中药统一管理的试点工作。我们应该把这项工作搞好，取得经验，促进中医药事业的发展。

这次全国中医药工作会议，重点是讨论中药工作，特别是要进行部署，把中药行业的治理整顿抓好。当前中药行业需要治理整顿的问题很多。比如说，中药市场比较混乱，伪劣药品很多，药材资源破坏很严重。有的群众反映，药价比较贵，过去是看不上病，吃不上药，现在是看不起病，吃不起药。当然，有些药价的上涨和农副产品的提价有关，基本上是合理的，但流通领域的问题确实不少。对这些问题不整顿是不行的。因此希望大家把治理整顿摆在突出位置，认真抓好。同时，要对这几年来中药行业改革开放的情况，进行全面的分析研究，坚持正确部分，纠正失误部分，不断深化改革。

要充分认识中药行业的特殊性和复杂性。中药工作涉及农工商、产供销各方方面，形成与各方面的有机联系，必须在统筹规划的基础上加强与有关部门的协作，进行综合治理，并加强管理机构和专业体制建设。国务院领导同志最近批准的《关于解决中医药有关问题的会议纪要》对中医药管理体制、治理整顿中药市场和给中药一定优惠政策等问题做出了重要决定。纪要特别指出：“对于中医药事业的发展要给以政策扶持，这个总的原则是国家已经确定了的。”希望各级政府特别是省、自治区、直辖市、计划单列市人民政府根据这个精神，切实加强对中医药工作的领导，把中医药工作列入议事日程，很好地进行规划和建设，使其得到持续、稳定的发展。

在全国中医药工作会议上的讲话（摘要）

卫生部部长　陈敏章

（一九八九年七月二十二日）

我首先对全国中医药工作会议的召开表示热烈祝贺，并且完全同意刘忠德副秘书长的书面讲话和胡熙明同志代表国家中医药管理局所作的《治理整顿，深化改革，推动中医中药事业的同步发展和振兴》的报告。在具有重要意义的十三届四中全会上，党中央根据形势的发展，部署了当前的工作，要求各级领导要一手抓彻底平息反革命暴乱和稳定局势的工作，一手抓治理整顿，深化改革。因此，今天我们在这里认真地讨论研究中医中药工作的治理整顿、深化改革问题，不仅关系到亿万人民防病治病的根本利益，而且也是贯彻十三届四中全会精神的实际行动。下面，我讲三点意见。

一、在中医中药事业的稳定发展中，中药工作占有举足轻重的地位。这一次全国中医药工作会议，既对中医中药工作在全局上做了安排，又突出中药这个主题。医和药是密不可分的，中医和中药的关系更为特殊。发展中医药事业，必须充分注意两者的同步协调发展。在一定程度上讲，当前人们更为关心中药方面的问题，关心中药的价格，中药的品种，药方能不能“配得齐”和“配得起”，这两点做得好不好，关系到中医的临床功效和中医特长的能否发挥。同时，中药工作涉及农工商、产供销诸多方面，其情况很复杂。许多问题，不是“一家一户”能够解决的，必须做好各方面的协调工作。在改革开放过程中，特别是开放中药市场后，搞活了中药工作，同时在产供销方面也暴露了不少问题。这些问题，主要出在流通领域。治理整顿的任务，重点也在流通环节。总之，中药作为一种特殊商品，必然会遇到数量、质量、品种、价格等等问题。而数量的不足或不均衡，质量的下降或不稳定，品种的杂乱或结构不合理，价格的上涨或波动，都需要在生产和流通各个环节上下功夫。事物本身是复杂的，出现这些问题也不难理解。我们应该看到十年改革开放的成绩，坚定我们的信心，不要一出现问题就退到闭关锁国的老路上去。渡过难关不是靠后退，而是靠前进，靠治理整顿，靠进一步深化改革。

二、向科技找动力，向管理挖潜力。发展中医药事业，一靠政策，二靠科学，三靠投入。党的中医药政策是明确的。去年五月份以来，国家在机构改革中，决定实行中医中药统一管理体制，成立了国家中医药管理局。中医中药是我国卫生事业中的一个特殊问题，中医中药行业的管理和它的机构设置，也是我国行政管理体制中的一个特殊问题。去年国务院已做出决策把中医药的统一管理体制确定下来，作为各级政府和有关部门，包括我们卫生行政管理部门的重要任务，就是要正确理解和坚决贯彻执行国务院的这个决策和有关中医药事业的方针政策。如果对这个决策还有不同看法和意见，可以保留或通过正常途径反映。但我们这次会议是在国务院做出决策之后召开的工作会议，就是要讨论、研究如何更有效地贯彻执行的问题。前天下午我见到铁映同志，问他有什么意见带到会上去。他说：“现在就是研究如何贯彻执行，不要再耽误时机。”希望我们这次会议能够坚决贯彻国务院的决策，各级卫生部门应主动关心和支持中医中药工作。当前，国内外的形势对发展中医药事业非常有利，我们应该紧紧抓住这个时机，不能再有所耽误了，更不能把时间、精力浪费在内耗上。历史的宝贵时机不是经常有的，要充分把握好这个时机，不然我们就可能把本来的优势变为劣势。今年四月，国务院专门召开会议，分析研究了当前的中药工作。并经国务院领导同志批准，印发了《关于解决中医药有关问题的会议纪要》，这对于推动中医药事业特别是中药事业的发展，必将产生重要的作用。因为，国家中医药管理局建立以后，国家怎样管理中医药事业，在体制上已经确定下来，对于加强管理机构建设有了比较明确的指导思想。所以，我们必须坚决贯彻国务院关于成立国家中医药管理局的决定精神和会议纪要，落实国家中医药管理局“三定”方案，全面发挥行业管理职能，完善中医药管理体制。

在加强中医药管理体制建设和落实有关方针政策的同时，应该着重于向科技找动力，向管理挖潜力。中医药事业的生命在于学术。在现代科技迅猛发展的今天，对中医药学术应该根据新的科技知识和新的临床实践经验，加以充实提高，力争有所创新，有所发展。同时，要大胆地、积极地、充分地吸取先进科学技术和现代化手段，为我所用，武装自己。科技发展了，中药生产的数量、质量、紧缺品种和新品种开发等等问题都有可能找到更为有效的解决途径。再就是科学管理。治理整顿本身就是一个管理问题。管理首先是一个科学设计，是结构和功能的惯性运转，是领导才能与管理制度的有机结合。我们必须在管理工作上狠下功夫，努力培养一批高水平的管理干部，加强法规建设，加速深化改革。只要我们充分挖掘管理潜力，完全可以把中医中药事业在现有的人财物基础上办得更好。

三、关于加强思想政治工作。我们应该承认，这几年来，我们的思想政治工作有所削弱，四项基本原则的宣传教育没有一贯坚持，内容也较空洞，政工宣教队伍不稳定，许多方面的软弱涣散现象没有克服，以致吃了大亏。现在我们一方面要彻底平息反革命暴乱，认真做好清查清理工作；另一方面要强化、充实坚持四项基本原则的教育，建立正常的、行之有效的思想政治工作秩序。总的来说，建国以来，我国广大医药卫生人员精神面貌的主流是好的，尤其在一些关键时刻如抗震救灾、抢救危重病人等情况下，能够经受住考验，在人民群众中赢得了应有的声誉。但在日常工作中也并不尽如人意，每年都有一些有损于白衣战士形象的事件发生。在中药行业中，有关伪劣药品、以次充优等案例也经常有所揭露。对这些问题，我们不能光做就事论事的处理，更需要从根本上加强思想政治教育和职业道德教育，做一些治本性的正面引导。

我们要看到推动我们事业前进的种种有利因素。首先是中央、国务院明确扶持中医药发展的方针政策。其次，我们已经形成了一支中医中药管理队伍，有了一个管理的基础。第三，人民群众越来越多地理解中医药事业，并给予大力支持。第四，治理整顿、深化改革的大环境，也为中药行业的前进提供了有利条件。最后，国际上对中医中药的兴趣和需求日益增长。这些都为我们发展中医药事业增添了信心。我们应该看到这样一个美好的前景。让我们团结起来，通力协作，发扬全国一盘棋的精神，从大局着想，从民族利益考虑，上下左右各司其职，各负其职，各尽其能，增强信心，排除困难，为发展和振兴我国的中医药事业共同奋斗。

治理整顿　深化改革
推动中医中药事业的同步发展和振兴（摘要）

卫生部副部长兼国家中医药管理局局长胡熙明在全国中医药工作会议上的报告

（一九八九年七月二十日）

这次会议是在北京平息反革命暴乱和各地制止动乱的斗争取得决定性胜利，党的十三届四中全会结束不久召开的。是国家中医药管理局成立后召开的第一次全国中医药工作会议。为了加强中医药工作的领导和协调，经国务院批准，我们邀请各省、自治区、直辖市及计划单列市人民政府的秘书长或办公厅主任出席了这次会议，出席这次会议的还有国务院有关部门的负责同志等。

去年五月三日，国务院常务会议作出了关于成立国家中医药管理局，对中医中药实行统一管理的重要决定，这是继一九八六年成立国家中医管理局之后，对我国中医药管理体制所进行的又一重大改革。国家中医药管理局的成立，为改变中医中药多年来相互分离的管理体制和从属地位，实现中医中药的协调配合和同步发展提供了必要的组织保证。去年十一月二十五日，国家机构编制委员会批准下发了国家中医药管理局“三定”方案。今年四月七日，国务院又专门召开会议，分析研究了当前的中医药工作，对中医药管理体制、治理整顿中药市场和给中药一定优惠政策等问题作出了重要决定，并经李鹏、姚依林、田纪云、李铁映、陈俊生等领导同志批准，印发了《关于解决中医药有关问题的会议纪要》。这对于推动中医药事业的发展，具有十分重要的意义，我们必须认真贯彻落实。

鉴于去年全国中医工作厅局长会议已经对中医工作做了规划、部署，而中医药管理体制改革和中药管理职能转移又要求我们必须在新形势下不失时机地加强对中药工作的领导和管理，因此，决定这次会议的主要议题是研究讨论中药工作，会议的主要任务是，认真贯彻党的十三届三中全会、四中全会和全国人大七届二次会议精神，落实国务院《关于解决中医药有关问题的会议纪要》，以治理整顿和深化改革为中心，分析研究当前中药工作的形势，提高认识，制定措施，加强领导，切实解决当前中药工作中亟待解决的问题，改变中药工作与社会需求不相适应的状况，推动中医中药事业的同步发展和振兴。我代表国家中医药管理局讲几点意见。

一、对当前中药工作形势的基本估计

国家中医药管理局成立之后，通过召开中药工作座谈会和对全国二十七个省、自治区、直辖市的中药工作情况进行调查，听取了有关方面和专家们的意见，对当前中药工作的形势进行了认真的分析。我们认为，党的十一届三中全会以来，我国的中药事业，在党中央、国务院的关怀重视和改革开放方针的指引下，取得了较大的发展。总的来看，当前中药工作的形势是好的。主要表现是：中药材生产不断发展，品种短缺问题得到一定缓和。中药饮片生产得到重视，生产条件有了改善。中成药工业发展较快，生产能力和水平有了较大提高。中药商品流通活跃。中药科研、教育工作逐步得到加强。中药质量管理有所加强。中药工作虽然取得了较大的成绩，但仍然存在着许多问题，有些问题是比较严重的，特别是近年来在新的形势下又出现了一些亟待解决的新问题，主要是：中药市场混乱，严重失控。部分中药材品种价格上涨幅度过大。部分中药资源遭到掠夺性破坏。部分中药质量下降。此外，中药人员素质不高，科技进步缓慢；多数企业事业单位设备落后，条件很差；以及法规建设薄弱等仍然是当前影响中药事业发展的突出问题。上述情况说明，当前中药事业在发展中面临着很大的困难。我们决不能只看到形势好的一面，而看不到存在问题的严重性；更不能只看到某些表面的繁荣景象，而看不到潜在的危机。中药工作之所以存在上述问题，除了历史的某些原因之外，主要是由于在开放搞活的新形势下，管理工作没能及时跟上。加之一个时期以来思想政治工作薄弱，坚持四项基本原则、反对资产阶级自由化不力，使得一部分人“一切向钱看”，只顾眼前利益和个人利益，不顾长远利益和国家利益。同时由于法制不健全，致使种种不正之风和违法活动得不到及时有效的制止和打击。对于中药工作当前存在的问题，我们必须采取积极态度，制定有力措施，认真加以解决。

二、正确认识中药事业的重要地位和作用，加强管理机构和专业体制建设

中药绝大多数来源于天然药物，疗效可靠，无毒副作用或毒副作用很小，对防治疾病具有许多优点，因而深受广大人民群众的欢迎和信赖。近年来，随着我国实行对外开放政策，中医药学又作为我国科学文化的一个独特优势进一步走向世界。许多国家由于一些疑难疾病和药源性疾病无法解决，从而转向于从中医药寻找新的方法和途径，学习、应用和研究中医药的热潮方兴未艾，出现了世界性的“中医药热”。中医药学的科学价值正在逐步为世界所公认。

党中央、国务院历来对中医药工作十分重视。国家中医药管理局是在我国管理体制改革中诞生的，它标志着我国中医药事业的发展进入了一个新的阶段。成立国家中医药管理局，对中医中药实行统一管理是十分必要的。首先，这样做符合中医药学的自身发展规律。中医药学作为一门科学，是一个统一的有机整体。中药的使用以中医药理论为指导，以辨证施治、复方用药、随证加减为特色，这同化学药品有很大的不同。中药的发展，特别是新药的研制也不能离开中医药理论的指导，并且比化学药品更加紧密地依靠临床实践。这些都要求中药必须与中医紧密结合，实行统一管理。其次，这样做有利于充分发挥中医系统与中药系统两部分中药科技力量的作用，促进行业的技术进步。目前在中医系统和中药系统都有一批具有一定水平的中药专业技术队伍和科技力量，以及一定的科研条件。实行中医中药统一管理，就能更好地使这两部分中药科技力量增强团结，相互配合，促使科学技术同生产经营紧密结合，推动行业的技术进步和生产能力与水平的提高。第三，这样做还有利于改变中药所处的从属地位。多年来，中药工作与中医工作一样，由于处于从属地位，未能得到应有的重视。在管理上往往忽视中药本身的特点，未能充分发挥其特色和优势。中医中药实行统一管理之后，由于两者之间关系密切，将会使中药工作得到应有的重视和加强。总之，中医中药统一管理，有利于促进两者的高度协调配合和同步发展振兴，更好地为保护我国和世界人民健康服务。我们必须充分认识中医中药统一管理的必要性，认真贯彻国务院这一决定精神，切实加强中医药管理机构建设。希望各地从发展中医药事业的需要出发，认真研究这个问题，把各省、自治区、直辖市及计划单列市的中医药管理局成立起来，作为地方政府统一管理中医药工作的职能部门，加强对中医药工作的管理与领导。

国家中医药管理局成立之后，必须进一步认真贯彻一九八五年中央书记处在关于卫生工作的决定中对中医药工作的指示。在实行中医中药统一管理中，还必须正确处理中医与中药的关系，坚决贯彻医药结合、医药并重、同步发展、全面振兴的指导思想，对中医中药一视同仁，决不允许重此轻彼、厚此薄彼的现象发生。中药工作是一项难度很大的工作。为了切实把这项工作抓好，我们必须充分认识到它的特殊性和复杂性。首先，中药品种繁多，来源分散，生产经营环节多，涉及的部门广。中药包括中药材、中药饮片和中成药三个部分。仅中药材就有五千余种，广泛来源于植物、动物、矿产品等。其中绝大多数是天然产物，一季生产供全年使用，一地或少地生产供全国需要，有的几年甚至十几年才能收获。并且绝大部分品种属于野生，生产难于控制。中药从产到销要经过种植、采集、捕猎、收购、储藏、加工炮制、成药生产、供应销售等许多环节，涉及到农、林、牧、渔、矿、工、商、贸等许多部门。其次，中药生产经营的政策性、技术性强，质量要求高。中药作为一个特殊行业，不但有本行业特有的一些政策、规定，而且涉及到其它许多行业和部门的有关政策、规定，因而必须有较强的政策观念。第三，中药材绝大多数品种属于农副产品，受自然条件的制约，其生产经营比较复杂。为保证供应和重大灾情、疫情、战备及以丰补欠的特殊需要，必须有足够数量的库存，从而使得仓储建设投入大，资金周转比较慢。

中药工作的特殊性和复杂性说明，仅靠某一部门的努力很难把这项工作搞好，必须在统筹规划的基础上加强综合治理。为此，需要各级政府加强领导，从政策上以及人财物等各方面给予有力的扶持。需要有关部门给予大力支持。与此同时，还必须在中药的生产经营上加强综合平衡与协调。实践证明，药材公司农工商一体、产供销结合的专业经营管理体制有利于加强中药产供销的综合平衡，协调生产经营各方面的关系，发挥规模经济的优势，促进中药事业按照自身的特点协调发展。为了在新旧体制转换时期使我国中药的生产经营能够持续稳定地发展，我们一方面要保持多年来形成的这个专业体制；另一方面又必须适应新的情况，总结经验，使其不断改进和完善。希望各地认真采取措施，在治理整顿和深化改革中加强药材公司的建设。各级药材公司要努力抓好自身建设，不断提高生产经营和科学管理水平，为中药事业的发展发挥更大的作用。

三、抓好中药行业的治理整顿和深化改革，推动各项业务工作

(一) 一心一意抓好中药行业的治理整顿，建立正常的生产流通秩序

当前中药行业治理整顿的首要任务，是治理整顿好中药市场。要按照《药品管理法》和其他有关规定，对中药市场特别是全国十大药市进行全面整顿。市场整顿的重点是批发环节。对零售药店、医疗单位和药厂的中药批发业务由国营药材公司统一经营，其他部门、单位或个人不得插手，以发挥国营药材公司在流通领域的主渠道作用。要认真贯彻执行《国务院关于加强物价管理，严格控制物价上涨的决定》，协同物价部门加强中药价格管理，严格控制价格上涨幅度。对于国家管理的中药价格，不经国家物价局批准，不得擅自调整。各级药材公司要加强对中药产销的计划和信息指导，避免由于生产经营的盲目性而造成价格波动过大。整顿中药市场要在各级政府的领导下，与有关部门密切配合，运用法律、行政、经济等手段，进行综合治理。对转手倒卖牟取暴利的不法行为要坚决查处，对制售伪劣中药坑害群众的不法分子要坚决打击。同时，要严格控制召开全国性的中药交流会，并加强管理。

要协同有关部门，加强中药对外经济合作与贸易的管理，改变多方插手的混乱状况。对经营中药的对外贸易企业要进行认真清理。中药进出口许可证的发放应经中药主管部门审查同意。中药出口货源，应由国营药材公司按计划供应，其他部门不得直接到产地抬价抢购。要通过治理整顿，扩大中药的对外合作与贸易，促进中医药进一步走向世界。

在整顿中药流通秩序的同时，要按照社会需求，对中药产品结构特别是中成药产品结构进行适当调整。要注意增加中成药名优产品和治疗性药品的生产，调减医疗保健价值不大的某些滋补保健品的生产。同时加强中成药品种的管理，防止影射、仿制品种泛滥。要坚决制止滥办中成药厂，中成药工业要坚持走对现有药厂进行挖潜改造、扩大内涵的发展道路。近几年内除少数中外合资企业外，一般不宜再投资新建中成药厂。

(二) 把治理整顿同深化改革结合起来，促进中药生产发展

当前，中药行业的改革，要继续推行厂长、经理负责制，完善和发展责权利相结合的经营承包责任制。要引进竞争机制，优化劳动组合，加强和完善横向经济联合与协作。同时，要进一步抓好企业的评优升级工作，全面提高企业素质。

中药的生产和供应是中药行业的一项基本工作，任何时候都不能放松。要在治理整顿和深化改革中，采取有力措施，确保各项生产供应任务的完成。要采取明确的政策导向，抓好中药材主要产区和中药骨干企业的建设。要注意发展供应紧缺和大宗常用中药材品种的生产。在药材紧缺品种的供应上，继续贯彻“先饮片、后成药”，“先治疗、后滋补”、“先国内、后国外”的原则，统筹安排。药材收购是中药生产经营的重要环节，是保证市场供应的关键。特别是当前已经出现了收购滑波，因而更应该集中力量，把这项工作抓好，首先要把今年下半年的收购抓好。抓好收购的关键是资金问题。因此，我们要继续争取银行给予支持。希望各地也积极采取措施，共同努力解决好这个问题。

在中药的生产经营中，必须正确处理社会效益与经济效益的关系，以及中药农工商各产业之间的关系。中药是一种为防病治病服务的特殊商品，中药事业是一项带有社会福利属性的经济事业，必须注意在提高社会效益的前提下努力提高经济效益。在实际工作中，既要防止片面追求产值、利润，忽视社会效益的倾向；又要防止片面强调福利属性，忽视经济效益

的倾向。中药农工商各产业是一个相互依存、相互制约的整体，要根据社会需求，加强综合平衡，促进三者的协调发展。中药材是中药饮片和中成药的主要原料，是中药事业发展的基础，必须把药材的生产放在首位切实抓好。同时合理安排中药工业与商业的发展。把三者之间的关系处理好了，就可以形成中药生产经营的合理结构，避免比例失调，促进行业整体效益的提高。

（三）在治理整顿中加强中药法规建设

国务院已将《中医药振兴条例》列入今年的立法计划，要抓紧组织起草论证，争取尽快报国务院审批。要根据中药市场管理的需要，抓紧组织起草《中药市场管理办法》，争取年底以前公布实行。对已经制定的法规要认真贯彻执行。除结合中药市场整顿抓好《药品管理法》及其实施细则的贯彻执行外，要针对当前中药资源遭到严重破坏的情况，抓好《野生药材资源保护管理条例》的贯彻执行，坚决制止滥采、滥伐、滥挖、滥猎等违法行为，保护药材资源，合理开发利用。各地要结合本地区实际情况，制定适合本地区特点的各种法规制度。

（四）加强中药质量管理，不断提高产品质量

市场提供安全有效的优质中药产品，是中药行业严肃的社会责任，也是企业提高竞争能力的关键所在，因而必须牢固树立质量第一的观念。要继续推行全面质量管理，抓好中药生产经营各个环节的质量工作。要进一步加强中药质量管理机构和检测中心的建设，充实人员，加强业务培训，增添必要的设备，提高质量检测水平。要抓紧中药各项质量标准的研究和制定，对已有的标准要严格执行。要积极开展产品和质量管理评优活动，把中药质量管理纳入企业承包指标，并作为企业升级的重要标准和考核干部的重要内容。提高中药材质量是提高饮片、成药质量的前提，因此，一方面要严格把好收购关，杜绝伪劣药材流入市场；另一方面，要认真采取措施，增加投入，切切实实地抓好仓储条件的改善，确保人民用药安全有效。

（五）进一步加强中药科研和教育工作

要深化中药科技体制改革，建立中药科研与生产发展紧密结合的机制。加强中药科研机构建设，不断提高科研能力和水平。要集中力量解决生产经营中的重大科技问题，加速中药新品种的开发。积极建立实验、养殖种源基地，应用现代农业和生物科学技术，加快资源稀少、繁殖发展困难、生长年限较长的紧缺药材及其代用品的研究和野生药材变家种家养的研究，争取“八五”期间有所突破，并加强中药炮制方法、生产工艺和基础理论的研究。要积极推广应用科研成果，加速成果向生产力转化。同时要加强中药制药机械和仪器设备的研制与生产，提高中药生产的现代化水平。中医系统的科研单位，要在继续加强中医科研的同时，加强中药科研工作，促进中药的科技进步。

要重视发展中药教育，加速中药人才培养。根据目前中药工作的实际需要，要把抓好中等教育和各种在职培训作为重点，同时抓好高等教育。中药院校以及中医院校的中药系和中药专业要适当调整专业设置和教学内容，并加强院校间协作，为中药行业培养各类合格人才。

四、坚持不懈地抓好中医工作

关于当前的中医工作，一九八八年全国中医工作厅局长会议和《一九八九年中医药工作要点》已经作了部署。请各地结合实际情况，继续贯彻落实，保证各项任务的完成。在这里，我再强调几个问题。

（一）必须认真加强中医机构的内涵建设

加强内涵建设，就是要加强现有中医机构的结构、功能建设，通过坚持不懈的努力，使

之逐步得到充实、巩固、提高。这包含着许多方面的具体内容。首先是要毫不动摇地继续坚持突出中医特色的发展方向。要充分认识到，中医机构如果没有中医特色，不能发挥中医优势，也就失去了存在的意义。其次，要抓好专业人员的配备，建立合理的人才专业结构和层次结构，特别要注意充实一定数量的中医药专业技术人员，并不断提高专业人员的业务技术素质。第三，要重视配备必要的仪器设备，改善工作条件。第四，要注意加强管理，不断提高科学管理水平。加强内涵建设必须紧紧围绕提高中医机构的业务技术水平进行，业务技术水平的高低是中医机构办得好坏的重要标志。医疗机构必须不断总结临床经验，提高中医疗效。科研机构要抓好课题管理，多出成果，出好成果。教育机构要不断改善办学条件，提高教学质量，培养更多更好的人才。只有这样，才能使中医机构日臻完善，充分发挥作用，更好地为提高人民的医疗保健水平服务。

在中医机构建设上，我们必须正确处理数量和质量的关系，在重视发展数量的同时努力提高质量。对于中医事业"七五"发展规划中提出的"县县有中医医院"的目标，尚未实现的地方，要按照全国县级中医医院工作会议的要求，积极创造条件，争取如期实现。已经实现的，必须狠抓机构的内涵建设，使之不断充实完善，健康发展。

（二）把发展中医学术作为一项根本任务来抓

为了发展中医学术，首先要抓好中医科研工作。对此，我局将于今年四季度召开全国中医药科技工作会议，作出专门部署。其次，要抓好人才培养。按照去年召开的全国中医教育工作会议的要求，落实各项措施，加快人才培养。发展中医学术的根本目的在于提高防病治病的能力，保护人民健康。为此，必须始终一贯地把中医医疗工作抓好。以提高临床疗效为中心，同时注意发挥中医在预防、保健、康复等方面的作用，更好地为人民群众服务。要正确处理继承与发扬的关系。一切学术成就，都是在继承前人成果的基础上，积极吸取和利用当代先进的科学技术，不断创新发展的结果。张仲景创伤寒六经辨证，李时珍著《本草纲目》，温病学派创卫气营血和三焦辨证，无不如此。我们必须在发展中医学术上善于继承，善于发扬，有所发现，有所前进，大力发扬先辈们的创新精神，把中医学术提高到一个新的水平。

（三）把中医战线的治理整顿摆在突出位置抓紧抓好

中医战线治理整顿的重点是中医医疗环境和秩序。当前中医医疗存在的主要问题，一是社会上一些单位和个人无照行医和对游医、药贩、气功医疗等管理失控；二是有些中医医疗机构在新形势下缺乏自我约束机制，单纯追求经济效益，医德医风不正；三是对医务人员业余服务和兼职工作管理不善。这些问题的存在，致使医疗质量下降，损害了群众的利益和中医的声誉。必须按照卫生部和我局颁发的有关文件规定，坚定不移地进行治理整顿。从而使中医医疗秩序明显好转，医疗质量明显提高，服务态度明显改善。与此同时，对中医科研、教育秩序也要进行整顿，特别要加强对社会办学以及中医药对外科技交流与合作的管理。

要建立和完善中医系统内部的行为约束机制，以及社会监督和群众举报等制度，积极开展自查、互查、上级抽查等各种形式的检查活动，推动治理整顿的健康发展，争取近期内取得一定成效。

要继续深化中医改革。结合中医特点，认真贯彻执行国务院一九八九年十号文件精神，通过挖掘内部潜力，扩大社会服务，取得合法收入，提高中医单位的自身发展能力和改善专业技术人员的生活待遇。对于中医单位目前正在进行的其它各项改革，要在实践中进一步发展完善，促使中医事业在改革中不断前进。

五、加强思想政治工作和廉政建设

思想政治工作要形式多样，注重实效。要与业务紧密结合，渗透到各项业务工作和改革中去，并注意解决干部、职工工作和生活中的实际问题。要继续深入开展创建"文明中医院"与"文明企业"的活动，发扬正气，表彰先进，促进中医药行业社会主义精神文明建设的深入开展。要按照党中央、国务院的要求，切实加强廉政建设，坚决惩治腐败。各级中医药行政管理机构，都要充分认识廉政建设的重要意义，把廉政建设作为一件大事来抓。要通过廉政建设，坚决查处以权谋私、损公肥私、贪污受贿等腐败现象，刹住用公款请客送礼、铺张浪费、滥发钱物等不正之风；坚决克服对工作不负责任的官僚主义和失职、渎职行为，改进机关作风，提高工作效率；坚决纠正有令不行、有禁不止和"上有政策、下有对策"的无组织无纪律行为。要增加工作的透明度，强化制约机制，使各级中医药行政管理机构不断地自我完善。广大共产党员，特别是党员领导干部，要以身作则，起模范带头作用，并和广大群众一起发挥监督作用，使廉政建设和惩治腐败收到实效。

在全国中医药工作会议上的总结讲话（摘要）

卫生部副部长兼国家中医药管理局局长　胡熙明

（一九八九年七月二十四日）

全国中医药工作会议经过同志们五天来的共同努力，完成了预定的任务，今天就要结束了。大家认为，这次会议在制止动乱和平息反革命暴乱取得决定性胜利，党的十三届四中全会闭幕之后不久经国务院批准召开，并经国务院同意邀请了各省、自治区、直辖市和计划单列市人民政府的主管秘书长或办公厅主任参加，体现了国务院和各地人民政府对中医药事业的重视和关怀。国务院有关部、委、局的代表也应邀参加了这次会议，表明了这些部门对中医药工作的关心和支持。代表们普遍反映，这次会议以中药工作为重点，抓住当前中医药工作中亟待解决的问题，提高了认识，制定了措施，部署了工作，明确了努力的方向，开得非常及时，非常必要，取得了应有的成效。

大家认为，会议对当前中药工作形势做了实事求是的分析，既肯定了中药工作近年来取得的成绩，又清醒地看到存在的困难和潜在的危机。同时，会议把中药行业的治理整顿摆在突出的位置，并明确了治理整顿的重点是中药流通秩序，议题集中，重点突出，针对性强，符合中央的要求和中医药工作的实际。大家表示，国务院《关于解决中医药有关问题的会议纪要》，是当前中医药工作的一个十分重要的指导性文件，作为各级政府和有关部门，必须坚定不移地认真贯彻执行。大家反映，会议对于中医工作提出的任务和要求抓住了问题的关键，具有现实的指导意义。大家在分析研究当前中医药工作存在的问题时，清楚地认识到，许多问题的出现，同一个时期以来忽视思想政治工作、资产阶级自由化泛滥有关。我们这条战线也不是生活在真空当中。因此，必须认真学习和贯彻党的十三届四中全会精神，坚持"一个中心，两个基本点"，切实加强思想政治工作，旗帜鲜明地反对资产阶级自由化，以保证我们的事业沿着社会主义方向前进。根据代表们在讨论中提出的意见，我再强调几个问题。

一、关于抓好中药行业的治理整顿

大家在讨论中一致认为，当前在中药流通领域存在的许多混乱现象，同其它一些行业既有共性，又有中药行业的特殊性，已经严重影响了中医药事业的发展，对这些问题非进行整顿不可。除了要抓好对批发环节、主要药材集散地的整顿以及严格控制药价上涨、制止倒买倒卖等问题外，一些代表还特别强调，当前制售假药的非法行为相当严重，威胁到人民群众的健康和生命安全，社会上对此反映十分强烈，必须予以高度重视。希望各地在对中药市场进行整顿中把这个问题认真抓好，对那些制售假药证据确凿的单位或个人要坚决打击，依法惩处，决不能手软。当前，治理整顿的任务十分繁重，难度很大，工作是大量的，可以说是一项系统工程，单靠某一部门很难抓好。为此，要在各级人民政府的领导下，各有关部门通力协作，卫生和中医中药主管部门要把这项工作当作自己义不容辞的责任，主动当好参谋。这样通过共同努力进行综合治理，切实把这项工作抓出成效。

二、抓好药材收购工作，保证市场供应

代表们在会上强烈反映，当前药材收购滑坡问题十分严峻。根据我们的统计，今年一至五月份药材收购总量比去年同期下降了百分之五十四点七。而有的省市反映，下降的幅度达到百分之八十；有的甚至基本上没有收购。收购滑坡造成库存下降，如不及时解决，不要很长时间，就可能出现许多品种缺味断档。这是中药工作当前面临的一大难关。要渡过这个难关，必须靠各级政府和有关部门的大力支持，靠中药战线广大干部、职工共同努力。目前，关键的问题是资金短缺。对此，我们在这次会议结束之后，要继续向国务院和有关部门反映，争取得到进一步的支持。同时希望各地也积极采取措施，通过各种渠道，挤出一部分资金，解决好这个问题。我们一定要上下结合，齐心协力，做艰苦细致的工作，力争顺利渡过这个难关。

三、关于加强中医药管理体制建设

对于这个问题，国务院《关于解决中医药有关问题的会议纪要》已经做了明确的决定。大家都同意现在的问题是要研究如何更好地贯彻执行这个决定，而不是再来进行论证。我们十分赞成这个意见。大家认为，中医药学是我国医药卫生事业的特点和优势，是我国的国宝，必须充分认识它的地位和作用，促进它的发展和振兴。去年五月三日，国务院在机构改革中决定成立国家中医药管理局，实行中医中药统一管理，是十分正确和完全必要的。我们认为，对中医中药实行统一管理，有利于中医中药的相互配合，相互促进，同步发展，全面振兴，符合中医药学的自身发展规律。目前，我们必须按照国务院会议纪要的决定，把统一管理的试点工作抓好，希望有关地方给予有力的配合和支持。我们必须把思想统一到国务院的决定和纪要上来。在新旧体制交替时期，我们应该严格按照国务院的要求，切实把中药工作抓好，使生产经营尽量不受损失。这是我们中药战线广大干部、职工应尽的责任和义务。去年五月三日以后，有的地方对药材公司、中药厂以及中药科研、教育机构采取了更名、撤并及其他一些削弱中药事业的做法，有关地方要按照国务院会议纪要的决定，认真采取措施，尽快予以制止和纠正。中药事业本来就十分薄弱，我们应该从各个方面扶持它、加强它，而没有任何理由损害它、削弱它。

同志们，这次会议就要结束了，请同志们回去以后，把会议精神及时地向政府汇报，并结合本地实际情况，研究制定贯彻措施，把会议部署的各项工作认真抓好，落到实处。我们相信，虽然当前中医药事业面临的困难和问题很多，但只要我们加强团结，发奋图强，振奋精神，坚持不懈，我们就一定能够克服前进道路上的困难，开创中医中药事业同步发展的新局面。

四、行政文件

关于发布《中医医疗机构管理条例（试行）》的通知

（89）国医医字第1号

各省、自治区、直辖市及计划单列市中医药管理局、卫生厅（局），各直属单位：

现将《中医医疗机构管理条例（试行）》印发给你们，请结合本地实际情况贯彻执行。执行中有何问题，请及时上报我局医政司。

国家中医药管理局

一九八九年一月四日

中医医疗机构管理条例（试行）

第一章 总 则

第一条 为了加强中医医疗机构的管理，维护其合法权益，促进中医药事业的发展，保障人民健康，制定本条例。

第二条 本条例适用于国家、集体、个体开办的中医医疗机构，包括中医医院、中医院校及中医研究机构的附属医院、中医专科医院、中医康复医院、中医门诊部、中医诊所、中医诊室及一切以各种名称面向社会而主要从事中医医疗业务的单位。

第三条 中医医疗机构均依本条例办理审批登记手续，并接受管理和监督。

第四条 凡批准开业的中医医疗机构受国家法律保护，任何组织及个人不准以任何理由破坏中医医疗机构的设施，干扰其正常工作秩序。

第二章 执 业

第五条 中医医疗机构开业，均应向当地县（区）级以上中医药、卫生行政部门书面申请，取得批准后方可执业。

第六条 中医医疗机构的布局，由当地中医药、卫生行政部门统一规划。

第七条 中医医疗机构必须具备下述基本条件：

（一）中医医院（含中医院校及中医研究机构的附属医院）、中医专科医院、中医康复医院：至少设病床三十张；医师五人，其中主治中医师以上一人、中医师不少于二人；护师、士不少于五人；有相应的药剂、放射、检验等医技人员和诊断、治疗等仪器设备。

不足三十张病床及相应条件者，不得称医院。

（二）中医门诊部：至少有医师三人，其中中医师至少二人；护师、士二人；并有相应的医技人员和房屋设备。

（三）中医诊所：有二名以上中医师及相应的房屋和设备。

（四）中医诊室：有一名以上中医师及相应的房屋和设备。

第八条 中医医疗机构开业的审批：

（一）中医诊所、中医诊室，由当地县（区）级卫生行政部门审批；

（二）中医医院（含中医院校及中医研究机构的附属医院）、中医专科医院、中医康复医院、中医门诊部、其它以各种名称面向社会而主要从事中医医疗业务的单位，由地（市）级或其以上中医药、卫生行政部门审批。

（三）其它任何组织和个人都无权批准中医医疗机构开业；也不准擅自借用其它机构名称从事中医医疗活动。

第九条　中医医疗机构在申请开业时，应提交以下材料：

（一）机构名称、设置科目、床位编制；

（二）卫技人员情况；中医诊所、中医诊室须提交医务人员名单及其有关资格证件；

（三）业务用房产权证书或租赁合约；

（四）诊疗设备及药品情况；

（五）与申报规模相称的资金情况；

（六）有关规章制度；

（七）法人代表有关情况及其资格证件。

第十条　中医医疗机构改变机构名称、增减病床、变更科目、停业、迁移都必须报原批准开业的中医药、卫生行政部门审批登记。

第十一条　中医医疗机构不准聘用未取得中医师、士资格或卫生技术职务资格的人员从事医疗技术工作。

第十二条　中医医疗机构张贴、刊登、播放广告，必须经当地中医药、卫生行政部门审批，其内容只限于单位名称、诊疗时间、诊疗科别、专科特色、医师专长、药物、仪器介绍及地址和电话。不得做虚夸宣传。

第十三条　中医医疗机构的各项收费，必须按当地卫生物价部门批准的医疗收费标准执行，不得擅自提价。

第三章　职　　责

第十四条　中医医疗机构是社会主义医疗卫生事业设施，要以社会效益为最高准则，建立健全各项规章制度、技术操作规程和各类人员工作职责，使各项工作制度化、规范化。

第十五条　中医医疗机构必须保持和发扬中医特色，坚持运用中医药防治疾病，积极引进现代科学技术，不断提高医疗技术水平。

第十六条　中医医疗机构要经常对职工进行职业道德教育，并要不断改善服务条件，提高服务质量。

第十七条　中医医疗机构有承担预防和初级卫生保健工作的义务，并要积极开展中医药和卫生保健科普知识的宣传工作。在发现法定传染病或疑似法定传染病时，采取有效防治措施，并按规定时间向当地卫生防疫部门报告。

第十八条　发生重大灾害、事故时，中医医疗机构必须服从中医药、卫生行政部门调遣，积极参加防病治病、抢救伤病员工作。

第四章　罚　　则

第十九条　中医医疗机构违反本条例规定，中医药、卫生行政部门可根据其情节轻重分别给予警告、罚款、停业整顿、吊销开业执照等处罚。

第二十条　未获中医药、卫生行政部门批准即擅自开业的，由当地中医药、卫生行政部门或会同有关部门予以取缔，并可视情节轻重处以罚款。

第五章　附　　则

第二十一条　本条例由国家中医药管理局负责解释。

第二十二条　民族医医疗机构参照本条例执行。

第二十三条　厂矿企业、部队面向社会从事中医医疗业务的单位，也应参照本条例执行。

第二十四条　中医医疗机构不包括盲人按摩机构，盲人按摩机构管理办法由民政部门另行制定。

第二十五条　各省、自治区、直辖市中医药管理局或卫生厅(局)，可按本条例规定的原则，结合本地实际，制定实施细则。

第二十六条　本条例自发布之日起施行。在此之前颁发的有关规定凡与本条例不符的，以本条例为准。

关于发布《中医师、士管理条例（试行)》的通知

(89）国医医字第2号

各省、自治区、直辖市及计划单列市中医药管理局、卫生厅（局)，各直属单位：

现将《中医师、士管理条例（试行）》印发给你们，请结合本地实际情况贯彻执行。执行中有何问题，请及时上报我局医政司。

国家中医药管理局

一九八九年一月十四日

中医师、士管理条例（试行)

第一章　总　　则

第一条　为加强中医师、士的管理，维护其合法权益，发挥他们在社会主义卫生事业中的作用，保障人民健康，制定本条例。

第二条　本条例适用于中医师、士个人，聘用中医师、士的单位和中医药、卫生行政部门。

第三条　本条例所称中医师、士是指从事中医医疗、教学、科研工作，并已取得中医师、士资格的人员。

第四条　凡取得中医师、士资格者，方可从事医疗技术工作。

第二章　资　　格

第五条　下列人员可取得中医师资格：

(一）获得高等中医院校或医学院校中医各专业本科毕业证书，并在医疗卫生单位从事中医医疗、教学、科研工作期满一年，经考核合格者。

(二）获得中医院校或医学院校中医各专业专科毕业证书，并在医疗卫生单位从事中医医疗、教学、科研工作期满两年，经考核合格者。

(三）获得国家教委批准或备案的国家承认专科学历的中医成人高等教育各专业毕业证书，入学前已取得中医士资格，毕业后在医疗卫生单位从事中医医疗、教学、科研工作期满一年；入学前未取得中医士资格，毕业后在医疗卫生单位从事中医医疗、教学、科研工作期满两年，经考核合格者。

(四）获得国家统一组织的中医高等自学考试各专业本科毕业证书，并在医疗卫生单位从事中医医疗、教学、科研工作期满一年，经考核合格者；获得国家统一组织的中医高等自学

考试各专业专科毕业证书，并在医疗卫生单位从事中医医疗、教学、科研工作期满两年，经考核合格者。

（五）获得国家统一组织的中医师资格考试合格证书者。

（六）本条例颁发之前，在技术职务评聘中，按国家有关规定考试、考核、审批，已获得中医师技术职务资格者。

（七）台湾、香港、澳门同胞或归国侨胞持有台湾、香港、澳门当局或外国政府颁发的中医师证书，经各省、自治区、直辖市中医药管理局或卫生厅（局）验证，并经中医师注册考试合格者。

第六条　下列人员可取得中医士资格：

（一）获得中等中医学校或卫生学校中医各专业毕业证书，并在医疗卫生单位从事中医医疗、教学、科研工作期满一年，经考核合格者。

（二）获得省、自治区、直辖市教育部门批准或备案的国家承认学历的中医成人中等教育各专业毕业证书，并在医疗卫生单位从事中医医疗、教学、科研工作期满一年，经考核合格者。

（三）获得国家统一组织的中医中等自学考试各专业毕业证书，并在医疗卫生单位从事中医医疗、教学、科研工作期满一年，经考核合格者。

（四）获得省、自治区、直辖市统一组织的中医士资格考试合格证书者。

（五）本条例颁发之前，在技术职务评聘中，按国家有关规定考试、考核、审批，已获得中医士技术职务资格者。

第七条　中医高、中等自学考试，按照国家自学考试委员会有关章程进行，由省、自治区、直辖市中医药管理局或卫生厅（局）协助实施。

第八条　中医师资格考试，由国家中医药管理局统一组织和命题，由省、自治区、直辖市中医药管理局或卫生厅（局）具体实施；中医士资格考试，由省、自治区、直辖市中医药管理局或卫生厅（局）统一组织和命题，由地市级中医药管理局或卫生局具体实施；合格者分别由组织命题机构发给考试合格证书。

第九条　中医师、士资格证书的领取，须持有第五条、第六条各款规定的证书及有关证件，到县或县以上中医药、卫生行政主管部门登记注册。中医师由省级中医药管理局或卫生厅（局）核准，发给国家中医药管理局统一印制的“中医师资格证书”；中医士由地市级中医药管理局或卫生局核准，发给省中医药管理局或卫生厅（局）统一印制的“中医士资格证书”。

第十条　凡有下列情况之一者，不发给中医师、士资格证书，已发者要注销登记并收回证书：

（一）精神病患者；

（二）触犯刑律在服刑期间者；

（三）其他不适宜做中医师、士工作者。

第三章　职　责

第十一条　发扬救死扶伤的社会主义人道主义精神，坚持实事求是的科学态度，恪守职业道德，全心全意为人民服务。

第十二条　继承和发展中医药学，坚持在中医理论指导下防治疾病，不断提高医疗水平。同时要学习和采用现代科学技术，积极开展中医药科学研究、宣传等活动。

第十三条　承担预防和初级卫生保健任务。发现法定传染病或疑似法定传染病时，按有关规定，采取积极防治措施，并及时向当地卫生防疫部门报告。

第十四条　发生重大灾害、事故时，应服从中医药、卫生行政部门调遣，积极参加防病治病、抢救伤病员工作。

第十五条　对未经检查、诊断的患者，不得处方，不得伪造病历，不准向病人索取财物，不得泄漏病人隐私。

第十六条　发生医疗事故纠纷时，必须及时向有关上级实事求是汇报，并认真总结经验教训，配合有关部门做好善后工作。

第四章　权　　利

第十七条　有从事医疗技术工作的权利，开展正常工作业务受国家法律保护。

第十八条　发生医疗事故纠纷时，按国家颁布的《医疗事故处理办法》执行；当事人或其家属，不得侵犯中医师、士的人身安全，不得干扰其正常工作。

第十九条　按有关规定，有开具处方、疾病诊断书、死亡证明书等各种医疗文件的权利。

第五章　奖　　惩

第二十条　中医师、士有下列情况之一者，应给予表彰奖励：

（一）在防病治病中，医德高尚、工作成绩突出者；

（二）医术精湛，对疑难或危重病证的治疗效果显著者；

（三）在培养中医药人才方面做出重要贡献者；

（四）对中医药理论的发展、提高有重大贡献者；

（五）献出中医药秘方、验方，确有重大价值者；

（六）在国内外推广应用中医药技术成绩卓著者；

（七）在管理方面，对推动中医药事业发展成绩突出者。

第二十一条　凡违反本条例有关条款，按其情节轻重，可由中医药、卫生行政部门分别给予警告，罚款，停业改进，扣压中医师、士资格证书，收回中医师、士资格证书并注销登记等行政处罚。触犯刑律者依法追究刑事责任。

第六章　附　　则

第二十二条　民族医师、士的管理办法，由有关省、自治区中医药管理局或卫生厅参照本条例制定，报国家中医药管理局备案。

第二十三条　中医师、士不包括盲人按摩，浴池按摩、修脚人员（本条例颁发之前，在卫生系统内部的盲人按摩人员，按国家有关规定已取得技术职务者，予以承认）。

第二十四条　本条例由国家中医药管理局负责解释。

第二十五条　本条例自发布之日起施行。在此之前颁发的有关规定凡与本条例不符的，以本条例为准。

关于下发《对承担中医药国家七五重点科技攻关项目的专业技术人员岗位补贴的管理办法（试行）》的通知

(89)国医药科字第4号

各省、自治区、直辖市中医管理局、卫生厅（局）中医处、“七五”攻关专题组长单位：

根据人事部、财政部人薪发（1988）13号《关于对承担国家七五重点科技攻关项目的专业技术人员试行岗位补贴的通知》精神，特制定《对承担中医药国家七五重点科技攻关项目的专业技术人员岗位补贴的管理办法（试行）》，请即遵照执行。

附件：对承担中医药国家七五重点科技攻关项目的专业技术人员岗位补贴的管理办法（试行）

国家中医药管理局

一九八九年二月二十日

对承担中医药国家七五重点科技攻关项目的专业技术人员岗位补贴的管理办法（试行）

为鼓励承担国家重点科技攻关任务的专业技术人员，根据人事部、财政部人薪发(1988) 13 号文件精神，现制定岗位补贴的管理办法（试行）

一、实行岗位补贴的范围

1．凡直接承担中医药国家七五重点科技攻关项目的专业技术人员，在按计划开展项目工作期间，可享受岗位补贴。

2．直接承担中医药国家七五重点科技攻关项目的专业技术人员，指主持部门与承担单位签订合同内的人员，分题单位和其他单位签订协作合同所涉及的科技人员不在补贴之列。

3．同时承担数项国家七五重点科技攻关项目的专业技术人员，不得重复享受岗位补贴。

二、岗位补贴的核定

1．国家中医药管理局核定各专题组的人员数和下达的补贴金额，并根据技术的复杂程度、当年的工作量、计划执行情况，核定年全时人数，合理分配专题补贴总额，保证国家分配的补贴总额不被突破。

2．专题组长单位要深入了解计划执行情况，审查年全时人员数，按时上报年全时人员数，协助做好补贴的管理工作。

3．专题组长单位按时向主持部门报告计划执行情况、审查年全时人员数，按时上报年全时人员数，协助做好补贴的管理工作。

4．专题组长单位按时向主持部门报告计划执行情况、年全时人员数等，认真填报有关报表，做好岗位补贴的申报、发放等工作，确保岗位补贴的重点使用。

三、岗位补贴的管理

1．专题组长单位，负责岗位补贴的申报、领取和发放，要切实保证补贴真正用于承担课题的人员。

2．分题组负责人有分配岗位补贴的自主权，在确定岗位补贴的等级及标准时，要根据承担任务人员的责任大小、工作量及实际贡献等拉开挡次不搞平均分配。专题、分题组负责人的岗位补贴，由上级核定。专题组、分题组所在单位对分配补贴有监督和协调的权力。

3．攻关岗位补贴，奖励承担国家七五重点科技攻关任务的专业技术人员，各级管理部门不得挪作他用，不得截留，不得提取“管理费”。

4．岗位补贴所核定的金额，暂定三年不变，此项补贴须列入科研项目支报，并计入发放单位的工资总额。

四、岗位补贴的发放

为保证国家重点科技攻关项目按期完成，而又不突破所核定的补贴总金额，承担单位可从核准的补贴总额中先拿出不超过70%的补贴费，按月或按阶段发放。其余30%到年终按项目进展情况核发，如未完成计划可视情况予以减发或不发，其结余部分，允许转入下一年度继续使用。攻关项目完成或终止后，补贴即停止发放。

每年核发给科技人员的补贴费，由分题组造册，专题组长汇总，报我局科技司备案。

五、本管理办法从一九八八年元月起执行。

关于中药行业实行技师和经营师聘任制的实施意见

（89）国医人字第24号

各省、自治区、直辖市及计划单列市中医（药）管理局、医药管理局（总公司）、劳动厅局（劳动人事厅局）：

中药行业实行技师和经营师聘任制是在中药工业高级技术工人和中药商业经营业务的高级工人中实行技术（业务）职务的一项重要政策。它对于鼓励工人钻研技术业务，不断提高技术业务素质，稳定工人队伍，发挥高级技术工人和高级经营人员的作用，适应经济建设需要，具有重要的意义。根据原劳动人事部发布的《关于实行技师聘任制的暂行规定》（以下简称《暂行规定》），参照国家医药管理局国药联人字（87）第762号和国药人字（88）第126号文件的有关精神，并结合中药行业的实际情况，现对中药行业实行技师和经营师聘任制的问题提出如下实施意见：

一、各地区和有关部门在贯彻执行《暂行规定》时，必须加强领导。要明确技师是在高级技术工人中设置的技术职务，不是技术称号，不是高级技术工人的普遍晋升，必须严格按照任职条件、考核标准、比例限额，并根据生产岗位的实际需要，在技术、业务比较复杂的工种（岗位）的技术工人中进行考核、聘任。

技师聘任制的工作，应先行试点，取得经验后，再逐步推开，切不可一哄而起，放任自流。

二、中药行业是特殊行业，实行技师聘任制的工种（岗位）范围，要在原国家医药管理总局颁发试行的《中药人员业务技术等级标准》中技术复杂的工种（岗位）中实行，目前，要在技术等级线达到工业七级以上（按初、中、高分级达到高级）的工种（岗位）中实行。具体工种（岗位）见附件。

三、技师的名称：

中药行业中从事中成药生产和中药饮片加工炮制的技师，统称为“中药技师”。

四、中药技师的比例限额，各地区、有关部门应控制在实行技师聘任制工种（岗位）的中药技术工人总数的百分之二以内。在中药行业内部，可根据单位和工种（岗位）的性质、特点、类型及不同情况调剂使用。

五、被聘中药技师实行职务津贴。津贴标准按每人每月二十元核定。具体标准，在国家下达的增资指标内，由聘任单位根据不同工种（岗位）的技术业务复杂程度、责任大小、劳动强度等情况，在十五至二十五元幅度内自行确定。

六、被聘中药技师可享受所在单位工程师等中级专业技术人员的有关福利待遇。

七、中药行业内，属于其它行业归口管理并列入技师聘任制范围的工种（如电工等），实行技师聘任制按照有关行业归口部门的实施意见执行。

八、中药技师的考核、评审工作，地方所属单位在当地劳动部门组织指导下，由中药管理部门的工人技术考核委员会负责。未成立工人技术考核委员会的，可成立技师考评组织，负责技师的考核、评审工作。基层单位也应设立相应的组织，在主管部门考评组织指导下开展工作。国家中医药管理局直属单位，由国家中医药管理局负责，也可委托当地中药管理部门在劳动部门综合指导下负责考评工作。

九、中药技师的任职条件：

（一）遵守国家政策和法律、法规，有良好的职业道德；

（二）技工学校或其它中等职业技术学校毕业，或经过自学、职业培训，达到同等水平；

（三）具有本工种（岗位）技术业务等级标准中高级工的专业技术理论水平和实际操作技能或业务工作的经验；

（四）具有丰富的中药技术业务实践经验，能够解决本工种（岗位）各环节关键性的疑难问题，有较突出的工作实绩；

（五）具有辅导讲授本工种（岗位）技艺和业务知识，培训中级工以上技术业务人员的能力；

十、对长期从事中药生产第一线技术工作，确有真才实学、成绩显著、贡献突出的老工人，学历要求可以适当放宽，专业技术的考核，重点放在实际技能和解决疑难问题的能力方面；

十一、根据经营业务岗位的需要，在中药商业经营业务岗位的高级工人中实行经营师聘任制，其职务名称为“中药经营师”。实行中药经营师聘任制的比例限额、津贴标准和福利待遇等问题，按本规定中实行中药技师聘任制的有关办法和国家医药管理局《关于医药行业中医药商业实行经营师聘任制的通知》的精神执行。中药商业企业中兼营西药的人员可按照本实施意见办理；

十二、各地区和有关部门，可按照《暂行规定》和本实施意见，结合实际情况，制订本地区、本部门的具体实施办法。

附件：中药行业实行技师和经营师聘任制的工种（岗位）范围表

国家中医药管理局　　劳动部

一九八九年三月十一日

附件：

中药行业实行技师和经营师聘任制的工种（岗位）范围表

序号：　　工种（岗位）名称

中成药制药（技术等级标准有两个版本，以企业为单位，任选一种）

版本一：

1.　净选整理工

2.　炮制工

3.　方剂调剂工

4.　粉碎工

5.　提取工

6.　干燥工

7.　研配工

8.　　　　蜜丸制剂工
9.　　　　水（浓）丸制剂工
10.　　　　药酒制剂工
11.　　　　药胶制剂工
12.　　　　膏药制剂工
13.　　　　油膏制剂工
14.　　　　橡皮膏制剂工
15.　　　　包装工
16.　　　　保管工
17.　　　　片剂工
18.　　　　针剂工

版本二：

19.　　　　整理炮制配制工
20.　　　　一般提取工
21.　　　　植物有效成份提取工
22.　　　　保管工
23.　　　　制丸工
24.　　　　冲、散、胶囊制剂工
25.　　　　酊水糖浆工
26.　　　　制膏（胶）工
27.　　　　制硬膏工

中药饮片炮制

28.　　　　挑拣整理工
29.　　　　切制工
30.　　　　炮炙工
31.　　　　粉碎工
32.　　　　干燥工
33.　　　　保管工

中药经营

34.　　　　中药营业员
35.　　　　中药仓库保管（检验、养护）员
36.　　　　中药材生产（收购）员
37.　　　　中药材采购员

关于印发《中医人员个体开业管理补充规定》的通知

（89）国医医字第4号

各省、自治区、直辖市及计划单列市中医（药）管理局、卫生厅(局)，各有关直属单位：

根据卫生部、国家中医药管理局（88）卫医字第36号《医师、中医师个体开业暂行管理

办法》中有关规定精神，为做好中医士及其他中医人员个体开业管理工作，我局制定了《中医人员个体开业管理补充规定》，现印发给你们，请结合本地实际情况贯彻执行。执行中有何问题，请及时报我局。

附件：中医人员个体开业管理补充规定

国家中医药管理局

一九八九年五月三日

中医人员个体开业管理补充规定

根据卫生部、国家中医药管理局联合发布的《医师、中医师个体开业暂行管理办法》第二十八条，“中医士及其他人员个体开业管理办法由国家中医药管理局制定”，现就中医士（含各民族医医士）个体开业作如下补充规定：

一、凡具有下列资格之一，现未在国家、集体医疗机构中工作者，可申请从事个体行医：

（一）已取得中医士资格证书者；

（二）已取得藏、蒙、维、傣等其中任何一种民族医士资格证书者；

（三）根据国家中医药管理局《关于对现有民间中医一技之长人员进行复核有关问题的通知》精神，经复核合格的民间中医一技之长人员。

二、中医士（含各民族医医士）只能在农村乡、村所在地开业，在城镇只能随个体开业中医师以上专业技术人员从业。

经复核合格的民间中医一技之长人员只能在当地县（区）范围内开业。

三、对本规定所列中医人员个体开业的执业管理，应参照卫生部、国家中医药管理局《医师、中医师个体开业暂行管理办法》的有关规定执行。

四、各省、自治区、直辖市中医药、卫生行政部门可根据本规定精神，结合各地的实际情况，制定相应的办法。

五、本规定自公布之日起施行。在此之前颁发的有关规定凡与本规定不符的，以本规定为准。

关于转发《中药专业技术职务任职资格评审组织章程》的通知

（89）国医人字第47号

各省、自治区、直辖市及计划单列市医药管理局(总公司)，本局直属单位：

为了做好中药专业技术职务任职资格评审工作，现将我局制定的《中药专业技术职务任职资格评审组织章程》转发给你们。请结合当地有关规定，参照办理。

附件：中药专业技术职务任职资格评审组织章程

国家中医药管理局

一九八九年五月二十七日

中药专业技术职务任职资格评审组织章程

第一章 总 则

第一条：中药专业技术职务任职资格评审委员会或中药专业技术职务任职资格评审组织

负责评审中药专业技术职务任职资格。

第二条：国家中医药管理局对全国中药专业技术职务评聘工作进行指导，并在人事部的领导下制定有关实施细则。省、自治区、直辖市及计划单列市中药专业技术职务评聘工作在各地职称改革工作领导小组统一领导下进行；局直属单位中药专业技术职务评聘工作在国家中医药管理局职称改革工作领导小组领导下进行。

第二章 组 织

第三条：国家中医药管理局设中药专业技术职务任职资格评审委员会；省、自治区、直辖市及计划单列市中药管理部门设中药专业技术职务任职资格评审委员会；局直属单位根据实际情况，设中药专业技术职务任职资格评审委员会或评审组。

第四条：评审高级中药专业技术职务任职资格的评审委员会，由高级中药专业技术人员和中药部门行政负责人组成，委员一般为十一至十五人。全体委员中应有三分之二以上的高级中药专业技术人员。评委会设主任一人，副主任一至二人，由具有较高水平的中药专家和中药部门行政负责人担任。

第五条：评审中级以下中药专业技术职务任职资格的评审委员会或评审组，由中级以上中药专业技术人员和中药部门的行政负责人组成，委员一般为七至十一人，全体委员中应有三分之二以上的中、高级中药专业技术人员，其中高级中药专业技术人员至少应有三人。

第六条：各级中药专业技术职务任职资格评审组织，要吸收一定数量中青年业务、技术骨干参加。

第七条：中药专业技术职务任职资格评审组织成员要作风正派，秉公办事，履行职责，保守秘密。每届评审委员会（评审组）的任期一般不超过三年。

第八条：省、自治区、直辖市及计划单列市和局直属单位的中药专业技术职务任职资格评审委员会（评审组），要报国家中医药管理局职称改革工作领导小组和中药专业技术职务任职资格评审委员会办公室（设在中国药材公司人事处）备案。

第三章 职 责

第九条：国家中医药管理局中药专业技术职务任职资格评审委员会的职责是：在国家中医药管理局职称改革工作领导小组的领导下，负责本局机关、局直属单位和全国中药行业中尚不具备成立中药高级专业技术职务任职资格评委会条件地区的中药、中药工程、中药研究等系列的高级专业技术职务（主任、副主任中药师，高级工程师，正副研究员）任职资格的评审；接受外部门、系统的委托，代评上述系列高级专业技术职务任职资格；负责指导中药行业高级中药专业技术职务任职资格的评审工作。

第十条：省、自治区、直辖市及计划单列市和局直属单位中药专业技术职务任职资格评审委员会的职责是：在当地职称改革工作领导小组和中药管理部门职称改革工作领导小组领导下，负责本系统、本单位初、中级中药专业技术职务任职资格的评审。有条件成立高级中药专业技术职务任职资格评委会的地区和单位，应负责高级中药专业技术职务任职资格的评审，并报国家中医药管理局职称改革工作领导小组和中药专业技术职务任职资格评委会办公室备案。尚不具备成立中药高级专业技术职务任职资格评委会条件的地区和单位，可委托国家中医药管理局中药专业技术职务任职资格评委会评审。

第四章 程 序

第十一条：中药专业技术职务任职资格评审委员会（评审组）在评审前，应要求被评审人提交《专业技术职务任职资格申报表》和反映其专业技术水平和工作成就的材料，并考察了解被评审人的情况，注意听取有关方面的意见。基层单位的评审组织要做好被评审人的资格审查和考核工作，对被评审人提交的申报表和有关材料要作出鉴定。对申请高级中药专业技术职务任职资格的人员，须请两名担任中药高级专业技术职务的同行专家评议并签署意见，经中级中药专业技术职务任职资格评委会（评审组）评审推荐，方可提交高级中药专业技术职务任职资格评委会评审。委托国家中医药管理局中药专业技术职务任职资格评委会评审高级专业技术职务任职资格，须由主管部门职称改革工作领导小组和中药专业技术职务任职资格评审组织出具委托书和推荐意见。

第十二条：中药专业技术职务任职资格评审委员会（评审组）召开评审会议，必须有三分之二以上的成员出席，其评审结果方为有效。

第十三条：中药专业技术职务任职资格评审委员会（评审组）应以民主程序进行工作，对被评审人的评议意见，应在充分讨论的基础上，经无记名投票，赞成票数超过全体成员的二分之一方为通过。

第十四条：经评委会（评审组）评审未通过任职资格者，需一年以后方可再次申报任职资格。

第五章　附　　则

第十五条：对于不能按照中药专业技术职务任职条件和本章程，以及有关政策的要求保证评审质量的评委会(评审组)，上级主管部门评委会和国家中医药管理局有权暂停或建议暂停其评审工作。

第十六条：本章程由国家中医药管理局负责解释。

关于对现有民间中医一技之长人员进行复核等有关问题的通知

(89)国医医字第5号

各省、自治区、直辖市及计划单列市中医（药）管理局、卫生厅(局)，各有关直属单位：

近几年来，各地审批了一批民间中医一技之长人员，对缓解群众看病难起了一定作用。但是，由于对民间中医一技之长人员缺乏统一的考核标准，致使一些水平较低的人员进入了中医队伍，影响了中医队伍素质，损害了患者的利益，在社会上造成了不良的影响。为加强对现有民间中医一技之长人员的管理，决定对近几年各地审批的民间中医一技之长人员进行一次复查审核，现将有关问题通知如下：

一、民间中医一技之长人员是指散在于民间，掌握某一独特的诊疗技能或方药，对某种或几种病症确有独特疗效，在群众中有一定信誉者。

二、各地接本通知后，组成由较高水平的有关中医药人员参加的评审小组，对现已领取《民间中医一技之长人员证书》者进行认真的技术考试、考核和评审。具体内容和方法如下：

1．先对有关的中医理论和技术进行考试或答辩，合格者，再进行临床考核。

2．临床考核应由高、中级中医人员担任主考。考核的重点看其有无独特专长、独特疗效。主考人对申请者所治病人要做出治疗前的确切诊断和治疗后的疗效判定，并负责写出评语。

3. 临床考核结束，评审小组综合考试、考核情况，做出最终评审结论。

三、复审合格者，由地（市）级中医药、卫生行政部门发给《民间中医一技之长人员证书》，证书应明确其专长和允许所治疾病范围。证书有效期一年，到期由所在县（区）级卫生行政部门审核、换证。

取得《民间中医一技之长人员证书》者从事个体行医，必须事先提出申请，并由所在县（区）级卫生行政部门根据有关规定核发个体开业执照后方可开业。

四、对于经过考试、考核确无独特诊疗技术和临床疗效的人员，应注销登记，收回已发的《民间中医一技之长人员证书》和开业执照，停止执业。

五、对复审合格的民间中医一技之长人员要组织他们认真学习中医药理论，限期达到中医士水平，逐步使其纳入中医师、士系列进行管理。

六、本通知下达后，各地不再审批民间中医一技之长人员。今后凡要进行中医医疗活动的人员，必须按《中医师、士管理条例》取得中医师、士资格后方可执业。

国家中医药管理局

一九八九年八月十二日

关于发布实施《国家中医药管理局科学研究基金管理暂行条例》的通知

(89)国医科字第 21 号

各省、自治区、直辖市中医（药）管理局、卫生厅（局）中医处、医药管理局(总公司)，本局直属单位，各有关单位：

根据科技体制改革的有关精神，为调动广大中医药科技工作者的积极性，促进中医药科技进步及学术发展，我局实行科学研究基金制，并发布实施《国家中医药管理局科学研究基金管理暂行条例》，以加强对科学研究基金的管理。在执行中，如发现有何问题及修改意见，请函告我局科技司。

附件：国家中医药管理局科学研究基金管理暂行条例

国家中医药管理局

一九八九年八月十四日

国家中医药管理局科学研究基金管理暂行条例

第一章 总 则

第一条 为调动广大中医药科技工作者的积极性和创造性，提高中医药科学研究水平和防病治病能力，促进中医药科技进步及学术发展，特设立国家中医药管理局科学研究基金。

第二条 科学研究基金资助有创造精神和开拓能力的中医药科技工作者开展中医药应用研究、基础研究、开发研究及少量软科学研究。

第三条 科学研究基金资助项目包括：重大项目、重点课题、青年基金课题。重点课题三年集中受理一次，青年基金课题二年集中受理一次，重大项目可根据情况，随时论证确立。青年基金课题的管理，依照《国家中医药管理局青年中医药科学研究基金暂行条例》执行。

第四条 科学研究基金资助的课题须具备的基本条件：

1. 选题围绕提高中医药防病治病能力，提高临床疗效及对中医药学术发展有较大意义的科学技术问题；

2. 学术思想新颖，立题根据充分，有先进、科学、可行的研究方法和技术路线；

3. 有良好的科学研究基础，具有深入开展科学研究的基本条件；

4. 研究内容代表国内先进水平，目标明确，一般可望在二至三年内取得预期的结果；

5. 经费预算适当、合理。

在条件相近的情况下，对于优秀青年及少数民族、边远地区中医药科技工作者，优先予以支持。

第五条　科学研究基金结合全国中医药事业发展规划及科学技术发展规划、纲要、纲领，配合国家重点科技攻关项目等实施。

第六条　科学研究基金资助包括无偿资助和有偿资助。有偿资助主要用于开发研究，偿还比例视具体课题而定。

第七条　科学研究基金确定资助的形式，以公开招标与委托、计划任务下达相结合。重大项目以组织协调、计划任务下达形式安排；重点课题、青年基金课题以招标形式确定。招标的实施步骤为：计划指导、公开招标、志愿申请、单位审核、同行评审、择优资助、签订合同、专款专用。

第八条　运用电子计算机“全国中医药科技管理系统”参与科学研究基金资助课题的管理工作。

第九条　科学研究基金来源于中医药科技三项费用、社会捐赠及事业费等。

第二章　申　请

第十条　国家中医药管理局根据全国中医药科学技术发展规划、中医药学术需要及国家中医药管理局科学技术专家委员会意见，制订和发布《项目指南》，指导、协调课题申请。各省、自治区、直辖市中医（药）管理局、卫生厅（局）中医处及局直属单位根据国家中医药管理局的要求，负责组织科研基金课题申请。

第十一条　申请资助者须是实际主持或从事课题研究工作的具有中级以上（含中级）技术职务或职称的科技工作者。申请资助者申请国家中医药管理局科学研究基金课题数，连同正在进行的部局级以上课题数，不得超过两项。

第十二条　申请资助者须根据本条例及《项目指南》的要求，填写《国家中医药管理局科学研究基金课题申请书（合同书）》，经所在单位对申请书内容的真实性、研究方案的可行性、经费的合理性及单位对基本工作条件能否保证等进行审核和签署意见。

第十三条　《申请书》由所在省、自治区、直辖市中医（药）管理局、卫生厅（局）中医处及局直属单位统一审核盖章(一式四份)，并集中录入计算机软盘(一份)，上报国家中医药管理局科学技术司。

第三章　评　审

第十四条　科学研究基金课题的评审工作由国家中医药管理局科学技术司组织进行。评审坚持“依靠专家、发扬民主、公正合理、择优支持”的原则。

第十五条　国家中医药管理局根据申请课题的具体情况送交国家中医药管理局科学技术专家委员会同行专家评审。

第十六条　参加评审人员对申请书的内容、评审情况及专家评审意见负有保密责任。评审专家如有申请或参加申请的课题，在评审该课题时要回避。

第十七条　根据专家评审意见，国家中医药管理局对申请课题进行复核　并将评审结果通知申请资助者个人及所在单位。申请资助者个人及所在单位在接到批准资助的通知后，如有不同意见，应在一个月内向国家中医药管理局科学技术司提出，逾期则按评审意见执行。

第四章　管　　理

第十八条　除重大项目由国家中医药管理局科学技术司直接管理外，重点课题、青年基金课题均委托受资助者所在省、自治区、直辖市中医（药）管理局、卫生厅（局）中医处及局直属单位管理。

第十九条　科学研究基金资助经费一次核定，分年度拨款。资助经费不包括外汇。

第二十条　科学研究基金课题经费限于支付课题研究直接需要的开支，开支范围包括：

1．仪器设备及零配件购置；

2．消耗性实验材料（包括试剂、实验动物、药品、标准品等）；

3．加工、测试、计算、临床观察；

4．资料及参加国内学术交流。

课题经费要独立核算、厉行节约、专款专用。课题经费不得用于支付人员工资、奖金、劳保福利、基建及课题需要以外的其它开支。要充分利用已有条件或协作条件，鼓励通过横向联系，争取多渠道资助。课题完成后的节余经费，可由受资助者提出使用计划，转入新的研究工作继续使用。

第二十一条　受资助者所在省、自治区、直辖市中医（药）管理局、卫生厅（局）中医处及局直属单位和受资助者所在单位负责对受资助者的研究工作进行检查、监督，并在人力、物力、财力和时间上给予支持和保证。

第二十二条　受资助者如出国及病休一年以上、工作调动或发生其它意外情况，受资助者及所在单位应采取措施，保证研究工作按计划进行，并将安排情况抄报国家中医药管理局科学技术司。

第二十三条　受资助者每年年终须填写《国家中医药管理局科研课题执行情况报告表》，向所在省、自治区、直辖市中医（药）管理局、卫生厅（局）中医处及局直属单位报告课题执行情况。各省、自治区、直辖市中医（药）管理局、卫生厅（局）中医处及局直属单位将本地区、本单位报告材料汇总，集中录入计算机软盘(一份)，报国家中医药管理局科学技术司。课题研究取得重要突破及研究方案的重大更改应随时报告。

第二十四条　受资助者在研究工作结束后，应及时进行总结，填写《国家中医药管理局科研课题验收鉴定申请书》，经所在单位签署意见，在三个月内，根据课题性质，向所在省、自治区、直辖市中医（药）管理局、卫生厅（局）中医处及局直属单位或国家中医药管理局科学技术司提出验收鉴定申请。

第二十五条　科学研究基金课题的验收鉴定根据《中华人民共和国国家科学技术委员会科学技术成果鉴定办法》执行。重大项目的验收鉴定由国家中医药管理局科学技术司批准和组织，重点课题及青年基金课题由受资助者所在省、自治区、直辖市中医（药）管理局、卫生厅（局）中医处及局直属单位批准和组织。验收鉴定结果报国家中医药管理局科学技术司，以示课题完结。

第二十六条　受资助者在进行科研工作报告、发表论文、申报奖励时需注明“国家中医药管理局科学研究基金资助”字样，重要文件抄报国家中医药管理局科学技术司。

第五章　奖　惩

第二十七条　国家中医药管理局定期组织有关专家和人员检查、评议受资助者的研究工作情况，对成绩突出者给予表扬、奖励。

第二十八条　受资助者未能按预定计划完成研究任务者，需及时向国家中医药管理局科学技术司说明情况。对由于主观原因造成未按计划完成任务，又不能及时作出说明并采取补救措施者，经费使用不当者，将根据具体情节予以停止、追回拨款以至追究责任。

第六章　附　则

第二十九条　本条例由国家中医药管理局科学技术司负责解释。

第三十条　本条例自颁布之日起施行。

关于印发《中药商业质量管理规范(试行)》的通知

(89)国医质字第6号

各省、自治区、直辖市及计划单列市医药管理局（总公司）：

为了进一步加强中药流通领域的质量管理，中国药材公司曾邀请部分省、市有中药质量管理工作实践经验的同志起草了《中药商业质量管理规范（征求意见稿）》并下发各地征求意见。经过一年的收集意见和修改、补充，现将《中药商业质量管理规范(试行)》印发给你们，请按照试行。并请将试行中发现的问题及时反馈我局质量司。

国家中医药管理局

一九八九年十月十一日

中药商业质量管理规范（试行）

第一章　总　则

第一条　为加强流通领域的中药质量管理，完善工作职能，严肃质量管理纪律，根据《中华人民共和国药品管理法》第三章药品经营企业的管理规定制定本规范。

本规范适用于中药商业收购(调拨)、销售、储存等流通环节质量管理。

第二条　各省、自治区、直辖市和计划单列市中药主管部门都应建立相应的质量管理机构，切实加强对中药商业质量工作的领导。必须推行全面质量管理，结合中药商业的实际情况，建立切实可行的科学管理制度和方法，以适应中药事业日益发展的需要。

第三条　中药商业企业必须认真贯彻药品管理法和有关药政法规及本规范，实行法定标准，服从药政管理，接受药政部门和中药行业上级主管部门的督促检查。

第二章　质量标准

第四条　《中华人民共和国药典》、《中华人民共和国卫生部药品标准》和地方药品标准及中药炮制规范是中药的法定质量标准，它是中药生产、收购、销售、使用各环节供货验收和退货仲裁的法定依据。法定质量标准是基本的要求，各级中药商业企业必须严格执行。

第三章　质量管理机构与人员

第五条　企业经理负责质量管理的领导工作，对中药商业质量负全面责任，经常听取用户、质量管理部门和广大职工对中药质量的意见，主持召开质量分析会，了解和研究质量动态，处理重大质量问题，以及奖励质量管理先进集体和个人。

中药商业企业承包后，承包的经理必须对本规范负责。

第六条　保证和提高中药商品质量是经营企业每个职工的职责。

第七条　各省、自治区、直辖市和计划单列市药材公司、二级站及相当于二级站的市公司设置质量管理机构，配备必要的检验人员和仪器、设备，采用传统与现代检验相结合的方法，负责本地区的中药行业质量管理工作。

县公司（包括三级批发）应建立质量管理检验机构或设置专职质量管理检验人员，负责本县中药行业购、销、存等各个环节的质量管理、检查和验收工作。

第八条　质量管理部门的主要职责是：在经理领导下，对中药商品流通过程中各个环节进行综合性的日常质量管理工作，内容包括：

1. 认真贯彻国家和上级主管部门有关质量工作的方针、政策、法规和条例，研究落实措施。

2. 负责本地区和本企业质量管理方面规章制度（如质量责任制、质量验收、验发制度、异状商品处理方法等）的制定和督促执行，协助领导建立商品质量保证体系。

3. 参加工业部门产品质量标准的审核、新产品鉴定工作，负责收集质量标准。

4. 建立商品质量信息档案，为有关业务部门提供质量信息。

5. 研究国内外先进的质量管理方法并结合实际组织推广应用。

6. 协同有关科室对职工进行质量管理知识的教育。

7. 负责商品质量方面的技术情报、技术咨询的工作。

8. 定期访问用户，了解使用者对商品质量的评价和要求。

第九条　各级质量管理机构负责对管辖地区所属中药商业企业的质量管理工作进行技术指导和业务督促。

第十条　质量检验工作的主要任务是：

1. 严格按法定的质量标准，对本企业经营的全部商品进行质量检验并出具报告。

2. 负责监督产品质量标准和进货合同有关质量规定的执行。

3. 中药商品的检验应在重视和发扬传统鉴别经验的同时，积极采用现代检测方法。

第十一条　化验室一般在以下情况做抽样检验：

1. 鉴别中药材、中药饮片的品种真伪、质量优劣，以及有疑问的品种。

2. 确认商品质量是否变异。

3. 储存时间较长的商品。

4. 保管养护中认为应抽验的商品。

第十二条　质量检验技术受上级质量管理部门和当地药检部门指导。

第十三条　对商品检验结果发生分歧时，向企业领导汇报，必要时提请上级质量部门复验，或提请药检部门仲裁。

第十四条　各中药商业企业都要配备一定比例的中药技术人员（占企业全体人员的4％）负责商品质量管理方面的业务技术指导。

第十五条　二级站（公司）质量管理、检验机构的负责人必须由主管中药师或从事中药工作十年以上的专业技术人员担任，县公司和三级批发企业质量管理、检验机构负责人必须由中药师或从事中药工作十年以上有实践经验的专业技术人员担任。

第十六条　从事经营、质量管理、检验、养护、保管的人员，必须经过专业培训，考核成绩合格者，由企业发给合格证书，方能上岗工作。质量管理负责人应保持相对稳定，其任免、调动，必须请示本企业上级主管部门同意后方可执行。

第十七条　直接接触中药的人员，应每年进行一次健康检查。发现患有传染病和身体条件不适合做此项工作的，企业领导应及时调整其工作。

第四章　采购（调拨）和收购

第十八条　购进中药商品必须遵循下列原则：

1. 中药材、中药饮片

采购、收购中药材、中药饮片首先鉴别真伪、优劣。购进的中药材必须符合购进地药材质量标准要求，购进中药饮片必须符合购进地的"中药炮制规范"的质量标准要求。

2. 中成药

(1) 须是从取得《药品生产企业许可证》和《营业执照》的药品生产企业或持有《药品经营企业许可证》和《营业执照》的药品经营企业购进。

(2) 须是卫生行政部门批准发给批准文号并注册商标和生产批号的品种。

(3) 包装和标志应符合有关规定和储运要求。

(4) 产品质量稳定。

第十九条　收购、经营的毒剧、麻醉药品按国家有关规定办理。

第二十条　新产品的经营，应执行卫生行政部门的有关规定。新产品试销期间，质量管理部门要配合业务部门收集意见，了解质量情况，试销结束时，应对该新产品的质量情况提出分析意见，反馈给有关部门和药品生产企业。

第二十一条　调拨供应人员，对需货单位应正确介绍中药商品的有关情况。

第五章　储存和养护

第二十二条　中药商品储存和养护工作的职责是：安全储存，科学养护，保证质量，降低消耗，收发迅速，避免事故。

第二十三条　仓库应具备适合所经营商品特性的条件、环境。库区内场地平整无积水，库房应具有防虫、防鼠、防潮、防霉、防污染的设施。

第二十四条　毒剧和贵细中药应分别存放并建立相应的库存养护设施，专人专库、双人双锁保管，并有明显标志。做到购、销、存的帐货、帐卡相符。

第二十五条　在特殊条件下储存的商品，应经常检查，各种测量和检测仪器应经常校验，记录结果，加以保存。

第二十六条　商品入库时，应按凭证核对品名、规格、数量，并鉴别、检验，确认质量优劣、品种真伪。质量合格者由仓库质检人员开具入库单，方可入库。对质量不合格、货单不符的商品，仓库质量管理、检验人员有权拒收，或单独存放，挂以明显标志，并将情况及时向领导和有关部门反映。

第二十七条　保管人员应熟悉商品质量性能及储存要求，按商品不同的自然属性分类，按区、库、排、号科学储存。储存中应遵守以下各点：

1. 内服药与外用药，应分开存放。

2. 毒、剧药品应按有关规定执行，标志明显。

3. 长期储存的怕压或发热易燃的药品应定期翻码倒垛。货垛之间采取必要的隔垫措施，并加强检查。

4. 退货商品应单独存放，及时处理。因质量问题而退货的商品经返工后必须重新检验合格后方能返回仓库。退货商品要做出记录（包括退货单位、日期、品名、规格、数量、退货理由、检查结果、处理日期及处理情况等内容）并将记录保存两年。

5. 搬运和堆垛应严格遵守商品外包装标志的要求，安全操作。

6. 库存同品种应及时轮换更新。

第二十八条 要贯彻"先进先出"、"远期先出"和"易变先出"的商品出库原则。商品出入库时应登记生产批号及出入库年月日，在库商品可采取货垛上放置不同颜色的醒目标牌，防止错发。

第二十九条 要把好商品出库验发关，变质和过期商品严禁发货。

第三十条 仓库应根据在库商品量，建立商品养护组织或设立专职商品养护员。

第三十一条 商品养护工作的具体任务应包括：

1. 指导保管人员对商品进行合理贮存。

2. 检查库存商品的储存条件是否符合要求，配合保管员进行仓间温湿度管理，及时调整库存条件。

3. 对库存商品定期进行循环质量抽查，抽查的周期应视商品的质量要求和季节变化而定，对物理外观有变化及储存日久的品种，应抽样送化验室重新检验。

4. 对检查中发现的问题，提出处理意见和改进养护措施，配合保管人员对有问题的商品进行必要的整理。

5. 根据季节气候变化，拟定商品检查计划和商品养护工作计划，列出重点养护的品种，并组织实施。

6. 建立商品养护措施。

7. 对重点品种开展留样观察，考察商品变化的原因和规律，为指导确定合理库存期提供资料。

8. 按照养护协作组织的分工，开展养护科研工作，逐步使仓库养护科学化、现代化。

第六章 批发与零售

第三十二条 中药批发单位应配备中药师以上的技术人员，对用户和患者应正确介绍商品的性能、用途、用法、用量、禁忌和注意事项等，不得夸大宣传。

第三十三条 发药时必须有质量核对和验发手续制度。毒剧药品应建立双人核对制度。质量不合格，已变质商品不得销售，质量可疑的商品应重新检验，合格者方可销售。

第三十四条 门市部零售中药，必须做到：

1. 按剂型、用途分类陈列于货柜。

2. 陈列是内服药与外用药分开，一般药与消毒、防腐杀虫灭鼠药分开，凭医生处方销售的药品与一般药分开。

3. 毒剧、麻醉药品应严格按国家有关规定执行，必须做到专柜存放、专人管理、专帐记录。

4. 建立清洁卫生制度，坚持定期清药斗，使药品不污染。

5. 执行验收、验发、核对手续。霉变潮解、虫蛀鼠咬等不合格品，严禁进店和出售。

6. 调配处方必须经过审核，对处方所列药品不得擅自更改或代用。对有配伍、妊娠禁忌或者某一味药超出一次服用剂量的处方，应拒绝调配，必要时须经处方医生更正或者重新签字，方可调配。

7．各中药门市部，必须配备中药士或相当中药士水平的人员，并配备必要的设备、辅料，进行小炒、小制，以适应中医处方要求的临床需要，该炮制而未炮制的药材不得配方。

8．各中药门市部在调剂处方时，对每一味药都要用戥子称重(一方多剂的要回戥分戥)，分量准确，严格配方复核制和岗位责任制。

第七章　教育培训

第三十五条　企业领导要对全体职工进行“质量第一”和职业道德的教育，重视中药商品的质量管理，严格执行有关质量方面的各项规章制度。

第三十六条　企业应按照不同岗位的需要，分别对职工进行全面质量管理知识、常用数理统计工具，以及商品知识和质量意识的培训教育。对质量管理、检验人员应定期进行专业培训。

第三十七条　企业必须根据不同岗位要求，对新职工进行专业培训，考核合格后方能上岗。

第八章　奖　惩

第三十八条　对质量管理、检验工作成绩突出，商品质量保证体系健全，两年以上未发生重大质量事故的企业和个人，由企业主管部门给予荣誉和物质奖励。对达不到本规范要求或造成重大质量事故的企业和个人，要给予批评、通报、经济处罚，直至追究企业领导者及直接责任者的责任。

第三十九条　因管理混乱，商品质量得不到保证，用户反映大的企业，其上级主管部门应令其限期改进，必要时令其停业整顿。

第四十条　质量管理、检验人员的工作，受国家法律保护，对拒不采纳质管、质检人员的正确意见，造成重大质量事故的人员，以及对坚持原则的质管、质检人员进行打击报复的，都应严肃处理，追究责任。

第九章　附　则

第四十一条　本规范下列用语的含义是：

中药：包括中药材、中药饮片和中成药。

第四十二条　各省、自治区、直辖市和计划单列市应根据本规范，结合本地区实际，制定实施细则。

第四十三条　本规范由国家中医药管理局负责解释。

第四十四条　本规范自一九九〇年一月一日起施行。

印发《关于加强气功医疗管理的若干规定(试行)》的通知

(89)国医医字第7号

各省、自治区、直辖市及计划单列市中医(药)管理局，卫生厅(局)，各直属单位：

为了加强气功医疗的管理，保障人民群众利益和气功医疗的健康发展，我局在调查研究的基础上，制定了《关于加强气功医疗管理的若干规定(试行)，现印发给你们，请结合本地实际情况贯彻执行。执行中有何问题，请及时上报我局。

附件：关于加强气功医疗管理的若干规定（执行）

国家中医药管理局
一九八九年十月十九日

关于加强气功医疗管理的若干规定（试行）

气功疗法是一种主要通过自我锻炼来疏通经络、调摄心神、平衡阴阳气血而达到祛病强身的医疗保健方法，是中医医疗保健方法的一个组成部分。近几年来，由于医疗保健需求量的增加，气功疗法越来越受到人们的重视，使这一传统的方法得到普及和推广，为人民群众的健康做出了一定的贡献。但是，由于管理工作跟不上，法规不健全，对已有的法规贯彻执行不严，致使目前气功医疗秩序比较混乱，特别是在"发放外气"为患者治病方面问题更为突出，一些人借机夸大气功作用，甚至欺骗群众，牟利发财，在社会上造成很坏的影响。

为了加强气功医疗的管理，保障人民群众利益和气功医疗的健康发展，特做如下规定：

一、本《规定》所管理的范围是对他人传授或使用气功疗法开展的医疗活动。硬气功、武术气功、特异功能等不列入本《规定》管理范畴。

二、凡在公共场所讲授、传授气功疗法者，要向讲授、传授活动所在地的县（区）级中医药、卫生行政部门申报传授的功法、内容、疗效、形式、收费等事项，经批准方可进行活动。传授气功疗法，要有严格的科学态度，防止出偏和发生事故。

三、凡在医疗卫生单位从事气功医疗活动者，根据国家中医药管理局颁发的《中医师、士管理条例》和卫生部有关规定，必须取得医师、医士资格，并具有气功医疗技能。

四、凡运用"发放外气"为他人治病者，除取得医师、医士资格外，还要向所在地的地（市）级以上中医药、卫生行政部门申请。对其申请治疗的病种，由受理机关在指定的地（市）级以上医疗单位进行三十例同一病种的临床疗效验证，经统计学处理和有关专家认定确有疗效后，方可到当地地（市）级以上中医药、卫生行政部门审批注册，领取"气功医疗许可证"，并严格按指定病种执行。《气功医疗许可证》由审批机关印发。

五、医疗卫生单位可根据需要聘请符合本《规定》第三、四条的人员从事气功医疗活动。凡运用气功进行治疗的病例，必须建有完整的病历，以便总结和检查。

六、一切非医疗卫生单位(含部队)，不得擅自开展气功医疗活动；医疗卫生单位不得聘用不符合本《规定》的人员从事气功医疗活动。

七、气功医疗收费要合理，各地中医药、卫生行政部门要会同当地物价部门制定出切实可行的收费标准，严禁滥收费。

八、对气功医疗的宣传报导，必须尊重科学，实事求是，正确引导，不得夸大猎奇，更不能带有迷信色彩。有关气功医疗的广告须经中医药、卫生行政部门批准。

九、凡出国对他人传授或使用气功疗法进行医疗活动者，应符合本《规定》的有关条款，并按出国审批权限报经国家或省、自治区、直辖市中医药、卫生行政部门批准。

十、凡违反本《规定》者，由中医药、卫生行政部门会同工商、公安等部门根据情节轻重予以警告、罚款、停业整顿、取缔等行政处罚。触犯刑律者依法追究其刑事责任。

十一、本《规定》下达之前已开办的气功医院、门诊部、诊所、个体开业人员以及以各种名义进行气功医疗活动的机构和个人，均要按本《规定》的要求重新申报、登记、审批，凡不符合规定的，要予以取缔。目前暂不再审批开设独立的气功医疗机构。

十二、本《规定》由国家中医药管理局负责解释。

十三、各地可结合本地区的实际情况制定实施细则。

十四、本《规定》自发布之日起施行。

关于印发《关于发展高等中医药专科教育的意见》的通知

(89)国医教字第105号

各高等中医院校，各省、自治区、直辖市及计划单列市中医（药）管理局、卫生厅(局)：

为了加强高等中医药专科教育工作，现将《关于发展高等中医药专科教育的意见》印发你们贯彻执行。请结合各地实际情况，做好人才预测，加强规划和领导，使高等中医药专科教育得到健康发展。希望注意总结经验，有何问题，请及时报我局人事教育司(教育)。

附件：关于发展高等中医药专科教育的意见

国家中医药管理局

一九八九年十二月三十日

关于发展高等中医药专科教育的意见

高等中医药专科教育，从五十年代后期举办以来，培养了一大批符合基层和农村需要的中医药人才。近几年来，随着中医药教育改革不断深入和中医药事业发展新形势的要求，高等中医药专科教育发展较快，据一九八七年统计，全国有二十所高等中医院校和五所高等医学院校举办中医药大专教育，还有一所民办公助的中医专科学校。共设置十三种专业三十三个专业点，在校的专科生三千三百多人，已毕业的专科生，大多数在农村和基层医药保健工作中发挥了重要作用。根据调查表明，今后一个时期，社会对中医药专科人才需求量较大。但是，目前中医药专科教育相当薄弱，远不能适应社会的实际需要，在校的专科生的比例很小，只占高等中医教育在校本、专科学生的百分之十点七，约占高等医药在校专科学生的百分之九点七。至今还没有一所国家办的中医药专科学校。办学条件得不到保障，中医药专科教育的培养规格还不十分明确，在层次上与高等本科中医教育没有明显拉开，指导性的教学文件尚未修订，缺少具有专科特色的系列教材。因此，进一步提高认识，采取切实可行的措施，在深化教育改革中，加快发展高等中医药专科教育，已成为高等中医药教育工作面临的一项重要任务。

一、必须进一步提高对发展中医药专科教育重要性的认识

我国农村和基层高级中医药人才普遍不足，据全国农村中医医疗服务抽样调查，县级中医医院中医人员中，具有本科学历的占百分之十七点五一，专科学历的占百分之十七点七九，中专与无学历者占百分之六十五点一一；中药人员具有本科学历的占百分之一点四五，专科学历的占百分之零点九七，中专与无学历者占百分之九十七点五八。乡卫生院中医药人员占乡卫技人员总数的百分之二十点四三，其中，师以上只占百分之十九点五二。

由于当前中医本科生的培养规模有限，毕业生很难分配到农村和基层工作，而能够分下去的少数毕业生，由于种种原因，又不断返回城市，单靠发展中医本科教育难以解决农村和基层高等中医药人才匮乏的状况。中医药专科教育具有培养周期短、投资少、应用性强的特点，学生毕业后，下得去，留得住，用得上，符合广大农村和基层的实际需要，所以，发展

中医专科教育是解决农村和基层缺乏高等中医药人才，巩固和发展农村中医药阵地的迫切任务，也是完善高等中医教育结构，提高中医教育整体效益的一项重要措施，各地要十分重视发展高等中医药专科教育工作。

在社会主义初级阶段，中医药专科教育将作为一个稳定的层次，长期存在下去。各级教育主管部门和卫生医药部门在人力、物力、财力上应当给予必要的扶持。由于专科教育要加强实践环节的教学，实验、实习方面的费用将有所增加，因此，专科生每年的培养费用不宜少于本科生的标准。

必须充分认识到本科教育和专科教育只是办学层次的差别，而不是办学水平的高低等级。水平的高低不在于学校处于那个层次，而在于能否办出特色，培养出高质量人才。为此，要注意克服片面追求高层次的倾向，不能把中医药专科学校和专科专业作为开办高等本科中医院校和本科专业的过渡性措施，而应在稳定现有中医药专科教育的基础上，使之不断发展和提高。

二、必须进一步明确中医药专科教育的办学方向

根据我国中医药事业的现实需要，中医药专科教育要为农村和基层中医药技术队伍的建设服务。重点是为农村发展中医药事业服务，为县、乡医疗机构培养高等中医药人才，打通人才通向农村的渠道，特别要为农村输送大批从事中医医疗保健工作的应用型人才。为此，必须改革高等中医药专科教育的招生分配制度，定向到县、乡两级招生，定向培养、定向分配。中医药专科的专业设置应该具有明显的针对性，根据农村和基层的实际需要，即应设置中医、中药等专业面比较宽的通科类专业，也要设置一些专业面比较窄的急需短缺的专科类专业，如针灸、骨伤、推拿、中药炮制等。同时也可适当地为各级中医机构及中药生产、流通部门培养急需短缺的其他专科人才，如中医护理、中药制药等。

三、发展中医药专科教育要多形式、多途径办学

作为独立的教育层次，兴办高等中医药专科学校是保证中医专科教育稳定发展的重要措施，有条件的省、自治区、直辖市要积极建立中医药专科学校；争取到二〇〇〇年全国建立十所高等中医药专科学校。但目前不宜用改建中等中医药学校的方式发展中医药专科教育。由于农村和基层中医药人才需要量大，国家财力有限，发展中医药专科教育不能单靠新建学校来解决，各地应充分利用现有的教育设施和卫生资源，通过多种形式、多种途径举办中医药专科教育。中医学院在办好本科教育的同时开办专科教育，是近几年中医专科教育的主要办学形式，是值得推行的办法。因此，现有中医学院和高等医学院校要挖掘潜力，有计划按比例地增设中医药专科教育层次。同时，要通过发展横向联合举办高等中医药专科教育，鼓励师资力量比较充实的中医学院，与条件较好的中等中医学校、中等卫生学校、中医医院、中药企事业单位、地方卫生和中医主管部门联合办学，争取地方财政和社会多方面的支持，开办中医药专科分校、中医药专科专业或大专班，为本地区农村培养急需的高等中医药人才。

中医药专科教育属于地方性高等教育事业，地方政府应对开办中医药专科教育的院校适当增加投资。

四、开展教学领域改革，突出中医药专科教育特色

发展中医药专科教育，必须办出自己的特点，积极开展教学领域的改革，改变"本科压缩型"教学模式。根据专科毕业生主要分配到农村和基层的实际情况，课程设置、教学内容和教学方法必须突出针对性、实践性、应用性的特点。同时，各地区也应当根据本地区的实际需要，因地制宜地对教学内容和教学方法进行适当调整。

中医药专科教育教学改革的重点，是课程体系的改革。要针对专科教育的特点，精简课程，特别是基础课程。要积极鼓励对课程结构进行调整，突破原有学科界线，通过课程的融合和重组，开设综合性新课程，逐步建立起符合中医药专科教育特点的课程体系和教材系列。也应积极鼓励改革教学程序，开展现场教学，加强实践教学。

要大力压缩理论教学时数，切实加强对学生实际工作能力的培养，在教学安排上，应尽可能增加实习时间，可基本上按基础课、专业课、实习时间各三分之一的比例实施。

发展中医药专科教育，必须保持发扬中医特色，强调中医药专科人才应具有以中医药知识和技能为主体的智能结构，同时，也应根据实际需要，学习一些必要的其他学科的知识和技能，使培养的学生具有较强的适应性和在农村、基层工作的实际能力。

五、加强宏观指导，保证高等中医药专科教育健康发展

为了促进高等中医药专科教育的健康发展，需要制定相应的政策，改革和完善高等中医药教育定向招生，定向分配制度；制定专科毕业生相应学位授予制度；制定鼓励专科毕业生到农村和基层工作的措施和方法，并为他们创造继续进修的机会，以利于打通人才通向农村基层的渠道。同时，要加强办学的宏观指导和质量管理，根据各地中医药事业的实际需要，按照国家有关规定办学，并参照主管部门制定的《高等中医专科专业目录》及《专业简介》，使专业设置规范化。要经常组织检查和监督，以保证高等中医药专科教育质量不断提高。

五、医政管理

中医医疗环境和秩序治理整顿工作

根据党的十三届三中全会关于治理整顿和深化改革的总方针，国家中医药管理局从年初开始着手对中医医疗环境和秩序进行治理整顿。这次治理整顿总的目的和要求是纠正中医医疗环境和中医医院中那些损害患者利益的不良医疗行为和中医药队伍比较乱的问题，实现中医医疗环境根本好转，维护患者的利益和中医药工作的声誉，保证中医药改革工作的顺利进行。为保证这项工作富有成效和顺利进行，今年3月召开了“中医医疗环境和秩序治理整顿工作”论证会，邀请全国有关地区的部分中医药、卫生行政部门及各级中医医院的代表，就医政司草拟的《关于治理整顿中医医疗环境和秩序、深化中医医院改革的意见》进行了充分的讨论，决定分别对中医医疗外部环境和中医医院内部采取不同方式进行治理整顿。并下发了六个有关管理条例和规定，加强管理工作。

中医医疗外部环境的治理整顿，首先针对社会办医、个体开业、中医一技之长、气功医疗管理秩序比较乱的情况，对个体开业中医人员及社会上的游医药贩进行全面的清理审查，重点审查这些个人的行医资格、治疗范围、收费标准及药品质量等，对不符合条件及文件要求的，要坚决予以取缔。如北京市共取缔了无证行医及游医、药贩129起。还会同工商、公安等部门打击了一些不法分子，维护了患者利益，中医医疗外部环境和秩序有所好转。

同时，还认真分析了中医医院在改革开放中出现的一些新情况、新问题。对医院中不合理的检查项目，不合理的用药，自行规定的收费标准，以及用公费、劳保医疗名义乱开滋补品及生活用品的问题进行了清查。对影响了医院正常医疗质量的业余服务及兼职现象和一些不合理的创收行为等进行了整顿。在今年九月组织了北京地区六所城市中医医院治理整顿前的调查，就医德、医风、医疗质量与中医特色、业余兼职与联合体、经济秩序四个方面的现状与问题、原因与对策提出了意见。在此基础上草拟了《中医医院治理整顿若干规定》，为进一步搞好全国中医医院治理整顿工作提供了政策依据。

（许志仁　题兆魁）

制定中医医院分级管理标准工作情况

中医医院分级管理工作开始酝酿于1989年初。经与卫生部协商，中医医院分级管理标准由国家中医药管理局制定。随即成立了由国家中医药管理局医政司组织领导的专家起草组。起草组成立后，以现代科学管理理论为指导，参照卫生部制定的《全国综合医院分级管理标准》等有关文件，结合近年来我国中医医院建设的经验，首先在北京组织有关专家对中医医院分级管理设想进行初步论证。专家们认为实行中医医院分级管理很必要，势在必行。而后，专家起草组的同志在五、六月份分三组先后到北京、山西、陕西、湖南、浙江、江苏、河北七省、市39所各级中医医院进行调查，召开座谈会征求各方面的意见，大家都感到中医医院进行分级管理是中医医院体制的一项重大改革，是中医医院的自我完善，希望能尽早实施。

七日，专家起草组集中到北戴河进一步讨论，再一次肯定了中医医院分级管理的设想，同时查阅了大量的国内外有关文献，完成了“中医医院分级管理研究”的课题设计。在此基础上，确定了中医医院分级管理指导思想，即深化中医医院改革，加强中医医院宏观管理，建立健全中医医疗保健体系，充分发挥中医药优势，提高中医药技术水平和医疗质量，更好地满足广大人民群众运用中医药防治疾病的需要。以科学性、适应性、先进性为中医医院分级管理标准制订原则，起草了《全国中医医院分级管理办法(暂行)》、《中医医院基本标准》、《中医医院分级分等标准》、《中医医院分级管理附件》及《中医医院评审申请书》等文件的第一稿。7月28日至8月1日，在辽宁省兴城市召开了“全国中医医院分级管理第一次会议”，出席会议的有25个省、自治区、直辖市，5个计划单列市共61名代表。会议还邀请了部分医院管理专家及国家计委、财政部、物价局的同志参加。代表们对中医医院分级管理的几个文件进行了认真的讨论和修改。会后又相继召开了10次各临床学科专家论证会，对有关指标进行了充分论证。专家起草组根据代表和专家们的意见做了补充修改，形成了第二稿。11月，组织北京、辽宁、黑龙江、湖北、陕西、四川、山西、云南、青海九省市进行了各级中医医院分级管理摸拟试评，对中医医院分级管理的几个文件在实践中进行检验。从反馈的信息看，各地都对中医医院分级管理的方案予以充分肯定，认为中医医院分级管理方案是可行的，必将对全国中医医疗保健系统产生深远影响。同时，也对中医医院分级管理标准提出了一些修改意见，对进一步修改完善这个标准大有裨益。

(许志仁)

中西医结合医院工作

为认真贯彻党的中西医结合工作方针，八九年主要做了如下几项工作：

一、在前几年调查研究的基础上，八九年又在全国范围内对中西医结合医院的数量、规模、人才结构等基本情况进行了全面认真的调查，摸清了现状，为下一步工作的开展奠定了基础。

二、召开了《全国中西医结合医院工作会议》。这是建国以来第一次全国性的有关中西医结合医院建设工作的专门会议。这次会议总结了中西医结合医院建设的经验，检查了“七五”期间中西医结合医院的建设发展情况，针对当前存在的问题，安排部署了今后几年中西医结合医院的建设和中西医结合人才培养等工作。卫生部副部长兼国家中医药管理局局长胡熙明同志到会并讲了话。

三、经过两年多的几次讨论与修订，《全国中西医结合医院建设、检查标准》已定稿，并同时完成了《关于中西医结合医院工作的暂行规定》的修订工作，以上文件即将在全国下发试行。

(张　奇)

印发《全国中西医结合医院建设检查标准(试行)》

中西医结合医院是中医药事业的重要组成部分。建设中西医结合医院，不仅是认真贯彻落实党的中西医结合方针的具体措施，也是发展中医药事业的需要。在“七五”规划中已经明确提出，凡是有条件的省市要建1～2所中西医结合医院，以利开展中西医结合的临床研究工作。这类机构是我国卫生领域中新兴的并独具特色的医疗机构，对其办院模式以及管理上的特异性问题国内外均无借鉴。经过30余年实践的摸索，目前已建成各级各类中西医结合医院近40所。近三年来，对这些机构进行了全面的调研，为了加强宏观管理，经过一年多的努力及反复论证，制定了《全国中西医结合医院建设检查标准(试行)》。《标准》分为医疗工作、教育工作、科研工作、科学管理、效益指标五部分。《标准》中提出，加强中西医结合医院重点科室建设，是医院内涵建设的重要环节。要求至少有五个以上的重点临床科室能开展中西医结合工作，形成专科专病优势，以带动全院中西医结合工作的发展。因为中西医结合工作是一具有开拓性的工作，开展这项工作要有一定的人、财、物条件，所以规定中西医结合医院级别应是地市级以上，医院住院部病床不得少于200张。在专业技术人员结构方面，规定中西医结合医生至少要占全院医生的30%以上。

（潘筱秦）

全国民族医医院工作会议

国家中医药管理局于一九八九年九月十九日至二十三日在乌鲁木齐召开了全国民族医医院工作会议。四个省（区）的卫生厅厅长及十八个省（区）的中医局、处负责人，以及部分民族医医院院长出席了会议。这次会议认真检查了“七、五”期间民族医医院的建设和发展情况，交流了工作经验，研究了存在的问题并提出了解决问题的措施。

在党的广泛团结和依靠民族医药人员，努力继承、发掘、整理和提高民族医学遗产，为保障各族人民的身体健康和繁荣祖国的医学科学服务的民族医学政策指引下，民族医医院近年来不断发展。目前，我国已有各种民族医医院90所，设病床3060张，有职工4575人，其中蒙医医院和藏医医院各35所；维医医院14所；其他民族医医院6所。民族医医院在民族地区的医疗保健、科研中做出了重大贡献，在民族医学的人才培养中发挥了重要的作用。

会上，国家中医药管理局医政司司长詹文涛同志作了题为《加强内涵建设，提高医疗质量，努力建设具有鲜明特色的民族医医院》的报告，张宏贵副司长作了会议总结。詹文涛司长在报告中指出：民族医医院的发展不但要重视机构的数量，而且特别要注意保证机构的质量，搞好民族医医院的业务建设和学术发展。提高民族医的医疗水平，对民族医学事业的发展意义十分重要。如果民族医医院的水平上不去，又无特色，那就失去了建立民族医医疗机构的意义。因此，高度重视机构的内涵建设，就是增强了民族医疗机构的生命力。加强内涵建设，要做好以下几方面的工作：1. 在医疗活动中要充分体现民族医学特色；2. 要建立一支专业和层次结构合理的技术队伍；3. 要以医疗为中心，不断提高临床疗效，有一定的应急能力；4. 要实行科学管理，不断提高管理水平；5. 要配备必要的仪器设备，改善工作条件。

报告还提出，为了更好地适应各族人民对民族医药的需要，在今后一个时期内，民族医疗机构应当根据需要和可能有一个较大的发展。要从实际出发，不搞一刀切；要以地方财政投入为主。在少数民族聚居地区，凡是有成熟的民族医学的地（盟、州）和县(旗)，要积极创造条件建立民族医医院。人口稀少和有特殊情况的县（旗）可先建立民族医门诊部。县级以上的民族医医院一般应建成综合性民族医医院，以全民所有制为主，其规模可因地制宜。

（陈珞珈）

农村中医工作情况

40年来，在我国农村已经集聚了不可忽视的中医资源。在全国53万中医药人员中，63%

在农村工作。在我国1932所中医医院里，县级中医医院有1400所，占72%。我国已有11个省市普及了县级中医医院，再过几年，将实现县县有中医医院或民族医医院的宏伟目标。此外，全国农村还有各种中医专科医院270所，90%的县人民医院都设置了中医科。在我国的4万7千所卫生院里，大部分设有中医门诊或病床，中医药人员占医药人员的43%。我国7万余乡村医生多数能运用中西两法治病。据全国抽样调查，中医承担了农村相当一部分医疗保健任务。农村居民中43.92%的人希望得到中医或中西医结合治疗，县中医医院和县人民医院中医科的门诊人次占两院门诊人次总数的50.25%，在乡卫生院和村卫生室的门诊服务中，中医占三分之一左右。此外，我国1400个药材种植场和20万个种植专业户都在农村，国家每年从农村收购60万吨中药材。

近几年来，农村中医工作稳步发展。国家中医药管理局在医政司设置了农村处，负责农村包括县级中医医院的工作，管理局还从全局抽调干部调查了农村中医工作。1986年，在湖北沙市召开了全国县级中医医院工作会议，抓住农村中医工作的"龙头"，提出了普及县级中医医院的任务。随后，87年在山西临汾召开的全国中医专科医院工作会议，将中医专科从县级中医院推进到乡镇 是沙市会议的发展和深化。1988年国家中医管理局组织了近年来中医系统规模最大的"中国农村中医医疗服务调查"，组织了400余人，获得了60余万个数据，为农村中医事业的管理提供了大量的信息与根据。1989年，国家中医药管理局医政司又召开了"农村中医工作暨县级中医医院管理研讨会"，对农村中医工作的指导思想、发展战略、政策与模式进行了深入的探讨和研究。国家中医药管理局决定于1990年召开全国农村中医工作会议，这将对农村中医工作产生重要影响。

（陈珞珈）

一九八九年中医急症工作的进展

一、《中医内科急症诊疗规范第一辑》即将下发试行。这是在八七年长春中医急症会议所提出的计划基础上，经八八、八九两年在全国一百多个协作单位反复征求意见，又邀请有关专家进行多次论证，于今年正式定稿的。它的完成，对于促进中医急症学术的发展，加强中医急症治疗的规范化、标准化建设，都具有重要的意义。

二、在普遍建立急诊科室的基础上，努力提高急症治疗水平，加强了急救骨干的培训。在天津举办了为期半个月的全国急救技术培训班，在重庆举办了为期二十三天的全国中医急诊科主任诊疗规范及新成果推广学习班。前者侧重于动手能力和实验技术的培养，后者侧重于中医科研成果的推广，突出中医特色。中医急症工作，八九年又获一项国家中医药管理局颁发的科技进步二等奖。

三、有关中医药治疗急症病种的学术研究向纵深发展。比如，心痛协作组在原有的短效急救药物的基础上，开展了长效与短效、急救作用与慢性作用药物相配合的心痛中医治疗系列化的研究，以形成一套独立的、完整的治疗方案。中风协作组对该病的预防、康复、护理规范均进行了观察总结，摸索建立中风中医急症多环节的卫生保健体系。

（张 奇）

编审《全国中医病案书写规范及要求(试行)》

为加强中医病案管理，更好地开展中医医疗、教学和科研工作，卫生部原中医司于一九八三年下发了《中医病历书写规范及要求》，并经过了五年的临床实践。在此基础上，国家中医药管理局医政司组织有关人员编辑和审校了《全国中医病案书写规范及要求(试行)》，结合临床实际，对《规范》的体例及各科示范病案等都作了统一要求，力求从严避繁，既有利于中医的医疗、教学、科研和医院管理工作，也有利于中医与西医之间的交流和沟通。国家中医药管理局医政司还委托中华全国中医学会，分别于一九八八年十一月和一九八九年十二月召开了全国中医各科病历建设研讨会和学会各分会的中医临床专家论证会，对《规范》进行了反复的论证和修改，现已定稿，即将于一九九〇年下半年在全国各级各类中医医疗机构中试行。

（李尚青）

印发《中医内、外、妇、儿科病证诊断疗效标准》

为提高中医诊疗水平，加强中医技术管理，逐步实现中医临床诊断和疗效评定的规范化、标准化，国家中医药管理局于一九八九年三月，下发了《中医内、外、妇、儿科病证诊断疗效标准》，并要求在全国各级各类中医医院、中西医结合医院和综合医院中医科试行。该《标准》是卫生部原中医司于一九八二年委托江苏、浙江、上海两省一市卫生厅(局)中医处组织编写的，其间，经过多次组织著名专家反复论证和修订，并曾在七省市中医医院试行。《标准》下发全国试行之后，将通过临床实践，及时收集修改意见，使之更加完善。此外，已着手组织力量继续编写其它科属和病证的诊断疗效标准，以实现中医临床技术标准的系列化，不断提高临床疗效。

（李尚青）

六、中药管理

1989 年中药产销情况

一、1989 年中药行业认真贯彻党中央、国务院提出的治理、整顿的各项方针政策，以治理整顿流通秩序为重点，加强经营与管理，使中药工作进一步向前发展。1989 年中药购进金额比 1988 年下降 30%；中药销售金额比 1988 年下降 3.4%；中药供应出口比 1988 年下降 23.7%；中药库存总值比 1988 年下降 6.4%。中药材购进总量比 1988 年减少 59.7%，其中四十个统计品种比 1988 年下降 53.2%；中药材销售总量比1988 年减少 35.1%，其中四十个统计品种比 1988 年下降 42.8%；中药材库存总量比 1988 年下降 12.5%。中药材种植面积比 1988 年下降 1.36%。中成药产值、产量分别比 1988 年下降 2.4%和 17.6%。

1989 年在完成计划上尚有一定差距，一方面是由于商品计划基数偏高，另一方面主要是国家政策调整，压缩经济过热的结果。如果同发展较为正常的 1987 年相比，除药材购进和供应出口外，其它经济指标仍有较大增长。整个中药市场基本稳定，价格普遍回落，有效供给有所增加，全国中药材供应紧缺品种没有出现大的波动，中药饮片成方率继续稳定在 90%以上，基本保证了人民防病治病和康复保健的需要。

二、1989 年中药产销形势总的特点是：中药产销中出现的某些过热和盲目发展的势头得到有效的控制；产业和产品结构得到一定调整；野生药材资源保护工作得到加强，国营药材公司主渠道的作用进一步得到发挥，百业经药，抬价抢购，倒买倒卖的状况有所改变。整个中药生产、经营通过治理整顿正转向正常发展的轨道。去年一度高价抢购的某些大宗药材今年全能满足供应。常用大宗药材货源基本是产需平衡，但在具体品种上有以下几种不同的情况。

平衡偏多的品种，人参、三七、川芎、黄连、厚朴、黄柏。人参、三七、川芎、黄连，近几年收益偏高，生产发展过快，产量超过需求。但从国际、国内市场来看，需求较大，应当做好贮备，以满足供应。厚朴、黄柏都是林木药材，前两年资源遭到严重破坏，使收购大幅度增加。对这些品种为保护资源，应适度控制收购。此外，杜仲这两年资源破坏严重，应做好资源保护和收购工作。

平衡偏紧的品种：茯苓、天麻、桔梗、鹿茸等。茯苓主要是受木材的限制，生产发展受到一定的制约。天麻主要是受其他食用菌的比价和技术的原因，生产有所萎缩。桔梗是交叉使用商品，非药用量增大，同时前几年生产曾一度过多，目前处于低谷。鹿茸主要是国际市场变化较大，出口量大幅度上升，加之前几年积压，市价过低，打击了生产，使货源偏紧。

产销基本平衡的品种：当归、白术、白芍、生地、黄芪、银花、菊花、牛膝、元胡、芋肉、党参、山药、枸杞、玄参、白芷、枳壳、栀子等。这类药材当前批发市场疲软是暂时的，主要是受资金紧缺，利息提高等因素的影响，加上去年高价库存一时难于消化，制约了这类药材收购、销售。

中成药生产克服了电力、能源不足，包装与辅助材料涨价等困难，基本保证了正常生产。王浆制品等滋补药品得到压缩，名优产品和市场畅销的品种生产保持增长的势头。中成药常用治疗性药品销售好于滋补药品，儿童用药较为畅销，中成药占整个中药销售比重进一步提高。

1989年中药的生产、经营虽然保持了正常发展的势态，但由于受全国经济大环境的影响，也面临着不少的困难和问题。主要是由于资金紧缺，贷款利息提高，致使市场销售疲软，药材收购下降，不少企业负担加重，效益下降。这些问题必须在治理整顿中认真加以解决。

（中国药材公司计划处）

全国中药工作调查

国家中医药管理局成立后，为了了解中药工作的现状，找出存在的主要问题，于1988年10月下旬至12月下旬，组织了对全国中药工作的调查研究。调查方法是按照原来的六个行政区组成六个大组，由司局级干部带队，分别到全国各省、自治区、直辖市（除新疆维吾尔自治区、西藏自治区及海南省）的有关部门、单位召开座谈会，查阅资料，并进行实地考察。

各调查组根据调查提纲的要求，紧紧围绕中药资源、质量、价格及市场管理等问题进行深入的调查，取得了近600份典型材料及资料，写了六份各大区调查报告，并根据调查情况整理了四份专题报告。

调查报告总的肯定了中药工作近年来取得的成绩，认为这是中央改革开放的政策和全体中药战线上的同志们共同努力的结果。同时重点分析了存在的几个问题：

1．关于中药资源。调查报告认为，近两年来，由于经济过热的影响，管理失控，多方插手，多头经营，抬价抢购，使一些中药资源遭到了掠夺性破坏。国务院发布的《野生药材资源保护管理条例》在一些地区没有得到认真贯彻落实。

2．关于中药质量。调查报告认为，中药质量下降应该引起有关单位和部门的高度重视。近几年来，市场上伪劣药品不断出现，制售伪劣药品的违法活动十分猖獗，威胁着人民用药安全有效。

3．关于价格问题。调查报告认为近几年中药价格波动太大。从1978至1988年，100种细料及大宗常用中药材价格共经历了四个阶段：1978至1980年基本稳定，1980至1984年略有上升；1984至1986年明显上升；1986至1988年上半年价格暴涨；1988年下半年大部分药材价格下跌。

4．关于中药市场。调查报告认为，目前社会中药市场的混乱日益引起社会各界，尤其是中医药界的严重关注，许多部门和单位插手中药经营，导致中间环节增多，伪劣药品充斥市场，倒卖成风，国营主渠道失去调控和平抑作用，购销中的不正之风愈演愈烈，屡禁不止。

调查中也对中药管理体制、优惠政策、科技与教育等问题提出了意见和建议。

1989年元月上旬，国家中医药管理局连续三天召开会议，听取了各调查组的汇报，对存在的问题作了认真研究，采取了相应的措施。

（房书亭）

全国中药外经工作座谈会

1989年8月29日至31日，中国药材公司在哈尔滨市召开了全国中药外经工作座谈会，各省、自治区、直辖市及计划单列市药材公司，部分中成药厂、中药研究所主管外经外事工作负责人以及部分中药合资企业中方负责人参加了会议，对外经济贸易部、国家中医药管理局也派人应邀到会。会议交流了各地近年来开展中药外经工作的基本情况，初步衔接了对外合作开发项目，讨论修改了“关于加强中药对外经济合作与贸易管理的意见”、“关于中药行业引导外商投资重点”、“中药对外贸易和经济技术合作‘八五’期间发展规划。”根据会议代表建议，为了促进中药事业的对外开放，加强现有中药合资企业相互间的联系，中国药材公司拟在各地推荐的基础上，选择一部分中药工商企业作为中药行业的第一批外事基地，以现有中药合资企业为会员单位成立全国中药合资企业联络网。

（中国药材公司对外部）

1989年中药统计工作

1989年中药统计工作在不断加强各项基础建设和系统管理的基础上，进一步发挥了统计服务与监督的作用。

一、组建中药统计学会，开展统计理论研究。中药统计学会于一九八九年三月正式组建并加入了全国商业统计学会。学会成立后，把开展统计理论研究，交流学术成果，改革、完善、促进统计工作的开展作为重点来抓，取得了初步的成效。全年共收到各地上报的统计论文40余篇，其中6篇被评为第二届全国商业统计学会的优秀论文。同时组织成立了若干专题研究组，如工业统计制度、商业统计制度改革研究组、计算机统计应用研究组、中药饮片工业统计方法研究组等，对当前实际工作中急需解决的问题进行了重点研究。

二、坚持开展统计竞赛评比活动。中药统计竞赛评比活动已坚持了7年，竞赛评比内容不断充实，评比考核办法不断改进。在竞赛活动中不但严格要求统计工作人员，对主管统计工作的领导也提出了“年内听取一到二次统计工作汇报，帮助统计部门解决一、二件工作中存在的困难和问题，组织统计人员参加一、二次有关的业务活动”等具体要求，并列为评比条件之一。从而强化了对统计工作的领导，改善了统计工作的条件。

三、开展培训工作，提高中药统计队伍的素质。1989年开办了三期中药商业统计分析培训班，共培训省、地、市、县各级中药统计人员百余人。

四、积极推广应用现代计算技术进行中药统计。上海、山西、甘肃、广东、湖北等地已开始应用微机处理统计数据，湖南、辽宁、山东、新疆、北京、天津、浙江等省市已配置了电子计算机，开发应用工作正逐步展开。全国中药商业统计程序正在调试，全国中成药全品种统计软件程序已基本编制就绪。

五、开展调研和服务工作。对当前中药市场出现的新情况、新问题进行分析，及时提供给各级领导和有关业务部门作为研究工作的依据和参考资料。各地的统计工作也在不断加强，提高了数据质量，并积极开展优质服务。各地还根据国家统计局的要求，普遍开展了统计数字质量大检查，对违反统计法和统计制度的现象进行了检查纠正。

（中国药材公司计划处）

《野生药材资源保护管理条例》实施工作座谈会

国家中医药管理局于八月二十六日至三十日在哈尔滨召开了有13个省、自治区医药管理局和药材公司参加的《野生药材资源保护管理条例》实施工作座谈会。这次会议听取了各地贯彻实施《条例》的情况，交流了经验，研究了存在的问题和解决措施，并参观了黑龙江省药材资源保护现场。

从会议反映情况看，《条例》发布以后，多数省、自治区政府及医药管理局、药材公司对贯彻实施《条例》是重视的，做了很多工作。正在报批或拟定贯彻《条例》实施细则的有辽宁、河北、山西、浙江、江西、福建、广西、四川、云南、陕西、甘肃等省区；已经省人民政府审批下发的有黑龙江、山东、青海、内蒙古等省区。

黑龙江省人民政府于1987年3月发布了本省野生药材资源保护管理条例，并于同年4月组建了省野生药材资源保护管理总站。到1988年末，全省已建资源保护管理站65个，有专职和兼职工作人员370名。这些管理站行使同级人民政府赋予的行政管理职能和执法权，依法开展了野生药材保护、开发、利用的管理工作，通过实践摸索出一些经验和好的做法。湖南省根据省人民政府意见，列入《湖南省野生动植物资源保护条例》保护的野生药材37种，并商得省林业厅同意，发给中药系统检查证，授权持证人员对从事野生动植物药材保护物种的猎采、运输、经营的单位和个人进行检查。新疆自治区人民政府于1988年12月22日发布了《新疆维吾尔自治区甘草资源保护管理暂行规定》，该区有关部门还于同年10月联合发布了《关于严格控制新建麻黄素厂的通知》，就麻黄草的采收及保护作了明确规定。宁夏自治区人民政府于1988年11月也发布了《保护甘草资源的规定》。类似这样的单品药材管理规定还有内蒙古自治区关于甘草的管理，广西自治区关于龙血树资源的管理等。河北、山西等19个省、自治区新增的保护物种有41种。

但是，从全国情况看，工作进展很不平衡。虽然部分地方行动起来了，但一般化的多；大部分省、自治区仍处于停顿状态。社会上特别是中药行业内没有形成贯彻实施《条例》的强大声势，缺少切实可行的保障体系。破坏药材资源的状况仍然没有得到根本好转。

会议认为亟需研究采取的几项措施：

1．建议设立全国中药资源保护管理总站及其分支机构，并切实发挥药材公司的作用，把中药资源保护管理工作真正抓起来。

2．研究和采取多渠道解决经费的政策，落实经费来源。如除财政拨款外，还可考虑从收购额中提取、适当扩大购销差率、返还罚没收入等。

3．在调查研究的基础上尽快制定全国统一的实施细则(目前尚未制定细则的省仍按《条例》规定办理）。

4．加强《条例》的宣传工作。建议编辑有关宣传手册，举办各层次培训班。

5．整顿流通秩序，使商品经营行为能够与《条例》精神相协调。

6．拟定保护规划、管理措施和法律监督惩处规程。

7．协调好与有关部门的关系。

（郭　经）

国家中医药管理局成立加强企业管理领导小组

根据国务院《关于加强工业企业管理若干问题的决定》，为了加强中药企业管理，领导和组织中药企业升级工作，审定晋升国家级中药企业，国家中医药管理局于1989年6月30日成立了加强企业管理领导小组。国家中医药管理局负责人、中国药材公司经理张洪魁同志任组长，阎洪礼、房书亭、秦双发同志任副组长。领导小组办公室设在国家中医药管理局经

济协调司，负责日常工作。（孙 河）

1988年度国家节约能源中药工业企业评审工作

1989年，经企业申报，各省、自治区、直辖市医药管理局（总公司）和计（经）委审核推荐，并经国家中医药管理局组织有关专业人员复核，最后报经国家计委批准，有13个中药工业企业被审定为1988年度国家节约能源二级企业。它们是：

天津市第六中药厂	天津乐仁堂制药厂
天津达仁堂制药二厂	河北承德中药厂
吉林集安制药厂	吉林通化白山制药三厂
上海中药制药二厂	杭州胡庆余堂制药厂
杭州第二中药厂	山东东阿阿胶厂
山东烟台中药厂	广州中药一厂
重庆桐君阁药厂	

（周大威）

1989年国家二级中药工业企业考评工作

1989年初，国家中医药管理局在汇总各地上报的升级试点企业名单基础上，审定下达了1989年度晋升国家二级企业的试点中药企业名单，同时下达了升级试点企业的主要产品目录。2月中旬，召开第一次全国中药工业企业升级工作座谈会，对这项工作做了安排部署。随后，国家中医药管理局下发了《国家二级中药工业企业标准》，并成立了局加强企业管理领导小组，全面负责这项工作。6月至7月，组成国家二级中药工业企业评审小组，集中审议了各地上报的27家中药工业企业的咨询评估材料，并对部分企业进行了实地考核。经反复比较各项综合管理指标、管理情况和质量、物耗、经济效益、安全生产等项内容，最后评审出17家中药工业企业建议晋升为国家二级企业。国务院企业管理指导委员会于8月31日批准了该17家企业为国家二级企业，名单如下：

北京同仁堂制药二厂（原北京中药厂）

天津乐仁堂制药厂	天津达仁堂制药二厂
吉林集安制药厂	吉林通化白山制药三厂
哈尔滨中药二厂	哈尔滨中药三厂
上海中药制药一厂	南京同仁堂制药厂
杭州胡庆余堂制药厂	浙江台州制药厂
厦门中药厂	山东东阿阿胶厂
广东汕头制药厂	广州敬修堂药厂
云南白药厂	广西桂林中药厂

（孙 河）

1989年国家中医药管理局
局级中药企业评优工作

国家中医药管理局于一九八九年十一月十六日批准1989年度国家中医药管理局局级先

进中药工业、商业企业和中药商业企业的四好仓库。

局级先进中药工业企业的评审工作是在国家二级中药工业企业考核、评审工作的基础上进行的。对由于名额所限未能晋升国家二级企业但已达标的十家企业经过对比，国家中医药管理局加强企业管理领导小组批准八家中药工业企业为局级先进企业。

根据国家中医药管理局的要求，1989年经省、自治区、直辖市医药局（总公司）考核、推荐，国家中医药管理局加强企业管理领导小组研究，批准12家中药商业企业为局级先进企业。

局级中药商业"四好仓库"是按一九八九年无锡"四好仓库"评比工作座谈会确定的原则，根据各地上报的材料，组成评审小组进行评审后，经局加强企业管理领导小组研究批准的。共有97家中药商业企业仓库被评为国家中医药管理局"四好仓库"。

附：1989年度国家中医药管理局局级先进中药工业、商业企业和中药商业企业"四好仓库"名单：

一、中药工业企业（八个）

天津市第六中药厂　　长春市中药厂

上海中药制药三厂　　长沙市中药一厂

衡阳中药厂　　广东潮州市宏兴制药厂

重庆桐君阁药厂　　甘肃省定西制药厂

二、中药商业企业（十二个）

唐山药材站　　济宁药材站

烟台药材站　　哈尔滨市药材公司

大连市药材公司　　阜新市药材公司

上海市药材公司　　南京药材站

无锡药材站　　马鞍山市医药公司

福州药材站　　武威医药分公司

三、中药商业企业四好仓库（九十七个）（略）

（孙　河）

1989年国家中医药管理局中药工业企业质量管理奖评选情况

1989年被评为国家中医药管理局中药工业企业质量管理奖的有两个企业：北京同仁堂制药厂和厦门中药厂。评选程序是：首先经企业申请，由有关省、市医药管理局（总公司）按《国家中医药管理局中药工业企业质量管理奖评审办法》及评审细则对申请企业进行检查、咨询、评分（总分为500分），达到450分以上的，报国家中医药管理局。然后由国家中医药管理局邀请有关专家进行现场检查、咨询、评分。最后，由国家中医药管理局质量奖审定委员会审核批准。

在现场检查、咨询、评分中，北京同仁堂制药厂和厦门中药厂分别获得454.6分和454.2分。它们的共同特点是：

1．厂领导质量意识强，生产、经营指导思想明确，在激烈的市场竞争中，坚持"质量第一"的方针，积极推行全面质量管理。产品创优、企业创奖都列入厂长方针目标和企业规划中。推行质量否决权，在产量和质量发生矛盾时，坚持质量优先。

2. 产品质量稳定，主要产品质量指标均达到国内领先水平。

3. 企业经济效益好。省以上优质产品消耗定额、百元固定资产利税率、产值利润增长率及全员劳动生产率等各项经济指标均进入行业先进行列。

4. 质量管理基础工作扎实、有效。企业以教育为先导，不断强化全体职工的质量意识，取得了较好的成绩。

5. 企业积极推行方针目标管理，并分解到车间、科室，基本上做到横到边、纵到底。并注重群众性的质量管理小组活动和新产品的开发工作。

北京同仁堂制药厂的独特之处是：素以"处方独特，选料上乘，加工精细，产品疗效好"的特点而著称。坚持以"炮制虽繁必不敢省人工，品味虽贵必不敢减物料"的传统遗训，并与现代化的管理手段相结合，在继承发扬的基础上，不断创新。

厦门中药厂的独特之处是：应用系统工程的观念，采用 PDCA 循环的工作方法，开展方针目标管理，目标制定依据充分。在推行全面质量管理时能与 GMP 有机地结合起来，从改善硬件和强化软件入手，强化各项技术基础工作。在产品质量、新产品的开发、经济效益等方面能均衡地发展。

（吴希真）

1989年全国中药优秀质量管理(QC)小组评比情况

1989 年全国中药质量管理（QC）小组成果评比会于 5 月 16 日至 21 日在天津召开。会议由国家中医药管理局组织，对申报的 69 份（其中，中成药 47 个、饮片 14 个、中药商业 8 个）QC 成果材料进行审查，并采用打分法进行了评比，按得分高低次序评出了国家中医药管理局优秀 QC 小组 21 个（其中，中成药 15 个、饮片 4 个、中药商业 2 个）。会议还评出了中国药材公司先进 QC 小组 30 个（其中，中成药 20 个、饮片 6 个、中药商业 4 个）。同时，推荐分别获中成药 QC 小组、饮片 QC 小组最高分的天津第一中药厂灭菌 QC 小组、天津中药饮片厂煅枯矾 QC 小组为国家级优秀 QC 小组。

附：1989 年国家中医药管理局优秀 QC 小组名单

一、中成药小组：

名次	单位	小组名称
1	天津第一中药厂	灭菌 QC 小组
2	绍兴中药厂	十全大补酒 QC 小组
3	江西泰和制药厂	标准化 QC 小组
4	广西梧州地区制药厂	金鸡冲剂 QC 小组
5	河南省禹州市制药厂	复方川心莲片质量攻关第一 QC 小组
6	哈尔滨中药二厂	科研室消咳喘降糖 QC 小组
7	邯郸制药厂	摩罗丹 QC 小组
8	上海中药制药三厂	牛黄解毒片 QC 小组
9	山西省太原中药厂	双王素口服液 QC 小组
10	北京中药厂	前处理车间 QC 小组
11	安徽合肥中药厂	袋泡茶 QC 小组
12	天津市第五中药厂	冠心苏合胶囊 QC 小组

13	宁波中药制药厂	慈禧益寿宝QC小组
14	湖北省中洲制药厂	龟胶QC小组
15	五常制药厂	熊胆痔灵软膏QC小组

二、饮片小组：

1	天津市中药饮片厂	煅枯矾QC小组
2	上海徐汇中药饮片厂	进一步提高环留行爆花率与质量QC小组
3	哈尔滨市药材公司中药饮片厂	人参加工QC小组
4	吉林长春中药饮片厂	QC小组

三、商业小组：

1	南京市药材公司	仓库保质QC小组
2	河南省郑州市医药公司	药材站QC小组

（孙力英）

1989年中药行业国家优质产品评选工作

经国家质量奖审定委员会审核批准，一九八九年中药行业共有五个企业的五个产品获国家优质产品银质奖。它们是：广州敬修堂药厂园田牌跌打万花油、天津第六中药厂松柏牌速效救心丸、北京同仁堂制药二厂京花牌人参生脉饮、湖北省宜昌民康制药厂民康牌鼻渊丸、江西省樟树制药厂药都牌养血当归精。以上五个产品全部由国家中医药管理局组织抽样、检测和专家评议，抽检结果全部达标并得到专家好评。以上产品不仅产量大、各项经济指标较先进并有出口，质量指标也较完善，有定性、定量指标，能做到科学化、数据化，基本达到了我国中药行业技术、质量、检测、管理的先进水平。

（张　晶）

1989年国家中医药管理局优质产品评选情况

一九八九年共有二十二个产品被评为国家中医药管理局优质产品，其中二十一个是中成药产品，一个是制药机械产品。评选办法是依据《国家中医药管理局优质产品奖励办法》的规定先进行预审；然后在全国评优会上由评分员评分，按得分高低取舍；最后提交局质量奖审定委员会审核批准。

今年评出的二十二个产品，有传统产品也有新产品，共有八个剂型，大部分为治疗药。其共同特点是：企业基本上建立健全了质保体系；提高了全员质量意识；在产品质量指标上比历年都有不同程度的提高。

1989年国家中医药管理局优质产品名单

注册商标	产品名称	生产企业
镇海楼牌	胃乃安	广州中药一厂
旭日牌	乌鸡白凤丸	北京同仁堂制药厂
上药牌	上海人参蜂皇浆	上海中药制药一厂
灌河牌	浓缩六味地黄丸	河南宛西制药厂

太阳牌	风湿寒痛片	天津同仁堂制药厂
南峰牌	固本咳喘片	浙江台州制药厂
新安江牌	双宝素	安徽屯溪制药厂
红叶牌	康妇消炎栓	黑龙江铁力制药厂
参果牌	强力止咳宁	哈尔滨中药一厂
益光牌	龟胶	湖北省中州制药厂
桂中药牌	蛤蚧定喘丸	广西桂林中药厂
华山牌	摩罗丹	河北省邯郸制药厂
定西牌	贞芪扶正冲剂	甘肃定西地区制药厂
桐君阁牌	雄狮丸	重庆桐君阁药厂
健民牌	龙牡壮骨冲剂	武汉健民制药厂
鞍山牌	北豆根片	辽宁鞍山第一制药厂
宏兴牌	丹田降脂丸	广东潮州市宏兴制药厂
泰武牌	壮腰健肾丸	江西泰和制药厂
汾江牌	抗骨增生片	广东佛山市制药厂
天宁寺牌	复方青黛丸	陕西榆林地区中药厂
林海牌	人参蛤蚧精	吉林抚松制药厂
巨蜂牌	TF—700型粉碎机	天津市中药机械厂

（张　晶）

国家中医药管理局下发《关于中药工业企业节约能源升级(定级)工作的通知》

国家中医药管理局根据国家计委有关文件精神下发的这一通知，主要内容是：

一、对中、西药兼产的企业，凡企业以中药材为主要原料生产的产品，其产量、产值占企业总产量、总产值的百分之五十以上的企业，节能升级（定级）工作由国家中医药管理局统一归口管理。

二、中药工业企业的节约能源升级（定级）的基本条件、附表、定额标准，在中药工业节约能源升级（定级）管理办法未公布以前，暂按国家医药局国药企字（87）第565号《医药工业企业节约能源升级（定级）暂行办法》执行，并对该暂行办法做了部分补充。

三、为了杜绝节能升级中的不正之风，《通知》公布了国家级节能企业申报程序，并强调了节能升级评审纪律。

四、就节能升级的奖惩做了具体规定。

（周大威）

荣获金马奖的天津达仁堂制药厂

一九八八年已经晋升为国家二级企业，并荣获部级质量管理奖的天津达仁堂制药厂，经天津市企协咨询、推荐，全国企业管理优秀奖评委会评选，评为一九八八年度全国十佳企业。一九八九年三月三日，厂长曹惠民同志受全厂780名职工的委托，在北京中南海怀仁堂受到中央首长的亲切接见，并登上奖台，捧回企业界最高荣誉——金马奖。

这个有着七十余年历史的中药老企业，在改革开放的新形势下，发挥了生产治疗剂的传统优势，努力挖掘祖国医药宝库，把古老传统与现代科学技术融为一体，抓管理、上等级，开创中药生产现代化管理新格局。该厂以改革统揽全局，从1985年开始，逐步实行干部制度、劳动制度、分配制度的配套改革，实行了干部聘任制、多种形式的承包责任制，坚持责、权、利相结合的原则，实行基础工资、职务工资、效益工资、风险奖金、全勤奖等综合工资奖金分配办法，使企业内部分配制度具有无声的导向效应，激励全厂职工奋发向上，增强了企业的凝聚力。

该厂坚持质量第一的原则，实行严格的全面质量管理，积极推行中药GMP。他们舍得投资，在原材料加工、制丸、包装、出口产品及新剂型车间实行全面改造，达到GMP要求，尤其是建立了药粉低温库，解决了灭菌后药粉的再污染难题。建立了中药界第一流的现代化检测中心，实现了中药产品的定性定量检测，建立了专柜封闭管理的包装库房，解决了说明书、标签的污染与丢失问题，一系列的硬件改造使达仁堂的产品从投入到产出逐工序有了可靠的保证。他们还强化软件建设，制订GMP实施细则，加强生产的现场管理，严格工艺纪律，实行质量监督，推行标准化和质量否决权，使该厂产品质量稳定提高率达100%，市场抽检合格率达100%，八个主要产品质量达一等品标准，优质品产值占总产值的68.98%。

在资金紧张，市场疲软的困难条件下，该厂挖掘内部潜力，深入开展双增双节运动，适应市场变化，及时调整产品结构，增产适销对路的牛黄清心丸、大活络丹、清宫寿桃丸等拳头产品，强化经营队伍，培训出一支精明强干的销售队伍，分赴全国各地，大力开展自销活动，使企业冲出困境，取得较好的经济效益。

该厂注重推行现代化管理，坚持以人为中心的管理，从基础工作抓起，把现代化管理的思想、组织、方法、手段、人才五个方面的内容综合运用于各管理系统，建立起以全面质量管理为中心，以提高总体质量保证体系的功能优化为目标，统筹各专业管理的新模式，促进企业管理的整体优化，开创出一条中药企业现代化管理的新格局。

在生产经营活动中，该厂发挥了党组织的政治核心作用和工会、共青团组织的作用，加强了新形势下的思想政治工作，倡导并发扬企业的“达仁精神”，形成强大的向心力和凝聚力，创造了优良的小环境。

（中国药材公司办公室）

“常用中药材品种整理及质量研究”前期44个分题通过验收

“常用中药材品种整理及质量研究”是国家计委科技局下达的“七五”国家重点攻关项目。该项目分别由中国药科大学和北京医科大学牵头，联合全国有关大专院校及科研单位组成南、北方两个协作组，分别承担60种（类）中药材的品种整理及质量研究工作。此课题于1986年正式下达，现已取得显著的进展，前期工作南、北方组共有44个分题通过专家验收，其中南方组31个分题，北方组13个分题。

这些分题按合同要求，10项指标研究都达到了“常用中药材品种整理和质量研究”的主要内容和技术方案的要求。中药生药的研究以往大多限于某个方面或某个领域，这次进行了全面、系统、深入的研究，国内外尚属少见。在药源调查方面，各专题组基本上调查了全国各产区的药源及采收标本、样品。同时对各类药材分别进行了分类、性状、组织、粉末等鉴定研究，描述了鉴别特征，绘制了特征图，制订了检索表。各专题都以有效成分或特征性成分对主要品种进行了薄层层析、气相层析、高效液相研究，有的还采用气—质联用、气—仁联用、等离子发射光谱、中子活化分析、等离子质谱分析等先进技术进行了理化分析，用代表性的药理指标进行了活性测试。在调查、鉴定和质量评价的基础上，各专题组对所研究品种在商品采收、发展生产、合理应用和药典收载等方面提出了科学的建议。该项研究工作澄清了各该类中药多来源品种的混乱现象，提出了品种鉴别和质量评价的特征和方法，为医疗保健安全有效用药提供了科学依据，在药材生产、供销、开发新药源、提高出口信誉、扩大国际市场方面具有科学价值。

（中国药材公司　科教处）

人工引流熊胆、引种西洋参通过药用审批

熊胆是我国珍稀中药材，长期以来，一直靠猎杀取胆的办法获得。为保护野生熊资源，满足日益增长的医疗需要，四川、陕西、黑龙江等省的中药、科研部门开展了活熊驯养、人工引流熊胆的研究工作，同时也对“引流熊胆”的化学成分、药理、药效作用进行了研究。

卫生部药政局于1988年6月在成都主持召开了“引流熊胆”药用审评会。与会专家及部分省、市药政、药检人员对陕西、四川几个单位申报的“引流熊胆”资料进行了全面评审，认为“引流熊胆”与天然熊胆内在质量相同，可供药用。

“引流熊胆”的药用审批，为解决熊胆的药源开辟了新途径，并十分有利于保护野生熊资源。

中药材西洋参长期依赖进口，近来在我国一些地区进行了引种并获得成功。卫生部于1988年8月批准了北京市药材公司、中国医学科学院药用植物资源开发研究所等单位试验种植的西洋参可与进口西洋参同供药用。这将使西洋参主要依靠进口局面有所改观。

（牛更生）

中药机械生产工作座谈会

国家中医药管理局首次召开的中药机械生产工作座谈会于1989年7月31日至8月3日在大连市举行，部分省的药材公司、中药机械制造企业、中成药企业、中药饮片企业、有关科研院所等单位派人参加了会议。

会议讨论了中药机械生产发展的现状，分析了存在的问题，交流了中药机械科研开发、设备管理、技术改造等方面的经验，并展望了中药机械“八五”规划的方向。

代表们认为目前中药机械的发展、开发工作中存在的问题是：1．起步晚、基础差、投资少、底子薄。2．原材料供应渠道不畅，数量不足，规格不全，价格不稳定。3．企业管理水平低，产品质量不高，缺乏统一规划，造成产品重复生产。4．企业的科研经费困难，无专业研究开发部门。

针对现状和存在的问题，会议提出以下意见：1．为实现中药工业现代化，要大力生产现代化的中药机械产品。2．为加强中药机械科研开发，应创建中药机械科学技术研究所。3．为建立、健全全国中药机械产品生产的统一技术标准和规范，建议组建全国中药机械标准专家审定委员会。4．认真做好中药机械“八五”发展规划工作。代表们对“八五”期间中药机械生产规划的初步意见是：1）为改善生产环境，研制中药工业的密闭提取、密闭浓缩、密闭

粉碎等密闭操作设备。2）在鉴定中药单机设备运行过关的基础上，联线生产，流水作业，实现机电一体化。3）做好仿制、移植、借鉴其它工业设备的工作。4）消化吸收中药引进设备。5）解决中药工业新产品、新剂型的配套装备。

（刘　新）

七、科研管理

1989年度国家中医药管理局中医药科技进步奖评审情况

1989年国家中医药管理局共收到申请局级中医药科技进步奖项目323项，经评审委员会评审表决，评出获奖项目47项，其中一等奖4项，二等奖20项，三等奖23项。从奖励项目的总体看，不仅奖励总数超过往年，而且科研水平也有所提高。

1．获奖项目进一步显示了中医药在防治疾病中的重要作用。癌症是严重威胁人类健康的疾病之一，癌症的防治是医学的重要研究课题。中国中医研究院中药研究所的"六味地黄汤（丸）预防食管癌的实验和临床研究"提出了肾阴虚重症患者食管上皮重度增生具有很大的癌变可能性，证明中药六味地黄汤制剂有抑制化学致癌、降低癌发病率的良好效果，为中医药治疗和预防食管癌提供了新的有效途径和方法。上海中医学院对"中药在胃癌癌变过程中的作用"进行了较系统的研究，认为中药对肿瘤形成的"起始"和"启动"这两个阶段有着肯定的阻断作用。他们从具有益气健脾作用的63个单味药和16个中药复方进行研究筛选，找出既有杀伤胃癌细胞又有保护正常细胞的双向作用的中药，比较成功地探索了一条中医药防治肿瘤的实验途径。

上海市在1988年应用中医药治疗甲型肝炎暴发流行期患者2888例，辨证论治治疗与运用其它药物组的病死率分别为1.2%和5.6%；恢复期消除症状的总有效率为98%。证实了中医药治疗甲肝的效果。

上海医科大学与上海中药制药一厂合作研制的中成药"麝香保心丸"对冠心病心绞痛治疗效果可与日本的"救心丸"相媲美，而副作用更少，已受到国内外的广泛重视，目前厂家正在积极开拓国际市场。

2．中药质量研究和增产技术研究取得可喜成绩。中国药品生物制品检定所开展的"澄清中药砂仁等8个混乱品种的研究"和"阿胶真伪鉴别与内在质量的研究"及北京中医学院的"常用矿物类中药材质量控制方法的研究"等项目，皆是以中医药理论为指导、运用现代科学及其分析技术进行的系统研究，提出了真伪鉴别和质量评价的方法，做到了正本清源，对保证药品质量提供了可靠的科学数据。山东省中医药研究所等单位从事的"山东金银花质量和产地加工工艺的研究"，在生态、采收加工、外观性状与内在质量等方面进行了综合性对比研究，保证了银花质量，并提高了产量，产生了较大的经济效益。

3．针刺麻醉临床应用及机制探讨有新进展。上海医科大学华山医院、北京天坛医院等单位联合完成的"针刺麻醉在前颅窝手术中的研究与应用"与上海第二医科大学仁济医院完成的"针刺麻醉在体外循环心内直视手术中的研究"，对这两种疑难外科手术都是应用针麻技术在病人清醒状态下实施的，针麻效果的成功率分别为95%和91%，达到国内外领先水平，均获一等奖，这是中西医结合工作的一大成就。前者成功地完成了从设计、研究、总结直至追访的全过程，制订了全国统一的针麻手术操作规范，科研方案设计合理，数据可靠，效果确切；后者为外科手术增添了一种优良的麻醉方法，其优点是病人在手术中生理改变少，术后呼吸道并发症少及恢复迅速。中国科学院上海脑研究所开展的“针刺镇痛的脊髓机制和神经电针镇痛的临床应用”等二项均以现代科学方法，依中医针刺的基本规律来探讨针麻的作用机制，在理论研究方面又取得新的进展。

4. 中医古籍文献整理研究取得成果。古籍整理研究是中医药科研的重要组成部分，今年有8项获奖。其中，中国中医研究院方药中等关于“《黄帝内经素问运气七篇》研究”总结了中医气化学说理论体系，论述了生理、病理、病机、治则治法、组方用药等一系列理论问题。对疑点、难点，在比较分析历代名家注释的基础上，提出己见。其以中医学理论为依据，运用传统方法，结合多年的临床实践整理研究其深邃的内涵，阐发其精义并指导临床应用，全书81万字，为唐代王冰以来第一个全面系统讲解“运气七篇”的专著，颇具中医特色，获一等奖。

5. 青年科技工作者在科研中做出了贡献。中国中医研究院中药研究所赵中振（32岁）的“‘树皮年轮’的研究及其在中药方面的应用”，获得一等奖。其以树皮中纤维束层数与树木年龄的对应关系，即“树皮年轮”，来代替原以木质部年轮判断树龄的方法，避免了针洞或断木取材，具有简便、易行、无害树体、易推广的特点。尤其在中药方面的应用，做了很有意义的探索，居于领先水平。其应用于木本中药生药鉴别方面，提供了“树龄”这一客观指标；在生药质量控制方面，可根据树龄研究出植物体内有效成分含量的变化规律，以指导药材生产、采收和质量控制。其他获奖项目的主要完成者中还有许多青年人。

（王亨立）

1989年国家中医药管理局科研基金课题招标工作

为调动广大中医药科技工作者的积极性，促进中医药科技工作者的积极性，促进中医药科技进步及学术发展，国家中医药管理局一九八九年设立了科学研究基金，实行科研课题合同制，并发布了《国家中医药管理局科学研究基金暂行条例》。条例规定，科研基金资助重大项目、重点课题和青年基金课题。重大项目通过组织协调，以计划任务形式安排；重点课题、青年基金课题以招标形式确定。招标的实施步骤为：计划指导、公开招标、志愿申请、单位审核、同行评审、择优资助、签订合同、专款专用。

为做好课题招标工作，国家中医药管理局在充分论证基础上，制定了《一九八九年科研基金项目指南》，并发出了关于受理重点课题和青年基金课题申请的通知。截止到十月二十日，共受理全国二十九个省、自治区、直辖市及国务院有关部门直属单位的1541项课题申请，其中重点课题1296项，青年基金课题245项。在此基础上，于十一月分别在宁波、贵阳组织召开了“一九八九年国家中医药管理局科研基金课题评审会议”。聘请了全国二十个省、市、自治区四十五个单位的八十三位专家学者参加了评审工作。评审坚持“依靠专家、发扬民主、公正合理、择优支持”的原则，分临床、中药、针灸经络、理论、文献和软科学等专业组进行，体现了认真、科学、公正的精神。经过评审，确定资助课题181项，其中重点课题148项，青年基金课题33项。

国家中医药管理局于十二月间将确定资助课题的情况及全部申请课题的专家评审意见和建议转达至各课题申请单位和课题负责人，并与确定资助课题的申请单位和课题负责人签定了课题合同。国家中医药管理局作为合同甲方，拨付了一九八九年课题经费。

一九八九年国家中医药管理局科研基金课题招标工作有三个特点：(1) 申请资助的课题

较历次中医药科研招标踊跃。全国除台湾省外，各省、市、自治区均有单位申请课题资助。一些边远地区，如新疆、西藏、广西、海南等省、自治区申请课题的水平和质量有明显提高，均有课题获得资助。(2) 本次科研基金课题招标工作是中医中药科研统一归口管理后的第一次，广大中药科研人员表现出极大的热情，共申请课题 602 项，有二十七位全国中药专家被聘请参加了评审工作，59 项中药研究课题获得了资助，占总资助课题数的 32.6%。(3) 运用电子计算机进行科研基金课题招标科学化管理。对各种相关数据进行了存取、查询和统计处理，可根据需要随机提取数据和打印报表，减轻了评审人员的劳动强度，提高了工作质量和效率，是科研基金管理走向科学、严谨的一个标志。

根据计划安排，国家中医药管理局《科研基金项目指南》重大项目的组织安排工作，将于一九九〇年进行。

(宋春生)

全国中医药科技基本情况调查

为了摸清中医药科研机构的基本情况，为决策提供科学依据，原国家中医管理局科技司于 1988 年组织对全国省级以上独立科研机构的科技基本情况进行了调查。

参加调查的有科技司、有关科研单位及院校的领导、专家共 30 人。调查了 25 个省、市、自治区近 60 个科研单位。召开各种类型的座谈会近 70 次，参加座谈的人数约 800 人次。调查的基本情况如下：

一、科研机构 全国现有独立的和附设的中医药科研机构 161 所，中医药科研机构的建立时间较短，多属于年轻型，多数机构是综合所、模式比较单一，存在“大而全”，“小而全”的现象。

二、科技人才 全国省以上独立中医药科研机构职工总数为 13737 人，其中科技人员 9686 人，占职工总数的 70.5%。另据 33 个地市所统计，职工总数为 2099 人，科技人员占 82.8%。中医药科研人材结构属年轻型，尤其以中药科研机构为甚，高职人员年龄老化，后继学术带头人亟待培养。

三、科研条件 独立中医药科研机构中，67 个院所仪器设备总值只有 11848 万元。如果除去中国中医研究院，其他 59 个院所只有 6000 多万元。

四、科研成果 自 1978 年以来，共获得国家级奖励及部（局）级奖励 358 项。统计结果显示，随着时间的推移，部（局）级奖励项目在增多，中医药单位获奖数目也在增加。

通过调查发现，近十年来中医药事业发展很快，但也存在很多问题。调查组认为今后中医药科技工作的重点是更新观念，提高认识；明确主攻，形成优势；充实力量，提高水平；加快运行，增强效益。

(程翔林)

《建国四十年中医药科技成就》一书出版发行

由国家中医药管理局主编，中医古籍出版社出版的反映建国四十年来中医药科技成就的综述性书籍——《建国四十年中医药科技成就》一书首发式，9 月 23 日在北京举行。李鹏总理与宋健国务委员为这本书题了词；崔月犁、胡熙明及国家有关部委的同志、著名中医药专家和首都一些新闻单位的记者出席了首发式。

目前，中医药科技队伍有16314人，其中高级技术职称人员1792名；中医药研究共获国家及部级成果奖358项，其中37项获国家发明奖和科技进步奖。这部百余万字著作，载入了新中国成立以来，广大中医药科技工作者励精图治，自强不息，为继承弘扬祖国医药学所付出的辛勤努力。全书分16个类目、121个专题，全面系统地介绍了四十年来中医药科技发展的主要成就：中医临床研究逐步走上现代科学研究轨道，在防治常见病、多发病及危重症方面做出了贡献，有些成果处于国际领先地位；中医药理论体系得到全面系统的整理，现代科学的技术、方法与理论被大量运用到中医药理论研究之中，不断揭示了中医药理论的科学性，为人类生命科学的研究提出了许多崭新的课题；出现了一些新兴的中医药学术与学科，丰富、发展了中医药理论的内容；中药研究与医疗临床相结合，与生产相结合，提高了中医防治疾病的能力，促进了中药产业的发展；民族医药得到进一步挖掘，临床研究水平不断提高；医史文献的整理研究工作取得了长足进展。这些成就有力说明了中医药科技事业同我国其他事业一样，只有在社会主义的今天，才能获得如此迅速的发展。

（琦　宁）

《中华本草》编委会召开第一次会议

在国家中医药管理局主持下，《中华本草》编委会第一次会议于1989年5月5日至9日在江苏省扬州市召开。参加会议的有南京中医学院、中国中医研究院、北京中医学院、成都中医学院等41所高等医药院校、科研机构的专家、学者，以及国家中医药管理局、国家科委、卫生部、人民卫生出版社、《中华本草》编委会办公室的代表共89人。

卫生部副部长兼国家中医药管理局局长胡熙明在会上作了题为“团结起来，为编撰一部划时代的《本草》而努力”的重要讲话，对编撰《中华本草》的目的、意义等进行了阐述。会议确定全书拟收载植、动、矿物各类传统中药、民间药以及藏、蒙、维、彝等民族药物8000余种，绘制插图约1万幅，整个篇幅预计2000万字，其编撰周期将历时10年。会议期间，编委会委员还对《中华本草》的编写规划、体例进行了认真的讨论和修改。会议还通过了《中华本草基金委员会章程》，确定了11个专业委员会正副主任的人选。这次会议为《中华本草》编写工作的开展奠定了基础。

（张治强）

关于中医临床医学研究的探讨

王明辉认为随着中医科研的深入，虽然科研设计完善者已日益增多，但对其中某些内容重视不够，甚或忽略者仍屡见不鲜，故有必要提出讨论以引起注意。

王氏提出要注意国内外有关科研动态情报的搜集。目前，国内外中医科研工作方兴未艾。在立题前应充分复习和了解有关文献，这样可以避免因为对国内外有关专题的研究动态缺乏系统了解，从而轻易地自认为所进行的科研课题是首创、开拓或新方药、新理论。而且还可以避免走弯路并能最大限度地吸取他人的有关经验教训。

韩晶岩提出要注意中医临床研究中总体确定。韩氏认为中医临床研究中常用的总体划分方法有三种。1. 以证划分总体：即根据证的诊断标准确定受试对象的范围；2. 以病划分总体：即根据病的诊断标准确定受试对象的范围；3. 病证结合划分总体：即同时根据病的诊断标准和证的诊断标准确定受试对象的范围。正确地确定总体是正确分组、比较的前提，是提高中医临床研究水平的关键环节之一。一般来说，非辨证单方疗效及机理的研究应该采用以病划分总体；异病同证的研究应采用以证划分总体；辨证治疗的研究和同病异证的研究应采用病证结合划分总体。

张南提出要重视临床医学假说在临床医学研究中的地位和作用。张氏认为临床医学研究的模式一般分为三个步骤：1. 根据临床事实提出假说。2. 通过临床观察和实验研究对假说进行验证。3. 新的理论知识的产生或提出新的假说。因而临床医学研究的实质就是提出假说、验证假说，通过扬弃，求得创新，故临床医学假说是医学研究的重要阶梯和桥梁。

盛宝恒等提出要注意避免医学研究中常见的逻辑错误。主要包括以下几种：1. "以先后为因果"引出错误结论。2. "以臆想代推理"构建错误假说。3. 视"同时性"为"相关性"进行错误推理。4. "先入为主"导根源，喧宾夺主入歧途。5. 超越范围以偏概全导致轻率概括。

林平等提出要注意临床观察指标的设计。林氏等认为中医临床研究的观察指标，应根据祖国医学的有关理论和实践认识，以及疾病特定的临床表现、发病机理，并借助现代医学的方法来设计。其基本要求有：1. 有效性。即必须与科研题意密切关联，能够说明研究者所要探讨的问题。2. 客观性。临床研究的观察指标按其来源可分为主观指标和客观指标两种。客观指标是测量、化验所表示的结果，不易受主观因素的影响。3. 特异性。指标应能特异地反映中医临床现象的本质。如胃脘痛作为辨证指标，特异性较差，最多只能说明病位大概在脾胃。而胃脘冷痛、胃脘灼痛、胃脘胀痛等特异性就比胃脘痛要强。如再加上喜按拒按以及与饮食冷暖的关系来描述，则其临床意义就更为明确。4. 精确性。指标的精确性包括两层含义。其一是指标的准确度，即所观察结果的真实程度如何。其二表示指标的精确度，即所观察结果的深度如何。5. 灵敏性。指标的灵敏性是增强临床试验效应的一个重要方面。如皮肤电位是反映交感神经中枢机能状态的一个较灵敏的指标，脾虚病人无论是安静时还是受冷刺激时，其皮肤电位均明显低于正常人。提示脾虚病人的交感神经中枢机能低下。

（张玉萍）

关于加强中药研究的探讨

祝世讷等提出，目前，国内外对中药和方剂研究的深入，大都遇到了现行研究思路是否合理、是否需要调整的问题，迫切需要探索和解决。祝氏等认为，一般来说，药学受医学理论的指导和影响，有什么样的医学原理，就有什么样的药学原理。而西药学与西医学相统一，遵循了还原论思路，中药学与中医学相统一，遵循了系统论思路，这是一个基本存在。中药和方剂的研究、应用、发展，从药性、药效、药理各方面，都深刻贯穿着系统论的科学原理，是中药、方剂与中医理论相表里的机枢所在，是中药、方剂的特色和优势所在。中药和方剂的研究，应当沿着系统论思路，深入挖掘和阐发其固有的科学原理。大体来说，有以下三条：1. 整体取性原理。"药有个性之特长，方有合群之妙用。"中药和方剂的药性，是分别在药和方的整体水平取定的。2. 相关奏效原理。"愈疾之功，非疾不能以知之。"中药、方剂的药性和药效，不是根据中药方剂本身的物理、化学、生物等属性论定的，而是根据中药方剂作用于人体异常功能态——"证"的效应而论定的，对不同的"证"表现出的不同作用性质规定为药性，对不同的"证"产生的不同调节效应规定为功效。3. 中介调节原理。"调其阴阳之所自，阴阳自和必自愈。"中药方剂愈病的药理机制，在本质上不是以"箭"射"靶"的特异性治疗，而是以人体固有的阴阳自和能力为中介，通过培护、推动、激发人体的阴阳自和，依靠阴阳自和而达“以平为期”的。赵永发认为中药剂讲辨证、循阴阳，针对性极强。在四诊合参的基础上，病分阴阳表里寒热虚实，方分七方八阵十剂，药有四气五味升降浮沉补泻。中医学的特点，在中药剂中得到充分体现和运用。

罗刚等指出，近年来的中药与方剂研究取得了可喜的成果，但尚有某些问题要引起注意。如不重视方剂研究。作者随机抽样调查了120篇药理实验论文，其中单味中药有48篇，占40%，单体成分有33篇，占27.5%，二者共有81篇，占67.5%，而方剂有39篇，占32.5%，而其中经典方剂药理研究仅12篇，占10%，其中27篇为新方或改革方研究。罗氏等认为，中药药理研究应该在中医药理论指导下进行，但单味药或成分的研究报告，大多没有涉及中医理论。抛开经典方剂，重点研究单味药及其成份或者是自己重组的新方，由于研究比例失调，很可能使我们在中药药理领域失去优势。

曹伟春提出对中药传统复方药理作用及机制的探讨要加强。曹氏认为，目前，中药传统复方药理研究中主要存在二方面的问题，其一是中药传统复方的药理研究多数没有与中医中药理论紧密联系；其二是中药传统复方的药理研究与植化分析脱节。今后传统复方的药理研究应力求在中医中药理论指导下用现代化科学技术阐明中医药理论的本质。主要揭示古方对机体的整体效应，在此基础上再深入研究达到细胞、亚细胞分子水平，然后逐步阐明中医中药理论的物质基础。

（张玉萍）

八、教育管理

中医药教育工作概述

一年来，中医药教育主要做了以下工作。

1．贯彻落实全国中医教育工作会议精神，继续调整教育结构，深化教育改革，中医药教育事业取得了较快的健康发展，增强了适应社会和中医药事业发展需要的能力。经国家教委批准，山西中医学院、西藏藏医学院和新疆维医专科学校正式成立。山西中医学院是一所省属的以本科教育为主的高等中医药院校，占地300亩，现有教职员工356人，教研室34个，实验室9个，在校学生达800多人，已有70名第一届本科毕业生；西藏大学藏医学院占地71928平方米，开设藏医、藏药、天文历算专业，现在校学生有70多名，面向川、甘、青和新疆等省、自治区招生；新疆维吾尔医学专科学校占地100亩，有专、兼职教师55人，组织编写维医药专业教材13门，已出版使用6门。目前，全国高等中医院校发展到28所、高等民族医学院校3所，高等医药院校和综合大学设置中医、中药和中药制药专业的已有15所。由于采取了多种途径办学，发展多种类型的中医药学校的措施，并在充实扩建老校的同时，加快新校建设，重点抓没有中医药学校的省、自治区、直辖市的建校工作，促进了中等中医药教育事业的发展。一年来，新建、改建中等中医药学校6所，全国中等中医药学校已达到53所，中医药职业技术学校13所。为了推动中医自学工作，在总结五省市试点的基础上，1989年2月，全国高等教育自学考试指导委员会和国家中医药管理局联合发出了《关于印发〈全国高等教育自学考试中医专业试点工作总结会纪要〉的通知》，在全国具备条件的十四个省、自治区有计划地逐步开展了中医专业自学考试工作。北京、上海、福建三省市还开展了对台湾省考生考试，另有四个省市进行了中药专业自学考试。各开考省市成立了自考领导班子，设立了专门机构，加强组织管理，确保了自考工作顺利进行。中医药成人教育的岗位培训和专业证书教育工作有了加强，组织起草了中医专业证书教学计划和大纲。为了加强中药高级工的培训，制定并印发了中药制药、中药炮制、中药商业和中药养护保管四个专业证书教学计划和教学大纲。

2．调整教育结构，提高办学水平，重点做了两项工作。一是进一步理顺和完善办学层次。通过制订中医药教育基本规范和中医学专业课程基本要求的文件、制定中医药教育系列评估方案等，使中医药本科教育工作得到了加强。同时，为了满足中医药事业对高层次中医药专门人才的需要，成立研究小组，开展了创办七年制中医本科教育的调研论证工作，并制定了试办七年制中医本科教育方案和有关文件报国家审批。研究生和学位工作，贯彻了调整学科、按需培养、按需授权的精神，根据国学字0 01号文要求，从1989年4月至7月，组织了第四批中医和中西医结合硕士研究生学位授予权审查和初评工作。中医学评审通过了28个学科专业点，通过率为45.2%；中西医结合通过17个专业点，通过率为38.6%；中药学评审通过5个学科专业点，通过率为75%。为了保证中专人才的培养质量，加强中医药基本专业的建设与管理，组织制定和印发了中医士、中药士专业建设标准。二是调整优化专业结构。在调整专业中，以《全国普通高等院校医药本科专业目录》为依据，贯彻国家中医药管理局提出的"医药结合，医药并重，同步发展，全面振兴"的方针，从高等中医药教育实际出发，重点加强中医药类应用型专业的布点，特别注重了中药类专业的布点，支持老少边地区院校和新建院校发展新专业，一年来，新批准发展了8个中药制药学和中药学专业。另一方面，加强了短缺学科专业的布点，为了发挥地方院校的优势，经过反复协商，初步落实了中医基础医学、中医文献学、中药药理学和中药资源学等面向全国招生的短缺专业的布点工作。

3．为了加强中医药教育理论和应用研究，促进教育研究的学术交流和教育改革，1989年4月和8月，分别成立了全国中医药高教学会和中医药中等教育研究会，并将部分行业管理工作交由学会承担，充分发挥学会咨询和参予作用，提高了教育管理的科学决策水平。

此外，还于1989年9月在北京召开了国际针灸教育研讨会，来自17个国家和地区的86名针灸教育工作者参加了会议。会议围绕着各国针灸教育现状与教学经验；针灸教育机构的必备条件；合格针灸医师的必备素质；不同层次针灸教育的教学内容和形式；合理的选拔和考核措施；发展针灸教育的建议和意见等六方面的议题进行了研讨，并有30篇报告论文在大会上进行了交流。通过这次会议，进一步增进了全世界从事针灸事业的同道们的相互了解和合作，促进了中医对外教育工作。

（张殿璞）

《高等中医院校办学水平评估方案》发布实行

为加强对高等中医药教育的宏观管理，深化教育改革，提高办学水平和教育质量，国家中医药管理局1989年12月发布了《高等中医院校办学水平评估方案（试行)》，要求各中医学院1990年组织自评，国家中医药管理局组织检查抽评。

本方案评估对象以全日制本科教育为主，评估指标体系分为三级，采用定量评估方案。设人才培养、科研水平、管理水平、师资队伍、附属医院与附设药厂、教学设施等6个一级指标，以100分为满分，各项权重分别为人才培养35%、科研水平15%、管理水平23%、师资队伍10%、附属医院与附设药厂8%、教学设施9%。二级指标26个，三级指标59个，并对学生思想政治表现、基本技能、教育研究与改革、后勤服务质量及财务管理、专业建设情况、教学计划与制度管理、教师教学能力等7个三级指标的内涵作了具体规定。

为了全面地有效地评价高等中医药教育水平与教育质量，研制符合高等中医药教育实际的系列评估方案，1989年国家中医药管理局人事教育司利用世界银行提供的贷款立项，组织实施《高等中医教育系列评估研究》项目。成立了由湖南、广州、上海、湖北中医学院组成的评估研究小组，在调查研究和充分论证的基础上，9月17日在长沙召开课题组工作会议，讨论制订了办学水平社会评估、专业评估、课程评估、教师教学质量评估等系列评估方案研究计划，要求用2至3年时间完成系列评估方案的研制工作。

（郑守曾）

制订中医学专业（本科）主要课程基本要求

国家中医药管理局人事教育司根据国家教委关于制订专业主要课程基本要求的精神，组织制订了中医学专业主要课程基本要求。1989年10月5日至7日在上海召开有北京、上海、广州、成都、南京、辽宁、陕西、山东、湖南、湖北等10所中医学院教务处长参加的工作会议，就制定中医学专业（本科）主要课程基本要求的原则、范围、格式进行了认真研究，并进行了分工，安排了工作。1989 年 11 月 24 日至 27 日在南京召开审定会议，参加审定的有上述 10 所中医学院有关学科专业教师和教务处长共 70 余名代表，会议通过认真的讨论修改，审定通过了中医学专业（本科）主要课程基本要求。

制定中医学专业（本科）主要课程基本要求，是为了保证教学质量，实现专业业务培养目标，为今后院校制订课程教学大纲，编审教材，进行课程教学质量评估提供依据。根据国家教委颁布的《全国普通高等学校医药本科专业目录》中医学专业简介，结合中医学专业课程设置改革的实际情况，共制定中医学基础、中医诊断学、中药学、方剂学、中医内科学、中医外科学、中医妇科学、中医儿科学、针灸学、内经学、伤寒论、金匮要略、温病学、正常人体解剖学、生理学、生物化学、病理学、诊断学基础、西医内科学、医古文等二十门必修课的基本要求。并根据专业简介所列的主要课程，制订了中医古典医籍、现代医学基础等二门综合性课程的基本要求。

课程基本要求包括性质和任务、理论知识和技能要求、参考性学时范围、说明等四项内容。在制定过程中，各院校课程专业教师与教务处长根据总体培养目标和专业培养目标，结合高等中医药教育的自身特点，立足现实，注重发展，对各门课程的学科定义、课程范围、与相关课程衔接等问题进行了深入的探索和讨论，较好地处理了各门课程之间和每门课程理论、知识、技能要求之间的关系。

（郑守曾）

国家中医药考试中心、国际针灸考试中心成立

国家中医药考试中心、国际针灸考试中心于 1989 年 9 月 14 日正式成立。考试中心的任务是承担中医师资格考试和国外针灸专业人员的水平考试，检查中医院校教学质量及国家规定的其他统一考试。考试中心是国家中医药考试委员会和国际针灸专业人员水平考试委员会的办事机构，设在北京中医学院，业务工作由国家中医药管理局管理。

根据国家中医药管理局颁布的《中医师、士管理条例（试行）》关于“中医师资格考试，由国家中医药管理局统一组织和命题，由各省、自治区、直辖市中医药管理局或卫生厅（局）具体实施”的规定，承担中医师资格考试将是考试中心的主要任务。另外，随着针灸在国际上的影响日益扩大，针灸对外教育发展很快，同时一些国家和地区的针灸教育也十分活跃。不少国际针灸专业人员要求我国对其所达到的水平进行测试。国际针灸考试中心将适应这一要求，运用统一标准对这些人员进行测试。

（于永杰）

世界银行贷款项目《中医教育研究》

世界银行贷款项目《中医教育研究》经卫生部国外贷款办公室批准，于 89 年 1 月开始实施。项目内容包括：1. 人员培训：培训中医养生康复专业和卫生管理（中医）专业师资，举办院校长、教务处长、附属医院及教学医院院长培训班；2. 专题研讨：召开在中医教育中加强预防战略研讨会、中医教育发展社区防治实验区研讨会、中医基础学科建设及课程设置优化方案研讨会、中医继续教育研讨会；3. 课题研讨：进行高等中医教育管理人员素质分析和提高素质对策、中医基础、临床研究生知识结构和课程设置、农村中医药人才培养模式、提高高等中医院校本科教学质量的多因素分析等四个课题的研究；4. 派团出国考察医学教育，

进行国内中医教育与国外医学教育比较性研究；5．教材与规范建设：包括卫生管理（中医）专业及中医养生康复专业系列教材建设、高等中医教育系列评估研究、中医师考试大纲制定。通过本项目的实施，有利于加强中医教育研究、中医预防教育和中医管理干部培养，提高中医教育评估能力，推动中医教育改革。

1989年按计划已完成下列项目内容：

一、教材编写 成立中医养生康复专业、卫生管理（中医）专业系列教材编审委员会，并分别于1989年5月、8月召开编审委员会会议。确定中医养生康复专业系列教材编写《中医养生康复学概论》、《中医养生学》、《中医康复学》、《中医饮食营养学》、《中医老年病学》等5门；卫生管理（中医）专业系列教材编写《中医药管理学概论》、《中医医院管理学》、《中医教育管理学》、《中医科技管理学》等4门。讨论了编写指导原则，确定了每门教材的主编，修订了各门教材的教学大纲、编写大纲，通过了样稿。各门教材已分别成立编写委员会，编写工作已按项目计划全面展开。

二、高等中医教育评估研究 1989年4月召开课题组第一次工作会议，制定了实施计划，对课题的总目标、技术路线与研究步骤进行了深入的讨论。决定本课题分为办学水平评估（社会评估）、课程评估、教师教学质量评估、专业评估等4个子项目，并进行了分工，安排了本年度与90年度的工作。

三、中医师考试大纲 1989年5月至9月组成调研组分赴8省市调研，并对国外医师资格考试的历史和现状进行文献研究，形成报告，作好了论证前的准备工作。10月召开中医师考试大纲论证会，对进行国家中医师资格考试的必要性、可行性与实施方案进行了专家论证，修订了关于制定考试大纲的基本原则和要求，已开始具体修订考试大纲。

四、课题研究 4个研究课题按项目计划，在调研基础上制定了课题研究方案与工作计划，组织了专家论证，已开始实施。

五、中医继续教育研讨会 5月组成调研组分赴上海、江苏、浙江、广东四省市进行了为期四周的调研。研讨会于11月在成都召开，会期7天。参加会议的有14个省、直辖市中医管理局、卫生厅（局）中医处、中医学院成教部代表64人，有10位专家作了专题学术讲座，全体代表分组对中医继续教育的对象、范围、性质、内容进行了深入的研讨，并讨论修改了《中医继续教育条例》。会议期间讨论安排了会后工作，要求与会代表回本地举办1至2次学术讲座，编印会议材料散发，根据会议讨论意见修改《中医继续教育条例》后提交国家中医药管理局。

（郑守曾）

中等中医药学校建设情况

为了贯彻落实《全国中医教育工作会议精神和实现从1988～2000年中医教育事业发展战略规划》要求，1989年国家中医药管理局继续采取措施调动地方政府及主管部门的积极性，发展中等中医药教育，促使中等中医药学校建设有了较快的进展。

一、加强计划管理，推动中等中医药学校的建设。自全国中医教育工作会议以来，各地方政府和主管部门进一步重视农村基础中等中医药人才的培养，并采取积极可行的措施，发展中等中医药教育事业。国家中医药管理局重点抓了没有中等中医药学校的省、自治区的建校工作。今年二月底，国家中医药管理局召开了部分省、自治区卫生厅、中医管理局参加的计划工作会议，具体研究建设和发展中医药学校问题，签订了协议书，落实了建校措施，并和省有关领导一起检查建校情况。至今年九月，河北省新建一所省属占地 80 亩、规模 640 人的中等中医药学校，改建一所中药职业中专学校。海南省改建一所中等中医药学校。湖北、山东等省在原有一所中医学校的基础上，增建了中医药职工中专和中医药学校。以上四省，今年内共新建、改建中等中医药学校、中医药职业中专六所。到 1989 年底，全国中等中医药教育机构已有五十三个，1989 年全国中等中医药学校招生数达 5608 人，总在校数为 17170 人，毕业生 4520 人。

部分老校和近几年新建学校，在国家中医药管理局及地方中医、卫生行政主管部门的共同支持下，添设了教学仪器设备或实验室装备，新建或扩建了教学实验用房，如山东、黑龙江、吉林、陕西等省中医学校新建的近二万平方米的教学实验楼已相继投入使用。

二、制定中医士、中药士两个专业建设标准。为了更好地坚持中等中医药办学方向，不断提高教学质量，培养合格的中等中医药人才，国家中医药管理局组织调查小组，在充分调查研究的基础上，起草了《中等中医药学校中医士、中药士专业建设标准》，经反复论证修改和请专家审核，于 12 月底定稿下发。该《标准》对中医士、中药士两个专业的培养目标、在校生规模、教学管理、师资队伍、实验室设置、教研室（组）设置及教学实习基地建设等提出了明确的要求，为中等中医药人才培养提供了重要依据。

三、成立“全国中医药中等教育研究会”。全国中医教育工作会议的召开，加快了中等中医教育改革的步伐。今年八月，在通县召开了首次“全国中等中医药学校管理工作经验交流会”，来自全国二十个省、自治区、直辖市的三十一所学校的代表出席了会议。这次会议收到 17 篇论文，代表们就如何深化教育改革，培养应用型人才，发挥政治思想工作在学校管理中的凝聚力及教师素质、专业课设置等方面进行了广泛的交流。会议通过充分酝酿与讨论，成立了全国中医药中等教育研究会，选举产生了相应的组织机构，讨论并通过了组织章程。该研究会是一个群众性的学术团体，其主要任务是组织开展全国中等中医药学校之间的教学和学校管理等方面的学术和经验交流活动。

（许云秋）

制定中药高级工培训教学计划和教学大纲

根据国务院转发《国家教育委员会关于发展和改革成人教育的决定》和原国家经委、劳动人事部《关于加强企业高级工培训工作的意见》精神，为加快培训中药行业高级技术工人，逐步形成一支技术业务等级结构比较合理、素质较高的技术工人队伍，以适应中药行业生产发展的需要，从一九八九年一月起，中国药材公司组织上海、天津、北京等省市药材公司职教部门、中药学校有经验的技术人员和教师，在总结开展中级工培训工作的同时，听取了天津中药制药高级工、上海中药营业员高级工培训试点情况汇报，对中药行业业务技术等级培训状况进行认真分析，组织了中药高级工培训教学计划和教学大纲的起草工作。经过三月、六月、十月份的三次讨论和修改，于十一月份在北京完成了《中药高级工培训教学计划和教学大纲》的定稿工作。

这次共审定了四个专业工种的教学计划和大纲，包括中药制药、中药炮制、中药商业、中药养护。教学计划中的培养目标是：能够运用所掌握的知识和技能，独立分析、处理生产实际问题，熟练完成组织生产操作，适合本工种主要岗位需要的生产技术业务骨干。培训对象为中级工培训合格者。根据工种需要还提出了相应具体要求。每个专业工种一般设置七至九门课程。理论课包括基础化学（含有机、无机两部分)、中医基础知识、医古文、中药学（含药用植物、中药鉴定)、方剂学、中成药学、中药化学、中药炮制学、中药调剂学、中药制剂学、中药养护保管、中药商业企业管理知识等十二门。总教学时数为八百左右，其中技能课部分占三百学时。

（赵来玺）

关于中医临床教学改革的探索

近年来，中医临床教学改革受到了我国中医教育工作者的重视，各高等中医院校多层次、多渠道、全方位地探索高等中医临床教学的规律，逐步深化了中医临床教学的改革，努力提高中医临床教学的质量，具体表现在以下几方面：

一、改革临床管理体制，注重加强附属医院的建设。韦贵康撰文说，广西中医学院加强临床教学的措施是：1．调整与加强临床教师的归口管理。该院将临床教师放到附院管理，临床教师仍以教学为主，规定每位教师平均参加临床工作时间不能少于整个工作时间的三分之一；2．加强附院建设。附院工作的重点是加强既适应医疗又适应教学的基本建设、人才建设和制度建设；3．加强对见习、实习的管理与指导。尽可能做到医疗查房与教学查房分开，进行床边教学。同时加强对学生进行考核，每科实习结束都填写实习鉴定。瞿文龙等撰文说，上海中医学院从1985年起对临床教学实行了院系合一的体制，使临床教学工作成了医院工作不可分割的组成部分。在加强临床教研室和师资队伍建设中引进竞争机制，以调动教师的积极性。范兴月等撰文说，广州中医学院充分调动附院的教学职能作用。该院实行“院系合一”，建立医疗一系和二系。伤寒、金匮、温病学科从1984年起归属临床，这三个教研室划归医疗系，这三门课从基础转为临床系列。

二、选择条件较好的教学医院，建立长期、稳定的教学实习基地。高宝忠撰文说，北京中医学院初步形成了以附属医院为中心的三个层次的实习基地网络。该院在安排课间实习时，实习基地的选择以就近为原则，诊室力求宽敞，医院的门诊量也较大。集中教学时，实习基地的选择应以科室较为齐全，医疗管理制度完善，技术力量和师资力量较为雄厚，食宿都能很好解决的医院。毕业实习时，安排在较高级别的医院。这些医院医疗覆盖面较大，科室配套，学科齐全，设备先进，制度完善，师资力量雄厚，保证了学生能受到正规系统的专业训练。

三、加强实习管理，改革毕业实习考核。周善明撰文说，南京中医学院实习质量管理的具体做法是：(一）毕业实习中严格进行转科考核。形式有：1．模拟病例考试；2．实际病例考试；3．有关基础理论考试；4．实际技能考试。(二）认真做好出科小结。学生在每科实习结束时必须进行小结，科室主任或带教教师结合学生的实习表现、技能掌握情况、转科考核成绩等方面给予综合评分，写出评语。(三）进行摸底测验，调查实际情况。(四）组织毕业实习检查，重点测评学生的试诊脉案。(五）改革毕业考试，增加实践技能考核。黄仲鳌等撰文说，近几年来，上海中医学院就毕业考核如何与教学目标保持一致，对考核的形式、方法、内容、评分标准等进行了一系列改革与探索。分别从检测临床基本能力、综合分析解决问题的能力和初步的科研思维与动手能力三个方面对毕业生进行考核，考核的结果直接与学生毕业分配、评选奖学金、推荐直升研究生挂起钩来。

一些中医教育工作者对今后深化中医临床教学改革作了研讨和思考，提出了许多建设性的意见和设想。李敦清等认为，为充分利用实习基地，提高实习质量，培养合格人才，对学生进入实习医院后，如何带教培养，可采取以下措施：1. 一师多生，包教包学。医院应确定专职高年资住院医生负责实习工作，采取一师多生方式，每位教师带二至四名学生，尽量能固定带教教师。2. 大胆放手，切实指导。学生在已经学习的专业理论基础上可进行试诊。3. 有始有终，观察疗效。为使学生通过临床实习积累经验，不管在门诊或病房，对每一病人的疗效，尽量让学生观察到底。陈德华提出，在附院的规模不可能有很大发展的情况下，充分利用其他医院的临床教学条件，是解决临床教学基地的最佳途径。他建议，慎重选择有较好条件的中医院作为教学医院的对象；对长期兼任教学工作的教学医院人员，经过评审聘任兼职教学职称。蒙木荣说，学生在临床见习中以及毕业后所面临的多种病证，不会都是典型的，甚至是真伪错杂的隐匿证。如何使学生在课堂上学到的理论，灵活地与千变万化的临床实际结合起来，以全面掌握中医辨证的手段及规律，这是一个现实的问题。他认为应改革以往单一的固定式的直观教学，重视多层次及矛盾统一等方法的示教。在早、中期典型病例示教之后，后期应适当选择一些非典型病例示教，以拓宽学生的视野，启发学生的辨证思维，充实诊断疾病的方法。

（吴佐忻）

中药专业教育改革的探索

近年来，我国高等中药专业教育有了很大的发展，国内有不少论文就中药专业教育的改革论述了很多观点，现就中药专业教育存在的问题及改革设想予以综述。

一、中药专业现状

陶兴华认为目前中药专业教育的现状存在着以下几个方面的问题。1. 培养目标不够明确，培养方法单一，专业结构不合理，课程设置繁杂，没有把培养人才的规格与社会行业需要相结合，以致出现毕业生分配不对口，使用不当，造成人材浪费的局面。2、办学条件差，力量分散。全国现有十八所中医学院已开设中药专业，但学校布局分散、条块分割，各自为政、自成体系，大多存在着规模小、资金不足，师资力量薄弱，用房紧张，设备简陋，办学条件差，力量分散的不足，既没有很好的条件去搞科研，又严重影响教学质量。3. 学校结构层次不合理。目前全国除十八所中医院校开设中药专业，另外还有黑龙江商业学院、南京药学院也开设了中药专业，这些学校都是用一种模式培养“广对口”的四年制本科生，以致出现层次结构不合理，不能适应社会各级医药部门对各类中药人才的需求。刘砚认为中药专业教育还存在着只注意传授知识，而轻视技能培养的传统教育思想，以致造成中药专业学生动手能力差的现象。

二、中药专业改革设想

陶兴华认为目前中药专业教育改革应从以下几方面进行：1. 集中力量重点创办新专业。既有现有的中药高等教育的“大口径”专业，又选定条件较好的中医院校创办一些适应对路的新专业如：中药药理、中药资源、中药栽培、中药鉴定、中药制剂、中药商品和中药材管理等专业。2. 多层次、多模式、多途径办学。既有培养大学本科、硕士和博士生的重点中药专业，又有培养专科生和中等专业的中药人才基地，使人材结构日趋合理化；要改革单一模式的培养方法，必须根据中药理论体系，对现行的中药专业采取分科定向培养，在通用人才的基础上向专科人才方向发展，培养各个不同行业需要的专业人才；同时重视现有在职职工再教育的成人教育形式，普及和提高在职人员的专业知识和业务能力，只有这样中药事业才能稳步发展。3．要加强基础理论教育，突出中药特色。中药专业教育必须紧紧以中医中药基本理论为主导，把传统的炮制技术与用药方法等继承下来，再加以整理提高，以发扬中药传统特色，保证中药专业教育沿着正确轨道健康发展。刘砚认为，要解决学生动手能力差的现象，必须要对现行实践性教育环节进行有效的改革。重视和加强实验课教学，调整实验内容、全面规化，根据实验课明确提出必须完成的基本技能训练的目的，提高学生实验的兴趣；在实验课的教学方法上以启发学生自己动手的思想意识，让学生自己完成实验；建立合理的实验成绩考评方法，正确反映学生动手能力。在课间实习和毕业实习上，实行"开放型"实习的做法，在学校和教师的指导帮助下，由学生自行组织自己联系实习单位，聘请实习单位技术人员担任业务指导教师，在规定时间内按实习大纲要求完成实习任务；制定毕业专题作业，改变过去单一进行毕业实习教学，开展毕业专题和毕业综合实习相结合的教学方法，培养学生的实践能力。袁宝权认为改革中药专业教育，要重视中药专业教师队伍的建设。以方剂学学科为论，应从理论水平、教学方法、讲课艺术、临床功底、科研实验能力等几方面着手培养，尤其是注重科研实验的培养，强化教师的知识素质，使之具备一定的科研实验能力。叶显纯认为要改进教学方法，开展课堂讨论，这样可以调动学生的学习积极性，发挥学生的主观能动性。要组织好课堂讨论，教师应对课堂讨论内容、形式有充分准备，并对课堂讨论发展情况应有所估计和准备，使得课堂讨论能向纵深发展，取得良好的效果。

（徐竹林）

九、其他管理

《中国中医药报》创刊

为适应中医药事业发展的需要，加强中医药宣传工作和信息交流，经中华人民共和国新闻出版署批准，《中国中医药报》于 1989 年 1 月 2 日创刊。

《中国中医药报》是国家中医药管理局的机关报，是全国中医药战线的专业性报纸。其任务是：坚持四项基本原则，坚持改革开放，积极宣传党的卫生工作方针和中医政策，促进社会主义精神文明建设，交流中医药工作的信息和经验，介绍先进单位和先进人物的事迹，向群众普及中医中药知识，为推动全国中医药工作，加速中医药事业的发展和振兴服务。该报以全国中医药、中西医结合和民族医药工作者以及卫生和社会各界关心中医药事业的人士为主要读者对象，辟有岐黄论坛、医斋随笔、中医药科研与教育、中西医结合、民族医药、海外中医、地道药材、传统名药、读者来信、问病求医等专栏以及“杏林”副刊。

该报为对开四版，1989 年为周一刊。编制 50 人。至 1989 年末已出版 51 期。创刊时，李先念同志发了贺信，彭真同志题写了报名，陈敏章、崔月犁、钱信忠、王磊、杜导正等同志也题词祝贺。

（王华章）

世界医学气功学会成立

世界医学气功学会于一九八九年十一月十六日在北京成立。早在一九八八年第一届国际医学气功学术会议期间，与会的十九个国家和地区的医学气功专家、学者共同倡议成立“世界医学气功学会”，并委托中国负责筹备工作。一年来，北京中医学院做了大量具体筹备工作，并得到了有关方面的关心和支持。

参加成立大会的有中国、日本、菲律宾、新加坡、南朝鲜、马来西亚、澳大利亚、加拿大、美国、法国、意大利、西班牙、联邦德国、瑞士、瑞典、葡萄牙、苏联、芬兰以及香港、台湾等二十个国家和地区共五百余名代表。大会一致通过了“世界医学气功学会章程”，经协商产生了世界医学气功学会第一届理事会，并经理事会选举了 20 位常务理事。大会一致推举中华人民共和国全国人民代表大会常务委员会副委员长习仲勋为世界医学气功学会名誉主席，中国红十字会会长、中华全国中医学会会长崔月犁任主席，副主席 5 人（即日本气功学会会长间中喜雄、意大利欧洲医学气功学会主席吴道霖、美国哈佛大学医学院坎布里奇医院行为系主任丹尼尔布朗、世界卫生组织泛美分支机构代表田小明、中国医学气功研究会副理事长冯理达）。会议还选举高鹤亭任秘书长，张小瑞任司库。

世界医学气功学会是医学气功界的国际性学术团体，其宗旨和任务是：促进世界医学气功界之间的了解与合作，加强国际间的学术交流，进一步发展气功科学研究，举办世界性医学气功学术会议和专题学术讨论会；宣传和推广气功科学，发展气功教育，出版气功科学学术著作和刊物，为人类医疗保健事业做出贡献。经中国政府主管部门同意，世界医学气功学会总部设在中国北京。学会总部设办公室、学术部、国际联络部和财务部等办事机构。

（北京中医学院供稿）

第三届亚细安中医药学术大会

第三届亚细安中医药学术大会于一九八九年九月二日至三日在泰国曼谷皇家风兰大酒店举行。这是继一九八三年六月二十五日在新加坡举行的第一届亚细安中医药学术大会和一九八六年七月二十六日至二十七日在马来西亚吉隆坡举行的第二届亚细安中医药学术大会后的又一次盛会。

来自泰国、新加坡、马来西亚、印度尼西亚、菲律宾、中国、日本、台湾、香港、澳门等十个国家和地区的近千名中医药专家和学者出席了会议。大会用泰语或汉语宣读了44篇中医药学术论文，被邀请的中国北京、上海、广州等地的10位中医药学教授和学者在会上宣读了自己的论文。

中华人民共和国卫生部副部长兼国家中医药管理局局长胡熙明教授率中国代表团一行五人作为特邀代表参加了会议。胡熙明团长在大会开幕式上致词并作了《当代中国中医药事业的发展及国际交流和合作的前景》的学术报告。

大会通过了第三届亚细安中医药学术大会宣言，并决定第四届亚细安中医药学术大会于一九九二年在新加坡举行。

（沈毓龙）

针灸术语国际标准化工作

世界卫生组织于一九八九年十月三十日至十一月三日在瑞士日内瓦召开了国际针灸穴名标准化科学组会议。来自世界五大洲十个国家和地区的十二位代表，以及来自中国和日本的三位特邀顾问，中国、日本、南朝鲜、埃及的四位临时顾问和来自十一个国家的十六位观察员参加了会议。中华人民共和国卫生部副部长兼国家中医药管理局局长胡熙明教授作为会议的特邀代表率中国针灸代表团一行六人与会。

自一九八〇年以来，世界卫生组织西太平洋地区办事处曾发起和组织召开了四次西太区针灸穴名标准化工作组会议，讨论通过了一系列标准穴名方案，确立了以汉语拼音穴名为国际标准针灸穴名的地位。

在日内瓦会议上，经过认真的审议和激烈的讨论，与会全体代表一致同意通过了由世界卫生组织西太区推荐的四个标准化穴名方案：(1) 标准十四经穴名（361个）。(2) 标准经外穴名（48个）。(3) 标准头针穴名（14个）。(4) 奇经八脉名标准英译名。

经过中国针灸界几代人的不懈努力，起源于中国的针灸已为世界上许多国家所应用，使中国的传统针灸医学得到了世界卫生组织的重视和承认。针灸穴名标准化工作为中国的针灸医学走向世界迈出了一大步，也大大增加了世界卫生组织向各国推广使用针灸医学的可能性和可行性。

（沈毓龙）

1988年度国家级有突出贡献的中青年中医药专家

经国家人事部1989年7月批准，韦玉英、钱振淮、李维贤三同志被评为1988年度国家级有突出贡献的中青年中医药专家，现将情况简介如下：

韦玉英同志出身于中医世家，已从事中医眼科的医疗、科研工作四十余载，现任中国中医研究院广安门医院眼科主任医师。擅长治疗视神经萎缩、角膜溃疡等疑难眼疾，在继承韦文贵大夫经验的基础上，使用独特的中医药治疗血虚肝郁型儿童视神经萎缩，取得了总有效率达92.63%的显著效果，使一些失明患者重见光明，在国内、国际学术交流中获得极高的评价。他主编的《韦文贵眼科临床经验选》获1982年中国中医研究院科技成果二等奖；《明目逍遥汤治疗血虚肝郁型儿童视神经萎缩的临床研究》获1984年中国中医研究院科技成果二等奖，1985年荣获卫生部全国传统医学科技成果甲级奖。

钱振淮同志现任中国中医研究院西苑医院心血管病研究室主任、主任医师。主要从事中西医结合治疗心血管病的临床科研、医疗工作，在心、脑、血管疾病的医疗、科研方面，形成了独特的学术思想，其依据冠心病心绞痛的病人多数存在不同程度"气滞血淤"的特点，采用中医活血化瘀治则，研制了"冠心二号方"，是治疗冠心病心绞痛的有效药物。1976年研制的《冠心Ⅱ号注射液》治疗急性缺血性脑血管病，有效率达94.2%，达到了国内先进水平，1981年荣获卫生部科研成果乙级奖。《宽胸气雾剂》、《精制冠心片的研究》、《心痛宁冲剂的研究》等研究项目，先后获得了全国科技大会、卫生部、中国中医研究院的成果奖。

李维贤同志现任中国中医研究院基础理论研究所副研究员，多年来，一直从事中医药的临床、科研工作，积极撰写论文30余篇，分别在国内、国际学术会议上交流及国内刊物上发表。"五加正品的考证"澄清了千余年来五加品种的混乱问题，证实了刺五加是我国应用了两千余年的地道的传统中药，对于现代临床应用有重要的指导意义，具有较高的学术价值，1983年获卫生部医药卫生科技成果乙级奖；《更年女宝》打入日本市场并获1986年度全国（部级）中医药重大科技成果乙级奖，为继承发扬祖国医学遗产做出了突出的贡献。1986年获黑龙江省劳动模范称号。

（张印生　王　辉）

参考文献

C

曹伟春　中药传统复方药理研究概况及前景展望　中成药　(5):33, 19 9

陈德华　扩大教学医院以解决临床教学困难　中医教育　(4):3, 1988

F

范兴月等　加强临床教学，提高教学质量　中医教育　(1):22, 1989

G

高宝忠　加强实习基地建设，提高临床教学质量　中医教育　(6):16, 1989

H

韩晶岩　关于中医临床研究中总体确定的问题　医学与哲学　(10):29, 1989

黄仲鳌等　毕业实习考核改革的实践与思考　中医教育　(3):8, 1989

L

李敦清等　提高中医临床实习带教质量的建议　中医教育　(1):17, 1988

林　平等　中医临床科研设计（续）　河南中医　(4):42, 1989

刘　砚　改革中药专业实践性教学环节提高学生的实践能力　中医教育　(2):18, 1989

罗　刚等　中药药理研究存在的某些问题　医学与哲学　(3):30, 1989

M

蒙木荣　临床教学后期适当选择非典型病例示教管见　中医教育　(1):27, 1989

Q

瞿文龙等　加强临床教学，主动适应社会需求　中医教育　(5):7, 1989

S

盛宝恒等　医药学研究中常见的逻辑错误　医学与哲学　(3):19, 1989

T

陶兴华　中药教育的现状及改革设想　安徽中医学院学报　(2):51，1989

W

韦贵康　探索加强临床教学的有效途径　中医教育　(6):13，1988

王明辉　中医药科研设计中易被忽视的几个问题　中西医结合杂志　(4):236，1989

Y

叶显纯　改进教学方法，开展课堂讨论　中医教育　(4):22，1989

袁宝权　对方剂学教师基本素质的初探　中医教育　(4):30，1989

Z

张　南　试论临床医学假说的理论与实践　医学与哲学　(9):24，1989

赵永发　试论中药剂的安慰优势　陕西中医　(1):37，1989

周善明　加强实习质量管理，提高临床实习质量　中医教育　(4):18，1989

祝世讷等　中药方剂原理的现代认识　山东中医学院学报　(2):23，1989

学术進展

一、中　医

(一) 基础理论

【概述】

近一年来，基础理论研究比较活跃，有不少新的见解。在实验研究方面，大多类似以往的内容。看来实验研究的思路和途径需进一步拓宽，实验方法和手段也待进一步提高和更新。

一、阴阳五行学说

阴阳五行学说的研究，以阴阳学说与现代某一学科的内容作比较论证的报道较多。如陶文若等以自然界和人体内阴阳的消长变化节律和现代人体的生物节律作比较论证，认为二者之间存在着内在联系，掌握人体的生物节律变化与阴阳学说之间的内在联系，可提高对疾病的预防、诊断和治疗水平。王米渠以《内经》的"阴阳二十五人"等内容与英·汉斯·艾森克的人格维度进行比较，认为两者对人的心理行为特征分析十分近似，《内经》的阴阳水火与艾氏的两条人格维度高度吻合。五行学说的研究较集中于五味、五色与五脏的关系。如王玉川认为一味入一脏是《内经》中的一种早期认识，以后发展为一味与多个内脏有联系；李吉祥认为不能以五行推演绎络方法来阐释中药五味对人体内脏的复杂作用。此外，对于"阴平阳秘"和"阴阳消长"提出了新的见解。如胡晓晨以时空观念分析了阴阳消长盛衰后认为："阴平阳秘"的特征是阴和阳的反向同步协调运动；阴和阳的反向运动"失同步"、"失度"，即形成阴阳失调。章增加进而认为《内经》中的非平衡思想，旨在说明阴阳的消长变化是四季变迁、宇宙万物生长化收藏的动力；阴阳不平衡而能协调互用，使生命保持最佳状态。

二、藏象学说

有关肝阳虚、肺阳虚、脾阴虚等理论探讨报道较为减少，对于脑、三焦、命门等探讨较多。如"脑主神明"一说，多数学者认为是明清时期，尤其是王清任的贡献卓著，但余韵星认为在《素问·五脏别论》中已明确指出"脑髓为脏"之谬，"脑主神明"一说违背了藏象学说的基本原理。钱秉强从《内经》和《汉书·王莽传》的古代解剖记载，结合观察胸部大血管放血的屠宰牛、麻醉狗的活体断头解剖实验，发现门静脉、肝静脉和下腔静脉中均有血液积存。可见从胸腔经过腹腔到盆腔上部，排列在各脏器表面的静脉自成体系，认为三焦可能是门静脉系统。肖佐桃等认为命门与肾的概念截然不同，藏精、生髓、主骨、主生殖发育是命门的功能，其层次高于五脏，有其完整的系统性和独立性。藏象学说的实验研究，仍多在于肾与脾，肾虚与衰老的关系研究较多。如范国荣报道81例老年肾虚者均存在着低 T_3 综合征和血、尿 β_2mG 的增高现象，但肾阳虚者的血清 T_3 和血、尿 βmG 浓度呈高度负相关，而肾阴虚则无相关性。马正立等报道了采用填精补肾中药对老龄大鼠下丘脑—垂体—性腺—胸腺轴（HPGT）的影响，结果表明老龄大鼠的 HPGT 各层次结构均存在着形态学变化，填精补肾中药则对 HPGT 有调整和延缓其老化的作用，证明肾虚与衰老、填精补肾与延缓衰老，都同 HPGT 的结构和功能状态有关。张文彭观察了122例老年肾虚患者的血浆过氧化脂质（LPO）、超氧化物岐化酶（SOD）、高密度脂蛋白（HDL-C）和胆固醇（TC）水平。发现其LPO升高、SOD活性和TC下降；肾阴虚和肾阳虚之间SOD活性无显著差异，但肾阴阳两虚和单纯肾阴虚或肾阳虚之间则有显著降低的差别。使用补肾中成药"长春丹"后，则有与维生素E相似的明显降低血浆LPD、提高HDL-C的作用。对于脾虚的研究，冯庚玮等发现脾阳虚患者的胆囊收缩功能均有所减退，可能是导致消化吸收低下的基本原因之一。田鄂华认为脾虚患者常见肌肉酸困，可能与乳酸脱氢酶（LDH）的活性降低，导致乳酸积滞有关。肝的研究，相对集中于肝郁气滞证，如黄炳山等系统报道了肝郁气滞的发病病因学调查、肝郁气滞证候的动态观察、诊断依据、病理生理基础研究等。但从肝的疏泄功能状态来看，肝失疏泄而致肝郁气滞和肝升泄太过而致的肝气上逆、肝火上炎是两类相反的病理状态，黄氏的研究统归于植物神经功能紊乱，主要是交感神经兴奋性增强，但还不足以区别疏泄的不及与太过。其它心、肺等的实验研究也有报道，值得提出的是彭清华等用肝、肺、眼血流图的检测技术，检测125例眼病患者和103例视力正常人的肝、肺、眼血流图，结果表明眼病患者不仅眼血流图异常波型率为74.81%，而肝血流图异常波型率也高达44.94%，视力正常而见肝血流图波型异常者，仅12.5%，说明眼病患者多具有肝循环血流量减少，肝内阻力增大，肝脏血液充盈困难，回流受阻等变化，进一步论证了"肝开窍于目"的科学性。

三、气、血、津液

近年来，气、血、津液的生理、病理已引起人们的重视。气的研究以理论探讨较多，如黄吉棠认为"气"是中医学的最高范畴，从气是生命的本原、阴阳五行是气的运动形式、五运六气是天地的气化、藏象是人体的气化、病因病机在于气化失常等8个方面作了论述。蒋华荣认为"气"是一种运动着和变化着的"生命场"，当精子和卵子结合成受精卵时，"生命场"即开始建立；人死亡，"生命场"也消失。刘文昭探讨了卫气的运行路线及其循行特点，认为卫气运行是一个立体的纵横交错的首尾相贯的循环。黄俊山认为人体内外环境平衡协调和体内的阴阳协调，全赖于卫气的调节。吴圣农等回顾分析100例和前瞻性研究30例水肿患者，发现辨证属血瘀者分别为92%和90%，从而认为"瘀可致水"。

四、经络学说

近年来多见回顾、评述和设想。如王启才综合了国内外经络实质研究情况。崔蒙认为经络系统不是现代医学的神经系统或其他系统，是一个由多种组织、多个系统所组成的信息传递系统，单从一个系统去研究是不易取得进展的。姚立丹认为经络即是人体已知组织及其功能活动在人体生物场的一种信息运动形式。祝总骧等采用声学频谱分析方法研究人体经络，发现机体在受到同等机械力量的激动后，在经脉循行路线所发出的声与非经脉循行路线皮肤的声相比较，其声的强度和频波均有明显的差别，说明经脉循行路线有特异的声学特性。此外，对于经络学说的传统理论研究亦有报道。如余自汉通过研究考古发掘出土的文物和古典文献（包括医学和非医学），认为经脉和俞穴在古代是并存的两种治疗方法，没有从点到线发展的必然联系过程。其它如张载义认为足少阴肾经在踝跟部不应由太蹊穴处别出一支，大钟穴应位于足少阴肾经的主行线上。

五、诊法与辨证

诊法仍多见舌象和脉象的研究。舌象研究，由于采用了舌脱落细胞学、病理学、微循环、微量元素测定等多种研究方法，对于光剥舌和瘀斑舌的形成机理有了一些进展。如胡庆福等认为阴虚光剥舌的形成机理之一，可能与体内锌含量的变化有关；张银霞等认为舌上瘀斑的形成与血粘度增高和微循环瘀滞无关，与毛细血管的通透性和脆性增加关系密切。对于常见疾病的舌象观察也较前有所深入。如龚琼模等分析了4种常见胃粘膜病变的舌象变化后表明，胃或十二指肠溃疡患者，以舌质紫暗和黄腻苔为多见，萎缩性胃炎则以舌质淡和舌苔白腻为多见。此外，赵荣莱等采用了计算机图象分析方法对150张彩色舌象幻灯片进行了定性定量的测试分析和描述，得到较高的符合率。脉诊的研究进展较缓慢，大多重复以往的实验和验证脉图有关参数与心功能之间的关系等。

辨证的研究，除了继续探讨中医辨证和西医辨病的关系外，近年来较重视探讨宏观辨证与微观辨证，“潜证”以及影响证候动态变化的因素等。如郭振球、胡晓明等均认为随着中医传统辨证论治的发展，日益感到单靠唯象的宏观辨证，难以满足当前中医临床的需要。必须借助于现代先进的各种测试手段，促使向微观辨证方面发展，才有可能阐明中医“证候”的实质，提高临床疗效。

此外，近年来对于中国古代哲学和中医学的关系，引起不少学者的兴趣。特别对于《易》和医的关系探讨极为活跃，今春在贵阳召开了国际性的医与《易》的讨论会，涉及面较广，但欠深入，医和《易》之间的结合探讨还不够紧密。亦有人对宋明理学对中医基本理论的影响作了研究，范景田等认为周敦颐的《太极图说》对中医阴阳学说起了促其规范化的作用，对命门学说的形成亦有深刻的影响。理学中的先天和后天概念，改变了《素问》七篇《大论》中的先天和后天的内涵，发展成“先天之本在肾，后天之本在脾”之说。

（张伯讷）

【《内经》五味理论的研究】

一、五味与五脏

王玉川从《内经》中明确谈到五味与五脏关系的10多篇文章中，就五味所生、所入、所走、所伤之脏器和五脏补泻所欲、所宜、所禁之味的有关内容进行了系统的整理，结果为酸味入肝，能伤肝、脾、肾；苦味入心、肾，能伤肺、脾；甘味入脾，能伤脾、心、肾；辛味入肺，能伤肝、肺；咸味入心、肾，除对心、肾可能产生伤害作用外，还可伤及脾。肝与苦、咸无关，心、脾与辛味无关，肺与甘、咸无关，肾与酸味无关，合而言之，甘味与肺无关，苦味与肝无关，咸味与肝、肺无关，辛味与心、脾无关，酸味则与五脏中任何一脏都有关。说明《内经》中五味与五脏的关系并不受肝与酸味、心与苦味、脾与甘味、肺与辛味、肾与咸味相配的五行归类所局限。一种味只与一个脏发生直接联系的观点，只是《内经》中的一种早期五味理论，后来，历代医家通过大量的临床实践，逐渐发现一种味是与多个脏器发生联系的。

二、五味与补泻

杜建忠认为《内经》仅指出五味的基本性能是“辛散、酸收、甘缓、苦坚、咸软”，而不言明其补泻，是因为《内经》主张五味皆可补泻。对于五味的补泻，《内经》中不注重简单的补虚泻实，而是在五味的基本性能基础上，结合五脏之生理病理特点，根据调整脏腑之气血阴阳的具体情况而确定。分而言之，约有四种：（1）以五味的太过不及定补泻，五味入五脏，适则为补，过则为泻。在五味不及的情况下，投以五脏所欲之味，即是补。但五味不可太过，过则以喜为恶，反补为泻。（2）以五味顺逆五脏喜恶定补泻。五味若能顺五脏之所欲，或去五脏之所苦，即为补；反之，则为泻。故同一味，对不同脏腑会呈现不同的补泻作用。（3）以邪正标本定补泻。正为本，邪为标；某味扶正治本则为补，某味祛邪治标则为泻。如“脾欲缓，急食甘以缓之，以苦泻之，以甘补之”。如脾虚，以甘扶正治本为补；湿困脾，用苦以燥湿祛邪为泻。（4）以五行生克制化定补泻。如“肾苦燥，急食辛以润之”。肾燥证，津液缺乏，根据肺肾金水相生的规律，可采用辛开补母法，即张景岳所谓“开腠理致津液者，以辛能通气也”。

三、五味与药物归经

王玉川认为，药物归经的理论是以药物的功效为依据的，是通过脏腑辨证用药，从临床实际疗效中总结出来的。药物归经理论与《内经》酸入肝、苦入心、甘入脾、辛入肺、咸入肾的早期五味理论无必然联系。李吉祥认为用简单的五行生克与归属的理论是不能解释药物作用于人体脏器的复杂情况的。以五味入五脏为基础的药物归经理论是有局限性的。张玉芬对全国中等卫生学校试用教材《中药学》所载近400种药物进行了统计，发现多数药物与五味入五脏的理论不符。认为五味入五脏的药性理论，对学习和临证没有普遍的指导意义。

（张年顺）

【卫气运行的研究】

卫气的运行，在《灵枢·卫气行》中虽已明确，白天在六阳经运行二十五周，夜间在脏腑运行二十五周，但李志道对此提出异议：如果认为卫气白天只行于六阳经，不入于阴，脏腑就得不到卫气的温煦，何以能维持其正常功能。反之，如果卫气夜间只行于脏腑，不行于六阳经，何以能对体表起温润、充实、肥腠理、司开合的作用。各脏腑、各组织中的卫气，在不同生理状态下可有相对多少的现象，而不可能出现或有或无的局面。李氏认为卫气运行的路线约有5种：(1)营卫相随，沿十二经流注次序运行。行于阳二十五度，行于阴二十五度，昼夜运行五十周。这是卫气运行的基本形式。(2)白天加强在六阳经，夜间加强在脏腑。(3)动寤时加重在阳经，静寐时加重在阴经。(4)暑热时多浮散运行于外，寒冷时则多闭敛运行于里。(5)应激运行。卫气被激发后运行速度加快，且沿多条经脉同时运行。王俊山、刘文昭等对卫气运行的路线也作了探讨。刘文昭等认为卫气在机体的运行是一个立体的纵横交错的首尾相贯的循环。

（张年顺）

【心虚证的研究】

俞兵等用放射免疫法测定了21例心气虚患者的血浆心钠素样免疫活性物质，发现心气虚重证组明显高于轻证组（$P<0.001$），轻证组又明显高于单纯心虚组（$P<0.001$），单纯心虚组的血浆心钠素样免疫活性物质虽高于非心虚证组，但无统计学意义。根据NYHA分级，Ⅳ级组明显高于Ⅲ级组，Ⅲ级组又高于Ⅱ级组（$P<0.01$），Ⅱ级组略高于Ⅰ级组（$P>0.05$），呈递减现象。因此，无论从临床表现还是从既往的研究来分析，均提示中医的虚证分型和心功能分级是相关的。而血浆心钠素样免疫活性物质进一步揭示了上述两者的内在联系，血浆心钠素样免疫活性物质可作为心气虚患者的客观指标之一，并能反映心气虚损的严重程度。近年来的研究还证实心气虚患者有心脏自我调节功能的明显减退。柳侃等用XL-1型瞬时心率遥测仪对心气虚患者作了心搏间距变化和运动后心率复常时间检测，结果表明心气虚患者心脏自我调节功能比对照组明显减退。心搏间距变化和运动后心率复常时间，在一定程度上反映了心血管植物神经和心脏代偿调节功能，可作为心气虚证的一项客观定量参考指标。

（丁钰熊）

【脾虚的研究】

郭教礼等通过对102例脾肾虚性水肿患者唾液钾、钠、氯、钙及酸碱度等值的检测，并与23例正常人的检测结果相对照，表明脾肾虚性水肿病人唾液钠值普遍低于正常人，唾液钾值普遍高于正常人，唾液钠/钾比值按脾气虚、脾阳虚、肾阳虚及脾肾阳虚之顺序递减，该顺序与脾肾虚弱诸症候的病情轻重及演变趋势颇为一致，而唾液氯、钙及酸碱度等指标则无此变化规律，表明唾液钠/

钾比值变化，在反映脾肾虚弱方面具有一定的敏感性和特异性。

张桂珍等应用超微结构体视学定量分析方法观察39例脾虚患者胃粘膜胆碱能运动神经终末内乙酰胆碱递质（ACh）小泡的定量变化，并结合血cAMP、cGMP含量，探讨了形态改变与机能之间联系。结果表明，脾虚气滞组患者（29例）胆碱能神经终末内乙酰胆碱递质（ACh）小泡显著多于脾胃气虚组（15例），$P<0.001$；血cGMP含量明显高于脾胃气虚组和正常对照组。血cAMP/cGMP比值则明显低于脾胃气虚组和正常对照组，提示胆碱能神经偏亢可能为此型患者发病的一个重要机制。

周礼卿等在观察研究D-木糖试验与胰功能试验能否作为诊断脾虚患者的特异性指标中发现脾虚组、对照组与该指标的典型相关系并不显著，经X^2检测，$P>0.05$，说明无统计意义。因而认为脾虚实验室诊断指标，应采取多种指标的组合比较合理。

冯庚玮等在脾阳虚患者胆囊收缩功能的观察中发现胆囊浓缩功能15小时时胆囊面积及与其同片脊柱密度之比，无明显差异。但脾虚组胆囊密度比脊柱密度减低者较正常对照组明显增多，两者相比有非常显著性差异。同时观察高脂餐后的胆囊收缩情况，发现脾阳虚组胆囊于60分钟收缩不足50%者占63.33%，而对照组仅占30.66%，表明脾阳虚患者的胆囊浓缩及收缩功能均明显减弱，使胆汁的分泌和排泄迟滞等改变，影响消化吸收，使气血生化失常，出现肢体倦怠，神疲懒言，脉缓等症。

田鄂华等对82例慢性迁延性乙型肝炎辨为肝郁脾虚证的患者，进行了血中单胺氧化酶（MAO）、乙酰胆碱酯酶（AChE）、乳酸脱氢酶（LDH）及其同功酶活性的观察，表明血清LDH活性显著低于正常组，推测肌肉活动时所产生的乳酸可因LDH活性下降而积滞，这可能是脾虚者常见肌肉酸困乏力的原因之一。

（丁钰熊）

【肝郁气滞证的研究】

一、发病病因学调查

在发病学方面，车桂燕等通过对24319份病历资料的统计分析和对600例病例的观察分析，认为肝郁气滞证的发病有5个特点：(1) 占肝病总数的41.9%，(2) 女性占79.23%，(3) 年龄以20～50岁最为多见，占80.9%，(4) 脑力劳动者患病率较高，占57.33%，(5) 以春三月最高，占58.37%，与“肝旺于春”的观点相应。郑吉民等整体抽样680份内科病历，对照分析肝郁证146例与非肝郁证534例，结果显示肝郁证具有3个临床特点：(1) 女性、中年多见，(2) 以内分泌、消化、神经、心血管系统疾病多见，中医辨证以兼见脾虚、血瘀、化热者为多，(3) 复合病证者多见。在病因学方面，车桂燕等发现不仅怒可伤肝，悲伤、忧思、惊吓以及外感疫疠、劳逸失度、饮食失节、病后及术后、用药失当等多种因素都可伤肝而致肝郁气滞证。此外，还发现因怒致病者，以郁伤肝而致肝郁气滞证者较多。肝郁气滞证的发病与体质和性格也有密切关系。杨长青等通过对100例肝郁气滞及其相关衍化证的体质调查，发现在七种体质中，阴弱质占总数的40%。还发现肝郁脾虚证的体质，以阳弱质最为多见。若将人之气质分为5种，则太阴型占发病的33%。黄柄山等对100例肝郁气滞证与A型性格的关系进行了调查，并以50例健康人作为对照组，结果发现肝郁气滞证组A型性格占82%，而对照组A型性格仅占60%，差异非常显著。

二、证候的动态变化研究

曹洪欣等把肝郁气滞证分为七种分证候，即前沿证、非典型证、典型证、偏原发证、间位证、偏继发证、继发证。其中前3种分证贯穿于证候发生过程中，后4种分证处于证候衍变的不同阶段。通过对152例病人的观察，发现这种动态变化共有3种形式：(1) 证的发生分渐发和骤发两种；(2) 证的演变分深化、转化、突变3种；(3) 证的转归分向愈和加重两种。还发现证的动态变化有5个特点：(1) 整体恒动性，(2) 相对稳定性，(3) 易变性，(4) 多向性，(5) 可逆性。此外，证候的动态变化还受多种因素的影响，其中以体质因素最为重要。

三、诊断学的研究

范隆昌等制定了肝郁气滞证及其相关9种证候的诊断标准，包括主症、次症和典型舌脉。肝开窍于目，目诊在肝郁气滞证的诊断中尤显重要。郝吉顺等对81例肝郁气滞及其相关证候的病人进行目诊观察，结果发现有眼目变化者78例，占96.3%。黄柄山等对163例肝郁气滞证病人进行了腹诊观察，发现腹部可见108种病理改变，认为腹诊具有与目诊同样重要的意义。李爱中等发现"善太息"在肝郁气滞证中出现率为72.9%，是诊断该证的主症之一，并以呼吸波记录仪客观地记录了善太息症特有的波型、深度与频率，并以此作为判断肝郁气滞证的轻重与病情进退的客观指标。

四、病理生理学研究

黄柄山等对440例肝郁气滞及其相关证候进行了现代病理生理学基础的临床观察，认为中医所说肝的功能与大脑皮层的兴奋及抑制以及植物神经（特别是交感神经）的功能等多种因素有很密切的关系。车桂燕等测定了27例肝郁气滞证病人的尿 MHPG·SO_4（该项指标能较客观地反映脑内NE的代谢变化），发现其含量明显低于健康组，经统计学处理有显著性差异，提示肝郁气滞证病人的中枢交感活动处于偏低水平。奚刚等对24例肝郁气滞证病人进行了尿环核苷酸测定，结果 cAMP 含量降低，cGMP 含量升高，cAMP/cGMP 比值下降，从而推测肝郁气滞证患者存在有植物神经功能紊乱。李运河等检查了34例肝郁气滞证病人的植物神经功能，结果出现功能障碍者31例，占93%，其中交感神经亢进者占76%。谢宁等测定了34例肝郁化火证患者的尿儿茶酚胺含量，其排出量明显高于正常对照组，证实了交感神经偏亢是肝郁气滞证的客观基础之一。崔向阳等测定了40例肝郁气滞及相关证候病人的血液流变性变化，结果发现该证患者全血比粘度、全血还原粘度及血沉方程K值都明显高于正常组，提示肝郁气滞证有血瘀存在。李爱中等对60例肝郁气滞及其相关证候病人的甲皱微循环变化进行观察，发现都不同程度地存在着微循环障碍，障碍程度与病情呈一致性改变。徐淑文等对肝郁气滞证患者的血浆 TXB_2、6-酮-$PGF_{1\alpha}$ 含量进行了测定，结果发现二者含量及比值均高于健康人，差异显著，说明该证患者有血小板聚集和血管收缩现象。

（张年顺）

【肾虚与 NKC、HDL-C 的关系研究】

肾藏精，主骨生髓。现代医学发现发源于骨髓的自然杀伤细胞（NKC）在参与调节机体的免疫反应和维持机体内环境稳定等方面发挥重要作用。陈小峰用铬释放法检测了61例肾虚患者外周血 NKC 活性，发现其活性明显低于健康人（$P<0.001$）；且肾阳虚组低于肾气虚组（$P<0.01$）和肾阴虚组（$P<0.01$），结果表明，NKC 细胞活性低下可能是多种肾虚的共同表现之一。

张文彭用补肾为主的清宫长春丹对老年肾虚证血浆过氧化脂质、高密度脂蛋白、胆固醇水平的影响进行研究，以维生素E作为阳性对照组，采用单盲法，服药三个月，观察了122例老年肾虚证血浆 LPO、HDL-C 水平影响。结果表明，长春丹具有与维生素E相似的明显降低血浆 LPO 水平、显著提高 HDL-C 水平及 HDL-C/TC 值的作用。陈晏珍等的研究表明，肾虚证患者的超氧化物岐化酶（SOD）活性明显低于正常对照组，提示肾虚证与 SOD 活性密切相关。肾阳虚与肾阴虚之间SOD活性无显著差异，肾阴阳两虚组的SOD活性较肾阳虚或肾阴虚组明显降低，而危重患者SOD活性更明显低于其他各组。

杨瑞合研究也表明肾气盛衰与血清高密度脂蛋白-胆固醇（HDL-C）含量相关，肾气盛则HDL-C含量高，肾气衰则HDL-C含量低。

（丁钰熊）

【经络实质的探讨】

对经络实质的假说，汪桐认为须具备下列四个条件：（1）既与古医藉描述相符，又与近代医学发现一致；（2）既能解释经络现象，又能反映经穴研究的成就；（3）既要有形态上的依据，又要有经络的生理和病理；（4）既可反映基础研究成果，又能反映医学临床实际。

王启才把国内外经络实质的现代研究归纳为15种：（1）经络与周围神经相关说，（2）经络与神经节段相关说，（3）经络与中枢神经相关说，（4）经络与植物神经相关说，（5）经络与神经-体液调节机能相关说，（6）经络与血管相关说，（7）经络与淋巴管相关说，（8）经络与肌肉相关说，（9）经络与结缔组织相关说，（10）经络与生物电相关说，（11）经络与电磁波相关说，（12）经络与气功相关说，（13）经络是综合传导系统说，（14）经络独立存在系统说，（15）经络与控制论相关说。

姚立丹认为经络现象可能来源于非特异性人体已知组织的功能活动。宇宙范围的生命活动有着空间、时间、物质运动的规律和特征，经络现象也必有其赖以存在的空间结构、物质组成和时间支配。依据生物场—信息—时值三大要素，对经络现象从宏观而言，可以认为是信息在生物场内外具有时值意义的一种运动状态。人体经络是已知组织及其功能活动形式的人体生物场信息运动之一。

刘燕明以原始八干梯形神经系纵干走行与经脉体表循行进行比较，发现两者之间有相似之处，其走行差异只不过是简单的拓朴变形。因而认为经络可能是一种具有八条纵干梯形神经系的保留形式，此种认识有助于解释各种经络现象及其独特的传导道。例如人群中存在着极少数经络敏感人，可能是由于他们原始八干梯形神经系统保留很完全或其自主性较高。

许红认为经络是存在于四肢的肌肉间隔和躯干的筋膜间隙、内脏等部位的间隙结构，由疏松的结缔组织细胞连接搭桥而形成的路线，是一种特殊结构的低电阻的传导系统，在这个传导系统上，细胞与细胞之间以一种“缝隙连接”的方式连接，这些连接部位阻抗低，有亲水性乳道，允许两个细胞间交换分子量低于1000，直径小于10Å的物质分子。所谓“经气”就是构成这个传导系统的细胞兴奋（动作电位）沿着传导系统传播。穴位是位于这个低阻抗通路中的一些易受外来刺激而改变静息电位水平，去极化产生动作电位的细胞集合。由于经络感传实质是生物电流循经在“缝隙连接”处进行，所以是双向的，可阻滞的。郭义也持细胞间隙连接而导致关于经络实质的假设，并且以此解释了常见的经络现象。

都兴菊认为结缔组织是经络的实质。指出结缔组织（尤其是疏松结缔组织）在机体内分布特别广泛，形态结构多样，血管、淋巴管、神经都伴随着结缔组织伸入器官中。在肢端部位，结缔组织与神经血管分布一致，并呈多层次；近心端呈带状，离心端呈线状。任脉即由结缔组织交织而成。都氏发现在切除结缔组织鞘后，影响神经的传导功能，对血液流动、淋巴和生物电方面也必有相应的影响。可以假设结缔组织是维系几者之间关系功能的内环境系统，经络的所有特性只有结缔组织才具备。日本经络感光仪的测定结果支持上述之假设。

（沈施德）

【舌诊的实验研究】

探讨阴虚光剥舌的形成机理对阐明阴虚证的本质具有重要意义。胡庆福等从舌脱落细胞学、病理学、微循环、微量元素代谢等方面探讨了阴虚光剥舌的形成机理。结果表明，阴虚光剥舌上皮细胞剥脱速率增快，丝状乳头消失，舌粘膜次级乳头缺如，舌上皮角化过程障碍；微循环观察见蕈状乳头内微血管构形异常，血管内红细胞聚集，流速缓慢，微血管扩张瘀血，微循环呈瘀滞状态。患者唾液锌含量明显高于健康人（$P<0.01$），提示体内锌含量变化也可能是光剥舌形成的一个病理因素。张银霞等探讨了舌瘀斑与血液流变性和微循环的关系。认为舌瘀斑的形成与毛细管通透性、脆性增高密切相关，而与血粘度增高无明显关系。袁肇凯等通过155例薄白舌苔脱落细胞检测结果分析认为：舌苔脱落上皮细胞其构成主要由角化细胞（70%以上）、角化前细胞（20%）和完全角化细胞（不超过10%）组成，而与秦吉华“正常人主要以角化前细胞为主”的结论有别。白燕生等试用阻抗法对103例淡红舌和41例紫暗舌进行观察分析，淡红舌成人的心功能多为正常，紫暗舌成人的心功能多为低下，与中医理论吻合。

秦吉华等对100例不同证型（湿热、瘀血湿热、阴虚、阳虚、气血两虚）患者及116例正常人，进行了舌苔细胞非特异性酯酶及特异性酯酶染色。结果表明：不同证型各组患者的非特异性酯酶含量明显高于正常；且阴虚者明显高于阳虚者。因此，非特异性酯酶染色对研究病理状态下舌细胞的变化及阴虚、阳虚的辨证分型有参考价值。龚琼模等通过对102例四种常见的胃粘膜病变患者进行舌诊及舌苔印片检查，发现胃溃疡或十二指肠球部溃疡患者多见瘀暗舌（75%）和黄苔（87.5%）。萎缩性胃炎则以淡白舌为多见（62.5%），且舌苔多为白苔。提示前者多有瘀血及里热存在，而后者则以中焦虚寒为主要病机特点。提示治疗溃疡病应以活血化瘀及清解里热为主，治疗萎缩性胃炎则应以温补中焦为大法。李乃民等对330例瘀证的舌诊指标进行了观察研究后认为，用舌色、舌下络脉、条纹线、瘀斑瘀点、赘生物、隆起物等5个指标综合判断血瘀程度，无疑比单纯以舌色判断血瘀证更为确切。聂莉芳等通过155例慢性肾衰患者的舌象进行观察，发现辨为肝肾阴虚或气阴两虚型者，舌质较少现红色，而以淡舌居多，且舌形多见胖舌与齿痕舌（肝肾阴虚型和气阴两虚型总计130例，红舌23例，占17.6%，淡红舌42例，占32.3%，淡舌65例，占50.1%），发现舌色的深浅与血色素、血肌酐、血尿素氮均呈平行关系。淡舌多为肾衰后期患者，这对了解病情的轻重进退有一定的意义。庄建生等对105例食管癌与101例食管其他疾病（非癌组）的舌象对照观察结果：癌肿组呈现暗紫、瘀斑舌为82例（78.09%），白腻苔76例（71.42%），而食管非癌组的暗、紫、瘀斑舌仅有22例（21.78%），白腻苔43例（42.57%），两组对比显示癌肿组相对较高（$P<0.01$），说明肿瘤患者舌象的不同表现能反映机体内在的病理变化，对肿瘤辅助诊断有一定的临床意义。胡学函报告了76例农药杀虫脒中毒之重型患者的舌质，多呈蓝或绛紫。舌色由蓝→紫→绛→红为病退，反之为病进。俞广声等观察了舌脉与肝血瘀的关系后认为，舌粘膜下静脉外露，是一种值得推广的早期肝血瘀的诊断指标。所检26例，虽无明显门静脉高压征象，但舌下静脉明显扩张、扭曲，直径在4～8毫米，与正常人群不超过2.8毫米相比，差异非常显著（$P<0.001$）。肝大体及活检均提示肝硬化及门脉压力增高之血管征象，支持舌脉扩张与肝瘀血的客观标志。宋天彬认为舌诊测量仪器的研制是当务之急。建议将舌色分十五个档次，苔色分十三个档次。参考“孟塞尔”颜色图册或CIE 1931色度图，研制出中医舌

苔望诊专用的比色卡；**舌体动态可用舌肌电**图或电刺激反应来表示；舌面的干湿度，可用电阻值反映。赵荣莱等应用计算机图象处理技术，对常见的三种舌质、五种舌苔进行了数字式分析，初步总结出舌质、舌苔的计算机分类方法。

秦吉华等通过1681例正常人舌象调查结果表明：正常以淡红舌（91.25%）、薄白苔（81.92%）为主。张丽蓉等对3032例健康人舌血细胞灌注量进行测定表明：随着年龄增长，健康人舌血细胞灌注量具有呈逐渐下降的规律。男性舌血细胞灌注量略高于女性。淡红舌、红舌的血细胞灌注量均比较高；而淡舌和紫舌血细胞灌注量比较低。同时，舌血细胞灌注量还可反映同一舌质而颜色深浅不同的变化。表明此项测定能反映舌循环血流量，对临床判断舌质的色泽和研究舌象形成机制有重要的作用。石燕华查看了47例挪威病人的舌色：以红、绛舌为多。35例红舌中除7例有阴虚证候外，其余均无热证。这可能与国家地区、民族肤色、饮食习惯等有关。

（陶福兴）

【穴位诊断在肿瘤普查中的应用】

穴位与脏腑密切相关，观察穴位的异常变化（如痛敏、局部皮温升高、电特性变异等），往往有助于疾病的诊断。李佩群等以“新大郄”（承扶穴与委中穴连线的中点下5分向外旁开5分处）为定性穴，“肺俞”为定位穴，观察左右穴的温度差。在113例肺癌中，新大郄温差均大于0.5℃；其中105例肺俞温差大于0.5℃。无肺癌者113例，新大郄温差均小于0.5℃、肺俞温差小于0.5℃者90例，另23例温差大于0.5℃，其中15例有其他肺部疾病。新大郄平均温差肺癌患者为0.91±0.038℃，无肺癌者为0.19±0.02℃；肺俞平均温差肺癌患者为0.80±0.036℃，无肺癌者为0.31±0.024℃，二者均有显著差异。李氏应用此法在728人中进行肿瘤普查。发现在新大郄和新内郄（新大郄内侧1寸处，良性肿瘤定性穴）异常者中肿瘤确诊率达66%。刘韵源等在苏北普查5万余人，认为耳穴电特性探测用于癌症高发区人群防癌普查初筛是相当有效的。在筛出的阳性对象中，有一千余人经腔镜复查及病理学确诊，上消化道癌症的发现率达10%，其中早期癌占⅓以上。其余90%都属于有较严重疾病或癌前期病变患者。初筛为阴性对象中的一万余人，经二年随访未发现1例癌症。数十例阴性对象经腔镜复查及病理学检查，也未发现1例癌症。常义松等对95例X线检查有肺部阴影者进行了耳穴电性变化探测，诊断为癌者66例，非癌者29例。与病理诊断对照，假阳性6例（6.3%），假阴性5例（5.3%）。从X线上判断，癌74例，非癌21例，与病理诊断对照，假阳性14例（14.7%），假阴性5例（5.3%）。其所用恶性肿瘤的定性穴为肾上腺、内分泌、皮质下、$M_{1、2、3}$六穴，其中前五穴必须是阳性。

（赵善祥）

【微观辨证的研究】

微观辨证是与宏观辨证相对而言的。宏观辨证指的是中医传统辨证，微观辨证的概念按沈自尹的意见是在宏观辨证过程中引进现代科学技术，在较深的层次上微观地认识问题，更本质地阐明证的物质基础。综合微观辨证的信息，结合传统的宏观辨证，通过方药治疗验证，建立证的微观标准，进一步指导临床，称为辨证微观化。但目前一般将这全过程从微观地认证到找出各种证的微观标准，统称为微观辨证。

微观辨证的研究始于60年代初对肾阳虚本质的探索，而正式提出微观辨证这一名称是在80年代。据季钟朴的评估，到目前为止已经找到的微观指标(1)血瘀证有血液流变学指标（包括全血粘度、血浆粘度、红细胞电泳、血小板聚集等），活体微循环指标，血栓素A_2（TXA_2）与前列环素（PGI_2）

平衡指标；(2) 阴虚和阳虚证有血浆 cAMP 和 cGMP 及两者的比值；(3) 肾阳虚证有反映丘脑-垂体-肾上腺皮质轴功能的尿 17-羟皮质类固醇、ACTH 反应等，以及反映丘脑-垂体-甲状腺轴和性腺轴功能的指标；(4) 阴虚火旺证中肝火旺有尿 17-羟，心火旺有尿儿茶酚胺 (CA)；(5) 脾气虚证有唾液淀粉酶、木糖排泄率，其他指标变化不一致；(6) 心气虚证主要是左心室功能，血浆皮质醇、尿 17-羟及 17-酮可作为与肾阳虚鉴别的指标，尿肾上腺素 (E) 和去甲肾上腺素 (NE) 可作为与脾气虚鉴别的指标；(7) 肝阳上亢证有尿 CA、E、NE、3 甲氧肾上腺素等反映交感-肾上腺髓质功能的指标；(8) 寒热证包括虚寒、虚热有尿 CA。

一般认为，微观辨证可起到下列作用：

(一) 补充和发展传统的宏观辨证　沈自尹认为，当西医看来"无病可认"而中医看来"有证可辨"时，通过微观辨证可以发现隐潜的病变；当内在病变尚未"形见于外"，时，微观辨证借助于"方药测证"可以发现隐潜的证，从而弥补宏观辨证的不足。例如有些哮喘患者即使无宏观上的肾虚表现，却有类似于肾阳虚的隐潜性微观变化—肾上腺皮质功能偏低。用温阳片治疗 284 例，均取得显著效果。陈可冀认为微观辨证用定性定量的指标可以促进中医辨证诊断规范化和标准化，并可加深对证的认识。例如冠心病心绞痛严重、血瘀程度较高患者，其血脂高，血粘度高，血小板聚集及释放功能增强，β 血栓球蛋白 (β-TG)、血小板第 4 因子 (PF_4) 水平偏高。根据这些微观指标，可对血瘀程度作出分级。

(二) 逐步阐明证的病理生理基础　季钟朴认为微观辨证大体可以说明证的变化是机体整体的变化，是神经系统包括植物神经及其递质、内分泌激素系统、第二信使环核苷酸系统等功能活动的变化。例如，肾阳虚证是患者不同的下丘脑-垂体-靶腺 (肾上腺皮质、甲状腺、性腺) 轴的功能低下；肝阳上亢证是外周交感-肾上腺髓质功能偏亢。至于机体的细胞免疫功能的低下更是各种虚证共有的整体性变化。

(三) 有助于临床的诊断和治疗　张亭栋以血瘀证为例认为微观辨证可揭示血瘀证的隐性阶段，对血瘀证治疗有一定指导作用，对其效果起判定作用，在血瘀证形成之前起预报作用，可用于缺血性中风及心肌梗塞的预报。例在二千多人次的冠心病预报中，准确率达 95%。吕志平对 21 例无明显证候而实验室检查异常，或中医辨证难以确定的疑难病例，用甲皱微循环检查辨别气虚、阴虚、血虚、气滞和血瘀，分别给以相应治疗。结果痊愈 2 例，显效 7 例，有效 10 例，无效 2 例。胡晓明报道在宏观辨证的基础上，按辅助检查结果的不同，加用相应的药物，疗效较单一传统辨证为优。

微观辨证有其优点，但决不能取代宏观辨证。廖家桢发现给心气虚的冠心病患者注射党参、黄芪注射液，其血小板聚集多被抑制，血小板内 cAMP 含量也增加；如果给心阴虚或夹有湿浊的患者注射，则反而促使其血小板聚集，血小板内 cAMP 含量下降。中医传统的宏观辨证为识别这种个体差异提供了有效的手段。

微观辨证的研究迄今已有 30 年。柯雪帆等认为由于引进现代科学的研究方法，辨证学取得了明显的进展，理论上、临床上孕育着新的突破。郭振球提出建立微观辨证学。赵伟康、李鸣真、沈自尹、季钟朴等认为应继续进行各种证的高层次多指标的探索、微观辨证规律的总结、微观与宏观辨证的结合，及其与辨病的结合，以建立微观辨证的理论体系。

(张令铮)

【补肾法作用机制研究】

近年来补肾法的临床应用日益广泛，对某些补肾法的作用机制作了多方面的研究。

胡国让等以抑制T细胞（TS）功能测定、ConA淋转和PHA淋转三项指标观察补肾法对老年人的T细胞功能变化。给14例60岁以上正常老年人服用“补肾延寿丸”，2个月后ConA淋转和PHA淋转均升高，接近于正常成人水平，而低TS功能者也有明显改善。

沈自尹采用cortrosyn负荷试验，证明老年人肾上腺皮质储备功能减退，而经用补肾药治疗后则其增长值较对照组明显提高，从而证实补肾药有明显的改善肾上腺皮质老年性变化之作用。

陈名道等在补肾助阳中药对正常大鼠甲状腺激素代谢影响的研究中发现，补肾助阳中药使正常大鼠自然增重减慢，血清T_3下降，rT_3及TRH升高、TSH有上升趋势，推测其可能对周围代谢有影响。

易宁育等发现补肾助阳药对BAR-cAMP有向上调节作用，又能使脑内异常升高的Mchor的RT降低，与临床上所见阳虚证的很多证候与Mchor-cGMP系统偏亢吻合，说明补肾药对β肾上腺素受体及M胆碱受体有双向调节作用。

展昭民利用体外甲基纤维素半固体培养方法观察补肾法对再生障碍性贫血骨髓造血祖细胞的作用。通过65例用药，表明补肾阴肾阳三个中药复方均对慢性再生障碍性贫血患者骨髓造血祖细胞增殖具有良好的促进作用（$P<0.001$），并证实了补肾法治疗慢性再生障碍性贫血是作用于造血干细胞，提示可能对造血干细胞增殖有直接的促进作用。

邵长荣等用补肾法观察了支气管哮喘缓解的气道反应性测验，结果发现缓解期支气管哮喘患者其气道反应性依旧存在，而对25例治以补肾药后则PC_{20}由0.4625mg/ml上升为1.04mg/ml，$T=3.6166$，$P<0.01$，R值由162.173mg/ml下降至64.166mg/ml，$T=4.5143$，$P<0.001$。因而认为气道反应性增高可能是本病重要的“夙根”之一，而补肾药可降低其反应性。沈自尹等用由补肾法组成的温阳片于哮喘患者，进行变态和非变态反应的实验观察，结果发现治疗前治疗组与对照组血清总IgE和特异性IgE水平相似，而治疗后对照组呈季节性升高，治疗组则明显降低。102例哮喘患者的组胺释放平均为15.4%，明显高于健康人，治疗前治疗组为15.7%，与对照组相近，而治疗后治疗组降为8.4%，对照组反而比治疗前略有增高。组胺吸入试验、PEV_1和PC_{20}值治疗较缓解期略高，表明补肾法对哮喘发作期的气道反应性升高有一定抑制作用。外周血淋巴细胞β受体功能检测则表明补肾法可使哮喘患者免于造成β受体功能下降，有利于哮喘发作的缓解和增加对治疗药物的反应。实验证明补肾法能从整体出发，同时影响变态反应和非变态反应的主要环节，可能在不同病情的患者身上择其薄弱环节直接发挥作用。并据此推测补肾法可能通过多途径的调节致使哮喘患者免疫系统和神经内分泌系统功能得以改善，逐步摆脱哮喘发作的恶性循环，最终减轻或中止哮喘发作。

（赵章忠）

参考文献

B

白燕生等　阻抗法心功能测定在舌象研究中的应用初探——附144例分析报告　北京中医　(3)：16，1989

C

曹洪欣等　152例肝郁气滞及其相关证候的动态观察　黑龙江中医药　(5)：14，1989

常义松等　耳穴探测对肺部阴影的鉴别诊断初探　中医诊断　(5)：62，1989

车桂燕等　肝郁气滞证发病学与病因学探讨　黑龙江中医药　(5)：8，1989

肝郁气滞证病人尿MHPG-SO_4测定及意义分

析
黑龙江中医药 (5):45, 1989

陈名道等 助阳中药对正常大鼠甲状腺激素代谢影响及进退法用药的探索 中西医结合杂志 (2):93, 1989

陈可冀 微观辨证与辨证微观化 中西医结合杂志 (5):264, 1987

陈小峰 肾虚患者的自然杀伤细胞活性研究 中西医结合杂志 (7):409, 1989

陈晏珍等 肾虚与超氧化物岐化酶关系初探 中医杂志 (4):42, 1989

崔 蒙 近年国外经络研究概况 中医杂志 (2):50, 1989

崔向阳等 60例肝郁气滞及相关证候病人的血液流变性变化的初步研究 黑龙江中医药 (5):49, 1989

D

都兴菊 经络与结缔组织的关系 中国针灸 (6):53, 1989

杜建忠 《内经》五味补泻学说探析 中医药学报 (5):10, 1989

F

范国荣 肾虚型老年人与T_3及血、尿β2mG关系初探 浙江中医杂志 (7):319, 1989

范景田 宋明理学对中医基本理论的影响 中医药学报 (4):12, 1989

范隆昌等 肝郁气滞证及其相关证候的诊断标准 黑龙江中医药 (5):25, 1989

冯庚玮等 脾阳虚患者胆囊收缩功能的观察 天津中医 (2):19, 1989

G

龚琼模等 102例常见胃粘膜病变患者的舌象及舌苔印光细胞学变化初步分析 北京中医 (4):18, 1989

郭教礼等 102例脾肾虚性水肿患者唾液钾钠离子变化初步观察 中医杂志 (5):37, 1989

郭 义 一个由细胞间隙连接而导致关于经络实质的假设 国医论坛 (4):44, 1989

郭振球 微观辨证学之研究 湖南中医学院学报 (2):59, 1989

H

郝吉顺等 81例肝郁气滞及其相关证候的目诊探讨 黑龙江中医药 (5):26, 1989

胡国让 补肾法对老年人T细胞功能的影响 中西医结合杂志 (5):264, 1986

胡庆福等 阴虚光剥舌形成机理的研究 中西医结合杂志 (3):153, 1989

胡晓明 浅谈中医的宏观和微观辨证论治 陕西中医 (8):360, 1989

胡学函 浅谈舌诊在农药中毒中的意义 中医杂志 (9):29, 1989

胡晓晨 "阴平阳秘"初探 北京中医学院学报 (5):6, 1989

黄柄山等 肝郁气滞证及其实质的研究 黑龙江中医药 (5):1, 1989

黄柄山 肝郁气滞证与A型性格 中医药学报 (5):15, 1988
440例肝郁气滞及其相关证候的现代病理生理学基础探讨 黑龙江中医药 (5):33, 1989

黄俊山 试论卫气在人体的调节作用 中医药学报 (5):20, 1989

黄吉棠 论气——中医学的最高范畴 新中医 (1):2,1989

J

季钟朴 中医证型客观化研究的评估 国内外中医药科技进展(1989)第12页 上海科学技术出版社 1989

蒋华荣 论动态的生命场——气 中医药信息 (3):6, 1989

K

柯雪帆 中医辨证学 第7页 上海中医学院出版社 1987

L

李爱中等 肝郁气滞证主症之一——"善太息"的客观指标 黑龙江中医药 (5):31, 1989
60例肝郁气滞及其相关证候病人的甲皱微循环变化浅析 黑龙江中医药 (5):50, 1989

李吉祥 对五行学说解释药味之我见 北京中医 (2):39, 1989

李鸣真 微观辨证与辨证微观化 中西医结合杂志 (5):264, 1987

李乃民等 330例瘀证的舌诊指标研究 浙江中医杂志 (4):150, 1989

李佩群等　应用穴位诊断法进行肿瘤普查　中国针灸　(1):40, 1989

从穴位温度探索内脏与体表的联系　中国针灸　(2):32, 1988

李运河等　肝郁气滞证患者植物神经功能状态的调查与分析　黑龙江中医药　(5):48, 1989

李志道　卫气运行初探　中医杂志　(11):52,1985

廖家桢　微观辨证与辨证微观化　中西医结合杂志　(5):265, 1987

刘文昭等　卫气运行再探　北京中医　(2):11, 1989

刘韵源等　中医对早期肿瘤诊断的探讨　中医杂志　(1):49, 1989

刘燕明　从进化角度看经络实质　上海针灸杂志　(4):27, 1986

柳　侃等　老年人气虚患者心搏间距变化和运动后心率复常时间检测的临床意义　辽宁中医杂志　(6):19, 1989

吕志平　微观辨证论治治疗21例疑难病试探　中医杂志　(7):401, 1989

M

马正立　填精补肾中药对青年大鼠下丘脑-垂体-性腺-胸腺轴的形态学研究　中医杂志　(8):45, 1989

N

聂莉芳等　155例慢性肾衰患者的舌象观察及其临床意义　北京中医学院学报　(1):24, 1989

P

彭清华　肝与目关系的研究　辽宁中医杂志　(4):11, 1989

Q

钱秉强　《内经》三焦新探　新中医　(3):12,1989

秦吉华等　1681例正常人舌象调查分析　山东中医学院学报　(2):67, 1989

中医不同辨证患者舌苔细胞酯酶反应的初步探讨　中西医结合杂志　(8):478, 1989

S

沈自尹　微观辨证与辨证微观化　中医杂志　(2):55, 1986　中西医结合杂志　(5):263, 1987

沈自尹等　补肾预防哮喘的变态和非变态反应机理研究　中西医结合杂志　(2):82, 1989

补肾药改善老年肾上腺皮质功能的临床与实验研究　中西医结合杂志　(9):518, 1989

石燕华　望舌杂感　新中医　(5):50, 1989

宋天彬　舌诊临床验证和舌诊测量仪器的研制　北京中医学院学报　(4):6, 1989

T

陶文若　中医阴阳学说与人体生物钟　甘肃中医学院学报　(1):60, 1989

田鄂华等　肝郁脾虚证酶学指标的初步探讨　湖北中医杂志　(3):43, 1989

W

汪　桐　经络实质研究述评　北京中医学院学报　(6):1, 1988

王米渠　《内经》阴阳人格体质学说与艾森克人格维度的比较研究　贵阳中医学院学报　(3):7, 1989

王启才　国内外关于经络实质的现代研究概况　江苏中医　(2):41, 1988

王玉川　五脏配五行、五味及其他　北京中医学院学报　(3):5, 1988

吴圣农　“瘀可致水”理论的研究　中国中医药学报　(1):8, 1989

X

奚　刚等　24例肝郁气滞证病人尿环核苷酸变化研究　黑龙江中医药　(5):47, 1989

肖佐桃　论“命门”学说　湖南中医学院学报　(2):62, 1989

谢　宁等　肝郁化火证病人尿儿茶酚胺变化分析　黑龙江中医药　(5):53, 1989

徐淑文等　肝郁气滞证患者血浆TXB_2、6-酮-$PGF_{1\alpha}$含量分析　黑龙江中医药　(5):52, 1989

许　红　细胞之间的信息传递和经络实质假设　北京中医学院学报　(1):11, 1989

Y

易宁育等　滋阴助阳药对β肾上腺素受体及M胆碱受体的双向调节作用　中医杂志　(10):44, 1989

姚立丹　生物场、信息、时值假设导论——经络实质的宏观探讨之一　南京中医学院学报　(2):57, 1988

杨长青等　100例肝郁气滞及其相关衍化证的体质调查　黑龙江中医药　(5):17, 1989

杨瑞合　肾虚与高血脂症发病关系的探讨　中西医结合杂志　(5):313，1989

余韵星　"脑主神明"析　北京中医　(3):14，1989

余自汉　经络学说的起源之我见　河南中医　(6):8，1989

俞广声等　舌脉与肝血瘀的探讨　山西医药杂志　(2):84，1989

俞　兵等　心虚证患者心钠素水平的初步观察及其临床意义探讨　中西医结合杂志　(9):520，1989

袁肇凯等　155例薄白舌苔脱落细胞检测结果分析　中国医药学报　(1):35，1989

Z

展昭民　补肾药对再生障碍性贫血骨髓造血祖细胞作用的研究　中医药信息　(1):23，1989

张桂珍等　脾虚患者胃粘膜胆碱能神经终末的形态变化与机能意义的探讨　中国医药学报　(6):6，1989

张丽蓉等　3032例健康人舌血流灌注量的检测和分析　中西医结合杂志　(4):207，1989

张亭栋　微观辨证与辨证微观化　中西医结合杂志　(5):266，1987

张文彭等　清宫长春丹对老年肾虚证血浆过氧化脂质高密度脂蛋白胆固醇水平影响的研究　中医杂志　(3):34，1989

张银霞等　舌瘀斑与血液流变性和微循环的关系　北京中医　(4):50，1989

张玉芬　浅谈五味入五脏　河北中医　(4):42，1989

张载义　足少阴肾经踝跟部有无分支辨析　浙江中医杂志　(5):224，1989

章增加　《内经》非平衡思想初探　广西中医药　(6):27，1989

赵荣莱等　舌质舌苔的计算机定量描述和分类　中医杂志　(2):47，1989

赵伟康　微观辨证与辨证微观化　中西医结合杂志　(5):265，1987

郑吉民等　试探肝郁证的临床规律——附146例资料分析　中医杂志　(10):39，1989

周礼卿等　脾虚患者小肠吸收、胰外分泌功能与临床症状相互关系的探讨　中西医结合杂志　(9):574，1989

祝总骧　经脉音频谱分析初步报告　北京中医　(1):12，1989

庄建生等　舌诊与纤维食管镜观察食管病变206例报告　安徽医学　(1):7，1989

（二）临床与预防

(1) 传　染　病

【概述】

一、病毒性肝炎

孟宪益、王国申、王育群等的报道，总结了中医药治疗病毒性甲型肝炎2888例的临床研究，并获得了国家中医药管理局1989年中医药科技进步二等奖。其治疗上归纳为8类基本方法，临床有效率多在95%以上；且与以西药治疗对照组比较，两组在退黄、降谷丙转氨酶、改善症状，以及降低病死率等方面均有明显差异（详见专条）。苏承义等以中西医结合法治疗慢性活动性肝炎(CAH)210例（经肝活检证实者107例）及CAH伴肝硬化（CAHC）90例(经肝活检证实者39例)，第1～6周用小牛胸腺肽1～2mg于足三里穴位注射，隔日1次或每周3次；第5～12周用HBV特异性免疫核糖核酸（HBViRNA）腹股沟淋巴结周围注射，每周2次；治疗八周后SGPT下降缓慢或T.T.T/T.F.T明显阳性者，则可加用清热解毒、活血化瘀之品，如山豆根、丹参等中药。CAH组及CAHC组用药总剂量及疗程均值，胸腺肽分别为28.1±9.3和24.5±16.3mg；HBViRNA量分别88.8±31.9及80.2±29.6mg。近期临床疗效总治愈率（主要症状消失、肝脾肿大回缩或不变，肝功能试验恢复正常）CAH组为71.0%，CAHC组为43.3%。两组差异显著（P<0.001）。徐济群等以万年青煎剂（万年青、

黄芪、党参、菟丝子、灵芝、女贞子、香薷、首乌、仙灵脾、丹参、桑寄生、当归、鸡血藤、薏仁、水线草、败酱草、土茯苓、虎杖根、黄柏、山豆根、柴胡、甘草）与南通蛇药片合用对40例慢性活动性乙型肝炎病原免疫学指标的疗效与40例单用南通蛇药组作对照，经治60天观察结果，治疗组HBsAg、抗-HBC和HBeAg三项指标转阴率均在50%以上，HBsAg转阴率达75%；终止治疗180天后，HBsAg的转阴率仍达67.5%。而对照组的三项指标转阴率均明显低于治疗组，尤其在终止治疗180天时，两组的三项指标转阴率有非常显著性的差异（P均<0.001）。金实、张俊富等分别对慢性乙型肝炎的中医辨证分型与生化免疫指标关系进行了探讨，认为生化、免疫指标上的特点可作为对慢性乙型肝炎辨证分型参考（已列专条）。

二、流行性出血热

徐德先以泻下通瘀法治疗流行性出血热少尿期102例，服用泻下通瘀合剂（大黄、芒硝、枳实、桃仁、生地、麦冬、木通、白茅根、茯苓），并设对照组44例以西药导泻。结果治疗组痊愈84例，显效13例，无效5例，总有效率为95.1%；对照组痊愈30例，显效6例，无效8例，总有效率81.8%。两组差异显著（P<0.01）。郑卫群对48例少尿期按辨证分为肾阴涸、水热结，肺气闭、失肃降，与肝风动、津液竭等3型，分别以滋阴利水法，宣肺通调法与熄风壮水法治疗后，46例痊愈。郑氏认为少尿期应以滋阴利水、固护津液为主，不宜强行利尿。李霖治疗1例少尿期下痢不止患者，以三仁汤加味内服，再以丹参、桃仁、佩兰、赤芍、银花藤、车前子、桂枝、细辛等水煎置双侧肾区作湿热敷，6剂后痢止进入多尿期。胡昌乐报道本病60例，以复方丹参注射液10～12毫升加入10%葡萄糖500毫升内静滴，直至多尿期为止。对其越期作用进行观察，低血压休克期越期率为11.7%，少尿期的越期率为28.3%，总越期率达88.3%。徐德先对17例本病低血压休克期，以升压灵（由陈皮制成的静脉注射液）治疗，另设对照组9例以多巴胺或阿拉明治疗。结果血压恢复时间，治疗组平均为3.56小时，与对照组（11.9小时）相比，有显著性差异（P<0.05）。

三、流行性乙型脑炎（乙脑）

胡勇认为乙脑的主要病机是热、痰、风，其中热是关键。故治疗上当以大剂量的清热药为主，且重用寒凉之石膏。经治的39例极重型乙脑，有效率达94.87%，平均退热时间为2.94天。与对照组30例单用西药的有效率（86.66%）比较，有明显差异（P<0.05）。李留记则以下法为主，重用大黄、玄明粉等治疗58例重症乙脑，痊愈52例，占89.70%（详见专条）。

四、急性细菌性痢疾（急性菌痢）

何安松用痢疾煎（地榆、当归、葛根、山楂、赤芍、银花、木香、生甘草）加减治疗30例，总有效率96.7%。王忠民等以解毒固涩法为主，治疗52例，总有效率为98%。除口服外，周贤清用止痢散（滑石、车前草、黄连）敷脐治疗急性菌痢18例，治愈率达94.4%。黄己庄、李正己、杨侃等的报道均以中药作保留灌肠治疗小儿急性菌痢，疗效满意（详见专条）。

五、肠伤寒与斑疹伤寒

王瑞年对53例肠伤寒辨证分型论治，总有效率达90%以上。湿重于热者，治拟化湿透热，方用加减达原饮；湿热并重者，治拟清热化湿，方用加减黄芩滑石汤；热入营血者，治拟清热凉血，方用加减白头翁汤。刘必敦等对36例伤寒并发肠出血者，以云南白药加西药止血剂（止血敏、安络血）治之，痊愈35例，死亡1例，平均止血时间4.92天（详见专条）。郭连澍等报道对斑疹伤寒203例，按辨证分为邪在卫分、邪在气营、邪在营血三期用药治之，治愈率达98.52%，平均退热时间3.12天（详见专条）。

六、结核病

李长玉等治愈活动性肺结核14例。在用化疗的同时，服用扶正固本丸（黄芪、党参、白术、黄精、制首乌、桑寄生、甘草等）并观察治疗前后的免疫学指标，表明该丸药能改善机体免疫水平，从而达到促进病变之吸收。焦起周等用回生膏（猫眼草、蟾蜍皮、木鳖子、独角莲、乳香、没药在香油中熬枯去渣，加入黄丹收膏待温加入麝香）外敷大椎、肺俞、膻中等穴，治疗355例病人，有效率达96.1%。

七、流行性腮腺炎

施向程报道34例，以八角莲注射液加入10%葡萄糖注射液中于静脉滴注，均愈。其体温下降幅度，腮腺肿胀消退时间及疗程均快于常规药治疗33例对照组。冯健以内服消炎痛片，外敷仙人掌泥于腮腺肿胀处，治疗18例，显效占83.3%，有效占16.7%。钟玉皆则用普济消毒饮加减口服治疗300例，全部痊愈。尚有乔成林、彭余柏、杨长林等的以外治法治疗本病的报道（详见专条）。

此外，夏瑾瑜报道18例霍乱，轻型患者以藿香正气散加减，重型用附子理中汤加减，并配合补液、扩容、纠正酸中毒等治疗，全部治愈（症状体征消失、大便培养连续3次转阴）。李寿彭用导赤土茯苓银花汤治疗淋病14例，10例痊愈（症状、体征消失，实验室检查正常）。罗道揆用经方治疗阿米巴痢疾12例，血热型用白头翁汤清热止痢，寒热夹杂用乌梅丸温清并进，另用鸦胆子去壳取仁每用10粒吞服，全部治愈。谢义达等报道160例麻风病，除常规西药治疗外，按辨证分血热壅盛、肺肾阴虚、肝肾阴虚、脾肾阳虚、阴阳两虚与正虚邪恋6型施治，并配针灸、药灸、激光等治疗，痊愈158例，显著好转2例，平均疗程4.24年。与单纯西药治疗比，其疗效高、疗程短、细菌转阴时间短（P均<0.01）。李瑞玉以普济消毒饮治疗流行性出血性结膜炎82例，服药3天，总有效率98.8%（详见专条）。高凤楼等报道205例慢性布鲁氏菌病，按辨证分为寒滞血瘀、肝肾双亏、湿热挟瘀与气血双亏等4型论治，治愈（症状、体征及功能障碍均消失者）110例，占53.17%；总有效率为96%。韩桂清等报道58例传染性单核细胞增多症，按卫气营血辨证论治，体温恢复正常时间平均5.4天，总有效率为96.3%。卢勇田以加减桃红四物汤治疗694例人体蠕形螨病，治愈（皮疹全部消退、症状消失、实验室检查阴性）584例。有效率为95.8%。

（王育群）

【急性甲型病毒性肝炎暴发流行的防治】

孟宪益总结上海市中医学会肝病分会收集的36篇临床治疗病毒性甲型肝炎（下称“甲肝”）报道，归纳了8类基本治疗方法并对其疗效进行分析。

基本处方：1号方用绵茵陈、生大黄、生山栀、枳壳、车前草、板蓝根、田基黄、茯苓等；2号方用制川军、丹参、郁金、车前草、蒲公英、苦参、黄芩、生甘草；3号方用绵茵陈、生川军、生山栀、车前草、柴胡、郁金、赤芍、丹皮、麦芽；4号方用茵陈、山栀、大黄、金钱草、玉米须、陈皮；5号甲方用苦参、茵陈、姜黄、白藓皮、败酱草、夏枯草、山楂、生甘草、红枣；5号乙方用甲方加麦饭石；6号方用茵陈、山栀、大黄、佛手、旋复梗、太子参、郁金、田基黄、六月雪、厚朴、炒谷芽、炒麦芽；7号方用柴胡、枳壳、佛手片、茵陈、山栀、生大黄、车前草、黄芩；8号方用茵栀黄注射液及茵陈、山栀、赤芍、丹参、徐长卿、茯苓、生甘草。疗效分析：王育群等对报道的2562例“甲肝”用1号方治疗并设立西药对照组（维生素、肌苷、肝胺、静脉注射门冬氨酸钾镁等）。结果，黄疸消退时间、谷丙转氨酶恢复正常时间均优于西药组（P<

0.05)。中药组痊愈率50.89%，基本痊愈率47.68%，好转1.43%；西药组痊愈率38.92%，基本痊愈率37.29%，好转4.87%，无效18.92%。对37例胆红素大于10毫克%的重度黄疸型"甲肝"用2号方治疗，并设西药（用肾上腺皮质激素）对照组；经治60天后，胆红素降低5毫克以下者为95.85%，与西药组（61.36%）比，有显著性差异（P<0.005）。徐华元等报道的260例"甲肝"，用3号方治疗并与西药组（维生素、益肝灵等）对照，结果3号方临床治愈率为91.6%，临床好转3.9%，平均住院24.6天；西药组临床治愈率为65.5%，临床好转27.6%，平均住院32.9天。唐英等报道72例"甲肝"用4号方治疗，并另以垂盆草冲剂（上海中药一厂生产）治疗的75例作对比观察，结果在退黄疸、降酶、改善消化道症状等方面，4号方均明显优于垂盆草组。顾选文等报道用5号甲方治疗90例，5号乙方治疗70例，与西药组治疗60例作对照。结果5号甲方组治愈率为94.45%，乙方组为97.14%，西药组为80.00%，5号甲、乙方与西药组比较均有显著差异（P<0.05）。朱彬彬等报道用6号方治疗231例，并与西药组（维生素类、肝泰乐等）46例比较，结果6号方明显优于西药组(P<0.005)。邬景祥等报道用7号方治疗"甲肝"治愈率达97.32%。王国申等报道对368例重度黄疸患者，其中244例用8号方治疗，124例用西药（门冬氨酸钾镁、胰高血糖素或激素、血制品等）治疗作比较，结果中药组死亡3例，病死率为1.2%，西药组死亡7例，病死率为5.6%。两者对照有显著差异（P<0.05）。对"甲肝"恢复期病人，按辨证可分为肝郁脾虚、气滞血瘀、肝郁湿热与气阴两虚等4型治疗。孟氏观察108例，经治疗1～3月，106例临床症状基本消失。

（王育群）

【慢性乙型肝炎辨证分型与生化免疫关系的研究】

金实等观察105例慢性乙型肝炎，其中慢性迁延性肝炎（简称慢迁肝）56例（53.33%），慢性活动性肝炎（简称慢活肝）49例（46.67%）。辨证分为(1)湿热气滞证者27例，占25.71%；(2)肝脾两虚证者33例，占31.4%；(3)肝肾阴虚证者24例，占22.86%；(4)肝脾血瘀证者21例，占20%。检测结果表明：湿热气滞证乙型肝炎表面抗原(HBsAg)平均滴度最高(1∶1105)，乙型肝炎e抗原（HBeAg）阳性率为48.2%，绝大多数谷丙转氨酶（SGPT）升高，IgG显著升高，提示乙型肝炎病毒（HBV）感染复制显著，肝细胞炎证反应明显，体液免疫功能亢进，而细胞免疫功能变化不显著；肝脾两虚证HBsAg平均滴度最低（1∶43），HBeAg的阳性率为12.1%，提示HBV复制不太显著，其它肝功能、免疫功能变化也常不显著，但自觉症状尤以胃肠功能紊乱较显著，多属慢迁肝（占本型93.95%）；肝肾阴虚证HBsAg滴度介于肝脾两虚与湿热气滞证之间（1∶276），HBeAg阳性率为33.3%，蛋白电泳γ球蛋白升高较为突出，免疫球蛋白（IgG）显著增高，补体C_3显著降低，活性花环（E_a-RFC）明显低下，稳定性花环（E_s-RFC）明显增高，提示本证HBV感染复制比较显著，肝脏蛋白代谢明显异常，体液免疫功能亢进、而细胞免疫功能低下；肝脾血瘀证HBsAg平均滴度高于肝脾两虚和肝肾阴虚证（1∶643），HBeAg阳性率为最高（66.7%），硫酸锌浊度（Z_nTT）增高，IgG明显升高，γ-球蛋白明显高于肝脾两虚和湿热气滞证，补体C_3显著降低，E_a-RFC在各证型中最低，E_s-RFC在各证型中最高，提示HBV复制明显，肝脏蛋白代谢障碍最为突出，体液免疫功能显著低下，多属慢活肝（占本型90%）。张俊富等对205例慢性乙型肝炎(其中慢迁肝73例，慢活肝78例，肝硬变45

例，HBsAg 无症状携带者 9 例）分为虚实两型与 HBsAg、HBeAg、抗 HBe、抗 HBC、HBV-DNA，DNA-P 等 HBV 复制指标进行研究探讨。实证 121 例：(1) 形体较壮实；(2) 胸胁脘腹较满；(3) 大便秘结；(4) 疼痛拒按；(5) 舌苔厚腻；(6) 脉实有力。虚证 84 例：(1) 面色萎黄或晦暗；(2) 疲倦乏力；(3) 大便溏薄；(4) 疼痛喜按；(5) 舌质淡嫩、苔薄白；(6) 脉虚无力或细数。(凡分别具有(5)或(6) 一项再加其它三项即可成立诊断）检测结果表明：实证患者 HBeAg，DNA-P、HBV-DNA 的检出率明显高于虚证患者，且均有显著差异（$P<0.05$）。因此，作者认为慢性乙型肝炎患者 HBV 复制指标和患者虚实有关，实证则 HBV 复制活跃，虚证时则 HBV 复制相对减弱，且慢性乙型肝炎的主要病因"湿热"的轻重与 HBV 的复制程度又有一定相关性，即 HBV 愈活跃，"湿热"程度愈重，而实热证候愈明显；反之 HBV 复制减弱则湿热明显减轻。

（王育群）

【急性细菌性痢疾证治】

急性细菌性痢疾（下称急性菌痢），临床以湿热证为多见，治多以清热解毒、化湿理气为主。如茅允蓝等报道对 53 例急性菌痢、急性肠胃炎患者，治以清化湿热、理气和中法，用"清肠 1 号"合剂（黄连、黄芩、白芍、白头翁、木香、槟榔、葛根、苍术、厚朴、甘草组成）口服，每次 50ml，每日 2 次。经治 4 天后，治愈 47 例，好转 4 例，无效 2 例。平均治疗天数急性菌痢 4.56 天，急性肠炎为 2.67 天，总有效率为 96.2%。与同时设西药(用痢特灵、TMP、或庆大霉素）组作对照，结果两组在止泻、粪检转阴及血象改善方面无显著性差异，但西药组退热效果优于中药组，而改善胃肠功能则中药组优于西药组。作者通过药理实验证明，该合剂中苦寒药有抗菌、消炎、加强机体巨噬细胞吞噬功能，辛温药可兴奋肠道平滑肌，促进胃排空；苦辛相配则抑制肠蠕动，对肠道平滑肌有先兴奋后抑制作用，并能拮抗毛果芸香碱、毒扁豆碱及乙酰胆碱所致平滑肌痉挛。殷国健等对 110 例急性菌痢以川军胶囊与肉桂胶囊治疗，4 天内治愈者 79 例，西药（用痢特灵、TMP、庆大霉素等）对照组 104 例，4 天治愈者 57 例，两者比较，有显著性差异（$P<0.01$）。张化南报道 100 例用车楂散（炒车前子与焦山楂 2∶1）治疗，结果全部有效，其中治愈 81 例，显效 13 例，好转 6 例。李江报道 100 例小儿急性菌痢以中药白头翁、槟榔、黄连、泽泻、大黄、山药等煎服，同时服用常规量复方新诺明；另设西药对照组，选用复方新诺明，黄连素合痢特灵或庆大霉素合痢特灵等，治疗 42 例。经治后全部痊愈。平均治疗时间中药组为 3±0.63 天，与西药对照组(5.5±0.97 天）比，平均缩短 2.5 天（$P<0.01$）。吴成善以单味翻白草每日 60 克（或干品 30 克）煎服，治愈率为 94%，平均治程约 4 天。张守泰以单味狼把草每日 200 克（或干品 100 克）煎服，治疗痢疾 500 例，临床症状、体征完全消失达 387 例，占 77.4%。王忠民等以解毒固涩法（药用金银花炭、紫花地丁、秦皮、生地榆、川黄连、焦山楂、炒防风、罂粟壳、诃子肉等为主方）治疗 52 例急性普通型菌痢，同时设西药对照组（用庆大霉素、痢特灵、TMP 等治疗）48 例。经治 3 天后中药组痊愈 46 例，有效 5 例，无效 1 例，与西药对照组（痊愈 34 例，有效 7 例，无效 1 例）相比，差异显著($P<0.05$)。王氏等认为，从大量的中医文献来看，急性菌痢用固涩药治之多为禁忌之例，为避免其"闭门留寇"，多主张"通因通用"，而以清热利湿、凉血解毒等法，临床以固涩或解毒固涩并用治之报道尚属鲜见。然临床疗效证明，在足量解毒药前提下，运用固涩药是有效的。

除口服外，以中药灌肠为主治疗急性菌

痢的报道较多。如黄己庄以五草合剂（一见喜、地锦草、野麻草、马齿苋）作保留灌肠，治疗 120 例小儿急性菌痢，平均退热时间为 2.1 天、止泻时间为 2.3 天、粪便转阴时间为 3.7 天；同时对 33 株痢疾杆菌作抑菌试验（福氏 29 株，宋氏 4 株），有抑菌作用的共 25 株，占 75.7%。杨侃以三黄粉（黄连、黄芩、黄柏及适量生理盐水）治疗 146 例小儿急性菌痢，结果痊愈 118 例，其中 2 日内痊愈者 12 例，3～6 日痊愈者 106 例，无效 28 例。李正已以大黄、赤芍煎剂灌肠为主治疗 137 例，全部痊愈。其中灌肠 1 次症状缓解 53 例，2 次缓解者 49 例，3～4 次缓解者 35 例；大便 2 天转阴 59 例，3 天转阴 64 例，3～5 天转阴 14 例。此外，周贤清等的报道，以敷脐法治疗本病 18 例，药用止痢散（黄连、滑石、车前子 1:5:5 之比研粉）1～2 克填脐中，敷上胶布每日 1 次，结果痊愈 17 例，治愈率为 94.4%。

（高忠樑）

【伤寒的治疗】

伤寒是由伤寒杆菌引起的急性传染病。属中医"湿温"之范畴。近年来伤寒发病趋向病情重，病程长，并发症多，对多种抗菌素不敏感。而以中医及中西医结合治疗，可缩短病程，减少并发症，及防止复发。1982 年周辉用三仁汤加减治疗 31 例伤寒、6 例副伤寒，3 天内体温降至正常者 30 例，5 天内降至正常者 7 例。杜志恒等对 105 例伤寒辨证分为邪入肺卫、邪入气分及邪入营血等 3 型，分别以葛杏石膏汤（葛根、杏仁、薏仁、石膏、川朴、茯苓、陈皮、泽泻、川芎、竹叶、甘草）、三仁汤加减及清营汤合玉女煎治之。平均治程约 20 天，治愈 99 例，占 94.29%，好转 6 例，占 5.71%。1985 年李德俭报道治疗 35 例伤寒与副伤寒，用王氏连朴饮加减（黄连、栀子、川朴、半夏、豆豉、菖蒲、芦根），全部治愈（血尿、大便和肥达氏试验连续 2 次均属正常范围，症状和体征消失，肝功能恢复正常）。平均退热时间为 5 天。近二年的临床治疗报道较多，如杨延民对 4 例经西药治疗无效者，辨证施治治愈。其中热重于湿者，以清热解毒、透营清气法，用白虎汤合清营汤加减；湿重于热者，以清化湿热、凉血解毒法用三仁汤加减；湿热并重者以清热利湿、芳香醒脾法，用茵陈蒿汤合三仁汤；湿温日久，化燥入营、伤津劫液者，以清营凉血、急补气阴法，用生脉散合犀角地黄汤加减治之。王瑞年报道对本病辨证分(1) 湿重于热者，以化湿透热法，用加减达原饮；(2) 湿热并重者，以清热化湿法，用黄芩滑石汤加减；(3) 热入营血者，以清热凉血法，用加减白头翁汤。经治 53 例，痊愈 51 例。赖祥林等对本病按卫气营血辨证。属卫分证者 31 例，治以辛凉解表、清暑化湿法，用香薷饮、银翘散或藿朴夏苓汤加减。属气分者 34 例，湿重于热者，治以清气化湿法，用三仁汤为主方；热重于湿者，治以清热化湿法，用白虎加术汤加减；湿热化燥或暑燔阳明者，治以清气泄热、益气生津法，用新加白虎汤或清暑益气汤为主；湿热并重者，治以化湿清热法，用王氏连朴饮加减。热入营血者 3 例，治以清营泄热、凉血散血为主，用清营汤合犀角地黄汤加减。同时用抗生素（氯霉素、或氨苄青霉素）及支持疗法。治疗 68 例，痊愈（体温恢复正常 2 周以上，症状消失，并发症基本治愈，嗜酸性细胞计数正常）61 例，好转（体温接近正常、时有波动，主要症状改善，肝脾肿大等体征减轻，血白细胞及嗜酸性细胞计数尚未恢复正常，并发症未完全恢复）7 例，平均退热时间 4.5 天。余中方报道 122 例，其中 67 例按中医辨证施治，以清热化湿解毒或清营凉血解毒法为主加用西药治疗，另 55 例皆以西药治疗作对照。结果治疗组好转、痊愈（症状消失、体温正常、理化检查改善）66 例，无效（体温未见下降）1 例，好转痊愈率为 98.5%；对照组好转、痊愈 49 例，无效 6

例，好转痊愈率为89%。平均退热时间则治疗组（6.2天）较对照组（10.5天）早4.3天。两组的疗效及平均退热时间均有显著性差异（P均<0.05）。刘必敦等报道36例伤寒并发肠出血者，以云南白药合西药（止血敏、安络血）止血剂治疗，痊愈35例，死亡1例，平均止血时间为4.92天，平均出血量为716ml；而另设对照组30例，单用西药止血剂治疗，痊愈28例，死亡2例，平均止血时间6.27天，平均出血量1078ml。两组的平均止血时间及出血量均有显著性差异（P均<0.01）。

（王文娣）

【斑疹伤寒的辨证与治疗】

斑疹伤寒是由立克次体引起的急性传染病，属温病范畴。本病解放后已绝迹，但自1985年始，发现临床报道渐增。如李浩等治愈1例，以达原饮加味（厚朴、槟榔、芍药、半夏、知母、黄芩、柴胡、甘草、生姜等）服5天后体温恢复正常。服药一月后，外裴氏凝集试验由1:1280降至1:80。康日文报道以白豆蔻、木通、石菖蒲、藿香、川贝母、薄荷、寒水石、生石膏、茵陈、滑石、连翘、射干、僵蚕、黄芩、板蓝根等为主方，随证加减，8小时1剂，2天后每日1剂，治疗100例，痊愈86例，好转11例，无效3例。退热时间最长6天，最短16小时。姜梅英等用加味小柴胡汤（柴胡、黄芩、连翘、大青叶、半夏、党参、苏梗、竹茹、银花、甘草、生姜、大枣）治疗60例，痊愈45例，显效13例，有效2例。范淑惠等以清热解毒为主，配以养阴增液药，治疗55例，痊愈48例，无效7例。体温恢复正常时间平均3.6天；肝回缩时间平均7.9天；脾回缩时间平均7天；皮疹消失时间平均5.7天；嗜酸细胞计数回升时间平均10.8天。赵修章用自拟银翘白虎汤（大青叶、蒲公英、银花、连翘、葛根、山药、生石膏、知母、黄芩、柴胡、甘草）治疗26例，24小时体温恢复正常2例，48小时恢复正常13例，48～72小时恢复正常9例，72小时恢复正常2例。郭连澍等报道203例，按辨证分为邪在卫分、邪在气营、邪在营血三期，分别用药治之。治愈200例，占98.52%，平均退热时间3.12天。乔富渠对数百例患者观察后，认为本病按中医辨证分型论治，主要可分为邪在卫分、邪在气营、邪逗少阳、邪热伤阴、热厥夹瘀等5型、分别选用银翘散、化斑汤、小柴胡汤，加减复脉汤与生脉饮治之。并对65例发热期患者的舌象，从中西医结合角度进行系统观察，发现（1）红舌占94%，黄苔72%，腻苔58%，示本病多属湿热类温病；（2）疹色深红组黄腻苔显著比疹色淡红组高；（3）疹稠密、红舌、黄苔，乃正气鼓邪外出，属顺症；（4）舌象的改变同病理反应（血象，脑血流等）的轻重有一定规律的联系，如红舌、黄苔（尤其是黄腻苔）多示病理反应较重。因此认为，观察本病发热期舌象的改变，有助于疗效及预后的判断。

（王文娣）

【流行性乙型脑炎证治】

符宝第认为流行性乙型脑炎（下称乙脑）从病机、证候发展变化来看，循卫气营血的传变规律；但因暑热疫邪伤人最快、传变最速，轻者有短暂卫分之症，重者直中气分，速转气营两燔，或即内陷营血。因此卫气营血各个阶段很难截然分开，而将乙脑分为初、中、极三期三个阶段辨证治疗。分别以乙脑Ⅰ号（银花、连翘、芦根、钩藤、薄荷、生石膏、板蓝根、山栀、郁金、石菖蒲）、乙脑Ⅱ号（银花、钩藤、藿香、黄连、生地、石菖蒲、郁金、板蓝根、生石膏、知母、地龙）、乙脑Ⅲ号（生地、藿香、黄连、丹皮、生石膏、钩藤、地龙、全蝎、板蓝根、蜈蚣）治疗，并结合针刺疗法，以止痛、止呕、止痉及消除后遗症。经治19例，治愈（症状体征消失、无并发症及后遗症）18例，好转（症状体征基本消失，但仍有一定的神经精神症状）1例。龚家林认为对乙脑的治疗关键在于清热解毒，而自拟清乙汤（银花、板蓝根、黄芩、生石膏、知母、葛根、菊花、钩藤、生地、丹皮、羚羊角、全蝎、石菖蒲、天竺黄、安宫牛黄丸），以清热解毒之品为主药。经治45例，治愈40例，好转3例，死亡2例。平均住院时间为11.8天。胡勇认为高热、抽搐、呼吸衰竭是乙脑的“三关”，而“三关”的主要病机为热、痰、风，尤以热为关键。故以大剂清热为主，且重用寒凉之石膏治疗39例重（极重）型乙脑，有效率达94.87%，另随机取单纯西药对照组30例，有效率86.66%，两者比较，差异显著（$P<0.05$）。中药治疗平均退热时间2.94天，呼吸衰竭发病率为10.26%，两者均较对照组低。刘向东亦以清热解毒为主，服用自拟乙脑合剂（生石膏、银花、连翘、大青叶、板蓝根、黄连、生地、石菖蒲、钩藤、大黄等煎），同时配合西药对症处理。经治174例，治愈119例，好转34例，死亡21例。李留记等认为乙脑多为内伤饮食复感外邪疫毒致病，故临床多为胃腑实热、三焦燔灼而致高热、昏迷抽搐，以通下法为主，生大黄、玄明粉、生石膏、知母、蝉蜕、钩藤、生地、板蓝根、银花、太子参、甘草等为基本方，用鼻饲管给药，随症加味。药后4～7小时通泻，每天3～6次。经治58例重症乙脑，痊愈52例，约占89.7%；死亡4例，约占6.9%；后遗症2例，占3.4%。

（沈伟礼）

【流行性腮腺炎的外治法】

流行性腮腺炎以外治法的治疗报道较集中。莫文林治疗358例，用仙人膏（仙人掌、生石膏捣烂）外敷患处。用药3日后热退、局部症状明显好转者316例，症状减轻39例，无效3例。高维军治疗98例，以小豆公英散（赤小豆、蒲公英等份研末）于每晚睡前敷于患处，其中66例经治2日内，全身及局部症状全消；其余32例中，除16例因并发睾丸炎，配合其他药物治疗外，均在3～5天痊愈。彭宗柏治疗45例，用赤小豆粉与鸭蛋清调成糊状敷于患处，5小时换药1次，结果全部显效，其中24小时内肿消热退者19例，48小时内肿消热退者26例。乔成林选用消肿止痛膏（以生大黄、黄柏、五倍子、芒硝各2份，生南星1份，研末加凡士林调成30%软膏）贴敷患处，胶布固定，每日1次，直至痊愈。治疗75例均1～3天内痊愈。敷药更换次数平均2.8次。傅贵余报道以截血膏（天花粉、姜黄、赤芍、白芷、独活、紫荆皮，研细末加凡士林配成25%软膏）外敷，日换1次直至痊愈。经治400例，全部痊愈。其中1次痊愈者84例占21%，2次痊愈者108例占27%，3次痊愈者156例占39%，4～6次痊愈者52例占13%。张定龙等报道治疗48例，用败酱石膏散（鲜白花败酱草、生石膏）敷于患处，每日1次，3～5天均愈。郑丙戌治疗200例，以二味拔毒散（明雄黄、白矾等份研细，醋拌）每日外涂患处4～6次，有效率达90%以上。杨长林等治疗36例，以紫金锭2～5片（片重0.3克）口服，每日2～5次，再以3～6片研粉，醋调涂于患处，每日1～2次。经治2～5天均痊愈。贾隆兴等报道治疗406例，除以消瘰丸加味（玄参、牡蛎、贝母、蒲公英、金银花、连翘、天花粉、虎杖、夏枯草）水煎温服外，再以自制青黛散（青黛、冰片、芒硝1:1:5）外敷，每日1次。结果全部有效。其中1～2天内痊愈者254例，占62.6%；2～3天内显效者132例，占32.5%；4天内有效者20例，占4.9%。

（王华年　王华明）

【流行性急性出血性结膜炎的治疗】

流行性急性出血性结膜炎由一种微小核糖核酸病毒感染引起。对本病的治疗，用抗生素无效，用抗病毒药的效果也不理想，但如同时配合中药，或单用中药治疗，可缩短疗程。邹志贵报道366例，采用中西医结合治疗，炎症轻者1～2天内，重者3～4天内基本治愈。方法是淡盐水洗眼，结膜炎洗剂（野菊花、大青叶、蒲公英、甘草等）洗眼，板蓝根眼药水滴眼。症状严重的加服结膜炎合剂（大青叶、板蓝根、银花、七叶一枝花、野菊花、赤芍、归尾、羌活、防风、栀子、甘草）。刘益群等报道115例，皆用复方薄荷清眼液（由薄荷、柴胡水煎后提取）治疗，所有病例于5天内充血消失，1周内全部治愈。方颂吉等分别以板蓝根与银黄液滴眼（均稀释2倍）治疗，其中板蓝根组138例，治愈最短时间为1天，最长5天，平均2.84天；银黄组51例，治愈最短时间为1天，最长为4天，平均2.1天。邱玉接报道1088例，分西药、红眼病Ⅰ号及Ⅱ号等3组进行治疗。西药组用病毒灵眼药水滴眼，每日6～8次，四环素眼膏涂眼，每日3次，治疗206例，于3～4天内治愈者7例（3.3%），5～6天内治愈者20例（9.3%），1周以上者179例（86.9%）；红眼病Ⅰ号组系用板蓝根与鱼腥草注射液混和后稀释制成眼药水滴眼，每日6～8次，治疗409例，3～4天内治愈者317例（64.7%），5～6天内治愈者150例（30.6%），1周以上者23（4.4%）；红眼病Ⅱ号组系用板蓝根与柴胡注射液混和后稀释制成眼药水滴眼，每日6～8次，治疗392例，3～4天内治愈的179例（59.5%），5～6天内治愈者88例（29.2%），一周以上的34例（10.7%）。其疗效的比较，以中药滴眼液为佳。李瑞玉报道82例，治以普济消毒饮（黄芩、黄连、陈皮、甘草、玄参、柴胡、桔梗、连翘、板蓝根、马勃、牛蒡子、薄荷、僵蚕、升麻）煎服，另设西药（用病毒灵、强的松及氯霉素眼药水等）治疗组82例作为对照，经治3天后，中药组治愈（症状消失、结膜下无明显点状或片状出血）57例，占69.5%，有效（症状明显减轻、结膜下有少量点状或片状出血）24例，占29.3%，无效1例；西药组治愈11例，占13.4%，有效26例，占31.7%，无效45例。中药组疗效明显优于西药组（$P<0.05$）。黄澄清报道50例，治以柴木紫青汤（柴胡、木通、紫草、大青叶、白菊花、川芎、赤芍、荆芥、薄荷、甘草、石膏、大黄）煎后热熏、至凉后服用，同时设对照组（用病毒灵眼药水及红霉素眼膏）比较，结果治疗组用药7天内治愈率为80%，与对照组（为33.33%）相比有显著差异（$P<0.05$）。

（姚芳蔚）

参考文献

D

杜志恒等　对105例伤寒病的辨证论治　新中医　(7):24, 1982

F

范淑惠等　清热解毒法治疗斑疹伤寒55例　陕西中医　(9):393, 1987

方颂吉　板蓝根、银黄液治疗流行性出血性结膜炎疗效观察　中西医结合眼科　(2):66, 1985

冯　健　中西医结合治疗流行性腮腺炎的临床观察　中西医结合杂志　(3):180, 1989

符宝第　中医治疗流行性乙型脑炎19例临床分析　新中医　(10):38, 1989

傅贵余　腮腺炎外治验方　河北中医　(5):10, 1989

G

高凤楼等　慢性布鲁氏菌病中医分型及临床效果观察　地方病通报　(2):75, 1989

高维军　小豆公英散外敷治疗痄腮　陕西中医函授　(3):15, 1989

龚家林　以"清乙汤"为主治疗45例乙型脑炎的疗效观察　江西中医药　(3):17, 1989

郭连澍等　辨证治疗斑疹伤寒203例临床分析　江苏中医　(11):6, 1989

H

韩贵清等　传染性单核细胞增多症58例临床分析　中医杂志　(11):30, 1989

何安松　痢疾煎治疗急性痢疾　四川中医　(11):29，1989

胡　勇　39例重(极重)型流行性乙型脑炎临床观察　上海中医药杂志　(5):10，1989

胡昌乐　复方丹参注射液在流行性出血热治疗中越期作用的临床观察　新中医　(2):27，1989

黄澄清　柴木紫青汤治疗流行性出血性结膜炎50例　江苏中医　(11):18，1989

黄己庄　中草药保留灌肠治疗小儿细菌性痢疾一附120例临床分析　福建中医药　(3):6，1989

J

贾隆兴等　消瘰丸加味及外敷青黛散治疗流行性腮腺炎406例　中西医结合杂志　(10):612，1989

焦起周等　外敷回生膏治疗肺结核355例临床观察　山西中医　(4):34，1989

金　实等　慢性乙型肝炎中医辨证分型与生化免疫指标关系的探讨　中医杂志　(2):30，1989

K

康日文　甘露三石汤治疗流行性斑疹伤寒100例　陕西中医　(1):9，1986

L

赖祥林等　中西医结合治疗肠伤寒68例临床观察　浙江中医杂志　(7):297，1989

李　浩等　达原饮加味治愈斑疹伤寒　陕西中医　(3):122，1985

李　霖　流行性出血热少尿期下痢不止治验　四川中医　(7):28，1989

李　江　治疗小儿急性菌痢100例　辽宁中医杂志　(6):44，1989

李德俭　王氏连朴饮加减治疗伤寒与副伤寒35例疗效观察　浙江中医杂志　(6):253，1985

李留记等　以通下法为主治疗重症"乙脑"58例　浙江中医杂志　(7):299，1989

李寿彭　导赤土茯苓银花汤治疗淋病14例　成都中医学院学报　(2):29，1989

李长玉等　扶正固本丸治疗肺结核的免疫学观察　中西医结合杂志　(11):663，1989

李正己　中药灌肠为主治疗痢疾137例　陕西中医　(9):415，1989

刘必敦等　云南白药治疗伤寒并发肠出血36例观察　中西医结合杂志　(7):435，1989

刘向东　中西医结合治疗小儿乙脑174例疗效观察　江西中医药　(5):19，1989

刘益群　复方薄荷滴眼液治疗115例流行性出血性结膜炎　中西医结合眼科　(1):19，1985

卢勇田　加减桃红四物汤治疗人体蠕形螨病　中西医结合杂志　(2):106，1989

罗道揆　经方治疗阿米巴痢疾十二例　浙江中医杂志　(10):438，1989

M

茅允兰　清肠1号合剂治疗急性胃肠炎、急性细菌性痢疾临床观察　湖南中医学院学报　(2):80，1989

孟宪益　上海市1988年病毒性甲型肝炎暴发流行中医防治　上海中医药杂志　(10):2，1989

孟宪益、王国申、王育群等　中医药治疗病毒性甲型肝炎2888例临床研究　国家中医药管理局1989年中医药科技进步奖励项目　健康报　1989，12，17

莫文林　中药外敷治疗腮腺炎　四川中医　(8):44，1989

P

彭宗柏　赤小豆粉合鸭蛋清外敷治疗流行性腮腺炎有效　湖北中医杂志　(1):48，1989

Q

乔成林　消肿止痛膏治疗流行性腮腺炎75例　湖北中医杂志　(1):48，1989

乔富渠　斑疹伤寒的中医诊治　陕西中医　(6):281，1989

乔富渠等　斑疹伤寒中医病属浅析　浙江中医杂志　(7):294，1988

邱玉接　中药滴眼液防治流行性出血性结膜炎疗效观察　眼科通讯　(5):1，1988

S

施向程等　八角莲注射液治疗流行性腮腺炎34例　上海中医药杂志　(11):15，1989

苏承义等　中西医结合治疗慢性活动性乙型肝炎300例报告　中医临床与保健　(4):1，1989

W

王瑞年　辨证治疗肠伤寒53例　浙江中医杂志　(7):296，1989

王忠民等　100例细菌性痢疾临床分析　上海中医药杂志　(9):5，1989

吴成善　翻白草治疗急性菌痢　浙江中医学院学报　(1):21，1989

X

夏瑾瑜　中西医结合治疗霍乱18例　湖北中医杂志　(5):7，1989

谢义达等　160例麻风病的临床治疗　上海中医药杂志　(2):17，1989

徐德光　升压灵治疗出血热低血压休克　四川中医　(11):20，1989

徐德光等　泻下通瘀法治疗流行性出血热少尿期102例　中西医结合杂志　(6):370，1989

徐济群等　万年青煎剂与南通蛇药对慢性活动性乙型肝炎病原免疫学指标的疗效比较与分析　中医杂志　(5):25，1989

Y

杨　侃　三黄粉灌肠治疗小儿急性菌痢146例　江苏中医　(1):36，1989

杨延民　肠伤寒辨治一得　河北中医　(1):21，1988

杨长林等　紫金锭治疗腮腺炎　河北中医　(2):47，1989

殷国健等　川军胶囊与肉桂胶囊治疗急性菌痢疗效观察　天津中医　(3):7，1989

余中方　中西医结合治疗肠伤寒67例疗效分析—附对照组55例　浙江中医杂志　(7):295，1989

Z

张俊富等　慢性乙型肝炎中医辨证分型和乙肝病毒复制关系的初步研究　中医杂志　(12):25，1989

张化南　车楂散治疗急性菌痢100例　陕西中医　(4):174，1989

张守泰　狼把草治疗痢疾500例　山东中医杂志　(2):11，1989

张定龙等　败酱石膏散治流行性腮腺炎48例　四川中医　(1):39，1989

赵修章　中药治疗地方性斑疹伤寒　河北中医　(4):8，1988

郑丙戌　“二味拔毒散”治痄腮好　新中医　(2):38，1989

郑卫群　治48例出血热少尿期的临床观察　新中医　(8):19，1989

钟玉皆　普济消毒饮加减治疗流行性腮腺炎300例　湖北中医杂志　(1):47，1989

邹志贵　中西医结合治疗流行性结膜炎366例　中西医结合眼科　(3):23，1984

周　辉　伤寒、副伤寒治验　新中医　(7):23，1982

周贤清　止痢散敷脐治疗急性菌痢　四川中医　(9):22，1989

(2) 肿　瘤　科

【概述】

1989年中医中药治疗肿瘤取得了一定的进展，除了对肿瘤辨证施治、单方验方等方面的临床研究有所深入以外，还在实验研究方面有新的探索。

肺癌　张绍勋辨证治疗210例，有效率72.4%。赵锡民用金岩丸合康复汤治疗16例，显效4例，有效10例。洪广祥根据肺癌患者舌黯有瘀斑的舌象，提出“血瘀”为肺癌的基本病理，治疗用活血化瘀、消痰散结、清泄郁热、健脾益气、养阴护阳等法。

食管癌　中药治疗可缓解吞咽梗阻和延长生命。如陆保磊等用六神丸、马吉福用治膈散、余国飓等用自拟南星参斛汤、强致和等用复方斑蝥丸加减、陈中岩用莲蛇十味饮、王瑞林用冬凌草糖浆等。张书林则注重以辨证分型治疗晚期食管癌患者。

胃癌　董建华观察154例患者，辨证分为气阴二虚、虚火灼胃、脾胃虚弱三型。张继政则分为脾胃虚寒、气滞血瘀、瘀血兼气阴两虚三型。马秀华用口服与外敷相结合法治疗本病，使肿块缩小，疼痛缓解。瞿潋芬等根据102例辨证分型与病理学分型分析，认为肝胃不和型多为胃癌较早期证型；脾肾阳虚、阴虚内热及气血双亏型多为晚期证型；气滞血瘀型则介于上述两组之间。沈霖等对舌色及血清溶菌酶含量进行了对比观察，认为舌色可反映机体的免疫功能。李天海则对

773例患者的舌象进行了观察。

肝癌　周岱翰、李乃民、张丽英、朱炳松、陈林才及杨通礼等大多从辨证治疗角度报道。而罗普树用单方斑蝥治疗2例患者，存活时间分别为1.5年和4年以上。高柏荣则报道1例用斑蝥2克煎服后引起急性肾功能衰竭的案例。杨宝印等用瑞香狼毒治疗43例、王墨荣用槐耳冲剂治疗本病的有效率或存活率，都较中药加化疗药组或单用化疗药组为高。刘芳、金源用中药加放化疗治疗本病，认为能缓解放化疗反应，近期疗效满意。对于肝癌疼痛的治疗，刘鲁明采用四梯级法，李宝勤用宝珍膏外敷，都取得较高缓解率。此外，陈毓芬用针刺及穴位注射法，刘鲁明运用子午流注纳子规律，在经络开穴时穴位注射维生素K_3，治疗晚期肝癌伴上消化道出血患者。

直肠癌　伍文俊用中药熏洗(蛇床子、苦参、薄荷、大黄、雄黄、芒硝)及灌肠法(鸦胆子、白芨、苦参、白头翁、徐长卿、乳香、没药等）治疗不能切除而实施单纯乙状结肠双筒造瘘的直肠癌患者12例，其中直肠癌9例，肛管癌3例。治疗结果：10例肛门疼痛减轻，分泌物减少，2例症状加重。也有一些个案报道，如刘仲喜用三仁汤、抵当汤合四妙汤，朱沛冉等用自拟缓急承气汤(葛根、白芍、大黄、代赭石、瓜蒌仁、桃仁、芒硝、枳实、川朴、莪术、当归、甘草)，彭增福用扶正抗癌、化瘀解毒的生黄芪、无花果、白花蛇舌草、马鞭草、马齿苋、仙鹤草、砂仁、鸡内金、升麻、厚朴、炒地榆、炒槐花、郁金、旱莲草、白芍、木瓜、石见穿，各治疗1例，均取得满意效果。

妇科肿瘤　在子宫肌瘤的治疗方面，报道较多，如赵淑英用自拟祛瘀消癥汤(当归、王不留行、夏枯草、桃仁、莪术、三棱、生牡蛎、生贯众、昆布、海藻、香附、天葵子、川断）治疗45例，总有效率95.5%。班旭升用刘绍武的攻坚汤（王不留行、夏枯草、生牡蛎、苏子）加味，治疗14例，结果8例子宫恢复正常大小，4例接近正常，肌瘤缩小1.8～2厘米；1例肌瘤缩小0.6厘米；1例瘤体无变化。刘颖等用非经期方(当归、川芎、地黄、白芍、桃仁、红花、昆布、海藻、三棱、莪术、土鳖、丹参、刘寄奴、鳖甲）及经期方（当归、地黄、白芍、茜草、丹参、阿胶、刘寄奴、益母草、蒲黄炭、紫草根、川芎）治疗42例，总有效率为78.8%。此外，钱平等观察30例用加味生化汤促使绒毛膜促性腺激素（HCG）转阴情况表明，尿妊娠浓缩转阴较对照组提前16.01天，有显著性差异（$P<0.025$)。林桂等用自拟方(人参、当归、白芍、阿胶、生地、丹参等）治疗12例均治愈。彭华丽用桂苓消瘤丸（桂枝、茯苓、丹皮、桃仁、赤芍、鳖甲、穿山甲）治疗30例，总有效率93.3%。张法运用桂枝茯苓丸合下瘀血汤治疗1例，获得痊愈。

鼻咽癌　罗景光等应用高能放射治疗配合中药治疗95例，其中放疗阶段用自拟白莲解毒汤（白花蛇舌草、半边莲、半枝莲、鸡血藤、女贞子、生地、雪梨干）加减。放疗后阶段辨证分为气血凝结型，用自拟软坚散结汤（葵树子、白花蛇舌草、牡蛎、七叶一枝花、莪术、三棱、生南星、半夏、夏枯草、佛手）加减；肝郁气结型用自拟清肝平胃饮（藤梨根、布楂叶、旱莲草、女贞子、八月扎、山楂、郁金）加减；阴虚火旺型用白莲解毒汤加石斛、射干、岗梅根。巩固疗效阶段辨证分为气阴两虚型，用自拟固本培元汤（党参、茯苓、熟地、当归、白芍、白术、五味子、夜交藤、大枣）加减；脾气亏虚型用自拟健脾活血汤（党参、茯苓、淮山药、鸡血藤、桑椹子、炙甘草）加减。结果生存期5年以下42人，占44.4%；5年以上、10年以下38人，占40%；10年以上15人，占15.8%；合计5年以上存活率为55.8%。何立耀对于放疗患者辨证分为肺胃阴虚，药用生地、石斛、百合、夏枯草、板蓝根、麦冬、天冬、沙参、杭菊、连翘、五味子；脾虚痰湿型药用党参、淮山药、苡仁、旱莲草、茅根、莲子、白术、茯苓、炙甘草、桑椹、花粉；肝郁血瘀型药用柴胡、鳖甲、白术、枳实、桃仁、赤芍、土鳖虫、全蝎、首乌、地龙干、甘草。治疗12例，8例已分别生存10年、9年、4年、3年（各1例)、5年（2例)，第8年死于脑、胃转移各1例。4例因未坚持服药而死亡。李和根用养阴清热解毒法治疗1例，获得肿块消失，恢复正常的疗效。王锦泰对234例鼻咽癌患者的舌象观察结果表明，淡白舌10例（4.27%)，淡红舌66例（28.2%)，红舌135例（57.69%)，青紫舌23例(9.82%)。以红舌为最多。

此外，急、慢性白血病，恶性淋巴瘤，宫颈癌，及中医药防治肿瘤的实验研究等内容，本卷已设专条叙述。

（刘嘉湘　张晓玉）

【原发性肺癌的证治】

张绍勋报告用中医药治疗原发性肺癌210例未行手术患者。中医辨证分为：(1)肺虚痰热型（25例),治以清热润肺、化痰止咳，用百合固金汤加减合用犀黄丸。(2)痰毒瘀滞型（61例),治以宽胸散结，用千金苇茎汤加犀黄丸。(3) 气阴两虚型（124例),治以益气养阴、祛痰散结，用生脉散加犀黄丸。结果：210例中显效25例，占11.9%；有效127例，占60.5%；无效58例，占27.6%。生存半年38例，一年57例，二年22例，三年17例，四年8例。赵锡民报告用金岩丸合康复汤治疗经X线胸片、CT扫描，痰脱落细胞检查确诊的晚期肺肿瘤患者16例，金岩丸方由天然牛黄、麝香、羚羊粉、白花蛇、全蝎、僵蚕、壁虎、蜈蚣、穿山甲、琥珀、雄黄、冰片、血竭、大黄、青黛、制马钱子、藏红花组成，研细粉装入胶囊。每次服5克，每日2次，早晚分服，一个月为一疗程，间隔一周，再开始下一疗程。同时服康复汤(由沉香、桔梗、人参、黄芪、枸杞、熟地、白术、川贝母、桑白皮、沙参组成)。治疗结果：显效4例，有效10例，无效2例。洪广祥认为肺癌患者均见有不同程度的舌黯、瘀斑，舌下静脉延伸扩张，其周围呈粟粒状增生以及其他“瘀血”征象和症状，因此，“血瘀”为肺癌的基本病理。认为晚期肺癌的病理，主要表现血瘀→痰瘀→化痰→耗气伤血，伤阴损阳。在治疗方法上，根据病机特点，采取活血化瘀、消痰散结、清泄郁热、健脾益气、养阴护阳等法。并分为瘀血阻肺证、痰浊瘀结证、脾肺气虚证、气阴两虚证等四个证型，其中又以瘀血阻肺型为肺癌的基本证型，既可单独出现，又常与其它证型合并存在。治疗宜遵循辨证施治的原则，灵活处理。

（刘嘉湘）

【食管、贲门癌的治疗及舌象研究】

马吉福用治膈散（山慈菇、硼砂、硇砂、三七、冰片、沉香)治疗食管贲门癌118例，结果64例显效，38例有效，16例无效，总有效率86.14%。治疗1月后，其中109例行食管X线摄片复查，结果与治前对比，102例食管腔狭窄有不同程度改善，癌灶缩小1～2厘米29例，缩小2～4厘米35例。余国飏等自拟南星参斛汤（生南星、银花、党参、石斛、枇杷叶、麦芽、枳实、代赭石、青黛、甘草）治疗晚期食管癌吞咽梗阻73例，结果39例临床控制（梗阻缓解半年以上，X线示管腔较前扩张1倍以上，粘膜有所修复，病变长度缩短)，22例好转(缓解3月以上，X线片有明显好转)，9例有效（有所缓解，X线片变化不著)，3例无效。张书林等治疗晚期食管癌31例，辨证分为气滞血瘀型(7例)，痰湿凝结型(12例)，气血两虚型(12例)。治疗分别采用理气化瘀通关汤（瓜蒌、丹参、半枝莲、莪术、急性子、王不留行、半夏、黄药子、荷叶、郁金、檀香、砂仁、酒大黄、柿蒂、刀豆子)，燥湿化湿启膈汤(瓜蒌、浙贝、半夏、橘红、半枝莲、蚤休、白术、苡仁、露蜂房、砂仁、酒大黄、黄连、胆南星、旋复花）及养血益气固本汤（当归、生黄芪、白术、桂元肉、西洋参、仙鹤草、鳖甲、白芍、露蜂房、柿霜、茜草、玫瑰花、元胡、蚤休)。治疗结果：存活5年以上6例，3年以上9例，1年以上10例，不足1年死亡者6例。其中最长1例存活9年。强致和等用复方斑蝥丸加减治疗食管癌104例、贲门癌22例，结果缓解率14.29%,有效率26.19%，5年生存率8.73%。方药组成：斑蝥（去毒烧炼）10～16枚，大枣（去核）30枚，人参30克，生黄芪40克，莪术、白术、急性子、三七、半夏、炮山甲、云苓各30克，草河车50克，茜草、沉香、补骨脂各25克，甘草20克。将斑蝥纳枣内烘干，与诸药共研细面，炼蜜为丸，每丸10克。每次2丸，1日3次，3个月为1疗程。陈中岩用莲蛇十味饮（半枝莲、白花蛇舌草、代赭石、旋复花、半夏、山慈菇、丹参、海藻、昆布）结合辨证加味治疗12例晚期食管贲门癌，结果生存5年以上1例，3年以上1例，2年以上4例，1年以上5例，9个月1例。陈保磊等用六神丸治疗贲门癌15例（其中术后复发者3例)，食管癌5例。结果近期症状消失者19例，缓解者1例；能进流食者20例，其中进普食者15例；上腹部肿块缩小者2例。服药方法为每次10～15粒，空腹温开水送下，1日4次，7天1疗程，连用4个疗程。王瑞林等将437例患者随机分为冬凌草组（冬凌草糖浆）67例，平阳霉素(P)、消瘤芥(N)加冬凌草组84例，博莱霉素(B)、环磷酰胺(E)加汤药组（山豆根、全瓜蒌、龙葵、威灵仙、葛根、香橼）234例，顺氯氨铂(D)、长春新碱(V)、平阳霉素加冲剂组（丹参、赤芍、川芎、丹皮、郁金、黄芪）52例。治疗结果，总有效率以DVP加冲剂组疗效最好（76.9%)，其次为PN加冬凌草组(70.2%),BE加汤药组疗效较差(49.1%),单用冬凌草组更差(37.3%)。而生存时间以冬凌草组为最长，治后1、3、5年生存率分别为42.9%、17.3%和13.9%，有5例患者生存7年以上仍健在。李天海对773例食管贲门癌患者进行舌象观察，舌质以青紫例数最多，占46.57%，其次是红紫舌。舌苔以黄白厚腻为多。通过舌象对比观察，食管癌患者的青紫舌多于贲门癌者，贲门癌患者的红紫舌多于食管癌者，食管癌患者厚腻苔多于贲门癌者，差异均显著。

（汤新民）

【胃癌的治疗及舌象研究】

董建华等选取符合中医虚痞诊断，又符合慢性萎缩性胃炎癌前病变的患者154例为观察对象，辨证分为气阴两虚、虚火灼胃、脾胃虚弱三型，分别以甘平养胃（太子参、炙百合、乌药、鸡金、香橼皮等)、酸甘益胃（沙参、麦冬、丹参、石斛、乌梅、佛手等)、甘温健胃（党参、黄芪、茯苓、白术、木香、当归、三七等）的汤剂及冲剂，分两个临床阶段进行治疗观察，取得较好的近期疗效。其中第一阶段50例的临床总有效率为94%，第二阶段104例中，临床症状改善率达98.78%，主症痊愈率为65.45%，癌前病变征象改善率为95.76%，消失率为52.12%；临床总有效率为93.15%。张继政观察胃癌前期病变62例，分为脾胃虚寒、气滞血瘀、瘀血兼气阴两虚三型，并以活血化瘀为主，配制胃炎灵Ⅰ号方（链霉素等)、Ⅱ号方（郁金、没药、红花、三棱、黄芪建中汤加减)、Ⅲ号方(黄连素等)、Ⅳ号方(枳实白术汤加减)、Ⅴ号方(沙参麦冬汤加减)，予以一周服西药，一周服中药的方法进行治疗，总有效率95%，其中4例非典型增生（ATP）Ⅱ级并肠化者，病变全部消失，追访2～5年，无1例复发。认为轻度肠化或ATP，大多数胃粘膜病变属可逆性，应积极治疗，而中、重度肠化或ATP患者，属胃癌高危人群，仅部分患者胃粘膜病变属可逆性，必须严加追踪，短期内复查，若积极治疗无效而癌变可疑者，应手术治疗。马秀华用内服外敷法治疗晚期胃癌 11 例，其中肿块缩小者 5 例，疼痛缓解者 7 例，延长寿命最长者 1 年余，平均半年左右。口服方为自拟三号胃癌汤（水蛭、鸡内金、穿山甲、枳实、代赭石、黄药子、砂仁、甘草）；外敷“化积止痛膏”（大黄、芒硝、水蛭、丹参、䗪虫、桃仁、王不留行、麻黄、防风各 30 克，樟丹 250 克，花生油 600 克。熬膏敷于肿块处）。瞿潋芬等收集经胃次全切除、病理学确诊、有术后随访结果、住院病历完整的胃癌 102 例，分析术前中医辨证分型与病理学分型、临床病理分期及术后存活率的关系。结果表明：肝胃不和型（17 例）多为胃癌较早期证型，术后 5 年存活率为 64%；脾肾阳虚（13 例）、阴虚内热（40 例）和气血双亏（17 例）多为胃癌晚期证型，术后 5 年存活率分别为 5、8、12%；气滞血瘀型（15 例）则介于上述两组之间，5 年存活率为 40%。沈霖等对 43 例胃癌患者进行了舌色及血清溶菌酶活力的对比观察，并以 43 例正常人作对照组。结果：胃癌组之淡红舌、红绛舌者的血清溶菌酶含量与对照组无明显差异（$P>0.05$）；淡白舌、青紫舌者其含量明显低于对照组（$P<0.01$）。提示前者机体免疫功能未下降，是正气未衰的征象，属实、热证；后者机体免疫功能下降，属虚寒、气血两虚证。

（汤新民）

【原发性肝癌的治疗】

1. 辨证施治：周岱翰认为肝癌的发病与肝、脾、肾三脏关系最为密切。辨证宜分肝热血瘀、肝盛脾虚、肝肾阴亏等三型。并介绍 1 例患者，用莲花片合犀黄丸连续服用多年，配合中医饮食调养，常服虫草炖水鸭、鳖鱼苡米汤等扶持正气，取得较好疗效。另 1 例消化道出血和肝性脑病的晚期肝癌，用大量党参、黄芪益气固脱，仙鹤草、旱莲草、炭类药凉血止血，及羚羊、牛黄、丹皮、青天葵等清肝解毒药，症情逐渐缓解，并生存 1 年以上。李乃民等对 40 例未能切除肿瘤的中晚期患者，重点应用消癥化积、健脾养肝的柴胡鳖甲参术汤（柴胡、鳖甲、白芍、清半夏、䗪虫、黄芩、桃仁、党参、焦白术、茯苓、砂仁、半枝莲、龙葵、鸡内金、焦三仙、甘草、山核桃）加减，总有效率82.5%，其中好转 15 例、有效 18 例、无效 7 例，平均存活 9.95 月。而 20 例未能切除肿瘤的化疗对照组平均存活仅 5.3 月。张丽英等对 34 例Ⅱ期原发性肝癌以理气、活血化瘀、软坚消癥的基本方（以香附、郁金、八月扎、三棱、莪术、桃仁、鳖甲、石见穿等为主药，佐以党参、黄芪扶正之品）并随证加减，同时查甲胎蛋白（AFP）结合生存期观察其动态变化。在 AFP 下降组 2 例和稳定组 11 例中，全部在 1 年内死亡；AFP 随病程上升组 21 例（16 例＞3 万 ng/ml）中，有 10 例存活期超过 1 年以上。认为中药治疗Ⅱ期肝癌有特异性，即对较典型的肝癌，理气活血药可改善微循环，而血窦丰富，则 AFP 易释放入血，同时药物易通过血窦渗入肿瘤组织，预防癌栓形成和脱落，延缓癌肿转移，所以疗效较好；对分化程度低、癌组织大量坏死、血窦少而间质多的肝癌，可能影响 AFP 的合成与释放则疗效较差。朱炳松按“寒者热之，热者寒之，实者泻之，虚者补之”治则，常用清热解毒、软坚散结、活血化瘀、平肝解郁、健脾化湿、利水消肿、行气止痛、益气补血、滋阴清热、消导健胃、滋补肝肾法治疗肝癌 22 例，获治愈 2 例，显效 6 例，有效 8 例，无效 6 例。认为鸡骨草、瓦楞子、虎杖、鳖甲、三棱、莪术、桃仁等对此病有特殊功效。陈林才以肝癌基本方（白蛇草、半枝莲、石见穿、水红花子、莪术、煅瓦楞、煅牡蛎、鳖甲、夏枯草、醋柴胡、八月扎、甘草、炒白术）随证加减治疗 41 例，经治疗后，获完全缓解4例，部分缓解16例，无变化19例，进展2例。杨通礼用健脾强肝方（党参、茯苓、白术、甘草、黄芪、白芍、泽兰、王不留行、益母草、茜草、大腹皮、车前子、半枝莲、玄胡、砂仁、鸡内金、麦芽、陈皮）加减，外敷消肿膏（独角莲500克，天南星、生半夏、乳香各100克，马钱子、白芥子、急性子各50克，藤黄30克，没药10克，蜈蚣100条，制成一料黑膏药）治疗不宜手术和化疗的晚期肝癌2例，使肝肿瘤消失，AFP正常，分别生存5年及11年余。

此外，范登脉、丁学成、钟磊、丁国栋等均有用中医中药治疗晚期肝癌的个案报道，获病情稳定、肝内占位性病变消失、生存期延长等显著疗效。

2．单方验方：罗普树治疗经B超、肝扫描或肝穿病理证实的2例原发性肝癌，获得病情稳定，包块消失，肝内占位性病变缩小，存活时间达1.5～4年以上的疗效。认为与应用斑蝥（用量1～3克）为主的煎剂连服4～6个月有关，认为其所含斑蝥素能干扰肿瘤细胞的蛋白质和核酸的代谢。但高柏荣曾有用红枣包斑蝥5只（2克）煎服治疗肝癌术后复发而发生了急性肾功能衰竭1例的报道。故认为斑蝥具有剧烈的毒性，用之须慎。杨宝印等用瑞香狼毒治疗43例，客观有效率较化疗对照组为高。王墨荣用槐耳冲剂治疗本病的存活率，亦较槐耳冲剂加化疗组或单用化疗组为高。

3．中西医综合治疗：刘芳对50例原发性肝癌Ⅱ期用中西医综合方法治疗，即以^{60}钴作定时定量放射治疗，以5-FU等作化疗。按中医辨证分甲乙两组各25例治疗，甲组属脾虚型，基本方用香砂六君汤、补中益气汤等，乙组分痰湿凝聚、气滞血瘀、肝肾阴虚三型，分别用二陈或温胆汤、血府（或膈下）逐瘀汤或柴胡疏肝散、增液汤或一贯煎等加减。结果：生存期甲组416～7240天，平均1957.28天；乙组57～402天，平均170.16天。两组经中位数检验法比较，有显著性差异（P＜0.001），提示脾虚型疗效优于其他证型。凌鸿英等用常规化疗（5-FU、喜树碱混悬液）加百年乐（含碧血草、人参、黄芪等配伍制成，15毫升/次，日2次）、左旋咪唑、甲氰咪胍联合治疗Ⅱ、Ⅲ期肝癌30例。治疗后NK细胞活性及淋巴细胞转化率较治疗前均有明显提高（P＜0.01），近期疗效满意。金源报道用疏肝解郁、柔肝养阴方（柴胡、川楝、郁金、白术、山楂、当归、白芍、生熟地、沙参、枸杞、黄芪、鳖甲等）配合小量化疗（5-FU）治疗1例经B超、肝穿证实的肝癌，获带瘤生存1年半的疗效；另1例AFP阳性、CT和B超证实的肝癌在直线加速器照射出现反应时，投以健脾理气、滋阴补血方（柴胡、白芍、白术、黄芪、腹皮、川楝、生地、沙参、枸杞、太子参、女贞、麦芽等）后，缓解了放射反应，完成计划，复查癌肿明显缩小而得到了手术切除。

4．肝癌疼痛的治疗：刘鲁明对169例中晚期肝癌疼痛，采用一梯级治疗（单纯应用以脾虚气滞为基础的辨证，分别给予香砂六君汤、枳实消痞丸、四磨饮子等），有46.1%疼痛可缓解；再经二梯级（加用中、小剂量消炎痛）或三梯级治疗（加大消炎痛剂量和加用水杨酸类止痛剂），可使93.5%疼痛缓解；仅6.5%重度疼痛患者需继续用四梯级治疗（加用吗啡类麻醉镇痛剂）。单纯中医药治疗后，Ⅰ级疼痛缓解率为100%，Ⅱ级疼痛缓解率为76.9%。李宝勤对癌性疼痛用活血通络的宝珍膏，经烘热软化后以白酒1份、冰片2份调入膏中外敷痛处，治癌性疼痛48例，包括原发性肝癌7例在内，总有效率91.6%。

（王羲明）

【急性白血病的证治与研究】

一年来，急性白血病从脉象变化探讨病因病机，与以伏气温病的理论指导辨证施治取得一些进展。

一、脉诊的临床研究

唐由君等分析了150例患者脉象变化的临床特点，认为：(1)起病方式急者，脉浮大较多(21/91例)；缓者，细数较多(37/59例)。(2)体征所见：胸骨压痛及淋巴结肿大者细数为多，肝脾淋巴结肿大者脉弦滑为多。(3)白细胞总数$<4\times10^{9}$/升者62例，其中脉细数者34例，沉细12例，浮大3例，其他13例；$>10\times10^{9}$/升至$>100\times10^{9}$/升者62例，脉浮大、洪大或洪数、弦滑者34例。(4)骨髓增生程度：极度活跃者浮大略多，明显活跃者细数略多，增生活跃者细数较多(32/45例)，增生低下者2例，细弱、细各1例。(5)中医分型：气阴两虚脉细数(42/83例)，气血双亏脉沉细(16/42例)，热毒炽盛脉浮大(13/22例)。(6)治疗转归：完全缓解的脉象多由细数转为沉缓；病态脉象短期复发。(7)初诊脉象与疗效的关系：脉细数45例，完全缓解31例，疗效最好；脉洪大9例，疗效最差，仅2例完全缓解。脉象分析表明，本病因病致虚者为多，因虚致病者次之。唐氏等指出其虚实证候变化所见依次为虚证、虚中挟实、实证、实中挟虚，而虚实转化临床上并非罕见。

二、伏气温病研究

史大卓等观察急白30例(急单5例、急粒16例、急淋8例、红白血病1例)的证治，认为本病与新感温病转变规律明显不同，初病多见脉细数或沉细数，舌质淡、苔薄白，此与伏气温病的症状颇为相似。其病机为机体阴精、气血素亏，温毒外发，元阴耗损，气血更虚；温热邪毒蕴结较重，易于传变，骤然起病，灼精动血。因此，治疗上对急白气血亏虚、气阴两虚、热毒炽盛三型，采用扶养正气、清透邪热，益气养血、清热解毒佐以滋阴托邪。并用HOAP方案结合中医辨证治疗急非淋55例，结果完全缓解36例，部份缓解6例，总有效率为71.37%；急淋35例，完全缓解25例，部份缓解3例，总有效率为80%。史氏等认为急白归入伏气温病对本病中医治疗有切实的临床意义。

三、急白高危组的分型施治

焦中华等对外周血白细胞$>100\times10^{9}$/升的高白细胞型急白19例(急淋9例、急粒6例、急单4例)，分为气阴两虚型(6例)、气血双亏型(5例)、热毒炽盛型(8例)三型施治，分别选参芪地黄汤、归脾汤、犀角地黄汤加减，并采用联合化疗。结果：完全缓解4例，部分缓解3例，未缓解9例，生存期22～540天，平均生存期210.1天，17例死亡。本组肝脾肿大与非高白细胞组相比有非常显著差别($P<0.01$)。由于高白细胞型血液粘滞度增大，中医归属瘀血证，因而分型论治皆宜加莪术、丹参、当归、三七等活血化瘀药，并能增加化疗药物的敏感性。

(黄振翘)

【慢性粒细胞性白血病(简称慢粒)的治疗】

近年来，采用中医药结合化疗治疗本病，使其急变率有所减低或延缓，延长生存期病例有增多趋势。张之南分析了从确诊治疗并随诊到死亡的两组慢性粒细胞性白血病共58例的疗效。中药用猫爪草、苦参、黄芩、黄柏、雄黄、当归、诃子肉、青黛散各一份，土鳖子、水蛭各半份研粉混和制成糖衣片，每片含生药0.25g。治疗剂量为每日5.0～7.5g，维持剂量为2.5～5g/日，分次口服。治疗分为中药与马利兰长期轮用(下称轮用组)、单独应用马利兰(下称马利兰组)两组。治疗结果：中数生存期轮用组30例为61个月，马利兰组28例为40个月，两组差别显著($P<0.01$)；急性变发生时间轮用组中23例(76.6%)、马利兰组中24例(85.7%)死于急性变。诊后发生急性变的中数时间分别为53.0及33.5个月，两组差别显著($P<0.01$)。唐由君等报道马利兰合中药治疗慢粒53例，有6例生存期长达7年以上，其中10年以上者2例，最长1例

达16.5年健在。治疗方法：诱导缓解期或复发期用马利兰加益气养阴解毒方(台党参、白术、黄芪、防风、生地、麦冬、龟版、茯苓、白花蛇舌草、甘草)，缓解期或复发期配合青黛片，急变期或终末期用联合化疗。彭光斌等应用中药配合马利兰为主或用联合化疗治疗慢粒80例，其中中西药结合组39例，用当归芦荟丸(20～40克/日口服)和辨证选用六味地黄汤、地骨皮散及黄芪鳖甲散；单用化疗组41例。治疗结果：(1)中数生存期：80例慢粒为42个月(均值54.6个月)，结合组为57.5个月(均值70.6个月)，单用化疗组仅为28个月(均值38.6个月)，差异显著(P＜0.01)；(2)存活率：单用化疗组存活曲线在3年内速降，20%病例在确诊2年内死亡，5和10年存活率分别为16%和5%，结合组存活曲线下降较慢直至18年，2年内病死率仅为5%，5、10、15年存活分别达69%、33%和11%，两组比较P＜0.01；(3)中数缓解期：结合组为10个月(均值15.3个月)，单用化疗组仅3个月(均值7.2个月，P＜0.01)。陶淑春等对慢粒分癥瘕型、肝肾阴虚型、气血两亏型，均用血液2号方(党参、黄芪、当归、生地、白花蛇舌草、半枝莲、重楼、黄药子)。癥瘕型加入红花、蓼实，肝肾阴虚型加生石膏、枸杞子，气血两亏型加黄精。并配合清热安宫丸、消白散、靛玉红、六神丸等中成药。西药用马利兰及羟基脲治疗。结果，4例患者存活时间均在7年以上，其中2例分别为8年、9.5年。徐恩英等治疗1例患者巨脾切除后发热、贫血、肝大平脐、质硬，锁骨上淋巴结肿大，血象及骨髓象检查符合慢粒，治后存活长达21年之久。药用七味汤，选白花蛇舌草60克，夏枯草15克，生牡蛎30克，鳖甲12克，板蓝根21克，鲜半枝莲125克，败酱草12克。马利兰服用总量606毫克，配合输血500毫升，后因慢粒急淋变死亡。

(黄振翘)

【恶性淋巴瘤的证治】

辨证论治：谢海洲等应用先补后消、消补兼施法治疗1例经病理活检证实的非何杰金氏淋巴瘤弥漫细胞型(B细胞型)，治疗先以益气养血、清退虚热为主，辅以通调上下，软坚散结，药用党参、黄芪、白术、甘草，配合银柴胡、地骨皮、青蒿、鳖甲、元参、牡蛎、浙贝、山慈菇、黄药子。药后正气束复，转入软坚散结、消痞清解为主，药选元参、牡蛎、浙贝、山药、黄药子、夏枯草、海浮石，佐以活血化瘀、益气养血，兼清余热之品。复查血红蛋白达14克%，B超提示肝胆未见异常，脾肋下2.5厘米。

复方治验：刘海林报道治疗2例，1例经锁骨上淋巴结活检证实为非何杰金氏淋巴瘤，药用党参、黄芪、白术、茯苓、柴胡、郁金、土贝母、煅牡蛎、丹皮、赤芍、炙甘草，连服150剂。结果：左锁骨上肿块完全消失，复查X线片肺部和胸椎正常，症情改善。另1例何杰金氏病，全身浅表淋巴结肿大，以右侧锁骨上、腋下、腹股沟为甚，伴有右下肢疼痛，活动受限。药用党参、黄芪、白术、茯苓、土贝母、煅牡蛎、海藻、昆布、荔核、郁金、当归、赤芍，连服50余剂，症状消失，全身浅表淋巴结缩小。宋远忠对1例经肿物穿刺细胞学检查证实淋巴肉瘤患者，辨为胃经燥热、邪毒壅盛，气血瘀结，药用鳖甲、连翘、半枝莲、蛇舌草、皂角刺、夏枯草、三棱、莪术、赤芍、升麻、水蛭。服药期间曾见鼻腔流出黄豆大小的黑血团，随之大便排出脓血秽浊之物，其后肿瘤完全消失。郭进治1例恶性淋巴瘤患者，全身浅表淋巴结进行性肿大，化疗效果不佳，证属痰瘀互结，热毒内蕴，方用《医学心悟》消瘰丸加味(川贝、玄参、牡蛎、瓜蒌、穿山甲、地龙干、银花、虎杖、花粉、白芍、蛇舌草)。片仔癀每日一粒，短期服用。共服65剂后，全身浅表淋巴结肿大消失。

单味药研究：张玉五等对丹参治疗恶性淋巴瘤的疗效及其机理探讨，观察了本病47例，随机分二组治疗。结果：丹参—COP方案组31例，完全缓解9例，部分缓解22例；COP方案组16例，完全缓解2例，部分缓解10例，稳定3例，进展1例（合并肉瘤白血病）。两组疗效具有显著性差异（$P<0.05$）。张氏等还发现丹参—COP方案组与COP方案组疗后肿大淋巴结回缩幅度分别为$89.2\pm10.8\%$、$74.4\pm25.3\%$（$P<0.001$），认为丹参能够激活巨噬细胞，并通过对溶菌酶的正性作用而激活T淋巴细胞，说明该药具备了第二代免疫治疗药物——生物反应调节剂（Biological Response Modifier，BRM）的特征。

（黄振翘）

【宫颈癌的治疗】

近几年来，中医药治疗宫颈癌远期疗效方面的资料介绍较多。刘瑞等随访9例用“三品饼及三品杆”治疗的早期患者，结果治疗后4个月全部恢复正常家务劳动，至今全部生存，其中生存7年者2例，6年者2例，5年者3例，4年者2例，病理和细胞学随诊均未见复发。袁穗华亦用饼剂及杆剂治疗12例，其中属早期宫颈癌者9例（0期—Ⅰa期），宫颈鳞状上皮间变者3例，远期随访除2例用药前已绝经外，其他10例正常行经，阴道涂片均为Ⅰ—Ⅱa级，疗程时间最短32天，最长175天，平均为97.3天。田景丰用中医药治疗Ⅱ、Ⅲ期宫颈癌30例，用中药内服方（黄芪、当归、白术、莪术、三棱、白花蛇舌草、仙鹤草、半枝莲、败酱草）及外用二白散、二品条及三黄散。结果近期治愈17例（56.7%），显效7例(23.3%)，有效1例（3.3%），无效5例（16.7%）。治疗后3年随访，生存23例（76.7%）；5年随访，生存17例（56.7%）；10年随访，生存16例（53%）。陈明信用二虫昆藻汤（蜈蚣、全蝎、昆布、海藻、当归、续断、半枝莲、白花蛇舌草、白芍、香附、茯苓、柴胡）治疗13例，1例存活20年，3例存活13年，4例存活8年，3例存活2年，2例存活半年。

（张晓玉）

【中药防治化疗毒副反应】

《中医年鉴》1986卷曾对中医药防治化疗毒副反应作过介绍，近年来报道有增多趋势。

李保东通过大量化疗的病例观察分析发现，属脾肾两脏虚损较多见，治疗中注重健脾益肾法。封菊秋则用健脾和胃、益气养阴的中药2号养胃汤（姜夏、枳实、陈皮、茯苓、竹茹、生姜、甘草、红参）预防化疗反应，设化疗加中药组100例，单纯化疗对照组100例，结果中药组未出现消化道反应占43%，对照组为18%；中药组重度消化道反应仅占19%，而对照组为51%，有显著性差异($P<0.01$)。欧阳汝忠用健脾益气法、和胃降逆法、补益气血法、调养肝肾法治疗抗癌药毒副反应51例，治疗1个疗程后观察，其中26例患者毒副反应明显减轻或不出现，25例患者均有不同程度的缓解。李国友等采用六君子汤合旋复代赭汤防治化疗后消化道毒副反应10例共30例次，与西药对照组8例共20例次作对照分析，结果中药组化疗后发生噁心20人次（66.7%），呕吐15人次（50%），纳减14人次（46.7%）；对照组化疗后噁心19人次（95%），呕吐17人次（85%），纳减18人次（90%），两组比较差异显著（$P<0.05$）。徐怀文用降逆汤防治化疗消化道反应37例，并设对照组。结果治疗组明显较对照组轻，张校科等用威灵仙治疗放化疗引起的呕吐120例，有效率达90%。

李伟林等对晚期肺癌化疗期间用清肺化痰法，如马兜铃、瓜蒌、桑白皮、半夏、桔梗、浙贝、杏仁等药，取得较好疗效。钟礼美用健脾和胃止呕法（六君子汤）、补气益血温肾法（八珍汤）、益气解肌退热法(自拟参芪饮：太子参、黄芪、柴胡、苏叶、葛根、防风、茯苓、甘草)，治疗恶性葡萄胎化疗反应，疗效满意。刘爱武等介绍庞泮池用益气养阴法减轻卵巢癌术后化疗反应 19 例的经验，治疗后血白细胞平均值明显升高。韦云等用半夏泻心汤治疗白血病化疗消化道副反应1 例，患者一直保持良好食欲。

赵田雍整理段风舞的经验，总结因为化疗引起的局部反应。如药液外漏引起的软组织急性炎症，用二黄煎（黄柏 30 克，黄连 30 克）浓煎湿敷，一周而愈；如化疗引起的静脉炎则于二黄煎中加红花 10 克以行血。

此外，陈镇江等还用针刺太阳、攒竹、阳白、鱼腰、四白、鼻通、迎香、下关、颊车、承浆、合谷、太溪等穴，治疗鼻咽癌放化疗后引起的泪涕缺乏、鼻酸鼻塞、嗅觉味觉丧失、张口困难、头发牙齿脱落、眼睑下垂、面部肌肉拘紧肿痛、有蚁行感、体力下降、口干等后遗症。

（张晓玉）

【中医药防治肿瘤的实验研究】

黄曲霉毒素（AFT，其 B_1 型简称 AFB_1)是一种强力致癌物质。阮萃才等应用 Ames 抗诱变试验，发现当各种中药的丙酮提取液加入 AFB_1 后，诱导 TA100 碱基置换型突变株有明显抑制作用(抑制率＞76%)的有山楂、当归、丹参、五味子、女贞子、天冬、苡米、百合、杏仁、山萸肉、乌梅等 11 种中药（茯苓的抑制率为 65.4%，较低)。诱导 TA98 移码型突变株有明显抑制（抑制率＞76%）的有山楂、当归、丹参、五味子、女贞子、茯苓、天冬、苡米、百合、杏仁、山萸肉等 11 种（乌梅的抑制率为 75.3%，较低)。结果表明 12 种中药对 AFB_1 有显著抑制致突变作用的效果。

屠华成等用二乙基亚硝胺（DEN）作诱癌剂，巴比妥钠作促癌剂建立大鼠肝癌模型，用健脾理气（党参、白术、茯苓、八月扎)、活血化瘀（丹参、川芎、桃仁、红花)、清热解毒（半边莲、山豆根、石见穿、银花）中药处理实验动物，以大鼠肝脏癌前病变 γ-GT 酶变灶的定量分析为实验指标，观察不同治则的中药对大鼠肝脏癌变过程的影响。结果发现健脾理气（预处理）组和健脾理气组每平方厘米肝脏切面 γ-GT 酶变灶数低于诱癌对照组和活血化瘀、清热解毒组，差别显著（$P<0.05$)，并且健脾理气(预处理)组与健脾理气组相比，差别显著($P<0.05$)，表明对酶变灶数目的抑制作用，健脾理气中药要优于活血化瘀、清热解毒中药，诱癌前健脾理气中药预处理效果则更好。另外各类中药处理对大鼠肝脏酶变灶的平均体积和总体积亦有明显缩小的作用($P<0.01\sim0.05$)，而健脾理气中药又优于活血化瘀、清热解毒中药($P<0.05$)。由于本实验采用将诱癌阶段和促癌阶段完全分开的大鼠肝癌模型，在诱癌后再行中药处理产生了抑制酶变灶的作用，说明中药对癌变过程的促癌阶段有阻断作用。实验还发现健脾理气中药诱癌前预处理效果更好，说明健脾理气中药还对 DEN 诱肝癌的诱癌阶段亦有预防作用。

鼠妇治疗肝癌剧痛已有临床报道。姚善业等取小白鼠 12 只分为 4 组，放入 55℃约 3 毫米深的热水中，记录下尾端因热痛而缩离水面时间。以镇静作用而言，杜冷丁组为最明显，鼠妇口服液灌胃组次之。从产生镇痛的时间观察，杜冷丁组最快，但持续时间较短；鼠妇口服液灌胃组镇痛时间亦明显，且持续时间超过杜冷丁组。

祝银梅等用 Sprague-Dawley 大鼠气管体外诱癌与鸡胚皮肤接触培养的方法，通过倒置显微镜、光镜和扫描电镜观察了蟾酥的抑癌作用。结果表明：(1)诱发性大鼠气管癌变细胞，具有向鸡胚皮肤侵袭生长的生物学行为。同时证明蟾酥对大鼠气管体外诱癌过程具有抑制作用。(2)蟾酥具有逆转大鼠气管上皮的异型性鳞状化生，促进气管受侵粘膜的修复和保护气管上皮正常分化的作用。这在预防肺癌方面具有重要意义。郭岳峰等报道了以腹水抑制率或肿瘤重量抑制率、肿瘤平均直径倍增时间、肿瘤生长延迟时间及荷瘤小鼠的生存时间为指标，观察了蛞蝓对带 ARS（腹水型）肉瘤或 Lewis 肺癌的 NIH 小鼠的抗肿瘤作用。实验结果表明，蛞蝓混悬液对上述两种肿瘤均有明显的抑制作用。

周立东等对有艾氏腹水癌的小白鼠喂食虎杖煎剂浸泡的饲料，实验结果表明虎杖煎剂的抑瘤率为 35.3%和 37.2%，荷瘤动物的生命延长率为 65.4%。郭峰等观察了天花粉对小白鼠艾氏腹水癌的疗效和对各种红细胞免疫功能的影响。结果发现，治疗组小鼠无明显腹水，生存期明显延长。小鼠红细胞 C_{3b} 受体花环、红细胞免疫复合物花环、肿瘤红细胞花环、红细胞对 PMN 促吞噬率、SOD 酶都显著高于未治疗组，并几乎恢复正常，而血清红细胞 C_{3b} 受体花环抑制率明显低于未治疗组。

储大同等通过异种移植物抗宿主反应（XGVHR）的动物模型筛选出黄芪促免疫的有效成份F_3。该成份在体外XGVHR试验中显示对癌症患者淋巴细胞功能有完全性免疫恢复作用（反应结节从$57.80\pm16.44mm^3$到 $148.95\pm40.84mm^3$），在体内动物模型试验中可显示出全部逆转因环磷酰胺而造成的免疫抑制现象。

张永健等以复方中药注射液（龙葵、白英、蛇莓、丹参、当归和郁金六味中草药制成）作实验，发现对人胃癌细胞 BGC-823 和人乳癌细胞 MCF-7 均有较强的杀伤作用。IC_{50} 分别为 0.02 克生药/毫升和 0.018 克生药/毫升。流式细胞分析仪测定表明，ICHM 使 BDC-823 细胞停止在 G_1 期，导致 S 期细胞显著减少。通过^{3}H-TdR 掺入试验观察到，ICHM 能抑制 BGC-823 细胞的 DNA 合成。

（王羲明）

参考文献

B

班旭升　攻坚汤加味治疗子宫肌瘤14例　北京中医 (6):32, 1989

C

陈保磊等　治疗上消化道晚期肿瘤20例　吉林中医药 (1):19, 1989

陈明信　二虫昆藻汤治疗子宫颈癌13例　湖北中医杂志 (4):28, 1985

陈林才　以中药为主治疗肝癌41例肿瘤 (5):196, 1989

陈镇江等　针刺治疗鼻咽癌放化疗后遗症　四川中医 (2):47, 1989

陈中岩　莲蛇十味饮治疗晚期食管贲门癌12例　中国乡村医生 (3):30, 1989

储大同等　黄芪提取成份对癌症患者淋巴细胞免疫功能恢复及对大鼠免疫抑制逆转的作用　中西医结合杂志 (6):351, 1989

D

丁国栋　甘温除热治验晚期肝癌发热一例偶拾　中医药研究 (4):28, 1989

丁学成　原发性肝癌治验　江苏中医 (7):12, 1989

董建华等　虚痞(慢性萎缩性胃炎癌前病变)中药治疗观察　中国医药学报 (6):12, 1989

F

范登脉　中药治疗晚期肝癌并发腹水1例　浙江中医杂志 (6):247, 1989

封菊秋　健脾和胃、益气养阴预防化疗反应的临床观察　北京中医学院学报 (2):18, 1986

G

高柏荣　内服过量斑蝥所致急性肾功能衰竭一例报告　江西中医药 (3):18, 1989

郭　峰等　天花粉对小鼠艾氏腹水癌的疗效和对红细胞免疫功能的影响　中西医结合杂志 (7):418, 1989

郭　进　恶性淋巴瘤治验　福建中医药 (4):12,

1989

郭岳峰等　蚯蚓对荷瘤小鼠的抗瘤作用　中西医结合杂志　(11):675，1989

H

何立耀　鼻咽癌放疗后的分型证治　上海中医药杂志　(4):14，1989

洪广祥　中医药治疗晚期原发性肺癌的体会　中国医药学报　(6):42，1989

J

焦中华等　中西医结合治疗高白细胞型急性白血病19例临床分析　中西医结合杂志　(8):502，1989

金　源　中西医结合治疗肝癌举隅　江西中医药　(6):39，1989

瞿溆芬等　102例胃癌中医辨证分型与临床病理分型的关系探讨　中西医结合杂志　(1):14，1989

L

李宝勤　宝珍膏加味外敷治疗癌性疼痛48例观察　上海中医药杂志　(10):34，1989

李保东　健脾补肾法治疗肿瘤化疗毒副反应的体会　江苏中医　(7):11，1989

李国友等　中医药防治肿瘤化疗后消化道毒副反应疗效观察　中西医结合杂志　(12):751，1989

李和根　鼻咽癌治验1例　上海中医药杂志　(1):27，1989

李乃民等　柴胡鳖甲参术汤加减治疗原发性肝癌　四川中医　(5):30，1989

李瑞林等　食管癌437例临床疗效观察　中西医结合杂志　(12):740，1989

李天海　有关食管贲门癌患者舌象研究和应用　河北中医　(6):31，1988

李伟林等　晚期肺癌化疗期间清肺化痰法的应用体会　辽宁中医杂志　(3):24，1989

林才生等　自拟方治疗葡萄胎　中国乡村医生杂志　(3):31，1989

凌鸿英等　中西医结合治疗原发性肝细胞癌的初步研究　中西医结合杂志　(6):348，1989

刘爱武等　庞泮池用益气养阴法减轻卵巢癌术后化疗反应的经验　上海中医药杂志　(10):17，1989

刘　芳　补益药在原发性肝癌综合治疗中的应用　中医杂志　(5):27，1989

刘海林　淋巴瘤治验　湖南中医杂志　(3):35，1989

刘鲁明　中晚期肝癌疼痛的辨证论治169例临床分析　中医杂志　(1):‘35，1989

刘　瑞等　中药“三品”治疗早期宫颈癌的临床观察　河北中医　(4):4，1989

刘　颖等　子宫肌瘤42例临床治疗小结　天津中医　(5):16，1989

刘仲喜　辨证治愈直肠癌一例　河北中医　(3):8，1989

罗景光等　鼻咽癌的中西医结合治疗探讨（附95例临床分析）　新中医　(5):37，1989

罗普村　原发性肝癌二例治验　四川中医　(6):30，1989

M

马吉福　治膈散治疗食管贲门癌梗阻118例　浙江中医杂志　(6):246，1989

马秀华　三号胃癌汤治疗晚期胃癌　山东中医杂志　(6):48，1988

O

欧阳汝忠　中医药减少抗癌毒副反应的临床观察　上海中医药杂志　(4):14，1989

P

彭光斌等　中西药结合治疗慢性粒细胞性白血病39例　中西医结合杂志　(7):425，1989

彭华丽　“桂苓消瘤丸”治疗子宫肌瘤30例　北京中医　(6):30，1989

彭增福　中医药治疗直肠癌一例　新中医　(5):42，1989

Q

钱　平等　加味生化汤促使葡萄胎患者HCG转阴30例临床观察　湖南中医杂志　(6):6，1989

强致和等　复方斑蝥丸加减治疗中晚期食管癌贲门癌126例　中西医结合杂志　(8):503，1989

R

阮萃才等　山楂等12种中药对黄曲霉素B_1诱发效应的抑制　癌症　(1):29，1989

S

沈　霖等　胃癌患者的舌色变化与血清溶菌酶活力关系的探讨　上海中医药杂志　(11):12，1988

史大卓等　伏气温病与急性白血病—附30例临床分

析 山东中医学院学报 (4):38, 1989

宋远忠 右侧颈部淋巴肉瘤治验 北京中医 (2):50, 1989

T

唐由君等 150例急性白血病脉诊的临床研究 上海中医药杂志 (1):8, 1989

马利兰合中药延长慢性粒细胞白血病患者生存期浙江中医杂志 (5):209 1989

陶淑春等 中西医结合治疗慢性粒细胞性白血病存活七年以上四例 辽宁中医杂志 (3):21, 1989

田景丰 中医药治疗Ⅱ、Ⅲ期宫颈癌30例10年疗效观察 中医杂志 (9):30, 1989

屠华成等 健脾理气等中药对大鼠肝脏癌前病变阻断作用的实验研究 肿瘤 (1):31, 1989

W

王锦泰 234例鼻咽癌病人的舌象观察 福建中医药 (4):24, 1989

王墨荣 槐耳冲剂治疗Ⅱ期原发性肝癌47例 南京中医学院学报 (4):17, 1988

韦 云等 半夏泻心汤治疗白血病化疗消化道副反应1例 中医杂志 (4):61, 1987

伍文俊 肛管直肠癌的中药熏洗及灌肠疗法 四川中医 (4):24, 1989

X

徐恩英等 中西医结合治疗慢性粒细胞性白血病1例 中西医结合杂志 (6):377, 1989

徐怀文 降逆汤防治肿瘤化疗消化道反应三十七例 浙江中医杂志 (1):5, 1989

谢海洲等 中药治疗淋巴瘤一例 北京中医学院学报 (1):30, 1989

Y

杨宝印等 瑞香狼毒治疗恶性肿瘤54例 中西医结合杂志 (11):683, 1989

杨通礼 临证治疗晚期肝癌体会 中医函授通讯 (2):40, 1989

姚善业等 鼠妇治疗肝癌剧痛的临床经验及止痛的动物实验 浙江中医杂志 (2):70, 1989

余国飓等 自拟南星参斛汤治疗晚期食管癌吞咽梗阻73例 浙江中医杂志 (5):200, 1989

袁穗华 "三品一条枪"治疗早期宫颈癌、宫颈间变12例 湖北中医杂志 (6):24, 1989

Z

张法运等 经方治疗葡萄胎验案一则 河南中医 (5):20, 1989

张继政 "胃炎灵"治疗胃癌前期病变临床疗效观察(附62例分析) 江西中医药 (4):23, 1989

张丽英等 中药治疗Ⅱ期原发性肝癌的甲胎蛋白定量观察 上海中医药杂志 (3):16, 1989

张绍勋 中医治疗肺癌210例疗效观察 天津中医 (4):8, 1989

张书林等 中药治疗晚期食管癌31例 辽宁中医杂志 (5):23, 1989

张校科等 威灵仙治疗放化疗恶心呕吐 山西医药 (5):283, 1989

张永健等 复方中药注射液对人癌细胞体外杀伤效应及其对细胞周期的影响 中西医结合杂志 (7):416, 1989

张玉五等 丹参治疗恶性淋巴瘤的临床评价—47例恶性淋巴瘤近期疗效分析 西安医科大学学报 (2):180, 1989

张之南 中西药长期轮替治疗慢性粒细胞白血病的远期观察 中西医结合杂志 (2):80, 1985

赵淑英 中药治疗子宫肌瘤45例临床分析 天津中医 (3):3, 1989

赵田雍 中医药治疗某些放疗化疗副反应经验介绍 中医杂志 (3):8, 1986

赵锡民 金岩丸合康复汤治疗晚期肺肿瘤16例 山东中医杂志 (3):10, 1989

钟 磊 中药治愈肝癌一例报告 中医药学报 (4):30, 1989

钟礼美 治疗恶性葡萄胎化疗反应的体会 江西中医药 (1):31, 1987

周岱翰 两例原发性肝癌治疗报告 新中医 (5):39, 1989

肝癌的中医药治疗方法 中西医结合肿瘤防治 (1～2):32, 1989

周立东等 虎杖煎剂对艾氏腹水癌的抑瘤作用 中西医结合杂志 (2):111, 1989

朱柄松 中药治疗肝癌的临床观察 广东医学 (1):36, 1989

朱沛冉等 自拟缓急承气汤治疗肠转移癌 四川中医 (6):27, 1989

祝银梅等 蟾酥对大鼠气管体外诱癌与鸡胚皮肤接触培养的抑癌作用观察 中西医结合杂志 (1):29, 1989

(3) 内　科

【概述】

一年来，根据有关内科临床报道资料分析，概括起来有以下特点：

一、疑难病症多

从数量上看，本卷收入的55种病证中，疑难病证占大多数。如：肝硬化腹水、慢性肾功能衰竭、慢性肾小球肾炎、周围性面瘫、哮喘、溶血性贫血、再生障碍性贫血血小板减少性紫癜、溃疡性结肠炎、幽门梗阻、链霉素毒副反应等。说明用中医中药治疗疑难病越来越引起了内科医生的兴趣，临床研究的数量及质量均较以前有所增加和提高。

从质量上看，近来对疑难病证的辨证施治分析越来越精细，理、法、方、药丝丝入扣。同时还注重使用现代科学的检测手段，加深了对这些疑难病证的认识，并为疗效的判定，提供了客观指标。如将慢性肾功能衰竭分为脾肾阳虚、浊邪壅闭，脾肾气虚、湿毒内盛、气阴两虚、湿瘀交阻等十余个证型，每个证型都有相应的方剂，经临床观察，疗效较前有所提高。无论是症状还是客观检查指标都有所改善，经统计学处理，均有显著意义。

在危重病的研究方面，以往对某些西医诊断的危重病，中医辨证施治经验不多，目前这方面的研究有所增加。如中药治疗重度房室传导阻滞，快速心房颤动，多发性神经炎、肺心病急性发作，有机磷农药中毒等，均取得良好效果。

在少见病的研究方面，特别是某些新的病症的中医药研究也取得一定效果。如高粘血综合征，甲状腺机能减退，肾性及难治性贫血等。有人采用自拟降粘六味汤治疗高粘血综合征50例，取得明显效果。

在老年病的研究方面，主要是对多发的常见病的研究，如老年冠心病，震颤麻痹和震颤麻痹综合征的辨证施治也取得一些新的进展。

二、男性病的研究增加了新内容

男性病是近年来新兴的一门学科。中医药治疗男性病有特色，疗效好，副作用少。如对阴缩症、阳强、不射精及精液不液化等病的辨证施治取得了良好的效果。

三、内科病的外治法

由于外治法有简便、取效快的特点，配合口服药有明显增强及加快疗效的作用。如治疗高血压的足浴药液、冠心病气雾剂及膏剂穴位贴敷；结肠炎灌肠及栓剂；阴缩或阳强用药液局部外敷等，亦取得初步经验。

综上说明，在过去的一年中，中医在治疗疑难病、危重病及少见病等方面的研究取得了新的进展，辨证更加精细、治疗方药和手段也更加丰富，疗效亦有相应的提高。

（董建华）

【咳嗽从肝论治】

肖敬辉认为肝气犯肺之咳，其发病机理乃由肝失疏泄，上逆犯肺所致。临床可见：(1) 气上冲咽而发呛咳，无痰或痰少色白质稠；(2) 脉兼弦象；(3) 病初无外感史；(4) 多发于女性。徐登国介绍咳嗽从肝论治四法：(1) 疏肝宣肺法，用于肝气郁结，肺失宣降，咳嗽，胁肋疼痛等，药用柴胡、白芍、枳壳、茯苓、白术、款冬花、苏梗、桔梗等，胁痛明显加川楝子、郁金，或以逍遥散加减。(2) 清（泄）肝宁肺法：用于肝郁化火，肺受火刑，咳呛频作，痰少黄粘，或干咳无痰，牵引胁痛，咳甚面红目赤，烦躁易怒，咽喉干燥，渴欲饮冷、舌红苔黄，脉弦数，药用桑白皮、地骨皮、丹皮、栝蒌皮、山栀、黄芩、龙胆草、款冬花、紫菀、杏仁、黛蛤散等。若气火犯肺，久咳不愈，可酌加五味子、诃子等；咳嗽见血，宜加花蕊石、藕节炭、茜草炭等。若风阳激荡上旋犯肺为咳者，多见头晕目眩，咳嗽咽痒等，可酌用天麻钩藤饮等加减。(3) 滋水涵木法：用于肝肾阴亏，水亏不能涵木，虚火上炎犯肺作咳等，药用生地、山萸肉、淮山药、丹皮、女贞子、旱莲草、制黄精、川贝母、北沙参、麦冬、白芍等。或以百合固金汤等化裁。(4) 暖肝温肺法：用于肝阳不足，致成肺寒咳嗽者，咳嗽痰多。每兼形寒怕冷，腰膝痠软，懈怠乏力时胆怯，脉沉而微。药用熟地、当归、吴茱萸、沉香、白芍、菟丝子、肉苁蓉、干姜、细辛、仙灵脾、杏仁、款冬花、半夏等，或以暖肝煎(《景岳全书》方)加宣肺止咳药。

樊宝林报道用二陈连牡饮治疗肝咳型气管炎 49 例，其中男 21 例，女 28 例，年龄最小者 16 岁，最大者 60 岁，病程最短 1.5 个月，最长 10 个月，均起病于上呼吸道病毒感染，经过X线胸透或全胸片，排除肺结核等肺部病变，提示气管炎征。全组病例见有呛咳无痰或少痰，两肱、胁下疼痛，日轻夜重，久咳不愈，少数呕吐胆汁，脉细弦或弦滑，治以二陈连牡汤（竹沥、半夏、陈皮、茯苓、甘草、黄连、牡蛎、当归、乌梅、白芍、桔梗）并随证加味。结果：服药后临床症状全部消失，血象正常，X线胸透或胸片除 2 例老年病例依然存在两肺纹理增多增粗外，其余病例气管炎征均消失。其中有 6 例服药 1～2剂便收到明显的镇咳效果，有 1 例服药 13剂获效，平均每例服药 6 剂而愈。

（陆鸿元）

【咯血治疗诸法】

（一）清肺凉肝　刘耀先等报道用青白汤（青黛、海蛤粉、黄芩、白芨、紫菀、款冬花、桔梗、杏仁、百部、桑白皮）治疗咯血 83 例。原发病：支扩 56 例，支气管炎 21 例，肺结核 4 例，肺癌1例，肺炎1例。咯血程度据全国血证急症研究协作组的分级标准分为轻、中、重 3 级。中、重度咯血者用肉桂 3 克，硫黄 18 克，冰片 9 克，大蒜头 1 个捣泥调上药，外敷于双侧涌泉穴。肺结核者加用抗痨药。对照组 30 例，原发病：支扩 15 例，支气管炎 12 例，肺结核 2 例，肺癌 1 例。西药选用抗生素，止血剂等。两组咯血程度相近，支持疗法均同。结果：治疗组痊愈(一周内出血停止，出血伴随症状基本消失) 72 例，显效（一周内出血基本控制，偶见痰血，出血伴随症状大部分消失）5 例，有效（一周内出血减少，出血伴随的主要症状有改善）4 例，无效 2 例。对照组痊愈 20 例，显效 2 例，有效 5 例，无效 3 例。出血时间：治疗组平均为 4.5 ± 2.7 天，对照为 6.7 ± 3.5 天。以上资料均有显著性差异。许雪君治疗本症以清热润肺，平肝宁络，凉血止血为主要治则。因取加味咳血方（青黛、全瓜蒌、海浮石、诃子，侧柏炭、炒山栀、鱼腥草）治疗咯血 50 例，(其中支扩 30 例，肺结核 10 例，急性支气管炎 6 例，肺癌 1 例)，其它3例。结果：总有效率 92%(46/50)，显效率 80% (40/50)。治疗时间 3～35 天，平均 25 天。

（二）泻肺降气　陈卫平等报道以四二汤(桑白皮、地骨皮、白芍、白芨、百合、百部、苏子、五味子）治疗支气管扩张咯血29例，并随证加味。结果：服 3 剂达到显效(咯血停止，咳嗽减轻) 22 例；服 10 剂临床治愈（咯血、咳嗽均止，并能上班工作）18 例；服 15 剂临床治愈 11 例，1 年后复发 3 例，均经再服上方而愈。张行报道：用清热止血法（药物有桑叶、连翘、黄芩、桑白皮、鱼腥草、杏仁、象贝母、茅根、芦根、仙鹤草、藕节、知母、黄柏、前胡、大黄)治疗 31 例（反复咯血 1 年者占 90%以上，治疗前连续咯血 7 天以上占 67%)，每日 1～2 剂，分 2～4 次凉服。结果：治愈(一周内咯血消失且一月内无复发者) 30 例，好转 1 例，总有效率 100%。31 例自身对照结果显示发生咯血（复发率）频率明显减少。

（三）益脾止血　王树凡等报道中药为主治疗顽固性肺痨咯血，并认为肺痨咯血，前人多责之于火与气，常表现反复咯血，面色㿠白或萎黄，气短乏力、自汗、纳差、咳嗽痰多，舌胖齿印、苔白等一系列以脾虚为主的症状，故应辨证施治，不能一概以养阴清肺治之。因自拟统血归脾汤（黄芪、白术、党参、当归、白芨、黄芩炭、丹参、生地炭、侧柏炭、藕节炭）治疗肺结核 32 例(均经结核菌素试验和经痰结菌及X线胸片检查确诊，治前曾用多种止血剂，但效果不佳)，并随证加减。结果：服 7 剂以内愈者 24 例，8 剂以上愈者 8 例，最少 2 剂，最多 14 剂，经该法治疗后，止血效果稳定，均于血止后随访 2 月未见复发。

（四）温肾扶阳　冯界之介绍1例老年慢性咳喘病治验，患者三天来每晨咯血鼻衄，伴面唇双手青紫，头晕，心悸头汗出，咳绿色稠痰，痰冷，苔白质淡，脉革促。辨证属阳虚失摄，肺气不利。药用黄芪、熟附片、白术、茯苓、甘草以益气温阳，远志、制半夏、款冬花、紫菀、麦冬以平喘止咳，金樱子摄纳肺肾之气，白芍既减附子、半夏之燥，又具补血摄血之功。服 1 剂，咯血、鼻衄止，连服 4 剂诸证减轻。张开荣治疗 1 例冠心病，房颤伴心衰，患者心累心慌，面及下肢浮肿，咯血带痰，血色以暗红为主或夹有鲜血。中医证属心肾阳虚，脾气困乏，血脉瘀阻。方用真武汤加味：丹参、制附片（先煎）各30克，白术、黄芪、红参、白芍各 15 克，茯苓 25 克，炙甘草 10 克，生姜 3 片，服药 2 周余，咳除血止，浮肿退，诸证亦减。心电图报告：房颤、偶发性早搏及室内差异性，传导消失，心肌缺血有改善。再予调理，随访半年无复发。

（陆鸿元）

【哮喘的内治与外敷】

梁广怀等报道用龙胆截喘汤（地龙、胆南星、北杏仁、瓜蒌、枇杷叶、桔梗、川贝母、防风、甘草。水煎，每日一剂。寒痰加款冬花、细辛；气喘加葶苈子、苏子；热痰加连翘、制南星等)治疗哮喘发作期患者 96 例（观察组)，并于治疗前，治疗后半年和 1 年测定 24 小时（2Pm、6Pm、10Pm、2Am、6Am、10Am 共 6 个时间，每一时间连测 3 次，取其最高值）最大呼气流量（PEF)。参照患者治疗前 24 小时 PEF 选择服药时机，一般选 6 个时期中 PEF 最低值的前 1～2 小时服药，如 PEF 最低值在深夜者，则睡前服药；1 周服药 6 天，服至症状和体征消失（约需 4～6 周）以后，原方加熟附子，山萸肉等，再服 1～2 周巩固疗效。另对照组 50 例，西药用氨茶碱或息喘灵及强的松等。气道感染明显则加用抗生素。结果：治疗2、4、6、8 周后临床缓解例数：观察组分别为 19（19.8%)，64（66.7%)，93（96.9%)，94（97.9%)；对照组分别为 45（90.0%)，43（86.0%)，35（70.0%)，25（50.0%)。两组缓解率比较，第 2 周对照组优于观察组（$P<0.01$)，第 6 和 8 周则观察组优于对照组（$P<0.01$)。两组 1 年后疗效比较，观察组、对照组临床治愈分别为 28 例(29.2%)、0 例；显效分别为 28 例（29.2%)、3 例（6.0%)；有效分别为 38 例（39.6%)、10 例（20.0%)。两组比较，P 均<0.01。观察两组治后半年，1 年PEF 均值与治前比较都有明显增加，$P<0.01$；但两组相比较，观察组明显优于对照组 $P<0.01$。周永明报道用自拟抗敏定哮方（炙麻黄、杏仁、僵蚕、丹皮、桃仁、枳壳、甘草、黄芩、半夏、地龙、白芍。寒痰去黄芩、地龙加苏子、白芥子；痰热加开金锁、败酱草)治疗本病 30 例，治疗期间感染明显者加用抗生素。结果：临床控制 7 例，显效 12 例，有效 9 例，显效率 63.3%，总有效率为 93.3%。治疗前后自身对照嗜酸性粒细胞直接计数和肺通气功能比较，均有显著性差别（$P<0.05$)。

药物敷贴治疗哮喘是沿用已久简便而有效的治法。王玉明等报道采用消咳喘膏穴位贴敷治疗支气管哮喘 50 例，病程多数为 5～18 年。药膏制法：炙白芥子、炙麻黄各 4

克，炙款冬花、桔梗、元胡、细辛各3克，共研细末，再加冠心苏合胶囊中药粉6.1克调匀，用鲜姜汁调成膏状，为一人一次量。用法：先用药艾条温灸背部脊柱两侧从定喘穴至肾俞穴之间，然后将药膏贴于定喘穴（双）、肺俞穴（双）、膈俞穴（双），胶布固定。一般贴24小时取下，最短不少于6小时，如出现烧灼疼痛感，可提前取下。孕妇、高血压、咯血及对胶布过敏者慎用或禁用。5天贴药1次，4次为一疗程，共用2～4个疗程。均经一年以上的观察，其中治愈（咳痰、喘症状及哮鸣音完全消失，未再服治疗本病的药物，体力恢复并从事正常工作）5例；显效（感冒发病次数，咳、痰、喘程度，对症治疗用药量，均好转2/3以上）19例；有效（感冒发病次数，咳、痰、喘程度对症治疗用药量均好转⅓以上）20例；总有效率88%。还有许齐群等采用麝香定喘膏外治哮喘，杨廉德等采用白芥子泥丸穴位贴敷治疗慢支、哮喘580例，取得良效的报道。

王忆勤等报道了中药敷贴离子导入治疗哮喘急性发作64例。病例根据1984年全国中医学会内科学会哮喘病诊断标准。辨证与治疗方法：（1）寒证：哮喘胸闷、咳痰清稀色白，遇寒冷而发作，舌淡苔白，肺弦紧。选用2号方（白芥子、延胡索各2份，甘遂1份）研粉并以姜汁调匀，置于百劳、肺俞、膏肓3对穴位上，加绒布覆盖。（2）热证：哮喘气粗息促，咳痰黄稠，舌红苔黄或腻，脉滑数，选用5号方（生石膏30份，麻黄、甘草、苍耳子各5份，辛荑、黄芩各3份，夏枯草、白芍各10份）煎汁，用2块8×12厘米大小的6层纱布浸透，置于以上穴位；加置两块大小相当的电极板，通以直流脉冲电流，正极置于肺俞、膏肓，负极置于百劳穴。时间30分钟，每日1次，连续5次。治疗结果：总有效率为87.5%，其中儿童有效率为95.2%（病程在5年以内21例全部治愈），2号方组为100%，5号方组为93.3%；成人有效率为72.7%，其中2号方组为70%，5号方组为75%。实验室检查提示本疗法有以下作用：（1）能改善肺功能，提高肺活量。（2）能降低血清总IgE水平，有一定的抗过敏作用。（3）能调节环核苷酸水平，参与哮喘缓解。敷贴疗法能使哮喘患者血清cGMP下降，cAMP上升，cAMP/cGMP比值升高，从而阻止细胞外的Ca⁺⁺内流稳定肥大细胞膜，阻抑介质释放，松弛支气管平滑肌。

（陆鸿元）

【肺炎的治疗】

姚公树、魏杰勇等分别报道了金黄色葡萄球菌肺炎的治疗。姚氏探讨了分期治疗：早期可用祛风清热、宣肺止咳法，方用麻杏石甘汤、桑菊饮、泻白散等，若邪入阳明经，方选白虎汤。中期是疾病极盛期，治以清热解毒、泄肺排痰，方选五味消毒饮合葶苈大枣泻肺汤；若气营两燔，方选清瘟败毒饮；若邪传心包，方选清营汤合犀角地黄汤等。后期表现为邪热久留、耗伤气血津液，若见肺阴虚，治宜滋阴清热、润肺止咳，方选青蒿鳖甲汤、百合固金汤化裁；气血两虚，不能托毒，方选托里消毒散等。魏氏等用黄连温胆汤加金银花、蒲公英、败酱草等味治疗24例，每日服药2剂，分四次服。结果痊愈20例，好转3例，总有效率达96%。易章俊则主张将肺炎纳入温病的风温辨证范畴，认为病邪易从火化，行将传入气分、营分，为及时截断病势，务必重用清解气分热毒之方药，不一定拘囿于“其在表者，汗而发之”的治则。自拟清热解毒汤（金银花、鱼腥草、板蓝根、石膏、芦根、虎杖、竹叶、黄芩、桑皮、贝母、连翘），每日1剂。见咳铁锈色痰者加桃仁、冬瓜仁；痰多苔厚者加茅根、滑石等，共治16例，其中4例配合西药，均获痊愈。范淑惠治疗肺炎亦按卫气营血辨证治疗，均以清热解毒法为主。共治84例，治愈71例，占84%，好转7例，无效6例。

王宪报道治疗腺病毒性肺炎78例，以中

医辨证施治为主，配合西医的支持疗法，临床辨证多为邪热入里，风热闭肺二型，分别采用清热宣肺，和胃消滞，宣肺祛邪，辛凉透表法。经治后痊愈77例，死亡1例。诸惜勤等治疗流行性喘憋型肺炎30例，用清热活血通腑法。基本方药：虎杖、鱼腥草、桃仁、杏仁、葶苈子、桑白皮、黛蛤散、大黄、甘草等，并随证加味。结果平均退热时间2.5天，喘憋消失时间3天，肺部罗音消失时间5.5天，X线平均6天转为阴性。严军等报道放射性肺炎均有明显的燥热之象，治以养阴清肺法，药用沙参、麦冬、鱼腥草、蒲公英、红花、丹皮、枇杷叶、贝母、桑白皮等。共治30例，结果显效（症状消失，X线显示基本吸收）4例，有效（症状明显改善，X线片无明显吸收）25例，无效1例。

钱冰茹对大叶性肺炎辨证属于上焦热盛、中焦燥实者，应用凉膈散治疗2例，均在服药10剂内获愈。陈锦芳亦有应用通腑泄热法治愈肺炎2例验案的报道。

沈祖法等认为健脾益气法在肺炎中的运用可归纳为三个方面：(1)补脾益肺以消病灶，适用于迁延性肺炎，方用四君子汤加黄芪。(2)运脾化湿以除痰饮，用于小儿及老年支气管肺炎的后期，常用六君子汤加车前子、防己。(3)健脾（胃）升津以平咳逆，适用于风温肺热，气阴耗伤等，方用中和理阴汤合桑杏汤加减。杜杏之等亦认为“培土生金”可为治疗肺炎的一种方法。母气充足，子气则壮，肺气恢复，祛邪力增强，则症状解除，炎证消失。举治1例曾用抗菌素无效的肺炎，治以补中益气汤，10剂后病愈。王瑞祥等报道治疗1例病毒性肺炎，辨证属于脾阳亏虚，肺气虚馁，阳气衰微，急投温脾扶土、回阳救逆，拟理中汤加味（人参、白术、干姜、炙甘草、淮山药、五味子），药后转危为安，10剂而愈。严祖荫应用扶正祛邪法为主治疗肺炎122例，治愈52例，显效60例，有效8例，总有效率为98.4%，胸片转阴率为42.6%。内服自拟方：黄芪、石膏、鱼腥草、白术、麻黄、蚤休、贯众、桑白皮、瓜蒌皮、苏子、麦冬，每日1剂，分3次温服。若体温降至正常后，在炎性病灶背部体表投影区，每晚用：白芥子、青皮、苏子等量配伍，炒热包敷，每次20分钟，7日为1疗程。

此外，施欣红等报道用马英注射液（马鞭草、蒲公英、黄芩等）静滴治疗40例，配合用西医支持疗法，设西药对照组26例。结果体温复常时间，治疗组最短为10小时，平均为84小时，对照组最短为20小时，平均108小时；周围血象复常时间，治疗组平均为88小时，对照组为144小时，$P<0.01$；X线征，13天内完全吸收者治疗组19例，对照组14例。未完全吸收者，治疗组19例，对照组4例($P>0.05$)。按疗效标准，治疗组痊愈19例，有效19例，总有效率95%；对照组治愈14例，有效9例，总有效率为88%。

（朱宝贵　姜志昂）

【中药治疗快速型心房颤动】

王科权报道用自拟除颤汤（丹参、苦参、炙甘草、柏子仁、三七、川芎、五味子）治疗40例快速型心房纤颤，心电图发现均为快速型心房纤颤、心律异位、心房率400～500次/分，心室率90～150次/分，中医切脉均表现为促脉，其中合并完全性右束支传导阻滞10例，右心室肥厚6例，左心室肥厚4例，合并左室壁缺血1例。分别给服除颤汤，结合临床症状加减，心阳不足加熟附子、桂枝；心阴耗损可加生晒参、麦冬、生地；气阴两虚加炙黄芪、阿胶各15克；心火内扰加黄连、黄芩；瘀血内停加红花，重用丹参。结果自觉症状消失者34例，促脉转为其他脉象者32例，心电图转为窦性心率者32例（心率维持在60～80次/分之间）；复发4例，无效1例。王氏认为除颤汤治疗快速型心房纤颤疗效快，无明显副作用，值得进一步研究。

张选志报道1例高山性心脏病所致Ⅱ°心

衰、快速型房颤，应用黄连五参汤，(黄连、苦参、沙参、玄参、丹参、党参、附片）治疗（用此方前后未用任何西药)，4 小时服药 2/3 剂后，心率便由 140 次/分降至 94 次/分，胸闷、心悸、气急等症明显好转，21 小时服完 2 剂后，心律转为窦性。连服 8 剂后自觉症状完全消失，浮肿亦消退。随访 10 年未见复发。

（郭天玲）

【重用补气药治疗重度房室传导阻滞】

李留纪报道应用大剂量黄芪、红参（或党参）和炙甘草等治疗 1 例完全性房室传导阻滞获满意效果。证见头晕、心悸、大汗淋漓、四肢逆冷，呕吐大量清涎伴有短暂性昏厥。血压 80/50 mmHg，心电图示Ⅲ°房室传导阻滞，心率 36 次/分。应用异丙基肾上腺素，能量合剂激化液等，心率上升至 50～60 次/分，但不能持久，晕厥时常发生，最多时 1 天 10 次以上，加用 654-2 10 毫克，肌注每天 3 次稍有好转，心率达 40～50 次/分，出院后口服异丙基肾上腺素 3～6 片，肌注 654-2 10 毫克，每日 3 次，以维持心率。辨证属心之气阳衰败，治以大补元气，回阳救逆之法。处方：黄芪 150 克，红参 30 克(另煎服)，炙甘草 60 克，附子 45 克，干姜 35 克，麦冬15 克，桂枝、五味子各 10 克，当归 20 克，茯苓 30 克，川芎 9 克，仙灵脾 20 克，枳实 6 克，大枣 50 个，生姜 30 克，水浓煎服，每天 2 剂，6 小时服 1 次，连服 4 剂，晕厥停止发作。以后停服西药，续服前方 5 剂，心率维持在 50～60 次/分。中药改为每天 1 剂，红参改为党参 100 克，早晚分服，又 15 剂，心率增至 60～70 次/分，律齐而有力，心电图复查提示“窦性心率、完全性右束支传导阻滞”。再改党参、附子、干姜各 15 克，大枣 30 个，仍用前方隔日一剂，约 2 月后复查，心电图示“窦性心律、不完全性右束支传导阻滞”，心率 62 次/分，自觉良好。乃将上方碾成细末，每天 3 次，每次 15 克，以防复发。连服近 1 年，随访 8 年未见复发。以后曾又发作多次，均以原方加减救治而脱险。

完全性房室传导阻滞在脉象上表现为迟脉。中医辨证大多属阳虚气虚，治用温补气阳之法，也多能获效。韩承谟报道一例冠心病窦性心动过缓应用大剂量黄芪为主治疗取得疗效，其处方为生黄芪 50 克，炙黄芪 50 克，党参 25 克，当归 15 克，丹参 15 克，桂枝 5 克，附片 10 克，陈皮 6 克，15 剂后胸闷心悸明显减轻。再 15 剂心电图恢复正常，心率由 48 次/分增至 70 次/分。

李耀钧报道1例女性经3年久治不愈者，治宜益气振奋心阳，佐以疏肝理气。处方：炙甘草、党参、黄芪、附片、柴胡、丹参、茯苓，10 剂后基本痊愈。又守方化裁服药半年，随访数年未发。此外，李耀钧、李辉铎等亦有顽固性Ⅲ度房室传导阻滞治验的报道。

（郭天玲　方力行）

【肺心病急性发作期的证治研究】

一、病因病机和临床特点的探讨

覃海能在对肺心病急性发作期 150 例临床小结的基础上，探讨了以下几个问题：(1) 感受热邪是该期的主要病因，本组病例临床表现主要是热症，占94.76%(142/150)，其中属风热犯肺者占 68.0%(102/150)，寒邪热化者占 26.67%（40/150)，具有热性病的传变规律。(2) 痰热壅肺，血瘀水停是该期的主要病机，也是产生变证的原因。本组病例痰热壅肺者占 21.33%（32/150)，血瘀水停者占 40.0%（60/150)，(3)热陷心营是该期的主要传变途径。(4) 正虚邪盛，寒热错杂是该期的主要临床特点。

二、辨证论治要领

（一）按主证、兼证辨治　申长征报道中西医结合治疗本病急性发作期 86 例：(1) 主证：心肺气虚型，以心悸气短，咳嗽痰血，畏风自汗为主，方拟玉屏风散加味；心脾两虚型，以心悸怔忡，痰白量多，脘腹胀满，四肢困重，纳呆便溏为主，方拟六君子汤合归脾汤；心肾两虚型，以心悸喘息不能平卧，夜尿增多，腰膝痠软，形寒肢冷为主，方拟济生肾气丸加减；阴阳两虚型，以久咳，动则心悸喘促虚烦汗出，咽干口燥，舌红少苔，脉细数或结代为主，方拟大补元煎加减；(2) 兼证：寒湿痰，以恶寒怕冷，咳嗽痰白，食少，苔白等为主，方拟小青龙汤加味；热稠痰，以畏寒发热，痰稠色黄，口苦，舌红苔黄，脉数等为主，方拟银翘散加减；水气凌心，以心悸怔忡，胸满痰鸣，端坐喘息，唇甲紫绀，形寒肢冷，舌紫等为主，方拟真武汤和葶苈大枣汤；阴阳离决，以汗出如珠，脉微欲绝，神志昏蒙，气息低微，面晦肢冷为主，方拟生脉散合参附汤。结果：连续治疗10～30天，近期显效41例，好转33例，无效4例，死亡8例，总有效率为86.0%，显效率47.6%。

（二）按痰饮瘀血辨治　宋康报道本病急性发作期105例的证治分析：(1) 痰热蕴肺型（27例），治以清热泻肺，化痰平喘。药用银花、连翘、黄芩、陈皮、竹沥、半夏、茯苓、七叶一枝花、鱼腥草、葶苈子、苏子、桑白皮，椒目为主随证加味。(2) 痰饮壅盛型（18例），治以宣肺化痰，降气平喘。药用麻黄、杏仁、桂枝、桔梗、陈皮、姜半夏、茯苓、苏子、葶苈子、白芥子、椒目、七叶一枝花，鱼腥草等随症加味。(3) 痰蒙清窍型（25例），治以豁痰开窍，活血化瘀。药用石菖蒲、郁金、胆南星、陈皮、天竺黄、黄芩、桔梗、鱼腥草、杏仁、七叶一枝花等，危重者加服安宫牛黄丸。(4) 阳虚水泛型（23例），治以温肾通阳，化瘀逐饮。药用制附子、桂枝、防己、椒目、平地木、葶苈、丹参、莪术、泽泻、茯苓等加用参麦注射液静脉滴注。(5) 瘀热出血型（12例）治以清热解毒，凉血止血。药用水牛角、生地、赤芍、丹皮、元参、黄芩、七叶一枝花、茜草、三七粉等。结果：治疗组显效43例，好转48例，总有效率86.7%。另设对照组40例，显效12例，好转17例，总有效率72.5%，其中痰热壅肺型和痰饮壅盛型的显效率分别为70.4%（19/27）、72.2%（13/18），明显高于其他各型（$P<0.01$）。宋氏认为在急性发作期除采用西药抗感染，化痰平喘，强心利尿，纠正酸碱失衡等手段外，同时用中医清肺化痰，利水逐饮，涤痰开窍，活血化瘀，凉血止血等法，可增强机体免疫功能，提高抗感染能力，提高血氧含量，改善心肺功能及机体内环境，改善微循环，防治弥漫性血管内凝血(DIC)等作用，从而提高了治疗效果，促进患者康复。

（三）辨病与辨证结合　汪再舫报道，治疗慢性肺心病心力衰竭36例，应用自拟益气保心汤（黄芪、党参、肉桂、红花、丹参、泽兰、泽泻、益母草、葶苈子、桑白皮）。其主要加味法，如气急喘甚者，黄芪由30克增至60克，加紫石英25克，水肿明显者，加猪苓、茯苓、蟋蟀干、车前子等。治疗过程中不用强心，利尿、扩张血管等西药，并连续接受上方4天以上。诊断按《实用内科学》第七版标准，临床症状以咳、喘、心悸、动则喘急，水肿、面色㿠白或紫绀，舌质紫暗或胖嫩，舌苔薄或白腻，脉沉细或结代或弦滑数等为主症。结果：显效（主症及体征消失，心率<90次/分，肝脏回缩73厘米）9例，有效（主症及体征明显好转，心率在100～90次/分，肝脏回缩2厘米）19例，无效（主症及体征无改善，加用西药治疗者）8例，总有效率78%，显效率25%。

（陆鸿元）

【冠心病的辨证治疗与研究】

一、辨证治疗

魏向春等治疗冠心病、心绞痛80例，其中辨证属气虚血瘀型者62例，单用益气活血养阴的基本方（丹参、葛根、川芎、红花、三七粉、红参粉、黄芪、山楂、元胡、麦冬、桑寄生）。若属气滞血瘀型去红参、黄芪加郁金、香附、赤芍；痰浊壅塞型加瓜蒌、陈皮、半夏；阳虚寒凝型加附子、肉桂、细辛。伴血脂增高者加菊花、草决明、何首乌；高血压者加钩藤、坤草、大黄、夏枯草；心律失常者加苦参、青皮、当归。合并糖尿病及甲亢者，加用西药治疗。心绞痛发作时，加口含硝酸甘油，治疗后心绞痛缓解总有效率82.5%；心电图S—T改善率为79%；超声心动图室壁波幅改善率分别从70.8%升到76.9%；血压下降者为61.1%，血脂下降者占67.8%。张学梓等辨证分型治疗冠心病320例，其中：(1)气虚血瘀型，以黄芪、丹参、葛根、川芎等组成的冠心灵方加减。(2)痰热郁阻型，以黄连温胆汤或小陷胸汤加减。(3)痰浊中阻型，以瓜蒌薤白半夏汤加味。(4)气阴双虚型，以生脉散加味。(5)胸阳不振型，以瓜蒌薤白桂枝汤加味。(6)气滞血瘀型，以血府逐瘀汤加减。(7)阴虚阳亢型，以天麻钩藤饮加减。治疗结果：显效236例，有效70例，总有效率为95.8%；其中29例急性心肌梗塞者，总有效率为93.1%。邵桂珍等从肝辨证论治反复发作性心绞痛57例，均有肝郁气滞等少阳瘀阻的临床症状，经予自拟柴胡芎附汤（柴胡、川芎、川楝子、半夏、附子等）治疗。结果全部病例在服药2剂后心绞痛即获明显改善；57例中，服药8～27剂，随着心绞痛的缓解，各种肝郁（瘀）症状也随之改善或消失。方显明用自拟的益气祛痰方（党参、五爪龙、半夏、橘红、竹茹等）治疗52例冠心病，结果心绞痛缓解率达79%。刘春堂等自拟温阳通痹汤（熟附块、桂枝、黄芪、三棱、莪术、血竭、白芥子、熟地、炒白芍等为基本方）治疗冠心病59例，若气虚重者加党参、炙甘草；气滞明显者加香附、陈皮；兼阴虚者加生地、玄参、麦冬，一般病人服用基本方5～8周后，临床症状有不同程度的改善。有25例患者治疗前后作了超声心动图法测定，提示心功能有不同程度的改善（P＜0.05）。

二、中成药治疗

马援等用单味回心草制成片剂及注射液治疗冠心病，其中28例单用回心草片，服后心绞痛显著消退及改善者25例，总有效率89.3%；尚有64例典型心绞痛者，除口服回心草片（回心草全草水煎浓缩成膏制成）外，加用肌注回心针，总有效率达93.75%。林求诚采用冠脉乐片（层卧孔菌 Fomitiporia Runcfafa (Fr) Murr 制剂）治疗270例冠心病。结果心绞痛症状疗效显效率36%，总有效率80%，心电图疗效显效率15%，总有效率53%，其疗效与潘生丁、活血丹、复方丹参片等比较，无显著差异。吴曼声等单用扩冠祛瘀灵胶囊（瓜蒌、枳实、葛根、元胡）治疗60例冠心病。30天后，心电图缺血图型改善率为64.7%；心绞痛症状疗效有效率为61.7%；30例高血脂者治疗后血脂明显下降（P＜0.01）；39例患者治疗后左心室功能明显好转（P＜0.05）。吴以岭等单用中药“五龙丹”片剂（水蛭、虻虫、地龙等）治疗冠心病心绞痛100例，服用1～2月后，辨证为气滞血瘀型者，心绞痛缓解率者，有效率为90%；气阴两虚型者，有效率为80%；阳气欲脱型者，有效率为75%。于莉等临床应用淫羊藿片（每次4～6片，每日2次，30天为1疗程），治疗140例冠心病，停用其他扩冠降脂药，结果改善心绞痛总有效率77.8%，改善心电图的总有效率74.3%。陈维亚等用中药（党参、薤白、元胡、菖蒲等）治疗冠心病169例，疗程1个月，其中辨证为气虚组的92例，口服补气心痛口服液，总有效率达89.12%；辨证为阴虚组77例，口服养阴心痛口服液（麦冬、沙参、赤芍、三七）总有效率为90.9%。周玉萍等用中药心痛气雾剂喷咽部或舌下粘膜，治疗76例（114例次）冠心病心绞痛患者。其中辨证属热证的42例（60例次）予热痛气雾剂（川芎、丹皮、冰片等）；辨证属寒证的34例（54例次）用寒痛气雾剂（川芎、肉桂、香附等）。喷药后3

分钟内疼痛消失为显效，3～5分钟消失为有效，5分钟以上疼痛未缓解为无效。结果寒证心绞痛有效率为87%，热证心绞痛有效率为90%。心电图疗效则分别为44.1%和30.9%，心功能测定显示心痛气雾剂对寒证患者有改善左心室功能状态的作用（$P<0.05$）；对热证患者，虽有效，但统计学处理无意义。此外，刘增昌用人参、三七、制附子、丹参、川芎、麝香等制成救心膏，敷贴于膻中、心俞、内关等穴，每次贴6～24小时，10天为1疗程，共贴治30例冠心病心绞痛病人，取得较好的疗效。

（马贵同　刘慰祖）

【老年冠心病的诊治】

冠心病是老年人的常见病。基于老年人的生理病理特点及临床观察，刘丽等认为肾虚血瘀的病理机制在老年冠心病的发病过程中具有重要意义，故以何首乌、桑寄生、山萸肉、川芎、丹参、赤芍、三七等药组成补肾活血基本方。加减法：偏阳虚加补骨脂、制附子；偏阴虚加熟地、麦冬。经治30例肾虚血瘀型冠心病患者，三月后复查，发现全血粘度各切变率均有下降，尤以低切变率时下降最明显，血浆粘度治疗前后相比差异非常显著，红细胞压积及纤维蛋白元亦呈下降趋势。同时患者E花环形成率有明显提高，Et、Ea治疗前后相比差异非常显著。徐爱民等用抗衰通脉胶囊（熟地、山药、山萸肉、杞子、杜仲、附子、丹参、桃仁等）治疗40例45岁以上的老年性冠心病患者，疗程4个月，结果临床显效（心前区闷痛消失）55%，总有效率达95%。金惠伯将老年冠心病分为6型进行辨证治疗。(1)心气虚弱证(10例)，以北京承德方柏子养心丸加减治疗。(2)心血不足证(9例)，以益营煎合四物汤加减治疗。(3)心脾两虚证(11例)，方取养血归脾汤加减。(4)心肾阴虚证(6例)，治以生脉地黄汤加减。(5)心肾阳虚证(8例)，以真武汤合保元汤加减治疗。(6)痰浊瘀阻证(10例)，以瓜蒌薤白白酒汤合桃红四物汤加减治疗。每证均附有效病例。

（马贵同　刘慰祖）

【高血压病辨证研究与治疗】

（一）辨证施治　侯建民辨证分型治疗高血压病205例，临床分为五型：肝火亢盛型55例，占26.8%，予以龙胆泻肝汤。肝肾阴虚型67例，占32.8%，予以滋肾养肝汤。阴阳两虚型22例，占10.73%，予以地黄饮子加减。痰湿壅盛型37例，占18.05%，予以半夏白术天麻汤加减治疗。气滞血瘀型24例，占11.7%；予以血府逐瘀汤。结果：临床治愈175例，好转42例，总有效率为90.07%。经治疗后血压平均值为128/83mmHg；而且收缩压与舒张压平行下降。

（二）验方单方　王其飞用长生草、五味子、槐米等组成的“血压宁”片治疗高血压病210例。其中Ⅰ期70例，Ⅱ期115例，Ⅲ期24例，并有53例合并冠心病和脑血管病。治疗结果：显效99例，有效71例，总有效率为80.94%。李桂敏等用自拟小蓟花生酒治疗原发性高血压病100例，并随访一年以上，痊愈75例，好转20例，总有效率为95%。李爱兰用自拟桑决合剂（桑寄生60克，决明子50克），治疗高血压病65例，总有效率为93.8%。吴深涛等自拟凉血化瘀降压饮治疗本病32例，显效18例，有效10例，总有效率为87.5%。其中23例一年后追访，19例血压一直较稳定。赵国祥用增液承气汤治疗高血压脑病1例，服药5剂即收到满意的效果。

还有李增林采用钩藤浸液浴脚的方法，治疗高血压病50例，结果显效27例，有效14例，总有效率为82%。

（邹顺金）

【低血压症的治疗】

低血压属中医学“眩晕”、“虚损”等范畴。王靖宇将本症分为脾胃虚寒、心脾两亏、肾气虚弱、心阳虚脱四型，分别用附子理中汤、归脾汤、金匮肾气汤、参附汤加减。强致和将本症分为三型：(1) 气虚型用张锡纯升陷汤（黄芪、桂枝、柴胡、升麻、陈皮、玉竹）或生脉注射液静脉注射；(2) 阳虚型用桂枝甘草汤加味；(3) 阴虚型用甘麦大枣汤加味，或杞菊地黄汤合生脉散加黄芪。王守杰等认为本症多为痰饮或血虚而致，故从通阳化饮论治，采用《金匮要略》茯苓泽泻汤（茯苓、泽泻、白术、桂枝、炙甘草、生姜）加黄芪、川芎为基本方，再随证加减，共治54例，显效28例，有效24例，总有效率达96.3%。戴双明认为本症多为先天不足，后天失养，加上思虑过度而致气血衰少，气虚阳弱鼓动无力，血压偏低，治用温阳益气之法。方用补气升压汤（生黄芪、党参、附子、炙甘草、白术、柴胡、陈皮、当归、升麻、肉桂）治疗44例，显效38例，好转5例，总有效率为97.36%。

（刘道清）

【高脂血症的治疗】

湘潭医院中医科科研组报道治疗高脂血症44例，采用标本结合，综合治疗原则，(滋阴补肝肾、活血化瘀、健脾利湿等)，自拟“降脂片”由制首乌30%，蒲黄20%，泽泻15%，荷叶15%，山楂10%，栝蒌壳10%组成。结果：显效22例（占50%），有效16例，(占36.34%) 总有效率为86.34%。其中降胆固醇有效率为63.6%；降β-脂蛋白有效率为61.4%；降甘油三脂有效率为50.3%。周健用健脾降脂汤加减（党参、茯苓、茵陈、白术、苍术、僵蚕、虎杖、生山楂、大黄）治疗本症，结果甘油三脂平均下降68.72～16.32mg%，高密度脂蛋白平均上升10.9±2.11mg%。金德山等用水蛭粉胶囊治疗高脂血症150例，服药前胆固醇为207.6±41.7；服药后为190.5±35.5，P<0.01；甘油三脂含量服药前为201.3±82.0，服药后为146.5±54.6，P<0.01；说明水蛭粉有较好的降脂作用。叶纯秀等用丹参增液汤加味方(生地、麦冬、元参、山楂、女贞子、丹参、甘草）治疗高脂血症，总有效率为81.8%。还有人用罗布麻茶、首乌片及单味人参治疗高脂血症，结果发现该三种药不仅有降脂作用，同时还可提高密度脂蛋白。佳木斯医学院附属医院用决明子治疗高脂血症100例，总有效率达98%。也有人临床发现三黄汤(黄芩、黄连、大黄）有明显的降低胆固醇和低密度脂蛋白的作用。并认为是治疗高脂血症和动脉硬化的良方。

在中药抗实验性的高脂血症研究方面，唐召力等对昆布粉进行了实验性研究，实验结果表明昆布粉能明显降低胆固醇，β-脂蛋白和甘油三脂；同时升高高密度脂蛋白及其亚类的水平。李庆东对鬼针草亦进行了实验性研究，表明鬼针草有明显的降胆固醇及β-脂蛋白的作用。

（邹顺金）

【脑血栓形成的辨证分型治疗及研究】

季炳琦等辨证治疗脑血栓53例，其中：(1) 肝阳夹痰，治宜平肝潜阳，化痰通络，方用天麻钩藤饮加减；(2) 气虚血瘀治宜益气活血，祛瘀通络，方用六味地黄汤加减。结果10例治愈，25例显效，16例有效，总有效率为96.2%。王明侠对本病60例从痰瘀论治，以涤痰汤去人参，加白芍，黄芩等。阴虚加生地、麦冬、玄参；阳亢加羚羊角粉、石决明、钩藤；抽搐加鳖甲、龟板、牡蛎等，同时每天静滴丹参注射液，14天为1疗程。结果痊愈31例，显效14例，好转10例，总有效率为91.7%。

顾选文报道对脑血栓形成200例，分为两个阶段治疗，第一疗程以复方丹参液静滴，每天1次，16毫升，同时口服小续命汤（炙麻黄、防风、防己、党参、黄芩、桂枝、炙甘草、赤芍、川芎、杏仁、附块），14天为1疗程；第二疗程改用补阳还五汤加味。结果痊愈118例，显效56例，有效17例，总有效率为95%以上。董守田自拟消栓汤（黄芪、地龙、当归、桃仁、红花、甘草、赤芍、川牛膝、首乌、茯苓）加味治疗本病35例，如肝风内动加珍珠母、钩藤、石决明，痰浊盛者加天竺黄，胆南星等。结果：基本治愈12例，显效15例，好转6例，总有效率为94.3%。王瑞臣自拟治瘫汤（生龙骨、生牡蛎、生赭石、怀牛膝、川续断、桑寄生、红花、钩藤、赤芍、川芎、丹参、乳香、没药）加味治疗本病54例，10天为1疗程。临床治愈41例（在3个疗程内治愈），显效9例，有效3例、无效1例。

靳照礼等报道自配脑脉丸（黄芪、水蛭、人参、珍珠、川芎、丹参、龟板、桑寄生、葛根、杜仲、首乌、黄精、石菖蒲、胆星、海藻、黄连、白附子、菊花、灵芝、青皮、冰片，白花蛇，研细末制成丸剂），每日9克分2次服。对于风痰上扰症重者，可配服牛黄清心丸。总有效率达97.63%；对照组112例（西药治疗）总有效率88.40%。两组从痊愈率、显效率、总有效率及疗程方面比较，治疗组均优于对照组（P<0.01）。本丸为固本治标方，降压作用稳定持久，占94.12%；理解记忆力恢复快达95.83%；肌力提高Ⅰ～Ⅱ级。耿宏等以羚羊散（羚羊角6克，朱砂、冰片各2克，琥珀4克共研粉）治疗本病18例，日服2次，每日1克。若舌有瘀点加三七共研；有流涎吐痰加鲜竹沥口服，20天为一疗程，结果痊愈14例，有效3例，无效1例。本散以平肝阳熄内风，解痉开窍为主，若血压不高、脉沉细者禁用此方。潘春生报道以蛇蝎蜈蚣散（白花蛇1条，蜈蚣1条，全蝎10克，共研为末）每日1剂，分3次服，治疗47例，辅以维脑路通，每日1次静滴，7天为1疗程。痊愈24例，显效（功能基本恢复，生活基本自理）17例，总有效率87%，疗程平均14天。潘氏并认为运用虫类药，能迅速获效、减少致残率。许燊等用自制红丹治疗371例，具有疗效高，收效快，毒副作用小的优点。基本方药：丹药（水银、火硝、皂矾、食盐炼制成150克），石膏（白砒硫磺炼制）25克，银翠（银块、石青炼制）150克，麝香25克，牛黄5克，羚羊角5克，熊胆5克，冰片5克，枣泥250克，加工制成。入院后，均单服或鼻饲红丹，每天2次，每次1丸，7天为1疗程。结果治愈171例，显效84例，有效90例，总有效率93.3%。

黄玉玺等对67例，经CT证实为脑血栓形成患者进行微循环和血液流变学观察，并探讨了其与中医辨证分型的关系。(1)甲皱微循环以异形管袢增多，管袢迂曲、扩张、扭绞、数目减少，血流缓慢呈粘流等主要特点。而气虚、痰阻、阴虚三组共67例，与健康对照组比均有显著差异（P<0.05～0.01）以痰阻型更为明显。(2)球结膜微循环，以毛细血管迂曲、缠绕、扩张、粗细不匀，周围渗血，管袢增多，血流缓慢呈粘流，红细胞聚集等为主要表现。而气虚、痰阻、阴虚三组与正常对照组比均有明显差异（P<0.05～0.01），以痰阻型更为明显。(3)血液流变学的各项指标与正常对照组比均有明显差异（P<0.05～0.01）。以上提示活血化瘀是治疗本病的重要环节。

（朱宝贵　姜志昂）

【梅核气的论治】

梅核气中医多属“郁证”范畴，西医称之为“癔球症”（神经官能症）。近年来黄洪霖用逍遥三花汤（柴胡、杭白芍、云茯苓、白术、薄荷、绿萼梅、橘络、佛手花、玫瑰花、苏梗、八月札、制半夏、甘草）治疗梅核气44例，治愈34例，显效8例，总有效率达95%；李玉海治疗梅核气60例，以开胸解郁汤为基本方：药物有桔梗、广陈皮、苏子、醋青皮、醋香附、白芍、枳壳、柴胡、春砂仁、乌药、甘草、厚朴、大黄、陈醋等。结果：服3剂治愈38例；服5剂治愈16例，症状减轻者4例；药后无变化者2例，治愈率为90%，总有效率为96.7%。夏斌用梅核参常滚痰汤（乌梅、礞石、党参、橘核，黄芩、常山、甘草、沉香、大黄）治梅核气60例，结果1周治愈19例，5周病愈10例，大多数3～5周获愈。治愈率86.7%，总有效率91.7%。王国庆用古方逍遥散、麦门冬汤、桔梗汤三方组成麦桔逍遥汤治疗本病26例，治愈21例，有效5例。赵建琪用梅核噙化片治疗33例，痊愈22例，好转7例，方用冰片、安息香、沉香、川贝母、桔梗、陈皮、白蔻仁，每片重0.5克，服法每用1片口内含化，每日4～6片。一般用药1～2周后，吞咽中梗塞或消失，或减大半。

（王纪龙　许士骠）

【胆汁返流性胃炎的治疗】

于大兴报道用和胃降逆法治疗胆汁返流性胃炎32例。基本方：半夏、代赭石、苏梗、大腹皮、党参、川楝子。肝胃不和者加白芍、柴胡、枳壳；中虚气滞者加白术、木香；胃阴不足者加麦冬、沙参；舌暗或有瘀斑者加刺猬皮、丹参；呕吐、口苦、舌苔黄腻者加半枝莲。结果：痊愈12例，显效15例，有效4例，无效1例。于氏并认为胃失和降为本病的基本病机，临症时本病患者有不同程度的脾虚症状，应注意降胃健脾以调升降。

李兆苓用柴黄汤（柴胡、郁金、佛手、大黄、甘草、木香、白芍、黄芩、佩兰、浙贝母、枳壳、川柏、蒲公英）治疗（不加任何西药）胃大部切除后胆汁返流性胃炎45例，其中痊愈25例，显效18例，无效2例。李氏认为本病的病机为肺失疏泄，肝气犯胃，胃失和降，经用该法治疗后，使肝气疏泄，胃得通降，胆汁顺胃气下降而不逆流。

姜润林报道用经方分型治疗：(1)肝胃气滞型，宜疏利通降为主，用仲景柴胡承气剂润畅脾胃气机，达到胃降浊清的目的。(2)寒热互结型，治以半夏泻心汤，寒热并用，和其阴阳，苦辛同舟，调其升降，补泻兼施，顾及虚实。(3)胃虚痰阻型，治以仲景旋覆代赭汤为主，益气和胃，降逆化痰，冀中焦健运，痰浊涤除，脾气得升，胃气自降。(4)肝胃虚寒型，予以温中补虚为治，方用吴茱萸汤，取温中散寒，暖肝和胃，降浊止呕，散寒浊降，升降协调，则脘痛自除。

（华英兰）

【慢性萎缩性胃炎的治疗】

张宗瑚报道辨证分型治疗慢性萎缩性胃炎60例，（均经胃镜及病理检查诊断为依据，包括胆汁及十二指肠液反流入胃28例），其中(1)肝失疏泄，胃失和降型：治宜疏肝利胆，通腑降逆，育阴生津，基本方用柴胡、延胡索、山栀皮、生大黄、广木香、枳实、炙甘草、姜黄、川楝子、旋覆花、金钱草、蒲公英、白芍，恶心呕吐加姜竹茹、生谷芽。(2)肝胃郁热，胃阴不足型；治宜疏肝泄热清胃，育阴生津，基本方用：延胡索、炒川楝子、生大黄、麦冬、黄连、白芍、生地、怀山药、北沙参、白花蛇舌草、枳实、炙甘草。(3)气滞血瘀、痰湿阻胃型：治宜活血祛瘀，理气止痛，健脾化湿，基本方用延胡索、生蒲黄、赤芍、白芍、当归、毕澄茄、陈皮、制半夏、炒香附、生米仁、黄芪、煅瓦楞子、生谷芽、炙甘草。结果显效（主症消失或基本消失，胃镜及病理检查对比有显著好转或病灶消失）39例；好转（主症基本消失或明显好转，但胃镜和病理未达到上述标准者）18例；无效主症虽有好转，但胃镜及病理检查未见好转者）3例。黄道富等报道治疗本病152例，（均经过胃镜钡餐造影检查及胃粘膜活检确诊）辨证分为气滞血瘀、痰热两型，采用清热化瘀法治疗。自拟海黄散：海螵蛸、熟大黄、黄芩、丹参、白芨、蒲公英、丁香、橘红、石菖蒲、甘草。吐酸甚者加瓦楞子、左金丸；嗳气甚加沉香；胁痛口苦者加柴胡、川楝子；腹胀甚者加厚朴，或大腹皮、皂荚子；兼寒气滞痛者加良姜、香附；食滞痛者加草豆蔻、楂肉；瘀滞甚者加元胡、五灵脂；大便出血兼血虚加阿胶、当归；兼脾胃虚弱者加淮山药，鸡内金。在治疗时停用其它药物。结果：显效（临床症状消失，3年内不复发，病理检查，消失或明显好转）99例；有效（临床症状明显改善，病理检查有改善）51例，无效2例。一般服药5～10天有止痛效果，其中服药1个月见效67例；2个月见效40例；3个月见效43例；总有效率为98.7%。谢启舜用降逆顺气法治疗慢性萎缩性胃炎47例。基本方由苏梗、制半夏、茯苓、川朴、佛手、麦芽、木瓜组成。其主要加味法如嘈杂口苦加川连、蒲公英；便溏加乌梅、生苡仁、生山药；舌红少苔或光剥少津去川朴加石斛、白芍、生甘草等。胃镜病理检验结果：显效16例，好转13例，无效17例，恶变1例，总有效率为61.7%，治疗4个月为1疗程，症状消失或好转者占93.6%。

（朱家宝）

【中医药治疗消化性溃疡】

张广麒在“中医治疗胃及十二指肠溃疡135例临床分析”一文中指出：（1）从辨证分类中脾胃虚寒所占的比例，明显地提出了脾胃虚寒为本病的根本，而益气健脾，温中散寒则为治疗本病的大法。（2）在辨为脾胃虚寒的85例中，诊断为十二指肠溃疡79例，说明十二指肠溃疡多表现为脾胃虚寒。（3）在辨证为脾胃虚寒的85例中，夹饮兼气滞者61例，溃疡属活动期58例，而单纯辨为脾胃虚弱者其溃疡均属稳定期或为疤痕期，提出夹饮、气滞明显者，其溃疡多属活动状态。气滞，湿热为主要表现者，其溃疡也多属活动状态。因此治疗应根据症情加强疏肝泄热化湿的治疗，将有利于溃疡的愈合。（4）从本组疗效中看出，以湿热、瘀阻为主要表现者治愈率最低，无效率则最高。辨证时注意配用活血化瘀疏导清利之法，是克服溃疡迁延难愈不可缺少的步骤。（5）在溃疡病治愈后间断不定期地服用健脾益气方药是防止溃疡病复发的方法。（6）食疗是防止溃疡病复发的辅助方法。本组部分病例中，糯米红枣粥和砂仁炖猪肚的食疗方法，取得了一定的辅助治疗效果。谢旭善报道对201例溃疡病进行辨证治疗分析：（1）脾胃虚寒型（包括脾胃虚弱）127例，占63%，方选黄芪建中汤、香砂六君子汤、附子理中汤、补中益气汤、良附丸等。（2）肝胃不和型24例，占12%，方选四逆散等。（3）肝胃郁热型15例，占7.5%，方选化肝煎等。（4）脾胃湿热型18例，占9%，方选黄连温胆汤、柴平汤、陈平汤、藿柏夏苓汤等。（5）寒热错杂型6例，占3%、方选半夏泻心汤。（6）胃阴不足型5例，占2.5%、方选叶氏养胃汤、一贯煎、沙苓夏冬汤等。（7）瘀血型6例，占3%、方选丹参饮、失笑散等。刘振宇报道，辨证施治加乳香、没药、三七、珍珠散和单纯辨证施治治疗溃疡病149例和96例，治愈率分别为82.6%和45.8%，提示前者疗效明显优于后者。陈文第报道，以扶正驱邪，生肌收口为主，促进溃疡愈合生长为原则，自制九味溃疡汤，（孩儿茶、蒲公英、黄芪、白芨、丹参、槐米，红木香、牡蛎、香附）治疗十二指肠球部溃疡92例，经钡餐复查证实，溃疡愈合者87例，占93.5%。其中黄芪托疮生肌，蒲公英溃坚消肿，孩儿茶收湿清热、生肌敛疮、定痛止血，促使溃疡面愈合。姚世明报道，急性上消化道出血辨证施治90例，其分型：（1）脾虚失统型，方用独参汤、黄附汤、云南白药，少量频服。（2）胃中积热型，以清胃降火，化瘀止血法，常用药为大黄、黄连、黄芩、丹皮、侧柏炭、茜草根、玫瑰花等，若肝火偏盛，加用龙胆草、山栀等药，若出血量多，加乌贼骨、白芨、地榆等药。（3）阴虚胃热型以滋养胃阴、清热止血法，常用药：生地、玉竹、知母、麦冬、石斛、白芨、地榆炭、茜草根、阿胶、枣仁。结果87例完全止血，有效率为96.7%，大便潜血平均转阴时间为3.2天。欧柄楠等报道，用铋类散加中药煎剂，辨证治疗消化性溃疡7例，有5例龛影愈合，其促进溃疡愈合，缓解疼痛症状和改善全身情况比单用铋类散快而明显。陈子华报道治疗本病16例，亦用锡类散、生肌散，认为二药合用，相得益彰。

阎财富用自制中药溃疡止血散(以白芍、乌贼骨为主药)治疗胃十二指肠溃疡出血100例。其中97例顺利地达到止血作用，呕血或便血停止，随后全身情况改善。张伯明等自拟制剂胃炎宁（蒲公英、地锦草、徐长卿、莪术、广木香、吴茱萸、生甘草）和痢特灵治疗幽门弯曲菌阳性的胃炎、溃疡病62例的观察。1个月经复查胃镜、病理和尿素酶试验。结果：胃炎宁组40例，治愈25例，显效9例，好转3例，总有效率92.5%；痢特灵组22例，治愈7例，显效5例，好转4例，总有效率72.7%。胃炎宁疗效优于痢特灵（$P<0.05$）。

（华英兰）

【胃下垂的治疗】

周天寒认为胃下垂属本虚标实之证，临证当权衡寒热虚实，分别采用陷者举之，虚则补之，寒则温之，热则清之，滞则疏之的原则，因证而治。郝文轩亦认为对胃下垂不可以"陷者举之"一法通治。即以气陷而论，有痰饮留伏而致者，有浊郁弥漫而致者，有气血困顿而致者，有风木不张而致者，有宗气不振而致者，有精不化气而致者，有火不生土而致者，有金寒水冷而致者，脉证、病机不同遣方用药各异。许永顺等又认为胃下垂主要是脾胃气机失调，并与肝之疏泄，以及肾阳的温煦功能正常与否有密切关系，治疗需多方兼顾。许氏等自拟调气益胃汤加味治疗胃下垂50例，方由柴胡、白术、白芍、茯苓、枳实、党参、黄芪、山药、炒葛根、桂枝、生麦芽、炙甘草等药组成。功能调补并用，润燥兼顾。若脾胃湿热者加藿香、黄连；脾胃阳虚者加制附片，并加重桂枝剂量；胃寒疼痛者加高良姜、元胡；大便秘结者加槟榔、麻子仁；腹泻者加肉豆蔻、五味子；泛恶口苦者加左金丸；伴血瘀者加失笑散；泛酸者加乌贼骨、煅瓦楞；神衰加炒枣仁、合欢皮。结果治愈18例，显效26例，有效4例，总有效率96%。陈勇报道发现本病因阴虚血瘀而发病者并非少见。经治用自拟养阴活血汤（沙参、麦冬、生地、玉竹、白芍、枳壳、党参、桃仁、红花、当归、炙甘草），痊愈14例，有效16例，总有效率为93.8%。吕少起报道观察多例胃下垂患者，晨起后，痞满不欲食，呕吐乏力等症尤甚。认为这是木克土的表现，治宜补中益气加入苦酸微寒，补血敛阴，柔肝泻肝的白芍和味酸泻肝和胃的木瓜，全方既能益气升陷，又能培土抑木，果获良效。王显周报道，用《雷氏家传验方集》乌梅四物汤（醋炒白芍、红糖、醋炒当归、熟地、乌梅）治疗胃下垂2例，均获较为满意的效果。宋长贵报道用《摄生方》之乌龙丸加减治疗胃下垂，取得较好疗效。药用人参、砂仁、苍术、陈皮、九香虫，研末装入胶囊，每次2克，日服3次。张茵州等报道，运用自拟行气整肠汤（木香、厚朴、大腹皮、槟榔、莱菔子、枳壳）内服，治疗胃下垂200例（轻度102例，中度86例，重度12例），另设对照组52例（轻度26例，中度23例，重度3例），服用补中益气汤原方。服药24天为一疗程，两组均各服2个疗程。结果：治疗组痊愈145例，好转52例，总有效率98.5%，半年后随访无复发；对照组痊愈12例，好转21例，总有效率63.5%。两组有效比较差异有显著性意义（$P<0.005$）。罗焕珍报道治疗本病40例（重度32例，中度8例），采用中药为主，配合艾灸、水针等单方综合治疗。中药治疗分第一个阶段，采用理脾和胃，药用香砂六君子汤化裁（条参、炒白术、茯苓、砂仁、陈皮、半夏、焦山楂、鸡内金、广木香、高良姜、甘草），偏重于恢复胃的功能；第二个阶段采用益气补脾、宗补中益气汤化裁（黄芪、党参、枳壳、炒白术、当归、厚朴、陈皮、升麻、柴胡、炒谷麦芽、炙甘草），侧重于升阳举陷，使胃体复位。两个阶段的治疗并不截然分开，根据病情而交互运用。病愈后着重饮食调

养，可食用单方：黄芪30克，枳壳15克～20克，两药用纱布包扎好置于猪肚内，温火炖熟，去药渣吃肚喝汤。

（姚克袠）

【结肠曲综合征证治】

结肠的肝曲或脾曲因局限性充气过度而出现的肝区或脾区胀痛为主的一系列比较复杂的症候群，称之为结肠曲（肝曲或脾曲）综合征。本综合征先由Payr氏于1910年描述，故已称Payr氏综合征。症见左上腹及其胁肋部或右上腹及其胁肋部膨胀疼痛，痛引胸胁，并可放射至腰部或肩部，入夜痛剧，屈曲躯体或排气排便后痛减。多伴有精神抑郁，性情急躁，心烦失眠，满闷憋气，嗳气恶心，及头晕、心悸，汗出等。舌红、苔白或黄。脉弦，或弦细，或弦滑。本证属中医“胁痛”、“肝郁气滞”、“腹痛”、“气臌”范畴。

一般认为结肠曲综合征的发病与精神因素有关。张晓辉认为一与精神刺激，情绪紧张有关，一为腹腔内脏器官的某些轻度炎症病灶，通过神经反射机制导致本病发作。扈新钕则认为本病的发生似与解剖生理特点有关，易致气体积聚。而《脉诀》“积气生于脾脏旁，大肠疼痛卒难当”和《素问·阴阳应象大论》“浊气在上则生䐜胀”的论述，与本病有相似之处。病机关键在气机阻滞，升降出入运行失调。

治疗法则都以疏肝理气为主，或佐以清热，或佐以通腑。张氏用逍遥散加减（当归、白芍、柴胡、茯苓、青皮、香附、山栀、丹皮、郁金、川芎、黄柏等）治疗两例，均获痊愈。扈氏用《沈氏尊生》木香顺气散治疗10例亦全部痊愈，其中8例服药3剂后疼痛即未再发作。其方药为：广木香、枳壳、制香附、青皮、乌药、陈皮、苍术、川芎、甘草、砂仁。绞痛者，加丹参，延胡索；食滞者，加焦三仙、炒莱菔子；体虚便秘者，加当归、桃仁；嗳气者，加代赭石、降香。钱建业以六磨汤为基本方，药用木香、沉香、台乌药、大腹皮及子、炒枳壳、生军。神疲气短体乏者，加党参；妇人脏燥，喜悲伤欲哭，神经官能症状者伍以甘麦大枣汤；无便秘者，去生军或用熟军；腹痛如刺，舌有瘀斑，脉弦或细弦者，配用延胡索、川芎、香附；兼见面色苍白，四肢厥冷，汗出者，加干姜、附子；亦可配用桔梗等宣肺之品，意取提壶揭盖。赵树民以赤芍川朴丹参饮（赤芍、川朴、丹参）治疗12例，显效6例，有效5例，无效1例。

（王锦鸿）

【慢性结肠炎和溃疡性结肠炎的治疗】

慢性结肠炎及溃疡性结肠炎属于中医“泄泻”、“久痢”等范畴。孟保等认为随着纤维结肠镜的推广应用，加深了中医对其局部病变的认识和重视。溃疡即疮疡破溃。据病理活检报告，其隐窝脓肿占86%，此与外科之疮疡仅有内外之分。该病等以脾胃虚弱，气血亏损为本；血瘀肠络，湿热留滞为标。孟氏等自拟溃结灌肠汤，重用黄芪，合以血竭、乌贼骨、赤石脂、大黄之品攻补兼施而获良效，治疗36例，治愈28例，总有效率达97.2%。

罗日永等、林昭勤、杜荣亮、赵振均等认为慢性结肠炎有血瘀证的表现，大多数有腹痛部位固定，压痛，且可触及条索状物，大便粘液或脓血，肠粘膜充血，水肿或点状出血等症。在治疗时可酌加活血化瘀药，有改善微循环，促进炎症吸收及组织修复，增强消炎和免疫功能等作用。赵辉等报道，益气活血法的临床观察结果与益气健脾、清热祛湿法相似，然实验观察结果，前者对动物结肠的损伤恢复和体外血栓干重的改善则优于后者。通过分析动物模型的体外血栓干重与结肠损伤分数间的关系，证明两者间存在着非常显著的正相关的关系，亦即血瘀证的程度与结肠炎症损伤的严重程度成正比。该病血瘀的形成，不仅与气虚有关，而且由于湿热的阻滞也影响了血液的正常运行。所以益气健脾、清热祛湿法也间接地起到了活血的效果。

近年许多学者认为本病与自身免疫反应有关。郭琪等报道，用聚乙二醇沉淀法(PEG法）测定28例本病患者的循环免疫复合物(CIC)，阳性率达60.7%。李国栋等亦报道溃疡性结肠炎35例中有23例免疫球蛋白IgG或IgM增高，经中药治疗后，一些患者增高的IgG、IgM逐渐下降，症状也随之缓解。李氏等还用自拟灌肠方（黄连、栀子、白芍、防风、银花、生甘草）作实验研究，证明能抑制硫酸铝钾引起的小鼠淋巴细胞的免疫增强反应，其CPm指数与用硫唑嘌呤后CPm指数相近。

至于应用不少简便有效的方药，近年亦多有报道。叶光华等用大果榆（为榆科植物大果榆 Ulmus macrocarpa Hance）保留灌肠治疗溃疡性结肠炎，每晚一次，15次为一疗程，平均3～4个疗程，临床治愈及显效率83.3%，总有效率94.4%。郭松河用阿胶栓（含阿胶、654-2、扑尔敏等）保留灌肠合复方黄芪颗粒糖粉口服，治疗慢性非特异性溃疡性结肠炎，治愈率达70%，有效率达100%，随访20例，仅有1例复发，且症状较轻，用药后又好转。徐顺猷等用清热凉血的白头翁汤加灭滴灵灌肠治疗溃疡性结肠炎及伪膜性肠炎，血多加龙芽草；脓多加野麻草、马齿苋；粘液血多加赤芍、白芍；消化不良加山楂、神曲。灭滴灵是抗厌氧菌药物，又有影响白细胞趋化作用及某些免疫抑制作用，有些重症患者单用白头翁汤疗效不佳，加入灭滴灵后取得满意效果。贾中勤用结肠炎（麝香、天麻、沉香、牛黄、蟾酥、羚羊角等共研细末，每包0.5克）治疗溃疡性结肠炎26例，药前先用生理盐水加黄连素或鱼腥草液灌肠3～6天，每次1包，3～5次即可痊愈。随访25例，均1年以上，全未复发。杨林斌用溃结露（白头翁、苦参、丹参、赤芍、炒白芍）治疗慢性非特异性溃疡性结肠炎245例，保留灌肠平均25天，治愈率70.6%，好转26.5%，无效2.9%，半年后随访123例，复发7.3%。刘宗凯用固本益肠片（黄芪、党参、白术、山药、白芍、元胡、赤石脂、地榆、炮姜、补骨脂、当归、木香、儿茶、炙甘草，制成片剂，每片0.5克）治疗慢性结肠炎280例，日服3次，每次10片，近期治愈率66.1%，总有效率97.9%。本病的善后调摄，一般主张症状消失，镜检治愈后也应继续1个疗程或改半量继续治疗1月，以巩固疗效，预防复发。

（王家渊　何立人）

【早期肝硬化及其继发红细胞增多症证治】

高荣慧等报道，早期肝硬化的主要病理变化是血瘀气滞，应以活血疏肝为首要原则，所选药物活血而不破血，使瘀去而新生。但根据《金匮要略》“见肝之病，知肝传脾，当先实脾”的理论，可知脾虚运化无力，气血生化无源，更加重肝瘀的程度，故益气健脾、扶正固本之法也是治疗过程中不容忽视的因素。高氏等应用自拟方芪茜汤（黄芪、茜草、红花、莪术、白矾、姜黄、炒白术、生甘草）治疗早期肝硬化106例，其中既往有肝炎病史者63例，占59.43%，有家族史者17例，占16.03%。肝炎后肝硬化77例，酒精性肝硬化18例，心源性肝硬化1例，胆汁性肝硬化2例，医源性肝硬化8例。对照组28例给予常规药物如葡萄糖醛酸内脂、肌苷、维生素C等。两组均服药3个月为1疗程，均于服药后1个半月复查1次。疗效标准：(1)显效：脾大（沿锁骨中线肋下）回缩2厘米以上，临床症状消失，肝功能正常，血小板回升，出、凝血时间正常，血清蛋白电泳γ值降至22%以下者。(2) 好转：脾大回缩1～2厘米，临床症状消失，肝功能基本正常，血小板及出、凝血时间接近正常，γ值在25%以下者。(3) 改善：脾大回缩在1厘米以内，症状稍有改善，肝功能轻度异常，其他指标均无明显变化者。(4) 无效：治疗前后症状及体征等，指标无改变，甚至加重者。结果：中药门诊组的总有效率为 87.5%(42/48)，显效率为 41.67%(20/48)；中药住院组的总有效率为 93.3%(28/30)，显效率为56.67%(17/30)，两组间差异不明显。而西药组总有效率为 53.6% (15/28)，显效率仅 3.57%(1/28)，均远低于两中药组 (P<0.005)。

王健中则主张早期肝硬化以破血消瘀为主，并酌情变通用药，据报道治疗本病 40 例均给服消癥丸。处方：䗪虫、炮山甲各 100 克，水蛭 75 克，大黄 50 克，共研细末，水泛为丸，日服 2～3 次，2 个月为 1 疗程，其加减法：若黄疸较重者，加用茵陈、赤芍；血清总蛋白低或白蛋白与球蛋白比例倒置者，加用黄芪、黄精、山药；均水煎送服本丸。若脾胃虚弱，食欲不振，大便稀溏，表现为邪实正虚者，改服健脾利水，活血化瘀汤剂(白术、茯苓、陈皮、泽泻、茵陈、丹参、炮山甲、䗪虫、鳖甲等)，待饮食增加，大便好转后续服消癥丸。结果：40 例中临床治愈者 11 例，基本治愈 13 例，好转 12 例，总有效率为 90%，无效 4 例，占 10%。

沈同戊等报道肝硬化继发红细胞增多症 1 例老年男性有慢性肝炎史者。症见两胁隐痛，纳谷不香，面色黯红，舌质绛，舌边有瘀点，苔薄，脉弦，辨证属气滞血瘀。肝肋下 1 厘米，质稍硬。血红蛋白 18.8 克，红细胞 700 万，白细胞 4400，中性 77%，淋巴 22%，总胆红素 <0.4 毫克，GPT 80 单位，麝浊及锌浊均 >20 单位，白蛋白 4.04 克，球蛋白 4.45 克，血清蛋白电泳 γ31.3%。澳抗 1:256，碱性磷酸酶 31 KA/单位，红细胞比积 54%，全血比粘度 8.6，血浆比粘度1.87，骨髓象符合继发性红细胞增多症。处方：丹参，当归、赤芍、白芍、炮山甲、柴胡、郁金、青皮、陈皮、大黄、炙甘草，服 10 剂；获显效。复查除电泳 γ球蛋白为 23.6% 外，余均恢复正常，血红蛋白及红细胞亦分别下降至 14.9 克，480 万。此后患者一度复发，仍按上法获效。随访 3 年，症情稳定，各项指标均在正常范围。

(陆鸿元)

【益脾行水等法治疗肝硬化腹水】

孙景振在用中药复方为主治疗肝硬化腹水的疗效观察中体会到，对本病用单纯的攻伐或补益均不适宜。夏允中“肝硬化腹水刍议”一文中指出：治疗大法总以养正消积为宜。为此孙氏和张山川等均主张益脾利水为主，攻补兼施。孙氏报道先后收治本病 202 例，其中治疗组 22 例采用中药复方为主(太子参、茯苓皮、苍术、白术、炙甘草、绵茵陈、当归、赤芍、白芍、丹参、泽泻、车前子、大腹皮、冬瓜仁、炒三仙、生鸡内金、广木香、青皮、陈皮，并随证加减) 配合西药的方法治疗。结果：治愈 (症状消失，腹水消退，肝功能正常，恢复健康) 10 例，显效 (主要症状消失，腹水消退，肝功能正常) 66 例，好转 (肝功能轻度异常，主要症状基本消失，腹水未退尽) 40 例，显效以上占 62.28%。张氏报道治疗本病 31 例，中药基本方为炒白术、生黄芪、茯苓、泽泻、大腹皮、赤芍、白芍、青皮、陈皮、丹参。并随证加减，其中白术一味重用可至每剂 30～60 克，根据不同病情，随证选用。舌苔白腻者为湿重，白术宜生用；舌淡苔薄，边有齿印者为脾虚，白术宜炒用；舌质红苔少为阴虚，白术宜炙用。根据实验研究，白术有升高白蛋白，纠正白/球蛋白比例失调，保护肝细胞及持久利尿等作用。另用西药短程间歇利尿为辅。结果(腹水退净，主要症状消失，随访半年以上无复发者) 21 例，好转 (腹围缩小 15 厘米以上，主要症状消失) 7 例，总有效率为 90.0%。

廉生林等分步治疗本病的方法亦具特色。廉氏等报道治疗晚期肝硬化腹水68例，亦以健脾利水，攻补兼施为治则，均采用自拟的“甘蟾砂仁合剂”(简称合剂)，配制法：取活蟾蜍2只，每只50克，以冬季者为佳，蟾蜍腹中装入砂仁10克，木香6克，醋甘遂3克，黄泥包裹以文火煨干后去泥，再加生鸡内金10克，焦山楂30克，共研细末拌匀，每次服6克，每日2次，饭后服，治疗分三步进行，6个月为1疗程。第一步用五皮饮送服合剂，需服10天，第二步用化瘀汤（丹参、桃仁、红花、元胡、生牡蛎、穿山甲）送服合剂，需35天，第三步补气养血汤（党参、黄芪、熟地、当归、白芍、白术、阿胶、麦冬）送服合剂，约需75天。结果：1个疗程治愈20例，2个疗程治愈22例，合计42例，占62%，显效16例，有效6例，总有效率为94.8%。还有胡国斌报道治疗本病17例，用自拟虎牛汤（虎刺、紫金牛全草各150克，水煎2次，取汁混和分2次冲服蝼蛄（去头足后置新瓦上炭火上焙干研末）6克。每日1剂。待腹水消退后，去蝼蛄，改冲服生鸡内金粉6克，穿山甲粉（先用油茶炸黄酥，晒干研末）3克。连服1月以上巩固疗效。结果：显效9例，好转5例，无效1例，死亡2例。周光报道治疗本病用消膨利水汤（陈葫芦瓢、生熟苡仁、车前子、茜草根、猪苓、连皮茯苓、大腹皮等）并随证加减。共治10例，疗程1～3个月。结果：腹水消失5例，明显消退2例，初治腹水减少或消失重新出现或增多后复治无效2例，初治即无效1例。

（陆鸿元）

【慢性肾功能衰竭的辨证论治】

陈志伟指出，慢性肾功能衰竭以气阴两虚证最为多见，治疗原则是益气养阴，但亦要根据不同脏腑的虚损及气阴两者损伤的偏重，在治疗中要有所侧重。同时要注意调理脾胃，有利于肾气的恢复和改善。

陈岱报道辨证治疗慢性肾功能衰竭46例，其中脾肾阳虚型，治以温脾补肾化浊，药用附子、党参、黄芪、茯苓、白术、山药、仙灵脾、石韦、泽泻、六月雪、益母草、生大黄；脾虚水聚型，治以健脾利水降浊，药用党参、茯苓、白术、半夏、黄芪、山药、生大黄、六月雪；湿热蕴结型，治以清利湿热，药用银花、连翘、蒲公英、紫花地丁、茯苓、六月雪、石韦、桑皮、泽泻、猪苓、蝉衣、僵蚕；气阴两虚型，治以益气养阴，药用生地、白芍、栀子、党参、黄芪、当归、白术、山药、竹茹、丹参、木香、六月雪。结果显效7例，有效7例，稳定18例，无效14例。徐再春报道治疗本病32例。其中脾肾阳虚型用真武汤加减；气阴两虚证用参芪地黄汤加减；肝肾阴虚证用二至丸合杞菊地黄丸加减；阴阳两虚证用二仙汤加味。治后患者的症状与体征均有改善，有效率为89%。血肌酐与血尿素氮明显下降。骆继杰自拟肾衰汤（黄芪、半边莲、益母草、半夏、枳实、生大黄、茯苓、附子、陈皮等）治疗本病35例并随证加减，结果显效21例，好转7例，无效7例；尿素氮平均下降35.64毫克%，肌酐平均下降5.62毫克%。李碧用黄苏汤治疗本病辨证属于浊邪中阻化热型者24例，基本方：陈皮、竹茹、枳实、苏叶、半夏、黄连、茯苓、鸡内金、焦三仙、大黄、甘草。治后症状改善者达91%，血肌酐、尿素氮平均明显下降。罗桂桃用中药（附子、败酱草、芒硝、大黄、牡蛎、赤芍）灌肠治疗慢性肾功能衰竭26例，其中脾肾阳虚型11例，阴虚热毒型2例，气阴两虚型13例，治后显效（血尿素氮下降30毫克%以上）18例，好转（血尿素氮下降10毫克以上）5例，无效3例。严仲庆用灌肠为主治疗本病14例，并设辨证组对照13例，灌肠方有附子、牡蛎、茯苓、大黄等组成，结果：灌肠治疗组与对照组显效为3:1，有效为6:2，无效为6:7，灌肠治疗组明显优于对照组，魏江磊根据慢性肾功能衰竭患者多有血瘀的病理变化，因运用活血祛瘀的活肾Ⅰ号（生大黄、丹参、牵牛子、附片、全蝎）灌肠治疗25例，并设对照组观察，结果治疗组显效6例，有效9例，总有效率80%；对照组10例，显效2

例，有效2例，总有效率40%。并观察到灌肠治疗组患者的血液流变学指标，β_2微球蛋白的改善方面均优于对照组。另外，王纲等用肾衰药方（生附片、川芎、沉香、冰片等）外敷慢性肾功能衰竭尿毒症患者的肾俞、关元等穴位，共治8例，近期显效4例，有效3例，无效1例，肾功能各项指标也得到明显好转。

（张国庆）

【慢性肾小球肾炎的辨证分型及治疗】

沈庆法综合了1988年在兰州召开的全国第四次中医肾病学术交流会的论文报告，提出慢性肾小球肾炎的辨证，有从正虚着手，有从邪实着手，有从正虚邪实两方面着手进行辨证分型。李莹提出，慢性肾小球肾炎的基本病理是本虚标实，以肺、脾、肾三脏之虚为本，以外邪、瘀血之实为病之标，临床可分为：（1）肺脾气虚型，多见于慢性肾炎合并外感；（2）脾肾阳虚型，多见于慢性肾小球肾炎无表证者；（3）肝肾阴虚型，多见于慢性肾小球肾炎高血压型或慢性肾炎隐匿型；（4）瘀血阻滞型，可见于水肿长期不愈者。李道明提出辨证分型也着眼于肺、脾、肾三脏之虚，更注重临床化验指标，并提供较具体的指标变化范围。如肝肾阴虚型，是以阴虚阳亢的证状，加之以火旺、湿热、瘀血的兼证作为辨证分型的依据。一般见有心悸、心慌，身热面赤，心烦口渴，呕逆纳呆，头晕欲仆，脉细数，舌嫩红，血压偏高，浮肿，尿血，尿蛋白在卄～卅之间，细胞管型0～2，红细胞3～4个。本证共分四型：即肝肾阴虚，脾肾两虚，肺脾两虚，肺肾两虚型。柴智认为慢性肾小球肾炎可分为：（1）脾气虚弱型；（2）脾肾两虚型；（3）肝肾阴虚型；（4）脾肾阳虚、湿浊内犯型。

此外，庞景春拟制补肾化瘀降浊汤（生地、当归、制首乌、枸杞子、黄芪、防己、怀牛膝、益母草、淫羊藿、大黄）。治疗肾小球肾炎氮质血症26例，结果显效者8例，好转11例，总有效率73%。庞氏认为气阴两虚为慢肾氮质血症病理特点，肾气虚不能导血生血，阴虚则血停气滞而成瘀，瘀在肾则肾之血流量减少，对体内有害物质的排出就减少，肾小球滤过率下降，导致肾之功能下降，因此提示了慢性肾炎有肾之气阴虚兼血瘀的一种证型。姜鹏凌认为慢性肾小球肾炎辨证有三要，即辨寒热，审气血，察脾肾三方面，提示了辨证论治的方法，例如症状以水肿为主者，主要辨寒热，以寒热为辨，将水肿分阴水与阳水以区别治疗。如症状以尿血为主者，病机为肾经阴络受损，应辨其在气在血之不同，在气是因脾气虚不能摄血；在血又有血热与血瘀之不同，如以蛋白尿为主，当分因脾、因肾，若因于脾气虚弱，中气下陷，宜健脾升清，益气固精；若因肾气不固，宜固肾摄精；若因肾阴不足，宜养阴固肾。

卢君健等采用祛风抗敏法治疗慢性肾小球肾炎54例，基本方：荆芥、防风、麻黄、苏叶、银花藤、连翘、乌梅、甘草、红枣。结果完全缓解19例，基本缓解34例，总有效率达90.15%。此外，贾汝汉创制肾炎1号（黄芪、川芎、败酱草、益母草）治疗慢性肾小球肾炎48例，从方测证，组方具有益气、清热解毒、活血化瘀的功效，亦提示了慢性肾小球肾炎气虚血瘀，湿热内犯之证型。

（俞志伟）

【慢性肾盂肾炎的辨证分型及治疗】

方筠卿探讨了肾盂肾炎60例的辨证分型，虚证：（1）脾肾两虚型，治当健脾益肾，方用四君子汤加黄芪、淮山药、枸杞、车前子。（2）肝肾阴虚型，治当滋阴补肾，柔肝清热，方用六味地黄汤加白花蛇舌草、车前草、连翘、猫须草、石斛、白茅根、白芍、甘草。（3）肾虚血瘀型，治当补肾活血，佐以清热，药用川芎、当归、赤芍、生蒲黄、黄柏、大蓟、小蓟、连翘、丹参、琥珀、枸杞子、生地、熟地、炒杜仲。实证：可以湿热蕴结型和外感湿热型治疗，但此大多在肾盂肾炎的急性期出现。吕宏提出老年慢性肾盂肾炎的辨证治疗重在扶正固本。其分型论治内容有：(1)肾阴不足型，症见低热，手足心热，腰痛绵绵，腰膝痠软，溺痛不著，淋沥不已，舌红少苔，脉细。相当于肾功能正常期，内生肌酐清除率>70毫升/分，血肌酐<1.5毫克%。(2)脾肾气虚型，症见小便滴沥而出，便意不尽，遇劳倦则加重，腰痠乏力，精神困惫，少气懒言，舌苔根腻，脉细无力。相当于肾功能完全代偿期，内生肌酐清除率在50～70毫升/分，血肌酐1.5～2毫克%。(3)脾肾阳虚型，为在脾肾气虚型表现的基础上，又见畏寒，肢冷，面皖白，浮肿，纳差，舌胖齿痕，脉沉细无力。相当于肾功能失代偿期或氮质血症期，内生肌酐清除率<50毫升/分，血肌酐>2.0毫克%。(4)阴阳两虚型，为本病的终末期，可见浮肿，恶心呕吐，神志异常，抽搐及出血倾向。相当于尿毒症期，内生肌酐清除率<25毫升/分，血肌酐>5毫克%。此外，王光大等对本病治疗体会是：(1)本病病程漫长，反复发作，正气耗伤，加上湿热留滞，缠绵难解，日久肾精亏损，脾阳耗伤。因此，拟补肾填精，健脾升阳法，药用济生肾气汤、补中益气汤等。(2)对于本病血尿不止者，必因湿热内蕴，热甚煎熬，热结成瘀，以至气滞出血，证属血瘀气滞、血虚，治拟行气化瘀养血。药用四物汤加蒲黄（生熟各半）、滑石、旱莲草、小蓟、阿胶等。(3)对于本病长期低热，多因湿热之邪内蕴，以致气机失于通畅，清阳之气被遏，不能外达，证属湿热气滞，治拟清理湿热，调畅气机。药用三仁汤加味或用甘露消毒丹，临床均获显效。陈君以三仁汤方为主，随证加减，治疗各种肾盂肾炎25例，痊愈13例，临床治愈者7例，好转5例，平均症状消失时间为6.4天，平均尿菌转阴时间为22.4天。

（俞志伟）

【尿路感染的中医药治疗】

尿路感染属于中医淋证范围。黄星垣提出治淋之要，应当首辨虚实，其依据有三：(1)辨病程长短。新病、初病多实，乃湿热邪毒蕴结膀胱；久病多虚，气阴受伤。(2)辨有无尿痛。痛者为实，不痛者为虚。尿痛的轻重程度与湿热邪毒的盛衰呈平行关系。在热淋、血淋明显，但在高热、恶寒情况下，尿痛反不明显，更应详辨。(3)辨小便色泽。小便混浊黄赤，多为湿热邪毒壅盛；溺液清白，则多为邪退或正衰的征象。本病的急性发作阶段，与热淋类似，乃湿热邪毒蕴结膀胱的实证，治宜通淋利湿，清热解毒为主。黄氏报道服用"柴芩汤"（柴胡、黄芩、石苇、葎草、车前草、广木香），每日2剂，分6次服，一般守方1周。荣远明等采用三妙散（黄柏、苍术、牛膝）加车前草、蒲公英，对其重症应用八正散合五味消毒饮。朱沛冉应用清淋汤（生地、木通、黄柏、茯苓、知母、生甘草、乌药、紫花地丁）治疗，热甚加蚤休、血尿加小蓟、白茅根，水煎服，每日2剂，6小时服1次，以清为主。李开祥等治疗急性泌尿感染110例，其中辨证属湿热淋者77例，用萹蓄、瞿麦、山栀、滑石、柴胡、黄柏各500克，车前草、地丁草各1000克，灯芯草80克，甘草300克，共煎成2500毫升，每次服50毫升，一日3次，总有效率达91.8%。鲍建国用加味地肤子汤（地肤子、土茯苓、海藻、黄芩、瞿麦、猪苓、知母、通草、升麻、枳实、冬葵子、柴胡）治疗急性尿路感染，方中升麻、枳实，一升一降，以调畅三焦之气机。姜德友根据《诸病源侯论》"诸淋者，由肾虚而膀胱热故也"的发病机理，提出应在知柏地黄汤的基础上加清热解毒，利湿通淋之品，药用银花、连翘、茅根、蒲公英、地丁草、茯苓、山药、熟地、山茱萸、泽泻、丹皮、黄柏、知母、车前子、牛膝；高热者，熟地改为生地，加白花蛇舌草。

本病的非急性发作阶段，多表现为湿热

未尽，而气阴已伤，虚实夹杂，黄氏报道用疏肝益气汤（柴胡、莲肉、麦冬、茯苓、党参、黄芪、车前草、地骨皮、炙远志、菖蒲、甘草），每日1剂，分3次服，守方1月。若菌尿阳性者，上方加利湿解毒的忍冬藤、野菊花、蒲公英、黄柏、苦参、半枝莲、败酱草、白茅根等，每剂选用2～3味，守方1～2月，菌尿转阴率可望明显提高。荣远明等认为本病的慢性阶段，为湿热邪毒损伤脾肾，正气已虚，颇似中医的劳淋。若肾阴亏虚，湿热未清，可用知柏地黄丸、大补阴丸以滋养肾阴，佐以清化；若脾肾不足，余邪未清，可补益脾肾，佐以祛湿：偏脾气虚者，用参苓白术散、补中益气汤；偏肾阳虚者，用真武汤、济生肾气丸加土茯苓、苦参、黄柏、蒲公英。杨宏志在补中益气的基础上加理气活血通淋法，药用白茅根、茯苓、黄芪、党参、苍术、柴胡、陈皮、白术、炙甘草、当归、茜草。朱祖德用解毒活血益肾法治疗，药用柴胡、川续断、五味子、赤芍、黄芩、桃仁、红花、益母草。许长兴认为劳淋当从肺论治，因肺主通调水道，肺气虚，宣降失司，不能约束水道，主张用加味生脉散合保元汤治疗，药用党参、山药、麦冬、黄芪、五味子、益智仁、桑螵蛸、覆盆子、芡实、甘草。

尿路感染为什么容易反复发作？中医认为肾气不足是发病的基础。孙建实等应用单克隆抗体，放射免疫分析等技术，测定肾气不足型反复发作性尿路感染缓解期患者的T淋巴细胞亚群、血清抗体、尿分泌型免疫球蛋白等，证明本病存在细胞免疫、体液免疫及尿路局部免疫机能低下，是本病反复发作的易感因素之一，特别是尿路局部免疫机能低下，不能抑制细菌对尿路局部粘膜的粘附，而易发生尿路感染，长期反复的慢性感染，对免疫系统特别是局部免疫又造成损伤，更易形成免疫机能低下，如此循环反复发作，长期不愈，形成发作期以病原体感染为主，缓解期以免疫机能低下为主的不同病理变化，且两期互相联系，互为因果，系同一疾病的两个不同阶段，通过服用益肾康冲剂（黄芪、党参、生地、山茱萸、何首乌、杜仲、杞子、肉桂、女贞子、土茯苓、当归、栀子等），每次10克，1日3次，30天为1疗程，经检测各项免疫指标均恢复至正常水平，抗感染的免疫机能得以增强，从而有效地控制了本病的反复发作，治愈率达68.6%。

（蔡　淦）

【乳糜尿证治】

（一）辨证分型　王兆凯等总结了王绍和对乳糜尿分型辨治的经验，以健脾益肾，分清泌浊为主。其中：(1) 湿热下注型，治宜清热利湿为先，分清泌浊为后，方选龙胆泻肝汤、萆薢分清饮之类。(2) 中气不足型，治宜益气健脾，方用补中益气汤或参苓白术散加减。(3) 阴虚火旺型，治宜滋阴降火、益肾固精法，方选知柏地黄丸，右归饮合二至丸加减。(4) 脾肾阳虚型，治宜温补脾肾、固摄精气，方选金匮肾气丸、右归丸之类。(5) 络脉瘀阻型，治宜活血化瘀，疏通脉络为原则，方选桃红四物汤或大黄䗪虫丸等方。乳糜尿治疗大多责之于脾、肾、膀胱，但龚士澄认为亦可因于肺失通调，求治于肺。(1) 开肺气而通下焦，主治初起者，方用三仁汤加桑白皮、凤尾草、萹蓄等。(2) 清肺热以澄化源，主治湿热胶滞，凝块堵塞作痛及络伤血溢者，以黄芩滑石汤加减，重用黄芩泻肺热。尿色棕红或有血块者，可加炒山栀、墨旱莲。(3) 清肺热并固肾液，主治尿似米泔如糊如涕，上浮油珠，腰膝痠软者，可用黄芩、石苇、知母、冬瓜子清肺滋阴而化浊；熟地、吐丝子、山萸肉、杞子、金樱子，益少阴以助封藏；凝块堵塞尿道加桔梗，开提肺气以通下窍；尿浊夹血加大蓟、小蓟宁络止血。

（二）单方验方　周伟等自拟清浊补虚汤（萆薢、海金砂、黄柏、车前子、白术、茯苓、山药、益智仁、川牛膝、菟丝子、山萸肉、甘草梢）治疗乳糜尿31例，总有效率达93.6%。侯钦丰用验方：牛膝90～120克（体质壮实者宜用川牛膝，病久体虚者改用怀牛膝），芹菜种45～60克，水煎2次，分2～3次服下。临床症状控制后，可以补中益气丸（汤）或以金匮肾气丸调理善后，总有效率为86%。余克涌等应用民间单方芭蕉根治疗10例患者。治疗方法：鲜芭蕉根200克，瘦猪肉200克，水炖服汤，早晚分服，每隔3天服一剂，总疗程4～6剂。顾文海以飞廉分清汤（飞廉草50克，萹蓄30克，凤尾草、茯苓、菟丝子、熟地各15克），根据临床症状，酌情加味，若查有微丝蚴者，配合海群生治疗。经治369例乳糜尿患者，结果治愈301例，占81.6%，好转47例，占12.7%，复发病人再用上法治疗，仍有效。吴子亚、陈述万等认为山楂治疗本病的作用不可轻视。郑爱国指出，山楂乃消食健胃、活血化瘀之品，所含山楂酸、柠檬酸、解脂酸及糖类，在配合主方苓苓白术散的基础上，对疏通乳糜管、促进乳糜液的流畅吸收起到重要作用。

此外，邢磊等调查了乳糜尿高发区的18个县市，共搜集土单验方106个，对其主药的药理作用进行分析。结果表明，止血、消炎、利尿是治疗乳糜尿的三大原则；但根据自然环境、季节和辨证施治等情况，健脾益气，固涩补肾和活血化瘀等药物仍各具有其临床适应症。又对152例乳糜尿患者分为滋补、利尿、固肾、清热和止血五个组，分别制订专方进行临床治疗筛选研究，观察结果表明，其近期疗效以止血组为最高，其次为清热组。该两组所用处方，不论对虚证或实证，血性或非血性乳糜尿，均可取得较好疗效。而治疗1年后的复发率则以滋补组为最低。因此对乳糜尿的治疗，宜先以止血清热治其标，后以补气养血固其本。

（陶明龙　张　天）

【不射精症的审因论治】

汤清明从审因论治的原则出发，对48例功能性不射精症进行临床观察。（1）肾阳不足，气化失职型（10例），治宜温肾助阳、通精，方用仙子地黄汤加味（仙灵脾、仙茅、熟地、王不留行、枸杞子、蛇床子、黄芪、路路通、石菖蒲、牛膝、甘草梢）。（2）肾阴不足，相火亢盛型（12例），治宜滋阴补肾、壮水制火、通精，方用知柏地黄汤加路路通、王不留行、牛膝、石菖蒲、甘草梢等）。（3）肝郁化火，火热亢盛型（18例），治宜疏肝泻火、通精，方用龙胆泻肝汤加用甘草梢、路路通、王不留行、牛膝、石菖蒲等。（4）气滞血瘀、精道闭塞型（8例），治宜活血祛瘀、通精、方用少腹逐瘀加王不留行、路路通、石菖蒲、甘草梢等，结果显效30例，有效10例，无效8例。疗程最长90天，最短14天。

汤氏等还着重分析了功能性不射精症应该从肝论治。肝主疏泄，肾主封藏，但肾之封藏亦有赖肝之疏泄，故肝之疏泄功能实际上包括了疏泄精液，当其疏泄失度时，则可导致不能射精。王健制订解郁通精汤（柴胡、当归、石菖蒲、郁金、枳实、穿山甲、王不留行、淫羊藿、蛇床子、炙鳖甲、麻黄、蜈蚣）治疗74例，21天为1疗程，必要时停药7天，继续服用。结果痊愈31例（即已能射精并有快感，精液检查正常，临床症状消失，其妻已孕），显效24例，性交能射精，精量少，精液检查正常，部分患者的女方已孕。有效11例，无效8例。此外，吴宜澄采用中药补肾活血通窍法配合行为疗法治疗不射精症20例，其中19例已能射精，且2例女方已孕，治疗时间为7～62天，平均28.75天。李祥云亦有从补肾开精，精窍论治取效的报道。

（沈庆法）

【精液不液化症的辨证分型治疗】

精液不液化症，属于中医学淋证、白浊、精浊、精塞等范畴。金维新报道指出：精液不液化症是导致男性不育症的常见原因之一，约占男性不育病因的5.0～42.65%，经对260例病人详细观察，不液化率为31%。金氏将本症分为五型：(1) 肾阴虚型，用液化汤（知母、生地、熟地、赤芍、白芍、玄参、枸杞子、天花粉、丹参、仙灵脾、麦冬、车前草、竹叶)、不液化Ⅱ号(知母、黄柏、生地、熟地、赤芍、白芍、丹参、仙灵脾、丹皮、车前子、银花、生甘草）和知柏地黄汤加减。(2) 肾阳虚型，用生精汤加巴戟天、吴茱萸、小茴香、乌药、山萸肉、制附子等，或用巴戟二仙汤（巴戟天、仙茅、仙灵脾、熟地、王不留行、蜈蚣、桂枝、甘草)，或用少腹逐瘀汤加减。(3) 肾阴阳俱虚型，用液化生精汤（丹皮、地骨皮、赤芍、白芍、生地、麦冬、玄参、生牡蛎、枸杞子、丹参、山萸肉、银花、连翘、制黄精、竹叶、茯苓、仙灵脾）或育精汤（制首乌、韭菜子、当归、熟地、菟丝子、覆盆子、仙灵脾、川牛膝)。(4) 湿热型，用生精汤加味（丹皮、丹参、赤芍、银花、知母、黄柏、生地、萆薢)，或萆薢分清饮加减或龙胆泻肝汤合知柏地黄汤加减。(5) 痰湿型，用苍术导痰汤加减（苍术、陈皮、茯苓、白术、党参、法半夏、附子、枳实、车前子、泽泻、路路通、穿山甲)。谭凤森等用液化续嗣汤（知母、黄柏、生熟地、仙茅、仙灵脾、丹皮、丹参、麦冬、天花粉、玄参、赤白芍、南瓜子、枸杞子、车前子）治疗本症30例，痊愈11例（女方已妊娠)，有效17例，无效2例，总有效率为93.3%。邢鲁斌根据湿性重浊、湿性粘滞的理论，治疗时从湿论治湿热型，用不液化Ⅰ号（黄柏、黄芩、知母、麦冬、银花、穿心莲、香附、金钱草、海金砂、女贞子、旱莲草、丹参)，寒湿型用不液化Ⅱ号（仙灵脾、乌药、萆薢、小茴香、苍术、沉香、藿香、茯苓、车前子、丹参、吴茱萸)，共治20例，治愈14例，治愈率为70%。荆宏建对本病辨证为元阳不足型，用右归饮；辨证为阴虚火旺型，用知柏地黄汤为基本方。共治45例，痊愈37例，好转5例，总有效率为93.3%。李保民报道用液化丸（生地200克，丹皮50克，萆薢、淫羊藿、车前子各150克，黄柏、石菖蒲、菟丝子、泽泻各100克，加工炼蜜为丸，每丸10克）治疗精液不液化症26例，每服1丸，早晚各服1次，1月为1疗程。结果痊愈16例，有效8例，无效2例。

（刘道清　沈庆法）

【阳强的中药治疗】

阳强又名强中，西医称之为阴茎硬结症，其主症是阴茎异常勃起。秦昌国、乔艾乐、杨仪辉、王勇毅等报道18例，根据口苦、苔黄、脉弦等兼症，辨证为肝胆湿热下注者为12例，均采用龙胆泻肝汤治之，基本用药为龙胆草、黄芩、山栀、生地、车前子、木通、当归（或归尾)、知母、黄柏。在上方基础上秦氏又佐昆布、海藻软坚；杨氏又参桃仁、王不留行子活血；乔氏、王氏又加柴胡疏肝，均获痊愈。乔保钧、霰景春认为阳强不倒和肝肾阴耗、相火内蒸有关，运用舒挛缓急的芍药甘草汤重剂治之。其剂量芍药9～90克，生甘草60～150克，霰氏又入30克玄参，分别服药8帖和6帖后茎软痛除病愈。刘氏自制舒肝活血散（柴胡、陈皮、青皮、香附、橘核、枳实、山甲、归尾、赤芍、丹参、红花、全蝎、蜈蚣(不去头)，地鳖虫、僵蚕、白花蛇各等分，研成细末贮于胶囊内，1次5克，1天2次，1个月为1疗程)，同时用红灵丹油膏外敷，隔天1次。治愈1例反复发作2个月，阴茎根部有椭圆形硬结三处的患者。周翠英、陈若崑、王氏、汪小毅对7例伴有头晕耳鸣舌红、脉细数的阴茎勃起坚硬肿痛的患者，采用滋肾降火的知柏地黄汤加入肉桂为主治之获效。而庄柏青对1例辨证为阴虚火旺者，用知柏地黄汤治疗而收效甚微，后改用泽泻15克煎汤代茶，未尽10剂诸症皆瘥。杨氏报道治疗婚后6年未育，进服补肾壮阳之品而致肾精内亏，相火亢盛的阳强患者，采用温补下元的五子衍宗丸加味

（枸杞子、女贞子、桑椹子、覆盆子、菟丝子、五味子、车前子、炒栀子、淡竹叶、生地、补骨脂），共服15剂而愈，越3月，其妻有孕。翟书庆运用大补阴丸加味治愈1例因肾结石损伤肾阴而致相火偏亢的阴茎终日坚举不倒患者，药用生地、熟地、炙龟板、花龙骨、知母、黄柏、淮牛膝、生大黄（后下）。先后服药8剂，阳强已倒，病告治愈。赵逢玉等介绍1例老年阳强伴有乳糜尿的验案，采用清利下焦湿热，分清泌浊的萆薢分清饮加黄柏、知母各30克治之，仅服药9剂，阳强基本控制。秦亮治疗1例同房射精后阳强4小时不倒，精液淋沥不断，小便淋涩不畅，面赤气粗，苔黄腻，脉滑数，采用八正散（黄柏、木通、泽泻、山栀、赤芍、当归、车前子、六一散、生大黄各10克），服药8剂，诸症大减，随访1年未发。沈霖报道重证阳强1例，病起于饮酒后同房，阳强4天举而不倒，龟头肿胀，以泻火化痰兼育阴，药用胆南星(胶囊装，以药液吞服)，远志、麦冬、玄参、姜竹茹、知母、黄柏（盐炒)、柏子仁、地骨皮、龙胆草、生甘草、玄明粉(冲服)。另用玄明粉冲水后浸洗阴茎，1天4～6次，并配合针刺气海、丰隆二穴，每天1次而获愈。

（周珮青）

【阴缩症的中医辨证和治疗】

阴缩症之名出《灵枢·邪气脏腑病形》等篇，也有称为缩阳症者，是指前阴突然内缩（包括男子阴茎、阴囊及妇人阴道)。中医辨证多分寒证、热证二大类型，治疗方法有内服、外治和针灸。

一、辨证治疗

彭玉格、史庭仁、蔡庆堂、田润芝、王顺明、杨乘龙、王明辉、金绍远、黄寅生、肖德才、刘作彦、汤清明等医家根据临床所见病例均辨证为下焦虚寒、寒凝肝脉。其病因可由脾肾阳虚、肝肾阳虚、房劳伤肾或寒邪直中阴经所致。其中彭氏、史氏、蔡氏均从温补脾肾着手，选用当归四逆汤为主方加减，基本用药有当归、桂枝(或肉桂)、细辛、甘草、白芍。或加入温经散寒之小茴香、干姜、吴茱萸等；或参入疏肝理气之柴胡、金铃子、香附、木香等，共治疗5例，均获痊愈。而田氏、王氏、杨氏、王氏、黄氏、肖氏运用温补肝肾之法，采用暖肝煎化裁，基本用药为肉桂（或桂枝)、小茴香、茯苓、乌药、枸杞子、沉香、生姜。或配以附子、干姜、吴萸加强散寒之力，或伍入柴胡、川楝子疏肝理气止痛。共举收效验案7例。金氏虽也从温补肝肾治疗，取吴茱萸汤合参茸固本丸出入，曾治1例20岁男性已婚农民，新婚之夜媾合排尿之际，周身战慄，少腹胀痛，阴茎突然潜没，脉沉细，辨证为肾阳亏损，寒凝肝经。用药为吴茱萸、党参、制附片、肉桂（研末冲服)、鹿茸（研末黄酒兑服)，小茴香（盐炒)、川楝子、巴戟天、枸杞子、茯苓、当归、炙甘草。配合针灸，2天后阴缩已愈。汤氏曾用麻黄附子细辛汤加味治愈1例邪中三阴，真阳亏损的患者，药用麻黄、乌药、细辛、附子、小茴香、白芍、甘草；外用热敷温通经脉。本症发于小儿，更属罕见。刘氏曾治1例15个月男婴，因缺钙虚脱而致阴茎缩短如小花生米大，双侧提睾反射消失。采用救逆固脱，温经散寒，化痰通络之法，取参附汤合涤痰汤加减，另服黑锡丹，3剂后阴茎已伸长而告病愈。齐智勇、徐之昂、蔡氏、黄氏等认为本症虽以寒症为多，但也有湿热下注，熏蒸宗筋者。如齐氏治疗1例中年男性因过度劳累，又大量饮酒，房劳频作，渐感腰膝痠软，以致阴茎萎缩⅔，小腹拘急疼痛，伴有心烦易怒，口干而苦，渴不欲饮，便秘溲黄，舌红苔黄腻。治以清热利湿，佐以滋阴补肾，方用龙胆泻肝汤加减（龙胆草、山栀、当归、木通、牛膝、生地、杜仲、枸杞子、山萸肉、泽泻、黄柏、丹皮）服药20余剂，获愈，随访半年，安然无恙。

二、外敷药

在辨证用药治疗同时，许多医家还配合外治法，黄氏取鲜葱一大把捣烂，用酒炒后热敷脐和少腹部，且复以盛热酒的锡壶熨之，寒症阴缩即获缓解；而对热症阴缩者采用活雄鸡1只剖开腹部，放入喷上好酒的雄黄末，然后把鸡敷于脐部，鸡头向上，半小时除去即可缓解。肖氏介绍用鞭炮10枚，折断后置小茶壶内，点燃后加盖，令患者自壶口吸烟数口，也能缓解本症，并举验案1例。

（周珮青）

【再生障碍性贫血的证治与研究】

吕岫华认为慢性再生障碍性贫血，以肾虚血瘀为本病病理变化的最后表现，由此提出补肾活血为治疗慢性再障的根本大法。彭静山、朱进忠等以面色与脉象为再障虚实辨治要点。朱氏认为实证：吐衄、斑疹、舌质红、脉数，治宜清营凉血，方用犀角地黄汤加小蓟、玄参；舌苔黄燥，脉沉实者，加大黄、黄连、兼痈肿者加银花，连翘；头晕心烦，胸满，面色萎黄，脉沉弦细者，治以养血舒肝，逍遥散加熟地，脉沉弦细数者加丹皮、栀子；面色青黄者加六味地黄丸。虚证：面色㿠白，脉虚大者，治宜补气养阴，方用芪脉地黄汤；汗多面色㿠白，微透红晕，脉虚大数者，方用三甲复脉汤；脉虚大弦者，方用补阴益气汤；面色萎黄，脉沉细弦者，治以健中补脾，益气养血，方用十四味健中汤、当归建中汤；脉细弱者，治宜培补阴阳，方用左归丸或龟鹿二仙胶加减。

史占谦等宗吴颂康对再障的证治经验，采用：(1)温补脾肾，主方二仙温肾汤(仙茅、仙灵脾、巴戟肉、知母、五味子、党参、黄芪、鹿角胶、补骨脂、赤豆、甘草、红枣)，用于脾肾阳虚者；(2) 补益心脾，主方归脾汤加紫河车、茜草根等，用于心脾两虚者；(3) 养阴清热，方选玉女煎加丹皮、山栀、白茅根、川石斛、参三七粉，用于脾胃郁热者；(4) 补脾益肺，主方保真汤加减（人参、白术、黄芪、生地、天冬、麦冬、五味子、茯苓、当归、白芍、甘草)，用于肺脾两虚，卫阳不固者；(5) 益气固元，主方生脉散加参三七粉、赤豆、红枣等，为气血骤然枯竭，宜参入凉血止血、清热解毒之品。杨会春等分型治疗22例，对肾阳虚、肾阴虚、肾阴阳虚三型分别服用生血丸1号（党参、黄芪、当归、丹参、鸡血藤、仙灵脾、补骨脂、菟丝子、枸杞子、鹿茸、肉桂)，2号（党参、黄芪、黄精、当归、丹参、鸡血藤、熟地、枸杞子、何首乌、陈皮)，或1与2号丸剂，或配合相应汤剂，结果：基本治愈11例(50%)，缓解4例（18.2%)，明显进步4例（18.2%)，总有效率为86.4%。

滕国兰治疗再障22例，温肾补髓选用右归饮、龟板二仙汤、河车大造丸，治疗12例，结果显效4例，有效7例，好转1例，有效率为91.7%；健脾益气方选归脾汤、十全大补汤、补中益气汤、八珍汤治疗10例，结果显效3例，有效5例，好转2例，有效率为80%。李建华等配合康力龙治疗再障36例，方用青马鸡丝汤：青蒿、马钱子(5～10克，先煎2小时)、鸡血藤、菟丝子、补骨脂，每周5剂，停药2天，疗程6～12个月。结果临床治愈9例(25%)，缓解7例(19.4%)，明显进步9例（30.6%)，无效7例，死亡2例，总有效率75%。马钱子用量当从每剂5克开始，渐加至局部轻度反应(如有舌麻木感）为止，因其有蓄积中毒作用，应以间歇及循序用药。为防治康力龙的副作用，王万林等配合“气血再生汤”治疗再障40例，药用太子参、陈皮、鸡血藤、丹参、黄精、阿胶，结果表明气血再生汤对康力龙治疗中发生肝功能损伤具有保肝和降低转氨酶的作用，同时方药还加强了康力龙治疗再障的防治效果。薛立森对再障见月经过多者，在经前1周专用收涩药，如地榆炭、藕节、仙鹤草、阿胶、煅龙牡等；出血严重者，则用大量小蓟草250克左右，水煎代茶饮。

展昭民等对65例再障患者利用体外半固体培养法观察方药对骨髓造血祖细胞的作用。实验选用方药：(1) 补肾阴：女贞子、旱莲草、天冬、生地、熟地、桑椹、山萸肉、红参、首乌、当归、仙灵脾；(2) 补肾阳：狗脊、海马、蛤蚧、红参、山萸肉、鹿茸、仙灵脾、枸杞子；(3) 补肾阴阳：取补肾阴和补肾阳方药各半。65例患者骨髓细胞培养，其中52例集落数在$18/2\times10^5$以下，补肾阴、补肾阳、补肾阴阳三组集落数均值分别为$32.95\pm31.10/2\times10^5$、$35.12\pm29.48/2\times10^5$、$35.23\pm29.73/2\times10^5$。结果表明三组补肾复方对慢性再障患者骨髓造血祖细胞值均有明显的促进作用，提示对造血干细胞增殖有直接的刺激作用。

（黄振翘）

【溶血性贫血的治疗】

(一) 阵发性睡眠性血红蛋白尿(PNH) 王月林对1例PNH急性发作期施以渗湿透热、凉血养阴法，先用杏仁滑石汤合青蒿鳖甲汤加减，诸证见减，后以益肾补气、填补真元，换用散剂（黄芪、海螵蛸、白僵蚕各120克，新生儿脐带1具，共研细面），每服3克，共服2料。结果血红蛋白尿消失，血红蛋白明显上升，复查糖水试验、酸溶血试验均转阴。张金兰治疗本病2例，均辨为脾肾两虚、血瘀络阻，故以健脾益气兼顾补肾活血，方用人参归脾汤加减，药选红参、黄芪、当归、白术、龙眼肉、夜交藤、丹参、生地、牛膝、川芎、酸枣仁或加侧柏叶、或加党参，治后血红蛋白尿消失，血红蛋白、红细胞明显上升。赵铁良治疗1例急性发作期，先按血虚治疗，用四物汤加减，治后黄疸及血红蛋白尿反见加重，改以滋补肝肾、清热利湿为主，佐以收敛止血，用六味地黄汤合茵陈蒿汤，先后选加紫河车、炙黄芪、当归、党参、乌贼骨、旱莲草，药后尿色变浅，血红蛋白明显上升，尿潜血(—)。

郑金福对AA（再生障碍性贫血）——PNH综合征4例分型治疗。(1) 脾肾两虚，阴黄型：为夹湿夹瘀，药用菟丝子、女贞子、枸杞子、补骨脂、桑椹子、黄精、首乌、熟地、苁蓉、巴戟天、党参、黄芪、茯苓、泽泻，另服活血蜜丸（当归、益母草、赤芍、广木香、茵陈，炼蜜为丸)。(2) 脾肾两虚，阳黄型：以湿热为急，先宜茵陈五苓散加减，药用茵陈、栀子、白术、茯苓、泽泻、银花、板蓝根、白茅根，照服活血蜜丸。上述两型，若见骤发局部肢体或腹部疼痛者，乃为气滞血瘀，宜桃仁四物加减，并服活血丸。平均用药10.25个月。治疗结果：明显进步2例，无效2例。

(二) 自身免疫性溶血性贫血(AIHA) 唐章全治疗本病1例，证属湿热蕴结、气血亏耗，治疗上先拟清热利湿，和胃降逆。药选茵陈、板蓝根、虎杖、白茅根、茯苓、泡参、石韦、藿香、陈皮、法半夏、砂仁，另用大黄、甘草各3克泡水服，以止其呕。湿热已去，则采用补益气血，健脾固肾法，药用黄芪、当归、焦白术、陈皮、枣皮、熟地、党参、茯苓、补骨脂、甘草。治疗两月余，诸证悉除，血红蛋白明显上升，有关检查指标均转阴。汪竟华报道雷公藤类药物治疗AIHA2例，1例为全身性红斑狼疮（SLE）继发AIHA。加用雷公藤多甙，皮质激素减量，最后停用。服药7个月，治疗前后比较：血红蛋白58 g/L、120 g/L，红细胞2.05×10^{12}/L、4.72×10^{12}/L，尿蛋白＋—卄、(—)。随访1年未复发。另1例为溃疡性结肠炎合并AIHA，查血红蛋白65 g/L，红细胞2.67×10^{12}/L，网织红细胞8.4%，抗人球蛋白直接强阳性。服用昆明山海棠2月后，停用激素，8个月后复查血红蛋白112 g/L，红细胞4.12×10^{12}/L，网织胞1.4%，抗人球蛋白直接试验（卄）。

(三) 药物性溶血性贫血 尤锦焜报道17例（8例服磺胺类药，3例服血防846片，5例服痢特灵，1例服安乃近)，证见肉眼血尿，尿血红蛋白阳性，进行性贫血加剧。药用生地锦草、生旱莲草、生荷叶、生车前草按2:1:1:1的比例配药，洗净后捣烂取汁，每次120毫升，每4小时服一次，小儿减半，血红蛋白60 g/L以下配合输血。一般在服汁6～8次后，肉眼血尿消失，2天后血红蛋白尿转阴。

（四）蚕豆病　吴国权治疗本病轻、中型8例。药用栀子、当归、川芎、丹参、柴胡、丹皮、木通、大黄，待黄疸、发热控制后，改用黄芪、党参、丹参、当归、白术。对中度溶血患者，配合输液及纠酸治疗，结果均获良效。

（五）地中海性贫血　吴月娥治疗1例，患者贫血，肝脾肿大，血红蛋白80 g/L，红细胞2.50×10¹²/L，白细胞3.6×10⁹/L，红细胞压积29%，异丙醇试验强阳性，作变性珠蛋白小体形成试验，结合家族遗传史检查；确诊为α-地中海性贫血，采用当归补血汤加党参、制首乌、炙甘草，重用红孩儿，治后症情好转，复查血红蛋白98 g/L，红细胞3.9×10¹²/L，白细胞4.6×10⁹/L。

（姚楚芳　黄振翘）

【肾性及难治性贫血的证治】

左澄章等采用补肾生髓法为主治疗肾性贫血。原发病为慢性肾小球肾炎21例，肾盂肾炎4例，紫癜性肾炎2例，狼疮性肾炎5例，其它5例。37例中肾功能不全23例，尿毒症14例。治疗方法除对慢性肾衰采用综合性治疗措施外，加服"肾衰生血丸"（当归、熟地、紫河车、川芎、丹参、赤芍、白芍、阿胶、龟板胶、杜仲、巴戟天、肉苁蓉、补骨脂、磁石、鹿角片、枸杞子，蜜丸重6克），每服6克，日2次，早晚空腹服。37例患者服药3～6个月后贫血症状的改善，21例复查骨髓涂片治前红系增生减低，治后均示增生活跃或正常。治疗前后血象比较：血红蛋白（克%）5.8±2.1，6.4±3.5（P<0.05）；红细胞（万/立方毫米）230±67，280±46（P<0.01）；红细胞压积28±7.4，31±9.3（P<0.05）。左氏等认为肾性贫血所见红细胞生成素缺乏可被视为肾精不足而致髓枯血少。对补充铁剂的治疗，根据邹云翔治肾性贫血的经验，补肾生髓方药中伍用补骨脂、磁石（含铁）等补肾生髓化血之品，疗效甚捷。谢仁敷报道骨髓增生异常综合征1例——难治性贫血1例应用辨证施治获效。患者头晕耳鸣、心悸乏力，动则益甚，手足心热、牙龈出血、舌淡、苔薄白、脉沉小、皮色苍白、皮肤散在出血点或瘀斑，查血红蛋白64.8/L、白细胞总数2.5×10⁹/L，分类：中性分叶核45%，淋巴55%，血小板15×10⁹/L，网织红细胞1.0%。结合骨髓检查符合本病诊断。中医辨为虚劳，阴阳气血俱虚，治以补肾为主，药物先后选用制首乌、桑椹、女贞子、旱莲草、茺蔚子、黄芪、黄精、卷柏、鸡血藤、仙鹤草、补骨脂、肉苁蓉、茜草、锁阳、石苇　巴戟肉。并用康力龙。治疗结果：血骨髓仍见轻度红系巨幼样变。

（黄振翘）

【白细胞减少症的治疗】

李祖佑对本症分为三型：(1)气血两虚型（4例），用八珍汤、参芪四物汤、归脾汤、人参养荣汤等化裁；(2)气阴两虚型（3例）用生脉散、左归饮、归芍地黄汤化裁；(3)脾肾阳虚型（3例），用八珍汤或右归饮化裁。共治10例，全部有效，其中白细胞计数均正常，临床症状消失。2年随访，有3例曾反复发作，恢复用药后，白细胞计数很快升至正常范围。王金荣用养血升白汤（黄芪、当归、黄精、阿胶、鸡血藤、虎杖、茜草、补骨脂、大枣）加减治疗本症60例，显效34例，有效18例，总有效率为86.6%。苏全胜等用黄精糖浆（选浙江产黄精、洗净，加水熬煎去渣，再掺入糖浆配成100%的溶液，相当于每毫升溶液含黄精1克，成人每服10毫升，日服3次）治疗40例，显效11例，有效 18 例，总有效率为 72.5%。赵茂初用升白饮（党参、黄芪、当归、熟地、女贞子、鸡血藤、土茯苓、焦白术、补骨脂、炙山甲、生甘草、焦山楂、焦神曲）化裁治疗化疗所致白细胞减少120例（均为使用西药升白无效的患者）。若见阴虚者加生地、龟板；阳虚者加巴戟天、仙茅；心血不足者加酸枣仁、夜交藤；湿热者加黄柏、泽泻。2周后判定疗效，总有效率达 93%。平均白细胞提升数为 1.9×10^9/L。雷在彪等用补中益气汤加减治疗 75 例，近期治愈 38 例，显效 25 例，有效 7 例，总有效率为 93.2%。此外刘瑞祥用黄芪母鸡汤（生黄芪、鸡血藤、乌骨乌肉白毛的大母鸡），许宏大用四君子汤加黄芪、鹿角胶；高运生用黄芪、红参、太子参、枸杞子、大枣、红糖，煎汤内服，周淑意等用五加冲剂冲服，治疗本症，均获满意效果。

（刘道清）

【原发性血小板减少性紫癜的辨证和治疗】

李普文分型治疗血小板减少性紫癜 52 例，气血亏虚，气不摄血型 25 例，药用党参、黄芪、白术、茯苓、陈皮、砂仁、龙眼肉、三七、仙鹤草、炙甘草；肝肾阴虚、损伤脉络型 10 例，药用生地、麦冬、山茱萸、何首乌、酸枣仁、木瓜、仙鹤草、三七、旱莲草、枸杞子、菊花、枳壳；脾肾两亏、血不归经型 17 例，药用党参、白术、茯苓、黄芪、何首乌、补骨脂、肉苁蓉、仙鹤草、三七、茜草根、炒扁豆、甘草。三型均随证加减，结果显效 12 例，有效 24 例，进步 14 例，无效 2 例。华玉祥等辨证治疗本病 48 例，其中邪实营血型拟用凉血消瘀汤：丹皮、丹参、生地、元参、紫参、墨旱莲、生石膏、白茅根、蒲公英、银花、青黛、赤芍、大黄、三七粉；气不摄血型拟用补气健脾汤加减：鹿角胶、当归、人参、知母、木香、山药、白术、鸡内金、仙灵脾、鸡血藤、白芍、川楝子、血余炭、花生衣、甘草；阴虚血热型拟用养阴宁络汤加减：丹参、当归、白芍、山萸肉、枸杞子、女贞子、旱莲草、生地、仙鹤草、地骨皮、阿胶、甘草。结果治疗后出血证消失、血小板在 150×10^9/L 以上，随访 3 年未复发者 33 例；血小板稳定在 90×10^9/L 以上，随访 3 年未有出血者 11 例；血小板稳定在 70×10^9/L 以上者 4 例。

陈德仁等治疗本病主用消斑合剂（雪见草、扦扦活、生地、乌梅炭、白茅根、生甘草、炙黄芪、焦三仙），另服黄鼠狼肉粉，每次 3 克，1 日 3 次。若属血热妄行型合用犀角地黄汤加减；气不摄血型合用正元丹化裁；阴虚火旺型合用麦味地黄丸加减。共 71 例。结果显效 49 例，有效 11 例，进步 7 例，总有效率、显效率分别为 94.4% 和 69%，均优于西药强的松对照组（$P<0.05$）。治疗后血小板由 26.1±5.1×10^9/L上升为 112.0±7.4×10^9/L，以血热妄行型疗效最佳。杨会春等用生血丸治疗本病 16 例：肾阳虚者用 1 号：党参、黄芪、当归、丹参、鸡血藤、仙灵脾、补骨脂、菟丝子、枸杞子、鹿茸、肉桂、肾阴虚者用2号：党参、黄芪、黄精、当归、丹参、鸡血藤、熟地、枸杞子、何首乌、陈皮；肾阴阳俱虚者用 3 号：1 号与 2 号合方，结果显效 10 例，有效 4 例，总有效率为 93.7%。张连升等采用悬玲木果（即法国梧桐树成熟之果实）治疗本病 27 例，显效 19 例，有效 6 例，无效 2 例。

刘少翔等以酸模（土大黄）、仙鹤草、鸡血藤组成的复仙汤为基本方，并随证加味；便秘者增加酸模用量，共治疗 17 例。结果 9 例完全缓解，7 例部分缓解。瞿连禄拟止血消斑汤（仙鹤草、红枣、党参、茜草、益母草、紫草、丹皮、田三七）加减，治疗本病 24 例，显效 10 例，有效 6 例，好转 5 例，无效 3 例。宋会都用自拟益气养血增板汤治疗本病 26 例，药用党参（或人参）、黄芪、生地、熟地、当归、赤芍、丹皮、紫草、山萸肉、阿胶、桂圆肉、仙鹤草、陈皮、甘草、三七粉等。结果总有效率 92.3%。治疗后血小板平均增值男性 46.6×10^9/L，女性 38.2×10^9/L。陈忠琳等以桃仁承气汤加味（桃仁、水蛭、僵蚕、地鳖虫、紫草、商陆、桂枝、大黄、生甘草、仙鹤草）治疗 18 例，显效 15 例，良效 2 例、总有效率为94.4%。杨嗣明等宗肖佐桃治疗经验，应用温补脾肾之复方锁阳汤（黄芪、肉桂、巴戟等）制成冲剂，每次 20 克，每日 2 次。共治 35 例，总有效率达94.3%，出血程度明显减轻，血小板上升非常显著，治疗前后对比，有显著意义（$P<0.05$）。

（黄振翘）

【过敏性紫癜的证治】

赵正东等辨证治疗过敏性紫癜 18 例，风热型以连翘败毒散加减；湿热蕴结型以二妙散加味；气血两虚型以归脾汤加减；阴虚火旺型以知柏地黄丸加减，结果显效 13 例，好转 5 例。

梅运秀认为本病多因禀赋不足，蕴热伤络，血溢、瘀滞肌肤而成，故用犀角地黄汤加味（广角、生地、丹皮、赤芍、生石膏、银花、连翘、白茅根、旱莲草、紫草）治疗 25 例，结果显效 18 例，有效 7 例。马建国对本病的治疗从湿热瘀阻血络着眼，以《金匮要略》之蒲灰散加味（蒲黄、滑石、赤芍）为基本方治疗 9 例。单纯型加丹参；风湿型加牛膝、黄柏、木瓜、桑寄生、苍术；肾型加黄柏，泽泻、车前子。结果全部治愈，服药最少 3 剂，最多 12 剂。杨占林治疗本病 40 例，用自拟紫斑方（当归、川芎、白芍、生地、茜草、白茅根、丹参、地肤子、丹皮、苍术、甘草）并随症加减。结果：显效 32 例，有效 6 例，总有效率为 95%。顾来娣按照月经周期调治 35 例，均为女性患者，于经前 1 周及经期服清肝气为主的自拟羚柴清气汤（羚羊角粉、柴胡、元胡、制香附、丹皮、黑山栀、夏枯草、银花、连翘、竹叶、淮牛膝、生地榆），紫斑超过 10 天者加三妙丸，合并乳房胀痛者加橘核、橘叶、青皮；经后服补养气阴的调理方（旱莲草、太子参、白茯苓、元参、生地、白术、麦冬、炒白芍、阿胶等）。结果治愈 28 例，显效 4 例，有效 1 例，无效 2 例，总有效率为 94%。

近年来临床重视本病证治与微循环的关系。刘锋等采用中医辨证，参考甲皱微循环的改变，分型治疗 23 例，基本方：蒲公英、紫草、生甘草、大枣各 30 克，连翘 20 克，黄芩15克，蝉蜕、地肤子各6克。血热壅盛型合用犀角地黄汤（简称犀基汤），瘀血阻络型合加桃红四物汤(简称桃基汤)，近期治愈22例，好转1例，见效时间均 7.4 天，两组毛细血管脆性均有明显改善（$P<0.005$）；甲皱微循环见微血管渗出有明显改善，管袢可见度增长。犀基汤对微循环血流无明显影响；桃基汤可使减慢的微循环血流明显增快，使袢顶瘀血大部分消失（$P<0.005$）。赵秀萍等应用中西医结合治疗32例，中医辨证分为血瘀、实火、虚热和脾虚四型分别用血府逐瘀汤、犀角地黄汤、大补阴丸和归脾汤加减同时常规给予西药抗组织胺药、维生素C及对症处理等，治疗 1 疗程（2 周）后，总有效率 96%，仅 1 例患儿合并肾炎迁延月余治愈。治愈率以血瘀型最高(89.2%)，其次为虚热型(82.1%)、实火型（76.3%），而脾虚型（68.9%）为最低。

（黄振翘）

【牛黄解毒片治疗原发性血小板增多症】

王新德等报道原发性血小板增多症 1 例，患者上腹部隐痛、纳差、齿龈出血 4 年，伴有右足趾疼痛半月就诊。证见唇青舌紫，肝脾肿大，右足趾呈紫褐色，压痛（+）。血小板 1030×10^9/L，白细胞 27.70×10^9/L，红细胞 3.82×10^{12}/L，骨髓增生明显活跃，巨核细胞增生旺盛，全片找到巨核细胞 60 个，裸核占⅙，血小板增多，成堆存在。治以清热解毒，活血化瘀，药用牛黄解毒片，每次 4 片，日服 2 次，配合复方丹参肌注，治疗 1 月后相继症消失，血小板渐降至正常范围。郑牛金等应用牛黄解毒片治疗本症5例，血小板860～1170×10^9/L，骨髓增生活跃至明显活跃，全片巨核细胞96～218个，血小板聚集成堆，可见巨型血小板。治用该片剂一日6～8片，分2次饭后服，伴有血管栓塞者合用潘生丁。疗效判定参照Murphy的疗效标准，结果，完全缓解1例（血小板＜450×10^9/L），部分缓解1例（血小板在450～600×10^9/L），药后平均见效30(10～60)天，达完全缓解平均时间75(60～150)天，平均持续用药时间120（80～180）天，所有病例出血，栓塞症状消失，肝脾回缩至不能触及，3例骨髓象巨核细胞数较治前减少40～60%。郑氏等认为该药长期服用未发现心肝肾毒性作用和骨髓抑制现象，该药因有清热解毒攻下的效能，故多适用于本症肝脾肿大，气血瘀滞、血瘀为主的实证。

（黄振翘）

【嗜酸性粒细胞增多症的证治】

近年对于本病大多从肺论治。余国飓对经确诊为嗜酸粒细胞增多症患者25例，主症有咳嗽气喘等，治用黛蛤散合泻白散加鱼腥草、黄芩、白芍、炙甘草。胸胁疼痛加郁金、川楝子；咯血加仙鹤草、藕节，咳喘甚者加竹沥、天竺黄；嗜酸性粒细胞不降加乌梅。结果：痊愈18例，好转7例。丛培南治疗本症45例，症见头痛头晕，周身无力，甚则咳喘胸闷。治法：嗜酸性粒细胞绝对值在1.0×10^9/L以下，症状轻者，方用青竹饮（大青叶15克，竹叶9克）每日浸水代茶饮，儿童酌减；嗜酸性粒细胞绝对值在1.0×10^9/L以上，症状较重者，方用青香金龙汤（大青叶、藿香、金银花、地龙、菊花、杏仁、竹叶、桑叶、甘草）。结果：痊愈23例，基本痊愈12例，好转6例，无效4例。陈军平治疗本症22例，主症有咽痒、咳嗽、少痰、气促。外周血嗜酸性粒细胞计数：20～29% 18例，30～40% 4例，嗜酸性粒细胞绝对值：0.5～1.0×10^9/L16例，1.001～3/L 6例。根据风痰郁肺，肺失宣降的主要病机，治以祛风止痒，化痰止咳，降逆平喘，方用自拟桔前蝉僵汤（桔梗、前胡、防风、蝉衣、僵蚕、紫菀、百部、甘草）；偏外感风寒，痰稀白、苔薄白者，加麻黄、荆芥、陈皮、偏外感风热痰稠，苔薄黄者，加薄荷、枇杷叶；若肺热壅盛，痰黄粘稠，苔黄腻者，加鱼腥草、黄芩、浙贝母；若挟湿邪，头重肢倦，苔白腻者，加藿香、米仁；若挟燥邪，口鼻干燥，苔薄少津者，加桑叶、杏仁、川贝母、沙参；阴虚肺燥，神疲乏力，气短口干，脉细者加乌梅、川贝母、沙参、太子参。结果：19例痊愈，2例显效，1例好转。沈之嶒报道麻疹之后嗜酸性粒细胞增多症1例治验，症见低热，咳呛无痰，鼻衄频流，神怠肢软等。外周血白细胞总数14×10^9/L，分类中嗜酸性粒细胞占65%，治疗先以犀角（代以水牛角）地黄汤辅佐清肺养胃之品，后用青蒿鳖甲汤加味，结果嗜酸性粒细胞恢复到正常范围。

（黄振翘）

【高血粘综合征的治疗及实验室研究】

高血粘综合征是血液粘滞度异常综合征中较多见的一种类型，是某些疾病发生的主导环节，也是疾病进展到某一特定阶段所发生的后果。近年来，临床研究发现心脑血管病，慢性支气管炎，肺气肿，高脂血症，慢性肾炎，慢性肝炎等多种疾病均可出现血粘度升高的病理现象。

赵树民等采用自拟方降粘六味汤，治疗高血粘综合征50例（全血高切粘度增高15例，全血低切粘度增高34例，血浆粘度增高16例，红细胞压积增高15例，红细胞电泳增快14例，血小板聚集率增高16例，血沉增快28例，其中有二项指标增高者5例，三项增高者11例，四项增高者18例，四项增高以上者16例）。临床可见头晕头痛，两目昏花，耳鸣耳聋，肢体麻木，胸闷胸痛，心悸乏力等症状。药物组成及服法：丹参30克，赤芍、川芎各20克，当归25克，黄芪、郁金各30克，每剂水煎成450毫升，每次150毫升，早晚分服，每2周为1疗程。结果：显效（血液流变性测验指标均降至正常，临床症状消失，治疗3周以内）30例；有效（血液流变性检测指标部分降至正常，部分有所下降，临床症状明显改善，治疗时间在4周以内）17例；无效（治疗4周无改善者）3例，总有效率为94%。赵氏等还观察到，增加黄芪、丹参的剂量，对降低全血的高切粘度（即红细胞的变形能力）效果好，增加当归，丹参的剂量，对降低全血的低切粘度（即红细胞的聚集性）效果好；增加川芎、郁金的剂量，对降低血粘度的效果好。此外，对出现中风先兆，又有高血粘的病人，服本方后均未发生中风。

秦云峰根据活血化瘀，补气益阴护脉的治则，自拟降粘冲剂（主要由水蛭、丹参、黄芪、槐花等九味中药组成），治疗高血粘症101例。均早、中晚口服3次，每20天为1疗程。其中1个疗程者25例，2个疗程者76例，并采用自身对照的方法，疗程结束分别作血流变等各项检查。治疗期间，停用其他活血降脂通脉等中西药物。结果：血流变各项指标全部回归至正常范围者35例（占34.7%），有一项以上指标下降至正常范围者有44例（占43.6%），无变化或有下降，但未降至正常，甚或反跳至异常者有22例（占21.7%）。观察结果提示本病与气滞，心气推动无力，阴虚血少，脉道损伤等因素有关。最后导致血瘀。故治疗以活血化瘀，补气护脉方药，能够改善血液流变学和降低血粘度。

马丽俐对171例住院病人（肾小球肾炎，脑血管意外上消化道出血，冠状动脉粥样硬化性心脏病、肺源性心脏病、糖尿病、高血压等）及84例健康者的血液比粘度作了测定（包括血沉、血球压积、全血比粘度、血浆比粘度、全血还原粘度，血沉方程K值）。同时按中医辨证将患者分成实证、虚证、虚实挟杂证三组。结果表明，实证组上述指标普遍高于正常及另二个病理组，尤以血浆比粘度及全血还原粘度升高最显著。虚证组反之。虚实夹杂组则介于两者之间。

（朱宝贵）

【周围性面瘫治验】

牵正散为主治疗面瘫仍为目前临床所常用。王莲凤认为气虚之人，脉络空虚，卫外不固，风邪乘虚而中，风痰闭阻，气血失调而致面瘫。故用白附子、僵蚕、全蝎，加黄芪益气通络，加赤芍、红花活血以助祛风，加防风祛风解痉。经治18例，治愈15例，显效2例，无效1例。裘孝先自拟补虚牵正散，即牵正散加黄芪、党参、羌活、南星、红花、甘草。邓世钦以牵正散加蜈蚣、天麻、川芎、当归、芍药、牛蒡子名新加牵正汤。寒重，加防风、白芷；血虚明显，加鸡血藤；痰阻，加陈皮。共治24例，23例痊愈，1例显效。纪延龙以牵正散加当归、白芍、川芎、丹参、鸡血藤养血活血，柔肝息风，名柔肝息风汤。所治36例中，痊愈26例，有效8例，无效2例。苏继华亦以牵正散加味治疗面瘫，加荆芥、地龙、蝉蜕、蒺藜、桃仁、红花、大黄，以祛风通络，舒筋活血。

吴文忠以补血活血为治，用补阳还五汤（黄芪、党参、白术、升麻、当归、川芎、赤芍、桃仁、红花、桂枝、甘草），若体胖湿重者，加陈皮、半夏、茯苓；兼外感者，加防风。应用本方疗效快是其特点，新近患者一般在1周内治愈，而对陈旧患者疗效多不佳。王维正认为面瘫初起虽有掣动善变表现，后期则痿废，其证已静，若更搜风，恐攻伐太过，犯虚虚之诫，故亦本补阳还五汤，黄芪五物汤意，以扶正治瘫。用黄芪、党参、白术、甘草、当归、白芍、熟地、川芎、肉桂、半夏等。胡贵全对感受风寒引起的面瘫，多伴有恶寒发热，腰背疼痛，颈项强痛，手足厥冷者，用麻黄附子细辛汤为主治疗。姜成才、孙昶均以顺风匀气散加减治疗本病。

姜氏治疗100例，痊愈76例，显效7例，进步8例，无效9例。孙氏治疗59例，治愈52例，好转6例，无效1例，总有效率分别为91%和88.1%。方药为天麻、白术、党参、苏叶、白芷、青皮、沉香、台乌药、木瓜、甘草。张万能用川芎茶调散加味内服和川芎茶调散茶水调敷治疗周围性面神经麻痹54例，痊愈50例，显效3例，有效1例。内服川芎茶调散，偏风热者，加柴胡、桑叶、菊花、忍冬藤、连翘；肝阳偏亢者，加夏枯草、钩藤、白蒺藜、地龙、丝瓜络；夹风痰者，加白附子、僵蚕、全蝎；气血不足者，加当归，黄芪。外敷茶调散于患侧地仓、颊车、巨髎、牵正、听宫、瞳子髎等穴位上，1天换1次，5天为1疗程。

单用中药局部外敷治面瘫，亦有较好疗效。谢运华用肉桂10克，研细末，入蓖麻籽10克，鲜芙蓉叶30克，冰片3克、米酒糟适量，混合捣烂，焙热敷患侧上至太阳穴，下至地仓穴，一般5～7天痊愈。陈孝文用巴豆3个（去皮）、斑蝥5个（去翅足）、鲜姜拇指大（去皮），共捣成糊状，涂在伤湿止痛膏或麝香虎骨膏上外敷患侧牵正穴3～5小时。病程在6个月以内，外敷1～5次可愈；半年以上者，一般不易治愈。张庆瑞以大皂角6克，去皮籽后碾末，醋30克，收匀成皂角膏，摊于敷料上。贴口角处，左歪贴右，右歪贴左，1日1次，2日后改为间日1次。其所治38例获全部痊愈，并随访1～5年，均无复发。曹元成自制吊线风膏治面瘫，用蓖麻仁、铅粉、人头发各100克，川乌、草乌、白附子各50克，香油1000克。将药油炸，去渣后入铅粉。每用3克为一帖膏药，先针刺地仓、颊车、牵正穴，不留针，针后每穴贴膏药1张。邓荣昌则单用生姜外擦患侧上下齿龈至有烧灼感或灼热感，每天2～3次，共治15例，5例7天内愈，7例14天内愈，3例21天内痊愈。

（王锦鸿）

【三叉神经痛的辨证和治疗】

王昌堂等探讨了三叉神经痛的辨证分型施治的原则：(1)血瘀经络阻滞：①气虚血瘀，治以益气温阳，活血化瘀，自拟黄芪桂枝丹参汤（黄芪、桂枝、丹参、川芎、牛膝、地鳖虫、全蝎、蜈蚣、炙甘草）。②单纯血瘀，治以活血化瘀，通窍止痛，方用活血汤加减。③气滞血瘀，治以舒肝理气祛瘀通络，方用旋覆花汤加减。(2)风火上扰清空：①阳明热盛，治以清胃泻火，祛风通络，方用芎芷石膏汤加减。②气郁化火，治以开郁散结，通滞泻热，方用升降散加减。(3)痰阻，分有寒热：①痰湿阻滞，治以理气化痰，通窍行滞，方用芎辛导痰汤。②痰瘀夹杂，治以桃仁白芥汤加减。(4)阴虚，风阳上扰：①阴虚胃热，治以清热滋阴，祛风止痛，方用玉女煎加减。②阴虚阳亢，治以滋阴潜阳，熄风通络，方用镇肝熄风汤加减。③阴虚血亏，治以养血柔肝，活络熄风，方用补肝汤加减。以上类型，既可单一见到，也可数型混合出现，治疗方法亦应灵活应用。吴克山辨证分型论治：(1)风热偏盛型，治宜熄风泻火，通经活络，方用川芎茶调散化裁。(2)风寒偏盛型，治宜疏风散寒为主，方用麻黄附子细辛汤加炙川乌、川芎、天麻、白芍、白芷、僵蚕、细辛等。(3)阴虚血热型，治宜滋阴清热为主，通络止痛为辅，方用参麦地黄汤加减。(4)痰血瘀阻型，治宜涤痰祛瘀，通络活血，方用二妙散合桃红四物汤加减。各型所举验案均属经西医治疗无效者，治后均获痊愈，随访1年以上无复发。

曹志刚报道用明代龚廷贤《寿世保元》中清上蠲痛汤（当归、川芎、白芷、细辛、羌活、独活、蔓荆子、苍术、麦冬、黄芩、菊花、甘草、防风）为基本方，治疗本病64例，该方具有活血化瘀，祛风通络、清热养阴，缓急止痛的功效。5天为1疗程，一般服药2个疗程左右，结果痊愈（随访1年，未见复发者）47例，显效（随访3～6个月内有复发，但疼痛减轻者）13例；有效（疼痛基本消失，但经常复发者）3例。总有效率为98.4%。朱久育等报道自拟镇痛汤（细辛、白芷、僵蚕、制半夏、知母、蝉蜕）治疗特发性三叉神经痛13例，血瘀甚者加鸡血藤、当归、蜈蚣等，气滞甚者加延胡索、川芎、柴胡等，痰盛加陈皮、苍术、天麻等，肝阳上亢加磁石、生龙骨、生牡蛎等，经治后，1年以上不复发3例，总有效率为92.3%。平均服药18剂。王勇报道本病1例辨证属于寒湿郁闭化火，挟胃中浊热上攻，气血失调，采取寒热并用法，处方以乌庆白虎汤加减（生石膏、玄参、代赭石、生地、山药、草乌、藿香、牛膝、菊花、川芎、知母、佩兰、细辛）3剂痛止又服3剂而愈。贾美华报道用酸枣仁汤加白芍、菊花，治疗1例，共服药15剂而愈。

至于外治法，李志文报道用龙蝎饼治疗三叉神经痛45例。方药配制与用法：地龙、全蝎、路路通，生南星、生半夏、白附子、细辛，共为细末，加面粉，酒调成饼，摊贴太阳穴，每日1次，用纱布固定。结果治愈42例，好转3例。疗程最长6天，最短2天。

（朱宝贵）

【血管性神经性头痛证治】

血管性神经性头痛属中医“偏头风”范畴，具有发作痛势剧烈，痛处固定，反复发作，缠绵不愈的特点。杨芬明治疗血管性头痛，宗“久痛必瘀”之理，立熄风活血为治疗大法，药用丹参、钩藤、白芷、川芎、蜈蚣、全蝎、僵蚕、当归等，共治33例，临床治愈24例，好转5例，总有效率达87.9%。其因疼痛致寐差神疲者，加牡蛎、茯苓；遇风寒即发或加重，平素畏寒喜暖者，加细辛、制川乌、桂枝；发作时喜呷冷水或热象明显，遇夏季则发者，加生石膏、生地黄、黄连；痛连目眶，胸脘满闷，呕吐痰涎者，加法半夏、羌活、苍术；痛时烦躁易怒或因情怀不畅发病者，加牡丹皮、山栀、郁金、柴胡；搏样痛者，重用当归、川芎，并加伸筋草、丝瓜络；刺痛或钻样痛者，重用全蝎，加三七；大便秘结者加熟大黄。王心好认为偏头风乃由阳明热盛，肝胆火旺而致，治宜清诸阳经亢盛之火，兼以清肝凉血，疏风散热镇痛，方选玉女煎加减（生石膏、生地、知母、丹皮、麦冬、黄芩、川牛膝、栀子、荆芥、防风、白芷、薄荷、细辛）治疗本病1例，服药9剂而愈。王润生等认为头为元首，为至清至高之处，外触风寒雾露，内受痰火湿热之薰，及六郁、瘀血之因，均可导致脑络阻痹而病，采用川芎葛根饮（川芎、葛根、柴胡、白芷、当归、荆芥、菊花、蔓荆子、防风、细辛）加减，共治本病51例，显效18例，有效30例，总有效率达94%。高志源亦以自拟川芎茶调散（生石决明、大川芎、香白芷、北细辛、茶叶）治疗本病20例，近期治愈11例，好转8例，无效1例。何天有等治疗本病运用速效救心丸于头痛发作前半小时口服15～20粒，1小时后再服6粒，头痛缓解期每天早饭后服8粒，连续10次为1疗程，共治15例，近期治愈4例，显效8例，有效2例，总有效率达93.33%。何厚夫、房景芬等分别报道运用芍药甘草汤和验方龙蛇煎（地龙、祁蛇、川芎、钩藤、生地、茺蔚子）治愈本病，均随访1～2年，未再复发。

于宝锋等运用颅痛宁煎剂（柴胡、䗪虫、白芷各20克，香附、蔓荆子、荜茇各25克，川芎、葛根各50克，全蝎10克，羌活15克，每剂煎取300毫升）每次150毫升，早晚各服1次，7天为1疗程，共治本病300例，痊愈226例，好转63例，总有效率达96.3%，其疗效明显高于对照组。动物实验提示颅痛宁能调节脑血管舒缩功能，明显改善脑血流，从而起到镇痛作用。刘玲采用防风通圣丸每次6克，日2次口服，共治本病15例，结果2月头痛未发作者8例，发作次数减少者4例，无效3例。实验研究表明：本病患者对ADP及肾上腺素诱导的血小板聚集率均高于正常人（P<0.005）。服药后1个月对ADP诱导的血小板最大聚集率的平均数由64.33%下降至59.67%，均差值为4.67%（P<0.05），服药后第2个月下降至58.1%，均差值为6.25%（P<0.01），服药1个月及2个月对诱导剂肾上腺素的最大聚集率的平均数由62.16%下降至54.13%及46.48%，均差值为8.03%及15.68%，亦有统计学显著意义。

（张友海　纪　钧）

【多发性神经炎的治疗】

多发性神经炎临床可出现对称性的肢体远端感觉障碍，弛张性瘫痪及植物神经功能紊乱为其特点。徐应坤等从治疗中医痿证入手采用马钱子酒治疗多发性神经炎6例。制法：制马钱子、当归、牛膝、红花、乌梢蛇、蚕沙各60克，蜈蚣60条，白花蛇2条，研粗末水煎浓缩至1500毫升，再兑入白酒1500毫升。常用量：1天3次，每次10毫升，症状缓解明显。但要注意马钱子有毒，每个人对马钱子的耐受量也有一定差异，所以应注意掌握服用剂量。谭定全报道运用益气行滞汤治疗多发性神经炎25例，痊愈17例，显效5例，好转2例，无效1例。疗程最短者31天，最长者6个月。方药组成：取党参、白术、茯苓、甘草、黄芪等健脾益气，并以当归、川芎、桃仁、地龙、赤芍、桂枝活血通络。夏永潮采用黄芪桂枝五物汤合佛手散加减治疗本病，方中黄芪、白芍、炙甘草、生姜、大枣等健脾和胃，配以桂枝、水蛭、当归、川芎、伸筋草等通络活血。徐占元报道应用化瘀健脾法治疗本病28例，痊愈22例，好转5例无效1例，用药26～118剂，平均62剂。方药组成：人参、白术、黄芪、当归、姜黄、天麻、桂枝、鸡血藤、牛膝、红花、桃仁、白花蛇末等。雷龙生认为此病多因筋脉失养，按症情的缓急辨证施治，急性期多属肺热伤津，主用清燥救肺汤；起病缓慢者属湿热之邪损伤经络，方用当归拈痛汤；久病正虚或痿证日久属肝肾阴虚，主用虎潜丸加女贞子、旱莲草煎服，共治疗多发性神经炎8例，临床症状缓解明显。此外陈寿永还用自拟花蛇三七酒（金钱白花蛇1条，滇三七、大红参、木瓜各10克，羌活、独活各8克，桂枝3克，枸杞12克，用米酒浸泡10天以后开始服用），每日3次，每次1小酒杯，一般服完上药即见效。

（洪庆祥　许士骠）

【震颤麻痹与震颤麻痹综合征的治疗】

震颤麻痹属于中医学中震颤、颤振、振掉、痉病等范畴。因震颤麻痹综合征在临床上与震颤麻痹多具有相似的证候，所以中医辨证论治的方法基本一致。80年代以来，运用中医药治疗震颤麻痹与震颤麻痹综合征（下均称本病）的报道逐渐增多，但以个案为主，均取得较好的疗效。

关于对本病病因病机的认识，王永炎、朱宝贵等认为本病病机为本虚标实，本虚以肝、肾、脾三脏突出，为气血亏虚与肝肾不足；标实为内风、瘀血、痰热等。刘泰亦认为可以虚实立论。虚者，肝肾阴亏，气血亏虚；实者风火、痰、瘀，病机核心是风气内动。

关于本病的辨证分型，史荫绵等归纳为：气滞血瘀，肝肾阴虚，气血两虚三型，并认为其中肝肾阴虚是本病的本质，可和其它两型互相转化。北京东直门医院等将本病分为：气血两虚、血瘀风动；肝肾不足，血瘀风动；痰热生风三类证候，王氏、朱氏均指出本病临床辨证多见血瘀证。宰春和等认为本病可分为：肝阳不足，虚风内动；肝气郁结，气滞血瘀；气血两虚，脉络瘀阻；肝肾不足，脾虚湿重等四型。王瑞海对本病的分型与此大致相同。刘泰亦分四型为：肝肾阴亏，气血亏虚，气滞血瘀，痰湿阻络；且指出本病虚证远多于实证。

关于本病的治疗，史荫绵等从其病机属肝肾阴虚挟有血瘀立论，拟定了以滋补肝肾、活血通络为主的基本方（熟地、淮牛膝、当归、枸杞、首乌、白芍、丹参、鸡血藤、木瓜）

并随证加减。共观察 48 例，其中服药 3 个月以上者 28 例，显效 6 例，好转 11 例，总有效率为 60.7%。王氏等治疗本病 35 例，气血两虚、血瘀风动者，治宜益气养血，活络熄风；肝肾不足血瘀风动者，治宜育阴熄风活络；痰热动风者，治宜清化痰热，熄风活络。尤其指出治疗上要重视活血化瘀应用，并认为羚羊角粉是治疗本病不可缺少的一味主要药物。结果临床治愈 1 例，显著进步 11 例，进步 15 例，总有效率为 77.2%。8 例无效。宰春和等以养血熄风，平肝潜阳，活血化瘀，豁痰通络为治则。肝阴不足，虚风内动型以一贯煎合羚羊钩藤汤为主；肝气郁结，气滞血瘀型以通窍活血汤或逍遥散为主；气血两虚，脉络瘀阻型以归脾汤合补阳还五汤为主；肝肾不足，脾虚湿重型以杞菊地黄汤合香砂六君或三仁汤为主。刘氏对肝肾阴亏型治以滋补肝肾，潜阳熄风，方选一贯煎和大补阴丸加减；气血亏虚型，治以益气养血，熄风止颤，方选八珍汤加减；气滞血瘀型，治以理气和血熄风，方选桃红四物汤加减；痰湿阻络型，治以豁痰除湿，熄风止颤，方选导痰汤加减。任光星治疗因服抗精神病药物引起的震颤麻痹综合征，自拟熄风汤(天麻、全蝎、钩藤、洋金花、蜈蚣)，治疗 58例，痊愈 47 例，总有效率为96.5%。朱氏治疗 5 例，按肝肾不足，血瘀风动；痰热挟瘀动风；气血不足、挟瘀动风三型论治，结果临床治愈 1 例，显著好转 3 例，进步 1 例。

（赵雪松）

【神经官能症辨证分型及治疗】

周月云等认为神经官能症多由心虚肝郁所致。治疗以甘麦大枣汤为基础方，兼肝肾亏虚，主方加二至丸；心脾亏虚加参苓白术散；气滞血瘀，加活血化瘀，祛风解痉药痰蒙清阳，加温胆汤。共观察 75 例，其中肝肾亏虚 32 例，治愈 20 例，有效 11 例；心脾亏虚 19 例，治愈 15 例，好转 3 例；气滞血瘀 13 例，治愈 4 例，好转 8 例；痰蒙清阳11例，治愈 4 例，好转 5 例，总有效率为 93.3%。邵静等治疗 480 例，依次分属于肝郁气滞型 109 例；阴虚阳亢型 108 例；肝郁肾虚型 138 例；心脾两虚型 62 例；气虚血瘀型 66 例。其中使用中药治疗 205 例，按上述分型分别用柴胡、白芍、元胡、当归、黄芩、薄荷、甘草、黄精、麦冬、银柴胡、地骨皮、生石决明、珍珠母；柴胡、白芍、佛手、五味子、山萸肉、合欢皮；黄芪、当归、太子参、白术、桂圆肉、山药；黄芪、白术、党参、益母草、鸡血藤、郁金。西药组 101 例，用盐酸吡哆辛片、谷氨酸、利眠宁、多虑平等。中西医结合组 174 例，采用上述各型中药和西药。结果：(1) 神经衰弱，总有效率三组分别为 69.1%、58.3%、92.2%。(2) 焦虑证，总有效率分别为 69.4%、55%、91.2%。(3) 癔病总有效率分别为70%、50%、83.3%。(4) 更年期综合征，总有效率分别为63.6%、50%、90%。(5) 强迫症，中药和西药组均无效，中西组有效 1 例，无效 1 例。各病种的疗效以中西组为优，西药组最差。卢本红报道60例分型论治：(1) 肝肾阴虚型 42 例，治宜滋补肝肾，宁志安神，方以杞菊地黄汤加减；(2) 肝气郁结型 8 例，治宜舒肝解郁，健脾理气方以逍遥丸加减；(3) 心脾亏虚型 7 例，治宜健脾益气，补血养心，方以归脾汤加减；(4) 肾阳不足型，治宜补肾助阳宁志安神，方以右归丸加减。结果：痊愈 41 例（症状消失记忆力恢复，一年以上无病情反复者)；好转 16 例（近期治愈后，经一年观察，遇有精神刺激病情反复，再次治疗短期恢复），总有效率达 95%。

此外杨培根等采用自拟方丹参五味汤（丹参、五味子、地龙、枣仁、生石膏、柴胡、郁金、珍珠母、菖蒲、黄连、菊花、石决明、茯苓、厚朴、鸡内金）随证加减治疗 651 例，结果痊愈 550 例，好转 78 例，总有效率为 96.4%，一般服药 20～30 剂即愈。

（朱宝贵）

【癫痫的治疗】

（一）老中医经验　印会河、徐景藩、谢海洲、朱良春等共同探讨了癫痫症辨治，印氏将癫痫分为两类：一类是风痰邪犯者，以定痫丸（天麻、川贝母、半夏、茯苓、茯神、丹参、麦冬、陈皮、远志、菖蒲、制南星、全蝎、僵蚕、琥珀末、朱砂、竹沥汁、生姜汁、甘草）作汤剂治疗；一类是外伤性癫痫，因抵当汤加味（水蛭、虻虫、桃仁、大黄、䗪虫、地龙、僵蚕、全蝎、蜈蚣、花蕊石），临床治疗有一定疗效。徐氏认为，癫痫的病机主要是由痰聚，气逆，风动而发，故治疗的关键在于祛痰，而祛痰的经验有三：一是力求痰有出路，如痰滞咽部用桔梗、远志，痰气结滞大便不畅者用大黄、瓜蒌、黑丑；二是尽量防止痰浊产生，可用《金匮》泽泻汤（白术、泽泻的比例2:5）；三是痰浊常与瘀血相结，故当参以祛瘀之品，如川芎、凌霄花、丹参、地龙等。谢氏的经验对原发性癫痫以化痰熄风为主，辅以开窍安神；大发作者，风证明显，故在大剂祛风药中加入蜈蚣熄风止痉；脑外伤者，行气活血与祛痰并施。朱氏主张标本兼顾，发病时以针灸急救，待神复后坚持用平肝熄风，涤痰泄浊，活血凉血，培益心脾，兼养肝肾之丸剂治本。

（二）辨证治疗　达庆维根据胡建华的经验将癫痫按辨证分为三型：风痰型予以平肝熄风、豁痰宣窍、镇惊定痫法，药用生铁落、丹参、白芍、生南星、石菖蒲、炙地龙、炙远志、炙甘草，煎汤服用。星蜈片每日2次，每次5片。风痰兼瘀血型用上方加川芎、红花，风痰兼气虚型用上方加党参、黄芪，共治317例结果显效101例(31.86%)，有效125例（39.43%)，效差46例(14.51%)，总有效率为71.29%。临床用生南星入煎剂达12～15克/日，未见明显毒副作用。傅竞成等也将癫痫分为三型，其中风痰闭阻型用1号药丸（由天麻、僵蚕、半夏、川贝母、神曲等组成）每次7克；2号剂散（由生南星、石菖蒲、龙骨、牡蛎等组成）每次4克。肝火痰热型用1号药丸，每次7克；4号散剂（由柴胡、白芍、羚羊角、龙胆草、生大黄等组成）每次4克。脑脉瘀滞型用1号药丸每次7克；3号散剂（由桃仁、三七、桂枝、黄芪等组成)，每次3.5克。各型药物均在上午七、八时饭后姜汤冲服。共治68例，结果显效35例，有效30例、总有效率95%。汤小京等对痰火内盛型癫痫用龙胆泻肝汤合涤痰汤，心肾亏虚型用右归丸加减，心脾两虚型用归脾汤加减。共治114例癫痫，服药时间3～24个月（原服西药者逐步减量过渡至中药治疗)。结果控制发作34例，显效38例，好转28例，无效14例。梁奇石等认为，癫痫的治疗以调整气血阴阳为主，涤痰、祛风、清热、化瘀为辅。临床辨证分为气血失调胆火型，用抗痫1号（柴胡、半夏、党参、黄芩、竹沥、僵蚕、贝母、蝉蜕、丹参、陈皮、茯苓、枳实、甘草）治疗48例；气血失调痰火型用抗痫2号（柴胡、半夏、党参、黄芩、桂枝、白芍、酒制大黄、僵蚕、贝母、蝉蜕、甘草、龙骨、牡蛎治疗52例，结果：完全控制者10例，有明显进步但偶尔发作77例，无效13例。

（三）辨病治疗　贺家生自拟抗痫汤(白花蛇1条，全蝎、寄生、香附、菖蒲、郁金、僵蚕、防风各10克，白芍12克，钩藤15克）治疗20例癫痫，其中半年未复发者13例，好转4例，无效3例。疗程最长3个月，最短1个月。汤铁城用家传秘方宁痫散(槟榔、黑丑、皂角各30克，酒大黄25克，制南星120克，研末拌以砂糖)，间歇期每日晨起空腹服6克；发作期加麝香少许，用姜汤(汁）送下，共治30例癫痫，追访5年未复发者24例，发作间隙延长，但1年后复发，需继续服方能控制者5例，1例无效。汤氏认为，癫痫机理由于痰饮瘀血阻塞督脉，升降失常所致，宁痫散有通降督脉的作用。张家庆用马南汤（羚羊角、天南星、全蝎、地龙、菖蒲、半夏、僵蚕、皂角、天麻、柴胡、木耳、马钱子）治疗40例癫痫，随访2年以上不发作者14例（35%），6个月～2年停止发作者16例（40%），发作次数减少，症状减轻者8例（20%），总有效率95%。方中马钱子先水煎$1\frac{1}{2}$小时，取出剥皮，然后用麻油炸至焦黄色，研末备用。一般每次0.3克～0.6克，冲服。冯增仁用蜥蜴（研末用）、黄酒适量调匀冲服，半月或1月服1次。经上法治疗癫痫150例，其中服药1～2次，症状消失，7～10年未复发者69例（46%）；服药1～5次，症状减轻，次数减少，间隙延长，1～6年基本控制发作者67例（44.6%）；连服此药5次以上者无效14例（9.33%），总有效率90.6%。

（王庆其）

【癫狂证治】

何才春论述了精神分裂症的中医分期治疗：（1）急性发作期（慢性急性发作）：① 心经痰火（多见于紧张型），治宜清泻心火，涤痰开窍，以芩连温胆汤加味；② 肝经火旺（多见于青春型），治宜清肝泻火，开窍安神，以龙胆泻肝汤加减；③ 阳明火郁（多见躁狂者），治宜荡涤阳明，泻下燥火，以大承气汤加味。（2）慢性期：① 肝气郁滞（多见于抑郁型），治宜疏肝理气，以逍遥七气汤加减；② 痰气郁结（多见于幻觉、妄想或单纯型），治宜理气导痰，以顺气导痰汤加味；③ 血瘀痰阻（多见于慢性期各型），治宜活血化痰，以癫狂梦醒汤加减。（3）康复调养期：① 心脾两虚，治宜健脾益气，养心安神，以归脾汤加减；② 阴虚火旺，治宜降火镇心安神，以滋水清肝饮加减；③ 脾肾阳虚（多见于慢性期衰退状态），治宜温补脾肾，以八味肾气丸、龟鹿二仙汤加减。在各期证治之后，均附验案。于德正报道则以心气之虚实分型论治躁狂抑郁性精神病：（1）心气虚型，治宜补益心气，方用补气养心振神汤；（2）心气实型，治宜清心泻火，方用清心泻火镇狂汤；（3）心气虚实易变型，若属虚者先益心气，属实者先予清心泻火。每型各附验案，配针刺治疗，均获治愈。宋乃光对精神分裂症精神衰退期的中医治疗归纳为：（1）肝脾气结、痰瘀阻窍，治宜疏肝理气，化痰通络，方以逍遥散加减；（2）脾虚停饮、肝气挟痰浊泛逆，治宜健脾疏肝，降痰平冲，方用柴胡桂枝干姜汤合当归芍药散加减；（3）肾阳亏损、脑髓空虚，不养五脏之神，治宜补肾壮阳，益精养神，方用柴胡加龙骨牡蛎汤合二仙汤加减。

王慧琴按中医辨证论治53例，其中：（1）心肝郁火兼痰火血瘀型（32例），治以泻火解郁兼清热化痰祛瘀，方用龙胆泻肝汤加减；（2）肝郁阴亏兼痰湿血瘀型（11例），治以降火滋阴解郁兼以理气化痰去瘀，方用滋水清肝饮合导痰汤加减；（3）心肝郁热兼痰湿血瘀型（3例），治以清肝解郁兼理气化痰祛瘀，方用丹栀逍遥散合导痰汤加减；（4）肝郁气滞兼痰湿血瘀型（5例），治以疏肝解郁兼以理气化痰祛瘀，方用四逆散合导痰汤加减；（5）肝郁血虚兼痰湿血瘀型（2例），选用四物汤合导痰汤加减。同时部分患者辅以西药治疗。结果痊愈者36例，占67.9%，显著进步6例，占11.3%，进步5例，占9.4%，总有效率88.6%。门诊随访数年，复发者14例，占38%。杜兆芳等研究报道，用活血化瘀法（桃仁、红花、当归、丹参、川芎、赤芍、白芍、生地、甘草）为主治疗30例，并设西药对照组30例，均以中国中西医结合研究会和中华医学会拟定的分类标准。（1）痰火内扰，加生石膏、生大黄、菖蒲、胆星、天竹黄；（2）气滞血瘀，加柴胡、陈皮、香附、枳实；（3）痰湿内阻，加半夏、菖蒲、胆星、柴胡；（4）阴虚火旺，加丹参、远志、炒枣仁、寸冬、知母；（5）气血两虚，加黄芪、白芍、党参、熟地；（6）脾肾阳虚，加白术、茯苓、熟地、山萸肉、肉桂、附子。30剂为1疗程。中药组与对照组疗效比较分别为：痊愈3例、2例，显著进步17例、8

例，进步8例、10例，无效2例、10例，显效率分别为66.6%、33.3%。随访也以中药组病情稳定时间长，复发少。

王守玺报道自拟礞半承气汤（礞石、半夏、黄芩、连翘、郁金、枳实、大黄、芒硝、菖蒲、厚朴）为主治狂症310例。观察到泻下越早，所泻秽浊顽痰越多，病情好转越快，但大便一旦通畅，就要酌减硝、黄用量。结果治愈165例，好转129例，总有效率94.8%。乔玉阁等以自拟礞珍泻心汤（青礞石、珍珠母、郁金、三棱、莪术、木香、黑白二丑、生桃仁、枳壳、大黄、干姜、芒硝）为主治疗7例，获佳效。举2例，共服10剂药左右，均获愈，随访2～3年未复发。王瑞如报道以《金匮》半夏厚朴汤为主（法半夏、厚朴、茯苓、苏梗、珍珠母、合欢皮、菖蒲、竹叶、莲子芯）治疗癫狂21例。除2例因狂躁严重配用冬眠灵外，不用西药，结果均获痊愈。随访仅1例于治后3年因受精神刺激复发，其余病情稳定。

王瑜华以癫狂证治谈及中医情志疗法。(1)情志相胜疗法：亦称以情胜情疗法：①欣喜疗法，使患者志意畅达，情绪活跃，适用于单纯型、躁狂抑郁状态等；②愤怒疗法，使患者“怒则气上”、“怒则气逆”，产生“高频性情志振荡”的生理效应，适用于偏执型、反应性、心因性精神病；③惊恐疗法，使患者惊恐，继而出现恐惧的心理效应，适用于亢奋、狂、躁、动、怒为特征的狂证，如躁狂状态，青春型、紧张型等。④悲衰疗法，使患者意志消沉等而使狂言止，思虑解，是一种逆反应性治疗，适用于焦虑证、恐怖证等；⑤思虑疗法，使患者心境回复到惊恐产生的根源中去，适用于反应性精神病等。(2)劝慰导惑疗法：相当于精神支持疗法，精神分析法，通过医者以语言行式，使患者正确对待疾病，促进情志康复。适用于焦虑证、恐怖症、性变态、反应性精神病等。

（朱宝贵　姜志昂）

【糖尿病及并发症的证治】

（一）病机探讨　张鸿恩等观察了112例糖尿病患者，其中108例病程在一年以内。均有口渴欲饮，五心烦热，失眠多梦，盗汗耳鸣，舌红少津或有裂纹，脉细或细数等阴虚见证，故指出阴虚是本病发生的关键；77例患者有疲乏无力，心慌气短，多汗易感冒，舌淡胖有齿痕，脉沉细等气虚见症，病程在6月～5年，说明气虚是其迁延不愈的癥结所在；53例有疼痛、出血、偏瘫、舌紫、舌下静脉曲张、唇绀等血瘀见证，病程多在2年以上，提示瘀血是糖尿病并发症的主要原因；从16例病程均在2年以上，均有阳虚见证，如形寒肢冷，阳萎早泄等。故认为阴阳两虚是糖尿病的发展趋势；4例有苔腻或黄腻，脉缓或滑数等，湿热见症，推断湿热阻滞为糖尿病程中变证的原因。刘畅对42例老年及老年前期（年龄>45岁）患者分型及胰岛素释放曲线的观察结果进行分析，认为本病的病机为肾阴虚，阴虚热盛型为基本型(Ⅱ型)是重症或晚期合并併发症型。陆明则认为脾土运化失职，输津乏力为消渴病机所在。

（二）治疗方药　魏江磊对本病30例用补阳还五汤（生黄芪、赤芍、当归、川芎、地龙、桃仁、红花)，作为治疗组；另设对照组15例，主要以养阴法（玄参、玉竹、石斛、石膏、知母、山药、生地等）治疗。结果显效：治疗组12例，对照组4例；有效：治疗组14例，对照组5例；无效：治疗组4例，对照组6例。治疗组有效率较对照组为高，有显著差异($P<0.05$)。治疗组的血脂指标和血液动力学指标在治疗前后均有显著($P<0.05$)或极显著的差异($P<0.01$)而对照组在治疗前后则无显著差异。许公平以多味地黄汤合竹叶石膏汤（麦冬、山药、生地、枸杞子、竹叶、石膏五味子、葛根、天花粉、茯苓、苁蓉、知母）加减，治疗本病20例，临床确获较好疗效。举2例验案痊愈，未复发。袁彩

华用补阴固涩汤（生地、天花粉，玄参、丹皮、龙骨、牡蛎、枸杞子、山萸肉、黄芪、莲须、五味子）加减治疗本病60例，结果痊愈（症状消失，化验和检查血糖，尿糖均正常，一年后随访未复发）55例，好转（症状消失，血糖下降，但不稳定2例，无效（治疗其间症状控制，停药后复发）3例。邵生宽用固阴煎加味（熟地、山药、山萸肉、菟丝子、川断、五味子、党参、茯苓、黄精、麦冬、甘草）治疗本病65例，其中34例用中药治疗，31例用中药和降糖西药治疗，结果显效：治疗组14例，对照组10例；有效：治疗组12例，对照组16例；无效：治疗组8例，对照组5例。郭赛珊用益气养阴活血方（生黄芪、生地、丹参、益母草、玄参、苍术、葛根、山药、当归、赤芍、川芎、木香）治疗本病82例。结果表明，予本方治疗后，淡暗舌，红暗舌转为正常淡红舌时，其高低切速下的全血粘度均有非常显著下降。杨友鹤将本病202例分为阴阳两类。燥热阴亏者归属阳证130例，予人参白虎汤合小柴胡汤加减，脾肾阴阳两虚者归属阴证72例，予八味地黄丸加减。结果痊愈：阳证28例，阴证19例；显效：阳证53例，阴证24例；好转：阳证43例，阴证23例；无效：阳证6例，阴证6例。刘国英按以辨证与辨病相结合的原则，拟有基本方（黄芪、山药、苡仁、玄参、花粉、苍术、五味子、龙骨、牡蛎），并随症加减治疗本病100例，结果痊愈（三多症消失，体力恢复，空腹血糖、尿糖均正常）39例，好转（三多症明显好转，空腹血糖，尿糖明显下降）51例，总有效率为86.5%。

关于糖尿病并发症的治疗。胡国斌在中西药控制糖尿病的同时，以丹参注射液治疗非胰岛素依赖型糖尿病性周围神经炎37例（感觉型31例，运动型4例，共济失调型2例），结果2个疗程后恢复属优者（感觉异常全消，肢体精细活动操作如常）7例；属良者（肢端感觉正常，疼痛大减，夜间或寒冷时稍有疼痛，肢体疼痛减弱，夜间或寒冷时疼痛较甚，唯以下垂肢体活动无变化）3例；差者（无变化）5例（其中运动型3例，共济失调2例）。李育才认为糖尿病酮症是由燥热入血，气阴两虚，血滞浊留为患并且互为因果，治用益气养阴，清热和血，降逆化浊兼顾。拟有降酮汤（生黄芪、生地、淮山药、玄参、黄芩、黄连、黄柏、川芎、赤芍、苍术、山栀子、茯苓、当归、生牡蛎）加减治疗糖尿病酮症33例，结果显效（尿中酮体转阴，症状消失者）22例，有效（尿中酮体由卄～卅或十～卄减为（＋），口渴，多尿明显减轻，喜卧思睡消失者）6例，无效者5例。

（诸秋萍　罗理源）

【甲状腺机能减退症】

甲状腺机能减退症的中医辨证，大多认为属于阳虚为主，可兼有阴虚、痰湿的表现。如祝谌予等认为，本病多俱有阳气虚衰到阴阳俱虚的特征，临床见有畏寒纳呆，神情呆滞，体温偏低等无热象者，为阳气虚型，可选用补中益气汤加减，浮肿甚者配用五苓散或真武汤；见有皮肤干燥，腹胀便秘，口干思凉饮等有热象者，为阴阳俱虚型，可选用“升陷汤”（黄芪、升麻、柴胡、知母、桔梗）为主加减；此病临床上还可见舌下瘀点，口唇紫绀、肢麻等血瘀征象，可用血府逐瘀汤或抗免疫Ⅰ号方（广木香、当归、益母草、白芍、川芎）。祝氏等在治疗中重视手、足少阳和心脾诸经，认为其临床表现皆为命门火衰之象，因此温补命门是重要一着，用斑龙丸为主方，补命门、固奇经。同时配用香砂六君子汤或保和丸以防呆滞，以消促补；又因甲状腺位于阳明、少阳二经循行部位，故也可用补中益气汤以引阳明、少阳之清气上升。此外，纳差便秘者以半硫丸为最佳，而对粘液性水肿，还是以温阳益气为主，忌用活血化瘀。祝氏等又认为本病多属脾肾阳虚，尤以肾阳虚为主。盖命门火衰，不能温运脾阳，均能产生水肿及其他诸症，因此治疗以温补肾阳为主，兼以健脾。常用方药有附子、仙灵脾、仙茅、熟地，肉苁蓉、鹿含草、马钱子、鹿角胶、菟丝子、黄芪、人参、白术。水肿严重者加茯苓、车前子；心率太慢者加麻黄；痰湿内盛者，加半夏、陈皮、白芥子；经闭者加当归、莪术。

黄志馨报道了用甘草人参汤加小量甲状腺素片对甲状腺机能减退症的疗效观察。共治6例，用生甘草10克，人参8克，每日1剂煎服，30日后改人参6克，并隔日1剂，3个月为1疗程，同时日服甲状腺素片15毫克1次，以后每周加服15毫克1次。因甘草有潴钠排钾作用，故需酌服双氢克脲塞、氯化钾等。结果4例获显效，即在1个疗程后，基础代谢率和 T_3、T_4 值恢复正常，并且在停药后1年继续好转；另2例亦获效。且1年后无加重，各种检查接近正常。黄氏认为原发性甲减亦可能与甲状腺自身免疫有关，而甘草中的有效成分则可抑制这种异常免疫反应，又人参的作用机制可能直接或间接对垂体、下丘脑、肾上腺皮质、性腺和甲状腺有兴奋作用，从而调节恢复其功能。

邝安堃等从外周血淋巴细胞核 T_3 受体（T_3R）数量的变化来认识其与中药治疗甲减并获疗效的关系。据报道对5例患者进行单纯中药治疗，其中辨证脾肾阳虚者2例，肾阳虚者2例，肾阳虚兼脾气虚者1例，治以助阳温肾补气法，主方为黄芪30克，党参30克，附子12克，肉桂12克，仙茅9克，仙灵脾12克，生薏苡仁30克，枸杞子12克，疗程为2～3个月。治后重点观察核 T_3R 的变化（用最大结合容量MBC反映受体的数量），发现核 T_3R 之MBC从治疗前的 8.03 ± 0.76（为正常对照值均值的2.1倍）降低到 6.06 ± 0.60fmol/μgDNA（$P<0.01$）（仍为正常组均值的1.56倍）。同时也观察到血清各项甲状腺激素指标均有增高，与治前相比，T_3 为1.65倍（$P<0.05$），FT_3 为1.36倍（$P<0.01$），rT_3(3、3′5′-三碘甲腺原氨酸血清TSH则显著降低($P<0.05$)，患者临床症状及体征均有好转，中医辨证由治前的脾肾阳虚或肾阳虚转到肾气虚，脾阳虚或脾气虚等证则明显减轻或消失。推论中药可能通过改善残存甲状腺细胞功能，使其分泌激素量增加而奏效。其次，中药治疗后 T_3、rT_3 的浓度增高更为明显，推测助阳中药可能促进肝、肾等外因组织 T_4 脱碘代谢，使之增加，从受体水平看，治疗前核 T_3R 数量（MBC）显著增高，符合受体的升高调节是机体在细胞水平对循环甲状腺激素浓度降低的代偿的机制，在治疗后MBC降低，可以推测中药并非通过增加受体数量而奏效，而可能是通过增加内源性甲状腺激素，尤其是活性 T_3 浓度以及改善全身情况而产生疗效。此外，由于 T_3R 之MBC与甲状腺激素浓度呈负相关（已同时作相关检验），随着激素增加，核 T_3R 数量逐渐减少趋于正常。因此 T_3R MBC降低可能是病情好转在细胞水平的标志之一。

（何立人　王重卿）

【单纯性肥胖症的病因病机及辨证治疗】

（一）病因病机探讨　张超等认为本病的发病机制主要是气化功能的障碍，从而影响到饮食气味精形的转化。其脏腑病机首当影响及肝，继而肝、脾、肺功能障碍，气化精微转输失常，从而导致脂质、水湿、痰瘀停聚而成肥胖，导致营卫气血紊乱。肝胆处于病变的中心环节，其病理产物为痰、瘀、水湿、脂质等，临床上呈现出虚实夹杂的证候群。因此治疗应先从肝胆着手，兼调脾、肺，补其不足，泻其有余，标本兼治。陈瑞英认为本病病因有四：(1) 过食膏粱厚味；(2) 肝肾阴虚，肝阳上亢，木旺克土；(3) 脾胃蕴热，痰热内生，郁积体内；(4) 肺气不宣，水道失调，水气内聚。

（二）辨证论治　陈瑞英认为本病病机

主要是水湿痰浊聚于体内，治疗以健脾、消积、通便为基本原则。据报道治疗单纯性肥胖病100例，辨证分为五型：（1）食滞中焦（50例），用Ⅰ号茶（山楂、泽泻、莱菔子、麦芽、神曲、夏枯草、陈皮、藿香、茶叶）；（2）肝肾阴虚（15例），用Ⅱ号茶（首乌、夏枯草、山楂、泽泻、石决明、莱菔子、茶叶）；（3）脾土虚弱（14例），用Ⅲ号茶：（苍术、白术、泽泻、茯苓、车前子、猪苓、防己、茶叶）；（4）脾胃积热（19例），用Ⅳ号茶（大黄、枳实、厚朴、甘草、茶叶）；（5）痰湿内停（2例），用Ⅴ号茶（法半夏、茯苓、陈皮、川芎、枳壳、大腹皮、冬瓜皮、炙香附、炒泽泻、车前草、炒苍术、炒白术、茵陈、茶叶）。同时配用耳针。结果：临床治愈（恢复标准体重）4例，均为服Ⅳ号茶者；显效（体重下降5千克以上）16例，其中服Ⅰ号茶10例，Ⅲ号茶2例，Ⅳ号茶4例，总有效率为73%。在73例体重下降者中，经9个月追访无1例体重回升。

（三）单方验方　奚彩崑等报道治疗单纯性肥胖病110例，分治疗组55例，采用自制的康灵减肥合剂，每次服100毫升，体重90千克以上者加至150毫升，每日2次，早、晚餐前服。药物：黄芪、泽泻、荷叶、山楂、首乌、生大黄、白芥子、元胡；对照组55例，用芬氟拉明治疗。两组均以一个月为1疗程。治疗组平均治疗32～6天，对照组30～9天。结果：两组显效（体重减轻3千克/月）分别为33例、29例；有效（体重减轻1～2千克/月）分别为16例、21例；无效（减轻1千克以下/月）分别为6例，5例。总有效率为89.1%，90.9%，两组疗效无显著差异（$P>0.05$）。韩明向等报道以轻身降脂乐及天雁减肥茶分别治疗120例及107例。治疗30天后，两组平均体重分别降低1.69千克和1.53千克。轻身降脂乐由首乌、黄芪、夏枯草、冬瓜皮等组成，制成干浸膏冲剂，每日2～3次，饭前半小时开水冲服；天雁减肥茶由干荷叶、车前草等组成，制成袋泡茶剂，每日2～3次，泡茶饮。两组合计，总有效率达93%，显效率为39%，治疗前后对比有明显差异（$P<0.01$），韩氏并认为本病病机为多湿多痰，多气虚，治疗应利水通腑以祛痰湿而治其标，益气健脾以运化水湿而治其本。轻身降脂乐功能益气养阴清热利湿，具有兼治标本的作用；天雁减肥茶则以降脂利湿治标为主。

（朱宝贵）

【特发性水肿的证治】

特发性水肿（功能性水肿）的病因与发病机理尚不很清楚，多见中年妇女，往往于月经前后加重，但男性亦不少见。主要表现为面部及四肢肿胀，有紧迫感，以手按之或有凹陷，或随手而起，朝轻而暮重或夜消而晨发，中医归入水肿、郁证范畴。近年报道大多按照脏腑辨证论治而获效。

张春祥等报道本病46例进行分型治疗：（1）脾虚失运兼肾阳不足型，治则健脾利湿，助肾阳，消水肿。基本方：山药、炒白术、附子、桂枝、仙灵脾、桑寄生、黄芪、苦参、茯苓皮、冬瓜皮。（2）脾虚失运兼肝郁气滞型，治则健脾疏肝、利水消肿。基本方：柴胡、当归、川芎、丝瓜络、青皮、陈皮、山药、白术、黄芪、仙灵脾、薏苡仁、苦参、茯苓皮、冬瓜皮、桑皮。结果治愈38例，显效5例，总有效率为93.5%。治愈病例均作半年随访，无复发。张维民认为本病的发生与脾肺肾功能失调，水液代谢障碍有关，临床以脾肾阳虚、气郁水肿两型居多。报道治疗50例，以防己茯苓汤加减（防己、生黄芪、茯苓、桂枝、泽泻）为主方，并随证加味，如气虚明显加人参（或党参）、白术；血虚加当归、白芍、川芎等，15天为1疗程。结果痊愈，随访1年无复发者32例；基本痊愈，但劳累后有轻度出现者12例，好转5例，总有效率为98%。李留记等报道采用自拟健脾运化汤（生黄芪、白术、党参、泽泻、茯苓、生薏苡仁、陈皮、干姜、桂枝、当归、炙甘草）治疗功能性水肿87例，临床随证加味。结果全部获愈。其中服3剂有效，12剂痊愈的18例；服6剂有效，20剂痊愈的31例；服6剂有效，25剂痊愈的38例。董树华、施乃芝从肝论治本病，均以逍遥散加减。如施乃芝报道治疗50余例，每获显效。例举2例辨证为肝郁脾虚，治以疏肝解郁、健脾利水，用本方加味，分别服药10～17剂后，诸证若失，随访1～2年未见复发。

李浩澎等运用《太平惠民和剂局方》木香流气饮治疗特发性水肿50例。原方药共为粗末，每次用10克，加生姜3片，大枣2枚，清水一盏，煎至七分热服，每日2～3次，或上方水煎服，每日1剂。结果痊愈6例，显效37例，好转4例，总有效率为94%。李氏认为本病属中医郁证范围，临床往往是肿、胀、痰、湿、瘀诸证兼现。木香流气饮药味多达23种，融祛痰、理气、活瘀、化湿、利水诸药为一炉，药证相切，故获效明显。陈国枢报道本病治验三则，分别辨证为气虚，脾肾阳虚，湿久郁热、湿热浮肿而论治，均获浮肿消退的良效，且经1～2年随访，未见复发。

（朱宝贵）

【盗汗的内治和外治】

一、内治诸法

1. 分型治疗　白跃材对盗汗辨证论治59例，其中阴虚型，用自拟方四子止汗汤（朱砂拌五味子、枸杞子、女贞子、沙苑子、生地黄、朱砂拌茯苓、山茱萸、琥珀、炙甘草）；气阴两虚型，用自拟方参芪四子止汗汤（上方加党参、黄芪）；阳虚型，用黄芪建中汤加浮小麦、附子；伤湿型，用三仁二术汤（杏仁、炒薏苡仁、砂仁、白术、苍术、茵陈、茯苓、浮小麦）。结果：痊愈43例，好转11例，总有效率91.5%。

2. 温阳敛汗　陈培村、余方、黄仁智、戚建华等认为阳气亏损可使卫气虚、表不固；当暝目之时，所虚之卫行入阴分，肌表更无所固，故寐则腠开汗泄而致。各自采用温阳益气、固摄敛汗法而收效。陈氏认为此类盗汗多出凌晨4点左右，曾治1例，运用温补肺肾的制附片、黄芪、党参、桂枝、白芍、五味子、熟地、山萸肉、炙款冬花、炙甘草，共服药3剂，盗汗尽止。黄氏等用附子、白芍、炙甘草三味治愈1例入夜反复盗汗3年的患者。方中白芍重用30克，以达阳中寓阴，柔肝敛汗之功。戚氏对1例因慢性腹泻年余而致夜睡盗汗浸湿被褥的患者，采用附片（先煎2小时）、黄芪、桂枝、白芍、炙甘草、龙骨、牡蛎、生姜、大枣治疗，仅2剂盗汗即止。余氏用玉屏风散加附子、牡蛎、浮小麦等益气温阳治疗，认为阳旺气充可使汗止。

3. 健脾利湿　陈氏、上官钧、江金选、牟重临等均认为湿邪或湿热内蕴，可使卫气无胃气资助而致卫虚，入寐则阳气内伏，卫阳更显不足而致盗汗，都从湿论治而获良效。上官氏治1例入夜10～11时大汗淋漓，必更换被褥、衣裤、床单的顽固性患者，采用五苓散健脾利水。共服6剂汗止，2月后随访未发。

4. 清热化湿法　江氏用茵陈、苍术、苡仁、滑石、白蔻仁、通草、车前子等清化湿热药治愈1例中焦湿热的盗汗患者。牟氏认为盗汗由湿热阻于上焦者，则宜清轻宣泄，辅以芳化为法，药选连翘、竹叶、佩兰、桑叶、杏仁、瓜蒌皮、茯苓、荷叶、川朴、扁豆衣等；湿热阻于中焦者，予以辛开苦降，清热化湿法，方取连朴饮、三仁汤、甘露消毒丹等化裁；湿热阻于下焦者，方用茵陈五苓散，茯苓皮汤之类。各举验案1例以证之。

5. 清化痰热　杨寒临证体会：卫气至夜行于阴，卫气入里与内伏之痰热交并，热蒸腠开，迫津外出而致盗汗。经治1例反复咳嗽、气喘、盗汗10余年，大便4天未解患者，辨为痰热盗汗，采用麻黄、杏仁、石膏、连翘、川贝母、枇杷叶、鱼腥草、大黄、芒硝组方，服后汗止便通。

6. 疏解肝郁　杨氏报道，曾治1例心情抑郁而致盗汗年余者，运用疏肝解郁法，方选逍遥散加味（柴胡、当归、白芍、云茯苓、白术、薄荷、丹皮、栀子、郁金、佛手花、大枣、炙甘草、煨姜），5剂病愈。

7. 调和营卫　陈氏认为夜间，天时阴气主之，阳气内藏，寐则藏之尤深，如风邪扰动卫气，常可因营卫不和而出现盗汗。此类患者虽是入夜盗汗，仍可用桂枝汤类方治疗而获效。

还有陈达中自拟黄芪龙牡汤（黄芪、生龙骨、生牡蛎、五味子、浮小麦、炒白芍）治疗盗汗60例，痊愈44例，好转16例，服药最多22剂，最少4剂。严忠用成药金锁固精丸治愈3年未止的盗汗；胡献国用四神丸治愈五更盗汗患者，均各有验案报道。

二、外治方药

成志荣自制双五子糊剂外敷肚脐正中治盗汗，总有效率为91%，尤宜小儿应用。具体方法：取五味子100克，五倍子100克，共研细末，加入70%酒精适量调成糊状，取鸽蛋大小糊剂放在5～6公分大小见方塑料薄膜上（或不透水腊纸），冬天用热水袋加温后贴于肚脐正中，用纱布胶布固定，24小时更换1次，一般2～8次即可见效。沈超单用五倍子粉敷脐治9例盗汗患者获效。

（周珮青）

【链霉素副反应的治疗诸法】

链霉素系西药氨基甙类抗生素，常作为结核病治疗强化阶段的首选药物之一，但其副作用较多，最常见的是药物毒性损害第八对脑神经而引起的神经系统中毒反应。西医对其副作用尚无特效的药物。而中医辨证治疗收到较好效果。

1. 以补肾为主　程运文根据中医肾主骨、生髓、开窍于耳，其华在发等理论报道了治疗链霉素副反应的补肾四法：(1) 肾阳亏损，痰浊内阻为主，采用肾气丸合半夏白术天麻汤；(2) 肾阳亏损，脾失健运为主，多用右归饮合四君子汤；(3) 髓海空虚，肝阳上亢表现为主，一般予以左归饮合镇肝熄风汤；(4) 髓海空虚，瘀阻脑络，则在补肾法的基础上加用活血药物。刘玉英等以补肾为法则，采用补骨脂治疗链霉素中毒5例，治愈3例，好转2例，胡志山报道辨证治疗链霉素中毒50例，治愈47例，显效3例。其中，心肾阳虚型2例，以补肾潜阳为主，主用参附龙牡汤或桂枝加附子汤获效。

2. 以补脾健运为主　方观杰采用六君子汤为主，辅以平肝之品治疗链霉素副反应，临床症状缓解快疗效好。肖梓荣治疗辨证属心脾气血不足的链霉素中毒多采用健脾益气补血为主，临床症状明显改善。胡氏在前述辨证治疗链霉素中毒50例中，气血不足者有7例，亦以健脾为主，佐以镇痉熄风，方用归脾汤加石菖蒲，僵蚕之类，获得满意疗效。

3. 以健脾合补肾法为主　焦金发即以此法为原则，自拟清窍汤（以枸杞子、山萸肉、川续断、女贞子、制白术、淮山药、白芍等为主）治疗链霉素中毒30例，显效18例，有效9例，无效3例，病程最短3天，最长38天，平均15天。高正今采用补肾健脾法治疗链霉素毒副反应28例，其中25例在1周内有效，2周内症状消除，有效率为89.3%。

4. 根据肝肾同源，水火相济的理论用药　胡氏对辨证属肝肾阴虚型30例，采用耳聋左慈丸加石菖蒲，米仁等药，收效快，病程短，疗效高。

5. 采用通窍化痰，升清降浊为法　胡氏对辨证属痰浊中阻型9例，临床表现为眩晕欲仆，头重如蒙，耳鸣如塞，胸闷纳差，呕吐痰饮，脉象濡滑，舌苔白腻等。选用旋覆代赭汤合二陈汤。王子融则选用加味温胆汤祛湿化痰，理气清火；刘子贵报道了选用骨菊钩藤汤治疗链霉素副反应53例，15天内有效率为77.3%，35天内有效率为98.1%。

（洪庆祥　齐炳同）

【有机磷农药中毒及其后遗症的治疗】

有机磷农药中毒在临床上比较常见，病情严重时发生昏迷抽搐及大小便失禁，或呼吸中枢麻痹、肺水肿而危及生命。如抢救不及时，常留有后遗症，中医中药治疗有一定疗效。王星田治疗29例有机磷中毒后遗症，经消化道、皮肤、呼吸道中毒分别为17例、9例、3例，临床均见有头晕头痛，视物昏蒙，脘腹满闷，恶心呕吐，神疲乏力，自汗微恶风寒，尿少，舌淡苔白腻，脉沉缓或滑数等。方投藿香、半夏、陈皮、当归、大黄、茯苓、车前子、滑石、甘草、绿豆，结果治愈28例（临床症状及体征全部消失，完全恢复劳动能力）；显效1例。陈金芝采取中西医结合抢救急性农药中毒，在经常规洗胃后，立即用番泻叶30克，开水冲泡或煮沸3分钟，取汁500毫升，待微温经胃管灌入；甘草绿豆汤在8～24小时内灌入或口服，连服3日。高热39℃以上经西药降温无效者，用安宫牛黄丸每次1粒化水灌入，半小时后体温即下降。经治20例取得较好疗效。郝文轩治一劳动时中毒之女性患者，昏厥复苏后即精神恍惚，喜笑无常，潮热颧红，舌赤苔薄黄，脉数而弦动，用古方黄连清心饮加减（当归、生地、远志、熟枣仁、茯神、党参、甘草、黄连、莲子、百合、知母、竹茹），服5剂神志安定，14剂后渐趋正常。肖合聚对1例有机磷中毒性精神病女性患者（经阿托品治愈3天后出现）用古方顺气导痰汤加减（半夏、陈皮、茯苓、甘草、制南星、枳实、木香、制香附、菖蒲、炙远志、郁金、夜交藤、朱砂），3剂症减，再服4剂病愈。王先农治一误服敌敌畏的患儿，经抢救后症状好转，但5天后出现彻夜不眠，大小便失禁，昏迷，体检双瞳孔散大，颈项头部频繁摇动，手足蠕动，高热烦躁，舌绛红苔焦黑，脉弦细数。中医辨证为热极生风，服安宫牛黄丸4丸后症状稍轻，能入寐，但肢体微呈拘挛强直，处方用生地、巴戟天，山茱萸、石斛、肉苁蓉、肉桂、茯苓、麦冬、五味子、附子、石菖蒲、远志、薄荷、牡蛎、姜、枣。10剂后诸症基本痊愈。李美英用黄芪桂枝五物汤加味治一中毒后所致的继发性周围神经炎，服30余剂后四肢功能基本恢复正常。吕建章、吴协兵在临床中逐步摸索出一些以绿豆、甘草为主的有效方药。

（陆　平）

参考文献

B

白跃林　盗汗的辨证论治——附59例临床分析　广西中医药　(6):19, 1986

鲍建国　加味地肤子汤治疗急性尿路感染　北京中医学院学报　(3):52, 1989

C

蔡庆堂　治愈阴缩症2例　四川中医　(4):31, 1986

曹元成　吊线风膏治面瘫　四川中医　(4):29, 1989

曹志刚　清上并蠲痛汤为主治疗三叉神经痛64例，辽宁中医杂志　(8):12, 1989

柴　智等　慢性肾炎30例证治体会　吉林中医药　(6):17, 1988

陈达中　黄芪龙牡汤治疗盗汗　四川中医　(10):19, 1986

陈　岱　辨证治疗慢性肾功能不全46例疗效分析　黑龙江中医药杂志　(1):18, 1989

陈德仁等　消斑合剂为主治疗特发性血小板减少性紫癜慢性型71例　中西医结合杂志　(9):559, 1989

陈国枢　特发性水肿中医治验三则　福建中医药　(5):51, 1989

陈金芝　中西医结合抢救急性农药中毒疗效观察　中西医结合杂志　(12):75, 1987

陈锦芳　通腑泄热法在肺炎中的运用　福建中医药　(5):43, 1989

陈军平　治疗嗜酸性粒细胞增多性肺浸润22例　浙江中医杂志　(3):103, 1989

陈培村　盗汗并非仅限于阴虚　新中医　(1):47, 1989

陈瑞英　单纯性肥胖症的辨证论治(附100例分析)　新中医　(4):15, 1989

陈若崑　强中症二例治验　黑龙江中医药　(3):51, 1984

陈寿永　花蛇三七酒治疗多发性神经炎　浙江中医杂志　(6):256, 1989

陈述万　山楂消糜汤治疗乳糜尿——附32例临床小结　湖南中医杂志　(1):15, 1987

陈维亚等　心痛口服液治疗心绞痛169例临床观察　陕西中医　(6):245, 1989

陈卫平等　四二汤治疗支气管扩张症29例　浙江中医杂志　(3):98, 1989

陈文第　自制九味溃疡汤治疗十二指肠球部溃疡92例　河南中医　(3):26, 1989

陈孝文　外敷治疗周围性面瘫300例　山东中医学院学报　(4):29, 1989

陈　勇　养阴活血汤治疗胃下垂32例　广西中医药　(2):13, 1988

陈志伟　慢性肾功能衰竭的攻补兼施　上海中医药杂志　(10):25, 1989

陈忠琳等　桃仁承气汤加味治疗原发性血小板减少性紫癜18例　辽宁中医杂志　(11):22, 1989

陈子华　锡类散生肌散治疗消化性溃疡16例体会　山西中医　(3):29, 1989

成志荣　双五子糊剂外治盗汗50例　中药通报　(5):58, 1986

程运文　链霉素副反应补肾四法　河南中医　(2):23, 1989

丛培南　嗜酸性粒细胞增多症45例疗效观察　山东中医杂志　(1):16, 1989

D

达庆维等　豁痰熄风法治疗癫痫317例临床观察及药理实验　上海中医学院学报　(1):1, 1989

戴双明　补气升压汤治疗低血压综合征44例　陕西中医　(1):12, 1989

邓荣昌　生姜外用搽擦齿龈治面神经炎　新中医　(8):封3, 1989

邓世钦　新加牵正汤治疗面瘫　湖北中医杂志　(6):16, 1988

翟书庆　大补阴丸治疗老年阳强一例　四川中医　(5):5, 1987

丁德正　从心气之虚实论治部分躁狂抑郁性精神病　中国医药学报　(5):42, 1989

东直门医院内科等　中医药治疗震颤麻痹综合征15例的疗效观察　北京中医学院学报　(2):30, 1980

董树华　特发性浮肿从肝论治　浙江中医杂志　(8):339, 1989

董守田　消栓汤加味治疗脑血栓形成35例　吉林中医药　(5):22, 1989

杜荣亮　保留灌肠为主治疗慢性结肠炎20例　陕西中医　(2):55, 1989

杜杏之等　补中益气汤治疗肺炎　北京中医学院学报　(3):27, 1989

杜兆芳等　活血化瘀法治疗精神分裂症的临床研究　山东医药　(10):27, 1989

F

樊宝林　二陈连牡饮治疗肝咳型气管炎49例临床观察　河南中医　(3):24, 1989

范华昌　完全性(Ⅳ)房室传导阻滞治验　上海中医药杂志　(4):7, 1989

范淑惠　对84例肺炎治疗的回顾　中医急症通讯　(7—8):20, 1989

方观杰　六君子汤加味治疗链霉素副反应　浙江中医杂志　(7):308, 1988

方显明　益气除痰方治疗冠心病52例疗效观察　广西中医药　(6):1, 1989

房景芬等　芍药甘草汤治疗偏头痛　四川中医　(2):42, 1989

冯界之　咯血证治　四川中医　(2):18, 1989

冯增仁　蜥蜴与朱砂治疗痫证150例　辽宁中医杂志　(7):26, 1989

傅国光　帕金森氏综合征　浙江中医学院学报　(5):37, 1988

傅竞成等　鲜滩中药方1—4号治疗癫痫　四川中医　(12):25, 1989

G

高荣慧等　芪茜汤治疗早期肝硬化106例的临床观察　辽宁中医杂志　(12):13, 1989

高运生　白细胞减少症治验　河北中医　(3):23, 1989

高正今　补肾健脾法治疗链霉素副反应28例　中西医结合杂志　(2):106, 1987

高志源　自拟川芎茶调散治疗血管性头痛20例　辽

宁中医杂志 (5):18, 1989
耿宏等 自拟羚羊散治早期脑血栓形成18例 中原医刊 (6):23, 1989
龚大澄等 乳糜尿治肺三法 浙江中医杂志 (12):538, 1988
顾文海 飞廉分清汤治疗乳糜尿369例临床观察 云南中医杂志 (2):18, 1988
顾选文 脑血栓形成200例临床疗效总结 上海中医药杂志 (7):4, 1989
郭 琪等 溃疡性结肠炎中草药治疗及某些免疫功能动态观察 中西医结合杂志 (8):472,1989
郭赛珊 益气养阴活血方治疗糖尿病人的舌质及全血粘度的变化 中医杂志 (2):33, 1989
郭松河 内外合治慢性非特异性溃疡性结肠炎30例 陕西中医 (2):56, 1989

H

韩承谟 重用黄芪治疗脉迟证一例 湖南中医学院学报 (4):56, 1988
韩明向等 轻身降脂乐、天雁减肥茶治疗单纯性肥胖227例临床疗效观察 安徽中医学院学报 (2):21, 1989
郝文轩 略论胃下垂证治 浙江中医杂志 (10):445, 1989
有机磷中毒后遗症 河北中医 (2):29, 1984
何才春 试谈精神分裂症中医分期治疗 实用中医内科杂志 (2):12, 1989
何厚夫 龙蛇煎治疗血管神经性头痛 江西中医药 (1):25, 1989
何 勤 阳和汤加减治疗帕金森氏病 四川中医 (11):43, 1985
何天有等 速效救心丸治疗血管神经性头痛15例 江苏中医 (2):11, 1989
侯健民 辨证分型治疗高血压205例 河北中医 (5):1, 1989
贺家生 自拟抗痫汤治疗癫痫的体会 北京中医 (2):49, 1989
侯钦丰 乳糜尿验方 山东中医杂志 (6):40, 1989
胡贵全 面神经麻痹 湖南中医杂志 (5):30, 1989
胡国斌 丹参注射静注治疗糖尿病性周围人员37例 新中医 (2):23, 1989
自拟虎牛汤治疗肝硬化腹水17例 国医论坛 (5):封三, 1989
胡献国 五更汗治验一则 中医杂志 (12):62, 1987
胡志山 辨证治疗链霉素中毒50例临床总结 河南中医 (1):7, 1988
扈新钕 木香顺气散治疗结肠脾曲综合征10例，浙江中医杂志 (1):7, 1989
华玉祥等 48例血小板减少性紫癜的辨证治疗 山东中医杂志 (4):27, 1989
黄道富等 清热化瘀法治疗慢性萎缩性胃炎——附152例临床疗效观察 新疆中医药 (1):16, 1989
黄洪霖 逍遥三花汤治疗梅核气44例分析 江西中医药 (3):24, 1989
黄仁智等 阳虚盗汗 广西中医药 (4):43, 1987
黄星垣 治淋证之要应首辨虚实 中西医结合杂志 (3):177, 1989
黄寅生 略谈缩阴症之治疗 浙江中医杂志 (8):371, 1985
黄玉玺等 脑血栓患者微循环血液流变学观察及其与中医辨证分型的探讨 实用中西医结合杂志(5):40, 1989
黄志馨 甘草人参汤加小量甲状腺素片对甲状腺机能减退症的疗效观察 临床医学 (4):170, 1989

J

季炳琦等 辨证治疗脑血栓53例 江苏中医 (9):5, 1989
纪延龙 柔肝息风活血汤治疗面神经麻痹36例 实用中医内科杂志 (1):10, 1989
贾美华 酸枣仁汤加味治三叉神经痛 四川中医 (2):38, 1989
贾汝汉 肾炎1号治疗慢性肾小球疾病48例分析 中西医结合杂志 (6):369, 1989
贾中勤 结肠灵治疗溃疡性结肠炎26例 中国肛肠病杂志 (3):14, 1988
江金选 盗汗治湿 上海中医药杂志 (9):38, 1987
姜成才 顺风匀气散治高病程面神经麻痹100例的临床观察 新中医 (7):24, 1989
姜德友 银翘地黄汤治疗淋证 江西中医药 (1):40, 1989
姜鹏凌 慢性肾小球肾炎证治"三要" 江西中医药

(2):21，1989
姜润林　运用经方治疗胆汁返流性胃炎　河南中医　(5):9，1989
焦金发　自拟清窍汤加减治疗链霉素副反应30例　新中医　(5):28，1989
金德山　水蛭粉治疗高脂血症150例疗效观察　北京中医　(1):21，1989
金惠伯　老年冠心病的病机与证治　南京中医学院学报　(4):31，1989
金绍远　缩阴症治验一例　江西中医药　(4):61，1987
金维新　精液不液化的中医辨证论治　吉林中医药　(2):15，1989
荆宏健　精液不液化证治体会——附45例病例分析　河北中医　(4):封三，1989
靳照礼等　脑脉丸治疗脑血栓形成169例临床观察　新中医　(1):28，1989

K

邝安堃等　中医辨证论治对原发性甲状腺功能减退症的疗效与淋巴细胞核T_3受体的关系　中西医结合杂志　(11):650，1988

L

雷隆生等　辨证治疗多发性神经炎8例　四川中医　(1):34，1988
雷在彪　补中益气汤治疗白细胞减少症75例　云南中医杂志　(3):18，1989
李爱兰　桑决合剂治疗高血压65例疗效观察　江西中医药　(3):33，1989
李　碧　黄苏汤治疗浊邪中阻化热型慢性肾衰24例临床观察　山东中医学院学报　(4):19，1989
李道明等　辨证治疗50例慢性肾炎小结　新疆中医药　(4):33，1989
李桂敏等　小蓟花生酒治疗原发性高血压100例疗效观察　国医论坛　(5):15，1989
李国栋　中药灌肠方治疗溃疡性结肠炎临床观察及实验研究　中西医结合杂志　(10):616，1989
李浩澎等　木香流气饮治疗特发性水肿50例　中医杂志　(6):9，1989
李宏阳等　中医药治愈震颤麻痹综合症一例　中医药学报　(4):40，1985
李辉铎　Ⅲ度房室传导阻滞1例治验　江西中医药　(1):26，1986
李建华等　中药康力龙合用治疗慢性再生障碍性贫血36例疗效分析　天津医药　(2):116，1989
李开祥等　通淋合剂治疗湿热淋77例疗效观察　河南中医　(1):29，1989
李留纪　重用补气药治疗完全性房室传导阻滞　中医杂志　(1):22，1989
李留纪等　健脾运化汤治疗功能性水肿87例　陕西中医　(9):388，1989
李美英　有机磷中毒继发周围神经病治验1例　中医杂志　(8):23，1989
李普文　辨证治疗血小板减少性紫癜52例　广西中医药　(2):11，1989
李庆东等　鬼针草抗实验性高血脂及血栓形成的作用　中西医结合杂志　(1):33，1989
李人范等　复方白芷注射液治疗震颤性麻痹三例　新医药学杂志　(6):41，1975
李祥云　不射精症从补肾开精窍论治　上海中医药杂志　(5):4，1989
李耀钧　顽固性Ⅲ度房室传导阻滞　湖南中医杂志　(2):36，1989
李　莹　慢性肾小球肾炎的辨证治疗　吉林中医药　(3):14，1989
李玉海　开胸解郁汤治疗梅核气60例　湖北中医杂志　(1):27，1989
李育才　糖尿病酮症的治疗体会　中国医药学报　(2):24，1989
李育千　降酮汤治疗糖尿病酮症33例临床观察　新中医　(2):20，1989
李增林　钩藤浸液治疗高血压50例　辽宁中医杂志　(8):23，1989
李兆苓　柴黄汤治疗胃大部切除术后所致胆汁返流性胃炎45例　湖北中医杂志　(3):19，1989
李祖佑　白细胞减少症辨证论治的体会　贵阳中医学院学报　(2):42，1989
李志文　龙蝎饼治疗三叉神经痛45例　陕西中医　(5):223，1989
廉生林等　中药加"甘蟾砂仁合剂"治疗晚期肝硬化腹水68例　天津中医　(2):18，1989
梁广怀等　龙胆截喘汤治疗哮喘的临床观察　中西医结合杂志　(1):22，1989
梁奇石等　辨证治疗癫痫病100例疗效观察　陕西中医　(1):9，1989
林求诚等　冠脉乐治疗冠心病的临床研究　中西医结合杂志　(5):280，1989

刘 成 舒肝活血散治疗阴茎硬结症 河南中医 (3):42, 1988

刘 畅 老年及老年前期糖尿病辨证分型与胰岛素释放曲线关系的探讨 中西医结合杂志 (6):38, 1989

刘春堂等 自拟"温阳通痹汤"治疗冠心病59例 上海中医药杂志 (4):17, 1989

刘德英等 中西医结合治愈帕金森氏病 四川中医 (4):17, 1988

刘 锋等 过敏性紫癜23例治疗观察 中西医结合杂志 (2):105, 1989

刘国英 辨病与辨证相结合治疗糖尿病104例 吉林中医药 (1):13, 1989

刘 丽等 补肾活血法与老年冠心病症的临床研究 天津中医 (2):31, 1989

刘 玲 防风通圣丸对偏头痛的疗效及血小板聚集率观察 中医杂志 (6):17, 1989

刘瑞祥 黄芪母鸡汤治疗白细胞减少症 新中医 (1):29, 1989

刘少翔等 复仙汤治疗血小板减少30例疗效观察 浙江中医杂志 (8):349, 1989

刘 泰 试论中医对震颤麻痹的认识 广西中医药 (2):25, 1989

刘耀先等 青白汤治疗咯血83例——附西药对照组30例分析 浙江中医杂志 (3):97, 1989

刘玉英等 用补骨脂治疗链霉素中毒5例 四川中医 (8):5, 1988

刘增昌 救心膏贴治冠心病心绞痛 山东中医杂志 (2):52, 1989

刘振宇 辨证施治加乳没三七珍珠散治疗溃疡病149例分析 江西中医药 (2):20, 1989

刘子贵 骨菊钩藤汤治疗链霉素毒性反应53例 新中医 (11):30, 1986

刘宗凯 自拟固本益肠片治疗慢性结肠炎280例 中西医结合杂志 (6):372, 1989

刘作彦 小儿阴缩治验一则 新中医 (1):39, 1989

龙锦娘 四生汁治疗药物性溶血17例 浙江中医杂志 (8):353, 1989

卢本仁 神经官能症60例疗效观察 南京中医学院学报 (4):29, 1989

卢君健 慢性肾小球肾炎的中西医结合治疗 中西医结合杂志 (5):295, 1989

陆 明 消渴病机非阴虚燥热 新疆中医药 (1):43, 1989

吕建章 有机磷农药中毒急救中的有关问题 陕西中医学院学报 (4):44, 1986

吕少起 补中益气合酸泻肝法治疗胃下垂 四川中医 (6):27, 1988

吕岫华 补肾活血法应用于慢性再障 中医药信息 (4):12, 1989

罗桂桃 中药灌肠治疗慢性肾功能衰竭26例 湖北中医杂志 (4):10, 1989

罗焕珍 综合疗法治疗胃下垂40例 湖北中医杂志 (4):22, 1989

罗日永等 100例慢性结肠炎临床观察 新中医 (12):15, 1988

骆继杰 自拟肾衰汤治疗慢性肾功能衰竭35例小结 (4):13, 1988

M

马建国 蒲灰散加味治疗过敏性紫癜 四川中医 (9):40, 1989

马丽俐 171例血液比粘度指标改变与中医虚实证关系的分析 浙江中医学院学报 (5):28, 1989

马 援等 回心草治疗冠心病101例疗效观察 陕西中医 (6):256, 1989

梅运秀 过敏性紫癜二十五例临床小结 湖北中医杂志 (2):25, 1989

孟 保等 自拟溃结灌肠汤治溃疡性结肠炎36例 新中医 (8):22, 1989

牟重临 湿热盗汗的辨证治疗 浙江中医杂志 (1):10, 1989

O

欧炳楠等 铋类散加中药煎剂辨证治疗消化性溃疡七例临床观察 贵阳中医学院学报 (4):36, 1988

P

潘春生 蛇蝎蜈蚣散治疗中风的体会 吉林中医药 (4):15, 1989

庞景春 补肾化瘀降浊汤治疗肾小球肾炎氮质血症26例报告 河北中医 (2):15, 1989

彭静山等 再生障碍性贫血辨治 中医药研究 (2):2, 1989

彭玉格 缩阴症治验 陕西中医 (7):12, 1984

Q

齐智勇　龙胆泻肝汤加减治疗缩阴症　北京中医　(1):46，1989

戚建华　温阳益气法治自汗、盗汗　新中医　(4):19，1988

钱冰茹　凉膈散治疗大叶性肺炎的体会　黑龙江中医药　(4):34，1989

钱建业　六磨汤加减治疗结肠曲综合征——附30例临床报导　实用中医内科杂志　(1):21，1989

结肠曲综合征治验三则　江苏中医　(11):17，1988

钱可久等　中药麻醉治疗麻痹初步观察　中医杂志　(8):38，1982

强致和　原发性低血压证治　陕西中医学院学报　(4):34，1989

乔艾乐　中医治疗阴茎异常勃起5例　中西医结合杂志　(9):566，1986

乔保钧　芍药甘草汤治强中　河南中医　(3):31，1989

乔玉阁等　礞珍泻心汤治疗精神分裂症7例　河南中医　(3):20，1989

秦昌国　龙胆泻肝汤治疗阴茎勃起　四川中医　(2):25，1989

秦　亮　八正散治阳强　浙江中医杂志　(12):544，1989

秦云峰等　降粘冲剂治疗高血粘症101例疗效观察　中国医药学报　(5):32，1989

裘孝先　自拟补虚牵正散治疗面神经麻痹　河北中医　(3):42，1989

瞿连禄　"止血消斑汤"治疗血小板减少性紫癜　新中医　(12):48，1989

R

任光星　熄风汤治疗帕金森氏综合征58例　山东中医杂志　(3):23，1989

荣远明等　尿路感染证治　广西中医药　(3):44，1989

S

上官钧等　顽固性盗汗治验　江苏中医　(2):17，1989

邵桂珍等　从肝辨治反复发作性心绞痛57例　陕西中医　(6):246，1989

邵静等　中西医结合治疗神经官能症480例　中西医结合杂志　(11):652，1989

邵生亮　滋养肾肝法治疗糖尿病65例临床观察　陕西中医学院学报　(2):21，1989

申长征　中西医结合治疗肺心病急性发作期86例　吉林中医药　(2):18，1989

沈　超　五倍子粉敷脐治盗汗　四川中医　(4):封三，1987

沈　霖　阳强重症一例治验　辽宁中医杂志　(4):30，1986

沈庆法　慢性肾小球肾炎的研究与展望　中医杂志　(3):54，1989

沈同戊等　肝硬化继发红细胞增多症治验　北京中医杂志　(1):55，1989

沈之嶒　嗜酸粒细胞增多症治愈一则　新中医　(3):37，1989

沈祖法等　健脾益气法在肺炎辨证论治中的运用　北京中医　(3):21，1989

施乃芝　逍遥散加减治疗特发性水肿　新中医　(1):47，1986

施欣红等　马英注射液治疗大叶性肺炎的疗效观察　中西医结合杂志　(9):554，1989

时振声　慢性肾功能不全的中医治疗体会　吉林中医药　(5):14，1989

史庭仁　缩阴症治验　四川中医　(3):31，1989

史荫绵等　中西医结合治疗震颤麻痹48例临床分析　上海中医药杂志　(2):22，1979

史占谦　吴颂康治疗再障经验　中医药研究　(4):33，1989

宋长贵　乌龙丸加减治疗胃下垂　山东中医杂志　(3):52，1989

宋会都　益气养血增板汤治疗原发性血小板减少性紫癜26例　山东中医杂志　(6):12，1989

宋　康　慢性肺心病急性发作期的辨证施治——附105例病例分析　浙江中医学院学报　(6):14，1989

宋乃光　精神分裂症精神衰退的中医药治疗　辽宁中医杂志　(11):44，1989

苏继华　周围性面神经麻痹　山东中医杂志　(4):45，1989

苏全胜等　黄精糖浆治疗白细胞减少症40例疗效分析　中西医结合杂志　(2):102，1989

孙　袒　顺风匀气散加减治疗面瘫59例　北京中医学院学报　(4):29，1989

孙建实　益肾康冲剂防治反复发作性尿路感染　中西医结合杂志　(8):469，1989

孙景振　中药复方为治疗122例肝硬化腹水的疗效观察　江苏中医　(4)：7，1989

孙尚红等　震颤麻痹综合征治验　四川中医(8)：34，1988

T

覃海能　肺心病急性发作期辨证施治初探——附105例临床小结　天津中医　(1)：11，1989

谭定全　益气行滞汤治疗多发性神经炎　湖南中医杂志　(5)：11，1988

谭凤森等　精液不液化引起男性不育的治疗　上海中医药杂志　(11)：25，1989

汤清明　治疗功能性不射精症48例临床观察　湖南中医学院学报　(2)：84，1989

缩阴症治验　四川中医　(3)：31，1989

汤清明等　功能性不射精症从肝论治体会　河北中医　(3)：20，1989

汤铁城　宁痫散治疗癫痫　中国医药学报　(6)：46，1989

汤小京等　中西医结合治疗癫痫114例临床疗效观察　河南中医　(1)：23，1989

唐章全　溶血性贫血辨治一例　四川中医　(2)：32，1987

唐召力等　昆布粉对实验性高脂蛋白血症及血液流变学的影响　中西医结合杂志　(4)：223，1989

滕国兰　健脾、温肾补髓法治疗再生障碍性贫血22例体会　黑龙江中医药　(4)：21，1989

田润芝等　阴缩症治验二则　河北中医　(6)：25，1987

W

万时俊　震颤麻痹一例治验　北京中医　(1)：47，1986

汪竞华　雷公藤类药物治疗自身免疫性溶血性贫血2例报告　江西中医药　(6)：27，1988

汪小毅　特发性阴茎异常勃起治验　四川中医　(1)：30，1989

汪再舫　益气强心汤治疗肺心心衰36例小结　江苏中医　(12)：5，1989

王昌堂等　三叉神经痛证治　中医药研究　(3)：26，1989

王莲凤　牵正散加味治疗面神经麻痹18例　中原医刊　(4)：39，1989

王　钢等　肾衰药方外敷穴位治疗8例尿毒症报告　中医杂志　(11)：42，1989

王国庆　自拟麦桔逍遥汤治疗梅核气的体会　江西中医药　(6)：52，1988

王慧琴　辨证论治为主治疗精神分裂症53例　中西医结合杂志　(8)：504，1989

王　健　解郁通精汤治疗功能性不射精症74例　辽宁中医杂志　(6)：21，1989

王健中　消癥丸治疗早期肝硬化40例临床观察　河北中医　(3)：2，1987

王金荣　养血升白汤治疗白细胞减少症60例　浙江中医杂志　(3)：107，1989

王靖宇　温阳益气法治疗低血压举隅　云南中医杂志　(5)：19，1989

王科权　除颤汤治疗快速型心房颤动40例　吉林中医药　(10)：14，1989

王明辉　中医对缩阳症的认识　江西中医药　(5)：11，1989

王明侠　60例脑血管血栓形成从痰瘀论治　上海中医药杂志　(11)：17，1989

王其飞等　血压宁治疗高血压病210例临床观察　天津中医　(1)：15，1989

王瑞臣　自拟治瘫汤治疗脑血栓形成　山东中医杂志　(3)：53，1989

王瑞海　震颤麻痹二则　山东中医杂志　(1)：27，1988

王瑞如　半夏厚朴汤治疗癫狂证　江西中医药　(4)：34，1989

王瑞祥等　理中汤加味治疗病毒性肺炎　国医论坛　(6)：21，1989

王润生等　川芎葛根饮治疗血管性偏头痛51例疗效观察　黑龙江中医药　(2)：18，1989

王守杰等　茯苓泽泻汤加味治疗慢性原发性低血压54例临床观察　山西中医　(2)：23，1989

王守玺　石礞半承汤为主治疗狂症310例临床观察　内蒙古中医药　(2)：5，1989

王树凡等　中药为主治疗顽固性肺痨32例观察　北京中医　(1)：26，1989

王顺明　用温肾暖肝法治验阴缩症一例　江苏中医杂志　(3)：16，1985

王万林等　"气血再生汤"防治康力龙副作用的临床观察　山西中医　(4)：17，1989

王维正　养血扶正法治面神经麻痹　中医药研究　(1)：27，1989

王先农　治愈一例敌敌畏中毒后遗症　黑龙江中医

药 (4):48, 1986

王显周 乌梅四物汤治疗胃下垂2例报告 中西医结合杂志 (1):52, 1988

王 宪 中西结合治疗腺病毒性肺炎 四川中医 (11):32, 1989

王心好 玉女煎治偏头风 四川中医 (5):26, 1989

王新德等 中成药治疗原发性血小板增多症一例 中成药 (12):43, 1988

王星田 治疗有机磷农药中毒后遗症29例疗效总结 国医论坛 (3):32, 1989

王忆勤等 中药敷贴离子导入治疗哮喘发作64例 浙江中医杂志 (5):203, 1989

王永炎等 中医药治疗震颤麻痹综合征35例疗效观察 中医杂志 (8):22, 1986

王 勇 寒热并用治疗三叉神经痛 四川中医 (11):29, 1988

王勇毅等 阴茎异常勃起10例治验 云南中医杂志 (2):28, 1988

王瑜华 从癫狂证治谈中医情志疗法 陕西中医 (5):214, 1989

王玉明等 消咳喘膏穴位贴敷治疗支气管哮喘50例疗效观察 河北中医 (1):19, 1989

王月林 中药治疗阵发性睡眠性血红蛋白尿 四川中医 (8):23, 1989

王兆凯等 乳糜尿分型辨治经验和体会 江苏中医 (4):12, 1989

王子融 加味温胆汤解链霉素中毒 上海中医药杂志 (7):17, 1987

魏江磊 "活肾1号"灌肠治疗慢性肾功能不全25例疗效观察 安徽中医学院学报 (1):27, 1989

补阳还五汤治疗糖尿病30例疗效分析 浙江中医杂志 (4):178, 1989

魏杰勇等 黄连温胆汤加味治疗金黄色葡萄球菌肺炎24例 国医论坛 (4):26, 1988

魏向春等 益气活血养阴治疗冠心病心绞痛临床报告 黑龙江中医药 (6):17, 1988

吴国权 中药治疗蚕豆病介绍 中医杂志 (8):32, 1988

吴克山 三叉神经痛辨证论治 福建中医药 (1):30, 1989

吴曼声等 扩冠祛瘀灵治疗冠心病的研究 中医杂志(6):27, 1989

吴深涛等 凉血化瘀降压饮治疗高血压病32例报告 黑龙江中医药 (3):19, 1989

吴文忠 补阳还五汤治疗周围性面神经麻痹 中国乡村医生 (4):42, 1989

吴协兵 绿豆甘草汤治疗有机磷农药中毒 云南中医杂志 (5):34, 1986

吴以岭等 中药"五龙丹"治疗冠心病心绞痛100例临床观察 天津中医 (1):8, 1989

吴宜澄 中药配合行为疗法治疗功能性不射精症20例 河南中医 (3):29, 1989

吴月娥 一例地中海性贫血治验 江西中医药 (3):32, 1988

吴子亚 消糜膏治疗乳糜尿35例 中医杂志 (3):17, 1989

X

奚彩崑等 康灵减肥合剂治疗单纯性肥胖病报告 中医杂志 (5):44, 1989

夏 斌 梅核参常滚痰汤治梅核气60例 陕西中医 (9):414, 1989

夏允中 肝硬化腹水证治刍议 辽宁中医杂志 (6):25, 1989

霰景春 阳强治验 四川中医(10):21, 1988

湘潭医院中医科科研组 降脂片治疗高脂血症44例 湖南中医杂志 (4):38, 1989

肖德才等 针药结合治疗缩阴症 湖南医药杂志 (6):13, 1984

肖合聚 有机磷中毒性精神病治疗 中医药学报 (6):32, 1985

肖敏辉 治疗肝气犯肺咳嗽的体会 福建中医药 (3):33, 1989

肖梓荣等 链霉素中毒中医辨证初探 吉林中医药 (4):18, 1987

谢启舜 降顺气法治疗慢性萎缩性胃炎47例 中医杂志 (2):35, 1989

谢仁敷 难治性血液病2例报告分析 中西医结合杂志 (9):559, 1989

谢旭善 201例溃疡病辨证施治分析 山东中医学院学报 (2):14, 1989

谢运华 中草药治面瘫效好 新中医 (8):24, 1989

邢 磊等 治疗乳糜尿土单验方106则调查分析 中医杂志 (11):50, 1988

中医药治疗乳糜尿的筛选研究 中医杂志

(4):44，1989

邢鲁斌　从湿论治治疗精液不液化症　四川中医　(10):29，1989

熊成熙　补阳还五汤的临床应用　湖北中医杂志　(6):18，1982

徐爱民等　"抗衰通脉胶囊"治疗老年冠心病临床疗效观察　黑龙江中医药　(6):23，1989

徐登国　咳嗽从肝论治　新中医　(6):1，1989

徐顺猷等　白头翁汤加灭滴灵灌肠治疗溃疡性结肠炎及伪膜性肠炎　福建中医药　(5):27，1989

徐应坤等　马钱子酒治疗多发性神经炎6例　浙江中医杂志　(6):256，1989

徐占元　化瘀健脾汤治疗多发性神经炎28例　中西医结合杂志　(10):622，1988

徐再春　辨证治疗慢性肾功能不全32例　浙江中医杂志　(5):22，1989

徐之昂　阴缩证治验　四川中医　(4):31，1986

许长兴　淋从肺论治一得　河北中医　(1):31，1989

许公平　麦味地黄汤合竹叶石膏汤加减治消渴病　四川中医　(3):25，1989

许宏大　粒细胞减少治验　四川中医　(1):21，1989

许齐群等　麝香定喘膏外治哮喘的临床观察　中国医药学报　(1):41，1989

许粲等　红丹治疗脑血栓形成371例　吉林中医药　(4):14，1989

许雪君　加味咳血方治疗咯血——附50例疗效观察　湖南中医杂志　(1):17，1989

许永顺等　调气益胃汤治胃下垂50例　山东中医杂志　(5):14，1988

薛立森　辨证治疗再生障碍性贫血的体会　山东中医杂志　(2):21，1989

Y

严　军等　养阴清热法治疗放射性肺炎30例　湖北中医杂志　(4):23，1989

严善余　震颤麻痹治验　新中医　(2):43，1976

严　忠等　金锁固精丸治愈重症盗汗　湖南中医杂志　(3):46，1987

严仲庆　灌肠为主治疗氮质血症、尿毒症（附27例临床资料）　浙江中医杂志　(8):346，1989

阎财富　中药溃疡止血散治疗胃十二指肠溃疡出血100例　中级医刊　(3):62，1939

杨乘龙　男子阴缩、阴吹案　江苏中医　(3):31，1989

杨芬明　血管性头痛的中医治疗——附33例临床观察　湖南中医杂志　(2):16，1989

杨　寒　盗汗二则　湖南中医杂志　(1):40，1989

杨宏志　补中理气活血通淋法治疗淋证48例　陕西中医　(4):174，1989

杨会春等　生血丸治疗再障和原发性血小板减少性紫癜疗效分析　天津中医　(2):13，1989

杨廉德等　白芥子泥丸穴位贴敷治疗慢支哮喘580例临床观察　甘肃中医学院学报　(2):16，1989

杨林斌　溃结露治疗慢性非特异性溃疡性结肠炎245例疗效观察　江苏中医　(5):4，1989

杨明义　施继宗老中医治愈震颤性麻痹（巴金森氏症）一例　北京中医　(4):13，1983

杨培根等　丹参五味汤治疗神经官能症　山东中医杂志　(6):49，1989

杨嗣明等　温补脾肾法治疗慢性型原发性血小板减少性紫癜35例临床观察　辽宁中医杂志　(10):15，1989

杨仪辉　阳强精闭　福建中医药　(4):16，1987

杨友鹤　治疗糖尿病202例临床疗效观察　河南中医　(2):17，1989

杨占林　中医治疗过敏性紫癜40例临床观察　中医药学报　(5):29，1989

姚公树　金黄色葡萄球菌性肺炎中医治疗初探　上海中医药杂志　(9):7，1989

姚世明　急性上消化道出血辨证施治90例　辽宁中医杂志　(7):13，1989

叶纯秀等　丹参增液汤加味方治疗高脂血症22例　新疆中医药　(3):35，1989

叶光华等　大果榆治疗溃疡性结肠炎36例报告　中医杂志　(9):34，1989

叶敏和　震颤麻痹　浙江中医学院学报　(3):36，1987

易章俊　清热解毒汤治疗肺炎16例小结　湖北中医杂志　(6):18，1989

尹祖荫　扶正祛邪治疗老年性肺炎122例　陕西中医　(11):488，1989

印会河等　癫痫症辨治　中医药研究　(5):2，1989

余　方　试论阳虚盗汗　广西中医药　(1):27，1989

余国飔　清肝泻肺法治疗嗜酸细胞增多性肺浸润25例　浙江中医杂志　(2):76, 1988

于宝锋等　颅痛宁煎剂治疗血管性头痛的临床及实验研究　中西医结合杂志　(5):278, 1989

于大兴　和胃降逆法治疗胆汁返流性胃炎　浙江中医学院学报　(3):13, 1989

于莉等　淫羊藿治疗冠心病140例临床疗效观察　上海中医药杂志　(8):26, 1989

余克涌等　芭蕉根治疗乳糜尿　湖北中医杂志　(5):16, 1989

袁彩华　补阴固涩汤治疗糖尿病60例　广西中医药　(3):18, 1989

Z

宰春和等　震颤麻痹的中医辨证和中西医结合治疗　上海中医药杂志　(5):16, 1981

曾立昆　震颤　四川中医　(1):51, 1986

展昭民　补肾药对再生障碍性贫血骨髓造血祖细胞作用的研究　中医药信息　(1):23, 1989

张伯明　胃炎宁、痢特灵治疗幽门弯曲菌阳性的胃炎、溃疡病观察　中西医结合杂志　(10):599, 1989

张超等　肥胖病中医病因病机探讨　云南中医杂志　(5):46, 1989

张春祥等　中医药治疗特发性浮肿46例疗效观察　北京中医　(3):24, 1989

张广麒　中医治疗胃及十二指肠溃疡135例临床分析　云南中医杂志　(3):15, 1989

张洪恩　震颤麻痹治验一例　辽宁中医杂志　(8):40, 1984

张鸿恩等　糖尿病中医病机探讨　吉林中医药　(1):11, 1989

张家驹　柴胡加龙骨牡蛎汤加减治疗"颤抖"症　上海中医药杂志　(4):25, 1986

张家庆　马南汤治疗癫痫40例疗效观察　山西中医　(6):14, 1989

张金兰　人参归脾汤加减治疗阵发性睡眠性血红蛋白尿2例　吉林中医药　(5):32, 1989

张开等　真武汤治疗咯血　四川中医　(2):20, 1989

张连升等　悬玲木果治疗慢性原发性血小板减少性紫癜　北京中医　(4):62, 1989

张沛虬　震颤麻痹治则　浙江中医杂志　(9):421, 1982

张庆瑞　皂角膏治疗面神经炎38例　浙江中医杂志　(6):257, 1989

张山川等　中西医结合治疗肝硬化腹水31例临床小结　江苏中医　(11):4, 1989

张万能　川芎茶调散治疗周围性面神经麻痹54例　浙江中医杂志　(6):55, 1989

张维民　防己茯苓汤加减治疗特发性水肿50例　山东中医杂志　(6):16, 1989

张晓冬　急重颤证一例治验　云南中医杂志　(2):48, 1989

张晓辉　逍遥散治疗结肠肝(脾)曲综合征　新中医　(11):36, 1988

张　行　清热止血治疗支扩咯血31例疗效观察　黑龙江中医药　(1):15, 1989

张选志　黄连五参汤治疗快速房颤1例　陕西中医　(1):26, 1989

张学梓等　冠心病320例辨证治疗临床观察　山东中医学院学报　(1):27, 1989

张茵川等　行气整肠汤治疗胃下垂200例疗效观察　中西医结合杂志　(10):628, 1989

张宗瑚　辨证分型治疗萎缩性胃炎60例　浙江中医杂志　(5):196, 1989

赵初茂　升白饮治疗所致白细胞减少120例　山东中医杂志　(3):12, 1989

赵逢玉等　老年阳强1例治验　江苏中医杂志　(10):31, 1986

赵国祥　增液承气汤治疗高血压脑病一例　黑龙江中医药　(3):42, 1989

赵辉等　益气活血法治疗慢性非特异性结肠炎的临床及实验研究　中西医结合杂志　(9):529, 1989

赵树民　赤芍川朴丹参饮治疗肝曲综合征12例　辽宁中医杂志　(8):18, 1987

赵树民等　降粘六味汤治疗高血粘综合征50例　辽宁中医杂志　(9):14, 1989

赵铁良　辨证治疗阵发性睡眠性血红蛋白尿　浙江中医杂志　(1):34, 1989

赵振均　祛痛止痢方治疗30例慢性结肠炎　云南中医杂志　(6):28, 1988

赵正东等　中药治疗过敏性紫癜的临床观察　吉林中医药　(5):31, 1989

赵建琪　梅核噙化片治疗梅核气33例　新中医　(5):34, 1986

郑爱国　重症乳糜尿治验　湖南中医学院学报　(2):11, 1989
郑华金等　牛黄解毒片治疗原发性血小板增多症　中西医结合杂志　(2):103, 1989
郑金福等　辨证治疗再生障碍性贫血——阵发性睡眠性血红蛋白尿综合症4例　中西医结合杂志　(5):293, 1989
周翠英　强中一例治验　山东中医杂志　(1):43, 1985
周　健　健脾降脂汤治疗高脂血症32例　江西中医药　(2):45, 1989
周淑意　五加冲剂治疗白细胞减少症43例临床观察　西安医科大学学报　(2):177, 1989
周天寒　胃下垂的辨证治疗六法　实用医学杂志　(3):38, 1988
周　伟等　31例乳糜尿治疗体会　山东中医杂志　(4):19, 1989
周永明　支气管哮喘30例疗效观察　上海中医药杂志　(6):14, 1989
周玉萍等　寒热证心痛气雾剂治疗冠心病心绞痛临床疗效与实验研究　新中医　(1):36, 1989
周月云等　75例神经官能症中医分型论治的疗效观察　上海中医药杂志　(7):15, 1989
周中立　血府逐瘀汤治愈盗汗　四川中医　(4):封三　1987
朱宝贵　震颤麻痹综合征　四川中医　(2):30, 1989
朱久育等　镇痛汤治疗特发性三叉神经痛13例　四川中医　(8):31, 1988
朱沛冉　清淋汤治疗急性泌尿系感染　云南中医杂志　(4):23, 1989
朱彦慧　降血脂药物的临床应用　中西医结合杂志　(3):183, 1989
朱祖德　解毒活血益肾法治疗慢性肾盂肾炎34例　湖北中医杂志　(5):48, 1989
诸惜勤等　清热活血通腑法治疗流行性喘憋型肺炎30例　南京中医学院学报　(4):24, 1989
祝谌予等　甲状腺机能减退症辨治　中医药研究　(4):2, 1989
庄柏青　泽泻治强中症　中医杂志　(10):65, 1987
左澄章　补肾生髓法治疗肾性贫血临床观察　江苏中医　(12):11, 1989

（4）妇　科

【概述】

1989年中医妇科从基础理论及经、带、胎、产、杂证等多病种进行探讨，不少病种在观察和提高临床疗效的基础上从药理作用和病因病机方面进行了探索。

肾主生殖：俞瑾等建立小鼠多囊卵巢模型，同时将补肾药（附子、肉桂、菟丝子、补骨脂、仙灵脾、地黄、黄精）分离成水溶和脂溶部分，结果水溶部分能使8日龄以上小鼠子宫和卵巢增重，提示补肾药水溶部分是调节卵巢功能的重要部分，其作用可能通过下丘脑——垂体而促成卵巢增重。李锐等对助孕育儿丸（五子衍宗丸加补气血壮肾阳药）药理实验研究，提示本方可提高雌激素水平和雌鼠受孕率、产仔数；能促进子宫发育，增加子宫重量，提高子宫充盈率；能抑制离体子宫平滑肌收缩，减慢收缩频率及收缩力；能增加大白鼠雌二醇含量，与嫦娥加丽丸对照有显著差异；并能降低其肾上腺维生素C的含量，提高肾上腺皮质功能及提高耐缺氧能力，增强机体免疫力，舒张主动脉平滑肌，增加冠状动脉流量。王俊玲等还根据张景岳"实证有邪，虚证无邪"的理论，指出肾不但有虚证，亦有实证。由于肾功能失调，导致气郁血瘀，瘀浊等病因侵袭，产生肾火、肾寒、肾湿、肾郁、肾瘀等病证均为肾实证，治疗当以祛邪为主。

抗早早孕终止妊娠：在临床疗效观察的同时，进行了动物实验和药物药理学方面的研究，如刘秀琼等用桃红合剂（桃仁、红花、枳实、三棱、莪术、泽泻、牛膝）及2%麝香注射液4～6毫升，20%肉桂注射液4毫升作中极、子宫、三阴交、石门穴位注射，治疗178例，总有效率为57.9%。牛锡民等用榆白方（榆白皮、制乳香）75%酒精提取液灌服妊娠小鼠，早期妊娠终止率达90%，实验证实药物对未孕和早孕离体子宫有明显的兴奋作用，可能为终止妊娠的机制之一。

月经病：有不少中医药治疗崩漏的报道，获得较好疗效。如王庆松用自拟断红汤（党参、乌贼骨、香附、地黄、当归、阿胶、七叶一枝花、参三七、炮姜炭、艾叶炭）治疗崩漏100例，有效率达83%。田凤鸣等用生地、当归、川芎、白芍、仙鹤草、乌梅、白芨、血见愁、黄芩、山栀、川柏、棕榈、侧柏、丹皮、血余、地骨皮、甘草、阿胶等治疗100例功能性子宫出血，有效率达94%。胡春全用自拟止崩固冲汤（白术、白芍、苦参、鹿角霜、川断、地榆、海螵蛸、山药、龙骨、茜草、牡蛎）治疗血崩162例，有效率96.3%。叶明用通因通用法，治疗倒经50例，方用自拟归芩红花汤（当归、黄芩、红花、白茅根、赤芍、香附、益母草、牛膝、代赭石、珍珠母、元参、生地），有效率达96%。痛经的治疗，谢春光用当归芍药散、吴锐用逐瘀温宫汤、陶敬铭等用止痛煎、沈祖法用乌黄定痛汤等治疗。因药物（氯丙嗪类）副作用引起的闭经，周小波、霍力华、包海燕等报道疗效均较满意，详见专条。

不孕症：连方等通过60例黄体功能不健的不孕症观察，提出黄体功能不健与肾有密切的关系，治疗以补肾为主。根据月经四期是肾阴阳转化过程的理论等，用中药周期治疗后，基础体温高温相评分显著增加($P<0.05$)，排卵后7～8天高温相明显改善($P<0.001$)，移行期明显缩短($P<0.05$)，妊娠率为56.25%。

邵玉生将110例不孕症随机分为中药组（新温冲汤：紫石英、淫羊藿、丹参、淮山药、葫芦巴、复盆子、木香、香附、白芍、茯苓、柴胡、川芎）、西药组（克罗米芬）、中西医结合组（新温冲汤加克罗米芬）治疗。结果三组妊娠率分别为17.5%、37.5%、51.4%。以中西医结合组最高。李德新等按生物钟服药方法，即经前1周用栝蒌散、逍遥散，经来时用少腹逐瘀汤，经后2周用温经散、两个月经周期之间用清经汤，经后用养血补肾汤，治疗不孕症208例，总有效率为85.09%。对于输卵管阻塞性不孕症治疗报道甚多，如杨冠英、卞兴亚、郑继成、王忠民及陈武斌等，见专条。

盆腔炎：王耀庭等采用止痛化癥胶囊，黄承才用少腹逐瘀汤加减，王春濡用活血化瘀法治疗本病，表博、姚菊芳、白力力、李祥云等按急慢性盆腔炎分型论治，黄宝英等运用激光光针进行照射治疗，都有较好疗效。

宫颈炎：韩新珍报道消炎散治疗宫颈糜烂，总有效率为90%以上。

更年期综合征：诸秋萍等用更年糖浆（白芍、生地、首乌、牛膝、砂仁、萸肉、锁阳、仙灵脾、知母、复盆子、丹参、红花）治疗更年期综合征52例，显效22例，有效20例，无效10例。经测定，该方能使更年前期妇女雌二醇升高，促卵泡生成激素下降。然而对更年后期妇女雌二醇虽上升，但促卵泡生成素不下降。此外，殷曼丽、盛维、朱世敏、席作新、胡如冰、梁忍霞等从肾论治，白峻峰从脾肾论治，王大增等从心、肝论治，王春生从肺论治，崔红杨从血论治，蔡渔琴从二维、二跷脉论治，都充分反映了本年度在更年期综合征治疗上的特色。郑国平还就中药对本病患者高密度脂蛋白（HDL）及其亚组分的作用进行研究证实，补肾为主佐平肝安神和血舒络的中药者有效地缓解更年期综合征症状的同时，使抗动脉粥样硬化(AS)的HDL_2—C升高45%($P<0.01$)；而HDL_3—C则下降18.4%，提示更年期用中药可致AS型脂蛋白的逆转，而预防或缓减AS、冠心病等老年性心血管疾病的发生是可能的。

妊娠高血压症：钱祖淇等应用养血熄风法，方用羊角、钩藤、白僵蚕、地龙，当归、川芎、生地、白芍、全蝎、羚羊粉、琥珀粉等解痉熄风药，治疗妊娠高血压症，可使暂时缓解，或使中、重度向轻度转化，其转化率极为显著（P<0.005），降压均值比治疗前下降1.33kPa（10毫米汞柱）以上（P<0.01），蛋白尿下降有效率为58.1%，水肿消退有效率为91%。治疗过程中，未发生子痫。对48例治疗前后血液流变学指标测定，表明本法可起双向调节作用，其逆向转变率为83.5%。

其它：如陈少军、李兆芩、潘玉华、何国兴、李伟莉、孙延昭、程运文等报道治疗先兆流产，李祥云、陈利生、俞瑾等对多囊卵巢综合征的治疗及研究，黄兆强、李祥云、林永华、徐乐凤等治疗子宫内膜异位症，丛春雨、金守强、刘正求、朱淑蓉等治疗放环后月经失调，吴丕中、车承林、林豪坤、吕长春、王忠民、赵世军、梅雪礼等报道中医药治疗输卵管结扎术综合征以及卵巢囊肿、霉菌性阴道炎等都设有专条。

（曹玲仙）

【原发性痛经】

谢春光等应用当归芍药散治疗原发性痛经，并设田七痛经胶囊组对照。经3个月经周期治疗，治疗组90例，痊愈48例，显效23例，有效12例，无效7例，总有效率92.2%；对照组88例，疗效分别为31例、34例、7例、16例，总有效率81.8%。有显著性差异。沈祖法用乌黄定痛汤（制川乌、制草乌、赤石脂、失笑散、乌药、沉香、制大黄、干姜、细辛、制附片、川椒、丹参）治疗105例，治愈78例，显效12例，好转9例，无效6例，总有效率94%。陶敬铭等用止痛煎（当归、白芍、香附、台乌药、川芎、茯苓、白术、淮山药、党参、黄芪、红花、泽兰）治疗56例，并根据不同辨证类型加减，结果治愈35例，好转19例，无效2例，总有效率97.4%。

吴锐应用自拟逐瘀温宫汤（小茴香、干姜、肉桂、吴茱萸、细辛、元胡、五灵脂、当归、蒲黄、赤芍、乌药、乳香、没药、半夏）治疗血瘀挟寒型功能性痛经66例，总有效率90.9%。对其中31例患者治前、治后经前4～6天盆腔血流图进行观察，并与31例健康妇女经前4～6天盆腔血流图作比较，治疗前患者左侧波幅与血灌流量值明显低于健康组（P<0.01），右侧与健康组相差不大（P>0.05），两侧波幅差>30%的例数高于健康组（P<0.01），异常波形出现率也高于健康组。服药后患者左侧波幅值血灌流量值显著上升，与治前有极显著性差异（P<0.01），与健康组相差不大（P>0.05），两侧波幅差>30%例数减少，与治前相比有显著性差异（P<0.01）。对动物子宫作用的实验研究，证实本方对大白鼠离体子宫肌和兔在体子宫的自发活动有抑制作用，频率和抑制率分别为30.75%和20%，收缩幅度下降，与对照组相比有显著性差异（P<0.05），对15—甲基前列腺素$F_{2\alpha}$（$MPGF_{2\alpha}$）所致强烈收缩也有显著抑制作用，与不加中药比较，频率分别下降24.4%和34.75%，收缩幅度和肌张力均明显下降（P<0.01）。经对大白鼠痛经模型的作用研究，结果中药组和阿斯匹林组对大白鼠痛经模型均有止痛作用，二者无差异。上述研究证明原发性痛经患者子宫存在有血行不畅的客观现象，活血化瘀、温经止痛的逐瘀温宫汤能够改善患者盆腔血液循环，能拮抗$MPGF_{2\alpha}$抑制子宫活动，频率减慢，收缩幅度下降，血管痉挛缓解，血流增加，并有提高痛阈作用。

（曹玲仙）

【抗精神病药物引起闭经的治疗】

近几年来，对服用氯丙嗪、氟奋乃静、氟癸酯等药物而出现闭经患者，在继续服用抗精神病药物的常规剂量治疗期间，辨证治疗，收到了较满意的效果。

周小波等辨证分为：(1)肝郁气滞型，药用柴胡、香附、郁金、赤芍、白芍、丹参、当归、黄芩、龙胆草等；(2)阴虚火旺型，药用生石膏、知母、生地、玄参、丹参、杞子、坤草、黄芩、酒川军；(3)脾虚湿盛型，药用礞石、半夏、胆星、陈皮、茯苓、山药、竹茹、砂仁等；(4) 肝肾阴虚型，药用生地、熟地、山药、山茱萸、菟丝子、杜仲、坤草、杞子、当归、仙灵脾、焦三仙等。治疗30例，痊愈20例，好转7例，无效3例，治愈率66.67%，有效率90%。

霍力华用自拟消迟汤（生石膏、生地、石斛、麦冬、灵磁石、当归、桃仁、红花、牛膝、酒制大黄）治疗20例，月经至后改服女金丹或复方丹参片调理。结果15例有效，其中10例远期疗效满意，5例无效。一般服药2～21剂，平均服7剂月经来潮。本组患者在服中药期间均未停服西药。

包海燕等将50例患者随机分为治疗组及空白对照组各25例。治疗组采用温养下元、痰瘀同治之法，药用鹿角胶、淫羊藿、杞子、巴戟天、熟地、焦白术、皂角刺、川贝、川芎、牛膝、桃仁、炒麦芽等，30剂为1疗程。治疗组经1个半疗程，治愈15例，有效8例，无效2例，治愈率60%，总有效率92%。对照组均无改善，两组对比有显著性差异（$P<0.01$）。

（沈丽君）

【先兆流产的治疗】

陈少军采用止血安胎汤（白参或党参、生地黄、赤芍、丹皮、炒栀子、黄芩炭、焦白术、矮地茶、炒蒲黄、阿胶、川杜仲、川断、桑寄生）治疗先兆流产18例，17例有效，1例无效。李兆苓采用分段法治疗120例，痊愈108例（症状消失，继续妊娠者），有效10例（继续妊娠，但时有腰膝酸软者），无效2例（最后自然流产）。第一阶段：初期以下腹部疼痛、阴道流血为主者，投以当归芍药散；第二阶段：下腹疼痛缓解，出血停止，或有腰痛者，用寿胎丸加减治之。潘玉华以党参、山药、炒白术、杜仲、续断、菟丝子、桑寄生、砂仁、枸杞子、黄芩为基本方，治疗56例，有效率83.9%。何国兴运用徐志华经验方“防胎汤”（炙黄芪、西党参、炒白术、当归身、杭白芍、菟丝子、川贝母、炙甘草、川芎、干生姜、炒艾叶、羌活、荆芥、枳壳、厚朴）治疗48例，妊娠到正常预期分娩者46例，占95.83%。李伟莉亦以本方治疗23例，18例有效。孙延昭对由于脾肾阳虚、寒湿凝滞而致病者，用温阳祛寒、温经除湿法治疗22例，方用小茴香、淮山药、白芍、吴茱萸、陈皮、肉桂、当归、苍术、白术、砂仁、炙甘草、炮姜、生姜、大枣，结果全部治愈。程运文运用治痰三法治疗习惯性流产，收效满意。(1) 健脾补气、燥化湿痰法，方用白术、党参、茯苓、炙黄芪、桑寄生、姜半夏、陈皮、贝母、蚕砂、砂仁、炙远志、橘红；(2) 温补肾阳、温化寒痰法，方用肾气丸合二陈汤加减；(3) 滋补肾阴、清化热痰法，方用六味地黄汤合清气化痰汤加减。

（李祥云　刘　健）

【输卵管炎性阻塞性不孕症的治疗】

杨冠英将82例患者随机分为中西医结合治疗组（60例）和对照组（22例）。中药以活血破瘀为主，常用丹参、赤芍、红花、桃仁、熟地、山药、泽兰、制香附、王不留行、穿山甲、路路通等。西药用抗菌素、胎盘组织液、糜蛋白酶及理疗法等。于经行第5天起连续服中药5剂，再于月经后半周期连续服5剂，3个月经周期为1个疗程。受孕46例，受孕率为76.7%；对照组受孕9例，受孕率40.9%。卞兴亚用自拟化瘀通塞汤（当归、白芍、苡仁、熟地、红藤、菟丝子、丹皮、山甲片、红花、地鳖虫、皂刺、路路通、桃仁）为主治疗63例。于月经来潮后第5天开始服，连服15剂，3月为1疗程。结果45例妊娠，治愈率为71.4%。郑继成等认为治疗本病以攻补兼施为妥，使邪去而不伤正气，采用理气活血，化瘀通络，佐以扶正的方法，用血府逐瘀汤加减，制成蜜丸，每丸10克。每日早、晚饭后各服1丸。从月经干净后持续服药1个月。共治疗17例，2例受孕，8

例输卵管已通畅无阻，7例无效。

王忠民等采用中医辨证与现代医学分期治疗相结合的方法。如卵泡期用穿山甲、生牡蛎、肉桂、红花、桃仁、橘络、元胡、丹皮、赤芍、党参、何首乌等；排卵期及黄体形成期用菟丝子、当归、杜仲、白芍、川断、黄精、枸杞、山药、香附、阿胶等。治疗145例中，治愈（经输卵管碘油造影证明双侧输卵管通畅或妊娠试验阳性者）105例，好转（临床症状减轻，输卵管由完全阻塞好转到部分阻塞，或原来的炎性肿块、积水处明显缩小者）26例，无效14例，总有效率为90.3%。

陈武斌等认为输卵管阻塞是由于肝瘀气滞，冲任瘀阻，应以活血化瘀，消肿散结，疏肝通络药为主，采用消通敷脐膏（由虎杖、菖蒲、王不留行、当归、山慈菇、穿山甲、肉苁蓉、生半夏、细辛、生附子、生马钱子组成，煎熬成浓缩状，再将没药、乳香、琥珀各30克，肉桂、蟾酥各15克研末加入和匀，烘干后研末。用时取药粉5克加白酒、蜂蜜适量、麝香少许，再加风油精3～4滴，调匀成膏）敷脐，然后用红外线灯（250A）照射20分钟（灯距30～40厘米），并每天用热水袋外敷脐部1～2小时以增强药物的吸收能力。治疗115例，治愈85例，有效18例，无效12例，总有效率为89.4%。陈氏认为脐眼（又称神阙）居于任脉与冲脉相连处，同起于胞中，对治疗妇科疾病有直接作用。

（沈丽君）

【霉菌性阴道炎的治疗】

1986年至1988年三年中，用中草药内服或外洗法治疗本病，无论是文献数、病例数都较多，疗效亦较好。如凌绥百用内服外洗相结合法，戚忠华、钟秀美、张俊平、张秀芝、彭学贤、邬兰英等用外洗法治疗，都取得满意疗效。

近一年来又有一些报道。邹桃生认为霉菌性阴道炎是肾虚阳亏，应以温肾壮阳、填精益气为主，用自拟温肾除霉汤（熟地、山萸肉、党参、白术、桑螵蛸、补骨脂、淫羊藿、苦参、黄柏、制附片）治疗36例，痊愈29例，好转5例，无效2例，总有效率94.44%。姚传平等自拟雄黄洗剂（雄黄、苦参、薏仁、蛇床子、薄荷、黄柏、生苍术、当归）治疗43例孕妇霉菌性阴道炎，均获良效。惠荣华等自拟苦黄散（苦参、黄柏、黄连、百部、苍术）治疗15例全部有效。张志清治疗一例连续三年久治不愈患者，药用龙胆、车前子、生地、茯苓、泽泻、柴胡、黄芩、当归、丹皮、木通、白癣皮、生甘草内服，另用苦参30克、蛇床子20克，煎水坐浴，4剂而愈。张选志自拟苦参四妙外洗方（苦参、蛇床子、黄柏、苍术、薏仁）治疗9例取得显效。胡达坤将苦参、蛇床子、鹤虱、黄连、黄柏、川椒、枯矾、冰片诸药共研细末，洒于涂有凡士林的纱条上，临睡前纳入阴道内，治疗40例，痊愈37例，显效3例。

（刘　健　李祥雲）

【急、慢性盆腔炎的证治】

袁博认为，盆腔炎属于祖国医学的小腹痛、带下、癥瘕、月经不调及无子等病的范畴之内，根据病因多属湿热、瘀毒、气滞、血瘀致脏腑功能与气血失调、冲任阻滞等，治法采用清热利湿、解毒、理气、活血或软坚散结。急性盆腔炎以清热解毒利湿为主，佐以活血理气之品，药用红藤、败酱草、蒲公英、银花、连翘、白花蛇舌草、鱼腥草、丹参、丹皮、玄胡、柴胡、当归、郁金、红花。中药保留灌肠用红花、红藤、紫花地丁、败酱草、蒲公英、香附、三棱、莪术、益母草。慢性盆腔炎以活血化瘀、理气止痛为主，视不同情况，佐以清热或软坚散结之品，药用丹参、赤芍、桃仁、川芎、当归、枳壳、三棱、莪术、川楝子、香附、土茯苓、白花蛇舌草。治疗114例，痊愈72例，好转39例，无效3例，有效率为97.37%。姚菊芳等将

132例盆腔炎患者辨证分为湿热型、气滞血瘀型及脾胃虚弱型。姚氏认为急性盆腔炎属湿热型，治以清热化湿、理血行气，用盆炎Ⅰ号方(银花、红藤、丹皮、败酱草、连翘、泽泻、生薏仁、桃仁、玄胡、生军)；慢性盆腔炎以气滞血瘀型为主，并有少数脾胃虚弱型。气滞血瘀型用盆炎Ⅱ号方（三棱、莪术、桃仁、香附、玄胡、红藤、丹参、橘核、荔枝核、蒲黄、川楝子、地鳖虫)；脾胃虚弱型以健脾和胃、消炎止痛为主，方用香砂六君子汤加味或盆炎Ⅱ号方加减。治疗结果：急性盆腔炎53例中，单用西药组14例，痊愈12例，2例好转；单用中药组13例，痊愈6例，显效4例，好转3例；中西医结合组26例，痊愈15例，显效2例，好转9例。慢性盆腔炎急性发作10例，单用西药组3例，痊愈2例，好转1例；单用中药组2例，痊愈、好转各1例；中西医结合组5例，痊愈、好转各2例，显效1例。慢性盆腔炎69例，单用西药组4例，显效1例，好转2例，无效1例；单用中药组47例，痊愈13例，显效4例，好转29例，无效1例；中西医结合组18例，痊愈5例，显效3例，好转10例。王耀庭等用止痛化癥胶囊治疗慢性盆腔炎316例，药由黄芪、党参、白术、山药、丹参、芡实、鸡血藤、三棱、莪术、当归、全蝎、䗪虫、蜈蚣、鱼腥草、败酱草、玄胡索、川楝子、肉桂、炮姜等制成胶囊剂，每粒重0.3克，日服3次，每次服6粒，连用4周为1疗程。结果治愈120例，好转172例，无效24例。白力力对100例慢性盆腔炎患者，按中医辨证分为湿热下注、气滞血瘀、肝肾亏损三型，分别给予盆腔Ⅰ号（贯众、红藤、虎杖、薏仁、败酱草、蛇舌草、茅术、黄柏、川楝子)、盆腔Ⅱ号（桃仁、生蒲黄、木香、五灵脂、赤芍、红藤、皂刺、玄胡索、川楝子)、盆腔Ⅲ号（花麦肾、荔枝肾、熟地、白芍、海螵蛸、芡实、金樱子、茜草、旱莲草、女贞子、山萸肉）口服。再加消炎Ⅴ号合剂（贯众、蛇舌草、败酱草、红藤、丹参、木香组成）保留灌肠，近期有效率92%。黄承才以少腹逐瘀汤加减治疗宫寒血瘀型慢性盆腔炎118例，总有效率为94.9%。李祥云等认为急性盆腔炎的治疗以清为主。热毒壅盛用红藤败酱汤加减；湿毒蕴结用萆薢渗湿汤加减；癥瘕包块用仙方活命饮加减。在外用法方面，用保留灌肠法、外敷疗法、注射丹蒲注射液（丹参、赤芍、蒲公英、败酱草提取液)、并用针灸及激光疗法。曹圣荣等采用中药保留灌肠（蒲公英、黄柏、黄连须、赤芍、生香附)、胎盘组织液肌肉注射及下腹部红外线照射等综合方法治疗慢性盆腔炎31例，全部有效。王春儒用活血化瘀法(当归、丹参、桃仁、红花、丹皮、赤芍、枳壳、玄胡、木香、陈皮、香附、甘草）治疗慢性盆腔炎102例，总有效率为93.4%。黄宝英等运用氦氖激光穴位照射，取子宫、中极、气海、关元、肾俞、三阴交、腰骶部八髎等穴，治疗盆腔炎758例，疗效满意。姚寓晨认为：活血化瘀是治疗盆腔炎的重要环节，然而盆腔炎亚急性阶段或慢性阶段，温运药的运用尤为重要，主要有温补阳气祛瘀药和温经散寒祛瘀药，前者适用于虚寒型的盆腔炎，常用生黄芪、鹿角片等，后者适用于寒瘀型的盆腔炎，常用淡吴萸、川桂枝等。

（刘　健　李祥云）

【更年期综合征的治疗】

1988年在更年期综合征治疗上，注重于药物方面的研究。如粟德林用柴胡疏肝汤为主，张兆岐用桂枝加龙骨牡蛎汤加减，周京述用地骨饮，曹华勋用柴胡加龙骨牡蛎汤加减治疗更年期忧郁症，牟重临用固本止崩汤加减治疗更年期功血症，朱雪萍用“更年舒糖浆”，刘时尹用更期饮治疗，都有较好疗效。而1989，年在脏腑辨证上有较为突出的特色。

从肾论治：殷曼丽认为本病病机缘于肾气，故重在从肾论治，兼调其他脏腑。肾虚当双补阴阳，药用仙灵脾、菟丝子、当归、知母等；肝肾阴虚当肝肾同治，药用仙灵脾、菟丝子、当归、知母、黄柏、女贞子、旱莲草、枸杞子、珍珠母、煅牡蛎、决明子、夏枯草、豨莶草；心肾不交者当交通心肾，用交泰丸等；脾肾不足者当补肾健脾，药用附子、干姜、仙灵脾、菟丝子、薏苡仁、山药、莲子肉等。盛维等用中医辨证分型治疗20例，分为心肾不交型，用黄连阿胶汤加减；肝肾阴虚型，用杞菊地黄丸加减；脾肾阳虚型，用实脾饮或附子理中汤合四神丸加减；肾阴阳俱虚型，用二仙汤合二至丸加减。所有病例均首先给予心理治疗，并配合镇静剂，对伴月经失调者适当选用性激素治疗。结果痊愈13例，显效6例，无效1例。朱世敏认为本病重在肾虚精少，治当补肾益精为主，以六子汤（女贞子、枸杞子、桑椹子、五味子、菟丝子、车前子）为基本方结合辨证加减。席作新认为本病临床证状错综复杂，很难以阴虚阳虚截然划分，因而治疗注重阴阳两补，根据阴阳偏颇用药有所侧重，自拟二仙二至甘麦大枣汤方（仙茅15克，仙灵脾15克，巴戟天、知母、黄柏、当归各9克，女贞子、旱莲草各15克，小麦60克，大枣10枚，甘草10克）。胡如冰介绍裘笑梅治疗本病的经验，认为肾亏肝旺，心脾不足是本病主要病机，治疗当以滋肾平肝、镇惊安神、养心益脾为主，用自拟“二齿安神汤”（紫贝齿15克，灵磁石30克，青龙齿15克，辰砂1.2克，琥珀1.5克，紫丹参15克，九节菖蒲2.4克，仙半夏6克）合甘麦大枣汤。均取得满意疗效。梁忍霞用二仙逍遥调宫汤（仙茅15克、仙灵脾、当归、巴戟天、柴胡、茯苓、白芍、白术、桂枝各10克，知母、黄柏、薄荷、生姜各3克，甘草6克，大枣3枚）加味，治疗158例，治愈103例，好转51例，无效4例，总有效率97.5%。

从脾胃论治：白俊峰认为人到更年期，脏腑衰退，天癸将竭，气机调节功能减退，五脏不和，而脾胃居中，为五脏六腑气机升降之枢纽，对维持脏腑气机升降平衡起着关键作用，故在辨证的基础上从中焦入手，从调理脾胃论治，方用补中益气汤加减，取得满意疗效。

从肺论治：王春生则根据“肺主治节”的原理，从肺论治，俾金水相生，治上制下，以达到平衡肾阴肾阳使之恢复正常生理功能的目的，取得疗效。肺肾阴虚者治宜滋阴养肺，方用百合固金汤加减；肺阳不足，治节无权，升降失司者，治宜补肺益气，温上制下，方用甘草干姜汤合补肺汤加减。

从心、肝论治：王大增认为本病其本虽在肾，但其标在心、在肝、在脾，尤以心肝更为突出，治以清心平肝法，用清心平肝汤（黄连3克，麦冬、白芍、白薇、丹参、枣仁各9克，龙骨15克）治疗214例，分别设汤药组（本方的煎剂）、药片组（本方的片剂）及对照组（为淀粉片），对其中随访到的144例统计表明，三组疗效分别为91.3%、80.3%、48.6%。

从血论治：崔红杨认为妇女以血为本、以血为用，易耗血伤血，血虚易致血瘀，而血瘀又加重血虚，主张以调理血分，活血养血治之。

此外，蔡渔琴分别运用燮理二维脉、调和二跷脉、调理冲任、温养督任、升固带脉等通补奇经法治疗本病，获得满意疗效。

（黄云亮）

【卵巢囊肿的证治】

中医中药治疗本病过去报道不多，病例数亦较少。如1985年翟连俭报道1例用少腹逐瘀汤；1986年张兆湘7例、梁水源1例用桂枝茯苓丸加减，金广辉1例用理冲汤；1987年秦秀兰等36例用消癥汤，李兰舫11例用薏苡附子败酱散等。

1989年在文献数及病例数方面都有所增加。王金权等采用家传“溃积汤”（车前子、滑石、官桂、熟附子、川楝子、荔枝核、酒当归、醋元胡、海藻、昆布、鳖甲、生牡蛎）治疗23例，卵巢恢复至正常16例，囊肿明显缩小6例，囊肿未见缩小1例。李学君以温补通滞、祛瘀化痰为原则，用阳和汤治疗56例，并随症加减，治愈51例.有效2例，无效3例。渠敬文用自拟消囊回春丹（炮山甲100克，生水蛭60克，三棱、莪术、白芥子各30克，肉桂20克。诸药制粉，黄蜡为丸，每次服4.5～6克，早晚服，1个月为1疗程）治疗12例，1～3疗程后，囊肿全部消失。经1～8年随访，仅1例复发，经再次治疗囊肿消失。王寿强用自拟消囊饮(柴胡、当归、赤芍、郁金、益母草、桃仁、红花、云苓、制香附、丹参、生黄芪）治疗本病9例（能坚持服药者)，痊愈7例，好转1例。

（张晓玉）

【多囊卵巢综合征的治疗】

近年来采用中西医治疗多囊卵巢综合征取得一定疗效，也有一些报道。李祥云采用补肾化瘀法，用自拟归肾慈皂汤（当归、熟地、山药、杜仲、山萸肉、菟丝子、紫石英、仙灵脾、巴戟天、山慈菇、皂角刺、夏枯草、象贝母等)；养阴清热法，用瓜石散加减(全瓜蒌、龟版、生地、牛膝、车前子、益母草、知母)；补肾祛瘀法，用自拟补肾逐瘀汤(当归、熟地、山萸肉、仙灵脾、苁蓉、锁阳、葫芦巴、泽兰、三棱、莪术、夏枯草、香附、延胡索、丹参等)；清肝泻火法，用龙胆泻肝汤加减。结果19例患者中，用补肾化痰法治疗6例，5例妊娠；用养阴清热法治疗6例，4例妊娠；用补肾祛瘀法治疗5例，4例妊娠；用清肝泻火法治疗2例，1例妊娠。总计妊娠16例,有效率84.21%。陈利生等辨证分肾虚型，选用归芪汤合五子衍宗丸；肾虚痰实型，选用党参、白术、山药、熟地、仙茅、仙灵脾、半夏、陈皮、甘草、穿山甲、昆布、皂角刺；痰实型，选用半夏、陈皮、甘草、夏枯草、制南星、冰球子、昆布、穿山甲、皂角刺、三棱、莪术、丹参、赤芍、地龙。三组病人均于月经第5天始服中药及西药克罗米芬等。治疗结果56例患者妊娠29例，占51.8%。俞瑾等观察了用补肾化痰法治疗9例多囊卵巢综合征患者血清中9种激素，包括卵泡成熟素(FSH)、黄体生成激素（LH)、催乳素（PRL)、雌二醇（E_2)、睾酮（T)、皮质醇（C)、孕酮（P）的变化，以观察该治疗对下丘脑—垂体—卵巢功能的调节。9例均按肾虚痰实的辨证进行治疗，方用熟地、山药、补骨脂、仙灵脾、黄精、桃仁、皂角刺、冰球子。实验证明，促排卵作用和LH/FSH、IgT/IgE_2比值下降直接相关，且前者先于后者，二个比值的下降主要是血清FSH、E_2值的上升，提示补肾治疗对下丘脑、垂体、卵巢各个水平都可能起一定作用。此外，用补肾化痰治疗对PRL值高者效果好。

（乐秀珍）

【子宫内膜异位症】

黄兆强介绍朱南孙经验，认为本病形成大致有产育过多、人工流产、剖腹产史、非时行房等原因，并提出“活血化瘀、软坚散结、扶正达邪，攻补兼施”的治疗原则，自拟血竭散（血竭粉、蒲黄、莪术、三棱、玄胡索、川楝子、青皮、柴胡、生山楂）作为主方，随症加减，同时配合破血祛瘀、消积散结药物（丹参、石见穿、赤芍、三棱、莪术）灌肠治疗，临床取得比较满意的效果。李祥云以活血化瘀为主，根据临床证候，治法分为：(1）活血化瘀、温经通络法，方用桃红四物汤合附桂地黄丸加减；(2）活血化瘀、清解散结法，方用自拟清热调血汤（当归、川芎、白芍、生地、黄连、红藤、蜀羊泉、香附、桃仁、红花、莪术、血竭、元胡、丹皮、夏枯草等)；(3）理气活血、破瘀散结法，方用自拟峻竣煎（三棱、莪术、穿山甲、路路通、地鳖虫、夏枯草、香附、威灵仙、炙乳香、炙没药、丹参、赤芍、桂枝等)；(4）活血化瘀、温阳补肾法，方用自拟冲任煎合少腹逐瘀汤加减（当归、川芎、香附、小茴香、龟版、鹿角粉、党参、黄芪、熟地、菟丝子、仙灵脾、丹参、赤芍、元胡等）；(5) 活血化瘀、化痰软坚法，方用自拟肾痰丸（当归、熟地、淮山药、仙灵脾、苁蓉、皂角刺、青礞石、黄药子、天南星、夏枯草、象贝母、山萸肉、元胡等）；(6) 活血化瘀、逐水抗痨法，方用自拟加味芩部丹（黄芩、百部、丹参、葶苈子、车前子、猪苓、茯苓、夏枯草、芫花、生牡蛎、小金丹等），还配合肛门灌注、丹参注射液静脉滴注、中药离子透入等法，治疗38例，全部妊娠。林永华等采用内服内异Ⅰ号方与Ⅱ号方治疗85例患者，气滞血瘀型用内异Ⅰ号方（丹参、赤芍、蒲黄、五灵脂、当归、香附、三棱、莪术、玄胡等）；气虚血瘀型用内异Ⅱ号方（Ⅰ号方加党参、黄芪）。其中76例痛经者，治后痛经消失17例，减轻52例，无效7例；月经紊乱30例，治后恢复正常22例，无效8例；18例性交痛，治后痛消失5例，减轻9例，4例无效；行囊肿穿刺抽液术36例中，治后消失14例，缩小11例，无效11例；行切除术18例中，复发3例；54例不孕者，治后足月妊娠21例，流产2例，无效31例。徐乐凤等将35例患者分为服药组12例，未服药组23例。服药组接受醋酸棉酚治疗后，临床症状明显改善，病灶包块缩小，基础体温转为单相，血清孕酮、雌二醇水平下降，而垂体促性腺激素(FSH、LH)则明显上升($P<0.01$)。组织化学及细胞化学观察发现在位及异位子宫内膜中，雌、孕激素依赖性酶——酸性磷酸酶（ACP)、非特异性脂酶(NSE)、碱性磷酸酶(AKP)活性均下降，而未服药组无变化。

（李祥云　刘　健）

【放环后月经失调的证治】

放环后月经失调包括月经过多、过频、经期延长及经间期出血。

病因　综合近年来的报道，其病因有以下几方面。丛春雨认为节育环卧于胞宫而致血热损伤冲任，热迫血行；或素体虚弱，中气虚弱不能摄血，及冲任不能制约经血，导致月经失调。金守强根据叶天士“女子以肝为先天”和“赤带之为病，火重而湿轻”，以及肝经循行路线与生殖器关系，提出上环后赤白带下应从肝从火论治。朱淑蓉等根据宫腔内窥镜检查发现子宫内膜有压迹充血现象，认为胞宫受金刃创伤，损伤络脉致离经之血不循常道而为瘀血，因此认为放环后月经失调不仅由血热妄行引起，瘀血内阻亦是疾病转归中的一个重要环节。

证治　丛春雨的经验是放环后月经过多，在经期以摄血止血为主，而平时采用安神、固冲以治其本，少用或不用辛温伤阴之品。经期延长者在经期服药效果为佳。阴虚内热者治宜滋阴清热、安冲宁血法；瘀血阻滞者以通为止，重在活血化瘀；属寒滞者宜温宫散寒、化瘀调经之法。经间期出血可由肾阴虚和肝郁挟湿引起，如出血少者可暂不治疗，以调护为主；出血多者，采取补肾滋阴治本，疏肝解郁或清热治标，从而使阴阳平衡，气血匀和。金守强从肝从火论治放环后赤白带下。由于肝郁化火，下扰冲任带脉者，可用丹栀逍遥散；如因肝经气火挟湿毒所致者，可用龙胆泻肝汤加减；而对阴血不足，虚火内扰所致赤白带下，可用傅青主的清肝止淋汤加减，或知柏地黄汤。刘正求辨证分为胞脉气滞、胞宫血瘀、邪热蕴结胞宫三型，治疗均以柴胡疏肝散为主方，并随证加减。朱氏用环宁冲剂（生蒲黄、败酱草、马齿苋、花蕊石、茜草、旱莲草、女贞子等）治疗43例，并设空白对照组22例，观察本药对血象的影响表明，治疗组经治疗后血红蛋白及红细胞数均有明显升高，治疗前后对照$P<0.001$，总有效率为88.4%，而对照组P值>0.5；本药对月经过频、经量过多、经期延长等均有较好疗效，总有效率为88.67%。

（戴德英）

【中医药治疗输卵管结扎术后综合征】

女性输卵管结扎术综合征的临床表现有腹痛、月经过多、尿潴留、抑郁、癔症、心悸、畏寒和阴冷等。吴丕中认为本症发病原因系手术对机体产生物理性损伤、生理性阻断或术后调养不当，导致体内阴阳失调，脏腑功能失常，气血循行紊乱，表现为肾、肝、脾三脏和冲、任、督三脉受累而致。观察、治疗90例。属脾肾阳虚者（58例）用四君合右归、二仙汤出入治疗；属肝肾阴虚者（28例）用六味合大补阴丸治疗；属肝郁者（4例)用越鞠丸合甘麦大枣汤治疗。痊愈72例，好转15例，无效3例，总有效率为96.7%。车承林等运用疏肝解郁法为主，治疗术后癔症用柴胡疏肝散加减，术后阴冷用天台乌药散加减，术后腹痛用血府逐瘀汤加减，术后心悸用青皮、香附、杭芍、牡蛎、佛手、香橼、百合、炙甘草、丹参、枸杞子、郁金、酸枣仁等，均取得满意疗效。王忠民等则以柴胡桂枝汤加减分别治疗腹胀呕吐、心悸怔忡、月经闭阻、发热恶寒各1例，均获良效。林家坤治疗1例类似奔豚气证患者，术后烦躁不宁，易怒，自觉腹内有气上冲，用桂枝加桂汤治疗，6剂而获痊愈。吕长春采用补中益气汤加减治疗术后顽固性尿潴留，临床试用屡效。吴丕中自拟助阳滋生丸（二仙、熟附片、肉桂、鹿角胶、破故纸、巴戟、菟丝子、人参、黄芪、白术、山药、熟地、山茱萸、橘皮、当归）治疗40例术后畏寒证全部治愈。赵世军自拟失笑散加味（蒲黄、五灵脂、当归、没药、黄芪、赤芍、香附、玄胡、甘草）煎剂，首剂服后，大多能免除术后疼痛，继服两剂，谓可促进伤口愈合，防止粘连。梅雪礼等通过119例临床观察，发现术后腹胀的发生与消退和黄苔的出现和消退有直接联系，由于手术刺激，影响了"六腑以通为用"的生理功能，影响肠胃道气机疏通，郁而化热，产生黄苔，一旦胃肠郁滞被疏通，则腹胀消退，黄苔也随之消失。因此认为，观察舌苔变化可作为判断术后肠胃功能恢复与否的一项指标。

（戴德英）

参考文献

B

白力力　内服灌肠治疗慢性盆腔炎100例　上海中医药杂志　(6):25，1989

白俊峰　调理脾胃法治疗更年期综合征　中医药研究　(4):32，1989

包海燕等　治疗精神药物性溢乳闭经综合症25例　内蒙古中医药　(1):15，1988

卞兴亚　"化瘀通塞汤"治疗输卵管阻塞性不孕症63例　上海中医药杂志　(12):18，1989

C

蔡渔琴　通补奇经法治疗女性更年期综合征　中医杂志　(3):18，1989

曹华勋　柴胡加龙骨牡蛎汤加减治疗更年期忧郁症　四川中医　(7):31，1988

曹圣荣等　中西医结合治疗慢性盆腔炎31例　陕西中医　(8):346，1989

车承林等　疏肝解郁为主治疗女扎术后诸证　上海中医药杂志　(3):6，1989

陈利生等　中西医结合治疗多囊卵巢综合征56例临床分析　铁道医学　(4):222，1989

陈少军　止血安胎汤治疗先兆流产18例　湖北中医杂志　(6):24，1988

陈武斌等　消通敷脐膏治疗输卵管阻塞115例　陕西中医　(2):65，1989

程运文　习惯性流产治疾三法　辽宁中医杂志　(12):21，1989

丛春雨　治疗育龄妇女放环后月经失调的经验　中医杂志　(12):20，1988

崔红杨　活血养血治疗更年期综合征　四川中医　(7):45，1989

D

翟连俭　卵巢囊肿一例治愈体会　新疆中医药

(4):51, 1985

H

韩新珍等 慢性宫颈炎300例疗效观察 新中医 (6):28, 1989

何国兴 防胎汤治疗习惯性流产48例 陕西中医 (8):344, 1989

侯玉珍 治糜散治疗宫颈糜烂200例 中西医结合杂志 (7):440, 1989

胡春全 止崩固冲汤治疗血崩162例 湖南中医杂志 (3):45, 1989

胡达坤 霉菌性阴道炎外用方 江苏中医 (8):11, 1989

胡如冰 裘笑梅老中医治疗更年期综合征的经验 福建中医杂志 (2):4, 1989

黄宝英等 氦氖激光穴位照射治疗盆腔炎758例临床观察 中西医结合杂志 (4):229, 1989

黄承才 少腹逐瘀汤加减治疗宫寒血瘀型慢性盆腔炎118例 北京中医 (3):26, 1989

黄兆强 朱南孙治疗子宫内膜异位症的特色 浙江中医杂志 (9):386, 1989

惠荣华等 苦黄散治疗阴道炎63例 湖北中医杂志 (1):25, 1989

霍力华 消迟汤加减治疗抗精神病药物引起闭经20例 中医杂志 (4):20, 1989

J

金广辉 卵巢囊肿治验 四川中医 (1):45, 1986

金守强 从肝从火论治上节育环后赤白带下 上海中医药杂志 (7):10, 1988

L

李兆芩 分段治疗先兆流产120例 湖北中医杂志 (2):9, 1989

李兰舫 薏苡附子败酱散治疗卵巢囊肿11例 浙江中医杂志 (12):538, 1987

李锐等 助孕育儿丸药理实验研究 新中医 (7):50, 1989

李伟莉 安胎饮治疗先兆流产23例 安徽中医学院学报 (1):34, 1989

李祥云 中医药治疗多囊卵巢综合征19例 辽宁中医杂志 (1):14, 1989

以活血化瘀为主治疗子宫内膜异位症的临床经验 中医杂志 (11):35, 1989

李祥云等 急性盆腔炎以清防治 上海中医药杂志 (8):30, 1989

李学君 阳和汤加减治疗卵巢囊肿26例 中医杂志 (11):56, 1989

李德新等 按生物钟服药治疗不孕症208例观察 浙江中医杂志 (5):206, 1989

连 方等 中医药治疗黄体功能不健60例 中医杂志 (6):33, 1989

梁忍霞 二仙逍遥调宫汤治疗更年期综合征158例 陕西中医 (8):343, 1989

梁水源 桂枝茯苓丸加减治疗卵巢囊肿一例 云南中医杂志 (3):16, 1986

林家坤 桂枝加桂汤治疗输卵管结扎术后诸证 四川中医 (6):19, 1989

林永华等 中西医结合治疗子宫内膜异位症85例分析 浙江中医杂志 (4):159, 1989

凌绥百 辨证治疗阴痒520例 浙江中医杂志 (7):303, 1986

刘秀琼等 桃红合剂及药物穴位注射终止妊娠的临床观察 中西医结合杂志 (2):108, 1989

刘时尹 更期饮治疗更年期综合征60例观察 浙江中医杂志 (8):375, 1988

刘正求 放环后月经不调证治 云南中医杂志 (2):20, 1989

吕长春 女扎术后尿潴留治验 四川中医 (9):25, 1989

M

梅雪礼等 女扎后舌象与腹胀的关系 湖北中医杂志 (2):10, 1989

牟重临 固本止崩汤加减治疗更年期功能性子宫出血54例 辽宁中医杂志 (11):28, 1988

N

牛锡民等 榆白方对动物妊娠的终止作用 中成药 (7):32, 1989

P

潘玉华 治疗先兆流产56例观察 河北中医 (5):封四, 1989

彭学贤等 中药治疗霉菌性阴道炎 中药通报 (9):54, 1987

Q

戚忠华 紫花地丁、马鞭草治疗霉菌性外阴阴道炎 四川中医 (7):39, 1988

钱祖淇等 养血熄风法治疗妊娠高血压症及其血液流变性改变 上海中医药杂志 (7):2, 1989

秦秀兰等 消癥汤治疗子宫肌瘤卵巢囊肿88例观察

河北中医 (4):17, 1987
渠敬文 消囊回春丹治疗卵巢性肿瘤十二例 辽宁中医杂志 (2):22, 1989

S

邵玉生 中西医结合治疗女性不孕症110例的临床分析 福建中医药 (4):14, 1989
沈祖法 乌黄定痛汤治疗原发性痛经105例 陕西中医 (2):63, 1989
盛 维等 妇女更年期综合征20例临床观察 云南中医杂志 (1):23, 1989
粟德林 柴胡疏肝汤为主治疗更年期综合征的临床体会 中医药学报 (1):39, 1988
孙延昭 温阳祛寒温经除湿法治愈滑胎22例 新中医 (12):22, 1989

T

陶敬铭等 止痛煎治疗56例原发性痛经临床疗效观察 贵阳中医学院学报 (4):15, 1989
田凤鸣等 100例功能性子宫出血疗效观察 河南中医 (3):27, 1989

W

王大增等 清心平肝法治疗更年期综合征 中医杂志 (1):30, 1989
王春儒 活血化瘀法治疗慢性盆腔炎102例 吉林中医药 (6):21, 1989
王春生 更年期综合征从肺论治 辽宁中医杂志 (3):23, 1989
王金权等 祖传"溃积汤"治疗卵巢囊肿23例临床观察 山西中医 (6):26, 1989
王俊玲 试探妇科肾实证 四川中医 (6):20, 1989
王庆松 断红汤治疗崩漏100例 新中医 (6):23, 1989
王寿强 中药消囊饮治疗卵巢囊肿 实用中西医结合杂志 (4):239, 1989
王耀庭等 止痛化癥胶囊治疗慢性盆腔炎316例 上海中医药杂志 (3):2, 1989
王忠民等 辨证治疗输卵管阻塞性不孕症145例 北京中医 (2):15, 1989
柴胡桂枝汤治疗妇科节育术后疾病举隅 浙江中医杂志 (10):450, 1989
邬兰英等 复方桃仙合剂治疗女阴瘙痒症100例 实用医学杂志 (2):44, 1988
吴丕中 输卵管结扎术后畏寒40例 湖南中医杂志 (4):42, 1989
辨证治疗输卵管结扎术后综合征90例 湖北中医杂志 (2):12, 1989
吴 锐 逐瘀温宫汤治疗血瘀挟寒型功能性痛经临床及实验研究 中西医结合杂志 (8):455, 1989

X

席作新 二仙二至甘麦大枣汤治疗更年期综合征 天津中医 (4):41, 1989
谢春光等 当归芍药散治疗痛经的临床疗效观察 中医杂志 (8):33, 1989
徐乐凤 醋酸棉酚治疗子宫内膜异位症临床及实验研究 中西医结合杂志 (8):462, 1989

Y

杨冠英 慢性输卵管炎引起不孕症82例临床分析 河北中医 (1):39, 1989
姚传平 雄黄洗剂治疗孕妇阴痒124例 中医杂志 (3):40, 1989
姚菊芳等 盆腔炎132例治疗分析 中西医结合杂志 (2):107, 1989
姚寓晨 温运药在盆腔炎症中如何运用 中医杂志 (11):56, 1989
叶 明 通因通用治疗倒经50例疗效观察 北京中医 (3):23, 1989
殷曼丽 更年期综合征从肾论治 河南中医 (6):37, 1989
俞 瑾等 补肾化痰治疗多囊卵巢综合征中对下丘脑—垂体—卵巢功能的调节 中西医结合杂志 (4):218, 1986
肾主生殖的实验研究 中西医结合杂志 (9):548, 1989
袁 博 中西医结合治疗盆腔炎114例疗效观察 新疆中医药 (2):52, 1989

Z

张俊平 清阴汤治疗滴虫性及霉菌性阴道炎187例临床观察 江西中医药 (4):26, 1987
张秀芝等 中药熏洗治疗阴痒19例 中西医结合杂志 (11):697, 1986
张选志 苦参四妙外洗方治疗阴道炎 四川中医 (9):34, 1989
张兆岐 桂枝加龙骨牡蛎汤加减治疗更年期综合征 新中医 (2):46, 1988
张兆湘 桂枝茯苓丸加减治疗卵巢囊肿7例 湖南

中医杂志 (2):50, 1986
张志清 阴户瘙痒症治验 四川中医 (8):36, 1989
赵世军 失笑散加味治疗输卵管结扎术后疼痛 中医中西医结合—妇产科情报资料 (2):26, 1988
郑国平 中药对更年期综合征女性高密度酯蛋白及其亚组分的作用 新中医 (6):51, 1989
郑继成等 理气活血祛瘀通络法治疗输卵管阻塞 实用医学杂志 (5):35, 1989
钟秀美 熏洗冲剂治疗外阴瘙痒70例 福建中医药 (3):49, 1986
周京述 地骨皮饮治疗妇女更年期综合征 四川中医 (4):40, 1988
周小波等 抗精神病药物所致闭经的中医治疗 北京中医 (2):15, 1987
朱世敏 六子汤为主治疗更年期综合征 上海中医药杂志 (11):24, 1989
朱淑蓉等 环宁冲剂治疗宫内节育器引起月经异常的疗效观察 上海中医药杂志 (9):10, 1989
朱雪萍 "更年舒糖浆"治疗女性更年期综合征30例 上海中医药杂志 (2):31, 1988
诸秋萍等 更年糖浆治疗妇女更年期综合征52例 上海中医药杂志 (1):24, 1989
邹桃生 霉菌性阴道炎从肾论治36例临床观察 陕西中医 (5):202, 1989

(5) 儿 科

【概述】

1989年儿科研究和临床应用的特点,主要表现在对急症、危重症的治疗较为深入,对常见病、多发病的治疗采用内治、外治等多种疗法更为广泛,同时进行了某些相关的临床实验研究。兹概述如下:

一、对急症、危重症的治疗

小儿外感高热除应用辨证论治外,采用单味中药口服或灌肠,取得较好疗效。范国文报道用大剂单味生石膏武火速煎,待冷后频服,治小儿高热、汗出症。兼便秘加大黄,手足掣动加钩藤,烦躁加知母或栀子,咳加杏仁。治疗40例,结果24小时内退热5例,24～48小时退热27例,48小时后退热8例。陈亚秀等将大黄煎液保留灌肠治疗31例高热邪实正盛者,½～1小时即可退热,并体会到药液在体内保留时间越长,疗效越佳。李原有用温开水配成1%大黄灌肠液治疗小儿积食发热60例,治愈58例。

对于其他急重症,曹辅发抢救新生儿及婴幼儿呼吸暂停21例,在治疗原发病和行复苏术恢复自主呼吸后,为防止呼吸暂停再度出现,采用牛黄醒脑注射液,取得较好疗效。陈忠琳等采用通腑泻热法(基本方:僵蚕、紫草、大黄、青蒿、败酱草、甘草)治愈新生儿败血症7例。刘宗媛用生大黄浸泡液作直肠灌注,治疗中毒性肠麻痹50例,痊愈42例,好转6例,仅2例无效。多数在½～2小时内见效。黄建平等还报道治疗17例喉白喉梗阻(经西医治疗效果不显)患儿,取焦艾叶米、鲜黄牛涎、食盐、开水混合后呷服或喂服,连用2天,结果均于3日痊愈。

二、采用多种方法治疗常见病、多发病

1. 肺系疾病的治疗

上感:石呈峰等用小儿清热合剂(黄芩、鱼腥草、板蓝根、银花、牛蒡子、防风、荆芥、葛根、柴胡、大黄、石膏)灌肠治疗病毒性感染36例,与对照组用抗生素、病毒灵及退热药治疗的36例相比较,疗效显著高于西药组($P<0.05$)。

肺炎:玉振熹通过163例分析,强调了辨证论治的治疗规律。卞国本等通过对493例的观察,根据病程长短和病情浅深轻重程度,分风热闭肺、痰热闭肺、痰热恋肺治疗,而侧重宣肃清化。结果治愈332例,好转76例,总有效率为83%。王香菊则侧重清热解毒,佐以宣泄,治疗150例,5～7天治愈145例,全部病例在3天内退热,其基本方为:银花、连翘、鱼腥草、蚤休、薄荷、桔梗、橘红、百部、紫菀、杏仁、甘草。对病毒性肺炎，朱昌永等采用加味升麻葛根汤（升麻、葛根、赤芍、杏仁、桔梗、前胡、桑白皮、紫苏、甘草）治疗82例，治愈42例，显效26例，无效14例。彭兆麟等则用元参、黄芩、川贝母、生地黄、桔梗、甘草，随证加减，治疗23例，疗效亦优于西药对照组（$P<0.05$）。罗玉桃等分析了635例婴幼儿病毒性肺炎病历，中药治疗均用青黛、甘草、板蓝根、射干、赤芍、郁金、葶苈子、菖蒲为基本方，另用毛冬青注射液肌注或静滴。而1979年以后的479例加用了丹参液静滴，重症加左旋咪唑，疗效显著提高，$P<0.01$。对迁延性肺炎，张淑仙采用内外并治，内服党参、茯苓、白术、麦冬、赤芍、黄芪、丹参、甘草，外用白芥子、香附、莱菔子、葶苈子、盐、姜，炒热熨背，治疗48例，治愈41例，好转5例。对于肺炎合并佝偻病、营养不良、脾胃虚弱的患儿，刘鹤鸣主张在中医治疗的基础上，尽早施用西医支持疗法，可增强免疫，提高疗效。雾化吸入给药对呼吸道疾病甚有疗效，须鹤英等通过160例观察，认为中药超声雾化吸入与西药疗效相当。王小鹿等认为鱼腥草注射液作超声雾化吸入比肌注疗效更佳。

哮喘：许多著名老中医介绍了自己的诊治经验。江育仁认为哮喘的发作其证多见虚中夹实，应辨其虚实的多少，暴发时宜佐以活血化瘀。午雪峤认为急性期宜宣肺祛痰，缓解期宜调理脾肺。王烈认为缓解期应强调补虚，拟益气防哮汤：黄芪、玉竹、五味子、补骨脂、淮山药、牡蛎、苡仁、当归、女贞子、椒目。肖正安认为哮喘之本与肾气不足有关，痰之本亦在于肾，缓解期主张用加味金水六君片（金水六君加胡桃肉、补骨脂、菟丝子、女贞子、土茯苓）。另外，外治法的运用较为活跃。如陈林才运用挑四缝疗法，治愈率达90%，并发现许多患儿在挑刺数小时后即可平喘，并增进了食欲。吴秀芳等用止咳平喘膏（黄芩、大黄、麻黄、葶苈子、细辛、丹参、姜汁）外敷大抒、定喘、肺俞、天突、膻中，结合超短波胸部照射治疗477例，疗效达93.8%。刘隆棣等认为背部俞穴敷贴可起到抑制免疫反应，解除支气管平滑肌痉挛，改善肺的通气功能。许德金等采用丹参片口服防止哮喘，与西药噻哌酮对照，疗效相同，但无副作用，甲皱微循环改善明显。据动物实验表明，上述二药对喘息均有明显保护作用。

2. 脾系疾病的治疗

口腔炎：陈天祥等采用自制青梅散（青黛、梅片、人中白、硼砂、水浸石膏、黄连、黄柏、大黄、乳香、没药、川芎）研成粉末，吹敷患处，每日4～5次。治愈小儿口腔炎1157例，一般治程为1～3天。张湘屏等用理气活血法治疗小儿急性支气管炎180例，基本方为枳实、赤芍、杏仁、僵蚕、威灵仙、葶苈子、山楂、甘草，重症加用丹参注射液静滴，治愈率为80%。随机抽查患儿治疗前后甲皱循环，中药组明显改善。

腹泻：卢忆兰采用升阳除湿法（苍术、防风、羌活、陈皮、升麻、柴胡、建曲、麦芽、泽泻、猪苓、炙草）治疗小儿脂肪泻75例，服药1～5剂全部获愈。李艳春等用利水止泻法（车前子、山楂、麦芽、阿托品，制成末剂），治疗小儿腹泻549例，普通型和重型病例服药1～5日痊愈，危重型3～7天治愈。吴力平用解毒收涩法（赤石脂、诃子、乌梅肉、秦皮、煨肉果、地锦草、丁香、车前子、罂粟壳、炮姜）治疗135例，总有效率为94.8%。灌肠给药方面，许桂英等用清肠液（葛根、黄芩、黄连、马齿苋、木香）灌肠治疗102例，总有效率为96.43%。祁秀花等还用雄黄、儿茶、枯矾、山楂、御米壳、乌梅、诃子，加基质制成栓剂塞肛，治疗100例，痊愈64例，好转31例。中药敷贴及推拿疗法方面，贾怀玉等报道将白术、丁香、肉桂研末敷脐，治疗82例，痊愈80例，无效2例。郑克菲把推拿理为疏风散寒、清热化湿、消食导滞、健脾和胃四法，分别揉推不同部位和穴位，治疗婴幼儿腹泻，效果甚好。病毒性肠炎的治疗也各有特色，张国范根据寒热辨证用药，作保留灌肠治疗秋季腹泻60例，经1～4次治疗痊愈59例。王静轩等用葛根芩连汤合平胃散化裁治愈41例。彭暾用达原饮加味治疗86例，3日内止泻67例，减轻15例。杨子真用加味附子理中汤（理中汤加白头翁、罂粟壳、黄连）治疗15例霉菌性肠炎，均于3～4日内治愈。

小儿直肠脱垂：过去多服用补中益气药物治疗，徐廷翰用4%复方明矾固脱液（明矾、酚、普鲁卡因、甘油）注射直肠粘膜下层和直肠后间隙，治疗32例均愈，其中注射1次治愈29例。靳长金用明矾水清洁脱肛部位后外涂蝉蜕粉，30例均愈。

营养性贫血：温振英等报道健脾益气糖浆有预防婴幼儿营养性贫血作用，动物实验证实该药能增进小白鼠食欲和活动能力。郭锦章等报道用制首乌、鸡血藤、熟地黄、当归、黄芪、谷芽、麦芽、焦白术、陈皮、鸡内金、五味子、大枣、胎盘粉制成补血灵糖浆治疗76例，痊愈61例，好转12例。

3．其它疑难病症的治疗

癫痫：杨秀婷等用癫痫散(朱砂、郁金、雄黄、巴豆霜）治疗30例，显效7例，有效11例，改善8例。郭孝月对82例患儿进行辨证分型治疗，结果总有效率为89.02%。

百日咳：肝肺同治效果显著，张远坤拟平肝肃肺方（珍珠母、代赭石、石决明、桑叶、枇杷叶、百部、葶苈子、贝母、南沙参、甘草）并随证加减治疗100例，经4～8日，治愈78例，好转18例。胡义保用平肝降冲清肺法（代赭石、半夏、橘叶、橘皮、百部、枇杷叶、桑白皮、黄芩、葶苈子）并随证加减，治疗98例，服4剂治愈79例（其中服2剂治愈39例），好转12例。郑启仲等用镇肝止咳汤（柴胡、白芍、龙胆草、代赭石、钩藤、胆南星、硼砂）治疗240例，痊愈177例，显效33例，好转19例。

紫癜性肾炎：王桂山等以益肾活络汤（小蓟、白茅根、丹皮、赤芍、蒲公英、连翘、炒地榆、炒蒲黄、旱莲草）治疗32例，有效率达93.75%。

中毒性耳聋：林文森等用补肾药物（淫羊藿、骨碎补、黄精、何首乌、菖蒲、僵蚕、龟板、川芎、葛根、磁石、水蛭）治疗30例，显效（听力改善>30分贝）11例，有效（听力改善>15分贝）8例，无效11例。动物实验证明本方能预防氨基糖甙类抗生素对内耳柯替氏器毛细胞的损害，保护听力。周善俦用生地黄、女贞子、旱莲草、桑椹、骨碎补、山萸肉、银花、磁石、石菖蒲、甘草组方治疗中毒性听力减退51例，25例听力提高10分贝以上。

肌性斜颈：傅平自制正颈散（大黄、木香、桃仁、红花、栀子、玄明粉）调醋外敷患处治疗7例，全部治愈。随访1～3年均无复发。

儿童多动症、遗尿、肾病综合征、皮肤粘膜淋巴综合征以及新生儿硬肿症、婴儿肝炎综合征等，均有新的研究报道，各列专条，不再赘述。

（朱锦善　曾庆祥）

【哮喘的治疗经验】

哮喘反复发作，当辨其虚实。江育仁报道小儿哮喘临证须辨实虚多寡。顽痰内伏，痹阻肺络，气道不通，是为实证哮喘发作的主要病机；肾气不足，气虚失约，则为虚证哮喘的发作根源。实际临床证型，以虚中夹实最为常见，其间实多虚少与虚多实少常为临床辨证的要领。至于偏热与偏寒的出现，则属病程中的兼夹证。因此，治疗应重视宣肺化痰（涤痰）以治标实，摄纳肾气以固本虚，对长期反复发作者还宜温肾散寒。自拟基本方：炙麻黄3～5克、熟地10～15克、杏仁10克、射干6克、竹沥半夏10克、款冬花10克、炙细辛2～5克、五味子5克、炙甘草5克。偏热者加生石膏20克，偏寒者加熟附子6克。如痰多壅滞、胸闷气急、舌苔厚腻者，则去熟地，改用葶苈子合礞石滚痰丸，上病下取之意，对痰阻肺痹之实证哮喘，其效尤速。景斌荣等报道小儿支气管哮喘93例的治疗经验，应以虚实为纲。实证者多处于发作期，以邪实为主，有寒热之分。属于寒者，温肺化痰，止咳平喘，小青龙汤加减；属于热者，清热化痰，宣肺平喘，定喘汤、麻杏石甘汤为代表方。虚证哮喘，一般见于哮喘缓解期，偏于肺阴虚者养阴润肺；偏于脾肺气虚者着重健脾益气，宜六君子汤加减。肾气虚者，往往不是单纯的肾阴虚或肾阳虚，而是二者都虚，所以在治疗上不仅要用地黄、山萸肉等滋补肾阴，亦需用附片等温补肾阳，甚者加用血肉有情之品，如紫河车之类以填补肾精。

哮喘病因较多，当审因论治。王烈认为小儿哮喘的发作，除外部诱发因素外，内部气机功能状态，特别是对外界刺激因素感受性的强弱，成为发病的重要环节。临床调查1000例小儿哮喘，其诱发因素主要有：寒温失调占85%，饮食偏嗜（乳食积滞、甘咸酸辛等）占8%，烟尘异味占2%，情志劳倦占5%。上述诱因皆来于外，外因伤于内而为病。外者为邪致病多实，内者为气致病多虚。哮喘发作之实者，宜止哮平喘之法，自拟止哮平喘汤（苏子、地龙、前胡、苦参、白藓皮、射干、黄芩、重楼、枳实、白屈菜），疗程8天，多获显效。对哮喘缓解期则强调宜补虚，拟益气防哮汤（黄芪、玉竹、五味子、补骨脂、山药、牡蛎、薏米、当归、女贞子、椒目）。临床观察证实该方有益于哮喘的防治。午雪峤认为小儿哮喘发作期以热痰居多，常用蝉龙定喘汤（即定喘汤去掉易致过敏之款冬花，加蝉衣、地龙、莱菔子）治之。对于风寒哮喘，可用小青龙汤治之。宋从有认为过敏性哮喘多属本虚标实，必须衡量虚实之多少，参以抗过敏，定其治疗方案。常用苏子降气汤加减：苏子、陈皮、半夏、莱菔子、侧柏叶、地龙、僵蚕、蜜炙麻黄等。本虚甚者，加紫河车、沙参、黄精等。王庆文对小儿哮喘发作期见有喘甚难平者，常以芍药甘草汤合白金丸（芍药、甘草、白矾、玉金）加僵蚕、地龙、全蝎、蜈蚣等，以加强缓急平喘安神作用。夏幼周对发作期治疗，风寒咳喘的基本方为麻黄、杏仁、干姜、细辛、五味子、厚朴、紫菀、炙甘草，风热咳喘的基本方为牛蒡子、沙参、桔梗、杏仁、前胡、鱼腥草、大贝、瓜蒌皮、枳壳、甘草。咳喘无论风寒或风热均与风邪有关，常配伍虫类药，如僵蚕、地龙、蝉蜕等并随证加味。张梓芬认为喘息样支气管炎的治疗必须同时具有抗炎、解痉、抗过敏和祛痰作用，经反复筛选后拟定喘支汤：制南星（1岁以下10克），桔梗、前胡、钩藤各12克，黄芩、甘草各15克。治疗组（用喘支汤）34例，对照组（用西药）32例。治疗结果：治疗组平均止喘天数为1.9天，止咳天数为3.1天；对照组平均止喘天数为4.9天，止咳天数为6.5天。经统计学处理 $P<0.01$，差异显著。罗星照报道蛤海散治疗8例慢性哮喘。用蛤蚧一对（约80克），加海螵蛸100克，焙干研成细末。每次6克，温开水调服，日服3次，连服4个月。结果：患者多于服药后8～11天见效，发作停止。随访1.5年～3.5年，8例中6例不再发病，2例发作次数减少，症状亦轻。

哮喘缓解期间，当扶正固本。杜昌华对112例小儿哮喘性支气管炎的缓解期辨证认为肺卫不固，脾肾不足，多见于久病反复发作者。基本方：黄芪12克、防风3克、白术9克、桂枝3～6克、白芍9～12克、干姜3克、大枣9克、柴胡6～9克、炙升麻6克、仙灵脾9克、炙甘草3克、党参9克、补骨脂3～6克。痰多、纳呆，加鹅管石6～9克。疗效：112例中有26例以此法扶正固本，服药半月～1月，药后反复呼吸道感染均较前明显减少或消失，胃纳渐香，面色红润，随访半年，效果明显。王烈认为减少或防止哮喘再次发作，宜治气疗虚，自拟益气防哮汤（黄芪、玉竹、五味子、补骨脂、山药、牡蛎、苡仁、当归、女贞子、椒目）为基本方，并随证加味。疗程两个月。宋从有对易发儿童给予紫河车、人参、黄精、五味子为末内服，谓可使哮喘发作减轻或不再发作。

此外，潘存姆报道扶正固本法治疗儿童哮喘对周围血白细胞糖皮质激素受体和血浆环核苷酸影响的初步观察。药用黄芪、党参各10克，黄芩、黄精、仙鹤草各6克，甘草4克。咳嗽、气喘加炒苏子、桑白皮；外感鼻塞、流涕去黄芪、党参，加板蓝根、桑叶、荆芥穗；腹泻便溏去黄精，加茯苓、炒白术；胃纳不佳加陈皮、焦山楂。2个月为1疗程。本组40例，其中20例于发作期测定周围血白细胞皮质激素受体（GLR）水平、血浆CAMP含量、CAMP/CGMR比值均较健康儿童降低（$P<0.01$或0.05）；治疗后缓解的20例，与发作期比较均有显著差异（$P<0.05$）。

（曹济民）

【小儿鹅口疮证治】

《中医年鉴》1984年卷收载了柳花散治疗鹅口疮的报道，以外搽与内服柳花散（《医宗金鉴》方）治疗3例单纯性鹅口疮与10例合并霉菌性肠炎的鹅口疮，取得良好的效果。最近曹宁芳等报道以加减柳花散外用，治疗小儿鹅口疮98例，既扩大了观察对象数，又对原方进行了改良，治愈率为72.45%，显效率为26.53%，总有效率达98.98%。其中疮面较小的47例用药3次即愈，其余51例用药4～30次，仅1例伴有咳嗽气急、吞咽困难的危重病儿外治无效。加减柳花散的配制为：黄柏30克，青黛30克，炒蒲黄20克，冰片5克，硼砂2克，文火焙干，共研细末，贮藏备用。于乳食后半小时在疮面吹药，每日3次。曹氏认为黄柏、青黛能清热解毒、凉血祛瘀，冰片、硼砂能通窍散火、去腐生新，蒲黄能活血止血，三者配合相得益彰。体弱儿童反复发病者佐以固本之内服药，热毒重症佐以清热泻火之内服药，则效果更佳。总之病程短、就诊早、疗效则佳。李连伦等以冰黛散治疗小儿鹅口疮43例，一般1天即可见效，2～4天痊愈，最长的1例为7天治愈，治愈率为100%。冰黛散的配制为青黛6克、冰片3克、朱砂、硼砂、乌贼骨各5克，共研细末备用。用药方法：先去除白屑，继用3%碳酸氢钠清洗创面，再吹药于患处，每日4～5次。本方也可说是柳花散的加减方。此外钟秀华自拟加味清热泻脾散（川连、条芩、山栀、生石膏、生地、茯苓、银花、生军、灯芯）治疗本病21例，每日1剂，少量多次分服，另每日用银花、川连、生甘草煎汤拭口，或外吹冰硼散，每日2次。结果21例均在一周内告愈。李江报道用中西医结合的内服法治疗36例婴幼儿鹅口疮，34例服药3天痊愈，2例好转。中药方用灯芯草、茯苓、淮山药，大便秘结者加大黄，浓煎代茶。西药用复合维生素B，用中药汤化服。陈培村认为鹅口疮当有虚实之分，实者多因脾胃积热，虚者多由气阴不足。治疗小儿鹅口疮验案1则，病程已2个月，雪花状物布满舌上、二颊与上腭。辨证为实中兼虚，故治以运脾补虚，清胃祛湿热，方用太子参、白术、茯苓、藿香、黄芩、炒山楂、生甘草、黄连、芦根，服2帖好转，再服4帖而愈。

还有用单方验方获良效的报道。薛维振报道用五味子20克、冰片3克，共研细备用，吹药少许于患处，每日2次治疗20例，一般2天痊愈；用细辛3克，研细末置肚脐内，用胶布覆盖固定，治疗15例，均用药1次即愈。

（程家正）

【疳证的治疗及研究】

（一）辨证论治　李真真分脾疳、脾肾疳治疗100例疳积。治脾疳方用去积散（青皮、鸡内金、陈皮、白芍、独脚柑、淮山药）。治脾肾疳，在脾疳治法基础上配以小安方（象牙丝、龙齿、白芍、钩藤、蝉蜕、云茯苓、山楂、麦芽、独脚柑、灯芯草、甘草），配合挑四缝和捏脊疗法。结果治愈10例(三个月内体重增至正常，诸证消失)；好转77例(诸证减轻，体重有所增加，但未到正常体重)；无效13例(诸证无变化，体重无增加)。总有效率达87%。王霞芳等将疳证辨证分型为四类：(1)湿热食滞型，初起治标，选用消疳理气法，投董氏消积方（胡连、五谷虫、焦白术、枳壳、佛手、青皮等），蕴滞成积者加三棱、莪术活血化瘀、破气消积，虚者则宜消扶兼施。本型284例，痊愈193例，好转84例，无效7例。(2)脾虚阳弱型，用桂枝汤加味调和营卫、温扶脾运。本型61例，痊愈39例，好转21例，无效1例。(3)胃虚阴亏型，养胃生津用珠儿参、北沙参、川石斛、谷芽、淮山药、扁豆、麦冬、花粉、佛手等。本型5例，均获痊愈。(4)其他：兼寒饮咳喘者，或外邪传里泄泻者，或有肠套病史者，共9例。先予化饮止泻，活血通络，后理疳证，均痊愈。经治359例，疗程最短者9天，最长者6个月。总有效率为97.77%。

（二）单方验方　梁永平等报道用小儿疳积冲剂（茯苓、山药、党参、山楂、鸡内金、珍珠草)，治疗小儿疳积340例。每块10克，5岁以内每日一块，5岁以上每日二块，分二次冲服。7天为一个疗程。用药一般2个疗程，最多3个疗程。结果显效125例，有效191例，总有效率为93%。邓和平用肥儿散（人参、芦荟、白术、胡连、茯苓、川连、使君子、神曲、山楂、麦芽、炙草）治疗小儿疳积100例。早晚各1次，1岁内患儿2克，1至3岁3～4克。脾胃损伤型每次加熟大黄粉2克，陈皮粉1克；气血双亏型加淮山药、扁豆，兼虫者加槟榔。结果78例20天获愈，10例30天获愈，2例无效。王强报道中药治疗200例疳积。方用陈皮、川朴、焦楂肉、莱菔子、党参、黄芪、白术、茯苓、半夏、滑石、砂仁、佩兰、枳壳、川军、槟榔、鸡内金、龙骨、牡蛎、甘草，水煎分数次服，连服十天。结果显效168例，有效20例，无效12例。许正方报道用康复散（党参、白术、茯苓、陈皮、淮山药、白扁豆、砂仁、使君子、槟榔、山楂、神曲、黄精子、香附、甘草）治疗120例。3岁以下每次服3克，3～5岁每次服4克，6～10岁每次服5克，11～13岁每次服6克。早晚饭前各服一次。10天为1个疗程。其中服1个疗程显效者31例，2个疗程显效者65例，3个疗程显效者16例，疗效不显者8例。包学江等自拟消疳散（玉片、六曲、山楂、鸡内金、山药、白术、使君子、鸡蛋壳)治疗疳积122例。每次1～3克，日服3次。结果痊愈103例，其中服药20天以内痊愈者85例，服药30天以内痊愈者18例。好转19例，总有效率为100%。郝有孝报道用龟板12克，鳖甲12克，穿山甲12克，鸡内金6克做成散剂治疗本病24例，每次服2～3克，每日2次，全部治愈。杜青坡等用三甲散加生山药、生山楂、黄芪、红参为基本方治疗50例疳积，服药一般3个月，显效100%。诸毅鹏用治疳散治疗疳积，蟾蜍1只去内脏，剥皮，另取鸡肝一叶，朱砂0.1克放入蟾蜍内，用鲜荷叶包好，焙干至焦黄，放少量白糖、醋。每日分3次吃完，一般服6～14天。治疗100例，治愈91例，好转9例，总有效率达100%。孙俊亭则用蟾蜍1个，文火焙至焦黄研末，加鸡内金粉10克，塞入鸡蛋内，用棉纸糊好，再用面糊包裹放在文火上将鸡蛋烤熟。6个月～3岁，日食1个，1次或分数次食用；4岁以上的患儿每日可用2个，10日为1个疗程。一般2个疗程后临床症状明显好转。共治66例，痊愈46例，好转16例，无效4例，总有效率78.7%。秦亮报道王玉玲医师治疗疳积的经验方，药用干蟾蜍皮、五谷虫、神曲、茯苓、鸡内金、胡黄连，人工牛黄、陈皮研细末，3岁以下服1克，3岁以上服2克，每日3次。冯秀贞报道用胎盘、鸡内金、羊肝制成散剂治疗36例，痊愈29例，好转5例，无效2例，总有效率94%。疗程1～2周。吴继延报道用炮山甲3克研极细末，新鸡蛋捣一个孔，将药粉塞入鸡蛋内，用纸糊上，然后用面包裹，文火将鸡蛋烤至熟透，药和鸡蛋一起吃下。6个月～3岁，每日1个，分多次服用，4～7岁每日服2个，7岁以上日服3个，10天为一疗程，疗程间隔3～5天。治疗61例，痊愈42例，好转17例，无效2例。1个疗程痊愈者2例，2个疗程痊愈者18例，3个疗程痊愈者19例，4个疗程痊愈者3例。梅和平也报道用蝼蛄、鸡蛋各1个，将蝼蛄放入蛋内用纸封固，或胶布贴封后将蛋煨熟，每日1个，一次食之。轻者服3个，重者间隔一周后再用3个。治疗65例，治愈60例，无效5例。

（三）外治　李西坤报道针刺疳积穴（第二、三、四、五指掌面中节中央），用6号消毒针头浅刺，从针孔中挤出少量黄色透明液体，每周针刺一次（双手），三周为一疗程。治疗385例，痊愈342例，好转34例。总有效率达96.66%。张金鼎采用在二、三手指间距指蹼约0.3～0.5公分处作一纵形长约0.2～0.3公分切口，术前必须严格消毒，并用力挤压切口两侧皮肤，使皮下脂肪充分暴露出来，将其摘除后包扎，6～7天后再割治另一只手。共治206例，痊愈80例，显效63例，进步43例，无效19例，总有效率90.15%。孙兴大报道以玄明粉、胡椒粉外敷神阙，治疗小儿疳证也有较好疗效，认为应用方便，易为患儿接受。

（雷宝莲）

【肾病综合征的治疗】

目前认为肾病综合征（以下简称肾病）的治疗以中西药物联合应用疗效比单用西药或中药均高。张桂明报道治疗肾病的体会是重视脾气治水肿，收涩固精治蛋白尿，以虚为本，水热瘀为标进行辨证施治。

韦俊报道将85例肾病分三个阶段辨证施治。（1）初期阶段。可分为脾肾双虚型，应益气健脾补肾利尿，方用五苓五皮饮加减；脾肾阳虚型，应健脾温肾利水，方用实脾饮合真武汤加减；肝肾阴虚型，应滋补肝肾，育阴潜阳，方用知柏地黄汤加减。（2）激素治疗阶段。可分为阴虚阳亢型，宜滋阴降火，药用生地、知母、黄柏、玄参、丹皮、泽泻、女贞子、旱莲草、夏枯草、珍珠母；湿热内蕴型，宜清热利湿，方用三仁汤或甘露消毒饮加减；瘀血内阻型，宜活血化瘀　桃红四物汤加减。（3）激素减到半量至停药阶段。可分脾肾不振型，温补脾肾，方用二仙汤加减；肝肾阴虚型，治方同前。此外随证加减。西药均按常规治疗。结果完全缓解74例，基本缓解11例。并认为在大剂量使用激素时，应用重剂量滋阴降火的药物，在激素减半量后，应加重温补脾肾的药物，维持中药一年左右，才能减少复发，提高治愈率。张亚荣报道96例肾病患者，均口服激素，激素大剂量时宜予清热利湿解毒的中药；激素减半以后宜予益气健脾补肾的中药；稳定后改用丸剂。强的松＋环磷酰胺＋中药治疗22例；强的松＋中药治疗74例。结果完全缓解88例，部份缓解或不缓解者8例。随访88例缓解病儿中，停药2年无复发者69例，占全组病例的66%。刘玉书等报道59例肾病，其中53例为曾用激素但疗效不显著者。病程1年以内者42例，3年以内者4例，5年以内者3例。中医的辨证施治同前。西医的治疗是凡由外院转来时正处于激素治疗过程中的病例，继续原来用量；久用疗效不显或副作用大者逐渐减量，渐至停用。结果显效31例，有效27例，无效1例。总有效率为98.3%。曾昭田等观察了108例肾病的中西药联合治疗，认为激素配合中药治疗本病，能够提高肾病患者对激素治疗的敏感性，减轻激素的副作用。卢其廉也收治了227例肾病，采用中西医结合方法：西医按常规服用强的松。

中医分脾肾阳虚证，用健脾利湿法，方用补中益气汤合五苓散；脾肾两虚证，用健脾固肾法，方用参苓白术散合二至丸。经治疗缓解后，视不同情况选用知柏地黄丸、金匮肾气丸或桃红四物汤加减。结果缓解率达96%，1年内复发率为20%。

以温补脾肾为主而取效的有何建萍等报道50例肾病，病程最短半年，最长20年，平均3年。肾阳虚用金匮肾气丸加减，脾阳虚用附子理中汤加减，脾肾阳虚用自拟黄芪汤（黄芪、党参、防己、椒目、附子、肉桂、干姜、甘草、白术、茯苓、泽泻、陈皮），均配合常规激素治疗。结果完全缓解27例，基本缓解6例，部分缓解15例，无效2例。总有效率达96%。平均疗程为135天。属完全或基本缓解的病例33例，随访3年未见复发。贺显庭报道用温补脾肾为主，佐以活血化瘀治疗13例肾病，脾阳虚以五苓散加党参、黄芪、丹参、益母草，肾阳虚以真武汤加杜仲、黄芪、丹参、益母草。服药时间平均为125天。在治疗期间每7～10天复查小便1次，尿蛋白消失后1～2个月可停药。结果显效10例，有效1例，无效2例。对显效者进行1～4年的随访，其中2例复发。

以益气养阴为主而取效的有安效先报道治疗50例肾病。其中单纯性肾病35例，肾炎性肾病15例。基本方为炙黄芪、太子参或党参、白术、生地、生山药、山萸肉、制黄精、枸杞子、菟丝子、益母草、白茅根。配合用激素的46例。结果显效31例，有效13例，无效6例。总有效率为88%。

目前临床一般采用环磷酰胺防止肾病的复发，虽有效，但毒副作用大。常克报道成都中医学院附属医院儿科肾病组研制的温肾糖浆与环磷酰胺进行了防止小儿肾病复发的临床观察。治疗组80例，在激素减量时起加用温肾糖浆，对照组30例，在激素减量时起加用环磷酰胺。经3个月的治疗，治疗组与对照组疗效分别为显效39例和12例，有效34例和15例，无效7例和3例。两组疗效接近。认为温肾糖浆可取代环磷酰胺。

（娄国菁）

【缺铁性贫血的治疗】

小儿营养性缺铁性贫血多因先天不足和喂养不当所致，属于中医的虚证、血证、血虚、胎弱等证候。近年来发病率较高，这与独生子女娇养溺爱、偏食、厌食，损伤脾胃泛其化源有关。

温振英等对3074人进行调查，符合缺铁性贫血者967例，发病率为31.5%，其中脾虚型789例（占81.6%），血虚型178例（占18.4%）。综合调查结果，提示当前托幼儿童营养性缺铁性贫血的主要原因是脾虚消化吸收功能不良。运用健脾益气法（选用四君子汤加减为主）治疗，先后与补血法（选用四物汤加减为主）、铁剂（选用富血铁片，每次0.2克，每日2～3次，连服一个月）和空白组(不投药，但不排除家长自给治疗）对照，并观察治疗前后小肠木糖吸收率的变化。结果：健脾组三批共548例，其中第一批健脾组61例与补血组67例对照；第二批健脾组70例与补血组73例、铁剂组76例、空白组67例对照；第三批采用健脾益气法治疗417例。第二批显效率分别为38.6%、28.8%、38.2%、28.4%，高于和接近补血组、铁剂组及空白组。健脾组与补血组在治疗前小肠木糖吸收率都低于健康组，均值为15.9±3.4%；治疗后两组的均值都有提高，为24.84±8.7%，但健脾组提高幅度比补血组大。说明促进造血营养物质的吸收，是健脾法疗效的机理之一。

钱剑海报道用增血素冲剂（含黄芪、党参、鸡血藤、当归、白术、大枣、维生素C）治疗本病患儿11例，西药组(用10%枸橼酸铁铵，每日每公斤体重1毫升及1%复维锌即复合维生素B液加硫酸锌，每日每公斤体重0.5～1毫升）治疗8例，疗程15天，服药后随访6个月。结果中药组血红蛋白比治疗前平均增加18.3克/升(P＜0.01)，而西药组比治疗前增加3.8克/升（P<0.05)。认为增血素冲剂的药物具有调补脾胃、益气养血之功，并与微量元素密切相关。中药组的铜、锂、磷、镁等成分明显高于西药组。这些元素主要参与造血过程，对改善造血功能有重要作用。而西药组铁元素高于中药组45倍，但临床疗效较差，说明增血素冲剂不是简单的元素补充，是在辨证施治的基础上通过调节人体内环境的平衡，提高了元素的利用率，起到了"虚则补之"的作用，体现了中医的整体观。

朱永厚根据气血同源、阴阳互根、五脏相关的关系，认为治疗小儿营养性贫血，应以健脾胃、补气血为根本大法。分别采用禀赋不足生血汤（萸肉、泽泻、山药、当归、黄精、党参、黄芪、大枣）、脾胃虚弱生血汤（山楂、麦芽、鸡内金、广皮、白芷、当归、黄精、党参、黄芪、大枣）、耗伤气血生血汤（沙参、麦冬、地骨皮、银柴胡、当归、黄精、党参、黄芪、大枣、鸡血藤）治疗。

郭锦章等用补血灵糖浆（制首乌、鸡血藤、熟地、当归、黄芪、谷麦芽各30克，焦白术27克，陈皮、鸡内金、五味子各18克，大枣15枚，浓煎500毫升，再加入胎盘粉10克及白糖、防腐剂适量)，治疗76例，经1～2个月治疗，痊愈61例，有效12例，无效3例，总有效率为96%。表现为临床症状明显改善，红细胞、血红蛋白多在服药半至一个月内开始上升，一般2个月即可达到正常水平。

宋琼芬等采用自制的升血灵冲剂（系中药配制的复方冲剂）治疗小儿缺铁性贫血128例，连服一个月，其中126例病儿的血红蛋白均在原有的基础上增长，增加0.5克的32例，1克的44例，1.5克的21例，2克的19例，2.5克的10例。血红蛋白增加的占98.5%治疗前后血红蛋白质量浓度增长差别也有极显著差异（P<0.001）。

（俞景茂）

【癫痫的治疗】

郭孝月报道82例小儿癫痫。辨证施治：(1)惊痫10例，镇惊安神，方用定魄丸加减。(2)痰痫46例，涤痰开窍，方用涤痰汤加减。(3)风痫10例，熄风定痫，方用定痫丸加减。(4)瘀血痫4例，活血化瘀，方用补阳还五汤加减。(5)胎痫4例，熄风镇惊，方用断痫丹加减。(6)食痫3例，健脾消食，涤痰开窍，方用涤痰汤合四消饮加减。(7)虚损痫5例，温补脾肾而养气血，方用八珍汤、六君子汤、杞菊地黄丸久服。服中药汤剂30付以内者22例，30～60付者37例，60～100付者20例，100付以上者3例。结果显效21例，有效22例，无效9例，总有效率89.02%。马融报道用抗痫散（太子参、茯苓、石菖蒲、胆南星、天麻、半夏、橘红、枳壳、沉香、青果、神曲、琥珀、川芎、羌活）治疗小儿痫证73例。病程：1天～1年29例；1^{+}～5年32例；5^{+}～10年9例；10^{+}～14年3例。癫痫类型：大发作47例，肌阵挛小发作10例，失神性小发作11例，精神症状性发作3例，强直性发作和婴儿痉挛症各1例。发作频率：每日1～9次7例，10次以上9例，1周发作1～5次7例，1月发作1～3次20例，2个月发作1次12例，3个月发作1次11例，6个月发作1次6例，1年发作1次1例。分型用药：风痰痫加钩藤、生铁落、代赭石、朱砂；痰浊痫加天竺黄、瓜蒌；风痰火痫加山栀、益母草；风痰惊痫加夜交藤、朱砂、生龙齿；风痰虚痫加党参、白术，伴肾虚者加服河车八味丸。对发作频繁，症状较重者，散剂改为汤剂。结果显效53例，有效3例，总有效率76.7%。认为比胡建华等使用单纯豁痰开窍、镇惊熄风法治疗30例的疗效（总有效率达66.7%)为高。杨秀婷等认为癫痫按中医辨证都属标实本虚。本着急则治其标，缓则治其本的原则以癫痫散(朱砂、郁金、雄黄、巴豆霜）治其标。四药配伍有镇静安神、熄风定痫、涤痰开窍的功效。

用量2～3岁0.1克/次，4～6岁0.25克/次，7～14岁0.5克/次，每日2～3次。用药时间：2个月13例，3～6个月13例，12个月4例。服药期间停用其他抗癫痫药物。治疗30例，显效7例，有效11例，改善8例，无效4例，总有效率87%。对发作已控制的病例则治本为主，予健脾化痰、补益肝肾法。樊荣辰报道用止痫散（羚羊角粉1.5克、琥珀3克、双钩藤6克、全蝎3克、蜈蚣1条、朱砂6克、牛黄0.6克、天竺黄5克、金箔3张、珍珠0.3克、僵蚕3克、天麻5克、薄荷叶3克、蝉蜕6克、雄黄1.5克、甘草5克、麝香0.06克，研细混匀备用)周岁以内每次服0.5克，1～2周岁每次服1克，3～5岁每次服1.5克，6～10岁每次服2.5克，均日服3次。结果据称治愈27例，有效13例，有效率为100%。李明等报道应用中西药综合制剂治痫灵（鲁米那、士的宁、黄花败酱、丹参、颉草)治疗60例小儿癫痫，设单纯服丙戊酸钠的46例患者作对照组。治痫灵一般6个月～1岁每次服⅓片，2～3岁服½片，4～7岁服⅔片，8～12岁服1片，每日1～2次，连服1年后一直不发作者可减原剂量的¼继续服用。对照组服市售丙戊酸钠，按常规量服用。治疗组一般在用药后1～5天开始出现效果。治疗时间最短6个月，最长2年。结果控制25例，显效17例，有效12例，总有效率为90.1%。对照组显效14例，有效20例，总有效率73.9%，两组疗效有显著差异（$P<0.05$）。

印会河认为癫痫因外伤致瘀导致“风象”，用抵当汤加味治1例病程十余年的患者，服30剂后逐渐减轻，发作间期延长，病情趋向稳定。5年后随访无复发。张化男报道用单味蝉蜕每日15克，分三次开水送服治愈外伤癫痫1例。

（雷宝莲）

【儿童多动综合征证治】

王嘉瑞报道儿童多动综合征（MBD)70例。智力发育正常68例，智力发育稍差2例。采用自拟康益糖浆或胶囊，均由远志、石菖蒲、龟板、茯苓、龙骨、益智仁、淮山药、莲子组成。结果显效48例，好转14例，无效8例，总有效率88.6%。王立华认为MBD主要病变与心、肝、脾、肾四脏关系密切。表现为脾不足肝有余，肾不足心有余，阴不足阳有余。此三不足三有余和小儿病理特点相一致。临床分为心脾不足型，治以养心安神、健脾缓中，方用归脾汤合甘麦大枣汤加味；肝肾阴亏型，治以滋补肝肾、育阴潜阳，方用加减二加龙牡汤加味；湿热蕴结型，治以利湿泻火、化痰开窍，方用黄连温胆汤加味；瘀血内阻型，治以活血化瘀，药用活血化瘀之品。四型中以肝肾阴亏、肝阳偏旺者多。王立华等报道单纯用滋阴潜阳、宁神益智法治疗MBD 62例。方以六味地黄汤加减（生龙骨、生牡蛎、知母、黄柏、菖蒲、熟地、茯苓、远志、五味子)。对阴虚火旺患儿不但无副作用，而且能改善睡眠、遗尿、盗汗等兼证。结果见效最快15天，最慢90天；痊愈3例，显效18例，有效34例，无效6例，总有效率90.5%。宋知行报道50例。辨证分为虚、实两型。虚证36例，方取左归之意再予加味；实证14例，方用黄连温胆汤加味。服药一般一周5帖，连服1～3个月。结果显效14例，好转24例，有效8例，无效4例，总有效率92%。侯平玺报道了168例本病患儿。其中肾阴不足、热扰心神者109例，治以补肾清热、宁神益智，药用自拟补脑益肾糖浆（熟地、山药、丹皮、地骨皮、远志、茯苓、菖蒲、牡蛎、陈皮、山楂)；脾气不足、痰浊上扰者59例，治以健脾化痰、益智宁神，药用自拟健脾益智糖浆（泡参、茯苓、陈皮、法夏、石菖蒲、牡蛎、益智仁、谷芽、麦芽、枳壳)。20天为一疗程，连服2个疗程。结果，肾阴不足的有效率为94.5%；脾虚痰浊的有效率83.1%。滕宣光报道15例。属阴虚阳亢、筋脉失濡，用平肝潜阳、滋补肝肾之剂，药用珍珠母、生牡蛎、白芍、枸杞子、女贞子、夜交藤。结果全部获愈，平均疗程25天，随访半年均无复发。静灵口服液系由太原市中医研究所张永华制方，全国专题学术会论证协定，并由辽宁本溪中药厂制成。药由熟地、山萸、龙骨、知母、黄柏、远志、菖蒲、山药、茯苓、泽泻、五味子等组成。按年龄给予不同剂量，3～5岁日10毫升，6～14岁日20毫升，分早晚二次服。张永华报道用静灵口服液治疗76例多动症患儿。结果治愈17例，显效28例，有效29例，无效2例，总有效率97.36%。其中疗程最短者20天，最长者90天，见效最快者6天，最慢者60天。瞿秀华报道用同一产品治疗本病40例，显效25例，有效8例，无效7例，总有效率82.5%。一般认为药物治疗只能帮助患儿集中思想，提供接受教育和辅导的机会，绝不能以药物代替教育，这就需要家庭、学校、医生和社会多方面的配合，以获得最佳效果。

（姚克裘）

【新生儿硬肿症的治疗】

近二年来运用中医药治疗新生儿硬肿症以中药注射液静滴和综合治疗的报道居多。蔡幸生报道将100例新生儿硬肿症随机分成对照组和治疗组各50例。对照组常规予保暖复温、纠正酸中毒、抗感染、激素、能量药物等治疗。治疗组则在常规疗法的基础上加用生脉散注射液2～3毫升加入10%葡萄糖注射液20～30毫升中静脉滴注，每日1～2次，用至硬肿消退。结果治疗组与对照组的有效率分别为74%、52%（P＜0.05）；治疗组硬肿开始减轻时间明显短于对照组（P＜0.01）；硬肿完全消退时间也短于对照组（P＜0.05）。李国文采用复方生脉散治愈硬肿症的报道疗效也很好。傅淑琴报道治疗30例硬肿症。对照组采用同上的常规疗法；治疗组则除采用常规疗法外，再在硬肿局部敷硬肿膏（肉桂、丁香、红花、当归、川芎、透骨草、赤芍、花椒、川乌、草乌、乳香、没药），每日换药一次，并静滴复方丹参液，每日2次，每次2毫升。结果治疗组16例，痊愈14例，好转和死亡各1例。硬肿消退天数最短1.5天，最长10天，均值5.97±2.15。治疗组的硬肿消退天数明显优于对照组的最短3天，最长12天，均值7.8±3.25（P＜0.05）。黄固等报道新生儿硬肿症5例。发生硬肿时间1～3天。也以丹参注射液2毫升加入葡萄糖水中静滴，每日1次，配合综合治疗，全部获愈。贺三元采用中西药配合治疗新生儿硬肿症25例，分三方面进行。加热静脉滴注法：输液管紧贴保温瓶，外包保温布，使输入的液体维持在35℃左右。活血化瘀药物外敷法：肉桂、丁香、川乌、草乌、乳香、没药、当归、红花、川芎、赤芍、透骨草，水煎后与茶油混合，用时加温外敷按搽硬肿部位，每间隔2～4小时重复1次。再加用维脑路通，每日25～66毫克/公斤，分2～3次静滴。结果经3～7天治疗，痊愈22例，好转1例，死亡2例。治愈率为88%。

倪际外报道自拟附子桂枝汤治疗25例硬肿症。25例中足月产儿13例，双胎、早产、难产12例。附子桂枝汤由熟附子、桂枝、炙甘草组成。兼气虚者加党参、黄芪；口含痰沫，呼吸不匀者加僵蚕、半夏、石菖蒲、郁金、胆南星、牛黄；夹热夹实者加大黄、槟榔、丹皮；肿甚小便不利者加四苓散、木通、车前子等。配合温复（即在患儿身边置40℃左右的热水袋，并敷摩硬肿处，至体温回升正常，硬肿消退为止）和精心护理。结果痊愈23例，无效2例。另外，个案报道有徐留生用阳和汤和当归四逆汤、严东标用真武汤加味、丁秀英用独参汤加五苓散，反映了不同治疗经验。

（娄国菁）

【皮肤粘膜淋巴结综合征的辨证论治】

《中医年鉴》1986年卷曾介绍以温病学理论治愈皮肤粘膜淋巴结综合征(即川畸病)

各2例，近年来陆续有临床报道，并在病因病机辨证分型方面有进一步的探讨。

李建等报道本病6例，认为发病的原因主要是婴儿体弱，外因与时令不正之气有关，或温热毒邪侵袭而伏蕴于内，一旦再感时邪则引动伏邪而发病。初起为外感表证，迅速入里化火，是气营双燔的实证；邪热久羁，阴津损耗则呈阴虚发热；之后热退气阴两伤，气虚则无力鼓动血脉，血虚则气血运行不畅，而致并发冠状动脉瘤等病变。由此李建等将本病分为三个阶段：(1) 卫气同病，为外邪初感，治以清热疏风解表，方用银翘散加减；(2) 气营双燔，为新感与伏邪相合，化热化火由气入营，治以清热凉营，方用清营汤加减；(3) 气阴两伤，为恢复期，治以清余热，益气养阴，方用沙参麦冬汤加减。李氏等发现恢复期血小板数明显增加，可导致冠状动脉瘤等并发症，此时应用阿斯匹林等抗凝药物和活血化瘀、益气养阴等中药可防止该并发症的出现，又能缩短疗程。6例病儿中除1例应用阿斯匹林外，其余5例均以中药活血化瘀、益气养阴而获愈。

安效先用中医中药治疗本病10例，4岁以下占9例，病程最短4天，最长3周，均有发热、皮疹等典型症状，有5例作血液流变学检查，其中血浆比粘度升高3例，血小板粘附率升高3例，X胸片检查发现支气管肺炎1例，超声心动图检查1例提示右冠状动脉受累可能，1例左、右双侧冠状动脉均有瘤样扩张。安氏也以温病论治，在热毒炽盛期，清气凉营、解毒救阴，用清瘟败毒饮加减；在热恋伤阴期，清涤余热、养阴生津，用竹叶石膏汤加减；气阴两伤期，益气养阴，用生脉散加味。治疗结果：退热平均5天，最短1天，最长8天。住院天数平均37.1天，最短16天，最长62天。合并肺炎1例，经治10天炎症吸收。合并心脏损害者2例，其中1例治疗2个月后复查超声心动图，扩张消失，另1例治疗1个月后复查超声心动图，室间隔运动幅度及收缩期增厚率均增加，但左冠状动脉管壁未见明显变化。安氏认为本病一般在就诊时已是气营两燔阶段，热毒侵心而致心脏损害是本病的重要病变，生脉散能改善缺血心肌的合成代谢和离子传递系统，减少心肌对氧和能量的消耗，提高心肌的耐受性，起到保护心脏的作用。血小板增多及血液凝集性升高可促使血栓形成，引起冠状动脉栓塞而造成猝死的重要因素，认为在治疗早期就宜配合活血化瘀药，对防止猝死有一定意义。马松春报道本病住院病儿25例，辨证多属气营两燔或热灼营阴。选用清营汤、犀角地黄汤及白虎汤加减。其中17例加用抗菌素治疗。经治疗1～8日全部患儿体温下降，2周左右口腔粘膜恢复正常，22例有指趾脱皮。结果全部病例均痊愈出院。唐莉珍报道采用清营汤加减（水牛角、生地、赤芍、丹参、银花、连翘、元参、芦根，麦冬、甘草各10克）治疗5例，其中1例加用激素和水杨酸制剂，结果全部痊愈。李寿彭报道加味银翘地黄汤（银花、连翘、赤芍、丹皮、青蒿、生地、玄参、知母、石膏）治疗本病7例，每日1剂，频服。7例患者均有发热、四肢末端红斑、唇红干裂、口腔粘膜弥漫性充血，其中甲床皮肤交界处膜样脱皮者5例，出现一过性皮疹、球结膜充血、淋巴结肿大者5例，白细胞总数及中性增高6例，血沉增快1例，血小板增高5例，服药3～7天，7例均获愈。郑丽华报道2例，也是按温病辨证论治，一例用解毒养阴、气营两清之剂治愈，另一例用清热泻火的龙胆泻肝汤加减治愈的。

（程家正）

【婴儿肝炎综合征的治疗】

1984年《中医年鉴》中有茵陈蒿汤加味治疗本病的条目。近几年来，中医药对本病的治疗又有不少进展。时毓民等报道利胆合剂治疗婴儿肝炎综合征35例的疗效与利胆汤剂治疗婴儿肝炎综合征23例的疗效进行对比。结果合剂组痊愈31例，好转4例；汤剂组痊愈19例，好转4例。对照观察结果表明，汤剂、合剂在降酶、退黄的作用上无明显差异。但当胆红素下降后，S-GPT反跳合剂组比汤剂组少。并认为利胆合剂这一中成药不仅在临床上应用方便，而且婴儿容易接受。利胆合剂组方：茵陈、金钱草、广郁金、赤芍各12克，当归、生山楂各9克，虎杖6克，生大黄3克（后下）。每剂浓缩成20毫升，每次10毫升，日服2次。利胆汤剂组方：茵陈、金钱草、萹蓄各12克，山栀、车前子（包煎）、广郁金各9克，虎杖6克，生大黄3克（后下），生甘草4.5克。临证加减。两组疗程都是4～16周，平均6.5周。彭兆麟报道以清热利湿、解除胆郁为治则，自拟婴肝汤治疗本病14例。年龄均在1～3个月。合并支气管肺炎者5例，营养不良者1例，心力衰竭者2例，腹泻者2例。婴肝汤：绵茵陈、鲜虎杖、败酱草、炒山栀、广郁金，随证加减。频服。拒奶者可输注少量高渗葡萄糖、能量、生理量电解质及维生素类，不用或逐渐停用激素。经治痊愈8例，好转2例，死亡2例，自动出院2例。总有效率为71.4%。汤锡华报道本病患者342例，男256例，女86例，平均发病年龄为33.19±17.87天。分成三组治疗。治疗组208例，应用茵陈四苓合剂（茵陈、金钱草、郁金、茯苓、白芍、白术、党参、丹参、焦山楂、平地木、青皮、陈皮）。每次5毫升，每日3次。综合组85例，用茵陈四苓合剂加强的松，每次5毫克，为一个月短程疗法。对照组49例，用一般保肝药物，经三周治疗后，黄疸无明显改善者改用茵陈四苓合剂治疗。三组经2个月治疗，总胆红素除综合组有12例未恢复正常外，其余两组均正常。S-GPT回复正常者依次为67.52%、59.5%、67.74%，随访6个月S-GPT回复正常者依次为85.47%、69.01%、83.87%。从观察中认识到总胆红素在6毫克以上者以综合治疗为宜，尤其是重症婴儿肝炎综合征，而对总胆红素在6毫克以下者宜单纯用中药治疗。刘润云将婴儿肝炎综合征25例分两组作中西药治疗对照。中药组16例，以清热利湿为主，方用茵陈三黄汤加减：茵陈、大黄、黄连、黄芩。有恶心呕吐者加竹茹、半夏；腹部胀满者加厚朴、香附、郁金；病程较长，黄疸颜色晦暗者，基本方去黄连，加茯苓、太子参、白术；有水肿者加车前子、泽泻；痞块略硬者加归尾。每日1剂，分多次服下。对照组9例，用地塞米松0.25毫克/公斤/日，分两次静脉点滴，7～14天为一疗程。两组均给予青霉素80万一天及一般保肝药物。结果25例均获痊愈。中药组在疗程及退黄时间上均比对照组为短。时毓民等报道采用中药加强的松及单纯用中药作对照的两种方法治疗50例婴儿肝炎综合征。初诊时年龄最小23天，最大4个月。中西医结合组27例，采用强的松加中药。强的松剂量为1～1.5毫克/公斤/日，疗程2～5周，一般在黄疸明显减退时即可停用。中药组23例。两组中药基本方为茵陈、金钱草、萹蓄、山栀、车前子、广郁金、虎杖、生大黄、生甘草。气虚加太子参，肝脾肿大加丹参、川芎，病程后期S-GPT仍高者加田基黄、五味子，疗程4～20周。巩膜和皮肤黄染消退速度中西医结合组分别为28.2±8和25.9±7.5，而中药组分别为34.1±13.2和32.8±10。在停药随访中发现病程后期如加用健脾益气中药，可增强患儿体质，而未用中药者易反复感冒，纳呆或有阴虚内热及多汗征象。

（娄国菁）

【夏季热的治疗】

（一）辨证论治　王义美认为夏季热在临床上基本按辨证分二型治疗。报道的50例，均有长期发热、口渴、多饮、多尿、无汗等主症。病程均在1个月以上，第一年发病27例，第二年发病13例，第三年发病10例。50例中，暑伤肺胃型35例，治以清暑益气、养阴生津，方用清暑益气汤加减；气阴两伤型15例，治以益气养阴，清热除烦，方用生脉散合秦艽鳖甲汤加减。经服药6剂退热者25例，12剂退热者20例，无效5例。胡红志等根据暑病首用辛凉，继用甘寒，再用酸泄酸温的原则，采用辛凉清肺益气生津法，药用石膏、党参、麻黄、麦冬、杏仁、神曲、藿香、山楂、桔梗、五味子、甘草，6剂为一疗程。28例患者经一疗程的治疗，全部获愈。郭国志认为本病多始于禀赋不足，加之后天失调，阳气虚绥，不能化津酿汗，复受暑热而致暑伤元气。郭氏报道的25例患者，发热时间最长80天，最短15天；体温最低38℃，最高41℃。药用黄芪、白术、防风、青蒿、银花、竹叶、鲜荷叶、鳖甲、秦艽。服药3日退热者15例，5日退热者5例，7日退热者5例。

（二）专方施治　蒋治平观察了加减五叶芦根汤（藿香叶、佩兰叶、鲜荷叶、薄荷叶、麦门冬、芦根、天花粉、参须）和王氏清暑益气汤（黄连、麦门冬、鲜荷梗、石斛、参须、知母、淡竹叶、鲜西瓜皮、甘草、粳米）各治疗12例。服药5天，从体温、日饮水量和尿量的指标看，结果加减五叶芦根汤治疗前后差异非常显著（$P<0.001$），痊愈9例，好转3例；清暑益气汤治疗前后差异也非常显著（$P<0.01$），痊愈4例，好转6例，无效2例。但两组相比，五叶芦根汤疗效更好。颜振旗报道自拟祛暑退热饮(荷叶、西瓜翠衣、地骨皮、生地、大枣、五味子)，煎后置冷加白糖适量，频饮，日1～2剂。共治124例，痊愈80例，好转32例，无效12例。总有效率为90%。杨德明自拟乌苦薄荷汤（乌梅、苦瓜叶、薄荷、鲜荷蒂、木瓜、梨皮）治疗63例，连服3日均愈。唐冬秀报道自拟羊耳菊合剂（羊耳菊、桑椹子、黄芪、葛根、麦冬）治疗夏季热112例。服药最少者3剂，最多者11剂。结果痊愈101例，无效11例。贺裕元报道用清暑消积合剂(藿香、香薷、连翘、南沙参、白茅根、熟附子、焦白术、肉桂、五味子）治疗128例，治愈79例，好转42例，无效7例，总有效率为95%。曹赫基等采用清热保津法治疗本病50例。药用西洋参、麦冬、鲜生地、鲜石斛、连翘、竹叶、白薇、人参叶、西瓜翠衣煎汤，每天分4～6次服。结果1周内退热者24例，2周内退热者22例，3周内退热者4例。全部获愈。随访了36例，2年后有3例复发。刘翠玲用退热茶（党参、白术、茯苓、甘草、藿香、广木香、葛根）治疗夏季热19例，6天为一疗程。疗程内不加用抗生素及解热镇痛剂，但可酌情配用维生素B、C，或中药生脉液（党参、麦冬、五味子制成的水煎剂）。结果痊愈16例，无效3例，平均退热天数为3天。何俊报道采用《医方集解》中十味人参散加减（白参、白术、茯苓、半夏、葛根、黄芩、陈皮、柴胡、白芍、甘草）水煎服，治愈32例夏季热患儿。治疗时间最短者5天，最长者17天。吴光烈介绍的验方麦冬橄榄汤（麦冬15克，盐橄榄1～2枚，田蛙1只）治疗小儿夏季热40例，全部获愈。服药最短3天，最长为12天。将田蛙洗净，剖去肠杂，纳入麦冬、盐橄榄于田蛙腹中，外以针线缝牢，加水适量，炖汤取服，每日1～2剂。病程长，体质虚弱者加西洋参炖服。口渴引饮甚者，用鲜丝瓜皮、大枣煎作饮料。

还有曾立昆报道用退热散(青蒿50克、石膏50克、滑石30克、茶叶20克、燕子泥50克、冰片20克）共为细末，加甘油和蛋清适量，调成糊状，外敷于神阙穴，治疗高热137例。患儿平均年龄为1岁。发热在39℃～40℃者71例，41℃以上者66例。其中夏季热106例。用药时要在外敷药上盖上纱布，并经常注意敷药湿度，以免干燥而影响疗效。冬季可用鲜葱捣泥调敷，夏季可用鲜丝瓜藤叶捣泥调敷。结果治疗本病106例的有效率为84.9%。

（娄国菁）

【遗尿的治疗】

《中医年鉴》1986年卷载有王书波等用自拟遗尿灵冲剂治疗65例小儿遗尿的报道。近年来，王氏又将遗尿灵（黄芪、桑螵蛸、金樱子、菟丝子、川芎、石菖蒲）制成片剂，每片含生药约0.5克，每次服4～6片，1日3次，2周为1个疗程。治疗232例遗尿患者，病程在5年以内者142例，6年以上者90例。结果治愈90例，有效113例，无效29例，总有效率为87.5%。周慈发报道遗尿合剂（党参、沙参、白术、生地、复盆子、桑螵蛸、仙鹤草、当归、菖蒲、远志、五味子、生牡蛎）治疗小儿遗尿40例。痊愈22例，好转12例，无效6例。冷长春则用黄芪四子缩泉饮（黄芪、复盆子、金樱子、五味子、益智仁、乌药、山药）治疗小儿遗尿症21例。结果治愈16例，好转3例，无效2例。治愈者最少用药2天，最多用药10天。张延书用自拟蛸芪乌智散（桑螵蛸、黄芪、乌药、益智仁）治疗15例遗尿患儿，均服药3～8剂而获愈。张立岩等运用自拟益肺固脬方（糯米50克，黄芪、山药、莲子各10克，益智仁5克，猪脬一个，将药装入猪脬内，加水500毫升，扣紧，放入笼内蒸一小时，熟后去药和猪脬，食糯米），每日一剂，7天为一疗程。轻者一个疗程即愈，重者需2～3个疗程。治疗20例均愈。李捍东以为遗尿是肺脾肾三脏皆虚之证，而以肺虚为甚，宜用温肺复阳的甘草干姜汤加味，用炙甘草24克，干姜15克，黄芪20克，陈皮8克，治愈2例遗尿症。李荣健报道用甘麦大枣汤配合脑乐静，治愈因惊恐所致的小儿遗尿症2例。

（朱瑞群）

参考文献

A

安效先　中医药治疗川崎病10例临床观察　中医杂志　(8):31，1989

益气养阴为主治疗小儿肾病综合征50例　北京中医(3):28，1989

B

包学江等　自拟消疳散治疗小儿疳积122例　陕西中医　(8):366，1988

卞国本等　宣肃清化法治疗小儿肺炎　浙江中医学院学报　(3):26，1989

C

蔡幸生　生脉散注射液治疗新生儿硬肿症疗效观察　实用中西医结合杂志　(2):22，1989

曹辅发　牛黄醒脑注射液治疗新生儿和婴儿呼吸暂停的体会　福建中医药　(1):27，1989

曹赫基等　雷氏清热保津法治疗小儿夏季热50例　浙江中医杂志　(7):303，1987

曹宁芳等　加减柳花散外用治疗小儿鹅口疮98例疗效观察　陕西中医函授　(3):10，1989

常　克　温肾糖浆防止小儿肾病综合征复发　成都中医学院学报　(3):18，1988

陈林才　挑四缝治疗小儿哮喘120例　天津中医(5):44，1989

陈培村　小儿鹅口疮验案　辽宁中医杂志　(3):32，1989

陈天祥等　青梅散治疗小儿口腔炎1157例疗效观察　浙江中医学院学报　(4):19，1989

陈亚秀等　大黄保留灌肠治疗小儿高热31例　吉林中医药　(6):14，1989

陈忠琳等　通腑泄泻法治疗新生儿败血症　四川中医　(5):13，1989

D

邓和平　肥儿散治疗小儿疳积100例　湖北中医杂志　(1):30，1984

邓　森等　夏幼周教授治疗小儿反复发作性咳喘经验　黑龙江中医药　(1):3，1989

丁秀英　新生儿硬肿症治验　四川中医　(6):22，1988

杜青坡等　三甲启脾促生散治疗小儿疳积　陕西中医　(11):514，1989

杜昌华　扶正法在小儿哮支炎治疗中的运用　黑龙江中医药　(3):49，1989

F

樊荣辰　止痫散治疗小儿癫痫40例疗效观察　河北

中医 (2):14, 1988

范国文 大剂石膏治疗小儿高热40例临床观察 中医杂志 (10):28, 1989

冯秀贞 胎盘内金羊肝散治疳积 山东中医杂志 (6):39, 1986

傅淑琴 综合治疗新生儿硬肿症的疗效观察 陕西中医 (6):254, 1988

傅 平 正顾散外敷治疗小儿肌性斜颈七例 广西中医药 (3):24, 1989

G

郭国志 加味玉屏风散治疗小儿夏季热25例 湖北中医杂志 (4):35, 1987

郭锦章等 补血灵糖浆治疗小儿营养性贫血76例 安徽中医学院学报 (3):44, 1989

郭孝月 82例小儿癫痫的治疗体会 山东中医杂志 (4):25, 1989

H

郝有孝 三甲散治疗小儿疳证24例 陕西中医 (1):45, 1984

何建萍等 温补脾肾治疗难治性肾病综合征50例 辽宁中医杂志 (1):24, 1988

何 俊 十味人参散治疗疰夏32例 湖南中医杂志 (4):51, 1987

贺三元 中西医结合治疗新生儿硬肿症25例观察 中西医结合杂志 (7):435, 1989

贺显庭 中药治疗小儿肾病综合征13例 湖南中医杂志 (1):44, 1988

贺裕元 清暑消积合剂治疗小儿暑热综合征128例临床体会 中西医结合杂志 (8):511, 1989

侯平玺等 中医药治疗儿童多动症200例临床小结 成都中医学院学报 (4):24, 1988

胡红志等 28例小儿夏季热治验 上海中医药杂志 (8):14, 1987

胡建华等 定痫镇痛合剂治疗癫痫30例临床分析 上海中医药杂志 (4):29, 1980

胡义保 平肝降冲清肺法治疗百日咳痉咳期98例 辽宁中医杂志 (3):19, 1989

黄建平等 复方黄牛涎治疗喉白喉梗阻17例 中级医刊 (4):57, 1989

黄 固等 中西医结合治疗新生儿硬肿症5例 广西中医药 (4):40, 1989

J

贾怀玉等 中药敷脐治疗小儿腹泻 中国中药杂志 (8):51, 1989

江育仁 临证当辨实虚多寡 暴发宜佐活血化瘀 吉林中医药 (1):1, 1989

江育仁等 小儿哮喘 吉林中医药 (1):1,1989

蒋治平 治疗小儿夏季热24例的临床观察 中医杂志 (2):20, 1987

靳长金 中药蝉蜕粉治疗小儿脱肛 中医药研究 (1):20, 1989

景斌荣等 小儿支气管哮喘93例的临床分析 中医杂志 (4):29, 1989

L

冷长春 黄芪四子缩泉饮治疗小儿遗尿症 吉林中医药 (5):18, 1988

李国文 复方生脉散治疗新生儿硬肿症 浙江中医杂志 (3):115, 1989

李捍东 甘草干姜汤治疗遗尿 浙江中医杂志 (6):276, 1989

李连伦等 冰黛散治疗小儿鹅口疮43例 湖北中医杂志 (5):34, 1989

李荣健 甘草大枣汤治疗小儿遗尿症 湖北中医杂志 (3):38, 1989

李寿彭 加味银翘地黄汤治疗川崎氏病7例 四川中医 (7):14, 1988

李艳春 利水治泻法在儿科临床应用 吉林中医药 (1):17, 1989

李原有 大黄液灌肠治疗小儿积食发热60例体会 铁道医学 (2):105, 1989

李西坤 用"疳积穴"治疗小儿疳积 天津中医 (4):25, 1989

李真真 浅谈疳证100例的证治及临床观察 新中医 (6):20, 1989

李 建等 川崎病的中医辨治 北京中医 (6):22, 1988

李 江 中西医结合治疗婴幼儿鹅口疮 新中医 (11):48, 1989

李 明等 治痫灵治疗小儿癫痫60例临床观察 吉林中医药 (6):15, 1989

梁永平等 小儿疳积冲剂340例临床疗效观察 中成药 (5):23, 1989

林文森等 补肾药物治疗小儿药物性耳聋的临床及实验研究 中西医结合杂志 (7):402, 1989

刘翠玲 退热茶治疗小儿夏季热疗效观察 江西中医药 (4):40, 1986

刘鹤鸣　中西医结合治疗小儿肺炎110例疗效观察　天津中医　(2):8, 1989

刘隆棣等　麝香定喘膏穴位外敷治疗儿童哮喘85例　南京中医学院学报　(3):21, 1989

刘润云　中西药对照治疗婴儿肝炎综合征25例　湖北中医杂志　(2):16, 1989

刘玉书等　以中药为主治疗小儿肾病综合征　吉林中医药　(3):19, 1987

刘宗媛　大黄液灌肠治疗小儿中毒性麻痹　四川中医　(4):13, 1989

卢其廉　小儿肾病675例临床资料分析　江苏中医　(11):8, 1989

卢忆兰等　升阳除湿汤治小儿脂肪泻72例　陕西中医　(1):16, 1989

罗星照　蛤海散治疗儿童哮喘症　中医杂志　(8):55, 1989

M

马松春　中西医结合治疗皮肤粘膜淋巴结综合征　中医杂志　(9):61, 1988

马　融　抗痫散为主治疗小儿痫证73例临床观察及实验研究　北京中医　(1):32, 1988

梅和平　蝼蛄蛋治疗小儿疳积　湖北中医杂志　(2):45, 1988

N

倪际外　新生儿硬肿症的中医辨证论治　福建中医药　(3):12, 1988

P

潘存娒　扶正固本法治疗儿童哮喘对周围血白细胞糖皮质激素受体和血浆环核苷酸影响的初步观察　中西医结合杂志　(1):13, 1988

庞润辉　抗痫灵治疗小儿癫痫259例临床观察　北京中医　(1):28, 1989

彭兆麟　婴肝汤治疗婴儿肝炎综合征14例　湖北中医杂志　(4):19, 1989

彭兆麟等　对腺病毒合并呼吸合胞病毒双重感染婴幼儿肺炎中药治疗临床观察　中医杂志　(1):28, 1989

彭　暾　达原饮加味治疗小儿病毒性肠炎　四川中医　(5):26, 1989

Q

祁秀花等　小儿止泻栓的临床应用　中医杂志　(3):56, 1989

钱剑海　增血素治疗小儿贫血　南京中医学院学报　(1):24, 1988

秦　亮　牛黄蟾皮散治疗小儿疳积　湖南中医杂志　(6):48, 1989

瞿秀华　中药静灵口服液治疗小儿多动症40例　上海中医药杂志　(3):30, 1989

S

石呈峰等　中药小儿清热合剂灌肠疗效观察　中医杂志　(6):19, 1989

时毓民等　中西医结合治疗婴儿肝炎综合征的对照研究　中西医结合杂志　(1):23, 1986

利胆合剂治疗婴儿肝炎综合征疗效的对照观察　中医杂志　(11):41, 1988

宋从有　证分四型　首重化痰　吉林中医药　(1):3, 1989

宋琼芬等　升血灵冲剂治疗小儿缺铁性贫血　贵阳中医学院学报　(3):21, 1987

宋知行等　辨证治疗儿童多动症50例　陕西中医　(9):397, 1987

孙俊亭　金蟾散治疗小儿疳积　四川中医　(12):10, 1988

孙兴大　小儿积滞的外治法　湖北中医杂志　(1):19, 1985

T

汤锡华　茵陈四苓合剂治疗婴儿肝炎综合征（附342例分析）　上海中医药杂志　(3):27, 1987

唐冬秀　羊耳菊合剂治疗夏季热112例　湖北中医杂志　(3):20, 1986

唐莉珍等　清营汤加减治疗皮肤粘膜淋巴结综合征5例　北京中医　(2):24, 1987

滕宣光　小儿多动症治验浅谈　北京中医　(5):3, 1987

W

王桂山等　益肾活络汤治疗小儿紫癜性肾炎的临床和免疫学研究　中医药学报　(1):44, 1989

王嘉瑞　中医药治疗儿童多动综合征的临床观察　中医杂志　(4):30, 1987

王静轩等　婴幼儿轮状病毒性肠炎的中药治疗　四川中医　(7):19, 1989

王立华　儿童多动综合征的辨证施治　山东中医杂志　(2):11, 1987

王立华等　滋阴潜阳宁神益智法治疗儿童多动征62例　山东中医学院学报　(2):16, 1989

王庆文　谨守病机　三期分治　吉林中医药　(1):

3, 1989

王书波等　遗尿灵治疗遗尿症232例临床观察　陕西中医　(8):305, 1989

王素云等　中草药煎剂直肠滴注治疗小儿危重症　云南中医杂志　(2):35, 1989

王霞芳等　辨证治疗疳证359例临床小结　上海中医药杂志　(5):16, 1988

王香菊　自拟轻宣利肺汤治疗小儿肺炎150例　辽宁中医杂志　(2):21, 1989

王小鹿　鱼腥草超声雾化吸入与肌肉注射的疗效比较　湖北中医杂志　(1):22, 1989

王义美　中医辨证治疗小儿夏季热50例　湖北中医杂志　(3):16, 1988

王　烈　小儿哮喘的诱因与治疗探讨　吉林中医药　(1):1, 1989

王　强　中药治疳积临床体会200例分析　天津中医　(4):4, 1986

韦　俊　中西医结合治疗小儿肾病综合征85例　陕西中医　(10):437, 1989

温振英等　健脾益气法治疗小儿营养缺铁性贫血的临床研究　中西医结合杂志　(8):469, 1987

婴幼儿营养性贫血的防治研究　上海中医药杂志　(5):20, 1989

吴光烈　治疗小儿夏季热的经验介绍　福建中医药　(1):18, 1986

吴继延　食疗治疗小儿疳积61例　陕西中医　(2):79, 1988

吴力平　腹泻收涩散治疗小儿泄泻135例疗效观察　江苏中医　(1):13, 1989

吴秀芳等　止咳平喘膏为主治疗小儿咳喘477例　山东中医杂志　(1):13, 1989

午雪峤　急性期主宣肺祛痰　缓解期重调养脾肺　吉林中医药　(1):2, 1989

X

肖正安等　根治小儿哮喘经验琐谈　吉林中医药　(3):10, 1989

须鹤英等　超声雾化吸入治疗小儿急性气管炎肺炎160例　山东中医学院学报　(3):25, 1989

徐留生　新生儿硬肿症验案二则　江苏中医　(7):10, 1988

徐廷翰　注射法治疗小儿直肠脱垂　四川中医　(9):17, 1989

许德金等　丹参防治小儿支气管哮喘的临床观察　中医杂志　(10):30, 1989

许桂英等　清肠液灌肠治疗小儿腹泻102例　上海中医药杂志　(9):18, 1989

许正方　康复散治疗小儿疳积120例　四川中医　(1):15, 1987

薛维振　鹅口疮验方二则　河北中医　(6):48, 1987

Y

严东标　新生儿硬肿症治愈　四川中医　(5):26, 1989

颜振旗　祛暑退热饮治疗小儿夏季热124例　湖北中医杂志　(2):54, 1986

杨德明　小儿夏季热验　湖南中医杂志　(4):35, 1989

杨秀婷等　癫痫散治疗小儿癫痫30例观察　中医药信息　(2):29, 1989

杨子真　加味附子理中汤治15例小儿霉菌性肠炎的临床报导　新中医　(7):23, 1989

印会河　癫痫症辨治　中医药研究　(5):2, 1989

玉振熹等　婴幼儿病毒性肺炎中西医结合治疗的临床观察　中医杂志　(4):26, 1989

Z

曾立昆　退热散外敷治疗小儿高热137例的体会　湖南中医杂志　(6):13, 1989

曾昭田等　中西医结合治疗小儿肾病综合征108例　辽宁中医杂志　(8):24, 1988

张国范　中药合剂保留灌肠治疗小儿秋季泄泻　河南中医　(5):4, 1989

张化男　蝉蜕治疗小儿痫证1例　黑龙江中医药　(5):7, 1988

张桂明　肾病综合征证治管见　河北中医　(2):26, 1987

张金鼎　割治小儿疳积206例初步观察　河南中医　(1):25, 1985

张立岩等　益肺固脬方治疗小儿遗尿　中原医刊　(1):37, 1989

张淑仙　中药内外并用治疗小儿迁延性肺炎48例　江苏中医　(1):12, 1989

张湘屏等　理气活血法治疗小儿急性支气管炎　山东中医学院学报　(2):11, 1989

张亚荣　中西医结合治疗儿童肾病综合征96例　山东医药　(10):22, 1987

张远坤　平肝肃肺方治疗百日咳100例　上海中医

药杂志 (2):15，1989
张永华等 静灵口服液治疗儿童多动症76例临床观察 山西中医 (4):18，1989
张梓芬 喘支汤治小儿喘息样支气管炎疗效分析 新中医 (9):25，1989
郑克菲 推拿治疗婴幼儿腹泻42例临床小结 江苏中医 (6):25，1989
郑丽华 川崎病二例治验 湖南中医学院学报 (1):41，1989
郑启仲等 百日咳从肝论治480例的临床观察 中医杂志 (10):24，1989
钟秀华 加味清热泻脾散治疗新生儿鹅口疮 湖南中医杂志 (3):56，1987
周善侍等 中药治疗儿童中毒性听力减退51例报告 江西中医药 (1):12，1989
周慈发 遗尿合剂治疗小儿遗尿40例 上海中医药杂志 (7):23，1989
朱昌永等 加味升麻葛根汤治疗小儿病毒性肺炎82例 吉林中医药 (3):17，1989
朱永厚 小儿贫血的治疗体会 吉林中医药 (3):13，1989
诸毅鹏 治疳散治疗小儿疳积100例 浙江中医杂志 (12):539，1987

（6）外 科

【概述】

一、疮疡

汤一鹏等认为疮疡多系正气内亏、邪毒留恋所致。证见气虚、疮疡溃破经久难愈。据《外科正宗》所说，“凡疮溃破之后，五脏亏损，气血大虚，外形虽似有余，而内脏其实不足，治当强补。”重用补气之品，治疗对口疽、疖、痈、骨疽、瘰疬等，均有显效。周荣来等用拔毒生肌膏（桑枝、大黄、地榆、白芷、川椒等拌猪油文火煎去渣，再加轻粉、月石、白蜡调成)。周氏认为，本药有清热解毒、去腐生肌的作用。若疮面过大，应内服中药，才能提高疗效。杨文水治疗慢性化脓性骨髓炎8352例，辨证分为：(1)热毒蕴结型方用仙方活命饮合黄连解毒汤加减。(2)风寒挟湿型方用荆防败毒散。(3)损伤瘀阻型方用活血化瘀汤，加七厘散。(4) 久病正虚型阳虚者用阳和汤，气血虚者用十全大补丸，脾胃虚者用香砂六君子丸或人参健脾丸，肾阳虚用右归饮，肾阴虚用六味地黄丸。再加外治法，治愈率为97.16%。秦立荣用佛甲烫伤膏（佛甲草、千里光、黄连、黄柏、黄芩、大黄、地榆、当归、生地、白蔹、五倍子、赤芍、川芎、桃仁、白芷、木鳖子、紫草、乳香、没药、红花、冰片、白蜡500克，净麻油300毫升）治疗烫伤243例，治愈率为94.2%。隋宝俭等以活血化瘀综合治疗静脉曲张综合征，总有效率为98%，采用复方丹参注射液（内含丹参、当归、川芎、麦冬)，加入5%葡萄糖溶液中静脉滴注。王发强等用黄石散(黄连、黄柏、煅石膏等)治疗颈、腋部破溃型淋巴结结核2440例，近期治愈率为99.7%。阎翠兰用掐挤法治疗急性乳腺炎65例，总有效率为86.15%，方法是患者端坐，暴露背部，医者用食、中指中节于患者第三胸椎棘突下缘至第七胸椎棘突下缘旁开1.5寸之连线，掐起皮肤角放松，由下而上反复进行4~5次，至皮肤充血为度，日1次，5次为1疗程。

二、皮肤病

张志礼等报道了472例系统性红斑狼疮，分单纯中药治疗、单纯西药治疗、中西医结合治疗三组进行疗效观察，结果中西医结合组总有效率88.5%，显效率35.9%，高于其他两组。中西医结合组治疗合并症明显少于西药组。治疗后激素维持量显著低于西药组，而血浆皮质醇测定值基本相同，提示中药有兴奋肾上腺皮质功能或有免疫抑制作用，应深入研讨。王仲英采用清热解毒为主，辅以凉血祛风和活血化瘀的狼疮丸（银花、连翘、蒲公英、丹参、赤芍、桃仁、红花、白藓皮、蜈蚣等17味中药组成)治疗系统性红斑狼疮76例，总有效率为85%；袁兆庄等用复方秦艽片（秦艽、乌梢蛇、黄芪、生地、玄参、丹参、泽泻、黄柏）加少量激素治疗系统性红斑狼疮62例，有效率为80.65%。

王尚兰等用活血化瘀法治疗系统性硬皮病35例，有效率为85.7%。方用红花、丹参、川芎、赤芍的注射液加到葡萄糖液中静脉滴入，病变处皮肤明显潮红，肤温升高约2～4°C，感觉皮肤硬度变软。微循环观察：血流加快，红细胞聚集减轻，管袢周围渗出减少，形态变清晰，排列变整齐。说明该方药有改善微循环的作用。

周鸣岐等治疗银屑病302例，辨证方为：(1)风盛血热型治以祛风清热、凉血活血解毒；(2)风热血燥型治以养血润燥、疏风活血。总有效率为96.69%。该病有血瘀指征，始终使用活血化瘀药物，对促使痊愈和抑制复发均有作用。赵威甫辨证分为：(1)血热风燥型治宜清热凉血、祛风止痒；(2)血虚风燥型治宜清热凉血、滋阴润燥、祛风止痒；(3)血瘀风燥型治宜凉血活血、养血祛风润燥。治疗206例，有效率为86.9%。石志超等用乌蛇搜风汤（乌梢蛇、苦参、露蜂房、蝉蜕、白鲜皮、金银花、槐花、丹皮、赤芍、生百部、生地、生甘草）治疗银屑病64例，有效率为92.2%，重用乌梢蛇，最大量可日服乌蛇粉50克，有特效而无副作用。卢勇田用复方青黛丸治疗银屑病159例，有效率为86.8%。

赵继英等用补骨脂酊治疗寻常疣56例，全部有效，治愈率为91.07%。李素卿等辨证治疗手足口病176例，均获痊愈。主药为生石膏、黄芩、玄参、儿茶、板蓝根、蝉衣、竹叶。

三、胆石症

陈祖林报道用耳穴按压法治疗胆囊炎胆石症555例，疼痛缓解率达99.6%，有96.4%的患者可随意进食肉、蛋等而不诱发疼痛，停止治疗8个月后进行随访，仍有82.3%的患者病情稳定。吴佳起等应用推按运经仪在B超监视下，跟踪排石的方法，治疗胆囊结石410例，排石率92.7%，排净率17.3%。吴氏等认为把握排石时机是成功的关键。只有在开机最初半小时，胆囊内结石才有可能借助高压中的胆汁射流向处于低压状态的胆总管流动，排入胆总管，以达到排石的目的。陈巩荪等对提高耳穴压丸治疗胆石症的效果进行了研究。盛灿若等把适应症归纳为(1)无严重感染的胆管及胆总管内结石，结石大小在1.5厘米以下；若胆囊内结石数量不多，大小在0.8厘米以下，且胆囊收缩功能良好者。(2)肝内多发性小结石，不适宜手术治疗者。(3)手术后的胆管残余结石或结石复发，无手术指征者。(4)胆系多发性结石或泥沙样结石，发作不频繁，对身体健康无明显影响者。张仁等改用磁珠作为压物，疗效更好。因磁珠本身对穴位有一定刺激作用，每周只贴敷1次，比王不留行籽更方便安全。也有人把耳穴压丸与经络电冲击疗法结合起来，常获得更为满意的疗效。

四、肛门病

刘爱华等首先成功地建立了动物内痔模型，并通过研究提出了内痔发病机制的新认识：由于肛门括约功能下降，组织结构松弛，导致肛管压力降低，为维持肛管常数，局部痔静脉丛代偿性扩张淤血而形成内痔，即括约功能下降学说。为有效地防治内痔，提供了一定的理论和实验依据。包俊华等用人工方法使狗发生直肠脱垂的实验方法与结果，提出了肛门松弛是引起该病的重要因素。陈家轴等采用低浓度氯化钙、氯化铵液结合活血化瘀、补中益气药局部注射，具有远期疗效巩固减少后遗症的作用。治疗103例小儿直肠脱垂，治愈率为99.1%。程笏对53例高位肛瘘内口位置瘘管走向和外口分布提出有以下规律：(1)内口都在齿线以上直肠后外侧壁。(2)外口大部分在肛门后外侧，仅少部分弯管型之外口在肛门前外侧，但此类外口都从皮下浅管通过肛门后外侧，再折向深部达内口（在折转部常形成另一外口）。(3)

瘘管都在肛门直肠后外侧区，弯管型瘘管在距肛缘2.5～5厘米处折转向前，一部分可延至肛门前外侧。蹄铁型瘘管系一侧直管型瘘管的近内口段发向肛门另侧之支管。徐子鹏等对肛裂术式进行了研究，通过342病例的实践，得出结论（1）指扩术仅适用于Ⅰ期肛裂；（2）内括约肌切断术治疗Ⅰ期、Ⅱ期肛裂较为理想；（3）扩切术是治疗慢性肛裂的可靠的有效方法，适用于裂口深、病程长、或有合并症的Ⅲ期肛裂。

（马绍尧）

【骨髓炎的治疗进展】

杨文水应用祛腐托里生肌法治疗骨髓炎6200例，其中病程1年以上者2500例。

（一）外治法　(1)骨髓炎脓已成，经久不溃者，用消核膏或胆矾膏外敷患处。若溃破后引流不畅，应提脓祛腐，疮口内撒三仙丹或用药捻插入。外贴万应膏或祛腐生肌膏。(2)伤口处腐肉长期不脱，将三仙丹撒入创口内（切不可撒于骨面上或骨髓腔内），再将祛腐生肌散撒于三仙丹的上层，然后将万应膏贴于疮口上。(3) 肉芽生长不良，外用祛腐生肌1号加鸡内金粉，撒入创口。(4) 窦道，选用三品一条枪置于窦道内。窦道破坏后可选用生肌药锭塞入创口内。(5) 病理性骨折或骨质严重破坏，外用骨康膏贴敷患处，可促进骨痂形成。(6)创口经久不愈，用生肌散。

（二）内治法　脓成欲溃阶段，内服仙方活命饮合黄连解毒汤。脓成溃破初期，疮面脓汁稠厚量多，周围焮红，毒势蔓延，用托脓散加减。虚弱者用八珍桔芷皂刺汤。溃后疮面清冷，日久不愈，肉芽粉白不鲜，脓汁清稀量少，用十全大补汤加味。若久病伤阳，宜阳和汤。若脾虚失运，用香砂六君子汤或人参健脾丸。若久病伤肾，助阳用右归饮加减，滋阴用六味地黄丸加减。治疗结果：总有效率达98.24%。

董国庆治疗慢性化脓性骨髓炎140例（单纯中药组105例，中药合并手术组35例），取得了98.5%治愈率。在病之初期，治以清热解毒止痛。脓成未溃治以消肿促脓吸收，防止破溃。溃后日久脾胃虚弱、气滞血瘀，用扶正化瘀解毒排脓药物。对局部治疗，未溃破而患处冰凉者，外贴五龙膏，患处焮红灼热者，外敷消炎止痛膏。已溃烂时，以祛腐生肌锭插入瘘孔内，再外贴痈疽膏。对病灶浅的，外用疔毒散即可奏效。该方为董氏治疗骨髓炎主药。此外对各类骨髓炎都可用猪苦胆膏外敷。若有死骨则需手术。

刘海生治疗32例慢性化脓性骨髓炎，辨证分为4型：正虚毒盛、气血双虚、阳虚寒凝、肾虚精亏。同时均加服蛇蜕大枣丸（蛇蜕、茯苓、苍术、赤芍、大枣、熟地、炒薏米、枸杞子、全蝎、海马），每日3次，每次1丸吞服。如局部红肿疼痛时，外用铁箍散。病毒腐肉蚀骨形成窦道腐肉难除，可用红丹化腐平胬扩大窦道，促进腐肉死骨排出，再外用Ⅰ号Ⅱ号生肌散。若创口已收，局部后遗硬结，可外敷舒筋活血散。共治32例，痊愈30例，显效2例。谢升春等对本病的辨证则分为六型：(1) 毒热炽盛型，治以清热解毒活血消肿。(2) 瘀血阻滞型，治以活血祛瘀解毒。(3) 血虚寒凝型，治以温阳散寒。(4)正虚邪实型，治以托里消毒。(5) 气血两虚型，治以调补气血。(6) 肝肾虚损型，治以补肝肾强筋壮骨。此外各型后期均须续服巴豆丸，连服6个月。同时结合外治法。共治112例，痊愈52例，显效25例，有效23例，无效12例。总有效率89.29%。蔡万清等治疗本病仅用款冬花糊，按伤面的大小，涂于消毒布块上，贴在伤面。每日换药1次，10日为1疗程。治疗本病51例，治疗时间平均109天，结果痊愈35例，有效12例，无效4例，总有效率92%。蔡衍珂认为治疗慢性骨髓炎应扶正祛邪、标本兼治、局部与整体并重、内外兼治为原则。采用消、托、补三法，尤以托补法为主。内服中药补益气血托里透脓及四虫散（蜈蚣、全蝎、䗪虫、地龙)，外用解毒洗药，熏洗后敷以创伤膏。共治 30 例，19 例痊愈，11 例好转。

对硬化性骨髓炎，安新志等用骨通灵膏（天麻、血竭、白芍、干姜、附子、大黄、樟脑、醋等）敷于患处，并加热疗半小时左右，再纱布包扎固定。该药膏能引血散寒、布清排浊。用时配合中药内服，40天为 1 疗程。共治疗 327 例，治疗时间最短 2 个月，最长 8 个月。结果痊愈 196 例，显效 92 例，好转 22 例，总有效率为95.4%。

（孙世道）

【瘰疬的治疗与研究】

以内治法为主治疗本病者。曲学英等对131例颈淋巴结核采用分期治疗，硬结期治以疏气解郁，化痰散结，内服瘰疬丸1号（全蝎、蜈蚣、僵蚕、土贝母、牡蛎、玄参、木鳖子、白芨、山慈姑、海藻、昆布、香附、夏枯草)，外敷圆芪膏 1 号（红娘子、硇砂、生半夏、生川乌、生南星、肉桂、麝香、圆芪鲜根)；成脓期治以清热化痰，托里排脓，用瘰疬丸 2 号（全蝎、蜈蚣、僵蚕、浙贝母、木鳖子、白芷、桔梗、黄芪、当归、皂刺、夏枯草)，外敷圆芪膏 2 号（皂刺、生半夏、生南星、浙贝母、白芷、僵蚕、白蔹、麝香、圆芪鲜根)；破溃期治以托里排脓，生肌敛疮，用瘰疬丸 3 号（黄芪、当归、银花、白芍、白蔹、肉桂、龟版、桔梗、熟地、党参、甘草、蜂蜜)，外敷圆芪膏 3 号（生半夏、白芨、白蔹、龟版、象皮、龙骨、圆芪鲜根)。结果临床治愈 113 例，有效 15 例，总有效率97.7%。马理奇等对 218 例淋巴腺结核患者按结节、干酪、破溃混合等型进行分别治疗，中药组用夏枯草、百部、玄参、黄芩、山甲珠、全蝎、蜈蚣、乌梢蛇等配合外敷药物，对照组用西药链霉素、雷米封、PAS、利福平等，结果结节、干酪两型中西药治疗无显著差异，破溃混合型的中药组治疗与对照组比较，有非常显著差异（$P<0.01$)。全部病例的中药治疗有效率亦优于对照组（$P<0.05$)。同时中药组症状改善及对窦道的疗效均显著优于对照组。

有以外治法为主治疗本病者。赵少军介绍治疗本病经验方虎油膏（壁虎、香油、铅粉、松脂、土鳖虫)外敷于未溃之瘰疬，已溃则用二八虎油丹（红升丹、煅石膏、珍珠、麝香、香油、壁虎)。倪毓生以祛腐生新法治疗本病，用海升散和红升丹配制成 5～80%升丹浓度的散剂，根据疮口脓腐情况分别应用。对形成窦道者用白降丹与糯米糊制成药条或浓度不等的水溶液应用，并在治疗中采用切引，搔刮，扩创或摘除淋巴结核等不同手术方法治疗 26 例全部有效，平均治疗天数 30.4 天。周凤翔以砒石熏蒸穴位，用以毒攻毒法治疗瘰疬 10 例，结果痊愈 7 例，显效 3 例。裴廷辅等对民间传统疗法“截根术”进行了改进，用“划拨挑刺法”取代“切割挑刺法”，并做了治疗前后的免疫功能测定，证明经挑刺治疗后增强了机体的非特异性免疫功能。经运用截根术治疗 2000 例患者，近期疗效达 94.7%，远期疗效则更佳。

中西医结合的治疗亦有一定进展。陈文寿等对本病初期及愈后一月内用抗痨治疗。中医治疗分为两类：(1) 全身治疗，即在初期或未溃用阳和汤，香贝养荣汤加减，兼服小金丹或青龙丸，已溃则用补托法，用人参养荣汤，加味十全汤等。(2) 局部治疗如未溃以阳和解凝膏，已溃则充分引流，去腐生新。共治 43 例，全部治愈。陈氏等并认为治疗时既要注意局部病理变化，又要重视全身反应，内外兼治，病证结合，同时要正确运用消与补，扶正与祛邪，破溃后应重视补气血，健脾胃，根据疮疡消、托、补三大原则，辨证论治，突出化痰化瘀，滋阴扶正，配合局部治疗。

中药验方单方治疗瘰疬亦有明显疗效。郭仁旭自拟白头翁消核汤（白头翁、党参、焦白术、白花蛇舌草、九头狮子草、黄芪、当归、金银花、蒲公英）及用祖传秘方（蜈蚣、白芥子、全蝎研粉装入鸡蛋内蒸服）等治疗本病107例，总有效率达98.1%。陆洁等介绍了陆孝夫运用猫爪草治疗瘰疬的经验，治疗时根据瘰疬的大小，病程的长短，体质的强弱，以痰、瘀、气郁为辨证重点，分别选用猫爪草1，2，3方。猫爪草1方（单味猫爪草60克)用于初期或溃后。痰多或有咳喘者用猫爪草2方（1方加猫人参、猫儿眼睛草)。病久疗效不佳用猫爪草3方（2方加生牡蛎、天葵子、玄参、象贝母、夏枯草、僵蚕、当归）随证加减，外用亦以猫爪草的不同制剂为主。王新喜等也以猫爪草为主组成“贝猫合剂”(大贝母、蒲公英、白芷、连翘、香附、川朴、海藻、蚤休、猫爪草、元参、煅瓦楞、夏枯草）在临床应用中有良效。

（薛慈民）

【溃疡久不愈合的治疗】

贾素英采用中药内外合治顽固性溃疡。外敷猪胆溃疡散：朱砂、黄丹、象皮各10克，轻粉、冰片各5克，黄柏、黄芩各50克，大黄、白芨各60克，儿茶、密陀僧各30克，青黛20克，全猪胆1具。配合内服方：白术、牛膝、木通、三棱各10克，䗪虫、蜈蚣各8克，伸筋草、透骨草、苏木各12克，藏红花、五灵脂各6克，鸡血藤9克。共治52例，其中臀部溃疡7例，小腿溃疡21例，截瘫后外踝溃疡11例，截瘫后腰骶部溃疡12例，外伤后细菌感染致足背基底部溃疡1例。病程最长39年，最短1年余；溃疡面积最大4×6厘米^2。细菌培养：12例葡萄球菌生长，9例大肠杆菌生长，5例绿脓杆菌生长。结果治愈48例，好转3例，无效1例。王忠发以《外科正宗》“生肌玉红膏”为基本方，用生地、龙骨、象皮配制成“褥疮膏”，治疗顽固性溃疡80例，痊愈70例，基本治愈9例，无效1例。方药组成：当归30克、白芷12克、紫草6克、甘草18克、生地12克、象皮9克、轻粉6克、血竭6克、龙骨9克、白蜡30克、麻油500毫升。倪毓生等亦用生肌玉红膏化裁制成“去腐生新膏”治愈慢性溃疡（如乳癌术后疮口不敛、血管瘤溃后不愈、臁疮、烫伤等久不收口的患者)。方药组成：白芷、紫草、煅龙骨、熟石膏各15克，甘草、轻粉、制没药、蜈蚣各10克，当归、丹参各30克，枯矾3克，冰片、珍珠粉各1.5克，白蜡60克，麻油500毫升。张晨曦取生姜自然汁调入干姜粉敷于创面，以无菌敷料覆盖。每日换药2～3次。共治疗37例，总有效率为91.9%。张氏采用姜糊外敷，是受古代文献之启迪，如《医宗金鉴》中“冷疮不收口者，用干姜一味为末，撒患处，觉热如烘，生肌甚效”和《本草纲目》中“诸疮痔漏久不结痂，用生姜连皮切大片，涂白矾末，炙焦研细，贴之勿动，良”。盛德甫等以阿胶外敷治愈足内踝溃疡5年不愈之疮口，生肌功效卓著。王恒照以王不留行、厚朴、桑白皮各10克，干姜、川椒、黄芩各6克，白芍、甘草各12克，蒴藋嫩叶10克(或以金银花15克代)煎服，治疗外伤创口不合，每获良效。其源出自《金匮要略方论》王不留行散。钱焕祥以蹄冰散治疗下肢溃疡久不收口7例。方法：猪蹄甲500克，文火焙黄后研末，加入冰片10克共研，过100目筛后加入适量麻油调拌成厚糊状，贮备用，每日换药1～2次，5～7天为1疗程，1～3疗程均获痊愈。钱氏又以穿山甲炒焙研末，蜜调成糊状，外敷溃疡久不收口患者5例，经换药10～30天内创面痊愈。沙坤岗以锌皮压迫创面，促使创口生长愈合，共治30余例均获治愈。周功祥以广州白云山药厂生产“清喉散喷剂”（人工牛黄、麝香、蟾酥、甘草等）治疗下肢慢性溃疡6例而获治愈。韦守源用凤凰膏（鸡子黄、龙骨、没药等）外治褥疮20例，疗效满意。刘旸以二白散治疗深度溃疡期褥疮获效。白黄散组成：大黄、煅石膏各40克，加入适量云南白药，共研细末备用；白红散组成：炉甘石50克、血竭20克，煅石膏40克，海螵蛸15克，连翘30克，云南白药30克，共研细末备用。有脓腐疮面用白黄散，腐净新生用白红散。刘芳岚报道云南白药治疗褥疮，先用3％双氧水清洗创面，后用艾卷灸10～15分钟，再将云南白药涂在创面上，轻者隔日1次，重者每日1次，适于2、3期褥疮。

（唐汉钧　汝丽娟）

【有头疽的治疗】

有头疽是一种急性软组织化脓性疾患。好发于项后、腰背、腹部及四肢软组织较厚实的部位，而以项后、腰背部者为重、为多，约占74.9～81.4％。发于背部者又称“发背”，“搭手”，发于项后者又称“脑疽”，“对口”。现代医学统称为“痈”。唐汉钧将重症有头疽分成三型：热毒型拟和营清热托毒法，方用仙方活命饮加减，药选当归、赤芍、丹参、紫地丁、银花、连翘、黄芩、生黄芪、穿山甲、皂角刺；正虚型拟益气养荣、清热托毒法，方用八珍汤合仙方活命饮加减，选用生地、麦冬、白芍、天花粉、生黄芪、皂角刺、穿山甲。并结合外治药：金黄膏、千捶膏、八二丹、九一丹、红油膏、生肌散、白玉膏外敷。结果129例中，痊愈127例（98.5％），死亡2例（1.5％），死因为败血症和肾功能衰竭。赵本贞报道仙方活命饮加减治疗有头疽43例，分成热毒、气血两虚、阴虚三型治疗，全部治愈。疗程10～20天者15例，21～30天者16例，31～40天者8例，41～50天者4例。杨书邦等报道治疗有头疽62例，分成虚实二证。实证按“未溃当散、已溃当托、脓清当敛”的治则。初起方选仙方活命饮或龙胆泻肝汤、防风通圣散加减，并加各种引经药；溃脓期方选七味消毒饮（五味消毒饮去紫背天葵加连翘、生地、甘草）合透脓散加减；收口散方选七味消毒饮加减；气血两虚，方选托里消毒散加减，兼伴糖尿病者，加服降血糖药。结果治愈61例，好转1例。唐汉钧等收治有头疽内陷病例45例，以内服中药扶正托毒方为主，短期加用抗生素、胰岛素或D_{860}等。治疗结果：痊愈43例，死亡2例，治愈率95.56％，治愈者平均治疗78.4天。方致和运用明代陈实功《外科正宗》所载的神功内托散加减治疗重症脑疽、发背85例，治愈80例，好转4例，死亡1例，总有效率98.82％。内服基本方：党参、生黄芪各30克，茯苓、白术、当归、赤芍各12克，川芎、附子、木香、山甲片各10克，陈皮、甘草各6克。水煎服，每日1剂。马禄均报道40例重症脑疽、发背均为住院病例。其中阳证32例，阴证8例，均有轻重不同程度的三陷（虚陷、干陷、火陷）变局趋势。治疗原则：阳毒可用攻毒，阴毒必须补托。其中中医中药治疗23例，中西医结合治疗17例，短期采用抗生素、激素、胰岛素等西药，并注意保持水电解质的平衡。治疗结果：治愈38例，死亡2例（1例虚陷、1例干陷）。唐泽银用师传血藤方治疗有头疽65例（发背45例、脑疽20例），全部治愈。方剂组成：血藤根、叶（研粉）各20克，蜂蜡100克，制成与痈肿面积大小相等的圆饼，外敷疮面，每日换药1次。侯勇用拔罐法治疗有头疽30例。根据疮面选择大、中、小号玻璃罐，罐口直径一般需大于疮面直径，以“闪火法”，每次留罐10～15分钟，每日1～2次，取罐后疮面换药，其中8例因高热加服清热解毒中药。30例均经治2～6天而痊愈。

（唐汉钧　汝丽娟）

【外治法治疗带状疱疹】

（一）敷贴法　陈作友报道治疗带状疱疹，取大黄、黄柏等分研末，用蒸溜水调成糊状，再拌以鱼石脂软膏，制成“鱼二黄软膏”。消毒皮损部位，按皮损大小将膏药摊于纱布上，贴于患处，隔日1换，共治100例，全部治愈，平均用药4次，一般1天后症状明显好转。戴惠玲治疗本病用自制湿疹膏（硫磺30克，枯矾45克，煅石膏25克，青黛15克，冰片0.5克，香油或菜油调成糊）外敷患处，再覆以二味拔毒膏（雄黄、白矾各等分，以3:7比例与凡士林调匀)，隔日1次。经治疗108例，3～5次治愈者占90%，8～10次治愈者占10%。

(二) 涂擦法 孟宪德等治疗缠腰火丹(带状疱疹)，用光明草果实洗净晒干炒焦碾细，再用香油调成糊状，先用消毒针头挑破疱疹，然后涂药，每日2～3次。经治100例，总有效率99%，平均治疗时间5.1天，尤其适宜于肝火型。赵金虎治疗本病用特效蛇丹膏，其配料法：黄连30克，七叶一枝花50克，明雄黄60克、琥珀、明矾各90克，蜈蚣20克。先将蜈蚣烤黄，再分别取上药研细末，使用时先清洁局部，取适量药粉用麻油调糊涂于纱布上敷患处，每日1次，治疗560例，均在5天内治愈。最短1天，最长5天，平均治愈天数2.7天。刘光达用大黄〔或虎杖〕30克，加300～500毫升水加温至80℃，滤出溶液凉后加30克煅石膏粉，制成"军虎搽剂"，每日4～6次涂患处，治疗45例，治愈36例，好转9例，最短4天，最长7天，平均5天半。王发书等用雄黄8克，明矾8克，蜈蚣2克共研细末，制成雄黄散。用香油或凉水调糊搽敷患处，每日3～4次。治疗39例，全部治愈。3天治愈者34例，6天治愈者5例，大多1天内疼痛消失。杨丁林用柿油100毫升，沸雄黄5～8克调匀涂搽疱疹局部，第1天5～10次，次日减少次数，治疗216例，一般治疗4～7天，全部治愈。平均为5.9天。刘晓甦采用雄青酊(水飞雄黄10克，青黛10克，冰片8克)研细末，混合浸入75%乙醇175克备用，每日外涂3次。治疗50例，平均4.1天皮损恢复而痊愈。初燕生用龙胆泻肝汤加味，再用雄黄末50克，20%奴佛卡因30毫升，75%酒精混合搽患处，2小时1次，治疗57例，3天治愈者占21%，5天治愈者占79%。

此外许春生等嘱病人内服一贯煎，再配合JZZY-2型激光综合治疗机，用波长6328Å，输出功率15MW，功率密度1.38MW/cm，光距70厘米照患处，每处6分钟，每次总时间不少于30分钟，每日1次，治疗15例，全部治愈，治愈时间≤7天。

(夏涵 金华顺)

【扁平疣的治疗】

内服法 王光利自拟平疣汤(蒲公英、连翘、夏枯草、黄芩、紫草、赤芍、土牛膝、木贼草、白蒺藜、桑叶、生米仁)治疗扁平疣50例，结果痊愈27例，显效7例，有效10例，总有效率为88%。苏全胜用祛风清热解毒法，药用：防风、白蒺藜、蒲公英、紫草、甘草。治疗3例顽固性扁平疣均痊愈。

内服外治法 潘兵自拟祛疣汤(桂枝、荆芥、赤芍、白芍、丹皮、天花粉、夏枯草、玄参、稆豆衣、补骨脂)治疗扁平疣29例，内服后药渣水煎外擦。每晚1次，每次10～20分钟。2周后观察疗效，痊愈25例，显效有效各2例。随访20例痊愈者，停药半年复发2例，再服本方仍治愈。钱惟山采用扁平疣方(麻黄、杏仁、薏苡仁、甘草、三棱、莪术、石菖蒲、香附、牡蛎、木贼草、炮山甲)头二煎内服，三煎外洗。5日为一疗程，共治18例，全部获愈。曾祥云用内服方(板蓝根、薏苡仁，磁石、珍珠母、大青叶、紫草、皂角刺、白芥子、马齿苋、赤芍)，同时用外洗方(木贼草、败酱草、乌梅、五倍子、香附、枯矾、薏苡仁、露蜂房)水煎趁温热时用纱布浸药湿敷2～3分钟，然后按摩患处，直至皮肤发红发热为止，每日2～3次，经治疗本病32例，痊愈15例，显效10例，好转4例，总有效率为90.6%。杨利平运用解毒活血益气法治疗扁平疣23例。先用Ⅰ号方(当归、红花、青黛、紫草、板蓝根、大青叶、黄芪)，每日2剂。一剂水煎内服，每日3次，一剂水煎外洗湿敷，每日3次，每次20分钟，待皮损全部消退后改用Ⅱ号方(黄芪、当归、女贞子、大青叶、甘草)内服15～30天，结果痊愈18例，显效3例，有效2例。彭正全自拟消疣汤(薏苡仁、白茅根、板蓝根、槐花、柴胡、蜂房、菊花、桃仁、红花）水煎内服，日服3次，药渣加水再煎汁洗患处，每日3次，每次10分钟，治疗扁平疣25例，结果痊愈22例，好转2例，总有效率为96%。叶正明自拟活血平疣汤（当归、赤芍、桃仁、川芎、薄荷、白芷、生地、薏苡仁、板蓝根、大青叶、红花、甘草），配合外洗（透骨草、木贼、香附、薏苡仁、板蓝根、马齿苋），上药煎取药液1000毫升，趁温热擦洗患处，每次15～30分钟，以局部发热、发红为度。治疗35例，痊愈31例，无效1例。赵俊明用加减龙胆泻肝汤（龙胆草、黄芩、焦栀子、柴胡、车前子、泽泻、银花藤、当归、生甘草、赤芍、夏枯草、大青叶）每日口服后将剩余药渣再煎，熏洗患处15分钟，7天为一疗程，共治5个疗程。经治61例，痊愈45例，显效13例，总有效率为95%。裴宇浩以普济消毒饮化裁（板蓝根、生苡仁、柴胡、黄芩、连翘、桃仁、防风、陈皮、生川军、麻黄、甘草）内服加药渣再洗，治疗扁平疣185例，治愈181例，好转4例。陈德宇等用白芷细辛饮（白芷、细辛、苦参、苍术、夏枯草、蛇床子、露蜂房）治疗扁平疣17例，水煎温服或同时用药汁湿敷。另用5-氟脲嘧啶软膏治疗扁平疣10例，外搽每日2次，2组作对照。10天为1疗程。结果中药组、西药组中，痊愈分别为7例、5例；有效分别为5例、2例，无效分别为5例、3例，经统计学处理无显著差异。高慰自拟化湿解毒汤（土茯苓、紫草、大青叶、薏苡仁、苦参、白术、徐长卿、甘草、地肤子、昆布、海藻、代赭石、车前子）内服并取药渣煎洗。对照组26例，给服常规剂量吗啉双胍或溶菌酶片口服。两组均以10天为一疗程，共观察2个疗程。结果治疗组治愈25例，有效18例，总有效率89.6%；对照组治愈5例，有效6例，总有效率42.3%，经统计学处理，两组差异显著（$P<0.01$）。

外治法　施永茂报道，应用冰片、玄明粉、苦参、板蓝根、大青叶、鱼腥草、桃仁、红花治疗扁平疣。先将冰片、玄明粉各10克共研极细末备用，然后将其余药煎汤，取浓汁用毛巾或棉球蘸药擦于患处反复擦洗15～20分钟，再将备用之冰片、玄明粉用冷开水调成糊状，反复擦涂患处15～20分钟，每日1剂，分2次外用。5日为一疗程。经治117例中，一个疗程治愈69例，二个疗程治愈37例，三个疗程治愈11例。何国兴自拟去疣搽剂（板蓝根、马齿苋、紫草、木贼草、苦参、地肤子、蛇床子、苍术、薏仁、蜂房、白芷、北细辛）用纱布包好，加水煎至300～400毫升备用，用时加温，用药棉或纱布在病变处用力涂搽20～30分钟，使局部灼热及微痛为度，每日2～3次。治疗扁平疣120例，治愈89例，显效23例，总有效率达93.33%。徐延春等自制治疣灵擦剂治疗扁平疣、寻常疣及跖疣188例，其中扁平疣94例。擦剂为将生香附50 0克、黄药子250克粉碎成粗颗粒与龙葵250克、木贼500克、红花100克共置一容器内，加入60%乙醇400毫升，浸泡一周，过滤取上清液，每100毫升滤液加入二甲基亚砜30毫升，即成治疣灵。治疗时用棉签直接将治疣灵涂于皮损上，每日2次，2周为1个疗程，观察2～4个疗程，结果痊愈60例，显效18例，有效9例，总有效率92.6%。谢勇自拟洗疣汤（板蓝根、败酱草、生牡蛎、制香附、生苡仁、炙僵蚕、生狼毒）每日薰洗2～3次，每次15～20分钟，经治疗扁平疣34例，痊愈21例，显效8例，好转5例。谈增福自制"去疣擦剂"（香附、木贼草、板蓝根、红花、紫草、牡蛎、贯众、苡米各30克）加水1000毫升，煮沸半小时过滤，滤出液再用文火浓缩至260毫升，冷却后加二甲基亚砜40毫升即成，用棉球蘸药液反复揉擦患部，使皮损处发红为度，治疗30例，痊愈21例，好转6例，无效3例。

（夏　涵　张　明）

【手足癣的治疗】

手足癣，具有传染性，顽固而难根治。

临床上一般均以外治取效。

谢新剑报道中药浸泡方（枯矾、白矾、地骨皮、猪牙皂、侧柏叶、花椒、雄黄、米醋）治疗甲癣指323个。每次浸泡20～30分钟，浸泡后削除肥厚病甲，再以塑形指甲加胶布固定。每周2～3次。经治100例甲癣患者，治愈96例，好转3例，中断治疗1例。周德瑛等用醋泡方（当归、桃仁、红花、青木香）治疗角化型手足癣，将药泡入米醋，1周后，以其液浸泡患病手足20分钟，每日1次，每付中药可泡10天，20天为1疗程。一般治疗2～3个疗程。共治60例，病程在1～6年者29例，痊愈19例，有效10例；6～10年者12例，痊愈5例，有效7例；10年以上者19例，痊愈5例，有效14例。裘永良报道对手足癣用土槿皮、苦楝根皮、大枫子肉、蛇床子、乌梅、雄黄、威灵仙、羌活、百部、枯矾、苦参、黄柏等治疗126例。在初伏前5天用本方1剂加米醋浸泡于大砂锅内，封口，不必烧煮。5天后，每晚临睡前在液中浸泡20分钟，浸后稍用清水洗涤，至出伏时止。结果有效114例，无效12例。马建国报道自拟四子洗剂（大枫子、川楝子、蛇床子、地肤子、苦参、黄柏、土槿皮、白矾）浸泡患处。56例中，水疱型23例，糜烂型25例，鳞屑型8例。结果治愈47例，显效9例。曾庆发报道自拟足癣洗方（丁香、黄精、蛇床子、刺蒺藜）。临证加减：水疱型加皂矾、大黄；浸渍糜烂型加苍术、藿香、白藓皮；鳞屑角化型去丁香加白芨、五灵脂、葛根；有感染加黄柏。水煎浸洗，连用4～6天。共治54例，治愈42例，好转11例，无效1例。宋协德用二妙散加减，浸泡患处，治愈45例足癣。肖健等报道中药粉浸泡法治疗足癣及合并症（皲裂、龟裂、湿疹、继发局部淋巴系统感染等）。按上海华山医院编写的皮肤科手册足癣分型法分为三类：Ⅰ类20例，Ⅱ类137例，Ⅲ类81例。用葛根、白矾、千里光等量，烘干研末，密封包装，每袋40克。每晚取一袋加温水浸泡患处。7天为一疗程。共治238例，经3个疗程的治疗，Ⅰ、Ⅱ、Ⅲ类治愈、显效、好转、无效分别为16、2、0、2和122、12、3、0和56、12、12、1例。总有效率为98.74%。罗裕民用博落回30克，苦参、明矾各20克，黄柏10克，水煎浸泡足癣处。共治60例，显效45例，观察半年未发；好转10例，无效5例。王永彬取鸦蛋子仁15克(打碎)，生百部60克（切碎），60度白酒，食醋各500毫升。浸泡手足癣21例，痊愈19例，好转2例。尹国祖用水煎鲜蒲公英、鲜败酱草各500克，浸泡患处，治愈10例足癣。王广见等报道用新鲜榆钱100克浸泡于75%酒精500毫升，密封64小时后，用该药液外擦。共治80例手足癣和体癣，痊愈71例，好转9例。一年后随访68例，复发3例。

黄惠安等则采用搽擦法，据报道参阅《五十二病方》治疗瘙痒性皮肤病的药物研制成瘙疮散（藜芦、蜀椒、蛇床子、白附子、煅明矾、水银）撒布于患处，自行揉搓。共治93例，治愈88例，好转5例。王丁南采用涂敷法治疗脚癣，取五倍子15克（焙干），苦矾10克，冰片9克，三药混合碾碎。用时取香油，拌成糊状，涂于患处，用纱布包扎。每2～3天换药1次。共治153例，治愈149例。王丞满治疗顽癣，用自拟复方皂角散(皂角10克，斑蝥1克，白矾2克，加香油搅拌，外搽患处，治愈顽癣11例。史学茂用二黄熏方（雄黄、硫磺）合四石散（寒水石、滑石、煅石膏、炉甘石）外涂。共治20例足癣，一般五天即愈。

至于浸泡与搽敷合用者，如黄诗通报道用愈癣洗剂（大枫子、蝉蜕、川椒、苦参、白藓皮、蛇床子、地肤子、白矾、食醋）治疗手足甲癣500例。见水疱渗出糜烂型加土茯苓、黄柏、苍术、半边莲、儿茶；红斑脱屑型加生地、当归、赤芍、丹皮、白蒺藜；皲裂肥厚型加当归、杭芍、丹参、侧柏叶；

合并感染红肿热痛加金银花、连翘、赤芍、苏木、大黄。其中50例甲癣患者浸泡后祛除甲癣的灰化病甲，再根据各型搽敷药膏。水疱渗出糜烂型搽青黛膏或雄黄膏，红斑脱屑型搽雄黄膏或皮脂膏，皲裂肥厚型涂皮脂膏。结果治愈350例，基本治愈101例，有效49例。徐如恩报道自拟苍蛇肤百汤（苍耳子、蛇床子、地肤子、百部、大枫子、白矾、皂角）浸泡，配用紫归膏（紫草30克，当归15克）制成膏剂搽患处。共治10例手癣，治愈7例，显效3例。李国星用黄连10克，开水浸泡后用该药液搽患处，治疗23例足癣，除1例因感染无效，治愈22例。用药最短5天，最长为17天。

（娄国青）

【疥疮的治疗】

（一）内外合治法　刘汉兴报道治疗疥疮527例。内服方：荆芥、防风、当归、蝉蜕、苍术、百部各10克，生地、生石膏各15克，苦参、地肤子、枸杞子各12克，木通6克，知母8克，甘草3克。每日1剂。用艾叶、苦参、百部、苦楝皮各30克，花椒15克，硫黄20克，雄黄10克，明矾、蝉蜕各6克，水煎。先洗皮肤好发部位，再洗全身，早晚各1次，1剂可洗3～5天，每次换下衣物及被子均要消毒。结果1周治愈318例，10天治愈123例，15天治愈86例，平均为9天。徐守常等报道本病50例，起病2～30个月不等，皮损严重者38例，并发皮肤化脓性感染者20例。内服清热解毒丸（蟾酥、腰黄、牛黄、大黄、青黛、冰片），每次20粒，1日2次，连服5日。外用洗剂（雄黄、花椒、百部、大黄、黄柏、黄芩、苦参），每日2～3次，连用5天。间隔1个月后重复治疗1次。结果半年后复查均未复发。董杏初治疗本病用内服方（苦参、千里光、土茯苓、生地、生首乌、丹皮、苍术、乌梢蛇、蝉蜕等），外洗方（苦参、蛇床子、木槿皮等）1日1剂，内服每日2次，外洗每日1次。共治38例均愈。唐启富治疗本病，自拟内服方（地肤子、山甲珠、土茯苓、焦山栀、焦黄柏、赤芍、苦参、荆芥、萆薢、丹皮、金银花、甘草），水煎，每日1剂。外洗方（枯矾、海藻、百部、槟榔、菖蒲、雄黄），全身药洗，每日1剂。共治36例均愈。贺遵讽治疗本病150例，内服蝉蜕蜂房散（蝉蜕、露蜂房、僵蚕、姜黄、大黄、土茯苓），外搽药有水银、熟石膏、枯矾、硫黄等。经治1周全部痊愈。

（二）外治法　王道义等报道治疗本病，用黄藤合剂（黄藤根500克，号筒杆500克，黎辣根1000克）洗净捣烂，以75%酒精浸渍1周过滤外涂，每日3～5次，连续治疗5日。共治566例，治愈435例，显效122例，总有效率98.2%。瞿旭报道治疗本病采用中药熏洗法，药用野菊花、苦参、生甘草、苍耳子、百部、苍术、大枫子、花椒、荆芥、地肤子、鹤虱、黄柏，共煮沸，薰洗患部。每日1剂，每剂二煎，早晚各薰洗1次。一般用5～10剂。共治200例，痊愈125例，显效41例，进步23例，总有效率94.5%。韩金纯等用同样方药浸浴治疗本病40例，经3日治疗痊愈35例，6日治疗痊愈4例。还有吴学敬、曾庆发、马林采用洗剂，王福海、陈双斌、郭正杰、邓朝纲采用膏剂或酊剂外搽取效的报道。

（三）单方验方　陶子选治疗本病47例，用巴豆擦剂（巴豆仁30克，香油5克，酸醋10毫升），7次为1疗程，结果用药1疗程治愈者30例，2个疗程治愈者17例，经随访2个月，无1例复发。刘世成将吴茱萸凤干粉碎过筛，配合10～15%的泥膏备用。共治本病26例，用药1～7天，全部治愈。汤秉恭用巴豆30克，猪肉250克，加水炖至肉熟，除去巴豆，服汤和肉，共治愈100多例疥疮患者。

此外，疥疮炎性结节是伴随疥疮或继疥疮之后出现的硬性结节，多发生在男性阴茎包皮阴囊部，奇痒难治，发生率高，已成为疥疮后期治疗的棘手问题。张志明运用复方苦参洗剂（苦参、蛇床子、百部、千里光），煎汤去渣，趁热先熏后洗，每日1剂，早晚各1次，每次约30分钟。治疗50例，一般用药7～10剂结节消退。田锦文自拟清肝化瘀散结汤（夏枯草、茜草、黄芩、丹皮、川楝子、川牛膝、广地龙、䗪虫、柴胡、佩兰），水煎服，每日1剂。另外用10%芒硝液湿敷皮疹处，每次10分钟，每日2次。结果31例疥疮结节均获痊愈。汪黔蜀辨证治疗炎性结节2例，药用龙胆泻肝汤加减，均获痊愈。

（娄国菁）

【酒皶鼻的治疗】

酒皶鼻为常见的慢性皮肤病，因与鼻部皮肤毛囊虫寄生有关，故又名毛囊虫皮炎。

辨证分型　王凤岭报道本病50例，病程在3个月～15年之间，而1～2年占本组病例的50%。辨证分为：(1)肺胃积热型(红斑期)23例，治宜清泄肺胃积热，方用枇杷清肺饮加减。(2)热毒炽盛型（丘疹期）22例，治宜清热解毒，方用五味消毒饮加减。(3)血瘀凝结型（鼻赘期）5例，治以清热凉血活血化瘀，方用桃红四物汤加减。结果痊愈35例，显效9例，有效5例，总有效率98%。对治愈的病例1年后随访，复发者2例，继用本法又愈。

内服外治　奚福林报道以内吸外敷法（参见1987卷《中医年鉴》）治疗359例酒皶鼻。近年再次报道用同样的方法治疗3590例。外用药物：水银4克，苦杏仁、枫子仁、柏子仁各9克，木鳖仁6克，胡桃肉、当归各3克，樟脑2克，火麻仁8克。共研细末，用纱布包扎搽患处。每日2次。内服龙胆泻肝丸，每天2次，每次6克。服汤剂者，随证加减，疗效更好。结果痊愈718例，显效1185例，好转1328例，总有效率达90%。啜得兰等将60例酒皶鼻分成三期，一、二期应以养阴清热通腑为主，内服加味养阴汤（玄参、生地、石膏、桑白皮）。三期鼻赘期则内服加味四物汤（当归、生地、赤芍、黄芩、五灵脂、银花、栀子）。另取加味颠倒散（大黄、硫磺、黄柏各10克）加蒸馏水100毫升浸泡3～5天即可外敷。结果基本治愈18例，显效36例，有效5例，无效1例。晁锦英报道用自拟枇杷清肺饮加减（枇杷叶、桑白皮、黄芩、赤芍、当归、白芷、红花、甘草、川芎），当出现炎症时，加用银花、草河车。6天为1疗程，配合外用自制的毛囊虫糊剂。经治4～5个疗程后，痊愈7例，显效15例，好转5例，无效3例。熊金波用凉血四物汤（生地、赤芍、川芎、黄芩、桑叶、当归、丹参、陈皮、甘草）内服，颠倒散（大黄、硫黄）加南天仙外敷治愈5例属红斑期和丘疹期的患者。于国英报道用生大黄粉，每晨晚各吞服6克，并用4:1的开水、蜂蜜调和大黄粉敷鼻，经1个半月的治疗，治愈1例早期酒皶鼻。一年后随访，未见复发。

外治　谭升顺等报道50例，病程最短1个月，最长6年。在治疗前检查毛囊螨虫均为阳性。中药组30例用灭螨方（百部、苦参、蛇床子、土槿皮、黄柏、乌梅、野菊花、土茯苓各15克）加水1000毫升，煎水作冷湿敷，早晚各1次，每次15～20分钟。对照组20例用灭螨酊（灭滴灵、氯霉素各2克）95%乙醇40毫升，再加蒸馏水100毫升。每日涂搽2次。结果中药组和对照组痊愈8例和5例，基本治愈10例和6例，减轻5例和3例。两组相比无明显差异，但中药组比对照组见效快、副作用小。王凤岭报道酒皶丸（桃仁、杏仁各6克，大枫子肉3克，大麻子仁去皮10克，水银3克）共捣烂，搓成丸状。用纱布包扎的酒皶丸搽患处，每日搽3～5次，每次3～5分钟。1个月为一疗程。治疗50例，痊愈35例，显效9例，好转5例，无效1例。一般用药2～4个月。

雷实惠还报道用氦氖激光器直接照射酒皶鼻患处和穴位（四白、素髎、迎香、颧髎）。

10次为1疗程，每次选2～3穴，每日或隔日照射1次。直接照射患处时距离为30～50厘米，时间是10～15分钟；穴位照射距离为20～30厘米，时间7～10分钟。附有验案2例，均经2个疗程而获愈。

（娄国菁）

【银屑病的治疗】

一、寻常型银屑病

（一）辨证分型治疗　周鸣岐等对本病302例（病程最短2个月，最长45年）分两型治疗：风盛血热型用银屑汤Ⅰ号（防风、白藓皮、白茅根、生地、金银花、丹参）；风热血燥型用银屑汤Ⅱ号（当归、生地、熟地、威灵仙、鸡血藤、白蒺藜）。结果治愈177例，基本治愈39例，显效46例，有效30例，总有效率为96.69%。赵威甫分三型治疗本病206例：血热风燥用生地、赤芍、丹皮、拳参、银花、大青叶、牛蒡子、苦参、白藓皮、蝉蜕、防风；血虚风燥用生地、丹皮、赤芍、当归、元参、银花、拳参、大青叶、苦参、蝉蜕、白藓皮、防风；血瘀风燥用生地、丹皮、赤芍、当归、苦参、银花、拳参、大青叶、牛蒡子、丹参、红花、三棱、莪术、防风、蝉蜕。结果痊愈114例，好转65例，无效27例。张友仁等分三型治疗200例：风热型用牛蒡解肌汤加减；湿热型用麻杏苡甘汤加减；风寒血燥型用蛇蚣四物汤加减。结果基本痊愈95例，显效49例，有效43例，无效13例。石志超等用乌蛇搜风汤（乌梢蛇、金银花、生地、苦参、蝉蜕、槐花、丹皮、赤芍、生百部、生甘草、露蜂房、白藓皮）。治疗64例，治愈31例，显效17例，有效11例，无效5例。陈桂芝分四型治疗50例银屑病。血热型用白茅根、生地、生槐花、紫草、生地榆、茜草根、赤芍、丹参、鸡血藤、土茯苓；血燥型用当归、鸡血藤、赤白芍、天冬、麦冬、胡麻仁、丹参、白茅根；血瘀型用白茅根、三棱、莪术、桃仁、红花、生地、鸡血藤、白花蛇舌草；肾虚型用生地、山药、山萸肉、仙灵脾、菟丝子、女贞子、云茯苓、泽泻、丹皮。结果治愈46例，好转3例，无效1例。总有效率98%。

（二）中成药制剂　麻致中等用华蟾素注射液（淮北生化药厂生产）治疗98例，每日肌注2～4毫升，6周为1疗程。结果痊愈19例，基本痊愈26例，显效14例，有效17例，无效22例。王槐三等用50%熟地黄注射液（每支2毫升，内含熟地黄1克）治疗41例。每次2～4毫升，每日或隔日1次，肌肉注射。结果痊愈13例，显效14例，有效4例，无效10例。卢勇田用复方青黛丸治疗159例。服用陕西省榆林地区中药厂的复方青黛丸，每次6克，每日3次。结果治愈50例，好转79例，总有效率为86.8%。

（三）秘方、验方　张清华等用民间秘方去屑丸敷肚脐治疗52例银屑病。药物配制：马钱子35克，朱砂6克，核桃仁12个，水银35克。先用香油将马钱子炸鼓，轧成粉末，核桃仁放入铁锅内炒焦轧细，将上三味药拌匀，然后加入水银做成15个鸡蛋黄大小的药丸备用。用法：清洗肚脐，然后将药丸放入肚脐固定，24小时后更换新药丸，用过的药丸可外擦皮损处。结果痊愈28例，显效21例，总有效率94%。纪钧等自拟消银油（蜈蚣、乌梢蛇、乌梅、石榴皮、红花、三棱、莪术、木香、紫草、黄柏、银花藤制炼成油）治疗银屑病65例。每日在皮损处搽1～2次，并用手摩擦5～10分钟，使局部微微发热为宜，1月为1疗程。痊愈41例，好转18例，总有效率为90.8%。

二、红皮病型、全身性脓疱型等银屑病

朱思凯等应用中西医结合治疗红皮病型和全身性脓疱型银屑病8例。口服消银汤（白花蛇舌草、菝葜、丹参、磁石、赭石、煅牡蛎、白蒺藜、白芍、丹皮、紫草、决明子）；辅以赛庚啶2毫克，复合维生素2克，复合维生素B 2片，每日3次，脓疱型加服氨苯砜50毫克，每日2次。结果8例均痊愈。随访半年至3年，5例先后复发为寻常型银屑病，3例未复发。施守义等报道19例银屑病性关节炎，采用雷公藤煎剂16例(华山医院药房制备)，每次10～15毫升，日服3次。雷公藤多甙片3例（江苏泰州制药厂生产），每次10毫克，每日3次。结果治愈1例，显效8例，好转6例，无效4例。

（周　蓉　夏　涵）

【肛门瘙痒症的治疗】

肛门瘙痒症指肛门皮肤剧烈瘙痒为主症而肛周无原发皮损者，症情顽固难治，且易复发。除蛲虫病引起者外，多发生于30岁以上男性。钟传珍采用中西医结合治疗本病71例，辨证施治分成四型：湿热型内服三妙散或龙胆泻肝汤加赤芍，外用苦参汤坐浴，外搽双氧膏；风湿型内服消风饮加赤芍、茜草，外用苦参汤坐浴，外搽复方石碳酸软膏；血虚风燥型内服四物消风饮加莪术、丹参、赤芍，外搽碳酸油；脾虚型内服参苓白术散加丹参、红花、泽兰，外搽酚樟脑合剂。治疗效果：有效48例，好转19例，无效4例，总有效率95%。汤善国运用加味乌辛汤治疗50例，治愈率为95%，方剂组成：乌梢蛇15克，北细辛3克，白藓皮15克，地肤子15克，荆芥10克，苦参12克，黄柏10克，防风10克，车前子15克，怀牛膝10克，生甘草6克，明矾10克。头、二煎药液内服，三煎药液加明矾外洗，日2次。陈明置采用中药治疗蛲虫病肛门瘙痒症43例。内治方药：槟榔、雷丸、防风、炒苍术各15克，使君子、蝉蜕各10克，炒黄连5克，水煎服。外治方药：苦参、蛇床子、生黄柏各30克，百部20克，水煎熏洗，每次约15分钟，洗后外敷生肌纱布、四黄膏。绝大多数患者10日可愈。应文辉以三子洗剂治疗肛门瘙痒症376例，治愈率31.9%，总有效率97.3%，方药组成：五倍子、地肤子、蛇床子各15克，水煎后蒸气热熏2～3分钟后，坐浴15～20分钟，治疗期间，控制饮酒，禁忌辛辣刺激食品，严禁用热水烫洗、硷性肥皂洗涤，平时保持肛门干燥。包广勤煎药坐浴治疗肛门瘙痒症50例，显效44例，好转4例，无效2例，总有效率为96%。基本方：乌梅20克，土槿皮20克，乌蛇肉20克，珍珠母30克。血虚加生黄芪30克，当归20克，大白芍30克，蛇床子20克；风热湿毒偏甚者，加黄柏20克、苦参20克、白藓皮20克、生大黄15克。每次坐浴15分钟，1日2次。陈宗旭等报告以维生素B_{12}与非那根穴位注射治疗32例，痊愈25例，好转6例，无效1例，总有效率为98.67%。以维生素B_{12} 100毫克、非那根25毫克，在局部消毒下，长强穴进针，有痠麻感后注射药物，隔日1次。刘晓甦以华佗膏治疗84例，肛门温水洗净后，外搽华佗膏，每日2次，1周为1疗程。治愈80例，有效3例，无效1例。1个疗程治愈者66例，2个疗程治愈者12例，3个疗程治愈者2例。

（唐汉钧　汝丽娟）

【烧烫伤的治疗及研究】

1989年对烧烫伤的治疗，其剂型有所发展，疗效也有所提高。

（一）水煎剂　梁志廷以金樱根切片2000克，加水煎煮浓缩至1000毫升溶液，投入冰片10克，薄荷脑2克。然后以灭菌棉垫蘸药液湿敷患处，每日2～3次，每次4小时，共治烧烫伤152例，均获痊愈。詹勇采用烧伤灵（取大黄、虎杖各1800克，细辛360克，冰片180克，加水煎熬得5000毫升溶液)油纱布湿敷，共治烧伤80例，痊愈率达100%。石文杰等运用黄连煎剂(黄连30克，加水500毫升，煎至300毫升)，湿敷治疗烧伤26例，一般用药12～23天均痊愈。何太安自制灭庆大黄液（取生大黄100克，煎后去渣灭菌，加庆大霉素针剂40单位，灭滴灵粉按1%的比例加入上液备用)，治疗36例烫伤患者，治疗时间最长8天，最短4天，全部治愈。

（二）油剂　王长惠等采用油剂(全蝎45

只，蟾蜍 7～10 只，小麻油 1000 毫升，鲜蛋黄 500 克，煎后去渣装瓶备用）治疗大面积烧伤后期的残余创面 450 例，创面全部愈合。李德伟等用新鲜酸枣树复方制剂（鲜酸枣树根皮 1500 克，栀子、黄芩、黄柏、白芷、忍冬藤各 500 克，黄连 250 克，冰片 50 克，香油 750 克）可直接涂抹或用喉头喷雾器喷洒于清洁后的伤面上。每日 2 次，经 168 例患者使用，95%以上的病例不需任何其它止痛剂。雷万军对深度烧伤削痂后敷中药油膏纱布治疗的 12 例患者作了比较。12例中火焰烧伤 8 例，硫酸烧伤 2 例，开水烫伤 2 例。中药油膏纱布由大黄、黄连、地榆炭、赤石脂、炉甘石、蜂蜡各 155 克，冰片 20 克，麻油 2500 克组成。12 例患者小面积深度烧伤共 22 个部位，16个部位用中药油膏纱布，而另 6 个部位作为自身对照组。用凡士林油纱布敷贴。结果近期疗效：中药组 16 个部位中最佳 13 个部位，优 1 个部位，良 2 个部位；自身对照组 6 个部位，最佳 2 个部位，优 1 个部位，良 3 个部位。中药组比自身对照组在最佳部位的统计学上有显著的疗效($P<0.01$)。

（三）糊剂　黄跃东运用柠檬桉树脂糊剂（柠檬桉树脂粉 500 克，大黄粉 250 克，冰片 20 克，蒸馏水 1500 毫升，植物油 500 毫升搅拌成糊）治疗中、轻度烧伤 234 例，其治愈率达85.8%。荣金玉等以单味鲜侧柏叶 300～500 克，捣烂如泥，加75%酒精少许调成糊状，敷于烧伤部，外加无菌纱布覆盖，每日 3 次换药，共治Ⅰ°～Ⅱ°烧伤 61 例，一般 5 天左右告愈。

（四）粉剂　李鹏举等运用地榆散(生地榆、冰片、硼砂，以 3:2:1 的比例配伍。)治疗患儿烫伤 105 例，结果痊愈 104 例，占 99.04%。好转 1 例。

（五）汤剂　贾经汉等对94例小儿烧伤早期予益气养阴固脱，方选抗休克合剂(党参、麦冬、五味子、当归、生地黄、酸枣仁、黄芪、金银花）煎服，中后期予清热解毒、活血化瘀，方选银花解毒汤合活血化瘀汤煎服，配合西药对症处理，结果痊愈 68 例，显效 14 例，好转 9 例，疗效不明显 3 例。还有肖建勋采用中医药湿润疗法，本年内续有报道，除分期而治，辨证内服汤剂外，创面外用桉叶清创液、智奄烧伤灵等。参见本年鉴1989卷有关条目。

治疗烧烫伤的实验研究也有一定进展。朱志华等报道烧伤露（由虎杖、大黄、当归等 6 种中药组成）对实验动物Ⅱ°、Ⅲ°烫伤有显著疗效。烫伤后即用药可缓解动物因疼痛而引起的跳跃、颤抖等症状。连续用药可保持烫伤表面干燥，无感染，新生肉芽良好，愈后不留疤痕，且毛发生长正常。药理研究表明，烧伤露可改善烫伤局部血液循环，降低毛细血管通透性，减少渗出，减轻肿胀和炎症反应。本品对绿脓杆菌等还具有抗菌作用，从而达到保持创面清洁干燥、防止感染、促进愈合的效果。

（纪　钧　张友海）

【毒蛇咬伤危重症的辨证治疗】

近年来中医中药或中西医结合治疗毒蛇咬伤危重症，获得显著疗效。杨东镇用红卫蛇药与胰蛋白酶为主治疗毒蛇咬伤 314 例，其中 15 岁以下 50 例，50 岁以上 20 例，重型 94 例，危重型 28 例。治疗中无 1 例使用抗蛇毒血清。以口服红卫蛇药片为主，每次 6 片，每日 4 次，首次药量加倍，胰蛋白酶 6,000～10,000 单位用 0.25～0.5%普鲁卡因 20～40 毫升稀释，在伤口四周作环状浸润注射。同时每日以三叉剑（鹅掌金星草)、石菖蒲、车前草、野菊花煎汤将伤肢先熏洗后浸浴。每日 2～4 次，每次 15 分钟。对危重型患者则采用中西医联合抢救，包括氢化考的松 300～500 毫克或地塞米松 15～30 毫克加入 5 %葡萄糖等渗液或生理盐水注射液中静滴，每日 1 次，可用 1～3 天。如出现呼吸肌及肠麻痹症状，可加用新斯的明。对伤口溃烂者，应用大剂量广谱抗生素，创面用中药马齿苋、千里光、大青叶、穿心莲煎汤洗涤后，外敷止痛消炎药膏。整个治疗中无不良反应。治疗结果无1例死亡或致残，全部治愈。平均治愈时间，轻型3.16天，重型7.85天，危型14.86天。陈远辉应用活血化瘀的蛇伤祛瘀解毒汤（大黄、白芷、五灵脂、赤芍、当归、红花、青木香、柴胡、天花粉、丹参、蒲公英、甘草），重者每日服2剂，另用1剂加食盐50克煎开后熏洗患部。共治29例，均愈，平均治愈时间5.8天。此外刘丽芳、谭爱群也分别报道以中草药治疗蝮蛇和蝰蛇咬伤。刘氏应用半边莲汤（半边莲、青木香、菊花、白芷、银花、制半夏、赤芍、大黄、甘草）治疗31例患者，谭氏则用小叶金钱草、东风菜、通城虎、红背丝绸、石柑子水煎，每日1剂。合梧州蛇药片（酒）联合治疗5例患者，均愈，亦无后遗症。

陈庚生报道中草药为主治疗蛇伤引起的DIC14例（重型4例，危型10例）。以内服三黄木香解毒汤（黄连、黄芩、黄柏、丹皮、青木香、广木香、白芷、天花粉、板蓝根）加减。对危重患者同时给予补液输血给氧等综合措施。经上述治疗，24小时内可控制出血，一般3～5天出血全部停止。结果14例全部治愈。

对于危重型的毒蛇咬伤则需采取中西医结合治疗。叶日乔、荀建宁、李登瑜等分别报道1例，2例和25例。他们根据蛇伤后中毒的临床表现，按中医辨证分为风毒与火毒两型：（1）风毒型是神经毒所致，以通关散或蛇伤急救散吹入鼻腔内，以打喷嚏为准，每日4次。蛇伤急救酊滴入舌下1～2滴，即服蛇伤解毒片。同时服麻黄汤合三黄汤加减。西药用50%葡萄糖液内加地塞米松20～40毫克及654-2 10毫克静注。同时应用抗炎药、呼吸兴奋剂。必要时给氧吸入，喉中痰多时需吸痰或再加糜蛋白酶喷喉，甚至作气管切开术。局部伤口外敷复方黄芩纱布药液或蛇伤急救散。（2）火毒型是血循环蛇毒所致。内服蛇伤解毒片及三黄承气汤合犀角地黄汤加减，西药用地塞米松静注、低分子右旋糖酐及5%碳酸氢钠静滴。若血压偏低明显可用升压药，必要时少量输血。局部伤口扩创排毒，若伤口凝血闭塞，行拔火罐吸毒，反复冲洗伤口，然后用复方黄芩纱布外敷。伤口出血不止时，外用云南白药。患肢肿痛用蛇伤急救散调冷开水或茶水外涂。结果均治愈。

毒蛇咬伤后创口溃疡久不愈合的治疗。吴成善应用验方（五灵脂、白芷、雄黄共研细末），以酒调敷创口，每日1次。同时内服药粉（五灵脂、白芷、雄黄、青木香、贝母）。治疗2例毒蛇咬伤后创口长期不愈，治后分别于5天、7天均告痊愈。黄坤成等治疗五步蛇咬伤后创口溃烂，共65例。其可分三度：Ⅰ度26例、Ⅱ度15例、Ⅲ度24例。治法分：（1）全身治疗：① 抗五步蛇蛇毒血清4000～6000单位加于0.9%氯化钠注射液30毫升静注或静滴一次。② 祁门蛇药注射液30毫升静注，每天2～3次。连用5天。祁门蛇药片每次5片，一日4次，连服7天。③ 应用抗生素抗感染。（2）局部治疗：伤口周围肿胀部位清洗消毒后用1%普鲁卡因10毫升加3%双氧水5ml混合后由深至浅浸润注射。随后用中药祛瘀散（金果榄、白芷、黄柏、川芎、黄药子等）水调外敷。65例均治愈（其中截指2例，患肢功能障碍2例）。

（孙世道）

【乳腺炎及乳汁分泌异常的治疗】

乳腺炎常因乳汁分泌不畅引起。余世荃等单用负压吸乳器间断吸乳，患者自行搓揉乳房，从根部推向乳头，边吸边推，待感染的乳汁全部排出乳管通畅时，炎症也随之消散。经治34例，负压吸乳1～4次获愈者28例，5次以上者6例。陈辉用加减仙方活命饮（生大黄、蒲公英、银花、当归尾、天花粉各12克，陈皮、甘草、乳香、没药、炮山甲各6克，赤芍、白芷、防风、大贝各9克，皂角刺30克）治疗急性乳腺炎，服药后10

分钟再温服鹿角酒（鹿角20克，糯米酒50克），经治35例均获痊愈。陈俊义用皮肤针弹刺骶椎部、颈后部、乳房痛区。1～2次治愈者83例，3～4次治愈者49例，5次治愈者2例，134例全部治愈。林更焰在背部肩胛间区，上平颈7棘突水平线，下至两肩胛角连线，外齐两肩胛骨内侧缘，脊柱棘突两侧区域皮肤的毛囊孔均可作针刺点。每次选2～3点，强刺激1～2分钟，每日1次，100例病人中96例均2～3次获愈。王桂英用梅花针点刺患部后，再在局部拔火罐，15分钟后取下。30例中治愈15例，显效12例，无效2例。孙立兰等用69-8型电疗机，将电板用温水纱布包好置于患乳肿块两侧，电流由小渐大，将电极在包块左右上下移动，让乳汁尽量排出，促使肿块软化。每次30分钟，1日1次。60例全部治愈。对于乳腺脓肿形成者，李友谊则采用导管冲洗法，在脓肿上切开小口，用弯头钳探查脓腔大小并分离脓腔隔膜不留死角，插入导管，在100毫升双氧水或200毫升生理盐水中加入板蓝根注射液30毫升，反复冲洗，最后排净洗液，保留导管。脓腔中再注入庆大霉素8万单位，氟美松5毫克，糜蛋白酶5毫克，灭滴灵0.2克，消毒包扎。每日冲洗一次，脓腔大者可2次。一般3日后拔管。结果治疗组69例平均13天痊愈；对照组（按传统切开引流法）27例，平均44天治愈。至于切开后创口溢乳不愈，周乃兹分别辨证治疗，气血两虚型内服托毒通乳汤（黄芪、当归、白术、银花、党参、王不留行、山甲珠、甘草），热毒炽盛型用解毒通乳汤（蒲公英、银花、白芷、天花粉、当归、赤芍、山甲珠、王不留行）。局部创口用中药捻子（红升丹50克，轻粉5克，血竭10克共研极细末，粘于药线之上备用）与橡皮条交替引流。溢乳为主放捻子，流脓为主放皮条，至流脓溢乳均停止只渗出少量黄色液体时，改敷三黄紫草油纱布（大黄60克，黄芩、黄柏各30克，紫草100克）。70例全部创口愈合。

若乳汁分泌过多或回乳，李明等用番泻叶4克每日冲服，连服3～7日即可。经治56例均愈。如乳少，张友陇采用辨证治疗，以黑芝麻、路路通、王不留行、炮甲珠、通草等药为基本方，气血虚弱加黄芪、太子参、黄精、当归、大枣；肝郁气滞加柴胡、青皮、白芍、漏芦、天花粉；血脉壅滞加当归、桃仁、木通、川芎、炮姜；痰食壅滞去黑芝麻，加生山楂、全瓜蒌、枳壳、半夏、陈皮、砂仁、漏芦。经治56例，治愈41例，有效12例，无效3例，总有效率为94.6%。疗程最短3天，最长20天。

（李道坊）

【胆道感染、胆石病的治疗】

（一）辨证施治　吴金源认为胆石病应属"胁痛"门中的"痰瘀胁痛"范畴，但又不尽相同。引起胁痛的原因很多，而胆石病的致病原因是"水、气、火"郁滞少阳，致升降失司，胆失和通。提出石为痰体，化痰即溶石。治疗分四型：（1）痰火相分型，治拟疏肝泻火，逐痰降气，取加味凉膈散方；（2）痰结少阳型，治拟疏肝泄热，逐瘀化痰，方取大柴胡汤合六合煎加减；（3）水结少阳型，治拟疏肝清胆，泄热逐水，破结通腑，方取大柴胡汤、茵陈蒿汤、大陷胸汤加减；（4）饮留少阳型，治拟疏肝理气，逐饮化痰，方取大柴胡汤合蠲饮、万灵汤加减。宋永明等辨证治疗300例胆石病，肝胆气郁型42例应用柴胡疏肝散加减，湿热内蕴型178例用大柴胡汤加减，脾虚肝郁型51例用逍遥散加减，肝阴不足型29例用一贯煎加减。结果治愈75例占25%，显效120例占40%，有效93例占31%，无效12例占4%。官纯寿等报道辨证治疗56例胆瘅病，其中胆热犯胃型24例，应用温胆汤合蒿芩清胆汤；气滞血瘀型18例，应用四逆散合温胆汤；脾胃虚弱型14例，应用六君子合温胆汤。结果治愈13例，显效28例，有效12例，总有效率为94.6%。

晏友君报道自拟利胆汤（醋炒白芍、炙甘草、藕节、白矾）治疗124例胆道感染，肝胆气滞型合金铃子散加川楝子、制玄胡，治疗53例，治愈3例，好转50例；湿热阻遏型加藿香、茵陈、石菖蒲、黄芩、连翘、虎杖，治疗41例，治愈17例，好转24例；脓毒蕴结型合黄连解毒汤加蒲公英、败酱草、猪苓、郁金、生大黄(后下)、芒硝(冲服)，茵陈、虎杖，治疗20例，治愈12例，好转8例；肝胆气虚型加焦三仙各20克，薄荷叶15克(后下)，治疗10例，治愈4例，好转6例。薛博瑜等应用清利通下法治疗98例急性胆道感染。随机分为中医组68例与西药组30例。中医组应用清利通下法治疗，基本方(柴胡、黄芩、白芍、大黄、郁金、制半夏、木香、茵陈、全瓜蒌、紫花地丁、草河车)，水煎，每日1剂，分早晚服用，治疗结果中医组治愈44例，好转21例，无效3例；西药组治愈16例，好转9例，无效5例，两组疗效有显著差异（$P<0.05$)。朱培庭提出胆石病的中医辨证论治可依据结石的静止期与发作期分别进行。胆石病静止期可分为气郁型与肝阴不足型。对274例慢性胆道感染胆石症的辨证发现肝胆气郁型占44.16%，肝阴不足型占55.47%。分别应用疏肝利胆健脾和胃的胆宁汤，药用茵陈、虎杖、生大黄(后下)、青皮、陈皮、郁金，与养肝柔肝，疏肝利胆的养肝宁胆汤，药用生地、首乌、杞子、茵陈、虎杖、生大黄、生山楂、鸡金研粉另吞、麦芽、玫瑰花、佛手、绿萼梅，治疗后取得86.82%与84.13%的有效率。还应用豚鼠胆色素结石模型对胆宁汤与养肝宁胆汤进行防石作用及成石胆汁影响的观察，结果证实可明显降低豚鼠肝脏、胆汁β-葡萄糖醛酸酶与游离胆红素的百分比，逆转成石趋势，使实验动物的成石率由85%、90%下降至16%、14%，具有明显的防石作用。胆石病发作期的病理变化除“不通则痛”外，还有一个邪从热从燥化的特征。一般可划分为蕴热、湿热、热毒三个不同阶段。对蕴热期治宜疏肝清热，通下利胆，方用大柴胡汤合金铃子散。湿热期治宜清热利胆，化湿通下，方取茵陈蒿汤合大柴胡汤。热毒期治宜泻火解毒，养阴利胆，方选茵陈蒿汤合黄连解毒汤。

（二）验方运用　张锡珊等报道应用大柴胡汤加减方，药用柴胡、黄芩、半夏、白芍、枳壳、金钱草、大黄(后下)、芒硝(冲服)、甘草，治疗200例胆石病，总有效率87%，无效率13%。余小萍报道张羹梅老中医治疗胆石病经验方“利胆汤”（金钱草、枳壳、赤芍、白芍、板蓝根、平地木、生大黄、郁金、生甘草)，硝矾片15片分3次吞服。临床有效率可达90%。张氏除予药物治疗外，又非常注意病人的饮食及情志的调节。若不注意饮食，一面服药利胆消石，一面又加重胆固醇代谢紊乱，沉积成石，则治疗效果亦差。徐松珍等报道应用生大黄治疗胆石病37例，治疗方法先服金胆片抗炎治疗，每日3次，每次8片，一般服用5天待症状缓解或消失后进行排石治疗。第1次用生大黄煎液500毫升(含大黄生药20克）1次服下，第2次服生大黄煎液300毫升（含大黄生药10克），服5天后进行复查。37例中病程最短3月，最长15年。泥沙样结石29例，其中结石大小<0.5厘米；混合结石8例，最大为1.5厘米，其中结石合并胆道蛔虫2例，活虫体1例，胆总管下端结石2例。治疗结果，痊愈21例，有效12例，无效4例。有效者占89.2%。吕秀仙等报道应用胆乐胶囊治疗340例胆石病，每日服3次，每次4粒。对照组15例，口服消炎利胆片，每日3次，每次6粒。以3个月作1个疗程，结果胆乐组痊愈34例、显效195例，好转90例，无效21例。对照组痊愈1例，显效0，好转11例，无效3例。胆乐胶囊由十八缺、猪胆汁、郁金、山楂组成。胡家石等以前瞻性分组治疗对照的方法观察了纤维内窥镜鼻胆管引流(ERBD)—清解灵治疗组与手术引流组对急性重症胆

管炎的临床疗效。ERBD—清解灵组 20 例，手术引流组 18 例。观察结果提示治疗前患者均有胆道高压，胆汁与血中内毒素含量极高，纤维结合素、C_3水平远低于正常值，C反应蛋白水平则高于正常值 4 倍。经 ERBD—清解灵治疗后以上指标均发生显著变化，并迅速恢复正常水平，该组患者无并发症和死亡。急症胆道手术引流组以上指标恢复甚慢，有 50%的患者发生心、肺、泌尿系统并发症，其中 1 例死亡。

（朱培庭　陆亚非）

【血栓闭塞性脉管炎的治疗】

（一）辨证分型　王占忠等对血栓闭塞性脉管炎 45 例，应用活血效灵丹（桃仁、红花、当归、丹参、乳香、没药）为基本方分型论治。阴寒型加肉桂、干姜、鹿角胶、仙灵脾、菟丝子、杜仲；阴虚内热型加玄参、丹皮、白芍、生地、地骨皮、丝瓜络；湿热型加栀子、通草、防己、茯苓、土茯苓、米仁；热毒盛型加蒲公英、地丁草、银花、连翘、玄参、大黄；痰浊型加乌药、姜黄、白芥子、陈皮、茯苓、胆南星；气血虚弱型加党参、黄芪、茯苓、白术、山药、熟地。共治 45 例，治愈 8 例，显效 14 例，好转 17 例，总有效率 87%。郭邦阳辨证分型治疗 32 例，寒湿型用阳和汤加味，血瘀型用血府逐瘀汤加减，热毒型用四妙勇安汤、顾步汤加减。同时应用丹参及低分子右旋糖酐注射液静脉滴注。结果总有效率为 91%。李恩等自拟脉得康（丹参、当归、桃仁、红花、鸡血藤、牛膝、银花、石斛、焦白术、党参、甘草）治疗本病 30 例。结果治愈 28 例、显效 2 例。张冠良报道张连仁老中医治疗本病属虚寒型的经验，采用自拟脉管炎Ⅰ、Ⅱ号和温阳定痛丸治疗。每日 1 剂，服 30 天后停药 7 至 10 天，继续隔日服 1 剂。Ⅱ号（蜈蚣、白花蛇）每天服药量内含蜈蚣 6 至 10 条。早晚各服 1 次。温阳定痛丸（红参、鹿茸、白芷、蜈蚣、白花蛇），研末蜜丸，每天早晚各服 10 克。Ⅰ号（红参、白花蛇、蜈蚣、当归、牛膝、桂枝、白芥子、茯苓、秦艽、独活、威灵仙、制南星、米仁），每次 10 克，每日 2 次，空心服。经治 35 例，其中Ⅰ期 14 例，痊愈 6 例，显效 5 例，进步 3 例；Ⅱ期 4 例，痊愈 2 例，显效 1 例，进步 1 例；Ⅲ期一级 15 例：痊愈 6 例，显效 8 例，进步 1 例；Ⅲ期二级无效 2 例。

（二）验方和成药　黄冠群用温阳化痰祛瘀法治 10 例，药用附子、桂枝、黄芪、当归、赤芍、丹参、桃仁、红花、牛膝、川芎、地龙、乳香、没药、昆布、海藻。阳虚重者附子可用到 15 克以上，需先煎 2 小时。气虚甚者加党参 15 克，同时吞服六虫散（全蝎、蜈蚣、地龙、山甲、虻虫、地鳖虫）每次 3 克，每日服 3 次。经治 2 个月，治愈 9 例，显效 1 例。孙旗立治疗本病 81 例，应用通闭汤或片（黄芪、党参、肉桂、当归、川芎、丹参、制乳香、制没药、鸡血藤、玄参、银花、甘草），1 个月为 1 疗程，2 个疗程后停药一周。对Ⅱ、Ⅲ期患处破溃者加用氦氖激光治疗。用汤剂治疗的 25 例中，治愈 20例，好转 3 例，无效 2 例；用片剂治疗的 56 例中，治愈 42 例，好转 8 例，无效 6 例。郭国臻等用复方通脉灵（丹参、当归、莪术、银花、毛冬青及西药妥拉苏林）动脉注射，每次 1 至 2 支，每日治疗 1 次，治疗 10 次后，休息 3 天，30 次为一疗程。Ⅱ期患者合当归活血汤加减内服，炎症阶段则用四妙勇安汤加减，继发感染则用茵陈赤小豆汤加减，修复阶段用顾步汤加减，日久溃口不收则用八珍汤和人参养荣汤加减。Ⅲ期患者采用综合治疗，疮面按症情变化选用壁虎膏、金黄膏、红灵酒、四黄液等。2个月为 1 个疗程，共治 91 例，治愈 44 例，显效 32 例，进步 12 例，无效 3 例，总有效率96.6%。张述刚等用血管Ⅲ号冲剂（当归、川芎、牛膝、赤芍、桃仁、红花、玄胡索、丹皮、银花、连翘、桂枝、蜈蚣）治疗本病，每日 3 次。疮面溃疡外敷全蝎膏。2个月为1个疗程，治疗1至2个疗程仅1例截肢，有效率97.8%。Ⅰ期显效率92.3%，Ⅱ期显效率94.1%，Ⅲ期显效率81.3%。

（三）中西医结合治疗　潘金友治疗本病107例，中药用桃红四物汤加减（黄芪、丹参、当归、川芎、赤芍、桃仁、红花、牛膝、猪苓、茯苓、生甘草），每日1剂，连服3个月。重症剧痛者选用中药麻醉Ⅱ号（东莨菪碱）3毫克，氯丙嗪25毫克静脉滴注或慢推注射，每天或隔天1次，10次为1个疗程。短期内急性发作可选用尿激酶，链激酶静滴，并加用地塞米松2.5至5毫克。近期显效76例，有效21例，无效10例，有效率90.66%。尚德俊治疗本病应用丹参注射液静滴，维生素B_1注射液穴位注射，同时进行中医分型治疗：(1)血瘀型用活血通脉饮2号（丹参、当归、川芎、赤芍、牛膝、鸡血藤）；(2)阴寒型用阳和汤加味；(3)湿热下注型用四妙勇安汤加味；(4)热毒炽盛型用四妙活血汤，见有重症感染及术后应加用抗生素；(5)气血二亏型用顾步汤加减。共治387例，治愈172例，显著好转168例，进步44例，无效1例，死亡2例，有效率99.22%。张茵州等报道用自拟行气通栓汤（丹参、当归、赤芍、川芎、川朴、木香、桂枝）内服，加普鲁卡因静脉滴注治疗18例，1个月为1个疗程，经2个疗程治愈4例、3个疗程治愈8例，4个疗程治愈5例，5个疗程显效即终止治疗1例。

（夏　涵　邹钟熹）

【血栓性静脉炎的治疗】

（一）辨证施治　郑彬彬报道运用辨证分型治疗方法共收治血栓性静脉炎317例。湿热型188例，治以清热利湿、活血通络，方选神妙汤（银花、蒲公英各30克，苍术、黄柏、泽泻、生地、鸡血藤各10克）加味，全部获临床治愈。瘀阻型88例，治以化瘀通络，利湿消肿，方选桃红四物汤合茵陈赤豆汤加减，临床治愈65例，好转21例，无效2例。气虚型41例，治以益气健脾，燥湿通络，方选补中益气汤加味，临床治愈20例，好转12例，无效9例。本组317例中有308例为下肢发病，其中左下肢为153例，占41.96%，且主要发生在大隐静脉。临床治疗当以清热利湿、化瘀通脉为主。经验方神妙汤即据此治则而设，对临床各型均可加减施治，效果较为理想。

（二）古方今用　孙旗立用真武汤加味（制附子10克，茯苓、白术、白芍、生姜各15克，当归、丹参、川芎、鸡血藤各30克），水煎服，每日一剂。治疗下肢血栓性静脉炎20例，痊愈14例，显效3例，好转3例。服药最少者6剂，最多者30剂。认为此病多源于寒凝血瘀，瘀血阻塞脉络，血液回流不畅，聚湿于下，而为肿胀。后期产生的湿热症乃为湿瘀日久所生，如脉络通畅则湿热自去，故选用真武汤加活血剂温阳利水、化瘀而求其本，临床用之，果见其效。杨景山治疗一左侧胸壁血栓性浅静脉炎患者，根据"疏其血气、令其条达，而至和平"的活血化瘀论点，选用血府逐瘀汤加丹参、土鳖虫加强化瘀通络，使气血运行通畅，诸症告瘥。唐文涛等也用血府逐瘀汤加减(生地20克，红花、郁金、大黄、续断各12克，赤芍、当归、川芎、元胡、枳壳、淮牛膝、栀子、防己、丹参各15克，黄芪18克，甘草10克)治疗1例患高血压多年，近半年来患右下肢静脉炎者，当下肢静脉炎痊愈时，高血压病亦明显好转。董秀华用桃核承气汤加减（桃仁15克，酒军15克，桂枝10克，芒硝15克，丹皮15克，地龙20克，炙甘草10克)治愈1例双下肢表浅静脉炎。李东治血栓性浅静脉炎采用四妙勇安汤中银花、当归与《伤寒论》治疗下焦蓄血证之桃核承气汤，配合拟名银归桃承汤（银花30克，当归15克，桃仁12克，大黄10克，桂枝，芒硝，炙甘草各6克），治疗血栓性浅静脉炎78例。66例痊愈，

11例好转，1例无效。张凤琴报道一例胸腹壁浅静脉血栓闭塞性静脉炎的患者。治宜疏肝理气，活血化瘀，佐以清热，方用金铃子散加味（元胡15克、川楝子12克，白芍15克，当归12克，红花10克，二花20克，公英20克，柴胡9克，生地20克，玄参15克，三棱10克，甘草3克）2周余痊愈。

（三）外治法　张和平报道大黄葱蜜膏由生大黄60克（压成粉），鲜葱白50克，蜂蜜100克组成。先将鲜葱白用水洗净切碎，放在碗内捣成泥状，后加进生大黄粉60克，蜂蜜100克，调匀即成。用法：患处皮肤用75%酒精消毒后，将药膏敷上较厚一层，然后用纱布包扎，1日换药2次，6次为1疗程。第1疗程后，可间隔2天再行第2疗程。治疗血栓性浅静脉炎56例，痊愈51例，有效14例，无效1例。总有效率为98.21%。1次治愈者22例，2～3次治愈者16例，3次以上治愈者38例。张尽晖报道用红花、桃仁、乳香、没药、栀子各30克，将上述5味中药碾成碎末备用，敷前根据部位而定，一般取药10～15克，用开水浸泡30分钟，调匀后将药涂在纱布上，药温与皮肤相宜，敷于患处后用胶布固定，每日1～2次，每次60分钟，治疗36例患者，一般1～3次基本治愈。

（陈荣荣）

【注射引起感染和硬块的治疗】

临床上静脉注射引起的静脉炎和肌肉注射引起的感染与硬块，不仅给病人造成痛苦，也给进一步治疗带来不便。

（一）注射引起静脉炎的治疗　杨莹报道因静脉注射和肌肉注射引起的静脉炎和软组织炎，对外敷消炎散（由红花、桃仁、大黄、姜黄、栀子焙干研粉），根据炎症部位的大小，取粉和水调至糊状，再加少量二甲基亚砜调匀）。结果静脉炎11例，显效10例、有效1例；软组织炎13例，显效4例，有效8例；合计总有效率95.8%（23/24）。张清和报道69例患者均系由四环素、红霉素、氨苄青霉素、氯化钾注射液等刺激性药物，经多次静脉注射后，引起的局部静脉炎69例（发生在上肢静脉者55例，下肢静脉者12例，额部静脉2例）。用红花、甘草各半研粉，再用50%酒精调匀后敷于患处，外用纱布包扎，每日换药1次，干后可在纱布外倒入少量酒精加湿。一般在1～3次后收效。结果显效43例，有效26例。蒋宁等报道用散结止痛散（丹参、细辛各等分，研为细末）醋调外敷注射后引起的静脉炎50例。每日1次，3次为一疗程，结果痊愈40例，显效5例，有效5例。阎树文等报道用散结膏（七叶一枝花、川芎、樟脑、冰片、菊叶三七、松香、辣子草、雄黄共研细末，白酒调匀）治疗该症12例，经1～3次治疗均愈。孙颖将等量大黄及芒硝研成细末，用陈醋调成糊状外敷患处，治疗静脉炎4例，其中外敷1次痊愈者1例；2次痊愈者2例；2次以上痊愈者2例；2次以上痊愈者1例。杜青坡用云南白药适量，加酒调匀摊于纱布上外敷患部，每日1次，至局部痛消变软为止，一般10天即可痊愈。还有曾溪连介绍了用水调散（大黄、黄柏各250克，天花粉500克），水调外敷防治本症的经验。

（二）注射引起硬结的治疗　王展报道用黑药膏（五倍子180克，蜈蚣2条均研末，陈米醋250毫升，蜂蜜50克）治疗臀部感染性与非感染性硬结。每次外涂2～3毫米厚。共治117例，一般5～10天即可消退，无过敏及其它不良反应。侯桂芳等报道用散结膏（川芎、三棱、川乌、威灵仙、冰片、黄丹、植物油）热敷由肌肉注射后引起的硬结。3天更换1次，3次为1疗程。共治100例有硬结103处，结果总有效率为99%。阎树文等也有用散结膏治愈64例肌肉硬结的报道。崔岩自拟三棱散（三棱、莪术、芒硝各100克）研成粉，用食醋和蜂蜜各半调敷于硬结处。每1～2天换药1次。在观察过程中发现，凡新出现的硬结均可在7天内痊愈；陈旧性的硬结也可在7天内有好转，疼痛减轻或消退。熊和民报道用中药大黄150克，芒硝300克，黄柏60克，蒲公英100克煎成800毫升药液，湿热敷患处，治疗25例肌注硬结。每日1剂，日敷3次，每次20分钟，6次为1疗程。结果经治一个疗程硬结消失者14例，2个疗程消失者9例，仅2例陈旧性硬结未完全消退。蒋宁等用散结止痛散也治疗了臀部软组织深在性硬结50例，结果治愈30例，显效10例，好转5例，无效5例。潘淑敏等报道大蓟糊剂外敷治愈500例肌注硬结患者，无1例失败。徐志清采用局部外敷捣烂鲜蒲公英加50%酒精治疗112例，治愈106例。平均敷四次即可痊愈。何秘婵将新鲜土豆洗净凉干切片，厚1厘米，片大于硬结块。每晚临睡前贴于患处，用条状胶布十字交叉型固定，使土豆片保持原贴位置。共治54例，均经3天外敷而愈。张贵印等报道采用冰片1克加75%酒精100毫升配成"冰片酒精溶液"，加温后外擦局部，每日4～5次。治疗50例，硬结平均3～5天消散，总有效率100%。孙颖还报道用等量大黄及芒硝研成细末，用陈醋调成糊状外敷肌肉注射青、链霉素后引起局部硬结者50例。其中外敷1次痊愈者10例，2次痊愈者35例，2次以上痊愈者4例。1例因过敏停用。

（三）注射引起感染的治疗　贾佑缠报道内服中药（忍冬藤、连翘、皂刺、当归、赤芍、水蛭、羌活、生甘草）配合外敷金黄膏治疗肌注感染48例。结果服药3剂治愈者24例，4剂治愈者21例，5剂治愈者1例，无效2例。王心好介绍采用《医宗金鉴》托里透脓散加减治疗肌注后并发严重感染迁延8月的验案，曾予大量抗生素治疗无效。症见气血俱亏，无以托里排脓，养血生肌。因重用人（党）参、黄芪、白术、当归等以大补气血。先服6剂，疮口脓血大减，继服6剂，症状好转，疮口有鲜红肉芽生出，再服20剂，疮口愈合，全身症状消失。

秦国进等报道采用切开敷药法治疗臀部注射感染引起窦道478例。其中病程在3个月至1年者342例，1年至2年者102例，3年以上者34例；窦道内腔较大者186例；窦道深达尾骶部者94例，达臀下股内侧者78例，向两侧走行者67例，向外上方者19例，外下方者34例；有反复溃破史者299例；自行溃破或切开排脓一直不愈合者179例。治疗应沿窦道充分切开，切除窦道内腐烂组织，创口较深者外敷热长散（红升丹、章丹、轻粉、血竭、煅石膏各等份为末）。用40%热长散加60%凡士林调匀而做成纱条，创口较浅者直接撒热长散。待腐肉脱尽，肉芽新鲜时改用温生散（制乳香、制没药、儿茶各等份为末），纱条制法同上，较浅直撒温生散。肉芽基本长平时用凉收散(珍珠30克，轻粉1.5克，朱砂3克，青黛1.5克均研细末）。炎症明显时，可服用消热解毒中药。结果创口愈合476例，占99.6%，2例创口接近愈合中断治疗占0.4%。治疗时间最短9天，最长42天，平均18天。

（娄国菁）

参考文献

A

安新志等　骨通灵膏治疗硬化性骨髓炎327例临床观察　山西中医　(1):19, 1989

B

包广勤　煎药坐浴治疗肛门瘙痒症50例　上海中医药杂志　(5):17 1989

包俊华等　人工直肠脱垂实验研究　中国肛肠病杂志　(3):3, 1989

C

蔡万清等　款冬花外敷治疗慢性骨髓炎51例　新中医　(11):38, 1989

蔡衍珂　中西医结合治疗慢性骨髓炎30例　山东中

医杂志 (3):34, 1989

晁锦芙 中药治疗酒皶鼻30例 中西医结合杂志 (7):439, 1989

陈德宇等 白芷细辛饮治疗扁平疣 四川中医 (8):39, 1988

陈庚生 中草药为主治疗14例蛇伤DIC的报告 江西中医药 (6):33, 1988

陈桂芝 中药治疗银屑病50例近期疗效 新疆中医药 (1):18, 1989

陈巩荪等 如何提高耳穴压丸治疗胆石症的效果 中医杂志 (10):47, 1989

陈家轴等 固脱灵治疗小儿直肠脱垂的研究 中国肛肠病杂志 (3):5, 1989

陈俊义 皮肤针疗法治疗急性乳腺炎134例 新疆中医药 (2):45, 1988

陈明置 中药治疗蛲虫病肛门瘙痒症 中国肛肠病杂志 (2):41, 1989

陈少军 加减仙方活命饮合鹿角酒治疗急性乳腺炎35例 湖北中医杂志 (5):8, 1989

陈文寿 中西医结合治疗颈淋巴结核的体会 陕西中医学院学报 (3):19, 1989

陈远辉 活血化瘀法治疗毒蛇咬伤29例临床观察 中西医结合杂志 (10):639, 1988

陈政斌 自制"疥疮膏"治疗疥疮50例 湖南中医杂志 (4):33, 1986

陈宗旭等 维生素B_{12}与非那根穴位注射治疗肛门瘙痒症 中国肛肠病杂志 (2):41, 1989

陈祖林 耳压法治疗胆道疾病的临床观察 中医临床与保健 (3):5, 1989

陈作友 鱼二黄软膏治疗带状疱疹100例 陕西中医 (10):450, 1989

程 筠 高位肛瘘内口位置瘘管走行和外口分布之规律 中国肛肠病杂志 (1):13, 1989

初燕生 龙胆泻肝汤加黄沸醇混合液外敷治疗带状疱疹57例 中西医结合杂志 (8):499, 1989

啜得兰等 加味颠倒散治疗酒皶鼻60例 陕西中医 (7):316, 1989

崔 岩 三棱散治疗肌注后硬结 中华护理杂志 (7):409, 1989

D

戴惠玲 外治带状疱疹108例 陕西中医 (8):351, 1989

邓朝纲 灭疥酊治疗疥疮 四川中医 (7):42, 1989

董国庆 慢性化脓性骨髓炎140例治疗体会 中国医药学报 (1):43, 1989

董杏初 中药内服外用治疗疥疮38例 中西医结合杂志 (11):693, 1988

董秀华 桃核承气汤治愈双下肢表浅静脉炎一例 吉林中医药 (6):25, 1989

杜青坡 云南白药治疗输液后静脉炎 中医杂志 (12):14, 1987

F

方致和 神功内托散治疗重症脑疽、发背85例 江苏中医 (7):9, 1989

G

高 慰 自拟化湿解毒汤治疗48例扁平疣疗效观察 上海中医药杂志 (8):20, 1989

官纯寿等 辨证治疗胆瘅病56例临床观察 湖北中医杂志 (3):17, 1989

管遵惠 针灸对乳汁分泌的影响 中西医结合杂志 (7):441, 1988

郭国臻等 复方通脉灵动脉注射配服中药治疗Ⅱ期血栓 闭塞性脉管炎91例临床观察 河北中医 (6):1, 1989

郭邦阳 血栓闭塞性脉管炎治疗总结 贵阳中医学院学报 (3):33, 1989

郭仁旭 中医药治疗瘰疬107例 吉林中医药 (5):28 1989

郭正杰 疥疮外用膏介绍 四川中医 (9):49, 1989

H

韩金纯等 中药浸浴外敷治疗疥疮40例 辽宁中医杂志 (5):22, 1989

何国兴 去疣搽剂治疗扁平疣120例 陕西中医 (7):300, 1989

何秘婵 土豆片外敷治愈肌注引起局部硬结症54例 陕西中医 (12):559, 1988

何太安 灭庆大黄液治疗烫伤36例 中西医结合杂志 (9):565, 1989

贺遵讽 蝉蜕蜂房散治疗疥疮150例 湖南中医杂志 (6):32, 1986

侯 勇 拔罐法治疗有头疽30例 安徽中医学院学报 (2):18, 1989

侯桂芳等 散结膏治疗肌肉注射后硬结100例观察 中西医结合杂志 (9):526, 1988

胡家石 ERBD—清解灵治疗急性重症胆管炎 中西医结合杂志 (3):144, 1989

黄惠安等 瘙疮散治疗足癣93例疗效观察 湖南中医学院学报 (1):38, 1989

黄冠群 益气温阳、祛痰化瘀法治疗血栓闭塞性脉管炎10例 内蒙古中医药 (3):1, 1989

黄坤成等 五步蛇咬伤致伤口伤肢溃烂65例的治疗 中西医结合杂志 (5):290, 1988

黄诗通 愈癣洗剂治疗手足甲癣500例 陕西中医 (7):306, 1988

黄跃东 柠檬桉树脂糊剂治疗中、轻度烧伤234例 福建中医药 (5):23, 1989

J

纪 钧等 消银油治疗银屑病65例 辽宁中医杂志 (5):27, 1989

贾经汉等 中西医结合治疗小儿烧伤94例 广西中医药 (1):12, 1989

贾素英 中药内外治疗顽固性溃疡 四川中医 (4):38, 1989

贾佑缠 中医治疗肌注感染48例 中医杂志 (5):63, 1987

蒋 宁等 散结止痛散外敷治疗臀部软组织深在性硬结和静脉炎100例疗效观察 陕西中医函授 (1):4, 1989

L

雷实惠 激光照射治疗酒皶鼻二例 安徽中医学院学报 (1):47, 1987

雷万军 深度烧伤削痂后敷中药油膏纱布治疗观察 中西医结合杂志 (7):427, 1989

李德伟等 复方鲜酸枣根皮制剂治疗烧伤 河南中医 (3):25, 1989

李登瑜等 中西医结合治疗蛇伤危重症25例 福建中医药 (3):4, 1989

李国星 黄连浸泡液治疗脚湿气23例 湖北中医杂志 (2):56, 1988

李素卿等 辨证治疗手足口病176例观察 中医杂志 (6):63, 1989

李鹏举等 地榆散外用治疗烫伤105例临床总结 河北中医 (6):16, 1989

李友谊 导管冲洗引流法治疗乳腺脓肿69例 中西医结合杂志 (1):42, 1989

李 恩等 脉德康治疗血栓闭塞性脉管炎30例临床观察 河北中医 (3):7, 1989

李 东 银归桃承汤治疗血栓性浅静脉炎78例 陕西中医 (7):297, 1989

李 明 番泻叶回乳 四川中医 (12):28, 1989

梁志廷 金樱根治疗烧烫伤 浙江中医杂志 (4):188, 1989

林更焰 针刺治疗急性乳腺炎100例 陕西中医 (8):368, 1989

刘爱华等 内痔发病机制的研究——括约功能下降学说 中国肛肠病杂志 (1):3, 1989

刘汉兴 中药内服外用治疗疥疮527例 陕西中医 (7):314, 1989

刘海生等 辨证治疗慢性化脓性骨髓炎32例 陕西中医 (3):108, 1989

刘光达 军虎搽剂治疗带状疱疹45例 安徽中医学院学报 (4):22, 1988

刘丽芳 半边莲汤加减治疗蝮蛇咬伤31例 湖南中医学院学报 (2):97, 1989

刘晓蜓 雄青酊外涂治疗带状疱疹50例 江西中医药 (6):34, 1989

刘晓蜓 华佗膏治疗肛门瘙痒症 中国肛肠病杂志 (4):26, 1989

刘世成 吴茱萸泥膏治疗疥疮26例 四川中医 (5):46, 1987

刘 旸 二白散治疗深度溃疡期褥疮 辽宁中医杂志 (3):33, 1989

卢勇田 复方青黛丸治疗寻常型银屑病159例 中西医结合杂志 (9):558, 1989

陆 洁等 陆孝夫用猫爪草治疗瘰疬的特色 浙江中医杂志 (4):152, 1989

吕秀仙等 胆乐胶囊临床应用和实验观察 上海中医药杂志 (12):26, 1988

罗裕民 博落回为主煎洗治疗足癣60例 浙江中医杂志 (4):162, 1988

M

麻致中等 华蟾素治疗银屑病的临床和实验观察 中华皮肤科杂志 (4):236, 1989

马建国 四子洗剂治疗手足癣 四川中医 (7):42, 1989

马理奇等 中医治疗淋巴腺结核218例临床研究 黑龙江中医药 (4):14, 1989

马禄均 重症脑疽发背40例证治分析——论三陷变局 浙江中医药杂志 (2):84, 1982

马 林等 灭疥洗剂治疗疥疮65例 中医药学报

(4):54, 1989
孟宪德等　外用光明草油膏治疗缠腰火丹100例　湖北中医杂志　(5):47, 1989

N

倪毓生　去腐生新法用治颈淋巴结核26例的临床分析　江苏中医　(11):10, 1989
倪毓生等　去腐生新膏治疗慢性溃疡　新中医　(6):27, 1986

P

潘金友等　血栓闭塞性脉管炎107例临床观察　中西医结合杂志　(1):665, 1988
潘淑敏等　大蓟糊剂外敷治疗肌注硬结　实用医学杂志　(2):40, 1985
潘　兵　自拟祛疣汤治疗扁平疣29例疗效观察　四川中医　(10):43, 1989
裴廷辅等　挑刺治疗淋巴结核2000例的临床研究　中国针灸　(5):1, 1989
裴宇浩　普济消毒饮化裁治疗扁平疣185例　四川中医　(1):39, 1988
彭正全　消疣汤治疗扁平疣　四川中医　(8):35, 1988

Q

钱焕祥　蹄冰散治疗下肢溃疡久不收口　中成药　(7):47, 1989
　穿山甲外敷治溃疡久不收口　山东中医杂志　(4):51, 1989
钱惟山　扁平疣方　江苏中医　(8):4, 1989
秦国进　切开敷药为主治疗臀部注射感染引起窦道478例　辽宁中医杂志　(11):23, 1989
秦立荣　佛甲烫伤膏治疗243例烫烧伤分析　中医临床与保健　(3):14, 1989
裘永良　手足癣　广西中医药　(1):47, 1988
瞿　旭　中药薰洗法治疗疥疮200例　中成药研究　(2):44, 1987
曲学英等　中医药治疗颈淋巴结核131例报告　江苏中医　(2):12, 1989

R

荣金玉等　鲜侧柏叶膏外敷治疗烧伤61例　中西医结合杂志　(10):630, 1989

S

沙坤岗　锌皮压迫外伤性溃疡有效　新中医　(9):6, 1989
尚德俊　中西医结合治疗血栓闭塞性脉管炎387例　山东医药　(5):10, 1989
盛德甫等　阿胶外用治疗疮疡　浙江中医杂志　(1):16, 1989
施守义等　雷公藤制剂治疗19例银屑病性关节炎的疗效观察　临床皮肤科杂志　(6):294, 1988
施永茂　中药治疗117例扁平疣　河南中医　(1):14, 1989
石文杰　黄连煎剂治疗烧伤26例　河北中医　(5):28, 1989
石志超等　乌蛇搜风汤治疗银屑病64例　中西医结合杂志　(5):305, 1989
史学茂　二黄熏方合四石散治疗脚湿气　四川中医　(7):48, 1988
宋协德　二妙散加减治足癣感染　山东中医杂志　(4):50, 1080
宋永明等　辨证治疗胆石症300例　辽宁中医杂志　(4):18, 1989
苏全胜　扁平疣治验　四川中医　(6):44, 1988
苏玉新　庆大霉素骨泥珠链与中药骨炎膏治疗创伤性骨髓炎20例　辽宁中医杂志　(6):32, 1989
隋宝俭等　活血化瘀综合治疗静脉曲张综合征　中华皮肤科杂志　(3):182, 1989
孙立兰等　电兴奋治疗乳腺炎60例报告　山东中医杂志　(6):25, 1988
孙旗立　真武汤加味治疗血栓性静脉炎　四川中医　(3):32, 1989
孙旗立等　通闭片(汤)治疗血栓闭塞性脉管炎56(25)例疗效观察　中医药学报　(3):29, 1989
孙　颖　大黄、芒硝治疗肌注后硬结及静脉炎　中华护理杂志　(6):250, 1981

T

谈增福　“去疣擦剂”治疗扁平疣　江苏中医　(1):18, 1989
谭升顺等　中药天螨方治疗酒渣样皮炎的疗效观察　中医杂志　(8):42, 1989
谭爱群　中药治疗蝰蛇咬伤5例　广西中医药　(5):27, 1988
汤秉恭　治疥疮验方　四川中医　(4):11, 1987
汤善国　加味乌辛汤治疗肛门瘙痒症　中国肛肠病杂志　(4):29, 1989
汤一鹏等　益气法在疮疡中的运用　中医临床与保健　(1):22, 1989
唐汉钧　重症有头疽129例临床疗效观察　中医杂

志 (5):45, 1983

唐汉钧等 疽毒内陷证治探析 上海中医药杂志 (9):4, 1987

唐启富 36例疥疮疗效小结 云南中医杂志 (5):26, 1988

唐文涛 血府逐瘀汤加减治愈静脉炎、高血压病 四川中医 (7):36, 1989

唐泽银 血藤粉治疗有头疽65例 广西中医药 (1):15, 1989

陶子选 巴豆擦剂治疗疥疮47例 广西中医药 (6):24, 1987

田锦文 中药治疗疥疮结节31例 中医杂志 (6):40, 1987

佟书贤 针刺治疗缺乳症414例 中国针灸 (4):9, 1988

W

汪黔蜀 辨证治疗疥疮炎性结节二例 云南中医杂志 (6):46, 1988

王槐三等 熟地黄治疗银屑病的临床及实验研究 临床皮肤科杂志 (1):42, 1989

王长惠等 生肌油治疗450例大面积烧伤后期残余创面的疗效观察 中医杂志 (5):29, 1989

王丞满 自拟复方皂角散治疗顽癣11例 河北中医 (5):13, 1989

王道义等 黄藤合剂治疗疥疮566例 广西中医药 (2):30, 1985

王丁南 中药治疗脚癣153例 陕西中医 (10):464, 1989

王恒照 王不留行散加味治创口不合 四川中医 (10):40, 1989

王发强等 黄石散治疗颈、腋部破溃型淋巴结结核2440例 中西医结合杂志 (11):691, 1989

王发书等 雄黄散治疗带状疱疹39例 湖南中医杂志 (4):27, 1989

王凤岭 酒渣丸治疗酒渣鼻50例 河南中医 (4):35, 1988

中药治疗酒皶鼻50例 辽宁中医杂志 (12):19, 1987

王福海 复方芫荑膏外搽治疗疥疮62例 陕西中医 (9):419, 1987

王光利 平疣汤治疗扁平疣50例观察 浙江中医学院学报 (3):14, 1989

王广见等 榆钱治疗癣疮80例 陕西中医 (10):465, 1989

王桂英 梅花针点刺拔火罐治疗急性乳腺炎30例 内蒙古中医药 (1):26, 1989

王尚兰等 用活血化瘀法治疗系统性硬皮病 中华皮肤科杂志 (6):411, 1989

王新喜等 贝猫合剂治疗颈淋巴结核 河南中医 (4):39, 1989

王心好 托里透脓散治愈肌注后并发严重感染 四川中医 (8):44, 1989

王永彬 鸦蛋子百部浸剂治疗手足癣21例 中医药信息 (6):35, 1988

王占忠等 血栓闭塞性脉管炎45例辨病辨证论治 中医药学报 (1):33, 1989

王忠发 褥疮膏疗效观察80例 中西医结合杂志 (1):49, 1987

王仲英 狼疮丸治疗SLE的临床与实验研究 中西医结合杂志 (8):465, 1989

王 辰 黑药膏治疗注射后臀部硬结 陕西中医 (10):461, 1987

韦守源 凤凰膏治愈深度褥疮20例 广西中医药 (3):22, 1989

吴成善 治毒蛇咬伤后创口长期不愈验方 湖南中医学院学报 (3):55, 1988

吴金源 胆石病的辨证施治 天津中医 (2):6, 1989

吴佳起等 推按运经仪治疗胆囊结石410例临床研究 中西医结合杂志 (3):141, 1989

吴学敬 自拟方治疗疥疮125例 河南中医 (5):38, 1988

X

奚福林 中药治疗酒糟鼻3590例 湖北中医杂志 (2):25, 1987

肖建勋等 中医药湿润疗法治疗烧伤1000例临床报告 北京中医 (1):30, 1989

肖 健等 中药粉浸泡法治疗足癣及合并症238例 江西中医药 (5):40, 1988

谢升春等 中医药为主治疗慢性骨髓炎112例 广西中医药 (6):1, 1989

谢新剑 中药浸泡、削甲整形术治甲癣 新中医 (6):5, 1989

谢 勇 洗疣汤外洗治疗扁平疣34例 广西中医药 (2):46, 1989

熊和民 中药湿热敷治疗肌注硬结 乡村医学

(2):31, 1986

熊金波　内外合治酒皶鼻5例　四川中医　(5):44, 1987

徐如恩　苍蛇肤百汤配紫归膏治疗手癣　四川中医　(7):43, 1989

徐守常等　消热解毒丸加中药洗剂治疥疮50例　浙江中医杂志　(3):118, 1989

徐延春等　治疣灵擦剂治疗扁平疣、寻常疣及跖疣188例　中西医结合杂志　(1):44, 1989

徐志清　蒲公英外敷治疗注射引起的硬结　护士进修杂志　(9):11, 1987

徐子鹏等　肛裂术式的选择和比较　中国肛肠病杂志　(3):12, 1989

许春生等　中药加氦氖激光治疗带状疱疹的疗效观察　中西医结合杂志　(10):629, 1989

薛博瑜等　清利通下法治疗急性胆道感染68例　南京中医学院学报　(2):12, 1989

荀建宁　中西医结合抢救危重型银环蛇咬伤2例报告　广西中医药　(4):1, 1989

Y

阎翠兰　掐挤法治疗急性乳腺炎65例　中西医结合杂志　(11):692, 1989

阎树文等　散结膏治疗静脉炎和肌肉硬结76例　北京中医　(4):54, 1989

晏友君　自拟利胆汤治疗胆道感染124例　贵阳中医学院学报　(1):27, 1989

杨丁林　雄黄油治疗带状疱疹216例　中西医结合杂志　(10):629, 1989

杨东镇　红卫蛇药与胰蛋白酶为主治疗毒蛇咬伤314例　中西医结合杂志　(5):300, 1988

杨景山　中药治疗血栓性浅静脉炎一例　广西中医药　(4):26, 1989

杨利平　解毒活血益气法治疗扁平疣23例　国医论坛　(2):25, 1989

杨书邦等　治疗有头疽62例疗效总结　福建中医药　(6):28, 1988

杨文水　中医药治疗慢性化脓性骨髓炎8352例报告　中医临床与保健　(2):2, 1989

杨文水等　祛腐托里生肌法治疗骨髓炎6200例临床观察　新中医　(1):25, 1989

杨　莹　消炎散治疗静脉炎及软组织炎症的临床观察　中华护理杂志　(2):94, 1988

叶日乔　中西结合救治危重型五步蛇咬伤1例　广西中医药　(5):41, 1988

叶正明　活血平疣汤治疗扁平疣　山东中医杂志　(6):49, 1988

尹国祖　蒲公英败酱草治疗足癣　中医杂志　(8):63, 1989

于国荣　生大黄粉内服外敷治疗早期酒糟鼻　浙江中医杂志　(3):111, 1989

于　澎等　针刺对乳少症患者脑垂体泌乳素的影响　中国针灸　(6):29, 1989

余小萍　张羹梅论治胆石症　上海中医药杂志　(5):201, 1989

余世荃等　负压吸乳器治疗乳痈34例疗效观察　湖北中医杂志　(3):27, 1988

袁兆庄等　复方秦艽片加少量激素治疗红斑狼疮的疗效观察　中西医结合杂志　(3):156, 1989

应文辉　三子洗剂治疗肛门瘙痒症　中国肛肠病杂志　(1):40, 1986

Z

曾庆发　自拟洗疥方治疗疥疮68例　广西中医药　(4):3, 1987

足癣洗方治疗足癣54例　广西中医药　(3):27, 1988

曾溪连　水调散治疗静脉炎　护士进修杂志　(2):34, 1988

曾祥云　中药内服外洗治疗扁平疣32例　陕西中医　(6):257, 1989

詹　勇　烧伤灵治疗烧伤80例观察　中西医结合杂志　(7):437, 1989

张晨曦　姜糊外敷治疗创面长期不愈及化脓性感染37例　中医杂志　(2):41, 1989

张凤琴　中药治疗血栓闭塞性静脉炎1例　河南中医　(3):27, 1989

张和平　大黄葱蜜膏治疗血栓性浅静脉炎56例　辽宁中医杂志　(7):29, 1989

张冠良　张连仁治疗虚寒型脉管炎的经验　上海中医药杂志　(1):12, 1989

张贵印等　冰片酒精溶液消散肌注硬结50例报道　河北中医学院学报　(1):17, 1985

张尽晖　中药湿敷治疗静脉炎　吉林中医药　(4):30, 1989

张述刚等　血管Ⅲ号治疗血栓闭塞性脉管炎临床观察　黑龙江中医药　(2):16, 1989

张锡珊等　大柴胡汤加减治疗胆石症200例疗效观

察　贵阳中医学院学报　(2):24，1989

张茵州等　中西医结合治疗血栓闭塞性脉管炎18例　辽宁中医杂志　(3):27，1989

张清和　红花甘草散外敷治疗注射引起静脉炎69例　浙江中医杂志　(6):277，1988

张清华等　去屑丸敷脐治疗银屑病52例　山东中医杂志　(1):21，1989

张友陇　辨证治疗缺乳症56例　陕西中医　(8):349，1989

张友仁等　中医治疗银屑病200例临床观察　山西中医　(4):21，1989

张志礼等　472例系统性红斑狼疮临床分析及治疗观察　中医杂志　(9):35，1989

张志明　复方苦参洗药治疗疥疮结节　浙江中医杂志　(10):470，1988

赵本贞　仙方活命饮加减治疗有头疽43例　河南中医　(5):31，1988

赵继英等　补骨脂酊治疗寻常疣　中华皮肤科杂志　(2):116，1989

赵金虎　特效蛇丹膏治带状疱疹　江苏中医　(8):33，1989

赵俊明　龙胆泻肝汤加减治疗扁平疣　四川中医　(9):38，1989

赵俊明等　加减龙胆泻肝汤治疗扁平疣61例　成都中医学院学报　(3):30，1989

赵少军　自拟外敷药治瘰疬　河南中医　(3):31，1989

赵威甫　中医辨证治疗银屑病206例临床观察　中医杂志　(3):31，1989

赵威甫　中医辨证治疗银屑病206例临床观察　中医杂志　(3):31，1989

郑彬彬　辨证分型治疗血栓性静脉炎317例　江苏中医　(2):13，1989

钟传珍　中西医结合治疗71例肛门搔痒症　云南中医杂志　(3):23，1986

周德瑛等　醋泡方治疗角化型手足癣60例　云南中医杂志　(3):34，1989

周凤翔　砒石熏蒸疗法治疗淋巴结核10例　内蒙古中医药　(3):23，1989

周功祥　清喉散喷剂治疗慢性皮肤溃疡6例　中西医结合杂志　(3):177，1989

周鸣岐等　辨证分型治疗银屑病302例　中医杂志　(5):42，1989

周乃滋　中药治疗乳房创口溢乳70例　中医杂志　(1):41，1989

周荣来等　外用拔毒生肌膏治疗感染性创面1100例报告　中医杂志　(7):22，1989

朱培庭　胆道感染、胆石病的防治　上海中医药杂志　(4):28，1989

朱思凯等　中西医结合治疗严重型银屑病8例报告　中西医结合杂志　(3):180，1989

朱志华等　烧伤露对烫伤疗效的研究　中成药　(2):24，1989

(7)　伤　　科

【概述】

1989年中医骨伤科文献中，治疗各类骨折、脱位、软组织损伤等疾病的临床报道仍占主要篇幅，说明立足于临床，致力提高临床疗效，仍是中医骨伤科工作者研究的重点。祝乾清等治疗肱骨髁上骨折300例，主要采用闭合复位加小夹板固定的方法，结果随访闭合复位的患者68例，效果优良者占75%，并具有病人痛苦少，恢复快，后遗症少等优点。吕志刚等采用中医辨证施治的理论作为治疗原则，内服"接骨胶"胶丸，局部小夹板外固定，治疗骨折不愈合35例。结果：经过平均70天的治疗，全部达到骨性愈合或临床骨性愈合。韦以宗等研制成"颈病灵"胶囊治疗颈椎病，平均治疗6～9周，结果：97例患者中，总有效率达87.62%。任志凯等采用"肩痹汤"水煎局部熏洗治疗肩周炎，结果：513例患者中，总有效率为92.98%。洪明飞等采用在骶骨裂孔处注入普鲁卡因和确炎舒松再行手法的方法治疗腰椎间盘突出症211例，结果近期显效率为83.4%；并观察到病程在6个月以内者疗效最好。

中医伤科古代医籍和文献资料的研究也有报道。如栾玉新等重新评价了《伤科补要》

在骨伤科学上的贡献；张文安则从《血证论》中的治法、治则来探讨其对中医骨伤科立法遣方的影响；陈延武归纳整理了《诸病源候论》中的伤科诊治特色与精华；周启俊等对《保婴撮要》进行了研究，认为该书对小儿损伤的辨证、治疗自成体系，丰富了小儿骨伤科学的理论和治则；曾琼清等研究整理了《正体类要》，认为该书是骨伤科按八纲论治的代表著作，对危重创伤抢救及开放创伤论治亦有独到见解；李经纬从纵向对中医防治腰背痛进行了归纳和阐述。

在原有的基础上，实验研究又有了新的动态和进展。如沈霖等对"一盘珠汤"治疗闭合性软组织损伤的研究；刘志诚的按摩对肢体损伤家兔血中皮质醇的调整作用；王绪辉开展的桂枝为主治疗肢体痹痛的临床与实验研究；周重建等的益气化瘀剂在骨折愈合过程中的生化和病理观察；朱显华等的魏氏消瘀膏治疗软组织挫伤的实验研究等，均取得了更进一步的成果。

积极应用新技术研制新产品也是1989年中医伤科领域中的一大特点。朱钢等研制了"中医骨伤科学计算机辅助教学和诊疗系统"，王菊芬等研制了"SW—Ⅰ型"平衡牵引固定器，用以治疗不稳定性胫、腓骨骨折130例，取得了满意的疗效。栾玉新等应用"小腿骨折复位固定器"治疗胫腓骨骨折110例，取得了成功。姜延洲根据小夹板治疗骨折固定力学原理设计的骨折复位外固定器，临床应用治疗各种关节和骨端骨折50例，随访疗效满意。

（施　杞　朱　钢）

【中医中药治疗骨折迟延愈合和不愈合】

毛天东等用壮骨补肾佐以益气健脾的中药制成蜜丸内服，治疗骨折迟延愈合和不愈合42例。方药组成：川断、骨碎补、杜仲、鹿茸、自然铜、䗪虫、党参、白术、茯苓、山药、三七、黄芪、杞子。治疗8个月后，38例获愈合，4例失败；愈合率达90%。沈钦荣则在采用补肾治疗骨折延迟愈合效果不理想后改用健脾法来治疗本病，收到了满意的效果。方药是：茯苓、白术、当归、黄芪、川断、骨碎补、自然铜、丹参、补骨脂、山楂、新会皮。服药时配合功能锻炼。采用本法治疗31例患者，均在骨折9周后经X线证实属于骨折迟延愈合时服药。结果：达到临床愈合标准的时间为5周者1例，7～8周9例，9～10周18例，11～12周2例，15周1例。吕志刚等研制了"接骨灵"胶丸治疗骨折不愈合35例。方药组成为：鹿茸、黄芪、丹参、煅自然铜、炙甘草等12味药物。经过平均70天的治疗，35例患者均达到了骨性愈合。

（朱　钢）

【外固定器械治疗骨折的研究和应用】

王菊芬等研制了SW—Ⅰ型平衡牵引固定器，用以治疗不稳定性胫、腓骨骨干骨折130例。经X摄片证实有粉碎型骨折26例，斜型55例，螺旋型49例；胫骨骨干上⅓骨折27例，中⅓骨折38例，下⅓骨折65例；新鲜骨折109例，陈旧性骨折21例。结果：130例中，解剖对位或接近解剖对位115例，功能对位15例。临床愈合时间最短26天，最长78天，平均46.3天。功能恢复满意者127例，占98%，未发现骨不连接及迟缓愈合。王氏等认为，用该牵引固定器配合夹板使用，以代替传统的牵引具有下述明显优点：(1) 运用了力学原理，使骨折复位后保持了内、外平衡，防止患肢旋转及肌肉回缩造成的骨折再移位。(2) 能使患者在骨折后的7～10天就可下床活动，从而有利于骨折的修复愈合。赵广富等研制了一种可调式多功能的骨折复位外固定器，其结构简单，组装快，固定后下床功能锻炼早，适用于小腿胫腓骨开放性，粉碎性或闭合性骨折，或陈旧性迟延愈合的病人，也可适用于膝内翻矫形术后的患者；经临床实践，收到了良好的效果。栾玉新等应用小腿骨折复位固定器治疗胫腓骨骨折110例，认为该复位固定器保证了骨折后的功能锻炼，配合外用洗剂，可促进骨折愈合和功能恢复。

（朱　钢）

【肱骨骨折】

（一）肱骨干骨折　刘斌等用“悬垂位固定法”治疗120余例肱骨干骨折，其中31例随访2年后，骨折愈合，对位对线好，肘肩关节活动恢复正常的有19例；骨折愈合，肘关节屈曲活动较正常相差15°以内的有12例；无一例发生成角畸形或骨不连接。其治法：骨折整复后用小夹板固定，肘关节呈自然下垂伸直状态，借助于前臂自身的重力起到牵引作用，固定后即行握拳、提肩活动，4～5天肢体肿胀消退以后加做伸屈肘、肩关节的活动，8周后解除外固定，进行中药熏洗。

（二）肱骨颈骨折　谢升春治疗12例肱骨颈骨折并肩关节前脱位的患者，其中9例获得复位成功，功能恢复满意。其复位手法：（1）无牵引复位法：患者坐位或仰卧，伤肢置于侧方或轻度外展，一助手握住前臂下段，不加牵引，术者于腋下向外上后方推压肱骨头使之还纳关节盂内；（2）外展复位法：患者仰卧，助手握伤肢腕部顺势牵引，使上臂外展外旋，外展达90度至180度，使骨折远端抵住脱位的肱骨头骨折面，当感到两骨折端接触稳定后，使上肢内收，同时术者两手从腋部向外上后方推动肱骨头，即可将骨折脱位一起复位。复位后，用小夹板超肩关节固定或加用外展架固定。

（三）肱骨小头骨折　张培祥用摇摆撞击法整复肱骨小头骨折9例。其手法：患者仰卧，患肢外展微屈肘或伸直，术者在摸清骨片位置后，手握患肢腕部作弧形左右摇摆约3～5分钟，当听到骨片回纳声则已复位；如未成功即重新估摸骨片位置，取前臂于外展旋后位，并加大摇摆的幅度和频率，便可成功；摇摆的幅度约40°～60°间，频率每分钟约来回50～70次，动作须轻柔、均匀、连贯。整复后屈肘90°，敷膏药，小夹板固定。

（四）肱骨内上髁骨折　陶有略等用“过伸推挤屈肘”手法治疗肱骨内上髁3、4度骨折14例，随访半年后，肘关节功能优者8例，良4例，差2例。其复位方法：臂丛神经阻滞，患者仰卧，患肢外展，术者立于外侧方，上下各有一助手纵向牵引，术者推肘关节由外向内，先纠正侧方移位后，再并列双拇指从滑车前上方向后下方推挤的同时，一助手将前臂屈肘旋前位方向牵拉，肘关节复位，最后推骨折块向肱骨内上方之原位；再以屈肘90°前臂旋前位超肘关节小夹板固定。谢启明治愈2例肱骨内上髁3度骨折的手法为：（以右手为例）患者坐位，两助手分别握住上臂和前臂腕掌部，伸直肘关节作对抗牵引，使肩外展90°，前臂旋后、外展，造成肘外翻，术者站在患肢右侧，用左手握托患肢肘部，右手用拇指与食、中两指构成钳形，抓住尺侧屈肌肌腹的近侧向外牵拉，同时令远端助手即强度伸腕关节并将前臂旋前45°左右，这时骨折块将被拉出，以后再按2度骨折作手法整复。

（五）肱骨外髁骨折　谢升春报道以手法整复、小夹板加压垫固定、功能锻炼和中药辨证施治的方法治疗肱骨外髁骨折40例；临床愈合时间最短10天，最长21天；复查30例移位性骨折，其中优良者27例，尚可3例；肘关节功能恢复均满意。其对肱骨外髁翻转移位的整复手法：先以轻柔手法在局部按摩，再用拇指尖自外向内挤压骨折块上缘，纠正其翻转，变成向外侧移位的骨折，使肘内翻，在外侧间隙开大的同时，将其捺压回原位，往往听到复位响声。范庆铨用“推压旋转法”治疗肱骨外髁翻转移位骨折25例，获基本复位12例，解剖复位11例，失败2例。其手法：以左肘为例，术者以左手握其前臂，右手托住肘关节后部，大拇指作局部按摩，摸清远端分离骨折块，由远端向近端用大拇指向上推、挤压，其余四指保护肘关节，左手作左右摇晃活动，并旋前、旋后、屈、伸等使前臂被动活动；必要时略向内翻，使骨折远端进入关节腔内。如骨折远端既有冠状面上移位又有矢状面上向前移位时，术者与助手分别各握前臂和上臂，略加牵引使肘关节处于 60°～0°左右，术者用大拇指扣住骨块，向外后扣拉，并活动肘关节，当大拇指感到骨块活动，即向前移位矫正，再用上法整复。

（六）肱骨髁上骨折　祝乾清等报道随访 120 例肱骨髁上骨折患者。其中，手法闭合复位 68 例，效果优良者 75%；手术治疗 52 例，效果优良者 50%，且手术后并发局部疼痛、肌萎缩、肌力差者多达 38%，比闭合复位多。在 120 例中，夹板固定 53 例，优 66%，差 15%，肘内翻 19%；石膏固定 15 例，优 53%，差 33%，肘内翻 27%。夹板固定优于石膏固定。何进阶用“改进超肘关节固定”治疗儿童肱骨髁上骨折 129 例，结果：患者全部达骨性愈合。其中经检查功能正常者 113 例，占 87.6%；肘内翻 15例，占11.6%；屈肘功能障碍者 1 例，占 0.8%；平均愈合时间 31 天。其研制的小夹板既能有效地控制前臂的旋前活动，减少肘内翻的发生，又不影响手指的屈伸和腕关节的活动。赵路等用胡黎生的手法及“屈肘联合夹板”治疗肱骨髁上骨折 50 例，获优 37 例，良 11 例，尚可 1 例，差 1例；临床愈合时间平均 19.5天。其手法有：拔伸牵引纠正重叠成角旋转移位、捺正摇晃纠正侧方移位、提按屈曲纠正前后方移位。其研制的夹板能使伤肘在屈伸时，都带有 8～10°生理携带角，有效地防止骨折远端的尺倾及内旋，同时托起前臂，消除前臂重力因素。高玉山对手法复位及纸壳固定进行了改进，共治疗儿童肱骨髁上骨折 75 例，随访 51 例，结果：优 42 例，良 6 例，尚可 2 例，差 1 例。其中发生肘内翻有 8 例。其复位手法有扭转、拔伸牵引、端挤提按、屈伸、摇摆等。高氏认为，对伸直型骨折施行屈曲复位手法，以 135°为宜。其研制的 90°、135°竹纸壳夹板能有效地克服肌肉收缩和前臂重力造成的剪力而维持复位。

（方东行）

【股骨干骨折】

梁汶报道治愈股骨干骨折 87 例；骨折临床愈合时间平均 58 天，骨折达解剖对位 14 例，近解剖对位 58 例，功能对位 15 例。随访 64 例患者发现：功能恢复优者 34 例，良者 22 例，尚可 7 例，较差 1 例。其治法：选取股骨髁上或胫骨结节牵引，外敷中草药黄油驳骨纱布，再用杉树皮四夹板及纸压垫外固定，然后把伤肢放置在托马氏架或布郎氏架上，调整架的位置，进行滑动式骨牵引；配合功能锻炼、内服中药等，对部分患者稍加手法复位。

潘月勤等治疗股骨干上⅓骨折 42 例，获优 38 例，良 3 例，尚可 1 例；平均住院44.9 天。潘氏等认为，治疗的关键是早期牵引整复对位，治疗时间应保证儿童 1 月以上，成人 6 周以上；辨证使用中药能促进其愈合。

李建萍治疗陈旧性股骨干骨折畸形愈合 85 例，临床愈合时间平均为 61 天。随访结果表明：属优者 45 例，良 32 例，尚可 6 例，差 2 例。其闭合折骨手法：采用麻醉及松解手法后对横断、短斜、短螺旋形及不严重粉碎形骨折用木棍折顶法：将畸形成角突起的一端置于缠有棉垫的木棍上，助手固定骨折近端，术者握住远端进行反折，缓缓持续用力，直至有骨折响声后，再将远端上下左右摇摆和内外旋转，至断端完全松动为止。下⅓骨折不宜向后折顶，以免损伤血管、神经。对部分长斜形、长螺旋形骨折，应有选择地采用屈膝加强旋转折骨法：患髋外展，屈膝 90°，助手固定近端，术者一手按住膝部，一手握踝部，与助手配合作对向旋转折骨；旋转方向先朝向远折端移位的方向和骨痂稀薄的一侧；折断后再内外反复旋转活动，至断端完全松动。折骨成功后，作股骨髁上牵引、功能复位、锻炼及中药内服等治疗。

郭高栓等采用外展中立位皮牵引加小夹板固定治疗8岁以下儿童股骨干骨折30例，结果发现：有24例呈重叠愈合，但力线可，无成角及旋转（平均重叠1.3cm）；半年后随访其中21例重叠愈合的患儿表明，无1例出现跛行及功能障碍。郭氏等认为，对儿童股骨骨折的治疗应区别于成人，治疗中应重视纠正旋转成角畸形，而皮质靠拢的重叠愈合可通过塑形而修复。其治法：用胶布粘贴于患侧大腿下⅓及小腿内外侧，再用绷带螺旋包裹，患肢置外展30°中立位，牵引重量2～3公斤。在牵引过程中注意纠正外旋，初期2～3日内局部涂消肿止痛水，待肿胀明显消退时，用小夹板固定，2周后患肢带动牵引滑动练功，3周后拍片，如有大量骨痂形成，即可去除牵引。

尚世忠等用手法整复与二重夹板外固定治疗5周岁以下幼儿的股骨干骨折14例，结果：去除夹板时间4周1例，5周9例，6周4例；达到基本解剖复位的6例，接近解剖复位的4例，力线好而对位在3/4以上的4例；近远期功能均正常。具有简便易行的特点。其整复法为对错位或成角明显的骨折在牵引下手法复位；横行骨折用端提挤按、折顶、摇摆等法；斜行骨折则施以端提挤按，配合旋转之法。

（方东行）

【踝部骨折】

刘景邦报道，对踝部骨折采用中医手法整复，超踝小夹板外固定，取得了骨折对位好，后遗症少，无骨折不愈合，患肢功能恢复满意的效果。刘氏治疗的546例患者均治愈。其中优448例，占82%；良71例，占13%；差27例，占5%。其治法：（1）单踝骨折：有移位者给予手法复位及外固定3～4周，无移位者外敷“消肿止痛膏”。（2）三踝及双踝骨折：对青壮年新鲜骨折不用麻醉即可行手法整复，其步骤有牵引，旋转，翻转，叩挤、推拉和背伸蹠屈等。然后以小腿超踝关节塑形小夹板或“U”型石膏将患足踝关节固定在与原骨折类型相反的位置约2～3周，再将其改为中立位固定2～3周即可解除外固定。患肢再以中药熏洗及局部按摩。在骨折初、中期可内服“损伤散”。固定期间应积极进行踝关节背伸蹠屈活动。对于三踝骨折，若其后踝骨折块超过下胫骨关节面⅓时，则用袜套牵引结合小夹板外固定。

孟宪杰等报道治疗新鲜双踝、三踝骨折106例。获良好94例，占88.7%；尚可8例，占7.5%；差4例，占3.8%；临床愈合时间平均为30天。3年后随访52例中，良好48例（占92.3%）尚可2例，差2例，有创伤性关节炎者7例，（占13%）。其复位系根据旋前外展型、旋前外旋型、旋后外旋型、旋后内收型等不同类型骨折采用相应手法，原则是“筋骨并重”争取一次成功。如4°旋后外旋型骨折复位时，助手先将足置于被动旋前位顺势牵引，此时三角韧带被拉伸，借其张力先把内踝骨折块拉出关节间隙，然后再将踝关节内翻即可复位。孟氏研制的“超踝塑形夹板”对踝部的侧方移位和旋转有较强的控制力，并有利于踝关节的早期活动，在外固定解除后，关节活动范围可恢复至70%～80%。

徐国惠报道手法整复踝部骨折60例，复位成功率在90%以上。随访半年以上的40例中，良好31例，尚可7例，差2例。其手法：（1）拉：握足与小腿，相其形势，缓缓牵开；（2）翻：逆其内、外移位之力，翻回原位；（3）旋：小腿为轴，足为臂，子骨找母骨，旋回旧位；（4）压：压高突，提凹陷，归其平复；（5）合：双手抱合胫腓之下端，归其臼眼；（6）伸：背伸其足，以距骨之体塑踝之穴。

（方东行）

【腰椎间盘突出症】

叶云舒用“正骨复位术”治疗腰椎间盘突

出症200例，结果：临床治愈154例，显效40例，好转3例，不良3例，总有效率97%。其治法：患者坐位，若患处为左腰，术者坐于患者左侧后方，左手臂自患者左腋下伸出，掌部按压于颈后，拇指向下，余四指扶持于颈右侧，双足着地，臀部稳坐不动，助手蹲于患者侧面，双手紧压患者大腿根部，术者右手持正骨器紧紧顶压于患椎棘突部位，左手将患者颈部下压，使身体前屈60～90°，同时做逆时针方向的脊柱纵轴旋转，侧弯不小于45°，右手用力顶椎棘突，常可觉察到椎体轻微错动；如此旋转4～5周。

葛继文等用大推拿手法为主，治疗63例腰椎间盘突出症患者，获痊愈28例，显效16例，好转18例，无效1例；总有效率98.4%。其治法：患者平卧，电针双耳腰痛穴15分钟，先以腰骶关节为中心，由数名助手持续对抗牵引5～8分钟，同时术者上下抖动腰骶部，使其放松；然后，患者屈膝屈髋，自下而上、自内向外做盘腿运动，带动腰椎、腰骶各关节，双侧交替进行；接着将患者直腿抬高至90～110°，足背伸；最后患者俯卧，垫起腰椎间盘突出部位，上下弹压患处。术后用宽腰带扎紧患处，内服排气汤加减(由桃仁、红花、川芎、三棱、莪术、生军、枳壳、川朴等组成)。

张先发等用“过伸牵引侧位扳顶法”配合中药治疗本症40例，治愈38例，有2例因中断治疗未愈。1年后随访，无一例复发。其治法：患者俯卧，双下肢后伸在35°左右，作20～25公斤，8小时的皮牵引；再用“舒活灵”作介质，以轻手法按摩腰部；然后将患肢大腿下⅓处置于术者肘弯部，用另一只手的拇指腹或掌根部顶住突出的椎间盘部，大腿向术者身面侧扳，拇指则向相反方向同时推顶；最后，保持过伸牵引位将患者翻转仰卧，腰垫8～12cm低枕。

刘文艺治疗本症38例，获临床治愈33例，近愈3例，有效1例，无效1例，总有效率93.37%。其选用的手法有二种：(1)冯氏手法：以坐姿定位旋转法和俯卧位法为主，配合理筋、顺筋等辅助手法，每隔3天1次，用于男性患者；(2)魏氏手法：以俯卧伸髋拉腿法和斜扳手法为主，配合推、摩、揉等理筋手法，每隔1天1次，用于急性期和女性患者。

刘安平等用骨盆牵引、辨证分型治疗本症150例，获显效90例，有效30例，好转20例，无效10例。底全厚亦以骨盆牵引为主治疗急性期腰椎间盘突出症24人，获优7人，良12人，差5人。其牵引法：患者硬板床平卧用于骨盆牵引，局部痛点加一压垫；俯卧用于踝关节牵引。牵引力量和时间应达到患者最大耐受能力，最重可达两侧共48公斤。骨盆牵引最长者约2小时，踝关节牵引为45分钟。

王建军报道用综合疗法治疗本症151例，获痊愈80例，好转66例，无效5例，总有效率97%。杨芳珍亦用综合疗法治疗154例，获痊愈31例，显效86例，有效29例，无效8例，总有效率94.9%。其选用的治法有：电动牵引、反悬牵引、整复手法(压扳、侧扳、牵抖、弹压、屈膝屈髋旋压)、按摩、电针、内服“五灵二香丸”、外用熏洗药(天南星、川乌、草乌、海藻、穿山甲、赤芍、昆布、臭梧桐、威灵仙、海桐皮、当归等)、封闭疗法(普鲁卡因、强的松龙混合注射痛点)、功能锻炼等。

陈如见等治疗14例55岁以上的老龄腰椎间盘突出症患者，获疗效优7例，良5例，尚可1例，差1例。其治法：推拿按摩有分筋理筋、按压晃腰、仰卧旋腰蹬腿等；配合内服补肝肾强筋骨、温经通络祛风止痛中药，骨盆牵引，中药腾洗，腰背伸肌锻炼等。

（方东行）

【肩关节脱位】

李俊夫用“伸举法复位”治疗肩关节脱位149例，平均临床痊愈日期为30～40天左右。随访53例表明：获肩关节功能优者49例，占93%；良4例，占7.5%；尚可2例，占3.3%。其复位法：患者仰卧，术者将患肢慢慢由外展逐渐向外45°，同时向上伸举，持续牵引。一助手用一长布巾斜挂于伤肩上，从胸部和背部在健侧腋下拿出握住做对抗牵引；另一助手以双手握住伤肩，在对抗牵引的同时，两大拇指将肱骨头用力向上推，感到滑动及听到响声时表示已复位，然后将患肢慢慢由外展位放下于身旁。

张长福用“肩背法”复位5例肩关节前脱位，均获得一次成功，无并发症。其治法：以左肩为例，患者站立，术者立于伤侧，双手握住伤肢的腕部，慢慢将伤肢旋前抬高约30°，此时术者转身背向患者，身体稍往下蹲，术者右肩扛在患者伤肢的腋下，双手改握伤肢的上臂远端，并用力向前牵引。然后术者伸腿直腰，使患者两足离地，继而内旋上臂，并下压上臂的远端，当即可闻及入臼声。

白鹤龙用“单人拔伸肘顶法”治疗肩关节脱位数十例，均一次整复成功。其治法：患者仰卧，术者面向足、背向头，侧方站立于患侧，双手握住患肢的腕部做轻度拔伸，并在拔伸牵引下逐渐使患肢外展、外旋；此时，术者将肘部放于患肢腋窝内（右侧脱位用左肘，左侧脱位用右肘），并向外侧用力顶挤肱骨头上端，同时双手再使患肢内收、内旋，此时即可听到肱骨头滑入关节腔的复位响声。

徐福生介绍了一种简单实用的肩关节脱位复位法：术者与患者同方向站立，术者双手握住患肢腕部，缓慢地将患肢腕部从术者背后移至术者胸前，使术者肩峰部恰好顶入患肢腋窝部。然后术者双手在患肢腕部向下用力牵拉并外旋，使脱位的肱骨头离开喙突下、关节盂下或锁骨下，回到关节囊破口处。此时术者肩峰用力向上抬，借助患者的体重，使肱骨头顺利地滑入原关节盂内。

刘仁昉介绍了“肩关节脱位新复位手法”，其操作方法：患者正坐，一助手立于健侧，双手环抱于患侧腋下，固定躯干作对抗牵引。术者立于患侧偏前方，一手握患肢腕部，保持患肢肱骨干轴向的体位不变，屈肘约90°，另一手握住患肢肘部。施术时，依肱骨干轴向徐徐用力拔伸，同时慢慢旋动患肢前臂，迫使肱骨头自旋予以配合。在牵引下将患肢摆在外展15°～25°方位，旋外掌心向上；然后在前外侧位向上提拉患臂过头高即可复位。

刘玉堂认为，中风患者由于一侧肢体不能随意活动，加之气虚血瘀、经脉失养，在外力作用下易致肩关节脱臼。其治法：首先用三角巾将患侧上肢前臂兜起，然后在肩关节做轻微之按摩，针刺可取肩髃、肩贞、曲池等穴，用平补平泻手法即可。

（方东行）

【骨质增生症的治疗】

（1）内服法：以补益肝肾为主，兼用活血通络祛风化湿，如黄骏用补肾除痹汤（金匮肾气汤加乳没药）；胡兆满以熟地、山药、枸杞、牛膝、杜仲、续断、玄胡、伸筋草、秦艽、黄芪、女贞子、鸡血藤、青皮、菟丝子、狗脊、鳖甲治疗腰椎病，以二妙散化裁治疗膝骨关节炎；周斌以熟地、杜仲、骨碎补、白芍、狗脊、香加皮、木瓜、秦艽、牛膝、姜黄、甘草等治疗各类骨关节炎34例，显效20例，有效12例，无效2例。（2）外治敷贴法：王顺勇以麝香骨刺膏（麝香、牛黄、白芷、穿山甲、土元、桃仁、透骨草、没药、威灵仙）治疗本症70例，获优59例，良8例，差3例。（3）中药离子导入法：任彦范等以“当伸通”（当归、伸筋草、路路通等）药膜离子导入治疗本症457例，治愈181例，显效154例，好转101例，无效21例，总有效率95.6%。张世贵以腰腿宁（川断、寄生、鹿衔草、透骨草、威灵仙、苏木、牛膝、自然铜、生川草乌、独活、防己、乳香、血竭）离子导入治疗本症120例，获良好113

例，无效5例，过敏2例，总有效率97%；王心祥等亦用中药（生草乌、生南星、赤芍、川芎、当归、乳没药、白芷、羌活、蒲公英、干姜）离子导入治疗本症160例，获显效60例，好转86例，无效14例，总有效率为91.25%。

（诸福度）

【外敷药治疗软组织损伤的研究】

外敷药治疗软组织损伤效果较好。张禄初应用新伤消瘀散敷药即张紫赓祖传方（大黄、胆草、香附、丹皮、黄芩、乳香、白芷、黄柏、栀仁、姜黄、红花、生石膏等组成）治疗伤者1423例，全部有效。田连胜等应用韭菜清瘀散（韭菜、生大黄、泽兰、红花、樟脑粉、黄栀子、白酒）炒热敷之，治疗损伤患者163例，外敷6天后，肿痛消失。宋红旗等应用栀黄散（生栀子、生大黄各等份）外敷，在24小时内用醋调，超过24小时以酒调敷，治疗损伤患者150例，平均52小时全部治愈。实验研究方面，侯筱魁等用石氏伤科外敷药，三色敷药和三黄膏治疗家兔软组织损伤，结果表明：三色敷药能使炎症反应提早出现并局限化，三黄膏对炎症反应无明显促进作用，三黄三色合用则有缩短炎症反应的进程、改善肌肉代谢、减少肌肉坏死和疤痕结缔组织形成的作用，有利于损伤组织的修复。朱显华等通过动物实验发现，魏指薪的消瘀膏有减轻肌肉坏死程度、减少疤痕的作用，并观察到实验组的肌肉坏死和结缔组织增生的百分比明显低于对照组。

（诸福度）

【中医伤科实验研究进展】

中医药加速骨折愈合方面的实验研究，仍是1989年工作中的一个重点。周重建等采用健康雄性家兔经标准桡骨骨折造模，给予益气化瘀剂治疗并用生理盐水作对照，分别在骨折后5天，12天，20天，27天和36天取材进行组织一般结构、亚微结构观察及生化测定，结果表明，益气化瘀剂能明显提高巨噬细胞趋化和吞噬能力，加速断端坏死组织的吸收，增强成纤维细胞、骨内膜成骨细胞的活力，促进断端修复组织中胶原合成的质量，使骨折愈合提前完成。李新志等利用极向性磁片，治疗腕舟骨骨折，取得了较满意的临床疗效。在此基础上，李氏等用异极向磁片固定在动物骨折的肢体上；放射学及组织学实验表明，它有明显促进骨折愈合的作用，认为异极向磁片具有异极相吸的作用，在磁场作用下可能使骨折部位的钙盐离子及动力学发生改变，使成骨细胞增生活跃，从而加速骨折愈合。

中药治疗各种软组织损伤的实验研究，1989年又有了新的进展。朱显华等对魏指薪的“消瘀膏”治疗软组织损伤进行了实验研究。他们采用健康雄性家兔造成人工挫伤，随机分组，然后治疗组用“消瘀膏”外敷，结果证实了“消瘀膏”有减轻肌坏死程度，减少疤痕的作用。胡声宇等对26只兔的半月板造成人工损伤，发现中药外敷对局部血液循环的改善、半月板的修复和血管的再生有良好的作用。

丁继华等观察了补肾药对骨关节病的作用。他们将正常四肢腿大鼠制成双后肢大鼠，使其髋关节产生骨关节病，然后将160只双后肢大鼠，分为投补肾药的实验组和不投药的对照组。经光镜和电镜的观察，发现与对照组比较，补肾药骨碎补可使实验动物骨关节病的发病率降低、发病时间推迟、发病程度减轻。

（朱　钢）

参考文献

B

白鹤龙　单人拔伸肘顶法治疗肩关节脱位　江苏中医　(12):27，1989

C

陈如见等　老龄腰椎间盘突出症的治疗——附14例病例分析　四川中医　(1):38, 1989

陈延武　《诸病源候论》伤科诊治特色浅探　湖南中医学院学报　(3):122, 1989

D

底全厚　牵引治疗腰椎间盘突出症　四川中医　(11):41, 1989

丁继华等　补肾药治疗骨关节病的实验研究　中国中医骨伤科杂志　(3):3, 1989

F

范庆铨　推压旋转法治疗肱骨外髁翻转移位骨折(附25例报告)　中国中医骨伤科杂志　(5):20, 1989

G

高玉山　儿童肱骨髁上骨折移位手法复位　山东中医杂志　(2):13, 1989

葛继文等　手法为主治疗腰椎间盘突出症63例　浙江中医杂志　(3):117, 1989

郭高栓　儿童股骨干骨折重叠愈合30例临床观察　中国中医骨伤科杂志　(4):23, 1988

H

何进阶　改进超肘关节固定治疗儿童肱骨髁上骨折129例　浙江中医杂志　(2):65, 1989

洪明飞等　手法治疗腰椎间盘突出症211例分析　中国中医骨伤科杂志　(6):12, 1989

侯筱魁　石氏伤科外敷药作用机理研究　上海中医学院学报　(2):43, 1988

胡声宇等　中医中药治疗半月板损伤的实验研究报告(动物实验)　中国中医骨伤科杂志　(2):3, 1989

胡兆满　退行性骨关节炎辨治　四川中医　(3):34, 1989

黄　骏　治疗老年退行性骨关节病　四川中医　(4):36, 1989

J

姜延洲　外固定器治疗关节和骨端骨折的初步报告　中国中医骨伤科杂志　(2):19, 1989

L

李建萍　陈旧性股骨干骨折畸形愈合85例治疗体会　中国中医骨伤科杂志　(3):32, 1989

李经纬　中国传统医学防治腰背痛的历史　中国中医骨伤科杂志　(1):47, 1989

李俊夫　伸举法复位治疗肩关节脱位——附149例临床总结　湖南中医杂志　(4):16, 1989

李新志等　异极向磁片对骨折愈合影响的动物实验研究　中国中医骨伤科杂志　(5):7, 1989

梁　汶　治疗股骨骨折87例临床小结　新中医　(12):18, 1989

刘安平等　骨盆牵引，辨证分型治疗腰椎间盘突出症150例　安徽中医学院学报　(3):41, 1989

刘　斌等　"悬垂位固定"治疗肱骨干骨折(附31例报告)　中国中医骨伤科杂志　(3):24, 1989

刘景邦　踝部骨折546例临床总结　中国中医骨伤科杂志　(3):34, 1989

刘仁昉　肩关节脱位新复位手法浅析　中国中医骨伤科杂志　(1):38, 1989

刘文艺　综合治疗腰椎间盘突出症38例　陕西中医　(4):162, 1989

刘玉堂　中风患者肩关节脱臼之探讨　天津中医　(5):28, 1989

刘志诚等　按摩对肢体损伤家兔血中皮质醇的调整作用　中国中医骨伤科杂志　(2):7, 1989

栾玉新等　《伤科补要》在骨伤科学上的贡献　辽宁中医杂志　(2):27, 1989

应用小腿骨折复位固定器治疗胫腓骨骨折110例　辽宁中医杂志　(4):31, 1989

吕志刚等　应用中医药治疗骨折不愈合35例临床报告　中国中医骨伤科杂志　(2):36, 1989

M

毛天东等　中药治疗创伤骨折延迟愈合和不愈合42例　中医杂志　(9):39, 1989

孟宪杰等　不稳定型踝部骨折的非手术治疗　中国中医骨伤科杂志　(3):37, 1989

P

潘月勤等　股骨干上$\frac{1}{3}$骨折42例临床分析　江苏中医　(7):27, 1989

R

任彦范　"当伸通"药膜离子导入治疗增生性骨关节炎457例临床小结　河南中医　(2):15, 1989

任志凯等　肩痹汤治疗肩周炎　中国中医骨伤科杂志　(1):36, 1989

S

尚世忠等　手法整复与二重夹板外固定治疗幼儿股骨干骨折14例　辽宁中医杂志　(3):31, 1989

沈　霖等　急性闭合性软组织损伤局部皮窗渗出物

研究——细胞移行的动态观察及一盘珠汤对其影响 中国中医骨伤科杂志 (1):10, 1989

沈钦荣 健脾法治疗骨折延迟愈合(附31例报告) 中国中医骨伤科杂志 (3):41, 1989

宋红旗等 外用"栀黄散"治疗关节扭伤150例 中西医结合杂志 (9):547, 1989

T

陶有略等 过伸推挤屈肘手法治疗肱骨内上髁骨折(附14例报告) 中国中医骨伤科杂志 (3):21, 1989

田连胜等 韭菜清瘀散治疗急性软组织损伤163例 陕西中医 (10):464, 1989

W

王建军 保守治疗腰椎间盘突出症151例 北京中医学院学报 (4):20, 1989

王菊芬等 SW-Ⅰ型平衡牵引固定器治疗不稳定性胫腓骨骨干骨折130例 中西医结合杂志 (12):740, 1988

王顺勇等 麝香骨刺膏治疗骨质增生70例 陕西中医函授 (3):40, 1989

王心祥等 中药离子导入法治疗骨质增生症160例 安徽中医学院学报 (2):31, 1989

王绪辉 桂枝为主治疗肢体痹痛的临床与实验研究 中医杂志 (12):47, 1988

韦以宗等 颈病灵治疗颈椎病97例近期疗效观察 中国中医骨伤科杂志 (5):9, 1989

X

谢启明 手法治疗肱骨内上髁Ⅲ度骨折 江西中医药 (4):27, 1989

谢升春 中医治疗肱骨外髁骨折40例的体会 广西中医药 (1):7, 1989

手法整复肱骨颈骨折并肩关节前脱位(附12例疗效报告) 中国中医骨伤科杂志 (3):17,1989

徐福生 肩关节复位之我见 江苏中医 (12):28, 1989

徐国惠 踝部骨折整复六法初探——附60例报告 吉林中医药 (5):18, 1989

Y

杨芳珍 治疗腰椎间盘突出症 四川中医 (2):34, 1989

叶云舒 正骨复位术治疗椎间盘突出症200例 陕西中医 (7):299, 1989

Z

曾琼清等 《正体类要》对骨伤科的贡献 中国中医骨伤科杂志 (4):38, 1989

张长福 肩背法治疗肩关节前脱位5例报告 中国中医骨伤科杂志 (5):40, 1989

张禄初 新伤消瘀散敷药的临床应用 湖南中医杂志 (1):14, 1989

张培祥 摇摆撞击法整复肱骨小头骨折 中国中医骨伤科杂志 (5):27, 1989

张世贵 腰腿宁离子导入治疗骨质增生120例 陕西中医 (6):255, 1989

张文安 《血证论》伤科学术思想初探 浙江中医学院学报 (2):42, 1989

张先发等 过伸牵引侧位扳顶法配合中药治疗腰椎间盘突出症40例 四川中医 (8):40, 1989

赵广富 多功能骨折复位外固定器的临床应用 辽宁中医杂志 (1):29, 1989

赵 路等 屈肘联合夹板治疗肱骨髁上骨折(附50例分析) 吉林中医药 (4):18, 1989

周 斌 补肾通络法治疗骨性关节炎34例 江苏中医 (2):23, 1989

周重建等 益气化瘀剂在骨折愈合过程中的生化和病理观察 中国中医骨伤科杂志 (3):7, 1989

周启俊 从《保婴撮要》看中医儿伤科学 中国中医骨伤科杂志 (2):41, 1989

朱 钢等 中医伤科学计算机辅助教学和诊疗系统的研究 中国中医骨伤科杂志 (2):13, 1989

朱显华等 魏氏消瘀膏治疗软组织损伤的实验研究 中国中医骨伤科杂志 (2):11, 1989

祝乾清等 肱骨髁上骨折300例报告 中国中医骨伤科杂志 (3):23, 1989

(8) 五 官 科

【概述】

1989年五官科发表的论文，眼科临床较集中于角膜病、葡萄膜炎、视网膜病与视神经炎等病的治疗，理论研究方面对五轮八廓学说、玄府学说及中医眼科病名规范化研究等进行了探讨；耳科较集中于耳聋(包括突发性、药物性）、中耳炎及耳源性眩晕的治疗；鼻科集中于过敏性鼻炎、副鼻窦炎及鼻衄的治疗与实验研究等；喉科较集中于慢性咽炎及声带疾患的辨治（庐山召开的“全国中医嗓音医学学术会”有专题研讨）；口腔科则集中于口腔溃疡与牙周炎的治疗。现分述如下：

一、眼科疾病

角膜病　以单疱病毒性角膜炎及角膜翳的治疗报道较多。如单疱病毒性角膜炎，刘绮霞报道19例，按辨证分风热、实热、虚热与湿热等4型论治，总有效率为90%。苏宜春报道174例，辨证分风热、实热、湿热与肝肾亏损等4型论治，总有效率为99.4%。实验研究，主要集中于从中草药中筛选有效的抗单疱病毒药，以提高临床疗效（详见专条）。角膜翳的治疗以外用药滴眼为主，疗效较好。如潘莎莎等对本症以复方熊胆眼药水滴眼，视力均有不同程度提高，并见角膜瘢痕缩小、变薄、新生血管减少或蜕化（详见专条）。

葡萄膜病　虹膜睫状体炎的治疗，姚锦林通过550例的辨证论治研究，对急性期分风寒、风热与肝火等三型，分别选用发散风寒的四味大发散（麻黄、羌活、荆芥、防风）、祛风清热的新制柴连汤（柴胡、川连、荆芥、蔓荆子、山栀、赤芍、木通、龙胆草、黄芩、甘草）与清肝泻火的龙胆泻肝汤；对慢性期分阴虚火旺、肺阴不足与寒湿内盛等3型，分别选用滋阴降火的知柏地黄汤、养阴润肺的养阴清肺汤与散寒除湿的八味大发散（麻黄、荆芥、羌活、防风、川乌、细辛、升麻、川芎）；同时，配以扩瞳剂滴眼。经治后，炎症全退，视力均有不同程度提高；总有效率为95.5%。葡萄膜炎的治疗，马素兰报道42例78眼，以加味当归芍药散（当归、赤芍、川芎、茯苓、泽泻、白术、丹参、密蒙花）为主治之，总有效率为95%，其中显效（视力提高到1.0以上、眼部阳性体征消失）50眼、占64%。汤邦彦对本病62例69眼重症患者以疏风清热解毒法，选用银花复明汤（银花、蒲公英、桑白皮、黄芩、知母、蔓荆子、枳壳、川连、龙胆草、生地、甘草、花粉、大黄、玄明粉、芦荟）加减治之，总有效率为90.3%。中心性脉络膜视网膜病变多以辨证与辨病相结合治疗；或以全身体征为辨证依据，兼顾眼底症状；或以眼底症状为主要辨证（病）依据，再结合全身体征论治。马德祥对本病216例270眼辨证为肝气郁结、气血亏损、肝肾阴虚与痰湿中阻等4型论治，并根据眼底水肿渗出而佐以利水活血、化痰软坚等法治之，总有效率为94%，其中痊愈（症状消失、视力恢复至1.0以上）32眼，占61%。李柏元对本病81例88眼分肝郁气滞、肝肾亏损与痰湿化热等3型论治，经治20天，总有效率为84.28%；其中症状消失、视力恢复1.0的38眼，占43.18%。熊婷婷对65例81眼以加减五苓散（猪苓、泽泻、茯苓、白术、黄柏、桃仁、白芨、丹参、党参、柴胡、红花等）为主，根据眼底黄斑病变加减治疗，总有效率为98.76%；其中显效（症状消失；视力提高5行以上）58眼，占71.6%。

视网膜病　以视网膜静脉阻塞的治疗报道较多。如刘孝书等对本病216例219眼，辨证与辨病相结合，分气滞血瘀、阴虚阳亢及气血两亏等3型，并结合眼底检查用药。平均治疗3个月后，总有效率为80.4%（详见专条）。对视网膜静脉周围炎的辨治，黄重奇认为本症以眼底出血为主征，离经之血未吐者是为瘀血，而选用血府逐瘀汤加减治疗15例18眼，总有效率为88.8%；其中显效（眼内出血皆吸收、视力至1.0以上）11眼，占73.3%。糖尿病性视网膜病变的治疗，吕金琢等报道24例48眼，辨证为阴津亏损、燥热偏胜，以黄芪、山药、首乌、生地、玄参、杞子、白术、石斛、沙参、寸冬、茯苓、菊花、泽泻、丹皮、当归等为基本方治之，总有效率为96%。此外，对老年性黄斑变性的治疗，如邓亚平等报道的30例51眼，方用驻景丸为主，按辨证分型加减治之，总有效率为56.9%，提示了在目前对本病尚无有效之治法的情况下，探索以中药治疗本病是很有价值的（详见专条）。

视神经病　以视神经炎的治疗报道为多，如张铭连对59例101眼，以银公逍遥散随证加减，经治14天～4个月，总有效率为88%；其中治愈率达49.5%（详见专条）。对视神经萎缩的治疗，程井义报道19例34眼，辨证分肝肾亏损、气血俱虚与气滞血瘀等3型论治；同时，针刺睛明、球后等穴。总有效率为81.2%，其中视力倍增或达1.0为显效者占32.2%。

理论研究　侯清岩认为五轮八廓学说是依据阴阳互根、五行生克制约的理论，结合临床实践所得出的经验总结，具有实用性。张玉龙探讨了玄府学说的源流及其对中医眼科临床的指导意义。彭清华、秦裕辉等认为历代医家对眼科病名分症各异，命名多样，有一病多名，或多病一名，更有非眼之疾，亦列入眼科范畴。因此必须对中医眼科病名规范化，并提出对眼科病名规范化之研究，应以继承性、科学性、实用性与创新性为原则（详见专条）。

二、耳科疾病

耳聋　突发性耳聋，张青等认为单以"耳病当先责之肾"之观点，难以解释其机理，且现代医学证明其病理基础为内耳血管性痉挛导致耳蜗微循环障碍，因而认为乃"气滞血瘀"所致。张氏等以行气通窍、活血化瘀为主治疗25例，有效率为84%（详见专条）。药物性耳聋，目前尚无特效疗法，周传俦、李风山、林文森等报道以中药或中西药合治，经不同治程，有效率达49.02%～93.18%（详见专条）。

中耳炎　张小平报道32例非化脓性中耳炎以通气复聪汤（柴胡、枳壳、川芎、当归、木通、赤芍、茯苓、菖蒲、桔梗、丹参、甘草）为主治疗，治愈19例，好转8例，无效5例，总有效率为84.38%。周才琛报道65例化脓性中耳炎，辨证分外感风热、肝胆实热、脾虚、阳虚寒凝、痰湿内阻等5型论治；同时以氯霉素强的松溶液滴耳。经治4～35天，总有效率为93.85%，其中治愈（外耳道无流脓、干爽清洁）54例、占83.08%。徐斯科报道100例化脓性中耳炎，以黄枯散（黄连、枯矾、轻粉、冰片研末）适量吹耳，3天1次，总有效率为95%；其中治愈（疼痛、流脓、耳聋、重听等症消失，观察1年未复发）78例。张子宽报道53例化脓性中耳炎，以紫草油（紫草、芝麻油）滴耳，经治7～13天，总有效率为95%；其中痊愈32例，随访1年仅1例复发。

耳源性眩晕　方英杰等认为多由气虚血瘀所致。以血府逐瘀汤加味治疗40例，经服药6～21剂，症状全部缓解，随访2年，有8例复发。刘志军、王继仙、王得国等报道，均从风、痰论治。如刘志军以化痰通窍汤（半夏、白术、南星、泽泻、菖蒲、桂枝、菊花）加减治疗114例，痊愈（症状消失、随访1年未复发）103例，占93.35%；平均服药3～9剂。王继仙以定眩饮子（半夏、陈皮、茯苓、防己、黄芪、钩藤、防风、蜈蚣、龙骨、谷精草、甘草、生姜）加减治疗109例，全部痊愈。平均治愈时间为3.8天。王得国以泽泻汤（泽泻、白术、天麻）加味治疗66例，平均服药3～6剂，均愈；且随访5年以上未见复发。

三、鼻科疾病

过敏性鼻炎　林文森等认为其病机主要为表虚不固，用补气固本为主治疗495例，总有效率达84%；随访2年，复发率为13.2%。从实验观察表明，补气固表治疗能调整机体的血浆环核苷酸水平，使其趋于正常；能改善细胞及细胞器的形态和功能；恢复粘膜纤毛细胞功能；能减少嗜酸细胞浸润及脱颗粒，减少组织水肿，消除免疫复合物沉着，使器官恢复正常（详见专条）。

萎缩性鼻炎　杨玉光报道57例，以多维薄荷油（薄荷脑、梅片、麝香、苍耳子、辛夷花、鹅不食草、氯霉素粉及维生素AD、E等）滴鼻。经治20天，治愈率（鼻腔干燥、灼痛等症消失，黎氏区粘膜红晕、表面湿润，无分泌物及结痂，通气良好）为92%，且随访2年均无复发。

副鼻窦炎　对本病的辨治，多以单、验方为主，或用外治法。如俞军报道186例，按虚、实分证。其中实证101例，治以清利肝胆湿热为主；虚证86例，治以益肺健脾、升清化浊为主。结果实证组与虚证组的总有效率分别为93%、85%，平均用药时间分别为18天、21天。熊大经报道178例，以鼻窦炎合剂（柴胡、龙胆草、苍耳、辛夷、白芷、黄芩等）口服，总有效率为93.82%（详见专条）。

鼻衄　对本症一般多以养阴、凉血止血为治则。如张重华等报道66例，以丹芍茅花汤（丹皮、白芍、白茅花、黄芩、蚕豆花、仙鹤草、旱莲草）为主治疗，总有效率为94.4%；其中服药1～3剂血止者21例、占58.3%。周宏波报道150例，以鼻衄汤（槐米、白茅根、白芍、牛膝、生地、丹皮）为主治疗，总有效率为98%；其中鼻衄止后2年以上不再复发者146例、占97%。邓帮兴治疗40例，则以患者本人的衄血1～2滴，点入出血鼻孔同侧或异侧眼内，1～2分钟内血止者32例，占80%。但此法只适应单纯性黎氏区出血者。

四、咽喉、口腔科疾病

咽喉疾病　急、慢性咽炎，罗思贵报道224例，以中药（连翘、菊花、板蓝根、防风、山豆根、射干、贯众、甘草、青礞石等加水煎沸后用）喷雾疗法。经治12次后，其中急性咽炎40例，总有效率为95%。慢性咽炎的治疗见专条。急性扁桃体炎，顾卫等报道46例，以清开灵注射液静滴为主，配合银翘散口服；总有效率为91.3%，其中痊愈（体温正常，症状及体征消失，检验项目均恢复正常）36例，平均退热时间为51.3小时。急性会厌炎，吴家华报道35例，以验方丹栀射郁汤（丹皮、山栀、射干、郁金、茯苓、甘草、枇杷叶）煎后漱服，总有效率为94.3%，其中显效（症状消失、间接喉镜检查会厌恢复正常）19例，占54.3%。喉炎，严道南等报道583例（其中声带充血124例、声带水肿282例、声带肥厚245例、声带息肉93例、声带小结88例、室带超越144例、声门闭合不全132例），以化痰润喉汤（海藻、昆布、海蛤粉、浙贝母、射干、桔梗、山楂、米仁、赤芍、三棱、莪术）加减治疗，总有效率为82.33%，其中临床痊愈（声带复常，测定声时达20秒以上，喉部炎症基本消失，声门活动、闭合良好）102例。声带小结与息肉的证治详见专条。文献研究方面，夏锦平选择了清代喉科专著（《尤氏喉科》、《咽喉经验秘传》、《喉科紫珍集》、《喉科指掌》、《重楼玉钥》）5部，对其中所载的180首喉科吹药方的用药规律进行了探讨。180首吹药方共应用药物179种，以应用5次及5次以上为常用药，有41种。常用药的应用率以冰片为最高，计108方/次，依次为白矾、芒硝、青黛、甘草、薄荷、麝香、雄黄、黄柏、儿茶等；药味以辛味药居首，计17种，占41.5%，甘（淡）、苦味药次之，计13种，占31.7%；药性以寒凉药居首，计21种，占51.2%，温性药次之，计10种，占24.4%；归经以肺、胃两经药为主，计32种，占78.1%；功能以清热、解毒为主，其中清热药18种，占43.9%，解毒药19种，占46.3%。

口腔疾病　口腔溃疡的辨治，徐治鸿等从病因病机、辨证分型及用药等进行了探讨（详见专条）。牙周炎的治疗，雷焰中报道100例，以清胃散加味内服，配合局部外治，全部有效（详见专条）。此外，曾光明等报道100例急性牙源性炎症（包括智齿冠周炎、根尖脓肿、牙周脓肿、牙周炎急性期等）以口炎宁冲剂（石膏、知母、生地、木通、竹叶、板蓝根、芦根、青蒿、儿茶、玄参、甘草等）治疗，总有效率为95%，其中显效（局部充血、红肿减轻，疼痛、体温或全身不适基本消除）率占59%，与对照组（用红霉素或麦迪霉素）的显效率（为37%）比较，有显著差异（P<0.01）。

（姚芳蔚　张应文）

【视网膜静脉阻塞的治疗研究】

视网膜静脉阻塞的治疗研究报道于60年代开始，近年来渐多，既有临床研究，也有实验研究。临床治疗多采取辨证（病）论治，部分则应用经验方及新剂型。辨证多从病因或脏腑分型论治。如庞赞襄等对本症178例分肝郁气滞与肝阳上亢二型，刘孝书等对本症216例分气滞血瘀、阴虚阳亢与气血两亏等三型，冯肇杰对本症18例分气滞血瘀、肝火上炎、脾虚出血、肝肾不足与心肾阴虚等五型。分型繁简不一，但较集中于气滞血瘀、气虚血瘀、阴虚火旺与阴虚阳亢等四型。治则除审因论治外，几乎皆佐以活血化瘀法。方多系自拟，对气滞血瘀型则多采用桃红四物汤或血府逐瘀汤加减。辨病则以眼底所见，结合病程分期论治。如马一民对本症早期、出血期用凉血止血疏经法，方选生地黄汤（生地、丹皮、栀子、牛膝、丹参、玄参、白芍、三七、荷叶）加减；后期、瘀血期用活血行瘀通络法，方选血府逐瘀汤加减。陈宗蕊在早期用凉血止血活血、养阴清热利水法，以槐米、白茅根、生蒲黄、黄芩、连翘、丹参、夏枯草、杞子、茯苓、泽泻、车前子等药为基本方，随证加减；晚期则以利水渗湿、益阴补血法。辨证与辨病相结合论治者，如陆绵绵将本症分肝火型，方用龙胆泻肝汤合二至丸加减，瘀滞型，方用血府逐瘀汤加减，痰浊型，方用泻胆汤合三黄汤加减，并结合病程，早期选加止血不留瘀药，中期选加活血化瘀药，后期选加软坚散结药。归纳庞、冯、马及陆氏等20余篇临床报道，或辨证，或辨病，或二者结合论治，疗效均满意，有效率为54.8%～95.2%。采用经验方治疗的报道，如赵廷富用育阴潜阳汤（生地、山药、杞子、麦冬、白芍、沙参、知母、黄柏、牛膝、丹参、赤芍、蝉蜕、木贼）治疗49例，有效率达98.8%。管月眉用桃红四物汤加减治疗39例，有效率为85.7%。亦有应用活血化瘀药制成针剂，采取注射或电离子透入方法治疗本症的报道，如胡兆科用三七注射液静脉滴注治疗64例，有效率87.25%。黄叔仁应用丹参注射液静脉滴注，同时内服活血化瘀及抗炎中药治疗32例，有效率93.8%。雷传宗等亦应用丹参静脉滴注治疗13例，有效率76.9%，姚芳蔚等以丹参电离子透入治疗10例，有效率75%。李万山以血栓通（三七制剂）电离子透入治疗18例，有效率83.57%。此外，有的以中西药合用或先后应用治疗本症而取得较好疗效。如魏湘铭先用尿激酶静脉滴注5天后，继以补阳还五汤内服，治疗31例，有效率90.4%；苏宜春自拟通栓汤（葛根、丹参、当归、川芎、赤芍），配合普鲁卡因静封，治疗28例，有效率96.4%；徐茂生选用丹参、川芎、水蛭等活血化瘀药制成通滞丸，配合山莨菪碱球后注射，治疗16例，有效率93.75%。

在实验研究方面，张惠蓉通过62例患者和73例正常人血小板变化的电镜观察，发现患者的血小板扩大型、聚集型和聚集数较正常人明显增高，应用血府逐瘀汤、通脉化瘀片及静滴川芎嗪等活血化瘀药后，患者的血小板扩大型、集聚型和聚集数均较治前明显降低。邓子宏等对本症40例观测血小板聚集试验，发现血小板最大聚集率明显高于正常健康人对照组，经用活血化瘀中药治疗，其最大聚集率较治前明显降低。徐俊义对本症43例在应用活血化瘀药治疗前后进行外周微循环（球结膜和甲皱）观察，发现治前微血流中红细胞聚集，局部血流停滞；治后，微血流颜色改善，区域化停滞减轻，血流速度加快，红细胞聚集离散。管月眉在应用桃红四物汤加减治疗本症前后进行血液流变学检查，发现治疗前患者的全血粘度、血浆粘度、红细胞电泳时间、血球压积及红细胞沉降等指标明显高于正常人；治疗后，则全部指标均较治疗前明显降低。因而从实验观察表明，以活血化瘀药治疗本症，是通过对血小板解聚，以及因改善血液流变而取得治疗效果。

（姚芳蔚）

【老年性黄斑变性】

老年性黄斑变性为老年人致盲的主要原因，其病因不明，且无特殊疗法。对本病以中医药治疗的报道甚少。吴白燕等认为，本病的早期阶段眼底以玻璃膜疣、色素紊乱改变为主，视力下降较轻，似应属于"视瞻昏渺"的范围；而到以眼底视网膜色素上皮、神经上皮浆液性、出血性脱离为主时，大量瘢痕形成，视力下降严重，则可归入"暴盲"。根据视网膜黄斑部位属于脾脏的理论，结合老年患者脏腑多虚的病理特点，对本病的治疗宜以健脾益气为主。有浆液性视网膜神经上皮、色素上皮脱离者，兼以祛湿化痰法；出血性脱离者，兼以止血化瘀法；后期广泛瘢痕化者，兼以滋补肝肾、软坚散结法。冯肇杰治愈2例，其中1例为双眼黄斑盘状变性者，以养阴柔肝兼调脾胃法，药用党参、白术、茯苓、甘草、黄精、山药、炒枣仁、山萸、龙眼、地骨皮、当归、元参，服37剂后，左、右眼视力分别由治前的0.1、0.02上升到0.6、0.2，眼底情况好转，随访2年无变化。另1例双眼老年性黄斑变性者，以温脾滋肝法，药用党参、白术、茯苓、炙甘草、附子、桑寄生、石斛、山萸肉、山药、五味子、密蒙花、夜明砂，服21剂后，左、右眼视力分别由治前的0.4、0.5上升至1.0、0.8，眼底情况好转，随访半年无变化。邓亚平等的报道，对本病30例51眼（均按1986年全国眼底病学术会议制定诊断标准）治以补益肝肾为主，选用驻景丸随证加减。兼气血郁滞者，佐以调理气血；兼水湿上泛者，佐以健脾利水渗湿；兼瘀血内结者，佐以活血化瘀、软坚散结；兼痰瘀互结者，佐以化痰软坚、化瘀散结。平均服药3.8月，患者的视力及眼部体征都有不同程度改善。其中显效（视力提高4行以上，或由数指→0.1，或眼底浆液性脱离平复、出血明显吸收，荧光造影显示黄斑区荧光素渗漏减轻者）23眼，无效（视力或眼底浆液性脱离、出血范围、瘢痕隆起等均无明显改善者）20眼，恶化（视力下降2行以上，眼底浆液性脱离加重，出血增多，瘢痕范围增大者）2眼。总有效率为56.9%。

（汤抗美）

【视神经炎的治疗】

视神经炎的治疗，张铭连报道59例101眼，以银公逍遥散（丹皮、山栀、当归、白芍、茯苓、白术、柴胡、银花、蒲公英、甘草）为主，随证加减，水煎留液300ml，分2次口服。治前视力无光感者2眼，光感～眼前指数者15眼，0.01～0.1者37眼，0.2～0.5者33眼，0.6～0.9者11眼。经治14天～4个月后，治愈（视力提高至1.0以上、视野恢复正常者）50眼，显效（视力提高3行以上、视野有不同程度改善者）25眼，有效（视力有不同程度提高者）14眼，无效（视力视野均无改善）12眼；治愈率为49.5%，总有效率为88%。中西医结合治疗本病的较多。如蒋运芳报道75例87眼，治前视力：光感～0.01的52眼，0.02～0.1的15眼，0.2以上的20眼。治疗以疏肝解郁之丹栀逍遥散加减，炎症消退则以补益肝肾气血善后；西药用抗生素或抗病毒药、激素、维生素与能量合剂等。经治20天～8个月，视力皆有不同程度提高，其中在0.01以下的仅2眼，0.02～0.1的6眼，0.2～0.9的54眼，1.0～1.2的24眼。42眼经随访，视力保持原状。随访时间最短3个月，最长20年。朱宁运报道30例42眼，早期以疏肝清热养阴法，药用当归、茯苓、白术、山栀、银花、升麻、五味子、柴胡、甘草等煎服；后期则以补益肝肾法，用六味地黄丸、石斛夜光丸；西药用红霉素、激素等静滴。经治后，视力提高4行以上为显效的13眼，提高2～4行为有效的22眼，总有效率为96.6%。俞正非报道11例（治前视力0.08～0.2者5例，0.3～0.6者6例），早期以清热解毒、活血化瘀法，药用柴胡、当归、赤芍、白芍、生地、升麻、玄参、白术、丹参、香附、党参、茯苓、车前子、甘草等煎服，视力好转后，加用滋阴明目药；同时服用维生素 B_1、B_2、C。服药9剂后视力恢复正常者4例，15剂后正常者7例。张树权报道20例29眼，随机分西药（5例7眼）与中西医结合（15例22眼）二组，西药用激素静滴与维生素 B_1、B_2 内服；中西医结合组辨证分肝郁化火，肝郁气滞与气血两亏等3型，分别以清热舒肝，舒肝理气与益气补血、舒肝明目法，西药同上。经治后，视力达1.0以上者，中西医结合组为50%，西药组为42.86%；但疗程方面，中西医结合组明显短于西药组。

（姚芳蔚）

【单疱病毒性角膜炎治疗的实验研究】

近年来以中药治疗单疱病毒性角膜炎及抗单疱病毒的实验研究报道渐增。河南眼科研究所曾二次在组织培养管内观察研究部分中药对抗单疱病毒的作用，发现薄荷、喜树果、蒲公英、马勃、木通、柴胡、紫草、半枝莲与栀子有作用。其中以薄荷、喜树果、蒲公英的作用为好，对病毒起作用的最低浓度分别为1∶100、1∶1000与1∶100，且对细胞无毒性。江西医学院附一院对紫草抗单疱病毒的作用做了研究分析，发现其有效成分为紫草素，并用以治疗单疱病毒性角膜炎39眼，治愈30眼，治愈率为76.9%。罗兴中等报道1%金樱子液有抑制单疱病毒的作用，采取药物与病毒在管外作用后加入管内；药物与病毒同时加入管内及先感染病毒后再加入药物等3种方法进行观察，皆未出现病毒感染的细胞病变。以该药液治疗本症溃疡型21例，治程平均13.1天，治愈17例，治愈率80.9%；基质型11例，治程平均39.2天，治愈2例，治愈率18.18%。

广安门医院对抗单疱病毒的中药进行筛选，发现以秦皮为主的抗病毒1号的作用明显，用以治疗本症39例，治愈29例，治愈率76.6%。邢美玉等以紫丁香叶制成病毒消滴眼液治疗单疱病毒性角膜炎247例，获得96.7%的治愈率；并采取管外法，观察其对单疱病毒的作用，再与吗啉呱、疱疹净及病毒唑等眼科常用抗病毒滴眼剂比较，发现紫丁香制剂抑制单疱病毒的作用胜过吗啉呱与病毒唑，而略逊于疱疹净。姚芳蔚等选具有清热解毒等性能的中草药60余种，采取药液与病毒先作用后接种于细胞的方法进行观察，发现射干、鱼腥草、七叶一枝花、白花蛇舌草、羌活、白薇、石胡荽、西河柳、齐菜花、铁苋菜、地锦草与丹参等10余种中药具有抑制单疱病毒的作用，尤以鱼腥草与七叶一枝花的作用明显，其最低浓度分别为0.3325g/L（332.5mg/ml）与0.665g/L〔(665mg/ml)生药〕。

本病发病机理同时亦与机体免疫状态有关。魏淳等在研究中医眼科外用药治疗本病的同时，检测了部分实验家兔免疫学指标，分对照组（生理盐水滴眼）、消单灵组（中药复方眼液滴眼）、中单组（中药单味眼液滴眼）与疱疹净组等4组进行。在血清体液免疫方面，检测IgG与IgA，发现各组间IgG 3个时值（造模前、造模后第8天与第16天）均无差异，消单灵组、中单组与疱疹净组自身前后对照无明显差异，对照组于造模前与造模后16天有显著差异，中单组于造模前与造模后8天，有极显著差异，于造模后16天有显著性差异。IgA 3个时值各组间均无差异，各组于造模前与造模后二个时值均有差异，显示有规律性升高后又降低，但仍高于造模前。细胞免疫学检查 E-玫瑰花环(E-RFC)与淋巴细胞转化率 (LTT),四组间均无显著性差异。吴连玺以黄芪、党参、紫草、蒲公英等药制成"疱疹灵"内服液治疗本病重症 25 眼,平均疗程为 27 天,治愈率为 92%。同时对本病30例于治疗前后检测细胞免疫E-RFC 值,发现治疗前明显降低,治疗后随临床症状好转而升高。因此认为该方具有广谱抗单疱病毒与增强细胞免疫及促进巨噬细胞吞噬功能。蔡华松等在应用中药治疗本病的同时,测定患者泪液免疫球蛋白、补体 C_3。结果表明:本病患者的泪液 IgG 及 IgA 均低于正常人,而补体C_3则高于正常人,其中上皮型 IgG显著下降,而基质型则接近于正常。经用中药治愈后,泪液免疫球蛋白值均升高,补体 C_3 值下降,因而认为泪液免疫球蛋白及补体 C_3 值的测定,可作为判断本病的疗效及估计预后的指标之一。

(姚芳蔚)

【角膜翳的外治与实验研究】

角膜翳是因角膜炎症、创伤等遗留的瘢痕,近年来报道,采用中药外治获得较好疗效。姚亦伟对 84 例 (108 眼) 角膜翳以家传秘方珠黄散 (珍珠、朱砂、甘石、月石、珊瑚、琥珀、东丹、冰片、牛黄等药组成) 涂眼,经 2 个月治疗,显效 (视力增进 3 排以上) 16 眼,有效 (增进 1~2 排) 52 眼,总有效率为 62.9%。作者认为珠黄散具有改善局部微循环与促进瘢痕吸收的作用。聂纯一等对 255 例 (313 只眼) 角膜翳以活血化瘀药制成 IH 764 滴眼剂滴眼,经3个月治疗,显效率为50.4%,总有效率84.6%,3年后随访疗效稳定。实验观测,治前病理所见,角膜实质细胞高度活跃,胶元纤维粗细不匀;治后则实质细胞变得稳定,胶元纤维排列有序,或接近正常状态。治后测定瘢痕区的生化成份,胶元含量降低;裂隙灯所见,角膜周围血管网红色加深,瘢痕区的血管又出现血流。因而认为本药液滴眼能改善血循环,加速结缔组织代谢,使角膜混浊变薄、变少,而使视力增进。潘莎莎等以熊胆、维生素 B_2、冰片与熊去氧胆酸钠、维生素B_2、冰片制成二种复方熊胆眼药水,分别治疗兔角膜白斑模型眼,并以维生素B_2、冰片眼药水与不用药作对照组,观察疗效。经治疗 45 天,二组复方熊胆组的疗效明显优于对照二组。病理切片所见,二组对照组基质层间多形核白细胞及淋巴细胞较多,纤维肿胀、排列不齐,新生血管亦多,而二组复方熊胆组则基质层多形核白细胞及淋巴细胞明显减少,纤维肿胀消退、排列比较整齐,新生血管减少或消失。角膜瘢痕患者经复方熊胆眼药水治疗,视力均有不同程度的提高,并见角膜瘢痕缩小、变薄,新生血管减少或蜕化。

(姚芳蔚)

【眶上神经痛的治疗】

眶上神经痛以上眼眶和额部头痛为主,伴有眼球胀痛,属中医"眉棱骨痛"病症。文日新认为本病为血虚不能养睛,风邪所中引起,选用当归养荣汤(四物汤加羌活、防风、白芷)加减治疗 120 例,经治 15~45 天后,治愈(眼痛完全消失) 77例,好转(眼痛显著减轻) 40 例,总有效率为 97.5%。林玉婉、穆竹虚认为本病为气滞血瘀所致。林氏以血府逐瘀汤加减治疗2例,服药 6~7 剂痊愈;穆氏则选用川芎、香附等理气药煎汤冲服参三七粉,治疗 2 例,皆服药 3 天即愈。赵金山认为本病多为风热外感、痰湿内郁所致,选用选奇汤 (羌活、防风、黄芩、甘草) 合温胆汤治疗 54 例,治愈 43 例,好转 8 例,总有效率为 94.4%。平均治疗时间 8 天。另以普鲁卡因局封,肌注维生素 B_1、B_{12},口服谷维素治疗 54 例作对照,治愈 28 例,好转 11 例,总有效率为 72.3%,平均治疗时间 15 天。二者有显著性差异 ($P<0.01$)。杨树立用清肝和解、活血疏风法,以荆芥、防风、黄芩、柴胡、半夏、香附、夏枯草、白芷、川芎、甘草等为基本方,随证加减,治疗 220 例,全

部痊愈。其中1～3天内治愈40例，4～6天内90例，7～9天内60例，10天以上的30例。

针刺治疗本症的疗效也较好，如姜玉庭报道针刺治疗31例，于1周内治愈21例，治愈率67.7%；又以针刺配合安神宁糖浆（五味子、黄芪、刺五加等提成）与谷维素内服治疗169例，于1周内治愈142例，治愈率84%。针刺以攒竹、阳白为主穴，配合谷、太阳等穴。采取平补平泻手法，得气后留针10分钟，每日1次。一般多于针后立即见效。齐锡森报道针刺治疗95例，经治3～5次，治愈76例，显效及好转16例，总有效率为96.77%。针刺以眶上神经孔为主穴，配穴为阳白透印堂。刺入眶上孔穴1～1.5厘米，得气后，采取轻捻转与雀啄相结合的手法，一般不留针。此外，杨元璋报道，对本症以穴位埋线于攒竹穴治疗50例，痊愈42例，显效7例，总有效率98%。

（姚芳蔚）

【中医眼科病名规范化之研究】

随着中医病名规范、证候规范等研究的深入，中医眼科病名之规范化也已受到重视。彭清华、秦裕辉等的报道，探讨了中医眼科病名规范化研究之必要性及规范化研究之设想。

（一）规范化研究之必要性　由于多种原因，历代医籍对眼科病名论证混乱，多寡不一。主要表现有(1)立症各异，莫衷一是：自《秘传眼科龙木论》载七十二症始，其后《银海精微》载八十症，《证治准绳》为一百七十二症，《审视瑶函》载一百零八症，《目经大成》则减至八十一症。当代高等医药院校教材《中医眼科学》（第五版）载眼病58种，而《中国医学百科全书·中医眼科学》所载有眼病149种。(2)命名方法，五花八门：有以自觉症状命名者，如暴盲、视瞻昏渺、云雾移睛等；有以病变部位与病理特征命名者，如睑弦赤烂、火眦漏等；有以病灶颜色命名者，如色似胭脂、绿风内障等；有以病变形状命名者，如椒疮、蟹睛等；有以病因命名者，如物损真睛，天行赤眼，肝虚雀目等。(3)一病多名，过于繁杂：如眼胞睑肿胀的命名，《银海精微》为胞肿如桃，《证治准绳》为肿胀如杯，《目经大成》为覆杯；如眼目大小眦赘生胬肉的命名，《秘传眼科龙木论》为胬肉侵睛外障，《诸病源候论》为目息肉淫肤候，《审视瑶函》为胬肉攀睛，《证治准绳》为胬肉证、马蝗积证、肺淤证等。(4)多病一名，难适临床：如视衣衄血、目系发炎、视衣脉络阻滞、视衣脱落、目系外伤等五病均有不同病理所致，其治也各异，然其临床主要表现为视力突然锐减，甚或失明，遂以"暴盲"一名统之。(5)非眼之疾，亦纳范畴：如额窦炎、筛窦炎、蝶窦炎、上颌窦炎等非眼部疾病，因常伴眼及眼眶之疼痛而为其所纳。凡此种种，对中医眼科遗产的继承发掘，及学术经验的交流均带来困难，因此对眼科病名进行系统整理，使之逐步规范化实为必要。

（二）规范化研究之设想　(1)以继承性与创新性为原则，对命名较恰当的病名，应贯彻继承为主的原则：如"天行赤眼"既指出其为"天行"传染病，又概括了其是红、肿、热、痛具备的"赤眼"；如"肝虚雀目"既指出其为肝脏虚损所致，又形象地描述其是一种至傍晚视物不见，至拂晓又复明之"雀目"，病名的含义，均使人一目了然。但对命名欠妥或不够准确的病名应有所创新。如"暴盲"，此名太笼统，现借助眼底检查，可知其因常有视网膜脱离、视网膜中央血管栓塞、眼底出血及视神经炎等，因此，对其可重新分别冠以视衣脱落暴盲、脉络阻滞暴盲、目衄暴盲、目系炎性暴盲等病名；"色似胭脂"，虽病名较形象，但其病变之部位及特征不甚清楚，若改名为"白睛溢血"，则较原名更为妥当、准确。此外，对临床上确有其病，又有有效的治法，但历代医籍中缺其名者，则应增补新病名。

如眼目被物挫伤，眼外膜无破损，视力有轻重不等的损害者，可谓“撞击伤目”；外伤眼珠，眼外膜破损，致眼珠肿胀成脓者，则可谓“眼/睛伤成毒”等新的病名。(2) 以科学性与实用性为原则：所谓科学性，即应注意选择和保留既符合中医理论，又能反映疾病本质，有利于病种间鉴别，且易为临床所掌握的名称作正式病名。如“睑缘炎”有风沿赤烂、风弦赤眼、迎风赤烂、睑弦赤烂等多个病名，其中风沿、风弦等字眼提示本病的病因与病位，但含义隐晦，不易理解，而“睑弦赤烂”之名，既指明其病位，又概括了局部红赤、糜烂的病理特征，富有科学性，可作规范病名。所谓实用性，即要求眼病之命名应符合临床实际，有助于临床对疾病的诊断和鉴别。如“老年性白内障”，可有浮翳内障、沉翳内障、水晶翳内障、散翳内障、丝风内障、瞳人淡白内障、黑水翳内障、银内障、仰目内障、滑翳内障、圆翳内障等多个病名，其实都是晶体混浊，只是混浊的部位、颜色、形态不同而已，完全可作一个病认识和命名。因此可用“圆翳内障”一名统之，既概括了“翳”即晶珠混浊这一病理特征，又包括了翳由点片状向圆形即由未成熟向成熟发展的病理过程。其余的则为总病名之下所附各分病名。这样的命名，较符合临床实际，既有助于病名的规范化，又有助于临床对疾病的鉴别。

(汤抗美)

【突发性耳聋证治】

突发性耳聋为常见的感觉神经性耳聋，属“暴聋”范畴。张青等报道本病50例，分中药与西药对照组各 25 例。中药组以丹参注射液静滴、行气活血通窍汤（川芎、赤芍、当归、三棱、香附、郁金、葛根、石菖蒲、地龙、路路通）内服；西药组以泛影葡胺静滴。均以 20 天为疗程。结果中药组治愈(听力恢复至正常或与健侧相似、耳鸣减轻或消失) 9 例，显效（听力提高 20～30 分贝或达到实用水平)4例，有效(听力提高15 分贝以上)8 例，无效 4 例，总有效率为 84%；西药组治愈 8 例，显效 6 例，有效 5 例，无效 6 例，有效率为 76%。两组疗效无显著差异(P>0.05)。本病疗效与病程有十分密切的关系，病程短则疗效好（7 天内有效率达 93.54%），超过四周则较难愈。因此，本病的早期诊断至关重要。作者认为，本病突然而发，极少见肾虚之证，单以“耳病当先责之肾”的观点，难以解释其机理。然肾为耳窍之主，心为耳窍之客，而心主血脉，《医林改错》曾谓“耳内小管通脑，管外瘀血靠挤，管闭故耳聋”，且现代医学证明本病之病理基础为内耳血管痉挛导致耳蜗微循环障碍。因此，本病之病机为气滞血瘀，而治当以行气通窍、活血化瘀为主。周继福报道本病 160 例，分为中西医结合组和对照组各 80 例。中西医结合组按辨证分肾气虚弱、肝肾阴虚、肝胆火旺、肝气郁结、风邪热毒与湿困脾阳等六型，分别以《金匮》肾气丸、六味地黄丸、龙胆泻肝丸、逍遥散、羚羊钩藤汤与半夏白术天麻汤，或辨病用耳聋方(黄芪、党参、白术、葛根、丹参、川芎、红花、桃仁、当归、柴胡、磁石、萸肉、茯苓、杞子、降香、菖蒲)，同时加用西药呋喃硫胺、山莨菪碱肌注，1%普奴卡因于星状神经节阻滞及丹参注射液静滴等。对照组分单用西药(同上)组与单用中药耳聋方组各40例。经治疗 1 月后观察疗效，中西医结合组痊愈20例，显效20例，好转32例，有效率为90%；对照组痊愈15例，显效13例，好转27例，有效率为68.7%。中西医结合组的疗效明显优于单纯用西药或中药组（P<0.05)。田道法等报道对本病 87 例辨证分风邪犯肺（16 耳）、肝气郁滞(39耳)、肝阳上亢（32耳）等三型，并探讨了各证型与预后的关系。各型患者入院时听力的平均值较接近（P>0.05），但肝阳上亢型全聋者明显高于其余 2 型（P<0.05）。经治后，听力提高以肝气郁滞型为最佳（平均 49.7 分贝），肝阳上亢型最差（平均 66.0 分贝），风邪犯肺型居中（平均 56.7分贝)；

有效率以肝阳上亢型最低，尤其是痊愈率明显低于其余2型（$P<0.05$）；比较预后预测值与实际疗效，肝气郁滞型正判率最高，而肝阳上亢型误判率明显高于前者，表明肝阳上亢型病情重笃，病变复杂，预后亦差。

（张守杰）

【氨基糖甙类药物性耳聋的治疗及实验研究】

氨基糖甙类药物对第八对脑神经有毒性损害，重者引起永久性耳聋。目前尚无特效疗法，而以中药或中西药合用治疗，效果较好。周善俦等报道51例，以生地、女贞子、旱莲草、磁石、桑椹子、石菖蒲、骨碎补、山萸肉、银花、甘草等为基本方，经治后，25例听力提高10分贝以上，有效率为49.02%。王玉生等治愈1例链霉素中毒性耳聋，经用通气散加减（柴胡、香附、川芎、白术研末，炼蜜为丸，早晚各服1丸，每丸重5克），共服半月而愈，且随访6年以上听力正常。李风山等报道44例，以自拟仙鹤葛根汤（仙鹤草、葛根、泽泻、五味子、骨碎补等）随证加减；对病情超过1个月者，加用乙酰谷酰胺0.5～1.0克于葡萄糖液中静滴，每日1次。结果痊愈（听力完全恢复正常，停药观察1个月，听力无减退）41例，占93.18%；无效3例。平均服药时间6.5天。李氏等认为氨基糖甙类药物所致耳聋，多有眩晕、恶心、平衡失调等，而根据药理研究，仙鹤草有消除迷路水肿、淋巴液得以回流、内耳中毒性药物减少之作用，葛根则含有葛根黄酮，具有扩张脑血管、降低脑血管阻力而增加脑血流量及罂粟碱样解痉作用，均有益于解除对第八对脑神经的毒性反应。林文森等报道30例，以补肾活血通窍方（仙灵脾、骨碎补、黄精、何首乌、龟版、川芎、石菖蒲、葛根、僵蚕、磁石、水蛭等水煎浓缩后经干燥制成，每包生药3克）口服，每次1包，每日3次；部分患者加服维生素B_1、E、AD、富马铁等。经治3个月，听力达到显效（听力改善30分贝以上者）11例，有效（听力改善15分贝以上者）8例，总有效率为63.3%。林氏等通过动物实验证实了补肾活血通窍方能预防氨基甙类药物对内耳柯替氏器毛细胞的损害，保护动物的听力，并对其作用机理作了推测：(1)保护了柯替氏器毛细血管的线粒体和内质网结构与功能，促进酶和蛋白质的合成；(2)可能由于促进了毛细胞的DNA合成而起作用；(3)可能是促进了内分泌功能和调整环核苷酸进而保护内耳功能。

（张应文）

【副鼻窦炎的辨证与治疗】

副鼻窦炎的辨治，近二年的临床报道除王永钦、俞军等作了辨证分型探讨外，多以单、验方为主随证加减，或用外治法。疗效较好。如俞军等对本病187例按虚实分证。实证（101例），多为肝胆湿热，循经上犯，蒸灼鼻窦所致。治以清利肝胆湿热法，药用龙胆草、鱼腥草、黄芩、夏枯草、菊花、白芷、苍耳子、桔梗、车前子、藿香、生苡仁等为基本方随证加减。虚证（86例），多为久病不愈，脾肺气虚，湿浊上犯，脉络瘀阻所致。治以益肺健脾、升清化浊，佐以活血化瘀法，药用生黄芪、白扁豆、菖蒲、白术、云苓、藿香、葛根、川芎、鸡血藤、红花、鱼腥草、苡仁等为基本方，随证加减治之。结果实证组痊愈（症状及鼻腔检查阳性体征完全消失者）40例，好转（症状明显减轻，鼻腔检查阳性体征减轻者）54例，无效7例，总有效率为93%，平均用药18天；虚证组痊愈22例，好转51例，无效13例，总有效率为85%，平均用药26天。李柏元以内服鼻渊汤（藿香、蒲公英、鱼腥草、败酱草、辛夷花、白芷、生甘草、丝瓜藤、贯众、野菊花、苍耳子、黄芪、赤芍、藁本、川芎），外用鼻渊灵（鲜丝瓜藤、辛夷花等制成）滴入患侧鼻腔，10天为1疗程，治疗慢性副鼻窦炎57例，总有效率为94.7%，其中显效（鼻腔通气良好，脓涕消失，无头闷、昏、痛感，鼻粘膜正常，中、下鼻道及嗅裂区无脓性分泌者）31 例，占 54.4%。诸云龙以鼻渊汤（银花、蒲公英、黄芩、鱼腥草、山豆根、苍耳子、辛夷、薄荷、天花粉、桔梗、甘草）随证加减煎服，7天为1疗程，治疗慢性鼻窦炎42例，结果总有效率为92.9%，其中治愈（症状消失、嗅觉正常、无阳性体征，中、下鼻道及嗅裂处无浓性分泌物）20 例，占 47.6%。王守智等对本病 30 例，以麻杏石甘汤加辛夷、苡仁、桂枝、葛根、赤芍、桔梗、陈皮等为基本方，随证加减治疗，总有效率为 93.3%，其中痊愈（症状消失、检查鼻腔阳性体征消失或鼻窦摄片炎症消失）24 例，占 80%。唐英等对本病 50 例，以加减苍耳子散（苍耳子、辛夷、白芷、黄芩、菊花、桔梗、藿香、鱼腥草、薄荷、生甘草）为基本方，随证加减治疗，结果总有效率为 92%，其中治愈（鼻塞、流涕、头痛消失，嗅觉基本恢复，鼻镜检查中鼻道或嗅裂无脓液者）12 例，占 24%。谢焕荣对本病以加味取渊汤（辛夷、柴胡、炒山栀、浙贝、苍耳子、元参、当归）随证加减，经治 29 例均痊愈（头痛、鼻塞、浊涕均消失）。熊大经对本病 187 例，治以鼻窦炎合剂(柴胡、龙胆草、苍耳、辛夷、白芷、黄芩等）口服，每日 3 次，30～50ml/次。结果治愈(用药 3 个月内症状消失、体征转阴）31 例，显效（症状及体征均有明显改善）113 例，有效(症状及体征有任一改善者）23 例，无效 11 例，总有效率为 93.82%。牛生录以鼻舒灵片（藿香、薏仁、丹参、黄芩、白术、黄芪、桂枝、苍耳子、柴胡、蒲公英、鱼腥草等制成)治疗 358 例，总有效率为 97.7%。李奂民等以香菊片（化香树果序、夏枯草、生黄芪、野菊花、甘草等）治疗 287 例，总有效率为 94.77%。

此外，单施外治法的有刘午祥等以油剂鼻病灵（当归、黄芩、冰片、辛夷、白芷、苍耳子、荆芥、麝香、地胆、蟑螂等，加胡麻油制成）滴鼻治疗本病 105 例，总有效率为 90.5%，其中基本治愈（症状、体征消失，X 线拍片正常）86 例，占 81.9%。王圣云等对本病 60 例，以鼻宁雾化剂（当归、赤芍、银花、红花、贝母、桔梗、黄芩等制成）通过雾化管吸入鼻腔，每日 1 次，每次 15 分钟，平均治程 15 天，总有效率为 90%，其中显效（鼻塞、浊涕、头痛、鼻粘膜充血症状均消失，白细胞计数恢复正常）22 例。余福增等以复方露蜂房滴鼻液（露蜂房、辛夷、苍耳子、射干、藿香等制成）每日 3 次，每次 2～3 滴，治疗慢性副鼻窦炎 32 例，显效 15 例，总有效率为 81.25%。

（吴贤益）

【过敏性鼻炎的临床治疗与实验研究】

过敏性鼻炎的报道集中于临床治疗与实验研究二个方面。临床治疗多以益气固表为主，如兰克以加味补中益气汤（黄芪、白术、山药、党参、茯苓、防风、陈皮、苍耳子、甘草、辛夷花、升麻）随证加减治疗 13 例，痊愈 11 例，无效 2 例，治愈率为 84.6%。林文森等以玉屏风散加减（黄芪、防风、白术、党参、柴胡、当归、五味子、乌梅、石菖蒲、郁金）治疗 495 例，平均治程 30 天，总有效率为 84%，其中显效（局部症状消失或基本消失，鼻粘膜检查阴性，观察 3 个月未复发者）293 例。对有效者 2 年后随访到 287 例，仅有 38 例复发，复发率为 13.2%。余养居等以天黄灵冲剂（天虫、黄芪、地黄、仙灵脾、党参、川芎、当归、首乌、麦冬、五味子、细辛）治疗 60 例，经治疗 4 周后，总有效率为 96.6%，其中显效(症状全部缓解或消失，鼻粘膜肿胀消退，色泽转为红润）47 例。但远期疗效尚不够理想，随访 1、2 年的复发率分别为 35%、40%。陈小宁则以益气活血法为主，药用党参、当归、黄芪、丹参、辛夷、桃仁、防风、白术、红花、川芎为基本方，随证加减治疗 15 例，痊愈（症状消失，随访 1 年无复发）2 例，好转（症状明显减轻或发作明显减少）11 例，无效 2 例。作者认为本病发作期鼻粘膜血流量较正常人明显降低，而症状缓解后鼻粘膜血流量又接近正常，因此，以益气活血法改变鼻粘膜的血流量以缓解症状，控制复发。此外，过敏性鼻炎的外治法，齐志卿以细辛、白芷、辛夷、川芎、漏芦、薄荷共研细面，另加葱白、香油调成糊状外用，滴鼻治疗10例，临床治愈3个月以上未发者5例，2个月后复发者3例，有效2例；用药一般4～5次即显效。余德生以复方鹅不食草滴剂（鹅不食草、氢化可的松、朴尔敏制成）滴鼻治疗9例，痊愈（症状消失、半年内无复发者）3例，好转（症状基本消失，半年内有复发，再用药有效者）3例，无效3例。汪宗文取辛夷花、制成溶液将棉片浸湿，塞入鼻腔或滴鼻）治疗82例，基本治愈66例，好转15例；一般1～3次即见效。余增福等以露蜂房、辛夷、苍耳子、射干、藿香制成滴鼻液，治疗35例，显效17例，有效11例，无效7例。

实验研究，林文森等以补气固表为主治疗本病的同时，对患者治疗前后血浆环核苷酸、鼻粘膜超微结构及实验性动物模型的鼻粘膜超微结构进行了观察。结果表明补气固表治疗能调整机体内环核苷酸，使其趋向正常，可能是抑制了介质的释放，减轻或消除组织反应；能改善细胞及细胞器的形态和功能；恢复粘膜纤毛细胞功能，减少嗜酸性细胞浸润及脱颗粒反应，并减少组织水肿，消除免疫复合物沉着，而使器官恢复正常。中国医科大学附属第二、第三医院对51例本病分泌型以辨证分型论治，并观察治疗前后患者的IgA变化。结果治疗前IgA平均值为40.82mg/L(40.82ug/ml)，较正常值23.34±1.29mg/L(23.34±1.29ug/mlM±SD)明显增高（$P<0.001$），治疗后IgA平均值降为23.14ug/ml，达到正常范围。治疗前后比较，有非常显著性差异（$P<0.001$）。

（吴贤益）

【慢性咽炎证治】

慢性咽炎属“喉痹”之范畴。曹会波认为本症早期为肝脾失调、痰气交阻于咽部，日久及肾。素体阳壮者，易成肺肾阴亏，肝肾阴虚火旺，发为热痹；素体阳弱者，每成脾肾两亏，阳虚寒（痰）凝，发为冷痹。对热痹者，治以解郁、清痰、滋阴降火、化瘀，理气化痰药宜轻，以防耗阴；滋阴药宜重，借水济火；对相火妄动者，佐以少量肉桂、柴胡引火归元，散发郁火。对冷痹者，予理气化痰、温阳散结祛瘀，佐以健脾益肾。同时均应调畅肺气。王广见等则认为肾阴虚损为本病之主要病因。肾阴不足则虚火上炎，熏灼咽喉；肾阴亏虚可导致肺阴亏耗，肺失所宣，咽喉不利；水不涵木则木火炼液成痰，循经蒸结于咽喉。一源三歧，阴虚为本，气、火、瘀为标。治当滋阴、散结、清热解毒，标本同治。选用苦酒汤加味（食醋、鸡蛋、半夏、桔梗、甘草、贝母、玄参、板蓝根、白花蛇舌草）治疗120例，全部有效，其中痊愈（症状消失、咽部检查正常）98例。平均治程为15天。刘乾和等以咽舒汤（当归、桂枝、赤芍、射干、桔梗、甘草、川芎、丹参、桃仁）治疗本症56例，经治20天后，全部有效，其中痊愈（症状及咽部充血消失、咽后壁淋巴滤泡显减或消失）38例。俞军等报道慢性单纯性咽炎和慢性肥厚性咽炎各100例，分别随机分为治疗组和对照组各50例。治疗组采用咽宁片（玄参、乌梅、天花粉、瓜蒌皮、射干、川贝、硼砂、玄明粉、人工牛黄、薄荷脑、麝香等）含化，每次1片，每日6次；对照组含四季润喉片。经治36天后，观察患者的咽痛、咽干、咽部异物感及咽部充血、咽后壁淋巴滤泡增生等5项指标。结果咽宁片对慢性单纯性咽炎的总有效率为92%，对照组的总有效率为72%；对慢性肥厚性咽炎的总有效率为88%，对照组的总有效率为64%。两个治疗组的疗效及在减轻咽痛、咽干、咽部充血和咽部淋巴滤泡增生等方面均优于对照组（$P<0.01$）。但两者在减轻咽部异物感的作用方面无显著差异。作者认为本症以阴

虚火旺、痰热上扰所致为多，咽宁含片清热、滋阴，且兼有内服外治之优点。

（张守杰）

【声带小结与息肉证治】

声带小结和息肉的治疗，1989年全国中医嗓音医学学术会有专题研讨。匡奕璜等综述大会论文，指出声带息肉和小结以痰湿凝滞为其主要病因。张尚宏等认为声带息肉的治疗大法为宣肺化痰、健脾利湿、活血化瘀、通络开音，在各类声带息肉的治疗中加入铁包金、穿破石、木贼草等，疗效良好。江义勇对声带息肉和小结辨证分为痰湿、瘀血与血凝痰结等三型，分别以理气化痰、泻肺利湿，行气活血、化瘀散结，活血化瘀、软坚散结药煎服，另用银硼液（银花、硼砂、薄荷、桔梗、甘草、青果、木蝴蝶）吸入治疗34例，痊愈15例，好转18例，无效1例，平均治愈时间为17天。张守杰对声带小结从脾肾论治，以健脾益肾、利水渗湿为治则，选用木蝴蝶、胖大海、蝉衣、淮山药、茯苓、泽泻、石莲肉、车前子、桑寄生、女贞子、制首乌、生地为基本方治疗50例，治疗2个月后，显效15例，有效33例，无效2例。郑昌雄等认为声带息肉乃有形之物，其形成与血瘀有关。以活血化瘀法治疗本证19例，疗程3个月，痊愈（声带恢复正常、息肉消失或仅留痕迹者）5例，有效（声嘶好转、息肉缩小约½以上者）6例，无效8例，总有效率为57.9%。基本方为夏枯草、桃仁、红花、赤芍、白芍、南沙参、明党参、炙僵蚕、天花粉、桔梗、蝉衣。作者认为其获效的主要机理为活血化瘀药有减轻炎症，促进组织修复，软化纤维组织，疏通血管闭塞，改善微循环等作用。郎建新对声带小结从肺、肾、肝论治，以滋肾润肺、疏肝解郁为治则，用散结开音汤（北沙参、玄参、麦冬、知母、莪术、僵蚕、土贝母、郁金、木蝴蝶、桔梗、薄荷、甘草）治疗52例，显效(发音恢复、小结有明显缩小者）18例。此外，潘嘉珑等以干祖望之经验方丹青三甲散（三棱、莪术、穿山甲、地鳖虫、蝉蜕、鳖甲、昆布、海藻、桃仁、落得打）治疗声带小结35例，有效率为91%，其中治愈率为34%；治疗声带息肉39例，有效率为74%，其中治愈率为10%。匡晓泉报道治愈声带息肉2例，以消痰散结、生津利咽法，药用乌梅、僵蚕各120克，研末分为80包，每次吞服1包，每日2次，每次3克，10天后即效。

（张守杰）

【口腔溃疡的治疗进展】

口腔溃疡的病因病机，徐治鸿认为主要因火而发。辨证分型根据口腔溃疡的不同表现，主要有(1)阴虚火旺型：溃疡面呈圆形或椭圆形，边界清楚略高起，周围绕以窄的红晕，治以滋阴清热，用地黄丸加减；(2)脾虚湿困型：溃疡表现水肿高起，充血相对较轻，溃疡较深而局限，愈合期较长，治以健脾利湿，用补中益气汤、参苓白术散等加减；(3)胃火上炎型：溃疡呈不规则，有黄色伪膜覆盖，较表浅，周围充血广泛，治以清胃降火，用清胃散、凉膈散等加减；(4)心火上炎型：溃疡小而散在，粘膜红赤，治以清心泻火，用导赤散、升麻煎等加减。董德懋认为本病有阴虚者，有火旺者，然以脾胃病变为多见，且湿浊粘腻不易速除，脾虚失运湿浊难化，故反复发而难根治，治以七味白术散化裁。许履和认为本病可分急性发作期和慢性迁延期，前者以肺胃之热上攻论治，后者以阴虚火旺论治。傅宗翰认为本病当首辨寒热虚实。治则按“实火宜泻宜折”，直以苦寒清泄之品；“虚火宜养宜潜”，忌用苦寒，乃以育阴摄纳之剂。汤承祖认为本病多属肾阳虚于下，虚阳浮于上所致。其病本在肾，标在口，当以标本同治。郑日新用三才封髓汤（天冬、熟地、党参、炒黄柏、砂仁、炙甘草）为主治疗34例，8例显效（口疮痊愈、半年以上未复发），占23.5%，23例有效（口疮病程缩短，自身对照复发间隔时间明显延长），占

67.6%，3例无效（病程和复发间隔时间如旧），占8.8%，总有效率有91.2%。王莲芳用板蓝根汤涂擦患处及分次含漱治疗15例口腔溃疡患者，其中14例3～4天后痊愈。刘玉峻等报道对100例复发性口疮的辨证施治：胃肠热雍型7例，实热用清胃散加减，虚热用玉女煎；脾虚型36例，用补中益气汤加减；肾阴虚型28例，用知柏地黄丸加减；肝郁型29例，用丹栀逍遥散加减。结果显效（发作间隔期显著延长，停药后发作次数明显减少，或偶有发作）31例，有效（溃疡数量减少，愈合期缩短、疼痛减轻）62例，无效7例。总有效率为93%。史慧宝等报道50例，以麝香熊羚丸（麝香、羚羊角、冰片、蟾酥、熊胆酸等）吞服，每日3次，每次5丸、4周为1疗程，总有效率为82%。其中显效（用药时溃疡停止复发、停药后间歇期延长1倍以上）18例，占36%。郑建本对30例阴虚湿热内蕴型患者用甘露饮（生地、茵陈、黄芩、枳壳、枇杷叶、石斛、甘草、天冬、麦冬）随证加减治疗，大多2～4天痊愈。此外，有对本病以中西药合治的报道。吕金仙对本病114例以吹口散（参三七末、冰硼散、地塞米松、次硝酸铋等研末）涂抹于患部，每日4次，用药2～5天，显效（症状消失、溃疡疮面愈合者）109例，显效率达95.6%。肖正中治本病20例用丹参30克，每日1次，甲基睾丸素10毫克，每日服3次。结果基本治愈（溃疡5天内愈合，停药1年以上无复发者）7例，占35%；显效（溃疡5天内愈合，停药6～12个月复发者）6例，占30%；有效（溃疡7天内愈合，停药3～6个月复发者）4例，占20%。总有效率为85%。而西药（用强的松、维生素B_1等治疗）对照组的20例总有效率为55%。两组比较，有显著差异（$P<0.01$）。

（沈龙柱　夏　翔）

【牙周炎及牙周脓肿的治疗】

牙周炎急性者多属实证，与胃实有关；慢性者多属虚证，与肾虚有关。治疗多从清胃泻火、补肾固齿着手。

雷焰中以清胃泻火、解毒消肿为法，选用清胃散加味（生石膏、生地、黄连、升麻、当归、丹皮、大黄、竹叶、连翘、天花粉）治疗急性牙周炎156例。其中56例单纯服中药（1986年卷《中医年鉴》已有介绍），其余100例除服中药（5～7天为1疗程）外配合局部龈上洁治及龈下刮治，牙周袋冲洗或手术切排等。结果，单纯中药组总有效率98.21%；配合局部治疗组总有效率为100%。其中痊愈（局部红肿消失，全身症状消失，1年以上不复发者）75例，占75%。何宏开等对本病100例治以中药塞（白芨、白芷、白蔹、黄芩、黄柏、甘草等制成中药塞药膜），塞入牙周袋内，每日1次；同时与西药组（用青霉素或四环素）100例对照。结果，中药组治愈（用药1～2次后，牙龈红肿消退，色泽变淡，触之不出血，无自发性痛，牙周袋变浅，牙松动度变轻）97例，有效（用药3次，并加用抗生素而愈者）2例，无效（用药4次以上，并加用抗生素而愈者）1例；西药组治愈33例，有效20例，无效47例；两组疗效差异显著（$P<0.01$）。随访1年，中药组23例，复发者3例；西药组17例，复发者11例。何氏认为，中药塞放入牙周袋内，可提高病灶区的药物浓度，延长药物作用时间，且疗程短，见效快，复发少，使用方便。

为了探索补肾与固齿之间的关系，赵瑞芳等对27例青少年牙周炎患者，全部以常规治疗，其中对18例同时以固齿膏（六味地黄丸加杞子、山豆根等制成）治疗，另9例则作为对照组，同时检测患者治疗前后T淋巴细胞的阳性率及末梢血多形核白细胞（PMN）吞噬率及吞噬指数的变化。结果，服固齿膏组的临床疗效（包括治疗前后的牙齿松动度与牙槽骨吸收率对比）优于对照组。且服固齿膏组患者的治疗前后T淋巴细胞阳性率及末梢血PMN吞噬率和吞噬指数均有显著性差异（P均<0.01）；而对照组则均无差异（P均>0.05）。因此，赵氏认为，固齿膏的作用机理，可能与提高T淋巴细胞数及PMN吞噬功能有关。

牙周脓肿为牙周炎症进行中急性发作而成。对本病的治疗，苟建重等报道用局部给药法。用冰片、细辛、花椒等量研末，放于器皿中加盖后加热，取盖内表面升华粉末，以探针蘸少许丁香油将粉末沾上送入患者的牙周袋中。经临床观察31例，均获痊愈（牙龈炎症消退、牙周袋无脓、无自觉症状），其中用药1次痊愈者26例，2次者2例，4次者1例。

（沈龙柱　夏翔）

参考文献

C

蔡华松等　单疱角膜炎的中药治疗及泪液免疫球蛋白补体C_3测定　中西医结合眼科杂志 (1)：11，1989

曹会波　慢性咽炎证治管见　四川中医 (6)：45，1989

陈小宁　益气活血法治疗变应性鼻炎疗效观察　浙江中医杂志 (5)：214，1989

程井义　中西医结合治疗视神经萎缩　中西医结合眼科杂志 (4)：180，1989

D

邓帮兴　衄血点眼法治疗鼻衄40例　中西医结合杂志 (11)：46，1989

邓亚平等　驻景丸加减治疗老年性黄斑变性的临床初步观察——附：30例51眼疗效观察　成都中医学院学报 (2)：25，1989

邓子宏等　视网膜静脉阻塞患者的血小板聚集功能观察　中西医结合杂志 (2)：88，1989

F

方英杰等　加味血府逐瘀汤治耳源性眩晕　辽宁中医杂志 (1)：45，1989

冯肇杰　中西医结合治疗视网膜中央静脉阻塞18例　中西医结合眼科 (1)：35，1986

中药治疗老年性黄斑变性二例　中西医结合眼科杂志 (4)：193，1989

G

苟建重等　中药治疗牙周脓肿临床疗效观察　云南中医学院学报 (1)：18，1989

顾　卫等　清开灵注射液为主治疗急性扁桃体炎46例临床观察　广西中医药 (5)：17，1989

管月眉　桃红四物汤加减治疗视网膜静脉阻塞的疗效及血液流变学的观察　中西医结合眼科 (3)：41，1984

广安门医院　抗病毒1号治疗单疱病毒性角膜炎临床观察与实验研究　首届全国中医眼科学术交流会资料　1985

H

何宏开等　自制中药塞治疗牙周炎100例　中西医结合杂志 (3)：131，1989

河南眼科研究所　中草药抗单疱病毒的实验研究　眼科资料汇编　1973

抗单疱病毒药物的实验与临床研究　眼科资料汇编　1977

侯清岩　五轮八廓学说在眼科临床上的应用　中西医结合眼科杂志 (4)：145，1989

胡兆科　田七人参治疗视网膜中央静脉阻塞疗效报告　中西医结合眼科 (3)：32，1983

黄重奇　血府逐瘀汤加减治疗视网膜静脉周围炎的体会　中西医结合眼科杂志 (1)：23，1989

黄叔红　活血化瘀及抗炎中药治疗青壮年视网膜静脉阻塞　实用眼科杂志 (2)：119，1986

J

江西医学院附一院　紫草滴眼剂治疗单疱角膜炎的临床观察与实验研究　眼科资料汇编　1979

姜玉庭等　中西医结合治疗眉棱骨痛200例　中西医结合眼科 (2)：14，1984

蒋运芳　中西医结合治疗视神经炎75例疗效观察　中西医结合眼科杂志 (1)：26，1989

K

匡奕璜等　中医嗓音医学临床研究近况　江西中医药 (3)：55，1989

匡晓泉　声带息肉治验　四川中医 (9)：45，1989

L

兰　克　加味补中益气汤治疗过敏性鼻炎　四川中

医 (9):47, 1989

郎建新 散结开音汤治疗声带小结52例 广西中医药 (4):17, 1989

雷传宗等 视网膜中央静脉阻塞之丹参治疗 中西医结合眼科杂志 (2):77, 1989

雷焰中 急性牙周炎156例临床观察 湖北中医杂志 (1):19, 1989

李柏元 鼻渊汤治疗慢性副鼻窦炎57例 湖北中医杂志 (1):20, 1989

中心性脉络膜视网膜病变81例辨证论治 中西医结合眼科杂志 (4):172, 1989

李风山等 中西医结合治氨基糖甙类药物性耳聋 新中医 (12):21, 1989

李奂民等 香菊片治疗鼻渊329例临床观察 陕西中医 (8):354, 1988

李万山 血栓通透入治疗眼内出血疗效观察 眼科通讯 (5):7, 1987

林文森等 补肾药物治疗小儿药物性耳聋的临床及实验研究 中西医结合杂志 (7):402, 1989

林玉琬 眶上神经痛两例治验 福建中医药 (5):35, 1989

刘绮霞 中西医结合治疗单疱病毒性角膜炎 中西医结合眼科杂志 (4):156, 1989

刘乾和等 56例慢性咽炎治疗小结 上海中医药杂志 (1):40, 1989

刘午祥等 油剂鼻病灵治疗鼻窦炎105例疗效观察 中医杂志 (1):42, 1988

刘孝书等 中药为主治疗视网膜静脉阻塞216例报告 中医杂志 (10):36, 1989

刘玉峻等 复发性口疮的辨证论治 天津中医 (2):20, 1989

刘志军 化痰通窍汤治疗耳源性眩晕114例 湖南中医杂志 (5):36, 1989

陆绵绵等 辨证辨病治疗视网膜静脉阻塞 中西医结合杂志 (10):60, 1989

吕金仙等 吹口散治疗口腔溃疡114例临床分析 湖北中医杂志 (5):13, 1989

吕金琢等 中西医结合治疗糖尿病性视网膜病变 中西医结合眼科杂志 (4):172, 1989

罗思贵等 中药喷雾疗法治疗急慢性咽炎224例 山东中医杂志 (1):26, 1989

罗兴中等 1%金樱子滴眼剂抗单疱病毒的初步研究 中西医结合眼科 (3):47, 1985

M

马德祥 中心性视网膜炎216例分型治疗 中西医结合眼科杂志 (1):17, 1989

马素兰 加味当归芍药散为主治疗葡萄膜炎 中西医结合眼科杂志 (4):163, 1989

马一民 中医中药治疗视网膜静脉血栓50例疗效 中西医结合眼科 (3):3, 1986

穆竹虚 田三七治疗眶神经痛 中西医结合眼科 (2):31, 1986

N

聂纯一等 IH764滴眼剂治疗角膜瘢痕的研究 中医药国际学术会议论文集 上海 1987

牛生录 鼻舒灵治疗鼻渊358例 陕西中医 (12):544, 1988

P

潘嘉珑等 丹青三甲散治疗声带疾患150例疗效观察 河北中医 (1):27, 1989

潘莎莎等 复方熊胆眼药水治疗角膜白斑的实验研究与临床观察 中西医结合眼科杂志 (4):150, 1989

庞赞襄等 中医治疗视网膜静脉血栓178例疗效观察 中西医结合眼科 (3):30, 1980

彭清华 中医眼科病名规范化的探讨 云南中医杂志 (2):40, 1989

Q

齐锡森 针刺治疗眶上神经痛长期疗效观察 中西医结合眼科 (1):1, 1986

齐志卿 自拟方治过敏性鼻炎 新中医 (10):6, 1989

秦裕辉等 试论眼科病名规范化的内容和原则 中医药信息 (1):17, 1989

S

史慧宝等 麝香熊羚丸治疗复发性阿弗它溃疡疗效观察 上海中医药杂志 (12):23, 1989

苏宜春 通栓汤内服联合普鲁卡因静滴治疗视网膜静脉阻塞28例 中西医结合眼科杂志 (2):76, 1989

中西医结合治疗病毒性角膜炎174例 中西医结合眼科杂志 (4):156, 1989

T

汤邦彦 中西医结合治疗重症葡萄膜炎及其并发症 中西医结合眼科杂志 (4):164, 1989

唐　英等　加减苍耳子散治疗小儿鼻窦炎50例临床分析　中医药学报　(1):56，1989

田道法等　特发性暴聋初诊型与预后关系初探　湖南中医学院学报　(2):99，1989

W

汪宗文　辛夷花棉片塞鼻治疗鼻炎　中西医结合杂志　(8):501，1989

王得国　泽泻汤加减治疗眩晕综合征（美尼尔氏病）　实用中西医结合杂志　(5):56，1989

王广见等　苦酒汤加味治疗慢性咽炎120例　陕西中医　(1):17，1989

王继仙　定眩饮子治疗内耳眩晕病的临床观察　云南中医杂志　(6):12，1989

王莲芳　板蓝根汤治疗口腔溃疡15例　陕西中医　(3):126，1989

王圣云等　鼻宁雾化剂治疗急慢性副鼻窦炎疗效观察——附60例临床分析　江苏中医　(3):19，1989

王守智等　麻杏石甘汤加味治疗鼻窦炎30例　山东中医杂志　(6):18，1989

王永钦　慢性鼻渊非独虚证　辽宁中医杂志　(11):14，1988

王玉生等　通气散加减治疗链霉素中毒性耳聋　实用中医内科杂志　(3):5，1989

魏　淳等　实验性单疱性角膜炎家兔免疫学检查　中西医结合眼科杂志　(1):6，1989

魏湘铭　静脉点滴尿激酶、内服补阳还五汤治疗视网膜静脉阻塞31例　中西医结合眼科　(2):24，1986

文日新　当归养荣汤加减治疗目痛120例　中西医结合眼科　(2):1，1986

吴白燕等　老年性黄斑变性治疗措施的评价　中西医结合眼科杂志　(2):58，1989

吴家华　丹栀射郁汤治疗急性会厌炎35例　江苏中医　(1):29，1989

吴连玺　中西医结合治疗单疱病毒性角膜炎的临床与免疫学观察　角膜病杂志　(4):215，1982

中药"疱疹灵"治疗单疱病毒性角膜炎的临床及实验研究　第五届全国中西医结合眼科学术会资料　1987

X

夏锦平　从清代五部喉科专著看喉科用药规律　浙江中医杂志　(6):270，1989

肖正中　丹参合并甲基睾丸素治疗复发性口疮20例　中西医结合杂志　(5):304，1989

谢焕荣　加味取渊汤治疗鼻渊29例临床观察　黑龙江中医药　(2):23，1988

邢美玉等　病毒消滴眼抗单疱Ⅰ型病毒实验及临床应用　中西医结合眼科杂志　(1):9，1989

熊大经　"鼻窦炎合剂"治疗鼻窦炎178例临床报道　中国医药学报　(4):34，1989

熊婷婷　五苓散加减治疗中心性视网膜炎65例　中西医结合眼科杂志　(4):176，1989

徐俊义等　活血化瘀治疗视网膜静脉阻塞的疗效机理研究——外周微循环观察　中西医结合杂志　(2):97，1985

徐茂生等　30例视网膜血管阻塞治疗的临床观察　中西医结合眼科杂志　(2):80，1989

徐斯科　自拟黄枯散治疗化脓性中耳炎100例　河北中医　(5):22，1989

徐治鸿等　复发性口腔炎证治　中医杂志　(3):4，1989

Y

严道南等　化痰润喉汤治疗喉炎583例　江苏中医　(12):10，1989

杨树立　中药治疗眶上神经痛220例临床观察　眼科通讯　(3):28，1987

杨永平等　全国中西医结合防治变态反应性鼻炎学术讨论会纪要　中西医结合杂志　(2):122，1989

杨玉光　多维薄荷油治疗萎缩性鼻炎57例　国医论坛　(1):36，1989

杨元璋　穴位埋线治疗眶上神经痛50例疗效小结　眼科通讯　(3):8，1988

姚芳蔚等　中药治疗单疱病毒性角膜炎的实验研究　中西医结合眼科杂志　(1):3，1989

虎杖、丹参治疗眼内出血疗效小结　中西医结合眼科　(3):48，1983

姚锦林　虹膜睫状体炎的治疗研究——附550例疗效分析　中西医结合眼科杂志　(4):162，1989

姚亦伟　珠黄散眼膏治疗角膜翳疗效观察　眼科通讯　(3):11，1987

余德生　复方鹅不食草滴剂治疗鼻炎及鼻窦炎64例　中西医结合杂志　(6):374，1989

余增福等　复方露蜂房滴鼻液治疗鼻炎100例　安

徽中医学院学报 (3):45, 1989

余养居等 天黄灵冲剂治疗过敏性鼻炎疗效观察 中西医结合杂志 (9):720, 1989

俞 军等 辨证治疗鼻窦炎187例临床小结 江苏中医 (3):16, 1989

咽宁含片治疗慢性咽炎100例 中西医结合杂志 (2):101, 1989

俞正非 中西医结合治疗视神经炎 山西中医 (6):24, 1989

Z

曾光明等 口炎宁冲剂治疗急性牙源性炎症的临床研究 口腔医学 (2):66, 1989

张重华等 丹芎茅花汤治疗鼽衄100例 上海中医药杂志 (9):33, 1989

张惠蓉 视网膜中央静脉阻塞患者血小板电镜观察及服中药后的变化 中华医学杂志 (5):293, 1980

张铭连 银公逍遥散治疗球后神经炎59例 辽宁中医杂志 (10):19, 1989

张 青等 自拟"行气活血通窍汤"为主治疗突发性耳聋 附50例疗效对比观察 上海中医药杂志 (2):25, 1989

张树权 中西医结合治疗急性视神经炎20例 中西医结合眼科杂志 (4):179, 1989

张小平 通气复聪汤治疗慢性非化脓性中耳炎 湖北中医杂志 (1):48, 1989

张玉龙 论玄府学说及其在眼科的运用 四川中医 (9):7, 1989

张子宽 紫草油外用治疗急慢性脓耳53例 辽宁中医杂志 (5):29, 1989

赵金山等 选奇汤加减治疗眶上神经痛的疗效 中西医结合眼科杂志 (1):8, 1989

赵瑞芳等 青少年牙周炎患者服固齿膏的观察 中华口腔医学杂志 (6):368, 1988

赵廷富等 育阴潜阳通脉汤治疗视网膜静脉血栓49例 中成药研究 (1):21, 1986

郑昌雄等 中医药治疗声带息肉19例 中西医结合杂志 (5):288, 1989

郑建本 甘露饮治疗口疮30例临床观察 四川中医 (9):43, 1989

郑日新 三才封髓汤加味治疗复发性口疮34例 北京中医 (1):23, 1989

周才琛 中西医结合治疗化脓性中耳炎65例 广西中医药 (2):10, 1989

周宏波 中药治疗鼻衄150例 陕西中医 (11):497, 1989

周继福 突发性耳聋中西医结合治疗160例 重庆医药 (2):53, 1989

周善侍等 中药治疗儿童中毒性听力减退51例报告 江西中医药 (1):12, 1989

朱宁运 中西医结合治疗急性球后视神经炎30例 中西医结合眼科杂志 (4):179, 1989

诸云龙 鼻渊汤治疗慢性副鼻窦炎临床报告 河北中医 (1):11 , 1989

(9) 针 灸 科

【概述】

1989年针灸的临床报道除了已见于各专条外，尚有以下方面。

呼吸系统疾病　许正采用"儿贴灵"穴位贴敷治疗小儿气管炎。王三山采用兔垂体膻中穴位埋藏治疗慢性支气管炎824例，支气管哮喘176例。洪圣达等采用液氮冷冻穴位治疗咳喘症204例。白秀珍以针刺尺泽、孔最等穴位治疗百日咳63例。符文彬以针挑大椎、肺俞等穴治疗哮喘症118例。平均挑针12次。以上4篇报告，总有效率均在90%以上。刘玉芬等采用"三伏灸"治疗气管炎，哮喘424例，总有效率达88.52%。杨廉德采用白芥子泥丸贴敷肺俞、心俞等穴位治疗慢性哮喘580例，总有效率81.8%。李永光等采用电热鍉针激发循经感传使气至病所的方法，治疗肺癌14例，总有效率78.6%。

消化系统疾病　邢忠信以针刺天枢、足三里、长强等治疗小儿腹泻500例，治愈率97%。刘佳以针刺长强穴为主治疗婴幼儿腹泻122例，痊愈95例。吴亚梅等采用小剂量庆大霉素长强穴注射治疗感染性肠炎100例，全部治愈。各家报告针灸治疗胃病，总有效率一般都在90%以上。其中陈士杰等采用脾俞、胃俞、足三里等穴位埋线，治疗慢性胃炎77例，胃十二指肠溃疡89例，结果治愈率达49.4%。张书春等采用维生素B_1、B_2对足三里、中脘等穴位注射的方法，治疗胃十二指肠溃疡病90例，治愈率达73.33%。孙晨林采用梁门、中极、下脘等穴位结扎治疗胃下垂104例。总有效率在90%以上。

王允祥用压耳穴心、脑、肝、胆等治疗肝胆结石303例，排石率70%，其中治愈率15.33%。杨兰绪等采用王不留行压耳穴胆、肝、胃等治疗500例，总有效率97.2%。海风采用耳针肝、胆、三焦、内分泌穴，配合扣打腰背、肝胆区及用电震荡器震荡肝胆俞治疗胆结石906例，总有效率98.9%。

朱月伟等以电针耳穴肝、胰、胆、脾、胃等治疗甲型肝炎，疗效较中药显著（$P<0.01$）。徐乾采用针刺至阳、肝俞等穴位治疗慢性迁延性肝炎21例，总有效率95.2%。陈毓芬采用针刺百会、内关、三阴交等穴，并取足三里、大椎等穴注射20%胎盘注射液，治疗晚期原发性肝癌34例，明显优于中西药对照组及化疗组。刘鲁明根据子午流注纳子法规律，于上午6～9时取曲池，下巨虚穴位注射维生素K_3，治疗肝癌并发上消化道出血42例，结果显效有效率为65%，而对照组仅为27%（$P<0.05$）。

循环系统疾病　刘威取耳穴降压沟神门穴，采用磁鍉针治疗高血压病260例，高血压和症状获明显改善，总有效率为95%。王玲玲采用择时针刺穴位治疗高血压病，结果发现：在血压高峰相位针刺时降压幅度大，维持时间长，血压下降例次多，与非高峰相位针刺比较有显著差异（$P<0.001$）。邸自励以针刺经渠、血海、灸太渊等穴位治疗血栓性脉管炎77例，总有效率为94%。孙旗立等采用氦一氖激光治疗血栓闭塞性脉管炎83例，每日照射十二井穴一次，1个月为1疗程，全部有效。武承迅等以头针运动区、感觉区为主治疗脑血管意外引起的偏瘫1228例，总有效率为98.53%。孟庆良以头针健侧运动区、感觉区为主治疗脑血管意外113例，总有效率为94.7%。魏淑珍等采用经络电针治疗中风偏瘫100例，总有效率为89%，比普通电针组高（$P<0.01$）。吕文善采用双针法针刺环跳、足三里穴，治疗脑血栓引起的下肢瘫痪176例，全部有效。

曹中华针刺内关穴治疗阵发性心动过速50例，3分钟内全部恢复正常。刘富强在针刺内关，心俞，厥阴俞等穴治疗冠心病的临床研究中发现，针刺对处于血液高粘滞状态的冠心病患者具有显著疗效；针刺后，高凝状态明显改善。裴廷辅等挑刺肺俞至肾俞间的背俞穴，治疗淋巴结结核2000例，有效率为94.7%。刘金陵割治鸠尾穴治疗颈部淋巴结核65例，治愈率为90.77%。

泌尿系统疾病　杨丁林针刺三阴交、足三里穴治疗术后尿潴留40例，结果在5小时内全部自行排尿。邢启明针刺关元、中极等穴治疗尿潴留44例，全部有效。时国臣等针刺通天透络却穴为主治疗中风后小便失禁30例，总有效率为93.3%。田元生等取头针百会穴治疗中风后小便失禁80例，总有效率为90%，而针刺关元穴组有效率为80%。

生殖系统疾病　郑季以王不留行籽压迫耳穴神门、肝、肾等穴位的方法，治疗月经不调77例，结果显效25例，有效49例。秦广风以相同方法取子宫、交感、皮质下穴治疗胎位不正413例，成功率为83.3%，有效率高于采用膝胸卧位法（$P<0.05$）。陶爱棣采用捻转泻法针刺合谷、三阴交、中极等穴，并以温和灸灸中极、次髎作人工流产，结果在32例早期妊娠中，总有效率为93.75%。施增英用电针中极、长强、次髎、合谷、三阴交穴进行引产，结果在52例孕妇中48例正常分娩。

神经精神系统疾病　管遵惠采用热针综

合疗法治疗坐骨神经痛208例，总有效率为97.2%，而电针对照组的总有效率为92%。杨定明采用针刺双侧手背侧坐骨神经点（第4、5掌指关节间），治疗坐骨神经痛100例，总有效率为90%。周继荣采用深刺下关穴为主治疗原发性三叉神经痛32例，总有效率为97%。张亮烽采用磁电七星针叩刺头部感觉区、血管舒缩区为主治疗血管神经性头痛38例，全部有效。郭效宗等采用针刺头颈部、四肢、躯干部4个本区及头部Ⅱ区、头颈部Ⅱ区、上肢Ⅱ区、下肢Ⅱ区、躯干Ⅱ区的有效点治疗偏头痛、神经性头痛157例，结果针刺靠近头顶的本区有效点，总有效率为95.54%。针刺头部两侧的Ⅱ区有效点的全部有效率为100%。金完成取天柱、上天柱、风府等穴，用圆椎形挑治针插入穴位肌层做拨动、牵拉、抖动松解法，治疗慢性头痛140例，优良率为70.7%。江山等采用针刺经验穴、下关穴与地仓穴之连线，近地仓穴的$\frac{1}{3}$交界处为主治疗面瘫713例，全部有效。王丽丽等以针刺肩髃、曲池、手三里等治疗新生儿臂丛神经麻痹100例，经过7次针刺后全部治愈。赵吉民等采用电针扶突穴刺激臂丛神经、冲门穴刺激股神经等神经干治疗截瘫71例，全部有效。戴铁城采用电针督脉加灸关元穴治疗脊髓蛛网膜炎7例，结果痊愈4例，有效3例。孙申田等以脊髓损伤面的上下界为取穴标志进行电针刺激，治疗各种原因引起的脊髓病82例，总有效率为82%。

陶怀玉等采用电针加穴位内注射维生素B_1等治疗震颤性麻痹，总有效率为93%。秦亮甫以针刺四神聪、风池、合谷等穴治疗30例，总有效率为80%。施炳培等采用水针穴位注射哑门、肾俞、大椎穴，治疗小儿脑性瘫痪33例，显效13例，有效17例。周惠民针刺百会、四神聪、大椎等穴为主治疗先天性脑积水10例，远期随访结果4例疗效巩固。

刘建伟等治疗精神分裂症，分别设电针组87例，电针加小剂量西药组50例，结果电针组显效率为47.12%，有效率为55.7%。而对照组显效率为82%。权长庚等以电针治疗精神分裂症16例，痊愈5例，显效3例，进步3例。认为偏执型疗效较好。

运动系统疾病　王志义等取颈脊穴与阿是穴注射颈宁A、颈宁B、丹参注射液等，治疗颈椎病350例，总有效率为98.8%。夏晓川采用针刺3～5胸椎夹脊刺为主，配合中药，治疗颈椎病51例，痊愈34例，显效10例，有效7例。周鼎兴以针刺大杼、天柱、风池等穴为主配合牵引治疗神经根型颈椎病144例，总有效率为93.7%。吴建点按阴谷穴治疗颈椎病41例，总有效率为90.2%。吴材林以针刺背俞、八髎穴为主配合按摩治疗腰椎病306例，总有效率为99%。林敏华针刺曲池下2寸阿是穴等治疗急性腰扭伤289例，总有效率为99.3%。杨祖访等采用山栀、白芷、续断、樟脑等中药药水灸治患部，治疗急性腰扭伤167例，全部有效。刘世忠等取耳针相应穴位治疗急性关节扭挫伤1000例，总有效率为99%。张化南采用缪刺络穴治疗软组织扭伤118例，总有效率为96.6%。赵平等电针阿是穴治疗运动员肌肉扭伤123例，总有效率为93.2%。秦利华采用氢化可的松及奴夫卡因注射液穴位封闭治疗大圆肌劳损40例，全部有效。魏启亮等针刺三间穴治疗肩关节周围炎30例，总有效率为97%。师怀堂等采用新九针与单纯毫针治疗肩周炎103例，并将两组疗效比较，新九针组总有效率为97.2%，毫针组总有效率为77.4%（$P<0.01$）。说明新九针组疗效显著优于单纯毫针组。来心平用强的松龙加普鲁卡因注射液穴位注射与针刺治疗腕伸肌腱鞘炎各102例的疗效，发现阳溪、阳池穴位注射，总有效率为97.1%；而单纯针刺组，总有效率为85.3%。（$P<0.01$）。贾广田等采用竹罐疗法治疗风湿性关节炎1853例，总有效率为92%。王芝文采用麦粒灸阿是穴法治疗类

风湿性关节炎20例，结果治愈7例，有效7例。班旭升采用针刺配合中药治疗骨质增生44例，总有效率达97 6%。

内分泌及代谢系统疾病　刘志诚等针灸耳穴与体穴治疗单纯性肥胖病44例，总有效率为68.18%。刘杭华采用绿豆埋耳穴法治疗肥胖症567例，总有效率为83%。唐少华等以针灸曲池、内庭、上巨虚等穴治疗单纯性肥胖症，总有效率为72.7%。张忠志以耳针治疗肥胖症，治后体重平均由治疗前的71.9±10.8千克下降到67.4±10.04千克。

五官科疾病　杨仓良等采用复方王不留行耳穴压迫法治疗近视眼1369例，总有效率为90.05%。对照组用普通王不留行，有效率为49.7%（P<0.01）。黎克学采用麝香膏贴面部与耳部穴治疗青少年近视眼219例，全部有效。李聘卿针刺新明穴治疗视神经萎缩698例，总有效率为63.98%。王富春采用针刺承泣、球后、太阳、瞳子髎等穴位治疗视网膜静脉周围炎32例，43只眼总有效率为81.4%。窦惠芬等采用针刺睛明、太阳、球后穴，配合中药治疗原发性视网膜色素变性50例，有效率为83%。袁清顺以针刺内睛明为主治疗皮质盲50例，全部治愈。李坤久采用风池，睛明、太阳等穴治疗外伤性瞳孔散大20例，痊愈11例，好转4例。黄学礼等针刺眼周围穴位，配合维生素B_{12}球后穴注射，治疗先天性色觉异常804例，全部有效。张凤玲采用耳针、头针、体针联合疗法，治疗聋哑症56例，有效率为83.9%。郑魁山等根据辨证分型选穴的方法治疗链霉素中毒性耳聋40例，总有效率为92.5%。申健针刺下都穴治疗耳鸣204例，有效率为91%。张连誉等采用激光针灸外耳道治疗中耳炎33例，全部有效。

皮肤疾病　周择良等采用耳尖针治疗牛皮癣50例，有效率为96%。聂汉云等采用针刺和皮下封闭治疗神经性皮炎184例，179例痊愈。赵裕廷等采用激光穴内灸法（即直接将激光光纤头端刺入穴内照射）治疗荨麻疹55例，结果治愈率为87.27%，而针刺对照组的痊愈率为55%（P<0.05）。陆健等采用曲池、阳陵泉穴埋线治疗白癜风83例，总有效率为83%。

（王本显　王雪苔）

【针刺治疗疟疾】

针刺治疗疟疾在《素问·刺疟论》中就有记载，自50年代即有研究报道。六十年代后期至七十年代曾作为全国重点研究课题。近几年来有关资料仍屡有所见。吴瑛对600余例患者中单纯用针刺治疗，且资料较完整的126例恶性疟或间日疟患者进行总结。取大椎、内关及陶道、间使两组穴位轮流交替使用，结果痊愈（治疗后72～96小时症状控制，120小时血液疟原虫转阴）11例，有效（治疗后72～96小时症状控制，120小时血液疟原虫未转阴）40例，总有效率40.5%。王振琴取大椎为主穴，配间使、后溪穴，治疗间日疟或一日疟45例，痊愈41例，无效4例。方选书针刺“疟门穴”（在手背面3、4掌骨远端之间）治疗58例，都获得满意疗效。朱琼昌治疗7例间日疟患者，先针刺大椎、后溪，得气后用艾条雀啄法温灸大椎，7例均于施术一次便控制症状，血检疟原虫转阴，随访六个月未复发。刘绍裕等取大椎、陶道为主穴，并随症配穴治疗230例恶性疟疾，结果针3次治愈者96例，针6次治愈者126例，占96.5%，无效8例。观察发现，轻型恶性疟疾在体内感染疟原虫数量少，而机体免疫力强的情况下，虽可自愈，但病程需2个月以上，而针刺治疗在1～2周即可治愈。同期口服或肌注抗疟药治疗52例，仅75.6%治愈，低于针刺组。静脉点滴抗疟药治疗468例，94.8%治愈，与针刺相仿，但副作用较大。袁家昶用常山注射液穴位（大椎、间使）注射治疗间日疟23例，治后临床症状消失者19例，缓解者3例。

（赵善祥）

【针刺治疗偏头痛】

自1987年以来，针刺治疗本病的报道较多，如胡芝兰用人迎穴注射维生素B_{12}；谢中灵针刺健侧涌泉透太冲穴；赵平平针刺患侧太阳、太冲，健侧合谷穴；陈美文针刺风池、丝竹空、率谷、金门穴；魏凤坡等针刺双侧翳风穴；袁博渊针刺悬钟穴等。此外，孙永春采取围针法，任世玉采用穴位埋针法，刘心莲采用耳穴压迫法，均取得一定疗效。近一年来，无论在病例数或治疗方法上都有所增加。

针刺法　包兆贵、彭德徽、杨家麟等均取丝竹空透率谷穴，其中包氏治疗31例，痊愈16例，显效7例，好转6例；彭氏治疗一例重症患者获效；杨家麟治疗55例，痊愈48例，显效5例，无效2例。何世海取风池，太阳穴为主，配以合谷、太冲穴。治疗52例病人中，痊愈45例，好转5例，无效2例。冯佳培取头维对透丝竹空、太阳对透率角，配风池、外关、太冲等穴。30例患者痊愈21例，显效8例，无效1例。唐丽亭等取太阳透率谷、风池、外关等穴。40例病人中，全部有效，其中治愈22例，显效14例。李宝华等取患侧天宗穴，并辨证分型取穴，针刺后于天宗穴处行闪火法拔罐，每隔1周治疗1次，一般1～3次即可显效或痊愈，本组病人51例，总有效率为92.1%。阎永序采用针刺加按摩头穴治疗110例，肝阳偏头痛取率谷、悬颅等穴，按摩颔厌、悬厘、太阳等穴；血瘀偏头痛针取曲鬓、太阳、上关等穴，按摩完骨、率谷等穴；寒饮型取四神聪、悬厘等穴，按摩印堂、通天等穴。针刺结束后，再行头穴按摩治疗。治疗后痊愈81例，好转18例，无效11例，总有效率为90%。李湘灵等主穴取头维透悬厘，并辨证配行间、复留、曲泉等穴。治疗25例患者中，显效19例，有效5例，无效1例，总有效率为96%。徐达仁治疗75例患者，随机分为观察组(针刺加口服维生素K_4)、对照一组(单纯针刺)和对照二组（口服维生素K_4）各25例，针刺取太阳、翳风穴，口服维生素K_4，每次8mg，每日3次。治疗结果：观察组治愈率为96%，对照一组治愈率为84%，对照二组治愈率为88%。景宽等采用膈俞放血法，治疗时先在双侧膈俞穴处寻找压痛点，在痛点处常规消毒后，以三棱针快速刺入，出针后再加拔火罐。

穴位注射法　周建媛取风池、太阳穴为主，并配上关、合谷、足临泣等，穴位注射5%天麻液0.5毫升。每日治疗1次，10次为1疗程。治疗23例中，7例显效，9例好转，5例有效，2例无效。斯琴采取患侧头维、太阳、风池、百会等穴。针刺得气后，通电刺激30分钟，用654-2注射液10毫升穴位注射患侧头维、风池两穴。结果20例患者，治疗最短一个疗程（针灸十天为一疗程，穴位注射三天一次，三次为一个疗程)，最长二个疗程，均收到满意疗效。孟宪法取患者头痛侧，在乳突后缘与风池穴联线找压痛点，如压痛点不明显取完骨穴，配光明穴。穴位注射2%普鲁卡因2毫升，5%维生素$B_1$2毫升，地塞米松1毫升，治疗138例患者，治愈94例，好转33例，无效11例，总有效率为92%。

（戌象棣）

【针灸治疗溃疡病】

1986年雷农生报道取中脘透上脘或胃俞透脾俞穴埋线法，治疗胃、十二指肠溃疡34例；1988年温木生循经按压压痛敏感腧穴埋线，治疗溃疡病115例（参见本年鉴1989年卷针灸概述)、黄东伶取胃俞、脾俞、足三里穴位注射当归注射液治疗十二指肠球部溃疡43例，疗效较好。本年度报道的文献较多，少数用针刺治疗。如朱江报道38例，方法和疗效与其1983年报道的41例近似(参见本年鉴1984年卷297页)，多数用穴位埋线。如陈凤桐等取上脘、中脘、下脘、脾俞、胃俞穴埋线治疗胃或十二指肠溃疡843

例，治愈724例，好转87例，无效32例。陈士杰等取脾俞、胃俞、足三里、中脘穴埋线治疗溃疡病89例，治愈33例，显效35例，有效12例，无效9例。李静将140例分为穴位(手三里、胃俞、脾俞、内关、中脘)埋线组80例，单纯西药（甲菁咪呱）对照组60例，治疗组总有效率为97.6%，对照组总有效率为98.3%，无差异。但2年及3年复发率对照组比治疗组高（29.5%及36.4%/6.6%及9.84%），有显著差异。王茂祥用穴位穿线(中脘透上脘、胃俞透脾俞）治疗43例，有效率74.4%，而西药对照20例，有效率仅45%。

（张晓玉）

【针灸治疗男子性功能障碍】

阳痿　韩世杰应用“探刺感传法”（将针对准穴位刺入，随意轻微捻转，使感传向所需要的方向）及“烧山火补法”，取大赫、命门为主穴，足三里、气海、关元为配穴，治疗158例，痊愈146例，显效7例，进步3例，无效2例，总有效率98.9%。何玉信治疗76例，辨证分为四型，主穴均取肾俞、关元、三阴交，用补法。其中肾阳虚衰型加命门、足三里，针后加灸；肝郁气滞型加太冲（泻法)、气海（平补平泻）；阴虚阳亢型加太溪（补法)、太冲（泻法）；湿热下注型加次髎、气冲、阴陵泉、行间，均用泻法。结果治愈49例，显效19例，无效8例，总有效率为89.4%。分析表明，疗程与疗效、病程与疗效、针感与疗效均有关。杨日和将158例分为两组，一组（110例）选用起阳（耻骨联合下缘，进针1.5寸左右，达到阴茎海棉体为度)、会阴穴，另一组（48例，选用肾俞、命门、关元、三阴交穴。结果前一组总有效率99.1%，后一组总有效率89.6%。薛耀钟取长强穴，配命门、肾俞穴，注射维生素 B_1 和 B_{12} 注射液，治疗104例，痊愈98例，有效5例，无效1例。

不射精症　郭连澍等电针关元、中极、曲骨穴，并加用艾条灸治疗82例，痊愈79例，无效3例。陈见如等用雀啄灸治疗2例，均获满意效果。

精液异常　刘喆针刺关元、中极、命门、肾俞，治疗78例精液异常不育症，痊愈48例，好转19例，无效11例，总有效率85.8%。治疗后，一次排精量中精子总数、每毫升精子密度及精子活动率有提高，精子畸形也可得到改善或纠正。

遗精　俞昌德选百会、会阴为主穴，治疗遗精12例，先针后灸，结果痊愈9例，有效3例。

缩阴症　黄海啸用针刺加艾灸人中、百会，配腰阳关、命门、委阳、委中、足三里、三阴交等穴，救治2例重症患者。罗飞用电针合谷穴配太冲穴治疗1例，均获痊愈。

（张晓玉）

【针刺治疗面肌痉挛】

针刺治疗一侧面肌阵发性不自主抽搐，常有较好效果。过去几年中曾有一些报道，如王会东根据辨证分型取穴，配以经验穴治疗50例；霍金山等用毫针浅刺皮部法治疗30例；肖镇祥等采用穴位注射苯巴比妥钠治疗100例，都取得较好疗效。

1989年以来，报道略有增多。于书庄以辨证取穴与辨经取穴相结合，并施以行气法治疗原发性面肌痉挛129例，控制16例，显效40例，好转57例，无效16例，总有效率88%。以辨证取穴，属气血亏虚、肝风内动证取百会、风府或风池、中脘、气海、足三里、三阴交、合谷；肝肾阴虚，肝风内动证取百会、风池、太冲、太溪、合谷；阴虚阳亢，肝阳化风证取百会、风池、阳陵、太冲、合谷；感受风寒，引动内风证取风府、风池、外关。以辨经取穴，属阳明经病取厉兑、头维；少阳经病取窍阴、听会、翳风、完骨；太阳经病取至阴、睛明。其中有些穴位，如合谷、外关等用行气法。并认为辨证取穴对初病者有较好疗效，而辨经取穴适用于久病者。王玉明报道针刺四花（胆俞、膈俞）、肝俞、筋缩、至阳，配以脾俞、肾俞、风池、风门治疗1例，取得良好效果。王天顺等运用四白穴埋针法治疗面肌痉挛50例，方法为：选用一寸针，取四白穴向上斜刺0.5寸深，使针感放射到眼球部位，留针30分钟起针，然后再将揿针刺入穴中，用胶布固定。每天按摩埋针处，3至5天后症状逐渐消失时取出揿针。结果治愈48例，显效1例，停止治疗1例。

（赵善祥）

【针刺治疗假性延髓麻痹】

针刺治疗假性延髓麻痹本年鉴1985年卷介绍后，每年仍有报道。1986年黄继斗报道针刺风池、哑门治疗20例，基本痊愈7例，显效5例，有效6例。1987年张健民报道应用点刺软腭组穴（软腭后部的腭帆后缘）4～6针，治疗软腭麻痹54例，痊愈17例（31.48%），好转36例（66.67%），无效1例（1.85%）。1988年崔金才等治疗115例，痊愈75例（65.2%），显效28例（24.3%），进步8例（7%），无效4例（3.5%）。其方法与1984年报道者相似，以风池、廉泉为主穴，随症配穴。1989年又有刘香华取（1）四神聪、风池、心俞、膈俞、肝俞、脾俞、肾俞；（2）四神聪、天柱、肩髃、曲池、合谷、通里、环跳、阳陵泉、足三里、绝骨、太冲、廉泉；两组俞穴交替使用，并随症加减。共治疗57例，基本痊愈2例，显效32例，有效14例，无效7例，恶化2例。

（赵善祥）

【针灸治疗癫痫】

近二年来治疗本病时见报道，除针灸外，尚有蒋立基等用点刺拔罐法；陈幸生采用芒针法；陈锦枝、陆英、俞振飞、赵兰等用羊肠线穴位埋藏法；孟昭华用药物穴位埋藏法治疗均取得很好的疗效。1989年又有新的探索，采用头部穴位的报道尤多。张鸣九采用头皮针疗法，每日针疗1次，留针1小时，10次为一疗程，休息2～3天，继续第二疗程。治疗结果表明：四神聪穴对大发作最好，上星透神庭、率谷透瘈脉穴、颅息透瘈脉穴、五处透眉冲穴对精神性发作有良效。颅息透瘈脉穴对小发作有作用。同时发现刺激头皮腧穴时⅓病人的异常脑电波有改变，而刺激躯体四肢的穴位则改变不明显。申秀兰等采用电头针、配合穴位埋线治疗，取癫痫穴，配顶中线、顶颞后斜线（双）、额中线。癫痫穴直刺进针接电针仪，其余穴位用手法捻转。羊肠线穴位埋藏主要取大椎、陶道、身柱等穴。治疗结果：385例患者中，痊愈56例，显效98例，有效210例，无效20例，总有效率为94.55%。其中有治疗前后对照查脑电图的69例，经针刺治疗一年后未复发，复查脑电图有41例转为正常，28例脑电图无大变化。晋雨梅等取百会、四神聪穴，选用1.0寸毫针沿头皮刺入0.8寸，然后以每分钟200次的速度连续捻转3分钟，令患者闭目静息1分钟，再施上述手法一次后出针，每日1次，治疗结果表明：22例患者中，痊愈者17例，显效者2例，进步者2例，无效1例，总有效率为95.45%。陈道冀以双侧额旁1线、额中线为第一组穴，四神聪为第二组穴，两组交替针刺。治疗后20例患者，显效13例，有效4例，无效3例，总有效率为85%。李智取百会、神庭、筋缩、足三里、太溪、关元等穴；脑电图穴位灶：额区取本神透阳白，顶区取承光透通天，颞区取率谷，枕区取玉枕。共治疗34例，显效11例，有效13例，无效10例，总有效率为70.6%。脑电图检查治疗前，高度、中度、轻度异常者分别为8、10、16人。治疗后，高度、中度、轻度异常者分别为3、5、20人，正常6人，总好转率为53%。杨金安取四透（即从前顶、后顶及左右络郄穴沿皮透刺至百会穴）、四关、人中、百会等穴，配十宣穴点刺出血。治疗结果：8例患者都在2～10分钟内控制症状，有3例患者随访两年，1例随访8年未复发。冯文华采用针刺奇经八脉俞穴法，主要取身柱、神道、二穴之间（即第4胸椎棘突下）、鸠尾穴，配申脉、照海穴。结果35例患者，痊愈12例，显效11例，有效8例，无效4例，总有效率为88.6%。王继真采用心俞、脾俞、肾俞等穴位埋入羊肠线。并口服少量苯妥英钠及鲁米那。626例患者中，痊愈316人，好转222人，无效88人，总有效率为85.62%。

（戍象栋）

【针灸治疗小儿腹泻】

近二年来，针灸治疗婴幼儿腹泻报道较多，治疗小儿腹泻取穴以足三里、长强、天枢为主，如邢忠信治疗500例，痊愈485例，好转13名；无效2名。唐学斌治疗30例，治愈24例，显效2例，好转2例，无效2例。刘士健取长强、关元、中脘、大横穴治疗42例全部治愈。王国平以针灸加推拿治疗100例，取穴足三里、天枢，泻下暴注如水者加长强，针后揉神阙、止泻穴各1分钟，捏脊4～8遍，治愈92例，好转6例，无效2例，冯文玲以针加灸治疗慢性腹泻30例，取穴足三里、中脘、止泻、神阙。结果全部治愈。其中一个疗程（6次），痊愈7例，二个疗程痊愈14例，三个疗程痊愈9例。张淑兰以辨证取穴方法治疗32例，寒湿泄泻针刺足三里，用补法，神阙隔姜灸，关元艾条灸；湿热泄泻针刺合谷、足三里、委中、阴陵泉，用泻法。食积泄泻针刺天枢、足三里，四缝穴刺针挤出黄水。脾虚泄泻针刺脾俞、章门、足三里，用补法，中脘艾条灸。治疗结果：痊愈18例、显效10例，无效4例。刘佳取长强穴，用慢提急按之补法；辅以三阴交穴，用急提慢按之泻法，治疗122例，总有效率96.7%。

孙源富以维生素K_3止泻穴注射，治疗冬季流行性腹泻64例（分治疗组和对照组各32例），治疗结果：治疗组止泻时间为2.25天，对照组为3.22天（$P<0.01$），穴位注射一次止泻有效率达62.5%，与对照组25%比较，有显著性差异（$P<0.01$）。吴亚梅等用小剂量庆大霉素长强穴注射治疗感染性肠炎100例，三天内治愈率为85%，而肌肉注射对照组三天内治愈率为52.5%，有显著差异。

王玉顺运用火柴灸治疗秋冬季腹泻126例，取长强为主穴，肾俞、脾俞为配穴。每日1次，经3次治疗痊愈96例，显效21例，无效9例，有效率为93%。

罗兴中以王不留行籽贴压耳穴，耳前取神门、盆腔、交感、肝、脾、大肠、小肠、胃、$胃_2$（自拟穴）；耳背取消化线、健脾、胃肠治疗小儿单纯腹泻114例，痊愈62例，好转25例，有效18例，无效9例。总有效率91.1%。

刘祖玉等用氦氖激光穴位照射治疗小儿肠炎110例，分为激光组（69例）针灸组（41例），均取穴三阴交（双）、足三里（双）、止泻穴，治疗结果：激光组痊愈55例，好转8例，无效6例，有效率91.3%。针灸组痊愈29例，好转5例，无效7例，有效率82.9%。

（高忠梁）

【针刺治疗遗尿症】

有关针灸治疗遗尿症的报道，近四年来有增多的趋势，而且病例多，疗效较好，治疗方法有体针、头针、耳穴贴压、穴位注射、穴位激光照射及微波治疗等。

体针　李化同等针刺“阴三角”（阴茎正面根部上0.5厘米，阴茎背面根部左右侧各0.5厘米，进针深度0.5厘米，留针10～15分钟）治疗268例，治疗结果：痊愈224例，好转38例，无效6例，总有效率97.8%。一年后随访，疗效巩固率为90.41%。邹仲清以针刺关元、肾俞、膀胱俞、三阴交等治疗30例，结果26例痊愈，4例显效。童敖齐针刺睛明穴治疗65例，2个疗程后，50例遗尿停止，11例遗尿减少，4例无效。徐以经等针刺加灸会阴穴治疗38例，二个疗程治疗，全部痊愈。谢万东用电针治疗本病102例，取关元、中极、曲骨为主穴，配以三阴交，结果痊愈71例，好转30例，无效1例。张茵州等运用三阴交埋针法治疗本病，疗效满意。仲跻尚针刺第二腰椎夹脊（双侧），结果16例痊愈，3例好转，1例无效。金伯华治疗本病150例，取穴遗尿点（手小指末节横纹中点），治疗结果：痊愈114例，显效33例，无效3例。总有效率为98%。

头针　王泰东等以头针治疗163例，选双侧足运感区，进针后电刺激20分钟，治疗结果：痊愈75例，好转55例，无效33例，总有效率为79.8%。陈再文由百会穴进针，向前顶穴沿皮斜刺1～1.5寸治疗37例，结果痊愈6例、显效21例，进步9例，无效1例，总有效率为97.4%。郑益民针刺足运感区配合体针，治疗多哥湿热性遗尿症187例，治疗结果：痊愈175例，占96.5%，无效12例，占3.5%。

耳穴疗法　高美玲用耳穴贴压疗法治疗本病70例，取肾、膀胱、脾、肺、缘中、皮质下、耳中、额、骶椎。治疗结果：痊愈31例（其中治疗一次即痊愈者13例），好转36例，无效3例，总有效率为95.7%。丁育德等用耳针、耳穴贴压法治疗41例，其中耳针组27例，取膀胱、尿道、肾穴，治疗后11例痊愈，15例显效，1例有效。耳穴贴压组14例，取穴同上，治疗后6例痊愈，7例有效，1例无效。王奇钧以耳穴压籽治疗本症103例，取耳穴肾、膀胱、尿道、脑点、兴奋点、内分泌，结果痊愈16例，显效54例，有效29例，无效4例，总有效率为96.1%。并认为学龄儿童疗效高于学龄前儿童，有显著差异（$P<0.05$）。

穴位注射　吴家庆用小剂量维生素B_{12}耳穴封闭治疗遗尿症298例，取穴为耳部肾（双）、膀胱（双）5次为一疗程，结果一个疗程治愈104例，2个疗程治愈85例，3个疗程治愈46例，总治愈率为80%，显效55例，无效2例。刘加升等用654-2注射液中极穴位注射治疗25例，近期效果满意。

氦-氖激光穴位照射疗法：何金智等用氦-氖激光双光针治疗本病101例，取会阴、中极、三阴交穴，结果47例痊愈，50例好转，有效率达96.04%。宫军治疗96例患者，观察组60例与对照组36例，观察组用JG-I型激光针灸仪治疗，取关元、气海、命门、三阴交、百会穴，结果痊愈18例，显效20例，好转16例，无效6例。与针灸对照组相比，无显著差别。任守中选用关元、中极、气海、百会、三阴交穴治疗患儿53例，结果26例痊愈，19例显效，8例好转，痊愈显效率为84.9%。而对照组（传统针灸法）38例，16例痊愈，12例显效，10例好转，痊愈显效率为73.7%。许植之等取会阴、中极、三阴交穴治疗本病101例，结果治愈47例，好转50例，无效4例。以后随访，治愈51例，好转43例，无效7例，总有效率93.1%。

此外，高萍用微波针灸仪治疗本病30例，取关元穴，配肾俞穴，均获良效。

（高忠梁）

【针灸治疗智力低下症】

针灸治疗智力低下症，近年来报道有所增多。杜冠文治疗55例，年龄最小6岁，最大30岁，针刺哑门、天柱、大椎、大杼、阳陵泉、绝骨、太冲穴，每周2～3次，20次为一疗程，痊愈（与同龄正常人相比智力相似者）39例，显效（与同龄正常人相比智力稍差者）16例。涂序俭用当归液穴位注射治疗大脑发育不全引起的智力不足38例，取大椎（哑门）、心俞、肾俞、阳陵泉、胆俞、脾俞、肝俞、命门。同时配合耳针心点、脑点、皮质下、神门、目$_1$、目$_2$。10～20次为1疗程，一般经2～3个疗程，显效16例，有效18例，无效4例。李家琪报道耳穴贴压用药物浸泡过的特制聚苯珠（直径2毫米）治疗187

例，取枕、脑、皮质下、贲门、十二指肠、小肠、大肠、神门、腰骶椎、膝、结节内、耳尖、心、肝、脾等，平均治疗时间为80.6天。治疗前后对照，智龄（发育龄）平均增长20.6个月，智商平均提高23分（$P<0.001$）。治疗后有83.4%的患者智商属类分别提高1～3个智力等级，其中提高1级93例，提高2级36例，提高3级27例，等级不变31例。

（张晓玉）

【针灸治疗缺乳及机理探讨】

针灸治疗缺乳疗效显著。本年鉴1988年卷介绍针刺催乳后，近两年又有杨元德报道治疗50例患者，辨证分为：虚证22例，取穴膻中、中脘、脾俞、胃俞、足三里、合谷，用捻转补法。实证13例，取穴膻中、乳根、天宗、期门、少泽、内关。用捻转泻法；虚实夹杂型15例，取膻中、膺窗、乳根、内关、足三里。用平针法。结果除2例中断治疗外，显效28例，有效20例。李仁福取膻中、乳根穴治疗34例，针刺膻中，先向上再向左右乳房两侧横刺，用平针法；针刺乳根，向上横刺，手法同上。结果痊愈29例，有效5例，一般治疗1～2次，最长3次。冯忠治疗30例患者，选膻中、乳根、少泽、内关穴，结果痊愈22例，有效5例，无效3例。佟书贤报道缺乳症414例，辨证为肝郁气滞型362例；气血虚弱型52例。针刺主穴乳根、膻中、少泽、足三里；配穴太冲、乳泉穴（在极泉穴前5分处），通乳穴1、2、3（以乳头为中点，上下外各三寸处）。结果全部治愈，肝郁气滞型治疗次数最少1次，最多3次；气血虚弱型治疗最少2次，最多7次。高学功报道22例，同样辨证为肝郁气滞型和气血两虚型，经针刺治疗后，痊愈21例，无效1例。管遵惠取曲池、膻中、乳根为主穴，配少泽、足三里、太冲穴，用补法，膻中和乳根穴针后加艾条灸，治疗42例。结果显效11例，有效23例，总有效率为81%。陈仓子针刺治疗30例缺乳症，也取得满意疗效。此外，果乃华以针药（自拟通乳汤）结合治疗52例和魏秀奇以针刺加穴位按摩治疗34例，也都取得极好疗效。韩发祥用耳针治疗缺乳症44例，取左侧对耳轮中区乳腺穴（或此区敏感点）。治疗3次，显效12例，有效28例，无效4例。

在机理探讨方面，于澎等研究了针刺对乳少症患者脑垂体泌乳素(PRL)的影响。选择17例PRL低值患者，针刺选乳根（双）、膻中、足三里穴（双）。耳穴压籽取神门、交感、乳腺、耳迷根、内分泌穴。治疗后，泌乳量完全够婴儿哺乳者14例，泌乳量明显增多，但还需要加以辅食的3例，其PRL值显著高于针刺前（$P<0.01$）。

（娄国菁）

【针灸治疗黄褐斑】

黄褐斑的发生多与肝、脾、肾三脏有关。针灸治疗用耳针较多。徐宜厚采用针刺耳穴肾、肝、脾、内分泌区，配合局部穴位（如前额配上星、阳白，颧颊配颊车、四白，鼻梁配印堂、迎香，上唇配地仓），治疗黄褐斑10例，痊愈6例，好转（色素沉着消退⅔）4例。夏玉卿等用耳穴刺血法治疗黄褐斑283例，选耳前（热穴）、耳后（疖肿穴）、皮质下区为主，配合内分泌、脾、胃区。结果痊愈165例，显效52例，好转24例，无效42例。总有效率为75%。并观察到，病程1～6年，年龄在17～22岁间者，效果最好。夏氏还对经过3～18个月治疗的128例治愈者进行了随访，其中保持痊愈者102例(79.7%)。杜玮等贴压耳穴神门、子宫、肾、肝、脾、内分泌、皮质下区，配合大肠、胃、卵巢、心、胆等区治疗黄褐斑50例，显效26例，好转15例，有效7例，无效2例。刘强在夏季应用耳穴压迫法，以肝、胆、肺、心、肾、脾、大肠、内分泌、肾上腺、皮质下区为主穴，配以病变部位相应区（如眼、额、面颊、外鼻、口等区）。如耳压5次无明显效果者，加用针刺风池、太阳、四白、合谷、关元、蠡沟、太冲、血海、地机、三阴交、足三里、尺泽等穴。共治疗71例，痊愈28例，显效43例。郭军和温针肝俞、肾俞、气海穴，配合针刺迎香，并在黄褐斑中央作艾炷灸（无瘢痕灸）3～7壮，25例中，痊愈21例，显效3例，消失不全者1例。

（赵善祥）

【针刺治疗泌尿系结石】

针刺治疗泌尿系结石有止痛、利尿和排石等作用。杨丁林针刺肾俞、京门、足三里和三阴交等穴，治疗泌尿系结石绞痛182例，针5～20分钟痛止121例；21～30分钟痛止35例；31～40分钟痛止21例；41～60分钟痛止5例。平均止痛时间为19分钟。区向阳针刺肾俞、三阴交、足三里治疗肾绞痛85例，其中71例在接受治疗后疼痛消失；9例在起针后2小时内疼痛复发但程度减轻；5例在治疗中疼痛稍缓解但起针后疼痛继续发作。袁明经用针刺肾俞、京门、气海、中极、归来、阴陵泉等穴，配合耳穴肾、输尿管、膀胱、尿道口、交感、胃、三焦等区（痛剧加神门、耳迷根区）治疗泌尿系结石58例。在疼痛急性发作的33例中，针后痛止者27例，痛减者6例。8例肾盂积水患者通过不同疗程的治疗，经B超和X线摄片检查，6例无积水现象。在排石方面，经针刺三个疗程后，52例输尿管结石均得以排出(7天内排出21例，15天内排出24例，另7例无排石感觉，但30天后X线摄片上结石已消失)。5例肾结石和1例膀胱结石(鸽蛋大)结石仍存在。刘杭华等使用10%葡萄糖溶液作小剂量穴位注射，主穴为肾俞、关元、阴陵泉，配穴为足三里、三阴交、阳陵泉、交信、大横、腹结、中极、环跳等，治疗肾结石7例，痊愈1例，好转4例，无效2例。输尿管上段结石2例均痊愈。输尿管中段结石5例，痊愈3例，好转2例。输尿管下段结石9例，痊愈7例，好转1例，无效1例。排石总有效率为87%。曾锐电针耳穴肾、膀胱区治疗泌尿系结石50例，结石排出而痊愈者3例，结石下移者25例，病情稳定19例，无效3例。陈乃漪以中药内服配合耳穴贴压肾、膀胱、输尿管、尿道、交感、神门、三焦、肝等区治疗泌尿系结石16例，结石阴影消失者13例，无效3例。陆士镤等在进行大剂量尿路造影的同时进行针刺，观察到针刺对输尿管功能有双向性作用，在多数情况下或在输尿管处于痉挛状态时，针刺可使其松弛，而在某种条件下则能使输尿管增强收缩功能。输尿管的松弛易使结石附近输尿管粘膜的炎症或水肿得以控制，有利于结石的移动，这是“静”的作用；而输尿管的收缩，可推动结石的下移，这是“动”的作用；加上体位、运动等因素的综合作用，可能是针刺排石的机制。曹及人等针豚鼠“肾俞”，记录到输尿管平滑肌自发放电频率加快，幅度增加，提示针刺治疗输尿管结石可能通过增强输尿管蠕动使结石排出。因为电针效应产生较缓慢，停止刺激后还持续一段时间，认为其效应中可能有体液因素参与。

（赵善祥）

【针灸治疗麦粒肿】

1985年～1988年4年间，针灸治疗本病的方法较多。(1)放（刺）血疗法：如衣振云等于耳尖穴放血，吴速新等肝俞穴刺血，许成祖耳廓刺血，王春燕等耳尖、肝俞穴点刺放血，余礼斌等足中趾尖点刺放血。(2)耳穴疗法：如任守珍于耳穴埋揿针，袁茂轩、钱文祥以王不留行籽贴压耳穴，苗玉英等耳针眼、神门、肝、肺穴。(3)针刺法：如张嘉福于麦粒肿周围刺，王和生用火针，郭丽用温针疗法，张连城针刺大杼穴，多金荣先针刺，刺后冷敷及超短波疗法。(4)艾灸法：如李史光灸后溪穴，唐伟华灸二间穴，林有光灸耳垂眼穴，段秀莲等隔核桃皮壳灸患侧眼部等。都取得较好效果。

1989年中，史荣根报道针刺大椎穴治疗

麦粒肿15例，均1～2次即治愈。张应勤等将200例随机分为针刺（三阴交、合谷、曲池、太冲穴）治疗组及超短波治疗对照组各100例。结果针刺组治愈98例，无效2例；对照组治愈93例，无效7例。但针刺组治愈疗次显著少于对照组。连维真用三棱针点刺内厉兑治疗30例，皆一次见效。张化南取患侧太阳穴刺血法治疗50例，全部有效。张云飞报道灯火灸治疗50例，取灯心草蘸香油，点燃后对准患者背部胸椎两旁及肩胛附近皮肤反应点迅速爆点，结果全部有效。

（张晓玉）

【针刺对皮肤温度的影响】

对针刺部位皮温的影响　吕证宝等观察到在15例健康人中，针刺穴位后热象图立即出现一种暂时性的普遍变暗反应，表明体表温度降低，部分患者伴有出汗。这种反应的强弱、历时的长短，因人而异。多数在进针10分钟后逐渐消失，也有长达40分钟以上者。随后，针刺穴位周围的皮肤即变红，局部温度升高，与针刺前比较可升高2.8℃。针刺穴位后，热象图上出现与该穴位所属经脉路线基本相符的高温带，针感强者高温带比较明显。辜祖谦应用红外热像仪观察针刺前后穴温变化，发现针尖所达点右侧眶下孔表面，其静止时温度与针后、诱导后及拔针后20～22分钟相比均有显著差异，人中和承浆穴进针处，静止时与进针后温度相比无显著差异，但与诱导及拔针后相比有显著差异。

对针刺邻近或远隔部位皮温的影响　张重华等对15名耳鼻喉疾患者作了针刺(按病选穴）前后颜面、手背、指端部穴位温度变化记录及观察分析，表明面部穴位温度以上升为主，肢体穴位温度以下降为主。张栋等对面瘫患者进行了针刺合谷前后的面部温度变化观察，发现在65例中所得到的面部22个部位的1430对温度数值，针刺后有75.8%为升温效应，10.1%无变化，14.1%为降温效应。针刺合谷穴后，面部升温效果最好和升温幅度最高的部位依次为口、鼻、患侧眼、患侧口角等，印堂及健侧眉部较差。针刺后并可使健侧和患侧面部的温度接近平衡。所设的针刺外关组和不针刺对照组，均无明显升温变化。张氏等还采用患病局部和远端(曲骨、内关、天柱、大杼）针刺相结合的方法治疗良性甲状腺结节34例，观察到在针刺前后甲状腺部温度变化大多为升温效应，平均升高0.75℃，最高为2.1℃。黄丽春等对39例冠心病患者贴压耳穴心、心脏点、小肠、皮质下四区，观察到在压迫20分钟后各观察部位温度均有不同程度升高。内关、外关、阳池、神门穴温度明显上升（$P<0.001$）；阳陵泉、丘墟两穴虽有改变，但无明显意义。如贴压单一耳穴，上述各穴温度虽有上升但无统计学意义。对24例冠心病患者贴压耳穴枕、大肠或非穴位区，其温度值未见规律性改变。健康组33例在贴压耳穴心、心脏点、小肠、皮质下穴后，其温度值变化也不明显。

影响针刺-皮温效应的因素　吴秀锦观察提插补泻法对穴位温度的影响，发现补法35例中，33例上升0.4～3.5℃，出针后能维持数分钟至10分钟以上；另2例无变化。泻法25例中，21例下降0.3～1.5℃，一般维持2～4分钟；另1例无变化，3例反上升。吴氏等还观察到，用补法针刺时受刺穴升温反应对同一经脉上若干距离外的穴位也产生影响，而对经外部位的影响则不明显。曹仁方等报道，“烧山火”、“透天凉”手法的效应在主观感觉与客观指标红外线图象方面有着一致性。陈乃明等分别用不锈钢针、银针、金针施行“凤凰展翅”凉泻手法，用不锈钢针针后平均降低0.64℃（$P<0.001$），银针平均降低1.11℃（$P<0.001$），金针平均降低1.17℃（$P<0.01$）。高希言等比较43例患者针前和留针5分钟时的穴位温度，环跳穴有27例上升（平均为0.57℃），16例下降（平均为0.61℃）；阳陵泉穴有15例上升（平均为0.44℃），28例下降（平均为0.31℃）。

李永光等应用电热镘针从十二经井穴开始激发感传，在使气至病所的过程中发现穴温升高者占44.4%，略降低者占55.6%；而在其中与后期相比较时，感传之后穴温升高者为100%，其中升高显著者为88.9%（$P<0.05$）。

（赵善祥）

【针灸退热的临床研究】

针刺对细菌性和非细菌性发热均有退热效应。高国巡针刺合谷、曲池治疗急性菌痢发热148例，针刺大椎、合谷治疗流感发热373例。其中体温40℃以上者94例，其体温恢复正常的情况分别是：24小时内46例；48小时内40例；72小时内5例；记载不详者3例。39℃以上者152例，24小时内95例；48小时内42例；72小时后10例；记载不详5例。38℃以上者235例，24小时内恢复127例；48小时内恢复52例；72小时内恢复11例；记载不详45例。37.3℃以上者40例，24小时内恢复30例；48小时内恢复7例；72小时内恢复2例；记载不详1例。郭佳土等针刺四缝穴治疗小儿低热120例，其中神经性低热57例，有效55例；呼吸道炎症性低热27例，有效24例；消化道炎症性低热36例，有效35例。李澎涛等将73例体温在39℃以上的高热病人分组观察，比较毫针浅刺（针经皮肤、皮下组织，达深筋膜）和深刺（达棘间韧带深处，接近黄韧带）的退热效应。结果表明，针刺大椎穴无论深浅都有一定退热效应，但深刺法退热速度快、幅度大、作用持久。田从豁等以艾条温和灸大椎、曲池治疗38℃以上发热者82例，体温降至正常者62例，低热者16例，高热者4例；对照组72例，体温降至正常者5例，低热者39例，高热者28例，有非常显著差异（$P<0.01$）。施灸部皮温升高3～5℃者，体温降至正常的比例最大，效果最好。黄喜梅贴压耳穴（肾上腺、神门、脑点、胃、膈）对80例肿瘤患者因使用平阳霉素产生的发热副作用，有明显的预防作用，但须在用药前2小时开始治疗。

（赵善祥）

【针刺对血液循环功能的调整作用】

针灸的调整作用中的一个重要方面是对血液循环的调节，目前大多在临床治疗的同时，着重在针灸对微循环、血液流变学和血液动力学方面进行研究。

针刺改善微循环障碍　石宪等在针刺治疗中风偏瘫病人中证实，脑血管病患者在球结膜、甲皱微循环中微血流严重瘀滞，血流缓慢、不均等微循环障碍，并发现针刺能使中风偏瘫病人的微循环血流加快，血流状态改善，从而使组织的灌流量增加。李力等用醒脑开窍法针刺治疗稳定期中风中，发现治疗前患者微血管视野大都模糊不清，血色紫暗，微血管数目减少，管袢畸形增多，长度缩短，血流缓慢。针刺治疗后这些指标均有明显改善，而且病情随着微循环障碍的减轻相应得到改善。

针刺改善血液粘度和聚集性　李氏还观察到中风患者血液具有浓稠性、粘滞性和聚集性，针刺治疗后，全血粘度在各切变率下均有改善，其中以在低切变率下的改善最为明显，高切变率下的改善有显著意义。血浆粘度、红细胞压积明显改善，血沉下降。治疗前体外血栓长度、湿重、干重的平均值明显高于正常值，治疗后长度缩短，湿重、干重减轻，有显著意义。李忠仁等也证实针刺能改善中风患者血液高粘滞状态。针刺具有扩张脑动脉，增加血流量，耐缺氧，抑制凝血及血小板聚集，降低血粘度和降脂等作用。刘富强观察32例冠心病患者针刺前后的血液流变学影响，结果24例全血粘度比增高者，针刺后21例下降（占87.50%）；26例血浆粘度比增高者，针刺后24例下降（占92.3%）；23例血细胞压积增高者，针刺后17例下降（73.9%）。

针刺增加血流量、降低血管阻力　吴绪

平等以脑血流图作指标，观察了针刺前后对偏头痛患者头部血流的变化，其脑血流图波幅比正常值明显增高，两侧波幅不对称，上升时间明显延长。针刺后患者头痛缓解，脑血流图各值明显变化，两侧波幅亦趋对称。针后使失衡的血流运动重新获得相对平衡。施炳培等为了探讨针刺治疗小儿脑性瘫痪的作用原理，观察64例患儿针刺治疗前后的脑血流图。发现治疗前脑血流图陡直型波形减少，类似脑动脉硬化的转折型、圆顶型、平顶型波形增加，上升时间延长，波幅值下降，波幅差百分比扩大。治疗后，脑血流图异常波形下降，波幅上升，波幅差百分比缩小。周文新等观察原发性青光眼针刺前后眼血流图的变化。结果表明针刺后眼血流图波幅值有显著升高，并可持续20分钟以上；血流灌注指数也增加，并持续较长时间；血流排放指数虽无明显的改变，但已显示了血管紧张度的降低。李连生等观察了针刺对血栓闭塞性脉管炎患者肢体血流图的变化，发现针刺能使肢体血流图波幅升高，改善患肢血液供应。特别是巨刺法优于非巨刺法。

在动物实验研究上，朱成贤等以家兔颈总动脉血流量为指标，观察到针刺家兔"人中"穴可使颈总动脉血流量增加者占100%，有非常显著意义。与合谷、足三里、耳尖等穴相比较，有非常显著的差异，具有穴位相对的特异性。蒋达树等以结扎血管的方法，制备实验性脑缺血猫模型，发现针刺可以明显增加脑缺血猫的脑血流量，这种增加以针刺开始一直延续到起针后35分钟，针刺还可以明显降低脑血管阻力。

（桂金水）

【针灸对免疫功能的影响】

1988年9月22～24日中国针灸学会在天津召开针灸与免疫功能研讨会，共发表论文32篇。现就针灸对免疫功能的调整作用对会议主要论文作一介绍。陆元桴等在研究针刺对甲状腺机能亢进患者细胞免疫功能的调节时发现，针刺能提高T和B淋巴细胞的功能及NK细胞的活性。郭诚杰等在观察乳腺增生患者针刺前后免疫功能的变化时发现，针刺对本病患者相同月经周期日的E-花结形成率和淋巴细胞转化率有明显的提高作用，这种作用与疗效有关。于学平等发现中风病人针刺后，酸性非特异性脂酶(ANAE)阳性率增高，T辅助细胞增加，而T抑制细胞下降，提示对中风偏瘫病人早期应用头针，对并发感染有一定的预防作用。周荣兴等观察66例术后患者针刺足三里、内关、三阴交，发现针刺具有改善嗜中性粒细胞的吞噬功能的作用。胡超等研究不同针刺手法对免疫功能的影响，认为针刺调节人体免疫功能极为迅速，捻转法与提插法对血液T细胞检出率的影响并无显著差异。张氏等观察到针刺后红细胞免疫复合物花环率与红细胞C_{3b}受体花环率同时上升，因此推测在针灸作用下，可能提高机体抗感染免疫的能力，增强红细胞与侵入机体的细菌的免疫粘附，可能促进吞噬细胞吞噬被粘附的细菌。安西川等报道针刺对进入衰老时期出现的肾虚、脾虚等症状有明显的改善，并观察了免疫指标和微量元素、性激素的变化情况。

此外，也有些报道研究了不同疗法对免疫功能的影响。如陈超等发现低功率氦-氖激光穴位照射治疗慢性前列腺炎，能提高机体的血清杀菌活力和溶菌酶含量。焦新民等用具有祛风解表、补阳补气、"脱敏"等作用的中药制成脐丹粉，贴于神阙穴，对感冒、咳喘等免疫功能低下患者的淋巴细胞转化率和白细胞数都有显著的提高。朱江等用竹管疗法（刺络法与药罐法的综合应用）治疗类风湿关节炎，取得较好效果，认为本法可能具有破坏关节滑膜免疫复合物的作用，从而消除或减轻滑膜的免疫和炎性反应。彭悦等用磁鍉针和王不留行籽贴压刺激耳穴（脾区），可使老年人细胞免疫功能得到加强，并建议这两种方法可以作为防老保健措施应用于临床。

通过动物实验，骆永珍等发现针刺和穴位注射家兔内关穴，能明显提高 NK 细胞的免疫活性；成伯华等发现针刺可能通过亮脑啡肽影响 NK 细胞活性。刘文琴等则指出中枢神经系统是调控针刺影响机体免疫反应的重要环节。

（陈汉平　喻国雄）

【灸法的应用和研究】

灸法的应用和研究近年有增加趋势，现将近一年来的报道加以介绍。

一、临床应用

（一）神经精神疾病　顾法隆等用化脓灸和麦粒灸交替灸治四组腧穴：(1)大椎、心俞；(2)身柱、膏肓；(3)神道、肝俞；(4)筋缩、脾俞，治疗慢性精神分裂症患者，分治疗组及对照组各 25 例。发现治疗组灸治后，除红细胞压积略高以外，全血高切比粘、全血低切比粘、血浆比粘、血沉均下降。而对照组除血浆比粘外，其余四项指标均上升。孙会臣等用隔蒜灸法，取穴心俞、大椎、内关、并按辨证分型选用配穴，治疗 20 例抑郁型精神分裂症患者，全部在 1 年内恢复，3 年后追访，仅有 1 例复发。周静玉等用隔姜灸百会穴治疗老年性脑动脉硬化引起的眩晕 16 例，结果治愈 11 例，好转 5 例，疗效高于针刺对照组，且治疗后艾灸组大椎穴温增高的幅度明显超过针刺组（$P<0.05$）。尹志保用隔姜灸灸下关、颊车穴治疗周围性面瘫 76 例，全部有效。李宇俊运用艾灸结合按揉患部，治疗股外侧皮神经炎 106 例，结果痊愈 61 例，显效 30 例，有效 11 例，4 例无效。

（二）呼吸系统疾病　严华等选大椎、双侧肺俞化脓灸治疗支气管哮喘，于 7、8 月间直接灸 7～9 壮，每次 1 穴，隔日 1 次，3 次为 1 疗程，每年灸 1 疗程。经 3 年观察，487 例中有效 215 例，显效 147 例，总有效率为 74.3%。治疗后血清 IgE、IgA、IgM 及 C_3 均有明显的变化，血中嗜碱性粒细胞计数下降，E-花环形成率明显提高（$P<0.01$），淋巴细胞转化率提高（$P<0.05$），血浆 cAMP 上升，而 cGMP 下降不明显。刘玉芳等选大椎、肺俞、命门、足三里为主穴，隔药熏灸治疗气管炎、哮喘 424 例，连续治疗 3 个伏天，总有效率为 88.52%。

（三）消化系统疾病　杨森艾灸百会、长强、大肠俞、上巨虚等穴，治疗 18 例脱肛患者，治愈 16 例，好转 2 例。姜旭强取双侧天枢温针灸治疗老年习惯性便秘 33 例，治愈 27 例，有效 4 例，无效 2 例。

（四）泌尿系统疾病　冯春英艾灸双侧上髎、中髎、次髎治疗妇科术后尿潴留 20 例，灸一次痊愈者 12 例，2 次者 8 例。姜旭强用温针灸肾俞、膀胱俞、关元、气海、足三里穴治疗小便失禁 35 例，结果痊愈 24 例，好转 10 例，无效 1 例。

（五）运动系统疾病　詹永康用麝香、朱砂、硫磺制成米粒大小药锭，在瘀血腰痛患者的患处直接灸，治疗 68 例，有效率 97.05%。张海发等用麝香丹灸腰部压痛点治疗椎间盘突出症 86 例，治愈 62 例，显效 12 例，好转 11 例，总有效率为 98.8%。赵晓蔷熏灸至阳、灵台及背部督脉上的反应点治疗 50 例风湿病，痊愈 47 例，显效 3 例。王芝文在类风湿性关节炎患处取 3～5 个部位麦粒灸治疗 20 例，治愈 7 例，有效 10 例。李美琪等在腱鞘炎患者的痛点撒丁桂散少许，隔姜灸 3～5 壮，配合针刺治疗 35 例，痊愈 33 例。

（六）外科疾病　吕荧等熏灸治疗各种外科感染性疾病 575 例，治疗 15 次后显效 528 例，占 91.8%。姚玉芳等用熏灸治疗褥疮 50 例全部治愈。蔡圣朝等熏灸化脓性感染 52 例，每日 2～3 次，治疗 52 例，见效者 50 例。

（七）五官科疾病　刘炳权等用三伏天天灸疗治疗556例过敏性鼻炎，取肺俞、风门、大杼、膏肓、肾俞、脾俞，药用白芥子、细辛、甘遂、麝香、姜汁制成的药饼固定在腧穴上，每年初伏、二伏、三伏施灸，结果83.2%有效。周荣波运用灸脐法治疗口腔溃疡104例，有效88例。王世彪等用细辛、丁香、肉桂、吴萸研末、隔药灸脐法治疗34例小儿口疮，全部治愈。

（八）其他 杨丹红等取心俞、厥阴俞、膻中、内关为主穴，施以温灸法，每次取主穴1～3个，每日或隔日一次，十次为一疗程，三疗程后，44例冠心病患者症状均有不同程度好转，心电图明显改善，心功能与血脂显著变化。马兆勤等取液门、阳池、第八胸椎棘突下旁开1.5寸，三焦俞（均取双侧穴位），用等段温针隔橘皮灸治糖尿病200例，结果血糖和尿糖恢复正常或接近正常者24例，显效162例，总有效率为93%。

二、实验研究 刘景秀等艾灸小鼠“关元”、“大椎”，提高了处于免疫抑制状态下小鼠的T淋巴细胞酯酶染色阳性百分率及PHA诱发的外周血淋巴细胞转化率。王彩虹等证明艾灸补法（将艾炷置于大椎穴，用香火点燃后，毋吹其火）能提高免疫抑制状态小鼠外周血T淋巴细胞数量、淋转率及脾细胞溶血空斑数，而泻法（疾吹其火）则无此作用。杨友泌等再次证明艾灸对小鼠移植性肉瘤180实体瘤的抑制率分别为44.6%和54%，并且提高了带瘤机体的存活率。陈演江等证明艾灸具有抗大鼠胃粘膜损伤的作用，而这种作用不受胃泌素水平的影响，并推测艾灸的作用可能与前列腺素有关。府强等对32名受试者进行艾灸，辰时灸足三里，胃电图振幅、频率的变化均大于酉时灸同一穴位，说明不同时辰施灸的效应不同。陆卓珊等证明艾灸有促进福氏佐剂诱发的关节炎大鼠关节痛缓解的作用，并观察到关节炎大鼠坐骨神经内的P-物质显著高于正常大鼠，艾灸后P-物质显著降低，腰髓内的亮-脑啡肽水平显著增加。提示脊髓内脑啡肽系统的功能加强可能是艾灸治疗关节痛的一个重要环节。此外，殷之放等证明运用艾灸预防和治疗小鼠苯中毒和针刺同样具有良好效果。

（陈汉平 黄 诚）

【同身寸的研究与新应用】

关于同身寸的测量与研究始于本世纪五十年代后期，近几年来又有报道。如周德育等根据2510人同身寸长度与身高的测量计算结果，其比值介于1:72～74之间，与《灵枢·骨度》关于人体身高为七尺五寸即1:75是很接近的。在分部测量方面，同身寸长度与上肢长度的比值介于1:31～32之间，与李旭光1960年，湖南医学院人体解剖教研室1980年所报道比值（约为32）相近，与肩至指作38寸这一点不一致。同身寸长度与下肢长度比值介于1:38～39之间，与髀枢以下至地平面作38寸相近。杨广夫等根据中指同身寸理论，调查正常儿童和青少年1644人，发现在发育期间儿童和青少年的中指长度与年龄身高和体重呈明显的正相关，相关系数均大于0.96，证实了中指同身寸作为定量标准使用的正确性。李宝卿等报道，中指同身寸平均长度男20.75±0.21毫米，女19.80±0.15毫米。拇指同身寸男20.88±0.13毫米。“一夫”（3寸）男66.76±0.36毫米，女59.41±0.35毫米。男性肘横纹与腕远侧横纹间长度为中指同身寸长度的12.05倍，为拇指同身寸长度的11.98倍，女性肘横纹与腕近侧横纹间长度为拇指同身寸长度的12.13倍，均与古代文献记载的12.5倍接近，其他测量项目比值则与记载有差异。阎庆瑞等对中指同身寸法、一夫法、拇指法、二指法与等分析寸法中的下腹正中线、肩胛间线、右前臂屈侧正中线、左腘跟中线的长度进行对照，经过100例的测量，总符合率为11.5%。其中，肩胛间线为29.57%；腘跟中线为7.1%；下腹正中线、前臂屈侧正中线均为4.25%。在各部同身寸的相互关系方面，张建华报道上臂部的一寸与前臂部一寸的绝对长度不相同。

同身寸除用作确定穴位的位置之用外，

1964 年朱锡祺等还用作计算红外线照射人体的体表面积。1989 年黄绍烈等报道，据推算食道心房调搏电极导管到达相当于左心房中部的深度为 9.45～10.87 中指同身寸（每寸 3.59 厘米）。应用此法将导管第一极度量其本人中指同身寸 10 或 11 次后，经鼻插入食道能准确可靠地达到夺获心房的目的。

（赵善祥）

【针刺麻醉效果的术前预测】

术前预测除了从手术种类、病灶状况分析外，尚无比较理想的术前预测方法，但有些指标与针麻实际效果相符，有一定参考价值，其中有针刺耐受力、痛阈测定、手法试针耐痛测定、皮肤温度变化测定、血管容积波测试、中医辨证分型等。邹学超等分析了针麻肺切除术病例 150 例，发现精神类型属抑制型者针刺耐受力好，痛阈、耐痛阈高，皮肤温度上升者，针麻效果与预测结果相符者分别为89.66%、100%、85.19%、89.47%。而兴奋型者耐受力差，痛阈、耐痛阈低，皮肤温度降低者，针麻效果差或失败与预测相符者分别为 58.7%、63.04%、50.70%、73.53%。如将上述四项指标作综合预测，虽可有 14.71% 的针麻效果达到优良级而无一项指标属优良者，但凡三项以上指标属优良级，几乎全部符合预测。陈树德等在针麻甲状腺手术以弹簧棒测定痛阈 103 例，痛阈值越高针麻效果越好；以钾离子透入法测痛者 195 例，凡基点在 8mA 以上而且平稳或波动不超过 1mA 者针麻效果好；手法试针耐痛测定者 953 例，符合率为 76.2%，Ⅰ、Ⅱ级符合率达 90.1%。观察针刺前后手掌、手术区及指端皮肤温度的变化，计 298 例，有的针刺后皮温上升者针麻效果好，但亦有相反情况，总的提示与针麻效果之间无规律可寻。在术前 3 日内测试血管容积波 43 例，针前血管容积波的变化与针麻效果无明显关系。王友良等根据 562 例针麻资料，分析了针刺前后手术切口基础痛阈、耐痛阈、触觉阈、两点分辨阈、脉率、脉搏容积波的变化情况，认为较重要的指标是脉搏容积波波幅及脉率。屈晓馨等总结了 1267 例针麻腹式全子宫切除术的术前预测，提示植物神经相对稳定和肾阳虚者针麻效果较好，肾阳虚者针麻效果优于肾阴虚者。刘忠英等也观察到在慢性疼痛病人中，阳虚病例多数针效好，血浆亮啡肽样免疫活性物质含量增加；非阳虚组针效较差，亮啡肽样免疫活性物质含量降低。但陈氏等于术前三日内进行辨证，在虚证、实证和其它这三型的针麻优良率之间未发现明显差异。

（赵善祥）

【针刺镇痛原理研究】

一、针刺镇痛的中枢整合作用

（一）大脑皮层和小脑皮层

冯鉴强等报告，电针足三里穴对体感皮层慢痛反应的晚期抑制作用可能通过联合皮层并与内源性阿片样物质的释放有关，而早期的抑制作用与其关系不大。陈心秋等的工作表明，猫的十字沟前皮层和 S_I 区参与对丘脑中央中核针刺镇痛效应的下行性调节，其中十字沟前皮层的作用较强。曾玲等的工作提示，S_I 区还参与海马和丘脑腹后外侧核痛觉和针刺镇痛的调剂。蒋旻春等报告，电针足三里穴的镇痛效应部分是通过激活 S_{II} 区，经下行途径作用于中缝大核而实现的。卢树斌等的工作提示，电针可通过改变 S_{II} 区机能状态，影响 S_{II} 区对杏仁核痛单位的下行调制作用。吴杰等报告，电针可抑制小脑皮层的慢痛反应。陈助华等的工作提示，观察电针效应不仅要用非时锁反应，还要用时锁反应，后者更重要。

（二）边缘系统

扣带回　殷慧镇等的工作表明，扣带回前部可通过下行纤维的活动调制痛信息在丘脑水平的传递。

海马　张长城等的工作提示，刺激背侧海马的镇痛作用可能部分经由中脑导水管周围灰质（PAG）而实现。

缰核　吴建群等报告，隔区对缰核的抑制作用是通过 r-氨基丁酸（GABA）实现的。张唯等的工作表明，脚内核-缰核的 GABA 能纤维可能参与脚内核抑制缰核的调节。

弓状核　印其章等报告，在针刺镇痛过程中，下丘脑弓状核（ARC）与中缝背核（DR）及蓝斑（LC）之间存在着一个镇痛环路，其中 ARC→DR 为兴奋性影响，ARC→LC，PR→ARC，LC→ARC 及 DR→LC 为抑制性影响。于龙川等的工作提示，从 PAG 到伏核的上行镇痛通路中有 ARC 和 β-内啡肽能纤维参与，在伏核内除 β-内啡肽外，尚有其它阿片肽发挥镇痛作用。

室旁核　杨俊等的工作提示，室旁核可通过调控催产素和加压素增强电针镇痛作用。

视前区　朱笛霓等的工作表明，电针可激活下丘脑内侧视前区内分泌细胞的活动，引起脑内神经内分泌水平改变，从而对脑干蓝斑肾上腺素能神经元实行下行调控，在这一下行调控过程中，可能有内啡肽和 5-羟色胺（5-HT）等多种神经递质参与。朱津民等报告，视前区去甲肾上腺素可通过 α 受体对抗针刺镇痛。针刺镇痛时，视前区去甲肾上腺素及其代谢产物减少，而 β-内啡肽样免疫活性物质释放增加。作者还证明视前区儿茶酚胺末梢有阿片受体，并认为视前区阿片肽可能通过突触前机制调制去甲肾上腺素的释放。

下丘脑腹内侧核　潘建粹等报告，腹内侧核微注去甲肾上腺素可通过 α 受体增强针刺镇痛效应，此作用是通过 AR 阿片肽神经元和 PAG腹侧部的阿片受体而发挥的。

下丘脑外侧区　李淑捷等报告 10Hz 频率刺激是下丘脑外侧区核内镇痛的适宜频率，5-HT 可能参与这一镇痛效应。

（三）基底节

佟振清等报告，刺激尾核既能抑制束旁核躯体痛反应，又能抑制束旁核内脏痛反应。严泓渠等的工作提示，刺激尾核抑制束旁神经元伤害性反应的作用与束旁核内阿片肽有关。胡中庭等认为，电刺激尾核镇痛是通过刺激 PAG、中缝大核、傍巨细胞网状外侧核等结构的上行和下行系统而得以实现的。何莲芳等报告尾核内阿片肽和乙酰胆碱有利于针刺镇痛，而多巴胺则对针刺镇痛有拮抗作用。高美兰等的工作表明，乙酰胆碱参与尾核对中脑网状结构的下行镇痛和调制作用。刘乡等的工作表明，尾核和伏核可通过其本身和 PAG 内吗啡样物质激活中缝大核下行机制发挥镇痛作用。

（四）脑干

黑质　马玉羡等的工作表明，黑质—纹体多巴胺能系统机能活动加强有抗镇痛作用。但时利德报告，电刺激黑质可抑制内脏大神经伤害性传入刺激在丘脑后核群产生的诱发放电。

红核　刘敏芝等报告，兴奋红核有加强电针镇痛的作用。

PAG　王葆庆等的工作表明，电刺激 PAG 对大脑皮层和脊髓的慢痛反应均有抑制作用。张瑞德的工作表明，电刺激 PAG 对丘脑后核伤害性反应的即时抑制是由PAG向丘脑后核直接纤维投射引起的；长时程的抑制是由较复杂的神经通路组成的。在PAG至丘脑后核的投射路上存有内阿片样神经元，并参与此抑制过程。于龙川报告，在 PAG 注射吗啡可促使上行 5-HT 能纤维在杏仁核内释放 5-HT，后者可引起杏仁核内阿片肽释放增加，促使被 GABA 能神经元抑制的传出神经元脱抑制而转入兴奋状态。

中缝大核　李军等的工作提示，中缝大核可通过脊髓上机制削弱束旁核单位对痛传入的反应，对部分束旁核单位而言，中缝大核完成这一效应有赖于 PAG 头端结构的完整。黎箴辉报告，中缝大核和巨细胞核对丘脑中央外侧核痛信号具有上行调制作用。刘祚周等的工作表明，兴奋中缝大核可抑制海马的伤害性反应，这一抑制过程有5-HT参与。范天生等报告，中缝大核不仅接受5-HT能纤维，而且还接受P物质、M-ENK、L-ENK、β-内啡肽和生长抑素能纤维的传入。

孤束核　杜焕基的工作表明，脊髓第十层神经元可能参与脊髓伤害性感觉的传递，它的活动也受脑干后部的下行调节，孤束核可能参与这种下行调节，其传出通路至少部分地经过中缝-脊髓下行投射，并有阿片能系统参与。

二、中枢神经介质和生物活性物质的作用

γ-氨基丁酸　唐毓环等的工作提示，在针刺镇痛时，GABA是使缰核活动处于抑制状态的递质。杨玉芝等报告，脑室注射GABA对束旁核兴奋神经元有明显的抑制作用，对痛抑制神经元有兴奋作用；而脊髓蛛网膜下腔注射GABA对大多数束旁核痛兴奋神经元放电有明显的兴奋作用，痛抑制神经元抑制时程延长，这种差别可能与GABA受体的亚型不同及信息传入过程中复杂的多突触联系有关。王友京等报告，预先腹腔注射GABA受体阻断剂荷包牡丹碱能阻断电针降低端脑去甲肾上腺素含量的效应，并使低位脑干内去甲肾上腺素水平下降。

催产素和加压素　宋朝佑、林葆诚等报告，脑室注射催产素和加压素能增强电针镇痛效应。刘琦等报告加压素和电针都可能引起脑内亮一脑啡肽和儿茶酚胺代谢加快，由于加压素的镇痛作用不被纳洛酮翻转，故推测它是通过影响单胺类递质而起作用的。

阿片肽　王希涛等报告，脊髓和肾上腺的LEK-L_1R与电针镇痛效应呈负相关，纳洛酮阻断电针镇痛后，并不影响肾上腺EK的释放，而可抑制脊髓EK的释放。

血管紧张素　王晓民等报告PAG注射血管紧张素Ⅱ(AⅡ)抗血清可翻转电针耐受。王克威报告，电针耐受时释放到脑脊液的AⅡ增多，脑室注射AⅡ抗体可明显推迟或部分翻转电针耐受。高而威报告，电针耐受可引起在转录水平上脑内血管紧张素原基因表达加强。

八肽胆囊收缩素　曹威等报告，PAG内有内源性八肽胆囊收缩素发挥紧张性的抗阿片作用。

P物质　邓颖的工作表明，针刺可能是激活脑啡肽系统，从而促进P物质的释放产生镇痛作用。崔仁麟等的工作表明，脑干和脊髓的P物质与针刺镇痛的下行抑制有关。朱丽霞等的工作表明，P物质参与针刺镇痛可能是通过阻断5-HT突触前受体负反馈而加强5-HT的作用。此外，还可能与GABA有关。

促甲状腺素释放激素（TRH）　涂宗苹等报告，隔内注入TRH能增强电针镇痛和延长电针后效，隔内的阿片受体可能与后效有关。脑室注射TRH有抗电针镇痛作用，此作用可能不是通过隔区和脑内cAMP实现的。

去甲肾上腺素(NE)　刘冰怀等报告，针刺可加速TYr的血脑转运，促进脑内NE的生物合成，加速NE更新，其总趋势是针刺后NE含量下降。潘建粹等报告，电针可增加下丘脑腹内侧核NE的含量。王溯等的工作表明，隔核内NE通过β受体调制内脏痛；通过α受体和β受体调制皮肤痛。隔核内NE的镇内脏痛作用与PAG内阿片肽系统有关。王友京等报告，预先腹腔注射阿托品可使电针后低位脑干和间脑内NE含量明显降低并部分阻断电针镇痛作用。

乙酰胆碱(Ach)　艾民康等、关新民等、施静等、张育文等的工作表明，针刺镇痛时脑内Ach合成、释放和降解均加快；Ach含量升高可提高脑内5-HT和脑啡肽的含量；同时，脊髓背角 Ach 的降解酶、AchE 和合成酶 chAC 活性增强，脑啡肽释放增加。关新民等报告，电针加快 5-HT 代谢的作用与 Ach 水平呈正相关。孙明智报告，Ach 脑室注射可部分或全部解除束旁核痛敏神经元对伤害性刺激的反应，Ach 的这种作用有毒蕈碱能系统参与。

钙离子　黄忠致等的工作提示，皮层内注射钙离子加强针刺镇痛的作用很可能是钙离子引起某种神经递质的释放，通过体感 I 区下行纤维对上行痛觉信息的抑制而实现的。

三、其它

胡三觉等的工作表明，针刺可通过改变痛感受器的感受性起到局部镇痛作用。针刺还可改变交感神经的传出活动，而交感神经传出活动对痛感受器诱发放电的抑制作用较为明显；对痛感受器自发的或持续性放电则易化作用较为明显。由此推论，针刺加强交感神经活动有助于抑制急性痛刺激诱发的传入活动；而针刺减弱交感神经活动则有助于减少持续性传入冲动，缓解慢性痛。

刘乡等的工作还表明，电针足三里是通过兴奋 A_8，特别是 C 纤维激活中缝大核负反馈调节机制而引起镇痛作用。樊小力等报告，肌梭对针刺刺激发生反应的主要部位是其膨大的赤道部，针刺时肌梭内较粗纤维的活动增强。

梁勋厂报告，深刺阳关穴的镇痛作用低频（4～16Hz）组较高频(800-2000Hz)组为佳。赵飞跃等报告，50Hz 和 100Hz 电针镇痛的效果较 5Hz 为佳，耐受现象前者比后者出现晚、程度轻。王晓民等工作表明，2Hz，2-15Hz 电针镇痛主要由阿片机制解导，15 Hz 电针镇痛部分由阿片机制解导，而30Hz 以上的电针镇痛主要是由非阿片机制解导的。孙少丽等的工作结果提示，脊髓S型阿片受体参与 2Hz 电针耐受的形成，而K型阿片受体则参与 100Hz 电针耐受的形成。

（林文注　郭慧颖）

参考文献

A

艾民康等　中枢乙酰胆碱在针刺镇痛中的作用　针刺研究　(1～2):172, 1989

B

白秀玲　针刺治疗百日咳63例　中国针灸　(1): 29, 1989

班旭升　针药并用治疗骨质增生44例临床观察　山西中医　(3):31, 1989

包兆贵　针刺丝竹空透率谷穴治疗偏头痛31例　陕西中医　(9):418, 1989

C

蔡圣朝等　灸治化脓性感染52例　中国针灸　(2): 23, 1989

曹及人等　电针肾俞穴对输尿管电活动的影响　上海针灸杂志　(4):25, 1988

曹仁方等　"烧山火""透天凉"的红外线图象观察　天津中医　(4):15, 1985

曾　锐　电针刺激耳穴治疗泌尿系结石50例　湖北中医杂志　(5):16, 1989

曹　威等　家兔中脑导水管周围灰质中八肽胆囊收缩素对吗啡镇痛的拮抗作用　生理学报　(4): 388, 1989

曹中华　针刺内关穴治疗阵发性心动过速50例　中国针灸　(4):8, 1989

陈仓子　针刺治疗缺乳症　上海针灸杂志　(1): 45, 1988

陈道冀　头穴针刺治疗癫痫20例　全国头穴临床应用研讨会论文选编　第19页, 1989

陈凤桐等　穴位埋线治疗胃十二指肠溃疡病443例疗效观察　河北中医　(3):11, 1989

陈见如　雀啄灸治疗功能性不射精症举隅　北京中医　(6):34, 1989

陈锦枝　穴位埋线治疗癫痫57例　四川中医　(3): 14, 1988

陈美文　针刺风池、金门治疗血管性偏头痛　四川中医　(10):45, 1988

陈乃明等　用不锈钢针、金针、银针行"凤凰展翅"凉泻手法实验观察　中国针灸　(2):19，1984

陈乃漪　中药配耳穴压迫法治疗泌尿系结石16例　贵阳医学院学报　(4):31，1989

陈士杰等　穴位埋线治疗慢性胃炎和溃疡病166例疗效观察　针灸学报　(2):23，1989

陈树德等　针麻甲状腺手术术前预测　针刺研究　(1～2):280，1989

陈幸生　芒针治疗癫痫70例疗效观察　中国针灸　(2):26，1988

陈演江等　艾灸对应激性大鼠胃粘膜损伤的保护作用　南京中医学院学报　(4):47，1988

陈毓芬　针刺及穴位注射治疗晚期原发性肝癌　中国针灸　(3):27，1989

陈再文　头皮针治疗遗尿37例临床小结　江苏中医　(3):封三，1988

陈正秋等　猫的十字沟前皮层和SI区参与对中央中核针刺镇痛效应的下行性调节　针刺研究　(4):272，1988

陈助华等　电针和吗啡对痛敏单位放电的时锁和非时锁反应的影响　针刺研究　(1～2):25，1989

成伯华等　针刺对NK细胞免疫活性影响的机理研究　中国针灸学会针灸与免疫功能研讨会论文合编　第186页，1988

崔金才等　针刺治疗假性延髓麻痹115例　中国针灸　(2):30，1988

崔仁麟等　电针镇痛对大鼠脑和脊髓中P物质含量水平的影响　针刺研究　(1～2):153，1989

D

戴铁城　督脉电针加灸关元穴治疗脊髓蛛网膜炎七例　中医杂志　(1):12，1989

邸自励　针灸治疗血栓闭塞性脉管炎　上海针灸杂志　(1):12，1989

丁育德等　耳针、耳穴贴压治疗遗尿41例　浙江中医杂志　(4):174，1986

董敖齐　针刺睛明治遗尿　浙江中医杂志　(8):375，1986

窦惠芬等　针药合治原发性视网膜色素变性50例疗效观察　中国针灸　(6):6，1989

杜冠文　针刺治疗智力低下55例临床观察　中国针灸　(4):24，1989

杜焕基等　延髓某些神经结构对脊髓神经元伤害性传递的下行调制　针刺研究　(1～2):88，1989

杜　玮等　耳压治疗黄褐斑50例疗效观察　陕西中医　(6):269，1989

段秀莲等　隔核桃皮壳灸治麦粒肿　中国针灸　(3):55，1986

多金荣　针刺等三种物理因子对麦粒肿的作用—附107例治疗报告　内蒙古中医药　(3):28，1988

邓　颖等　大鼠脑内P物质在针刺镇痛中的作用及其与脑啡肽的关系　针刺研究　(1～2):156，1989

F

樊小力等　肌梭作为针感感受器可能性的进一步探讨　针刺研究　(1～2):131，1989

范天生等　脑干六种神经递质纤维向中缝大核的投射　针刺研究　(1～2):39，1989

方选书　针刺"疟门穴"治疟疾　四川中医　(10):46，1985

冯春英　灸治术后尿潴留20例　上海针灸杂志　(4):46，1988

冯佳培　穴位对透刺法治疗偏头痛30例　针灸学报　(4):23，1989

冯鉴强等　大脑皮层联合区在电针抑制体感皮层慢痛反应中的作用　针刺研究　(1～2):10，1989

冯文华　针灸奇经俞穴为主治癫痫35例　陕西中医　(3):131，1989

冯文玲　针灸治疗小儿慢性腹泻30例疗效观察　中医杂志　(7):52，1988

冯　忠　针刺治疗产后缺乳30例小结　新疆中医药　(1):40，1988

符文彬　针挑治疗哮喘118例疗效观察　中国针灸　(5):15，1989

府　强等　辰酉时灸足三里穴对胃电图的影响　中西医结合杂志　(10):601，1989

G

高而威等　吗啡耐受和电针耐受对大鼠脑内血管紧张素原的基因表达加速　生理学报　(3):299，1989

高国巡　针刺治疗急性发热521例临床观察　中国针灸　(1):4，1989

高美兰等　电刺激尾核头部对中脑网状结构痛敏神经元活动的影响及其与针刺效应的关系　针刺研究　(1～2):59，1989

高美玲　耳穴贴压疗法治疗遗尿症70例　中国针灸　(4):21，1989

高　萍　微波针灸仪治疗小儿遗尿30例　陕西中医函授　(3):36, 1989
高希言等　留针对43例患者穴温的影响　上海针灸杂志　(3):6, 1989
高学功　针刺治疗产后缺乳22例　中医杂志　(6):25, 1988
宫　军　氦一氖激光穴位照射与针刺治疗小儿遗尿症96例　陕西中医　(8):372, 1988
辜祖谦等　应用红外热像仪观察穴位针刺前后的温度变化初步报告　针刺研究　(1～2):277, 1989
顾法隆等　艾灸对慢性精神分裂症患者血液流变学的影响　上海针灸杂志　(1):10, 1989
关新民　外周Ach在针刺镇痛中的作用　针刺研究　(1～2):176, 1989
关新民等　乙酰胆碱与电针对脑内5羟色胺代谢的影响　针刺研究　(4):314, 1988
管遵惠　针灸对乳汁分泌的影响　中西医结合杂志　(7):441, 1988
　　热针综合疗法治疗坐骨神经痛208例　云南中医杂志　(3):35, 1989
郭佳土等　针刺四缝治疗小儿低热120例疗效观察　第一届世界针灸学术大会针灸论文摘要选编　第103页, 1987
郭军和　针灸治疗黄褐斑25例　中医杂志　(6):44, 1989
郭　丽　温针治疗麦粒肿　护士进修杂志　(9):31, 1987
郭连澍等　电针加灸法治疗不射精症82例临床分析, 河北中医　(1):35, 1989
郭效宗等　有效点治疗偏头痛、神经性头痛157例临床观察　中国针灸　(4):15, 1989
果乃华　针药结合治疗产后缺乳52例　中国针灸　(6):34, 1988

H

韩发祥　耳针治疗缺乳耳封治急性乳腺炎　中原医刊　(3):21, 1989
韩世杰　针刺治疗阳痿158例的临床体会　新中医　(4):35, 1989
海　风　耳针为主治疗胆结石906例疗效观察　中国针灸　(4):5, 1989
何金智等　氦一氖激光双光针治疗小儿遗尿症疗效及其对患儿机体影响的观察　中国针灸　(1):17, 1988
何莲芳等　尾核内阿片肽及某些经典递质参与针刺镇痛　针刺研究　(1～2):50, 1989
何世海　针刺治疗偏头痛　四川中医　(5):47, 1989
何玉信　针灸治疗阳痿76例临床观察　江苏中医　(3):25, 1989
洪圣达等　液氮冷冻穴位治疗咳喘症204例　中国针灸　(2):7, 1989
胡三觉等　针刺与交感神经对外周痛感受器的调制　针刺研究　(1～2):97, 1989
胡中庭等　刺激大鼠尾核头部镇痛的中枢效应　针刺研究　(1～2):53, 1989
胡芝兰等　人迎穴治疗偏头痛三十二例　浙江中医学院学报　(3):50, 1988
湖南医学院人体解剖教研室　中指同身寸的测量及其与身高、上肢长的关系　中国解剖学会湖南分会年会论文汇编　第6～9页, 1980
黄东伶　当归注射液穴位注射治疗43例十二指肠球部溃疡　云南中医杂志　(2):36, 1988
黄海啸　针灸救治阴茎内陷险症二例　上海中医药杂志　(4):27, 1989
黄继斗　针刺治疗假性球麻痹综合征20例　陕西中医　(2):75, 1986
黄丽春等　刺激耳穴对体穴温度变化的观察　中国针灸　(6):26, 1989
黄绍烈等　中医学中指同身寸与食道心房调搏导管深度关系的研究　中西医结合杂志　(3):163, 1989
黄喜梅等　耳穴对平阳霉素(PYM)发热的影响(附80例疗效分析)　河南中医　(3):33, 1989
黄学礼等　针刺结合维生素 B_{12} 球后注射治疗先天性色觉异常804例疗效观察　中国针灸　(4):1, 1989
黄忠致等　猕猴体感Ⅰ区微量注射氯化钙外周皮肤及针刺镇痛的影响　针刺研究　(1～2):18, 1989
霍金山等　浅刺皮部治疗30例临床小结　中医杂志　(1):60, 1983

J

贾广田等　竹罐疗法治疗风湿性关节炎1853例临床观察　中国针灸　(6):7, 1989
江　山等　针刺治疗面瘫713例临床观察　中国针

灸 (6):5, 1989

姜旭强 天枢穴温针灸治疗老年习惯性便秘33例 浙江中医杂志 (8):372, 1989

温针灸治疗小便不禁35例 陕西中医 (7):318, 1989

蒋达树等 针刺对实验性脑缺血猫血液动力学的影响 针刺研究 (3):194, 1988

蒋基立 点刺拔罐会阳及长强穴治疗癫痫23例 安徽中医学院学报 (3):39, 1988

蒋旻春等 毁损大鼠皮层SⅡ区对中缝大核神经元电针效应的影响 针刺研究 (1～2):33, 1989

刺激大鼠皮层SⅡ区对中缝大核神经元活动的影响 针刺研究 (1～2):30, 1989

焦新民等 穴贴脐丹粉提高免疫功能防治疾病初探 中国针灸学会针灸与免疫功能研讨会论文合编 第195页, 1988

金伯华 手针治疗小儿遗尿症150例临床观察 中国针灸 (5):39, 1988

金完成 针牵松解法治疗慢性头痛140例疗效观察 中国针灸 (5):8, 1989

晋雨梅等 百会四神聪治疗癫痫病22例临床报告 全国头穴临床应用研讨会论文选编 第129页, 1989

景 宽等 膈俞放血治疗偏头痛38例 浙江中医杂志 (7):308, 1989

L

来心平 穴位药物注射与针刺治疗腕伸肌腱鞘炎疗效比较 针灸学报 (2):32, 1989

雷农生 埋线治疗胃、十二指肠溃疡34例 四川中医 (1):20, 1986

黎克学 麝香膏贴穴位治疗青少年近视眼219例 中国针灸 (1):5, 1989

黎黛辉等 电刺激中缝大核及其邻近结构对丘脑中央外侧核单位放电的影响 针刺研究 (4):292, 1988

李宝华等 针罐疗法治疗偏头痛51例疗效观察 天津中医 (3):7, 1989

李宝卿等 国人前臂及手指同身寸等长度活体测量研究 云南中医学院学报 (3):6, 1988

李化同等 针刺"阴三角"治疗遗尿症268例 中国针灸 (4):19, 1987

李家琪 耳穴贴压治疗低能儿187例疗效观察 上海针灸杂志 (3):10, 1989

李 静 羊肠线穴位埋藏治疗消化系溃疡病140例临床分析 国医论坛 (5):32, 1989

李 军等 电刺激中缝大核对丘脑束旁核痛敏单位放电的影响 针刺研究 (1～2):36, 1989

李坤久 针刺治疗外伤性瞳孔散大20例 内蒙古中医药 (2):34, 1989

李 力等 醒脑开窍针刺法治疗稳定期中风50例临床研究 中西医结合杂志 (11):653, 1989

李连生等 巨刺对88例血栓闭塞性脉管炎患者肢体血流图的影响 中西医结合杂志 (2):97, 1989

李美琪等 丁桂散隔姜灸治疗腱鞘炎35例 南京中医学院学报 (4):45, 1988

李澍涛等 大椎穴深浅刺法的退热效应研究 山东中医杂志 (4):17, 1989

李聘卿 针刺新明穴治疗视神经萎缩698例 中国针灸 (2):1, 1989

李仁福 针刺治疗乳少症34例 针灸学报 (3):21, 1989

李史光 艾灸"后溪穴"可治麦粒肿 新中医 (1):31, 1985

李淑捷等 不同频率电脉冲刺激大鼠下丘脑外侧区对痛阈的影响 针刺研究 (1～2):70, 1989

李湘灵等 以头针为主治疗偏头痛25例 全国头穴临床应用研讨会论文选编 第65页, 1989

李旭光 国人各年龄层上肢长度及中指同身寸的比较研究 江西医学院学报 (2):1, 1960

李永光等 气至病所治疗肺癌的初步研究 中国针灸 (3):24, 1989

李宇俊 艾条灸揉法治疗股外侧及神经炎—附106例临床治疗小结 浙江中医杂志 (12):548, 1988

李忠仁等 针刺对改善中风患者血液高粘滞状态的作用 中西医结合杂志 (5):295, 1989

李 智 针刺治疗癫痫34例临床观察 江苏中医 (9):21, 1989

连维真 点刺内厉兑治麦粒肿 浙江中医杂志 (5):225, 1989

梁勋厂等 关于深刺阳关穴镇痛作用的实验研究 针刺研究 (1～2):194, 1989

林葆诚等 催产素与加压素在针刺镇痛中的作用之二 针刺研究 (1～2):109, 1989

林敏华 针刺治疗急性腰扭伤289例 中国针灸

(4):48, 1989

林有光 艾灸耳垂眼穴治疗麦粒肿 四川中医 (10):43, 1985

刘冰怀等 电针对脑脊液内去甲肾上腺素等物质含量变化 针刺研究 (3):243, 1988

刘炳权等 三伏天天灸治疗过敏性鼻炎550例临床观察 中国针灸 (3):1, 1989

刘杭华 耳穴埋压治疗肥胖症567例 中国针灸 (1):50, 1989

刘杭华等 以穴位注射疗法为主治疗尿路结石23例 中国针灸 (4):25, 1989

刘富强 针刺对冠心病血液流变学及血脂的影响 针灸学报 (2):5, 1989

刘加升等 654-2穴位治疗遗尿症25例 四川中医 (3):44, 1987

刘 佳 针刺长强穴为主治疗婴幼儿腹泻122例 中国针灸 (2):46, 1989

刘建伟等 电针治疗精神分裂症87例临床分析 针灸学报 (2):26, 1989

刘金陵 割治鸠尾穴治疗颈部淋巴结核65例 中国针灸 (6):4, 1989

刘景秀等 艾灸对小鼠特异性细胞免疫功能的影响 上海中医学院学报 (2):50, 1989

刘 珂等 加压素在针刺镇痛中的作用及其与中枢单胺类神经递质和脑啡肽含量变化的分析 针刺研究 (3):239, 1988

刘鲁明等 维生素K_3穴位注射在肝癌上消化道出血治疗中的应用 中国针灸 (1):9, 1989

刘敏芝等 红核的镇痛作用和对电针镇痛的影响 针刺研究 (1～2):75, 1989

刘 强 耳压和针刺治疗黄褐斑71例 上海针灸杂志 (2):18, 1989

刘绍裕等 针刺对恶性疟疾230例病原疗效观察 中国针灸 (2):15, 1989

刘士健 针刺治疗婴幼儿腹泻42例 内蒙古中医药 (1):26, 1989

刘世忠等 耳针治疗急性关节扭挫伤1000例疗效观察 中国针灸 (4):7, 1989

刘文琴等 中枢神经系统对针刺影响机体免疫功能的调控作用 中国针灸学会针灸与免疫功能研讨会论文合编 第203页, 1988

刘 威 磁镘针治疗高血压260例 中国针灸 (2):9, 1989

刘 乡等 中缝大核的痛负反馈调制机制在电针镇痛中的作用 针刺研究 (1～2):27, 1989

刘香华 针刺治疗假性球麻痹57例 中国针灸 (2):22, 1989

刘心莲 耳穴压迫法治疗偏头痛43例 中医杂志 (2):8, 1987

刘玉芬等 "三伏灸"治疗气管炎、哮喘424例 中国针灸 (5):16, 1989

刘 喆 针灸治疗精液异常型不育症78例疗效观察 江苏中医 (8):19, 1989

刘志诚等 针灸对单纯性肥胖病人植物神经外周介质的影响 针灸学报 (1):15, 1989

刘祖玉等 氦氖激光治疗小儿肠炎的临床应用 中国针灸 (4):17, 1988

刘祚周等 海马结构在痛觉调制和针刺镇痛中反应的研究 针刺研究 (1～2):44, 1989

刘忠英等 针刺镇痛与血浆亮啡肽、皮质醇含量及中医辨证的关系 针刺研究 (1～2):158, 1989

卢树斌等 刺激大脑皮层体感Ⅱ区对杏仁核痛单位电活动的影响及其与针刺效应的关系 针刺研究 (1～2):14, 1989

陆 健等 穴位埋线治疗白癜风83例疗效观察 中国针灸 (4):12, 1989

陆士镖等 针刺对输尿管功能影响的初步观察 中国针灸 (3):34, 1989

陆元桴等 针灸对机体NK细胞的免疫功能调节 中国针灸学会针灸与免疫功能研讨会论文合编 第191页, 1988

陆 英 羊肠线穴位埋藏疗法对769例癫痫疗效观察 (4):50, 1988

陆卓珊等 艾灸治疗关节痛的疗效与神经组织内P物质和脑啡呔的关系 针刺研究 (1～2):154, 1989

吕文善 双针法治疗下肢瘫痪176例临床观察 中国针灸 (3):8, 1989

吕 茭等 熏灸治疗外科感染性疾病575例(附艾烟抑菌试验) 安徽中医学院学报 (4):36, 1988

吕证宝等 针刺某些穴位后人体表面热象图的变化 针刺研究 (3):239, 1987

罗 飞 电针合谷穴为主治疗阴缩 浙江中医杂志 (4):164, 1989

罗兴中 耳压治疗小儿单纯性腹泻114例 陕西中

医　(5):227, 1989
骆永珍等　内关针刺对家兔细胞免疫功能的影响　成都中医学院学报　(3):39, 1989

M

马玉姜等　大鼠尾核内注射多巴胺及刺激黑质对尾核痛兴奋与痛抑制神经元电活动影响　针刺研究　(1～2):57, 1989
马兆勤等　艾段温针隔橘皮灸治疗糖尿病200例临床观察　中国针灸　(5):39, 1989
苗玉英等　耳针治疗麦粒肿100例　中国针灸　(4):22, 1988
孟庆良　头针治疗脑血管意外后遗症113例　中国针灸　(3):36, 1989
孟昭华　"镇癫穴"药物埋藏治疗癫痫病　中级医刊　(12):54, 1988
孟宪法　穴位封闭治疗偏头痛　中级医刊　(4):58, 1989

N

聂汉云等　针刺和皮下封闭治疗神经性皮炎184例报告　针灸学报　(1):28, 1989

O

区向阳　针刺治疗肾绞痛　中国针灸　(4):53, 1989

P

潘建粹等　下丘脑微量注射去甲肾上腺素增强电针镇痛作用的机理探讨　针刺研究　(1～2):71, 1989
彭德微　独取少阳经穴治愈偏头痛　四川中医　(8):52, 1989
彭　悦等　磁镍针刺耳穴（脾区）对老年人外周血T淋巴细胞影响的观察　中国针灸学会针灸与免疫功能研讨会论文合编　第204页, 1988
裴廷辅等　挑刺治疗淋巴结结核2000例的临床观察　中国针灸　(5):1, 1989

Q

钱文祥　耳压法治疗麦粒肿23例　上海针灸杂志　(3):封三, 1988
秦广风　耳压法矫正胎位不正413例临床报告　中医杂志　(6):30, 1989
秦利华　穴位封闭治疗大圆肌劳损40例　针灸学报　(1):34, 1989
秦亮甫等　针刺治疗震颤麻痹症30例临床观察　中国针灸　(6):16, 1989
屈晓馨　针麻复式全子宫切除术临床规律研究　针刺研究　(1～2):240, 1989
权长庚等　电针治疗精神分裂症16例　中国针灸　(1):7, 1989

R

任世玉　穴位皮内埋针治疗偏头痛50例　中医杂志　(7):51, 1988
任守珍　揿针埋耳穴治疗麦粒肿47例　中国针灸　(2):8, 1986
任守中　氦氖激光针治疗遗尿症的临床观察　中国针灸　(6):20, 1987

S

申　健　针刺下都穴治疗耳鸣204例疗效观察　黑龙江中医药　(3):37, 1989
申秀兰等　头针为主治疗癫痫385例疗效观察　全国头穴临床应用研讨会论文选编　第11页, 1989
师怀堂等　新九针及单纯毫针治疗肩周炎103例疗效分析　中国针灸　(5):31, 1989
施炳培等　针刺治疗小儿脑瘫对脑血流图的影响　上海针灸杂志　(3):12, 1989
　　针刺对小儿脑性瘫痪听觉诱发电位的影响　针灸学报　(3):1, 1989
施　静等　电针对脊髓背角内Ach代谢的影响　针刺研究　(1～2):179, 1989
施增英　77例41周以上孕妇电针引产的临床观察　福建中医药　(1):23, 1989
石　宪等　头针、体针对中风偏瘫病人甲皱微循环和痛阈的影响　中国针灸　(5):21, 1989
时利德等　刺激黑质对猫丘脑后核群内脏大神经诱发放电的影响　针刺研究　(1～2):121, 1989
时国臣等　以针刺通天透络却穴为主治疗中风后小便失禁30例临床报告　针灸学报　(1):13, 1989
史荣根　针刺大椎治疗麦粒肿、霰粒肿20例　浙江中医杂志　(5):225, 1989
斯　琴　电针加穴位封闭治疗急慢性顽固性头痛　中国初级卫生保健　(3):38, 1989
宋朝佑等　催产素与加压素在针刺镇痛中的作用之一　针刺研究　(1～2):108, 1989
孙会臣等　灸法治疗癫证的临床观察　针灸学报　(4):21, 1989

孙明智等　乙酰胆碱对丘脑束旁核痛兴奋和痛抑制神经元放电的影响及其机制的探讨　针刺研究　(1～2):81，1989

孙旗立等　氦—氖激光治疗血栓闭塞性脉管炎83例　中国针灸　(4):36，1989

孙少丽等　低频和高频电针镇痛由脊髓水平不同类型阿片受体介导：交叉耐受试验　生理学报　(4):416，1989

孙申田等　督脉电针治疗脊髓病82例临床报告　针灸学报　(2):3，1989

孙源富　止泻穴注射维生素 K_3 治疗婴幼儿冬季流行性腹泻　中西医结合杂志　(2):116，1989

孙永春　围针治疗偏头痛15例临床观察　中西医结合杂志　(1):57，1988

T

唐丽亭等　单纯针刺治疗偏头痛40例　北京中医学院学报　(3):26，1989

唐少华等　针灸治疗单纯性肥胖病人体表胃电图的观察　针灸学报　(3):3，1989

唐伟华　灸二间穴治疗麦粒肿　四川中医　(9):封底，1988

唐学斌　针刺治疗婴幼儿腹泻30例　陕西中医　(5):228，1989

唐毓环等　γ-氨基丁酸与针刺镇痛　针刺研究　(1～2):171，1989

陶爱棣　针灸用作人工流产　中国针灸　(2):53，1989

陶怀玉等　电针加穴位注射治疗震颤性麻痹42例临床观察　中国针灸　(5):17，1989

田从豁等　灸法解热的临床观察及实验研究　第一届世界针灸学术大会针灸论文摘要选编　第135页，1987

田元生等　头针百会穴治疗中风后小便失禁80例　中国针灸　(6):28，1989

佟书贤　针刺治疗缺乳症414例　中国针灸　(4):9，1988

佟振清等　刺激大鼠尾核对丘脑束旁核躯体—内脏会聚神经元放电的影响　针刺研究　(1～2):84，1989

涂序俭　当归液穴位注射治疗大脑发育不全38例　吉林中医药　(4):27，1989

涂宗芊等　大鼠单侧隔区内微量注 TRH，吗啡对痛阈及电针镇痛的影响　针刺研究　(1～2):185，1989

W

王葆庆等　刺激中脑导水管周围灰质对大脑皮层和慢痛反应的影响　针刺研究　(1～2):9，1989

王彩虹等　不同灸法对"阳虚"小鼠免疫功能的影响　上海针灸杂志　(4):29，1989

王春燕等　耳尖、肝俞穴点刺放血治疗麦粒肿12例　山东医药(9):封三，1987

王富春　针刺治疗视网膜静脉周围炎32例　北京中医学院学报　(3):25，1989

王国平　针灸加推拿治疗小儿泄泻100例　湖北中医杂志　(1):19，1988

王和生　火针治疗麦粒肿45例　中西医结合杂志　(5):301，1987

王会东　针灸辨证取穴治疗面肌痉挛50例　中国针灸　(5):22，1988

王继真　穴位埋线加服小剂量抗癫痫药治疗癫痫624例　中国针灸　(1):6，1989

吴　建　点按阴谷穴治疗颈椎病　中国针灸　(1):3，1989

王克威等　大鼠脑内血管紧张素Ⅱ参与电针耐受的证据　针刺研究　(1～2):146，1989

王丽丽等　针刺治疗新生儿臂丛神经麻痹100例　中国针灸　(5):4，1989

王玲玲　择时针刺高血压病的即时降压效果观察　中国医药学报　(1):18，1989

王茂祥　羊肠线穴位埋藏治疗溃疡病43例　北京中医　(6):33，1989

王奇钧　耳穴压籽治疗遗尿103例临床观察　中国针灸　(6):21，1987

王三山　兔垂体穴位埋藏治疗慢性支气管炎支气管哮喘1000例　中国针灸　(1):1，1989

王世彪等　隔药灸脑法治疗小儿口疮34例　辽宁中医杂志　(10):38，1989

王　溯等　家兔隔核中去甲肾上腺素对皮肤与内脏痛阈的影响　生理学报　(2):128，1989

王泰东等　头针治疗遗尿症163例临床分析　中西医结合杂志　(8):505，1987

王天顺等　揿针埋四白穴治疗面肌痉挛50例　中原医刊　(5):39，1989

王希涛等　电针及纳洛酮阻断电针镇痛对豚鼠肾上腺和脊髓脑啡肽样物质影响的免疫组化观察　针刺研究　(3):231，1988

王晓民等　电针频率是决定家兔电针镇痛效果是否能被钠洛酮阻断的重要因素　针刺研究　(1～2):141，1989

血管紧张素Ⅱ在家兔中脑导水管周围灰质内对抗电针镇痛并参与电针耐受　科学通报　(2):149,1989

王友京等　大鼠腹腔注射荷包牡丹碱和阿托品对电针镇痛效应及其脑内去甲肾上腺素含量变化的影响　针刺研究　(4):310，1988

王友良等　针麻效果综合预报的研究　针刺研究　(1～2):249，1989

王玉明　面肌痉挛症的针刺治验与体会　黑龙江中医药　(1):32，1989

王玉顺等　火柴灸治疗小儿腹泻　辽宁中医杂志　(5):45，1988

王允祥　用压耳穴法治疗肝胆结石303例疗效观察　中国针灸　(1):8，1989

王振琴　针刺治疗疟疾45例临床疗效观察　中国针灸　(5):18，1986

王芝文　麦粒灸治疗类风湿性关节炎20例　中国针灸　(2):18，1989

王志义等　药物穴位注射治疗颈椎病350例疗效观察　中国针灸　(3):14，1989

魏凤坡等　针刺治疗偏头痛150例的临床观察及实验研究　中国针灸　(5):27，1988

魏启亮等　针刺三间穴治疗肩关节周围炎30例临床报告　针灸学报　(1):31，1989

魏淑珍等　经络电针治疗中风偏瘫100例　中国针灸　(3):37，1989

魏秀奇　针刺加穴位按摩治疗产后缺乳34例　中级医刊　(1):51，1988

吴材林　针刺为主治疗颈椎病306例疗效观察　中国针灸　(3):6，1989

吴家庆　小剂量维生素 B_{12} 耳穴封闭治疗遗尿症　福建中医药　(1):24，1986

吴建群等　缰核与GABA、乙酰胆硷　针刺研究　(1～2):72，1989

吴　杰等　猫小脑皮层的慢痛反应　针刺研究　(1～2):1，1989

电针对小脑皮层慢痛反应的影响　针刺研究　(1～2):3，1989

吴速新等　肝俞穴刺血法治疗复发性麦粒肿12例　中国针灸　(3):27，1985

吴秀锦　针刺补泻手法对穴位温度的影响　新医学　(2):90，1980

吴秀锦等　补法针刺时穴位皮温改变的循经影响　针灸学报　(1):1，1989

吴绪平等　针刺翳风穴对偏头痛患者脑血流图的影响　上海针灸杂志　(2):5，1989

吴亚梅等　小剂量庆大霉素长强穴注射治疗感染性肠炎100例疗效观察　中国针灸　(6):21，1989

吴　瑛　针刺治疗疟疾126例　湖南中医学院学报　(3):37，1987

武承迅等　头针治疗偏瘫1228例临床观察　中国针灸　(4):3，1989

X

夏晓川　针药综合治疗颈椎病的体会　内蒙古中医药　(1):17，1989

夏玉卿等　耳穴刺血治疗黄褐斑283例临床观察　中国针灸　(4):9，1984

肖镇祥等　穴位注射苯巴比妥钠治疗面肌痉挛100例　中国针灸　(6):20，1982

谢万东　电针治疗遗尿症102例疗效观察　新中医　(10):36，1989

谢中灵　针刺治疗偏头痛76例　四川中医　(6):48，1988

邢忠信　针灸治疗小儿腹泻500例临床观察　中国针灸　(3):10，1989

邢启明　针刺治疗急性尿潴留44例　新中医　(1):3，1989

徐达仁　针刺加维生素 K_4 治疗偏头痛25例临床观察　中西医结合杂志　(9):566，1989

徐　乾　穴位针刺治疗慢性迁延性肝炎21例疗效观察　新中医　(2):30，1989

徐以经等　针灸会阴穴治疗遗尿38例　四川中医　(5):46，1988

徐宜厚　针刺治疗黄褐斑10例观察　中医杂志　(5):17，1988

许成祖　耳廓刺血治疗麦粒肿208例　中国针灸　(4):封四，1987

许炎正　"心贴灵"穴位贴敷治疗小儿气管炎　中国针灸　(3):53，1989

许植之等　氦—氖激光治疗小儿遗尿症101例疗效观察　中西医结合杂志　(4):248，1988

薛耀钟　穴位注射治疗阳萎104例小结　实用中西医结合杂志　(4):41，1989

Y

严泓渠等　刺激尾核对大鼠束旁核伤害性神经元的抑制作用　针刺研究　(1～2):52，1989

严　华等　化脓灸对哮喘患者免疫功能的影响　上海针灸杂志　(1):17，1989

阎承序　针按头穴治疗血管性偏头痛110例观察　全国头穴临床应用研讨会论文选编　第31页，1989

阎庆瑞等　俞穴定位指量法与等分析寸法100例人体测量分析　第二届全国针灸针麻学术讨论会论文摘要　第76页，1984

杨丹红等　温灸法治疗冠心病44例临床疗效分析　中国针灸　(4):49，1989

杨丁林　针刺治疗泌尿系结石绞痛182例　针刺研究　(1～2):267，1989

针刺治疗肛门术后尿潴留40例　中国针灸　(1):49，1989

杨定明　手针疗法治疗坐骨神经痛100例　湖北中医杂志　(4):35，1989

杨广夫等　"中指同身寸"之X射线研究　中国针灸　(2):24，1987

杨家麟　针灸治疗偏头痛55例　浙江中医杂志　(10):461，1989

杨金安　针刺治疗癫痫持续状态　中医杂志　(9):15，1989

杨　俊等　下丘脑室房核参与电针镇痛　针刺研究　(1～2):111，1989

杨兰绪等　耳穴治疗肝胆结石症500例临床观察　中国针灸　(6):23，1989

杨廉德　白芥子泥丸穴位贴敷治疗慢支哮喘580例临床观察　甘肃中医学院学报　(2):16，1989

杨全良等　耳穴压迫复方王不留行治疗近视眼1369例疗效观察　中国针灸　(3):3，1989

杨日和　起阳、会阴穴治疗阳萎的临床观察　福建中医药　(5):33，1989

杨　森　艾条温和灸治疗脱肛　中国针灸　(5):51，1989

杨友泌等　艾灸对小鼠移植性肿瘤S-180抑制作用的观察　中国针灸　(3):32，1989

杨玉芝等　脊髓蛛网膜下腔和脑室注射GABA对大鼠丘脑束旁核痛反应神经元电活动的影响　针刺研究　(1～2):83，1989

杨元德　针灸对乳少50例的辨证论治　陕西中医　(7):327，1988

杨祖访等　药水灸法治疗急性腰扭伤167例　针灸学报　(3):22，1989

姚玉芳等　艾烟熏灸治疗褥疮50例　安徽中医学院学报　(3):58，1989

衣振云等　耳尖穴放血治愈麦粒肿102例　白求恩医科大学学报　(1):86，1985

殷慧镇等　兔丘脑束旁核痛敏神经元对刺激扣带回前部的反应　针刺研究　(4):299，1988

殷之放等　针灸预防小鼠苯中毒的实验研究　针刺研究　(3):383，1989

针灸治疗小鼠苯中毒的实验研究　上海针灸杂志　(4):26，1989

尹志保　艾灸下关、颊车穴治疗周围性面瘫　陕西中医函授　(5):27，1989

印其章等　下丘脑弓状核、中缝背核和蓝斑在针刺镇痛中的作用及其相互关系　针刺研究　(1～2):67，1989

于龙川等　从中脑导水管周围灰质到杏仁核与镇痛有关的神经通路　科学通报　(1):68，1989

家兔下丘脑弓状核参与由中脑导水管周围灰质到伏核的上行镇痛通路　针刺研究　(1～2):69，1989

于　澍等　针刺对乳少症患者脑垂体泌乳素的影响　中国针灸　(6):29，1989

于书庄　"行气法"治疗原发性面肌痉挛145例临床分析　中国针灸　(1):34，1989

余礼斌等　足中趾尖点刺放血治疗麦粒肿92例　江西中医药　(5):59，1988

俞昌德　针灸治疗遗精12例　广西中医药　(1):32，1989

俞振飞　埋线治疗癫痫病876例　中国针灸　(1):27，1988

袁博渊　针刺悬钟穴治疗偏头痛　上海针灸杂志　(1):45，1987

袁家昶　常山注射液穴位注射治疗间日疟　四川中医　(9):51，1986

袁茂轩　耳穴贴压王不留行治麦粒肿　中国针灸　(3):56，1986

袁明经　针刺治疗泌尿系结石58例疗效观察　针灸学报　(1):20，1989

袁清顺　针刺内睛明治疗皮质盲50例疗效观察　中国针灸　(6):17，1989

Z

曾　玲等　电刺激家兔体感Ⅰ区对丘脑腹后外侧核痛单位放电的影响及与针效的关系　针刺研究(1～2):16, 1989

詹永康　药锭灸法为主治疗淤血腰痛—附68例疗效观察　湖南中医杂志　(1):31, 1989

张长城等　中脑导水管周围灰质在电针镇痛和痛觉调制中的作用　针刺研究　(1～2):86, 1989

张　栋等　针刺合谷穴对面瘫治疗作用的红外热像观察　中医杂志　(5):32, 1989

针刺治疗良性甲状腺结节前后局部热像图变化的初步研究　第一届世界针灸学术大会针灸论文摘要选编　第91页, 1987

张凤玲　耳针、头针、体针联合治疗聋哑56例　中国针灸　(2):21, 1989

张海发等　麝香丹灸治椎间盘突出症86例临床观察　上海针灸杂志　(3):7, 1989

张化南　太阳穴刺血治疗麦粒肿50例　广西中医药　(5):25, 1989

缪刺络穴治疗软组织扭伤118例　中国针灸　(4):32, 1989

张嘉福　针刺治疗麦粒肿　中国针灸　(3):44, 1985

张建华　上肢各同身寸的长度及相互关系　针灸学报　(2):35, 1989

张健民　点刺治疗软腭麻痹54例疗效观察　北京中医　(1):37, 1987

张连城　针刺大杼穴治疗麦粒肿　北京中医　(3):41, 1988

张连誉等　激光针灸治疗中耳炎33例　中国针灸　(3):9, 1989

张亮烽　磁电七星针治疗血管神经性头痛38例报告　针灸学报　(1):29, 1989

张鸣九　头穴治疗癫痫病的临床应用和探索　全国头穴临床应用研讨会论文选编　第1页, 1989

张瑞德等　中脑导水管周围灰质对猫丘脑后核内脏大神经诱发放电的影响　针刺研究　(1～2):120, 1989

张淑兰　针灸疗法治疗小儿泄泻32例　吉林中医药　(4):17, 1989

张　唯等　脚内核经缰核的镇痛作用　针刺研究　(1～2):73, 1989

张茵州等　三阴交穴埋针治疗遗尿　山西中医　(1):36, 1989

张应勤等　针刺治疗麦粒肿的临床观察　中医杂志　(12):35, 1989

张育文等　电针对大鼠脊神经节组织中乙酰胆碱含量和乙酰胆碱酯酶活性的影响　针刺研究　(1～2):181, 1989

张云飞　灯火灸治疗麦粒肿50例　陕西中医　(4):174, 1989

张忠志　耳针减肥110例临床观察　中医杂志　(5):23, 1989

张重华等　针刺前后穴位温度变化的观察　中国针灸　(5):37, 1988

张自东等　脑室注射促甲状腺素释放素对电针镇痛及脑内 cAMP 含量的影响　针刺研究　(1～2):187, 1989

赵飞跃等　不同频率电针对镇痛效应和耐受现象的影响　中国针灸(1):26, 1989

赵吉民等　电针神经干治疗截瘫71例分析　中国针灸　(5):13, 1989

赵　兰等　督脉穴位埋线治疗癫痫病110例临床观察　(4):7, 1987

赵　平等　电针治疗运动员肌肉拉伤123例临床观察　中国针灸　(1):17, 1989

赵平平　“偏三针”治疗偏头痛三十四例　江苏中医　(8):27, 1988

赵晓蔷　熏灸治疗风湿病50例　中国针灸　(3):16, 1989

赵裕廷等　激光内灸治疗荨麻疹55例　针灸学报　(3):25, 1989

郑　季　耳压法治疗月经不调77例临床观察　浙江中医学院学报　(3):49, 1989

郑魁山等　针刺治疗链霉素中毒性耳聋40例临床观察　中国针灸　(3):15, 1989

郑益民　针刺治疗多哥湿热性遗尿症187例疗效观察　北京中医　(2):33, 1989

仲跻尚　针刺第二腰椎夹脊穴治疗遗尿症二十例　浙江中医杂志　(8):372, 1989

周德育等　国人不同年龄层同身寸长度与身高、四肢长度关系的研究　解剖学杂志　(2):153, 1985

周鼎兴　针灸配合牵引治疗神经根型颈椎病144例临床观察　中国针灸　(4):19, 1989

周惠民　针刺治疗先天性脑积水　上海针灸杂志

(1):24，1989
周继荣　深刺下关穴为主治疗原发性三叉神经痛32例　江苏中医　(2):18，1989
周建媛　穴位注射治疗偏头痛23例　针灸学报　(4):23，1989
周静玉等　艾灸百会穴治疗眩晕的临床实验研究　黑龙江中医药　(1):30，1989
周荣波　灸脐法治疗口腔溃疡104例　新中医　(4):36，1989
周文新等　原发性青光眼针刺前后眼血流图的变化　上海针灸杂志　(1):8，1989
周择良等　耳尖针治疗牛皮癣50例　中国针灸　(5):23，1989
朱成贤等　以颈总动脉血流量为指标对家兔人中穴特异性的探讨　中国针灸　(2):29，1989
朱笛霓等　下丘脑内侧视前区在电针影响蓝斑神经元放电中的作用　针刺研究　(1～2):65，1989
朱　江　"同病异治"是针灸治疗不同类型胃、十二指肠溃疡的基本法则　山西中医　(5):34，1989
朱　江等　竹管疗法治疗类风湿性关节炎25例临床观察　中国针灸学会针灸与免疫功能研讨会论文合编　第205页，1988
朱津民等　视前区去甲肾上腺素和多巴胺在针刺镇痛中的作用　针刺研究　(1～2):63，1989
针刺镇痛时视前区β-内啡肽和去甲肾上腺素释放的变化　针刺研究　(1～2):61，1989
视前区儿茶酚胺和阿片受体的关系　针刺研究　(1～2):60，1989
朱丽霞等　针刺镇痛中5-HT下行抑制的作用及其与内阿片肽及P物质的关系　针刺研究　(1～2):151，1989
朱琼昌　针灸治疗间日疟7例　上海针灸杂志　(1):47，1989
朱月伟等　耳穴治疗甲型肝炎疗效观察　中国针灸　(3):11，1989
邹学超等　术前预测与针麻效果(150例针麻肺切除术的病例分析)　第一届世界针灸学术大会针灸论文摘要选编　第197页，1987
邹仲清　针刺治疗遗尿症30例　浙江中医杂志　(2):90，1988

(10) 推　拿

【概述】

推拿科今年在对颈肩腰腿痛的临床研究方面较前更深入，在内外妇儿和五官科方面的治疗病种有所拓宽，在理论探讨，实验研究方面也在进一步展开。

刘广杰等通过对腰椎间盘突出症980例的治疗实践，并对其中的720例进行为期三年的随访后认为，本症的手术治疗与非手术治疗各有指征，不可偏废。徐光耀对50例肩凝症的病因病理、临床诊断和治疗手法分析后认为，手法分离肩肱连动是恢复肩关节活动的关键。这些探讨，对提高推拿治疗颈肩腰腿痛的效果，是十分有益的。

此外，隋卓琴报道了一例原因不明的白细胞减少症，经多方治疗无效，在采用腹背部推拿四个月后，血象基本恢复正常。乔建君用一指禅推、按、揉等手法，取上星、印堂、鼻通、迎香等穴，治疗过敏性鼻炎27例，治愈率达85%。阎翠兰报道了用掐挤法治疗急性乳腺炎65例，有效率达86%。陈昶用足部按摩治疗小儿遗尿98例，方法简便，疗效满意。金庆丰等采用推拿手法治疗21～63岁年龄段的肛裂42例，取得满意效果。这些报道，反映了推拿治疗的病种在不断拓宽，应用日趋广泛。

卓大宏、王胜等对手法治疗原理研究的现状作了综合评述，对提高推拿疗法的实验研究水平，提供了可贵的借鉴资料。齐振熙等从经络学说、脏腑学说及气血学说三个方面，探讨了传统点穴疗法的作用机理，并根据现代科学实验的结论，证实传统点穴疗法的科学性及其临床应用价值。刘志诚等观察了损伤和按摩前后家兔血中皮质醇和葡萄糖浓度的变化。实验结果表明，损伤后家兔血中皮质醇和葡萄糖浓度显著升高，按摩不仅能抑制过亢的肾上腺皮质功能而且还可以减少血糖的消耗。同时，还观察了损伤前后交感—肾上腺系统的改变以及按摩对其影响。结果表明，按摩不仅可以抑制过亢的交感—肾上腺系统的功能，而且还可以减少葡萄糖的消耗。

（何宗麟）

【推拿治疗颈椎病】

推拿治疗颈椎病，方法繁多。陶树章采用推拿加外敷中药治疗165例，疗效以颈型、神经根型最佳，显效率分别为81%、88%。王军用针灸、推拿正骨综合方法，再辨证施治治疗60例，有效率为96.7%。林敏等以坐式牵引为主，同时辅以项背按摩治疗60例，有效率为98.3%。夏惠明治疗方法是舒松术和整复术。结果，50例患者治愈24例，显效22例，好转4例。季中华等则以手法推拿为主，治疗神经根型颈椎病213例，有效率也达97.7%。陈国民等根据颈段椎体的解剖结构，结合临床实践，对50例神经根型颈椎病患者，采用仰卧拔伸旋转整复法治疗5～30次后，手指麻木均消失或明显减轻，颈椎活动恢复正常。方法：患者仰卧位，术者左手托住患者下颌部（不可压迫喉管部），右手掌心托住枕外粗隆，大拇指及其余四指分别置于颈部两侧，两上肢同时用力拔伸颈部1～2分钟，在此状态下缓缓向左旋转颈部，至有疼痛感后再继续扩大旋转5～10度，听到"嗒"声，即可旋正颈部。然后术者左右手互换位置，用同样方法向右旋，听到响声，旋正颈部。余润明采用上法为主治疗椎动脉型颈椎病39例，有效率也达97.4%。于生等将牵引、正骨、按摩融为一体，形成为"牵引正骨法"治疗58例，痊愈17例，好转41例。方法：患者坐位牵引，术者立于身后，双手持双肩，缓慢向后拉至一定角度，中段颈椎成15°～20°，下段颈椎25°～35°，再缓慢向前推至端坐位，如此来回摆动1～2分钟。然后根据椎关节错位的方向选用推正法、摇正法和侧按法。推正法：对左右旋转式错位者，术者双手拇指按于颈后突的颈椎棘突两旁；对前后滑脱式错位者，则分别置于左右偏向不同的两个棘突旁。在保持颈牵引前后摆动的同时，当向前运动时，双拇指顺势用力加压推正复位。摇正法：停止前后摆动，选用复位角度，将病人肩部向后拉成15°～20°角，再以一手轻轻拿颈后部，拇指按于错位横突隆起处之下方作为"定点"，另一手托住下颌作"动点"将头左右摆动，当角度达到最大限度时，稍加适当的"闪动力"，按住"定点"的拇指同时加压，使关节在运动中复位。侧按法：适用于侧弯侧摇式错位，尤以勾椎关节错位者。术者一手虎口扶住病人颈部错位椎旁隆起处作"定点"，另一手握住病人同侧手腕徐徐用力向下牵拉，使病人颈部侧屈约20度，然后缓缓复原位，如此重复2～4次，一般先做健侧，再做患侧。李奇炎将被动手法和动态的点穴组合成"动态按摩法"治疗130例，治愈93例，好转35例，无效2例，有效率为98.5%。旷时恩采用点穴按摩为主治疗110例。主要穴位是：合谷、曲池、小海、中府、肩井、天宗、缺盆、极泉、新设(在风池穴直下方，后发际下一寸五分处)、大椎穴等。结果，近期治愈89例，显效18例，好转3例。王忍生治疗594例颈椎病患者，先点穴按摩，然后在牵引下正骨。结果，痊愈452例，好转123例，无效19例，总有效率达96.8%。

（胡广勤）

【推拿治疗肱骨外上髁炎】

卫厉雷经八年临床实践，总结了一套治疗肱骨外上髁炎的经验。经治32例，27例治愈，4例有效。其方法以穴位的点揉按摩为主。首先用大拇指从上臂中段推至前臂下廉穴，连续3～5次后指揉1～2分钟，再分别用拇、食、中、无名指指压肘髎、天井穴及尺骨鹰嘴下2寸处，每次按压20秒后揉2

分钟，最后作肘关节被动伸展、屈曲、外展以松解粘连。梁勤章自1985年来治疗52例，效果显著。方法是，在患肘周围和肱骨外上髁压痛点处，先后分别采用局部捏揉法、擦推法、推揉法和点摇法，最后作肘关节过伸动作10～15次。傅才祥等报道的推拿方法是以推扳手法为主，治疗32例，效果满意。操作方法是先按揉肘部，擦曲池、肘髎穴，然后以中、食指拿住肱桡肌和桡侧腕伸肌向外扳动数次，再用大拇指在患肘内侧从下向上推揉数次，接着一手按在压痛点，另一手作肘关节施后动作数10次，最后轻轻抖动患肘并作伸肘动作。韩国红报导的方法是先点按手三里、曲池1～2分钟，再以拇指按压肱骨外上髁伸肌腱处，并用力牵引患肢，使前臂旋前，继后反复弹拨肌腱数次作轻揉，再将肘关节极度屈曲，拇指按压肱骨外上髁，当肘关节伸直位时，拇指向桡骨头方向反复推动数次，再按摩肘部及前臂。1～2日治疗一次，每次10～15分钟。治疗35例，全部有效。胡晓斌等采用棒击法治疗网球肘32例，治愈18例，显效7例，好转5例，无效2例。方法：先用按摩理筋手法轻揉患处2～5分钟，再用木棒叩击患处5～10分钟。开始由轻到重，由慢到快，结束时，由重到轻，由快而慢，然后用按摩手法轻摸2～5分钟。张群保则采用屈曲上提内旋过伸法治疗本病25例，痊愈15例，好转8例，无效2例。

（张文才）

【治疗肩关节周围炎的手法研究】

近年不少研究者采用传统手法的同时，再根据肩关节及其周围组织的解剖、生理特点和肩关节周围炎的病理特征，结合各自的临床体会设计创编了针对性手法。徐光耀的“翻撬肩胛缝法”和“肩肱关节分离法”即属此类。“翻撬肩胛缝法”是针对肩胛下肌的痉挛和粘连不易触及这一问题而设计的。其具体操作方法是：医者一手掌心向内，食、中、无名指、小指置于患者肩胛内下缘与下角缘，另一手按于肩峰前方，在嘱患者肩部充分放松时向肩后方用力推按。此时，患者肩胛骨内侧下缘及下角离开胸壁而翘起，呈现一肩胛缝，置于肩胛内缘之四指立即乘势插入该缝中，并往外翻撬数次。“肩肱关节分离法”则是针对肩肱粘连，特别是肌腱袖的粘连不易充分解除的情形而设计的。其操作方法为：医者一手固定患者肩胛下角，另一手穿过患者腋下并回腕攀于患肩前上方。此时，患者上臂正搭于医者前臂，医者则不断上抬肘部以带动患者上臂作外展上举活动，幅度由小渐大，以患者能忍受为度。此法操作时或可闻及粘连解脱声响。做完外展上举活动，一手仍固定患者肩胛骨，另一手则改握患者上臂作内外旋、后伸、旋前、旋后等动作。用此手法治疗患者50例，有效率为94%。严兴华的手法操作近似于上述方法。吴健的“下压肩胛骨法”及“推拨下角法”则是针对本病常见肩胛盂与肱骨头解剖位置异常而设。其手法操作简便，在肩周围施行各种松弛解痛手法后，视上移的肩胛骨下角向内或向外前的不同位置，施以推拨复位手法，同时按压肩胛骨向下，反复4～5次，待肩胛骨达到基本正常位置，再施理筋顺筋手法。据报道治疗100例患者均获治愈。其中1次治愈10例，2次治愈38例，3次治愈52例。所有病例均经3个月至1年的随访观察，无一例复发。祝波等创编的“肩部旋转法”则是针对肩关节囊粘连而设。该手法是先在患侧屈肘情况下进行由前下方向后上方的短杠杆旋转活动；然后再进行由前上方向后下方的直肘长杠杆旋转。这样，既可将关节囊前缘的粘连尽可能松解，又能将肩关节皱褶充分地拉开，使肩关节活动功能得以恢复。周炳辉设计的手法松解术，具有操作简便、疗程短的特点。治疗840例，经一次性手法松解后，随访二年，620例痊愈，211例好转，9例无效，总有效率为98.9%。方法：先在患肩作指压揉摩等手法，使局部温热，深部组织松软，疼痛减轻。再作肩周穴点压，同时作顺、逆时针方向环转肩关节。然后患者仰卧，将患肢屈肘，徐徐前屈、外展、外旋，在上举的瞬间，可感到“扯撕声”，此刻患侧前臂即可置放头后枕部；改俯卧位，在患侧肩胛内缘作揉摩，在肱二头肌长头腱鞘处作揉、捏、弹拨，同时将患肢屈肘、后伸、旋转使手抵背颈部。粘连得到松解后，即时作肩关节运动。最后作理筋、抖臂数次。岳洪春设计的扳拿导引松解术，是以病变部位为主，通过手法直接授力于粘连组织，使其得以分离和解脱。用此手法治疗 29 例患者，痊愈 19 例，显效 10 例。

（卜福荣）

【治疗急性腰扭伤的手法研究】

近年来不少作者根据腰部的生理解剖特点和急性腰扭伤发病机制，结合各自的临床体会，在力求迅速取效方面设计不少有效的手法。沈霖等报道的拔伸揉掌法治疗腰椎小关节滑膜嵌顿 55 例，即是根据本病的发病机制，结合传统手法，而设计的。其方法：先用揉、捏、点按法施于骶棘肌及腰眼、中膂、肾俞、关元俞、肝俞、委中、阳陵泉等穴。然后，在患者双腿与治疗床面呈 35 度夹角的体位，作腰部对抗拔伸，使脊椎呈过伸位。随之，术者在嵌顿的椎间小关节部位用力向下向对侧按压，以使关节突发生移动，将嵌顿的滑膜逸脱出来。治疗结果表明，有效率达 94.5%。治愈次数最少者 1 次，最多者 4 次，平均为 1.5 次。刘高英治疗腰椎小关节交锁的手法与上述近似。而杨元宪等治疗腰椎后关节滑膜嵌顿；吴真辉的治疗急性腰扭伤；赵忠良的腰椎后关节错位症等，在医疗手法方面可谓大同小异，主要皆运用斜扳手法对解剖位置失常的腰椎后关节进行整复纠正。至于沈景允报道治疗腰椎小关节错位的“一牵二扳三蹲提腿法”是运用斜扳法，区别之处：(1) 在术前先作腰部牵引 20～25 分钟。(2) 医者一肘部压在患者腰棘突或椎旁疼痛处，助手握患者一足踝部，嘱患者屈曲膝部，在医者口令下助手猛上提踝部以腿蹲之，此时医者肘部在患处有滑动感或闻及弹响，说明已完成整复工作。沈氏用此法治疗患者 185 例，96.8%有效。综合各家之长，取而用之，这是重阳四步推腰法特点。此法包括松解手法（按、揉、扳、分扳）、单腿跪压伸腰法、左右斜扳法、前屈卷腰法及旋转复位法，据治疗 1540 例，总有效率为 99.7%，临床治愈率达 92.1%。运用上海名家陆文氏的绞腰之术治疗腰椎后关节紊乱症，近年来已逐渐推广，如杨源忠的扳肩绞腰手法。其方法为：患者坐位，屈肘贴胸，两手交叉搭于肩部。助手半蹲位，两膝紧夹患者双膝部，两手分别按住其双侧髂棘，以固定患者骨盆。术者立于患者之背后，以一膝顶住其腰背部，一手置其肩前，另一手置其另侧肩后，将患者上身向后倾斜 45 度左右，令其肌肉尽量放松。此时术者一手扳压肩部向后，一手推挤另侧肩向前，两手同时用力，带动腰部向左右旋转，先小幅度来回活动数次，趁患者未加注意且腰部肌肉比较松弛时，术者两手骤然用力将患者之肩向左向右各扳绞一次（一般可使上半身转体 60～70 度），此时常可闻及腰部“咯哒”声响，尔后在其腰椎棘突上及棘旁自上而下施以按、摩、擦手法数次。用此法治疗 52 例，施术 1 次并在 3 天内治愈者 34 例，18 例 3 天后复诊腰部虽仍有酸痛感，但活动基本恢复正常，再次施以按、摩、擦手法结合拔罐治疗而愈。采用名医魏指薪的背法或施用斜扳法及坐位弯腰旋转复位法治疗本病，近一、二年来屡见不鲜，如舒世清治疗急性腰扭伤伴滑膜嵌顿采用的即是。立、坐、卧三种不同姿势，手法施治都有较好疗效；对比卧式斜扳法及坐位旋转复位法治疗效果并无明显差异。至于周其荣所报导的推拿旋转法近似于临症常用的弯腰旋转扳法，只是医者的上肢在操作时所按抱患者的部位略有所不同。以指代针，穴位指压治疗本病，近年来也有很多临床探索，如毛必文和黄茂荣报道的均属此类。毛氏取长强穴指压，其法如下：患者取膝胸卧位，术者右手食指带消毒橡皮指套，涂少许液体石蜡，慢慢插入患者肛门内，在长强穴处，拇指和食指面相对，先用拇指顺时针方向揉50次，然后用食指顺筋10次，交替4次，食指退出肛门，即让患者活动腰部2分钟。每三日指压长强穴1次，3次为一疗程。治疗49例，腰痛消失25例，好转20例，无效4例。黄氏取行间、太冲之间的部位，其方法：患者站位或坐位，医者二手之食指指端分别在所取穴位上压，同时嘱患者作腰部多方向活动，一次治疗2～3分钟，每日1次，一般不超过3次。在操作时，黄氏要求(1)取穴原则以压痛为主；(2)指端直往下按压，压到深处至有酸胀麻感为适度，先压后放，其速度要均匀；(3)患者腰部多方向活动必须由小到大，缓慢进行。治疗92例，痊愈87例，好转4例，无效1例。

（陈国民）

【推拿治疗失眠】

近年来推拿治疗失眠有较好的疗效。黄吉仁治疗失眠25例，痊愈23例，无效2例。手法为：患者取坐位，术者站于患者背后，双手指腹置于患者前额，手指微屈，由前向后抓遍全头，反复6遍。按揉百会、印堂、风池、内关穴各100次。再用双拇指置于前额向两侧太阳穴分推10次。最后以百会穴为中心向四周作单掌震法。孙俊亭采用经穴自我按摩失眠36例。经20次治疗，痊愈12例，显效16例，有效8例。方法：(1)每晚临睡前用热水（水温38℃～45℃）泡脚30分钟，然后向足趾方向推搓双侧涌泉、三阴交穴各360次。(2)侧卧，用足背足心分别推、搓、摩、擦对侧的涌泉、三阴交穴各100次，然后推、搓、揉、按对侧的足背向足趾间皮肤，以局部皮肤热胀舒适为宜。李冬生在治疗失眠57例，最少治疗6次，最多20次，平均9.1次，治愈38例，显效15例，有效3例，总有效率98.2%。其治法：(1)平卧位，分抹印堂至双侧太阳穴。然后点压印堂穴，再从印堂沿眉弓向两侧边揉边移至太阳穴。反复操作各3分钟。(2)患者闭目后点压睛明穴，抹上下眼睑同时轻轻触压眼球，分抹至外眦部轻压片刻，反复操作2分钟。(3)沿印堂至百会和双眉中至平百会三条直线依次按压三遍。再从印堂穴依次点压睛明、迎香、人中、地仓、承浆、大迎、颊车、下关、耳门、听宫、听会、翳风、太阳穴。(4)两侧交替进行，自耳前向耳后直推30次。再用双手五指指峰从患者头正中线快速上下分疏至两侧颞部20次后点压风池穴，拿颈后大筋、肩井2分钟。对病程较长者加按摩神门、三阴交穴5分钟或捏脊治疗三遍。王国英报道点按"额三线"治疗神经衰弱效果满意。(1)部位，前额部及头顶前半部，印堂至百会穴为一线，眉中（双侧）至百会穴为二线，称为"额三线"。(2)点按方法，患者取坐位，术者先将右手掌托住患者脑后枕部，左手拇指指腹开始点按一线，然后再点按二线，每线反复进行3遍，点按时要点点相连，不留空隙，力由轻到重，每线点按时速均为1分钟左右。对病程长，病情重加点按神门、三阴交等穴。共治50例，痊愈36例，好转11例，无效3例。平均治疗次数为11.1次。吴兆华采用带有振动感的按、拿、推、擦、擦手法，再用压揉、压拨、振颤特殊手法和医疗体育运动治疗神经衰弱。部位以头颈为主，胸腹次之。重点施术于任脉、督脉、肾经、胃经和膀胱经。共治36例，治愈3例，显著好转9例，好转17例，无效7例。潘建华采用抑制-兴奋的手法治疗失眠112例，治愈33例，显效62例，有效11例，总有效率为94.6%；治疗最少5次，最多41次，其中随手法入睡者58例，占51.8%。方法：(1)抑制手法要求轻柔连续，先从印堂开始依次揉攒竹、鱼腰、四白、太阳、上星、百会、四神聪、安眠点、风池诸穴，10～15分钟。抹眼球、分抹前额各2分钟，按揉头两侧足少阳胆经等区域3分钟，最后按揉曲池、神门、内关、睡眠点、足三里、三阴交8～10分钟。(2) 兴奋手法要求相对重、快、短，先依次按揉印堂、百会、振按太阳、风池诸穴3～5分钟，再用指端叩击头皮三经（督脉、膀胱经、胆经）然后拿捏风池、肩井、按揉厥阴俞、心俞、肝俞、最后拍打背部膀胱经，共约4～6分钟。

（郑贤国）

【推拿治疗胃扭转】

推拿治疗胃扭转报道不多见。1977年有毕永升报道运用推、托、按、拿、揉、震手法，配合液体疗法治疗1例，1980年有张春璞报道单用推拿手法治疗慢性部份胃扭转4例，取得了较好的疗效。1989年报道的有卢冀民治疗5例纵轴型慢性胃扭转，刘永俭等报道4例，均复位而愈。卢氏的方法：患者术前10分钟饮水700～1000毫升，然后取仰卧屈膝位。腹胀严重者，揉压左上腹，待排气后行复位术。医生居患者右侧，根据X线摄片显示胃扭转的位置和方向，用掌面或掌根在扭转的对立方向，紧贴于腹部皮肤施加一定的压力，一进一退连续数次，缓慢而有节律的进行，动作宜轻快柔和。若胃部仍饱满，则行捏拿复位法。术者左手在胃饱满部稍下方，将腹部皮肤提起，连续拿数次，然后在胃部用㨰法、按压以利扭转胃复位后的舒展和固定。治疗时须注意患者有无不良反应，术后一周内禁吃硬性食物。刘氏的方法：先行摩腹，于天枢穴作对称性来回推揉拿提，按压中脘。接着施推胃、颠胃法，病人半坐位，上半身向左扭转，左手扶床，医生左手推拉患者右肩，右手五指伸展，紧贴患者上腹部作推圈样按，两手协调地推按1～2分钟；然后病人取膝胸卧位，医生将双手掌面置于上腹部作上下振荡性颠簸2～3分钟。最后点按脾俞、胃俞、三焦俞、足三里，擦揉背及腰骶部。日行1次，每次15～20分钟，15次为一疗程，4例分别推拿10～30次而复位。

（包来发）

【推拿治疗胆囊炎】

杨自顺报道推拿治疗确诊的胆囊炎63例。方法：(1) 用拇指揉巨阙、上脘、中脘、建里、下脘、右梁门、右章门、膈俞、肝俞、脾俞、胃俞、胆囊、足三里穴。(2) 肘运环跳穴，按一个方向进行，运得越圆越好，使局部发热为宜。结果：痊愈34例，显效22例，无效7例，总有效率为88.9%。刑军等采用推拿背部阿是穴对45例慢性胆囊炎止痛作用进行了观察。其治法：用拇指指腹、大、小鱼际或掌根部按揉背部以阿是穴为主，部分患者加按揉心俞、膈俞、胆俞等穴。每次推拿约20分钟。患者背部压痛明显者配合拔火罐治疗。结果：有效44例，无效1例。刑氏等发现大多数患者的压痛部位高于相应俞穴的位置，同时发现部分患者经B超作复查对照，其胆囊功能有明显好转。

（郑贤国）

【推拿治疗胆道蛔虫症】

推拿对胆道蛔虫症有较好的疗效。屈友初采用单手拇指重压双侧胆囊穴3分钟治愈患者1例，随访二年未复发。郑小敏等以按摩胆俞穴治疗胆道蛔虫症20例，治疗后腹疼消失10例，疼痛明显减轻8例，无效2例。方法是：双手拇指罗纹面按揉胆俞穴，作用力因体质强弱而异，以酸胀重为好，一般施术2～3分钟即见效，再持续3～5分钟以巩固疗效，严重者持续时间可长些。罗庆国治疗胆道蛔虫症3例，2例治疗1次，疼痛完全消失，未再发作。1例治疗2次，疼痛基本消失。其方法：按揉肝俞、脾俞、胃俞、胆俞1～3分钟，然后患者仰卧，腹肌充分放松，在上腹部施以由轻度到中度的团摩、按揉、分推右肋下10分钟。如患者腹壁脂肪较厚，间隔1～2小时再施术一次。

（张文才）

【推拿治疗前列腺炎及前列腺增生】

推拿治疗前列腺炎在肛门直肠内操作，古代著作中未见论述，仅在近代泌尿科著作中提及简单的指压法。张义炯采用直肠内操作治疗本病21例，急性期3例痊愈；慢性期18例，痊愈11例，好转6例，无效1例。方法：患者排空大便后，作膝肘位，术者位于患者后方，右手戴橡皮手套或食指套，蘸以液体石蜡后，以食指插入患者肛门直肠前壁壶腹部，触到前列腺体，以食指的罗纹面或指腹部为着力点，吸定肠壁操作。忌用指端勾抓搯掐，以免损伤肠壁。推拿顺序先侧叶后中叶。手法：一是以指腹按压为主，加用小幅度来回摩动；二是以指端罗纹面着力，作上下或左右方向小幅度揉动；三是以指腹轻按肠壁作震颤法。以上三法选其中一法为主，每次操作5～10分钟。急性期每日1～2次，同时配合抗菌素治疗；慢性期每日或隔日1次，10次为1疗程。

杨永淑运用辨证循经推运松解疗法治疗前列腺增生50例，治愈率为84%。方法：(1)膀胱湿热型，推运白环俞、膀胱俞、关元俞、关元、气海、横骨、上　、次髎、中髎、下髎；(2)肺热壅盛型，循任脉推运；(3)尿路梗阻型、(4)中气不足型、(5)肾阴亏损型，均沿督脉循膀胱经推运；(6)肾阳不足型，沿督脉循经推运。

（胡广勤）

【推拿治疗作用实验观察】

王子建应用B型超声波显象观察，推拿胆囊穴对胆囊收缩功能的动态变化。结果推拿组18例中，16例有不同程度的收缩；对照组10例中，只有1例有变化。排除了胆囊自然收缩情况，证实推拿胆囊穴对胆囊收缩功能有较明显作用。

罗新民等观察38例颈椎病患者按摩前后大椎穴皮肤微循环的变化。实验结果：皮温升高，充盈的小哑铃状管袢明显增多，输入支障碍明显好转，空泡状管袢消失，皮肤微循环障碍改善，颈椎病的临床症状好转或消失。车俊生等采用放射性同位素邻碘^{131}马尿酸钠静脉注射的方法观察20例颈椎病患者推拿前后脑血流通过时间(BTT)的变化。结果显示：18例BTT缩短，2例延长。张鲁等采用按摩17名健康男青年学生的耳后观察，对其脑血流图六项指标的影响。测试结果：按摩后主峰波幅、舒张波幅均增高；流入容积速度、血管阻力指数比值也均增高；流入时间指数、主峰角变小。表明，按摩可加速血流使脑部的血流量增加。

尹立等对肌腱损伤动物作推拿治疗，观察表明：治疗组的最大断裂强度、最大断裂应力和最大能量吸收恢复情况均优于同期对照组。病理学观察发现治疗组断端间增生的胶原纤维成熟快，与腱纵轴平行排列，且组成粗大束状，而对照组胶原纤维交错排列较为疏松。因此认为，推拿治疗对肌腱损伤后组织结构的修复与生物力学性质的恢复均有促进作用。刘志诚等在家兔实验观察到按摩对软组织损伤时肾上腺皮质功能、交感—肾上腺系统、外周多巴胺、去甲肾上腺的调节、中枢和外周5-羟色胺的代谢可产生影响。实验表明：按摩可抑制过度的肾上腺皮质功能和交感—肾上腺系统功能。按摩不仅可以减弱损伤家兔外周DA和NA的合成代谢，而且还可增强DA的分解代谢。提示外周DA与NA在损伤和对抗损伤过程中起着重要作用。损伤和按摩前后家兔脑脊液和血浆中5-HT、色氨酸(Trp)、5-羟吲哚乙酸(5-HIAA)浓度的变化表明，按摩可增强中枢5-HT的合成代谢和减弱外周5-HT的合成代谢及增强外周5-HT的分解代谢。提示中枢和外周5-HT可能均为损伤和抗损伤的重要物质，两者在对抗损伤过程中起着不同的作用。

（张文才）

参考文献

B

毕永升　推拿治愈胃扭转　山东中医学院学报 (3):68, 1977

C

车俊生等　颈椎病推拿治疗前后脑血流通过时间的变化　安徽中医学院学报　(4):47, 1989

陈国民等　拔伸旋转整复治疗神经根型颈椎病50例　山东中医杂志　(5):22, 1989

陈重阳　四步推腰法治疗腰痛1540例体会　浙江中医杂志　(10):452, 1989

陈　昶　足按摩治疗小儿遗尿98例　湖南中医杂志 (6):43, 1989

沈景允　一牵二扳三蹲提腿手法治疗腰椎小关节错位　浙江中医学院学报　(3):18, 1988

沈　霖等　拔伸揉掌法治疗腰椎小关节滑膜嵌顿症55例　四川中医　(8):36, 1988

F

傅才祥等　推拿治疗肱骨外上髁炎　按摩与导引 (2):32, 1989

H

韩国红　手法治疗网球肘35例　中国康复医学杂志 (5):195, 1988

胡晓斌等　棒击法治疗网球肘32例疗效观察及理论依据初探　按摩与导引　(5):7, 1989

黄吉仁　按摩治疗不寐25例小结　江苏中医　(9):26, 1989

黄茂荣　指压法治疗急性腰部扭伤疼痛　新中医 (9):35, 1989

J

金庆丰等　推拿治疗肛裂42例　上海中医药杂志 (4):21, 1989

K

旷时恩　按摩治疗颈椎病110例疗效观察　按摩与导引　(1):10, 1989

L

李冬生　按摩治疗失眠57例疗效观察　按摩与导引 (1):17, 1987

李奇炎　动态按摩法治疗颈椎病130例临床小结　按摩与导引　(2):6, 1988

李中华等　按摩配合卧位牵引治疗颈椎病213例的体会　按摩与导引　(4):9, 1989

梁勤章　手法治疗网球肘52例临床报告　陕西中医　(3):113, 1989

林　敏等　坐式牵引配合项背按摩治疗颈椎病60例疗效观察　按摩与导引　(4):27, 1989

刘高英　手法治疗急性腰扭伤50例　陕西中医 (5):211, 1988

刘广杰等　有关腰椎间盘突出症问题　中国康复 (1):8, 1989

刘永俭等　推拿治疗胃扭转4例报告　按摩与导引 (2):47, 1989

刘志诚等　按摩对肢体损伤家兔血中皮质醇的调整作用　中国中医骨伤科杂志　(2):7, 1989

按摩对损伤家兔外周多巴胺去甲肾上腺素的调节作用　中国中医骨伤科杂志　(4):7, 1988

按摩对软组织损伤家兔中枢和外周5-羟色胺代谢的影响　中国康复医学杂志　(5):211, 1988

按摩对软组织损伤家兔交感-肾上腺系统的影响　中国中医骨伤科杂志　(4):6, 1989

卢冀民　推拿手法治疗胃扭转5例报告　实用内科杂志　(1):36, 1989

罗庆国　推拿疗法治疗胆道蛔虫症　按摩与导引 (3):29, 1989

罗新民等　按摩治疗颈椎病的皮肤微循环观察　中国运动医学杂志　(1):51, 1989

M

毛必文　指压长强穴治疗腰痛　云南中医杂志 (2):封三　1989

P

潘建华　按摩手法治疗112例失眠初步探讨　按摩与导引　(6):13, 1989

Q

齐振熙　试析传统点穴疗法的作用机理　中国中医骨伤科杂志　(4):13, 1989

乔建君　推拿治疗过敏性鼻炎27例　山东中医杂志 (5):26, 1989

屈友初　指压胆囊穴治疗胆道蛔虫症　四川中医

(3):38, 1989

S

舒世清　手法治疗急性腰扭伤伴滑膜嵌顿　按摩与导引　(2):29, 1989

隋卓琴　推拿治疗白细胞减少症1例　天津中医　(4):23, 1989

孙俊亭　经穴按摩治疗失眠症36例　陕西中医　(2):78, 1989

T

陶村樟　推拿加外敷中药治疗颈椎病165例　云南中医杂志　(5):36, 1989

W

王国英　点按"额三线"治疗神经衰弱50例观察　按摩与导引　(2):11, 1988

王　军　颈椎病的推拿辨证施治　按摩与导引　(4):21, 1989

王忍生　推拿治疗颈椎病594例　陕西中医　(12):557, 1987

王　胜等　手法治疗软组织损伤实验研究进展　中国中医骨伤科杂志　(3):46, 1989

王子建　用B型超声波显象观察推拿胆囊穴对胆囊功能的影响　上海中医药杂志　(3):28, 1989

卫厉雷　点揉法治疗肱骨外上髁炎32例报告　按摩与导引　(3):27, 1989

吴　健　推复肩胛骨治疗冻结肩100例临床小结　中国中医骨伤科杂志　(1):29, 1989

吴兆华等　振颤按摩治疗36例神经衰弱的临床观察　福建中医药　(6):24, 1988

吴真辉　侧扳手法为主治疗急性腰扭伤138例　福建中医药　(2):44, 1988

X

夏惠明　推拿治疗颈椎病50例　云南中医杂志　(5):30, 1988

刑　军等　推拿背部阿是穴对慢性胆囊炎的止痛作用——附45例疗效观察　按摩与导引　(3):21, 1988

徐光耀　推拿治疗肩凝症（附50例分析）　中国中医骨伤科杂志　(1):25, 1989

Y

严兴华　熏洗推拿治疗肩关节周围炎　湖北中医杂志　(5):35, 1989

阎翠兰　掐挤治疗急性乳腺炎65例　陕西中医　(8):347, 1989

杨永淑　循经推运松解疗法治疗前列腺增生50例　临床医学　(1):42, 1989

杨元宪等　腰椎后关节滑膜嵌顿的治疗　上海中医药杂志　(4):22, 1988

杨源忠　扳肩绞腰手法为主治疗腰椎后关节紊乱症　江苏中医　(1):27, 1989

杨自顺　推拿治疗胆囊炎63例　山东中医杂志　(1):18, 1989

尹　立等　推拿对肌腱断裂伤术后修复过程及粘连影响的实验研究　中国运动医学杂志　(1):17, 1989

于　生等　牵引正骨法治疗颈椎病58例　按摩与导引　(3):10, 1989

余润明　推拿治疗椎动脉型颈椎病39例　安徽中医学院学报　(4):33, 1987

岳洪春　扳拿导引松解术治疗肩凝症29例　山东中医杂志　(1):24, 1989

Z

张春璞　慢性部份性胃扭转的按摩治疗　吉林中医药　(2):36, 1980

张　鲁等　按摩耳对脑血流图的影响　中国运动医学杂志　(1):50, 1989

张群保　"屈曲上提内旋过伸法"治疗网球肘25例疗效观察　按摩与导引　(1):8, 1989

张义炯　按摩治疗前列腺炎　按摩与导引　(2):11, 1989

赵忠良等　斜扳手法康复治疗腰椎后关节错位症669例报告　中国康复医学杂志　(2):78, 1988

郑小敏等　按摩胆俞穴治疗胆道蛔虫症　福建中医药　(6):3, 1988

祝　波等　旋转手法治疗肩关节粘连30例　中西医结合杂志　(5):291, 1988

卓大宏　中国某些传统康复治疗法现代化研究评述　按摩与导引　(2):1, 1989

周炳辉　手法松解肩关节粘连症840例疗效观察　浙江中医杂志　(8):364, 1989

周其荣　推拿旋转法治疗急性腰扭伤100例　云南中医杂志　(1):30, 1989

(11) 气　　功

【概述】

1989年在气功专业和中医综合性杂志上发表的有关气功的文章初步统计约650篇，属于临床和实验室工作的约占三分之一。

气功临床报道（不包括“外气”治病）约120篇，其中有一定数量的个例、病家体会和气功作为辅助方法的报道，因此在气功的临床研究基本上仍是薄弱的一环。但在某些方面，1989年较之以往有所提高，文献比较集中，病例数也较多。气功治疗肝炎、癌肿、高血压、耳聋，防治青少年近视眼、减肥、益智等本卷均有专条介绍。另外，还有郭晓冬的治疗支气管扩张、许浩生的治疗矽肺、冯毅的治疗煤肺、廖嘉现和陈源的治疗疝气、姚立森和邱平的治疗血液病、李宏然的治疗冻疮、吴晓惠的治疗斑秃、张贵成的治疗脂溢性脱发等都是较好的苗头，值得注意。

气功态下性激素、某些神经递质、微循环，以及其它一些生理生化指标改变的报道不到30篇，未超过以往水平。但1989年在西安召开的国际传统康复医学学术会议暨世界医学气功学会成立大会及第二届国际气功学术讨论会发表的论文和胡海昌等主编的《气功科学论文集》反映了近年来气功理论、原理和多学科研究方面的动向。

关于“外气”问题虽然争论较多（本卷有专条），但有关文献报道仍然不少，有70余篇，特别是外气生物效应的研究较多，有40余篇。其观察指标是多方面的，有牛欣等报道的脑电、刘诗祥等和张金梅的动物皮层体感区和弓状核区诱发电位、陈景荣等的动物心律、胡维安等的动物心率、动脉血流量和血压、翁纪伟的支气管平滑肌功能、瞿宁原的血液流变学、孙承琳等的动物血小板聚集功能、张世屏等的动物奥狄氏括约肌肌电、潘利斌等的胃肠蠕动、贺师海等和许虹等的镇痛消炎作用、北京医学院气功研究所的抗心肌灌注损伤作用、张振民等和吴邦惠等的抗辐照损伤作用、刘志云等的动物抗丝裂霉素C中毒作用、顾立刚等的对动物淋巴细胞和肿瘤细胞作用、胡宗濂等的对人白血病细胞作用、国庆芬等和周勇等的抑菌试验、王贤舜等的枯草杆菌硷性蛋白酶活力、曹淑英等的生物氧化还原反应、张孟丹等的Raji细胞表面电学性质，以及刘海涛等的小麦种子萌芽、孔立平等的果蝇寿命、张祖启等的银鲍受精卵发育等等。

气功古典文献研究的报道不多，不超过10篇，但出版了几本气功辞典和专著，如张文江的《中国传统气功学词典》和马济人的《实用医学气功辞典》，可补1988年出版的《医学百科全书·气功学》缺气功人物和文献之不足；陈兵的《佛教气功百问》和王西平主编的《道家养生功法集要》分别介绍了释道二教气功修炼的理论和实践；方春阳主编的《中国气功大全》是一本先秦到明清气功重要文献资料的汇集；张孝芳等主编的《气功养生学》和王若水等编著的《医学气功入门》强调医学的气功，尤其是后者突出了辨证施功的特点。这一些可以认为是1989年气功学术上的一个重要收获。

（卞　骥　林雅谷）

【气功治疗病毒性肝炎】

本年鉴1986年卷曾介绍气功治疗慢性病毒性肝炎，以后每年均有有关文献报道，且所用功法极为多样。王春权报道传授“健脾疏肝功法”治疗病毒性肝炎145例，练功3～6个月后，有效占88.3%，显效占57.8%。马有宗用“铜钟气功”结合辨证施功，治疗慢性肝炎81例，一般治疗4～7个月，结果：显效62人，好转14人，无效5人；总有效率为93.8%。谭金春用“空劲气功”结合“外气”治疗慢性乙型肝炎21例，经9个月治疗后，获痊愈16人，有效3人，无效2人；与单纯用中西药治疗的对照组比较，二者有高度显著性差异。此外，龚千锋练“鹤翔庄”气功，付子文则练“大雁功”均治愈了自己的慢性肝炎。洪达逵采用以“内养功”仰卧姿势为主的“气功强烈控制法”练功约一个月，治愈了自己的重症急性黄疸型肝炎。胡吉甫等介绍了一种由马步站桩及手指扳动等组成的“肝炎病特型功法”。邵庆祥介绍自己患乙型肝炎后练“辟谷功”并辟谷三天，使GPT由92u降为40u，黄疸指数由8u降为5u。罗森等用“周天命门功”治疗慢性乙型肝炎20例，发现能降低患者的谷丙转氨酶，并使HBsAg滴度下降。刘大原以“静功”及“道家小周天法”为主，治疗经中西药治疗无效的表面抗原阳性无症状乙肝10例，结果：练功后表面抗原转阴时间最短1个月，最长10个月。陈小平则练“太湖气功”二个月后，使自己的HBsAg转为阴性。

（方东行）

【气功治癌的临床与研究】

1989年，气功治癌公开发表的资料约有20余篇。此外，还开展了一些学术活动，成立了学术团体。如1989年1月8日，中国气功科学研究中心在北京市肿瘤防治研究所召开气功抗肿瘤典型病例报告会，介绍典型治例80余例，涉及20余种肿瘤。1989年2月25日，中国癌症研究基金会自控气功防治肿瘤研究会在北京成立；下设分会14个，研究所3个，医院4个，康复中心、康复院各1个，研究组23个。

（一）肿瘤诊断　周才良等对100例门诊病人作了气功查癌试验，气功师所用功法为“古元功”，以“双盲法”遥测。结果：41例部位判断相符，其中13例特别准确。周氏认为，气功查癌似有临床应用前景，但尚待进一步证实。

（二）肿瘤治疗　北京气功自控防治肿瘤康复中心报道，1987年十二个辅导站和一个实验组共收各种癌症病人558人，总有效率达93.66%，其中显效率30%。其北京密云气功自控防治肿瘤联合医院创办二年多来，共收各种癌症病人622人，其中大多数是中晚期癌症，有的病人多次化疗多次复发或遍访全国寻求治疗均无效果。经练功治疗后，有效率达88.3%，显效率达32.6%。从远期疗效来看，北京颐和园辅导站80～88年间，收治15种癌症病人近百人，目前身体完全恢复健康存活5年以上的有25人，其中7年以上的有7人。谢福训等报道，用郭林新气功疗法治疗16例恶性肿瘤患者，其中精索癌、绒癌、后腹壁恶性肿瘤各1例，结肠癌2例，胃癌6例，肺癌5例。经二年随访，显效9例，好转4例，无效3例。谢至中等用气功配合放、化疗治疗57名患者，包括鼻咽癌等10余种恶性肿瘤；以练静功为主，兼练动功；结果，患者全身症状均有不同程度的改善。刘沛秋介绍自己经过三年“新气功”锻炼，使6×5×5cm的肝癌缩小到2.7cm大小，AFP、CEA均基本正常，未见转移与扩散。刘氏认为要注重辨证练功。凌森鑫介绍自己练静功配合中药治疗，使54×45、42×31、21×18mm的肝癌手术后扩散肿瘤全部消失。王伽林对气功内气配合外气治疗一例肝肿瘤病变的过程进行系统观测表明：治疗后，减少的血小板恢复正常；AFP、CEA的增高也转为正常；肿瘤明显缩小；各种症状消失或减轻。赵松林介绍自己练功一年零十个月治愈胃底贲门癌的方法为：(1)辟谷断粮20天；(2)既练动功又练静功，以泄为主，以补为辅；(3)面对树或背树站立食气。冯永颐介绍了练“鹤翔庄”气功1年，使自己的淋巴腺瘤消失。陆锦棠则练“空劲气功”使胃癌手术后扩散诸症得到好转。黄海源也介绍了练空劲气功治鼻咽癌放疗后遗症获得显著疗效。冯理达等应用气功“外气”综合治疗202例肿瘤患者；其中脑瘤33例，肺癌41例，食道癌12例，胃癌30例，结肠癌7

例，直肠癌12例，鼻咽癌10例，其它肿瘤57例；结果：好转123例，占60.89%；无变化78例；恶化1例。谢振川等观察了气功对癌症化疗病人外周血象的影响；练功组27例以无极站桩为主，太极式次之；对照组25例。结果：白细胞计数平均值，练功组在化疗前一天为$5.8\pm0.4\times10^9/L$，化疗结束当天为$4.2\pm0.4\times10^9/L$，化疗后三天为$5.0\pm0.7\times10^9/L$；而对照组则分别为：$6.2\pm0.2\times10^9/L$，$3.8\pm0.3\times10^9/L$，$4.2\pm0.1\times10^9/L$。此外，化疗结束时，白细胞总数下降到$4.0\times10^9/L$以下的，在对照组25例中有20例；而练功组27例中仅有9例。

（三）"外气"治癌实验研究　胡宗濂等观察了"外气"对人早幼粒白血病（HL-60）细胞诱导分化的影响。其实验组接受"外气"每日两次，每次约20分钟，培养3天后，早幼粒细胞平均减少的数值为57.33，而对照组为31.17；两组比较有显著差异（$P<0.01$）。提示气功"外气"能使某些白血病细胞向成熟方向分化。仰锦虹等采用正常人淋巴细胞和人红白血病肿瘤细胞K562，由气功师发放"外气"作用20分钟，结果表明：正常人淋巴细胞的生长平均提高76%，而肿瘤细胞的生长平均抑制20%，提示"外气"治疗肿瘤具有一定的定向和特异性。

（方东行）

【气功治疗高血压】

王崇行等将100例老年高血压病人（平均年龄65.32岁）随机分为气功组50例（辨证施功合用降压药物）和对照组50例（单用降压药物），治疗一年后，发现：气功组显效率56.0%，总有效率88.0%；而对照组则分别为28.0%和66.0%；两组间有非常显著差异（$P<0.01$）。气功组疗程后脑电功率谱α频移和θ频段高功率异常阳性率明显降低，心动超声图和血液流变学检测均有明显改善。王氏等还作了100例高血压患者（45～65岁，按上法分组）气功治疗前后血脂变化的组间对照观察，发现：练功后，血清总胆固醇、甘油三酯和低密度脂蛋白胆固醇趋向降低，高密度脂蛋白胆固醇则从$46.95\pm8.27mg/dl$上升为$55.64\pm7.28mg/dl$，动脉硬化指数从3.08 ± 1.32降低为2.12 ± 1.23，而对照组疗程前后无明显变化。吕增春等将高血压病患者117例随机分为气功组39例，慢跑组42例，药物组36例。气功组以练松静站立、升降开合、慢步行功为主。经一年观察表明：三组均有降压疗效，总有效率分别为89.74%、92.86%和86.11%。同时，气功组及慢跑组体重减轻，总胆固醇和甘油三酯降低（分别下降3.89%和4.63%，15.03%和11.79%，14.59%和13.30%）。而药物组体重无明显变化，总胆固醇及甘油三酯却分别增高4.13%及3.91%。李炜等将107例肝阳上亢及阴虚阳亢型高血压病患者分为气功组（练动静结合功）32例，西药组33例，结合组（气功加西药）42例。经2个月治疗后发现：临床症状的改善结合组和气功组优于西药组。舒张压下降幅度在肝阳上亢型中，结合组和气功组优于西药组；但在阴虚阳亢型中，3组相比无明显区别；表明气功的平肝潜阳作用优于育阴潜阳作用。此外，还观察到患者的微循环、尿儿茶酚胺改变等练功后均有好转。李烽等将120例高血压病患者分为气功组和对照组。治疗后，气功组及对照组降压总有效率分别为88.31%、63.59%，症状改善总有效率分别为90.43%及24.20%，差别明显。此外，还观察到练功后植物神经功能趋向正常，血浆环核苷酸水平原来上升的cAMP、cGMP均下降而cAMP/cGMP升高，表明气功治疗高血压与神经-体液调节有关。

（方东行）

【气功治疗糖尿病】

气功治疗糖尿病，早在六十年代即有报道，重庆医学院生理教研组观察到，练松静功时血糖浓度降低。朱禧喜等报道30例次中有29例次练功后血糖水平呈现不同程度下降，平均下降27.3mg%。近年来，张其荣、耿泉思、何彬等均有气功治疗糖尿病验案报告。杜洛伊等采用气功疗法治疗糖尿病13例，经26天治疗，血糖、尿量水平及24小时排糖量下降，临床症状均有不同程度的改善。沈稚舟等报道10例糖尿病，发现练功第20天时空腹胰岛素水平明显低于第1天的水平（$P<0.01$），同时还观察到血丙酮酸与乳酸水平下降。吴国梁等报告20例糖尿病患者锻炼气功2～3月后复查口服葡萄糖耐量试验，发现试验各时相血糖水平均有所降低，其中空腹血糖浓度及半小时血糖浓度疗程前后有显著差异（$P<0.05$）。其降血糖机理可能与保护胰岛β细胞功能及促进靶细胞对糖的利用有关。邝安堃等采用气功治疗高血压合并糖尿病，结果发现16例患者经六个月治疗后，血高凝状态减轻，脂质代谢改善，血糖水平从治疗前平均171.55±11.66mg%，降为151.31±14.91mg%（$P<0.05$），尿糖转阴者8例，临床症状明显改善。表明气功确系糖尿病综合治疗的有效措施之一。

（王崇行）

【气功减肥】

目前，运用气功减肥的方法有多种。

（一）气功辟谷　韩旭等介绍了“东方健美减肥气功”，它由玉蟾翻浪功、玉蟾吸真功和莲花座功组成；前一种功能消除饥饿感，达到禁食或节食的目的，后二种功法能减弱和消除低血糖等不良反应，使减肥者照常工作和生活。韩氏等观察了110例，除4例不宜练此功外，其余106例全部减少了体重，有效率达96%以上。停止减肥后2～5个月追踪发现，有93.4%的人体重不回升或继续下降。有10例练功减肥者作了生理指标测定，结果：除尿酮体在练功期间呈阳性外，血压、血色素、白细胞、肝功能等大部分人都在正常范围，血脂呈下降趋势，无低血糖现象。沈铎也介绍了一种运气消除饥饿感的辟谷减肥方法。白雪梅认为，辟谷减肥效果显著，但必须经常按摩耳上的胰胆穴，以防胆结石。

（二）静功　王秉加用坐位意守“公孙穴”的方法治疗48例肥胖症患者，均有疗效，其中2例疗效显著。此法具有简便易行的特点。

（三）动功　徐兢认为，气功防治肥胖症的功法应以动功为主；如延年九转法、气功慢跑、太极拳、五禽戏、站桩功等，还要注意合理安排饮食，并持之以恒、循序渐进。边治中介绍了在减肥、健美、柔筋、细腰方面有独特功效的道家秘传回春术中的二种功法：“龙游功”与“蟾游功”。白雪梅则介绍了鹤翔庄、自发五禽戏等自发动功；此外白氏还介绍了“马王堆补气健美功”、“华山道家秘功”等导引术和气功点穴、气功推拿等外气减肥的方法。

（方东行）

【气功益智】

本年鉴1988年卷介绍过的气功提高学习效率的研究仍是近两年引人注意的课题。伍琮等用瑞文标准推理测验方法对11名正常少儿练气功前后的智力水平作比较，所教练的功法为“峨嵋筑基功”和一种“发气桩”，结果：练功20天后智力测试总成绩和测试速度均明显高于练功前。王极盛等对练功组14人教练以“大雁功”为主的动功，另设对照组11人，测定了智力项目共11项，发现：练功组比对照组的动作速度、色对字干扰念字数、念字准确性、念色数，以及数字划消净分的成绩提高较大，经统计学检验有显著性意义。吴一介绍了“太极初级功法”结合“智力开发十大最佳训练方法”，益智效果显著。经在试验人群中进行抽样对比分析，发现练此功在智力结构方面可提高观察、记忆、想象、思维和注意力，在能力结构方面可提高组织、计划、操作、适应和创造能力。徐兵用“铜钟气功”为主，结合“十字补气益神功”和“五息导引周天功”教练技校学生40人，发现：练功一学期后，期末总平均学习成绩比上学期提高8.95分。此外，有关功法还有刘忠孝以“入静”为主的功法，李法明的“智育功”，徐兴举以“元极功法”为主的“简易健身益智法”，梁尚任的“健脑功”和“益智功”等。

在气功益智的理论探讨方面有张焕文等测定了健康大学生20人在练“松静动功”前后头发中铜、锌含量和锌铜比值，并分析其与智力提高的关系。刘氏、李氏和钱江认为，练功能调整大脑两半球的功能，活化右脑而提高直观力、创造力及形象思维的能力。陈永灿等探讨了气功益智的源流，认为在其发展过程中，形成了不同的功法，其主要流派有儒家之静而能虑说、道家之还精补脑说、佛家的定能生慧说和医家之却疾益智说。杨运良认为，历代所采用的功法各异，但大都是在气功的调身、调息、调心反复锻炼的基础上，运用意念活动的具体方法，使心肾相交，水火既济以达到增智的目的。

（方东行）

【气功防治青少年近视眼】

气功防治青少年近视眼在《中医年鉴》1986年卷曾有介绍。近年来，临床报道逐渐增多，采用的功法亦不相同。路世才等观察到：“增视功”对各类近视的混合疗效为73.21%，其中最佳疗效可达94.44%。刘长修编了“近视眼防治功”，通过对119人35天（每天40分钟）的教练，有效率为91.2%。刘氏半年后随访了练功组50人计100只眼，发现：练功前的平均视力为0.36，随访时为0.65；而对照组100只眼则由平均视力0.43降为0.35。高培兰等运用“自发气功”防治青少年近视眼，并每年进行了视力普查，结果发现：练功后，近视眼的新发病率自1985年的7.46%，下降为1988年的0.19%。曹赤梁用“空劲气功”治疗近视眼计116只眼，有效110只，占94.83%，最大视力提高0.7。曹氏还观察到，本功法比某些对眼部穴位按摩的功法疗效高。陆方瑞等采用动静结合的功法分组治疗近视眼，结果：30分钟气功组（104人）有效占66%，10分钟气功组(101人）占28.7%，对照组（49人）自然恢复占10.2%。宾银芬采用“快速矫治法”，其所练的功法有：静立养气、压眼穴、运气、导引等；患者第一次练功25分钟，间隔1个月再第二次练功。宾氏共治疗2000只眼，其中原视力在0.1～0.3为1434只，占71.7%，结果：练一次有效占46.25%，练二次有效占78.12%。黄仁寿等对近视患者27例，53只眼（其中视力0.3以下的49只眼；屈光度－600以上的17只眼，－3.25～6.75D的19只眼）教练“返元增视功”及“武当气功”经过2个月锻炼，视力增进的有35只眼，不变14只眼，减退4只眼；屈光变化观察表明：屈光降低26只眼，增加8只眼，不变19只眼。马有中等用“铜钟气功”治疗近视眼134例（268只眼），结果：治愈49只眼，显效97只眼，进步109只眼，无效13只眼，总有效率为95.1%。熊炳中用“近视眼新气功疗法”教练970人，有效占82.3%，视力一般提高0.5左右，最佳者由0.3提高到1.5。罗鸿高观察了“大雁气功”对近视的疗效，发现练功前68只眼平均裸视力为0.74，练功40天后则提高到1.0，增加率达25.8%。杨运良观察了“真气运行法”对青少年视力的影响，结果表明：经过100天的练功后，左眼视力上升幅度为9.946%，右眼视力上升幅度为10.76%。凌活介绍自己练“鹤翔庄”气功，使视力左眼从0.3升到0.9，右眼从0.4升到1.0。张之泉等则介绍了“禅密功”矫治近视眼的方法有：内气养成功、外气回授功、视力收放功等。

（方东行）

【气功治疗神经性耳聋】

竹溪介绍治疗神经性耳聋的功法有：(1)松静意守法(意守丹田、意守命门、意守耳朵)；(2)武当功(太极式、两仪式、下插功)；(3)站桩功(内视、假借)等。李兆生等用气功八法

(百脉沸腾法、元轮执印法、离垢脱尘法、太乙循经法、擒龙纵鹤法、周甲施天法、内景飞灵法和内功潜行法),治疗聋哑患者434例，结果：听力显著改善者42例，有效134例,微效71例,无效4例,总有效率为77.19%。白晓星介绍自己练“真气运行法”同时配合“保耳功法”使药源性耳聋痊愈。朱纪如等对42例76耳经治无效的感觉神经性聋患者用“武当气功”治疗，经1～3月练功后，听力提高10dB以上者有18耳,有效率为23.7%(其中有6耳听力提高15～30dB)。汪馥堂等用“武当气功”配合“外气”治疗7例神经性耳聋患者，结果：显效3例,有效3例,无效1例。孙海云采用“武当气功”治疗6例药源性耳聋患者，平均治疗24次，听力提高40dB以上者2例，提高20dB以上者3例，无效1例。黄坤厚等观察了6名练功者在气功态下声反应及听觉感受性变化，发现：声刺激引起的皮层诱发电在气功入静时受抑制，但听脑干诱发电位的某些成份其振幅反而增高,并且在停止练功后20分钟往往不能完全恢复，表明气功入静能影响听觉感受并有神经—体液因素的参与。

(方东行)

【“外气”实质的讨论】

“外气”古称布气，认为只有在内气至足有余的基础上，才可偶尔为之，因布气者对自己内气的消耗是很大的。近年来,“外气疗法”已成为气功界的热门话题。这场讨论的发难者是中国中医研究院气功研究室张洪林。他发表了一系列文章并接受了《健康报》记者刘燕玲的采访，认为气功“外气”效应的实质是心理暗示；如果阻断了气功师发“外气”时所采用的语言、表情、手势、动作等暗示法，或使受试者不知道对方是气功师，则受试者会无动于衷；反之,即使气功师自述未放“外气”,受试者也会收到明显效应。支持“外气”治疗的人则认为“外气疗法”不等于暗示催眠疗法。先后有胡晋谋、刘国隆、韩幸勇、屈占魁、林华祥、付师敬、何克、钟道强、陈词等发表了一些针对性文章。如林氏指出：在催眠过程中，大脑皮层只有和接受施术者的暗示有关的部位保持清醒，并能按术者的命令或暗示产生各种感觉，做出各种动作；而“外气疗法”是指气功师将自己体内的气发放出来，对患者产生效应。他还指出，近几年来对气功的科研已初步观察到“外气”具有物质性，有的是红外辐射波，有的是静电富集，有的是低频磁信息，有的是生物等离子体发射，有的是次声波等。还有报道认为，“外气”能改变某些物质的分子结构、杀灭细菌病毒等等。但是，张氏认为：十年前测出的“外气”的物质基础除个别项目外，未经重复，这样的结果不能作为确切的科学结论。至于那些已测试的内容，无非是人人都有的人体声、光、电、热、磁等生物物理特性；其强弱可依人体功能活动发生相应的改变，但即使对著名气功师进行测试，变化也很微弱；而且有的同一实验者的报道，出现两种不同的结果。刘燕玲等则报道，对在“外气”研究中造成极大轰动的以清华大学研究人员名义发表的“外气”改变分子结构的实验，与清华大学无关。鉴于“外气”诸多问题尚无法作出回答，王水归纳了十个疑点。柴剑宇则提出不宜过早下结论。

(马济人)

【气功仪器的应用】

气功疗法运用电子仪器是近几十年间发展起来的。这种仪器大致分为两类：一是利用电子仪器帮助练功者入静放松，较快地进入气功态的“气功诱导仪”，包括从国外引进或仿制的各类生物反馈仪,四川的“气功人工激发系统”(现改名为“中华养生气功机”),江西的“气功训练显示器”等。二是用仿生原理模拟气功师发放“外气”进行治疗的“气功治疗仪”，包括气功红外信息治疗仪，人体场治疗仪，生命信息治疗仪等。但这类仪器中有些并未直接模仿气功师发放的“外气”,

而是按照“外气”的变化规律，调制电脉冲、磁场、激光或微波等物理因子而制成的各种气功信息治疗仪，人造气功仪，电子气功师等。其中有些仪器，甚至并未用“外气”进行调制，与针灸疗法的电针仪类似，具有电脉冲刺激作用。第二类仪器不管“外气”本身的作用如何，至少可以帮助气功师进行气功诱导。其应用本年鉴1983年卷及1989年卷均作过报道。现以“中华养生气功机”为例简介第一类仪器近年来的应用情况。该机原型为国内“气功人工激发系统”，后改制为“中华养生气功机”，该机模仿生物反馈原理，采取练功者皮电入静信息，经滤波、放大、选频，最终以电、声、磁场形式反馈给练功者，用以激发人体潜在的“气功动力”，帮助练功者迅速“得气上功”，适用于各种慢性病尤其是心血管及神经机能性疾患。胡锡衷等报道用ASSQ-8501型养生气功机，对50例高血压患者进行人工激发12次后，有各种气感者占98%，同时可见血压、心率和呼吸频率明显下降。刘剑君等用中华养生气功机治疗51例老年病，一周内有气感者42例，治疗后症状和体征基本消失者有13人。

（储维忠）

参考文献

B

白晓星　真气运行法治疗药源性耳聋　气功杂志　(4):160，1986

白雪梅　气功与减肥　气功与科学　(4):9，1988

北京气功自控防治肿瘤康复中心　自控疗法防治癌症十年　中华气功　(2):6，1989

北京医学院气功研究所　外气对心肌灌注损伤的影响　中华气功　(2):3，1989

边治中　减肥健美功——龙游功与蟾游功　中华气功　(3):20，1989

宾银芬　快速矫治法治疗近视眼疗效观察　气功杂志　(3):133，1986

C

曹赤梁　空劲气功防治大学生近视眼疗效观察　气功与科学　(4):23，1988

曹淑英等　气功外气对氧化还原反应的影响　气功与科学　(1):16，1989

柴剑宇　不宜提倡“外气疗法”　健康报　4月22日，1989

陈　兵　佛教气功百问　中国建设出版社　1989

陈　词　此论休矣——对张洪林“外气”浪潮中的反思一文之我见　中国气功　(4):24，1989

陈景荣等　气功“外气”对大鼠心律失常的作用　气功与科学　(3):29，1989

陈小平　HBsAg转阴了　气功与科学　(11):27，1988

陈永灿等　气功益智源流浅探　中国气功　(6):34，1989

陈　源　鹤翔庄治愈疝气　气功杂志　(2):64，1989

重庆医学院生理学教研组等　气功疗法生理机制的研究　中医杂志　(6):1，1963

D

第一届国际传统康复医学学术会议学术组　第一届国际传统康复医学学术会议论文摘要汇编　1989

杜洛伊等　气功治疗糖尿病13例的初步观察　中华气功　(1):8，1987

F

方春阳　中国气功大全　吉林科学技术出版社　1989

冯理达等　202例肿瘤患者应用气功外气综合治疗观察　气功与科学　(6):17，1989

冯　毅　气功治疗煤工尘肺26例临床疗效观察　中国气功　(5):10，1989

冯永颐　中国气功使我的淋巴腺瘤消失　气功杂志　(12):555，1989

付师敬　论气功外气的物质性　中国气功　(3):28，1989

付子文　练功两载愈肝炎、胜过服药二十年　中华气功　(3):36，1988

G

高培兰等　青少年自发气功防治近视眼掌心温度抽样测试分析　天津中医　(2):25，1989

耿泉思　气功治愈糖尿病三例　气功与科学　(11):20，1984
龚千锋　鹤翔庄气功治愈我慢性肝炎　气功与科学　(7):32，1988
顾立刚等　气功外气对小鼠淋巴细胞和肿瘤细胞作用的体外试验　中国免疫学杂志　(5):310，1989
郭晓冬　太湖气功治愈支气管扩张3例　气功杂志　(2):61，1989
国庆芬等　气功外气对细菌真菌的影响　中国气功　(5):9，1989
H
韩幸勇　外气效应并非单纯的暗示催眠疗法　健康报　1月28日，1989
韩　旭等　健美减肥气功的临床观察及探讨　中国气功　(1):12，1989
何　彬等　新气功疗法治疗糖尿病　气功与科学　(6):24，1984
何　克　不能否认"外气"的客观存在　气功与科学　(7):38，1989
洪达逵　气功强烈控制法治愈"急肝"　气功　(10):451，1988
贺师海等　外气的生理基础及其在镇痛消炎，提高肢体功能中的效果　气功与科学　(12):5，1989
胡海昌等　气功科学论文集(第Ⅰ、Ⅱ辑)　北京理工大学出版社　1989
胡晋谋　对气功外气发放之我见一文质疑　中国气功　(4):32，1988
胡吉甫等　肝炎病的特型功法　中华气功　(3):14，1987
胡维安等　气功"外气"对家兔心率、动脉血流量和血压的影响（摘要）　按摩与导引　(4):23，1989
胡锡衷等　中华养生气功机对高血压的治疗作用　中华气功　(4):5，1989
胡宗濂等　"外气"对人早幼粒白血病（HL-60）细胞诱导分化的影响　气功与科学　(11):23，1989
黄海源　空劲气功治鼻咽癌放疗后遗症疗效显著　气功杂志　(11):526，1989
黄坤厚等　静功态下声反应及听觉感受性变化的初步观察　中华气功　(4):8，1986
黄仁寿等　气功防治近视眼的简要汇报　气功杂志　(3):101，1988
K
孔立平等　气功外气对果蝇寿命的作用　气功与科学　(10):20，1989
邝安堃等　气功抗衰老作用的研究　中西医结合杂志　(8):455，1987
L
李法明　气功与右脑开发　气功与科学　(9):26，1988
李　烽等　从肝阳上亢及阴虚阳亢型高血压的治疗看气功调整植物神经功能和血浆环苷酸的作用　按摩与导引　(4):1，1989
李宏然　十八罗汉功治愈冻疮　气功杂志　(10):464，1989
李　炜等　气功治疗肝阳上亢及阴虚阳亢型高血压病的疗效观察　中西医结合杂志　(1):34，1989
李兆生等　气功治疗聋哑初探　气功杂志　(12):535，1987
梁尚任　健脑功与益智功　中华气功　(5):29，1989
廖嘉现　还纳功治疗腹股沟斜疝18例报告　按摩与导引　(1):22，1989
刘长修　论近视眼的成因及气功防治远期效果　中国气功　(5):28，1989
刘大原　气功治疗无症状乙肝表抗阳性10例　气功与科学　(10):24，1988
刘国隆　气功外气对人体功能具有客观效应　健康报　2月11日，1989
刘海涛等　外气和信息水对小麦种子萌芽影响的综合效应　气功杂志　(7):315，1989
刘剑君　中华养生气功机对老年病应用观察　气功　(2):58，1989
刘沛秋　练功治癌点滴谈　气功杂志　(3):130，1989
刘诗祥等　气功"外气"对猫大脑皮层体感诱发电位的影响　云南中医杂志　(2):37，1989
气功外气对兔弓状核区诱发电位的影响　云南中医杂志　(4):33，1989
刘燕玲等　某些气功研究与清华大学无关　健康报　4月13日，1989
刘燕玲　在人类未知的领域——记气功外气的学术

纷争　健康报　11月30日，1989
刘志云等　气功外气对大白鼠丝裂霉素C中毒性损伤的保护观察　气功杂志　(12):531，1989
刘忠孝　气功健脑现身说　气功杂志　(7):306，1989
林华祥　外气疗法≠暗示催眠疗法　气功与科学　(3):21，1989
凌　活　鹤翔庄治愈近视眼　气功与科学　(6):19，1986
凌森鑫　静功治愈了我的肝癌　中华气功　(2):19，1989
陆方瑞等　气功防治近视眼疗效初步观察　中华气功　(2):17，1986
陆锦棠　空劲气功救了我的命　气功杂志　(11):527，1989
路世才等《增视功》防治近视眼的效果观察与分析　中国气功　(4):13，1989
罗鸿高　大雁气功对近视疗效的观察　气功与科学　(6):32，1986
罗　森等　周天命门功治疗慢性乙型肝炎的观察小结　气功与科学　(6):10，1987
吕增春等　高血压病气功、慢跑、药物疗法对比分析　中西医结合杂志　(4):462，1987

M

马济人　实用医学气功辞典　上海科学技术出版社　1989
马有中等　铜钟气功治疗近视眼134例临床总结　中华气功　(2):12，1986
马有宗　铜钟气功治疗慢性肝炎81例临床总结　按摩与导引　(6):18，1986

N

牛　欣等　气功外气效应的脑电波分析　中国医药学报　(1):11，1989

P

潘利斌等　外气促进胃肠蠕动的临床观察　中华气功　(5):5，1989

Q

钱　江　从阴阳平衡谈气功益智　气功杂志　(11):496，1988
邱　平等　气功治疗血液病的疗效观察和机理初探　中国气功　(3):14，1989
屈占魁　就气功外气问题与张洪林商榷　健康报　2月25日，1989
瞿宁厚　从血液流变学探讨气功之外气　中国气功　(2):34，1989

S

邵庆祥　辟谷使我肝功能恢复正常　气功杂志　(10):440，1989
沈　铎　辟谷与减肥　气功　(10):443，1987
沈稚舟等　气功对糖尿病患者降糖作用观察与机理探讨　中西医结合杂志　(3):146，1987
石　松　中国癌症研究基金会自控气功防治肿瘤研究会在京成立　气功杂志　(5):228，1989
孙海云　武当气功外气治疗药源性耳聋　气功杂志　(1):8，1989
孙承琳等　气功外气对家兔血小板聚集性的影响　中国气功　(3):16，1989

T

谭金春　空劲气功治疗慢性乙型肝炎　中华气功　(3):25，1988

W

汪馥堂等　气功治疗神经性耳聋　中华气功　(3):48，1989
王秉加　气功减肥功效显著　中国气功　(3):38，1989
王崇行等　气功治疗老年人高血压100例临床对照观察及其机理探讨　中国气功　(6):13，1989
气功对高血压病患者血清高密度脂蛋白-胆固醇影响的对照观察　中西医结合杂志　(9):543，1989
王春权　气功治疗病毒性肝炎145例疗效观察　中华气功　(1):21，1989
王极盛等　气功开发青年智力的实验研究　中华气功　(5):7，1988
王极盛　气功态下的智力效应　气功杂志　(8):342，1989
王伽林　气功内气治疗肝肿瘤1例　气功与科学　(9):17，1989
王若水等　医学气功入门　上海科学技术出版社　1989
王　水　外气质疑　气功　(5):211，1989
王西平　道家养生功法集要　陕西科学技术出版社　1989
王贤舜等　气功外气对枯草杆菌硷性蛋白酶活力的作用　气功与科学　(8):17，1989
翁纪伟等　气功外气对支气管平滑肌的影响　气功

与科学 (5):6，1989

吴邦惠等 气功外气对小白鼠辐射损伤的治疗结果研究 中华气功 (3):6，1989

吴国梁等 糖尿病人自控气功疗法的初步观察 气功杂志 (10):435，1988

吴晓惠 气功治斑秃 气功杂志 (10):464，1989

吴 一 气功开发智力训练方法的探讨 气功杂志 (7):309，1988

伍 琼等 气功对少年智力的影响 气功与科学 (5):11，1989

X

谢福训等 新气功疗法治疗中、晚期恶性肿瘤16例疗效观察 气功杂志 (6):256，1989

谢振川等 气功对癌症化疗病人外周血象的影响 气功杂志 (9):397，1989

谢至中等 配合气功治疗恶性肿瘤的体会 气功杂志 (2):59，1989

熊炳中 近视眼新气功疗法机理初探 气功与科学 (6):21，1986

徐 兵 铜钟气功开发学生智能的报告 气功杂志 (10):446，1989

徐 兢 肥胖症 气功 (7):302，1988

徐兴举 简易健身益智法 气功杂志 (12):543，1989

许浩生 鹤翔庄给矽肺患者带来福音 气功杂志 (2):64，1989

许 虹等 气功外气镇痛效应的实验研究 中国医药学报 (6):18，1989

Y

杨运良 从中医肾说谈气功益智 气功杂志 (1):16，1989

真气运行法对青少年学生视力的影响 中国气功 (3):40，1986

姚宝森等 气功自控疗法治疗血液病26例 气功杂志 (12):536，1989

气功自控疗法对再生障碍性贫血患者T细胞亚群的影响 中西医结合杂志 (6):341，1989

仰锦虹等 气功外气对人肿瘤细胞和正常淋巴细胞作用的研究 按摩与导引 (5):1，1989

于晓萍 中国气功科学研究中心举行气功防治肿瘤报告会 气功杂志 (4):166，1989

Z

张贵成 气功治愈脂溢性脱发 气功杂志 (12):556，1989

张洪林 气功外气发放之我见 武魂 (1):40，1988

"外气"实质再评 中国气功 (1):29，1989

暗示疗法是气功"外气"治疗的实质 健康报 1月28日，1989

"外气"浪潮中的反思 气功与科学 (1):40，1989

这样的"外气"实验报道科学吗 健康报 3月11日，1989

气功"外气"实质三评 中国气功 (5):23，1989

张焕文等 气功与智力的关系 气功与科学 (6):24，1988

张金梅 气功外气对体感皮层慢痛反应的影响及机制 气功与科学 (5):4，1989

张孟丹等 气功外气对Raji细胞表面电学性质的影响 气功与科学 (5):3，1989

张其荣 气功治疗糖尿病 气功 (4):186，1983

张世屏等 外气对家兔奥狄氏括约肌肌电的影响 气功杂志 (9):387，1989

张文江 中国传统气功学词典 山西人民出版社 1989

张孝芳等 气功养生学 南京大学出版社 1989

张振民等 外气对X射线引起人类染色体畸变的影响 中华气功 (4):2，1989

张之泉等 禅密功矫治近视眼 中国气功 (4):12，1986

张祖启等 气功外气对银鲍受精卵生长发育的影响 气功与科学 (5):16，1989

赵松林 辟谷食气治癌体验 气功与科学 (2):26，1989

钟道强 "外气疗法"不是暗示疗法 气功与科学 (7):38，1989

周才良等 气功查癌的可靠性研究 中华气功 (3):3，1989

周 勇等 气功外气使百亿细菌从试管中消失 中华气功 (3):2，1989

朱纪如等 气功治疗感觉神经性聋42例 中西医结合杂志 (8):500，1988

朱禧喜等 糖尿病综合快速治疗中气功等四种疗法的比较及气功疗法机制的初步探讨 中国气功学 陕西科学技术出版社 1983年 229页

竹 溪 神经性耳聋 气功杂志 (12):561，1989

(12) 预防养生护理

【概述】

中医养生的范围非常广泛，中医养生学的内容丰富，方法具体。刘允文等编写《中医养生学》时，指出：中医养生学的理论体系，是在阴阳五行、脏腑经络、天人相应及整体恒动观等理论的指导下，提出形神共养，协调阴阳，谨慎起居，和调脏腑，动静适宜，养气保精，气血通调，养正祛邪，综合调理，以及因人、因地、因时摄生诸原则。这些论述有利普及养生保健和预防疾病的知识，提高人们的健康水平。陈宝明论述了脾肾在养生防病中的重要作用，根据研究资料，认为中医之"脾"的作用应包括现代医学胃肠道作用，而胃肠道是一个具有重要免疫活动性的淋巴网状组织，有保护机体，抵抗病邪入侵，防止疾病发生的作用。肾虚的患者，其免疫功能低下，就容易产生疾病，故有人提出"调补肾气→提高免疫机能→防病抗老"的益寿延年法则。近年来抗老防衰中药的研究日益深入，尤以抗老与免疫的关系引起广大医务工作者的高度重视。杜光明等、张文彬等、马立正等、刘青云等报道提示补益脾肾中药，如康复新、长春益寿丹、固真或葆真冲剂、四力维康饮、寿星补汁、参黄冲剂等都具有增强体质，延缓衰老的作用。王文健等报道提示：补脾肾和练习太极拳能在机体衰老进程中，对具有重要调节作用的神经内分泌系统和免疫系统产生影响。健脾法对免疫系统的作用较强，而太极拳则对神经内分泌系统有广泛的调节作用，均能增强机体的外周功能，如健脾法提高 ConA 淋转率和降低CIC（循环免疫复合物）水平，补肾法提高老年人血清睾酮水平，也提高 ConA 淋转率和降低 CIC 水平；太极拳能提高血清睾酮和 T_3（三碘甲腺原氨酸）水平。正因为传统医学的这些养生延年措施，是通过整体调节而实现，它就可以避免"环节性治疗"中一些替代疗法（如对更年期的性激素替代疗法）干扰体内环境，甚至诱生某些肿瘤等副作用。

在预防医学方面也有一定进展。如许德全等对口服丹参片防治小儿哮喘进行一年左右的追踪观察，与对照组（口服西药噻哌酮）的疗效无显著差异；但通过甲皱微循环检查，在细胞聚集和瘀血改善方面，丹参片组均优于对照组（$P<0.05<0.01$）。还有沈自尹等报道了补肾法预防哮喘变态反应和非变态反应机理的研究，均详见有关条目。

在临床护理方面，一般侧重于治疗和护理。但齐静特别指出，在临床护理中必须顺应天时，遵循"因时制宜"的原则，并结合不同疾病的特殊规律，制定时间护理计划。如痹证、哮喘、肺痨、胃脘痛等疾病，对季节变迁、气候变化，都十分敏感，不能忽视。本栏如有关临床护理条目如梁雪芬报道登革热，张淑良、罗毅报道冠心病心绞痛，杨靖等报道胆道疾病，郭运菊、张桂英等报道慢性肾炎等都不同程度地提到保暖防寒，避免感冒等问题，引起人们的重视，还有陈永灿等归纳了中医服药时间的护理方法，如益气升阳药宜午前服，滋养阴血药宜入夜服等，符合"因时制宜"的原则，有助于提高治疗效果。

用中西医结合知识指导病人的饮食护理，也是临床中一个具有普遍意义的实际问题。杨树林指出：中西医的饮食护理各有特点，如能把两者结合起来，其效果更佳。如肝炎病人应禁食辛辣、油腻、酒类等，西医则认为酒类对肝细胞有损害作用，脂肪可以加重肝脏负担，中医则认为酒和油腻能助湿生热，有碍脾胃的健运，两者的认识是一致的。

此外，朱贻荷等报道了温水循经擦浴护理水肿病；陈奇果、林幼清、李宁等分别报道了中药清洁灌肠的护理，都具有中医护理特色，详见有关条目。

（陆鸿元）

【中药预防反复发作的呼吸道疾病】

小儿支气管哮喘是由多种因素引起的广泛的可逆的支气管狭窄和微循环障碍。许德金等报道，对丹参防治小儿哮喘进行临床观察。丹参组和对照组各15例，两组性别、年龄分布及病程均相似。治疗组口服丹参片(上海中药三厂生产)，每次2～3片，每天3次。对照组口服噻哌酮0.5～1毫克，每天2次，两组均连服6个月，在防治期间均可按病情需要短期联合应用一般平喘药，但不用影响防治的治疗如割治、敷贴、减敏疗法及长期服用其他中药等。两组病人均追踪观察1年左右。疗效标准：显效：防治期间仅用少许平喘药，症状和体征较快消失，保持4～5个月不发作（与去年同期对比)，甲皱微循环防治前后基本正常或有改善；有效：如有哮喘发作，次数及程度均较防治前有一定的减少减轻，甲皱微循环有改善或稍有改善者；无效：不符合以上情况者。结果：丹参组显效6例，有效8例，无效1例；对照组显效5例，有效9例，无效1例。两组疗效无显著差异（P>0.05)。甲皱微循环检查结果：丹参组在血细胞聚集和瘀血改善方面均优于对照组(两组比较前者P<0.05，后者P<0.01)。副作用丹参组基本没有，对照组有嗜睡、倦怠、偶有胃肠道反应。动物实验：丹参和噻哌酮对整体豚鼠喘息均有显著的保护作用。丹参组给药量为10毫克/公斤，对照组0.02毫克/公斤，实验表明两组对喘息都有明显的保护作用（给药前后比较均为P<0.001)。

夏月清等报道自1987年10月～1988年3月对100例反复上呼吸道感染的患儿（10月～7岁）于每晚睡觉用保健枕（将山柰、丁香、菖蒲、肉桂等芳香性中药粉碎后作成香袋，另加淡竹叶、艾叶、茵陈、苍术、菊花作填充剂)。防治结果：坚持观察的74例中．显效：(上呼吸道感染、支气管炎、咳嗽3个月以上不发者)32例，有效：(发作次数减少一半以上，伴随症状明显减轻者）33例，总有效率87.1%。唾液分泌型SIgA测定，治后比治前明显升高（P<0.01)。

（陈兆英）

【中药防治变态反应性疾病的实验研究】

沈自尹等报道：在多年采用温阳片预防哮喘的原理研究基础上，进一步阐明温阳片对哮喘的变态反应和非变态反应的机理作了探讨，1984～1986年选择支气管哮喘患者共260例，符合国内诊断标准，并具备以下条件：(1) 16岁以上；(2) 最近连续3年均有哮喘秋季发作史；(3) 无合并肺部慢性感染、肺心病、妊娠期及长期服用肾上腺皮质激素情况。其中男166例，女94例；年龄16～54岁；病程6～50年；过敏型227例，感染型8例，混合型25例。温阳片组(自拟方：附子、生地、熟地、补骨脂、菟丝子、仙灵脾等）186例，每日3次，每次5片，每年自7月底至10月底止并评定疗效。结果：温阳片总有效率90.9%（169/186)；显效率59.1%（110/186)；对照组总有效率28.4%（21/74)，显效率6.8%（5/74)。两组相比P<0.005，完全能重复以往的结果。实验室检查：(1) 血清IgE检测：治疗前两组总IgE和特异性IgE尘螨诱导产生水平均相似，治疗后对照组均呈季节性升高，温阳片组均较治前明显下降，表明两组特异性IgE的变化趋势与总IgE相似。(2) 组胺释放试验：22例健康人平均组胺释放率为2.4%，102例哮喘患者平均为15.4%，明显高于健康人（P<0.001)。治疗前77例温阳片组为15.7%，与对照组14.9%相比，P>0.05；治疗后前者降为8.4%，后者增至15.5%，温阳片组释放率明显低于对照组（P<0.005)。温阳片组特异性IgE治疗前后变化差数与组胺释放率变化差数相比(P<0.05)，说明特异性IgE与组胺释放率呈明显正相关。(3) 组胺吸入试验：使第1秒用力呼气量（$PEV_1\%$）下降20%的组胺度称为PC_{20}

值。30例哮喘患者的 $FEV_1\%$ 比33例健康人略有降低，但 PC_{20} 值前者仅0.90mg/ml，后者在32mg/ml以上，表明哮喘患者的气道反应性远远高于健康人（$P<0.001$）。治疗前两组患者 FEV_1 与 PC_{20} 值均无明显差异，但治后对照组 FEV_1 明显降低（$P<0.05$）。PC_{20} 值降低更为显著（$P<0.001$），提示哮喘患者若无有效的防治，发作期气道反应性呈季节性升高趋势，与临床发病情况相符，也与文献报道一致。温阳片组治疗后的 FEV_1 和 PC_{20} 值还较缓解期略高，与对照组相比，$P<0.001$，表明补肾法对哮喘发作期的气道反应性升高有一定抑制作用。(4) 外周血淋巴细胞β受体功能检测：以淋巴细胞内cAMP的异丙基肾上腺素刺激上升值来反映β受体功能。25例健康人的上升百分率为324±35%，38例哮喘患者为147±15%（$P<0.001$），表明哮喘患者β受体功能明显低于健康人。治疗前两组功能接近（$P>0.05$）；治疗后对照组明显低于温阳片组（$P<0.01$）；说明温阳片可使哮喘患者免于因哮喘发作和用药等因素造成β受体功能下降，有利于哮喘发作的缓解和增加对治疗药物的反应。

杨永平等整理报道全国中西医结合防治变态反应性鼻炎的学术讨论会纪要，主要内容有：(1) 南开医学院天津医药研究所等用补气固表中药治疗495例，治后观察到患者的cAMP/cGMP上升，IgG上升，组织血流量明显增加并趋于正常。证明本病属虚证。同时观察了实验动物给药后的鼻粘膜超微结构：渗出减少，嗜酸性粒细胞减少和缩小，结晶减少；粘膜上皮细胞肿胀、变性及粘连明显减轻，杯状细胞及腺体分泌无增多；血管内皮细胞紧密连接，未见其底膜增宽及免疫复合物出现。(2) 中国医科大学第二和第三附属医院对51例变态反应性鼻炎分泌型进行中医辨证分型治疗，并观察治疗前后患者的IgA变化。结果治前IgA平均值较正常值明显增高，用药治疗后平均值降到正常范围内。(3) 广东药物研究所用千柏鼻炎片进行兔、小白鼠的药理实验及临床研究。结果：千柏鼻炎片有抗炎作用，可减少毛细血管通透性，增加血流量，提示通过改善局部组织的循环状态，有利于新陈代谢及康复。通过抗炎减少毛细血管通透性，使局部炎症减轻，并可减少外来病邪的激惹而产生应激性渗出。

（陈兆英）

【抗老防衰中药的研究】

杜光明等认为，近年来抗老与免疫的关系，已引起广大医务工作者的高度重视。如何寻求抗衰老的有效药物，日益受到国内外医学界的关注。杜氏报道了康复新对老人超氧化物歧化酶（SOD）、细胞免疫的临床及实验观察。按全国老年病学规定的标准选择30例，男29例，女1例，平均年龄66.2岁。30例中，精神欠佳10例，胃脘疼痛11例，睡眠差5例，饮食减少12例，心悸6例，咳嗽15例，耳鸣5例，易感5例。康复新每次口服10毫升，每日3次。30天为1疗程。结果临床自觉症状均有明显好转，未用其他有关中西药物。实验检查：服药前后均作了SOD；淋巴细胞转化试验（PHD）；植物血凝素试验（PHA）；总玫瑰花形成试验(Et)；活性玫瑰花试验（Ea），均有显著升高，经统计学处理有显著性差异（P均<0.01），提示康复新有增强体质延缓衰老的作用。

张文彬等报道了清宫长春丹是在清代宫廷方长春益寿丹的基础上加减，由人参、枸杞子、杜仲、山萸肉、生地、熟地等24味组成，有防治疾病，延缓衰老的作用。共观察122例，其中长春丹组63例，包括健康老年人21例，老年慢性病患者（以肾虚为主）40例；对照组（以维生素E作为阳性对照药）59例，包括健康老人19例，老年慢性病患者（亦以肾虚为主）40例。给药前两组的平均年龄、性别比例以及血浆过氧化脂质（LPO）；总胆固醇（TC）；高密度脂蛋白胆固醇（HDL-C）水平等均无明显差异。两组的健康状况，中医辨证肾虚分型及肾虚衰老症状程度亦大体相当，生活环境相似。采用单盲法，服药3个月。服药前后观察血浆LPO、HDL-C、TC水平的影响。结果：长春丹有与维生素E相似的明显降低血浆LPO水平，显著升高HDL-C水平及HDL-C/TC比值的作用($P<0.05\sim0.01$)。随服药时间的延长，长春丹对老年肾虚证血浆HDL-C及HDL-C/TC比值上升的影响逐渐增强。长春丹组LPO下降幅度HDL-C上升幅度女性均显著优于男性(均为$P<0.05$)，HDL-C/TC比值升高幅度女性亦有优于男性的趋势。上述结果可能是长春丹治疗老年肾虚，防治老年病，延缓衰老的主要作用机制之一。还有石体仁等报道了首乌补肾胶囊抗氧化(检测血浆LPO)作用。

马正立等报道了填精补肾中药的实验性研究，药用自制的固真冲剂(由覆盆子、肉苁蓉等6味中药组成）给雄性鼠服；葆贞冲剂（由何首乌、女贞子等6味组成）给雌性鼠服。另设青龄组。结果：老年大鼠的下丘脑——垂体——性腺——胸腺轴（HPGT）各器官随着增龄发生明显变化，下丘脑视上核，旁室核的甲细胞增加、乙细胞减少；垂体前叶生长激素细胞、促性腺激素细胞数量减少，嫌色细胞增加。并有性别差异。生殖器官萎缩退化，3β羟基类固醇脱氢酶（3β-HSD)，20a羟基类固醇脱氢酶(20aHSD)，葡萄糖-6-磷酸脱氢酶（G-6-PD)，琥珀酸脱氢酶（SDH）等酶反应显著降低、胸腺萎缩等变化。固真、葆贞中药方剂能使视上核、旁室核的甲乙两型细胞比例得到改善，使垂体前叶生长激素细胞（GH)、促性腺激素LH细胞和FSH细胞数量增加，结构功能趋向正常，并能使生殖器官的形态结构和有关酶的活性得到改善与恢复。

刘青云等报道了补气养血、益阴和阳方剂的实验研究。药用“四力维康饮”(由黄芪、熟地、枸杞、淫羊藿、冬虫夏草等15味中药组成)，结果表明四力维康饮可明显延长小鼠在高低水温的游泳时间，提高耐寒能力，增加大鼠肾上腺重量，降低肾上腺内维生素C和胆固醇含量，促进幼鼠体重增加；增强小鼠耐常压、减压缺氧的能力；抑制过氧化脂质(LPO)的形成。由于LPO被抑制，从而减轻对组织细胞的损害，有助于细胞抗老化作用。

陈珏等用“寿星补汁”（由山药、首乌、党参、熟地等13种中药组成）喂饲小鼠，观察结果：小鼠脑、肝，组织脂褐质含量均明显减少，成年小鼠肝组织过氧化脂质也显著降低。寿星补汁对肝组织体外实验表明，可抑制脂质过氧化反应。此外，寿星补汁还使皮肤羟脯氨酸含量下降。

孙巧红等研究观察了自制的参黄冲剂（由人参、黄精等中药组成）对果蝇寿命和小鼠老化代谢产物的影响。结果表明，该冲剂能明显延长果蝇的平均寿命及半数致死时间，与维生素E（VE）对照组比较无显著性差异。能明显降低老龄鼠心、肝、肾过氧化脂质含量，作用强度达VE水平。说明能明显地抑制自由基引起的脂质过氧化作用，减少过氧化脂质对组织的损害，能明显降低老龄鼠脑脂褐素含量，作用强于青龄鼠并达到VE组水平，从而减少脂褐素对脑组织的损害。因此降低脑组织中脂褐素的含量对延缓衰老起了重要作用。

（陈兆英）

【登革热病的分型分期护理】

登革热病是由登革热病毒，通过伊蚊传入人体而引起的急性传染病。常发于夏末秋初，以高热、肌肉骨节痛、皮疹出血等为特点。本病属中医温疫范畴。梁雪芬二年来，先后报道自1985年～1987年所收治的80例登革热病人，均结合中医温病理论进行分型分期辨证施护，配合治疗。简介于下：

首先要掌握分型护理的要领。本病可分为两型。(1）暑燥疫48例，起病急，传变速。(2) 湿热疫32例，起病较缓，热势也不高，但病情缠绵，病程较长，病邪容易遏阻卫气，损伤人体阳气。本组发热多在38.5℃以下。护理要点，要注意观察神志、血压、脉搏、心跳，因湿热之邪久恋不解，伤及阳气故应固护阳气，注意避风寒、适寒温，静养气息。清淡饮食为宜。

其次在分型的基础上，按温病卫、气、营、血分期护理。(1) 卫气同病：症属暑燥疫初期，护理要点，注意热高时及时降温，但由于卫表之邪未罢，降温同时要注意邪有出路，故用板蓝根及柴胡注射可清气分邪热和疏泄升散，常加用冰敷有明显退热效果。饮食宜清淡。(2) 气营（血）两燔：症属暑燥疫极期，热势较高，耗伤津液较甚，极易动风动血。护理要点：即时降温，防生他变，冰敷冰冻的盐水灌肠能清热降温，通腑泄热。注意观察出血、抽搐及其他变化，多给水份或凉饮，口服易消化流汁、水果汁等，并给予板蓝根、柴胡注射液注射。针刺足三里、血海、合谷等穴位，调整气血，逐邪外出，并给紫雪丹口服，清解气血之热毒。

（钱 娴）

【中医气象的临床护理】

王志润在"如何认识中医的气象护理"一文中指出：护理工作中，对疾病的治疗，给药和饮食宜忌方面，医护人员都非常重视，但对患者的起居作息及与外界自然气候的关系则往往未加注意。齐静进一步指出：如痹证、哮喘、肺痨、胃脘痛等疾病，对季节变迁，气候变化均十分敏感，在临床护理中必须顺应天时，遵循"因时制宜"的原则，并结合不同疾病的特殊规律，制定时间护理计划。近年来关于中医气象护理，越来越引起人们的重视。现将近年有关中医气象护理的报道，简述于下：

1. 喘证的气象护理：陈师丽报道，近两年收治喘证病人148例，均有慢性咳嗽，咳痰、气急病史。常因气候变化而使病情加重或诱发的占75%。喘证病人四季皆可发病而以冬春季多见。148例病人中，冬季发病占40%。春季占32%，夏季占13%、秋季占15%。特别是在暮秋初冬，气温骤降时，也就是第1个寒潮入侵的时候，发病者增多。这就全赖于护理人员的精心调护，重视气象护理。

2. 月廓盈亏与出血的关系及护理：裘月娟报道，人们通过生物钟和人体生命节律的研究证明，人体的生命活动存在着日节律，月节律，节气及四季节律，年节律等不同的生物钟。近年来还发现人体生命节律的周期与月亮绕地球转动的周期有关，同时也与太阳黑子周期有关。月球以及其他天体主要是影响人的激素、体液以及兴奋神经的电解质的复杂平衡。据统计1981年～1985年中，产后大出血者1774例，消化道出血者275例，经统计学处理，两组月圆与月偏时的出血例数差异均有显著性(P均<0.01)。见下表。

1774例产后大出血与消化道出血275例与月圆月偏的关系

月廓盈亏	产后出血(1774例)		消化道出血(275例)	
	出血人数	%	出血人数	%
月　圆	605	34.1%	132	48%
月　偏	300	16.91%	28	10.18%
平　时	869	48.99%	115	41.82%

所以每在月圆时要加强对产后、术后及消化道出血病人的巡视，要特别注意观察病人的消化道及阴道分泌物和心率、血压、脉搏、呼吸、面色等的改变，以防止大出血。

3．中药服药时间护理：陈永灿等归纳了中医服药时间的护理方法：(1) 补阳药宜清晨服；(2) 益气升阳药宜午前服；(3) 滋养阴血药宜入夜服；(4) 安神药夜卧时服；(5) 行水利湿药宜清晨服；(6) 发汗解表药宜午前服；(7) 催吐药宜清晨服；(8) 泻下药宜入夜服；(9) 驱虫药宜饭前服。

（彭佳珍）

【冠心病心绞痛的护理】

冠心病心绞痛属中医“胸痹”证，是老年人的常见病多发病。张淑良于 1987 年 1 月至 1988 年9月，观察 80 例冠心病心绞痛病人，男 49 例，女 31 例，其中干部 36 人，知识分子 9 人，工人 16 人，农民 4 人，家务劳动者 15 人。年龄 60～69 岁 49 人，70～79 岁 27 人，80 岁以上 4 人。本组病例中本虚为主证及本虚标实证者为绝大多数，占80%，标实为主证者仅20%。高发季节为冬、春、夏三季（分别较秋季为高，$P<0.01$），张氏认为应重点做好以下几点：(1) 针对发病季节，做好气象护理，预防发病。(2) 掌握发作时间，发作规律，提前给予辨证服药以预防发作或减缓疼痛。(3) 饮食护理。(4) 指导病人适宜活动。适量轻松的活动可行气活血，有助于改善气血瘀滞型心绞痛病情，但“劳则伤气”，对于气虚血瘀证，劳力型心绞痛病人则应限制活动量，做到根据病情合理安排。

张氏又分析了护理中常用的中西医结合缓解心绞痛的方法：(1) 发现病人心绞痛，胸闷、憋气、心悸、气短较重时及时给氧。持续 20～30 分钟。(2) 针刺内关、神门、心俞或膻中、合谷，实证为主者用强刺激泻法，可不留针，虚证为主时用轻刺激，留针 20 分钟。(3) 服用中成药止痛。寒凝气滞型给予芳香温通的心痛丸或宽胸丸或冠心苏合丸 1 丸嚼服。血瘀而痛者给予活血化瘀的速效救心丸 3～5 粒服用。或寒痛气雾剂喷吸。有热象者则用热痛气雾剂喷吸。

罗毅对老年急性心肌梗塞，除一般常规护理外，其次饮食原则是：宜清淡，易消化的素食为主，少量多餐。切忌烟、酒、辛辣、浓茶、咖啡等刺激品。掌握情志变化，“怒伤肝，喜伤心”，心为君主之官“心伤则五脏皆摇”，对任何紧张、恐惧或过度兴奋应避免，对各种检查和探视要作有效解释，使患者对康复充满信心。

（任秀芝）

【脱疽的辨证施护】

“脱疽”属于现代动脉硬化闭塞症的范畴。侯纪全报道了动脉硬化闭塞症早期的中西结合的临床护理共 25 例。其中男 17 例，女 8 例，年龄最大者 74 岁，最小 37 岁。制定护理观察内容，确定疗程（每 1 个月为 1 疗程，最多观察 3 个疗程)。护理时对此类病人除在生活上予以关心，精神上予以鼓励，膳食上予以指导外，对患肢的养护主要有以下几点：(1) 穿宽松鞋、袜；(2) 注意足部保暖，并防止足部多汗；(3)避免足部损伤，剪趾甲前洗净足部，在光线充足的情况下修剪。切不可自行剪除鸡眼和胼胝，防止感染；(4) 肢体功能锻炼。患肢先从水平位抬高至45度，停留 1～2 分钟，然后下垂 1～2 分钟，再放置水平位 2 分钟。此后做足部内旋，外旋，屈曲，伸直活动，如此反复 20 分钟，每日 3～5 次；(5) 中药熏洗，温经通络，活血止痛，每日 1～2 次，每次 30～40 分钟。周之勤认为除做好一般护理外，还要做好各证期的辨证护理：(1) 脉络寒凝证用中药煎洗患肢温经通脉散寒。针刺足三里，血海，解溪等穴。(2) 脉络血瘀证疼痛加重，影响睡眠，须向患者解释，疼痛时不能挤压患肢。(3) 脉络血瘀化热证，取耳针止痛，用耳针压丸法，取神门、交感、心、下肢(单耳)，4～5 天后两耳交换。(4) 脉络毒热血瘀证，保持创面清洁，原则上不用刺激性或腐蚀性药物。

（任秀芝）

【胃脘痛的辨证施护】

任振芳等和杨年年、韩玉秀等报道了胃脘痛的辨证分型施护，综合介绍如下：(1)脾胃虚寒型：疼痛特点为胃痛隐隐，喜暖喜按。护理要点：温灸胃痛反射区，位于十一胸椎、棘突右侧的二横指处，用艾卷温灸2分钟后，病人就会嗳气，胃脘部有温热感和蠕动感，一般在5分钟内疼痛完全消失。饮食可用吴茱萸粥，（吴茱萸10克，纱布包好，糯米100克，生姜3片，粥成后去吴茱萸、生姜，分2～3次热服。呕吐者用鲜生姜服前察舌面，或用羊肉粥，(取新鲜精瘦羊肉250克，切小块，先煮烂，再加粳米同煮粥)，每日二次服，忌生冷、油腻食物。(2)寒邪犯胃型：胃痛急暴，病势较剧，苔白、脉紧。护理要点：温灸中脘穴，胃俞穴各5分钟。指压背部胃痛反射区，位于第十二胸椎棘突右侧2横指处，可摸到一个卵圆型成条索状物，用拇指顶压此处，病人顿感胃脘部舒畅，并有连连呃气声，疼痛立止，亦可局部拔火罐止痛。饮食可给砂仁粥，(先用粳米100克煮粥，砂仁5克，研末入粥，再稍煮即可)，汤药宜温服。(3)肝火燔灼型：胃脘胀满、攻撑作痛，痛连两胁，苔多薄白，脉弦。护理要点：指压止痛法，取手背左右，第二掌骨侧中点即胃的反射区，面积大小如患者的瞳孔，拇指按揉200下左右，疼痛即止，亦可针刺内庭穴。饮食宜清淡，忌辛辣煎炒之品。(4)胃阴不足型：胃痛隐隐，病势较缓，口干不欲饮，手足心热，舌红少苔，脉细弱。护理要点：指压足底胃的反射区，足弓的前部，面积相当于患者大拇指，用拇指按压10分钟后，疼痛消失。艾灸中脘。饮食可给淮杞粥，（山药、枸杞各20克，雪梨一只)，藕粉冲剂等。(5)肝郁气滞型：痛无定处，痛而兼胀，伴胸胁胀满，嗳气。护理要点：针刺太冲穴。指压背部第八胸椎棘突右2横指处。(6)饮食停滞型：由于食滞引起胃痛。护理要点：指压足底反射区(同第4型)。便秘者可用番泻叶或大黄粉5～10克冲服。痛止后给淮苡汤，(山药、莲肉、苡仁各20克，鸡内金3克）调理。

王秀明等根据中医理论着重介绍了胃脘痛的精神护理，认为脘痛发作时要做好心理护理，消除紧张状态，平素要保持心情舒畅，精神愉快，避免忧思恼怒过度。一切活动以调怡心身，促进康复，不伤体力为原则，这对胃脘痛护理来说，也是非常重要的。

（张林华）

【中药清洁肠道护理的应用】

陈奇果报道：从1986年8月～1987年5月用自制口服中药“洁腑汤”代替常规清洁灌肠方法，共72例，男50例女22例，年龄8～65岁。药用硫酸镁25克，番泻叶、鸡内金、枳壳各6克，白糖30克煎至300毫升装瓶。服药时间：X线腹部平片30例，在检查前2～3小时服药；直肠、乙状结肠镜检查28例，及手术前肠道清洁准备的14例，于前一日晚饭后3～4小时服。成人1次量为1瓶，儿童酌减，要求15分钟内服完。结果：本组72例中有3例服完200毫升后，出现恶心，休息后继续服完，无呕吐。其余69例均无恶心呕吐和其他不良反应。30例腹部X线平片检查者，清晰度满意。28例作直肠和乙状结肠镜检查者，24例肠管清晰，4例水未排净，14例肠道手术者，13例达到要求，1例不够满意。

林幼清报道：由于番泻叶用于腹腔检查前的肠道准备尚不能解决肠腔内积气问题。对22例检查的患者(腹部平片者15例，膀胱逆行检查及静脉肾盂造影7例)，用番泻叶15克，青皮9克，沸水200毫升浸泡10分钟后，于检查前1日下午4时服完效果良好。此方不适用于幽门梗阻、年老体弱长期卧床患者。

李宁报道：对纤维结肠镜检查患者47例，服用中药：大黄12克后下、枳实12克、厚朴12克、元明粉9克，煎200毫升，口服，作为检查前清洗肠道。结果：成功42例，占89.35%，服药前两日给半流饮食，检查日禁食，检查前1日下午6时口服泻剂，次晨7时30分嘱患者排空大便。未发现有不良反应。患者较易接受。

（牛爱玲）

【胆道疾病的病情观察与护理】

近年来余淑美、宋洪华、杨靖等分别报道了胆道疾病的中医护理，综合报道如下：

（一）对黄疸的观察与护理　黄色鲜明如橘皮色为阳黄。一般由于湿热郁蒸而引起。如黄色晦暗则为阴黄，由寒湿困脾所致。阴黄病人形寒肢冷者，应注意保暖避风寒，泄泻者注意肛门清洁。阳黄病人，因湿热邪气较盛，容易耗伤津液，护理要注意体温变化。体温高时采取降温措施　并嘱病人饮水，使湿热从尿排出。如病人体温下降，腹痛缓解，黄疸消退，说明治疗有效。若病人腹痛加剧，黄疸加深，高热持续不退，脉弦数或细弱，血压下降，说明病情加重，应及时报告医生，采取急救措施。

（二）对呕吐的护理　全身黄染、发热、小便不利伴呕吐酸腐者，乃因过食致脾失运化，胃失和降，湿热内生所引起之湿热黄疸（又名谷疸）者，应少食，或食山楂肉以消食，茵陈蒿汤以清热利湿，呕吐蛔虫者，应予止呕，如针刺百虫窝、内关、足三里或止呕穴。给服灭吐灵，同时服驱蛔灵。

（三）对腹痛的护理　（1）如腹痛时作时休，痛如"钻顶样"，伴喜食异物者多因虫积所致，除食醋、针刺外，还可用苦楝根皮适量水煎，早晨一次空腹服。如为小儿，可采用推拿法，揉外劳宫、推三关以温中安蛔，摩腹揉脐健脾和胃。如为持续性疼痛阵发性加剧并向背、左肩胛部放射，或痛连少腹及两胁，口苦咽干，寒热往来，舌红苔黄腻，脉滑数者多因湿热所致，可针刺胆俞、阳陵泉、中脘、足三里配合谷、曲池。如为胆绞痛，针刺大陵或按压脊柱旁、胆俞穴附近之压痛点，如腹痛伴面色苍白，大汗淋漓、四肢厥冷、血压下降、脉微欲绝，应立即通知医生抢救。（2）如为胆囊结石、胆总管结石、右肝管结石或右侧肾及输尿管结石所引起的绞痛，取右侧腰背部的阿是穴，即敏感点。一般在右腰部1～3腰椎横突附近，有些人位置较高，可达背部，有些位置低（如下段输尿管结石者）可在腰骶部。指压此处可有酸胀或疼痛感。手法是以右手拇指按压揉摩敏感点，由轻到重。如一指力量不够，可将左拇指压在右拇指上进行按摩，或双手交替按摩。一般揉按3～5分钟后，患者即可感到疼痛明显减轻或缓解，此时可再用拳或手掌叩击背部华佗夹脊穴2～3次，然后再以手掌按摩敏感点，使此处肌肉松弛。如病变在左侧，则取左侧敏感点，手法同上。

（四）精神护理　胆道疾病患者常表现为惊悸，睡眠不宁，除保持病房或卧室安静，做一般思想工作外，可指导病人行吐纳法，以调畅气机。练法：病人盘膝端坐，宁神调息使呼吸均匀。二目微睁，口自然闭合，以鼻缓缓长吸气，并以意领气下至丹田。吸气毕，缓缓默念"嘘"音或"嘻"音呼气，每锻炼36次，练完后作3次吸气，同时以舌搅动引唾液至满口，连咽3口，咽唾液时须低头，使吞咽有声，同时配合叩齿5次，先叩臼齿，后叩门齿。亦可穴位注射，用维生素B_{12}注于百会、关元等穴，或用补法针刺心俞和胆俞、神门、大陵以镇静安神。

（牛爱玲）

【慢性肾炎的辨证观察与护理】

郭运菊报道自1985年5月～1987年11月护理慢性肾炎患者40例，男23例，女17例，年龄在16～68岁之间，其中普通型21例，肾病型19例，趋于濒死期出院者3例。29例经治疗护理后，尿蛋白明显减少，7例为蛋白消失，肾功能恢复正常，达到临床治愈，1例治疗35天，病情无变化出院。郭氏对于本病的观察和护理，简介于下。

（一）牙齿明润度：慢性肾炎辨证属肝肾阴虚型者，可见齿干而色如枯骨，此为肾液枯竭，提示预后不良。若牙齿上半截湿润，而下半截干燥，此属肾水不润其根，心火燔灼所致。随着滋水清心的治疗，可见牙齿干燥部分转为润泽，其他如烦闷症状亦会得到明显改善。针对烦躁失眠一症，开展了音乐疗法，选用舒缓松弛，安神催眠的乐曲，用小型收录机带耳机收听，收到一定疗效。

（二）咽痛：慢性肾炎患者病程较长，每多伴有咽干，咽痛，咽喉生疮及声音嘶哑症状。肾主五液，咽干为肾水不济，上热下寒所致。少阴经脉入肺中，循喉咙，挟舌本，萦于舌底，故少阴病有咽痛一证，表现为口腔咽喉粘膜充血，干燥，上布黄白而灰的渗出物。此时应加强口腔护理以减少并发症。护理上要充分体现“清解甘润”的原则，重视饮食调理，但应禁用寒凉之品。饮料中最佳品为米汁，《伤寒论》中称为“白饮”，其性甘凉为清解上乘之品。咽痛亦是复感外邪的信号，慢性肾炎者免疫机能低下，反复感冒是病情加重的原因。护理时可采用艾灸足三里以振奋阳气，提高免疫功能，并用防感香袋及药枕来配合治疗。

（三）背部恶寒及腰痛：慢肾病人多有畏寒肢冷，尤以背部恶寒为甚。背为阳之府，阳虚故恶寒见于背。腰为肾之府，肾虚精血不足，腰失所养，故见腰痛，经采用特种磁疗仪—TDP 照射患者背部督脉俞穴及肾区，以振奋阳气，使肾气从阳而升。通过磁场的热力以达活血通络的目的，从而减轻腰痛。在照射中要注意距离与温度，以免灼伤皮肤。

张桂英介绍有关本病的几项护理要点：(1) 防止呼吸道感染，须重视口腔护理，采用金银花水含嗽，室内空气清新，定期用紫外线照射消毒。(2) 防止出血，肾衰病人常有程度不一的贫血，要交待病人注意体位变换时宜轻宜缓以防晕厥，如出现鼻衄、齿衄等出血倾向，可吹敷生大黄粉或白药。

（任秀芝）

【温水循经擦浴护理水肿病】

朱贻荷报道：在对水肿病的辨证护理中，根据《内经》“摩之浴之”的理论，主要采用温水循经擦浴以配合宣肺解表、利湿药物的治疗，从而使卫表之气通畅，促邪外达，取得了较好的疗效。具体操作方法：一般在晨晚间护理及服中药后 30 分钟进行，限于设备条件，病人无法在浴室浸泡，可在病房里用摄氏 40～50 度的温水擦浴，擦身时可以将体表分为 4 部、 4 条线进行擦浴，4 部即头颈部、上下肢、胸腹部和背脊部， 4 线即伸侧、屈侧、内侧、外侧。胸腹部、背脊都要多擦，因此处有足太阳膀胱经、督脉、任脉及足三阴经脉等循行的多处穴位，多擦更能疏通经络，和调气血。水肿患者皮肤绷急，故擦时用力宜缓，不可过猛，轻轻柔擦，以皮肤微微发热为度。温水擦浴后，腠理开泄，毛窍通畅，风邪容易袭表乘虚而入，故要避免直接吹风，禁用冷水。擦浴后，应卧床休息，可喝热开水及热粥以助出汗。如果风邪袭表，疮毒内攻而皮肤瘙痒者，可用菊花煎水擦浴，因菊花有清热解毒止痒之功效，从而可防止皮肤瘙痒抓破溃烂化脓等合并症。朱氏并举出 2 例验案，其中 1 例为青年妇女，因患水肿而兼有发热表证，曾投解表清里，和中通腑方药。药后汗出不畅，患者反而烦躁易怒，皮肤瘙痒难忍。除按一般水肿护理常规处理外，重点加用循经温浴而病情明显好转。

白丽萍亦认为水肿病人长期卧床，经久不改变体位，局部受压过久，气滞血瘀，经脉不通，致使肌肤皮肉、筋脉失于濡养。故应特别保护皮肤，防止损伤，要经常用热毛巾擦洗，切忌用力，对皮肤襞壁处要细心擦净，揩干，撒以滑石粉。同时保持床铺干燥平整，翻身动作要轻，切忌拉磨，以免发生褥疮，导致感染而使病情加重。

（任秀芝）

参考文献

B

白丽萍　水肿病的辨证护理　实用护理杂志　(1)：45，1989

C

陈宝明　论脾肾在养生防病中的重要作用　中医药研究　(3)：10，1989

陈　珏等　寿星补汁抗衰老作用的实验研究　中西医结合杂志　(4)：226，1989

陈师丽　喘证的气象护理　护士进修杂志　(6)：30，1987

陈奇果　清腑汤代替清洁灌肠的临床观察　中华护理杂志　(8)：475，1988

D

董　建等　浅述中医服药时间护理　浙江中医学院学报　(5)：9，1989

杜光明等　康复新对虚证老人的超氧化物岐化酶，细胞免疫临床及实验研究　云南中医杂志　(3)：32，1989

G

郭运菊　慢性肾炎病情观察的新内容及护理体会　中华护理杂志　(6)：344，1989

H

韩玉秀　寒证　胃脘痛的辨证施护　新中医　(6)：55，1989

侯纪全　动脉硬化闭塞症早期的中西结合护理　护士进修杂志　(8)：43，1989

J

金淑华　中西医结合治疗重型化脓性胆管炎的护理　护士进修杂志　(3)：37，1989

L

李　宁　口服中药清洁肠道　实用护理杂志　(5)：41，1989

梁雪芬　登革热中医护理体会　新中医　(10)：53，1988

登革热中医分型和分期护理　护士进修杂志　(1)：30，1989

林幼清　番泻叶与青皮合用清洁肠道　中华护理杂志　(7)：387，1989

刘允文等　《中医养生学》　上海中医学院出版社　1989

刘青云等　四力维康饮对动物耐力和抗衰老作用的研究　安徽中医学院学报　(3)：76，1989

罗　毅　急性心肌梗塞护理问题分析　新中医　(2)：54，1989

M

马立正等　填精补肾中药对老年大鼠下丘脑—垂体—性腺—胸腺轴的形态学研究　中医杂志　(8)：45，1989

Q

齐　静　试论中医时间护理学　山西中医　(2)：11，1989

裘月娟　月廓盈亏与出血的关系及护理　中华护理杂志　(6)：269，1987

R

任振芳　胃脘痛的辨证护理　山东中医杂志　(4)：35，1989

S

沈自尹等　补肾法预防哮喘的变态反应和非变态反应机理的研究　中西医结合杂志　(2)：82，1989

石体仁等　首乌补肾胶囊抗氧化作用的研究　中国医药学报　(2)：24，1989

宋洪华　指压按摩法用于胆肾结石绞痛　中华护理杂志　(12)：728，1989

孙巧红等　参黄冲剂抗衰老作用的药理研究　中医药学报　(6)：42，1989

W

王文健等　传统医学方法延缓衰老作用规律初探　中医杂志　(9)：44，1989

王秀明　胃脘痛的护理　陕西中医学院学报　(4)：51，1989

王志润　如何认识中医的气象护理　护士进修杂志　(3)：35，1987

X

夏月清等　保健枕防治上呼吸道感染100例疗效观察　中医杂志　(8)：24，1989

许德金等　丹参防治小儿支气管哮喘的临床观察——附微循环检查及动物实验　中医杂志　(10)：30，1989

Y

杨　靖等　胆道疾病的中医护理　中华护理杂志　(2):90，1989

杨年年　略谈胃痛的辨证施护　湖南中医学院学报　(3):142，1989

杨树村　谈谈用中西医结合知识指导病人的饮食护理　实用中西医结合杂志　(4):53，1989

杨永平等　全国中西医结合防治变态反应性鼻炎学术讨论会纪要　中西医结合杂志　(2):122，1989

袁红霞　健脾防病的实验研究　天津中医　(5):17，1989

Z

张桂英　慢性肾衰的辨证施护　中医药学报　(2):33，1989

张淑良　80例老年冠心病心绞痛的中医护理分析　中华护理杂志　(9):545，1989

张文彬等　清宫长春丹对老年肾虚证血浆过氧化脂质高密度脂蛋白胆固醇水平影响的研究　中医杂志　(3):34，1989

周之勤　辨证护理动脉硬化闭塞症(脱疽)　北京中医学院学报　(2):48，1989

朱贻荷　阳水证辨证护理　护士进修杂志　(9):26，1989

二、中 药

(一) 中药鉴定

【概述】

一、药物资源

(一) 调查与研究　李德英等报道，浙江省对其所属沿海 33 个县市的海药资源调查结果提示：该省海药资源多，储量大。石世贵等报道，神农架的中药约有 2023 种(含亚种)，隶属于 300 个科，974 属，其中植物药 1800 种，动物药 213 种，矿物药及其它药 10 种。马金双等对国内 46 种五加科药用植物的分布、药用部位和功能主治进行了总结。陈新霞等报道陕西省五加科药用植物有 16 种 8 变种，分属于 8 个属，以五加属植物最丰富。夏志俊、王德群分别报道，浙江省毛茛科药用植物有 13 属 51 种(含变种)；安徽省小檗科药用植物有 7 属 13 种。周太炎研究，国内供药用的秋海棠属植物共 18 种，并扼要记述其植物名、药名、拉丁名、分布及其药物功能。吴兴亮等报道，国内虫草属植物 30 种以上，贵州省约有 9 种，其中古尼虫草 Cordyceps gunnii Berk. 在贵州为首次发现，其 95% 乙醇浸液的紫外吸收光谱和冬虫夏草基本一致。及元乔对川产 12 种楤木属植物进行薄层定性分析，发现该属木本类植物均含有楤木皂甙 A、B、C，不含 β-谷甾醇，而草本类植物则与此相反 (个别种除外)；川产楤木含有与辽东楤木相同的化学成分，认为对开发利用新药源有其一定的价值。一般认为柴胡属植物都可作中药柴胡入药，李广民指出，柴胡种类不同，其效用并不完全相同，如东北主产的大叶柴胡 Bupleurum longiradiatum Turcz.，根有毒，食后甚至致人于死，因此柴胡属植物并非都能入药；李氏调查了陕、甘、宁、青、新五省区共有柴胡属植物 42 种，其中有 10 变种 4 变型，已知药用者 21 种，其中主流种类 9 种。

(二) 药源保护　杨培才报道，因重点中药材收购价上涨，仅 1988 年新疆自治区就有 1.5 万只野鹿遭捕杀。现已在全疆范围内对贝母、紫草禁挖两年，严禁捕猎马鹿、鹅喉羚；封山育药期间，任何单位和个人均不得收购野生贝母和紫草，严禁收购鹅喉羚角和野生鹿茸、鹿筋等鹿产品。杜永祥报道，黑龙江省曾因清林开荒而减少五味子、刺五加、防风、龙胆草的种植，使各药年产减量合计达 1000 万公斤以上。现已将全省中药资源按地域、气候、土壤、地形、植被及药用动植物生态分布等特点划分 4 个一级区，12 个二级区，从而指导药材生产。元四辉报道，吉林省辉南县爱林参场对发展人参生产采取三条措施，即："回林间" (封林 1 万亩人工种植野山参)、"出深山"(让人参到丘陵荒地落户)、"进庭院" (发展庭院栽参)。

二、药用植物、动物栽培饲养

(一) 药物栽种及其技术研究　杨宏炳报道，近几年来，海南省不仅涌现出大量种药专业户和联合体，并出现了不少以种植某一种南药为主的专业村，如槟榔村、益智村、白豆蔻村和一批南药小农场、家庭南药场，目前全省南药种植总面积达 38 万多亩。李英学报道，四川省巫溪县的药材种植以"六草三木"(即黄连、党参、云木香、独活、贝母、款冬花及杜仲、厚朴、黄柏) 为重点，在地面积达到 11 万多亩，比上一年增加 48%。俞中仁报道，杭州药物试验场采取杜仲与绞股蓝套作取得成功。钱尧林等试验以山茱萸生长枝切接、保温愈合1个月的方法嫁接，平均成活率从10%提高到80%左右，嫁接苗定植后3～5年即可结果。范崇辉等对山茱萸幼树实行施肥、环切、环剥、夏剪、开张角度等措施，使幼树栽植后4年成花，5年结果。刘玉亭实验性栽培川玄参结果表明：扦插比分株繁殖产量提高17.78%，7月嫩枝比春季老枝扦插效果更好，采摘花蕊可提高产量26.8%；低海拔（600米）与高海拔（1600米）均可栽培；连作则产量下降34.5%。陈和荣等报道，四川省小金县彭兴亮栽培川贝母（1987年）曾在1平方米中挖到青贝150克，折合亩产75千克以上，比一般高2倍。陈氏等总结其经验是：提高海拔、搭置阴棚，适当密植，早晚浇水，以草治草，化莠为肥。王铁生等在人参栽培中，应用PVC不同色农膜遮阴试验，初步结果表明，用浅绿色遮阴，人参生育健壮，光合作用强度高，干物质积累快，有利于参根增重；紫膜和黄膜可明显提高人参皂甙含量。

（二）药用动物的饲养　关超等报道，陕西省镇坪县养麝实验场从1987～1989年，对69对健康雄性林麝进行了167次电刺激采精，成功率79.04%；该场1989年完成了30多头公、母麝发情行为的观察，并进行人工授精，母麝受精怀胎率达48%，此项技术处于世界领先地位。戴卫国等对四川林麝的正常体温和血象值进行了测定，对了解麝的生理、病理具有重要参考价值。项平报道，安徽省佛子岭养麝场对小灵猫的野生环境、生物学特性及人工饲养条件等经过10年研究和探索，结果表明：小灵猫以动物性饲料为主食所产的香膏数量多、质量好，人工取香的间隔时间为2周，年泌香量为30～50克，能持续泌香10年以上。邹贵发等报道，人工养殖大海马的死亡危险期为2～60日龄，气候季节死亡危险期为5月至8月中旬和12月至翌年3月，有助于确定养殖对策。张含藻等经过三年观察研究，初步探明了乌梢蛇的人工养殖技术。

（三）组织培养　一方面对某些已作过组织培养研究的药物继续进行了新的探索，另方面对部分新的药物开展了实验研究。前者如芮和恺等在中国黄连叶片愈伤组织培养中，发现2,4-D有利于愈伤组织的生长，而NAA有利于小檗碱的合成，因而认为今后可考虑采取二阶段培养法。即第1阶段以适当浓度的2,4-D来大量增殖愈伤组织，第2阶段则以适当浓度的NAA来大幅度提高小檗碱含量。宋佩伦、韩献忠、苏新等在半夏组织培养中，从不同激素配比、外植体来源等各方面进行研究，对提高繁殖系数、解决种源缺乏、缩短半夏块茎形成时间均有重大意义。后者如顾慧芬、芮和恺等对月见草（Oenothera odorata Jacg.）、地丁草（Viola yedoensis Man）、栌兰〔Talinum paniculatum (Jacg.) Gacrtn〕和半枝莲、白毛夏枯草的组织培养，分别进行了首次研究报道。

三、中药鉴定

（一）植物药鉴定　《中国药典》1985年版（附录）规定白花蛇舌草正品为茜草科植物 Oldenlandia diffusa (Willd.) Roxb. 一种。殷昊等对贵州全省8个地州20个县市46个医药部门进行了调查，发现白花蛇舌草药材商品来源于3科6种（茜草科白花蛇舌草、纤花耳草、水线草；石竹科漆姑草、蚤缀；玄参科仙桃草）。并对其混淆种类原植物的鉴定提出了检索表和茎部组织学鉴定检索表。顾哲明、诚静容发现杜仲的民间代用品来源十分复杂，共有48种之多，分别来自梓科、漆树科、蔷薇科、猕猴桃科、锦葵科、紫葳科、夹竹桃科、萝藦科、五加科、卫矛科等10科17属。顾氏等用检索表形式对48种杜仲代用品进行了区别鉴定。赖茂祥等报道，在广西误作砂仁使用的山姜属植物果实有18种，描述了它们的形态特征，并绘图加以比较，以便与正品砂仁区别。同时提出，鉴于民间使用其中有些山姜属果实治疗消化不良和呕吐有效，因此可加以开放利用。陈永林等指出，臭椿皮和香椿皮系两种药物，不能混用；详细描述两种药材的性状、显微特征和鉴别要点；认为其药材名称也应与原植物名相一致，建议废去椿皮、椿树皮、椿白皮等混淆的名称。

（二）动物药鉴定　据封秀娥调查，六十年代初至今，常以同科动物拟海龙（药材商品名海钴）、粗吻海龙（药材商品名海蛇）、尖海龙（药材商品名小海龙）作为海龙正品刁海龙出售，封氏对上述四种海龙进行了性状上的鉴别，并建议从药名上加以区别，分别使用。进口麝香的麝香酮含量，部标准规定不得少于2%。蔡启庆等在质检中发现大多数都能达到这一标准，并曾发现有的麝香搀伪50%以上，而麝香酮含量却高于5%。因此认为仅以麝香酮含量高低来判断麝香质量优劣尚不够全面。同时认为，国内虽有合成麝香酮和人工合成麝香的研究，但天然麝香成分复杂，单一的麝香酮的作用不可能代替复杂的天然麝香的作用，养麝取香仍为发展麝香生产的主要方向。张穗通过对多种蛇胆及其常见伪品的外观性状、薄层层析鉴别，以及对商品蛇胆胆酸含量、总固体及相对密度测定的结果，认为要保证蛇胆的质量，必须对其进行定性鉴别和定量分析，并对蛇胆的质量标准提出了参考意见。卢祖生等指出，由于蛇胆来源于不同的蛇种，蛇的生态条件以及取胆时间不同等各种因素，给研究工作增加了难度。认为在尚无统一质检标准情况下，以经验鉴别法来控制蛇胆的质量还是可行的。同时对眼镜蛇、金环蛇、银环蛇、五步蛇、乌梢蛇、过树榕蛇、水律蛇、菜花蛇（大王蛇）、三索线蛇的胆的一般外观特征作了介绍。黄泽崧等通过8种药用蛇椎骨横切片的组织观察，初步证实不同种类的蛇，其骨骼内部组织结构亦有所不同，可作为蛇类药材真伪鉴别的依据之一。

（吴贻谷）

【厚朴、细辛的真伪鉴别】

（一）厚朴的真伪鉴别　厚朴为木兰科木兰属植物厚朴 *Magnolia officinalis* Rehd. et Wils. 及凹叶厚朴 *M. biloba* (Rehd. et Wils.) Cheng 的树皮或根皮。近年王万贤、李灵、牛波、张穗等报道，有以同科同属植物玉兰 *M. denudata* Desr.、紫玉兰 *M. liliflora* Desr.、长喙厚朴（大叶木兰）*M. rostrata* W. W. Smith、武当木兰（湖北木兰）*M. sprengeri* Pamp. 等的树皮作为厚朴，与正品的区别见(表 1)；亦有以同科木莲属植物木莲 *Manglietia fordiana* Oliv.、桂南木莲（秦氏木莲）*M. chingii* Dandy、毛桃木莲 *M. moto* Dandy、巴东木莲 *M. patungensis* Hu 等的树皮作为厚朴；还有以樟科植物薄叶润楠（华东楠）*Machilus leptophylla* Hand.-Mazz.、桦木科植物尼泊尔桤木（旱冬瓜）*Alnus nepalensis* D. Don、槭树科植物青榨槭 *Acer davidii* Franch.、胡桃科植物黄杞 *Engelhardtia roxburghiana* Wall. 的树皮伪充厚朴。

表 1

	厚朴	玉兰	紫玉兰	长喙厚朴	武当木兰
表面特征	外表面灰棕色，粗糙，具深浅不等的纵沟，栓皮鳞片状剥落，皮孔类圆形或椭圆形。 内表面紫棕色，平滑，具细纵条纹，划之显油性。	外表面棕黄色至灰棕白色，栓皮鳞片状剥落，皮孔小，椭圆形。 内表面淡黄色，平滑，纤维性强，呈丝状掀起。	外表面灰白色，平滑，皮孔明显，椭圆形。 内表面棕黄色，平滑，具细纵条纹。	外表面灰棕色，粗糙，栓皮较厚。 内表面红棕色，划之微显油痕。	外表面灰褐色，粗糙，栓皮较厚。 内表面黄褐色或黄棕色，划之微显油痕。

	厚　朴	玉　兰	紫 玉 兰	长喙厚朴	武当木兰
断面特征	外侧淡黄色，内侧棕红色，略具纤维性，有点状发亮的结晶。	淡黄色，纤维性强，呈毛状。	黄棕色，纤维性极强。	紫棕色，纤维性。	外侧灰黄色，颗粒性；内侧黄棕色，纤维性。
气味	味苦辛；具浓烈香气。	味微苦涩，略有辛辣感；香气淡。	味苦、微辛；香气淡。	味苦、微辛；气微香。	味微苦、辛辣；气芳香。
粉末特征	石细胞众多，呈类方形或不规则多角分枝。纤维多成束，两端钝尖，外壁有波浪形突起，壁极厚。草酸钙结晶多为小棒状，少有方晶。分泌细胞圆形或椭圆形，含棕色油状物。	石细胞不规则形，有短小分枝。纤维外壁有波浪形凹凸，两端钝尖。草酸钙结晶多面体棱柱状或多角状。分泌细胞少，椭圆形。	石细胞多角形，卵圆形。纤维外壁有波浪形凹凸，两端钝尖。草酸钙方晶柱状或片状，较多。分泌细胞少。	石细胞多，类方形，分枝。纤维多成束，有分枝，壁厚。分泌细胞多呈碎片，多油滴。	石细胞多，有分枝。纤维多成束，有分枝，壁厚。分泌细胞类圆形，较少见，有油滴。

（二）细辛的真伪鉴别　细辛为马兜铃科植物北细辛Asarum heterotropoides Fr. var. mandshurium (Maxim.) Kitag.、汉城细辛 A. sieboldii Miq. var. seoulense Nakai 或华细辛 A. sieboldii Miq. 的干燥全草。张继庆、夏明衍、戴斌等报道，近年有以同属植物单叶细辛 A. himalaicum Hook. f. et Thoms ex Kltzsch. 的全草及萝藦科植物徐长卿 Cynanchum paniculatum (Bge.) Kitag. 的根及根茎、菊科植物鹿蹄橐吾 Ligularia hodgsonii Hook. 的根及根茎或全草作细辛入药，区别见(表 2)。除上述伪品外，秦松云等报道，四川还有以萝藦科植物白薇 Cynanchum atratum Bunge、菊科植物兔儿伞 Syneilesis aconitifolia (Bge.) Maxim.、秃果千里光 Senecio globigerus (Oliv.) Chang的根及根茎；堇菜科植物辽宁堇菜Viola rossii Hemsl.、毛果堇菜Viola collina Bess. 的全草；败酱科植物蜘蛛香 Veleriana jatamansi Jones 的根及根茎，伪充细辛药用。

表 2

	北 细 辛	单叶细辛	徐 长 卿	鹿蹄橐吾
根茎及根的特征	根茎横生，长3～15cm，呈不规则圆柱形，具短分枝；表面灰棕色，有环形的节，节间长0.2～0.3cm，分枝顶端有碗状茎痕。根细长，表面灰黄色；断面黄白色，中央黄色小木心不明显。	根茎鞭状横生，较细，节稀疏，节间长2～3cm，表面棕褐色，节部突起的环不明显。根疏生细长，表面棕褐色；断面灰白色。	根茎呈不规则柱形，长1～3cm，节部膨大；带有地上茎，长1～3cm；根呈圆柱形，扭曲，长10～18cm，表面棕黄色，具细微纵皱纹；断面皮部黄白色，中央黄色小木心明显。	根茎块状，直径0.5～3cm，节不明显，茎基密布纤维状物。表面密生灰棕色弯曲的细根，根表面密生根毛；断面中央有一小木心。
叶的特征	基生叶1～3枚，叶柄长5～18cm；叶片心形或肾状心形，表面光滑，背面密生短的非腺毛，叶端短尖或钝。	基生叶1枚，叶柄棕色，有毛，长18～25cm以上；叶片心形，表面密生短毛，背面疏生长柔毛，叶端渐尖。	茎生叶对生，叶片披针形至线形，长5～14cm，边缘稍外卷，有缘毛。	基生叶具长柄，叶片肾形，边缘有浅锯齿，两面无毛，叶脉掌状。
气味	气辛香，味辛辣，麻舌。	气芳香，麻辣味淡，无麻舌感。	具丹皮样香气，味辛，有麻舌感。	微香，味辛辣，微苦。

	北细辛	单叶细辛	徐长卿	鹿蹄橐吾
组织特征	根茎横切面皮层宽广，皮层及髓部有分泌细胞和石细胞散在；分泌细胞内含砂晶，薄壁细胞含淀粉粒；外韧型维管束通常为4束。根横切面木质部三原型。	根茎横切面皮层宽广，有分泌细胞和石细胞散在；韧皮部外侧常有单个或数个成群的纤维分布；维管束外韧型，通常8束；薄壁细胞中含淀粉粒，数量较少。	根茎及根的横切面薄壁细胞中均含草酸钙簇晶；韧皮部狭窄，木质部较宽；根茎中心有髓；根的导管、纤维及管胞均木化。	根茎横切面皮层无石细胞；中柱内维管束约20个，排列成环，石细胞较多。根横切面初生木质部4～5束。

（洪 恂）

【熊胆、蛇胆、猪胆的鉴别和应用】

中国用动物胆作为药物治疗疾病历史悠久，在《神农本草经》中就记载了鲤鱼胆、狗胆、牛胆的功效，高万山统计了《本草纲目》、《名医别录》、《药性论》等13种本草书籍中载有动物胆达32种之多。近年来，对胆汁的研究有较大的进展。

（一）熊胆 《中医年鉴》1983年卷对真伪熊胆的鉴别曾作介绍，近年张继庆报道，对以粗制黄连素灌进猪膀胱伪充熊胆，从形态和气味上可以鉴别。张穗发现一种掺伪熊胆，系用鹅胆汁与熊胆混合干燥而成，用薄层层析法可以鉴别。张丽华报道，用2537Å紫外分析仪观察熊、猪、牛、羊的胆汁，熊胆为黄绿色荧光，猪、牛、羊胆有天蓝色荧光，与薄层鉴定等方法对比，本法简单可靠，有实用价值。近年来为解决国内熊胆来源短缺，保护野生动物资源，研究活熊胆囊造漏术连续取胆汁的方法。张永强等报道，活熊胆囊中取出的胆汁颜色深浅不一致，可分为三类：金胆，呈金黄色，质松脆；菜花胆，呈黄绿色，质脆；铁胆，呈褐色或黑绿色，质硬。活熊所取胆汁中含有商品熊胆的主要成分熊去氧胆酸和其他成分（如鹅去氧胆酸和胆酸），其中金胆中熊去氧胆酸的含量最接近商品熊胆；因此，就胆汁酸的成分而言，活熊所取胆汁可以代替商品熊胆。张永强、邱春等从活熊胆汁中测得14种无机元素，商品熊胆为10种，含量差异较大，氨基酸种类近乎相等，但含量差异亦较大；活熊胆汁与商品熊胆中共有人体必需的微量元素硼、钴、铜、铬等，其中硼、铬在商品熊胆中含量较高，铜在活熊胆汁中含量较高，钴在铁胆中含量较高。

（二）蛇胆 近年发现用鸡、鸭等动物胆伪充蛇胆，或用机油刺激蛇的鼻腔或蛇体，使蛇胆变大、充盈，使胆汁增多而质差，因此，蛇胆的真伪和质量鉴别亦受到重视。柏达诗报道，取胆汁一滴置试管中，加新配糠醛溶液1毫升，再加50%硫酸溶液5毫升，水浴（沸腾）10分钟，溶液由浅蓝色逐渐变为深蓝色者为蛇胆；由淡红色渐变紫褐色后变污绿色者为鱼胆，显墨绿色者为鸡胆，显橙黄色者为鸭胆。蛇胆汁中主要成分为牛磺胆酸，而鸡、鸭、鹅胆的主要成分为牛磺鹅去氧胆酸，鱼胆的主要成分为C_{27}胆汁醇，蛙胆的主要成分为去氧胆酸，均与蛇胆有一定区别，可通过薄层层析配合外观作为鉴别的依据。张穗报道，蛇胆外观呈半透明状者，胆酸及总固体含量低；蛇胆外观为墨绿色不透明，胆汁稠者，则胆酸及总固体含量高，因此可以通过测定蛇胆的胆酸含量和总固体含量来确定蛇胆质量的优劣，认为每毫升胆汁中应含总固体60～80毫克。亦有人认为蛇胆的比重应大于1（1.005±0.006）才可供药用。一般以眼镜蛇、金环蛇、灰鼠蛇、连树榕蛇、三索蛇、乌梢蛇蛇胆质量为佳。并且蛇胆中还含微量元素锌、铜、铁及宏量元素钙、镁。

（三）猪胆 猪胆汁资源丰富，临床应用

相应广泛。胡卿发用猪胆汁提取物治疗滴虫性阴道炎152例，治愈率为97.4%。据报道，实验说明，猪胆汁体外与滴虫接触，虫体迅速碎解消溶，有强烈的杀滴虫作用。马玉珍用新鲜猪胆汁稍加温后灌肠，治疗便秘48例，全部有效，无任何副作用。

此外，对活鹿取胆汁、兔胆粉中去氧胆酸的制备等近年亦有报道。

（洪　恂）

【药用植物黄褐毛忍冬等的资源调查】

何顺志等对贵州省黄褐毛忍冬的资源进行了调查，结果表明：黄褐毛忍冬系忍冬科植物黄褐毛忍冬 Lonicera fulvotomentosa Hsu et S. C. Cheng 的花蕾，含绿原酸6.8%，为目前忍冬属中含量最高的品种，但《中国药典》尚未收载。贵州黄褐毛忍冬集中分布于中西部，包括贞丰县的大部分地区，册亨县坡坪，紫云县六马，关岭县花江以及镇宁县城关等地。以坡坪、联合、盘龙为主产区。多分布在海拔800～1000～1300米丘陵地区的残次灌木林中。根据测算，总蕴藏为11.6万公斤。

郭荣麟等系统研究和整理了中国蕨类药用植物，计有433种和变种，分属49科，116属，并按其功效分成九类：(1) 舒筋活血，除湿镇痛：常用金丝条马尾杉、藤石松、石松、卷柏、蛇足石杉、灯笼草的全草及观音座莲、金毛狗脊等的根茎。(2) 止血：常用卷柏、翠云草、问荆、乌毛蕨、铁线蕨的全草。(3) 驱虫：用鳞毛蕨科、蹄盖蕨科、紫萁蕨科、乌毛蕨科等多种植物的根茎或全草。(4) 解毒：常用乌韭、野鸡尾、凤尾草、栗柄金粉蕨、黑足金粉蕨等的全草。(5) 抗菌、抑菌、止痢：如卷柏科、凤尾蕨科、铁角蕨科、鳞毛蕨科中多种植物的全草。(6) 消炎解毒、退热镇惊：一般多用翠云草、阴地蕨、瓶尔小草、海金砂、凤尾蕨等的全草。(7) 止咳化痰、清热解表：常用藤石松、江南卷柏、节节草、紫萁蕨、乌韭、野鸡尾、凤尾蕨等的全草。(8) 清热通淋、利水消肿：常用凤尾蕨科、铁线蕨科及水龙骨石韦属等多种植物的全草。(9) 抗癌药：民间用卷柏属多种植物及凤尾蕨、蹄盖蕨等种类的全草配方，治疗鼻咽癌、喉癌、肺癌、胃癌等。

岳俊三等补充了在《江苏植物志》和《江苏维管植物检索表》中均未收载的药用植物共22种、2变种和1变型，分属21科，22属。它们是：长苞香蒲、狭叶半夏、茖葱、铃兰、仙茅、美冠兰、北马兜铃、灯心蚤缀，云台侧金盏，风藤、周毛悬钩子、小叶锦鸡儿、通奶草、猫眼草、缺刻叶茴芹、石血、土丁桂、黄埔鼠尾、紫苏草、芒苞车前、水线草、假贝母、匙叶鼠曲草、北美车前等。

汪宗俊等报道了云南楚雄地区23种彝族常用草药，它们是：野巴戟（五加科植物穗序鹅掌柴），七叶莲(五加科植物密脉鹅掌柴)，青洋参（萝藦科植物青洋参），惊风草（毛莨科植物惊风草），岩龙香(杜鹃花科植物岩龙香)，地黄连(楝科植物滇黔地黄连)，兔耳风（菊科植物云南兔耳风），石上莲(苦苣苔科植物石上莲)，奶浆草(菊科植物抽葶还阳参)，夜关门(豆科植物马鞍羊蹄甲)，岩葱（兰科植物石葱），豆瓣七(景天科植物豌豆七)，小扁草（百合科植物扁竹参），巴地龙胆（龙胆科植物巴地龙胆），小青叶胆(龙胆科植物云南獐牙菜)，理肺散(茜草科植物果上升)，白仙茅（仙茅科植物仙茅），月牙蒿（百合科植物假天冬），止血草(虎耳草科植物止血草)，小绿芨（兰科植物伏生石豆兰），小儿腹痛草(龙胆科植物金沙青叶胆)，宿苞豆根（豆科植物宿苞豆），满山香(木兰科植物满山香)。

姚淦等报道了华东地区产猕猴桃属(Actinidia Lindi.) 药用植物8种1变种和尚待开发利用的4种，它们是：黑蕊猕猴桃、软枣猕猴桃、葛枣猕猴桃（木天蓼)、对萼猕猴桃（猫人参)、大籽猕猴桃、清风藤猕猴桃、异色猕猴桃、阔叶猕猴桃、小叶猕猴桃、毛花猕猴桃（毛冬瓜、白毛桃、山蒲桃）、中华猕猴桃（羊桃、藤梨）、黄毛猕猴桃、长叶猕猴桃。

夏志俊报道了浙江产的毛茛科药用植物有13属，42种，9变种，并介绍了分布特点、规律和药用价值。认为值得作进一步开发的有唐松草属中的华东唐松草、大叶唐松草、唐松草、尖叶唐松草和蕨叶人字果（以上代黄连）；有治风湿伤筋的林荫银花莲（蜈蚣三七）、金龟草（金丝三七）和獐耳细辛（幼肺三七）以及猫爪草、小木通、绣球藤等。

王德群报道了安徽省小檗科药用植物7属13种的生态、分布和功效。它们是：八角莲属（Dysosma(Hance)Woods）的六角莲、八角莲，淫羊藿属（Epimedium L.）的箭叶淫羊藿E.、柔毛淫羊藿E.，红毛七属（Caulophyllum Michx.）的类叶牡丹C.，牡丹草属（Leontice L.）的江南牡丹草，小檗属（Berberis L.）的豪猪刺、安徽小檗、庐山小檗、日本小檗，十大功劳属（Mahonia Nutt）的阔叶十大功劳、十大功劳，南天竹属（Nandina Thunb.）的南天竹。

邬家林对四川梣属（Fraxinus）植物11种2变种的生态、分布和功效进行了调查，并编制了检索表。石世贵等共查得神农架林区有中药2023种，隶属于300科974属。其中植物药有1800种（含亚种），动物药有213种，矿物药有10种。归纳为重要的常用民间药、珍稀濒危类、特有和特征性类、新分布和新种类、分布广和蕴藏量大的种类、开发价值较大的种类五部分作了系统介绍。

（杨长仪　沈施德）

【黄连原植物的研究】

王天志等通过对全国商品黄连主产区及野生黄连的调查研究、标本采集、分类整理，确定中国药用黄连的原植物有8个种、2个变种，其中发现2个新种及一个新变种。中国药用黄连的原植物是：(1) 黄连 Coptis chinensis Franch. (2) 三角叶黄连 C. deltoidea C. Y. Cheng et Hsiao (3) 峨眉黄连 C. omeiensis(Chen.) C. Y. Cheng (4) 云南黄连 C. teeta Wall. (5)五裂黄连 C. quinquesecta W. T. Wang (6) 五叶黄连 C. quinguefolia Miq (7) 线萼黄连 C. linearisepala T. Z. Wang et C. K. Hsieh. sp. nov. (8) 古蔺野连 C. gulinensis T. Z. Wang et C. K. Hsieh. sp. nov. (9) 短萼黄连 C. chinensis var brevisepala W. T. Wang et Hsiao (10)爪萼黄连 C. chinensis var. unguiculata T. Z. Wang et C. K. Hsieh var. nov.。

王西芳等报道了太白黄连 Souliea vaginata (Maxim) Franch 为中国西部地区特产的毛茛科长果升麻属药用植物，又名土黄连，药用根茎。王氏等认为，太白黄连与黄连同为毛茛科植物，在药材性状、显微特征等方面有类似之处，但理化反应不同，三萜皂甙鉴别反应太白黄连阳性而黄连阴性，生物碱鉴别反应太白黄连阴性而黄连阳性，应注意区别。

（杨长仪）

【黄连组织培养的研究】

丁葆祖等对黄连愈伤组织细胞的生长研究表明：(1) 黄连愈伤组织细胞的生长正如Wilson等1971年描述的，在一个生长周期中，细胞数量的改变基本是一条S曲线。雅连和味连的实验结果一致。黄连培养细胞生长的各个时期大体为：延迟期5～10天，对数生长期10～13天，直线生长期10～12天，减慢期约10天，生长40～45天后进入静止期。延迟期细胞很少分裂，细胞数量增加不明显；对数期和直线生长期细胞数量迅速增加，体积增大，单位时间细胞的增长速度达到最高峰；减慢期细胞总量仍不断增加，但其生长速度逐渐减慢；静止期细胞停止生长。(2) 随着培养时间的延长，黄连细胞鲜重不断增加，10天左右增加速度较慢，20～30天，细胞处于直线生长期阶段，则成倍增长。10～15天CO_2释放速度快，由0.114mg增加到0.314mg；15～20天释放速度开始减慢，30天释放量与20天非常接近。

芮和恺等报道了中国黄连叶片愈伤组织培养中激素调节对愈伤组织生长速度和小檗碱含量的影响。从实验数据中可以看出：(1)当KT浓度为0.1mg/L时，2,4-D浓度从2.5mg/L增加到5mg/L时，愈伤组织的生长速度加快，愈伤组织更为疏松，并完全抑制了根的分化，表明2,4-D浓度的增加对愈伤组织的生长是有利的。但是随着2,4-D浓度的增加，愈伤组织中浅黄色细胞增多并出现了少数透明细胞，表明高浓度2,4-D对小檗碱合成有一定的抑制作用。当2,4-D浓度为2.5mg/L时，KT的浓度从0.1mg/L增加到1mg/L或以0.1mg/L浓度的BA代替0.1mg/L浓度的KT时，生长速度虽稍有降低但小檗碱含量却增加1～2倍以上。说明在2,4-D存在的情况下，BA或增加KT的浓度均能提高愈伤组织中小檗碱的含量。(2)当0.1mg/L浓度的KT与2.5mg浓度的NAA组合时，不但愈伤组织较为紧密，而且生长速度明显降低（降低26%），同时分化出大量根来，小檗碱含量则增加5倍以上。说明在同样的激素浓度下，NAA更有利于根的分化及小檗碱的合成，而2,4-D则有利于愈伤组织分化并抑制根的分化。芮氏等还采用薄层层离和高速液相色谱分析中国黄连叶片细胞悬浮培养中小檗碱含量，结果证明：(1)中国黄连叶片悬浮细胞中存在黄连的有效成分小檗碱。当2,4-D浓度在0.3～1.5mg/L时，随着2,4-D浓度的增加，黄连悬浮培养细胞的生长速度也相应增加，而悬浮细胞中的小檗碱含量反而逐渐下降，说明2,4-D对黄连悬浮培养细胞的生长有促进作用，但对悬浮细胞合成小檗碱的能力却有一定的抑制作用。(2)中国黄连叶片悬浮培养细胞的生长规律与愈伤组织一样，即在一个生长周期内，细胞数量的改变基本上是一条S曲线，黄连叶片悬浮培养细胞生长的各个时期大体为：延滞期约1天，对数生长期约6～7天，减缓期约4天，大约生长24天后进入静止期。(3)在一个完整的生长周期中，中国黄连叶片悬浮培养细胞中的小檗碱含量随细胞的干重增加而增加，当悬浮培养至24天即进入静止期时，培养细胞中的小檗碱含量达到最大值(0.608%)。

（杨长仪）

【绞股蓝等18种中草药的组织培养】

绞股蓝 刘贤旺等以嫩茎和幼叶作材料。以67-V、SH、MS三种培养基为基本培养基，附加生长素和细胞分裂素、蔗糖3%、琼脂0.8%，pH5.8～6.0。芽分化培养基为MS+6-$BA_{1\sim1.5}$+$NAA_{0.1}$+水解酪蛋白200，琼脂1%，pH5.8～6.0，温度25±1℃，开始30天暗培养，以后日照8～10小时，强度1000～1400/x，在愈伤组织诱导约1个月后，转移至添加2,4-D_3和6-BA_1的MS、B_5两种培养基上作继代培养。在B_5培养基上，接种后3～4天开始增殖、生长，30天后鲜重增26.4倍，用MS培养基，鲜重增加8.4倍，愈伤组织经水解后，用岛津CS-930薄层扫描仪测定，其人参二醇的含量为0.027%(g/g)，比栽培(0.0073%)和野生(0.025%)的含量均高。张治国等设计了下列三组培养基：(1)MS+BA_1+$IAA_{0.05}$；(2)MS+KT_1+$IAA_{0.05}$；(3)MS+ZT_1+$IAA_{0.05}$。结果表明，(1)培养基对不定芽的分化优于其他两组，但苗抽长较慢，在培养基中加入赤霉素(GA_1)后，生长速度可加快一倍。本实验又表明，用聚氨酯海绵小块作支持物的液体培养，对苗的生长有明显促进作用，一般高5cm，而被其代替的琼脂培养基的苗仅高2cm。

半夏 韩献忠等将叶片、块茎、叶柄和根分别接于以下培养基：MS_1；MS+2,4-

$D_{0.5}$，MS_2：MS+2,4-D_1,MS_3：MS+2,4-$D_{0.5}$+KT_1，MS_4：MS+2,4-D_1+$KT_{0.5}$。1个月后观察愈伤组织形成情况，3个半月统计生苗数，均表明以叶片作材料为好，MS_3的激素配比形成苗最多；MS_1出苗较整齐；根系发育以2,4-$D_{0.25}$的2个组合生长较好。苏新除了以MS为基本培养基，还试用H、N_6及改良White培养基，附加不同浓度的2,4-D、ZEA_6-BA及NAA，蔗糖含量为3%，琼脂0.7%，pH5.8，相对湿度75～80%，温度25±1℃，光照500～1000/x。经30天培养，4种培养基中以MS培养基诱导率最高，达74.19%，其次为改良White和H培养基，分别为63.33%和41.38%，最低是N_6培养基，诱导率为28.13%。在激素组合为2,4-$D_{0.5\sim4}$+$ZEA_{0.1}$的范围内均能诱导出愈伤组织，而2,4-$D_{1.5}$+$ZEA_{0.1}$时诱导率最高，为73.91%。当2,4-D浓度增加到6mg、ZEA浓度不变时，在8天左右，外植体由褐变黑，直至死亡，不产生愈伤组织。在加6-BA、NAA的MS培养基中，以6-BA_2和$NAA_{0.1}$的比例对愈伤组织成苗的作用最佳，培养15天出苗数为21.74%，30天后为56.52%。宋佩伦等以叶片、叶柄分别接入MS_1+$NAA_{0.02}$+6$BA_{2.0}$，MS_2+$NAA_{0.2}$+6-$BA_{0.5}$，MS_3+$NAA_{0.2}$+2,4-$D_{0.5}$培养基上，结果表明：(1)生长素中2,4-D诱导能力较强，不同部位的诱导率是块茎＞叶柄＞叶片。(2)MS_1对芽的分化率高于MS_2，而MS_3最低，说明在激素的配比中，较高浓度的6-BA有利于芽的分化，而2,4-D却抑制了芽的形成。(3)在同一培养基MS_1和MS_2上，叶柄的愈伤组织分化能力都较高，分别为66.0%和54.7%，而叶片愈伤组织的分化率仅分别为52.4%和30.8%。

白术　种子经处理后，剥去种皮，接种在MS基本培养基上，一周后，90%种子萌发，切除胚根，用MS+$IAA_{0.02}$+6-$BA_{2.0}$+糖3%培养基。生根培养为¼MS+$IBA_{0.5}$+糖2%。温度26～28℃，日照10小时，1000/x。结果：经25天培养，丛芽分化率为100%，及时分株后接入生根培养基上，4天后开始生根，两周后，全部小苗生根，移栽成活率达80%。

芦笋　查圣康选用MS培养基为基本培养基，分化培养基附加$BA_{0.5\sim1}$，$NAA_{0.1\sim0.5}$，LH_{300}，蔗糖2～2.5%，琼脂0.8～1%，pH5.8～6.2；继代培养基附加$NAA_{0.1\sim0.25}$，$BA_{0.1\sim0.5}$，LH_{100}，蔗糖2%，琼脂0.8～1%，pH5.8～6.2；生根培养基采用½MS培养基，附加成分为$IBA_{0\sim0.5}$，$BA_{0\sim0.2}$，LH_{100}，蔗糖1.5%，琼脂0.8～1%，pH5.8～6.2。将处理好的种子接种后(22～27℃，日照8～12小时，1000～2000/x)，约7天种子萌发，20天后苗长出侧芽，切段（约1cm）后继代培养。芽分化率在95%以上，移栽成活率93%左右，一个周期约需2～3个月。

芦荟　基本培养基为MS培养基，附加：(1)$BA_{0.5\sim3}$+$NAA_{0.01\sim0.5}$；(2)$BA_{0.5\sim1}$+$NAA_{0.01}$+$GA_{3\ 0.2\sim1}$；(3)$IBA_{0.2\sim0.4}$+CCC 23～27℃，日照10小时，1500～2000/x。取幼株茎段接种于培养基(1)，2～3周后，形成大量愈伤组织，分离移至培养基(2)，1周后形成大量丛生芽，长到1～2cm，单株移至培养基(3)，3周后形成完整的植株，经3～4周练苗后移至大田，成活率90%以上。

三尖杉　惠月明等取叶、茎接种于MS_1+$KT_{0.1}$+2,4-D_2，MS_2+BA_2+NAA_{10}，MS_3+$KT_{0.1}$+NAA_3，MS_4+$KT_{0.1}$+2,4-D，MS_5+BA_1+NAA_{10}，MS_6+BA_2+$NAA_{0.2}$，蔗糖3%，琼脂0.7%，pH5.8的6种培养基上，25±2℃，日照10小时，1000/x。结果：3周后接种于MS_3、MS_4及MS_1培养基上的外植体，先后长出愈伤组织；接种于MS_2、MS_6及MS_5上的外植体，3周后未生成愈伤组织，并逐渐死亡，表明生长素NAA与2,4-D对叶的诱导率影响相似，MS_2、

MS_6 及 MS_5 的激素组合都不利于愈伤组织的诱导。用 MS_3 所诱导的叶的愈伤组织，继代五次后，分别以 $KT_{0.1}$、2,4-D_3，$KT_{0.1}$、IAA_3，$KT_{0.1}$、NAA_3，在其他条件相同的上述培养基中培养，2个月后称重，表明NAA最有利于愈伤组织生长。此外，以同样材料，分别选用MS、W、H、6,7-V 4种基本培养基，并各以 $KT_{0.1}$ 与 NAA $_{0、3、8、13、18、23}$ 组成6种组合，各接种愈伤组织15瓶，2个月后称重，表明6,7-V最有利于愈伤组织生长，MS愈伤组织的产量最低；以W为基本培养基时，NAA浓度以3为好，其余NAA浓度都以18为佳。

滇紫草　樊红霞等研究了滇紫草愈伤组织的形态发生以及生长特性。以滇紫草根、幼芽、嫩叶及苗诱导愈伤组织，经固体和悬浮继代培养筛选出高产紫草色素的细胞系，根据连续培养的组织和细胞生长特点，描绘出一条生长曲线。并以电镜观察了固体和液体培养组织的亚细胞结构形态。

月见草、地丁草、栌兰　顾慧芬等首次报道这三种药用植物的组织培养。以MS为基本培养基。诱导愈伤组织和芽分化的培养基附加(1)BA_2+$NAA_{0.2}$，(2)BA_2+$NAA_{0.5}$，(3) BA_2+NAA_1。生根培养基为½MS附加 $NAA_{0.1}$。26～28℃，日照12小时，1500～2000/x。取月见草嫩叶，切块接种在培养基(1)以后，在切口处长出黄绿色颗粒状愈伤组织，随后，外植体和愈伤组织逐渐褐化，从褐化的愈伤组织中不断地分化出芽，在MS培养基上生长，最后移到生根培养基上，在靠近培养基的茎节处长出不定根。以地丁草种子种在不加激素的MS培养基上萌发，把所得的苗叶切块，接种在培养基(1)上，逐渐产生黄白色颗粒状愈伤组织，诱导率约69%。4周后，将愈伤组织移至培养基(3)。2周后，从愈伤组织上不断分化出绿色的芽，后者在½ MS上明显长高，从切口处长出根。以栌兰（土人参）的嫩叶小块接种在培养基(1)后，产生黄白色颗粒状愈伤组织，并趋褐化，移至培养基(2)，渐从愈伤组织中分化出芽，在MS上生长，从切口处分化出根。芮和恺对铁棍山药、半枝莲、白毛夏枯草进行组织培养。培养基(1)MS+2,4-D1mg/1+$NAA_{0.2}$+$BA_{0.5}$，(2)MS+$NAA_{0.2}$+BA_2，(3) MS+$NAA_{0.3}$+BA_3+0.5%活性炭；(4) MS+$NAA_{0.2}$+0.5%活性炭，(5) ½B_5+$NAA_{0.1}$。26±1℃，日照12小时，1500/x。取铁棍山药的带节茎段插入培养基(1)，外植体大多褐化，少数外植体在切口处产生少量黄白色愈伤组织。带节的茎段转入培养基(2)，长出侧芽，将茎段上的侧枝切下，转入培养基(3)，1周后侧芽迅速伸展，2周后从茎节处产生不定根，将带有不定根的茎段切下，转入培养基(4)，形成完整植株。经1个月培养，将苗分别切下，去叶，切取带节茎段进行继代培养。半枝莲带节茎段插入培养基(2)后，1周后侧芽伸展，将侧芽切下，插入培养基(5)中，芽很快长高并从切口处长根。白毛夏枯草的去皮茎段在培养基(2)上渐产生黄褐色颗粒状愈伤组织，2周后分化出大量芽，芽在 M_0 培养基上明显长大，且从靠近培养基的茎节处长出不定根。

百部、紫参、杏叶沙参、藿香、芸香　吴美芳等报道了这5种药用植物的组织培养。采用MS培养基为基本培养基，另补加250mg/L水解乳蛋白。(1) MS+2,4-D+$KT_{0.25}$，(2) MS+2,4-D_1+$BA_{0.2}$，(3) MS+$NAA_{0.05}$+BA_2，(4)MS+$NAA_{0.2}$+BA_1；(5) MS+$NAA_{0.1}$+BA_2，(6) MS+$NAA_{0.2}$+BA_2，(7) ½MS+$NAA_{0.1}$。25±1℃，日照12小时，1500/x。将百部叶片接种于培养基(1)、(2)，1周后长出愈伤组织，3周后转接于培养基(3)，4周后分化出不定芽；将百部带节茎段接种于培养基(3)，4周后出侧芽，切去芽后继代培养，产生较多的丛生芽，移植于培养基(7)，1周后出根。紫参：将叶块接种于培养基（4），2周后出现少量愈伤组织，1个月后，将不定芽切割后继代培养，再移植于培养基（7），5天后生根。杏叶沙参：以带节茎段接种于培养基(6)上，1周后分化出侧芽，4周后切去侧芽相继在培养基（6）和（7）诱导成小植株。藿香：将叶片、茎的切块（段）接种于培养基（5），2周后出现愈伤组织，继代培养4周后有不定芽分化，切割后移至新鲜培养基上出不定芽，再移至培养基（7），1周后生成完整植株。芸香：将茎、叶切割后接种于培养基（1）（2），2周后茎段在（1）（2）上都分化出不定芽，叶片切块在培养基（2）上产生愈伤组织和不定芽，再移至培养基（7），生根成就完整植株。

（沈施德）

参考文献

B

柏达诗　真伪蛇胆的简易鉴别　中药通报　(5):13，1988

C

蔡启庆等　对324批次麝香检验结果的分析　中药通报　(4):37，1988

查圣康　芦笋的快速繁殖　中草药　(1):46，1989

陈和荣等　种植川贝母的几点经验　中国中药杂志　(9):16，1989

陈新霞等　陕西省五加科药用植物的种类和分布　中药材　(5):21，1988

陈永林等　臭椿皮与香椿皮的比较鉴别　中药通报　(6):7，1988

D

戴　斌　细辛伪品鹿蹄橐吾的生药鉴定　中药材　(6):16，1989

戴卫国等　健康成龄雄麝的体温及血象正常指标　中草药　(12):28，1989

杜永祥等　黑龙江省药用植物资源及其保护　中药材　(4):15，1989

丁葆祖等　黄连组织培养的研究Ⅰ．愈伤组织细胞的生长　中草药　(9):34，1987

F

樊红霞　滇紫草愈伤组织的培养及其生长特性　中草药　(10):38，1989

范崇辉等　山茱萸幼树提早结果技术研究　中草药　(10):29，1989

封秀娥　商品海龙的调查和鉴别　中药通报　(8):7，1988

G

高万山　动物胆汁的药用及采收加工　中药通报　(9):20，1988

顾惠芬等　月见草等三种药用植物组织培养简报　中药材　(1):15，1989

顾哲明等　杜仲民间代用品的原植物研究　中国中药杂志　(12):10，1989

关　超等　林麝电刺激采精及其精液品质的研究　中药材　(12):16，1989

郭荣麟等　中国蕨类药用植物概要　中药材　(5):13，1989

H

韩献忠等　半夏组织培养一次性成苗的研究　中草药　(11):45，1989

何顺志等　贵州黄褐毛忍冬的资源调查　中国中药杂志　(9):7，1989

胡卿发　猪胆汁提取物治疗滴虫性阴道炎152例　北京中医　(3):26，1988

惠月明等　三尖杉组织培养的初步研究　中草药　(1):31，1989

黄泽松等　八种药用去皮蛇类骨骼组织鉴别　中药材　(8):14，1989

J

及元乔　四川楤木属植物的化学成分分析　中药材　(7):30，1989

L

赖茂祥等　山姜属伪品砂仁的形态研究　中国中药杂志　(5):11，1989

李德英等　浙江省药用海洋生物资源调查报告　中国海洋生物　(4):1，1989

李广民　陕、甘、宁、青、新西北五省区柴胡的原植物　中国中药杂志　(5):6，1989

李　灵等　厚朴及其伪品的鉴定　贵州药讯　(1):

13，1987

李英学　巫溪县中药种植突破10万亩大关　中医药信息报　1989年9月9日第一版

刘贤旺等　绞股蓝的组织培养和植株再生　中药材 (6):8，1989

刘玉亭　川玄参低海拔栽培研究　中草药 (10):32，1989

卢祖生等　蛇胆质量外观检验初探　中药材 (1):29，1989

M

马金双等　中国五加科药用植物资源　中草药 (11):41，1989

马玉珍　猪胆汁灌肠治疗便秘48例　湖南中医杂志 (2):48，1988

N

牛　波　三种厚朴的对比鉴别　山东中医杂志 (1):39，1989

Q

钱尧林等　山茱萸切接技术的研究　中国中药杂志 (5):16，1989

秦松云　四川药用细辛及其混淆品种　中药材 (2):25，1989

邱　春等　活熊胆汁与药用熊胆微量元素的比较　中药材 (6):14，1988

R

芮和恺等　铁棍山药等三种药用植物的组织培养　中药材 (3):11，1989

中国黄连组织培养细胞中小檗碱含量的研究——中国黄连叶片细胞的悬浮培养　中成药 (4):16，1989

中国黄连组织培养研究Ⅰ．中国黄连叶片愈伤组织培养中的激素调节　中药材 (5):12,1989

S

石世贵等　神农架的中药资源　中国中药杂志 (7):7，1989

宋佩伦等　白术及半夏的组织培养　中草药 (7):27，1989

苏　新　半夏愈伤组织的诱导和植株再生的研究　中国中药杂志 (11):15，1989

孙义才　辽细辛与伪品盆草细辛的鉴别　山东中医杂志 (5):38，1987

W

汪宗俊等　云南楚雄州23种彝族药资源　中药材 (8):12，1989

王德群　安徽省小檗科药用植物资源　中药材 (1):20，1989

王天志等　药用黄连的原植物研究　中药通报 (1):7，1988

王铁生等　人参光合生理研究Ⅰ．不同光质对人参生育、生理特性及人参皂甙含量的影响　中草药 (4):30，1989

王万贤等　厚朴及其伪品　中药材 (6):26，1986

王西芳等　太白黄连的生药鉴定　中药材 (5):17，1989

邬家林　四川柃属植物资源　中国中药杂志 (8):3，1989

吴美芳等　五种药用植物的组织培养　中成药 (6):44，1989

吴兴亮等　贵州的虫草属植物的鉴别　中药通报 (3):9，1988

X

夏明衍　细辛及其混淆品徐长卿的比较鉴别　中草药 (8):46，1986

夏志俊　浙江毛茛科药用植物资源　中国中药杂志 (9):3，1989

项　平　小灵猫人工饲养研究　中药材 (3):12，(4):11，1989

Y

姚　淦等　华东地区猕猴桃属药用植物的整理　中药材 (2):15，1989

杨宏炳　发展中的海南南药业　中医药信息报　1989年1月14日第四版

杨培才　新疆封山育药保护资源　中国中医药报　1989年5月29日第一版

殷　昊等　白花蛇舌草及其混淆品的形态组织学鉴定　中国中药杂志 (2):9，1989

于　洲　芦荟的组织培养及快速繁殖　中药材 (7):10，1989

俞中仁　杜仲林种植绞股蓝的经验介绍　中国中药杂志 (5):20，1989

元四辉　吉林省爱林参场封林一万亩种植野山参　中药材 (2):17，1989

岳俊三等　江苏药用植物资源分布新纪录　中药材 (3):17，1989

Z

张含藻等　乌梢蛇养殖的观察　中药材　(7):13，1989

张继庆　熊胆真伪鉴别　中国医院药学杂志　(9):373，1989

细辛的混淆品——单叶细辛的生药鉴定　中草药　(11):29，1987

张丽华　熊胆与其伪品的荧光鉴别　特产研究　(2):50，1988

张　穗　一种掺伪熊胆的鉴别　中草药　(7):44，1988

蛇胆的质量研究　中药材　(7):10，1989

厚朴与其伪品木莲的鉴别　中国医院药学杂志　(10):458，1988

蛇胆的质量研究　中药材　(7):10，1989

张永强等　活熊胆汁与商品熊胆的比较研究　中成药　(4):31，1989

张治国等　绞股蓝的试管繁殖　中国中药杂志　(6):15，1989

赵文静等　蛇胆药用研究概况　浙江中医学院学报　(6):38，1988

周太炎　我国秋海棠属的中草药　中草药　(11):37，1988

邹贵发等　大海马幼苗成活率的研究Ⅰ．幼苗死亡的危险期　中药材　(3):15，1989

(二) 中药化学

【概述】

一年来，国内对中药中活性成分的研究取得了新的进展，发现了78个新成分，对阐明中药中的有效成分及作用原理、控制药品质量、指导合理用药及寻找新药等均有重要意义，也为合成新药提供了先导化合物和新的思路。

大多数的多糖都有增强机体免疫功能的作用，某些多糖尚有抗癌和降糖活性。因此，对天然多糖的研究已引起人们的关注。目前已研究的多糖主要有人参多糖（曹立亚报道)、西洋参多糖（张崇禧等报道)、冬虫夏草多糖（李晓明等报道)、女儿茶多糖(焦佩玉报道)、柴胡多糖（耿俊贤等报道)、芦荟多糖（王蜀秀等报道)、黑木耳多糖(夏尔宁等报道)、细叶蓟多糖（耿俊贤等报道)、雷丸多糖（王文杰等报道）和黄精多糖（谈恒山等报道）等，在多糖的纯化及其分子量的测定方面也有一定的进展。

在改进有效成分提取工艺方面也作了大量的研究，主要是冬凌草素(邵锡宸等报道)、黄连素（汤洪等报道)、乌苏酸(许强报道)、齐墩果酸（唐峰柏报道)、蜕皮激素(姚乾元等报道)、胆红素（任慧露等报道)、厚朴酚（芦金清等报道）及去氧胆酸（韩焕新等报道）等中药中的有效成分，章林麟等发现在资源极其丰富的云南楤木中齐墩果酸的含量较高，由于工艺的改进，齐墩果酸的得率平均可提高70%左右，现已推广应用，获得了较高的经济效益。

在中药化学成分及其衍生物的合成研究方面也有新的进展，如具有缩瞳活性的包公藤甲素已由何虎明等合成成功。并在其类似的合成中，发现包公藤甲素中C_2羟基是保持其缩瞳活性的关键部分之一；王朴等找到毛叶丁公藤可作为包公藤甲素的新植物资源。顾月翠等在卤代靛玉红衍生物的合成中，经药理抗肿瘤筛选，发现5-碘靛玉红对动物肿瘤L_{7212}的延存率和W_{256}的抑制率分别为41～73%，比靛玉红有更明显的效果；又如彭澍合成的石吊蓝素磺酸盐的疗效与石吊蓝素相同，而无毒副作用，且溶于水，便于体内吸收，能增强其药效，为石吊蓝素类似药物的深入研究和发展提供了有效方法。

（凌罗庆）

【桂莪术等50种中药中的新成分】

中国学者在50种中药中发现78个新成分．分别列表介绍如下：

中药名和原植物学名	新成分名称	分 子 式	熔点℃	生物活性或医疗作用
1. 桂莪术 Curcuma kwangsiensis S. G. Lec et C.F.Liang	结晶Ⅵ	$C_{15}H_{16}O_2$	163-5	
	桂莪术内酯	$C_{15}H_{16}O_2$	163-4	
2. 假细锥香茶菜 Rabdosia coetsoides C. Y. Wu	假细锥甲素	$C_{22}H_{26}O_6$	180-1	
3. 江南紫金牛 Ardisia faberi Hemsl.	Ardisioside	$C_{53}H_{36}O_{22}$	230-3	
4. 三尖杉 Cephalotaxus fortunei Hook. f.	7-去氧福建三尖杉碱	$C_{20}H_{27}NO_4$		
5. 胆木 Nauclea officinalis Pierre ex Pitard	胆木碱庚	$C_{26}H_{28}N_2O_9$	>310(d)	
	胆木碱辛	$C_{25}H_{27}N_2O_9$	200-2	
6. 柄果花椒 Zanthoxylum podocarpum Hemsl.	柄果花椒酰胺	$C_{20}H_{21}NO_4$	85-6	
7. 丹参 Salvia miltiorrhiza Bunge	Δ'-丹参新酮	$C_{19}H_{20}O_2$	油状物	
	Δ'-丹参酮Ⅰ$_2$	$C_{19}H_{16}O_3$	147-8	
8. 平贝母 Fritillaria ussuriensis Maxim	平贝碱乙	$C_{27}H_{45}NO_6$	242-4	
	平贝啶甙		242-23.3 243.2	
9. 檀香 Santalum album L.	没药烯醇A	$C_{15}H_{26}O$	油状物	
	没药烯醇B	$C_{15}H_{24}O$	油状物	
	没药烯醇C	$C_{15}H_{24}O$	油状物	
	没药烯醇D	$C_{15}H_{26}O$	油状物	
	没药烯醇E	$C_{15}H_{24}O$	油状物	
10. 黑蔓 Tripterygium regelii Sprague et Take	黑蔓酮酯丙	$C_{33}H_{50}O_6$	161-3	
	黑蔓醇酯甲	$C_{31}H_{50}O_4$	241-2	
	黑蔓酮酯丁	$C_{31}H_{48}O_4$	197-8	
11. 铁棒锤 Aconitum Szechenyianum Gay	牛七碱	$C_{36}H_{51}NO_{11}$	237-40	
12. 雷公藤 Tripterygium wilfordii Hook. f.	雷公藤碱辛	$C_{43}H_{49}NO_{17}$	156.5-157.5	
	雷公藤三萜酸C	$C_{30}H_{48}O_4$	247.5-249.5	具有抗炎活性
	1,8-二羟基-4-羟甲基蒽醌	$C_{15}H_{10}O_5$	200-2	
13. 假鹰爪 Desmos Chinensis Lour.	晶Ⅱ	$C_{13}H_{12}O_5$	137-9	
14. 华南马尾杉 Phlegmariurus fórdii (Baker) Ching	马尾杉碱N	$C_{11}H_{11}NO$	179-81	
15. 湖北贝母 Fritillaria hupehensis Hsiao et K. C. Hsia	湖贝啶	$C_{27}H_{45}NO_3$	174-5	
16. 喜树 Camptotheca acuminata Dcne.	10-羟基脱氧喜树碱	$C_{20}H_{16}N_2O_4$	298-300(d)	对P_{388}白血病细胞有强的细胞毒活性
17. 沙苑子 Astragalus complanatus R. Br.	沙苑子新甙		217-9 255-7	
18. 滇黄芩 Scutellaria amoena C. H. Wright	滇黄芩新甙		236-9	
	2R,3R-2',3,5,7-四羟基双氢黄酮		119-120	

中药名和原植物学名	新成分名称	分子式	熔点℃	生物活性或医疗作用
19. 冷饭团 Kadsura coccinea (Lem.) A. C. Smith	冷饭团晶 I	$C_{20}H_{24}O_4$	71-2	有一定的镇静和抗炎作用
20. 梭果黄芪 Astragalus ernestii Comb.	梭果黄芪苷A	$C_{47}H_{77}O_{18}$	181-4	
	梭果黄芪苷B	$C_{49}H_{79}O_{19}$	201-4	
21. 石椒草 Boennighuasenia sessilicarpa Lerl	石椒草内酯A	$C_{24}H_{30}O_5$	95-7	
22. 沉香 Aquilaria sinensis	异白木香醇	$C_{15}H_{26}O_2$	73-5	
	6-羟基-2-〔2-(4-甲氧基苯)乙基〕色酮	$C_{18}H_{16}O_4$	167-8	
23. 黄褐毛忍冬 Lonicera fulvotomentosa Hsu et S. C. Cheng	黄褐毛忍冬皂甙甲	$C_{58}H_{94}O_{26}$	215-7	
24. 绵毛马兜铃 Aristolochia mollissima Hance	化合物Ⅴ	$C_{19}H_{14}O_6$		
	化合物Ⅶ	$C_{19}H_{15}NO_5$		
25. 乌拉尔甘草 Glycyrrhiza uralensis Fisch.	甘乌内酯	$C_{31}H_{44}O_6$	301-3	
26. 山蒟 Piper hancei Maxim	山蒟素D	$C_{21}H_{22}O_5$	96-7	
27. 石南藤 Piper Walli-Chii (Miq.) Hand-Mazz.	南藤素	$C_{22}H_{26}O_5$	油状物	对血小板活化因子 (PAF)引起的血小板凝集实验证明有活性
28. 野木瓜 Stauntonia Chinensis DC.	野木瓜甙YM_{10}	$C_{53}H_{92}O_{25}$	215-9(d)	
	野木瓜甙YM_{12}	$C_{52}H_{82}O_{21}$	200-4(d)	
29. 仙鹤草 Agrimonin pilosa Ledeb.	R-(—)-仙鹤酚B	$C_{37}H_{46}O_{12}$	173-5	
	仙鹤草内酯-6-O-β-D-葡萄吡喃糖甙	$C_{24}H_{28}O_{10}$	165-7	
30. 狼毒大戟 Euphorbia fischeriana Steud.	狼毒大戟甲素		183-5	
	狼毒大戟乙素		202-5	
31. 骆驼蓬 Peganum harmala L.	γ-去氢骆驼蓬碱	$C_{13}H_{12}N_2O$	238-40	
32. 金钩花 Pseuduvaria indochinensis	ent-8α-hydropimar-15-en-18-oic acid	$C_{20}H_{32}O_3$	239-41	
	ent-pimaric acid	$C_{20}H_{30}O_2$	207-8	
33. 黄甘草 Glycyrrhiza eurycarpa P. C. Li(G. Korshinskyi non Grig.)	黄甘草甙	$C_{27}H_{30}O_{13}$	126-8	
34. 瓜子金 Polygala japonica Houtt	瓜子金皂甙丙	$C_{42}H_{68}O_{15}$	218-21	
	瓜子金皂甙丁	$C_{42}H_{68}O_{15}$	229-32	
35. 苦绳 Dregea sinensis var corrugata(Schneid)Tsianget P. T. Li	苦绳甙元 Ⅰ	$C_{31}H_{52}O_8$	235-8	
	苦绳甙元 Ⅱ	$C_{30}H_{42}O_7$	235-7	
36. 羽叶三七 Panax japonicus var bipinnatifidus (Seem.) Wu et Feng	羽叶三七甙F_1	$C_{48}H_{82}O_{19}$	197-9	
	羽叶三七甙F_2	$C_{48}H_{82}O_{19}$	189-192	

中药名和原植物学名	新成分名称	分子式	熔点℃	生物活性或医疗作用
37. 紫花鄂北贝母 Fritillaria ebeiensis var purpurea G. D. Yu et P. Li	紫鄂贝碱	$C_{27}H_{43}NO_2$	186-8	
38. 珠子参 Panax japonicus var major (Burk.) Wu et Feng.	珠子参甙F_5	$C_{48}H_{82}O_{19}$	192-4	
	珠子参甙F_6	$C_{48}H_{82}O_{19}$	182.5-184	
39. 千解草 Pygmacopremna herbacea	千解草甲素	$C_{20}H_{22}O_6$		有抗菌，促凝血消炎作用
40. 美丽红豆杉 Taxus mairei	1-去羟基巴苦亭	$C_{37}H_{46}O_{13}$	220-1	
41. 大丁草 Gerbera anandria (L.) Sch Bip.	3,8-二羟基-4-甲氧基香豆精	$C_{10}H_8O_5$	205-7	
	3,8-二羟基-4-甲氧基-5-羟基香豆精	$C_{11}H_8O_7$	277-9	
	5,8-二羟基-7-(4-羟基-5-甲基-香豆精-3-)香豆精	$C_{19}H_{12}O_7$	>300	
42. 湖北山麦冬 Liriope spicata Lour(Thunb)var prolifera Y. T. Ma	甙Ⅲ	$C_{38}H_{60}O_{12}$	232-4(d)	
	甙Ⅳ	$C_{44}H_{70}O_{16}$	240-2	
43. 毛梗豨莶 Siegesbeckia glabrescens Mak	豨莶新甙	$C_{32}H_{54}O_{13}$	163-5	
44. 人参 Panax ginseng C. A. Meyer	人参皂甙-Rg_4		177-80	
45. 光洁 Vihstgoemia glabra Cheng	对映异落叶松树脂醇		152-4	
46. 尖叶唐松草 Thalictrum acutifolium (Hand.-Mazz.) Boivin	尖叶唐松草啶碱	$C_{21}H_{25}NO_5$	183-4	
47. 狭叶白鲜皮 Dictamnus angustifolius G. Don	白鲜二醇	$C_{15}H_{16}O_5$	80-2	
48. 见血飞 Alstonia mairei Lev	5-羟基-4,8-二甲氧基呋喃喹啉	$C_{13}H_{11}NO_4$	210	
	11-acetonyl-dihydronitidine	$C_{24}H_{23}NO_5$	162-3	
49. 老瓜头 Cynanchum komarovii Al. Iljinski	氧化脱氧娃儿藤次碱	$C_{23}H_{25}NO_4$		具有细胞毒作用
50. 鄂北贝母 Fritillaria ebeiensis G. D. Yu et G.Q. Ji Sp. nov.	鄂贝甲素	$C_{27}H_{45}NO_2$	114-5	
	鄂贝乙素	$C_{27}H_{43}NO_2$	108-10	

（凌罗庆）

【夏枯草等20种中草药挥发油的研究】

1．夏枯草 Prunella vulgaris Linn 杨鹿佳等报道，其挥发油的主成分为1,8-桉油素（44.827%）、β-蒎烯（15.736%）、芳樟醇（6.406%）、月桂烯（5.950%）、α-水芹烯及乙酸芳樟酯（4.187%）。其中1,8-桉油素的含量较低，出油率也低于蓝桉叶油，但香气比桉叶油较为甜润，对进一步开发和综合利用这一资源有重大意义。

2．凹叶木兰 Magnolia sargentiana Rehd. et Wils. 方洪鉅等报道，在其挥发油中已鉴定出32个成分，含量在5%以上的有α-蒎烯、香叶烯、乙酸龙脑酯、反丁香烯、丁香烯氧化物和桉叶醇。

3. 三棱 Sparganium stoloniferum B-uth-Ham. 陈耀祖等报道，在其挥发油中已鉴定21个成分，其主要成分为十六酸(32.7%)、苯乙醇(11.7%)、对苯二酚(11.5%)和呋喃醇(2.3%)。

4 糙叶败酱 Patrinia seabra Bge. 田珍等报道，其根及根茎挥发油中主成分是石竹烯、α-葎草烯、α-古芸烯、β-古芸烯和正十六烷。

5. 辛夷 徐植灵等从九种药用辛夷中提取了挥发油，共鉴定出69个成分，其中主成分中的樟脑、1,8-桉油素、对聚伞花素、莰烯、柠檬烯、α-松油烯、α-蒎烯、β-蒎烯和芳樟醇，为九种辛夷挥发油所共有。除日本辛夷外，挥发油含量较高的辛夷品种，在市场上称为"正品"，在"正品"挥发油中，1,8-桉油素的含量较其它品种为高。日本辛夷挥发油的主成分为黄樟醚和甲基丁香酚，与中国辛夷有所区别。

6. 蛇床子 Cnidium mounieri(L.) C-usson 向仁德等采用柱层析和精密分馏得蛇床子素、佛手柑内酯、β-桉叶醇和乙酸龙脑酯，其中β-桉叶醇系首次分得。

7. 草麻黄 Ephedra sinica Stapf. 其挥发油对动物体内流感病毒有明显的抑制作用，贾元印等从其中共鉴定出32个化合物，占总组分的79.63%，其主成分为S-2,2,4-三甲基环己烯-3-甲醇-1 (35.51%)、对盂烯-2-醇-7(7.62%)、β-萜品烯醇(6.52%)、1-乙酰基-1,3-二甲基环己烯 (5.27%)、4-萜品烯醇(2.72%)、2,3,5,6-四甲基吡嗪(2.26%)及l-α-萜品烯醇(1.92%)，后两者为其有效成分，但在木贼麻黄挥发油中2,3,5,6-四甲基吡嗪的含量为1.34%，而l-α-萜品烯醇则未能检出，故与草麻黄有明显区别。

8. 东北刺人参 Oplopanax elatus N-akai 其挥发油具有兴奋中枢神经及抗菌作用，卢为琴等报道，其根和根茎挥发油的主成分为橙花叔醇、香榧醇、布藜醇及辛醛等。

9. 牡荆、荆条、黄荆和曼荆叶 其挥发油是治疗慢性气管炎的有效药物，潘炯光等报道其挥发油组成类似，并均以β-丁香烯、香桧烯、1,8-桉油素、丁香烯氧化物、对聚伞花素、α-蒎烯为主要成分。

10. 国产沉香 杨梭山等从其挥发油的高沸点部分分得异白木香醇，从其低沸点部分分得苄基丙酮、对甲氧基苄基丙酮、茴香酸和β-沉香呋喃。

11. 桧叶 可用以治疗感冒、风湿性关节疼痛、荨麻疹、肿毒初起等症，周维书等报道，其挥发油主要组成成分为β-蒎烯(26.76%)、萜品-4-醇(10.58%)、苧烯(9.37%)、乙酸龙脑酯(8.82%)、三环烯(7.39%)、蒈烯(6.16%)及α-蒎烯(6.00%)。

12. 四方蒿 Elsholtgia blanda Benth 有清热消炎、明目、利尿的作用，其有效成分为挥发油。朱甘培等报道，其挥发油的主成分为1, 8-桉油素(18%)、玷理烯(15.13%)、芳樟醇(12.95%)、薄荷酮(8.3%)、樟烯(6%)、α-蒎烯(4.81%)、龙脑(4.12%)和柠檬烯(3.92%)。

13. 人参芦头 郑友兰等报道，其挥发油含量为0.3494%，其成分与文献上报道的几种不同产区人参根挥发油比较，除均含反-β-金合欢烯外，其它成分都各有差异。

14. 木香薷 Elsholtzia stauntonii Be-nth 其挥发油有广谱抗菌作用，都恒青等共鉴定出15个成分，其中以1, 8-桉油素(28.28%)、莰醌(4.54%)、反丁香烯(3.78%)及苯乙酮(2.07%)的含量较高。

15. 藁本 Ligusticum sinense Oliv 黄远征等在其挥发油中共鉴出43个成分，主要成分为新蛇床内酯(20.16%)、β-水芹烯(10.69%)、反罗勒烯(10.27%)及榄香素(4.76%)。

16. 旱生香薷 Elsholtzia rugulosa Hemsl. 朱甘培等在其挥发油中共鉴出12个成分，其中含羰基的化合物占已知成分的97%，主成分为β-去氢香薷酮（78.30%）、薄荷烯酮（2.87%）、香薷酮（2.64%）及苯甲醛（2.49%）。

17. 香叶天竹葵 Pelargonium graveoleus L'Herit. 方洪鉅等报道，其挥发油中含量大于2%的成分有香茅醇、香叶醇、甲酸香茅酯、异薄荷酮、芳樟醇、顺玫瑰醚、愈创木烯等7种，其中香茅醇、香叶醇、甲酸香茅酯均有一定的抗癌活性。

18. 没药 杨卫贤等报道，在其挥发油中共鉴出12个成分，主成分为7-甲基-3-亚甲基-1,6-辛二烯（39.0%）及1-乙烯基-1-甲基-2,4-双（1-亚甲基）-乙基环己烷（16.6%）。

19. 矮地茶，为紫金牛科植物紫金牛 Ardisia japonica (Hornsted) BL. 其挥发油有抗菌、平喘作用，尹鲁生等共鉴定出61个成分，主成分为龙脑(18.33%)、β-桉叶醇(7.02%)、水杨酸甲酯(3.61%)及萜烯-4-醇(3.26%)等药理活性较强的成分。

20. 菊花 周维书等在祁菊挥发油中鉴出樟脑、1,8-桉油素、β-丁香烯、龙脑、乙酸龙脑酯、金合欢醇、α-和β-金合欢烯、α-松油醇、对聚伞花素、喇叭茶醇、菊烯酮、α-荜澄茄油烯等18个成分。

（凌罗庆）

【雷公藤的化学成分研究】

中国科技人员在50年前就已开始进行雷公藤的化学研究，曾提得三萜类色素雷公藤红和一些糖类。1987年以前，中外学者已从雷公藤中分得生物碱类、二萜类、三萜类和倍半萜类化合物至少20多种。近年来邓福孝、张崇璞等又从雷公藤根皮中分得三种三萜类化合物，经鉴定为 Polpunonic acid、3β, 30-二羟基齐墩果-Δ^{12}-烯-29-羧酸甲酯（命名为雷二羟酸甲酯）和雷公藤三萜酸C，后二者均为新化合物，除以上三种化合物外，邓氏等又分离到两种倍半萜生物碱，经鉴定为euonine及一种新生物碱，命名为雷公藤宁碱，药理试验表明，这两种生物碱均有免疫抑制作用。此外，何直升等又采用现代化学物理方法确定了雷公藤碱乙、碱丁、碱己、碱庚和碱辛的化学结构。在雷公藤根的乙醇提取物的石油醚溶出部分，尚分得一种新二萜，命名为雷酚萜醇。夏志林等在雷公藤叶中分得1,8-二羟基-4-羟甲基蒽醌，为一新蒽醌化合物。

在化学分析方面，于留荣等曾采用薄层扫描法测定了不同产地雷公藤中雷公藤内酯的含量，为今后鉴定雷公藤生药质量提供了依据。

（凌罗庆）

【黄连化学成分的研究】

方忻平等对国内的味连、雅连、云连、野连、土黄连、草连、串珠连、天全野连、灌县野连、西藏野连的不同药用部位进行了薄层定性比较，并采用薄层紫外分光光度法测定其小檗碱和总碱含量。结果指出：(1)本属植物的根茎、须根和叶均含有不同量的小檗碱、黄连碱、药根碱和巴马亭等生物碱。根茎、须根和叶三者的小檗碱含量分别为3.8～6.7%，0.9～1.8%，0.2～1.2%；总碱含量分别为6.6～9.5%，2.3～5.5%，1.1～3.6%。值得进一步研究，以便综合利用。(2) 小檗碱含量与总碱含量比值（B/T）表明，根茎的B/T值较大（0.53～0.76），而须根和叶的B/T值较小（0.34～0.49，0.20～0.59），说明须根和叶中的其它生物碱尚可开发利用。方氏等还采用薄层光密度双波长扫描法测定了上述10种黄连的小檗碱、黄连碱、巴马亭、药根碱和表小檗碱的含量，并测定了不同产地味连的5种生物碱含量。结果表明：(1) 各种黄连中生物碱成分及各生物碱的含量比例具有一定差别，如云连、野连、灌县野连和西藏野连不含表小檗碱，云连和西藏野连的巴马亭含量甚微等。(2)不同产地的味连中各种生物碱含量差异不甚明显，但根茎粗壮，质地坚实，须根少者含量较高，如石柱味连(神农牌)和利川味连。表明栽培黄连的外观性状和质地等与其生物碱含量有一定相关性。方氏等还对味连、雅连、云连、野连和草连进行了20种微量元素的测定和比较。用原子吸收火焰法测定Fe、Cu、Zn、Mg、Ca、K，氢化物法测定As、Se，冷原子法测定Hg，石墨炉法测定Co、Ni、Pb、Cd；发射光谱仪测定Si、Ti、Al、Ba、B、P。通过测定认为：(1)从总体来看，5种黄连中味连和雅连的各种微量元素含量较为相近，而野连和草连的部分微量元素含量则与前述二种分别具有较明显的差别。(2)5种不同黄连中微量元素含量具有一定差异，如野连的Cu、Zn、Sr、Ba等含量较低，而Al、Fe等含量较高；草连的Fe、Mn、Ti、Al、Zn等含量较高；云连的Zn含量较高等。(3)5种黄连中均含有Fe、Cu、Zn、Mn、Co、Sr、Ni、Se等元素，为人体所必需的微量元素，具有一定的生理意义。人体中K、Ca、Mg、P等5种宏量元素在黄连中也均是高含量。对人体有害的元素Pb、Cd、Hg、As的含量均极低。

彭强等对陕西省南郑县法镇黄连栽培区栽培的黄连进行测定。其结果：(1)通过对栽培在海拔600米和1100米两处的黄连根茎，分别进行小檗碱含量测定，发现其含量增加速度以第六年最快。(2)对六年生的黄连根茎逐月进行小檗碱含量测定，以6～7月含量最高。因此，海拔600米和1100米生长的黄连最适采收方案是7月份采收6年生的黄连，可比传统收获期提前16个月。

（杨长仪）

【厚朴的化学成分及质量研究】

厚朴(Magnolia officinalis Render et Wils)为木兰科木兰属植物，药用其干皮、枝皮及根皮。主产于浙江、江西、湖南、湖北、四川、云南、贵州、陕西、甘肃等地。

(一)化学成分　对厚朴的化学成分研究迄今已有50余年，确认挥发性成分共19种，生物碱11种，酚性化合物20余种。

芦金清报道，厚朴中含5%酚类物质，其主要成分为厚朴酚(magnolol)、和厚朴酚(honokiol)，1%的挥发油，油中主要成分为β-桉叶醇(β-eudesmol)。另外，还有少量生物碱、皂甙等。

章观德综合报道，厚朴类药用植物所含挥发油的主要成分为桉叶油醇(eudesmol)，具有镇静作用。

(二)质量研究　厚朴一般需生长10年以上才能采收，剥皮后树即枯萎，因此供药紧张，常有代用品或伪品出现。《中国药典》1985年版将厚朴酚、和厚朴酚的含量作为质量控制标准。

崔建芬等用高效薄层色谱扫描法，测定厚朴酚与和厚朴酚均在0.5～2.0μg范围内呈通过原点的直线，变异系数分别为2.18、2.69%。

李水福等选择20份样品，通过性状特征及其厚朴酚、和厚朴酚含量的比较，证明含量高低与性状质量评价及传统等级划分基本符合。酚类含量，主根朴＞支根朴＞脑朴＞下部筒朴＞中部筒朴＞上部筒朴＞枝朴，小枝朴含量达不到3.0%，根朴含量特别高，两者相差数倍，甚至十几倍；从年轮来看，幼小筒朴明显低于成年筒朴，故一般要求15年以上才宜取皮；对新陈厚朴来讲，新货含量显著高于陈货。实验还发现凹叶厚朴中厚朴酚含量高于和厚朴酚，两者相差数倍；而两种酚的含量近似。

李宗等研究闽产厚朴的质量，主要来源于木兰科植物凹叶厚朴(Magnolia officinalis Rehd. et Wilsvar. biloba Rehd. et Wils)的干燥干皮、根皮及树皮。结果表明，根朴和脑朴的酚类含量明显高于《药典》的标准，干朴部分达到，枝皮则未能达到。实验还表明，福建凹叶厚朴至少应生长16年以上方适于采收。

（史美瑶）

【绞股蓝的化学研究】

绞股蓝为葫芦科植物 Gynostema pentaphyllum (Thunb) Mak. 1980年以来，国内外学者先后从绞股蓝中分离出70多种皂甙，其中6种与人参皂甙 Rb_1、Rb_3、Rd、F_2、K、Rg_3 相同，此外尚分得两种原人参三醇，它是目前唯一从人参属以外的植物中提到人参皂甙的植物，因此认为可以开发代替人参应用。刘国樵等从绞股蓝提取的粗皂甙通过强酸水解及硅胶柱层析，确证其甙为人参二醇、羟基人参二醇和商陆素(ombium)，后者在绞股蓝植物中，尚属首次发现。

章谦等用大孔树脂法对绞股蓝茎、叶、果分别进行了总皂甙含量的测定及其提取率研究，结果表明绞股蓝总皂甙的含量在叶中最高，其次为茎和果，为开发利用绞股蓝提供了可靠的依据。用大孔树脂法提取绞股蓝皂甙，不仅方法简单、损耗小，提取率也较高。

李若存等对绞股蓝中所含的氨基酸和10种微量元素进行分析，结果表明绞股蓝含有14种氨基酸，其中6种为人体必需氨基酸；所测定的10种元素中，有5种是人体必需的微量元素。

（凌罗庆）

【魔芋的化学成分及研究】

魔芋，学名 Amorpophallus konjae，亦名蒟蒻，俗称灰菜。天南星科，魔芋属，国内长江中上游及西南等地有栽培，药用部分主要是地下球茎，有化瘀散结、消肿解毒的功效。上自《开宝本草》、《图经本草》，下至《中药大辞典》、《全国中草药汇编》等均予收录。

据张禾等报道，魔芋在中国已有二千多年的栽培历史，而人们食用魔芋的历史远可追溯到六朝永兴元年。在元代已成为居家必备的素食，至清朝，北京、台北已有魔芋豆腐应市。20世纪80年代，日本掀起了一股魔芋热，促进了中国魔芋种植业，在医药、食品、化妆品等行业均已应用。据张氏统计，目前已发现魔芋有19种，云南有8种，可食6种，有一种甜魔芋不含生物碱，可以直接生食。张氏综合魔芋有以下功能：(1) 降低胆固醇，能防治高血压、肥胖病；(2) 防治哮喘；(3) 减少毒物与肠壁接触时间，减轻中毒；(4) 促进消化酶分泌，帮助消化；(5) 防治糖尿病、便秘、胆结石、结肠癌等。

徐秀琴等测出魔芋的主要成分为葡萄甘露聚糖(80%以上)、淀粉和蛋白质。葡萄甘露聚糖由许多D-葡萄糖和D-甘露糖按1∶1.6克分子β-1.4糖甘键结合的复合多糖类，平均分子量为 1.07×10^6。葡萄甘露聚糖吸水强，膨胀力极大(80～100倍)，溶于冷水后可形成一种粘稠的溶胶。葡萄甘露聚糖作为一种食物纤维在体内消化吸收很慢，它能控制人体胰岛素的正常分泌，体内的糖分和胆固醇被吸附在葡萄甘露聚糖表面，鉴于此机理，魔芋对于肥胖症、高血脂症、便秘症、糖尿病等均有疗效。浙江省人民医院老年医学研究室和浙江省微量元素与健康研究所对30名肥胖及高血脂症患者给服魔芋胶囊，三个月后，血脂、血糖明显降低，P值分别小于0.01和0.001。

崔熙等对魔芋、白魔芋及疏毛魔芋进行氨基酸类成分分析，测出三者水解氨基酸总量和人体必需、半必需氨基酸的总量均较高，所含糖的种类和含量、无机元素种类和含量均类似。魔芋与白魔芋中的游离氨基酸种类含量相似，而疏毛魔芋和前二者则明显不同。

徐秀琴等已找到一种安全可靠的除去魔芋腥臭的有机溶剂，除臭后的魔芋精粉主要成分不变，且此溶剂可复用2～3次。一般制得魔芋精粉粒度在80目以下(日本已制得100～200目)。上述二大问题解决，为魔芋的开发利用提供了基础。

（沈施德）

【蛤蚧的化学成分及毒性研究】

蛤蚧（Gekko gecko L）系爬行纲壁虎科动物，又名仙蟾，是广西特产名贵药用动物，具有补肺气、养精血、定虚喘的功效。《雷公炮炙论》谓其“毒在眼”，《开宝本草》中记有“药力在尾，尾不全者无效”。

范玉林等利用原子吸收光谱和氨基酸自动分析仪，测定蛤蚧尾和体中主要微量元素和游离氨基酸、总氨基酸的种类及含量。结果表明：蛤蚧尾中锌、铁含量均高于蛤蚧体，特别是锌含量高42倍之多，蛇蚧尾含有13种游离氨基酸，与体相比，缺少丙氨酸和半胱氨酸；其他8种氨基酸（赖氨酸、精氨酸、组氨酸、苏氨酸、缬氨酸、异亮氨酸、亮氨酸、苯丙氨酸）含量均高于蛤蚧体，精氨酸高出2倍，赖氨酸高1.38倍。为此范氏等建议在实际饲养中可采取人工断尾取药，促使其尾再生的措施。胡觉民等以蛤蚧体及尾的乙醇提取物在整体动物实验中表明：对氯化乙酰胆碱所致的哮喘都有明显的平喘作用。对豚鼠离体气管也具有直接的松弛作用，而蛤蚧水煎剂无明显作用，提示蛤蚧治喘应泡酒饮用。

胡丽华等取蛤蚧39对，分剪为含眼前头部，眼后头部，腕部以下的爪，不含头、尾、爪部之皮，躯干与四肢部位骨和内脏，尾部六部分，按各部分重量计出百分率，然后剪成丝状进行药化分析和急性毒性试验。结果表明：蛤蚧各部所含化学成分并无明显差异，含眼前头部与尾部均未见毒性反应；临床上其尾及躯干部骨肉的利用率仅分别为8.43%和43.71%。胡氏等认为不论加工炮制或具体应用蛤蚧时，均可保留头、爪和皮。胡觉民等从相当于成人剂量的50、100、200倍的鲜蛤蚧眼匀浆和蛤蚧眼乙醇提取液，给健康小鼠灌胃；以相当成人剂量50倍的蛤蚧脑匀浆给健康小鼠灌胃，以相当成人剂量25、50、100倍的蛤蚧头乙醇提取物给健犬灌胃，观察72小时，各给药动物的活动、进食均正常，无1例出现异常反应和死亡。

（沈施德）

参考文献

C

陈耀祖等　三棱挥发油化学成分研究　药物分析杂志　(5):270，1988

陈于澍　石椒草内酯成分的研究　药学学报　(4):260，1989

崔宝良等　沙苑子化学成分研究　药学学报　(3):189，1989

崔建芳　厚朴类药用植物分析Ⅰ. 厚朴中厚朴酚与和厚朴酚的分析　药物分析杂志　(5):274，1988

崔　熙等　魔芋属三种药用植物中氨基酸成分分析　中国中药杂志　(12):39，1989

丛月珠等　新的人参皂甙原料植物——七叶胆　中成药研究　(7):42，1987

D

邓福孝等　雷公藤二羟酸甲酯和雷公藤春碱的结构　植物学报　(1):73，1987

　雷酚萜醇的分离和结构　药学学报　(5):377，1987

　雷公藤倍半萜生物碱研究　植物学报　(5):523，1987

董祥英等　毛梗豨莶抗生育活性成分的研究　药学学报　(11):833，1989

都恒青等　木香藿挥发油成分的研究　药物分析杂志　(1):18，1989

F

范玉林等　蛤蚧体与蛤蚧尾化学成分研究的比较　中成药　(1):35，1989

方洪鉅等　凹叶木兰挥发油的化学成分分析　药物分析杂志　(5):266，1988

　香叶天竺葵挥发油的化学成分及抗瘤作用　药学学报　(5):366，1989

方圣鼎等　老瓜头中的化学成分　植物学报 (12):934, 1989

方忻平等　国产黄连5种生物碱的含量测定　中国中药杂志 (2):33, 1989

黄连属植物根茎、根及叶生物碱的研究　中药材 (3):33, 1989

国产5种黄连的微量元素测定和比较　中国中药杂志 (8):38, 1989

方乍浦等　瓜子金皂甙丙和丁的化学结构研究　植物学报 (9):728, 1989

斐月湖等　仙鹤草根芽中化学成分的研究　药学学报 (6):431, 1989

仙鹤草根芽中新异香豆精甙的结构研究　药学学报 (11):837, 1989

G

谷黎红等　大丁草中抗菌活性成分研究Ⅳ　药学学报 (10):744, 1989

顾月翠等　若干卤代靛玉红衍生物的合成　药学学报 (8):629, 1989

郭生桢等　绞股蓝研究进展　中草药 (7):37, 1987

H

韩桂秋等　石南藤、山蒟活性成分的分离和结构鉴定　药学学报 (6):438, 1989

何虎明等　丁公藤碱Ⅱ类似物的合成及其生物活性　药学学报 (5):335, 1989

何卫华等　光洁荛花化学成分的研究　中国医药工业杂志 (2):64, 1989

何直昇等　雷公藤碱乙、碱庚和碱己的结构　化学学报 (5):510, 1987

雷公藤碱丁和碱辛的结构　化学学报 (2):178, 1989

胡碧煌等　真黄芩中新黄酮成分的结构研究　药学学报 (3):200, 1989

胡昌奇等　狭叶白癣皮中柠檬苦素类成分　植物学报 (6):453, 1989

胡继洲等　湖北贝母属植物化学成分的研究　中草药 (12):5, 1989

胡觉民等　蛤蚧药理实验研究　天津中医 (3):24, 1989

胡丽华等　蛤蚧各部位药化成分及其毒性的初步分析　辽宁中医杂志 (4):36, 1989

黄远征等　几种藁本属植物挥发油化学成分的分析　药物分析杂志 (3):147, 1989

J

贾　琦等　乌拉尔甘草三萜　药学学报 (5):348, 1989

贾元印等　草麻黄挥发油成分的鉴定　中药材 (4):32, 1989

草麻黄和木贼麻黄挥发油成分的比较　中国药学杂志 (7):402, 1989

姜达衢等　桂莪术化学成分的研究　中国药学杂志 (1):42, 药学学报 (5):357, 1989

蒋朝晖等　江南紫金牛皂甙的化学研究（Ⅰ）　中草药 (1):2, 1989

金歧端等　滇产苦绳甾体成分的研究　药学学报 (8):587, 1989

L

李若存等　绞股蓝中氨基酸及微量元素的研究　中国中药杂志 (1):41, 1989

李水丽等　不同商品规格厚朴的质量考察　中药材 (8):27, 1989

李　宗等　闽产厚朴的质量研究　中国中药杂志 (7):15, 1989

利国威等　γ-去氢骆驼蓬碱的分离和结构　植物学报 (5):393, 1989

廖时萱等　假鹰爪根化学成分的研究　药学学报 (2):110, 1989

林翠梧等　尖叶唐松草化学成分的研究　植物学报 (6):449, 1989

林隆泽等　新生物碱10-羟基脱氧喜树碱　化学学报 (5):506, 1989

林　茂等　胆木中两个新生物碱甙的结构研究　药学学报 (1):32, 1989

刘桂芳等　狼毒大戟的化学成分研究　中草药 (7):2, 1989

刘国樵等　绞股蓝中人参二醇类甙元及商陆素的分离　中草药 (10):47, 1987

刘　勤等　黄甘草化学成分的研究　药学学报 (7):525, 1989

刘　伟等　湖北山麦冬化学成分的研究　药学学报 (10):749, 1989

刘锡钧等　冷饭团晶1的分离和鉴定　中草药 (6):2, 1989

芦金清等　中药厚朴的化学成分及临床研究进展　中医药学报 (9):53, 1989

卢为琴等　东北刺人参挥发油成分的研究　中草药 (8):2,1989

楼风昌等　绵毛马兜铃化学成分研究Ⅴ　药学学报 (4):305, 1989

罗厚蔚等　丹参中抑制血小板聚集的活性成分　药学学报　(11):830, 1988

M

马广恩等　三尖杉中一种高刺桐类型的新生物碱　植物学报　(2):137, 1989

茅　青等　黄褐毛忍冬化学成分的研究　药学学报 (4):269, 1989

缪振春等　远程二维核磁共振和NDE差谱法研究新生物碱　马尾杉碱N的结构　药学学报 (2):114, 1989

闵知大等　美丽红豆杉心木中紫杉烷二萜的研究　药学学报　(9):673, 1989

P

潘炯光等　牡荆、荆条、黄荆和蔓荆叶挥发油的GC-MS分析　中国中药杂志　(6):37, 1989

庞国茂等　黑曼中新三萜成分的研究　药学学报 (1):75, 1989

彭　强等　黄连不同生长期小檗碱含量的变化　中药材　(2):7, 1989

彭　澍　合成石吊兰素磺酸盐的研究　中国药学杂志　(11):677, 1989

R

任丽娟等　柄果花椒酰胺的化学结构　药学学报 (1):67, 1989

S

孙文基等　铁棒锤化学成分研究　药学学报　(1):71, 1989

T

田　珍等　糙叶败酱挥发油成分的分离和鉴定　中国药学杂志　(2):78, 1989

W

王答琪等　羽叶三七中甙类成分的研究　药学学报 (8):593, 1989

秦岭珠子参叶的达玛烷型皂甙的进一步研究　药学学报　(8):633, 1989

王惠康等　黄芪属植物化学研究Ⅱ　化学学报 (6):583, 1989

王淮滨等　野木瓜甙 YM_{10} 和 YM_{12} 的结构　药学学报　(6):444, 1989

吴继洲等　湖北贝母化学成分的研究　中草药 (5):2, 1989

紫花鄂北贝母生物碱的分离鉴定　药学学报 (8):600, 1989

王　朴等　毛叶丁公藤化学成分的研究　植物学报 (8):616, 1989

王雪芬等　假细锥香茶菜的新二萜成分　药学学报 (7):522, 1989

X

夏志林等　雷公藤叶中的一个新蒽醌化合物　中国中药杂志　(11):35, 1989

向仁德等　蛇床子挥发油化学成分的初步研究　中国医科大学学报　(2):92, 1989

谢　宁等　金钩花中的二萜化合物　中国医科大学学报　(4):203, 1989

徐东铭等　平贝碱乙的分离和鉴定　药学学报 (12):902, 1988

从平贝母茎叶中分离的平贝啶甙的结构　药学学报　(9):668, 1989

徐秀琴等　魔芋的药用研究及应用　浙江中医学院学报　(6):19, 1989

徐植灵等　辛夷挥发油的研究　中国中药杂志 (5):38, 1989

Y

杨峻山等　国产沉香化学成分研究Ⅳ　药学学报 (9):678, 1989

杨鹿佳等　夏枯草精油组成的GC/FT-IR分析　药物分析杂志　(5):264, 1988

杨梭山等　国产沉香化学成分的研究Ⅱ　药学学报 (4):264, 1989

杨卫贤等　没药挥发油分析　中药材　(6):34, 1989

叶建华等　见血飞化学成分的研究Ⅰ　化学学报 (10):1012, 1989

尹鲁生等　矮地茶挥发油化学成分研究　中草药 (10):5, 1989

于留荣等　雷公藤生药中雷公藤内酯的薄层扫描测定　中草药　(2):18, 1988

于占洋等　绞股蓝研究近况　药学通报　(1):12, 1988

余竟先等　国产檀香油化学成分和五个新化合物的初步结构研究　药学学报　(11):868, 1988

Z

张崇璞等　雷公藤三萜酸C的分离与结构鉴定　药学学报　(3):225, 1989

张　禾等　魔芋在祖国医药学上的价值　云南中医杂志　(4):32, 1989

张绍林等　人参叶中的微量新皂甙　药学学报　(11):877, 1989

章林麟等　从云南木提取齐墩果酸的工艺研究　中国中药杂志　(1):42, 1989

章　谦等　绞股蓝中总皂甙含量及其提取率研究　中国中药杂志　(9):39, 1989

郑友兰等　人参芦头挥发油成分的分离鉴定　中国药学杂志　(5):305, 1989

周光治等　陕西姜朴与厚朴TLC及GLC比较试验　中草药　(3):8, 1988

周维书等　桧叶的挥发油成分　中草药　(4):45, 1989

商品祁菊挥发油的成分分析　中国药学杂志　(11):678, 1989

周忠远等　千解草甲素的晶体和分子结构　有机化学　(3):271, 1989

朱甘培等　四方蒿挥发油化学成分的研究　北京医学院学报　(4):40, 1989

旱生香薷挥发油化学成分的研究　中成药　(10):33, 1989

(三) 中药药理

【概述】

1989年在中药药理研究领域内，补益药的研究仍占首位，同抗衰老研究相结合是其显著特点，包括抗自由基、增强免疫、益智、增强性功能等方面。如张敏等发现人参总皂甙和竹节参总皂甙对体内O_2^-、OH·均有较强的清除作用，具抗脂质过氧化作用，尤以人参总皂甙效能较高。张树臣等报道新开河红参对小鼠的空间分辨学习有良好的促进作用，对记忆的再现和增强均有改善。许士凯等研究了人参、蛤蚧及其复方对果蝇性活力的影响，结果表明都能明显缩短交配潜伏期并延长交配时间。张铁梅等发现五味子乙素可对抗活性氧自由基引起的肝微粒体脂质过氧化，并对抗H_2O_2的过氧化作用。徐戴本等研究证明，绞股蓝及其复方可显著提高衰老模型小鼠学习主动逃避反应的能力，并对抗脑单氨氧化酶-β活力的异常升高和脑内脂褐质的增集，可提高实验小鼠的免疫力，使衰老模型小鼠萎缩的胸腺恢复到正常水平。刘晓松等报道广西绞股蓝总皂甙能增强小鼠的抗应激能力和免疫功能。戴汉云等报道绞股蓝总皂甙能降低高血脂小鼠的低密度脂蛋白和极低密度脂蛋白，提高高密度脂蛋白。毛小娟等报道黄芪多糖和红芪多糖都能增强小鼠腹腔巨噬细胞的吞噬功能，促进淋巴细胞转化，对环磷酰胺或强的松龙所致的细胞免疫功能低下有显著纠正作用。王惠艳等报道党参多糖可提高小鼠腹腔巨噬细胞的吞噬功能，促进胸腺T淋巴细胞的免疫能力，但对二硝基氯苯诱发的小鼠迟发性超敏反应有抑制作用。周志文等报道何首乌浸膏提取物对小鼠T、B淋巴细胞功能均有增强作用，而以T淋巴细胞为主。吕世静等报道了当归注射液的免疫增强作用。

补益药的补益作用同微量元素间的关系继续受到重视，孙国华等和林似兰等分别作了综述。微量元素铁、铜、锌、锰、铷、钴等同体内酶的活性、激素的合成以及核酸代谢等都有密切关系。如锌、锰缺乏可导致类似肾虚的病理变化和症状，而通过10多种补肾中药的测定，证明都富含锌、锰络合物。

侯家玉等报道党参对大鼠应激型溃疡有保护作用，并能抑制其胃电紊乱、胃运动和排空加强加速等变化。戴岳等报道了女贞子的抗炎作用。田葆杰等报道了刺五加对心脏缺血再灌所致心律失常的拮抗作用。姚定方等报道了阿胶对狗内毒素休克的治疗作用。

大黄的药理研究进一步深入。金白兰等对大鼠离体肠管电活动和收缩活动的观察表明，大黄不仅对结肠后半部有兴奋作用，对结肠前半部和十二指肠也有兴奋作用。郭昌燕等研究认为，大黄解热作用的机理之一是通过降低发热动物中枢 cAMP 水平而实现的。郭氏等研究了大黄对兔体内花生四烯酸代谢的影响，发现对其几种主要的代谢产物 TXB_2、$PGF_{2\alpha}$、PGE_2、PGD_2 和 PGA_2的形成都有明显抑制作用，对揭示大黄治疗急性感染性疾病的机理有一定参考价值。

在活血化瘀药的研究方面，王兆钺等研究表明新灯盏花素的体内抗血栓形成有明显抑制作用且与剂量呈正相关，对血小板和血管内皮细胞的 TXB_2 和 6-酮-$PGF_{1\alpha}$ 的生成也有明显抑制作用。李连达等观察了 34 种活血化瘀药对体外培养乳鼠心肌细胞耗氧量的影响，发现有 8 种减少，8 种增加，18 种无明显变化。

在抗病毒的研究方面，杨鉴英等对 80 种中药进行了体外抑制乙型肝炎病毒 DNA 的实验研究，发现 66 种有不同程度的作用，其中以蚤休、大黄、丹参、赤芍、北山豆根、虎杖、白英、何首乌等最强。常雅萍等以甘草多糖对 RNA 和DNA 类病毒共 7 种，进行抗病毒作用研究及其机理探讨，结果发现甘草多糖对其中 4 种病毒有抑制作用。空心莲子草是一种具有清热解毒功效的中药，临床用于感染性疾病的治疗。杨占秋等发现其石油醚、乙醚和醋酸乙酯提取物有抗流行性出血热病毒的作用，其有效成分为香豆精类化合物。

天花粉蛋白除有引产作用外，郭峰等还发现天花粉蛋白对小鼠艾氏腹水癌有良好疗效，而且对目前认为在抗肿瘤机理中占有重要地位的红细胞免疫功能有显著增强作用。近年来，香菇多糖的抗癌活性和免疫增强作用在国外颇受重视，曾雪瑜等也发现香菇多糖能明显增强免疫低下小鼠的免疫功能。

贵重紧缺药材代用品的药理研究继续受到重视。陈玉山等研究了麝鼠香对麻醉犬的心血管效应，表明与麝香有较多相似之处。王万青等研究了合成灵猫香酮对大鼠戊巴比妥钠睡眠影响的机理与麝香相似，也是由于诱导了肝药酶的活性而使大鼠戊巴比妥钠睡眠时间缩短。孙文静等、王本祥等、曾颍林等分别报道了人参茎、叶、花及其皂甙的药理研究。

此外，卜长武等和马世平等分别报道了豨莶草和蝉蜕的免疫抑制作用。沈雅琴等报道了藁本中性油的抗炎作用，结合其解热、镇痛等作用推测，其作用机理可能为抑制前列腺素合成。

在中药毒理研究方面。岳旺等测定了 62 种常用矿物药的急性毒性 LD_{50}，按中国工业企业设计卫生标准毒性分级，多数与古籍记载的毒性大小次序吻合，其中以白降丹毒性最大，属高毒。大部分矿物药为低毒或微毒，多数药物的急性毒性低于食盐。杨致礼等对十八反中“藻、戟、遂、芫反甘草”又作了进一步的实验研究，包括一般行为、血液学和生化指标的观察，认为不应绝对化地一概肯定或否定，应作具体分析。采用甘遂、芫花、大戟、甘草等药物配制成的拮抗丸对多种肿瘤有一定疗效，但胡火珍等对拮抗丸所作的致突变试验表明，其三个浓度组的突变率均高于阴性对照组。

（李仪奎）

【中药性味理论的探讨】

孙启明认为药性除寒热温凉之外，平性与平性药是中药药性分类中的一个重要组成部分，应予重视和研究。在四性的实验研究方面，1985 年有人报道寒凉药使大脑内 5HT 增多，热药使 NE、PA 递质增多；1987 年有人证明寒凉药使大鼠肾上腺功能降低，CAs 排出量减少，热药使 CAs 排出量增多。近年梁月华等报道，寒凉药使 DβH 活性降低，热药使 DβH 活性增加。

李越兰认为辛味药作用较为广泛。现代药理研究表明，辛味药含有挥发油、甙类及生物碱，药理作用与传统理论有许多相吻合之处，有发汗、解热、抗炎作用，能兴奋或抑制胃肠平滑肌，促进消化液分泌，影响冠脉、脑循环，能抗血栓、降压，有袪痰、松弛支气管平滑肌作用和镇痛、麻醉、兴奋作用，还能兴奋子宫平滑肌、抗肿瘤、杀虫、止吐以及抗早孕作用。王长荣认为五味对五脏不仅有滋养作用，而且还能调节五脏功能活动。虞舜以"醋"来分析药味学说。认为古代是从药效归纳药味的，在具体应用中又能根据药效而增味，如醋为酸味，在《本草纲目》中，因醋有苦的作用，所以增添了苦味。虞氏认为醋为酸味，酸能收涩，但临床上酸的作用不局限于收涩。现代发现醋有抗菌、抗病毒作用，能预防流行性感冒、流行性脑脊膜炎、急性传染性肝炎等疾病，提示酸味亦能袪邪。越文生则认为酸味入五脏，随其各脏的喜恶和虚实标本以及五行生克关系而各有补泻。酸入肝为泻，酸为肝的本味，长于治肝病；酸入心为补，能收养心气，滋养心液；酸入脾为补，酸合甘味化阴而滋益濡润脾胃津液，补虚缓中；酸入肺为补，肾不纳气，上气喘逆，予酸味药收敛肺气，固摄肾气；酸入肾为补，能滋填阴液、补肾固精。江禧荣提出中药五味分别按四档分类，以解释一些中药理论的矛盾之处。以辛为例，淡辛——润，辛——散，较辛——行与袪，最辛——攻，其余四味也按此类分，以表示同一种味的浓淡程度有所不同，其功效也因之相异。

（吴燕芳）

【中药"十八反"的研究及临床应用】

（一）文献研究　刘源等对明清以降医案中十八反的临床应用统计分析表明：(1) 129 家、20313 个医案中应用反药者 88 人 (68.22%)，共载反案 486 个 (2.39%)；以附子配半夏、乌头配半夏、附子配瓜蒌、甘草配甘遂、甘草配海藻出现频率最高。(2) 十八反药物多用于某些杂病、痼疾、急症、险症。(3) 有 2 例单纯用相反药治疗，出现毒副反应。以上反案占 2.39% (486/20313)，说明十八反药物不能作为常用药对待。李家龙认为研究十八反时应注意：(1) 十八反药物的个体差异、每一药物产地、品种、炮制、使用方法，应逐个研究和试用。(2) 药物剂量和作用对象。(3) 给药途径。(4) 选用更接近人类血缘关系的动物作实验，建立动物实验病理模型。聂伯纯认为不应将十八反视作一个整体，实验时应两两相试，进一步了解原始十八反中各药所属的品种。还需解决毒效的指标问题，以符合中医临床毒性的实际概念。王绪前报道，据目前统计，十八反药物已达 36 味，给临床和实验带来不便，不宜任意扩大范围。

（二）实验研究　海藻与甘草　杨致礼等以小白鼠实验表明，当海藻、甘草配伍比例在 2:2 至 0.25:2 时毒性增加，而比例在 4:1或 8:1 时，毒性增加反不明显。此外，发现该两药相配能明显提高实验动物的免疫机能。赵玉文等以制备 5 种浓度的煎剂，即甘草配海藻的比例为 1:1、1:2、1:3，海藻配甘草为 1:2、1:3，经急性、亚急性毒性试验，均未发生毒副作用。初步表明该两药在比例相适的情况下是可以相配伍的。

芫花、甘遂、大戟与甘草　林通国等用芫花、甘遂、大戟和甘草配出四种丸剂应用于鼠伤寒，对超微结构均未发生诱变和损伤。以甘草等于或大于芫花剂量合用，小鼠服后未出现毒副反应。杨致礼等以芫花、甘遂、大戟与甘草配伍，分别给小白鼠和家兔作急性毒性试验，结果：(1)单味甘草及其配伍给健康小白鼠口服后连续观察 72 小时，除甘遂甘草组于服药后 16 小时后死亡 2/16，其余精神食欲粪便正常，而同一剂型腹腔注射则毒性大大增强，于药后 5、24、48 小时观察其体温、精神、食欲、粪便，均无异常变化，而且单味组与配伍组之间亦有明显差异。(2) 通过对照表明，大戟与甘草配伍后毒性比单味大戟组明显增强，而甘遂与甘草配伍后毒性比单味甘遂组为弱。(3) 单味组与配伍组在血液生化指标和病理变化的性质上无显著差异。提示对"藻、戟、遂、芫俱战草"的传统说法应作具体分析。

人参与藜芦　胡志方报道，人参与藜芦合用后，毒副作用明显增强，毒性不随人参量的增加而增加，认为毒副作用并不是混合后产生新的化合物所致，而是体内代谢过程起变化。

半夏与附子　夏立荣以姜半夏、制附子的单煎剂和混合煎剂分别对动物进行急性毒性、血压、心电图测定等项实验，结果表明100%混合煎剂和100%单煎混合剂及200%混合煎剂，其毒性与制附子单煎剂无差异，但对制附子的降压、强心作用均呈减弱现象。

乌头与白芨　罗光宇对乌头与白芨配伍后，以毒理学和药效学的某些指标进行动物实验表明，毒性和副作用并未增加，镇痛和止血作用亦未降低。韩思润认为十八反歌括中"半蒌贝蔹及攻乌"中的"芨"并非植物药白芨，其主要根据有：首先列出相反药味的《太平圣惠方》中并无白芨，若加入白芨则成了十九反，在《千金要方》、《景岳全书》、《广济方》中都有乌头与白芨合用的例子等。

(三) 临床应用　应小雄对30余年来海藻与甘草配伍的临床应用情况作了总结，认为两药同用有特殊的治疗作用。经对比试验，在治疗瘰疬、瘿瘤、乳癖三症中，两药伍用比单用海藻的效果为好；30余年来尚未发现海藻、甘草同用导致中毒的报告。

李富生治一风湿病人，用川草乌各6克，10剂后症缓，无不良反应，后加半夏10克，服后10分钟即唇麻、咽干、心慌、流涎欲呕，认为乌头积蓄中毒的可能不大，而更可能是半夏与乌头相反，增加了乌头的毒性。

胡志方报道，有人用巴豆霜合牵牛治痰饮、便秘共220例，无效3例，未见毒副反应。

刘源以流传最广的《珍珠囊补遗药性赋》的十八反歌诀为中心，参考《中华人民共和国药典》1985年版的内容，对10省市20个医疗单位，28名医者进行调查，结果表明：(1) 以甘草配海藻、附子配半夏最多用，其次是乌头配半夏、甘遂配甘草，多数用复方。(2) 应取慎重态度。应用乌、附配半夏时，乌、附先煎60～90分钟。(3) 治慢性病用量宜小，治大毒重症其量稍重。藜芦可用至3克、其余可用至9克，剂量应由小到大。(4) 甘草与海藻配伍，甘草用量应小于海藻；乌头、附子与半夏相配，乌头、附子用量应少于或等于半夏；藜芦与人参等配伍，用量应少于诸参，与细辛相伍则可等量配之。

(沈施德)

【党参的生药及药理研究】

(一) 生药学研究　党参为桔梗科植物党参(Codonopsis pilosula (Franch.) Nannf.)的根，党参属植物，全世界有40多种，分布于亚洲东部和中部，中国有39种，全国均产，主产于云南、四川等省。王世民等报道，目前同属植物中作药用的有川党参 (Codonopsistangshen Oliv.)、管花党参 (Codonopsis tubulosa Kom.)、绿花党参 (Codonopsis viridiflora Maxim)、秦岭党参 (Codonopsis tsinlingensis Pax et K. Hoffm.)、新疆党参 (Codonopsis Clematidea (Schrenk) Clarke)、柴党参 (Codonopsis nervosa (Chipp.) Nannf.) 等。由于产地不同，主要分西党、纹党和潞党。历来以山西长治地区产的潞党为地道药材。

沈连生对纹党、潞党、西党三种党参原植物进行了鉴定，证明纹党与潞党的原植物为党参 (C. Pilosula(Franch.) Nannf. var. pilosula，而陇西地区的西党原植物为同种的另一变种缠绕党参 C. Pilosula Nannf. var. volubiis Nannf.L. T. Shen。

从药材的性状观察，纹党的质量优于潞党和西党，但三种党参显微结构区别不明显。

王西芳等对秦岭太白山所产的秦岭党参作了理化鉴别，结果表明，秦岭党参所含水溶性成分与党参基本相同，但其所含脂溶性成分与党参差异较大。

（二）药理作用　王世民等概述了党参对神经、消化、心血管等系统的作用，以及能调节免疫系统、增强机体抵抗力等功能，毒性甚微。

王开贞等用羊水导致微循环障碍后，以党参和盐水组对照观察研究党参对微循环障碍的影响，结果用党参后80%家兔在15分钟时微循环已恢复正常，微循环开放数目比生理状态下显著增多，管径明显扩大。盐水组15分钟时无一恢复，30分钟时只有少部分模糊可见较大血管，所观察的全部微循环指标均未恢复，两组差异极其显著。党参对微循环的显著改善作用，为冠心病病机为气虚血瘀的理论提供了实验依据，也为羊水栓塞症的治疗提供了线索。此外，王氏还采用预防性给药和治疗性给药研究了党参对家兔和大鼠实验性急性心肌缺血的保护作用，结果证明，党参对垂体所致的急性心肌缺血有显著的保护作用。但对垂体素引起的心律失常并无影响。

侯家玉等采用大鼠束缚水浸应激型溃疡模型，利用慢性埋植胃电极和半导体应变规法，研究了党参对应激型胃溃疡大鼠胃电、胃运动和胃排空的影响，观察到应激状态下，大鼠胃电基本节律紊乱，胃运动加强，胃排空明显加快。党参水煎醇沉后溶液灌胃后，对应激型胃溃疡有保护作用，其作用类似阿托品；同时表现出调整胃电节律紊乱和抑制胃运动亢进作用；党参正丁醇提取物能延缓应激引起的胃排空。

（史美瑶）

【月见草油的抗氧化抗炎研究】

月见草(Oenothera biennis L.)系柳叶菜科草本植物，国内主要分布在东北三省的南部和东部。种子中含有油酸、亚油酸、γ-亚麻酸酯等多种活性成分。国外报道，其中的γ-亚麻酸酯以微小的剂量即能产生显著的抗癌、抗血栓、抗炎等生理活性，又是体内合成1系和2系前列腺素的前体，为此，引起国内外的重视。目前，已有软胶囊、口服乳两种剂型，用于治疗冠心病、降血脂及抗血小板聚集等。

γ-亚油酸酯在月见草油中含量通常小于10%，肖蔚等采用低温结晶法富集γ-亚麻酸酯，含量可提高4～5倍，回收率约20%，其操作简单，可进行大批量生产分离，适用于工业制备。

研究发现机体内的自由基及其所导致的许多反应，可造成生物膜系统的损伤及细胞内氧化磷酸化障碍，从而促使癌症、动脉硬化、心血管疾病、炎症和衰老等多种疾病的发生。为阐明月见草油的抗衰老作用机理，孙晓波等研究本品的抗氧化作用，结果表明，用月见草油给小鼠灌胃给药2、4毫升/千克，可明显抑制乙醇诱导的小鼠肝脏脂质过氧化作用，显著增加正常小鼠血中过氧化氢酶的活性。孙氏还研究了月见草油的抗炎作用，结果也证实了本品能显著抑制多种致炎剂引起的毛细血管通透性增高，炎性渗出和水肿，以及炎症增殖期的肉芽组织增生。抑制PGE的释放及PGE、组胺的致炎；抑制缓激肽的释放，稳定溶酶体膜。大鼠去肾上腺后，月见草油的抗炎作用仍然存在，说明其抗炎作用不是通过兴奋垂体—肾上腺皮质系统的功能，可能是通过抑制炎症过程中的介质释放和致炎、渗出、结缔组织增生等因素有关。

谭可安等临床观察γ-月见草油降脂及抗血小板聚集作用，结果88例患者，血清总胆固醇下降74例，有效率达84.1%。β-脂蛋白测定47例，降低35例，有效率达74.45%。甘油三脂测定59例，降低38例，有效率为64.41%。对10例高脂血症病人服药前后5

周作血小板聚集率测定，平均抑制率为40.4%。

（史美瑶）

【雷公藤药理及毒理的研究】

周学优等报道雷公藤醋酸乙酯提取物和醋酸乙酯总提取物有明显的抗实验性炎症作用，可与氢化考的松相比拟。李春光以病理组织学和酶组织化学的方法观察雷公藤对豚鼠实验性变态反应性脑脊髓炎的治疗作用，结果治疗组炎症、神经纤维轴索的肿胀断裂及神经细胞坏死检出率显著低于对照组，神经纤维脱髓鞘，治疗组低于对照组。初步认为可以用雷公藤治疗人类播散性脑脊髓炎。赵波等用小鼠心肌移植模型观察到雷公藤生药及雷公藤片，可明显延长小鼠心肌移植的存活时间，明显降低心肌移植物的排斥率。李玲等报道雷公藤总甙和总萜对大鼠末梢血淋巴细胞的影响均以"ANAE"染色(酸性α-萘酚醋酸酯酶标染色)阴性细胞减少为主，ANAE阳性细胞相对增多，严重者则两种淋巴细胞均减少，而总碱组无明显变化，推测雷公藤生药中超免疫抑制作用的主要有效成分可能存在于总甙和总萜中。上述三种化学成分均能使大鼠外周血白细胞总数减少以及淋巴细胞在白细胞总数中的比值下降，以总甙组和总萜组为显著。张绍伦等报道东北雷公藤可降低由胎儿软骨提取的Ⅱ型胶原所引起的实验性关节炎的发病率，抑制Ⅱ型胶原的特异性免疫应答反应及降低血清IgG含量。张罗修等报道雷公藤红素0.1～1.0μg/ml能明显抑制由酵母聚糖诱导合成及释放的前列腺素E_2，雷公藤红素1.0μg/ml还能抑制巨噬细胞的吞噬功能。房芳等利用流式细胞检测技术^{3}H-TdR掺入法，观察雷公藤总甙（TⅡ）对PHA诱导的人T淋巴细胞增殖以及雷公藤总甙对T细胞活化标志之一——Tac表达的影响。结果Tac阳性细胞从正常对照组的48.8%降为25.5%，表明雷公藤总甙对PHA诱导的T细胞增殖有明显抑制作用。许建华等以集落形成法测定细胞存活率观察雷公藤内酯对人宫颈癌Hela细胞的细胞动力学影响，发现雷公藤内酯对各时相Hela细胞均有不同程度的杀伤作用，属于周期非特异性抗癌药，但对S期细胞较敏感，说明该药细胞杀伤作用的机理与DNA代谢关系密切。谭宫屏等发现地上部分(茎、叶、花)可明显提高小鼠血清总补体含量，显著抑制初次及再次免疫小鼠血清溶血素的形成，其作用与根部相似，甚至更强；对细胞免疫的作用与剂量有关，大剂量（30mg/kg）时呈抑制反应，小剂量（15mg/kg）为增强作用，对免疫低下小鼠有增强细胞免疫作用，可见雷公藤地上部分不仅是免疫抑制剂，而且是免疫调节剂。地上部分的抗炎、镇痛作用比根部强，但毒性也比根部大，同株雷公藤的地上部分LD_{50}为157.87mg/kg；根部LD_{50}为456.25mg/kg。苗懿红以雷公藤300%水煎剂0.2ml/日，给小鼠皮下注射6日，对Ts细胞的数量和功能及杀伤性T细胞、巨噬细胞的功能均有抑制作用。童建孙等用雷公藤多甙（GTN）20mg/kg灌服BALB/c雄性小鼠，结果精子密度显著减少，精子活动率降低，精子畸形率增加，与对照组比较差异非常显著，说明雷公藤多甙可能成为一种男性节育药。

邓楚宽从500例口服雷公藤制剂治疗类风湿性关节炎的患者中，观察到54例有心律失常、血压下降等副反应，从投药到副反应出现时间最长53天，最短1天，平均39.8天。雷公藤主要有毒成分为二萜类，对心、肝、肾等均有损伤作用，动物实验观察到雷公藤中毒后心肌超微结构、酶活性及细胞核的改变较显著。副反应多见于女性、儿童、老年人及原有心血管病变者，服用酒剂者多发，疗程长或用量增大时，副反应随之增加。陈观定应用雷公藤多甙60mg/日治疗系统性红斑狼疮1例，服药至第9日后，相继出现口角溃疡、心悸、胸闷、昏厥及心电图改变。

莫敦华等报道2例服雷公藤制剂41天和64天后引起尿崩症。周光云等以染色体畸变为指标，评价雷公藤对小鼠遗传物质的影响，结果表明15mg/g、20mg/g和25mg/g均可引起染色体畸变，畸变率分别为4.3%、5.9%及24.0%，较环磷酰胺（42.6%）为低，染色体断裂分别为50.0%、61.7%及56.8%，与环磷酰胺(56.0%)相接近。周广耀等认为雷公藤是一种化学致突变剂，具有明显的遗传毒性和潜在的致癌性，最近对服用雷公藤制剂的患者及密切接触雷公藤的科研人员作染色体检查，发现他们的染色体总畸变率显著高于对照组，但停止服药或接触后，染色体损伤有可能恢复正常。杨峻等报道，雷公藤治疗作用的有效成分雷公藤醋酸乙酯毒性大，提取物大(200mg/kg，1次/日×2日)小(100mg/kg，1次/日×2日）剂量组和环磷酰胺组均可使NIH纯系小鼠骨髓微核形成明显增高，其发生率呈剂量关系。钟昌奇等报道雷公藤多甙（GTW）10mg/kg/天，每周6天，共8周，对不引起大鼠核细胞的染色体改变，从胎肝微核实验结果提示，GTW对子代无明显影响。许烨等给成年SD种雄性大鼠灌服GTW每天10mg/kg，2日服1次，8周后所有鼠均丧失生育力，再继续用药4周后停药，5周后生育力恢复至对照水平。对睾丸组织学、附睾精子活力和密度、血清睾酮、血清Na^+、K^+水平、附性腺重量、血象及重要器官的组织学进行观察，与对照组均无差异。提示上述剂量GTW引起的不育是完全可逆的，且不留任何明显不良改变。李玲等报道雷公藤总甙、总萜和总生物碱，在中毒剂量（分别为80mg、211mg、674mg/kg，相当于0.6LD_{50}）下均可引起大鼠睾丸生殖上皮退行性变化，以总碱组最为突出，精子细胞和精子最敏感，其次为精母细胞和精原细胞，三种化学成分对大鼠卵巢的损害较睾丸明显为轻。

（胡月娟）

【大花罗布麻叶抗衰老等作用的研究】

大花罗布麻（Poacynum hendersonii (Hook. f) Woodson）又称大叶白麻，广泛野生于新疆等地区。其叶的乙醇提取物已由新疆制药厂制成片、冲剂和胶囊。该药具有抗衰老、降血脂、降血压、抑制中枢等多方面药理作用，为此引起许多学者的重视，苏州医学院已成立“大花罗布麻叶研究中心”，对该药进行深入系统的研究。

（一）抗衰老、降血压、降血脂作用　马永兴等以茶剂临床观察对老年高血压、高脂血症、心电图R波起点到受检部位脉搏波起点时间间期(RP时间间期)、红细胞超氧化物岐化酶（SOD)、胚肺二倍体细胞及血小板聚集率的作用。观察结果，其中治疗高血压病患者60例，血压平均为171±19/98±11毫米汞柱（M±SD)，经治疗4周后，血压平均为154±22/91±10毫米汞柱；8周后为148±17/89±10毫米汞柱，与治疗前比较，血压明显下降，$P<0.01$。治疗高血脂患者40例，治疗后胆固醇及甘油三酯均下降，高密度脂蛋白上升，$P<0.01$。治疗组服药后额部立、卧时RP时间间期差值(ΔRP_F)自10.1±6.0延长至15.3±7.3ms，$P<0.01$；表明对改善心血管功能有一定作用。临床观察还发现治疗组服药前后红细胞超氧化酶(SOD）值从治疗前546.1±50.0增至574.6±42.0μg/gHb，$P<0.05$。还可延缓细胞核随培养时间延长而增大的倾向，并使胚肺二倍体纤维母细胞传代次数从77代延至80代，故有一定的延缓衰老作用。

（二）对心脏电和机械活动的影响　韩文英等采用整体兔及离体兔心肌、浦肯野纤维作为标本，观察该药对心搏频率、节律及心内传导、心肌收缩力、浦肯野纤维动作电位等方面的作用。结果表明，大花罗布麻叶对离体兔心肌的主要影响是降低动作电位平台及负性变力作用，即有类似钙拮抗剂的作用。使动作电位时程缩短，心肌收缩力减弱，对部分除极纤维的自发或激发电活动抑制作用明显。在整体动物实验中，当注入1毫升较低浓度大花罗布麻叶液（血中浓度为2及2.5mg/ml）或注入1ml生理盐水后，30分钟之内，心搏频率、节律均无显著变化，药物在血中浓度增至3mg/ml后，心率减慢至对照值的50～70%，不再恢复。同时Ⅱ导心电图可见ST段抬高，从希氏束电图上观察到结性心律，房室分离及室性节律等现象。

（三）对血小板聚集性的影响　大花罗布麻叶的主要化学成分之一为槲皮素。顾振纶等实验表明，大花罗布麻叶乙醇提取物体外或体内给药对凝血酶或ADP诱导的大鼠及人体血小板的聚集性均有抑制作用，而且随着药物浓度的增加，抑制作用也加强。给豚鼠体内给药时，可明显抑制ADP诱导的血小板聚集，抑制率为71.6%。表明本品体内外给药，对血小板聚集性均有明显的抑制作用。

（史美瑶）

【中药在计划生育中的研究和应用】

目前已肯定有避孕与抗生育作用的中药约有40余种，《中医年鉴》1985年卷和1986年卷已作过介绍，近年继续展开了实验和临床研究。

一、实验研究

牛膝　朱和等发现牛膝总皂甙含量超过0.125～1.0毫克/毫升浓度时，对离体大鼠子宫平滑肌产生浓度依赖性收缩，在0.5毫克/毫升浓度时，对不同生理条件下的大鼠离体子宫和对未孕、中孕家兔在体子宫均有明显兴奋作用，为临床应用牛膝引产提供了药理学实验依据。车锡平等证实怀牛膝苯提取物50毫克/千克及80毫克/千克给小白鼠灌胃皆呈明显的抗生育、抗着床、抗早孕作用，氯仿提取物也有抗生育、抗早孕作用。

雷公藤　武先民对30例有生育力男性服常规剂量雷公藤糖浆20天后，精子活动率显著下降，密度下降不显著；服用40天以上，两项指标均降至零。停药2个月后渐复，3个月后大致复常，6个月则完全恢复。在动物实验中有10%可致永久不育，因此使用本品时，剂量不宜过大，时间不宜过长。贾太和等以雷公藤煎液灌服50只小鼠，100%获节育效果。经6～12个月观察，在性行为、内脏等未见明显病理改变。经光镜、电镜观察，睾丸曲细精管各级生精细胞减少，卵巢明显增大，子宫内膜呈明显增生变化。童建孙等用雷公藤多甙片灌服雄性小鼠，结果精子密度显著减少，活动率降低，畸形率增加。

棉酚　李祥兴等采用家兔阴道避孕法观察棉酚乙酸-聚维酮沉淀物薄膜在家兔阴道内的避孕效果，有效率为94.7%，认为该法作为临床前研究的动物模型是可行的。徐元秀等用妊娠2、4、6天的大鼠，向一侧子宫注射0.1毫升醋酸棉酚注射液（含棉酚0.5毫克或1毫克），胚胎死亡率皆明显高于未注射例，提示棉酚直接宫内一次给药可能是用于终止妊娠的一种有效药物。

芫花　甘浉秀等在改进芫花酯甲药膜应用于抗早早孕的研究中，以小剂量芫花酯甲药膜对家兔宫腔内用药，仅发现对实验家兔用药子宫局部及泄殖腔近子宫部分有明显的充血、水肿、炎性细胞浸润及血管扩张等刺激性变化，而且该变化在一周后大为减轻或消失，具有显著的可逆性。经光镜、电镜观察，用药局部子宫内膜细胞内溶酶体等膜系结构完整，形态正常，证实对子宫内膜无细胞毒性作用。

枸骨　魏成武等报道，用枸骨对小白鼠皮下注射，有终止中孕作用；腹腔注射有终止早、中、晚孕作用，但灌胃给药效果不明显。黄体酮不能对抗枸骨的抗早孕作用。对离体子宫有明显的兴奋作用，说明枸骨抗生育作用可能是以直接作用为主。

王不留行　郭敏一等发现王不留行抗早孕有效率达80%。在抗早孕的同时，又能调节生理功能，影响体内代谢，致使小鼠血浆和子宫组织中第二"信使"物质 cAMP 明显增高，提示王不留行是一种很有希望的避孕药。

苦参　李立杰用有杀精子作用的苦参制成避孕栓，证实对小白鼠阴道、宫颈无刺激性。还证实栀子、寻骨风对雌性动物具有较强的抗生育活性，吴茱萸尚能促进子宫肌肉中前列腺素的生成而有明显的缩宫作用。

蚯蚓　张复夏等发现蚯蚓水煎乙醇提取物对小鼠和人精子均有快速的杀灭作用，并初步认为该作用与其有效成分中的琥珀酸和透明质酸有关。

棕榈根　姚善业等采用醇提棕榈根注射液注射小白鼠石门穴，可推迟受孕时间，且无毒性反应；而棕榈根煎出液作腹腔注射后，除 0.2 毫升剂量未产生毒性反应外，其余均引起毒性反应。

大蒜素　钱耀贤等通过两种体外试验方法，证明大蒜素（二烯丙基化三硫）0.75% 浓度能使人和大鼠、田鼠的精子在 20 秒钟内全部失去活动能力。

七叶一枝花　曹霖等报道，七叶一枝花提取物对大鼠精子在 20 秒钟内抑制的最低有效浓度为 0.6%，对人精子为 1.2%。

土贝母　苏华等报道，土贝母总皂甙和分离出的皂甙A和D，在较低浓度时能使精子失活，且是不可逆的，作用最强是皂甙D，皂甙A次之，总皂甙最弱。

猪胆汁　胡卿发等报道，5%猪胆汁提取物、1%胆酸钠和 0.1%去氧胆酸钠能使人精子瞬时失去活力，出现精子碎解。郭仁兴等电镜观察 0.5%猪胆汁提取物及去氧胆酸钠对人精子的作用时发现，两者的破坏方式相同，但后者作用强于前者 10 倍。

二、临床应用

引产　李晓东将芫花酯甲粉改为芫花酯甲药膜置入宫颈内口，用于 7～21 周妊娠引产 214 例，成功率达 93.46%。一次用药成功率占 86.3%，比芫花萜宫腔灌注一次成功率（76.1%）为高（$P<0.05$）。孙定隆自拟复方脱花煎（生黄芪、当归、川芎、肉桂、牛膝、桃仁、红花、姜黄、芒硝）引产 18 例，成功 15 例。

避孕　苏全胜等应用雷公藤每日服10～20克，持续 2 周即引起精子减少，2 个月后精子可全部消失，停药 3 个月以上，精子数明显增多或恢复正常，因此，使用中应慎重。张文阁收集各地内服避孕方。如每于月经干净后 1 次吞服白胡椒 15 粒，试用 30 例，25 例有效；用龙胆草 500 克煎汤于月经干净后连服 3 天，分 3 个月经周期服足，试用 38 例，30 例有效；天津市立妇产科中心医院制成零陵香片，试用 170 例，观察 3 个月经周期，无 1 例怀孕。湖南用血蜈蚣研成细末，于月经干净后第 1 天，取药 15 克，1 次冲服，试用 149 例，3 个月内避孕有效者 141 例，未发现副作用。解放军 0494 部队医院用柿子蒂 7 个，烤干研末，月经干净后，用黄酒冲服，可避孕 1 年；天津市塘沽区卫生院用上法 249 例，追访 13 例，共 351 个月经周期，均未受孕。据统计几十种避孕中药中，认为男用顶体膜稳定剂果篱樵皂甙颇有苗头，女用巴拉圭菊所含的新型二萜类有效成分是有希望的口服抗早孕剂。

周继铭、徐伟伟等对抗生育中药的实验研究和临床应用作了综述。

（沈施德）

【常用中西药不合理配伍】

中药、中成药与西药配伍应用日益普遍，但不合理的并用，不仅造成药物的浪费，而且还可降低药物疗效，加重毒副反应。现将邱世犹、龚丽荣、张良民、刘来顺、张国威、宁泽璞、李宝山、梅全喜等报道综合于下：

成分	中药	中成药	不宜配伍的西药	机理
鞣质	地榆、石榴皮 五倍子 老鹳草 虎杖 大黄 诃子 仙鹤草 儿茶 茶叶 侧柏叶 拳参 仙鹤草 扁蓄	牛黄解毒片 牛黄上清丸 牛黄消炎丸 牛黄 至宝丸 肠风槐角丸 虎杖浸膏片 枳实导滞丸 分清五淋丸 利胆排石片 祛风舒筋丸 周氏回生丹 陈香露白露 礞石滚痰丸 四季青糖浆 清宁丸 麻仁丸 虎杖片 紫金锭 紫金粉 七厘散 感冒宁 舒痔丸 解暑片 一捻金 导赤丸 万应锭 珠黄散 利胆片 复方千日红片	(1) V-B_1抗生素(四环素族、红霉素、灰黄霉素、制霉菌素、林可霉素、利福平等)甙类(洋地黄、狄戈辛、可待因等)生物碱(麻黄素、阿托品、黄连素、奎宁、利血平)氨基比林类 亚铁盐制剂 碳酸氢钠制剂 (2) 异菸肼 (3) 酶制剂 (4) V-B_6	(1) 产生沉淀，影响吸收 (2) 分解失效 (3) 改变性质，降效或失效 (4) 形成络合物，降效或失效
钙	石膏 龙骨 龙齿 珍珠 牡蛎 蛤壳 瓦楞子 寒水石 海螵蛸	牛黄上清丸 牛黄解毒丸 清胃黄连丸 黄连上清丸 防风通圣散 羚翘解毒丸 二母宁嗽丸 明目上清丸 止嗽化痰丸 牛黄至宝丸 珍珠牛黄散 珍珠镇惊丸 千金止带丸 乌鸡白凤丸 锁阳固精丹 内消瘰疬丸 橘红丸 追风丹 女金丹 胃痛宁 清眩丸 珍珠丸 珠黄散 珠层片 新脉宁 麻杏石甘糖浆 鹭鸶咳丸 珍合灵片 珍珠八宝丹	(1) 四环素族 异菸肼 (2) 洋地黄 (3) 磷酸盐(磷酸氯化喹啉、磷酸可待因等)硫酸盐(硫酸亚铁、硫酸甲苯磺丁脲等)	(1) 形成络合物降低溶解度影响吸收 (2)增强作用和毒性 (3) 产生沉淀，使疗效降低
铁镁铝铋	自然铜 磁石 赤石脂 代赭石 礞石 石决明 虎骨 龙骨 牡蛎 石膏 瓦楞子 钟乳石 白矾 阳起石 滑石	牛黄解毒丸 舒筋活血片 礞石滚痰丸 陈香露白露 当归浸膏片 胃舒宁片 复方五味子片 酒花素片 复方罗布麻片 跌打丸 磁朱丸 脑立清	(1) 四环素族(相隔3小时以上则影响不大) (2) 强的松龙片 (3) 异菸肼 利福平 (4) V-C	(1)(3) 形成络合物影响吸收。 (2) 生成难溶物显著降低生物利用度 (4) 氧化后失去作用
碱性	硼砂 海螵蛸 瓦楞子 皂角	冰硼散 婴儿素 喉关丸 健胃片 通窍散 红灵散 胃痛粉 健胃散 行军散 陈香露白露	(1) 四环素 先锋霉素Ⅰ、Ⅱ 乌洛托品 新生霉素 氨苄青霉素 呋喃坦啶 (2) 阿斯匹林 消炎痛 保泰松 对氨基水杨酸钠 V-B_1 (3) 心得安 氯丙嗪 利眠宁 硫酸亚铁 异菸肼 地戈辛 苯巴比妥 苯英妥钠 (4) 奎宁 氯奎 强力霉素 新斯的明 (5) 奎尼丁	(1) 降低药效 (2) 分解失效 (3) 吸收降低 (4) 从尿排出，促使血药浓度降低 (5) 排出减少，血药浓度增加引起中毒
酸性	五味子 女贞子 山楂 山茱萸 乌梅 白芍 缬草 青皮 垂柳 四季青 金银花 马齿苋 枳实 木瓜	五味子冲剂 女贞子糖浆 冰霜梅苏丸 安神补心丸 地黄丸类方 山楂丸 乌梅丸 五味子丸 磨积散 二至丸 保和丸 玉泉丸 脑立宝	(1) 磺胺类药 (2) 氨基糖甙类(链霉素、红霉素、庆大霉素、卡那霉素等) (3) 氢氧化铝、氨茶碱等碱性药 (4) 呋喃妥因 利福平 阿斯匹林 消炎痛等	(1) 易析出结晶而致结晶尿血尿 (2) 减弱药效 (3) 起中和反应，降低或失去药效 (4) 加重对肾脏的毒性
槲皮素	柴胡 桑叶 槐角 槐花 旋覆花 山楂 侧柏叶	龙胆泻肝丸 补中益气丸 地榆槐花丸 清瘟解毒丸 逍遥丸 首乌片 槐角丸 脏连丸 桑麻丸 银柴冲剂 桑菊感冒片 感冒清热冲剂 利胆片	含各种金属离子的西药，如氢氧化铝制剂、钙制剂、亚铁制剂等	形成络合物，影响吸收

成分	中药	中成药	不宜配伍的西药	机理
生物碱	川乌 槟榔 黄连素 黄柏 马钱子 延胡索 贝母	黄连上清丸 黄连羊肝丸 清胃黄连丸 葛根芩连片 加味香连丸 小活络丸 牛黄千金散 牛黄清心丸 木瓜丸 三妙丸 左金丸 香连丸 小金丸 二妙丸 脏连丸 九分散 木香槟榔丸 千柏鼻炎片 胃痛散 贝母枇杷糖浆	(1) 碘离子制剂 (2) 碳酸氢钠等碱性较强的西药 (3) 重金属药如硫酸亚铁、硫酸镁氢氧化铝等 (4) 酶制剂 (5) 阿托品 氨茶碱 地戈辛 (6) 咖啡因 苯丙胺	(1)(3)(4) 产生沉淀 (2)影响溶解度，妨碍吸收 (5) 增加毒性 (6) 拮抗
甙类	(1) 人参 苦参 大黄 龙胆草 (2) 桃仁 苦杏仁 白果 枇杷仁 (3) 罗布麻 羊角拗 扛柳 铃兰 蟾酥 见血封喉 (4) 鹿茸制剂	人参养荣丸 人参归脾丸 脑灵素 八珍丸 参脉饮 参茸丸 礞石滚痰丸 龙胆泻肝丸 清宁丸 启脾丸 大黄䗪虫丸 通宣理肺丸 桑菊感冒片 清气化痰丸 解肌宁嗽丸 止咳化痰丸 鹭鸶咳丸 麻仁丸 麻杏止咳糖浆 橘红丸 参茸丸 罗布麻片	(1) V-C 烟酸 谷氨酸 胃酶合剂 (2) 可待因 吗啡 杜冷丁 苯巴比妥 (3) 强心甙 (4) 降糖药	(1) 分解，药效降低 (2) 加重麻醉，抑制呼吸 (3) 药效累加，增加毒性 (4) 血糖升高
汞	朱砂 轻粉	朱砂安神丸 补心丸 柏子养心丸 磁朱丸 健脑丸 梅花点舌丸 冠心苏合丸 小儿惊风散 牛黄镇惊丸 安宫牛黄丸 牛黄清心丸 七珍丹 七厘散 红灵散 保赤散 益元散 解暑片 紫雪丹 苏合香丸 蛇胆川贝液（散）人丹 活络丹(丸)	硫酸亚铁 溴化钾 三溴合剂 碘化钾 碳酸氢钠 巴比妥	产生沉淀，增加对肝肾的毒性
砷	雄黄 雌黄 信石	牛黄解毒丸 牛黄千金散 牛黄抱龙丸 牛黄镇惊丸 牛黄至宝丸 牛黄消炎丸 小儿至宝锭 安宫牛黄丸 小儿惊风散 梅花点舌丹 六神丸 红灵散 七珍丸	(1) 亚铁盐 硫酸盐 硝酸盐 亚硝酸盐 (2) 酶制剂	(1) 产生沉淀，增加毒性。 (2) 产生沉淀，降低药效
钾	扁蓄 泽泻 白茅根 夏枯草 金钱草 牛膝 丝瓜络	金钱草冲剂 分清五淋丸 五淋通片 龙胆泻肝丸 六味地黄丸类方 内消瘰疬丸 石淋通片 首乌片 利胆片 五苓散	安体舒通 氨苯喋啶	西药系保钾排钠药，合用易致高血钾
碘	昆布		异菸肼	发生氧化，失效。
抗组织胺		感冒清 抗感片 克感宁片 速效伤风感冒胶囊	利血平 优降宁 胍乙啶等	拮抗
促放组织胺	银杏 青风藤 锡生藤		异丙嗪	竞争受体，降低药效。
淀粉酶	神曲 麦芽 豆豉	六和定中丸 香苏正胃丸 大山楂丸 枳实导滞丸 越鞠丸 保和丸 启脾丸 健脾丸	四环素 水杨酸钠 阿斯匹林 鞣酸蛋白 烟酸	降低活性（至少间隔2小时）
碳制剂	血余炭 地榆炭 蒲黄炭 大黄炭 槐米炭 棕炭	十灰散等	酶制剂 生物碱	降低药效

成分	中　药	中　成　药	不宜配伍的西药	机　理
利胆药含胆汁制剂	茵陈	蛇胆川贝散(液)　藿胆丸　牛胆汁浸膏　利胆片　消炎利胆片　脑立清　万应锭　喉症六神丸　哮喘姜胆片　胆石通胶囊	(1) 奎尼丁 (2) 氯霉素	(1) 形成络合物影响吸收 (2) 降效
瑞香素	祖师麻		V-K	拮抗
乙醇	酒大黄　酒当归	风湿酒　国公酒　虎骨酒　虎骨木瓜酒　冯了性药酒　丁幺藤药酒	(1) 水合氯醛 (2) 巴比妥类　苯英妥钠　安乃近　降糖药 (3) 氯丙嗪　奋乃静 (4) 血管扩张药(胍乙啶苄甲胍、噻嗪类) (5) 水杨酸制剂 (6) 酶制剂 (7) 胰岛素　降糖灵　优降糖 (8) 新抗凝双香豆素	(1)(3) 生成毒性物质 (2) 降低药效 (3) 增加毒性 (4) 加重血压下降 (5) 易致胃肠道出血倾向 (6) 变性失效 (7) 使血糖更低 (8) 降低药效
麻黄素	麻黄	气管炎糖浆　止嗽定喘丸　通宣理肺丸　止嗽化痰丸　半夏露　解肌宁嗽丸　人参再造丸　宁嗽糖浆　气喘冲剂　气喘膏　大活络丸　鹭鸶咳丸　哮喘冲剂　复方川贝精片　麻杏石甘糖浆　定(平)喘丸	(1) 痢特灵　降压药(苯乙肼、复降片、降压灵等) (2) 氨茶碱 (3) 催眠镇静剂(苯巴比妥、氯丙嗪等) (4) 肾上腺素 (5) 地戈辛　洋地黄 (6) 异菸肼	(1)(3) 拮抗 (2) 增加毒性2～3倍 (4) 作用累加,血压升高 (5) 增加对心脏毒性 (6) 兴奋等副作用增强
	蜂蜜　金樱子　桂圆肉　桑椹子　大枣　麦冬　秦艽　甘草　鹿茸	六一散　玄麦甘桔冲剂　参茸片　麻杏石甘糖浆　鹿茸片　脑灵素	(1) 奎宁　麻黄素　阿托品 (2) 强心甙 (3) 降血糖药(降糖灵、D-860等) (4) 水杨酸制剂 (5) 排钾利尿药(氢氯噻嗪等)	(1) 沉淀，影响吸收 (2) 中毒 (3) 拮抗 (4) 易促成消化性溃疡 (5) 易致低血钾
	犀角	牛黄清心丸　抗热牛黄丸　安宫牛黄丸　犀角地黄丸　犀羚解毒丸　犀角紫草丸　犀角化毒丸　犀角丸　紫雪丹　神犀丸　紫草丸　至宝丹	黄连素	拮抗
	牛黄	小儿至宝锭　牛黄上清丸　牛黄抱龙丸　琥珀抱龙丸　牛黄解毒丸　牛黄镇惊丸　牛黄清心丸　安宫牛黄丸	水合氯醛　乌拉坦　吗啡　苯巴比妥	对中枢产生抑制
	丹参	复方丹参片　丹参注射液　复方丹参注射液	(1) 胃舒平 (2) 细胞色素C注射液 (3) 环磷酰胺　5-氟脲嘧啶　喜树碱钠　争光霉素	(1)、(2) 形成络合物影响吸收 (3) 促进肿瘤转移
		天麻片　密环片　止痉散　五虎追风散	咖啡因　可可碱　茶碱　利他林　苯丙胺	拮抗

（沈施德）

【中药中毒及过敏反应】

（一）中药中毒反应 (1) 心血管系统：何伟生等报道，一患者用新鲜石榴树皮40克水煎服，半小时后心电图显示为窦性心动过缓，Ⅲ°房室传导阻滞，室性逸搏而死亡；蓝明远等报道，一新生男婴服20克七叶一枝花水煎液，2小时后心电图显示结性逸搏、频发性房室早搏、部分差异传导；邓楚宽报道，500例口服雷公藤制剂的患者中，有50例心电图检出心律失常，其中29例为节律改变，12例为传导系统改变，9例为心肌劳损。(2) 消化系统：许重阳报道1例以红茴香根皮4.5克，研粉黄酒送服后，出现严重的胃部烧灼感，引起剧烈呕吐、抽搐直至昏迷；肖平报道1例口服马兜铃15克煎液半小时后，出现频繁而剧烈呕吐；冯建华、周惠民等发现5例黄药子用量15克以上，可出现肝区不舒、黄疸及肝功能异常等，出现中毒的时间最短为6天，最长为90天。(3) 呼吸系统：李红生报道一男婴用罂粟壳一枚煎汤服用，1小时后，出现呃逆、呼吸困难，随即进入昏迷；朱国兵报道一男孩服50%雄黄酒两口，很快发生呼吸困难，数小时后进入昏迷；顾仁贵报道，一男孩用生地100克水煎顿服后，呼吸困难，大汗淋漓，不省人事。(4) 神经、运动系统：陈原报道，一患者连续3年内服雷公藤煎剂(每周2次，每次15克)，舌肌出现进行性萎缩，说话不便、咀嚼无力、味觉减退；陈荣等报道，一中年气管炎患者，自服曼陀罗果实10克，半小时后就出现烦躁不安，神昏谵语；张渊报道，一患者每天煎服附子9克，第三天出现全身抽搐，意识丧失；刘素欣报道，一哮喘病人，在门窗紧关的条件下，用旱烟叶炒熟后热敷双膝，30分钟后就出现剧烈呕吐，随即神志昏迷，并见潮式呼吸。(5) 泌尿系统：梁蕾等报道，一早孕妇女因自服活斑蝥11只进行坠胎．2小时后发生恶心呕吐、脐周疼痛、尿量明显减少，次日尿量仅50毫升，并有肾区叩击痛，血肌酐、尿素氮、二氧化碳结合率异常，终因肾衰、休克而死亡；张启明等报道，一女孩因服内含朱砂、雄黄各2.5克的中药1剂后，出现恶心、腹痛、稀便、尿量骤减，次日颜面浮肿、无尿，尿蛋白卄、红血球12个/HP，电解质失衡、二氧化碳结合率降低，诊断为肾功能衰竭、中毒性肾炎。(6) 其他：贾祥生报道，一闭经病人一次煎服400克益母草，次日出现腹痛、腰痛、呕血、尿血、阴道流血、大便出血等；刘素欣报道2例用生川草乌等药熏洗局部肢体，引起头晕、胸闷、恶心和呕吐。

（二）中药过敏反应 (1) 引起皮疹并伴有瘙痒反应的药物：余圣龙、朱波刚、梁力平、朱德梓、张炉高、石志发、李维政报道，内服的药物有生蜈蚣、土鳖虫、冰片、荆芥、桑寄生、茯苓、土茯苓、大腹皮；周柳娟、黎运洪、陈治水、戴巧玲报道，外用反应的药物有青黛、鸦胆子、白花蛇酒剂、绞股蓝。(2) 引起过敏性休克的药物：如大腹皮(李维政报道)、冰片(梁力平报道)、鸦胆子(张玉辉、黎运洪等报道)、云香精（韦日全报道)。(3) 其他：荆芥和蝉蜕(夏承义报道)内服、鸦胆子外敷能引起腹痛，口服石菖蒲和酸枣仁（张炉高报道）会引起恶寒发热、关节疼痛，口服陈皮(郭剑峰等报道)、外用鸦胆子能引起喷嚏不止、流涕流泪，冰片内服引起眼睑水肿，鸦胆子药末沾入两眼会引起双目奇痒、刺痛流泪，加工绞股蓝人员可能出现头痛、胸闷、鼻干咽痒、心跳加快、呼吸变粗等症。

（汪文娟　孙文忠）

参考文献

B

卜长武等 豨莶草对小白鼠免疫功能的影响 中国中药杂志 (3):172, 1989

C

曹 霖等 七叶一枝花(Ⅱ)等四种化合物抑精子活性的研究 中草药 (10):19, 1987

曹颖林等 中国人参茎叶皂甙对电休克小鼠记忆障碍的改善作用 中草药 (7):306, 1989

常雅萍等 甘草多糖抗病毒作用研究 中国中药杂志 (4):236, 1989

车锡平等 中药怀牛膝对小白鼠的抗生育作用 西安医科大学学报 (2):119, 1988

陈观定 雷公藤多甙引起心电图改变一例 福建中医药 (3):60, 1988

陈 原 雷公藤致舌肌进行性萎缩一例报道 四川中医 (3):封底, 1989

陈 荣等 重症曼陀罗果实中毒一例 陕西中医学院学报 (1):18, 1989

陈玉山等 麝鼠香对麻醉犬的心血管效应 中国中药杂志 (4):241, 1989

陈治水 白花蛇酒剂外用致接触性皮炎 中国中药杂志 (8):52, 1989

D

戴汉云等 绞股蓝总皂甙对各种脂蛋白的影响 中草药 (4):172, 1989

戴巧玲 绞股蓝粉尘致过敏反应报告 中国中药杂志 (12):52, 1989

戴 岳等 女贞子的抗炎作用 中国中药杂志 (7):431, 1989

邓楚宽 雷公藤致心律失常和心电图改变的临床分析 中西医结合杂志 (6):337, 1989

F

房 芳等 雷公藤总甙(TⅡ)抑制T细胞转化的流式细胞分析 中华微生物学和免疫学杂志 (2):95, 1989

冯建华 黄药子引起中毒性肝炎二例报告 山东中医杂志 (2):30, 1989

G

甘狮秀等 小剂量芫花酯甲药膜对家兔子宫刺激性试验的形态学研究 河南中医 (3):37, 1989

顾振纶等 大花罗布麻叶的药理研究—Ⅰ. 对血小板聚集性的影响 中成药 (11):28, 1989

龚丽荣等 中成药与西药的相互作用(一)、(二) 中西医结合杂志 (5):315, (6):375 1989

郭昌燕等 大黄对兔肾髓质中花生四烯酸代谢的影响 中西医结合杂志 (3):161, 1989

大黄对体温中枢调节介质cAMP的影响 中国中药杂志 (6):370, 1989

郭 峰等 天花粉对大鼠艾氏腹水癌的疗效和对红细胞免疫功能的影响 中西医结合杂志 (7):418, 1989

郭剑锋 陈皮过敏一例报告 河南中医 (2):31, 1989

郭敏一 王不留行是一种很有希望的避孕药 中医药学报 (3):49, 1988

郭仁兴 猪胆汁提取物及去氧胆酸钠对人精子作用的电镜观察 西安医科大学学报 (4):334, 1986

H

韩大英等 大花罗布麻叶对心脏电和机械活动的影响 中国中药杂志 (2):38, 1989

韩思润 试析白及不反乌头 北京中医学院学报 (2):43, 1988

何伟生等 石榴树皮中度致Ⅱ°房室传导阻滞一例报告 广西中医药 (3):34, 1989

侯家玉等 党参对应激型胃溃疡大鼠胃电、胃运动和胃排空的影响 中西医结合杂志 (1):31, 1989

胡火珍等 拮抗丸诱发果蝇隐性伴性致死研究 中国中药杂志 (3):180, 1989

胡卿发等 猪胆汁杀灭精子作用的体外实验研究 陕西新医学 (8):3, 1986

胡志方等 中药"十八反"、"十九畏"实验研究进展 江西中医学院学报 (1):61, 1989

J

贾祥生 益母草中毒致死一例 实用中医内科杂志 (3):38, 1989

江荣禧 中药性味功效与煎煮关系初探 新中医 (1):51, 1989

金白兰等 生大黄对大鼠离体肠管电活动和收缩活

动的影响　中国中药杂志　(4):239, 1989

L

蓝远明等　七味一枝花致新生儿中毒一例报告　广西中医药　(3):9, 1989

黎运洪等　中药鸦胆子外用引起严重过敏反应一例　中西医结合杂志　(6):354, 1989

李宝山等　中西药联用治疗内科疾患需注意配伍禁忌　实用中西医结合杂志　(2):40, 1989

李春光等　雷公藤治疗实验性变态反应性脑脊髓炎的病理学观察　中西医结合杂志　(2):98, 1989

李富生等　中药十八反临床治验报道　中医药学报　(4):24, 1989

李红生　煎服罂粟壳致婴儿呼吸衰竭一例　中国中药杂志　(7):56, 1989

李家龙　十八反的临床与实验研究　中医药信息　(3):8, 1989

李　玲等　雷公藤主要植物化学成分对大鼠生殖器官的影响　同济医科大学学报　(1):49, 1988

应用"ANAE"法研究雷公藤主要植化成分对大鼠免疫器官的影响　同济医科大学学报　(6):439, 1987

李立杰等　苦参避孕栓对小鼠阴道及宫颈粘膜影响观察　中医药信息　(1):44, 1988

李培全等　芫花酯甲药膜研究　河南中医　(4):34, 1987

李维政　大腹皮致过敏性休克一例　福建中医药　(5):11, 1989

李晓东等　芫花萜膜剂的药理和临床研究　中草药　(6):30, 1987

李越兰　辛味药性初探　浙江中医学院学报　(6):40, 1988

梁　蕾等　斑蝥中毒一例报告　四川中医　(4):48, 1989

梁力平　冰片致过敏反应一例　中国中药杂志　(3):54, 1989

梁月华等　寒凉与温热药复方及知母对交感神经系统的作用与机制探讨　中药通报　(11):48, 1988

廖仁贵　急性生地中毒一例报告　江西中医药　(5):35, 1989

林国通等　芫花、甘遂、大戟、甘草等药物配伍组成 C、L、T、G 丸的诱变实验研究　中药通报　(11):48, 1986

林似兰等　从中医药理论探讨中药微量元素的作用　中国中药杂志　(6):372, 1989

刘来顺等　西药与中成药不合理配伍方例浅析　实用中西医结合杂志　(6):28, 1989

刘晓松等　广西绞股蓝总皂甙的药理作用　中成药　(8):27, 1989

刘素欣　外用中草药致中毒二例报告　广西中医药　(1):10, 1989

刘　源　临床应用十八反情况的调查分析　中国中药杂志　(8):48, 1989

刘　源等　明清以降129家20313个医案中十八反的临床应用　北京中医　(4):15, 1989

罗光宇　"十八反"药物相互作用的研究——川乌反白及的初步试验　上海中医药杂志　(12):1, 1989

M

马世平等　蝉蜕的免疫抑制和抗过敏作用　中国中药杂志　(8):490, 1989

马永兴等　罗布麻茶抗衰老、高血压及高血脂作用的观察　中西医结合杂志　(6):335, 1989

毛小娟等　红芪多糖和黄芪多糖的免疫调节作用　中国药理学通报　(6):367, 1989

梅全喜等　中西药配伍禁忌检索表　实用中西医结合杂志　(6):22, 1989

莫敦华　雷公藤引起尿崩症 2 例　中华肾脏病杂志　(2):75, 1989

苗懿红等　雷公藤免疫抑制机理的进一步探讨　中国药理通讯　(2):25, 1989

N

聂伯纯　十八反研究　陕西中医学院学报　(2):43, 1989

宁泽璞　中西药合用禁忌谈　中医药信息　(2):12, 1989

Q

钱耀贤等　大蒜素的杀精作用　药学通报　(12):708, 1986

邱世犹　不合理的中西药配合应用刍议　浙江中医杂志　(11):507, 1988

S

沈雅琴等　藁本中性油的药理研究 Ⅲ 抗炎症作用　中草药　(6):262, 1989

石志发　土茯苓致敏一例报告　中医药学报　(4):29, 1989

苏　华等　土贝母皂甙作为阴道杀精子剂的实验研究　西安医科大学学报　(3):225, 1986

苏全胜等　雷公藤对男性生殖系统影响的临床观察　江苏医学　(12):666, 1987

孙定隆　自拟复方脱花煎引产　贵阳中医学院学报　(1):51, 1987

孙国华等　补益方药的补益作用与微量元素　中成药　(2):40, 1989

孙启明　李时珍的中药药性"五味"分类法　药学通报　(11):649, 1988

孙文静等　人参茎叶、芦头总皂甙对不同年龄大鼠脂质过氧化的影响　中国中药杂志　(5):300, 1989

孙晓波等　月见草油抗氧化作用的实验研究　中成药　(4):30, 1989

月见草总油的抗炎作用　中草药　(6):39,1986

T

谭宫屏等　雷公藤根、茎、叶、花的免疫药理作用比较　中药材　(3):38, 1989

谭可安等　γ-月见草油降脂及抗血小板聚集作用的临床疗效观察　吉林医学　(3):6, 1986

田葆杰等　刺五加对大鼠离体心脏缺血再灌心律失常与细胞动作电位的关系　中国中药杂志　(8):493, 1989

童建孙等　雷公藤多甙片对雄性小鼠生殖系统的影响　中成药研究　(1):25, 1988

W

王本祥等　人参茎叶和花皂甙抗肿瘤作用的研究　中成药　(2):27, 1989

王长荣　五味对人体的滋养调治作用　中医杂志　(1):58, 1989

王开贞等　党参对实验性急性心肌缺血的保护作用　中草药　(2):29, 1989

党参对微循环障碍的影响　山东中医学院学报　(3):48, 1989

王世民等　党参研究概况　山西中医　(1):37, 1989

王西芳等　秦岭党参的生药鉴定研究　中草药　(6):28, 1989

王绪前　十八反药物知多少　北京中医学院学报　(2):41, 1989

王惠艳等　党参多糖对小鼠细胞免疫调节作用　中国药理学通报　(6):376, 1989

王兆铖等　新灯盏花素体内抗血栓形成的作用　中西医结合杂志　(1):26, 1989

王万青等　合成灵猫香酮对大鼠戊巴比妥钠睡眠影响的机制　中成药　(3):45, 1989

韦日金　云香精致过敏性休克一例报告　广西中医药　(4):37, 1989

魏成武等　枸骨抗生育作用　中药通报　(5):48, 1988

X

夏承义　服蝉蜕引起腹痛一例　中国中药杂志　(10):60, 1989

夏立荣等　姜半夏与制附子配伍后部分实验研究　中药通报　(5):52, 1987

肖　平　马兜铃引起中毒反应一例　湖南中医杂志　(5):44, 1989

肖　蔚等　月见草油中药用有效成分的富集　中草药　(9):16, 1986

徐伟伟等　抗生育中草药的实验和临床研究　浙江中医杂志　(1):22, 1989

徐元秀等　棉酚宫腔给药对大鼠的抗生育作用　西安医科大学学报　(3):242, 1988

徐黻本等　绞股蓝及其复方的抗衰老实验研究　中成药　(5):29, 1989

许重阳　服红茴香根皮中毒一例　中国中药杂志　(6):56, 1989

许建华等　雷公藤内酯对 Hela 细胞的细胞动力学影响　中国药理学报　(6):550,1989

许士凯等　人参、蛤蚧及其复方对果蝇性活力的定量实验研究　中成药　(9):30, 1989

许　烨等　雷公藤多甙抗生育作用可逆性的研究　药学通报　(1):22, 1988

Y

杨鉴英等　中药抗乙型肝炎病毒的实验研究　中西医结合杂志　(8):494, 1989

杨　峻等　雷公藤醋酸乙酯提取物对小鼠骨髓微核形成作用　药学通报　(7):405, 1988

杨致礼等　"十八反"中海藻、大戟、甘遂和芫花反甘草的毒性试验　中国中药杂志　(2):48, 1989

杨占秋等　空心莲子草有效成分的分离及抗病毒作用　中国中药杂志　(8):488, 1989

姚定方等　阿胶对狗内毒素休克的治疗作用　中国中药杂志　(1):44，1989

姚善业等　棕榈根注射液抑制生育的实验报告　浙江中医杂志　(9):427，1986

应小雄　海藻与甘草配伍应用概述　浙江中医杂志　(2):57，1988

余圣龙　生蜈蚣致过敏　中国中药杂志　(5):56，1989

虞　舜　醋与药味的探讨　中医药信息　(1):5，1989

越文生　酸味药入五脏的补泻探讨　四川中医　(12):17，1988

岳　旺等　中国矿物药的急性毒性(LD_{50})测定　中国中药杂志　(2):106，1989

Z

曾雪瑜等　香菇菌多糖对免疫低下小鼠的免疫调节作用　中国中药杂志　(2):110，1989

张国威　常用中西药物的不合理配伍　实用中西医结合杂志　(2):39，1989

张复夏等　蚯蚓杀精作用的实验研究　陕西中医　(1):45，1987

蚯蚓提取物杀精作用及有效成分的初步研究　陕西中医学院学报　(2):30，1988

张良民　谈中西药的配伍禁忌　山东中医杂志　(4):38，1989

张罗修等　雷公藤红素对巨噬细胞合成及释放前列腺素 E_2 及吞噬功能的影响　中药药理与临床　(2):18，1988

张炉高等　服用中药致不良反应四例　中国中药杂志　(2):52，1989

张　敏等　人参总皂甙和竹节参总皂甙抗氧化剂作用的比较　中药药理与临床　(1):29，1989

张启明等　朱砂、雄黄致中毒性肾衰一例分析　实用中西医结合杂志　(3):53，1989

张绍纶等　东北雷公藤对胶原诱导实验性关节炎的抑制作用　中国药理通讯　(2):57，1989

张树臣等　新开河红参对小鼠空间分辨学习和记忆的影响　中成药　(1):29，1989

张铁梅等　五味子乙素对原代培养大鼠肝细胞脂质过氧化的抗氧化作用　中国药理学报　(4):353，1989

张玉辉　鸦胆子致过敏性休克一例　中国中药杂志　(3):55，1989

张文阁　有效避孕方简介　陕西中医　(1):6，(2):65，(7):315，(10):472 1987

张　渊　常用量附子中毒一例　内蒙古中医药　(3):25，1989

赵　波等　雷公藤延长同种小鼠心肌移植物存活时间的研究　中西医结合杂志　(1):31，1988

赵玉文等　中药"十八反"——甘草反海藻的实验研究　实用中西医结合杂志　(2):53，1989

周光云等　雷公藤对小鼠染色体畸变的影响　同济医科大学学报　(4):254，1987

周广耀　雷公藤的临床生化药理研究进展　中国医院药学杂志　(7):320，1989

周惠民等　黄药子治疗桥本氏甲状腺炎引起中毒性肝炎 3 例报告　山东中医杂志　(2):29，1989

周继铭　杀精子外用避孕中草药的研究　中成药研究　(11):39，1988

周柳娟　青黛致接触性皮炎二例报告　广西中医药　(9):36，1989

周学优等　雷公藤对实验性炎症的作用　中国药理通讯　(2):38，1989

周志文等　何首乌浸膏提取物对小鼠T、B淋巴细胞免疫功能的作用　中药药理与临床　(1):24，1989

朱德梓　荆芥引起过敏反应一例　山东中医杂志　(1):11，1989

朱国兵　服雄黄酒致急性中毒死亡一例　中国中药杂志　(7):55，1989

朱　和等　牛膝总皂甙对动物子宫平滑肌的作用　中草药　(4):17，1987

朱波刚　土鳖虫引起过敏反应二例　中国中药杂志　(2):52，1989

钟昌奇等　雷公藤多甙对大鼠血常规及微核出现率的影响　药学通报　(1):21，1988

（四）炮　　制

【概述】

1989年，在结合中医药理论和经验，运用现代科学技术，探索中药炮制原理，改进中药炮制工艺，制定饮片质量标准等方面，发表论文100多篇，为推动中药炮制科学的前进作了大量工作。

一、中药炮制原理的研究

目前主要以药物炮制前后化学成分和药理作用的改变为指标，阐述炮制作用。

(一)净制处理　杨书斌等以具有生理活性的化学成分为指标，分析比较了中药枳壳及其果瓤和中心柱等不同部位的化学成分及含量，结果表明，三者均含挥发油、柚甙、辛弗林和N-甲基酪胺，但含量有明显差异。如果瓤和中心柱中含挥发油分别为0.05%、0.07%(枳壳含3.16%)，而且果瓤中不含右旋柠檬烯，认为枳壳去瓤是有科学道理的。李曾欣的实验结果表明，知母皮的皂甙含量最高，体外抑菌作用最强，因此，知母不必去皮。余南才等对苦杏仁皮（种皮）肉（子叶）的成分进行了分析，发现皮、肉所含苦杏仁甙基本一致，而且Zn、Mn、Co、V、Sr、Ca等元素，在皮中含量比肉高出一倍以上，认为杏仁不需去皮。

(二)炮制前后含量测定　倪慕云对地黄及其炮制品中15种氨基酸进行了含量测定，结果表明，炮制成熟地黄后氨基酸含量降低，其水溶性氨基酸总含量干地黄为61.533mg/g，加黄酒炖制熟地黄为22.244mg/g，不加黄酒炖的熟地黄为5.231mg/g，黄酒带入了蛋氨酸。欧阳强测定了川芎炮制前后总生物碱的含量，发现炮制后总碱溶出量明显增加($P<0.05$)。于少军等对当归不同炮制品作了无机元素分析，发现当归炮制后Pb的含量均有不同程度的降低。高逢喜等的研究表明，当归炮制时，随着炮制温度的增高，当归中阿魏酸的含量降低。毛淑杰等对山楂的不同药用部位及不同炮制品中总黄酮及总有机酸进行了含量测定，结果表明该两种主要成分基本集中在果肉内，核中含量甚微，而核约占山楂的40%，故应去核；炒山楂，对黄酮类成分基本无影响，仅有机酸含量稍降低；焦山楂与山楂炭，黄酮类成分分别保留41.9%、25.8%，而有机酸类成分仅为10.7%、2.8%，两类成分在温度高于175℃的情况下，减量幅度明显增大。叶定江等对姜不同炮制品的醚提取物进行气相-质谱-计算机检测，从生姜、干姜、炮姜、姜炭中各检出25、22、23、23个组分，炮制后其组分、含量均有变化，其中炮姜、姜炭的挥发油成分为首次检出。李昌阳等的研究表明，小茴香含挥发油的1.7～4.6%，炮制后挥发油总量可减少1.67～8.03%，但其组分及其相对含量变化不大。王弘志等用双波长薄层扫描法测定了芫花炮制前后芫花素、羟基芫花素的含量，结果表明醋制品高于生品，不同炮制方法的含量亦有差别。汪必忠以薄层层析法与分光光度法相结合，对决明子生品、炒制品及两者的打碎品进行比较研究，发现在常规煎煮时间内，游离蒽醌在打碎品中成分多，炒决明子比生决明子含量高。孙秀梅等对龟上、下甲不同炮制品的水煎出物进行了系统的实验分析，结果表明龟上、下甲均以砂烫醋淬品入煎剂为佳。龟上、下甲主要成分虽然相同，但煎出物、总氮、氨基酸含量下甲均低于上甲，临床不能等量替代使用。王健应用薄层层析法对酸枣仁（生、炒品）中镇静催眠的有效成分酸枣仁皂甙和黄酮甙类化合物进行了分析，结果表明生、炒酸枣仁在热回流提取过程中有效成分基本无变化，认为生、炒酸枣仁均有宁心安神的功效。殷玉生对商陆不同炮制品进行了化学、药理学研究，结果表明醋制品化学组分有变化，其商陆皂甙甲的含量低于生品，且毒性仅为生品的⅓，并呈现较好的利尿作用。彭智聪等实验证明，止痛效果为指标，其顺序为炙甘草组＞生甘草加蜂蜜组＞生甘草组，认为甘草蜜炙后其成分可能发生了改变。

二、中药炮制工艺的研究

对单味药炮制工艺的研究，多以主要有效成分含量或药理作用为指标，选择几个工艺条件，应用正交设计方法进行考察，尤其对以电热烘烤法代替传统炒法、炙法、煅法的研究较多。曾祥林以杜仲“断丝”为指标，以炒制法、砂烫法、恒温烤制法作了炮制品收得率、饮片外观、水煎液澄明度、水溶性浸出物及食盐水的吸收测定分析，结果表明电热恒温烤制法及砂烫法药材损失少、总浸出物多，食盐水吸收好、色泽及内在质量俱佳。丛繁滋等根据药材减压软化法的提示，采用正交试验设计法，探讨了醋炒延胡索的炮制工艺，实验结果及方差分析表明，颗粒度为8～14目的延胡索，置普通烘箱内80℃烘至深黄色，升温到100℃后加热 10 分钟，取出后立即拌入20%的食用醋，闷润 4 小时，70℃烘干为最佳工艺条件。郁宜俊用正交设计对烘箱炮制马钱子进行实验，结果表明温度 200～240℃，时间 5～12 分钟，马钱子中士的宁的含量可达砂烫法炮制效果，其最佳条件为温度200℃，时间 12 分钟。余跃龙用烘法和炙法炮制蜜炙百部，在色泽、粘度一致时，以容量法测定其总生物碱含量，结果表明两法无明显差异，认为可以烘法代替炒炙法。蒋纪洋等以苦参总生物碱含量为指标，用正交设计法对苦参饮片加热进行比较，结果表明合理工艺条件是泡洗 30 分钟，切成3～5毫米厚的饮片，晒干，可减少苦参总碱损失。徐勇的研究表明，常山经水浸泡切片抗疟有效成分常山碱流失过半，宜在产地趁鲜切薄片为宜，而且常山炮制不能消除致呕的副作用，应对其致呕机理深入研究。张穗等对三七的研究表明，三七炮制前后化学成分基本相同，但总皂甙及醇、水浸出物量，依次为蒸三七＞生三七＞油炸三七，认为三七应采用蒸法为宜。王永山等认为天麻加工应以蒸法为佳，蒸制不但能杀灭酶的活性，还可使天麻素的含量显著提高。毛维伦等认为，龙骨的炮制不能仅以$CaCO_3$含量为指标，应注意微量元素的种类和含量，提出龙骨最佳炮制工艺应为温度750℃，煅 4 分 30 秒，块重 8.5 克为宜。赵蕴馥依其实验结果，认为煅自然铜的工艺条件应为温度 850℃ 以上，时间 1.5 小时，装药厚度 1～2 厘米，煅后醋淬 1 次，用醋量为每百公斤药用米醋30公斤；林小明则认为自然铜煅制最佳工艺为温度 450℃，时间 3.5 小时，醋液浓度为 10%（以乙酸计），每百公斤药用醋 40 公斤，煅淬至醋尽。胡丽华、胡觉民、范玉林等对蛤蚧各部位成分作了研究，详见本卷专条。

邯郸药材公司新型饮片厂研制了新型饮片，即将符合国家炮制规范的中药饮片粉碎、干燥、灭菌，制成定量包装的新型饮片，具有剂量准确、卫生、易于贮存、质量可靠的优点。其产品获北京国际发明展览会荣誉证书。

三、中药炮制品质量标准的研究

饮片质量标准研究正在引起广泛注意，本年度该类研究论文约占中药炮制研究论文的 7 %。其中沈靖才采用游标卡尺测量中药饮片规格，不失为控制中药饮片质量的一个方法。于留荣等测定了黄芩炮制前后黄芩甙的含量，初步拟定了生黄芩、酒黄芩、黄芩炭的质量规格。张静修等对中药白附子生、制饮片的性状、显微及理化鉴别进行了研究，为制订白附子饮片质量标准提供了资料。吕文海等在原研究基础上，又建立了黄芪、前胡、百部、款冬花等 4 种蜜制饮片用蜜量的检测方法，为其建立饮片质量标准提供了资料。曾诠等采用药典法、电位滴定法、直接滴定法及酸性染料法分别测定了生麻黄、炒麻黄、蜜炙麻黄的总生物碱含量，结果表明，麻黄炮炙后以炒麻黄总生物碱含量降低最多，以酸性染料法为优。

（沈道修　张世臣　李　飞）

【苦杏仁等 4 种中药炮制前后化学成分的比较】

苦杏仁　余南才等从苦杏仁中测出 24 种微量元素，并对苦杏仁中苦杏仁甙的含量进行测定。结果表明，苦杏仁皮、肉中所含苦杏仁甙几乎一致，而且苦杏仁皮中微量元素比苦杏仁肉高。因此炮制时不须去掉种皮。

当归 于少军等测定了当归生品及三种炮制品(酒炒当归、土炒当归及当归炭)的饮片及其煎液中的10种无机元素(Fe、Ni、Cu、Mn、Zn、Pb、Na、K、Ca、Mg)。结果：酒炙后Cu、Ni含量增加，Pb的含量降低至原含量的1/5。土炙后Fe、Ni、Cu、Zn含量升高，Pb含量降低至原含量的1/6。炙炭后Ca、Ni含量增加，Pb含量降低至原含量的1/4。其他元素含量也显著降低。测定结果也表明，不同炮制品及其水煎液中相对应的元素含量相差极大，而且多数不成比例。因此，临床应用当归制品时应斟酌使用。

姜 叶定江等对姜的不同炮制品的醚提液进行了气相-质谱-计算机检测。从生姜、干姜、炮姜、姜炭中各检出25、22、23、23个组分，它们多数组分相同，但各组分的含量都发生了变化，有些成分产生了质的变化，其中炮姜、姜炭中的挥发油成分均系首次发现。在姜的四种炮制品中均检出二磷酸四乙酯，这种化合物易为人体所利用，它在姜炮制品的药效方面的作用值得重视。叶氏等将各炮制品的醚提取液给小鼠灌胃进行止血试验，结果炮姜、姜炭组与对照组相比，具有显著差异 ($P<0.01$)。

苍术 苍术所含主要成分为挥发油类。冯敬群等对苍术的清炒品、麸炒品及复方“苍术丸”中的挥发油与生品作了比较。结果表明“苍术丸”水煎液中含有挥发油，苍术麸炒后所含挥发油的物理常数、化学组分与生品无明显差异，仅含量有所降低，证明苍术麸炒后缓和其燥性似与挥发油含量降低有关。焦苍术较麸炒品挥发油比重增大，比旋度和含量有所下降，化学组分有所改变，说明健脾燥湿用麸炒苍术，回肠止泻用焦苍术是有道理的。

(沈道修)

【金银花等6种中药炮制前后药理作用的比较】

金银花 在治疗热毒血痢及妇女崩漏时习以炒炭入药，但亦有人认为加热会破坏其有效成分绿原酸而加以否定。为此，南云生等以小白鼠的凝血时间和体外抑菌作用为观察指标，对金银花生品与不同温度、时间条件下的烘制品进行了实验比较，肯定了其炮制的作用，并初步认为金银花在用于治疗热毒血痢及妇女崩漏等病证时，以200℃烘制15分钟或220℃烘制10分钟为好。

杜仲 王勤等实验结果表明：杜仲能使中孕小鼠离体子宫自主收缩减弱，并拮抗子宫收缩剂的作用而解痉，这与杜仲能治疗胎动不安是吻合的。盐制杜仲对离体小鼠子宫的松弛作用增强，初步支持了杜仲盐炙增强疗效的说法，但尚有争议。

甘草 生甘草具有缓急止痛的作用，而蜂蜜亦具有止痛之功，那么甘草蜜炙后能否增强止痛的功效。彭智聪等采用小鼠热板法及扭体法比较了甘草的不同炮制品水煎液的止痛作用。结果表明，三者的止痛效果顺序为炙甘草组＞生甘草加蜂蜜组＞生甘草组。说明蜂蜜确有止痛之功，用作炮制的液体辅料，能与止痛药物起协同作用。以上实验还表明甘草和蜂蜜的止痛作用不是在作用上的叠加，可能是通过炙后发生了某些改变。

知母 目前使用的知母有带外皮的毛知母和去尽外皮的光知母(知母肉)。知母外皮的使用价值未见报道，一般认为是非药用部分，采集加工时弃去。李曾欣通过对知母皮、毛知母和光知母有效成分测定和体外抑菌的实验比较，证明知母皮皂甙含量最高，为7.5%；毛知母和光知母分别为6.9%及6.8%。体外抑菌作用以知母皮最强。组织分离结果表明，知母皮占毛知母重量的15.6%。因此认为，由于知母皮占药材的比重较高，且有效成分和抑菌作用均高于毛知母和光知母，故采收加工时以不去皮为宜。

淫羊藿 传统认为淫羊藿经羊油脂炮制可以增强温肾壮阳作用。牛锐用放射免疫法测定小鼠血清睾酮水平及附性器官湿重的方法进行药理实验研究。结果表明，生品淫羊藿无提高性机能作用，炮制品淫羊藿有明显的增强性机能作用，其作用强度与肌注睾酮组无显著差异，且无注射睾酮后引起的睾丸重量下降的现象，并明显促进睾丸组织增生与分泌，说明本品经用甘温的羊油炮制后，其温肾壮阳的作用比较明显。

此外，片仔癀是由田七、蛇胆、麝香等组成的中成药，具有抗各种炎症及镇痛作用。孙政等以小鼠冰醋酸扭体、巴豆油耳致炎法及小鼠腹膜炎法比较了炮炙前后表层与核心的药理作用。结果表明，炮炙后片仔癀的镇痛及抗炎作用强于炮炙前，外层优于核心。

（沈道修）

【三七等7种中药炮制方法的研究】

三七　三七的炮制方法有"蒸熟"和"油炸"两种。张穗对三七的两种炮制品总皂甙的含量以及醇、水提取物的含量进行测定，并作薄层色谱、紫外光谱比较。结果表明：(1) 生品与蒸、炸两种炮制品的醇、水提液的薄层色谱和紫外光谱比较无明显差异。(2) 三七经蒸制后，总皂甙含量及水、醇浸出物含量均比油炸品和生品增加，有非常显著差异 ($P<0.001$)。(3) 三七经油炸后，其总皂甙及水浸出物含量较生品及蒸制品为低，有非常显著差异 ($P<0.001$)，故认为三七的炮制方法以"蒸熟"为宜，"油炸"欠妥。

山豆根　各地大多用浸泡法炮制。张涛对山豆根生品以及广西省梧州市炮制的山豆根浸泡品、浸润品进行生物碱含量测定。结果为：生品1.29%，浸泡品0.41%，浸润品1.07%。浸泡法有效成分流失大，且易发霉。浸润法有效成分流失较少，不易发霉。

牛膝　殷玉生对生牛膝及其炮制品（酒炒牛膝、盐水炒牛膝、牛膝炭）中齐墩果酸进行定性、定量研究，并对牛膝不同炮制品对小白鼠镇痛作用进行比较，表明各炮制方法对牛膝总皂甙含量影响不大，其中酒炒牛膝总皂甙含量偏高，且呈现较好的镇痛作用。

天麻　天麻中的天麻素易水解（酶解），故选择加工方法时应尽量避免或减少天麻素的水解(酶解)损失。王永山等用薄层色谱扫描法，测定了不同方法加工的天麻中天麻素及其甙元的含量。结果发现：各个加工过程对天麻素及甙元含量的影响都很大。其中蒸制和干燥加工能使天麻素增加，甙元相应减少。天麻素及其甙元虽有相同的药理作用，但因甙元易氧化损失，因此，蒸制与干燥加工对保证天麻质量是有意义的。

龙骨　毛维伦等采用正交法对龙骨中的主要成分 $CaCO_3$ 及其所含微量元素进行了定性、定量分析，经原子吸收光谱等法测定后表明，最佳的炮制条件是温度750℃，时间4分30秒，龙骨块重8.5克。

紫石英　曹祥林以紫石英炮制品有效成分 CaF_2 在水煎液中的含量为指标，对其炮制方法及炮制前后 CaF_2 含量的变化进行研究。实验证明：炮制前后 CaF_2 含量无变化。但经煅烧醋淬后，提高了钙盐的水溶性。合理的炮制方法为：在700℃温度下恒温煅制10分钟，醋用量40% (V/W)。

商陆　殷玉生就商陆及其不同炮制品（醋商陆、黑豆汁制商陆、烘商陆）中商陆皂甙甲的定性、定量及利尿作用、毒性试验进行比较。结果表明，炮制对商陆皂甙成分有一定影响。醋制商陆含商陆皂甙甲低于生商陆，且毒性是生商陆的1/3，并呈现较好的利尿作用，因此，商陆以醋制为佳。

（沈道修）

参考文献

C

曹祥林　正交试验研究紫石英的炮制　中成药(8):21，1989

从繁滋等　醋炒元胡炮制工艺的研究　中成药

(2):20, 1989

F

冯敬群等　炮制对苍术挥发油等成分的影响　中成药 (7):17, 1989

G

高逢喜　不同炮制方法对当归成分阿魏酸的影响　中国医院药学杂志 (8):363, 1989

H

郇宜俊　用正交试验探讨烘箱炮制马钱子　中成药 (4):18, 1989

J

蒋纪洋等　利用正交设计探讨苦参炮制方法　中国中药杂志 (7):27, 1989

L

李昌阳等　小茴香炮制前后挥发油成分研究　药物分析杂志 (6):336, 1989

李曾欣　知母去皮加工的合理性探讨　中成药 (6):20, 1989

林小明　自然铜炮制工艺研究　中成药 (9):19, 1989

吕文海等　蜜制饮片质检经验公式再探 (5):36, 1989

M

毛淑杰等　炮制对山楂中总黄酮及总有机酸含量的影响　中国中药杂志 (9):20, 1989

毛维伦等　煅制龙骨钙及其微量元素分析　中国中药杂志 (12):21, 1989

N

南云生等　炮制对金银花凝血及体外抑菌作用的影响　中成药 (8):17, 1989

倪慕云　地黄及其炮制品中游离氨基酸的分析比较　中国中药杂志 (3):21, 1989

牛　锐　淫羊藿炮制前后对小鼠血浆睾酮及附性器官的影响　中国中药杂志 (9):18, 1989

O

欧阳强　川芎炮制前后总生物碱含量的变化　中成药 (9):18, 1989

P

彭智聪等　甘草蜜炙后对小鼠的止痛作用　中国中药杂志 (8):22, 1989

S

沙德智等　马钱子中生物碱含量分布及其与炮制的关系　中国中药杂志 (1):22, 1989

沈靖才　用游标卡尺控制中药饮片规格的探讨　中药材 (10):30, 1989

孙　政等　炮炙工艺对片仔癀药理作用的影响　中成药 (3):34, 1989

W

汪必忠　炮制对决明子溶出成分的影响　中成药 (1):20, 1989

王弘志等　芫花炮制前后羟基芫花素、芫花素的含量测定　中国中药杂志 (11):24, 1989

王　健　生、炒酸枣仁中镇静催眠成分初探　中成药 (1):18, 1989

王　勤等　杜仲炮制意义的实验研究　中国中药杂志 (11):21, 1989

王永山等　不同加工方法对天麻中的天麻素及其甙元含量的影响　中成药 (3):18, 1989

X

徐　勇　常山饮片的质量分析　中草药 (8):17, 1989

Y

杨书斌等　从化学成分看积壳去瓤的意义　中成药 (10):20, 1989

叶定江等　姜的不同炮制品的成分研究　中国中药杂志 (5):22, 1989

殷玉生　商陆炮制方法的探讨　中成药 (11):18, 1989

殷玉生　怀牛膝的炮制方法探讨　中成药 (12):17, 1989

于留荣等　黄芩炮制饮片质量标准的研究　中药材 (4):25, 1989

于少军等　从无机成分看当归的炮制及其意义　中国中药杂志 (8):21, 1989

余南才等　苦杏仁炮制与微量元素的关系探讨　中国中药杂志 (9):22, 1989

余跃龙　百部的炮制研究　中成药 (4):22, 1989

Z

曾祥林　杜仲不同炮制方法的质量探讨　中成药 (4):19, 1989

曾　诠等　麻黄及其炮制品中总生物碱含量测定　中药材 (8):21, 1989

张静修等　白附子饮片质量的研究　中国中药杂志 (6):22, 1989

张 穗 熟三七炮制方法的研究 中成药 (11):20, 1989

张 涛 山豆根炮制方法初探 中国中药杂志 (3):26, 1989

张秀梅等 龟上下甲不同炮制品煎出物分析比较 中成药 (10):22, 1989

赵蕴馥等 自然铜煅制工艺评定 中成药 (6):21, 1989

(五) 方剂与成药

【概述】

1989年方剂与成药在剂型、品种方面又有一定的进展，据不完全统计，迄今已对230多首复方进行了药理研究。此外，在方剂学理论及临床应用上亦作了一些研究和探讨。

(一)临床应用　王均宁综述了真武汤的临床研究进展。梁炳银等报道用芍药甘草汤治疗病毒性肝炎 148 例，其中急性黄疸型肝炎治愈率88.9%，急性乙型无黄疸肝炎治愈率80.4%，慢性迁延性肝炎治愈率71.4%，HBsAg 转阴率 30.1%。陈定生等报道用白虎加人参汤治疗严重饥饿症 14 例，治愈率为100%。郭元仓报道以六神丸治疗暴发型乙型脑炎呼吸衰竭 12 例，治愈率达91.6%。彭暾报道用镇肝熄风汤治疗血管性头痛 70 例，近期治愈 23 例，有效 41 例，明显优于西药对照组（$P<0.01$）。郑金华等以牛黄解毒片治疗原发性血小板增多症 5 例，完全缓解 4 例。田桂芝等以龙胆泻肝散（汤）治疗慢性宫颈炎 356 例，用药 3～5 次痊愈者占85%，好转占14%，用药 6～10 次痊愈率达99%。在验方和自拟方上，游龙等报道用摩罗丹治疗萎缩性胃炎 325 例，结果胃镜复查 266 例，治愈 77 例，好转 120 例，有效率为60.6%；粘膜活检，治愈73 例，好转 90 例，有效率为 61.3%。贾丹兵等报道用健脾灵片治疗非特异性溃疡性结肠炎 92 例和慢性结肠炎 176 例，治愈率分别为 66.3% 和 61.9%，有效率为 97.8% 和 98.9%。吴以岭等以中药五龙丹治疗冠心病心绞痛 100 例，心绞痛消失 58 例，好转 34 例，无效 8 例；心电图恢复正常 28 例，改善 36 例，无效 36 例，明显优于西药对照组。李育才等报道用降酮汤治疗糖尿病酮症 33 例，结果显效 22 例，有效 6 例，无效 5 例。涂荣华等报道以利胆排石汤治疗胆囊炎胆石症 384 例，痊愈271例，显效 56 例，有效 29 例，总有效率为93%。吴锐等以逐瘀温宫汤治疗血瘀挟寒型功能性痛经 66 例，痊愈 47 例，好转13 例，有效率为90.9%。滕宣光等用蒿柴薇丹汤治疗 320 例小儿发热，体温在 3 天内降为正常者 293 例，有效 22 例，总有效率98.4%。杨秀婷等用癫痫散治疗小儿癫痫 30 例，显效 7 例，有效12例，改善 8 例，无效 3 例。石志超用乌蛇搜风汤治疗银屑病 64 例，治愈 31 例，显效 17 例，有效 11 例，总有效率达92.2%。

(二)实验研究　王永汉等对十全大补汤口服液的益气养血作用进行了药理研究，结果表明本液有明显提高血红蛋白、红细胞在失血性或缺铁性贫血症血内的含量，有显著拮抗细胞毒剂环磷酰胺对骨髓造血功能的抑制作用，有保护骨髓内有核细胞总数及血内红细胞正常值，并有激发中性粒细胞绝对值增殖的作用。对补阳还五汤的实验研究，有段泾云关于本方抗炎免疫作用的研究；唐红等关于本方治疗缺血性脑血管病机理的研究；李安国等研究了本方对血管壁抗血栓功能的影响。季宇彬等对补中益气汤对环磷酰胺抗癌活性和毒性的影响作了实验研究。在抗衰老药物研究上，佘敏等报道，北京蜂王精能使体内过氧化脂质和脂褐质明显下降，具有抗氧化剂之作用，延缓自由基的形成；同时还有抗缺氧、提高耐温耐寒、抗辐射和保护肝脏等作用。陈泉生等报道，雄狮丸有兴奋肾上腺皮质和性腺，促进物质代谢，提高机体免疫等功能，对实验动物家蚕有延长寿命和抗衰老的作用（P<0.001）。陈楷等报道，清宫长春丹能改善老人早衰的液化智能和改善衰老症状。

（三）理论研究　吴秉纯等通过实验研究，证明了当归补血汤较单纯用当归或黄芪补血为佳。许子建对多种不同类型的方剂找出其组合配伍的特点加以归纳分析，提出了方剂配伍规律和用药的特点。樊巧玲等对清热方剂中配用疏散药进行了探讨，指出其意义在于宣透内蕴之邪势、顺应脏腑之特性和制约寒药之凝滞三个方面。此外，还有过伟峰等人关于方论对君臣佐使理论发展的探讨等等。

（王道瑞）

【桂枝汤的药理研究】

桂枝汤具有较强的解热、镇痛、镇静、抗炎作用，在本年鉴1985年卷曾有介绍；近年来，对其药理作用又开展了进一步的研究。吕秀凤等为了探讨桂枝汤治疗过敏反应以及抑制炎症反应的机理，应用多项细胞免疫和体液免疫指标，较系统地研究了桂枝汤对小鼠免疫功能的影响。结果表明，本方能明显抑制小鼠的细胞及体液免疫功能。经口服、肌肉注射和腹腔注射不同剂量的桂枝汤，均能明显抑制小鼠的抗体分泌细胞(PFC)和特异玫瑰花形成细胞(SRFC)及牛血清白蛋白（BSA）诱导的迟发型超敏反应。小鼠经腹腔给药每天100mg/kg，连续4天后，发现小鼠脾T细胞有丝分裂原（对Con A）和B细胞有丝分裂原（对LPS）的增殖反应均明显抑制（P<0.01）。进一步的研究表明，桂枝汤有明显抑制小鼠脾细胞产生IL-2的作用，这可能是桂枝汤免疫抑制作用的主要机制。田安民等研究了桂枝汤解热作用的剂量、时间与效应的关系，结果发现：桂枝汤降发热兔肛温和小鼠皮肤温度作用的对数剂量—效应和降温效应—消除时间之间呈现显著相关关系；最大降温效应消除50%所需时间约4～5小时；表明其解热降温作用与其对体温调节系统的直接作用有关。在与对照组比较及用药前后比较中亦可看到桂枝汤有明显降低发热兔肛温及小鼠皮肤温度的作用，并随着剂量的增加而增强。

（方东行）

【麻杏甘石汤的研究及应用】

（一）主药及分类探讨　牛兴旺提出麻杏甘石汤中的石膏应为主药。其理由是本方石膏的剂量独重；且石膏的性质趋向制约了麻黄的性质趋向，石膏与麻黄配伍后，能使麻黄丧失解表之效。在分类上，牛氏认为应将该方从辛凉解表剂中分出，划为清气剂之中。董正华、周世雄也提出该方应属清热剂的主张。周氏认为，该方在《伤寒论》原文中并无“恶寒”等表证之象，且系汗后、下后而得，倘有表邪未散，亦已内陷成为里证。此外，从其方药组成、功效看，石膏用量倍于麻黄，使麻黄仅能宣肺、助石膏清肺热、泄里邪；从临床应用上看，本方证的使用关键在于掌握里有肺热，见鼻翼煽动、口渴喜饮、喘逆气急等症，故该方的分类可放在清热剂中的清脏腑热部分，与泻白散并列；若从本方主证说，功效亦在清肺平喘，可放在理气剂中的降气部分，与定喘汤并列。董氏又指出，该方用治风热表证等，是后世医家的发展运用，不能以其作为辛凉解表剂的依据。

（二）实验研究　张一军等的实验表明：麻杏甘石汤对家兔有升高血压、减慢心率、使其呼吸变浅、减慢及使肠蠕动增强等作用。对照组用相似西药麻黄素、钙、激素组方，以及原方去石膏，或单给钙剂，均不出现上述给药组相似的结果。张氏等认为，本方能作用于肺、肠道及改善循环功能，对荨麻疹的血管变态反应有拮抗作用；此与皮毛有病治肺治肠这一理论相合。马成龙等用火焰原子吸收分光光度法测定了麻杏甘石汤中的五种微量元素，实验结果表明：在汤剂煎制过程中，第一煎时间延长，可使Ca、Mg和Fe的浸出量增加，而对Mn和Zn则影响不太大。李轩贞等用络合滴定法、原子吸收分光光度法测定石膏与麻黄按不同比例配伍的该方中Ca、Fe、Mn、Zn、Cu、Ni等11种金属元素的含量，结果表明：当石膏剂量不变时，大部分金属元素的含量随麻黄剂量的增加而增大；当麻黄剂量不变时，Ca含量随石膏剂量的增加而增大，其它元素的含量没有明显的变化。李氏认为，若疗效与Ca含量增大有关，则增加麻黄或石膏均可，不必强调热重时多用石膏。

(三)临床应用　近年来，在异病同治理论指导下，扩大了麻杏甘石汤的治疗范围。(1)婴幼儿夏季热：林一得报道用本方治疗25例患儿，高热发惊者加蝉衣、僵蚕，食欲不振者加鸡内金、谷芽；结果：经服药3～5剂后，有20例汗出热退，症状消失，治愈率达80%。(2)小儿外感性发热：王平安报道用本方治疗40例，其中体温38～39℃者18例，39℃以上者22例；热毒盛者加金银花、连翘、黄芩，咳嗽加桔梗，腹泻加黄连。结果：服药后12小时热退至正常者39例，有效率为97.5%。(3)过敏性鼻炎：吴照平治一例本病患者，用本方加蝉蜕、地肤子、牡蛎等，服3剂而愈。(4)咽炎：李年春等用本方加板蓝根、连翘、蒲公英治疗急性咽炎50例，有效47例，有效率为94%。又用本方加青蒿、知母、葛根等雾化吸入治疗慢性咽炎，疗效颇佳。(5)急性扁桃体炎：吴氏治1例患者，证属风热毒邪侵肺胃，搏结咽喉，用本方加连翘、大黄、马勃等，服药2剂后大便通，热退咽痛减，咳止纳增，续以原方加减2剂而愈。(6)急性喉炎：吴氏又治1例肺有伏热，复感外邪，阻塞肺气而暴喑的患者，在本方中加蝉蜕、玄参、板蓝根等，服药3剂后诸症好转，再以原方加减进3剂，声音恢复正常。(7)慢性结肠炎：李氏等用本方煎剂直肠点滴或保留灌肠治疗4例本病患者，全部有效。(8)痔核和静脉炎：山本产报道，本方有消除炎症和炎症性水肿的作用；痔核和静脉炎患者服用本方20分钟后疼痛停止，水肿减轻。(9)急性荨麻疹：吴氏治1例用苯海拉明、维丁胶性钙等西药效果不佳的患者，以本方加蝉蜕、防风、生地等，服药3剂后，症状消失，疹块全无；续以辨证加减服药6剂以善其后，随访1年未见复发。

(方东行)

【小柴胡汤的临床应用与研究】

(一)临床应用　张均斌等以小柴胡汤加葛根备出的小柴胡口服液和冲剂。经三年多临床使用，证实新剂型保持了原方功效；尤其对感冒高热不退者有效率达90%以上。高朝纲等选择40例具有小柴胡汤证五大症之一的患者，病种包括上呼吸道感染、肺气肿、胆石症、慢性肝炎、十二指肠溃疡、高血压、神经官能症、妇女经期病等；统一使用小柴胡汤原方及原方加减法治疗。结果发现：(1)患者五大症同时并见者甚少(3例)，2～4症同时见者居多。(2)除2～4症外，其它诸症的表现往往不完整。(3)本方证的舌象波动范围较大：40例中，舌质红色占62.5%，淡红色占25%，淡色占12.5%；舌苔白者占60%，黄者占40%，薄苔与腻苔各占一半。(4)小柴胡汤对五大症均有治疗作用，但以往来寒热、喜呕疗效最佳(有效率分别为95%和95.7%)，而目眩最差(有效率66.7%)。(5)40例中除往来寒热20例外，尚有仅见发热7例，仅见恶寒4例，服用小柴胡汤后寒热均得到解除。(6)用本方治疗效果欠佳的病例，多属腻苔，说明本方对兼夹湿邪者作用较弱；若服6剂乏效者可在本方中去人参、甘草、大枣，加苍术、茯苓、苡仁等化湿之品能提高疗效。陆曦等报道治疗皮质激素副作用31例，基本方为小柴胡汤去生姜加生地、枸杞、知母、黄芪、当归、丹参。结果：经服用本方平均每例25剂后，有5例已完全停用激素，15例激素量减至维持量，其余病例激素用量也有明显减少，所有病例原发病均有显著好转。杨汉耀治1例时间差反应患者，诊见从国外返家后彻夜难眠，头晕目眩，纳呆，恶心，口苦口干，脉弦细，与小柴胡汤证颇相吻合，予以小柴胡汤加夜交藤，服2剂而愈。潘兆文治1例双手寒热殊别患者，诊见腕关节以下温度有明显不同，左热右凉，伴心烦少寐，舌淡红，苔薄白，脉细弦，以小柴胡汤加减服10剂后，症状消失。又治1例腹痛型癫痫患者，服本方加减20剂后，诸症好转，继以原方制丸与补中益气汤交替服用而愈。

(二)实验研究　张雅琴等观察了葛根芩连汤、小柴胡汤对感染动物抗感染免疫功能的影响，结果发现：服两个复方的治疗组小鼠较对照组体温稳定，生存率提高（其中葛根芩连汤组为50%，小柴胡汤组为65%）；血液、粪便、肝脾器官中的细菌数明显降低($P<0.01$)；免疫功能得到改善，白细胞移动抑制功能、腹腔巨噬细胞体外吞噬杀菌功能及巨噬细胞表面C_3b受体量均显著提高(以小柴胡汤作用更为明显)。张国强等研究了小柴胡汤和氯霉素对鼠伤寒感染模型抗感染免疫的协同作用，发现：鼠伤寒菌感染的小鼠经氯霉素治疗后，有40%复发。小柴胡汤和氯霉素合用，可使复发率下降8%。微生物学及免疫学检测表明，单用氯霉素复发率较高，其机理与氯霉素免疫抑制有关，小柴胡汤可通过促进调节机体免疫功能来降低氯霉素治疗的复发率。

此外，还有对本方柴胡生药的研究。高峻泰提出，供药用的柴胡主要有北柴胡（大柴胡）和狭叶柴胡（小柴胡）两个品种。《伤寒论》所载小柴胡汤中之柴胡用量多偏大，而狭叶柴胡大剂量应用可引起中毒，还可使血压升高，恶心呕吐，水肿，少尿甚至无尿，所以小柴胡汤中之柴胡应是北柴胡。

（方东行）

【四逆散的临床应用与研究】

一、名实探讨

刘心毅、赵志谨参考桂林古本《伤寒杂病论》认为宋本《伤寒论》四逆散方有误，以为《伤寒论》四逆散当以桂林古本为准，是由附子、干姜、甘草、人参四药合而成方，乃治少阴寒厥之方。宋本所载四逆散为桂林古本《伤寒杂病论》列于“少阳病篇”和“伤风脉证并治篇”中之柴胡芍药枳实甘草汤。认为如此尚可解四逆散条文中何以冠“少阴病”之疑。此外，刘学文还探讨了四逆散的病因病机，参见本卷年鉴“各家学说”有关条目。

二、临床应用

(1) 咳嗽：高文科治1例干咳三月余服西药无效的患者，用四逆散加苏子、桔梗、杏仁等，服6剂而愈。(2) 咯血：白德贞治1例肺结核咯血患者，证属肝火犯肺，灼伤血络，投以四逆散加丹皮、黄芩炭、白芨、白头翁等，服9剂后咯血止，诸症减轻，后改用月华丹调治获愈。(3) 噎膈：肖绪银用四逆散加味保留灌肠治愈1例反流性食道炎不能进食的患者。(4) 呃逆、呕吐：高氏又用本方加减治疗呃逆、呕吐各1例，均愈。(5) 腹痛：谢焕荣治1例顽固性腹痛四年余的患者，诊见面色晦滞，脉缓，口渴不欲多饮，痛在脐上寸许，范围约茶杯大小，痛发则四肢不温；予四逆散重用白芍，服12剂获愈。(6) 大便不调：耿繁河用本方治疗2例；1例患者便意频数，溏少不爽；另1例便次寡少，秘结难行，收异病同治之功。(7) 神经官能症：白氏在本方中加入陈皮、厚朴、半夏、茯苓等治疗一例胃神经官能症患者，获愈。(8) 头痛：陈小珍治1例血管性头痛5年的患者，在本方中加入蔓荆子、代赭石，服药3剂后头痛即减轻。(9) 冠心病：陈氏又治1例冠心病心绞痛，心电图提示交界性心动过速、完全性右束支传导阻滞、ST-T轻度下移的患者，在本方中加桂枝、丹参、瓜蒌壳、太子参，服药40剂后诸症消失，复查心电图正常。(10) 阳萎：肖氏用本方加味治愈1例阳萎患者，证属肝郁脾虚，湿阻中焦脾胃，宗筋失养。(11)遗精：林光启在本方中加入黄柏、砂仁、当归治愈1例服金锁固精丸等无效的遗精患者。(12)遗尿：林氏又在本方中加泽泻、当归治愈1例遗尿20余年的患者。(13)睾丸炎：王意诚将本方与龙胆泻肝汤合方化裁治愈1例急性睾丸炎患者。(14)胰腺炎：王氏又在本方中加黄芩、蒲公英、花粉等治疗1例急性胰腺炎患者，获愈。(15)肠梗阻：陈小珍治1例粘连性肠梗阻患者，诊见腹痛，腹胀如鼓，5天未大便；在本方中加莱菔子、玄明粉、太子参、木香等，服药3天后其症大减，去玄明粉继服1月而愈。(16)癥瘕：盛生宽治1例少腹痛掣，可触及3×4厘米癥块的女性患者，在本方中加入丹参、三七粉、琥珀、益母草，服药20剂后诸症俱平。谭风森等治1例输卵管积水，出现囊肿约5厘米大小的患者，用本方加味，6剂后诸症减轻，继进12剂后复查，发现其输卵管积水已消除。(17)其他：余瀛鳌介绍四逆散可用于治疗疟疾、骨蒸劳嗽、肺结核等病证。

三、药理研究

谢碧桃等用本方醇沉煎剂作了药理实验，结果表明：(1)四逆散对小鼠腹腔巨噬细胞的吞噬机能有较明显的促进作用($P<0.005$)。(2)对离体兔肠呈明显抑制作用，并能对抗乙酰胆碱及氯化钡所致的肠痉挛；对兔离体子宫呈抑制作用，但对兔在体子宫则呈兴奋作用。(3)对麻醉狗的血压有较明显的升压作用，此作用可被α-受体阻滞剂妥拉苏林所对抗，并可使心肌收缩力加强，心搏加快。(4)四逆散不能对抗皂素所致的溶血作用，对红细胞膜无保护作用。(5)四逆散对平滑肌及心血管系统的作用与其中所含枳实有关。

(方东行)

【柴胡疏肝散的临床应用】

柴胡疏肝散出自《景岳全书》，以四逆散加陈皮、川芎、香附而成。功能疏肝行气，活血止痛。临床应用颇为广泛。

肝胆病证：潘毓仁报道，对乙型肝炎患者以本方去川芎加黄芩、郁金、半枝莲、升麻、黄芪为基本方，共治80例，显效32例，有效5例，总有效率46.25%。宋永明等报道，治疗肝胆气郁型胆石症42例，以本方去川芎、陈皮、甘草，重用香附，加当归、郁金、金钱草、槟榔。结果：治愈12例，显效19例，有效8例，总有效率为92.8%。王成玉介绍本方在异病同治中的应用体会，经以本方加清利湿热药治疗胆囊炎，其效甚佳。

脾胃病证：张应焕报道以本方治溃疡病合并慢性胃炎，指出方中药物加减及用量需适当，如肝郁为主，柴胡宜重用；脾虚为主，柴胡剂量宜少，以鼓舞脾气，升清阳；病久入络及血，宜重用白芍，并加丹参等。焦书义报道治一女性患者，胃脘痛3年，以本方加吴茱萸、厚朴、海螵蛸、代赭石，共服5剂而愈。

妇科：刘传秀、李浩琦分别报道以本方治妇女月经不调有效，其中李氏曾治愈一经期鼻唇舌麻木之奇症。张希仁、刘氏、王成玉报道以本方治疗乳腺囊性增生(乳癖)有效。栗德林报道本方为治更年期综合症之主方，共治62例，全部治愈，且有见效快，疗程短的特点。

伤科：赵生富、蒋兴良分别报道以本方治胸胁内伤，赵氏对伤气型者加厚朴、木香等，伤血型者加丹参、红花、橘络等；共治80例，全部治愈。

其他：张希仁、夏绩恩分别报道以本方治梅核气。王应泌等用本方(重用柴胡)治胸痹60例，显效40例，有效17例，总有效率95%。唐才东以本方治粘连性肠梗阻20例，有效率95%。还有张希仁以本方治疗失音，刘氏以本方治郁症、神经官能症、痹症，夏氏以本方治耳胀闭，王成玉用本方治疗疗子痈、眩晕，姜宜孙以本方治疗接触性激素类化学物质以致男性乳房发育症2例等均获良效。又如田润芝以本方加味治疗睾丸胀痛2例，李淑芹等以本方加减治疗抽动——秽语综合症1例，孙九光以本方治疗尿潴留1例，均告痊愈。

（陈家英　张　宁）

【四君子汤的药理研究】

近年对四君子汤的药理研究又有新的进展。

（一）对消化系统的影响　黄树明等研究了四君子汤对大鼠胃肠推进运动的影响，将实验大鼠分为利血平、新斯的明、阿托品三组处理及与正常对照组进行观察，以探讨本方影响胃肠运动的作用机理。结果提示：四君子汤抑制大鼠胃肠推进运动是通过拮抗胆碱能神经递质的兴奋性作用而产生的。孙贰堂等研究了豚鼠脾虚泄泻动物模型在体胃肠电的变化及四君子汤对其抑制作用。他们对利血平导致脾虚后的豚鼠用四君子汤灌胃后发现：四君子汤可使致虚后的动物回肠、结肠增加的快波出现率显著下降（$P<0.01$）；盲肠的快波出现率减少（$P<0.05$）；回肠、结肠的快波平均频率及振幅也有明显降低（$P<0.05$）；对盲肠的频率和振幅则作用不明显。提示：四君子汤的治疗作用是通过抑制脾虚动物胃肠电的快波活动来调整肠运动的节律和强度，继而纠正胃肠功能紊乱的。戴玉如等为了探讨四君子汤对防卫胃肠道感染方面的作用，观察了四君子汤煎剂的抗菌作用，发现：四君子汤对伤寒杆菌、甲型副伤寒杆菌、福氏痢疾杆菌、大肠杆菌、绿脓杆菌等与阳性对照组相比，除绿脓杆菌外，均有不同程度的抑菌作用。

（二）对免疫功能的影响　李秋莲等观察了四君子汤对小鼠胸腺组织结构的影响；经用控制小鼠饲料导致一系列"气虚"体征后，恢复正常喂食，给予四君子汤，并应用计算机对各组及相应对照组进行计量形态学指标的检测。结果表明："气虚"小鼠的胸腺皮质厚度、皮髓质厚度比、皮质细胞密度及皮质细胞核平均直径均明显小于正常对照组；四君子汤对上述计量形态学指标的恢复有明显促进作用，而对正常小鼠的胸腺结构则无明显影响，由此可见本方具有免疫调节作用。冯璞等观察了四君子汤对小鼠免疫功能的影响，发现：四君子汤对正常小鼠能促进外周血淋巴细胞转化率，抑制血清绵羊红细胞（SRBC）凝集效价和溶血素HC_{50}水平。对免疫抑制小鼠的免疫功能基本呈促进作用，能使其由地塞米松所致的腹腔巨噬细胞（Mϕ）吞噬率、外周血酸性α-醋酸萘酯酶阳性（$ANAE^{+}$）淋巴细胞百分率的下降增至正常水平；对环磷酰胺所致的淋巴细胞转化率受抑制、血清抗SRBC抗体水平下降有纠正作用，并可使溶血素HC_{50}上升，血凝素效价升高。以上表明：四君子汤对免疫功能的影响与机体的免疫功能状态有关。赵琳等报道，四君子汤可明显增强^{60}Co照射损伤大鼠的迟发超敏反应，显著提高血清总补体活性和血清溶菌酶含量，表明：四君子汤对放射线损伤大鼠的非特异性和特异性免疫功能具有保护和补益作用。

（三）含微量元素的研究　孙培桐等测定了四君子汤及其单味药中铁、锰、锌、铜、钴、铬六种微量元素的含量，发现：四君子汤中每一种元素含量不是各单味中药含量的简单相加，并且首煎液的元素含量显著优于二煎液；以铁为例，首煎：党参、白术、茯苓、炙甘草的含量分别为19.6、16.2、13.5、15.6（μg/g），四君子汤全方的含量为500.0(μg)；二煎：党参、白术、茯苓、炙甘草的含量分别为4.52、3.12、5.28、1.72（μg/g），四君子汤全方的含量为132.4（μg）。孙氏等又认为，从测定结果看，四君子汤中铁、锰、锌、铜的含量较高，它们与人体的生长发育、免疫能力、维持神经-内分泌调节等均有密切的关系。

（方东行）

【补中益气汤的应用与研究】

临床应用 (1) 内科：雷在彪等报道，以补中益气汤去柴胡加黄精、紫河车、大枣治疗白细胞减少症75例（白细胞均低于4×10^9/L），结果：近期治愈（白细胞增加1.5×10^9/L以上）38例；显效（白细胞增加$1\sim1.4\times10^9$/L）25例；有效（白细胞增加$0.4\sim1\times10^9$/L）7例；无效5例，总有效率为93.2%。陶履冰报道以本方去陈皮加乌药、萆薢为基本方治疗慢性肾盂肾炎12例，结果：服药15～30剂后全部治愈。王春生报道，以补中益气汤（其中人参改用太子参）治疗乙型肝炎表面抗原阳性者80例，结果：治愈58例（平均1.5月阴转），占72.5%；有效17例（滴度下降者），总有效率93.8%。(2) 男科：郭贤坤等报道以本方加氯蒽酚胺50毫克每日1次口服，治疗少精子症及精子活力低下症52例。治疗60天后复查精子量、精子活力均明显上升，其中44例正常；随访11个月，15例配偶已怀孕。(3) 妇科：吴敏慧等报道以大剂补中益气汤加益母草、独活、桔梗、血余炭治疗崩漏50例，并按阳虚或阴虚辨证加味，结果：痊愈（随访半年无复发）23例，显效（服药2～4个周期，诸症消失）13例，有效9例，总有效率90%。(4) 皮肤科：傅丽丽报道以本方加味治疗荨麻疹28例，其病状特点为遇寒即发，劳累亦发；疹色淡红，头晕少力，大便溏薄，舌质淡，有齿痕，脉濡弱。方中以党参代人参，并加防风为主，偏寒者去升麻加桂枝，偏热者去党参加沙参、丹皮、紫草，偏湿者加苍术、茯苓。治疗5～14天，结果：痊愈24例，显效3例，无效1例，总有效率96%。(5) 五官科：冼基岩以本方加菖蒲、通草为基本方治疗耳鸣30例，结果：治愈23例，显效2例，好转3例，无效2例。(6) 其它：刘吉林报道以本方丸剂治疗低颅压穿刺术后低颅压反应60例；对照组42例用等渗液辅以维生素C治疗；结果：中药组与对照组总有效率分别为96.6%、78.6%，两组疗效比较，有极显著差异（$P<0.005$）。

实验研究 季宇彬等研究了本方对环磷酰胺抗癌活性和毒性的影响，实验结果表明：本方煎剂和注射剂均可显著提高环磷酰胺的抗癌活性，其中注射剂作用强度大于煎剂。本方对环磷酰胺所致染色体畸变，红、白细胞减少以及脾脏萎缩均具有显著的对抗作用。季氏等进一步实验还表明，补中益气汤和四君子汤均具有明显降低环磷酰胺所造成的造血机能的抑制，免疫器官、腺体的萎缩，染色体畸变等毒副作用；但补中益气汤的作用强于四君子汤。

（张浩良）

【生脉散（饮）的临床应用与研究】

生脉散历来认为出自唐代孙思邈。但据严永清等考证，认为此说没有充分依据，提出本方的最早记载当是张元素所著的《医学启源》（该书刊于1186年）。严氏还指出，此方的剂量和用法，历代记载略有不同，其原因是使用者在治疗过程中随着补气或养阴目的不同而决定的。其用法为水煎服或代茶饮用，故亦称生脉饮。

临床应用 (1) 内科：冯祯钰等报道以本方为主治疗肺心病缓解期42例，结果：治前气喘者31例，不能活动者11例；治后气喘者10例，不能活动者7例；治前咳嗽者40例，治后有18例转为间咳；治前心悸较明显者32例，治后仅有5例；治前下肢中度浮肿者7例，轻度浮肿者26例；治疗后中度浮肿者5例，轻度浮肿者23例。体征及心电图亦有明显改善，尤其是心电图P波异常者，治前有33例，治后仅为9例。且感冒发作次数亦有明显下降。(2) 儿科：王大宪以生脉注射液（每次5毫升肌注，每日1次）治疗小儿乙型肝炎32例，平均治疗15.7天。结果：18例症状全部消失，14例减轻；治疗前肝大者8例，治后6例复常；HBsAg阴转者4例，HBeAg阴转者8例，SGPT

均下降，其中25例降至正常。蔡幸生报道以生脉注射液治疗新生儿硬肿症50例为治疗组，另设对照组（西药）亦50例。治疗组除常规保温、纠正酸中毒、给能量合剂、抗感染外，每日用本品2～3毫升，加入10%葡萄糖溶液20～30毫升中静滴，每日1～2次。结果：治疗组有效率74%，对照组有效率52%，有显著性差别（$P<0.05$）。患儿硬肿开始减轻及完全消退日期，两组比较亦以治疗组为优（$P<0.05$）。刘汉兴用本方治疗小儿气厥83例，结果：治愈74例，显效8例，无效1例（为痫症），总有效率98%。(3)外科：刘盛斯报道，本方对手术后患者出现的自感发热、自汗、面色苍白或潮红，神倦等气阴不足证有显效。此外，赵景芳还用本方治疗放射性肺炎、癌肿化疗引起的中毒性心肌炎，陈德发等治疗颈动脉窦综合征等，均取得较好疗效。

实验研究　林凤如等将本方制成冲剂，对老龄大鼠进行预防中暑的实验观察，结果表明：本方能降低中暑动物死亡率，减轻心肌磷酸肌酸及cAMP含量的耗竭。曾祥发等应用生麦注射液对大鼠伤寒内毒素性脑水肿进行实验，结果表明：本品对内毒素性脑水肿在保护脑细胞及血脑屏障的完整性、增强机体的抗病能力、延长存活时间方面均有效，其存活时间与对照组相比，有显著差异（$P<0.05$）。

毒副反应　刘玉英等报道，以本方治疗350例心血管病变中有2例发现黄疸，黄疸指数上升为20～60单位，后经治疗黄疸均消退。此2例为风湿性心脏病伴心源性肝硬化，提示有肝硬化改变者，本方当慎用或少量应用。

（张浩良）

【升阳益胃汤的临床应用】

升阳益胃汤系东垣《脾胃论》方。由黄芪、人参、半夏、炙甘草、独活、防风、羌活、柴胡、黄连、茯苓、橘皮、泽泻、白芍、白术、生姜、大枣十六味药组成。功能升阳益胃、补气除湿，主治怠惰嗜卧、四肢不收、体重节痛、饮食无味等症。近年来被推广应用于治疗内、妇、皮肤、五官等科的多种疾病。

毛长岭治疗慢性胆囊炎，以本方加减，若舌色青紫属血瘀者，去茯苓、泽泻、羌活、独活，加炒蒲黄、五灵脂、丹参，共治132例，治愈36例，好转67例，总有效率为77.3%。毛氏认为本方柴胡、防风、羌活、独活等升阳燥湿的风药入少阳胆经，能使胆管扩张收缩，起到利胆和胃作用。郭荫南也以本方治愈一例慢性胆囊炎。汤文学治一患者，慢性泄泻2载，日泄5～6次，夹有食物残渣或粘冻，经服本方1月余，大便成形，继加减调治半月获愈。还有以下报道，如丁建平、章继才、张惠云分别以升阳益胃汤治疗脾虚气陷之慢性泄泻；章氏、古凤江分别以本方治疗脾虚失运，湿热下迫之痢疾；丁氏、汤氏等分别以本方治疗气虚下陷，清阳不升，脑失所养所致之眩晕；夏问心以本方治疗怠惰嗜睡症，以及董文泉用本方治疗胃粘膜脱垂症25例等，均获显效。金友等以本方治变应性亚败血症、白塞氏病、激惹结肠综合征、慢性肾炎氮质血症、慢性萎缩性胃炎，均收异病同治之妙。姜润林认为，本方具有双向调节作用，既可治疗低血压、慢性肠炎、小便时有自溢，又能治疗高血压、便秘、妊娠小便不通等症。杨善栋用本方加减治疗妇女带下，其中脾虚型，重用党参、黄芪、白术、甘草、茯苓；湿热型，重用黄连，加黄柏、黄芩，去羌活、独活；肝郁型，加当归、丹皮，去羌活、独活；肾虚型，加干姜、吴茱萸、鹿角霜，去黄连、白芍，并配合外洗方。经治74例，治愈39例，显效26例，好转7例，总有效率为97.3%。杨氏认为，方中“风药”能鼓动中焦，益气化湿，且能祛湿止痒，为治带下不可缺少之品。还有戴书悦以本方治愈深层病毒性角膜炎；章氏以本方治愈鼻渊、齿龈肿痛；赵国仁以本方治慢性牙周炎获满意疗效。

（陈家英　张　宁）

【当归补血汤的实验研究】

当归补血汤出自《兰室秘藏》，由黄芪、当归组成。功能补气生血。主治大失血后，或妇女崩漏、产后而致的血虚证，以及疮疡溃后脓血过多而出现血虚症象者。近年来，对本方药理作用的实验研究开展较多。

宋秀琴等研究了当归补血汤及其单味药对小鼠腹腔巨噬细胞（Mϕ）膜受体及对B淋巴细胞（观察脾细胞的抗体分泌细胞．PFC）和T淋巴细胞（观察血流中酸性α-醋酸萘酯酶阳性细胞．ANAE）的刺激作用。实验结果表明，当归补血汤及单味药黄芪对小鼠腹腔巨噬细胞的FC受体及C_{3b}受体均有明显的刺激作用（以结花率作指标）。而单味药当归组绝对数虽有所提高，但无统计学意义。用PFC及ANAE为指标分别测定B及T淋巴细胞功能时，可见本方剂及两种单味药物均有明显提高PFC及ANAE的效果。证实该方有促进免疫功能作用；黄芪可提高和调整免疫功能；当归对淋巴细胞有明显促进作用。张蕴芬等观察了当归补血汤及其加味对正常小白鼠免疫功能的影响，发现：单用当归补血汤对腹腔巨噬细胞吞噬功能及抗体效价虽有显著的提高，但对免疫特异玫瑰花形成细胞（RFC）则无明显影响；而当归补血汤加味（当归补血汤加补骨脂、女贞子）对特异性和非特异性免疫功能不但作用范围广泛，并且其作用强度也非常明显。吴秉纯等进行了当归补血汤的配伍学研究，实验分二部分：（1）对正常小鼠红细胞、血红蛋白的影响：将40只小鼠分成四组，分别给予黄芪、当归与当归补血汤，10天后采血复查，结果：与给药前比较，当归补血汤组能显著提高小鼠红细胞数与血红蛋白浓度（$P<0.01$），而黄芪组与当归组虽有一定作用，但与对照组相比，无生物学统计意义。（2）对贫血动物模型的作用：将40只小鼠用照射X射线及腹腔注射苯肼液的方法造成贫血小鼠模型，按前法分组给药，结果发现：当归补血汤、黄芪与当归组均能促使贫血小鼠的红细胞再生；但当归补血汤组较单纯用当归或黄芪组补血为佳。李树英等研究了当归补血汤对培养心肌细胞缺糖缺氧性损伤的保护作用，结果：从细胞水平观察到当归补血汤，无论1500μg/ml或2000μg/ml对培养心肌细胞缺糖缺氧性损伤有直接保护作用，使心肌细胞释放至培养基中的乳酸脱氢酶（LDH）减少，细胞内LDH酶颗粒分布均匀，接近正常对照水平。其作用机制可能是稳定缺糖缺氧心肌细胞膜功能，改善线粒体的作用，减轻线粒体水肿，增加能量供应，降低能量消耗，提高心肌细胞的代谢及补偿能力，免于细胞受损。另设Eagle培养基组，其容量与给药组同，观察加入异物对细胞搏动是否有影响，其结果：细胞搏动频率略有增加，收缩强度减弱。提示：当归补血汤有抑制心肌细胞搏动、减慢频率的作用，但搏动振幅增高，这就说明本方有增强心肌细胞收缩的能力。

（方东行）

【一贯煎的临床应用与研究】

一贯煎出自清·魏玉璜《柳洲医话》，由北沙参、麦冬、生地、枸杞子、当归、川楝子六味药物组成，有滋阴疏肝之功能，用于肝肾阴虚，气滞不运而致胁肋胀痛等多种病证。

一、临床应用

（一）内科　（1）头痛：姚宝根报道治疗一例病程长达10年的顽固性头痛患者，头痛以前额为甚，常在午后及夜间发作，大便干燥，舌红苔白，脉沉细带弦。用本方加菊花、旋覆花、川芎、珍珠母、白芍、代赭石等，服药20剂后，诸症皆减，改投杞菊地黄丸巩固疗效，随访2年未再复发。（2）眩晕：沈才栋报道用本方加白芍、白蒺藜、菊花、石决明、牡蛎治一例眩晕10年的患者，证见闭目厌烦，移动则身不自主，伴口干，饮食少进，食则欲呕，舌红苔薄，脉细数；服药6剂，告愈。(3) 高血压：刘天基报道治疗1例肾性高血压证属肝肾阴亏，肝阳上亢，气机逆乱者，用本方加牛膝、钩藤、龟版、坤草、金钱草等，服药40剂，尿蛋白转阴，血压由165～180/105～120mmHg降为150/85mmHg，追访3年，未复发。(4) 内伤发热：姚氏治疗1例本病患者，证属阴虚血热，肝郁气滞，用本方加炙鳖甲、地骨皮、太子参、生白芍等，经调治半年，体温恢复正常。(5) 消渴：姚氏治1例肝肾不足，气阴两虚之消渴患者，以本方加生石膏、天花粉等，服药半年，血糖、尿糖均恢复正常。(6) 肝硬化：姚氏用本方加味治1例本病患者，证属肝肾阴亏，肝血不足，肝郁血滞；经调治5个月，诸症好转，肝功能恢复，白球蛋白比例由0.8:1恢复为1.6:1。(7) 迁延性肝炎：刘氏治疗1例患者，其谷-丙转氨酶568单位，超声检查见肝大锁骨中线处肋下2.5cm，剑突下3cm，证属湿热毒邪久蕴，灼伤肝阴，热入血分；用本方加味治疗2个月后症状消失，肝功能、超声检查均属正常。(8) 肺痨：沈氏治1例证属肺肾阴伤，阴虚燥热之肺痨咳嗽患者，用本方加味调理半年，诸症消失，经胸透复查，病灶稳定。

(二)外科　沈氏治1例疝气患者，两侧睾丸坠痛2年余，曾服疏肝理气、温肝散寒、补中益气等中药无效，经辨证属肝肾阴亏，邪滞肝脉，结于阴器所致；用本方加苡仁、白芍、甘草，服药5剂后，睾丸肿痛大减，治疗两周痊愈。刘氏治1例慢性前列腺炎证属膀胱湿热化火，灼烁肝肾之阴，气化不畅患者，在本方中加入金钱草、栀子、怀牛膝、车前子、琥珀等，服药20剂后，尿液检查正常，诸症悉愈。

(三)五官科　刘氏治1例中心性视网膜炎患者，在本方中加入蒺藜、炒枣仁、车前子、磁石、阿胶，服药40剂后，两眼视力由左0.5，右1.2恢复为左1.0，右1.5，黄斑水肿及反光圈均消失，追访2年未复发。

(四)儿科　刘氏用本方加入朱砂、龙齿、牡蛎、炒枣仁、五味子、川连治愈1例证属真阴不足，肝火上扰，心神不宁之儿童多动症。

(五)妇科　刘氏治1例妊娠高血压综合症，证属肝肾阴虚，风阳升动，气化乏源；在本方中加入石决明、天麻、白芍、车前子等，服药30剂，诸症消失，血压稳定，尿蛋白(—)，足月顺产。李淑珍治1例经断前后月经紊乱出现心烦易怒、五心烦热等一系列症状患者，在本方中加入龙骨、牡蛎、牛膝、二至丸等，服药6剂症状消失，随访1年未再复发。又治一例经行头痛伴恶心、干呕、乳房胀痛等症状患者，在本方中加入钩藤、藁本、竹茹、菊花，服后头痛消失，其它症状明显减轻。

二、实验研究

陈永祥等探讨了一贯煎治疗胃脘痛的机理，对大鼠灌服一贯煎后的胃液分泌进行观察，发现：一贯煎煎液明显偏酸（pH值为4.77），对大鼠胃酸分泌无明显抑制和中和作用，也不能降低胃蛋白酶的活性，因而对胃、十二指肠溃疡病的局部攻击因子似无减轻作用，其与甘楞散和乌贝散等收涩制酸剂通过减轻攻击因子对胃壁的作用而达到治疗目的有所不同，以上提示本方治疗胃脘痛可能与中枢效应及增强防御因子（胃粘膜抵抗力）有关。陈氏等进一步研究又观察到，一贯煎有显著的抗疲劳、抗缺氧、抗炎、体外抑菌、增强巨噬细胞吞噬功能、镇静和镇痛的作用，还能拮抗乙酰胆碱所致家兔离体肠管的痉挛；但对小鼠肠输送功能无明显影响，口服煎剂安全。龚跃新等对一贯煎中组方药物的游离氨基酸进行分析，经测试发现本方煎剂中含有天冬氨酸、苏氨酸等18种游离氨基酸（包括8种必需氨基酸）。

（方东行）

【安宫牛黄丸的临床应用与研究】

安宫牛黄丸出自清代吴鞠通的《温病条辨》，为以清热解毒见长的开窍剂。临床多用于治疗各种急重病症，被称为"三宝"之一。

陈天祥等人报道，用本丸治疗小儿脑系疾病多种，如特发性偏瘫、高热惊厥、急性病毒性脑炎、窒息等。其中治一例急性病毒性脑炎，连服两粒安宫牛黄丸，于1小时左右神志即转清。王永恒报道以本丸药为主治疗104例颅脑神经损伤意识障碍患者，有效79例，无效25例，有效率为76%，与对照组比较有显著优势（$P<0.005$），使患者能及早地由烦躁谵语、乱喊、不眠、双眼直视之痛苦中转为安定，甚至清醒。张良尧报道用本丸治疗24例副鼻窦炎取得了较好疗效。黄金平以本丸治疗农药中毒引起的高热昏迷症。此外，熊曼琪等人报道用该丸为主治疗一些疑难奇症，如痫证、痿证、瘛疭(脑膜炎后遗症)、糖尿病性肾功能不全、肝昏迷等。其中治1例脑膜炎后遗症患者，以四逆散、大定风珠配服安宫牛黄丸，仅30天，患者即恢复如常。任日君总结出，安宫牛黄丸能治疗流行性脑膜炎、乙型脑炎、病毒性肝炎、中毒性痢疾、肺炎、肝昏迷、中毒性肝炎、脑血管意外等多种急症、重症和难症。

随着临床应用的广泛和深入，近年来对其实验研究也取得了可喜的成绩。任氏归纳安宫牛黄丸对实验动物有镇静、抗惊厥、解热、消炎、复苏、保肝等药理作用。刘涛等就安宫牛黄丸对兔脑脊液乳酸脱氢酶和脑组织化学乳酸脱氢酶的研究发现，安宫牛黄丸混悬液10ml/kg口服，能够明显降低百日咳杆菌和美国大肠杆菌内毒素1μg/kg混合液兔耳缘静脉注射所致的脑脊液乳酸脱氢酶（LDH）活性的升高。进一步研究表明，染毒16小时后，兔脑脊液LDH的变化与脑组织化学LDH活性的改变基本一致，说明脑脊液中LDH活性的增高主要来源于脑组织细胞的损害。对照组兔脑脊液LDH值在染毒后明显升高，同时脑组织化学LDH的酶学反应也增强；而用药组脑脊液LDH值在染毒后没有升高，同时脑组织化学LDH的酶学反应也没有对照组明显；提示安宫牛黄丸对细菌、内毒素性脑损伤的脑细胞有保护作用。朱承喜等观察了安宫牛黄丸、清开灵注射液对氯化铵诱导氨昏迷动物模型皮层电图（ECOG）的影响，发现：安宫牛黄丸和清开灵Ⅱ注射液对氨昏迷动物均能减轻或抑制其精神症状和ECOG的恶化，并降低死亡率。由于氨中毒昏迷是肝和脑组织解毒机能受障碍所致，提示安宫牛黄丸对昏迷患者的疗效，可能是通过降低血氨途径，调整机体功能状况或增强肝脏解毒机能来实现的。

（王道瑞　方东行）

【大黄䗪虫丸的应用与研究】

大黄䗪虫丸出自《金匮要略》，功能祛瘀生新，治虚劳消瘦，腹满不能饮食，干血内停，肌肤甲错，两目黯黑等。近年来，临床广泛应用于内科、神经科、妇科等。

（一）临床应用

1. 内科　赵荣俊报道曾用本方加减治疗脑血栓形成、原发性血小板减少性紫癜、慢性肾小球肾炎各1例，均获治愈。高永祥报道用大黄䗪虫丸治一女性肠结核患者，服药1月而愈。唐丽指出，一些缠绵不愈之顽疾怪病，本方对之尤宜。如对瘀血阻滞，脉络失畅所致的头部剧痛反复发作；术后离经之血凝聚，气血运行受阻所致的胆结石术后腹痛；肾气亏损，不足以运行血液所致的脑垂体瘤；瘀血内停，气不能载津上升所致的消渴等，投以本方皆效。还有李国奇报道将大黄䗪虫丸改为汤剂加减治疗肝硬化腹水12例，均取得尿量增加、腹胀、腹水减退或肝功能改善等佳效。

2．神经科　陈兆洋报道用本方治愈瘈疭症，患者三月前有摔伤史，随后手足不自主地出现伸直、屈曲、扭转，病情日趋加剧，曾用养血熄风法治之无效，改用大黄䗪虫丸加减，服药10剂即愈。秦书勤等报道以大黄䗪虫丸治疗，使1例3年反复不休的外伤性癫痫获愈。张胜荣从劳伤心脾，气滞血瘀，阴血耗伤，新血不生之病因病机着眼，予本方以祛瘀清热润燥，经治一本病患者，服药1月而愈，随访半年无复发。

3．外科　王三山报道治1例下肢深部静脉血栓形成，行走不便，疼痛难忍的患者，以大黄䗪虫丸治疗2个月而愈。

4．妇科　王三山、侯丽辉等充分发挥本方祛瘀生新，缓中补虚之功效，广泛地运用于血瘀致虚的妇科多种疾病，效果良好。如对气滞血瘀的痛经；经络运行不畅，瘀血留滞，郁热伤阴的结核性盆腔炎、盆腔腹膜炎；人流伤宫，邪毒乘虚侵袭，气血凝滞的盆腔炎性包块等等，投大黄䗪虫丸皆效。高鹏翔报导某女宫颈癌Ⅲ期，诊为干血症，予本方每次1丸，日服3次，治疗7个月，诸症悉平，追访9年无复发。

（二）实验研究

邱培伦等用四氯化碳、乙醇综合法造成大白鼠慢性肝损伤，通过分组观察，发现大黄䗪虫丸组 LDH_5 和 SGPT 降低，血清蛋白回升，γ-球蛋白下降，肝胶原明显减少，病理改变减轻，提示本方对慢性肝损伤有保护作用。黄焱明等通过大黄䗪虫丸对高脂血症患者及家兔实验性高脂血症的降脂作用的研究观察，发现本方能降低高脂血症患者血清甘油三酯、总胆固醇，同时能使全血比粘度、全血还原粘度和纤维蛋白元水平下降。降低家兔实验性高脂血症血清总胆固醇、甘油三酯、β-脂蛋白的含量及全血比粘度、血浆比粘度。对高密度脂蛋白及其亚类的影响不明显。由此说明本方对防治动脉粥样硬化可能有一定作用，对缺血性心脑血管疾病的防治有一定意义。

（季　光　纪　钧）

【六神丸的应用与研究】

六神丸是久负盛名的传统中成药，其药理研究在《中医年鉴》1984年卷已作过介绍。近年来，其临床应用及研究又有进展。

临床应用　郭元仓在综合治疗的基础上，用六神丸治疗暴发型乙型脑炎合并呼吸衰竭患者12例，治愈率91.6%。其中服药少者2次，多者18次。用法：每次20粒，1日3次，鼻饲或口服，小儿酌减。陆保磊等以本药治疗上消化道晚期肿瘤20例，其中贲门癌15例，食管癌5例，均有吞咽梗阻等症。用法：每次10～15粒，1日4次，服后卧床1小时，7天为1疗程，连用4疗程，服药期间停用一切化疗、放疗。结果临床症状消失19例，缓解1例；全部能进流食，能进普食15例；2例上腹部原有肿块者均缩小。朱肇和报道用六神丸10粒，每日3次内服治疗过敏性紫癜性肾炎；用六神丸10粒，放患牙周围或龋洞中，待其溶化，约半小时后慢慢咽下治疗龋齿合并感染或牙根周围炎等引起的牙痛；用六神丸，每次2支，研极细末，凉开水或护肤霜调，外搽治丘疹性荨麻疹；用六神丸15粒，配真武汤治疗肺心病合并心衰；均获效。李光海等报道，六神丸还可用于治疗急性肾炎、结肠炎、流行性腮腺炎、流感、慢性活动性肝炎、白血病、心绞痛、心衰、白喉及鼻咽癌，以及放射性烧伤、带状疱疹、婴儿湿疹等疾病。

药理研究　任日君报道六神丸的药理作用有强心、抗炎等作用，能提高腹腔巨噬细胞吞噬功能，对血压有先降后升的作用。刘宁平认为六神丸有抗病毒作用。对本药的副作用和毒理，李光海等指出，六神丸中的雄黄含砷，大量应用或长期久服，会引起砷中毒，致肝肾受损，皮肤严重角化、皲裂、色素沉着。六神丸与酶制剂同服可抑制酶的活性；与硫酸盐、亚铁盐、亚硝酸盐同服会发生化学反应，甚至增加雄黄的毒性。体弱者及孕妇服用后会引起不良反应。此外，还有应用六神丸发生过敏反应的报告，须加以注意。

（袁宝权）

参考文献

B

白德贞　四逆散的临床应用　甘肃中医学院学报　(4):30，1989

C

陈德发等　生脉散加味治疗1例颈动脉窦综合症　中医药信息　(5):37，1989

陈定生等　白虎加人参汤治疗严重饥饿症　中医杂志　(5):24，1989

陈　楷等　清宫长春丹对老年人液化智能老化及衰老症状的影响　中西医结合杂志　(7):398，1989

陈泉生等　雄狮丸的药理研究　中成药　(1):27，1989

陈天祥等　安宫牛黄丸救治小儿脑系疾病举例　浙江中医学院学报　(1):19，1989

陈小珍　四逆散临床新用　吉林中医药　(4):32，1988

陈永祥等　大鼠灌服"一贯煎"后胃液分泌的观察　贵阳中医学院学报　(2):42，1986

一贯煎的实验研究　中国中药杂志　(9):42，1989

陈兆洋　大黄䗪虫丸治疗瘐疯证　四川中医　(5):31，1988

蔡辛生　生脉注射液治疗新生儿硬肿症疗效观察　实用中西医结合杂志　(2):22，1989

蔡　毅等　中华跌打丸的药理研究　中成药　(4):26，1989

D

戴书悦　升阳益胃汤治愈深层角膜炎　四川中医　(11):45，1988

戴玉如等　四君子汤和祁白术煎剂对抗菌及免疫的影响　南京中医学院学报　(4):40，1988

丁建平　升阳益胃汤琐谈　湖北中医杂志　(5):47，1988

董正华　麻杏甘石汤应属清热剂　陕西中医函授　(5):15，1989

F

樊巧玲等　清热方剂配伍疏散药探讨　安徽中医学院学报　(2):46，1989

冯　璞等　四君子汤对小鼠免疫功能的影响　中华微生物学和免疫学杂志　(4):252，1988

冯祯钰等　生脉饮用于肺心病缓解期42例疗效观察　南京中医学院学报　(1):20，1989

傅丽丽　补中益气汤加味治疗荨麻疹28例　河北中医　(3):38，1989

G

高朝纲等　小柴胡汤原方证的临床观察——附40例病例分析　成都中医学院学报　(3):23，1989

高峻泰　小柴胡汤中之"柴胡"并非小柴胡　四川中医　(7):50，1989

高鹏翔　大黄䗪虫丸治验三则　吉林中医药　(2):25，1987

高文科　四逆散临床应用举隅　陕西中医　(7):312，1989

高秀勤　生脉散为主治疗病态窦房结综合征　辽宁中医杂志　(10):28，1989

高永祥　大黄䗪虫丸的临床应用　黑龙江中医药　(5):33，1988

耿繁河　四逆散加味治验录实　河南中医　(5):36，1988

龚跃新等　一贯煎中组方药物的游离氨基酸分析　中草药　(9):28，1987

古凤江　升阳益胃汤治疗慢性细菌性痢疾　黑龙江中医药　(4):11，1989

郭贤坤等　补中益气汤加氯蔗酚胺治疗少精子症及精子活力低下52例　中西医结合杂志　(4):242，1989

郭荫南　升阳益胃汤临证应用体会　山西中医　(3):22，1989

郭元仓　六神丸治疗暴发型乙型脑炎呼吸衰竭12例临床观察　新中医　(10):39，1989

过伟峰　方论对君臣佐使理论发展的影响　中医药研究　(2):8，1989

H

侯丽辉等　大黄䗪虫丸方临床应用　中医药信息　(2):8，1987

黄金平　安宫牛黄丸治疗农药中毒引起的高热症　浙江中医杂志　(8):376，1985

黄树明等　四君子汤对大鼠胃肠推进运动的影响　中医杂志　(9):60，1988

黄焱明等　大黄䗪虫丸治疗高脂血症的临床观察及实验研究　中西医结合杂志　(10):589，1989

J

季宇彬等　补中益气汤对环磷酰胺抗癌活性和毒性的影响　中国中药杂志　(3):48，1989

补中益气汤和四君子汤对环磷酰胺毒性作用的影响　中医药学报　(4):39，1989

贾丹兵等　健脾灵片的临床疗效及药理研究　中草药　(1):29，1989

姜宜孙　柴胡疏肝散加味治疗药毒所致男性乳房发育症　上海中医药杂志　(8):22，1987

姜润林　升阳益胃汤双向调节治验举隅　吉林中医药　(6):31，1989

蒋兴良　柴胡疏肝散治胸胁内伤　上海中医药杂志　(2):29，1989

焦书义　柴胡疏肝散临证举隅　河北中医　(3):40，1989

金　友等　升阳益胃汤治疗疑难病五则　中医药学报　(4):22，1988

L

雷在彪等　补中益气汤加减治疗白细胞减少症75例　云南中医杂志　(3):18，1989

李光海等　六神丸的引伸应用　中成药　(11):37，1988

李国安等　补阳还五汤对血管壁抗血栓功能的影响　中西医结合杂志　(9):545，1989

李国奇　大黄䗪虫丸加减治疗肝硬化腹水12例　陕西中医　(10):464，1989

李浩琦　柴胡疏肝散治愈经期唇舌麻木　四川中医　(6):17，1989

李年春等　麻杏石甘汤的临床新用　江西中医药　(4):36，1989

李秋莲等　四君子汤对小鼠胸腺组织结构的影响——从计量形态学指标看四君子汤的免疫调节作用辽宁中医杂志　(3):43，1989

李淑芹等　柴胡疏肝汤加减治愈抽动——秽语综合症一例　中医药学报　(1):35，1989

李淑珍　一贯煎加减在妇科临床上的应用　中医函授通讯　(4):34，1987

李树英等　当归补血汤对培养心肌细胞缺糖缺氧性损伤的保护作用研究　中国医药学报　(1):27，1988

李育才等　降酮汤治疗糖尿病酮症33例临床观察　新中医　(2):20，1989

李轩贞等　石膏与麻黄按不同比例配伍的麻杏石甘汤中金属元素含量的研究　中成药　(11):10，1988

栗德林　柴胡疏肝汤为主治疗更年期综合症的临床体会　中医药学报　(1):39，1988

梁炳银等　芍药甘草汤治疗148例病毒性肝炎的临床观察　上海中医药杂志　(6):4，1989

林光启　四逆散临床治验二则　福建中医药　(2):6，1989

林凤如等　生脉散对老龄大鼠中暑的预防作用　中西医结合杂志　(8):485，1989

林一得　麻杏石甘汤治疗夏季热25例　中医杂志　(6):49，1982

刘传秀　柴胡疏肝汤临床运用举隅　吉林中医药　(4):30，1988

刘汉兴　加味生脉散治疗小儿气厥　四川中医　(4):13，1989

刘吉林　补中益气丸治疗腰椎穿刺术后低颅压反应　甘肃中医学院学报　(2):39，1989

刘宁平　六神丸的新用途　中医药信息　(4):15，1989

刘盛斯　手术后生脉散应用刍议　四川中医　(3):32，1989

刘　涛　安宫牛黄丸对兔脑脊液乳酸脱氢酶脑组织化学乳酸脱氢酶的影响　江苏中医杂志　(6):33，1987

刘天基　一贯煎临床运用举隅　实用中医内科杂志　(4):33，1989

刘心毅　四逆散方证辨惑　中医杂志　(8):66，1987

刘学文　四逆散证病因病机之我见　中医函授通讯　(3):14，1988

刘玉英等　参麦注射液致黄疸2例　辽宁中医杂志　(2):26，1989

陆保磊等　六神丸治疗上消化道晚期肿瘤20例　吉林中医药　(1):19，1989

陆　曦等　小柴胡汤加减治疗皮质激素副作用31例　福建中医药　(4):23，1989

吕秀凤等 桂枝汤免疫抑制作用的实验研究 中西医结合杂志 (5):283，1989

M

马成龙等 原子吸收法测定"麻杏石甘汤"中的微量金属 中药通报 (10):45，1986

毛长岭 升阳益胃汤治疗慢性胆囊炎132例 湖北中医杂志 (2):21，1988

N

牛兴旺 浅议麻杏甘石汤的主药及分类 陕西中医 (3):134，1989

潘毓仁等 柴胡疏肝散加减治疗乙型肝炎80例疗效分析 云南中医杂志 (5):19，1984

潘兆文 小柴胡汤治疗疑难杂证 湖南中医杂志 (2):34，1987

彭 暾 镇肝熄风汤治疗血管性头痛70例 中西医结合杂志 (9):563，1989

Q

秦书勤等 大黄䗪虫丸治疗外伤性癫痫 四川中医 (8):28，1989

邱培伦等 大黄䗪虫丸对实验性肝损伤的保护作用 中西医结合杂志 (11):668，1988

R

任日君等 六神丸的研究 中成药研究 (6):32，1987

任日君 安宫牛黄丸研究概况 山东中医学院学报 (4):60，1988

S

山本严 麻杏石甘汤治疗痔核及静脉炎 陕西中医学院学报 (3):57，1985

佘敏等 北京蜂王精抗衰老药理研究 中成药 (4):28，1989

沈才栋 一贯煎临床应用举隅 陕西中医 (11):512，1989

盛生宽 四逆散加味治痛证 湖南中医杂志 (2):34，1989

石志超等 乌蛇搜风汤治疗银屑病64例 中西医结合杂志 (5):305，1989

宋秀琴等 当归补血汤及其单味药对小鼠Mϕ受体及淋巴细胞PFC和ANAE的影响 北京中医学院学报 (2):43，1989

宋永明 辨证治疗胆石症300例 辽宁中医杂志 (4):18，1989

孙九光 柴胡疏肝散的临床应用 上海中医药杂志 (12):28，1989

孙培桐等 四君子汤的治疗作用与微量元素 上海中医药杂志 (2):33，1989

孙武堂等 豚鼠脾虚泄动物模型在体胃肠电的变化及四君子汤对其抑制作用 中医药学报 (1):41，1989

T

谭风森等 四逆散化裁的临床应用 陕西中医 (6):268，1989

汤文学 升阳益胃汤临床应用举隅 新中医 (9):44，1986

唐才东 柴胡疏肝散加减治疗粘连性肠梗阻 四川中医 (3):31，1984

唐 红等 补阳还五汤治疗缺血性脑血管病机理的研究进展 中成药 (3):22，1989

唐 丽 大黄䗪虫丸治验 天津中医 (6):38，1988

陶履冰 补中益气汤加减治愈慢性肾盂肾炎12例 河北中医 (2):6，1989

藤宣光等 蒿柴薇丹汤治疗小儿发热320例报道 北京中医 (1):31，1988

田安民等 桂枝汤解热作用的剂量、时间与效应关系 药学通报 (4):212，1987

田桂芝等 龙胆泻肝散治疗慢性宫颈炎疗效观察 中医药信息 (6):38，1989

田润芝等 柴胡疏肝散加味治愈睾丸胀痛2例 四川中医 (1):27，1988

涂荣华等 利胆排石汤治疗胆囊炎胆结石384例临床报告 中医药信息 (1):25，1989

W

王成玉 柴胡疏肝散在异病同治中的运用 江苏中医 (4):18，1989

王春生 补中益气汤治疗乙肝表面抗原携带者80例 辽宁中医杂志 (9):23，1989

王大宪 生脉注射液治疗小儿乙型肝炎32例 湖北中医杂志 (2):14，1989

王均宁 真武汤的临床研究进展 中成药 (11):39，1989

王克敏 麻黄附子细辛汤治疗坐骨神经痛 中国中医骨伤科杂志 (5):36，1989

王平安 麻杏石甘汤治疗小儿外感发热40例 湖北

中医杂志 (1):15, 1987

王三山 大黄䗪虫丸临床应用举隅 实用中医内科杂志 (2):28, 1989

王意诚 四逆散临床辨证新用 陕西中医函授 (2):25, 1987

王应泌等 柴胡疏肝散治疗胸痹60例 陕西中医 (9):391, 1989

王永汉等 十全大补汤口服液的益气养血作用实验观察 中成药 (5):31, 1989

王永恒 安宫牛黄丸在颅脑损伤中对意识障碍恢复的疗效观察 中西医结合杂志 (12):726, 1989

吴秉纯等 "当归补血汤"配伍学研究 黑龙江中医药 (4):41, 1989

吴 锐等 逐瘀温宫汤治疗血瘀挟寒型功能性痛经临床及实验研究 中西医结合杂志 (8):435, 1989

吴以岭等 中药五龙丹治疗冠心病心绞痛100例临床观察 天津中医 (1):8, 1989

吴照平 麻杏石甘汤加味新用 陕西中医 (9):413, 1989

X

夏绩恩 柴胡疏肝散治验二则 四川中医 (4):28, 1989

夏问心 嗜睡用升阳益胃汤治验 江苏中医杂志 (8):47, 1986

冼基岩 补中益气汤加味治疗耳鸣30例 广西中医药 (2):12, 1988

肖绪银 四逆散应用举隅 陕西中医函授 (5):20, 1989

谢碧桃等 四逆散的药理作用研究 泸州医学院学报 (2):9, 1980

谢焕荣 四逆散临床应用举隅 内蒙古中医药 (1):20, 1989

熊曼琪等 安宫牛黄丸治验五则 中国医药学报 (4):44, 1988

许子建 议中医方剂的组合特点 云南中医学院学报 (3):1, 1989

Y

严永清等 生脉散的历史文献考查 中国中药杂志 (5):3, 1989

杨汉耀 小柴胡汤治疗时间差反应偶得 中医药研究 (2):25, 1987

杨善栋 升阳益胃汤治疗带下74例疗效分析 浙江中医杂志 (8):367, 1987

杨秀婷等 癫痫散治疗小儿癫痫30例观察 中医药信息 (2):29, 1989

姚宝根 一贯煎应用经验 浙江中医杂志 (6):279, 1989

游 龙等 摩罗丹治疗325例萎缩性胃炎疗效观察 中成药 (3):25, 1989

余瀛鳌等 四逆散在内妇科的临床应用 中医杂志 (5):21, 1988

Z

曾祥发等 参麦注射液对大鼠伤寒内毒素性脑水肿的作用观察 广西中医药 (1):44, 1989

张国强等 小柴胡汤和氯霉素对鼠伤寒感染模型抗感染免疫的协同作用 上海中医学院学报 (2):40, 1988

张惠云等 升阳益胃汤治久泻验案 陕西中医 (10):462, 1988

张均斌等 小柴胡汤的临床解热作用与剂型改进 中国中药杂志 (5):55, 1989

张良尧 安宫牛黄丸治疗副鼻窦炎24例 浙江中医杂志 (8):376, 1985

张胜荣 大黄䗪虫丸与祛瘀生新 北京中医杂志 (4):58, 1988

张希仁 柴胡疏肝散之临床应用 内蒙古中医药 (1):22, 1988

张雅琴等 葛根芩连汤和小柴胡汤对鼠伤寒感染模型的抗感染免疫作用 上海中医学院学报 (1):47, 1987

张一军等 麻杏石甘汤治疗荨麻疹的实验研究 吉林中医药 (6):21, 1984

张应焕 柴胡疏肝散加减治疗溃疡病合并慢性胃炎的几点体会 兰州医学院学报 (1):42, 1986

张蕴芬等 当归补血汤及其加味对正常小白鼠免疫功能的影响 中医杂志 (10):73, 1982

章继才 升阳益胃汤运用之我见 云南中医杂志 (5):25, 1989

赵景芳 生脉饮加味在防治癌症中的应用 江苏中医杂志 (10):23, 1989

赵 琳等 四君子汤对^{60}Co照射大鼠免疫功能的影响 中华微生物学和免疫学杂志 (3):189, 1987

赵生富 柴胡疏肝汤加减治疗胸胁内伤八十例简介

浙江中医杂志 (2):62, 1984

赵荣俊 运用大黄䗪虫丸治验三则 中医杂志 (12):26, 1989

赵志谨 桂林古本《伤寒杂病论》四逆散方证刍议 国医论坛 (1):16, 1988

郑金华等 牛黄解毒片治疗原发性血小板增多症 中西医结合杂志 (2):103, 1989

周世雄 有关麻杏甘石汤在方剂学中的分类 山东中医学院学报 (1):70, 1988

朱承喜等 安宫牛黄丸及清开灵注射液对实验性氨昏迷动物皮层电图的影响 中西医结合杂志 (12):739, 1989

朱肇和 六神丸今昔谈 中成药 (5):41, 1989

三、医史文献

（一）学派研究

【概述】

1989年度，在中医各家学说学科领域中所获得的研究成绩，虽然缺乏重大的突破，但也不乏新的进展。

对于历代医家学术的研究，也有进一步的深入。如对张仲景的用药特点的研究，有的学者认为他不仅重视后天脾胃的顾护，而且十分突出地掌握了在药物配伍时动静配伍、互制互用的统一对立规律，同时还善施毒品，注重用法。这种研究使人们对仲景用药的方法有了更加深刻的认识。另若吴鞠通学术思想研究，已经从温病学说领域跨入到杂病及妇科病论治，如用调整全身气机的方法论治湿热病；用通阳泄浊法调经理血；创制了治痢十法等。吴氏胆识俱全，疗效卓著，因而加强对《吴鞠通医案》的探讨，也是一个很必要的课题。关于喻昌学术思想和临床经验的研究，涉及面较广，也比较具体。喻氏是一位学验俱丰的医家，故对其进行更为全面和深入的发掘，则犹待努力。近年，在李杲“阴火”学说研究方面有了新解，认为阴火是以气机郁滞和血虚发热为标的火热病之称，并对李氏用药的独到之处，进行了较详细的阐述。有的作者认为阴证学说（指太阴、少阴、厥阴经之虚证）是王好古所独创，且王氏在研究伤寒中，注重方剂，创立了13首阴证用方。还有作者论述戴思恭对丹溪学术的继承发挥等方面有所进展。研究者认为戴氏对丹溪“阳常有余，阴常不足”的阐述，有新的发挥，在论郁方面也较丹溪更为深入，肯定了戴氏在丹溪学派中的中坚地位。在其他医家学派的研究方面，也或多或少地展示了较新的研究成果。

此外，对《伤寒论》的方证研究，一年来也体现了新的进展。如对柴胡汤证与少阳病关系的研究，提出了新的见解，虽然二者在病机、症状方面，均有相同之处，但仍有区别。认为《伤寒论》三阳病均有柴胡汤证。又如对四逆散证的研究，较多的讨论集中于该证的病机方面。有的认为四逆散证属厥证，有的认为属气厥，有的认为属少阳病类证等，反映出较热烈的学术气氛。

“房中术”在过去长期被视为禁区，但近年来有一些文章开始论述孙思邈的房事养生术。从医学角度进行这方面的研究评述，无疑是健康和有益的。

然而不容否认，目前对于学说学派的研究并不是尽如人意的，象一些老生常谈、人云亦云、肤浅平庸的现象时有出现。因之，如果要想在本学科的广度、深度方面获得高质量的研究成果，看来还得下一番不小功夫。

（严世芸　朱宝贵）

【仲景用药特点新探】

仲景用药颇具匠心卓识，最近研究资料阐述仲景用药有以下特点：

1．重视脾胃，顾护后天　刘培民等认为，仲景继承《内经》基本理论，提出阳明居中属上、万物所归的精辟论述，确立了脾胃为中心的治疗观，形成了“扶正培本，补益脾胃”、“清热安内，顾护脾胃”、“祛邪攻下，勿伤脾胃”、“升降相依，斡旋脾胃”、“化湿利浊，苏醒脾胃”、“多种服法，鼓舞脾胃”的选方遣药风格，颇有实用价值。

2．对立统一，互制互用　何顺华认为仲景用药动静配伍规律独树一帜，于临床极具指导意义。(1) 辛甘相合，寓补于散：辛属动，甘属静，辛甘相合、动静配伍之法，既用于发散外邪，调和营卫，又用于温散里寒，益气健脾。(2) 刚柔互济，益阴助阳：辛香苦燥药为刚动之品，甘寒（温）滋腻药为柔静之品，两类药伍用，刚柔互济，有动有静，阳动促阴，阴静制阳，阴阳协调。(3) 敛散同伍，相反相成：取其两类作用相反的药物配伍，一则解散邪气，二则收敛正气，一动一静，相反相成。(4) 消补兼施，动静互制：对于脾虚失运，而致水气、饮食、癥块积结于内的病症，采用消（攻）补兼施法，使补中有消，静中有动，动中有静，既去邪，又扶正。刘维雍认为仲景用药对立统一规律有寒热并用、补泄兼施、升降相因、燥润相济、散收相伍，补阴补阳同用、补气补血并用等。

3. 善施毒品，注重用法　龙文强统计，仲景在《伤寒论》、《金匮要略》两书中使用有毒药物达 24 种，含有毒药物方剂 119 首，约占两书总方剂的 32% 之多。具体使用过程中，则紧扣七个环节：明确适应证候、讲究药物炮制、重视药物配伍、采用不同剂型、强调煎服方法、严格掌握剂量、注重药后观察。于是既充分发挥了其独特治疗作用，又有效避免了其副作用的发生。

4. 讲究煎法，确保药效　陈莉等认为：仲景对药物的煎法有独到见地，不仅提出直接水煎、微火煎、去渣更煮再煎、米熟药成、煎煮丸散等药物的一般煎法，还阐明有关药物的先煎、后下，特别是对特殊溶剂的药物强调当以甘澜水、浆水、泉水、蜜、麻沸汤、苦酒、酒等预煎煮，为全面发挥药物效能提供了保证。

5. 巧妙搭配，一药显多能　王放认为仲景对细辛配伍严谨灵活，已达出神入化地步。如细辛配干姜、五味子则治痰饮咳喘；配麻黄、附子则治阳虚兼外寒证；配制大黄、附子则治寒积腹痛；配当归、桂枝则治血虚寒厥；配乌梅、黄连则治厥阴寒热错杂；配半夏则安胎止呕等等。

（张友海　纪　钧）

【《伤寒论》柴胡汤证的研究】

近年来，对《伤寒论》柴胡汤证的研究，主要有“柴胡汤证与《伤寒论》少阳病的关系”、对“有柴胡证，但见一证便是、不必悉具”的理解以及“少阳病病位的讨论”等。分述如下。

一、柴胡汤证与《伤寒论》少阳病的关系

徐兴国、蔡振东等认为柴胡汤证与少阳病虽有共同之处，如病机均属邪入半表半里，少阳经气不舒，症状均有胸胁苦满、寒热往来等，治法均用和解表里、清泄胆热，但仍有区别。徐氏认为柴胡汤证既不能代表少阳病，也不为少阳病所独有。《伤寒论》三阳病均有柴胡汤证，而以太阳柴胡证为其重点凡外邪直中少阳者，称之为少阳柴胡证；凡由太阳病不解而转属柴胡汤证，称为太阳柴胡证；接近阳明者，称之为阳明柴胡证。徐氏指出：三阳柴胡汤证以少阳统之，但以太阳柴胡汤证为重点。蔡氏认为少阳病证与柴胡汤证的区别，前者是病邪直入少阳的病证，兼证种种，表现复杂，如原文 96 条。少阳病证由于邪热深入，蕴积胁下，肝胆失疏，三焦失其通达。治疗只可和解，禁用汗、下法。后者是胆腑受热间接引起的病理反应，其主症较单纯，如原文 266 条。柴胡汤证如果必要时，治用和法，兼用汗、下等法。余国俊、梁华龙、高飞等认为不能将柴胡汤证与少阳病混为一谈。故《伤寒论》除太阴病篇外，其余 5 篇均有柴胡汤证。这是由于少阳为三阳之枢，主内外出入，而小柴胡汤为枢机之剂，和解表里，最善于领邪达外。余氏认为《伤寒论》少阳病主要包括柴胡汤证与十枣汤证两大证型。高氏认为少阳病属六经辨证体系，而柴胡汤证属于方剂辨证系统，两者的范畴不同。蓝青强认为少阳病纯粹是一个胆火上炎的热化证（264 条，265 条），范围较小，以口苦、咽干、目眩为主症，治疗用黄芩汤清泄胆火；柴胡汤证主要见于太阳病篇，次为阳明病、少阳病和厥阴病，症状多样，属于少阳枢机不利，治用小柴胡汤和解表里。

二、对“有柴胡证，但见一证便是，不必悉具”的理解

牟克祥：柴胡汤证的“但见一证”，是指能准确无误地揭示少阳病特点的主证，如寒热往来、胸胁苦满，心烦喜呕等见症。但要注重疑似证的审辨，不能抓住一证便是。白光中、李宇航等认为“但见一证”既指单一症状，又指病证结合。因此对此单一症状，应病证结合、经腑统一来考虑，既可能指寒热往来、胸胁苦满、心烦喜呕、默默不欲饮食的一症，也可能指口苦、咽干、目眩、目赤、两耳无所闻的一症。高氏通过对小柴胡汤证的临床统计分析，指出脉弦最为常见，69.1%；其次为白苔，42.6%；往来寒热，38.1%；纳差，36.6%；发热，35.5%。出现原文第96条四项主症的一项以上者，54%；出现少阳病提纲症一项以上者，占39.2%；如两者合并，出现一项以上者，占69.4%。高氏又对多种脉证组合的频率进行统计，均不能达到“但见一证便是”的标准。因此，高氏认为：基本否定试图通过某些脉证之一来确认柴胡汤证的观点。而辨认柴胡证要注意三点。(1) 抓主证，如寒热往来，柴胡汤证定位的症状，如胸胁苦满、呕而发热、差后发热等。(2) 抓病机，在特征症状不明显时，应结合病因病史，对脉证结合分析，观察是否符合柴胡汤证的基本病机。(3) 排除类似情况，注意鉴别诊断。

三、对少阳病“半表半里”的认识

邱宗志认为少阳病属枢机不利，邪在半表半里。范仁忠等认为少阳病的病位不是半表半里，病变中心位于胆腑，病变性质是邪热与正气相搏，以致邪恋胆腑，胆失清和。李翼也持此观点，指出少阳病的半表半里，为后世所加，非仲景本意。认为少阳病的特点部位是指少阳经络所属的部位，包括胆腑。李宇航认为少阳病的半表半里不是指非表非里，而是指既在表又在里，并以其为根据，进一步解释了少阳病禁汗、禁下，但见一证便是，寒热往来的机理，以及六经编排次序等理论问题。

此外，牟克祥研究了小柴胡汤的剂量，指出对肝胆疾患以及发热等炎症，汤中柴胡用量要大。在大剂量运用柴胡的病案中，并没有发现柴胡升阳劫阴的副作用。牟氏还指出，小柴胡汤的人参扶正以祛邪，护脾防变，为小柴胡汤主药。凡应用小柴胡汤，唯见邪实无虚者，方可去人参。

(孙志远)

【《伤寒论》四逆散证的研究】

对《伤寒论》四逆散证，历来多有不同看法。近年来，讨论集中于四逆散证的病机以及其在《伤寒论》中的编次等问题。

一、四逆散证的病机

对四逆散证的病机，袁伯敏认为四逆散证属热厥证，指出《伤寒论》318条原文所述的症状均属外感热病中常见病证，例如咳属呼吸道感染，悸属循环系统疾病，小便不利属泌尿系统感染，腹中痛、泄利下重属胃肠道疾病，这些症状如不治愈，可导至阳气内遏，“阴阳气不相顺接”引起厥逆。四逆散能条达阳气，有退热解毒、破气、散结等功用，可治疗热厥证。柴瑞霁认为四逆散证属“气厥”，理由有四：(1)“气厥”指因气致厥，以肝胃气滞、阳气内郁为其病机。“气厥”既能充分反映四逆散证的病机与病证特点，又与《伤寒论》中所述的寒厥、热厥、饮厥、蛔厥、血虚寒滞厥等相对应，使《伤寒论》中厥证的内容更完整，又能起到鉴别比较的作用。(2)《伤寒论》四逆散证所述之主症及或有症如“四逆”、“或咳、或小便不利，或腹中痛、或泄利下重者”均属肝胃气滞、阳气内郁的见症。(3) 四逆散中柴胡疏达肝气，枳实导

滞破积，白芍平肝柔肝，甘草缓肝和气，组成疏肝散郁、调畅气机的方剂。(4) 临床上，四逆散用于胁腹胀满、疼痛、纳呆、下利、小便难等属于肝胃气滞的症状，多能获效。王占瑛认为四逆散证属于少阳病类证，其见症均属于木郁乘土，胆胃不和。而四逆散的组方原则属条达阳气、泄热和脾、破气消积，与少阳病的代表方剂小柴胡汤相似，均属于和解剂。在临床上，四逆散常运用于各种胁肋胸腹胀痛为主症的少阳病枢机不利证，疗效往往较好。肖绪银认为四逆散证属少阴热化、阳气郁遏之证。

二、四逆散证在《伤寒论》的编次

肖绪银认为四逆散证属少阴病，编于少阴病篇无疑。潘澄濂认为《伤寒论》318 条四逆散证条文的"少阴"，可能是"少阳"之误，当是"少阳病，四逆……"。袁伯敏则认为四逆散证不属于少阳病，因为四逆散证没有出现少阳病小柴胡汤证的主要见症，如寒热往来、心烦喜呕、胸胁苦满、嘿嘿不欲饮食等症，而仅是小柴胡汤证的或有症，如"腹中痛"、"悸"、"小便不利"、"咳"等。"四逆散证"的主症为"四逆"则非少阳病的主要见症。袁氏指出，《伤寒论》将四逆散证放于少阴病篇仅是为了与少阴病的寒厥、热厥的四肢厥逆相鉴别。王占瑛通过分析《伤寒论》原文的一些结构形式，指出《伤寒论》318 条"四逆"列为首要症，再冠以"少阴病"，并不是认为四逆散证属于少阴病，而是将其作为少阴病的疑似症，以资鉴别。这种结构形式在《伤寒论》原文中并不少见。

(孙志远)

【孙思邈房事养生的学术思想初探】

中国古代医家对房事养生十分重视，孙思邈是最早的研究者之一。《千金要方》："令性行调顺，所作和合，家道日隆……若不如法，家道日否，殃咎屡至，虽生成长，家国灭亡。"可见孙氏对房事养生意义之重视。卢文章、孔庆玺等撰文对孙氏的房事养生作了如下概括。

1. 房事与年龄：男子虽十六而精通，当三十而娶；女子虽十四而经至，必二十而嫁。婚后房事当有节制，应根据各人健康状况及年龄来决定性交次数。《千金要方·房中补益》中说："二十者，四日一泄；三十者，八日一泄；四十者，十六日一泄；五十者，二十日一泄；六十者，闭精勿泄，而体力犹壮者，一月一泄。"30 岁以后，应随着年龄的增长而减少行房次数。一般以行房的第 2 天不感到疲劳，反感到全身轻爽愉快为恰当适度。

2. 房事与女性生理特点：房事必须注意女性经、孕、胎、产的生理特点。《千金要方》说，"妇人月事未绝，而与交合，令人成病"，孕期"主静节欲，以保胎元"，"产后百日已来，极须殷勤，忧畏勿纵心犯触，即便行房，若有所犯，必身反强直，犹如角弓反张，名曰蓐风"。

3. 房事与嗜好：房事还必须注意生活嗜好，尤其是不要醉酒行房。《千金要方》："醉不可以接房，醉饮交接，小者面暗咳喘，大者伤绝脏脉损命"。

4. 房事与情绪：《千金翼方·养性》指出，大喜、大悲等皆不可同房，谓"人有所怒，血气未定，因以交合，令人发痈……五损少子"。

5. 房事与气候：根据天人相应的观点，房事与自然界的气候变化也有重要关系。如《千金要方·养性》指出："交会者，当避丙丁日及弦望晦朔、大风、大雨、大雾、大寒、大暑、雷电霹雳、天地晦冥、日月薄食、虹蜺地动……损男百倍，令女得病，有子心癫痴，顽愚瘖瘂，聋聩挛跛"。

6. 房事与疾病：夫妻在患病期间，不宜房事，更不宜妊娠。孙氏指出：疾病而媾精，精气薄恶，血脉不充，既出胞胎，养护无法，胎伤，孩病而脆。还认为"服药百裹，不如独卧"。

7．房事与长寿：杨学坤指出，孙氏认为房事不可无，但也不可过度。合理适度的性生活有助于健康长寿。《千金翼方·养性禁忌》说："苟能节宣其宜适，抑扬其通塞者，可以增寿。"

8．房事艺术：房事艺术在养生中也有重要意义，行房之前，应待夫妻双方性欲冲动的到来，然后再行房，这样才能增进感情和身心健康。如孙思邈说："不欲令气未感动，阳气微弱，即以交合；必须先徐徐嬉戏，使神意良久，合阴阳才令人益寿。"

（刘道清）

【王好古阴证学说研究】

王好古（公元1200～1264年），字进之，号海藏，元代赵州人。早年与李杲同受业于张元素，因其年幼于李杲二十岁，故也拜李杲为师。著有《阴证略例》、《汤液本草》、《此事难知》、《医垒元戎》及《癍论萃英》。其中，《阴证略例》一书，是王氏所创阴证学说的代表作。沈敏南认为，阴证（是指"内伤之经"即太阴、少阴、厥阴三经，而且主要是指三阴阳虚之证）学说既述病因，又论治法，有较完整的理法方药。王氏论阴证病因，内因饮冷不节，误服凉药，或虚体内伏阴邪，外因感受风寒、霜、露、久雨潮湿之阴邪，不内外因为房室纵欲，竭其阳气，内外二因相合，如有单衣空腹而内外俱感者。宋经中指出，在发病原因上，王氏尤其重视内因的作用，无论内伤或外感发病，主要由于人身本气先有虚损，即"人本气虚实"是关键。其中又特别重视肾虚的作用。沈敏南认为，王氏在阴证诊断方面，突出脉诊及腹诊；在病机上强调体虚感染寒湿阴邪所致，故温通是阴证正治之法。常用药物有三类：(1) 甘温扶正之品，如人参、黄芪、白术、茯苓、甘草；(2) 辛热驱寒之品，如附子、干姜、肉桂、硫黄、细辛；(3) 辛温发表之品，如防风、羌活、藁本、独活、桂枝。《阴证略例》中王氏创立的13首阴证用方尤具特色：(1) 阳气内消之阴证善用温通，如正阳散，取附子之辛热，配伍麝香之辛热通窍；治疗阴毒伤寒，头汗面青，神志昏沉欲睡；用回阳丹，以硫黄大辛大热，配伍全蝎以通络走窜，治疗面青、手足逆冷、心腹气胀之证。(2) 对阳气外越之阴证善用反佐，如霹雳散中用蜜水，返阴丹用硝石；正元散用大黄。另外，王氏在《医垒元戎》中创制的胃风汤，辛热与甘温，对治疗脾胃湿邪郁滞之肠风、泄泻、湿毒尤为适用。宋氏认为，王氏在阴证治疗上重视"肾气虚寒"之病机，主张温养脾肾，药味皆温热辛甘，一类以附子为主，如正阳散、霹雳散，另一类脾肾双补，如附子散、白术散。

（茅　晓）

【戴思恭学术思想初探】

戴思恭学宗丹溪，在理论上对丹溪的"阳常有余，阴常不足"之论，阐述其所未尽；在杂病方面，对气血痰郁之治亦多有发挥。近年来，对戴氏论郁的学术思想及治验、戴氏整理校补《金匮钩玄》在其学术思想中的地位等方面的研究日渐增多，初步肯定了戴氏在丹溪学派中的中坚地位。

蔡鑫培等认为，戴氏论郁，较丹溪有更深刻的阐发，如"郁者，结聚而不得发越也。当升者不得升，当降者不得降，当变化者不得变化也"、"郁病多在中焦"、"中气不得其和而先郁"、"中焦致郁多也"等论述，明确提出郁证的病机是传化失常，郁证之枢多在脾胃。因此郁证的论治与脾胃的升降机能密切相联，是戴氏治疗郁证的关键。根据这一理论，戴氏对丹溪所制的越鞠丸作了详尽的分析，指出六郁不能一方统而治之，越鞠丸主要是升降消导，旨在恢复脾胃的斡旋之机，适用于"病而未深者"。郁证病情繁杂，有表里之别，风寒热湿之异，施治尚需全面辨证。六郁之间，更可互为因果，治疗尤当审证求因，圆机活法。

陈天祥、沈万生认为，《金匮钩玄》一书，原系丹溪课徒时口述之笔录，后经戴思恭校补整理而成，蕴含着戴氏学术思想之精粹。在《金匮钩玄》一书中，戴氏对丹溪原著的充实与发挥，可归纳以下几个方面：(1) 诠释概念，辨疑析误：如对癥瘕、健忘、痢下赤白等证，于书后专论，深入剖析。(2) 详析病机，指导辨证：如对泄泻病证，戴氏对丹溪所列的湿、气虚、火、痰、食积五种不同的泄泻，结合辨证进行分治。(3) 补充治法，内外兼施：如论治喘症，指出：大概喘急之病，甚不可用苦寒凉药，认为宜取椒目碾极细末，用一二钱以生姜汤调下。对脚气冲心之证，在内服四物加炒柏的同时，主张用附子津拌贴，并以艾灸，以引邪下泄。(4) 增列条目，多所发挥：如论暑风，在病因、病机、治法方面都有阐述，切于实用。对火热病证，戴氏在丹溪"阳常有余，阴常不足"的观点基础上，提出了"阳易亢，血易乏"的学术论点。对火热病的论治，原礼强调"治火之法，虚实多端，不可不察"，其实者，可以湿伏与水灭，多用苦寒之味直折之；若饮食劳倦，为阳虚之病，当以甘温之剂除之；若阴微阳强，为火虚之病，当以甘寒之剂降之；若肾水受伤，为虚之病，当以壮水之剂制之；若右肾命门火衰，为阳虚之病，当以温阳之剂济之；若心火亢盛，郁热内实，为阳强之病，当以咸冷之剂折之；若胃虚过食冷物，为火郁之病，当以升散之剂发之。戴氏丰富了火热病的理论。

（陈照甫）

【喻昌学术思想及临床经验研究】

一、学术思想

赵章忠从八个方面作了概括：(1) 医籍研究：喻氏研究古籍既博且深，上自《内经》，下至《本草纲目》，择其要义进行归纳、分析，说理透彻又不冗繁。(2) 对温热病证的阐发，提出外感病有伤寒、伤温、伤暑之不同，认为夏天暑湿热三气相合感病之人独多，而秋天多秋燥为病，又认为春夏秋之病皆起于冬，而秋冬之病皆起于夏，均为后来的温病学提供了主要论据。(3) 营卫三焦辨证：喻氏认为"营卫之义，圣神首重也"，"营卫一有偏胜，其患即不可胜言"，在辨证上提出邪之入侵，先卫后营。对于三焦，他不仅强调消渴等病分明三焦，而且明确提出温疫等外感病尤重三焦。(4) 脏腑经络辨证：喻氏特别重视脾胃，强调胃气强则五脏俱盛，胃气弱则五脏俱衰，并认为脾胃病变并不皆虚。他又认为风寒六淫之外邪易由络脉而入经脉，而营气自内所生诸病势能出于络外，故经盛入络，络盛返经，"用药之际，不加引经透络，功效羁迟，安得称为良工耶"。(5) 阴阳两气含义：喻氏认为阴阳两气交而生人，分而人死，偏而病起，乖而病笃。治疗旨在达到阴平阳秘。对新病者，治法宜重剂纠其偏，对久病者则用药宜平养其正。至于调补，更具体地提出阴虚多热惟喜纯甘壮水之剂而忌辛燥、苦寒，阳虚多寒者只宜甘温益火忌凉润、辛散，气虚宜补其上，精虚宜补其下，阳虚者宜补而兼暖，阴虚者宜补而清等方法。(6) 湿燥辨治：喻氏认为湿邪为病最广，可"发为疮疡、疟、痢、黄疸、肿满、消渴、痿厥之病"。治湿则推"平以苦热、佐以酸辛，以苦燥之，以淡泄之"。又著《秋燥论》，创制了清燥救肺汤。(7) 创订诊治法律：喻氏在《医门法律》中创订的"八要"、"三法"、"五法"等基本方法在临床上确多符合一般病情，具有重要的应用价值。(8) 创立病案格式：喻氏重视治验分析，对于病案的记录格式，他创设了很有价值的"议病式"，要求写明发病年月日，发病地点和环境、条件，记录病人的年龄、形态、声音、气质，详述病证的具体表现，服药情况及病程发展经过，裁述望闻问切的结果，诊断为何病及兼证，治法方药和获效情况等。

二、临床经验

1. 大气为病的治法：喻氏认为大气为病，外感多见热病，后期邪热伤气，或服凉解之剂太过，内伤由禀赋虚弱，心肺阳虚，致令全身机能减退，气机升降出入失调，产生气滞、气陷、气脱的病理变化，引起心肺功能低下。杜勉之归纳其辨证有寒凝气滞、气竭欲脱、大气下陷三型，并详细描述了临床表现及通胸中阳气、调气以和阴、宜温忌凉等治疗见解。

2．治痢疾变证：谢梅轩对喻氏《寓意草》中治痢疾变证归纳为四点：(1)治变救逆，“逆流挽舟”；(2)治变救误，固护胃气；(3)治变救阳，注重少阴；(4)治变救阴，滋肺润燥。

3．运用人参的经验：谢文光认为喻氏在挽救各种危证中擅长用人参，其特点有：(1)临危索饭，可用独参汤救之；(2)胃气将绝，急用人参，连投理中可续胃气；(3)伤寒躁热，若阳欲暴脱者，宜人参附子干姜固之；(4)内伤转症，元阳衰脱，急用人参以防其危；(5)肾气伤大出血者，急用人参浓煎。在临床上又广泛将人参运用于湿病、伤寒、痢疾、疮痈等证。如①外感湿邪，体虚不支，人参加入表药中以扶正祛邪；②外感内伤，邪入少阴之痢疾，用人参附子配祛邪药以表里双解；③凡久疟、久痢、久热，阳邪陷于阴分，可用人参败毒散急流挽舟。此外，其以理中治痞块，以参术治半身不遂，以人参、黄芪托疮治痈也均系人参扶正祛邪的具体应用。喻氏也重视人参的副作用，提出了人参的忌禁证。若肺热、肺燥、咳嗽、失血者不可用人参，用参则火愈旺，阴愈亏，或喘满不息，或移于大肠转肠澼。若肝火上炎，头目晕暗，不可用人参，用参则肝火暴盛而致厥癫。若经闭汗出，似虚而实，不可用人参，用参则其血枯，热积。

（廖晖明）

【傅青主学术思想研究】

傅青主学术思想的研究，近年又有新的进展。在女科疾病的治疗中，傅氏非常重视火热证的辨治，认为火热证有虚实之分，虚火多从内生，实火多从外来。热迫血行，则见崩漏经乱；灼伤带脉，则带下异常；损伤冲任，则崩漏小产；心肾不交，则骨蒸夜热。在火热证的辨治上，独具特色。姚石安、韩秋月等归纳以下几点：崩漏经乱，详察水火亏盛；骨蒸不孕，首倡心肾不济；带下异色，力推清养兼施；妊娠胎漏，治本助气泄火；行房小产，甘温固气填精。女子以血为主，以肝为先天。所以傅氏治疗女科之病，非常重视治肝。白峻峰总结傅氏治肝之方，有舒肝、清肝、平肝、补肝四法。女子情志易激，肝郁气滞，化火上逆，治宜舒肝、清肝、平肝之法，使气机畅达，升降出入运行不悖。常用方药为平肝升郁止血汤、顺经汤、顺肝益气汤、引经归血汤等。若肝之阴血不足，治宜补肝之法，使肝体得养而复常。常用方药为加味四物汤、转气汤、收膜汤等。贺又舜概括傅氏在制方用药方面有三大特点：一是重补慎攻，考究药量比例。重于补养而慎于攻伐，这一学术思想贯穿于《傅青主女科》始终。方剂中君臣佐使药量比例，轻重分明，配伍合理。从中可看出傅氏的制方风格与规律。二是燮理脏腑，注意生克配伍。傅氏在制方用药，调理冲任督带诸脉及脏腑功能方面，常常是顺相生、母子俱理，复承制、生克并调，遂相克，助弱抑强。三是顺畅气血，融合升降行止。气机的升降运动与血液的流行灌注，贯穿于整个生命过程。妇科疾病，多有气机升降失调和血运失常的病理变化。傅氏制方，将药物性能的升降行止，巧妙地运用于调整气机和血运的失常上。其具体方法是：寓降于升，升降相因；寓止于行，行止相合。

在男科疾病的治疗上，张绍舜认为傅氏重视协调心肾，其“心肾相交观”从多方面论述了心与肾之间存在的相互交通关系。当这种“相交”平衡被破坏时，即为“心肾不交”，就会导致遗精、早泄、阳痿等病症的发生。治疗的关键在于调节心肾阴阳，以达到上下相交、协调平衡的目的。

在治痰方面，黄国健提出傅氏的“三焦治痰法”独具特色。傅氏认为初病之痰在上焦，已病之痰在中焦，久病之痰在下焦。和胃化痰去其上焦之痰，温中燥湿去其中焦之痰，强肾安水去其下焦之痰。

（刘道清）

【叶天士杂病证治探析】

叶天士在杂病论治方面颇具法度，自成体系，不仅注重辨证求因，而且强调治病求本，体现了不拘常法而灵活变通，标本兼顾而融会化裁的特色。

（一）胃脘痛证重从痰论治　程远之撰文认为，叶氏广泛运用化痰一法治疗胃脘痛，有其独到之见。如对于脾胃气虚，不司健运，使水谷之气不化精微反聚为痰，阻滞于胃脘而痛者，立补气化痰法治之；对脾胃阳虚，沉浊凝滞，聚而生痰，引起寒痰滞于胃脘而痛者，以温阳化痰为治；对痰浊内盛，阳气郁滞而致胃脘痛，投以通阳化痰法；对胃阴亏虚，痰浊中阻而致胃脘痛，则宜滋阴化痰法；凡情志不遂，肝气郁结，气机不畅，脾失健运，痰自内生，郁滞于胃脘而痛者，主以理气化痰法；对于热盛伤津，灼液成痰，热痰中阻而致胃脘痛，宜用清热化痰法；对胃脘疼痛屡发不止，责之于凝痰聚瘀　须投化痰逐瘀之法。

（二）瘀血论治不囿常法　梁宏正认为，叶氏治疗瘀血之证不局限于理气活血、行气祛瘀等常法，而是极力寻究瘀血之因，据不同病因，施相应治法。同时强调治病求本，标本同治，在祛瘀基础上融合诸法。例如：瘀血之证若为气虚推动无力所致，则必取益气祛瘀之法；如属阳虚阴寒凝滞成瘀，则投之以温阳祛瘀法；属血虚而挟瘀者，主以补血祛瘀；若为下焦蓄血，则非以攻下祛瘀不可；如瘀血进而导致癥瘕积聚，脏坚不散，则必须以软坚散结为主。叶氏还以瘀血之证不同的病因病机，分别采取清热祛瘀、凉血化瘀，或豁痰祛瘀法等。

（三）郁证之治灵巧贯通　徐景藩指出，叶氏治郁证具有“灵巧”的特点，根据郁证不同病理转归而随机应变。如气郁易于化火，叶氏常以平肝、清肝与清心相配为用；而郁火伤及阴液，又宜滋阴降火；对于久郁气血运行不畅，津液停滞即成痰浊者，须化痰而解郁；对于郁久致劳，当以柔缓而濡之。叶氏治郁证还立足于贯通。如郁在气分，主以条达宣畅，而窍络不利之郁，则以利窍为宜；如脉络不通之郁，宜以宣通脉络，其旨意使全身气机升降贯通为平。

（四）治痞方精效切，不落窠臼　阎清海认为叶氏治痞具有特色：（1）运脾和胃亦须理肺：叶氏指出气阻脘痹，当开上焦。常在运脾和胃的基础上，加杏仁、桔梗、枳壳，以宣降肺气而助脾胃升降；若有痰热内阻者，复加瓜蒌、枇杷叶以肃肺气而化痰热。（2）辛开苦降，不忘益胃：叶氏认为“用辛开苦泄而必资酸味以助之”，常佐以乌梅、生白芍、川石斛等益养胃阴而助和降。若热伤肺胃津液，以致虚痞不食，舌绛咽干，便不通爽者，选用甘平或甘凉濡润之品，如麦冬、沙参、生白芍、青甘蔗浆等滋养胃阴，待津液来复，胃气和降，不攻而痞自失。此外，叶氏常在泻心汤基础上，将仲景栀子豉汤用于治痞，取其“微苦以清降，微辛以宣通”增加“除陈腐、散郁积”之功。对湿热内盛，痞满较甚者，又常加用白蔻仁、郁金、滑石等宣湿热、利下窍，使湿热速除，而脾胃功能复常。

（李孝刚）

【吴鞠通杂病论治经验探讨】

近年研究表明，吴鞠通不仅善于论治外感湿热，于杂病证治亦尤多建树。

（一）调理气机，论治湿热　沙宝瑜撰文认为：吴鞠通师法叶天士、薛雪诸家，强调“人身气贵流行，百病皆由愆滞”的论点，用调整全身气机方法治疗湿热病。（1）宣肺经气机除湿热。吴氏提出“气化则湿热俱化”的理论，运用通宣清养肺气法，治一暑湿热症，用白蔻仁、藿香梗宣散肺中滞气，温行胃中寒气，燥化脾经湿气，厚朴、杏仁下气宣肺，平调肃降。生石膏、青蒿、银花、连翘、鲜荷叶清解肺热，佐苡仁、茯苓皮补肺健脾利湿。(2) 调脾胃气机化湿热。对脾胃湿热，着重调理脾胃，清热化湿，疏通其气机。(3) 利膀胱气机去湿热。对小便不利或癃闭，用淡渗清利法。如治湿热下注之淋证茎肿，用茯苓皮、萆薢、车前子、生苡仁、泽泻、甘草梢、飞滑石、芦根、白通草，专于淡渗清利，通泄渗利，使水液流行，冲动气机，膀胱气化即畅达州都，湿热之邪从小便而去。(4) 理三焦气机消湿热。法当苦辛淡渗，三焦气机通畅则湿热得除。如治湿热发黄一案，以苦辛淡渗法化气，气化则湿热自除。荆芥、薄荷、桑叶、连翘、杏仁等疏通清宣肺气，白蔻仁、橘皮行气化湿醒脾，姜半夏、竹茹和胃化痰降逆，滑石、猪苓、茵陈清利湿热，辛通、苦降、淡利之法并行。总之根据脏腑气化功能的不同，分别选用宣、调、理、利诸法调整气机，使气化则湿热俱化。

(二) 通阳泄浊，调经理血　刘学俭认为：治月经病，以通阳泄浊法确能启发后人思路。吴氏认为，胃旺自然生血，然“阳气充满，则血无阻滞”。又说“以胃受浊而最恶浊，驱阴正所以护阳，通阳正所以驱浊”。刘氏分析《吴鞠通医案》所载月经病案12例，其所选用药物70余味，其中使用频数12次以上的有半夏、姜（生、干、炮、汁）、当归、陈皮、茯苓、生苡仁、小茴香、萆薢等8味；使用6～11次者，有桂枝、艾炭、降香末、川椒炭、香附、益智仁6味。分析结果表明：(1) 各组药物多以和胃通络及燥湿、渗湿药为主，既通阳，又泄浊；(2) 虽无固定成方，但使用次数较多的头两类药物，都是通阳泄浊法调经的常用药物。此外如通补奇经丸、化癥回生丹、天台乌药散等亦具通阳泄浊之功。吴氏所治月经病均有胃病或阳气不通、浊阴结聚的临床表现。

(三) 辨治痢疾，倡用十法　张天真等认为，吴鞠通辨治痢疾可归纳为十法。(1) 痢疾初起，分利湿热，用四苓合芩芍汤淡渗分利。(2) 痢初兼表，逆流挽舟。下痢而兼有表症，用活人败毒散扶正祛邪，即“陷者举之”之法，鼓舞正气，驱邪外达；若中气虚衰，用加减小柴胡汤，扶脾胃正气，透里达表。(3) 痢已形成，清热导滞。用加减芩芍汤清热导滞，调气行血。(4) 热痢炽盛，凉血解毒。用加味白头翁汤清热解毒，凉血止痢。(5) 湿阻三焦，芳化湿浊。下痢白多赤少，重滞难出，并见口渴不多饮，脘痞纳呆，舌苔灰黄厚腻。用滑石藿香汤渗湿宣化，芳香利窍。(6) 久痢挟瘀，燥湿化瘀。用断下渗湿汤清热燥湿，活血散瘀，收敛止血。(7) 噤口痢下，治分虚实。实者，邪热偏盛，用加味白头翁汤清热凉血；湿热并重，用加减泻心汤辛开苦降。虚者，邪少正虚，虚在脾胃，用加味参苓白术散健脾和胃，降逆止呕。若虚在下焦，用肉苁蓉汤温补脾肾。(8) 痢伤阴液，育阴坚肾。热痢津伤，阴液下竭，气失阴涵而上逆，昏厥气脱者，用加减黄连阿胶汤育阴坚肾。久痢阴亡，用人参乌梅汤急急救阴。肾阴虚乏，中气下陷，肛坠尻酸者，用地黄余粮汤滋补肾水，涩肠固脱。(9) 久痢伤阳，温阳散寒。脾阳虚衰用加减附子理中汤温中健脾。中阳虚衰用附子粳米汤大补胃气，温中回阳。胃肠阳虚，用人参石脂汤补气温中涩肠。肾阳欲脱，用桃花汤，温肾回阳固脱。脾肾阳气俱衰，用三神丸温补脾肾。老年脾肾阳虚，用双补汤温阳补气。(10) 痢损阴阳，补阳敛阴。痢下经久不愈，用参芍汤温阳敛阴，固肾补中。阴阳俱虚，用参茸汤补养奇经。阴液干涸，小便不通，中阳虚衰，用加减理阴煎守护阴液，宣通阳气。杜建忠总结吴氏治痢十法为：辛温表散法、辛淡渗湿法、苦寒清热法、清热养阴法，寒热并用法、甘温健脾法、温阳补肾法、辛甘固涩法、酸甘敛阴法、补阳益阴法。

此外，吕延亭据《吴鞠通医案》，归纳了吴氏治病六大要法：清热祛湿、化阴利尿、宣化三焦、和胃安眠、开通水道、通补血路，并就其运用进行了探讨。

（茅 晓）

参 考 文 献

B

白光中　使用小柴胡汤"但见一证便是"之粗识　浙江中医杂志　(2):90，1989

白峻峰　傅青主女科治肝法初探　山西中医　(5):12，1989

C

蔡鑫培等　戴原礼论郁述要　浙江中医学院学报　(4):31，1989

蔡振东　小柴胡证与少阳病证的异同　浙江中医杂志　(2):89，1989

柴瑞霁　《伤寒论》四逆散方证病机探析　四川中医　(2):2，1989

陈　莉等　仲景煎药法探幽　四川中医　(9):3，1989

陈天祥等　戴思恭与《金匮钩玄》中医杂志　(6):10，1989

程远之　浅谈叶天士从痰论治胃脘痛七法　江苏中医　(3):38，1989

D

杜建忠　吴鞠通治痢十法　安徽中医学院学报　(4):11，1988

杜勉之　试说喻昌《大气论》的临床意义　江西中医药　(2):29，1989

F

范仁忠　少阳病刍议　安徽中医学院学报　(1):17，1989

G

高　飞等　小柴胡汤证解析(二)　北京中医学院学报　(1):19，1989

H

韩秋月　傅山治疗崩漏方的临床应用观察　山西中医　(3):17，1989

何顺华　仲景用药动静配伍浅析　陕西中医　(5):237，1989

贺又舜　《傅青主女科·女科篇》制方用药特点初探　湖南中医学院学报　(2):68，1989

黄国健　傅青主先生三焦治痰赏析　山西中医　(2):15，1989

K

孔庆玺　论孙思邈养性篇学术思想　云南中医学院学报　(2):13，1989

L

蓝青强等　少阳病与柴胡证刍议　新疆中医杂志　(4):18，1988

李　翼　少阳不在半表半里　中医药学报　(2):49，1988

李宇航　再论少阳"半表半里"北京中医学院学报　(1):17，1989

梁宏正　浅谈叶天士对瘀血证的治疗　新中医　(9):1，1989

梁华龙等　返朴归真谈《伤寒》　上海中医药杂志　(36):12，1989

刘培民等　仲景脾胃中心观论治瘿瘤　陕西中医　(1):42，1989

刘学俭　吴鞠通运用通阳泄浊法调经简析　江苏中医杂志　(7):35，1989

刘维雍　仲景制方法中对立统一观刍议　山西中医　(6):9，1989

龙文强　论张仲景对毒剧药物的运用　中医药信息　(2):8，1989

卢文章　对孙思邈房事论述之探讨　安徽中医学院学报　(2):13，1989

吕延亭　吴瑭治病手法述要　陕西中医　(2):94，1989

M

牟克祥　对小柴胡汤证的两点认识　河南中医　(1):18，1989

P

潘澄濂　柴胡在《伤寒杂病论》诸方中的作用探讨　浙江中医学院学报　(6):9，1988

Q

邱宗志　从少阳三焦论《伤寒》五或然方证　成都中医学院学报　(4):1, 1987

S

沙宝瑜　吴瑭调理气机治疗湿热病浅述　四川中医杂志　(11):6, 1989

沈敏南　试述王好古的学术思想　河南中医杂志　(4):7, 1989

宋经中　王好古《阴证略例》探讨　北京中医学院学报　(3):9, 1989

孙广全　大柴胡汤证证治规律的研究　辽宁中医杂志　(11):8, 1989

W

王放试述张仲景对细辛的运用　四川中医　(5):2, 1989

王占瑛　《伤寒论》四逆散证当属少阳类证　国医论坛　(5):4, 1989

X

肖绪银　四逆散应用举隅　陕西中医函授　(5):20, 1989

谢梅轩　《寓意草》治痢疾变证经验探要　江西中医药　(2):5, 1989

谢文光　从《寓意草》翁喻昌运用人参的经验　江西中医药　(3):2, 1988

徐景藩　叶天士诊治郁证的学术思想　中医杂志　(2):10, 1989

徐兴国　试论太阳柴胡证　四川中医　(5):4, 1989

Y

杨学坤　孙思邈养生四要　上海中医药杂志　(8):38, 1989

姚石安　傅山女科火热证辨治特色探析　中医药研究　(5):27, 1989

余国俊　也谈少阳病位——兼与王玉芒、昌胃宝同志商榷　新中医　(6):42, 1989

袁伯敏　我对四逆散汤证的认识　上海中医药杂志　(6):42, 1989

Z

张绍舜　试论傅山心肾相交观在男科中的应用　山西中医　(3):46, 1989

张天真等　吴鞠通治痢初探　河北中医杂志　(6):8, 1988

赵章忠　略论喻嘉言学术思想　上海中医学院学报　(2):28, 1988

(二) 医 药 古 籍

【概述】

中医药古籍，大率纪物叙事，约言要义，文字简朴而不及细微。加之方俗殊语，往往辨晰名物，每个文字不足以达其状，言语难以详其形的情况。古人遇此，则常常济之以图，本草针灸、按摩导引，以至临床各科，无不如此。尤其是本草、经穴图谱，对于确定其品种、穴位至关重要。

中国图文相辅，用以格物致知的优良传统，可以说是源远流长。今知长沙子弹库出土的战国楚帛书，就有彩绘的四季树木图。《南方草木状》说："水蕉如鹿葱，或紫或黄。吴永安中（公元 258～264 年）孙休遣使取二花，终不可致，但图以进。"这是较早的植物图绘实物和纪录。《隋志》著录有源平仲《灵秀本草图》六卷。《新修本草》引有徐仪《药图》。中国初唐政府，颁布了世界第一部药典《新修本草》，同时撰修了彩色《药图》25 卷、《图经》7 卷，与《新修本草》并行颁布于世。惜上述各图，今皆亡佚。

近年来有人提出《新修本草》不起法律约束作用等，算不得国家药典，宋《太平惠民和剂局方》才可称为药典。王默对此问题作了考辨，据理否定了上述看法。

初唐政府撰修彩色《药图》，诚为亘古之创举，后世之楷模。故而历代官私因之，屡有彩色本草药图专著的绘制。如宋·王介《履巉岩本草》、明·刘文泰等《本草品汇精要》、明·佚名《食物本草》、明·文淑《金石昆虫草木状》、明·周祐、周禧《本草图绘》、明宫内府《雷公炮制法》、清宫内府复绘《本草品汇精要》、清·佚名《南方草木状图》等等，皆附彩图。其中王介、文淑(公元1595～1634年，文征明的玄孙女）及周祐姐妹，具是著名画家。宫庭所绘，也都出自名匠手笔。以上均是劫馀仅存的稀世珍品，至今丹青斑烂，神韵生机。

遗憾的是，除商务印书馆曾黑白影印过清·吴云（字平斋，公元 1811～1837 年，著名金石考据与收藏家）旧藏的《南方草木状图》，没有一部古本草彩图出版过。尤其令人痛惜的是，明宫《本草品汇精要》及彩图原本，竟于 1961 年辗转流出国外，今归日本“杏雨书屋”私藏，视为至宝。更有甚者，《雷公炮制便览》十馀年前竟被妄人严重地破坏残损！幸被当时的卫生部中医司奋力大部抢回，其功不浅。本卷收载《中国古代彩绘药图史略》、可知其历史梗概。曹晖就《本草品汇精要》的版本流传，进行了深入地研究考察。

古针灸明堂彩图，如唐·甄权（公元540～643 年）《明堂人形图》、唐·孙思邈《千金》与《千金翼》所附《明堂图》等早已亡佚。今存最早的经穴图有敦煌卷子《灸法图》残卷，但还算不得“明堂图”，因其专为灸治而设。现仅见明人彩绘的《足经图》残佚与清人彩绘的《人体经穴脏腑图》一卷。今传世的经穴明堂图著作都是墨线图，最早的有《太平圣惠方·孔穴图经》，惜刻本早亡，仅存清抄本。其次就是宋·王维一《铜人腧穴针灸图经》，宋版已佚，宋代刻石仅存残片，现存有明正统覆制石刻、影金刻本。

韩钟对甄权《针方》及《明堂人形图》进行了详细的考辨，指出《明堂人形图》彩图虽亡，图经尚基本保存于孙思邈《千金方》、《千金翼方》之中，其说甚是。同时提出甄权《明堂图》有武德（公元 618～626 年）、贞观（公元 627～649 年）二个传本。据考，甄权《针方》成于 621 年以前，其贞观本《明堂图》于 642 年左右修定。所据以确定武德本佚文者，乃依《外台》、《圣惠》、《铜人经》所引“甄权《针经》云”、“甄权云”之条文。因为这些条文与《千金》、《千金翼》明堂经说不合。韩说颇启人新思，对于标定穴位、主治皆有重要的现实意义。唯有些问题，尚有待今后进一步地考证澄清。

如甄权自武德以来，久附唐室，唐太宗何以偏在甄权百馀岁，即谢世的前一年左右令其修撰《明堂图》？即使应诏，恐亦力不从心。今按李世民与《明堂图》之　，史有明载。《唐会要》：“贞观四年十一月十七日（公元 630 年 12 月 26 日），决罪人不得鞭背。初，太宗以暇日阅《明堂图》，见五藏之系，咸附于背。乃叹曰：夫箠，五刑之最轻者也，岂容以最轻之刑，而或致以死。”宜是《明堂图》修成进上，太宗方有阅《图》之事。设是，甄权奉敕修《图》当在贞观四年或以前。至于《千金翼》有“吾十有八而志学于医，今年过百岁”云云，殆是孙思邈语，盖集体敕撰上表，焉得条陈一人的私事呢？否则又与修图无直接关系。

又按《新唐志》著录甄权《针经钞》三卷，《针方》一卷，《明堂人形图》一卷，明为三书。律之古人名书常法：述说谓“经”，翻录谓“钞”，主治谓“方”，绘形谓“图”。韩文据《外台》、《圣惠》、《铜人经》所引“甄权《针经》云”、“甄权云”等异文，以别武德、贞观两本。其中存在《图经》遗文，容或有之，然以《明堂图》、《针经》(不言《图经》，宜是《针经钞》文）和经穴主治（疑是《针方》文）三者浑而互校，是否妥贴，亦待澄清。

黄龙祥对《铜人腧穴针灸图经》的错误进行了考证，指出其对居髎、哑门、屋翳、魂门、肓门、小海诸穴，承袭了前人之误。其他还有臆改原文、夺文互倒之处。如狂易改为“狂惕”；阳陵泉、意会、魂门、大椎等穴主治，分别误置于地机、阳纲、意舍、曲垣等穴之下。韩锺除指出小海与少海互倒外，并指出手通谷误为腹通谷。黄、韩考证，皆详明有据，多可匡正今人以讹传讹之失。唯黄文谈到盲门穴主治“乳有馀疾”当训产后杂病，此恐沿《武威汉代医简》整理小组之说，按此殆误。考古韵妬、褚、馀、蓄，并在鱼部，音义咸通。“馀”古读妬（瑞母）或蓄（透母），瑞、透通转。《释名·释疾病》：“乳痈曰妬。妬，褚也，气积褚不通，至肿溃也。”褚亦作蓄，《左传·襄公三十年》：“取我衣冠而褚之。”晋·杜预注：“褚，畜也。”畜通作蓄。巢氏《病源·妬乳候》云：“新产后，儿未能饮之，及饮不泄，或断儿乳、捻其汁不尽，皆令乳汁蓄积……其热势盛则成痈。”是则《武威医简》之“乳馀疾”或《铜人经》之“乳有馀疾”，犹言乳蓄疾，即妬乳症。

提起来出土的古医书，大家都很熟悉敦煌卷子本，而敦煌石窟以外的出土医书还为数不少，有的已流入国外，如“黑城遗书”就是其中之一。早在19世纪末至20世纪初，英国的斯坦因和俄国的科兹洛夫，他们不仅窜到敦煌，也曾到甘肃的黑城探险考古。黑城是西夏时（公元1038～1227年）建立的一个城市，西夏语名阿济纳，蒙语名哈拉浩特，于14世纪末，埋没于流沙中。故城址在今内蒙阿拉善盟额济纳旗。斯坦因与科兹洛夫，皆在此发掘出土了许多西夏文及汉文书卷，分别掠去英国、俄国。在斯坦因掠去的文书中，经日本小曾户洋考证有一片林亿未校改过的《千金方》元代覆宋刻本残页。而苏联今藏的黑城遗书，今由（苏）缅希科夫著文《黑城遗书（汉文）诠注目录》予以披露。其中有中医学作品十件，最引人注意的是所称一部13世纪初刻本《孙真人千金方》。唯缅希科夫似很缺乏中医学与版本目录知识，如云《千金方》“这部药典记述了大量的药物”等等甚是可疑（按此当为《千金翼方》）。其他九件中医作品也都语焉不详。然而它文献价值之大，是不言而喻的。

其他如《胎产秘书》传抄本的新发现，不仅具有实用价值，而且为考证《丹溪治法心要》，傅青主、陈士铎等的关系，提供了新资料。清·葛自申的《医易经传会通》与《医易》的新发现，使我们瞭解到二者的关系与该书的完本大体概貌，这对葛氏原著全书的发掘和辑佚，都很有价值。

（史常永）

【《五十二病方》成书、方药源流考释】

《五十二病方》（下称《病方》）出土后，迭经研究。本年鉴84、86、88年卷均有收载。今董尚朴、孙启明、刘均正、尚志钧续有研究，摘述如下。

董氏对《病方》的成书年代和地域提出新见解，认为约成书于西周，反映齐鲁地区的医疗成就。其理由：(1) 成书上限：《病方》𤸇病祝由方中有“毋敢上下寻”句。“上下”始用于周代，为区别于殷商文献（习用“上下”）的文字特征。《病方》较多使用“地”字，如“穿地□尺”，“产时居湿地久”等，而殷商时代的甲骨文中无“地”字，周代文献始见“地”字。蚖病祝由方有“为人不德”句，甲骨文中也没有“德”字，周代才大倡“明德慎罚”，《病方》中较多地运用铁于医疗，如“煮铁饮之”，取“锻铁者灰”等，讫今为止的出土文物及文献均无商代冶铁业的发现与记载。祝由方中的“而刖若肉”，反映了周代的刑法。《周礼·秋官·司刑》，郑玄注曰：“周改膑作刖”。(2) 成书下限：《病方》与《内经》最显著的差别是看不到阴阳五行的说法。纵观成书于战国《左传》、《国语》等，已有运用阴阳、五行论证事物的言论。可见《病方》成书早于春秋战国。《病方》中有砭、灸疗法，未见针法，表明其成书年代应在针法尚未广泛运用时期。且《病方》原书无名，文字简约，风格与《易经》、《尚书》相似，与春秋作品有较大距离。故推论《病方》成书晚于殷商，早于春秋，当是西周作品。成书地域：《病方》有将柏杵作为驱逐病魔的武器。社树是中国原始部落的自然崇拜形式之一，如图腾一样。柏树，是聚居于中国东方（黄河下游）而后来称商的氏族崇拜的树木。《病方》中有诅咒病魔"毋为凤鸟蓐"，最初以"凤"命名者出自东方太昊—少昊族。少昊族大约在距今六千年前，由江苏云台山迁今山东曲阜一带。《病方》的祝由方中瘟神病魔之所生所在，均为南、西、北方向而非东方，且东方之王被祝由者奉为救星加以祈祷，由"东方之王，西方□□□□主冥冥人星"，治疗中多让病者"东向"等，充分表现了地域崇拜与依赖的氏族宗教心理。故《病方》中的东方，是以齐鲁为中心的中国东部地区。

孙启明探讨了《病方》医方的源流，认为《病方》是迄今已知的中国最古医方。鉴于《内经》殊少方药，而《病方》所载方药颇富，有药物 247 种，医方 283 首，从而弥补了《内经》以前方药不完备的缺陷。《病方》记载的古医方，在《内经》等传世古医籍中有所反映，不少古医方仍为今日临床所常用，体现了中国医药学的源远流长。孙氏将《病方》的医方与《灵枢》、《刘涓子鬼遗方》、《备急千金要方》、《外台秘要》等的医方进行比较，如《病方》治疽方由姜、桂、椒、□、淳酒五种药物组成，与《灵枢·寿夭刚柔篇》疗寒痹药熨方由蜀椒、干姜、桂心、淳酒四药组成，比《病方》方仅少佚药"□"，二方均由辛热之品姜、桂、椒、酒荟萃而成。据此推断，在春秋战国时，此方已是一首"以寒治热"，具有"温经散寒"的古医方。《灵枢》用于熨寒痹，《病方》用以治阴疽，属于"异病同治"、"一方多用"，《灵枢》是继承《病方》而来。又如《病方》治婴儿病痫用雷丸药浴方，是已知的最古药浴方。以雷丸药浴治疗儿科病，也见于唐·孙思邈《备急千金要方》卷五的治少小伤寒莽草汤浴方、治小儿卒寒热莽草汤方、治小儿忽寒热雷丸汤等方中，此三方均配伍有雷丸，从《病方》到《备急千金要方》近千年间，皆用雷丸药浴，因而认为《病方》是中国方剂学史之源头。

此外，尚志钧、刘均正等对《病方》的五谷、米、谷汁、泽泔、黍潘和庶作了考释，认为五谷是谷类之泛称，米为稻米、谷汁疑是谷树皮间白汁、泽泔和黍潘均指米汁（江北名泔、江南名潘），而"庶"应为䗪虫之䗪，而非甘蔗之"蔗"。

（傅　芳）

【敦煌医学卷子再探】

1989 年，对敦煌医学卷子的研究可谓硕果累累，已有马继兴主编《敦煌古医籍考释》、赵健雄编《敦煌医粹》出版。本年鉴 87、88 年卷也有收载。今赵健雄、朱定华、张侬等续有研究，再摘介如下。

赵健雄对敦煌卷子 P.3287 考析，认为从文中所用武周新字来看，估计其抄写时间在唐代中期，即较王冰《重广补注黄帝内经》为早。其内容主要包括三部九候脉法、表里两感脉病治则、相类脉及四季主王各脏脉象、诊脉法及寸口脉分部主病、论脉证治等，其内容与《素问》、《伤寒论》、《脉经》、《千金方》等有关部分相近，可援引互校。如"论三部九候脉法"中有"三部九候形色相得者生，相失者死"，王冰注本阙脱"形色相得者生"；"风气之病及经间之病"，王本误作"经月之病"。"弹踝诊法"，王本舛脱甚多，敦煌卷则简明扼要，使这一中医学特殊诊断技术得以保留。在"论相类脉及四季主王各脏脉象"中，肝之平脉"弦细如长"；"微弦长者，胆之平脉"，及"右肾及手心主合三焦"，则未见各本记载。敦煌卷论诊脉常以平旦，医者以已息候病人之气脉，取病者气息投数以决死生，较《素问·脉要精微论》、《脉经》卷四、《千金》卷二十八均详；其对寸口脉寸、关、尺部分及腧穴命名缘由，描述生动形象，亦为诸本所不及；而其曰"寸为寸部，主胸以上至头之病；关为中部，主胸以下至脐之病；尺为下部，主脐以下至足之病"，较《脉经》、《千金》更明确恰当。在"论脉证治"中，敦煌卷均详述主治方剂的组成、煎服、禁忌以及主治腧穴部位和取穴法，而《脉经》、《千金》则仅列方名、穴名、余未详述，敦煌卷所述之灸大杼法，亦为《脉经》等不载。某些穴位如期门、章门的记述较《针灸甲乙经》也更明确适用。

朱定华等对敦煌医学卷子的医方类二十余种卷子进行研究，载方约1100余首，内容涉及内、外、妇、儿、五官、皮肤、养生、房中以及传染、急救、兽医和美容等方。认为这些医方，除少数见于前代或同时代的医学方书外，大多属初次见到的六朝或隋唐医家的经验方，其中还包括少量的佛、道家医方。这类卷子虽残缺，但其中反映我国中期医学面貌、治疗特色的方子并不乏见，可提供临床检验、考辨析源及医史文献学研究。如具有佛学思想的医方有四种，反映了印度古医药理论掺入佛学解说传入中国，并对中国中医理论发展带来某些影响，如《佛家方》第一种"眼上白皖……，郁金、青黛水，常使病者向东方日出明净德佛忏悔，洗目至七日"，药物与求佛结合在一起，即是一例。据研究，《佛家方》第二种中有"毗沙门天王奉宣和尚神妙补心方"，其方名、主治及配伍与元危亦林《世医得效方》之"天王补心丹"相近，则后方是前方之衍变无疑。又如《不知名医方》第九，记载"疗小便不通方，葱叶小头内孔中，口吹全通"的葱管导尿法，可谓现代医学导尿术的雏型，系中国医学对导尿术的最早记载。再有："疗黄丸"，由黄连、大黄、黄芩三药组成，主治虚热壅滞，结而不通，与《金匮要略》主治心气不足、吐血衄血之泻心汤、《集验方》疗黄疸之大黄散药组成相同，而剂量各别，反映了主治病证随药量大小而有所别的规律。医方卷子虽系零星残片，但经整理仍可看到其临床治法，除内服外，还有外洗、淋沫、烟薰、涂酥、洗眼等十九法。汤、膏、丸、栓、粉、散、滴、酒等十余种剂型。

张依对敦煌医书医方药，进行了临床验证。选用前胡汤治脘腹胀满、平胃丸治便秘及退黄疸方治黄疸（急性传染性肝炎）均获得良效。

（傅　芳）

【黑城西夏遗书医籍拾零】

苏联学者缅希科夫在"黑城遗书诠注目录导言"中介绍了中医药古籍十种。黑城遗址今属内蒙古自治区额济纳旗一带的城堡。其遗书属於敦煌遗书体系。这十种西夏文医籍，尚少介绍。新出版的《敦煌古医籍考释》中也未述及。摘述如下。

1．孙真人著的药典《孙真人千金方》为13世纪初的版本，出自女真人的金国。2．12世纪上半期的佚名写本，内容为药物和药方，具有药典性质。3．14世纪中期的佚名写本，内容同上。4．《神仙方论》，抄写年代约14世纪初。5．单味药的处方，木刻，一小页，为13世纪初刻印。6．单味药处方，为14世纪中期的写本。还有4个写本，均属13世纪初，也是药方，其中有帮助取得疗效的佛祈祷语。缅氏认为在这些医籍残卷中，主要是药和方，其中夹有祈祷和咒语，理论性的医学内容尚未发现。

（林功铮）

【唐代写本《伤寒论·辨脉法》考析】

敦煌遗书S．202的第1至5页，为《伤寒论·辨脉法》写本，原件现藏英国伦敦博物馆。赵健雄据其缩微胶片考析。简介如下。

写本全文墨笔抄写，书题缺如，首尾残缺。其内容与《伤寒论·辨脉法篇》大致相同。据卷中所用衁（血）、衄（衄）、微（微）等字，参照其他敦煌写本，其抄写年代应为唐代。卷中内容，有脉象、病机、治则、治禁、误治变证及预后判断等。脉象方面，涉及阳结、阴结、阳微、亡血、蓄脓、五脏绝、将死亡等脉象。指出血能应时，病易自愈；脉散乱无根，形损而不治。赵氏将唐代写本与明赵开美复刻《伤寒论》（重庆人民出版社，1955年，下称《伤寒》）、成无己撰《注解伤寒论》（人民卫生出版社，1956年，下称《注解》）和清康熙丙申起秀堂刻本《金匮玉函经》（人民卫生出版社，

1955年，下称《玉函》）互校。认为敦煌写本残卷是宋代整理编次前的《伤寒论》写本，为目前所见到的最早的《伤寒论》原卷写本。借此可估酌宋代整理时的增删程度。宋代整编的《金匮玉函经》是《伤寒论》的另一版本，该版本在唐代已流行。敦煌残卷可校勘今存的《金匮玉函经》、《伤寒论》及《注解伤寒论》、残卷某些内容为今本所缺，或较今本为优，故而弥足珍贵。互校异同，抄列如下。

敦煌卷校三本义胜者：

敦煌卷	《伤寒》《注解》《玉函》
形寒而冷，此为进。	形寒而冷，此三焦伤也
人凉身和	身凉和
少阴脉弦沉	少阴脉弦而浮
浮脉反微微，气独留，心中则饥，邪热杀谷，朝暮发渴。	今脉反浮，其数改微，邪气独留，心中则饥，邪热不杀谷，潮热发渴。
其脉续不解	其脉独不解
目重睑除	目重，睑内际黄者
胃气竭者，其人即哕。	胃气竭者，脉滑则为哕。

敦煌卷和《玉函》相似，而《伤寒》、《注解》缺脱者：

蹑蹑如榆荚，名曰数。

趺脉微涩，少阴反坚。微则下遂，则躁烦，少阴紧者，溲即为难。汗出在头，谷气为下，溲难者愈微溏。不令汗出，甚者，遂不得便，烦逆，鼻鸣，上竭下虚，不得溲通。

脉虚而不吐下、发汗，其面反有热令色，欲解，不能汗出，其身必痒。

趺阳脉浮而微，浮则为虚，微则汗出。

敦煌卷和《玉函》同	《伤寒》、《注解》异
寒枩相薄，脉即为革。	此名为革。
而反滑数者，故知当尿浓也。	尿脓
紧去人安，此为欲解。	入安
敦煌卷和《伤寒》同	《玉函》异
本数脉动脾。	脾脉本缓，今数脉动脾
发热、项强、颈挛。	发热、项强。
敦煌卷与《玉函》、《伤寒》同	《注解》误
营气微、加烧针，留不行。	血流不行
脉病，欲知愈不，何以别之？	病脉

尚有敦煌卷和其他三本尚难分正误者，残卷抄错、抄漏、抄衍的，不再列举。

（林功铮）

【《经方小品》综考】

《经方小品》亦称《小品方》，其写本残卷在日本发现后，曾引起学术界的重视，本年鉴86、87年卷已有收载。李经纬、祝新年等据残卷资料和唐宋医籍中的引文，对《小品方》的成书年代、学术渊源、内容等进行了研究。

李经纬等认为，《小品方》的正名应为《经方小品》。“经方”是汉唐间医书的总称，相对于阐述医学理论的“医经”（宋元以后，“经方”才专指《伤寒论》、《金匮要略》方）。“小品”则取自佛家典籍，如《小品般若》，意为言简意赅。

祝新年据《经方小品》所引医籍，有《秘阁四部书目录》中著录的《华佗方》、《张仲景辨伤寒》等十六部，及未收入书目的《羊中散方》、《秦承祖方》分析。《经方小品》所引书目与刘宋元徽元年《秘阁四部书目录》相同。而《羊中散方》、《秦承祖方》均为元嘉中所撰。因而《小品方》成书年代上限，不可能早于刘宋元徽元年（公元473年）。成书于梁普通（公元520～527年）年间之《七录》，已载有《羊中散方》和《秦承祖方》，故《小品方》成书不会晚于梁普通年间。后世首引《小品方》者是齐永元元年（公元499年）龚庆宣整理编次的《刘涓子鬼遗方》。刘氏系东晋后期至刘宋初期人，据《小品方》成书年代上限，则知陈延之晚于刘氏而早于龚氏，故《刘涓子鬼遗方》中所引《小品方》当是龚庆宣所增引。因此，《小品方》成书年代下限当在齐永元元年。从而可认为陈延之约生活于东晋末期至南齐初期。从其行文中对中国四方人的称谓，叙事方式，及行医范围看，他当是南朝江淮人，是一位有师承有一定社会地位的民间医家。

学者们认为，《小品方》问世后，曾流行在隋唐期间，并为多数医家所重视．如苏敬云"近来诸医多宗《小品》"(《外台》卷十八),"究寻《千金方》中,则仲景之法十居其二三,《小品》十居五六"(《千金方》后序),《外台》引录《小品方》论三百余条,又如隋代宋侠《经心录》、唐初甄权《古今录验方》、张文仲《随身备急方》、刘禹锡《传信方》、苏敬等撰《新修本草》都有引录。唐朝律令规定《小品方》为学医者必读之书。东传日本,文武天皇大宝元年(公元701年)颁行律令,将《小品方》列为医学生五种读本之一。可见《小品方》在当时的学术影响。

李氏等据新发现残卷的总目录及列举的编撰此书的参考书目,认为《小品方》,在内容上,包括内、外、妇、儿各科及本草、灸法要穴等,是一部较为全面的小型的医方全书。在理论上,主要以《黄帝内经》为依据。在方剂上,以其自序中所列十八种经方为主要学术来源。《小品方》还采南北朝以前的医书及民间验方十四种。

李氏等根据《旧唐书》、《唐会要》和日本木宫泰彦《日中文化交流史·隋唐篇》将公元六世纪末至日本《大宝律令》颁定的701年间,日中文化交流大事作了年表并分析,发现在唐初几部重要法令颁布后,日本都派遣唐使来华。在唐《永徽律令》制定后,更派有多次遣唐使。考虑到公元662年,日本和唐朝间的百济战事,以后的第五、六次遣唐使均因政治关系派遣,故《经方小品》东传时间当在第一至第四次遣唐之间,即公元630至661年间,极有可能是在唐《永徽律令》颁布后,而有三次遣唐使的七世纪五十年代。

祝新年据《医心方》(公元982年),曾引录《小品方》内容达350余条,且有相当部分与国内诸书所引不同,可知并非转引,提示相当于北宋初期,《小品方》在日本尚有收藏。董汲撰《脚气治法总要》曾采用《小品方》,而《直斋书录题解》,明言"《小品方》……今无传者"。认为《小品方》已佚丁南宋早期。李经纬等则认为宋校正医书局已"痛其遗佚无余",则北宋初期已在中国亡佚。其后唐慎微、董汲著作中虽有引述,但引文少,看不出《小品方》之影响,可能是根据他书转录,不能作为存世之确证。

(傅　芳)

【中国第一部药典考辨】

1955年,马继兴首先提出:"中国最早的并且在世界历史上也是最早的一部药典著作乃是唐朝政府所纂修的《新修本草》"。该书在唐显庆四年(公元659年)完成。马氏首从其撰写过程看,是唐朝诏令苏敬及长孙无忌等人编纂的,再从其内容看,是在承继前代代表性药物学著作的基础上编撰的。共有54卷,包括本草、药图、图经及目录。是书的编成,标志着中国药物学的一大进步。由此得出结论,《唐本草》是中国历史上最早的一部药典学著作。此说在近30年内基本得到中国医药学界的支持和承认,《辞海》亦认定:"中国最早的药典是唐代的《新修本草》"。

1984年,吴克让撰文列举四条理由论述中国的第一部药典是宋《太平惠民和剂局方》,而不是唐《新修本草》,对马氏论说持否定态度。今年,王默再次提出中国的第一部药典仍应是《新修本草》,并逐条与吴氏商榷。(1)吴氏认为"《新修本草》是中国历史上第一部由官修本草学,并成为本草学教科书",而"作为药典很值得商榷"。王氏认为《新修本草》被定为太医"皆读之本",且为邻国定为读医经者必修之课,不能因其被定为"教科书",而否定其药典的性质。当代药学院校也把《中华人民共和国药典》或其他国家药典纳入教学内容,仍然不失其为药典的性质。(2)吴氏认为《新修本草》"无法律上的约束力"。王氏认为据唐律有关医事律令中,有"合和御药误不如本方及封题者医绞","料理择不精者徒一年"。一旦加工炮制"不如本方"而出差错,轻者判刑一年,重者绞刑。反映出《新修本草》具有相当的法律约束力。(3)吴氏认为唐本草记载大量被淘汰,与使用无关的药物,

"对药典来说毫无意义"。王氏认为对《新修本草》内容的评价，应从历史眼光分析，唐本草在纠正唐以前的本草中的错误，收集新的药物方面，做了前人所未做过的工作，起到继往开来的作用。但其中不可避免地存在错误和不足，特别是随着医药学的发展，某些药物被淘汰了，这是学术发展的必然趋势。就是当代的药典也要不断修定、更新。何况是唐本草呢？(4) 吴氏认为"从药典的名称来看，《和剂局方》类于现代的药局方（Codex)。Codex 一词源于拉丁文，有药方集、法典等含意，与药典同义"。王氏认为不能将《太平惠民和剂局方》简单地称为无领属的《和剂局方》，而再牵强地与既可译为药方书、又可译为处方集的拉丁文 Codex 寻找亲缘关系，从而轻率地注解，难以使人信服。

王氏再从药典（Pharmacopoeia）的含义，即记载药品标准的典籍，是一个国家药品质量规格的最高法典。将《新修本草》与《太平惠民和剂局方》列表比较，认为前者已具备药典的基本要求，可认为是中国历史上第一部的药典。比欧洲最早的地方性药典意大利的《佛罗伦萨药典》（1498 年）早 839 年。比欧洲第一部全国性药典《法国药典》（1818 年）早 1100 多年。

（李　洁）

【中国古代彩绘药图史略】

在本草图籍中，彩绘药图占有重要地位。郑金生撰文介绍现存古代彩绘药图约 3417 幅，已有二千多年历史。最早载入史册的有《芝草图》1 卷和《灵秀本草图》6 卷。陶弘景称六芝"形色瑰异并在《芝草图》中"，据此可视为彩绘药图的滥觞。

唐《新修本草》中《药图》为最重要的药物图谱。在《历代名画记》中著录为《本草图》25 卷，由苏敬等撰。序中写道："丹青绮焕，备庶物之形容"。宋·苏颂称其"图以载其形色"。该书为唐以前本草图谱之冠。当时药图是单独成册，均为手绘的彩色图画，是大幅药图，不是后世的小幅书册式。唐以前的彩绘药图年久失传，其数量、风格便不易知晓。

宋代，彩绘药图仍在继续发展和流传。北宋的《开宝本草》成书前曾向各地征求药物图。《本草图经》虽以墨线图问世，但其原始资料，不乏彩色药图。《履巉岩本草》的彩色药图，现存 202 幅，图常截取原植物之一部绘制，比例精确，能表现细部特征，这种画法也为现代科学绘图所采用。从现存的宋本草图来看，当时的彩绘图已发展到很高水平，此与当时绘画发展及对药物认识的水平紧密相关。今存《绍兴本草》28 种日抄本中，有 5 种是彩色药图，但图是后人在墨线图上敷色而成。

明代彩绘药图是现存中最多的，共有四种，风格很相似，如出一脉。其中《本草品汇精要》彩图最多，且具有代表性，有图 1358 幅。比《证类本草》新增 427 幅。该图有敷色重绘，也有重新写生绘制，但限于水平，不少图凭臆测改绘。佚名的《食物本草》4 卷，图 467 幅，图为工笔彩绘，似出自宫廷画师。今存北京图书馆。女画家文淑绘《金石昆虫草木状》药图，即系据《本草品汇精要》转绘而成。现藏台湾国立中央图书馆。后又经周祐、周禧两次转绘，易名为《本草图谱》。中国中医研究院图书馆藏 2 册，存图 30 幅，北京图书馆藏 3 册，有图 45 幅。

清代，仅有康熙医官重修《本草品汇精要续集》，转绘全部药图。手法精细，色泽艳丽。中国古代彩绘药图，现仅存 5 部，有图 3147 幅，近半重复。

（包明蕙）

【《本草品汇精要》版本考述】

《本草品汇精要》，始撰于明孝宗时，为弘治原本。经清康熙间校正增补，迄未刊行。1936年始由上海商务印书馆据清校正本排印发行。其版本向无系统研究。曹晖等对其版本流传进行了考证。计有 16 种。大致可分为三类，即全本、节本、残本。摘介如下。

（一）、全本　（1）弘治原本：弘治十八年（公元 1505 年）刘文泰等人奉命纂修，书名《御制本草品汇精要》，共 42 卷，外卷首 1 卷，朱丝栏、朱墨分书，共 36 册。原本完稿后，藏于内宫，未得行世。民国 12 年(公元 1923 年)，或民国 13年(公元 1924 年）始流出内宫，落入北洋政府代总理朱启钤手。后又转入北平瓷商郭葆昌（世五）手，再从郭子昭俊携去香港。至少在 1955 年时，尚珍藏于香港某私人手中。1961 年左右流落海外，现藏日本大阪武田氏"杏雨书屋"。（2）明抄彩绘本：为黑皮革纸包装，全 10 册，缺首卷，无框栏，朱墨分书。抄绘年代，台湾学者认为清代，国内学者多认为明代，由于书存国外，无法考定。曹晖等据书中"植"字缺末笔，不避"玄"字，推断传抄年代不晚于明光宗元年(公元1620年)。约于 19 世纪初由英人携至伦敦，1841 年藏于伦敦图书馆。此本曾被误为李时珍《本草纲目》之别抄本而由英国Quaritch 书店转手日本东京雄松堂，1972 年由北里东洋医学综合研究所大塚恭男购藏。（3）旧抄彩绘本：羊皮纸包背装。全 17 册，卷首置于第 17 册，较弘治原本少 1 页，多 2 图。无框栏，朱墨分书。书藏于国外，抄绘年代难以考定。曹晖等认为，从书名无"御制"二字，则可断定其非弘治原本。卷内有"安乐堂藏书记"钤印，知为雍正时怡亲王府珍藏。因此，其抄绘年代不晚于雍正时代。此本流落意大利，其经纬众说不一。从印记看，逸出怡府后，可能为意大利主教Ludovico Besi 私藏，后献于教皇。此本曾一度藏于梵蒂冈教皇图书馆，现藏罗马国立中央图书馆。（4）康熙乌丝栏抄本：为清康熙四十年（公元 1701 年）王道纯等人以弘治原本为底本、并续补《本草纲目》等内容的校正、续修本。全书 14 册，二函，正集 42 卷，外卷首 1 卷，《续集》10 卷、外附《脉诀》、《考证》2 卷。乌丝栏，朱墨分书。书修成后，亦未外传。三十年代初，陶湘据此晒印一部，先后著录于陶湘《故宫殿本书库现存目》、《内府写本书目》、《清代殿板书目》中。《中医联目》著录之故宫博物院图书馆所藏乌丝栏朱墨精写本即为此本。（5）1936 年商务印书馆铅印本：共 7 册，42 卷，外卷首 1 卷，《续集》10 卷（附《校勘记》1 册）。此本为谢观校勘陶湘晒印的清康熙乌丝栏抄本的副本铅印。自明弘治十八年成书，至 1936 年刊行《本草品汇精要》历四百余年，始首次刊行。（6）1956 年商务印书馆铅字校印本：以该馆 1936 年铅印本为底本，以北京图书馆所藏清抄本校勘的重排本，全三册。

（二）、节本　（1）明彩绘节本：版式同日本大塚恭男所藏明抄彩绘本，非朱墨分书，分项接行。存 11 卷(卷7～15，卷 17～18）共 8 册，外目录 1 册，重编卷次，文图多为节略。无序跋、印记。据"植"缺末笔，不避"常"，"洛"讳，其传抄年代不晚于明光宗太昌元年（公元 1620 年）。此本流传过程不明，1964 年中国书店收购后即转售中国中医研究院中药研究所。（2）明万历易名节本：系明末名媛画家文淑，以弘治原本为底本的节抄本，绘于万历四十八年（公元 1620 年），易名为《金石昆虫草木状》。全书 12 册，编为 27 卷，收药 1070 种，较弘治原本少 745 种，药图1316 幅，较原本少 42 幅。无栏，墨书，图名朱书。此本曾珍藏于清怡府，此后流传经纬不详。现藏台湾省"国立中央图书馆"。（3）明末清初节抄本：系明末清初时，著名女画家周氏淑祐、淑禧姐妹节摹《金石昆虫草木状》而成，易名为《本草图谱》。不分卷，现存 5 册，收药 68 种，药图 73 幅。蝴蝶装，无框栏，墨书。因系残卷，其全貌已无可考。约抄成于 1640～1661 年间。其中 3 册曾藏于长乐郑振铎，现存北京图书馆。另 2 册先存纳青阁或孙氏手中，后转入转汤溪范行准栖芬书室，现藏中国中医研究院图书馆。

（三）、残本　(1)弘治彩绘副本：只存卷1，2，13，24，28～30，32，34～35，40，计13

册。版式、行款、字体全同弘治原本，或即明太医院留存之副本。书衣无书名题鉴，卷册亦重新编次，显系收藏者欲伪作全书。此本曾收藏于明·项子京手中，后流落于汲古阁毛晋、钱曾等人递藏。现存北京图书馆。(2) 康熙彩绘本：只存卷1～12，外卷首1卷，计13册，无书名鉴，款式同故宫博物院图书馆藏乌丝栏抄本，此即康熙三十九年（公元1700年）之重绘本。此本与弘治原本均于1923年或1924年后流入市尘。先藏于武进陶湘涉园，著录于陶氏《故宫殿本书库现存目》卷中，且卷下附4帧彩色书影。1959年收入《北京图书馆善本书目》卷四子部医家类。日本大阪武田氏《杏雨书屋藏书目录》著录的康熙三十九年武英殿据弘治原本重抄绘本，存23卷（卷20～42），可能为前述版本的一部份。(3) 乾隆彩绘本：版式同罗马国立中央图书馆藏旧抄彩绘本，存26卷23册，佚卷7～8，卷18～21、卷24～33，计16卷。后被德国人F. Hirth搜获携回德国，今藏柏林国家图书馆。(4) 朱丝栏抄本：只存卷1～26，计26册。阙卷首1册，卷26只抄子目及首2药。版式同弘治原本，每卷子目中新绘药图名下均标有"新增图"三字。卷内不避清帝名讳，其抄写年代不早于清末民初。所据底本待考。现存中国科学院图书馆。

此外，只见著录，未见版本的还有1926年商务印书馆石印本，日本文求堂照相本等9种。

（姜典华）

【《铜人腧穴针灸图经》的错误】

《铜人腧穴针灸图经》(下简称《铜人经》)。黄龙祥曾提出该书的若干错误，可供参考。

(一) 沿袭前代文献之误例 (1) 居髎穴、《铜人经》抄自《外台》卷三十九，而据《千金》卷三十，抄漏了一个穴名"前腋"。同样错误还有"哑门""屋翳"等穴。(2) 魂门穴，指出王氏误抄《圣惠》魂门穴内容。据《甲乙经》、《千金方》、《外台》、《医心方》考订，所列症应为"阳纲"穴所主。(3) 肓门穴、《铜人经》抄《圣惠》为"乳有余疾"，据《甲乙》、《千金》、《外台》、《医心方》均作"乳余疾"。乳，产也。《乳余疾"，即产后杂病。(4) 小海穴，指出王冰注《素问·气穴论》小海穴条中，"少海"为"小海"之误。王承袭此误。

(二) 王惟一编辑失误例 (1) 误解原文。将"腕骨"、"支正"二穴主症原文中"狂易"改作"狂惕"，与文义不合。(2) 脱文错字。石关穴主症，将"脊强，口不可开"，脱掉二字误作"脊强不开"，腰俞穴中"灸二壮"，为"可灸七七壮"。(3) 甲穴主症误作乙穴主症，如地机穴主治症，应是"阴陵泉"。阴纲穴主治症，应是"意舍"穴。(4) 甲穴内容混入乙穴中，此类错误最多。如意舍穴中的"背痛、恶风寒，食饮不下，呕吐不止"，应为"魂门"穴主症。(5) 体例不统一。因避讳，某些字或改或未改。及在腧穴刺灸法中，有先言针法、后言灸法，有的相反。体例混乱、不统一。

（于永敏）

【甄权《针经》和《明堂人形图》考析】

甄权为唐初著名医学家、针灸学家，曾著《针经抄》三卷、《针方》一卷、《明堂人形图》一卷，惜已佚。近韩锺据《千金》、《千金翼》、《圣惠方》、《外台》、《铜人图经》等引文，认为甄权在公元621年以前，撰成《针方》一卷，于公元642年左右修定完成《明堂人形图》一卷，两书内容不尽相同，根据当时习惯，对针灸医籍统称为"明堂"，故将《针方》称为《明堂》也是可以的。但韩氏又认为，武德年间的"明堂"是否确系《针方》，尚缺少史料印证，有待研究。

据唐史记载：甄权，许州扶沟人。隋开皇（公元581～604年）初，为秘书省正字，掌管校仇典籍、刊正文字工作。武德三年(公元620年)，在潞州总管李袭誉军中任"随征士"，负责医疗事宜。曾治愈安康公的"水胀病"，深州刺史成君绰的"喉痹"等，并完成自己新撰的“明堂”，其时间下限，应在武德四年（公元 621 年）以前。贞观年间（公元 627～649年）权被授“少府”奉敕修定《明堂》。贞观 17 年（公元 643 年）被授朝散大夫，同年卒。

撰著过程：据孙思邈《千金翼》卷 26 载：武德年间（公元 618～626 年）权曾将新撰成的“明堂”交安康公李袭誉，后便倍受“缙绅之士”推崇，竞相传写。此为“武德本”《明堂图》的传本。贞观年间，权又奉敕修定此书，以皇甫谧《甲乙经》为主，校定“秦承祖图”，内容包括“经、图”两部分，纠正“明堂”俞穴记载和绘图标记中的错误，后出一“正本”《明堂》，此为“贞观本”《明堂人形图》。

佚文情况：“武德本”内容，现于《外台》、《圣惠方》、《铜人》等文中，分别以“甄权云”或“甄权《针经云》”等形式出现。除重复条文，现存31穴。穴名以下文字均不同于《甲乙经》和其它《明堂经》本。定位和取穴法亦不同于《千金》所收的“贞观本”。刺灸法被置于各穴主治症之后，与唐代早期各家“明堂”的记载形式相违。还增设了“宜忌”项，这类似于药性禁忌的的内容，首见于甄权著作。显然这些具有临症经验记述的特点，与他晚年倡导“正经”、修定完成的“贞观本”有很大差别。唐中期的《针经》一卷，图十二幅，共记 291 穴。收录了“武德本”的内容，至今仍保留在《圣惠方》中。卷 100 的《明堂灸经》亦引有甄权文四条，与《外台》所引相同，或是转引自《外台》。但《明堂灸经》的编者在引录《外台》文时，有一些失误，读者当辨。民国时，曹炳章曾收藏明抄本《甄权针灸经》，据曹氏考证，可能系“武德本”传本。“武德本”佚文，还见于《千金翼》卷 26～28 中，虽然其中没有一条注明引自甄权。但其中有 18 穴 19 条不同程度地补充了《外台》、《圣惠方》引录的不足。《铜人俞穴针灸图经》，也引有 8 条，但对少海、小海二穴互误。在《外台》中，也摘引了 22 条，多采用摘文作注的方式。

“贞观本”，即《明堂人形图》，孙思邈简称为“《明堂图》”，其内容主要保留于《千金》卷 29、《千金翼》卷 26 中。《千金》“明堂三人图”共有穴名 349，单穴 49，双穴 300(孙思邈误将会阴穴记入双穴)。韩氏将《千金》“明堂”与《甲乙经》卷三逐条互校，发现各穴记载基本吻合。甄权以《甲乙》校秦承祖图，而孙思邈对甄权的记载又是恪守不渝，所以《甲乙经》中的有些误文，《千金》中同样出现。例如：睛明穴。《千金翼》卷26中虽说仍以“甄公《明堂图》为定”，但与《千金》相比，孙氏改编了“三人图”的编排体例，增删了部份腧穴的内容。映衬出《千金》“明堂”的内容亦可能是“贞观本”形成，“一依……为定”的含义，包括体例。因此，韩氏认为，甄权《明堂人形图》，除原载有的五色彩绘人形图亡佚外，其基本内容，均赖孙氏的转录得以保存。“贞观本”在唐代较长的时间里成为医者学习针灸的必读书，并为医家所推崇，以至在《千金翼》中，仍然“一依甄公《明堂图》为定”，说明“贞观本”能够在《千金要方》问世直至《千金翼》成书的三十多年间，保持着《明堂》正本的地位，至少不失其为首要参照本。中唐以后，由于《黄帝明堂经》的注本及重编本，《千金》等书的传播，“贞观本”的正本地位才逐渐减弱，以至不再被引用。

（刘　进）

【《胎产秘书》版本与作者考辨】

《浙江中医杂志》1989年第 2～5 期，连载了《胎产秘书》三卷，旧题朱丹溪撰。前有乾隆七年（公元 1742 年)江允眆“丹溪先生《胎产秘书》序”及紫阳一峰山人“凡例”。江序云：“丹溪先生《胎产秘书》，旧镂板于西冷周氏，岁月既久，流播特稀”。知此书尚有乾隆七年以前杭州周氏刊本，今未见。

一峰山人“凡例”云：“是书法脉，取宗于丹溪先生，而作者之姓氏湮没不传，故仍颜之曰《丹溪秘书》；是书原本，错杂无次，今分为上中下三卷，隶以胎前、临盆、产后三种诸症条款，各从其类，使病家便于简(检)阅。并非敢作聪明而乱旧章也；原本草录，差讹甚多。今揆其理而度其意，略易双(数)字，度免疑义”。“衡山周君，乐善好施，见是书而即有博济之愿，今梓成行世”。据此，是书托名丹溪，原为一峰山人所妄拟，且改易篇章字句，已失原著之旧。又据“凡例”，知江氏所谓“西冷周氏”者，殆即周衡山也。此“凡例”亦为周氏初刊之旧文。紫阳一峰山人，未详何许人。按清长洲吴晋元，号一峰山人，似非此紫阳一峰山人，待考。今存道光二十五年（公元 1845 年）止园刻本、光绪二十二年（公元 1896 年）玉临堂石印本《胎产秘书》，并题朱丹溪撰，盖皆沿一峰山人之讹。

此书内容，大都宗法托名丹溪所撰的《丹溪治法心要》。妊娠保胎，主用安胎饮出入化裁，产后则主用生化汤加减治疗。今考此书内容，与清·陈笏传本《胎产秘书》及《傅青主女科》所附之《产后编》大同小异，唯周传本简略，且经一峰山人改易之处颇多。

陈笏传本，由其弟子何荣初刊于乾隆六十年(公元 1795 年)，此本未见。今存有嘉庆元年（公元 1796 年）强恕堂刻本，殆即原版。嘉庆十四年（公元 1809 年)何荣又予再刊。陈本先后翻刻重刊达三十来个版次，广传于世。

道光七年（公元 1827 年)张凤翔附刊于《傅青主女科》之后，易名《产后编》。著者转谓傅山，致使《胎产秘书》更加声价十倍，先后刻印多达五十多个版次，海内妇产科医家几乎人置一册，无不奉为圭臬。盖此书立论中肯，方药平易而效著，宜其深受医家重视，未可因其托名而轻之也。至此，《胎产秘书》传世者已有江本（即周本)、陈本、张本三个版本系统，史常永尝已详考。江本虽非善本，然对辨彰学术、考镜源流颇为重要。唯其作者确属何人，尚待考。

（杨振国）

【《医易经传会通》与《医经馀论》的新发现】

《医易经传会通》上下两册，不分卷。清·江苏省江都县葛自申纂述。今存者为长春中医学院图书馆所藏之钞本。此书向无刊本，诸家书目亦未见著录，其上册为“妇人部”，下册为“针灸部”。王耀廷据以点校，公诸于世，摘介如下。

此书遵《内经》之要旨，寓《易》理于医理，上稽汉唐，下逮明清，博采诸家之长，综合历代传经之说，融会贯通，用以著论立说，指导临证，因名《医易经传会通》。妇人部，先“统论性情经脉胎产之辨”，后列经候、崩漏带淋、癥瘕、产前证治、临产证治、产后证治、子嗣、乳病、前阴病、方论等十门，计列病证66目，收方四百馀个。

此钞本，无序跋，无略例，仅存妇人、针灸两部，显非完帙。近耿鉴庭著文简话《医经馀论》，亦涉及葛自申《医易》。考光绪《江都县续志·寓贤列传》：“罗浩，字养斋，歙人，家于海州板铺场。博学多艺，尤精于医。壮岁客杨州”，与焦循等为文字交。《海州文献录》著录罗浩撰有《医经馀论》一卷（公元 1812 年)、《诊家索隐》二卷（公元 1799 年)、《药性医方辨》三卷。罗尚别撰《古脉索隐》、《脉表》、《医林杂咏》、《杨州见闻录》等。

《医经馀论》凡 24 篇，附《医林杂咏》诗30首。焦循作序。谓其开发聋瞶，不囿于俗，语简而赅，篇约而当。论中对张景岳、方中行、喻嘉言、程郊倩改易经文，颇有微辞。其考《素问·阴阳别论》“隐曲”一词，当训男子前阴；“阴阳应象大论”经文一句断读应为“按尺寸，观浮沉滑涩，而知病所生，以治无过，以诊则不失矣”。其论《金匮》“肺饮不弦，但苦喘短气”，当以“肺饮”二字断句，言“肺饮之轻者有不弦，但短气而不咳……非谓肺饮无弦脉也”；其论薏苡，谓主筋急拘挛，用以健脾利湿则失其义。凡此等等，均见精辟卓识。

罗对遗籍文献，颇为重视，曾于市肆败

楮中，得《医易·脉部》残本，前有葛自申乾隆十一年丙寅(公元 1746 年)自序。罗十分珍贵，极为之编入《医经馀论》，亲书题后。罗跋文其书云："姓葛，名自申，字令贻，号晴峰，江都诸生。生平善吐纳之术，尤精《易》理，故说理之中，时时插入……书名《医易》，脉部其一门耳。此本为君手书，涂改点窜，知未曾刊布，全书不得见矣，感慨系之。然使其不终朽于败卷中，是此书之幸，亦余之大幸也！"清代著名学者焦循(公元1763～1820年）亦盛言此事。焦氏在《杨州足征录》中说：葛自申著《医易·脉部》罗浩"谓其书能发古圣贤之精微。先论察脉而知病所生之理，次论脉诊而明变化之用，终以六十四部，穷体象之微。其论孕脉以阳入阴中，脉当短促，尤发千古所未发。至列蛊惑二脉，引汉·吕范《古今杂记》，可谓博矣"。今观长春中医学院馆藏《医易经传会通》钞本，卷端题"江都晴峰葛自申令贻纂述"，知其妇人部、针灸部与《医易·脉部》同为一书之残卷，并出葛氏之手，唯书名小异耳。复据罗书所记葛自申自序时间，确证《医易经传会通》成书于乾隆十一年（公元 1746 年)。

按乾隆八年（公元 1743 年)《江都县志》载，葛自申之父葛天民，字圣逸，一字春台，著有《医易》二十卷，《内经类疏》、《难经类疏》、《金匮要略类疏》共四十卷，《伤伤论集注》十卷，《针灸图》四卷，《本草提要》四卷。是知，自申之父原有《医易》之著。然则，自申何得亦名其书曰《医易》？殆葛天民草成《医易》未及定稿刊行，自申复取父书补苴修订。观罗浩题后"涂改点窜"一语可知。故自申题"纂述"而不言撰著。其书名初未尝酌定，终则以《医易经传会通》名书，用别《医易》。葛自申所述全书已难得见，然其"脉部"赖罗氏于嘉庆十一年（公元 1806 年）得之而刊入《医经馀论》实属大幸。今距罗氏又 183 年，《吉林中医药》复得其"妇人部"、"针灸部"陆续公诸于世，可与罗氏并传不朽，此又大幸中之大幸！罗氏有知，其幸复何如耶？

（史常永）

【珍本丛书未刊稿《浙江名医传略》简介】

曹炳章所撰《浙江名医传略》为《中国医学大成》未刊稿。《浙江中医杂志》自 1989 年第 6 期始，连载全文。

《浙江名医传略》，首创研究地方医史的先例。曹氏为"追纪家乡先哲遗德计，爰辑吾浙自上古至清代先圣后贤，具有特技奇效治验及著作行世者"。它是在续编《历代名医传略补编》的基础上辑录而成。书分上、中、下三卷。首有提要、自序、凡例、目录。上卷为自东晋、至元朝；中卷为明朝；下卷为清朝。共集名医 516 人。上自葛洪、陶弘景，下至柯琴、赵学敏等。按朝代先后排列，扼要介绍人物姓名、生卒年代、字、号、籍贯、履历、著作、学术渊源、师承关系、医事活动、及个人嗜好等。有的详加附注按语，多为曹氏广集各种考证史料，可补史乘之阙，间有可正旧史之误，多有参考价值。

《浙江名医传略》，引用史料，比较翔实，医家传略，必有出处，其内容详赡，而又多保存原始资料。作者首先以正史，地方志、医书为主。旁及文集、野史、稗乘、医说、医话无所不涉。如《尚友录》、《十国春秋》、《九灵山房集》、《两浙名贤录》、《嘉禾征献录》、《碧里杂存》、《涌幢小品》等。大大丰富了本书的内容。史料采用，多所考证，以史实为准，间有无从考证，致前后颠倒者，必以史两存之。两书互见者，必因详略不同。

（于永敏）

参考文献

C

曹晖等 《本草品汇精要》版本及其源流考察 中华医史杂志 (3)：129，1989

曹炳章 《浙江名医传略》 浙江中医杂志 (6)：

10, 1989

D

董尚朴 《五十二病方》成书时地考 中医药学报 (5):12, 1989

G

耿鉴庭 从《医经馀论》谈到《杏林馀兴》 福建中医药 (4):43, 1989

葛自申 《医易经传会通》 吉林中医药 (3):23、(4):23, (5):23, 1989

H

韩 镭等 甄权《针方》和《明堂人形图》考辨 上海针灸杂志 (3):35, 1989

黄龙祥 《铜人腧穴针灸图经》的错误及其对后世针灸学的影响 中国针灸 (4):40, 1989

L

李经纬等 《经方小品》研究 自然科学史研究 (2):171～178, 1989

刘均正 《五十二病方》"庶"考 中华医史杂志 (2):75, 1989

M

马继兴 在我国历史上最早的一部药典著作——唐新修本草 中华医史杂志 (2):83, 1955

缅希科夫 黑城遗书(汉文)诠注目录导言(三) 敦煌研究 (2):111, 1989

S

尚志钧 《五十二病方》"五谷、米、谷汁、泽泔、黍潘"考释 中药材 (5):43, 1989

孙启明 《五十二病方》医方流长选探 中华医史杂志 (2):121, 1989

Z

浙江中医杂志编辑部 古籍珍本丛刊《胎产秘书》 浙江中医杂志第2～5期, 1989

赵健雄 敦煌遗书"残医书"卷考析 中国医药学报 (1):53, 1989

祝新年 《小品方》考略 上海中医药杂志 (3):40～42, 1989

朱定华等 敦煌医学卷子医方类研究 上海中医药杂志 (4):34, 1989

张 侬 敦煌遗书存方临床应用尝试 甘肃中医学院学报 (2):42, 1989

郑金生 中国古代彩绘图小史 浙江中医杂志 (9):422, 1989

W

王 默 中国历史上第一部药典著作考辨 中华医史杂志 (1):25, 1989

吴克让 评"我国药学史上的第一部药典" 中华医史杂志 (4):254, 1984

(三) 医 史 文 物

【概述】

1989年，医学史研究，续有新获，可概括为五个方面。

(一) 史料的搜集和考证 (1) 通史：李经纬收集了北宋医事诏令，论述政府对医学发展的影响。(2) 专科史：刘玉书在中国梅毒流行及防治简史中指出，公元1506～1512年间，梅毒由广东省传入中国。1513年补入《岭南卫生方》的杨梅疮方，是有关梅毒的最早的文字记载。至于秦汉时期灸疗学的成就，隋唐时期对传染病的认识，北宋时期耳鼻喉科的发展，已列专条介绍。(3) 中外医学交流史：陈梦赉摘述了自东汉至六朝间，中印医学的交流。沈汉镛据日文书籍，介绍了中医学东传日本的史实。(4) 现代医史：黄煌等回顾了中西医结合的历程。傅维康介绍了中国第一座医史博物馆建馆五十周年的经历。(5) 少数民族医史：徐维廉等实地调查了鄂伦春族医药学发展情况。博·阿古拉对蒙医传统外治法"哈那忽"（放血）的源流作了初步考析。额日很巴图介绍了清代蒙医学家占布拉道尔吉，著有《蒙药正典》。还有蒙医察哈尔格西罗布桑苏勒和木，伊希巴拉珠尔等。(6) 医史人物：余永燕介绍了清代御医陈莲舫的生平、家世和著作。王旭东考证了赵良仁生平，据《浦阳赵氏宗谱》载："生于廷祐二年乙卯（公元1315年）十二月初八日"。卜升初考证吴鞠通，名瑭，字配珩，鞠通为其号，因历来以号代名，其字遂掩。殷大彰补订了《江苏历代医人志》中的疏漏和错误，可资参考。据《淮山肆雅录》载吴瑭父亲名守让，字逊夫，“淮安府学生员”，乾隆十四年（公元 1749 年）秀才。为瑭系淮安人的又一佐证。童平宇介绍了法医学家王与。王席国等考补了冉雪峰的生平事迹。肖林榕介绍了清代台湾医林人物 26 人。《国医论坛》开辟“现代已故中医学家传略”栏，介绍了陈邦贤、肖龙友、承淡安等，为研究近代医林人物积累了可贵资料。此外，张仲景、王叔和、王焘、钱乙、李言闻、柳宝诒等，均收有专条。(7) 年谱：张奇文等的黄元御年谱初编。张殿民等的瞿良年谱。陈汉维的戴思恭年谱。(8) 中药厂店史：《中成药》续辟“厂店史实”栏介绍。如余万里介绍了福州千年老店安铺药店。赵继华介绍了津门达仁堂。

（二）史论的研究和探讨　(1) 医学起源问题：聂菁葆重新进行评析，认为现有的本能说、劳动说、巫术说和圣人说，均有其合理与正确之处，但也有其局限性，还需深入研究。(2) 思想史：林功铮探析了孙思邈的医学思维规律。何玲探析了杨继洲学术思想形成的基础。常存库比较了中西医解剖思想中的价值观，认为中西医理论差别。不仅是技术方法的差别，而且是观念上的理论差别。(3) 人物评价：对于王清任，素有中西汇通派之称，赵洪钧认为王氏是中医史上的革新家，而不是汇通派。何爱华赞同此说。陈士奎认为王氏属于活血化瘀派的代表人物。

（三）医史专著的出版　赵洪钧撰《近代中西医论争史》，论述了中西医论争的缘起、发展和现状。俞慎初主编《闽台医林人物志》，为研究闽台医史提供了可贵的资料。陕西中医史话编写小组编的《陕西中医史话》，为研究地方医史增添了一束史资。李志镛的《中国气功史》，论述了中国气功的创立和发展过程，以及近代研究的成果，为气功学史的第一本专著。王卜雄、周世荣的《中国气功学术发展史》，从另一侧面论述了中国气功发展的历程。张仁的《中国针刺麻醉发展史》，系统地介绍了针麻的诞生和发展，以及走向世界的历程，为研究现代中医专科发展史提供了良好的范例。孔健民的遗著《中国医学史纲》，为医史研究又添一有价值的参考资料。

（四）医史学的研究　程之范探讨了医学史研究的现状和医学发展的方面。聂菁葆论述了中西医学的比较方法，以建立中西比较医学史。聂氏还从哲学角度探讨了医学史的研究。瞿志强等从“新安医学”的两种提法，探讨了学派的产生，要有核心学术思想，师承相传的人才链，而“新安医学学派”缺少这些条件，不宜称为“学派”。认为地方医史的研究，要处理好局部与整体、支流和主流的关系。

（五）医药文物的新获　1987 年，在安徽含山出土的玉片，陈久金等考析，认为其图形是最早的河图、洛书，表明中国人民早在五千年前已创造了河图、洛书。甘肃天水放马滩秦简中，医书竹简虽然不多，但是提供了在中医学发展中巫与医关系的例证。剑阁发现禁止早婚石碑，为古代婚嫁卫生提供了实物资料。施歆民对《行气玉佩铭》重新考释，对古代气功史料提出新的认识。四川的画像砖和上海博物馆藏的青铜蒸馏器，为中国最早制造烧酒年代应在两汉之间，提供了新的证据。

（林功铮）

【《阴阳十一脉灸经》与经络学说的形成】

马王堆帛书《阴阳十一脉灸经》（下称帛书），普遍认为是论述灸法专书，廖育群认为此说可商，并探讨其经络体系形成的关系。廖氏从其行文体例及治则的文字辨析，不难看出，各经脉按脉名、循行、症候、主治、所产病的格式记述，唯有在足少阴之脉后多出了“久”(灸) 则……”的论述。因此，可以认为这段文字是注文在传抄中衍为正文的。纵观《阴阳十一脉灸经》全文，只有论述脉的主治总则，而无任何具体的治疗方法，所以是书并非灸法专书。

在帛书出土前，“是动”与“所生病”最初见于《灵枢·经脉篇》，一直被认为是一种病症的分类方法。因而对帛书中的“是动”与“所产病”仍因袭这一解释。然而帛书所记的“是动”与“所产病”的病症多有重复。再察看帛书与《灵枢·经脉篇》中“是动”与“所生病”的记载，可以发现：(1)《灵枢》的“是动”多出自帛书，许多经脉中文字也大体相同。(2)《灵枢》的“所生病”是在帛书的基础上加以发挥。(3) 帛书的“所产病”记载的症候与“是动病”的记载，有的几乎相同者，有包括“是动病”再加补充者，有的完全不同者。这表明“是动”与“所生病”不是疾病种类的划分。

帛书阴脉有5条，阳脉有6条，较之《灵枢·经脉篇》缺少一经脉，多认为是尚未发现，或尚未发展完全，或认为这时已开始发现了脉与五脏六腑相互配合的迹象。廖氏认为此说可商，据《汉书·律历志第一上》说：“传曰：‘天六地五’，数之常也。天有六气，降生五味。夫五六者，天地之中合，而民受以生也。故日有六甲，辰有五子，十一而天地之道毕，言终而复始”。应当看到十一的提法，是不同于《易》的另一数术系统，它是阴阳数术观念的强烈影响。

廖氏据《周礼》等古籍有关诊断或治疗技术的记载主要以声色、九窍察其病，五味食药调其疾，并无经络学说的迹象，由此认为原始的砭刺灸疗术是不以经络为依据的，这在《五十二病方》中有所体现。经络的发现导致了针灸术的发展。经络体系的发展史并不符合医学其他分枝及一般自然科学领域中，沿着经验积累，逐步上升成为理论，并在不断修改否定中臻至完备的一般发展规律。从经络学说出现到完善，经历了一个必要的历史阶段，但值得注意的是与整个中国医学发展史进程相比较，这一阶段似乎显得很短。

经络学说的形成。廖氏认为由于有了经络循行的基本框架，综合当时医疗技术各方面的成就，而形成了一个综合的经络学说体系。这一个体系中揉合了医学其他学科的成就后，出现了一些自相矛盾与混乱的概念；如在整个经络体系中除经脉外，还有经筋、皮部等，令人无法看清其本来面目。随着针灸技术的广泛应用，临床医生逐渐发现了许多确有疗效，又不能被经络循行所统纳的穴位，则名之为“经外奇穴”。这些奇穴在某些局部多至可以使人总结出规律时，就产生了局部针法，如耳针疗法。这部分内容服从着另外一条规律，与经络学说本身并不直接联系，因此经络学说也无力解释这一现象。

廖氏认为经络学说始终给人以神秘感，某些理论性内容，仅只靠狭隘的研究是不得其解的，唯有通过科学史的考证才能溯其源流，彻底解决。

（陆肇基）

【秦汉时期的灸疗学成就】

灸疗方法在秦汉时期，已广泛应用。李世安探究其成就。摘述如下。

灸疗方法的记载，最早见于《左传》成公十年医缓为晋景公治病的记述。此时，对灸法的应用，已确立辨证施灸原则，补泻的操作方法，灸法已分为：直接艾灸、艾裹粗麻垢灸、蒲绳灸、梓叶灸、冷灸等。直接艾灸即今之瘢痕灸，为应用最广的灸法。施灸取穴也渐臻成熟。对每一个俞穴都有明确的部位和取穴方法。还强调应用特定穴施灸和重视运用局部取穴施灸。根据病变经脉，采用循经取穴施灸是这一时期的重要特点。关于针与灸之间的关系和作用，则认为针灸的主要作用在于调理经气，而针与灸临床治疗疾病各有所长，可根据病情需要采用先灸后针或先针后灸来治疗。辨证施灸原则、辨证施灸取穴原则的确立，以及正确认识针与灸的相辅相成关系，标志着这一时期灸疗学的进步和提高。

秦汉时期灸疗学的另一特点是广泛应用于临床各科。内科主要用于急救，也用于治疗其他内科疾病。外科，主要用于治疗瘰、疣、颈痈、败疵、疽、痔疮等。伤科，主要用于治疗失枕、犬伤病、毒蛇咬伤等（当时已有专门灸治犬伤病的方法，惜已失传)。同时提出了施灸忌宜：施灸时应增加营养、通畅气血；元气衰弱过甚者，恐更伤阴而不宜灸；超过应灸度数的灸火会导致变证；阳气盛于上者灸之失音；灸后病不愈者，不应排斥其他方法；阴虚内热及病邪在表不宜灸；要辨证施灸，防止实以虚治；汗数出病，灸后不宜见风。此外，对禁灸穴位也有了初步认识。

随着灸法被广泛应用于临床，当时一些滥灸误治的病案也有所见。其中某些疾病的施灸忌宜及滥用灸法误治的危害的认识，至今仍有实用价值。这时还正确认识了某些疾病施灸的机理，及用灸法判断预后。秦汉时期灸疗学所取得的成就，为中国灸疗学的发展奠定了坚实的基础。

（陆肇基）

【隋唐时期对传染病的认识】

隋唐时期，中医学对传染病的认识已相当深刻，刘华为根据史料，作了初步考察。摘述如下：

1．对传染病的流行因素，已认识到传染病的流行与气候失常和社会等因素的关系。

2．对传染病源，已认识到是由有害物戾气引起，由“毒”或“邪毒之气”传染。疥疮是由疥虫传染。认识到是由寄生虫引起的疾病。提出狂犬是狂犬病的病源。

3．对传播媒介，已认识到苍蝇为传播疾病的媒介。寸白虫（蛲虫）因吃半生不熟的牛肉或生鱼所致。霍乱多起于饮食。

4．对传播途径，已认识有经口传播，接触传播，创伤性感染传播。

5．对传染病的证候进行描述，其中对伤寒、温病（热性传染病)、疟疾、时行、时气（流行性传染病)、猘犬啮人（狂犬病)、骨蒸尸注（结核病)、丹毒病、马鼻疽、百日咳、破伤风（金创瘈疭)、天花、急黄，麻风病、食物中毒、恶核、斑疹伤寒（射工)、水毒（血吸虫)、伤寒斑疮(类似猩红热)、沙虱(恙虫病)、寄生虫病（蛔虫、绦虫、蛲虫）等传染病的临床症状描述尤为详尽。另外还将有些传染病分条详细分析，如温病 34 条，黄疸 28 条等。同时把传染病分为时气和疫疠，阐明了时气病带有季节性，而疫疠有强烈的传染性、流行性。

6．对部分传染病认识水平有所深化，其中：(1）对霍乱病源已认识到是饮食不洁所致。(2）对黄疸认识的深化表现在将黄疸分为 28 候，把危急的证候称为“急黄”(急性肝萎缩)，并提出阴黄的概念。认为有的黄疸是急性传染病引起，还把黄疸与时行疫气直接联系起来，以此说明它的传染性、流行性和暴发性。认识到各脏腑有病都可出现黄疸，阐明了肝脏腑温病、邪入肝脏直致黄疸、胆病、心热、手太阳少阳是动都可见黄疸。这同现代医学黄疸分为肝细胞性黄疸、梗阻性黄疸、溶血性黄疸等类型有相似之处。(3）对痢疾已认识到有久痢、休息痢（阿米巴痢）等。(4）对肺结核已知午后潮热、盗汗、面红升火及身体日益消瘦的症状，如出现腹水或黑便，则是病情危重。(5）对斑毒已知是热气入胃、挟毒蕴积，毒气薰发于肌肉而成。能依据色泽判断斑疹的预后。另外，医家还用“可与病人同床同衣”来估价药物预防的效果。

（高毓秋）

【明清至建国前养生学的特点】

李春生概述了明清至建国前养生学的特点。摘要如下：

明清时期，统治者曾采取“安养生息”的政策，使社会经济繁荣，人口增加，也促进了医药学和养生保健学的发展。养生学的内容非常广博，大体可分为静态养生(生活起居、适应气候、心身卫生、食饵保健）和动态养生（气功、导引、按摩、胎息、服气）两大部分。明清至建国前，养生学以静态养生重治心，动态养生重导引，综合调理重方法，颐养对象重老人，为其四大特点。同时兼收并蓄明以前的各种养生之道。

静态养生重治心：明代论述治心之说者有洪方泉《洪楩辑刊》、胡文焕《寿养丛书》和《格致丛书》等著作。洪氏校录的《霞外杂俎》指出摄生之要在于"除烦恼、断妄想"，遇事不如意，则以"忍、忘"为本，忍，可免一朝之忿；忘，可无终身之憾。高濂在《遵生八笺·清修妙论笺》中论述了心神对机体的影响，他把心神称之为"灵君"，强调只有使其守位，人体"百属"方有统帅。他要求人们保生须知爱养心神，才能却病延年。清代石成金《长生秘诀》建议人们常存良善、和悦、安乐、康健诸"想"，免致中年早白头。无名氏《养生至论》提出"病由心生"，认为人之七情内起，正性颠倒，以致大病缠身，非医药所能治。只要心境安平，不仅可防病于未然，还能使已患之病速愈。田绵淮《援生四书》认为"心君泰然，则四肢百骸虽有病而不难治疗。独此一动，百患悉招"。沈小复《养病庸言》以治心为纲，劝告患者：生病之时不可更存壮健时习气，复原后不可便忘生病时情景。袁昌龄《养生三要》指出，疾病常生于忧患，须存退步心才能却病。

动态养生重导引：导引是以导气令和、引体令柔为特点的主动呼吸运动与躯体运动相结合的医疗体育保健法。明代曹若水增辑《仙传四十九方》所录"五禽图"是现存对华佗导引法记述最详明者。书中说"凡人身体不安，非此禽兽之戏，汗出，疾即愈矣"。《万寿仙书》侧重于讲解八段锦坐立功图诀及四季导引之术，所论导引治病较为详尽。清代导引著作颇多，突出者有敬慎山房主人彩绘《导引图》24幅，将导引、气功、按摩熔于一炉，用于养心、炼精、补虚、扶正延年和法疗13种疾病，方法简明易懂，便于人们学习。民国年间，谢观和蒋维乔先生，对气功、导引的原理和在医学上的应用进行了初步探索。

综合调理重方法：明清两代论养生者，无论静养、动养、食养、药养，都将具体调理方法为首要。明代袁昌龄认为治身养性，务必注意其细微末节，不可以其是一些小益、小损而不顾。重视静养方法者，如明·万密斋提出寡欲、慎动、法时、却疾诸养生原则。清·程鑳龄总结出节饮食、慎风寒、惜精神、戒嗔怒等保生方法；强调动静结合方法，认为老人安养、延龄，应从居处、调摄、保形、节欲、按摩、王力药(气功)诸方面增强体质，却病延年。注重动、静、食、药综合调理者主张修养须行内外功，宜宝精气神，宜知要知忌知伤，宜四时调理，宜饮食调理，宜护持药物。

颐养对象重老人：明清以还养生学重视老人养生和长寿问题，把颐养放在首位。其方法重调摄而轻方药，认为调摄优于却病，利于长寿。清代著名养生学家曹廷栋强调，养生之道，惟贵自然，不可纤毫着意，主张从节饮食、调精神、慎起居，辅运动等方面进行摄养。

（陆肇基）

【中西医结合史料辑要】

黄煌、吕维柏、刘海洋等撰文记述了建国以后中西医结合局面开创的历史回顾。摘要如下：

1954年，党中央纠正王斌、贺诚等人歧视、排斥中医的错误。10月20日，《人民日报》发表社论《贯彻对待中医的正确政策》，其中提到"积极号召和组织西医学习研究中医学"。中华医学会会长傅连暲撰文指出："唯有不仅中医学习西医，而且特别强调西医学习中医，才能真正做到中西医的互相贯通，最后发展为一个医"。1955年7月13日，中华医学总会与北京市中医学会、北京市公共卫生局联合举办中医学习班，正式参加学习的西医共261名，其中有中华医学会副理事长方石珊、张孝骞教授等。同年12月，卫生部首先在北京中医研究院办西医脱产学习中医的中医研究班。1956年，在天津、上海、广州、武汉、成都等六市，相继开办中医研究班，共有学员299人。1958年9月25日，卫生部党组向毛主席和党中央汇报了西医离职学习中医班的情况。在10月11日毛主席作了重要批示，指出"这是一件大事，不可等闲视之"。同年11月28日，《人民日报》发表社论《大力开展西医学习中医运动》。各地卫生部门纷纷组织西医学习中医班，形成西医学习中医的热潮。据1959年统计，全国共有学习班30个，学员2100余人，大多数是高级或高级的西医专家。1981年统计，全国西医离职学习中医班结业人数为12,9456人，其中学习二年以上的为4075人，被评为中西医结合主任医师以上技术职称的159人。目前，全国已有高级西学中人员5千人以上，他们已成为中西医结合的骨干力量。

30多年来，中西医结合的成就，涉及到内、外、妇、儿、伤、针灸、气功各科。例如：针刺麻醉、急腹诊、小夹板固定、靛玉红治疗慢性白细胞病、猪苓多糖治疗肺癌、慢性肝炎、"三品"锥切疗法治疗早期宫颈癌等，均取得确切疗效。

在中西医结合过程中，一些高级中医专家，如施今墨、王文昇、冉雪峰、蒲辅周、肖龙友、承淡安等，热心于西医学习中医工作，积极进行学术交流。在西医学习中医中，也涌现出一些代表人物，如邝安堃、吴咸中、尚天裕、陈可冀、沈自尹、陈泽霖等。

1981年，中西医结合研究会成立，设有20多个专业委员会，现有会员一万七千余人，出版了《中西医结合杂志》。

（林功铮）

【中医药学东传日本纪要】

中医药学东传日本，由来已久，尚无系统介绍。沈汉镛据部分日文书籍，对中国古代科技东传日本的主要史事作了摘编。现将有关中医药部分，摘介如下：

约公元前280年，秦朝徐福（徐市）带"百工技术"和医生等到日本寻找仙药。562年8月，吴人知聪带内外典、明堂图等一百六十四卷到日本。公元593年，在四天王寺建立时，从中国传去了医学及采药方法。606年，日本药师惠日、福因、惠光等到中国学医，623年带回唐的病理学和佛教病理学。608年，日本遣隋使小野妹子回国，带回《四海类聚方》一千六百卷。710年，传入《抱朴子》内篇二十一卷。731年，书生田边史笔抄《新修本草》十卷。748年，《写章目录》（正仓院文书）载有《新修本草二帙》二十卷。754年，唐僧鉴真随遣唐使赴日，带去药物和医籍，并在日教授诸生，对日本医药学的发展做出了贡献。894年，藤原佐世撰的《日本国见在书目录》，其中医方书一百六十七部一千三百零九卷，有《太清诸草本集要》一卷，《桐君药录》二卷，《神农本草》七卷，陶隐居撰《本草图》二十七卷，《新修本草》二十卷，孔志约撰，苏敬为主事者《本草音义》三卷，甄立言撰《本草音义》一卷，殷子岩撰《食疗本草》三卷，孟诜撰《芝草图》二卷·《食经》三卷，马琓撰《食经》四卷，崔禹锡撰《新撰食经》七卷，《千金方》三十一卷，《食注》一卷。1014年，侨居日本镇西的宋人惠清奉藤原清贤之命，赴宋求"治眼方"。1156年，在《香要抄》引用了陈承的《重广补注神农本草图经》，北齐出的《修文殿御览》、《南方草木状》、张华《博物志》等，《香字抄》引用《开宝重定本草》内容。1159年，藤原通宪编集的《通宪人道藏书目录》载有《大观证类本草》。1378年，竹田昌庆在中国随金翁学医十年后，回日本带回铜人和医书。1487年，田代三喜来中国学金元医学，1498年回日。1492年，坂净运来中国学习张仲景医法，1500年回日。1528年，熊宗立著《医书大全》十册，由日医师阿佐井野元端翻刻。1593年，文禄战役归还的将士带回大量医籍，其中有浮田秀家带回据元大德六年（公元1302年）版朝鲜复刻本《大观本草》，据明成化版朝鲜活字刊本《政和本草》。1607年，林道春（罗山，1583～1657年，幕府儒官）到长崎，将《本草纲目》初版（金陵本或江西本）献幕府德川家康，林氏于1612年将《本草纲目》的汉名译为和名《多识篇》。《本草纲目》在日本有六种版本：宽永十四年（公元1637年）版、承应二年（公元1653年）版、万治二年（公元1659年）版、宽文九年（公元1669年）版、宽文十二年（公元1672年）版、正德四年（公元1714年）版。1614年，曲直濑玄朔（东井）得到《本草纲目》金陵本初版，书上记有“东按大明万历庚寅迄我邦庆长十九载二十四易草木也”，书存日本内阁文库。1651年，元李杲的《食物本草》、吴瑞的《日用本草》合为十卷在日刊行。1652年，清人戴曼公到长崎，后到周防国岩国传治痘方。池田正直向戴学习治痘法。戴的子孙相继学治痘法。1657年，李正宇（中立）编绘的《图像原始本草》和刻本刊，文中插入《雷公炮炙论》。1660年，薛己的《本草约言》四册，在日翻刻，分为《药性本草》二册，《食物本草》二册。1661年，立野斋庵板刻明代缪希雍的《神农本草经疏》三十卷。1690年，苏轼的《物类相感志》和刻本一册刊。1693年，清郭佩兰著《本草汇》十八卷和刻本成。1694年，通庵竹中敬刊明代李中梓的《本草通元》上、下册。清王翃编《握灵本草》六本，《食物本草会纂》八本传到长崎。1695年，《本草发明切要》六本，《本草备要》二本，由商船传到长崎。1699年，《本草汇言》一部二套，由商船传到长崎。1705年，《本草述》一部二套，由商船传到长崎。1706年，《本草新编》六本，《读本草快编》四本，《重订本草纲目》八本，由商船传到长崎。1711年，增订《本草备要》六本，由商船传到长崎。1716年，《救荒本草》十四卷，《救荒野谱》二卷，在日刊行。1723年，《东都官库医籍目录》中收有：龚信的《本草定衡》十二卷，施永图的《山公医旨》，梅得春的《药性会元》。1725年，福建汀州医师朱子章、朱来章到长崎，鉴定动植物名并报告汉名。1727年，传日医籍有：《本草原始》、《本草万方针线》、《本草蒙荃》、《本草集要》、《本草发挥》、《本草衍义》、《食鉴本草》等。1728年，宁波船主尹心宜到长崎，将冬虫夏草献江户幕府。1729年，汪讱庵《增订本草备要》和刻本刊，由藤井以求子见隆注训读。1740年，《本草类方》二套由商船传到长崎。1745年，杭人李仁仙到长崎传种痘法。有柳隆元、坪井道元等向李学习。翌年，平野繁士部和林仁兵卫合著《李仁仙种痘法》。1752年，1742年版的《医宗金鉴》传日。日人将“种痘篇”单独刊行，名为《种痘新法》。1760年，成化四版的《经史证类本草》二套八本，《钦定古今图书集成》一部，由番船传到长崎。1765年，后藤光生把《绍兴校定经史证类备急本草画卷》赠诊跻寿馆。1788年，苏州药材商吕宏昭到长崎，日本草学家曾占春就药品产地等问题向吕求教，吕将所答内容写成《吕宏昭药品答》一册。1796年，翻刻陈司成《霉疮秘录》。1798年，《本草从新》传日。1803年，苏州胡振赴日，在长崎圣福寺、崇福寺行医。有小川汶庵、千贺道隆、吉田长祯等向胡学医。1805年回国。1804年，《本草求真》二套传日。1819年，杨西亭到长崎，同诏津医生武田克己会晤，传授劳疗及天刑病等奇方数种。1837年，清医生程亦城、王世吉到长崎，鉴定草类194种，木类168种的汉名。《质问草本》八卷、附录一卷刊行。1850年，森立之完成陶弘景《神农本草经集注》的复原工作。1883年，小野职悫将吴其浚的《植物名实图考》翻刻刊行。

（林功铮）

【津门达仁堂简史】

位于天津估依街上的达仁堂，创建于

1914年，经理乐达仁。其历史可追溯到清代康熙年间的北京乐家老铺同仁堂，至今已有300多年的历史。赵继华等撰文记述。

同仁堂创始人乐梧冈为世医乐遵育之子。遵育曾任清太医院出纳文书，对医药之道颇有研究。梧冈乡试落弟，承袭祖业，于康熙七年（公元1669年）在北京大栅栏开设同仁堂药室，并为宫廷供奉“御药”，逐渐发展为当时全国最大的中药店，被称为“乐家老铺”。

二十世纪初，乐氏后裔乐达仁，为扩展业务，拟按资本主义管理模式改革达仁堂，但受乐家族规的限制，不许以同仁堂的字号在外地设立分号。因此，乐达仁携银4万两，于1914年在天津北门沈家栅栏另办中药厂，在估依街187号开设达仁堂，自任经理。店铺建筑，青砖黛瓦，古朴典雅，店门两侧雕刻对联：“达者兼善世多寿，仁者爱人春可回”。1916年，又在中山路与宙纬路交叉处，购置唐绍仪的花园，设立达仁堂总厂，现为达仁堂制药厂，还开辟了养蜂、养鹿基地。

达仁堂的成功经验。抓好方药炮制各个环节。选方，多选自家传、民间、宫廷的验方、秘方、古方。选药，“只求药材真实地道而不惜重资”，精选地道药材。炮制，讲究质量，遵法炮制，“必求其精而不图饰外表装璜”。因此，产品质量上乘，畅销不衰。如安宫牛黄丸、牛黄清心丸、苏合丸、乌鸡白凤丸、虎骨酒、再造丸、救苦还魂丹等，驰名中外。

达仁堂的新生。1955年6月，达仁堂率先公私合营。1958年，研制成功沾蜡机，1962年，研制出搅拌机。1965年，制成三辊蜜丸机，同年工业产值达803万元。十年动乱期间，达仁堂也濒临关闭的境地。1981年5月1日，恢复老字号，由国家医药管理总局局长胡昭衡题写新匾。国家投资64万元，更新设备，发展生产。1981年，被定为全国56个重点中药厂之一。1988年，晋升为国家二级企业。目前，有17个品种销往日本、泰国、马来西亚、新加坡、印度尼西亚和港澳等国家和地区。

（林功铮）

【张仲景里籍考正】

张仲景里籍，素有蔡阳、涅阳、棘阳诸说。近世学者多执涅阳说（见《中医年鉴》1985年卷）。张鸿盘从文献记载、县治设置和地理位置重新考正仲景里籍应为棘阳县，今属河南省南阳县官庄乡张茨围村。摘介如下。

文献记载。张氏认为执涅阳说者，主要依据明嘉靖《邓州志》的记载，尔后桑芸广其说，陆九芝宗其言，日本学者又从其说。但《邓州志》所说何据，至今未见史料佐证。明万历十三年（公元1584年）《襄阳府志》载：“张机，字仲景，南阳棘阳人”。此说可谓是李濂《医史·张仲景补传》的翻版。在时间上较《邓州志》早几十年。陈梦雷《图书集成·医部全录》独宗《襄阳府志》之说。杜雨茂认为“张仲景系后汉南阳郡人，今无异议”。但后汉时南阳辖36县究属何县，素有三说，一为涅阳，一为棘阳，一为枣阳。据《隋书地理志》载“枣阳隋置”，可知后汉枣阳说无据。张、杜二氏从“总角造颙”的记述，认为十四、五岁时的仲景，从棘阳徒步几十里到襄阳求教于何颙，要比从涅阳行走二、三百里到襄阳求教，更符合当时的实际。故应从棘阳说。再据《隋书经籍志考证》载“张机，字仲景，棘阳人”，不用清代盛行的涅阳说，而宗棘阳说，颇有见地。

县治设置。棘阳故城，古时有三。棘阳初置于西汉，属荆州南阳郡。晋置南棘阳，在汉棘阳之南。南北朝置西棘阳，在南棘阳之西。

地理位置。据《汉书·地理志》载，棘阳“在棘水之阳”。李贤注“棘阳故城谢国也。城在今唐州湖阳县西北”。《读史方舆纪要》称“棘阳城，在新野东北七十里，故谢国也”。据《水经注》记载，在棘阳之南有棘水（今名溧河），西南有沘水（今名唐河）。据文献记载，可知汉代的棘阳与周代的谢，在地理位置上相近或重叠，但必须在棘水"又南迳棘阳县故城西"，和谢水（今名涧河）之畔。张氏依据上述地理座标，认为棘阳县在湖阳西北，新野东北七十里，棘水之东，又紧靠谢水的地点。棘阳故城，应属今河南省南阳市东南七十里，新野县东北七十里(均指旧称)，南阳县官庄乡张茨园村。

（林功铮）

【王叔和里籍、生平再考】

王叔和生平不见史传，称为高平人，素有属山东、山西之争。1989年卷年鉴曾收载朱承山等考证为山东省邹县。茹东民等再次考证，摘述如下。

里籍　茹氏等考证，西晋初期，以高平为地名者，在今山东境内，又有郡县之别。高平故城，王莽始改。城在今山东微山县西北，邹县西南，济宁郊区东南之交界处。西晋泰始元年（公元256年），改山阳郡为高平郡，郡治驻昌邑县（今巨野东南之昌邑集），领高平、金乡、巨野等七县。山西省的高平，始设于北齐，斯时叔和已去世百年。可补朱氏之不足。

生平　叔和任职，素称晋太医令。茹氏等据皇甫谧在《甲乙经序》称"近代太医令王叔和，撰次仲景遗论甚精"。皇甫氏生于东汉建安二十年(公元215年)，卒于晋太康四年(公元283年)，晋朝建立于公元265年，首任太医令为程据，程因谋害愍怀太子，于元康元年（公元291年）被处死，这时皇甫氏已谢世八年。序中所称近代太医令，应为魏太医令。又据《襄阳县志》载："王叔和高平人，……侨寓襄"。茹氏等分析，叔和晚年深感战乱之苦，不思返里，流寓襄阳，悉心为民治病，深得人民敬重，死后葬于襄阳，现有墓碑存其处。城内至今尚有王叔和井、王叔和洗药池等。

（林功铮）

【王焘家世再考证】

王焘的家世，曾有考证(见86年卷本年鉴)。李平据史料，再作考订，简述如下。

李氏据上海图书馆藏王焘孙王谭的墓志拓片《唐故鄂岳都团练判官将仕郎试大理评事太原王公墓志铭并序》："五代祖讳崇基，皇主爵员外郎。高祖讳□□，皇洛好武临令。曾祖讳焘，皇给事中，赠工部尚书。王父讳遘，皇金部郎中，苏、楚州刺史中丞"。崇基是王谭的五代祖，为王焘的祖父。拓片中王焘的父名脱落，不可辨别。参证《新唐书·宰相世系表》太原王氏门载王焘世系，称其四代祖为王珪，太宗时宰相；祖父崇基，主爵员外郎；父茂时，有兄弟四人，茂时最幼。王焘有一兄名光大，官至司勋郎中。又据《唐尚书省郎官石柱题名考》及《唐御史台精舍题名考》等，知王光大还任司勋员外郎、户部员外郎、监察御史等职，大约生活在玄宗、肃宗时。《新唐书·宰相世系表》称，王焘长子遂，官大理少卿，次子遘，官苏州刺史。据考贞元九年（公元793年）遘死于楚州刺史任上。

王焘世系

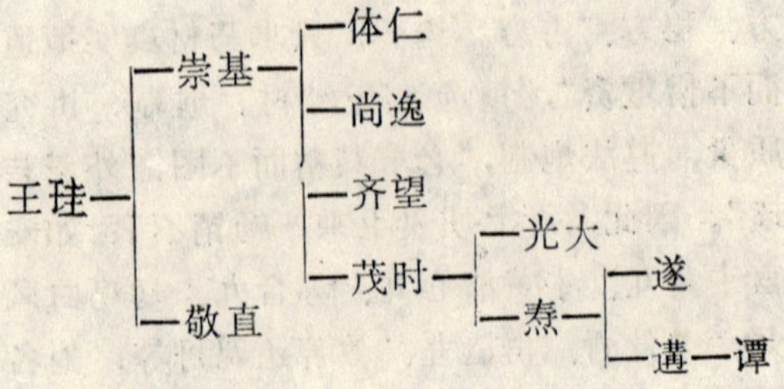

（陆肇基）

【孙思邈医学思维探析】

孙思邈的医学成就，备受推崇。这与他医学思维密不可分。林功铮对孙氏的医学思维进行探析，揭示其内涵的规律，有益于对孙氏的学术思想的继承和发扬，摘述如下。

孙思邈主张积极思维，他从十八岁学医开始，直到一百多岁，仍然"未常（尝）释卷"。他不但积极思维，而且善于思维："医者意也，善于用意，即为良医。"林氏指出，这里的“意”和“悟”，可能更多地包含着形象（直觉）思维和灵感（顿悟）思维，蕴含着丰富的逻辑思维内容。这也就是“医者意也”的真正含意。

孙氏从事医学研究的基本思维模式，“博采众长，躬自验之”，通过思维比较、分析、对疾病做出尽可能符合科学的解释、选择最有效的方药。这就是从经验到经验的思维模式。如孙氏亲自治疗600例麻风患者，取得10%疗效，从而得出早期治疗的正确观点。又如他用自身的经验去判断他人的经验，用新的经验鉴别已有的经验，从而得出甘豆汤较大豆汁解毒作用更好，较为符合客观事物的认识。

孙氏的思维方式，有形式逻辑思维和辩证逻辑思维，他对事物的名实概念有较为明晰而深刻的认识。因而他对本草的论述，能从不同的属性，如产地、治疗作用、品种来加以论述。其逻辑推理，采用传统类比推理法，因果类比推理法、归纳推理法、演绎归纳推理法，说明汤药治病的道理，阐明服药以瘥为限的效果，探讨病因、病机等。采用演绎归纳推理法，分析研究《伤寒论》方证，“比类相附”，分为桂枝、麻黄、青龙三类方。开创后世“三纲学说”的先河。

孙氏采用辩证逻辑思维，揭示了理论和实践，主观认识和客观事物辩证统一的关系。在其著作中，提出不少精辟的论断。如“世有医者，读方三年，便谓天下无病可治，及治病三年，乃知天下无方可用”。“犯时微若秋毫，感病广于嵩岱”。用药“犹若御兵”。等，都包涵着丰富的辩证逻辑思维。

在孙氏医学思维中，还有系统论的观念。其方法论，则有对比法、观察法、比例法、以外侧内法等，他是最早指出做学问方法，又指出做医生知识结构的第一人。

林氏认为，指导孙思邈进行医学思维的哲学观念是多色彩性的。他继承了历代先哲朴素唯物认识论的优良传统，其中包括老子、庄子、孔子、嵇康、葛洪等人的学说，但更主要的是他吸取了先秦诸子的天人相应、气一元论的朴素唯物自然观。他对生命的认识：“厥身已毙，神明亦灭，变为异物”。他对人与自然的关系，认为“虽不能废之，能以道御之”，对疾病的认识：“时行瘟疫为异气”、“霍乱之为病也，皆因饮食，非关鬼神”等，具有朴素唯物观念。但是在他的思想中，又混杂着唯心论、迷信思想、不可知论等，接受“阴阳禄命，诸家相法、及灼龟五兆，周易六壬”等唯心内容。然而林氏在考察了孙思邈的医学思维轨迹后指出，在孙氏的医学实践中，指导科学的思维是朴素唯物的观念，不能与他个人信仰的思想混为一谈。孙氏的积极理论思维，是历代先哲朴素唯物认识论的传统，也是中医学可贵的优良传统。它揭示了思维科学在中医学发展中的重要作用。

（高毓秋）

【钱乙里籍、生卒新证】

钱乙的里籍和生卒年代，现有史料的记载，多有出入。吕学泰等实地考察，查证资料，提出新解。

里籍：宋史本传称乙“家于郓，遂为郓州人”。《四库全书总目提要》则说“乙东平人”。阎孝忠《小儿药证直诀》序称汶上人。近代又多称郓城人。众说不一。吕氏查证郓城的历代沿革，认为宋真宗咸平三年（公元1000年），河水决郓州后，州城和须城县治一并移于汶阳之高原，即王陵山前五里平原处。明洪武八年（公元1375年）并入东平州。可知宋代郓州已不在郓城故地，而在今东平州治。再查汶上、郓城两县方志，从未发现关于钱乙的记载，因而推断钱乙为东平人，似无疑义。

生卒：钱乙生卒年代，史无明载，近说互有出入。查为钱乙作传的刘跂，原籍东光人，移居东平，元丰进士，卒于政和末年，与钱乙是同时代人。因此刘跂《钱仲阳传》说乙“卒年八十二岁，终于家”当属可靠。钱乙卒年则应在刘跂卒年的1117年之前。阎孝忠的序文称:"余五、六岁时病惊疳……皆仲阳拯之良愈，是时仲阳年尚少,不肯轻传其书，余家所传者，才十余方耳。大观初……而仲阳老矣，于亲旧间始得说证数十条，后六年又得杂方，盖晚年所得益妙"。序作于宣和元年（公元1119年),大观初年(公元1107年)仲阳已老。"后六年又得杂方",应指公元1113年钱乙去世后六年。阎氏在宣和元年（公元1119年)以晚辈的身份辑成《小儿药证直诀》并写序文，也是合乎逻辑的。据钱乙82岁卒，推算其生卒年,可定为公元1032～1113年。

（姚　勇）

【元代法医学家王与生平事略】

元代法医学家王与，鲜有记述。仅有贾静涛在《中国古代法医学史》中简要述及。童平宇撰文介绍其生平事迹，摘述如下。

王与，字与之。浙江温州人。生于元景定元年（公元1260年)，卒于元顺帝至正六年（公元1346年)。享年86岁。为古代闻名于世的又一杰出法医学家。

王与自幼好学不倦,深谙历代法律典章。任职其间，处事勤恳，颇有政绩。曾升任杭州路盐官，巧断王库伪钞案，首犯伏法，解脱被无辜株连者数百人，深得民众爱戴，名震一方。后历任处州路总管知事、湖州录事、乐清县尹等职。清廉自守，得民景仰。

王与一生办案极多，认为"法有宜于古者，未必皆便于今,贵乎随时之宜而损益之。且人命至重，检死最难。今检验死伤往往取则于《洗冤》、《平冤》二录，至若上司降下结案程式，则失于参考，此《无冤录》之所以编也"。为此王氏于36岁时，撰有《无冤录》。书分上下两卷，上卷十七篇,下卷四十三篇，可补正《洗冤集录》的不足，成为刑事侦查中死伤检验的必备用书。书成后，传入朝鲜李朝。李世宗命大臣加以音训注释，于公元1438年刊行，题为《新注无冤录》，尔后多次重刊。公元1790年又予重订，题为《增修无冤录》，分别以朝文、汉文颁行，成为朝鲜司法官吏的必修书，一直沿用至本世纪初。《新注无冤录》传入日本后，被节译成日文出版。明治二十四年（公元1891年）再版,改名《变死伤检视必携无冤录述》，封面署"元朝东瓯王氏编纂"。该书出版时,日本诸医科大学及军医学校已普遍讲授西洋法医学。但该书至明治三十四年（公元1901年)短短十年间，再版六次。直至昭和五年（公元1930年)，《无冤录》还收入《近代犯罪科学全集》中。王与的《无冤录》虽然迟于宋慈的《洗冤集录》，但是却比《洗冤集录》约早三百年传至国外。特别对朝鲜、日本的法医学影响深远。清人沈家本认为《无冤录》可以补正《洗冤集录》,"相辅而行，不可废也"，诚为公允之论。

王与著作，尚有《钦恤集》、《礼防书、《刑名通义》等行世。

（林功铮）

【柳宝诒生卒事迹新证】

柳宝诒为晚清名医，字谷孙，号冠群。现有史料记述其生平、事迹有所错漏。张耀宗据家谱、日记等予以考订。摘介如下。

生卒　张氏据翁同龢的《翁文恭公日记》记载，翁在光绪廿六、廿七年间，曾数次延请柳氏为他和他的亲属诊病。如在光绪廿六年四月十八日记有:"有柳冠群者，江阴周庄医也。为景诊脉曰肝气，为綦诊曰胃阴伤，所开方皆平正"。同年4月20日记"始见柳医，年六十，江阴周庄人，周庄即散墩"。又光绪三十年四月十六日，记有:"撰柳冠群医书序。柳江阴人，曾于次公处识之。前年卒"。张氏认为翁与柳同代人，多有交往，情况熟悉。故其所记柳氏之生卒年代可信程度较大。据此推算，柳宝诒当生于道光二十一年（公元1841年)，卒于光绪二十八年（公元1902年)，享年62岁。

事迹　张氏据同治十年缪逢垣修《东兴

缪氏宗谱》记载，在乾隆间柳氏一族已在缪公家读书，故其迁居江阴周庄镇时间，应在乾隆之前，而不是“道光年间”。同书三十五卷载：“蓉堂缪公者，诒之受业师也，诒六、七岁时即从先生受业四子书，亲几席者有年，元配柳氏，诒之从堂姊也。可知宝诒的业师为缪镜千，字蓉堂，其妻为宝诒堂姊，柳书堂次女。又据民国三十七年吴肇桐修《延陵吴氏宗谱》载，宝诒撰文自署为“八旗官学教习，岁贡生”。《江阴县续志》记载亦相同。可订史载“正红旗官学教习，优贡生”，之误。另对柳氏创办东南乡试馆的事实及其所撰之寿诗、文稿等作了补正。

著作　张氏认为除史载外，尚有《柳冠群医案》上下两卷，系为柳氏门人郭子昂和许阜云侍诊录案汇集，周仁寿抄录。今藏顾山镇老中医张礼纯处。《惜余医案》上卷1册，现藏常熟市图书馆。该二种医案可正张耀卿整理的《柳宝诒医案》中的错误，且溢出90余案。还有《惜余医话》和《素问释意》则附见于缪柳村之《缪氏医案》。

（陶御风）

【冉雪峰生平考补】

冉雪峰，虽为近代中医大师，但史籍对其生平记述多有错漏。王席国等查考有关档案、书信和手迹，访问冉氏子侄、门人，予以订正，简介如下。

名号　冉氏原名敬典，其父据“作典先敦伦”而取。辛亥革命时，因“慕荆轲勇烈，剑气凌霄，白虹贯日”，更号剑虹，号雪峰，别号恨生。

生卒　据冉氏的书信、照片题记和《健康报》电讯，查清冉氏生年应为公元1879年11月18日（清光绪五年，农历己卯十月五日），卒年应为公元1963年1月29日（农历癸卯一月五日），享年85岁。

里籍　现有三说：一为黛溪县说，二为奉节县说，三为黛溪说。王氏等查县志，黛溪在历史上从未设县，黛溪县说，黛溪说，实为巫山县大溪乡。又据冉氏致胞弟文典的信，《四川省万县中医初审委员会姓名履历表》（见四川档案馆全宗号029目录号207），冉氏籍贯应为四川省巫山县大溪乡。

主要经历　清光绪丁未（公元1907年），出游京沪，卜居湖北武昌。创办湖北新闻社。辛亥年间，参加武昌起义，短布从军，充鄂军务部秘书。民初党争激烈，触怒当道，被捕拟杀。得于右任、邵力子等多方援救得释。越二年，又为袁世凯疑忌，再次被囚于京畿军机总执法处。袁死才脱险。冉氏因此无心仕途，认为强种即以强国，乃致志医学。1917年，冉氏始悬壶于武昌中和里。1919年，为复兴中医学，联合陆继韩、胡书诚、李子余等组织湖北省中医公会与中医学会，被选为湖北省中医会第一届正会长，创办湖北省《中医杂志》，兼任编辑。1923年，冉氏在武昌黄土坡，独资创办“湖北私立中医专门学校”，任校长，编讲义，亲自授教，培养中医人才。1925年，冉雪峰与张锡纯结成南北同盟，反对国民党政府抑杀中医事业，据理抗争。1937年，组织“湖北国医药界战地后方服务团”，任团长及中医救护医院总院副院长，捐出多年积蓄，生产成药，支援抗日。1938年，避难四川万县董家岩，埋头著书，亲绘人体解剖学彩图数百幅。主张中西医结合，取义大同。以新的解说旧的，以旧的求出新的。同年11月，任四川省万县中医初审委员会常务委员。1943年，迁万县市悬壶。1946年，回汉口肇元里悬壶。1949年，迁重庆悬壶。1950年5月，任重庆卫生工作者协会编辑委员会委员。1955年，任重庆市政协委员，重庆中医进修学校首届校长。1955年11月入京历任中医研究院学术委员会副主任兼高干外宾治疗室主任，中华医学总会常务理事，第二届全国政协委员，享受一等一级专家待遇。冉氏多次为领导同志诊病，取得很好疗效。博得傅连暲的赞扬。因脑动脉栓塞，久治无效，逝世。

著作　主要有《麻疹商榷正续编》、《冉雪峰医案》、《八法效方举隅》、《冉注伤寒论》和《中风临症效方选注》等。

（林功铮）

【清代台湾医林人物小考】

肖林榕据地方志及有关资料对台湾清代（公元 1644～1911 年）较有名望的中医辑录 39 人，简述其生平、著作和学术特点。摘述如下：

陈思敬，字泰初。台南城镇北坊人。成年后回祖籍福建同安。乾隆十八年(公元1753年）科副贡生。曾任连江司训，频往于台。素知医，自设药肆，每亲手炮制以疗病人，乐善济贫，远近皆知。著有《鹤山遗稿》。徐麟书（公元 1781～1849 年），原籍广东蕉岭，其家六代业药兼医。徐氏继祖业，刻苦钻研医学，被清宣宗征为御医，因不愿立身于危朝，遂渡台。初居台南悬壶，名噪一时，有“和缓再世”之誉，著有《秘传医书》一册。陈震曜（公元 1778～1852 年），字焕东，号星舟，台湾嘉义人，原籍福建，后居台南。嘉庆十五年（公元 1810 年）以优行贡大学，召试。嘉庆二十年（公元 1815 年)，回福建，在建安等地任教谕。道光十二年（公元1832年）返台。道光十五年（公元 1835 年)选授陕西宁羌州州同，道光三十年（公元 1850 年）因病归家。陈氏好宋儒之学，习医。晚年，医术日益覃深，采辑古今名方及论医之法，成书若干卷。光绪八年(公元 1882 年)，被祀于乡贤祠。赖时辉（公元 1818 年～1884 年)，字梦修，嘉义人。习医，以医药济人，并倡建育婴堂等。　何世德，精医学。嘉庆十八年（公元 1813 年)兵备道兼提督学政糜奇瑜为之立匾，题为“妙手回春”。李溶科，西屿澳小池角社人，原籍福建同安。舍药施茶，以医术而游澎湖。道光元年（公元1821年）澎湖厅丁嘉植为其立匾，曰“乡闾表式”。黄玉阶（公元 1849～1910 年）台中梧栖港人，祖籍福建泉州。精儒，同治八年（公元 1869 年)，从李清机习医。光绪间霍乱、鼠疫、斑痧先后流行，玉阶精选良方、独创合药，诊疗施济，活人无算。诊余著有《黑死病疙瘩瘟治法新编》。梁呈宝（公元 1853～1919 年)，原籍广东梅县，同治间赴台南应试，未第改习医。因病发药，随时处方，颇有“国手”之誉。范元成（公元 1844～1922 年)，原籍福建同安。随父渡台，居住基隆。及长，潜心医术，精外科。任基隆海防分府医官。不仅医术可传，而且医德可风。纪隆岳，道光间人。擅长儿科，著有《回生良诀》二卷。在台颇为流传。邱世濬（公元 1878～1942 年)，原籍福建韶安。精小儿科，治病不论贫富，一律义诊。李明寿，善化镇十新营人。清末，从唐山先生学眼科，精其技，名震台南。遗有稿本 6 册，享年 58 岁。江岱东，台南市人。专制阴阳丹，治疗急性结膜炎、角膜炎。创制“真珠散”，治角膜翳最神，愈后无斑痕。行医于南县，享年 69 岁。

此外，还有刘仁寿、李朝勋、陈逢星、郑联玑、柯振辉、尤子樵、黄守乾、叶炼金、吴象贤、蔡光任、郑氏、陈凤鸣、罗鸿诰、纪耀亭、吴月川、张丙丁、洪镜湖、黄福元、蓝华峰、藩子联、叶芷生、侯皆德、张清燕、陈直卿、陈迪卿、陈自新等。这些医家不仅具有医术精湛，而且医德高尚，深受台湾民众的感戴。

（于永敏）

【蒙医伊希巴拉珠尔、察哈尔格西罗布桑苏勒和木事略】

陶·苏与巴·吉格木德介绍十八世纪蒙医名医伊希巴拉珠尔、察哈尔格西罗布桑苏勒和木，摘介如下：

伊希巴拉珠尔　又名额尔德尼班智达·松巴堪布，青海卫拉特蒙古人，生于公元1704年，圆寂于公元 1788 年。是十八世纪蒙古族著名的僧医。伊氏一生致力于学术研究，精通大小五明学问，在天文学、医学、文学、哲学等方面都有一定造诣，曾获“班智达”学位，担任过青海藏族大活佛托旺的经师。

伊希巴拉珠尔撰有《甘露之泉》（藏名都德泽楚俊)、《白露医法从新》(藏名都德泽色拉尕尔)、《甘露点滴》(藏名都德泽梯格巴)、《甘露汇集》（藏名都德泽尕敦）等，将古印度《医经八支》、西藏《四部医典》的理论同蒙古人的体质、生活特点及居住地区的气候和传统的蒙医药学结合起来，取得创造性的研究成果。伊氏提出了以赫依症、希拉症、巴达干症、血症、黄水症、虫菌症为核心的“六基症”学说；以“沉土（五大元素之土）般的寒症”、“强敌对抗般的寒热相抗症”、“野牛回击般的寒热相互倒变”的寒热学说，都成为18世纪以后蒙医学的病因辨证的理论原则和病性辨证总纲。在治疗学方面，伊氏汇集了蒙古正脑术、脱臼复位术、饮食疗法等很多治疗经验，并提出了鼠疫是由病旱獭传染的结论。

此外，伊氏著《认药水晶鉴》（藏名西勒尕尔未龙)，是最早的一部内容丰富而完整的蒙药学专著。书中将药物分为矿物、珠宝、植物药、动物药等7类，详细阐述了799种药物的产地、形态、性味功能和炮制，还有药引、刺血针灸穴位图解等内容。

上述伊氏的五部著作已成为蒙医药学的经典，在清代曾收入他的全集中，用藏文木刻刊行。在民间有蒙文手抄本流传。

察哈尔格西罗布桑苏勒和木：察哈尔格西罗布桑苏勒和木（以下简称罗）是18～19世纪的一位杰出的蒙古族医学家、著名的翻译家和诗人。罗生于公元1740年，卒于公元1810年，享年71岁。

察哈尔格西是人们对罗的尊称，察哈尔为地名，格西是藏音译名，意为善知识。罗也曾于乾隆三十三年戊子（公元1768年)在北京雍和宫获得“格西”学位。

罗从小聪颖好学，在15岁时，由法王罗布桑丹赞授其“格隆”称号。从此，其努力学习医学和佛经，并以毕生的精力对传统的蒙医药学进行系统的研究。他曾撰著《认药学》、《脉诊概要》、《卫拉特王统史》、《宗喀巴传》等100多部著作，还从事蒙、藏、楚文的翻译工作，培养出一大批蒙医人才和翻译、出版工作者。

罗曾于1760年起在北京雍和宫学习医学、哲学等，1768年获“格西”学位返回故里，从事蒙医药学方面的研究，被人称为近代蒙医学学术派的代表人物之一。他生前医著很多，但多因年久而佚散，一部分手稿也于1945年不幸被焚，现存的著作如：《珠宝、土、石类认药学》1卷、《木、田野、滋补类认药学》1卷、《草类认药学》1卷、《盐、灰、动物产品类认药学》1卷、《油剂制法》、《脉诊概要》等，只能在蒙古人民共和国乌兰巴托图书馆、北京图书馆以及内蒙古图书馆找到。

罗于清嘉庆三年间，为考察矿泉井而多次去额尔德尼图喜庙，并著书介绍矿泉水可以治疗疾病的种类以及利用和保持泉水清洁的办法。乾隆五十年，罗在治愈其门徒楚力毕日姆达尔扎的天花后，在当时的医疗条件下，能以痘痂作疫苗，给当地群众接种，并写出治疗天花的医书。

（高忠樑）

【五千年前的洛书八卦图形玉片】

1985年春，1987年6月，在安徽省含山县长岗乡凌家滩墓地出土陶、石、玉器197件。其中四号墓出土的1件玉龟和1块玉片，经安徽省文物考古研究所研究，实验室热释光测定，其绝对年代为4600±400年。玉片刻有图形。陈久金等初步考析，认为是五千年前的洛书八卦图形。摘介如下。

玉龟和玉片均放置在死者的胸部，出土时玉龟的腹甲在上，背甲在下，玉片夹在两者之间。玉片为长方形，牙黄色，长11，宽8.2厘米。两面均琢磨加工。中心刻有两个相套的圆圈。在内圆里，刻方心八角形图案。内外圆之间有八条直线将其分割为八等份。

在每份中各刻一个箭头。在外圆和玉片的四角之间，也各刻一个箭头。在两短边的边沿，各钻有5个圆孔；在有凹边的长边钻有9个圆孔。在无凹边的长边两端各钻有2个圆孔。

陈氏等认为，玉片中心与内圆相接的方心八角形，在新石器时代遗物中曾多次见到。它象征太阳，方心为太阳，八角表示太阳射出的光芒。大圆往往代表宇宙。如果将大圆与周天旋转、季节循环相联系。那么，外边的四个箭头代表四象，大圆内的8个箭头代表八卦。四象和八卦，在季节上的概念，相当于农历的四时八节。四象又称少阳、太阳、少阴、太阴，相当于农历上的春夏秋冬，只是八卦属于五时制，与农历的四季不完全相同。但就季节的概念而言，它是四象的再分裂。

陈氏等认为，从八卦的卦画中可看出季节的变化。震（☳）为少阳中的阴卦，表示阳卦中最为寒冷的月份；离（☲）为少阳中的阳卦，比震卦暖和些；兑（☱）为太阳中的阴卦，比离更暖和些；乾（☰）为太阳中的阳卦，表示阳卦中最热的月份；巽（☴）为少阴中的阳卦，表示阴卦中最热的月份；坎（☵）为少阴中的阴卦，比巽凉些；艮（☶）为太阳中的阳卦，比坎更凉些；坤(☷)为太阴中的阴卦，表示阴卦中最寒冷的月份。八卦与季节和方位也都一一对应，震在东北，为初春；离在正东，为仲春；兑在东南，为初夏；乾在正南，为盛夏；巽在西南，为初秋；坎在正西北，为仲秋；艮在西北，为初冬；坤在正北，为寒冬。可见八卦与季节气候有关，本无卦名。卦名与卦画的出现，大约在西周时期。因此，玉片上的图形，可以说是先夏时期原始的八卦图形。

陈氏等又引据《尚书·洪范》的记载，认为玉片图形中四个边沿的钻孔数，象征五行中之生数四还原成中宫五，又象征成数九还原成中宫五。此数与汉郑玄《易乾凿度》注相符合，即："太一下行八卦之宫，每四乃还中央"。五代表中宫之数，六七八九与一二三四之数相配，故太一循行至九乃还至中央。这就是玉片孔数以四五、九五相配的道理。

洛书河图，虽然两汉的著作中经常出现，被描绘得很神秘，但是从来没有出现过有关洛书河图的图形。陈氏等认为，玉片的八方图形与中心象征太阳的图形相配，符合中国古代的原始的八卦理论。玉片四周四五、九五之数，与洛书"太一下行八卦之宫，每四乃还中央"相合，结合有关古籍的记载，玉片图形表现的内容应为原始八卦。出土时，玉片与玉龟叠在一起，与《汉书·孔安国传》载"天与禹洛出书，神龟负文而出，列于背"相符，说明玉片与玉龟关系密切。故推测玉片图形可能是远古的洛书和八卦。表明早在五千年前，中国先民就有了河图、洛书和八卦的观念。

（林功铮）

【甘肃天水放马滩秦简医书摭拾】

1986年3月，在甘肃省天水市放马滩，发掘秦墓13座，汉墓1座。在一号秦墓出土竹简460枚，大多数保存完整，字迹清晰。何双全曾作报道。现予以摘述。

竹简出土时，由于长期浸泡在墓内积水中，竹简质地松软而易断。编绳已无存，竹简散乱，无篇题。经整理后，竹简可分为二类，一类内容与云梦睡虎地《日书》相同，因而定名为《日书》；一类内容为纪年竹简，定名为《墓主记》。竹简原有上中下三道编绳，上下端各空出一厘米为天地头。大部竹简的天地头两面粘有深蓝色布片。每简右侧有三角形小楔口，上留有编绳朽痕。简文字体为古隶体。书在篾黄面。每简字数在23至40字间，最多为43字。每简书一条内容。一章写毕，还有空余处，接写另一章时，则书圆点或竖道以示区分。《日书》按内容的不同，可分为甲乙两种。其中有三种与古代医学内容有关。

一、《巫医》。属《日书》乙种，简59条。

记述内容，以时辰投阳律，按生肖问病情，有无救治办法，属于巫医治病的记载。有如：

“旦至日中，投冲大簇，虎也。籛色大口，长腰。其行延延矣，色赤黑，虚，善病中”。（乙 90）

“旦至日中，投中蕤宾，马也。连面大目，黑，大唇吻猞，行吾吾矣。色晳，善病右脾。”（乙 94）

二、《五行书》。属《日书》乙种，有 6 条。主要记载五行互生的次序。有如：“木生亥，牡卯者未。（乙 63）火生寅，牡午者戌。（乙 229）金生巳，牡酉者丑。（乙 230）水生申，牡子者辰。（231）土生木，木生火，火生土，土生金。（乙 311）”

三、《生子》。属《日书》甲种。在甲16，17，19 简下栏，记载从平旦至鸡鸣 16 时辰中产子是男还是女。如：“平旦生女，日出生男。……”。（甲 16）

这批秦简的书写年代，据甘肃省文物考古研究所等研究，依据一号秦墓出土的纪年竹简《墓主记》和《日书》，以及出土的陶器、铜器等的特征，一号墓下葬年分在秦始皇八年冬或九年初，即公元前 239 年至前200 年。竹简的书写年代应在公元前 240 年前，距今已有 2300 多年。

秦简医书的内容，虽然记述简朴，但是它反映出周秦之际的医学状况，为研究当时的医学发展情况提供了文字记载，其中《巫医》竹简更属珍贵，有助于医学起源、巫医关系的研究。

（林功铮）

【《行气玉铭》文新释】

《行气玉铭》文释读，本年鉴 1983 年卷，曾收载于省吾、郭沫若、陈邦怀的训解。近刘歆民再考证，提出新释。摘述如下：

（1）实则𨗴：宎，古籍未见。于释天；郭初释闐，后释深；陈则概言前非，认为是吞的异体形声字。刘认为释吞亦非，铭文仅仅言行气循导顺序，未言所经人体部位和动作。从通篇文义及字的结构看，实为安的异体字，从天在宀（介）。宀是房的象形；天是强调突出头部正面人的象形。表示入室为安原始的心态。《说文》：“安，静也”。此则告诫练功者之首要应先入静。

𨗴：于释畜；郭释蓄；陈释𨗴。而《古籀汇编》、《古玺文字徵》、《古文字类编》均释作達字。《说文》云：“𨗴，先道也。”段注云：“道即今之导也，经典多假率为之”。又《尔雅·释诂》曰：“率，循也”。为循从之意。铭文先言行后说𨗴，意无重复，行文简明。“安则𨗴”是要求行气者在调息行气时要心平气和，静思凝神之后，气方可循意导而行之。

（2）𦥑：陈释为本。刘认为释本非。当从于、郭释为舂字。铭文：“天其舂在上，地其舂在下”，应释为“（人体）上面的通道在脐以上，下面的通道在脐以下”。若拘于就字论字，如陈氏把天释为颠顶，然地又作何解释？

铭文，从文义看，可分三节。上节二句，首句“行气”，既是铭题，又言导引的开始。第二句“安则𨗴”是讲行气时心神安静为首要，而后气方可循意导行而不乱。中节八句，是对呼吸行气一周的描述。“𨗴则伸，伸则下，下则定，定则固”。是讲行气时自上而下的顺序，最后还有一定时间的止息，即养生所说的“闭气法”，是讲吸气。“固则萌，萌则长，长则天”是讲行至下面的气逐渐返还上面。是说呼气。下节四句，“天其衡在上，地其衡在下”，是讲行气时必须遵循气在人身上下走向的要领。“顺则生，逆则死。”是讲违背行气顺逆规则的危害。

（施歆民）

【江陵张家山汉简《脉书》释文】

《文物》发表了湖北江陵张家山汉墓出土的汉简《脉书》释文、“马王堆帛书《脉法》重释”及连劭名考证《初探》。竹简《脉书》是继马王堆帛书之后又一重要发现，它可补缀《脉法》的阙如。现将释文刊录如下，以资参考。

(每简终了处加」)

·病在头，农为𩠳，疕为秃，养为𩯪。在目，泣出为浸，脉蔽童子为脉浸。在目际，靡，为𦋝。在鼻，为肍；其疕，1」痛，为蟘食。在耳，为聋；其农出，为浇。在唇，为□。在口中，靡，为篡。在齿，痛，为虫禹；其痛，为血禹。在齕，痈，为𦞤。2」在睺中，痛，睺𤸎殹。在面疕，为包。在颐下，为瘿。在颈，为瘘。在肩，为□。在夜下，为马。在北，痈，为王身。在掌中，为蟘。在3」身，𩒲𣪠然，□之不智人，为𤸎。在身，疕如䟽，养，为加。在身，炙痛以行身，为火疢。火疢，赤气殹。在戒，不能弱，为闭；其4」塞人鼻耳目，为马蛕。在胃管，痈，为鬲中。在肺，为上气欬。在心胠下，坚痛，为□□烝□。在肠中，小者5」如马矢，大者如杯而坚痛，榣，为牡叚。在肠中，痛，为血叚。肘，其从脊胸起，使腹张，得气而少可，气叚殹。其腹6」胗胗如肤张状，鸣如鼃音，膏叚殹。其衷约隋，上下不通，㭝叚殹。在肠中，痛，左右不化，泄，为唐叚。在肠，7」左右不化，为塞中。在肠，有农血，篡，脾，尻，少腹痛，为肠辟。食即出，为泄。左右血先出，为脉。肠热而渴，为塞中。8」□□□□非时而血出，𤻬，为瘉；其溃，为浚。弱出白如沐，为白叚。前出如拳，为暴。乳痛，为醉。字而肠痛，9」弱而痛，为血□□□□□□□□□□□□不能□右（?），为□。橐痛，为血𩕊；其痛上下鸣，为肠𩕊。在篡，痛10」如枣，为牡痔；其痛有空，汁出，为牝痔。在胻，疕，赤淫，为瞭；其疕就就然，为潞。在踝下，痈，为瘘。在足下，为殿。11」内瘅；身痛，艮蚤黄，为黄瘅。身、面、足、胻尽盈，为庐张。腹盈，身、面、足、胻尽肖，为水。身痛，面盈，为12」风，头身痛，不出而13」渴，为温。身寒热，渴，四节痛，为疟。身病养，农出，为骚。四节疕如牛目，麋突，为疠。身时偾，沫出，羊鸣，14」□□□□见(?)，不能息，为痪；反折，为间。15」

·钜阳之脉，𣪠于踵外踝中，出𦚔衷，上穿臀，出𩓐中，夹脊，出于项，上头角，下颜，夹𩕳，𣪠目内廉，是动则病，冲16」头，目以脱，项以伐，胸痛，要以折，脾不可以运，胠如结，腨如裂，此为踵蹶，是17」钜阳之脉主治。其所之病，头痛，耳聋，项痛，灊强，疟，北痛，要痛，尻痛，痔，胠痛，腨痛，足小指𤸎，为十二病。18」

·少阳之脉，𣪠于外踝之前廉，上出鱼股之外，出胁上，出耳前。是动则病，心与胁痛，不可以反𥡐，甚则无膏，足外反，此为阳19」厥，〔是〕少阳脉〔主治。其〕所产病，□□〔痛〕，□痛（?），项痛，胁痛，疟，汗出，节尽痛，脾廉痛，鱼股痛，郄外廉痛，晨塞(寒)，20」是中指𤸎，为十二病，及温。

·阳明之脉，𣪠于骭骨之廉，循骭而上，穿膑，出鱼股之廉，上穿乳，穿颊，出目外廉，环颜。是动则病，洒洒病21」塞(寒)，喜信，数吹，颜墨，病种，至则恶人与火，闻木音则狄然惊，心惕然欲独闭户牖而处，病甚则欲乘高22」而歌，弃衣而走，此为骭蹶，是阳明脉主治。其所产病，颜痛，鼻肍，领疢，乳痛，脊痛，心与胠痛，腹外23」种，肠痛，郄□，衬上𤸎，为十二病。

·肩脉，起于耳后，下肩，出肘内廉，出臂外馆上，乘手北。是动则病，领种痛不可以顾，肩以脱，臑以折，是肩脉主24」治。其所产病，领痛，睺𤸎，肩痛，为四病。25」

·耳脉，起手北，出臂外廉两骨之间，上骨下廉，出肘中，入耳中。是动则病，耳辉辉焞焞，益种，是耳脉主治，其所26」产病，目外际痛，颊痛，耳聋，为三病。27」

〔·〕齿脉，起于次指与大指上，出臂上廉，入肘中，乘臑，穿颊，入齿中，夹鼻。是动则病，齿痛，𩑶种，是齿脉主治。其28」所产病，齿痛，𩑶种，目黄，口干，臑痛，为五病，及□□29」

·泰阴之脉，是胃脉殹，被胃下出鱼股

之阴下廉，腨上廉，出内踝之上廉。是动则病，上走心，使腹张，30」□□□□□□□□□□〔快然衰〕，是泰阴之脉主治。其所产病，独心烦死 心痛与31」腹张死；不能食，者卧，强吹，此三者同则死；唐泄死，水与闭同则死，为十病。

·瘚阴之脉，毄于足大指丛毛之上，乘足祔上廉，去内□□□□□□□□□□□□□□□□□□□32」触少腹，夹𦜕旁。是动则病，丈夫则𬻑山，妇人则少腹种，要痛，不可以卬，则嗌干，面骊，是瘚阴之脉主33」治。其所产病，热中，癃，𬻑，扁山，为五病。五病有而心烦死，勿治殹；有阳〔脉〕与之俱病，可治也。

·少阴之脉，毄于内踝之外廉，穿腨，出𦛗中央，上穿责之内廉，毄于脊，夹舌本。是动即病，悒悒如乱，坐34」而起，则目䀮如无见，心如县，病饥，气不足，善怒，心狄狄恐人将捕之，不欲食，面黯如灺色，欬则35」有血，此为骨瘚，是少阴之脉主治。其所产病，口热，舌柝，嗌干，上气，𩞄，嗌中痛，瘅，者卧，欬，音，为十36」病。37」

·少阴之脉，久则强食产肉，缓带被发，大丈，重履而步，久几息则病已矣。

·臂钜阴之脉，在于手掌中，出臂内阴两骨之间，上骨□□□□□□□□〔阴，入心中〕。是动则病，心彭彭如痛，缺38」□□□□□□□□□□□□□□□□〔阴之脉主〕治。其所产病，胸痛，脘痛，心痛，四末痛，叚，为五病。

〔·臂少阴之脉〕，起于臂两骨之间，下骨上廉，筋之下，出臑内阴，入心中。是动则病，心痛，嗌渴欲饮，此为臂瘚，39」是臂少阴之脉主治。其所产病，胁痛，为一病。

·凡阳脉十二，阴脉十，泰凡廿二脉，七十七病。

·凡三阳，天气殹，其病唯折骨裂□一死。40」

·凡三阴，地气殹，腐臧阑肠而主杀。阴病而乱，则不过十日而死。41」

·凡视死征，唇反人盈，则肉先死，龈齐齿长，则骨先死。面墨目圜视雕，则血先死。汗出如丝，榑而不流，则气42」先死。舌捆橐拳，则筋先死。·凡征五，一征见，先活人。夫留水不腐，户貙不橐，以其动，动则实四支而虚五43」臧五臧，虚则玉体利矣。夫乘车食肉者，春秋必㳠，不㳠则脉阑而肉死。脉盈而洫之，虚而实之，诤则侍之。44」

·夫骨者柱殹，筋者束殹，血者濡殹，脉者渎殹，肉者附殹，气者朐殹。故骨痛如斲，筋痛如束，血痛如浞，脉痛45」如流，肉痛如浮，气动则忧，夫六痛者皆存于身而莫之智治，故君子肥而失其度，是胃筋骨不胜其46」任。其气乃多，其血乃淫，气血腐阑，百节皆沈，款廿末，反而走心。不此豫治，且闻哭音。夫脉者，圣人之所贵殹。47」气者，利下而害上，从煖而去清，故圣人寒头而煖足。治病者取有徐而益不足，故气上而不下，则视有过之脉，48」当环而久之。病甚而上于环二寸益为一久。气一上一下，当郄与胕之脉而砭之，用砭启脉必如式。痈种有农，48」称其小大而为之砭。砭有四害，一曰农深而砭浅，胃之不逮；二曰农浅而砭深，胃之泰过；三曰农大而逻小，胃49」之泣，泣者恶不毕；四曰农小而逻大，胃之泛，泛者伤良肉殹。50」

·农多而深者，上黑而大；农少而深者，上黑而小；农多而浅者，上白而大；农少而浅者，上白而小，此不可不察殹。51」有农者不可久殹。52」

相脉之道，左□□□□□□案之，右手直踝而簟之。它脉盈，此独虚，则主病。它脉滑，此独衛，则主病。它脉静，53」此独动，则生病。夫脉固有动者，骭之少阴，臂之钜阴、少阴，是主动，疾则病。此所以论有过之脉殹，其馀谨视当脉之过。54」

·治病之法，视先发者而治之。数脉俱发病，则择其甚者而先治之。

（施歆民）

【古代蒸馏酒起源再考】

中国蒸馏酒起源，曾认为始于唐代（见《中医年鉴》1988 卷）。王有鹏据出土文物和史料，认为蒸馏酒的制造，应始于东汉。摘介如下：

上海博物馆已发现东汉时青铜蒸馏器实物，系由甑和釜两部分组合而成。蒸馏器通高 53.9 厘米，凝露室容积为 7500 毫升，储藏室容积 1900 毫升。釜体下部有一圈穹形斜隔层，用以积贮蒸馏液，而且有小流管导流至外。马承源对该器物作过多次蒸馏酒的实验，制出酒香、味佳的 20°左右的蒸馏酒。

四川彭县和新都县，先后两次出土东汉酿酒画像砖，均为生产蒸馏酒的作坊图象。图的中部有一灶，其上置锅，一人正卷袖在锅中搅动凉水（为加强冷却成露的作用）。灶左前方有一平案，其上有三个漏斗状的器物，其下各有一导管，引导于三个盛酒器的口上。若是一般曲酿酒，不需设漏斗状器物。盛酒器小口小罐，是因为盛浓度高，易挥发蒸馏酒之故。另外汉代酿酒工艺和酒价的大幅度提高，亦是出现蒸馏酒的佐证。

王氏认为，东汉肯定能掌握蒸馏酒技术，因为升炼水银必须掌握蒸馏技术，而炼丹术在战国时已出现。葛洪《神仙传》中记载了东汉桓帝时道家王远曾酿制出浓度特高的酒，该酒“以斗水合升酒搅之，以赐家人，人饮一升许皆醉”。结合道家对炼丹术的善长，王氏指出：道家人士借助于精良的丹术，最先采用了酿制蒸馏酒的技术。

（高毓秋）

【剑阁发现禁止早婚石碑】

母学勇报道，在四川剑阁至阆中的古驿道上，离县城约十五公里，龙源镇北一公里处，发现一明代禁止早婚的石碑。碑高 140 厘米，宽 63 厘米。碑文正书阴刻，竖列 4 行，46 个字。碑文为：“都察院示谕军民人等知悉，今后男婚须年至十五六岁以上方许迎娶，违者父兄重则枷号，地方不呈官者，一同枷责”。题款为明万历十三年（公元 1585 年）。

据明史记载，明太祖朱元璋，为破除民间过早结婚的习俗，对男女结婚年龄，曾法定“凡庶人娶妇，男年十六、女年十四以上”。但实际上在某些地区，一直未能贯彻。此碑产生原因，一说都察院在巡视剑州时，身边所带未满十四岁小女怀上私孕，为严肃法令，含悲处决亲女，并立石以示，一说都察院御史私访民情，发现当地流行小男娶大女的风俗，为破除陋习，特立此石碑。此碑的发现，为研究明代婚姻卫生，提供了实物资料。

（赵世安）

参 考 文 献

A

安徽省文物考古研究所　安徽含山凌家滩新石器时代墓地发掘简报　文物　(4):1, 1989

B

巴·吉格木德　蒙医学家伊希巴拉珠尔　中华医史杂志　(2):119, 1989

卜开初　吴鞠通名字号小考　上海中医药杂志　(7):31, 1989

博·阿古拉　蒙医“哈那忽”疗法考　中华医史杂志　(3):189, 1989

C

陈汉维　戴思恭年谱　浙江中医杂志　(10):466, 1989

陈久金等　含山出土玉片图形试考　文物　(4):14, 1989

陈士奎　王清任学术思想流派的探讨　北京中医学院学报　(2):38, 1989

陈梦赉　印度古代医学与我国交流情况　中医药研究　(3):45, 1989

程之范　医学史研究现状与医学发展方向　医学与哲学　(4):11, 1989

常存库　中西医解剖思想中的价值观比较　中华医史杂志　(1):43, 1989

D

社雨茂　关于张仲景生平一些问题的探讨　张仲景研究　1986年

E

额日很巴图　清代蒙医药学家吕布拉道尔吉考　中华医史杂志　(4):238, 1989

F

傅维康　我国第一座医史博物馆　中国科技史料　(2):73, 1989

G

甘肃省文物考古研究所　甘肃天水放马滩战国秦汉墓群的发掘　文物　(2):1, 1989

H

黄　煌等　中西医结合局面开创的历史回顾　南京中医学院学报　(3):47, 1989

何　玲　杨继洲学术思想形成基础浅析　陕西中医学院学报　(2):36, 1989

何双全　天水放马滩秦简综述　文物　(2):23, 1989

J

江陵张家山汉简整理小组　江陵张家山汉简《脉书》释文　文物　(7):72～74, 1989

K

孔健民　《中国医学史纲》　人民卫生出版社　1989、10

L

刘歆民　行气玉佩铭新释　气功与科学　(9):31, 1989

刘玉书　我国梅毒流行及防治简史　医学与哲学　(10):50, 1989

刘华为　隋唐医家对传染病的认识　中医药学报　(1):4, 1989

刘海洋整理　中西医结合30周年纪念大会暨座谈会记要　中西医结合杂志　(2):71, 1989

李　平　《唐代医家王焘的家世》补正　中华医史杂志　(4):223, 1989

李正安　秦汉时期灸疗学成就初探　中华医史杂志　(1):4, 1989

李春生　明清至解放前养生学展史概　中华医史杂志　19(2):71, 1989

李志墉　《中国气功史》　河南科学技术出版社　1989、3

李经纬　北宋皇帝与医学　中国科技史料　(3):3, 1989

林功铮　孙思邈医学思维规律探析　中华医史杂志　(2):76, 1989

吕维柏　我国的中西医结合事业　中西医结合杂志　(7):446, 1989

吕学泰等　钱乙的家世、里籍和生卒年代　山东中医学院学报　(2):35, 1989

廖育群　《阴阳十一脉灸法》研究——兼论经络体系的形成与发展　中华医史杂志　19(1):20, 1989

连劭名　江陵张家山汉简《脉书》初探　文物　(7):75～81, 1989

M

母学勇　剑阁发现明代禁止早婚石碑　四川文物　(4):46, 1989

N

聂菁葆　对几种不同医学起源观的评析　江苏中医　(3):45, 1989

论中西医比较医学史的确立　医学与哲学　(1):30, 1989

对中国医学史的哲学思考　湖南中医学院学报　(1):18, 1989

Q

瞿志强等　从“新安医学”的两种提法看地方医史研究中一个值得注意的问题　中华医史杂志　(4):251, 1989

R

茹东民等　王叔和生平里籍考　山东中医学院学报　(2):35, 1989

S

沈汉镛　日文书籍中有关中国古代科技东传日本史事　中国科技史料　(1):85, 1989

陕西中医史话编写小组编写　《陕西中医史话》　陕西科学技术出版社　1987、12

T

童平宇　古代法医学家王与　浙江法医　(4):36, 1987

陶·苏和　蒙古族名医察哈尔格西罗布桑苏勒和木　中华医史杂志　(1):52, 1989

W

王旭东　赵良仁生平及其他　上海中医药杂志　(10):43, 1989

王卜雄、周世荣 《中国气功学术发展史》 湖南科学技术出版社 1989、7

王有鹏 试论我国蒸馏酒之起源 四川文物 (4):27, 1989

王席国等 冉雪峰生平考证 中华医史杂志 (1):16, 1989

X

肖林榕等 清代台湾医林人物 中华医史杂志 (3):156, 1989

徐维廉等 鄂伦春族医药学调查研究 中华医史杂志 (1):47, 1989

Y

余万里 千年老店——安铺药店小考 中成药 (6):42, 1989

余永燕 近代名医陈莲舫 中华医史杂志 (4):216, 1989

俞慎初主编 《闽台医林人物志》 福建科学技术出版社 1988、8

殷大彰 《江苏历代医人志》中淮安医人补订 江苏中医 (10):40, 1989

Z

张 仁 《中国针刺麻醉发展史》 上海科学技术出版社 1989、3

张鸿盘 张仲景故里棘阳考证 河南中医 (5):32, 1989

张奇文等 黄元御年谱初编 山东中医学院学报 (1):32, 1989

张耀宗 柳宝诒生卒年代与事迹新证 南京中医学院学报 (2):54, 1989

张殿民等 明代名医瞿良 山东中医学院学报 (1):34, 1989

赵继华等 大津的乐家老铺——达仁堂 中成药 (5):42, 1989

赵洪钧 《近代中西医论争史》 安徽科学技术出版社 1989、5

四、民族医药

【藏医药浴治疗类风湿性关节炎】

俞汝龙等治疗病程1～35年的类风湿性关节炎患者131例，总有效率达81.5%。药浴方采用《四部医典》所载五味甘露汤为主，由麻黄、黄花杜鹃、圆枸、水枸枝、细叶亚菊组成。一般用量各取500克，重症加倍。关节痛剧者，麻黄、细叶亚菊用量加倍，另加甘松250克；肿胀甚者，细叶亚菊加倍，另加文冠木500克，白檀香、草决明、黄葵、朱砂、安息香等细末共30克；肢体强直拘紧挛缩者，加牛、羊等骨骼500克，麝粪500克，白酒500克；虚火上炎加杜鹃花、蜀葵花各90～150克。"赤巴"热盛加紫、白檀香和硫黄细末各10克；"龙"偏盛引起的胃虚，加寒水石、野姜、荜茇、红耳鼠及兔粪各10克；血瘀者麻黄加倍；合并肾病，圆枸加倍。使用前先将上药用160千克左右温水浸泡10余小时，然后加热至沸1～2次。另取白酒500克，麝香0.3～1.0克，五根散（天门冬、黄精、蒺藜、迷果芹、喜马拉雅紫茉莉各等份）30～150克，驱黄水散（乳香、草决明、黄葵各等分）30～150克，合并后分成14等份，每次浴前取一份加入浴液中。患者每天全身入浴两次，每次20～60分钟，水温40℃左右，浴后卧热炕发汗1～3小时，7天1疗程，结束后避风休息15～30天，再重复治疗，每年可进行1～3疗程。治疗期间停服激素。药浴后第2天起约有半数患者出现诸关节肿胀疼痛加剧，至第5天后可减轻。在药浴后服用润僵汤、五味石榴散、二十五味驴血散、二十一味寒水石散、三十五味沉香散等，每次1～2克，日服1～3次，连服3～6个月。此外，浴后局部可用青鹏膏和痹症膏外涂，有消肿止痛的功效。经3个月治疗，有效99例，无效32例。治疗1年后随访54例，临床治愈6例（11.1%），有效38例(70.4%)，无效10例（18.5%）。

（沈施德）

【榜嘎等藏药的研究】

榜嘎 Herba Aconiti Bonga　朱敏等对其原植物作了考证和现代研究。认为榜嘎来源于甘青乌头和船盔乌头。甘青乌头主产于青海东部、四川西部，船盔乌头主产于西藏地区。经提取分离和薄层层析对照，可看出两种乌头的化学成分非常接近，均含异叶乌头碱、苯甲酰异叶乌头碱、阿替辛，主要作用为清热解毒。在形态、化学成分、药理、毒理以及功效等方面均与市售乌头类药（附子、草乌、雪上一枝蒿等）有所区别。证明《中国药典》及《中国民族药志》在榜嘎下收载甘青乌头和船盔乌头是合宜的。

狭叶红景天 Rhodiold kirilowii (Regel)Maxim　张早华等实验证实其醇提物毒性小，具有抗缺氧、抗疲劳作用。设高原组（健康军人）、亚高原组（居民）、红景天组（连续口服狭叶红景天糖衣片5天，每日3次，每次2片）、生脉饮组、丹参川芎组和安慰剂组共37例，进行上山前后心、肺功能的自身比较和组间比较。经统计分析表明，生脉饮预防高原低氧环境较丹参川芎合剂为好，狭叶红景天的效果与生脉饮相类似。

红秦艽 Salvia przewalskii Maxim　王宁等从其干燥根中首次分得丹参新醌乙丹参内酯、去甲丹参酮、二氢丹参酮Ⅰ、丹参酮$Ⅱ_B$、齐墩果酸，药理实验证实各种丹参酮化合物对由胶原诱导的兔血小板聚集均具较强的抑制作用。

石灰华　江佩芬等用发射光谱半定量法和EDTA滴定法分别测定其中微量元素和主要成分的含量。微量元素的含量（%）为

Al 0.01, Ba 0.08, Ca>5, Cu 0.0004, Fe 0.03, Mg 0.1, Mn 0.006, Na 0.05, Si 0.03, Sr 0.8, Ti 0.002。碳酸钙 ($CaCO_3$) 的含量平均值为97.7% (±0.1)。回收率平均值为100.0%(±0.14)。

（沈施德）

【芒觉等藏成药的研究】

藏成药芒觉、常觉和珍珠七十丸为藏医常用的成药。芒觉由座台、牛黄、麝香、藏红花等45味组成，主治胃炎、消化不良、中毒等；常觉由座台、牛黄、熊胆、藏红花等130多味组成，主治慢性胃炎、胃溃疡、肝炎、中毒等；珍珠七十丸（又称然纳桑培）由珍珠、牛黄、藏红花、玛瑙、珊瑚等70种药组成，主治瘫痪、血压不调、癫痫、脑震荡等。骆均以1%醋酸为致痛剂，研究了上述三种藏成药的镇痛效应。结果表明一次性给药或连续5天给药，每天一次给药后不同时间测得的小鼠扭体次数与生理盐水组比较，显示有一定的镇痛作用，但作用强度比磷酸可待因组弱，而维持时间比磷酸可待因长。韩光用比色法对上述三种藏成药中可溶性重金属作了测定。七十珍珠丸含矿物30多种，占组方总重30%，可溶性重金属含量平均为0.240%；常觉含矿物药20多种，占组方总重23%，可溶性重金属含量平均为0.237%；芒觉含矿物7种，占组方总重26%，可溶性重金属含量平均为0.142%。

李新旺等采用海绵栓子法对藏医常用的15种清热解毒、抗菌消炎的藏成药进行体外抑菌试验，15种藏成药是三果汤、十二味加翼首丸、二十五味珍宝丸、十八味杜鹃草丸、丁香血病丸、六味丁香丸、六味木香丸、十五味乳鹏丸、十八味降香丸、十三味红花丸、九味五灵芝汤、二十五味肺病丸、五味黄连丸、达斯玛布丸、七味消肿丸。结果表明15种藏成药对不同菌种呈现不同的抑菌作用。此外，还测定了其最低抑菌浓度。

（沈施德）

【蒙医治疗类风湿性关节炎】

赵明以祛黄水、清热、燥湿、活络之法，用自拟蒙药方治疗100例，病程最短6个月，最长30年。所用药物有：驴血干25克，白檀香、紫降香各15克，石膏、红花、丁香、肉蔻、白蔻、草果、白云香、草决明、线麻子、柯子、栀子、楝子、小青皮、辛夷、地丁、苦参、杜仲、玉珍花、莨菪子、蜀季花各10克，牛黄2.5克，麝香1.5克。急性型加别冲等15味、三子汤、马奴西汤、慢性型加水银、三盆散力卜。面糊为丸如黄豆大，成人日服5～7粒。急性型31例，经3～4月治疗，痊愈13例，显效11例，好转7例；慢性型69例，经1月～6月治疗，痊愈8例，显效55例，好转4例，无效2例。禹春波等以蒙药嘎日迪配合西药优布芬治疗30例。嘎日迪糖衣片每次服1片（0.5克），日服3次；优布芬50～100毫克，日服3次。30天为1疗程，间隔10天后进行第2疗程。经2个疗程，按症状和化验指标判定，25例有效，占83.3%，无明显副作用。禹氏认为嘎日迪的消炎镇痛有效成分主要是草乌碱。

（沈施德）

【蒙医治疗原发性血小板减少性紫癜】

1985年陈玉良等曾报道根据蒙医三元论学说辨证分型治疗本病60例，取得了一定疗效。蒙医认为本症病因主要是"希日"、毒、瘟为诱因引起的一种疾病。凡属巴达干、赫依相辅型者，应分清化浊，配用石榴、白蔻、肉桂、荜茇、红花等五味散。凡属希日（热型）、偏盛型者，应清热凉血，用诃子、栀子、莲子三子汤或胡黄连、闹羊花、栀子、多味棘豆等。对毒、瘟引起者应清瘟解毒，用诃子、草乌芽、黑云香、多叶棘豆、茜草、银朱等。有些病人在此药基础上加少量的麝香或用诃子、草乌、广木香、石菖蒲等效果更好。对血小板低而出血者，应和血止血用红花、地锦草、闹羊花、大叶龙胆等八味散。此外，根据蒙医"三元"各自的盛衰和对各脏器的不同影响及其病情，配用其他药物或对症处理。急性期一般服药1周时血小板开始上升，但慢性期或反复发作的难治症，服药1个月时血小板才开始上升，疗程是3个月。结果60例中治愈49例，显效6例，有效5例。血小板计数进行治疗前后对比是治疗前低于3万的18例患者，治疗后平均12.5万；低于5万的15例，提高到平均11.4万；低于8万的23例，提高到平均13.0万；低于10万的4例提高到平均15.05万。陈氏等近年来又用蒙药治疗本病40例，除1例外，其余均曾用肾上腺皮质激素治疗，一度好转后又复发者；属急性型1例，慢性型39例。治法分清化浊用当玛五味散；清热凉血用玛日布三味汤；清温解毒用巴特尔七味；调血止血用红花八味散（最好加熊胆）；全部病例都用通拉嘎601固本。平均疗程为3个月，结果血小板计数在3万以下的12例患者上升到11.6万；5万以下的14例上升到10万；8万以下的9例上升到11.32万；10万以下的5例上升到10.1万。

（娄国菁）

【蒙医治疗再生障碍性贫血】

邢鹤林报道蒙医学的理论，将血液方面的疾病分为体内恶血泛溢和血分败坏两大类型。再生障碍性贫血属于血分败坏之病，是指维持身体的七种物质之血（健康血），因致病而出现衰败之象的病症。体气之血的形成可列为一个式子，即饮食—风胆涎—胃肠—饮食精华—肝脏—血。用蒙医学“三病（风胆涎）齐发之症”与“再生障碍性贫血”相对应，是蒙医治疗本病的理论。如若风胆涎失调单独致病，称风、胆、涎单病；若其中两病齐发之症称“并病”；若三病齐发之症则称“合病”。合病是一种以风胆涎三毒，并以血为主，兼有黄水而综合成病的疑难症。在《四部医典》中论及合病时指出：“合病入肝则同血症”，“合病入脾则为脾病”。邢氏就以合病入肝、脾为着眼点而治疗再生障碍性贫血的。对合病入脾型，则以蒙医用药原则拟方：“再障—1号”（草果仁、石膏、地丁、木鳖子、小青皮、白蔻仁、茜草、广木香、麦冬、石莲子、栀子、降香、广枣、西红花、麝香等，共为细末，炼蜜为丸，每丸重5克，每次服1丸，日服3次）；对合病入肝型拟方“再障—2号”（红花、石膏、熟季花、木鳖子、沉香、紫草、茜草、猫儿眼、五灵脂、栀子、建莲子等，共为细末，炼蜜为丸，剂量服法同上）。在治疗过程中，对出现的并发症和有关症状，同样可按蒙医学辨证而施治。陈玉良等报道用蒙药治疗本病患者12例，辨证分型为巴达干、赫易相辅型者7例，予分清化浊配用石榴、白蔻、肉桂、荜拔、红花等五味散；属希日偏盛型者5例，予清热凉血用诃子、栀子、楝子三子汤或用胡黄连、闹羊花、栀子、多叶棘豆等。对毒、瘟引起者，予清温解毒、用草乌芽、黑云香、诃子、银朱、多叶棘豆等配方；对感染出血发烧者，予和血止血和抗炎，用红花、闹羊花、地锦草、大叶龙胆等八味散，加适量的胆类药物或解热镇静之药物。结果12例中，基本治愈8例，缓解1例，部分缓解1例，无效2例，无1例死亡。

（娄国菁）

【四象医学简介】

据张文宣介绍，朝鲜医学家李济马在其所著《东医寿世保元》中创立了四象预防医学和治疗医学。资辑认为，我国朝鲜族医学家于延边地区这一特殊的地理环境中，在掌握朝鲜东医医疗理论和技术的基础上，吸收了中医学的治疗思想和技术，逐步形成了既区别于朝鲜东医学又不同于中医学的、具有自己民族特色的中国朝鲜族传统医药学。

宋亨根等认为，朝医的辨象是通过望、问、闻、切四诊，观察和了解病人体质、容貌、表情、性情、排泄物、多发病、饮食嗜好、喜欢季节、药物反应、脉象等多方面的因素进行综合分析，确定出太阳人、太阴人、少阳人、少阴人的四种人属象。辨象中包括寒热分型，即四象人的热多型和寒多型。如遇到难辨情况，可采取服药的方法试之，观其有效与否，确定其分型。赵寿东报道，朝医药物学根据“药乃局限于人”的学术思想，研究药物归象、按象要药不可混用、药物异象反应等独特用药规律。药物已作四象归类的品种有278种，其中太阴人要药106种，少阴人要药72种，少阳人要药90种，太阳人要药10种。四象方剂是根据四象人脏器强弱和“强者泻之，弱者补之”的原则，参照四象药性理论摸索出来的有效方剂。常用四象方有531方，其中太阴人182方，少阴人178方，少阳人167方，太阳人4方。应用时针对四象人的寒热型选择相应的有效方剂。太阳人热多型用五加皮壮脊汤；寒多型用猕猴藤植肠汤。少阳人热多型用荆防败毒散；寒多型用荆防地黄汤。太阴人热多型用热多寒少汤；寒多型用麻黄发表汤。少阴人热多型用川芎桂枝汤；寒多型用附子理中汤。

四象人由于阴阳盛衰，脏器虚实，寒热不同，而产生不同易患证。太阴人易患怔忡证，少阴人易患手足晃乱证，少阳人易患健忘证，太阳人易患噎膈、反胃证。四象医学根据四象人天禀脏理及“四情”顺逆动的生理、病理原理，产生了朝医所特有的“异病同象同治”和“同病异象异治”的治病方法。还提出了四象人的养生之道，认为“太阳人恒戒怒心哀心，少阳人恒戒哀心怒心，太阴人恒戒乐心喜心，少阴人恒戒喜心乐心，如此则必无不寿”。

赵氏等还报道用四象方热多寒少汤（葛根40克、黄芩、藁本各20克、桔梗、莱菔子、升麻、白芷各10克）加减，治愈了太阴人咽喉症，太阴人荨麻疹，太阴人高血压病，太阴人下肢血栓闭塞性静脉炎和太阴人产后关节痛合并舌溃疡各一例。

（娄国菁）

【拉祜族草药的调查研究】

张绍云报道，云南思茅民族传统医药研究所共收集整理拉祜族草药250种90余科，较有价值的属和种有以下12项：

（1）买麻藤科买麻藤属 Gnetum：本属植物小叶买麻藤 G. Parrifalium (Warb) C. Y. Cheng 的茎藤称“脱节藤”，用于治疗风湿痹痛、跌打损伤、骨折等。福建用于治疗慢性气管炎，广西用于治疗毒蛇咬伤，疗效很好。(2) 小柏科小柏属 Berberis：称“鼠马史也”，根皮入药，可治泻痢；三棵针（B. Pruinosa）能治火眼，且可提取黄连素。(3)防已科千金藤属 Stephania：称“金线吊蛤蟆”，具有清热解毒、消肿镇痛之功效，主要有地不容（Stephania delavayi）等6种。该属植物已作为提取颅痛定的原料。(4)马兜铃科马兜铃属 Aristolochia：称“方格努麻”，又称“大百解”，根入药。是拉祜族常用的一种解药，主治食物中毒、胃腹胀痛、风湿痛、肠炎、痢疾、扁桃体炎等。有小土木香（Aristolochia yunnanensis）和汉中防已（A. heterophylla)等种。(5)罂粟科紫金龙 Dactylicapnos scandens：称“沙课所玛”，药用根，治疗头痛、牙痛、胃痛、痧疹、跌打损伤，外伤出血者可用本品研末内服外敷。(6)山龙眼科豆腐渣树 Helicia erratica：称“笔朵史”，用于治疗肠炎、腹泻、乳腺炎等，可提取天麻素类成分。(7)番木瓜科属番木瓜 Carica papaya：称“婆母吸”，可治疗头痛、腹痛、消化不良等。(8)蔷薇科樱桃属 Prunus：苦樱桃称“怕尼史”，用于治疗重感冒、流感、皮肤瘙痒、痢疾，桃称“阿伟”，用于治疗腹泻、疟疾、感冒等，此属植物还有梅、李等种。(9)蛇菰科蛇菰属 Balanophora：称“密都”、“史可木”，全株入药，主治神经官能症、阳萎、慢性肝炎、外伤出血、消化道出血、月经过多、慢性气管炎等，对肝癌也有一定的疗效。该属约有杯茎蛇菰、海南蛇菰、疏花蛇菰、宜昌蛇菰、思茅蛇菰和隐轴蛇菰6种。经研究证实，上述 6 种蛇菰均含有多糖、黄酮、蒽醌及强心甙等类成分。(10)五加科人参属 Panax：作为强壮补益药和活血化瘀药，有竹节参、姜状三七等。(11)桑科榕属 Ficus：称"俄梅戛妈"，具有清热解毒、健脾补肺、行气利湿的作用，有地板藤（F. tikoua）、榕树(F. microcarpa)、水石梅（F. pyciformis)、琴叶榕（F. pandnrata)、五指毛桃（F. simpicisisma) 等种。(12)马鞭草科马鞭草属植物 Clerodendrom，三合红花（C. serratum ct，Spr. vpr. amplexifolium) 称"奴的克"用于治疗疟疾、感冒、咳嗽、肝炎、骨折等。臭牡丹称"开奴玛"，主治水肿、食物中毒、吐血、腹泻、腹胀、消化不良、寄生虫等。

施文良报道，从拉祜族药"齿裸素麻"（Dolichos falcata Klein 镰果扁豆）的根中分离得苜蓿甙，具有止血生肌、消炎止痛之功，近年来用于肿瘤有一定疗效。

（沈施德）

【拉祜族医用药特点】

拉祜族主要聚居在云南省的澜沧、孟连、双江等地，拉祜族医学多受中医理论的影响。白树勋、迟程等在介绍其用药经验时认为，拉祜族除了少数以动物药泡酒外，绝大部分是植物药，且善生用、鲜用，常以幼嫩部分入药，不用剧毒之品。每方仅 1～2 味，最多不过 5 味。约有 40%的配方用引经药，大多是芳香理气的中药，如草果、胡椒、丁香、木香等，治法颇有特色：

内外并重法　在《拉祜族常用药》100 例中占 42%。(1)内服外包法：如用火把菜 20 克水煎内服，同时用叶片研细包脐 20～30 分钟和涂擦肛门，用于肚腹热痛，大便秘结。(2)内服外洗法：如用血满草 30 克，细荨麻 15 克，树芭蕉 20 克煎水内服，再煎后外洗。治疗各种肿痛。(3)酒泡法：泡酒后直接服用，用于治疗妇科、风湿病。亦有用装有麝香的獐牙蘸药酒点穴，治疼痛性疾病。(4)垫坐法：如用五除叶鲜品炒热，在经前三、五天每天垫坐 1～2 小时，同时用该品粉末敷脐，治疗顽固性痛经和妇科病。

内服法　约占 44%。(1)生熟共用法：将所用药一半生用，一半熟用。如用桃子树或樱桃树皮，生熟混合后煎服，治疗胃肠道疾病。(2)补虚法：即药物中加入食物（主要是肉食）。如补肾用挖耳草加猪耳，疗虚用大红黄泡加猪肉。(3)茶饮法：将药物晒干后代茶泡饮。

外用法　占 14%。(1)熨疗法：用烫热的石块加上药物后于患病部位熨烫。如用鲜蒿枝尖少量，置于烧烫的小石块上，用脚心踩在蒿枝上，治疗骨质增生引起的脚跟痛。(2)外敷法：药物研细敷于患处。如用小叶三点金加少量糯米，嚼细含于口中治疗口腔溃疡；用大鱼眼草嚼细敷于创面，治疗外伤出血。(3)蒸熏法：用通气香、吊吊香等与水共煮，用煎药的蒸气熏，使身体出汗，用于风湿麻木、骨质增生等症。(4)外洗法：用药物煎水直接洗。如用大驳骨治皮肤病，用梨树寄生草治小儿痱子等。(5)外擦法：如用岩姜擦患部治疗蜂、蚁咬伤。(6)点眼法：取新鲜药汁点眼。如用鲜野葡萄砍断后流出的汁液点眼治眼部疾患。

现举白树勋介绍的以拉祜族方药治疗血栓闭塞性脉管炎的经验为例，说明其特点。用紫蜂酒（紫金藤、土蜂、制草乌、血竭、八角枫、桂枝、牛膝、羌活、甘草、白酒）内服外擦，以消腐生肌汤（雄黄、血竭、千里光、重楼、银花、密桶花根、花斑叶、绣球香、吊吊香、香樟根组成，有溃疡感染者加醋）煎汤后沐浴。若有溃疡者，外敷镇痛生肌止血粉（大麻药、青树铁打）。内服方除了用黄芪、当归、苍术、银花、苡仁等药之外，选加温肾助阳的鹿仙草、锅铲叶，行气镇痛的绣球香、吊吊香、香樟根、青树铁打、密桶花根、盐酸木根、千层皮、化血胆等。共治 3 例，均为三期 1～3 级，经治 2 月而愈。

（沈施德）

【瓦布友等彝族药的研究】

瓦布友　李耕冬报道此药经鉴定原植物是紫葳科角蒿属两头毛〔Incarvillea arguta (Royle)Royle〕，又名马桶花、岩虹豆、朝天贯、肝炎草等，是多年生草本，药用干燥全草，以红褐色、带种子者为优。从该植物全草中分离出四种结晶单体，名为马桶花甲、乙、丙、丁素。甲素为白色闪光鳞片状结晶，熔点66～68℃，确定为三十一烷。乙素为白色针状结晶，熔点275～277℃，确定为熊果酸，是降低血清谷丙转氨酶和降温、安定的有效成分。丙素是白色结晶，确认是氯化钾。丁素是白色针状结晶，在94℃升华，是烯醇化的β-双酮化合物，为抗菌、镇静的有效成分。彝族民间主要用于肝炎、肝肿大、肝痛等肝脏疾病和菌痢、肠炎等腹泻。用量为10～30克煎水服，鲜品量加倍。还可治牙痛、痛肿、骨折血肿、风湿劳伤等，内服或外敷。

勒柏戛斯更　赵永康等报道此药属山龙眼科植物，《中药大辞典》中名为豆腐渣果〔Helicia erratica Hcok.f〕，主要功能为收敛、解毒。而在《尼苏诺期》一书中认为该药传统用于治疗鼻衄，有柔肝养血和固涩止血的功能。赵氏等将该药与中药配伍治疗出血性疾病，获得很好疗效。

落孺病　罗开均报道此药即斜茎獐牙菜，为龙胆科植物金沙青叶胆〔Swertia patens Burk.〕的干燥全草。别名有金沙獐牙草、青叶胆、小儿腹痛草、小儿寒药、小苦参、小苦药、阴寒药、岩莲、地花生、苦蚂蝗、石衔草等等。是多年生草本。梁巨忠等报道从落孺病中分离出一个具有解痉活性的成分獐芽菜苦甙〔Swertiamarin〕晶Ⅰ，易溶于水、甲醇和乙醇，不溶于氯仿、乙醚、石油醚，其熔点为112～114℃。功能是解痉止痛，用于治疗小儿消化不良或上呼吸道感染引起的痉挛性腹痛及牙痛，对胃肠炎、肠蛔虫症、胆道蛔虫症及其它胆道疾患引起的腹痛也有良好疗效。1980年楚雄药物科技中曾报道用其水煎液制成糖浆治疗功能性小儿腹痛84例，总有效率为86.7%，在解除胃肠痉挛的同时，并无阿托品类药物的副作用。

汪宗俊等介绍了楚雄彝族自治州二十余种彝族常用草药，对其采收、功用及常用处方作了阐述。

约巨即野巴戟　为五加科植物穗序鹅掌柴〔Schefflera delavayi (Fr.)Harms〕的茎叶，夏秋采集。功能强筋壮骨、舒筋活络。主治关节、筋骨疼痛。每次30～60克，水煎服。

我米爬即七叶莲　为五加科植物密脉鹅掌柴〔S. venulosa (Wight et Arm.)Harms〕的茎叶，夏秋采集。功能活血化瘀，祛风止痛。主治因血滞、血瘀引起的疼痛，平滑肌痉挛，每次30克，水煎服，也可制成针剂。

肉巳勃齐即青洋参　为萝藦科植物青洋参〔Cynanchum otophyllum Schneid〕的根，秋季采挖。功能强筋接骨，活血化瘀。主治骨折及腰肌劳损、跌仆闪挫，每次50～100克炖肉或泡酒服。

色蒔咪鹿吉即惊风草　为毛茛科植物惊风草〔Thalictrum esquirolii Levlet Van〕的全草，夏秋采集。功能清热解毒，凉血止血，主治赤痢、崩漏、痔疮出血等，每次10～20克，水煎服，一般2～3剂痊愈。

法罗喜即岩龙香　为杜鹃花科植物岩龙香〔Agapetes lacei Cralb〕的根。功能散瘀止痛，利尿消肿。主治跌打损伤、红肿热痛等。

利鲁吐即地黄连　为楝科植物滇黔地黄连〔Munronia henryi Harms〕的全株。功能清热解毒，活血止痛。主治疟疾，每次20～

30 克水煎，加白酒数滴为药引，1 日 2 剂，一般 3 日而愈。

若路娃即兔耳风　为菊科植物云南兔耳风〔Ainsliaea yunnanensis Franch〕的全草，秋季采收。功能舒筋接骨，祛风除湿。主治关节肿痛、劳伤腰痛、胃痛，每次 30～50 克，用时加酒数滴，也可用淘米水泡服本品，治疗急性支气管炎有很好疗效。

思诺祁即石上莲　为苦苣苔科植物石上莲〔Didymocarpus yunnanesis(Franch.) C. E. C. Fisch〕的全草，秋末采挖。功能凉血散瘀，消肿止痛。主治劳伤腰痛，瘀血肿痛；外治刀枪伤、跌打骨折。每次 3～5 克，加酒炖服。

塔路娃即奶浆草　为菊科植物抽葶还阳参〔Crepis napifera (Franch.)Babc〕的根，秋冬采挖。功能滋阴、止咳、消炎、生肌、活血化瘀。主治胃痛、支气管炎、咽喉炎、跌打损伤。每次 10～15 克。

丕米里即夜关门　为豆科植物马鞍羊蹄甲〔Bauhinia faberi Oliver〕的根、叶，全年可采。功能止泻、安神、止痛、散结、祛风。主治癫狂症、心悸、烦乱，50 克煎汤取汁，加红糖与鸡蛋煮服。

啰多即岩葱　为兰科植物石葱〔Eria pannea Linal.〕的全草，全年可采。功能活血散瘀，解毒消肿。主治跌打损伤、骨折、痈疮疖肿，解乌头碱和磷化锌中毒，每次 10～15 克，水煎服。

海腮奶即豆瓣七　为景天科植物豌豆七〔Rhodiola henryi (Diels) Fu〕的根，秋季采挖。功能舒筋活络，活血化瘀，消肿止痛。主治跌打骨折、劳伤。用 10～20 克泡酒或用水煎服。

若鼻麻热诺起即小扁草　为百合科植物扁竹参〔Tofieldia divergemsi Bur.et Franch.〕的全草，夏秋采集。功能养阴生津，清热利湿。主治小儿肺炎，食积腹胀，用 10～20 克内服。

巴地即巴地龙胆　为龙胆科植物巴地龙胆〔Gentiana loureiri Griseb〕的根，夏季采挖。功能清热泻火。主治胃火所致的腹痛、牙痛及咽红肿痛，每次 6～9 克水煎。

史娃节即小青叶胆　为龙胆科植物云南獐牙菜〔Swertia yunnanensis Burkill〕的全草，夏季采集。功能清热利湿、退黄。主治湿热黄疸型肝炎，每次 12～15 克水煎服。

涩平即理肺散　为茜草科植物果上叶〔Mussaenda simpliciloba H-M〕的根、花、果，全年可采。功能清肺热、凉血、平喘止咳。主治肺炎、肺结核、老年性哮喘、风热咳嗽，每次 5～15 克水煎服。

一马丝豆的即白仙茅　为仙茅科植物仙茅〔Curculigo orchioides Gaertn.〕的根，秋季采挖。功能益肾壮阳、镇静补虚。主治脾肾阳虚、遗精、阳萎、中气不足，每次 3～9 克水煎服。

夺娃即月牙蒿　为百合科植物假天冬〔Asparagus pseudofilinus var. megaphylla Wang et Tang〕的根，秋冬采挖。功能止咳润肺，用于慢性支气管炎、肺炎。每次 3～9 克水煎服。

干赞在单即止吐草　为虎耳草科植物止吐草〔Saxifraga gemnipara France〕的全草，四季可采。功能镇静、止吐、止咳。主治各种呕吐和感冒咳嗽。鲜品 6～9 克，干品 3～6 克水煎服。

小陆肌即小绿芨　为兰科植物伏生石豆兰〔Bulbophyllum reptans Lindl〕的假鳞茎，全年可采。功能接骨、消肿、润肺。主治骨折、扭伤、咳嗽。用于咳嗽每次 30 克水煎服；接骨、消肿则捣烂包敷。

野梭努即宿苞豆根　为豆科植物宿苞豆〔Shuteria sinensis Hemsl〕的根，秋季采挖。功能清热解毒、止咳化痰、平喘。主治感冒、支气管炎、扁桃体炎、急性咽炎、急性眼结膜炎、外伤感染。每次 15～30 克水煎服。外用煎水洗患处。

软藤即满山香　为木兰科植物满山香〔Schisandra propinqua var. intermedia A. C. Sm.〕及铁箍散〔S. propinqua var. sinensis Oliv.〕的根和茎，全年可采。功能舒筋活血、消肿止痛。主治骨折、慢性胃肠炎、风湿性关节炎、痛经，外伤出血。每次 9～15 克水煎服。

（娄国菁）

【鄂伦春族医药学简介】

鄂伦春族居住于黑龙江省和内蒙古自治区的东北部，地处寒温带山林地区，动植物资源十分丰富。鄂伦春人在长期的生产斗争与生活实践中，创造了具有民族特色的文化，包括医药学。据徐维廉等 1982 年的调查，鄂伦春人除了尚有巫术为其医药活动的组成部分外，应用草药治病疗伤的经验比较丰富。常用的植物药有 26 种。其中食药兼用者 9 种：(1)满格达（野蒜）；(2)翁得（野葱），以上生食根茎，有杀菌作用；(3)乌普鲁(山里红)；(4)古得图（高丽果）；(5)阿力玛（山梨）；(6)藤布诺（山樱桃）；(7)依额特（稠李子）；(8)吉格特(都柿)，以上含维生素类及糖分，生食其果；(9)吉春(酸姜)，含维生素类及糖分，生食茎叶。专作药用者 17 种：(1)嘎黑毛(老鸹眼)，木本，用皮熬水，外洗或内服，治骨折、创伤、关节炎、马背挫伤等；(2)宝鲁保提毛(杈条)，木本，用枝条熬水，外洗或内服，治外伤、关节痛等；(3)西拉布，木本，熬水内服或捣烂外敷，治各种炎症；(4)巴梨依拉嘎，草本，食其根或捣烂敷患处，治淋巴腺肿大；(5)查眼敖鲁库图，草本，熬水内服，治腿痛、淋病；(6)嘎胡库如，木本，用其枝熬水洗脚，治痢疾；(7)查彦敖鲁图，草本，熬水洗脚，治脚气；(8)枯林敖力高陶(长虫草)，草本，熬水洗或捣烂敷患处，治蛇咬伤；(9)乌达木枯鲁，木本，熬水洗患处，治人畜疮疡；(10)额德思敖劳克特（风草），草本，熬水洗患处，治皮肤红斑或麻疹；(11)嘎哈格特，草本，剧毒，用叶、根、花捣烂外敷治疮疡；(12)乌达毕（马尿稍），木本，熬水洗患部，治皮肤病；(13)尼格的(暴马子)，木本，枝、皮熬水洗患处，治疥癣；(14)那兰木库拉，草本，茎、叶捣烂敷患处，治骨折；(15)阿丁敖力高陶，草本，取茎、叶水煎内服，治小儿惊风；(16)嘎哈格达（耗子花），茎、叶熬水洗患处，治秃疮；(17)五味子，生服或泡酒饮用，主治身体虚弱。

常用的动物药 9 种：(1)鹿茸，切成小片，用开水内服，治咳嗽、喘息、虚弱等；(2)鹿鞭，壮阳；(3)鹿胎，治妇女病；(4)鹿尾，滋补强壮；(5)鹿心血，生饮补血、补气，治咳嗽，心脏衰弱；(6)狍血，补气；(7)熊胆，开水化开内服或直接点眼，治肝病、咳嗽、头痛、眼红、腹泻、腿肿等；(8)鹿或狍肝、肾，冷水漂洗后生食，明目、强壮；(9)熊鼻、野猪嘴，水煎服，催乳。

徐氏等介绍鄂伦春族的医疗法还有拔罐、按摩、热敷、捏法、刮眼皮、针刺，以及用矿泉水洗浴或饮用治结核、妇女病及眼病，用都柿等野果酿酒，活筋骨，驱风寒等。鄂伦春族在卫生方面的经验也是可以借鉴的。比如熊皮大凉，妇女將其作褥可致不孕或流产。青年男女不食獐子肉，食之可致不孕，铺獐皮也可致流产。令病人赤身坐在用火烤热的马骨上，可治妇女产后腰腿痛。

（娄国菁）

参考文献

B

白树勋　拉祜族用药习俗及特点　云南中医杂志 (6):34, 1986

拉祜族方药治疗血栓闭塞性脉管炎　云南中医

杂志 (5):40, 1988

C

陈玉良等 蒙医药治疗再生障碍性贫血 内蒙古中医药 (4):7, 1986

蒙药治疗原发性血小板减少性紫癜10例 内蒙古中医药 (4):24, 1985

蒙药通拉嘎601治疗原发性血小板减少性紫癜40例临床观察 内蒙古中医药 (2):12, 1989

迟 程等 拉祜族用药经验和特点 中国医药学报 (4):48, 1989

H

韩 光 藏药中可溶性重金属测定 中成药研究 (3):45, 1988

J

江佩芬 藏药石灰华化学成分的研究 中国中药杂志 (4):31, 1988

李耕冬 彝药"瓦布友"的研究 中草药 (6):32, 1986

李新旺等 藏成药体外抑菌实验观察 中成药 (12):42, 1989

梁巨忠等 金沙青叶胆中獐芽菜苦甙的分离和鉴定 中草药 (2):7, 1982

罗开均 彝族药"落藊荷"原植物的研究 中药通报 (5):11, 1984

骆 均 藏成药芒觉、常觉和珍珠七十丸的镇痛作用初步研究 中成药研究 (2):27, 1988

S

施文良 云南民族医药遗产的继承和发展 云南中医杂志 (1):36, 1989

宋亨根等 略谈朝医的辨象 内蒙古中医药 (3):2, 1988

W

汪宗俊等 云南楚雄州23种彝药资源 中药材 (8):12, 1989

王 宁 藏药红秦艽化学成分的研究 中草药 (4):7, 1989

X

徐维廉等 鄂伦春族医药学调查研究 中华医史杂志 (1):47, 1989

Y

邢鹤林 简论蒙医治疗再生障碍性贫血 中国医药学报 (1):51, 1989

俞汝龙等 藏医药浴疗法治疗类风湿性关节炎131例疗效分析 中西医结合杂志 (1):36, 1989

禹春波等 蒙药嘎日迪与西药优布芬治疗类风湿性关节炎的初步观察 内蒙古中医药 (1):1, 1989

Z

张绍云 拉祜族植物药调查 中医药信息 (3):43, 1988

张文宣 朝鲜族的东医四象方简介 吉林中医药 (5):45, 1983

张早华等 藏药狭叶红景天预防高原反应的效果分析 中国中药杂志 (11):47, 1989

赵寿东 朝医学简介 内蒙古中医药 (2):5, 1987

赵寿东等 朝医四象方在临床上的应用 内蒙古中医药 (2):13, 1989

赵永康等 彝族药"勒柏戛斯更"治疗出血性疾病临床观察与探讨 云南中医学院学报 (4):27, 1989

赵 明 蒙医药治疗类风湿性关节炎 辽宁中医杂志(12):19, 1989

朱 敏等 常用藏药榜嘎的研究 中药材 (10):17, 1989

资 辑 具有民族特色的朝医学 内蒙古中医药 (3):9, 1986

五、港、澳、台中医药

【台湾中医药近况】

由于内地和台湾中医药人员的直接交往尚不多，对台湾中医药进展恐难做到及时与准确。根据掌握的资料，对台湾1989年中医药工作情况分类介绍如下。

一、中医药研究规划

台湾卫生署中医药委员会于1988年10月底，审核了计划在1989年完成的“台湾省产中药材之评估研究”等17个科研项目计划申请书。为发展中医学术，有关部门集合了各路人才，并进行了分工。如将中医学基础及临床研究工作，依台湾各大学、研究所、学术机构等不同性质加以分配；由台湾卫生署中医药委员会、中医师公会、中国医药研究所发布中医统一病名，等等。台湾“文复会”中西医合作推行委员会的1989年工作计划中，分三个小组，继续推进中医药临床研究、国际间学术交流、中西病名的统一等研究工作。台湾财团法人生物技术开发中心就发展台湾中药方向规划，提出了结论：(1)建立中药资讯供应中心；(2)加强培养中药研究人员；(3)统一中药制剂制程及制程管制；(4)建立中药毒性、毒理、药理试验之研究模式，及中药临床试验的规范；(5)筛选研究目标，订定短程、中程、长程研究计划。有关专家认为应朝“继承”与“创新”两方面去努力发展中医药，提出了9项推进中医药科研的建议与计划，如对《周易》及有关中医药典籍作有系统、有组织的整理研究，对传统中医药处方加以整理研究，并检讨评估其疗效等。

二、中医药人才的培养

台湾中国医药学院的七年制中医学系及学士后四年制中医学系，台湾中国医学研究所设立的硕士研究生班、博士班等中医药学教育机构，继续培育现代中医师，以及中医药高级科研人才。

除中医药的正规教育外，由台湾考选部举办的中医师特种考试，在停办二年后，于1989年10月6～8日，恢复举行。考试分两个阶段，即笔试及格后必须接受一年六个月的临床训练，期满后，经检定成绩及格，始完成考试程序，由台湾考选部报请考试院发给考试及格证书，然后再由卫生署核发中医师证书。为完善台湾中医师特考制度，在特考停办期间，先后完成了：(1)修订检定考试规则有关中医师检定考试部份；(2)修订特种考试中医师考试规则；(3)建立中医师特考及检定考试各应试科目之题库；(4)会同教育部、行政院卫生署研拟未受正规中医教育之中医师特考笔试及格人员接受临床训练办法。台湾考选部委托中国医药学院办理有关训练事宜。

对在职中医药人员进修培训方面，台湾有关部门作了一定的工作。1989年2月18日，台湾卫生署与文化大学合作开办了“第二期在职中医师进修班”。进修班课程包括现代基础医学课程及中医药课程。为了搞好在职中医药人员进修培训的质量，台湾省中医师公会及台湾中医师联合会积极向台湾卫生署争取认定参加中医师进修班学员修习的学分，并希望卫生署准予他们使用现代医学仪器，同时肯定判读检验能力。

为了加强中医师临床训练，采取七项办法：(1)公立医院设中医部，并正式纳入编制，接受实习生，训练住院中医师；(2)实施中医专科医师制度，成立相关中医专科医师学会；(3)罗致学成专精、术德兼优之中医师从事中医教育工作；(4)鼓励受西方科学教育的医师，从事中医药之教学、科研工作；(5) 健全中医师之实习训练；(6)特考及格者应补修现代医学课程；(7)多派员参加国际性会议。

三、医疗机构发展

继高雄市立中医医院成立之后，1989年继续筹建台北市天母中医医院，这是台湾地区第二所公立中医医院。台湾教育部为发展中医药学研究，决定在阳明医学院内建造中医药研究大楼和中医门诊部。台湾卫生署积极促进省、市立医院分别设立中医部，为民众提供较优良的中医医疗环境，使中西医对民众保健医疗工作发挥相辅相成的效果。此外，继续在台北市立和平医院、中国医药学院附设医院及高雄市立中医医院等近九十家中医医院试办劳保中医门诊．为劳工民众提供中医治疗。台湾中医劳保自1978年起先在八所条件比较成熟的中医院进行试办。至1989年，参加中医劳保业务的中医医疗单位，已占台湾医疗单位的5.3%。由于目前台湾中医劳保尚未全面开放，故1989年4月25日，台湾中医一千多人，为争取中医诊所开放劳保，进行请愿游行。经协调，台劳委会决定于1989年8月间完成中医医院劳保条件的评估工作，于11月15日前公布中医诊所特约管理办法，届时凡符合规定的中医诊所，均可申请劳保特约。为配合中医劳保的全面开放，台湾卫生署中医药委员会组成“中医医院病患住院制度”评估小组，对中医院病患住院制度进行评估，并对所有住院患者进行疗效追踪。评估小组认为，初期办理中医医院病患住院医疗服务的项目不宜太多，拟先选择数种，如中风、产妇、伤科等。而临床疗效的评估，最好是仿照西药的评估方法进行。

四、中医临床研究

由阳明医学院崔玖为召集人，包括阳明医学院、中国医药学院、台北市中医师公会等十几个单位，首次联合进行“利用针灸和中药治疗过敏性鼻炎”的大规模中西医相结合的研究。由台湾行政院国科会推动的中药抗病毒研究，其抗B型肝炎病毒之中医药研究有重大进展。发现穿山龙、仙鹤草、牡丹皮、乌臼等8种药材，可抑制DNA聚合酶的活性，其中仙鹤草、乌臼（枝)、番石榴（叶)、小金樱（水抽取）抑制DNA聚合酶活性达70%以上。此外，还有“中药治疗系统性红斑狼疮之开发研究”、“中医药治疗高血压之研究”、“桂枝加苓术附汤对于类风湿关节炎的长期疗效研究”、“中医药治疗支气管炎、哮喘之评估研究”、“传统中药治疗尿毒症的肾功能评估”、“糖尿病的中药疗效探讨”、“中医药对妇人痛经的疗效评估”等等。

五、针灸

台湾地区对针灸现代化的研究活动有：“同位素造影术对穴道及经络之研究”、“电脑化克里安能量照相系统研制及应用”．“针刺对过敏性鼻炎疗效评估及免疫因子之影响”、“针灸对脑中风临床疗效评估研究”、“电针止痛的中枢机能：下视丘及脑下垂体的去氧葡萄糖研究”等。台湾中国医药学院附设医院运用耳针新穴电疗法治疗艾滋病患者症状的研究正在进行中。

六、基础方面

台湾中国医药学院汪叔游以八纲辨证配合心脏流体力学理论，以现代科技揭开了中医“三部九侯”之说的奥妙。他还研制成脉波探测系统，并根据脉波的压力变化，经导函数的量化处理，找出脾阳虚、心脾阳虚、脾肾阳虚、肾阴虚、肝肾阴虚、肝阴血虚、心肾阴虚等证的标准脉形。目前该系统还加装了传真系统。此外还有“以脉波一次导函数分析中医对高血压的诊断”、“慢性活动性肝炎与持续性B型肝炎的脉波图形研究”、“怀孕初期、中期之脉波图形研究”、“特发性肾病症候群脉诊图形之研究”等等。

七、中药药材研究

台湾省农业试验所蔡新声等人进行的半夏及金线莲组织培养大量繁殖方法研究，获得成功，一个半夏的株芽经一年繁殖可得 2×10^{27}株幼苗；金线莲的基顶或侧芽经二个月培养后，可得八倍的芽体，移植成活率高达 95%以上。有关部门还进行了“台湾省产中药材之评估研究”、“台湾野生灵芝药用评价”、“台湾省三岛柴胡之品质评价”等研究。

八、厘定中药规格与标准：为加强中药市场管理，提高中药品质，台北医学院杨玲玲等受台湾卫生署委托，完成了180种常用中药品质鉴定，建立起辨识中药的“指纹图谱”，为中药的标准化及规格化跨出一大步。杨氏等对这些药材完成了其原色图片及内、外部形态的细部描绘，以及针对药材所可能含有的酚类、醌类、配糖体、生物碱、固醇类等有机化学成分及效能，予以定性、定量分析。

九、中药制剂及其管制

台湾有关部门将中药的生产制造逐步纳入 GMP（优良药品制造规范）管制规定。1989年3月，台湾卫生署规定了“申请中药药品查验登记应检附薄层层析检验资料”，将目前中药定性测验——薄层层析法（TLC）推广到申请的科学中药产品，以确保其成份之确实。此外，台湾卫生署还计划研究开发异相层析法（HPLC），帮助中药厂家建立定量检测法，以确保每批次产品维持一致性。为完善科学中药检测法，台湾卫生署进行了中药标准处方整理及 TLC 检验人员训练。标准处方是以《医宗金鉴》、《医方集解》、《本草纲目》、《台湾中医典》、《台湾中药典》为依据进行审核的。目前，台湾地区浓缩方剂、科学中药的前景看好。

十、中药疗效之研究

台大邓哲民负责的“高血压中风研究小组”研究发现，厚朴、吴茱萸、野生金线莲、木犀科白毛茉莉具有相当显著之冠状动脉舒张活性。台湾中国医药研究所研究结果初步表明：海桐对心脏有抑制作用，灵芝具有心脏收缩的功能，可减慢心跳的速度，并对胃溃疡有保护作用，对肝炎有治疗作用。高雄医学院刘宏文等研究发现10%浓度的紫河车对于系统性红斑狼疮病人，较低的T淋巴球第二介白质具有明显的免疫促进作用。郑惠华等人研究鸡母珠血球凝集素（AAG）对小白鼠第2白血球间素之诱生作用，结果显示，AAG可刺激T淋巴细胞产生IL-2，因而维持T淋巴细胞之增殖。黄雪芳等人研究证明，灵芝菌丝培养液之多醣体其口服和皮下注射一样能够抑制癌人工肺脏转移。陈淑娟等人筛选了44种民间常用抗癌草药之水抽取物的抗突变活性，发现大黄等18种草药水抽取物能抑制直接突变剂所引起的致突变性达到50%以上；对间接突变剂所引起的致突变性能达到50%抗突变活性的有虎杖等14种，而其中有10种草药水抽取物对此二种致突变物均具有50%的抗突变活性。林玉玲等进行了蛇葡萄根及夏枯草之抗突变成份之初步纯化研究，证实上述二药及蚤休具有高抗突变性。杨玲玲等人从对网状内皮系统之噬食能作用、S-180诱生转移性癌之抗癌作用、对肿瘤坏死因子作用、与抗癌药 mitomycin 合用时之辅助抗癌效果等方面，对补中益气汤之抗癌作用进行了研究。郝道猛等人进行了“十全大补汤等中药与γ射线或丝裂霉素C合并治疗实验性肝癌的研究”，结果表明，十全大补汤与丝裂霉素C合并处理的疗效为最佳。此外，在台湾国科会、卫生署资助下的科研项目还有：“金莿插成分之研究”、“分离红花及辛夷中具抗血小板凝集及影响肾上腺素分泌之活性成分”、“中药免疫增强剂：茄科植物之活性成分之研究”、“黄连解毒汤、苦蓝盘降压作用之研究”、“八角枫有效成分对于大白鼠镇痛及镇静效果之研究”、“中药丹参抗癌及抗凝血有效成分之分离”等。

十一、民间验方之试验

1989年继续办理民间中药验方申请登记。对于初审通过的验方，进行急性毒性试验，而后由台湾中国医药学院附设医院及承办中医劳保医院等进行临床疗效之判定。

十二、中医药典籍之编纂

由台湾卫生署组织编纂的《中医师典》仍在整理中。对中医药典籍的研究有：(1)中药剂型的概况，(2)《温疫论补正》的方剂研究等。

十三、中西医一元化研究

为积极推动中西医合作研究，台湾卫生署依据"国际疾病伤害及死因分类标准"编订"中医师病历记载常用病名表"，审核了"中西医病名统一正名专题研究"，并召开会议研商中西病名统一、疗效追踪、中医病历等问题，作出决议，付之实施。台湾中国医药学院中西医合作医疗中心选定"中医治疗慢性肝炎"等18个课题，由中西医药专家共同研究。还有"中西医结合治疗蛋白尿的研究"等。

十四、中医药学术交流

为了促进海峡两岸中医合作与交流，台北市五十多名中医界人士组团于3月24日来大陆参观访问。在此期间，他们收集了大量的大陆中医药资料，还参加了福建中医学院举行的海峡两岸中医药研讨会，同时参观了有关中医药单位，于4月13日回台。1989年3月16～17日，在台湾大学举行中日中医药学术研讨会，会议主题为"生理活性研究迄临床应用"。3月29～30日，由中国医药学院及台湾国科会生命科学研究推动中心联合主办了"针灸研究发展与临床应用研讨会"。4月21～22日，台湾国科会举办了"中药成分分析研讨会"。

(林端宜　肖林榕)

六、国外中医药

【元刊珍本《金匮要略》简介】

日本真柳诚撰文介绍元·邓珍刊本《金匮要略》。认为有关《金匮要略》的版本，在中日间已知的，仅是明以降的刊本，有明无名氏本、俞子木本、赵开美本和吴勉学本等。由于在流传中产生了错、衍、倒、讹，失去了宋本的原貌。经考察判明元刊本保留着浓厚的宋刊本旧貌，为现存最古的刊本。

《金匮要略》元刊本，现存中国北京大学图书馆。该刊本是民国初年政治家兼学者的李盛铎的收集本，后归杨守敬收藏。杨氏为清末民初的学者，在明治十四年（公元1882年）赴日，以收集善本秘籍带回中国而闻名。但是该刊本不是在日本购得，而是杨氏回中国后，在光绪二十七年(公元1897年)，于上海寄观阁购得。书末杨氏跋语记有其经过。小鲁户认为元刊本的出现，有利于《金匮要略》的研究。

查阅《中医图书联合书目》，未收录元刊《金匮要略》。马继兴近年在《经典医籍版本考》中，提到该刊本，书名为《新编金匮要略方论》，刊于元至元六年(公元1340年)，卷首有邓珍序文。至于研究该刊本的文章尚未多见。摘译真柳文章，以期引起重视。

（林功铮）

【国外中医治疗艾滋病的现状】

艾滋病（AIDS)，是"获得性免疫缺陷综合征"英文名的简称。AIDS的治疗目标，一般分为三类：(1) 抗病毒效应。(2) 提高患者自身免疫系统功能。(3) 改善患者内在和外在各种辅助因素，以影响疾病的进程。美国M. O. Smith指出：中医治疗的目标相当于后两类，但也不排除中药方剂可能具有直接抗病毒作用。

以针灸为主治疗　M.O. Smith所在的林肯医院针刺门诊部，自1982年来的五年里，治疗ARC（艾滋病关联综合征）及艾滋病患者200余人，并对20例患者投予中药。其经验表明，凡按补卫气观点施治，其结果均不如辨证施治好。一组ARC患者在发病初期，连续2～6个月接受针刺治疗，有30～50%达到5年存活期，提示针刺可能预防条件性感染的发生。从而也就有可能防止某些ARC患者向AIDS患者的发展。针刺治疗2名仅伴早期kaposi肉瘤的AIDS患者，也取得效果。伴有肺囊虫性肺炎的AIDS患者，若坚持定期针刺治疗（和手技疗法)，也有延长生存期的迹象。一例合并隐孢子菌症AIDS患者，经过针刺治疗得到明显好转。这表明，针刺疗法对ARC和AIDS患者有近期和长期疗效，若加服中药则效果更好。D. M. Pachuta等以针刺与心理疗法相结合治疗前驱症期患者，几周后，症状明显减轻，治疗进展期患者，也可有所缓解，但效果呈现缓慢，且大多数归于死亡。仅有一名属"火"型证候的患者经针刺治疗一周，意外地获得显效，感染性发热、卡波济氏肉瘤等逐渐消失，以后恢复健康，认为已达临床治愈标准。N. Rabinowitz以针刺为主、有时用间接灸、穴位按摩，以及中草药治疗。针刺多采用补法，取穴合谷、曲池、外关、足三里、关元、石门、气海、命门等，并针对机体失调特点，增加备用穴位，也常用耳穴。认为中医学，特别是针刺，对ARC和AIDS患者的症状和体征有很大改善作用。尽管尚不能"治愈"，但已显出疗效。

以中药治疗　R. Smith等将本病前驱症状分为脾气虚和血虚、肺气虚和肺阴虚、肾精亏损、肾阴虚四个类型，总结出如脾气虚及血虚以四君子汤合当归补血汤为基本方，随症加减；肺气虚和肺阴虚适用生脉散，随证加减；肾精亏损者以熟地、山茱萸、枸杞子、杜仲、甘草、五味子、菟丝子为主，阴虚火旺者用知柏八味丸。感染急性期应先泻虚火，解血毒，兼用补法，治疗 AIDS 或 AIDS 前驱症状，都可加黄芪。美国余娟等曾治疗一例脾肾阳虚、温毒湿浊内侵之本虚标实"温毒证"，选用甘露消毒丹、生脉散、归脾汤等加减，经治一年半，临床症状缓解，生存时间延长。伊藤正彦等在试管内证实了甘草甜素（GL）具有抑制 HIV（艾滋病病毒）增殖的作用。后藤洋一等用 GL 注射药（SNMC）治疗 HIV 感染者 11 例，取得改善 AC（无症状带病毒者）免疫力的效果。南谷干夫等，亦用 SNMC 治疗 HIV 感染者 7 名，其中 6 名免疫力增强。羽田雅夫等，给血友病患者中被 HIV 感染的 AC 及ARC 患者投予小柴胡汤及人参汤，也取得了提示免疫功能有所改善的良好成绩。

（赵雪松）

【双指O 环试验在中医领域中的应用】

双指O环试验，是 1980 年前后，美国纽约心脏病研究所所长大村惠昭，在研究脑循环与指力的关系时建立的，又称大村试验。其基本方法是让被试者一侧的拇指与食指指尖相对，用力捏成环状（O 环），试者用两手的拇指和食指去用力拉开此环，并细心体会用力的大小（根据拉开O环所用力量的大小分为－4～＋4 八个等级）。然后给被试者一个特定的"刺激"，再作如上试验，此时指环可能会很容易被拉开，为刺激对人体产生"负向"反应，或很难被拉开为产生"正向"反应。根据这种反应，可判断人体机能状况及人体与自然因素的相互作用情况。这个试验目前已应用于多方面，也应用于中医研究领域，以下试举一些实例加以说明。

（一）人体对寒的反应　让被试者一手握住一个寒冷的饮料罐，用另一手做O环试验。结果原来力量很强的O环，此时会很容易被拉开（脱力）。然后在被试者合谷穴放一小豆大小的艾（不点燃也可以，但穴位要准确），或放一小磁石的N极（约 800 高斯），或用 1 寸半不锈钢针的针尖放在合谷穴，针柄朝向指端，即平放在大肠经上，或将内针用胶纸固定在大肠经上，O环的力量又会重新恢复。实验说明，寒可以破坏人体的平衡，而合谷穴某种微小的特定"刺激"可以纠正这种平衡。

（二）药物五气的实证　入江正研究证明药物五气可影响O环试验，其结果如表。

		寒（石膏、知母）	热（附子、干姜）	凉（芍药、半夏）	温（当归、黄芪）	平（甘草、茯苓）
手掌	铜	关	开	关	关	开
	银	开	关	关	关	开
手背	铜	关	关	关	开	开
	银	关	关	开	关	开

可以看出，寒药只有在手掌放银板时为开（容易打开），热药只有在手掌放铜板时为开；凉药只有在手背放银板时为开，温药只在手背放铜板时为开，表明寒、热、温、凉之气的不同。而平药的各项实验都是开。入江氏认为按此项试验的设计，手掌用以辨别寒、热之气，银板开者寒，铜板开者为热；手背用以辨别温凉之气，银板开者为凉，铜板开者为温。而平药的四项均开，说明平药具有寒、热、温、凉四气。因而，在临床上组方

用药时，其气可随处方配伍而变化。例如，《伤寒论》中的芍药甘草汤，由等量芍药、甘草组成。如上已证明芍药为凉性，甘草为平性，而用同样的方法却证明芍药甘草汤为温性。显然甘草在其中发挥了温性药的作用。该方为治疗肌肉拘挛而设，此时用药显然宜温不宜凉。

（三）五色与五脏关系的研究　以脾与五色的关系为例，在被试者右手关部（主脾胃）放一小磁块，N极向尺侧，S极向桡侧，用胶带纸固定。令其左手拇指与食指捏成环状，试者立即做引拉试验，确认难以拉开后，在其右手掌上放上黄色纸片，此时O环即可轻易拉开。如放黑、白、红、青色纸片，则不发生上述反应，即脾只对黄色发生反应。还可证明青、赤、白、黑等色与相应脏腑的关系。用此证明五味与五脏也有对应关系。

（四）经络的描记　用"双指O环绘图法"、借助内脏组织的切片，可以在体表绘出内脏组织的形态和十二经络的走线，所绘出的经络走线与中医古典的记述基本一致。但绘脾经线路时需用胰脏组织的切片；描绘心包经时需用肾上腺的组织切片；绘三焦经时，男性需用睾丸组织的切片，女性需用卵巢组织的切片。除此之外、其它各经与内脏的络属关系与中医古典是一致的。同时还可用此方法在耳壳上绘出十二条经络的分布。

（甄立学）

【日本对瘀血的研究进展】

日本对瘀血的研究，不断深入，有自己的观点，仅1980年～1987年，日本瘀血综合科学研究会就举行了七次学术会议。进行了大量探索性工作，为阐明瘀血本质提供了一定的理论依据。

瘀血的成因　日本自古以来认为是因挫伤、流产及分娩等造成的死血、败血、毒血等。19世纪初荷兰医学传入日本后，山胁东门等提出血的滞留是瘀血的原因。近年来，提出了遗传性瘀血、外伤潜在性瘀血、热病后瘀血、妇科疾病性瘀血、环境性瘀血、毒物性瘀血、精神性瘀血等观点。如有地滋用现代医学方法证实了瘀血证与人体免疫遗传因子HLA有密切关系，提出了"未病瘀血"、"已病瘀血"、"瘀血环境因子"、"瘀血遗传因子"等新见解；小川新认为患感染性疾病时，炎症消退可残留免疫性抗原抗体复合物和组织纤维化，腹诊可见瘀血性抵抗，并提出了"前瘀血"等新观点；原敬二郎认为，日本是海洋民族，食盐多血粘度高，寒气湿气大，故瘀血多。间中氏认为内分泌和植物神经功能紊乱可致瘀血，而其紊乱又与精神因素密切相关。此外在妇科瘀血、外伤瘀血形成的机制上，研究的也较深入。

瘀血证的诊断标准　1975年矢数道明根据《伤寒》、《金匮》，把瘀血的症状归纳为11条。龙野一雄综合这些内容，提出了诊断瘀血的必要项目为血行障碍症状、热的症状、燥的症状及气郁症状等。1983年，寺泽捷年运用现代统计学分析方法，通过电脑对瘀血症候进行分析，制定了"瘀血得分诊断标准"。1985年小川新又综合日本和中国的标准，重新提出了"国际瘀血诊断标准"，含有古典瘀血诊断项目与现代医学检验项目。1987年原敬氏又提出，老年人瘀血证根据老年人症状特点重新设制记分标准。日本制定的这些标准中，都强调"腹证"为诊断瘀血的必须条件。1988年"血瘀证研究国际会议"上，中岛一又提出了"皮肤病血瘀证诊断标准（试行）"，这表明瘀血诊断标准的研究越来越精细，并开始步入分科领域。

瘀血的病理研究　藤冈等以东洋医学为诊断标准设置血瘀组、非血瘀组，分别进行了血液凝固、纤溶系统及免疫学检查，认为血粘度和免疫复合物与瘀血有关；有地氏等选取桃核承气汤证组、有蜘蛛痣患者组和正常人组观察比较，探讨了血瘀体质和HLA抗原的关系，并对应用皮质激素的动物模型观察，发现红细胞的变形能力降低；寺泽氏等对瘀血病态进行了血粘度、血栓弹力图、血小板聚集功能等血液学检查，亦得出有意义的结果；村田等用热象图检查发现瘀血的部位为低温区；新谷卓弘观察了驱瘀血剂对全血粘度及血小板花生四烯酸代谢的影响，推测瘀血状态是血小板内因性前列腺素生成酶系统的活性处于升高状态，处于容易引起血小板凝集的阶段，也可以认为是一种凝固性过高的准备阶段状态。

治疗瘀血证的生药及药理研究　应用超临界气体提取法，发现人参、山栀子、当归有阻断脂加氧酶的物质；名取等提取了当归、川芎、桃仁等主要活血药的成份，供生物活性实验。平井和田村认为牡丹皮的丹皮酚，主要通过环加氧酶的阻碍作用抑制血栓素及前列腺素的环节，进而发挥抑制血小板凝集作用。名取等发现蒺藜、益母草有使血管通透性亢进等作用；原由研究表明当归、芍药具有显著的使子宫运动亢进的活性成分；渡边对丹皮、桃仁等15种活血药作了比较观察，发现多数活血药具有抗炎及增加血流的作用；久保等通过大鼠实验，认为活血药祛瘀作用并非局部抗炎作用及抗血栓作用，而是具有使机体整体的防御机构、保持平衡机构活性化或正常化的作用。许多学者还对活血化瘀方剂进行了现代医学方法研究。如鸟居塚和生认为，当归芍药散可明显降低全血粘度，并抑制血小板中丙二醛的产生，从而减少血栓素合成；新谷氏证明了桂枝茯苓丸、桃核承气汤、当归芍药散都具有降低全血粘度的作用；高仲氏提出，末梢脏器的血流改善可能是活血化瘀方剂的重要药理作用之一。

瘀血证的临床治疗　日本有泻血、针灸及汉方药等方法。汉方药的临床应用范围很广，相见三郎1971年报道用祛瘀血剂治疗247例，患者涉及胃肠、神经、泌尿、心脏及内、外、妇、眼等14个科别或系统；矢数道明1975年总结瘀血引起的疾病有40多种。矢数道明认为日本临床用方按瘀血证的阴阳、虚实及新旧运用。近年来日本学者在运用祛瘀血剂的同时，注意理气、除瘀、补益、消导、和解药的配伍，由此可表明日本汉方界已重视整体调整及药物的协同作用。

（王克勤　李继安）

【日本汉方治疗支气管哮喘近况】

近年，日本运用汉方治疗支气管哮喘的报道有所增加，1988年4月，矢数道明、室贺昭三、细野八郎、菊谷本彦、浦田誓夫等进行专题讨论，讨论内容已由王克勤作了介绍。据中田敬吾报告，汉方治疗的有效率为83.3%，寺泽捷年报告为75.7%，细野氏的统计则高达90.0%。尽管统计数据相差较大，但一致认为汉方是治疗支气管哮喘的一种有效医疗手段。

汉方治疗支气管哮喘，多以仲景方为主，适当辅以后世方。以小青龙、麻杏甘石汤为代表的麻黄剂，是通治各类型的最常用方剂，其次为柴胡剂、茯苓剂等。还有使用柴朴汤、芍药甘草汤、五虎汤、神秘汤、喘四君子汤、炙甘草汤、清肺汤、四逆散、半夏厚朴汤等方的报告。富冈真认为，小青龙汤中麻黄的主要成分麻黄素，通过β-受体促进cAMP的增加，使支气管扩张，且能抑制介质的游离；桂皮、细辛也具有抗介质作用；甘草的甘草甜素具有糖皮质激素样作用，甘草根提取物（LX）则有抑制IgE抗体产生的作用。曾根秀子等通过动物实验证明，小青龙汤对特异性抗原及化学介质，如组胺、白三烯D_4（LTD_4）和血小板激活因子（PAF）引起的收缩反应都有抑制作用，其机制似直接作用于靶细胞而不是拮抗受体部位，但也可能减少了细胞释放的化学介质。关于柴朴汤，富冈真认为方中柴胡含类固醇样物质；人参可促使类固醇分泌亢进；黄芩、厚朴有抗变态反应的作用；大枣含cAMP类物质，该方可抑制Ⅰ型变态反应，与类固醇合用可增强其抑制Ⅳ型变态反应的作用。江田昭英则认为该方通过对效应期的抑制，特别是对淋巴因子引起的炎症反应的抑制，显示出对Ⅳ型变态反应的抑制活性。浦田氏认为，芍药具有抑制Ⅳ型变态反应的作用。

汉方的使用，细野氏认为在临近发作前作为预防药效果最好。浦田氏、筒井氏都认为汉方药多不能完全控制喘息发作，主张在发作时并用支气管扩张剂。二村禧认为应用芍药甘草汤治疗喘息发作有速效，一般服后15～30分钟即可奏效。细野、菊谷、寺泽氏等都强调应用汉方要辨“证”，但其证候分类方法不尽一致。细野氏辨证注重寒热，参以虚实，寒证用小青龙汤，热证用麻杏甘石汤，寒热错杂则二方合用，实证用麻黄剂，虚证用喘四君子汤等，由于虚证多由寒化而来，常用甘草干姜汤等温阳。寺泽氏则按阴阳辨证，麻黄剂（除麻黄附子细辛汤）、柴胡剂适于阳证；茯苓剂用于阴证（茯苓杏仁甘草汤、桂枝茯苓丸除外），参以虚实，如小青龙汤用于阳虚证、麻杏甘石汤用于阳实证等。浦田氏从汉方药的有效成分来确定方剂，认为小青龙汤适于变态反应明显者，柴朴汤适于紧张情绪引发者。筒井氏认为发作期以西药为主，间歇期则以汉方为主，强调间歇期的系统治疗是提高本病疗效的关键。矢数氏主张汉方治喘获效后应守方长服，可使患者体质得到改善，以减少或避免复发。但筒井氏则主张间歇期原则上应停用发作期汉方药，根据脏腑辨证重新选方。

哮喘的脏腑辨证，中田氏报告以脾虚（35%）、肺虚（31.7%）者居多，肾虚次之（20.8%），认为哮喘主因责之于肺，应以治肺为先，兼顾脾肾。中田氏、筒井氏都对中医用补肾法治喘持有疑义，尽管中国方面报道约60%的哮喘患者都适合补肾，但怀疑日本人中是否有如此高的频度。细野氏认为日本人的哮喘很多都与肝有关，因此和中国治喘不同而常用柴胡剂。寺泽氏在研究中常以麻黄剂和柴胡剂联合运用。认为麻黄剂对证候改善有效，而柴胡剂则对体质改善更有利。菊谷氏临床就常用柴胡剂或四君子汤等作为一种基本的、兼有改善体质的治疗。菊谷氏认为祛痰是治喘的基本治法，除用麻黄、石膏配伍外，还可用麦门冬汤、滋阴降火汤等润燥剂。

汉方治疗支气管哮喘的疗效，一般都认为与哮喘类型、发作程度、疗程长短等有关。据中田氏120例报告，特异反应型疗效高达87.7%，疗程二年以上者疗效为90%。寺泽氏70例报告，特异反应型疗效最高为80%，其中中度发作疗效最佳为82.5%，阵发性发作又优于慢性发作，分别为84.0%及77.0%；但疗效与性别、年龄、血清IgE没有相关性；麻黄、柴胡剂对所有类型哮喘皆有效，而茯苓剂仅对感染型和混合型有效。筒井氏152例有效病例报告中也是中等症例最多（75例）。细野氏统计252例有效率高达92%，其中全愈仅占21.5%，与本病自然治愈率22%相似，认为疗效评价还有待进一步探讨。菊谷氏针对当前治疗支气管哮喘滥用类固醇及其他西药的现状，认为由此而致“坏病”很多，从而给汉方治疗增加了不少困难，影响了疗效，对此不能低估。

（王克勤）

【日本汉方治疗不孕、不育症】

日本治疗不孕的汉方据大塚等《汉方诊疗医典》总结为9方，即当归芍药散、桂枝茯苓丸、桃核承气汤、大黄牡丹皮汤、温经汤、加味逍遥散、龙胆泻肝汤、小建中汤、十全大补汤。寺师睦宗又增加了补脾胃剂、柴胡剂、当归四逆加吴茱萸生姜汤、半夏泻心汤等25方。福岛峰子认为，当归芍药散作用于中枢特别是下丘脑，而诱发排卵，治疗黄体功能不全，可使血中LH值上升，增加孕激素。温经汤的组成药物有的作用于下丘脑，有的作用于脑垂体，相辅相成以促进促性腺素的分泌。对于中枢性闭经，特别是对于单用克罗米芬无效病例并用时可提高其排卵率，亦能降低高催乳素血症。桂枝茯苓丸有各种作用能促进排卵，与 danazol 并用治疗子宫内膜症有效，并可抑制其副作用。八味地黄丸用于无排卵性月经和Ⅰ度闭经者。芍药甘草汤可降低高催乳素血症性无排卵大鼠血中的 PRL 值。竹内亨等则报告芍药甘草汤有降低雄激素绝育鼠血清睾酮浓度的作用。实验证明，该方作用于垂体前叶，能提高多巴胺受体的亲和力，对由高催乳素血症及高血睾酮排卵障碍或黄体功能不全而致之不孕有治疗作用。

汉方药的使用，日本多从“辨病”用药。芍药甘草汤已应用于日本 13 所大学医院，对高血睾酮的排卵障碍患者每日投予 7.5 克，10～18 周总排卵可达 40%。高催乳素血症患者血中 PRL 值，于服药 2 周后开始有意义地下降。朝海怜等对继发性闭经及无排卵周期者应用温经汤治疗 10 例，获效 8 例，不同程度的诱发了排卵或妊娠，认为汉方非速效剂，需长期服用。

近泽嗣郎等对 29 例排除了器质性病变的不孕妇女，根据脉象、面色、体型、腹证、瘀血征及四肢冷感等，辨证选用温经汤、当归芍药散、桂枝茯苓丸、当归四逆加吴茱萸生姜汤、半夏泻心汤等方。使用汉方药后，妊娠率由原来的 40%提高到 62%，其中服温经汤者最多、妊娠率最高，分别为 41.4%和 91.7%。寺师氏认为健运脾胃是使其容易受孕的基础，可选用四君、六君等方及归脾汤、安中散、真武汤、千金温脾汤、清心莲子饮等；对体弱、神经质、足冷气逆、下寒上热而不孕者用桂枝加龙骨牡蛎汤；胸胁苦满为主者，选用小柴胡、大柴胡、柴胡桂枝汤等柴胡剂；当归芍药散是治不孕的传统方剂，当临床尚未搞清不孕癥结并且患者胃肠状态较好的情况下可暂投此方，然后据患者服药后反应再进一步选方；折冲饮为日本经验方，适用于当归芍药散与桂枝茯苓丸方证之间者；当归四逆加吴茱萸生姜汤适于畏寒者；肠痈汤用于瘀血征；芎归胶艾汤用于经血淋漓不断者，且可预防先兆流产；安胎散，适于流产及先兆早产者；八味丸用于具有少腹不仁腹证者；八味带下方用于带下过多者。水湿型不孕症或习惯性流产者，可用防己黄芪汤。他常用上述方剂组合成适于各种情况的新复方以提高疗效，治疗 631 例，其妊娠率为 88.9%。寺师氏对不孕症腹诊积累了丰富的经验，认为腹部坚硬者若不使之柔软则不能受孕，对坚硬如石的“石女”使用桂枝茯苓丸，硬而凉如冰块之“冰女”则使用当归芍药散。下腹部常见腹证还有一种激素腹，这是由于过多使用激素而产生的“荷尔蒙丘”，也是影响妊娠的一个因素。但消除“荷尔蒙丘”是比较困难的，他强调要辨证施治方可获效。

在男性不育症中，日本认为原因不明的生精功能障碍或特发性生精功能障碍，是主要原因，约占 75～94.1%。由于病因病机多不清楚，各种疗法也不甚满意，部分医家转而使用汉方药治疗，常用方有八味地黄丸、补中益气汤、八味地黄丸合补中益气汤、八味地黄丸合人参汤等。李秋贵介绍了日本用治疗原因不明的男性不育症，有效率为 20～75%，妊娠成功率为 5～29%。以八味地黄丸与辨证治疗最佳，其中对轻、中度少精症及精子运动力低下症，疗效显著，高度少精症较差，无精症无效。疗效有的还略高于激素及非激素疗法，且无明显副作用。

（王克勤）

【东亚细亚传统医学史年表】

日本津谷喜一郎从政治、地理、历史方面，探讨了东亚细亚地区的中国、越南、朝鲜和日本的传统医学史，列一简要年表。年表虽然较简单，但可弥补这方面史料的不足。摘载如下。

【国外针刺镇痛原理研究进展】

国外近年有关针刺镇痛原理的研究摘介如下。

年代	越南	交流	中国	交流	朝鲜	交流	日本
前500							
前400			战国（前403～前221）				
前300			秦国（前221～前206）			中→日	徐福东渡
前200			前汉（前202～8） 《黄帝内经》	中→朝	乐浪郡		
前100							
0			《神农本草经》 后汉（25～220） 张仲景《伤寒论》 华佗 皇甫谧《甲乙经》				
100	马援带苡仁返中国	越→中					
200			三国（220～265）		三韩时代		
300			晋（265～420） 从印度传入佛教盛行		高句丽、百济、新罗		
400	《梁书》收载越南的沉香 《名医别录》收载水苏石硫磺	越→中	南北朝（420～589） 陶弘景《名医别录》	中→朝 朝→中		朝→日	金武从新罗来
500					由梁派遣医师到百济 《名医别录》收载朝鲜产的五味子、昆布等 《百济新集方》	朝→日	博士从百济来
600	唐安南都护府 安倍仲麻吕		610巢元方《诸病源候论》 隋（589～618） 唐（618～907）			中→日	606惠日、福因在中国学习
700	《新修本草》收载苏合、丁香等，此后更多南方药物传入中国	中→越 越→中	652孙思邈《千金方》 559《新修本草》 《外台秘要》	朝→中	新罗（676～935） 《新罗法师方》 新罗人参等传入唐朝	中→日	701在大宝律令中制定医药制度 奈良（710～794） 753鉴真来日
800						中→日	平安（794～1185） 808《大同类聚方》 由遣唐使和中国交流 984《医心方》
900							

1000- 1100- 1200- 1300- 1400- 1500- 1600- 1700- 1800- 1900- 2000-

- 前黎朝（981～1005）
- 李朝(1009～1225)
- 大乘佛教传播
- 陈朝（1225～1440）
- 儒教传播
- 慧静留学中国归国著《洪毅觉醒医书》、《南药神效》
- 后黎朝(1428～1788)
- 黎有卓《海上医宋心领》
- 阮朝（1802～1887）
- 印度支那联邦(1887～1945)
- 越南(1945)

中 ←　中 ←

- 五代（907～960）
- 宋(960～1279)
- 《类证本草》
- 《大观本草》
- 《和剂局方》
- 金（1115～1234）
- 金元四大家刘元素、张子和、李东垣
- 元(1271～1368)　朱丹溪
- 明（1368～1644）
- 郑和下西洋
- 1587李时珍《本草纲目》
- 清（1611～1911）
- 1641吴有性《温疫论》
- 张介宾《景岳全书》
- 汪昂《本草备要》
- 1746叶天士《温热论》
- 中华民国（1912～1949）
- 中华人民共和国（1949）
- 中西医结合（1950）

中 →　中朝 ←　中 →　朝 ←　中 →

- 高丽(936～1392)
- 由宋传入《太平圣惠方》
- 宋多次派遣医官
- 医事制度的发展
- 《御药救急方》
- 薛景成
- 李氏朝鲜(1392～1910)
- 1433《御药集成方》
- 1445《医方类聚》
- 1613许浚《東医宝鉴》传入中国评价甚高
- 四象医说诞生
- 为日本併吞（1910～1945）
- 1945南北朝鲜分裂
- 1952设立韩医师法

中 →　日 ←　中 →　日 ←

- 镰仓(1192～1333)
- 倭寇盛
- 室町(1392～1573)
- 田代三喜到明朝学习李朱医学
- 桃山(1568～1603)
- 曲直濑道三《启迪集》
- 江户（1603～1868）
- 后世派盛行
- 古方兴起，名古屋玄医
- 后籐艮山，香川修庵，山昭東洋，吉益東洞
- 明治（1868～1912）
- 1874颁布医制
- 昭和(1926～1989)
- 1927《皇汉医学》
- 1950日本東洋医学会

-1000 -1100 -1200 -1300 -1400 -1500 -1600 -1700 -1800 -1900 -2000

（林功铮）

一、针刺对痛阈的影响

国外研究镇痛原理的方法，有针刺、艾灸、激光照射、电针、经皮神经电刺激(TENS)、小电极、环状电极、心电图电极刺激、穴位表面锥形银电极刺激(SSP)等；实验性痛刺激方法，有辐射热痛觉计、压痛计、电刺激、热刺激、机械刺激、冷试验、制成幻肢痛模型等；疼痛测定方法有，(1)观察动物实验反射行为（如甩尾反射、张颌反射、记录张颌肌肌电图变化等）及随意行为反应（安云和四郎等制作大鼠幻肢痛模型，以大鼠自伤行为作为痛阈变化指标）。(2)人体实验采用的基本精神物理法（如要求受试者在连续增强刺激的过程中分辨痛与不痛的分界点）、疼痛耐受法（北出利胜等人用冷水浸泡受试者肢端，以出现疼痛的时间为低痛阈，以难以耐受的时间为高痛阈）、比例度量法（如直观模拟标尺法，小田博久等将痛觉分为3级和7级来评价痛阈的变化）、诱发电位（Choi等用躯体感觉诱发电位波幅及潜伏期的变化来评价痛阈的变化）、脑电图（Varrassi等证明痛刺激使脑电图θ波增加，针刺使α波增多；堀川隆志等证明获针刺镇痛效果者脑电图慢波频度增加，α波呈弥散状态）、事象关联脑电位（山田富美雄等证明针刺后痛刺激诱发的事象关联脑电位后期阳性成分的振幅明显降低）等。

国外的大部分研究结果，证明针刺具有镇痛效应，明显优于空白对照组，不低于西药镇痛的疗效，不是安慰作用，但受多种因素的影响。包括：(1)个体差异。(2)刺激部位，篠原正明等电针手三里和合谷穴后，印堂及双曲池穴处痛阈明显上升，而双解溪穴痛阈无明显变化。(3)刺激方法，Lundeberg等的研究表明，电针及吗啡均可明显延长镇痛时间，而氦氖或镓砷激光照射则不能；小田博久报道，针刺可升高受试者痛阈，并用TENS后效果增强；尾田广久等报告，SSP镇痛效果优于心电图电极，后者又优于电针；Ponnudurai等证明，(4)Hz激光穴位照射可产生迅速出现、持续时间短的镇痛效应，60Hz产生缓慢出现，持续时间长的镇痛效应，200Hz不产生镇痛效应。

个别实验结果不支持针刺可升高痛阈的结论。小田博久等发现10名健康受试者的痛阈不受激光照射的影响；北出利胜等用冷试验作为痛阈变化的指标研究针刺镇痛，结果针刺后患者阈值下降20%，这与大多数研究结果相矛盾。上述情况表明，针刺具有升高痛阈、缓解疼痛的作用，少量不支持此结论的研究尚不能驳倒该结论。

二、针刺镇痛的传导通路和中枢定位

国外在这方面的研究较少。已有的研究表明，传导针刺镇痛信息的神经纤维包括Aδ纤维、含交感神经纤维的胆碱能运动神经纤维、C纤维、含有与降钙素基因有关的肽类的一级传入神经纤维等；整合针刺镇痛信息的中枢包括脊髓、脑干网状结构、丘脑、基底神经节、边缘系统、大脑皮层等。研究较多的是丘脑（下丘脑）神经核和大脑中央灰质神经元。

Дуринян等观察120个丘脑神经元，其中85个对末梢刺激呈两次放电，85个中有49个属丘脑腹后的内侧核，36个属丘脑中央中核神经元；49个中有14个不受电针影响，35个受影响的神经元中有28个被激活、7个被抑制；36个中有6个不受影响，30个受影响的中有21个被激活、9个被抑制；作者认为，非特异性丘脑神经元对电针刺激的反应特点值得重视。

Michiko等观察电针对大鼠下丘脑弓状核神经元的影响，发现低频刺激后Ⅰ型神经元（自发放电率降低），高频刺激后Ⅱ型神经元明显多于Ⅰ型。

Moyanova用电脉冲刺激猫腓侧神经，发现44.3%的黑质网状神经元增加放电率、41.4%减少放电率、14.3%不变；针刺足三里穴后，86%神经元的改变被逆转或消除。

作者因此认为，部分黑质网状神经元的改变与电针镇痛的效应有关。

浜仲正士等在猫的丘脑腹侧基底核群同时诱发多数神经元自发放电，比较电针和戊苯巴比妥对其影响，结果表明有明显的差异。

Reschetnjak 等证明，电针可改变伤害性刺激诱发的大脑皮层第Ⅱ躯体感觉区神经元活动的状态，使其形成新的功能状态，而对非伤害性刺激诱发的活动状态没有明显的影响。

Решетняк 等人的研究表明，电针对大脑中央灰质神经元有不同的影响，可激活某些神经元、抑制另一些神经元，还有些神经元不受影响。

武重千冬的研究表明，针刺穴位和非穴位点均可产生镇痛作用，非穴位镇痛通路通过导水管周围灰质的外侧部，穴位通过导水管周围中央灰质背侧部，终止于下丘脑弓状核中部。

三、与针刺镇痛有关的神经介质等体液物质

国外在这方面做了较多的工作，研究的重点是内源性阿片类物质，此外也有研究表明5-羟色胺、去甲肾上腺素、胆囊收缩素、乙酰胆碱、组胺、P-物质、γ-氨基丁酸等神经介质与针刺镇痛的效果有关。目前有关催乳素、糖皮质醇、盐皮质醇等体液物质在针刺镇痛中是否具有一定的作用尚无定论。

与大多数研究的结果相反，少数实验的结果不支持内源性阿片类物质与针刺镇痛的机制有关。Chapman 等用电刺激牙髓作为疼痛测定指标，研究电针镇痛机制，在产生镇痛效果后，给受试者注射小剂量纳洛酮，发现无明显影响，因而认为针刺镇痛并非受内啡肽的调节。Hansson 等用 TENS 或振动刺激治疗 28 例拔除阻生第三磨牙术后疼痛的患者，其中 20 例疼痛减轻超过 25%，给这 20 例患者注射小剂量纳洛酮后，仅 1 人疼痛增加，提示 TENS 或振动疗法的镇痛效应不受纳洛酮的影响。Ponnudurai 等给大鼠预先注射 20mg/kg 和 2mg/kg 的纳洛酮，以甩尾试验和热盘法为指标测量疼痛变化，观察在大鼠尾部低电阻点进行激光照射后产生的镇痛效果，结果小剂量纳洛酮不影响镇痛效果，大剂量可部分翻转，这种翻转用甩尾试验无法测出，仅能用热盘法测出，因而认为激光镇痛与内源性阿片类物质无关。Yagudin 等用针刺缓解 17 名受试者的分娩痛，发现分娩开始时受试者血清内啡肽和脑啡肽均增多，针刺后获得最大临床疼痛缓解时，血清内啡肽和脑啡肽开始减少，因而认为针刺镇痛的效应不受血清内啡肽和脑啡肽水平的影响。

虽然有少数研究不支持内源性阿片类物质参与针刺镇痛的调节机制，但是仍可基本确定该类物质虽不是唯一的影响因素，却也是重要的影响因素。这一方面是由于大多数研究均支持上述结论；另一方面也是由于少数不支持此结论的研究主要是从纳洛酮对针刺镇痛的影响上间接推导出来的，而事实上纳洛酮仅能拮抗某些对 μ 受体有亲和力的内源性阿片类物质，针刺却可激活对其他受体有特异性亲和力的阿片配体发挥镇痛作用，因而很难仅凭纳洛酮的影响判断阿片类物质是否参与针刺镇痛的调节。此外，Pomeranz 提出，电针激活内啡肽是建立了一种级连效应，由此继发的电针镇痛效应并不依赖于内啡肽，因而阿片拮抗剂不能影响该效应。此说法还有待证实。

上述情况表明，针刺有升高痛阈、产生镇痛效果的作用，该作用与神经系统有关，可通过多种神经纤维、经传导通路、被多级中枢的多种神经元整合，引起多种神经介质及其他体液物质释放而产生镇痛作用，因而不具有明显的特异性。此结论早在 1985 年以前即已获得，近年的研究仅是进一步充实，无明显进展。文献量无上升倾向，预计今后一两年内很难获得突破性进展。

（崔　蒙）

【国外气功研究近况】

近年来，中国气功在国外逐渐受到重视。目前国外的气功机构组织较多，多为民间性质，主要致力于气功的普及和推广。日本的民间气功团体多达20余个，影响较大的有“日本气功协会”和“关西气功协会”。南朝鲜的身体运动学研究所组建了“韩国气功协会”、新加坡有“太极气功十八式协会”等。“苏联气功协会”在每个加盟共和国都成立了分会。法国的“欧洲气功协会”聘中国卫生部前部长崔月犁为名誉会长。“意大利气功协会”聘中国医疗气功研究会会长高鹤亭为名誉会长。“芬兰气功协会”，1988年成立，在赫尔辛基设两个气功教室。美国也有十数个民间气功团体，如“美西中国保健养生气功研究会”、“美国医学气功研究会”等。国际性的气功团体现有：“世界医学气功协会”（1989年11月成立），会址北京，会刊为《世界气功》。“国际气功科学联合会”于1987年12月成立，研究中心在西安，会刊为《气功与体育》杂志。此外，澳大利亚、印尼、加拿大、委内瑞拉、巴西、瑞典、西德都有个人名义开办的气功机构，如曾来中国学过气功的澳大利亚针灸医生Pam在当地积极推广气功疗法，筹建“气功康复中心”。

气功在国外主要用于治疗一些紧张性的疾病，如高血压、神经衰弱等。日本气功协会多次举办治疗高血压的气功班。据澳大利亚气功学校林织基报导，气功在帮助澳大利亚人克服精神紧张方面，已被认为是一个很有效的方法。美籍针灸医生张连生向当地高血压患者传授大雁功，有一病人练功两个月后，血压即从26.7/16.0下降至18.7/9.33kPa。气功治疗高血压的研究列为中法心血管医生学术交流计划的题目。西德波恩大学开办气功班，解除了参加者的精神紧张症。气功还被用于治疗一些疑难病症。日本带津三敬医院院长带津良一对食道癌术后患者施以气功疗法，取得满意效果。加拿大气功康复院院长周慧用“外气”结合针灸治疗食物过敏症，取得满意疗效。马来西亚陈启森、吴青娥等运用气功疗法，治愈数名血栓症及贲门失弛缓症患者。日本儿童身心医疗研究所对患身心症儿童进行集体气功治疗。美国正在尝试用气功治疗艾滋病。日本福岛市综合医院用气功疗法治疗糖尿病和癌症。

对气功开展研究的只有日本、美国等少数国家的一些研究者，他们大都对生物反馈、瑜伽及特异功能等进行探索。美国哈佛大学的H·本森开展气功治疗癌症的研究。日本大阪医科大学小川德雄检测了“外气”发放时的皮肤血流变化。日本医科大学的藤木健夫利用脑电遥测仪及脑电地形图对“外气”发放时的发功者和受功者的脑电波进行测定。日本筑波大学哲学教授汤浅泰雄从哲学上对气功现象予以概括。法国医生艾利亚德将瑜伽的调息与道教的胎息作了比较。1986年9月及1988年9月在上海召开的第一、二届国际气功研究会，1988年11月在北京召开的首届国际医学气功学术会，1989年9月在西安召开的第二届国际气功会议，1988年11月在日本筑波召开的第一届中日双边气功研讨会，对世界各国的气功科研的发展起到了推动作用。

世界各国还出版了不少气功书籍。如日本翻译出版了中国许多气功著作。日本《尖端科学技术开发年鉴》1988年版首次收入“中国气功”条目。目前有《气功》、《脉脉》等十数种气功内部通信刊物。法国Sand出版社推出了Kuan Hin医生撰写的气功书。美国的《内功》杂志、《中报》、《世界日报》常发表介绍气功的文章。

（李小青）

参考文献

L

李秋贵　日本应用汉方药治疗男性不育症概述　国外医学中医中药分册　(4):16, 1987

李景德　日本研究活血化瘀的动态(之五)　国外医学中医中药分册　(5):12, 1989

日本研究活血化瘀的动态(之四)　国外医学中医中药分册　(1):1, 1989

M

马继兴　《经典医籍版本考》　中医古籍出版社　1987年

S

桑滨生　中日瘀血研究刍议　国外医学中医中药分册　(2):17, 1989

桑滨生等　日本关于瘀血成因的论述　北京中医　(5):46, 1988

Y

佘　娟等　中医药治疗爱滋病的临床观察　中西医结合杂志　(2):71, 1988

あ

安云和四朗　他　1/f节律电针对大鼠幻肢痛模型的影响　全针灸誌　(1):21, 1989

新谷卓弘　驱瘀血剂对全血粘度及血小板花生四烯酸代谢的影响　国外医学中医中药分册　(4):43, 1988

朝海恰等　温经汤与性功能　国外医学中医中药分册　(2):49, 1988

い

入江正　五気の证明法の仮说　漢方の臨床　(1):257, 1989

伊藤正彦等　甘草甜素的抗病毒作用　艾滋病参考资料(二)　中国中医研究院图书情报研究所　1988年8月52页

え

江田昭英　汉方柴朴汤对Ⅳ型变态反应的抑制作用　国外医学中医中药分册　(5):55, 1988

お

小田博久　他　2种电极单独及同时使用低频电刺激时皮肤感觉阈值的上升　全日针灸誌　(1):19, 1989

尾田广久　他　低频电疗对皮肤疼痛的镇痛效应：3种电极的比较　第一届世界针灸学术大会论文摘要汇编　212, 1987

き

北出利胜　他　用针灸治疗前后冷試验的变化观察疼痛阈值　全日针灸誌　(1):153, 1985

间中喜雄　瘀血证的阶段性发展　国外医学中医中药分册　(4):43, 1988

こ

后藤洋一等　甘草甜素制剂治疗艾滋病的效果　艾滋病参考资料(二)　中国中医研究院图书情报研究所　1988年8月56页

さ

篠原正明　他　低频留针引的痛阈变化及其效果　全日针灸誌　(1):20, 1989

近泽幸嗣郎等　根据证型用汉方药治疗女性不孕症的疗效　国外医学中医中药分册　(3):51, 1987

し

真柳誠　现存最古の《金匮要略》——元・邓珍刊本　漢方の臨床　(4):2, 1989

す

小川新　瘀血研究Ⅰ　自然社・東京　1982年94页

大村惠昭　国際電話インタピュー　医道の日本　(3):50, (4):52, (10):72, (11):72, (12):62, 1989

た

竹内亨等　芍药甘草汤降低血中睾酮浓度的基础研究　国外医学中医中药分册　(2):48, 1988

武重千冬　Differentiation of the Acupuncture and Non-Acupuncture Points by Difference of Opioids Involved in Acupuncture and Non-Acupuncture Points Stimulation-Produced Analgesia and Mechanism in Involvement of the Pituitary and Adrenal Glands in Production of These Analgesia. Acupunct Electrother Res. (4):204, 1988

つ

津谷喜一郎　東アジア　伝統医学史年表の試み

漢方の臨床 (2):259, 1989

筒井大八 支气管哮喘的中西医结合治疗 国外医学中医中药分册 (1):12, 1987

て

寺泽捷年 汉方对支气管哮喘的治疗作用 国外医学中医中药分册 (3):15, 1988

瘀血病态的血液学研究 国外医学中医中药分册 (4):43, 1988

と

富岡真 哮喘的汉方疗法 国外医学中医中药分册 (5):50, 1988

鳥居塚和生 当归芍药散对正常人血液粘度和血小板功能的影响 国外医学中医中药分册 (4):42, 1988

な

中田敬吾 哮喘的汉方治疗 国外医学中医中药分册 (1):15, 1987

南谷干夫 甘草甜素抗艾滋病病毒的活性 国外医学中医中药分册 (4):64, 1987

に

二村禧 喘息発作に頓用の芍薬甘草湯の速効 漢方の臨牀 (3):11, 1988

は

羽田雅夫等 小柴胡汤及人参汤对有免疫异常血友病患者的效果 艾滋病参考资料(二) 中国中医研究院图书情报研究所 1988年8月58页

汉方制剂对HIV感染症的有效性 艾滋病参考资料 (2) 中国中医研究院图书情报研究所1988年8月60页

浜仲正士 他 针刺及麻醉药对多重腹侧基底神经元活動の影响 全日针灸誌 36:213, 1986

ふ

福島峰子等 芍药甘草汤治疗高催乳素血症伴排卵障碍的效果 国外医学中医中药分册 (2):18, 1988

芍药甘草汤对于因溴隐亭的副作用而难以给药的高催乳素血症性不孕的疗效 国医论坛(2):54, 1988

芍药甘草汤对高催乳素血症性无排卵大鼠的作用 国外医学中医中药分册 (3):51, 1987

ほ

細野八郎 日本瘀血研究进展 国外医学中医中药分册 (2):12, 1989

堀川隆 他 談談针刺麻醉时的脑电波 全日针灸誌(1):150, 1988

ま

寺师睦宗 不妊·不育症治验1000例を目標に(上) 漢方研究 (4):2, 1988

不妊·不育症治验1000例を目標に(中) 漢方研究 (5):7, 1988

不妊·不育症治验1000例を目標に(下) 漢方研究 (6):14, 1988

松本一男 気管支喘息に四逆散料合半夏厚朴湯 漢方の臨牀 (11):20, 1988

や

矢数道明 リウマチと喘息に薏苡仁湯合桂芍知母湯、及び清肺湯などを併用して 漢方の臨牀(9):16, 1988

バヤドー病と喘息に炙甘草湯合神秘湯エキス末 漢方の臨牀 (11):13, 1988

小青龙汤治疗过敏性鼻炎、咳喘、嗅觉丧失症国外医学中医中药分册 (5):51, 1988

矢数道明 他 気管支喘息と漢方治療 漢方の臨牀(7):10, 1988

山田富美雄 他 作为针刺镇痛指標的事象关联脑电位后期阳性成分 全日针灸誌 (1):154, 1988

针刺镇痛誘发痛关联脑电位后期阳性成分振幅降低 全日针灸誌 (1):129, 1989

C

Choi CR, et al: The effects of acupuncture on the sensory evoked potential response. Neurochirurgia 31:21, 1988

Chapon CR: Pain Measurement: an Overview. Pain 22:1, 1985

H

Hansson P, et al: Influence of Naloxone on Relief of Acute Oro-Facial Pain by Transcutaneous Electrical Nerve Stimulation(TENS)or Vibration. Pain 24:323, 1986

L

Lundeberg T, et al: Acomparative study of the Pain -Relieving Effect of Laser

Treatment and Acupuncture. Acta Physicol Scand 31:161, 1987

M

Michiko H, et al: Rat Hypothalamic Arcuate Neuron Response in Electroacupuncture-induced Analgesia. Brain Res Bull 21:31, 1988

Moyanova S LT: Effect of electroacupuncture on the Responses of Substantia Nigra Neurones to Pain in Cats. Behev Brain Res 20:151, 1986

M. O. Smith：中国医学治疗艾滋病的五年经验 艾滋病参考资料(二) 中国中医研究院图书情报研究所 1988年8月16页.

N

N. Rabinowitz：针刺治疗200例艾滋病患者小结 艾滋病参考资料(二)34页 中国中医研究院图书情报研究所 1988年8月

P

Ponnudurai RN, et al: Laser Photobiostimulation-Induced Hypoalgesia in Rats is not Naloxone Reversible. Acupunct Electrother Res 13 (2/3):109, 1988

Pomeranz B, et al: Electroacupuncture Suppresses a Nociceptive Reflex: Naltrexone Prevents But Dose Not Reverse This Effect. Brain Res 452(1/2):227, 1988

Electroacupuncture Suppression of a Nociceptive Reflex is Potentiated by Two Repeated Electroacupuncture Treatments: The First Opioid Effect Potentiates a Second Non-Opioid Effect. Brain Res 452(1/2):227, 1988

R

Reschetnjak WK, et al: Veränderungen der Beziehungen der Hirnrinde und Unterrinde bei der Reflexanalgesie. DZA 28:43, 1985

R. Smith等 应用中医学治疗艾滋病前驱症状的初步认识 艾滋病参考资料(二) 43页 中国中医研究院图书情报研究所 1988年8月

V

Varrassi G, et al: Bio-electrical Brain Relations of pain and Acupuncture Effects on EEG Spectral Analysis in Healthy Volunteers. Acupunct Electrother Res (11):199, 1986

Y

Yagudin E, et al: Acupuncture during Childbirth, Fetal and Maternal Effects. Akupunke Theorie Praxis (3):203, 1986

Д

Дуриняп PA, et al: Characteristics of Bioelectric Reactions of Neurons of Specific and Nonspecific Nuclei of the Thalamus to Electroacupuncture. Patol Fiziol Eksp Ter (5):35, 1985

Р

Решетняк BK, et al: Bioelectrial Reactions of Neurons of the Central Gray Substance of the Brain in Response to Electroacupuncture. Patol Fiziol Eksp Ter (5):33, 1985

杏林人物

王孝涛

王孝涛

王孝涛，1928年6月15日生，男，汉族，浙江平阳县南湖乡人。三世务医，善长眼科。1951年毕业于浙江医学院药科，分配到中央卫生研究院中国医药研究所从事中药科研工作，1954年调卫生部中医研究院工作至今。现任中国中医研究院中药研究所研究员、研究室主任，兼任中国中医研究院专家委员会委员、卫生部药典委员会委员、中国药学会理事、中华全国中医学会中药学会副主任委员、中药炮制科学研究会会长、《中华本草》编纂委员会常务委员等职，为全国政协第六届、第七届委员。

王氏于50年代开始从事道地药材的研究，在著名本草学和生药学家赵燏黄教授的指导下，参加完成了中药地黄、当归、黄芪、防己等本草学和生药学的研究。60年代转入中药饮片炮制的研究。"中药半夏炮制工艺改进研究"项目获1980年卫生部科技成果乙等奖，《中药炮炙经验集成》一书获1978年卫生部医药卫生科技大会科技成果奖。

王氏系统搜集古今中药饮片炮制的技术资料，主编或编著出版的专著有《中药炮炙经验集成》、《历代中药炮制资料辑要》、《中药饮片炮制述要》、《历代中药炮制法汇典》、《全国中药炮制规范》等，并在多种杂志上发表有关中药和中药炮制论文40多篇。

王氏从事中药科研工作近40年，一贯主张中医药科研工作应该以中医药传统理论为指导，在全面继承传统中医药理论及中药制药技术的基础上，根据中医辨证用药的特点，运用传统和现代科学研究方法对道地药材的品种质量和中药制药的传统工艺进行系统的科学研究，阐明其科学基本原理，改进传统制药工艺技术，促使中药的传统制药技术向工业化、现代化方向迈进，从而丰富和提高中药学学术水平。新近王氏在总结个人经验的基础上，发表了"试论传统和现代科研方法在中药科研工作中的运用"一文，颇受好评。

（中国中医研究院中药研究所供稿）

刘志明

刘志明，1925年生，湖南湘潭人。现任中国中医研究院广安门医院内科主任医师，第六届全国政协委员，中华全国中医学会副会长。

刘氏出身于歧黄世家，十四岁起从师湘潭名医杨香谷先生，五年后悬壶乡里。解放初被推选为湘潭县卫协执委。1953年进北京中医进修学校深造，1956年调中医研究院从事内科工作，至今已三十余年。

刘氏谙熟内经、金匮、伤寒等古典医著，博览历代各家学说，善取众长，继承而不泥古是他的学术思想特点。勤于临证。数十年如一日，使他积累了丰富的经验，对内科杂证如老年病、痹证、鼓胀、发热、中风、胸痹、咳喘等治疗有独到之处，疗效显著。特点是对慢性病的治疗用药平和，善于调理；对急性病的治疗用药不拘一格，有胆有识。他的部分经验已写成论文，发表于国内外有关杂志。有的在国际性学术交流会议上作过交流。他已培养了六名硕士研究生，将自己的经验传授给青年人。

刘氏医风正派，对病人极端负责，深得患者的好评。

（关　玲）

刘志明

刘　弼　臣

刘弼臣，1926年生，汉族，江苏省扬州人。北京中医学院东直门医院教授、主任医师。曾从著名中医学家孙瑾臣先生为师，青年时代私人开业。解放初期，任中医联合诊所所长。1957年调入北京中医学院，历任讲师、儿科教研组组长，北京中医学院院务委员，中华医学会儿科杂志编委常委，《医学百科全书》祖国医学编委，《中医儿科学》分卷副主编，全国中医高等医学院校教材编审委员会编审委员，北京中医学院学术委员，职称评定委员会评委，学位评定委员会评委，中华全国中医学会理事，扬州市中医院名誉院长。

擅长中医儿科，主张运用矛盾对立与统一的观点阐述小儿生理、病理特点及指导诊疗。运用"至高之巅，惟风可行"的理论，治疗小儿脑积水，运用"脾胃学说"的理论，阐发小儿重症肌无力的机理，运用中医温热和湿热学说治疗小儿心肌炎，均收到良好疗效。从事

刘弼臣

中医儿科临床、教学、科研事业40余年，为我国培养出大批的中医师、中医硕士研究生。编著有《中医儿科学》、《简明中医儿科学》等8种著作，约100余万字。撰有"小儿高热辨治"、"小儿病毒性心肌炎中医辨证分型初探"等50余篇论文，约30万字。

（张镐京）

印　会　河

印会河，1923年生，江苏扬州市靖江县人。祖传中医，幼承家学，17岁悬壶江南。后在家乡首创中心联合诊所，任主任。又先后至扬州地区中医进修班及江苏省中医学校进修，结业后留校任中医基础教研室兼金匮教研室负责人。1959年调至北京中医学院工作，先后担任学院内科、金匮教研室负责人，附属医院内科主任，学院温病教研室主任、中医基础教研室主任、学术委员会副主任、学位委员会委员，并担任中华全国中医学会理事。1982年至1984年任中日友好医院第一任副院长，现任该院专家室副主任、学术

印会河

委员会副主任、高级职称晋升委员会副主任，并任北京及辽宁中医学院名誉教授，卫生部高等医药院校中医教材编审委员及中西医结合研究会名誉理事等职。

印氏行医已五十年，医术精，学识广，对临床各科疑难杂证的治疗，俱有独到的经验。主张行医注重实践，继承必剔除糟粕，发扬可融合中西。并大声疾呼中医现代化，曾发表《当今中医必须走向现代化》等文章，引起了强烈反响。曾先后主编《中医学概论》、《金匮要略》教材、《中医内科》教材、《温病教材补充讲义》及全国中医院校《中医基础》三、四、五版教材。1958年参加苏联国际皮肤科学年会，宣读了《中医药治疗脊髓痨疗效观察》的论文，受到好评。1964年潜心研究"外感热病"中的"温热"、"湿热"、"温热夹湿"三大病型，发表论文，就"病邪"与"体质"之间的"从化"问题阐明了其间的传化机理。近年来，潜心于临床"抓主症"的研究，先后发表了《从辨症论治辨病论治到抓主症》等60余篇学术论文。1983年出版了《中医内科新论》一书，主张中医的症与西医的病相结合，把西医的临床诊断纳入中医的"辨证论治"之中，汇成一套简单易行的诊治方法；并提出只要抓住常见病中的一至两、三个主要症状，便能定方、定药，甚至定量地加以治疗，用之多效。

（李荣春）

任 继 学

任继学

任继学，生于1926年，吉林省扶余市新城局乡人。15岁时从师于当地名医宋景峰先生，有定痫一粒珠等秘方传予任氏。1946年投身革命，在扶余三岔河兵站工作，次年加入中国共产党。1948年调扶余十八区卫生所中医科工作，1955年入吉林省中医进修学校学习，毕业后留校任教。1958年赴北京中医学院教学研究班学习，受任应秋等名家熏陶，二年后，返长春中医学院工作，先后从事《伤寒论》、《金匮要略》、《中医内科学》等课程的教学及临床工作。曾任扶余十八区卫生所所长，长春中医学院附属医院内科主任、中医内科教研室主任，中华全国中医学会常务理事、内科分会委员，国家中医药管理局科技评审员，全国中医中风科研攻关组顾问，吉林省中医学会常务理事、内科分会主任委员，长春市中医学会理事长，吉林省药物评审委员会委员，吉林省红十字会委员，吉林省医疗事故评定委员会主任委员，《吉林中医药》副主编，《中医杂志》编审，《中国医药学报》编委，长春中医学院附属医院顾问等职。

任氏强调继承和多学科研究中医。临床诊治注重气化学说，主张先救人、后治病的整体辨证观点。除擅长心、脑、肾病的诊治外，力倡中医诊治急症的研究，对出血性中风、急性热病的研究已达到国内先进水平。

任氏的部分经验整理成《悬壶漫录》一书。经任氏主持研究的有肺宁注射液、益脑复健丸、抑亢丸、延龄长春丹、风寒止咳胶囊、可口滋口服液等新药以及中风病诊疗标准、中医色诊、出血性中风等项课题，其中抑亢丸于1987年获全国第二届发明展览会三等奖，中风诊断疗效评定标准获1988年卫生部二等奖。

（盖国忠　任玺洁）

李　玉　奇

李玉奇

李玉奇，生于1917年，辽宁省铁岭市人。少年之时，相继拜于名医明星垣、丁乙青、姜弼臣先生门下，二十四岁开始悬壶。曾任辽宁中医学院院长、教授、顾问等职。曾被评为卫生部先进个人。

李氏功擅内科，尤精胃疾。70年代初开始研究慢性萎缩性胃炎，首先提出“以痈论治”的观点，并对本病的病因分类和病势演变提出了新的见解，研制出一系列治疗各种类型胃病的新法新药，如“胃福冲剂”，“胃炎Ⅰ、Ⅱ、Ⅲ号”等，取得了临床总有效率93.14%，阶段性总结获省市重大科技成果奖，达到国内同类研究的先进水平。李氏还提出冠心病从虚论治，肾炎从实论治，习惯性流产治气而不治血等观点，验证于临床，屡屡见效。撰写了《中医验方》、《胃脘痛的临床研究》、《望诊的宏观作用》、《脑中风论治》等专著，发表论文近百篇。

李氏坚持在院内应诊，悉心研究胃病诊治规律，为攻克胃癌的发生而努力工作着。

（刘宇新）

周　仲　瑛

周仲瑛

周仲瑛，生于1928年，汉族，江苏如东县人。少随父周筱斋学医。1945年至1947年就读于南通、上海等中医院校。学成悬壶桑梓。1955年考入江苏省中医进修学校，毕业后留江苏省中医院（即南京中医学院附属医院）。曾任内科教研室主任、中医系主任，附属医院副院长。现任南京中医学院院长、教授、主任医师、博士生导师，第七届全国人大代表，中华全国中医学会常务理事及江苏省分会副会长、中医急症研究会主任，并任国务院学位委员会学科评议组（中医）成员、国家教委科技医药卫生学科组组员、卫生部药品审评委员会委员及江苏省药品审评委员会主任委员、高等医药院校中医专业教材编审委员会委员、《中医杂志》编委会委员及特约编审、《江苏中医杂志》编委会常委等职。

周氏先后主编（含副主编）出版《中医内科学》教材、《中医学概论》、《常见病中医临床手册》、《中医内科临证备要》等书。发表论著约50余篇，如《漫谈酸甘化阴法治疗胃脘痛》、《略论肾炎从肺施治》、《以泻下通瘀法治疗流行性出血热少尿期谈蓄血、蓄水与伤阴》、《高血压病的辨治体会》等。

周氏主张西学中用，重视辨证论治诊疗体系。临床长于内科，强调中医内科辨证应以脏腑为核心，重视病机词汇的准确应用，并认为所谓审证求因实为求机，力倡第二病因说（病理因素）；论治既须对应，又重视复合立法；选药则从共性中求个性，讲究配伍关系。临证重视气血，着眼痰瘀。如对高血压病、厥脱的研究，皆以气血立论；对出血热、乙型肝炎常从瘀热辨治；对高脂血症、类风湿性关节炎则以痰瘀痹阻为其施治依据。《滋肾养肝、化痰祛瘀法治疗高脂血症的临床和实验研究》获1989年江苏省科技进步四等奖。《清瘟合剂治疗流行性出血热的临床研究及原理探讨》获1988年江苏省科技进步三等奖。《中医药治疗流行性出血热的临床和实验》获1988年国家中医药管理局中医药科技进步一等奖。

（金妙文）

唐 祖 宣

唐祖宣

唐祖宣，1942年生于河南省邓州市，1958年高小毕业后从师于河南省名中医周连三。1963年经省卫生厅考核合格后出师，在邓州市中医院工作至今。现任邓州市中医院院长，中医主任医师，第七届全国人民代表大会代表，中华全国中医学会河南分会理事，河南省职称评定中医高级评审委员会委员。

唐氏致力于周围血管病的研究，对血栓闭塞性脉管炎、静脉血栓形成、糖尿病性坏疽、老年性坏疽、红斑性肢痛症等病的研究造诣较深。1965年发表《治疗脱疽的经验体会》，认为寒湿内侵，卫阳不固，导致心阳不足、气血运行无力及血脉瘀阻是血栓闭塞性脉管炎的主要病机，用由大剂温阳与活血药物组成的“通脉一号”，治疗，有效率达97.7%，1985年获河南省科技进步一等奖。唐氏认为静脉炎的主要病机，是湿热内郁、气血凝滞，以自拟清热通瘀汤治疗，有效率达95.61%。运用清热解毒和活血化瘀药物配合治疗红斑性肢痛症，经临床300余例患者的观察，全部有效。1988年发表了《中医药治疗33例红斑性肢痛症的微循环变化和临床疗效观察》。还发表《中医药治疗血栓闭塞性脉管炎43例的微循环变化和临床疗效观察》、《中医药治疗32例老年脱疽的微循环变化和临床疗效观察》等论文共55篇。

唐氏八次荣获省、地区科技进步奖，十四次荣获全国、省、地区先进工作者称号。1986年国家科委授予“国家级有突出贡献的中青年专家”称号，1986年、1987年卫生部授予“全国卫生文明先进工作者”称号，河南省总工会授予“五一”劳动奖章，获省职工自学成才奖。1987年河南省委授予“优秀共产党员”称号，1989年获河南省“劳动模范”称号。

（许保华）

耿　鉴　庭

耿鉴庭

耿鉴庭，1915年生，江苏扬州人，专家。出身于中医喉科世家，幼年开始研习文史、考古等知识，后入江苏省医政学院学习，毕业后在故乡行医。解放初期，曾任苏北文物保管会常务委员、扬州师范学院校医。1954年，卫生部筹备成立中医研究院，即调至北京工作。曾任中医研究院图书馆馆长、中医古籍出版社总编辑兼副社长、国家科委预防医学组成员、卫生部医学科学委员会委员、中华全国中医学会常务理事、中华医学会医史学会副主任委员等职。现任中国中医研究院研究员、《中华医史》杂志副总编、北京市人民政府专业顾问。

耿氏对中医理论、医史、医籍流派等有较深入的研究，对目录学、金石学、文物考古等造诣较深。五十年代，曾作为九种中医教材编委会成员，为中医内科学编写了《中医内科发展简史》。中医研究院开院前后，参加接收整理医药文史图书工作，作出了重要贡献。同时与北京图书馆协作，以中医研究院的图书为基础，根据全国近60个图书馆珍藏的中医书籍，编写成《全国中医图书联合目录》，为中医古籍文献的研究整理工作迈出了重要一步。1962年，被调至西苑医院进行中医鼻科、咽喉科的临证工作。1972年夏，参加长沙马王堆汉墓出土文物的研究工作，写成具有较高学术价值的《长沙轪侯家墓出土的植物与药物及其有关问题》等长篇学术论文。

耿氏几十年来从事中医科研、教学与医疗工作，均有一定建树。长于医治危急重症，对耳鼻咽喉科疾病的诊疗，多采用清热解毒、理气、活血、通窍等法，疗效显著。著有《喉科正宗》、《中医中药防治鼻病》、《重订本草徵要》、《重订石室秘录》等专著，并先后在国内外重要杂志上发表论文二百余篇。同时还先后培养了数十名研究生。

（中国中医研究院）

高　辉　远

高辉远

高辉远，1922年生，湖北蕲春县人。出身于中医世家，幼承家学，18岁独立行医，迄今五十年。解放后，参加过地、省及北京三次学习，以优异成绩结业，荣获留任。1954年参加中医研究院的筹备暨医疗科研工作。1958年在周总理关怀下，受业于当代杰出中医学家蒲辅周先生门下，长达17年之久，深邃蒲氏学术精髓，继承和发展其医疗思想。他长于中医内、妇、儿科，尤精于温热病和老年病学。曾任中国中医研究院高干外宾治疗室副主任，解放军三〇五医院医疗研究室副主任和中医科主任，兼中国中医研究院研究生部客座教授，北京中医学院名誉教授，中华全国中医学会副会长，中医老年医学会主任委员，中国中西医结合研究会常务理事，解放军中医学会副会长，国家科学委员会中医专业组委员，卫生部科学委员会委员，《中医杂志》、《中医药学报》、《中西医结合杂志》编委和编委会副主任。

高氏数十年来，重视理论，坚持临床，致力于常见病与疑难病的研究，有较深的理论素养和丰富的医疗经验，特别是对老年病的预防保健卓有建树，是医术精湛的保健专家，在国内有较高的威望。在临床中他强调“整体”，精于“辨证”，勤求古训，博采众方，以“辨证准，立法严，用药轻，效果灵”而著称。在妇科病的诊疗过程中，归纳为三点体会：(1) 妇科以调理气血为主，(2) 舒肝和脾是治疗妇科的重要环节，(3) 妇人杂病仍以辨证论治为根本原则。对儿科的治疗也有独到经验，特别强调对小儿肌体特点辨证施治，所以治疗小儿疾病做到既得其体又尽其用，不愧为儿科名家。根据数十年的临床经验，认为对中医的治疗八法“汗、吐、下、和、温、清、消、补”均需掌握分寸，太过或不及皆能伤正。他总结的“汗而勿伤，下而勿损，温而勿燥，寒而勿凝，消而勿伐，补而勿滞，和而勿流，吐而勿缓”，使中医的八法十剂更臻完善。从50年代起，他对肿瘤的防治也提出了自己的见解，根据“瘤者留也”的观点，应用“留者引之，瘤者平之”的治则，十分重视发挥人体的自身去病能力，多采用“扶正固本”的方法，使患者不仅减轻了痛苦，而且延长了寿命。从1958年参加保健工作以来，先后对老年慢性支气管炎、糖尿病、心肾疾病进行了重点研究，大量的临床实践使他对老年人的生理、病理、老年病的防治规律，有了较深刻的体会和心得。他总结为四时有序、饮食有节、起居有时和劳逸适度四条原则。他编写的《蒲辅周医案》、《蒲辅周医疗经验》、《中医对几种传染病的辨证论治》等书及有关流脑、小儿肺炎、老年慢性支气管炎、冠心病、肺心病、糖尿病、肾脏疾病等科研学术文章，具有很高的学术水平。

（潘筱秦）

盛国荣

盛国荣

盛国荣，1913年出生，福建南安县人。出身于八代世医之家，16岁行医，擅长内妇科和疑难病诊治。1947年任厦门市中医师公会理事长。解放后历任厦门中医研究社社长，中医研究班主任，厦门市中医进修班及省中医进修班主任和教师，厦门市第一医院中医科主任，福建中医学院基础教研组主任，福建医科大学中医基础教研组主任，福建中医学院副院长，中国大百科全书中医内科编委；现任福建中医学院教授，厦门大学海外函授学院名誉院长，兼职教授，新加坡同济医药研究院客座教授。历任福建省和厦门市人民代表、政协委员、省人大常委，第五、六届全国政协委员。在60年代，盛氏运用五运六气学说，结合物候用药特点，治疗流行性乙型脑炎，获得满意疗效。根据多年临床经验，对“痹证”、“冠心病”诊疗经验，已输入电脑。盛氏从医执教六十多年，积累了丰富的学识和临床经验。专著有《中医基础学》（合编）、《内经要略》、《伤寒论浅释》、《盛国荣医学论文集》、《茶叶与健康》、《饮茶养生》、《温病要义》。在国内外发表论文100余篇。

（福建中医学院）

程莘农

程莘农

程莘农，生于1921年8月，江苏淮阴人。1930年随父攻读中医，并承淮阴名中医、内妇科专家陆慕韩先生传授。弱冠悬壶，力学不辍。1947年取得中医师合格证书。解放初期先后在江苏清江市中西医进修班、江苏省中医进修学校（南京中医学院的前身）深造。毕业后留校担任针灸教研组组长。1957年调任北京中医学院针灸教研组组长，主任医师。现任中国中医研究院针灸研究所主任医师、教授，中国北京国际针灸培训中心副主任，第六、七届全国政协委员，中国针灸学会副会长，北京市中医学会顾问，国务院学位委员会医学评议组成员，中国中医研究院专家委员会委员、学位委员会委员等职。

程氏数十年如一日，勤于临证，博览古籍，兼采众长，在针灸临床和教学方面积累了丰富的经验，学术造诣颇深。他精研针灸医术，尤其对《灵枢》、《难经》颇有研究，著有《难经语译》（初稿）、《难经概述》等著作，并参加全国针灸统编教材的编审工作，主编了《简明针灸学》、《中国针灸学》等教材。

治学严谨，一丝不苟，乃程氏一贯作风。他认为中医针灸学是从大量临床实践中逐渐形成的，应源流并重，更需要立足于临床，才能有所发扬。他强调辨证论治，因人择法，在取穴、手法等方面有自己的学术见解。他用针灸治疗内外妇儿各科常见病和一些疑难病症，如半身不遂，三叉神经痛，面神经麻痹，坐骨神经痛，高血压等病症，都有较理想的疗效，深受患者的欢迎。

程氏自1975年以来，主要从事国际针灸教学，并担任国际针灸教学的主要负责人。十余年来，为几十个国家，培训了一千余名国外针灸学员。由于他的理论联系实际的教学方法深受国外学员的欢迎，先后受邀前往日本、加拿大、印度、菲律宾等国考察和讲学，他在日本大阪针灸师会上宣读了论文“交经八穴交合问题的探讨”，引起了到会针灸师的重视和关注。1983年被授予加拿大传统医学院名誉教授，1984年被聘为墨西哥针灸学会名誉常务理事等职。程氏是国内、外具有较大影响的针灸专家。

（郑其伟）

焦树德

焦树德，1922年5月生，河北省辛集市人。早年向外祖父学习中医，1941年在原籍开业行医，1946年经冀中卫生局考试审查合格，发给医师证书。1950年悬壶于北京市，同年经中央卫生部高级医师考试及格，于1951年冬参加国家工作，任北京市立第二医院内科医师。1955年冬，参加中央卫生部举办的西医学习中医研究班．学习近三年，毕业时获银质奖章。1958年秋，分配到北京中医学院工作，历任内科教研室副主任、副教授、教授，附属医院内科副主任、副主任医师、主任医师，以及学院学位评定委员会委员、

焦树德

研究生毕业论文答辩委员会主任委员等职。培养了三届研究生。1984年调到中日友好医院任中医内科副主任，筹备开院。现任该院专家室副主任、中医教授、主任医师、学术委员会委员、高级职称审评委员会委员，国家科技进步奖审评委员会委员，卫生部药典委员会委员、新药审评委员会委员，国家中医药局科技进步奖审评委员会委员，中华全国中医学会常务理事，内科学会副主任，中国民间中医药研究开发协会理事、北京中医药研究促进会理事，中国药材公司技术经济顾问委员会顾问，河北省辛集市中医院名誉院长等职。1986年获卫生部“全国卫生文明先进工作者”称号。

擅治内科疑难重病，对肝、胆、泌尿系结石，萎缩性胃炎、溃疡(胃脘痛)、冠心病、心肌炎、心绞痛、中风（急性脑血管病)、再障、出血性疾病、神经衰弱及咳嗽、哮喘等，均有丰富的临床经验，疗效显著。在学术上强调中医理论对临床实践的指导作用，特别重视辨证论治的运用。主张用整体观、变动制化思想去分析观察疾病，要求理、法、方药清楚，丝丝入扣。如对咳嗽的辨治，提出宣、降、清、温、补、润、收七法，巧妙配合，变化无穷。对中医科研，提倡具有中医特色的创新，主张积极吸收现代科研成果，促进中医药学发展。如对具有关节变形、骨质受损、肢体僵屈的痹病，创议了“尪痹”这一新的病名，并提出初步诊治规律。全国中医学会内科学会组织27个省市科研单位进行了临床研究，并与药厂合作创制了“尪痹冲剂”，畅销国内外，促进了痹病学术研究。

曾主编《简明中医内科学·下卷》、《痹病论治学》等书和《橘杏春秋》医刊，参加全国中医学院试用教材《内科学》、《中国医学百科全书·中医基础理论》、《中医证候鉴别诊断学》、《中医内儿科》等书的编写。《用药心得十讲》、《从病例谈辨证论治》二书获人民卫生出版社优秀作品奖。还发表《治咳七法》等论文50余篇。曾多次应邀赴日本、美国讲学，被聘为日本中医学研究会名誉会长和美国加州医师公会中国医学研究院技术顾问等职。

（中日友好医院）

楼 百 层

楼百层，1913年生于浙江省诸暨县。1935年毕业于浙江中医专门学校后，行医于故乡，1947年迁至杭州开业。解放后，倾力研探针灸。1956年春应聘参加浙江省中医药研究所筹建工作。历任浙江省中医药研究所针灸研究室主任、研究员、学术委员会委员，浙江省针灸学会主任，全国针灸学会委员，全国中医学会浙江分会常务理事。现任浙江省针灸学会顾问，全国中医学会浙江分会顾问，全国刺法灸法研究会顾问，诸暨县中医院名誉院长等职。

楼氏对各种针刺手法颇有创建。认为针灸疗法是在经络学说基础上，以虚实为纲，补泻为法的辨证施治过程。熟谙定穴位置、针尖方向和针刺深度，是掌握针刺感传、气至病所的三大要领。在取用躯干部脏腑体表穴位时，强调提插补泻法，重在调整营卫、内外、阴阳之气；取四肢部穴位时，则多用捻转补泻法，以通调经脉气血；对虚实不太显著或虚实兼有的病症，以及机体一时性气血紊

楼百层

乱所致的疾病，以平补平泻法诱导邪气外出，导引正气恢复。1980年，与浙江省计算技术研究所合作，将针灸经验转入电脑，应用于临床，获1981年浙江省优秀科技成果奖。1985年赴澳大利亚讲学，被授予澳大利亚自然疗法协会名誉会员称号。兼任浙江省国际针灸班负责人，为国内外培养了许多针灸专业人材。发表学术论文30余篇，著有《针灸疗法》、《针灸手法》、《神经官能症的辨证论治》、《针灸防治精神分裂症》等书。

（楼星煌）

路 志 正

路志正

路志正，1921年生，河北省藁城县人。出身于中医世家。现任全国政协委员、中华人民共和国药典委员会委员、卫生部药品审评委员会委员、中华全国中医内科学会副主任委员、北京中医学会副理事长、北京老年康复医学研究会副会长、中国中医研究院主任医师、北京中医学院名誉教授等职。

路氏幼承家传，继而从师，并就读于私立中医专科学校。精通中医典籍，遵古不泥，学兼各家，博采众长。从医五十年，大胆探索，勤于实践，擅长中医内科、针灸，对妇、儿科亦很有造诣。喜针药并用，汤丸兼投，内外合治，重视食疗及养生导引等综合疗法。辨证论治，机圆法活，用药轻灵，不拘一格。对眩晕、胸痹心痛、多种消化道疾病、甲亢和甲状腺瘤、白塞氏病、干燥综合征、妇科经带胎产及不孕等疑难杂病，均有独到见解和丰富经验。

曾参加编辑《中医临床资料汇编》、《中国针灸学概要》、《中华人民共和国药典》、《中国医学百科全书·中医内科学》等专著，主编《中医内科急症》、《路志正医林集腋》等著作，并在全国中医学术刊物上先后发表论文50余篇。曾多次到泰国、菲律宾进行医疗和学术交流，受到国内外人士的高度赞誉。1978年以来，培养研究生多名，使其学术经验得到继承。

（关　玲）

戴 玉 勤

戴玉勤，1931年生于江苏省溧阳县，现任宁夏医学院附属医院中医科副主任、副主任医师，中国针灸学会理事，宁夏中医学会副会长，宁夏针灸学会副会长，宁夏回族自治区第四、第五届政协委员。

戴氏于1951年到北京中医研究院针灸研究所学习，1957年赴苏联为苏联领导人治病。1958年参加中医研究院第二期西学中研究班，毕业后在北京中医研究院针灸研究所就职。1961年响应党的号召，支援祖国大

戴玉勤

西北建设，举家迁往宁夏，到自治区人民医院工作（1973年该院改为宁夏医学院附属医院）。1983至1985年曾参加中国援贝宁人民共和国医疗队，受到贝宁人民、政府官员以及各驻贝宁使馆官员的高度赞扬。

戴氏善长治疗妇女不孕，男子阳萎、早泄等症，对慢性胃炎、溃疡病、神经官能症、胃下垂等病的治疗也独具匠心。他擅长针刺手法，强调"气至病所"，对不同穴位的针感传导都得心应手，深得全国针灸同道的称赞。

戴氏长期从事针灸学的教学和科研工作，《针麻甲状腺手术临床研究》获卫生部科技成果甲级奖和国家科技进步二等奖。《针麻输卵管腹式绝育手术的临床研究》获全国中医药重大科技成果乙级奖。

（宁夏医学院附属医院）

资　料

一、1989年中医药界纪事

【工作会议】

△普及县级中医医院计划工作座谈会　由国家中医药管理局主持于2月27日在北京召开。会议对"七五"头三年全国中医机构人员发展情况作了总结，为在1990年基本实现县县有中医医院的目标和中医中等学校的建设任务，会议要各地中医主管部门在今明两年，结合实际情况，明确任务，落实措施，加强管理，深化改革，争取早日实现"七五"规划目标。

△全国中医药科技优势论证会　于3月15日至19日在广西南宁市召开。来自全国25个科研院所、中医学院、中药行业的50名专家、学者参加了论证会。会议期间，代表们就我国中医药科技优势的具体表现、目前中医药科技的主攻方向和重点，为充分发挥中医药科技优势应采取的必要措施等问题进行了论证。并对"八五"期间中医药科研的重点和主攻方向进行了研讨。

△全国中西医结合教育体系学术研讨会　于4月17日至20日在石家庄市召开。全国42人代表出席了会议。会议回顾了我国中西医结合走过的历程，畅谈了中西医结合在基础理论和临床研究所取得的成绩，并就中西医结合合理体系、教育体系以及中西结合研究方向等问题进行了讨论。与会代表还参观了我国第一所民办的中西结合医院——河北中西医结合医院。

△1989年度全国中医药科技进步奖初审会议　4月下旬在长沙召开。出席会议专家25人，国家中医药管理科技司司长刘维栋、成果处副处长李大宁同志主持会议。会议圆满地完成了预定任务。

△中国针灸学会全国秘书长工作会议　于5月5日至9日在北京召开。全国38名代表参加了会议，国家中医药管理局、中国针灸学会等有关方面负责人出席了会议。会议主要内容是：总结1988年工作和安排1989年工作计划；关于发展会员和会员管理问题；在新形势下如何搞好学会工作改革；评选出陕西等9个先进针灸学会及23名针灸学会优秀干部；发放会员证。

△全国中医药工作会议　7月20日至24日在哈尔滨召开。参加会议有各省、市、自治区政府秘书长、卫生厅（局）长、中医管理局局长、药材公司经理以及国家有关部委的领导共300余人。卫生部副部长兼国家中医药管理局局长胡熙明在会上作了题为《治理整顿、深化改革、推动中医中药事业的同步发展和振兴》的报告。国务院副秘书长刘忠德、卫生部部长陈敏章分别作了书面发言和讲话。与会代表认真学习讨论了国务院《关于解决中医药有关问题的会议纪要》和上述有关领导的报告和讲话，并对有关中医药行业治理整顿和加强管理的三个文件进行讨论修改。

△全国中药材资源普查数据资料审定会　8月5日在天津结束，会议审定了全国中药材资源普查数据资料和《中国药材资源地图集》初稿。这次全国中药材资源普查工作是遵照1982年国务院常务会议关于"对全国中药资源进行系统调查研究，制订发展规划"的决定进行的。经过五年多的普查，基本上查清了全国药材资源的分布、蕴藏及利用现状，为搞好中药材的开发利用，提供资源，积极地有计划地发展药材生产等提供了科学依据。

△全国中医药中专教育研究会成立大会与经验交流会　8月14日至19日在北京召开。全国21个省市30个中医中专学校的代

表参加了会议。会议的主要议题是：成立“全国中医药中专教育研究会”；讨论制定中医、中药两个专业的建设标准；交流有关中医药中专教育的办校方向、深化教育改革以及开办中医护士专业教育的经验。

△全国首届民族医医院工作会议　于9月底在乌鲁木齐圆满结束，历时5天。国家中医药管理局医政司副司长张宏贵同志主持，詹文涛司长作工作报告。与会代表就工作报告、加强民族医医院建设及民族医医院分级管理等问题进行了讨论，提出了对有关报告的修改意见及一些具体措施。与此同时代表们还交流了工作经验。

△中国中西医结合研究会第三届全国会员代表会议　10月22日至25日在京召开，全国210名代表出席会议。会议总结了近年来中西医结合学术研究工作，选出了第三届理事会成员，吴咸中为新任理事长、田景福等为副理事长。

△全国农村中医工作暨县级中医医院管理研讨会　10月22日在山西临汾召开。这次研讨会是第一次专门研究农村中医工作的会议。与会代表认为：农村是中医的发源地，中医医疗的最大市场，振兴中医，亟待把建立县、乡、村三级中医医疗网提到议事日程，满足八亿农民对中医中药的需要。

△全国第二届中医药科技情报工作会议　11月13日至18日在兰州市甘肃中医学院召开。会议贯彻了全国第二次中医局长会议和科委情报工作会议的有关精神，认为振兴中医要靠科技发展，而科技发展又以情报为先导，建议情报工作在收集、报道、保密等方面要建立法规保障。会议还宣布了1990年度工作计划。

△全国中医继续教育研讨会　11月13日在成都召开。全国13所中医学院和11个省（市）中医管理局（处）以及其他方面的代表41人出席了会议。会议的主要议题是：从理论上对中医继续教育的性质、作用和地位进行研讨；提高对中医继续教育重要性和必要性的认识；从实践中寻求建立和完善中医继续教育制度的可行途径与方法。会议期间修改了《中医继续教育条例》，做好中医继续教育的立法准备工作。

△全国中西医结合医院工作会议　11月22日至25日在天津召开。出席会议90余人，卫生部副部长兼国家中医药管理局局长胡熙明同志作了题为《加强机构建设，促进学术发展，为建设具有中西医结合特色的医院而奋斗》的工作报告。会议重点讨论和修改了《关于中西医结合医院工作若干问题的规定》和《全国中西医结合医院建设、检查标准》。

△全国中药经理计划会议　11月27日在成都召开。在这次会议上，各省、市、自治区、计划单列市药材公司的经理和有关人员全面检查了今年中药行业生产、经营计划完成情况。认真分析形势，交流经验，研究制定1990年的中药工作计划，并把总公司的计划与各地药材公司的计划作了衔接。会议还讨论了有关文件的草案。

△全国中医药士专业建设标准审定会　12月6日至9日在昆明市召开，共20人参加会议。会议讨论和修订了《全国中医（药）士专业建设标准》。

△京津沪三市中药信息联合协会二届二次会议　于3月13日至15日在北京召开，参加会议代表共20余位。会议采取大会与分组相结合的办法对三市的公费医疗制度改革情况；各自的计算机应用情况；中药饮片产值的计算方法及进一步完善三市的信息交换资料等进行计划信息交流。

△江苏省中药工作会议　4月14日至16日在南京召开。会议期间，无锡等16个单位和个人介绍了经验，学习了江苏省人民政府“关于治理整顿医药市场秩序的意见”，并为南京17个药材生产收购先进集体、43位药材生产收购先进个人发了奖。

△浙江省综合医院、专科医院中医药工作座谈会　4月20日至22日在绍兴市召开，参加会议近60人。省卫生厅副厅长王绪鳌，省中医管理局正、副局长于诗俊、王坤根在会上作了讲话。与会代表对加强综合医院、专科医院中医药工作意见进行了讨论。

△吉林省中医医院深化改革研讨会　于5月30日至6月1日在辽源市召开，参加会议代表85名。省卫生厅副厅长鲁安平同志作了深化卫生改革、推动中医医院发展的重要讲话。会议就近几年来省中医工作的改革所取得的成绩及出现的问题进行了总结。

△全国中医药图书情报工作委员会中南分会第二次会议　于6月6日在广州中医学院举行。会议材料表明：该大区近两年中医药图书情报工作基本条件有所改善，教育和情报职能作用较好发挥，网路建设得到加强，信息交流活跃。

△中国中西医结合研究会海南省分会第一届专业委员会工作会议　6月14日在海南省人民医院召开。会议传达了省科协有关会议精神，讨论了各专业委员会分工组织等工作问题，研究了临床治疗基地、组织科研协作、培养中西医结合青年技术人员，以及筹备年会，征集、评选学术论文等问题。

△北京市中医工作座谈会　8月21日至23日召开。会议讨论和制定了治理整顿，深化改革，加强中医医、教、研工作的配套措施。

△四川省中医工作座谈会　8月29日至9月1日在成都召开。全省21个地、市、州负责中医工作的领导同志及省中研院、成都中医学院等有关同志参加了会议。卫生厅副厅长兼省中医局局长邓明仲同志对四川省当前中医工作重点作了坚持不懈地加强中医机构的内涵建设，把发展中医学术作为一项根本任务来抓，在治理整顿中进一步深化改革三点重要指示。

△四川省名老中医学术思想临床诊治经验总结研究第三次协作会暨四川省民间中草药单、验、秘方总结研究第一次工作会议　于10月6日至8日在成都召开。会议总结了两个课题前阶段的工作；交流了工作经验；研究布置了今后的工作。会议表明：已顺利完成了对全省233位老中医共293个专题的经验收集整理工作，其中4项专题，已例入四川省科委1989年度重点攻关课题。“四川省民间中草药单、验、秘方总结研究”从1986年开始以来，共收集单、验、秘方10,442个，已从中篩选出44方进行首批临床验证。

△云南省中医工作会议　11月7日至10日在昆明召开。会议总结1986年云南省振兴中医中药工作会议以来云南中医事业的发展，研究当前中医工作中亟待解决的问题，布置1989、1990年两年的中医工作。

△江西省中医工作会议　11月8日至10日在南昌召开。会议就全省的中医药工作进行了回顾和展望，并确定了1990年江西省中医工作重点。

【学术会议】

△“中药资源学”学术讨论会　于3月15日至18日在南京召开。国家中医药局及中国药材公司派员参加了会议并给予指导。全国30名代表出席了会议。12位代表在会上发了言，他们从“中药资源学”的定义、范围、任务、产生的社会背景和中药资源的现状、开发层次、合理利用原则及科学管理等方面进行了论述。代表们就以上内容进行了热烈的讨论。

△全国针刺麻醉与针刺镇痛学术讨论会　3月27日至29日在上海召开。全国222名代表以及国外10名代表出席。会议交流论文238篇。代表们还参观了上海有关单位的针刺麻醉手术。会议内容丰富，学术水平较高，基本反映了我国针刺麻醉、针刺镇痛研究现状和主要学术成就。

△全国第二届中医男性病学术交流会暨全国中医男性学专业委员会成立　于4月15

日至4月18日在河北省唐山市召开。全国189名代表出席了会议，收到论文260余篇。北京王琦、党连凯关于中药提高人类精子质量的研究报告，指出中药能改变病理性精子膜的结构，这在国内外尚属首次。会上通过了中华全国中医学会外科学会首届男性学专业委员会成员名单。新当选的男性专业委员会主任委员金之刚教授作了总结报告。

△全国现代医学暨中西医结合研究学术会议　4月16日至19日在上党古城召开。全国著名医学专家及《实用中西医结合杂志》编委以及全国各地的代表出席了会议。会议总结了我国30年中西医结合研究成果，并就促进中西医学在高层次的结合、中西医结合国际化及开展协作研究和中西医结合教材编写工作等内容进行了讨论和研究。

△中华全国中医老年医学会肾虚证临床研究学组成立暨学术交流会　4月17日至19日在河北廊坊市召开。出席会议代表71人，收到论文86篇，内容涉及理论探讨、临床观察、实验研究、肾虚证的食疗及各地老中医的经验等。反映了有关肾虚证研究在总体水平上有新的提高。会上代表们对吕仁和教授提出的《肾虚证临床研究症状积分辨证参考标准》(草案)进行了讨论并提出修订意见。

△全国中药新剂型评价学术会议　于5月5日至8日在天津召开。与会的专家、学者共140多人。会议的议题集中在膜剂、滴丸及透皮吸收三个方面。大会宣读及分组交流讨论的学术论文共80余篇。

△中国中西医结合研究会管理专业委员会第二届全国学术讨论会　于5月16日至20日在武汉市召开。全国80余名代表参加了会议。收到论文69篇，论文分别讨论了中西医结合医院建设、领导班子素质、医师队伍结构、人才培养、科研管理、病区标准化及实验室建设等内容。

△全国首届计算中药学研讨会　6月27日在郑州召开。参加会议代表30余名，收到论文30余篇。与会代表认为鉴于计算中药学取得的成果，它的方法和理论已经初步形成，需要把这些成果用于临床，通过实践验证。代表一致赞成把明年的计算中药学研究会改名为“首届数理中医学研讨会”。

△孙思邈医德思想研讨会　于7月8日至10日在陕西省耀县召开。参加会议专家、学者200多名。收到论文200余篇，评选出大会交流论文45篇，书面交流154篇，其中110篇论文的全文或摘要被收集到论文集中。这些论文从不同角度，不同方面较系统地阐述了孙思邈医德思想的内容和特点，肯定了学习孙思邈医德思想的历史意义和现实意义。

△中国中西医结合研究会眼科专业委员会首届外眼病学术交流会　8月3日至6日在哈尔滨召开。出席会议代表120名，收到论文213篇，其中大会交流24篇。大会着重对单纯疱疹性角膜炎等眼病的诊断、复发诱因、中药外用、口服及与西药配合应用等问题进行了专题讨论；制定了单纯疱疹性角膜炎的诊断及疗效标准、中医辨证分型标准及中西医治疗方案，为今后科研、医疗、教学提供了统一的依据。

△全国中医药中专教育研究会成立与经验交流会　8月14日至19日在北京举行。全国21个省市30个中药中专学校的代表参加了会议。会议的主要议题是：成立全国中医药中专教育研究会；讨论制定中医中药两个专业的建设标准，交流有关中医药中专教育的办校方向、深化教育改革以及开办中医护士专业教育的经验。

△中医药方法研究学术讨论会　8月22日至25日在贵阳举行。22个省、区、市的68名代表出席了会议。会议收到论文141篇。与会代表一致认为，中医药的振兴、发展、方法研究是一个十分重要的方面，需要给予极大的关注。

△全国首届老龄气功专题研讨会　9月1

日在西安召开。大会收到论文100余篇。全国近百名著名气功师参加。会上作了气功带功报告，并进行了中华气功的神奇表演。出席大会的还有前来观摩学习的美国、日本、联邦德国和泰国等10个国家和地区的500名代表。

△纪念承淡安先生诞辰九十周年暨国际针灸学术研讨会　9月13日至15日在江苏省江阴市隆重召开。中国针灸学会副会长王雪苔和江苏省、江阴市的有关领导及应邀前来的国内外学者和承门弟子，共100余人参加了会议。会议高度赞扬了承先生在发展针灸事业上的巨大功绩。会议期间国内外学者还就针灸临床治疗和实验研究的成果，进行了国际性学术交流，计有16篇佳作汇编成册。同时，制成二座承淡安先生汉白玉雕像，分别置江阴市中医院和南京中医学院。

△全国首届基层中药学术研讨会　于10月1日至6日在安徽省黄山市召开。与会代表166人。大会收到论文187篇，大会交流14篇。论文内容反映了基层中药工作各领域的成果和经验。

△全国王清任学术思想研讨会　于10月8日至10日在王氏家乡河北省玉田县召开。全国87名代表参加了会议，征集论文100余篇，会上分别交流60余篇。论文内容涉及王清任考略、王氏学术思想、学术成就及国内应用逐瘀汤的研究成果。

△首届全国中医各家学说专题学术会议　10月10日至13日在北京举行。全国24个省市自治区180余名代表出席了会议。会议交流论文130余篇，从不同角度对我国前贤医家的学术理论和经验进行了探讨。

△全国中医内科学会痹病脾胃专业委员会成立暨第五次学术讨论会　于10月10日至14日在江西庐山召开。全国约130名代表出席了会议，收到论文240篇，交流60多篇。交流的论文质量较前明显提高。大会还分别选举产生了全国痹病专业委员会和全国脾胃病专业委员会。

△全国首届中医皮肤病学术交流会　10月16日至20日在唐山市召开。全国200余名代表参加会议。会议收到论文200余篇，其中70篇论文进行了大会交流。与会者对银屑病、结缔组织病等皮肤病，从理论、方剂、药物等方面进行了比较深入的交流探讨。

△中华全国中医学会首届内病外治学术交流会　于10月31日至11月2日在江苏省南通市召开。来自全国各地及解放军的代表共140人出席。会议共收到论文191篇。会议期间，代表们对内病外治的理论研究、临床应用、剂型改革及未来发展方向等进行了探讨。

△首届全国青年中西医结合学术研讨会　11月1日至5日在安徽黄山市召开。全国各省市140名代表出席了会议。收到论文268篇，从中选出一等奖1篇，二等奖7篇，三等奖24篇。大部分论文思路新颖，科学性强。这次会议是对我国中、青年中西结合工作队伍的一次检阅，从中发现了较多的人才，展示了中西医结合事业的广阔前景。

△首届全国中医治疗甲状腺病学术会议　11月9日至11日在南京召开，交流论文24篇。会议期间，南京医学院张忠邦教授作了专题学术报告。

△全国首届中医美容学术交流会　11月14日至17日在南京召开。全国108名代表出席会议。大会收到69篇包括理论性、实验研究性、临床经验总结以及中药美容剂等论文，开展大会发言、答疑、小组讨论、现场操作等多种方法交流活动。会议期间，还成立了中华全国中医学会外科学会医疗美容专业委员会。

△首次全国中医护理技术交流会　11月15日在郑州召开。参加会议的有来自全国25个省、市、自治区的代表120多名。中华全国学会学术部及国家中医药管理局、河南省中医管理局有关同志参加了会议。

△全国中医第二次乳腺病学术会议　12月5日至9日在上海召开，到会代表120余人。收到论文74篇。会议围绕乳腺增生病、急性乳腺炎、乳痛症、乳头溢血症、乳头内陷等的中医治疗经验进行交流，并对乳腺病的诊断和疗效标准作了讨论。

△首届中医药现代化科研思路与方法研讨会　12月2日至5日在湖南长沙市召开。来自北京、湖南、湖北、江西、河南等十几个省市的100多名代表参加了会议。会议共收到临床各科、教学、基础理论等各方面的论文100多篇。与会者从各自不同的专业对中医药以往的科学研究经验，目前的中医药科研的状况及今后的中医药发展的方向及方法等进行了总结、评价及探讨。

△全国首次回族医药学术讨论会　12月11日至13日在西安召开。全国8个省、市从事伊斯兰教协会工作的负责同志及专家学者115人参加了会议。会议交流学术论文85篇，内容涉及对回族医药史的研究、基础研究、临床经验报道。单验方介绍等，内容广泛丰富，集中了回族医药学的精华。

△云南省首届中青年中医学术交流会　于1月10日至12日在昆明召开。收到全省各地应征论文133篇。采取双盲法的方式，所有应征论文经过专家、教授严格评审，评选出32篇优秀论文，并向优秀论文获奖作者颁发了奖金和获奖证书。

△海峡两岸中医药研究讨论会　4月11日在福建中医学院举行。以台湾中国医药学院魏开瑜教授为名誉团长，黄民德先生为团长的台北市中医师公会赴大陆研讨参观团一行39人与福建中医学院及其附属单位专家、教授150多人共同探讨了中医药学术。大会收到论文78篇，其中台湾30篇。会议由福建中医学院张安桢院长和黄民德团长共同主持。福建中医学院还聘请魏开瑜先生为名誉教授，黄民德、陈钦铭为该院中医药国际培训中心客座教授，林良藩为该中心顾问。

△中国中西医结合研究会辽宁分会皮肤性病专业委员会成立大会暨第一次学术会议　4月27日至29日在沈阳市召开。出席会议代表68名，交流学术论文48篇，其涉及内容广泛，具有一定深度，较为全面总结了这一学科领域内基础理论以及临床应用方面的研究成果。大会选举出专业委员会委员19名。

△中西医结合研究会陕西分会眼科专业委员会成立暨首届学术交流会　5月9日至11日在宝鸡市召开、参加会议代表40名，收到论文29篇，反映了陕西省近年来中西医结合在眼科方面的学术水平和研究进展情况。大会选举了主任委员和副主任委员，讨论确定了今后的工作计划。

△陕西省首届中医肿瘤学术研讨会　5月18日至20日在延安召开。参加会议的代表28名，延安地区30名代表列席了会议。会议交流学术论文24篇，涉及临床经验、治则研究、专病专方文献综述等内容，反映了中医治疗肿瘤的特色和水平。这次会议还通过民主协商，选举产生了省中医学会第一届肿瘤专业委员会。

△首次壮医药线点灸经验交流会暨研究会　6月在广西壮族自治区南宁市召开。来自云南、福建、四川、广西及法国的59名代表出席了会议。大会收到论文55篇，反映出药线点灸疗法对白细胞减少症、良性肿瘤、类风湿病、顽癣等有较好效果。大会期间成立了壮医药线点灸研究会。

△海南省针灸学会成立大会暨学术交流会　6月4日在海南省卫生厅召开。出席会议代表62人，大会交流论文21篇。大会还选举产生了第一届理事会。

△海南省推拿学会成立大会暨首届学术交流会　6月24日至25日在海口市召开。出席会议代表82名，交流学术论文19篇。会议颁发了优秀论文奖，同时观看了中医按摩手法录相。

△陕西省首届经络及针灸专业学术会议

7月18日至20日在商州市召开。参加会议代表共51名，交流论文40篇，内容涉及针灸机理探讨、经络实质研究、针灸手法及临床经验等。

△黑龙江省首届医学易经研讨会　9月21日在哈尔滨召开。大会交流论文32篇，内容涉及"易经"与中医、针灸、气功等相关学科和国内外易学研究现状。

△中华全国中医学会新疆分会首届推拿学术交流会暨推拿专业委员会成立大会　于10月11日至13日在乌鲁木齐市召开。出席代表60人，收到论文30余篇，大会交流27篇。会上推拿各流派代表表演手法和交流经验。选举产生了新疆中医学会推拿专业委员会委员。

△穗台港澳中医中药界联谊会成立暨首届学术交流会　11月3日至5日在广州中医学院举行。"四方两界"共128人士出席会议，代表拥有成员总数近万人的23个团体会员单位和140多名个人会员。这是国内第一个同时把台湾、香港、澳门中医中药界团结起来的民间学术团体。广州中医学院代院长李任先当选为该会首届理事会会长。

△江苏省运动医学会推拿专业委员会第二届学术交流会　12月6日至8日在南京召开。与会代表就推拿疗法在体育运动中的地位、作用与运用经验进行了广泛的探讨与交流，许多论文具有较高的学术价值，展示了推拿与体育结合的广阔前景。

△吉林省中西医结合首届中青年学术交流会及中青年学术研究委员会成立大会　12月14日至16日在长春召开。出席会议代表154人，平均年龄32岁。会议收到论文232篇，内容广泛，思路新颖，具有中西结合特色。

【全国优秀中医医院院长(1989年首届全国医院优秀院长表彰会表彰)**】**

姓　名	单　　位	地　区
石学敏	天津中医学院第一附属医院	天津市
孙福泉	南开医院	天津市
吕德水	安国县中医院	河北省
杜源佐	开原县中医院	辽宁省
宋广林	望奎县中医院	黑龙江省
朱大年	上海中医学院附属龙华医院	上海市
钟志明	宜春市中医院	江西省
朱惠芳	文登县整骨医院	山东省
吕靖中	河南中医学院第一附属医院	河南省
邵权武	仙桃市中医院	湖北省
曾洪图	新化县中医院	湖南省
翁桂扬	中山市中医院	广东省
羊一贵	三台县中医院	四川省
姚克敏	昆明市中医院	云南省
强巴赤列	西藏藏医院	西藏自治区
陈鹏飞	宝鸡市中医院	陕西省
韩荣升	西安市红十字会医院	陕西省

【1989年中医药系统全国劳动模范和先进工作者】

姓　名	职务　职称	单　　位	地　区
张树臣	研究员	吉林省中医中药研究院中医研究所	吉林省
郑凤胡	教授	上海中医学院附属岳阳医院	上海市
丁泽民	主任医师	南京市中医院	江苏省
张志坚	主任医师	常州市中医院	江苏省
罗诗荣	副主任医师	杭州针灸专科医院	浙江省
张孝恕	副主任医师	光山县中医院	河南省
李祖珍	副主任医师	湖北中医学院附属医院	湖北省
何天祺	院长	四川省中医药研究院附属骨伤病专科医院	四川省
曹振宇	副主任中药师	天津市药材公司	天津市
冯根生	厂长	杭州市第二中药厂	浙江省
赵章光	医师	乐清章光毛发再生精厂	浙江省
朱宝凤	厂长	云南白药厂	云南省

【中医药科研获奖项目】

获国际奖励项目

项目名称	获奖类别	获奖单位
消痔灵	1986年南斯拉夫第十四届国际发明展览会金奖 1986年比利时布鲁塞尔第35届世界发明博览会一级骑士勋章	中国中医研究院
五妙水仙膏	1987年第37届布鲁塞尔尤利卡国际发明博览会金奖	江苏省灌南县中医院
宁神灵	1987年布鲁塞尔尤利卡国际发明博览会银奖	黑龙江省中医研究院
长白山红参质量综合评价	1987年布鲁塞尔尤利卡国际发明博览会金奖	吉林省中医中药研究院
人参果皂甙抗衰老作用的研究	1987年布鲁塞尔尤利卡国际发明博览会金奖	吉林省中医中药研究院
尿石灵	1987年阿尔伯特爱因斯坦世界科学奖奖状	中国中医研究院
抗疟新药——青蒿素研制	1987年阿尔伯特爱因斯坦世界科学奖奖状	中国中医研究院
新开河红参的研制与质量评价	1988年日内瓦博览会金奖	吉林省中医中药研究院
健身防病建筑涂料	1988年北京国际展览会铜牌	河北省中医研究所
女宝药物的研制	尤利卡国际发明博览会	长春中医学院
吞水音图	尤利卡国际发明博览会	山东中医学院

国家中医药管理局科技司成果处

国家级医药卫生科学技术进步奖

获奖年份与级别	研究课题	研究单位
1989年二等奖	西洋参大面积农田栽培技术的研究	中国医学科学院药用植物资源开发研究院、北京市药材公司、北京市怀柔县
1989年三等奖	怀牛膝多倍体及单体育种试验	山东烟台药材站、文登县口子李村、文登县药材公司、山东省中医药研究所
1989年三等奖	熟大黄炮制新工艺及临床应用的开发研究	中国中医研究院中药研究所
1989年三等奖	推按运经仪治疗胆囊结石410例研究	北京积水潭医院

一九八九年中医药科技进步奖项目(国家中医药管理局)

研究课题	获奖单位及个人	获奖级别
"树皮年轮"的研究及其在中药方面的应用	中国中医研究院中药研究所 赵中振　唐晓军　胡梅	一等奖
《黄帝内经素问运气七篇》研究	中国中医研究院研究生部 方药中　许家松	一等奖
针刺麻醉在前颅窝手术中的研究与应用	上海医科大学附属华山医院　北京天坛医院　天津医学院附属医院　上海第二医科大学附属仁济医院　安徽省立医院 江澄川　陈公白　罗其中　孙大金　丁育基　王忠诚　王恩真　陈华辉　应诗达	一等奖

研究课题	获奖单位及个人	获奖级别
针刺麻醉在体外循环心内直视手术中的研究	上海第二医科大学附属仁济医院　王一山、冯卓荣、秦亮甫、孙大金、许灿燃	一等奖
针刺镇痛的脊髓机制和同神经电针镇痛的临床应用	中国科学院上海脑研究所　赵志奇、吴建屏、杨焕乔、邵殿华、庄心良	二等奖
澄清中药砂仁、贯众、防已、厚朴、白头翁、藁本、钩滕、湖北贝母八个混乱品种的研究	中国药品生物制品检定所、卫生部药政局中药处　杨兆起、王宝琴、韩白石	二等奖
六味地黄汤(丸)预防食管癌的实验和临床研究	中国中医研究院中药研究所　姜廷良、严述常、余桂清、张玉顺、赵良辅	二等奖
模拟中医正骨手法机械的研究和制造	广州中医学院、广东省医疗器械研究所、深圳市中医院 萧劲夫、陈达伟	二等奖
金水宝的研究	中国医学科学院药物研究所、江西国药厂　岳德超、包大桐、薛　智、章观德、郭怀远	二等奖
三七高产技术的研究	广西壮族自治区药用植物园、南宁药材站、何振兴、邓锡青、余元广、胡廷松、陆善旦	二等奖
山东金银花质量和产地加工工艺的研究	山东省中医药研究所、山东省中医管理局　彭广芳、程敬伦、林慧彬、钟方晓、张玲	二等奖
老中医张琪研究员学术经验的整理研究	黑龙江省中医研究院　王克勤、张佩清、迟继铭、王荣欣、王子良	二等奖
麝香保心丸治疗冠心病心绞痛的临床应用	上海医科大学附属华山医院、上海中药制药一厂　戴瑞鸿、王受益、龚伯祥、江文德、杨学仪	二等奖
清开灵注射液治疗中风病的临床与实验研究	北京中医学院、长春中医学院、山东中医学院、陕西中医学院、天津中医学院 孙塑伦、张　孝、齐治家、黄启福、祁颂平	二等奖
中医药治疗病毒性甲型肝炎2888例临床研究	上海市南市区中医医院、上海市传染病医院、上海中医学院附属龙华医院、上海市中医医院、上海市徐汇区中心医院　孟宪益、王国申、王育群、朱彬彬、徐华元	二等奖
瘀血与衰老的关系——衡法Ⅱ号抗衰老的临床和实验研究	上海铁路局中心医院　颜德馨、胡泉林、王平平、周晓燕、宓哲伟	二等奖
颈性视力障碍及手法治疗的研究	中国中医研究院骨伤科研究所　张长江、王以慈、刘孝书、陆文琴、沈志祥	二等奖
《针灸大成校释》	黑龙江省中医研究院　张　缙、张英超、张一民、裴廷辅、姜淑明	二等奖
《灵枢经校释》	河北中医学院　郭霭春、宗全和、王体仁、李恩复、李　浩	二等奖
延髓结构在痛觉传递和针刺镇痛效应中的作用	中国科学院上海脑研究所　杜焕基、赵燕芳、周诗逸	二等奖
《针灸甲乙经校释》	山东中医学院　徐国仟、张灿玾、钟岳琦、崔新斋、张善忱	二等奖
古蒙文《四部医典》整理研究	内蒙古医学院中蒙医系　特·特木热	二等奖
中药在胃癌癌变过程中的作用研究	上海中医学院附属龙华医院　邱佳信、唐莱娣、杨金坤、左建平、高卫平	二等奖
蓍草抗炎的实验研究及临床观察	中国中医研究院中药研究所　刘美兰、黄　黎、李曼玲、彭　悦	二等奖
秦皮药材学的研究	四川省中药学校　中国中医研究院中药研究所　邬家林、谢宗万、曾美怡、沈　节	三等奖

研究课题	获奖单位及个人	获奖级别
黄芪害虫防治研究	中国医学科学院药用植物资源开发研究所 樊 瑛、杨春清、吕秀茂	三等奖
常用矿物类中药材质量控制方法的研究	北京中医学院 赵中杰、江佩芬、胡玉清、铁步荣	三等奖
中医"肾主耳"理论的实验性研究	上海中医学院 曾兆麟、张美莉、胡寿铭、庄剑青、吴大正	三等奖
医用骨伤科射针器的研制和临床应用	河南省洛阳正骨研究所、河南省洛阳正骨医院 孙维琰、孙炳烈、黎君若、孟宪杰、霍晓兵	三等奖
内翻背伸固定夹治疗外翻外旋型踝部骨折的临床和实验研究	黑龙江中医学院 黄殿栋、于雪峰、邓福树、李 贵、董清平	三等奖
中药材磷化铝薰蒸的增效、用量、时间和残留的研究	上海市药材公司中山西路仓库、上海市农业科学院作物研究所 张明融、潘令济、章丽丽、盛肖梅、陈如梅	三等奖
健脾理气药物对肝癌细胞动力学、雌激素受体、肝癌癌前期病变阻断的实验研究	上海医科大学肿瘤医院 于尔辛、曹世龙、屠华成、姚伟强、章勤荣	三等奖
郁金、姜黄和莪术的生药和资源利用研究	中国医学科学院药物研究所 陈毓亨、方洪钜、陈建民、高玉桂、余竞光	三等奖
复方五倍子液治疗上消化道出血的实验和临床研究	中国医科大学 王纯正、王慧中、徐永泉、赵 红、何风云	三等奖
半刺法治疗小儿腹泻临床及机理研究	浙江省青春医院、浙江省中医药研究所 林迎春、周振鹤、沈文跃、胡培德、徐明海	三等奖
中药蚕蛹的综合利用——复合氨基酸的提取和应用研究	浙江省中医药研究所 魏克民、李 政、杨百南、施觉民、柴可群	三等奖
阿胶真伪鉴别与内在质量研究	中国药品生物制品检定所 徐康森、张林可、孙 磊、章 安	三等奖
循经传导声信息的研究	辽宁中医学院 王品山、孙平生、赵玉卓、万耀光、张鸿天	三等奖
青蒿油制剂治疗神经性皮炎、皮肤真菌病的研究	泸州医学院 冯文宇、郑久安、邱华荣、钱永龄、朱玉祥	三等奖
中成药妇炎净胶囊治疗女性内生殖器官炎症的研究	广西梧州市中药厂 赵佩珍、梁永平、霍嘉贤、陈惠珍、聂杰雄	三等奖
中药显微电脑识别专家系统	成都中医学院、四川石油局研究院、成都中医学校 杨启德、廖兴祥、彭素林	三等奖
消炎栓治疗外阴阴道炎症的临床实验和制剂研究	山西省中医研究所 刘淑琴	三等奖
湖南省山区药物资源调查研究	湖南省中医药研究院、湖南省桑植医药管理局 谌铁民、李庚嘉、谢昭明、王万贤、彭延辉	三等奖
《黄帝内经素问校释》	山东中医学院、河北中医学院 张灿玾、徐国仟、宗全和、李恩复、张善忱	三等奖
《诸病源候论校释》	南京中医学院 丁光迪、倪和宪、宋立人、李 飞、孟昭威	三等奖
蒲黄抗动脉粥样硬化有效成份的提取及药理研究	上海第二医科大学、中国科学院上海药物研究所 赵 基、方圣鼎、张彩英、陈 燕、徐也鲁	三等奖
《脉经校释》	福州市中医院 林增祥、陈兴珠、孙坦村、黄之光、郑维厚	三等奖

中医药科研获奖项目(省、市、自治区)

地区	研究课题	研究单位	获奖级别	年份
北京市	宏观辨证和微观辨证相结合的研究	市中医研究所　危北海、刘晋生、罗小石、王广才等	市科技进步二等奖	1989
	马氏秘方"骨丸"治疗股骨头坏死的临床研究	北京市鼓楼中医医院　马在山、李春生、马韶杰、马素英、王东兴	市科技进步二等奖	1989
	100例肾经皮肤病的定位研究	市第六医院　李定忠、李秀章	市科技进步二等奖	1989
	养阴益气抗毒糖浆和培土生金法治疗预防儿童呼吸道感染的研究	北京中医医院、电子工业部劳动卫生研究所、大连病毒病研究所　温振英、周德水、肖淑琴等	市科技进步三等奖	1989
	肝郁型黄体不健所致不孕症的临床观察与实验研究	北京中医医院　市中医研究所　许昕、刘琨、仲相英、阮彦	市科技进步三等奖	1989
	D-木糖试验作为脾虚证参考指标的研究	市中医研究所　金敬善、赵荣莱、危北海、陈桂君等	市科技进步二等奖	1989
	人工培养冬虫夏草菌粉对细胞免疫的抑制作用	北京友谊医院　祝希媛、于惠元、史勇、徐慧等	市科技进步三等奖	1989
	补益药物在急性心肌梗塞治疗中的应用研究	北京积水潭医院　钱立军、增雅儒、吴大文	市科技进步三等奖	1989
	原因不明习惯性流产的中西医结合治疗	北京妇产医院　市红十字血液中心　李恩棠、沙文萱、高爱萍、金有慧等	市科技进步三等奖	1989
	丹参注射液对实验性蛛网膜下腔出血后脑水肿的防治作用	市神经外科研究所　吴建中、季鹰、阎丽、林倩等	市科技进步三等奖	1989
	中药强心栓治疗充血性心力衰竭的临床与药理研究	北京中医医院、北京市制药工业研究所　许心如、夏军、黄丽娟、薛孔芳等	市中医管理局科技成果一等奖	1989
	滋补肝肾法治疗白癜风的临床观察与实验研究	北京中医医院、中国中医研究院基础理论研究所　郭念筠、王营生、王乃琪	市中医管理局科技成果一等奖	1989
	重症感染合并多系统脏器功能衰竭的临床研究、以通腑法为主综合治疗危重症胰腺炎的研究	北京友谊医院、王宝恩、赵淑颖、张淑文	市中医管理局科技成果一等奖	1989
	心包经和胃经的生物物理学定位和哮喘、肺气肿、帕金森氏综合征的治疗	北京市振兴中医药基金会经络生物物理研究中心、中国科学院生物物理所、延安地区针灸研究所　祝总骧、郝金凯、徐瑞民	市中医管理局科技成果一等奖	1989
	胃病中医药治疗研究中若干疗效机制的探讨	市中医研究所　赵荣莱、赵子厚、张锁雅、陈丽华等	市中医管理局科技成果二等奖	1989
	慢性胃炎的临床表现消化道机能及中医分型的探讨	市中医研究所、北京中医医院　赵荣莱、王立　赵子厚、金敬善等	市中医管理局科技成果二等奖	1989
	慢性乙型肝炎血清标志的临床分析及其与中医关系探讨	市中医研究所、北京中医医院　危北海、王广才、韩纯学	市中医管理局科技成果二等奖	1989
	气虚证与气滞证患者甲皱微循环观察	市中医研究所　姚丽珍、曹秀云、王夫	市中医管理局科技成果二等奖	1989
	中药樗鸡、红娘子与斑蝥毒性的比较研究	市中医研究所　丁瑞、郭培元、李惠云、任蜀兵	市中医管理局科技成果二等奖	1989
	中药醒脑清眩片治疗原发性高血压病的临床研究	北京中医医院、北京市中医研究所　孙伯杨、黄丽娟、白焕炳、舒琪等	市中医管理局科技成果二等奖	1989

地区	研究课题	研究单位	获奖级别	年份
北京市	中西医结合治疗系统性红斑狼疮的临床研究	北京中医医院　张志礼	市中医管理局科技成果二等奖	1989
	化腐生肌丹治疗下肢慢性溃疡的临床及实验研究	市中医研究所、北京中医医院　郑学军、王玉章、吴信受、姚丽珍	市中医管理局科技成果二等奖	1989
	通里攻下剂的临床与实验研究	北京中医医院　谭桢强、孙革、刘明健、马　杰	市中医管理局科技成果二等奖	1989
	温中止痛口服液的临床与实验研究	北京中医医院、中国中医研究院广安门医院、北京中药厂　李乾构、保振盛、尹　珉、李沛华	市中医管理局科技成果二等奖	1989
	慢性血小板减少性紫癜患者的辨证分型与甲皱微循环及血中5-羟色胺的含量研究	北京中医医院、市中医研究所　柯微君、赵佳珍、李文芳、姚丽珍	市中医管理局科技成果二等奖	1989
	益肾通督法治疗强直性脊柱炎的临床研究	北京中医医院　王为兰、齐岩	市中医管理局科技成果二等奖	1989
	把临床教学纳入科学管理轨道	北京中医医院　王莒生、郭念筠、高　雄、张利光	市中医管理局科技成果二等奖	1989
	麻疹活疫苗出血型胰腺炎动物模型的建立及大黄防治疗效的实验研究	北京友谊医院、市临床医学研究所　任世光、马　兰、梁　丽、文　艳	市中医管理局科技成果二等奖	1989
	复方莪术注射液治疗婴幼儿病毒性肺炎及实验研究	北京友谊医院、阎田玉、龚明敏、郑企静、周光延	市中医管理局科技成果二等奖	1989
	中药泰山磐石饮的免疫药理作用	北京友谊医院　王天保，周真善、陈力冰、卢　炎	市中医管理局科技成果二等奖	1989
	中药栓剂治疗老年性阴道炎的临床研究	首都医学院宣武医院　胡　杰、龚　玲、赵　华、周佩卿	市中医管理局科技成果二等奖	1989
	川芎提取物的药理学研究	市临床药学研究所　吴淑荣、陈宇东	市中医管理局科技成果二等奖	1989
	中国药典一九八五年版附录煎膏剂项下相对密度测定法的研究	市药品检验所　宋德裕、张小茜、周富荣	市中医管理局科技成果二等奖	1989
	耳穴被针敷药法治疗312例寻常痤疮疗效观察	市二龙路医院、市复兴医院、市朝阳门医院　孟宪惠、王富庄、信世德	市中医管理局科技成果二等奖	1989
	北京市单纯性肥胖发病率的调查研究	中国中西医结合研究会北京分会　贾宝鹏	市中医管理局科技成果二等奖	1989
	SY-201型气功保健仪治疗小儿厌食症（脾虚型）300例临床观察与研究	北京中医医院、北京市中医研究所　佘继林、孙中林、金敬善、李景珍	市中医管理局技术改进二等奖	1989
	《温病学》教学改革的尝试	北京联合大学中医药学院　李世增、车念聪、黄菲莉	市高教局二级奖	1989
河北省	新型中药饮片	邯郸市中医院、邯郸市药材公司	省科委科技进步三等奖	1989
	运气学说与气候、气象和疾病的研究	邢台地区医学科技情报站	省科委科技进步三等奖	1989
	气至病所"活血化瘀"作用的研究	保定地区中医院、保定市第二医院、保定地区医院	省科委科技进步三等奖	1989
	以针灸理法对慢性阻塞性肺病肺循环功能和血栓闭塞性脉管炎肢体血流功能研究	保定地区中医院、保定市第二医院	省科委科技进步三等奖	1989

地区	研究课题	研究单位	获奖级别	年份
河北省	复方归秦穴位注射治疗原发性坐骨神经痛的研究	正定县中医院	省科委科技进步三等奖	1989
	中医药治疗血栓闭塞性脉管炎临床研究	滦县脉管炎医院　李治田、王绍田、刘希民、杨秀艳、张春秋	省卫生厅科技进步一等奖	1989
	一、二型起重机式固定架治疗股骨颈骨折及生物力学研究	廊坊市人民医院　荣金刚、沈思泉、刘定正、缴勇武、顾志华	省卫生厅科技进步一等奖	1989
	中医药治疗女性不孕的临床研究	河北省中医药研究所、河北中医学院附院、石家庄妇产医院　王其飞、王　茹、范准成、吴以岭、王凤岐	省卫生厅科技进步二等奖	1989
	语言散胶囊治疗中风语言障碍	邯郸市中医院、河北省医学科学院、张子明、侯建民、史定文、杨士珍、贾仙景	省卫生厅科技进步二等奖	1989
	祛瘀清热合剂治疗肺经实热	河北省肺经实热科研协作组　王国三、王毓兰、陈维亚、任凤兰、常玉阶、崔宝丽、黄明、崔金海	省卫生厅科技进步二等奖	1989
	消积口嚼片的研制及临床观察	承德市中医院　张淑兰　陈淑嫱、孔增科、张来明、吴忠信	省卫生厅科技进步二等奖	1989
	抗咽炎口含片的研制及临床观察	承德市中医院　姜成彬、张来明、丁广谦、孔增科、唐汉文	省卫生厅科技进步二等奖	1989
	以针灸理法对慢性阻塞性肺病肺循环功能和血栓闭塞性脉管炎肢体血流功能研究	保定地区中医院、保定市第二医院　程连瑚、吴开基、郄增旺、王宗凡、王琦	省卫生厅科技进步二等奖	1989
	气至病所"活血化瘀"作用的研究	保定地区中医院、保定市第二医院、保定地区中医院等　程连瑚、郄增旺、吴开基、王　琦、程风宽	省卫生厅科技进步二等奖	1989
	李恩复教授诊治慢性胃炎微机系统	河北中医学院附院、河北省自动化研究所　李恩复、周淑君、王俊杰、吕东远、杜凡远	省卫生厅科技进步二等奖	1989
	复方利胆药利胆作用的实验研究及其临床观察	河北医学院三院　李乐天、毕庚年、吴予平、张慎力、秦明放	省卫生厅科技进步二等奖	1989
	胆囊昼夜节律及小柴胡汤利胆作用的时间治疗学探讨	河北医学院、河北中医学院附院　聂凤禔、狄淑珍	省卫生厅科技进步三等奖	1989
	宫颈糜烂3号治疗慢性宫颈糜烂研究	邯郸地区医院　王曼琼、狄淑茹、路秀珍、周世梅、王智文	省卫生厅科技进步三等奖	1989
	防治感冒、慢性气管炎背心式中药缚带	张家口市中医研究所　顾黎光、王一民、张崇鄯、刘仲魁、何元清	省卫生厅科技进步三等奖	1989
	穴位割治疗法治疗高血压	河北机电学院　卫玉秀	省卫生厅科技进步三等奖	1989
	穴位埋线治疗胃、十二指肠溃疡	怀安县中医院　牛文香、李强、王爱民	省卫生厅科技进步三等奖	1989
	血压宁治疗高血压病的临床研究	河北省中医药研究所　王其飞孟元勋、周　里、李树凯	省卫生厅科技进步三等奖	1989
	祛毒洗剂外洗治疗痔瘘等病的临床研究	唐山市中医院　廖荫元、贾桂荣、沈素英	省卫生厅科技进步三等奖	1989

地区	研究课题	研究单位	获奖级别	年份
河北省	血府逐瘀汤治疗实验性呼吸窘迫综合征的实验研究	河北中医学院 崔志永、李宏森、薛 芳、靳红薇、李超英	省卫生厅科技进步三等奖	1989
山西省	以针刺风府、哑门为主穴治疗脑出血的临床及基础研究	山西中医学院、山西医学院第一附属医院、山西医学院、山西省人民医院、山西省晋东南中医医院 季定明等	省科委科技进步一等奖	1988
辽宁省	《国内期刊中医药资料索引(1950～1980)》	辽宁省中医研究院 朱俊奎、梁茂新、郝学君	省科委科技进步三等奖	1989
	链霉素中毒性耳聋的临床研究	辽宁中医学院附属医院 王乐善、宋玉书、朱凤霞、吴桂莲、陈惠珍	省政府科技进步三等奖	1989
	《搞好骨伤专业创建工作培养专业化人才》	辽宁中医学院 刘元禄	省教委优秀教学成果二等奖	1989
	《中医基础学科分化改革研究》	辽宁中医学院 李德新、曲长江、刘树新	省教委教学成果二等奖	1989
	《中药鉴定学教学方法的研究与实践》	辽宁中医学院 纪俊元、徐连成、康廷国	省教委教学成果二等奖	1989
吉林省	治疗慢性盆腔炎中药《妇炎康》的研究	吉林省中医中药研究院 李华、董克勤、王桂芝	省科委科技进步二等奖	1989
	中国矿物学	长春中医学院 李大经	省科委科技进步二等奖	1989
	白山蘑菇药治疗风湿、类风湿性关节炎的研究	长春中医学院 夏德林、刘柏龄、郑淑莉	省科委科技进步三等奖	1989
	中药材红外光谱鉴定技术	长春中医学院 张 洁、何淑华、姜大成	省中医管理局新技术一等奖	1989
	磁力药锭治疗颈肩背臂部软组织劳损的研究	吉林医学院 张维滋、谭丽君、程冠军	省中医管理局新技术二等奖	1989
	复方大黄液灌肠治疗急性肾功能衰竭	长春市儿童医院 崔淑珍、崔百晖	省中医管理局新技术二等奖	1989
	二黄滴耳剂治疗慢性化脓性中耳炎的临床观察	吉林市中心医院 管秀惠、黄平振、王家天	省中医管理局新技术三等奖	1989
	穴位注射疗法治疗银屑病	榆树县中医院 颜喜贤、史维嘉、刑亚百	省中医管理局新技术三等奖	1989
	应用中药传统疗法鉴别真伪哈蟆油	四平市药品检验所 李大勇、白岩	省中医管理局新技术三等奖	1989
	治疗慢性乙型肝炎中药《复方树舌片》的研究	吉林省中医中药研究院 王本祥、徐东铭、王雨梅	省中医管理局科研成果一等奖	1989
	玉米花粉系列食品——玉米粉精、玉米花粉蜜汁、玉米花粉晶	长春市轻工设计研究所 郭彩玉、丛 岩、赵念文	省中医管理局科研成果二等奖	1989
	应用“白耙齿菌”治疗慢性肾炎的研究	长春中医学院宋启印	省中医管理局科研成果二等奖	1989
	“消痛灵注射液”治疗原发性三叉神经痛临床研究	吉林市昌邑区口腔医院 张朝茂、翟志远	省中医管理局科研成果二等奖	1989
	向海自然保护区药用动植物资源调查	通榆县中医院 翟 耀、宋环 苗洪范	省中医管理局科研成果三等奖	1989
	慢性肝炎中医辨证分型与肝活检病理改变关系的研究	吉林市第五医院 孟 践	省中医管理局科研成果三等奖	1989
	中医电教建设	长春中医学院 李春复	省教委优秀教学成果奖	1989

地区	研究课题	研究单位	获奖级别	年份
黑龙江省	内翻背伸固定夹治疗踝部骨折的临床与实验研究	黑龙江中医学院　黄殿栋等	省科技进步二等奖	1989
	中药复方治疗下肢深静脉血栓形成的临床与实验研究	黑龙江省中医研究院中药所　何秀芬	省科技进步二等奖	1989
	胃癌癌前病变——萎缩性胃炎的研究	黑龙江省中医研究院中药所　张琳	省科技进步二等奖	1989
	中西医结合药"多动宁"治疗小儿多动症的临床研究	黑龙江省中医研究院中药所　焦义成	省科技进步三等奖	1989
	补肾中药对慢性再生障碍性贫血患者和正常人骨髓造血粗细胞作用的实验研究	黑龙江中医学院　常玉复等	省科技进步三等奖	1989
	血apoA-Ⅰ、apoB、血脂水平对冠心病诊断辨证意义及益心汤对其影响作用的研究	黑龙江中医学院　贾宝善等	省科技进步四等奖	1989
	益肾活络汤治疗小儿紫癜性肾炎的临床与免疫学研究	黑龙江中医学院　王桂山等	省科技进步四等奖	1989
	川芎嗪防治阻塞性肺气肿的基础与临床研究	黑龙江中医学院　王刚等	省科技进步四等奖	1989
	复方青龙衣抗肿瘤作用的研究	黑龙江省中医研究院中药所　高奎滨	省科技进步四等奖	1989
	益气滋阴、清热利湿治疗慢性肾炎的临床研究	黑龙江省中医研究院中医所　王铁良	省科技进步四等奖	1989
	血尿的临床研究	黑龙江省中医研究院中医所　张琪	省科技进步四等奖	1989
	挑刺治疗颈淋巴结结核的临床研究	黑龙江省中医研究院针灸所　于锦岚	省中医管理局科技进步二等奖	1989
	"消疹胶囊"的临床应用及研究	黑龙江中医学院　粟德林等	省中医管理局科技进步二等奖	1989
	抗脚癣鞋垫的研制与疗效观察	黑龙江中医学院　高立全等	省中医管理局科技进步二等奖	1989
	"新龋康胶囊"制剂的研究	黑龙江中医学院　杨大中等	省中医管理局科技进步二等奖	1989
	中医中药对溃疡性结肠炎治疗作用的研究	黑龙江中医学院　王德敏等	省中医管理局科技进步二等奖	1989
	头穴治疗中风偏瘫的临床研究	黑龙江中医学院　于致顺等	省中医管理局科技进步三等奖	1989
	天麻钩藤饮降压机制的研究	黑龙江中医学院　段富津等	省中医管理局科技进步三等奖	1989
	电热镊针气至病所治疗的研究	黑龙江省中医研究院针灸所　李永光	省中医管理局科技进步三等奖	1989
	刺五加第二代产品（总甙提取物）的研究	黑龙江省中医研究院中药所　王明禹	省中医管理局科技进步三等奖	1989
上海市	大黄钙盐片制剂、临床、药理、毒理的综合研究	上海中药制药一厂、上海市香山中医医院　焦东海等	市科技进步二等奖	1989
	中医中药在胃癌癌变过程中的影响	上海中医学院附属龙华医院　邱佳信等	市科技进步三等奖	1989
	中医"肾主耳"理论的实验性研究	上海中医学院　曾兆麟等	市科技进步三等奖	1989

地 区	研 究 课 题	研 究 单 位	获奖级别	年 份
上海市	上海市中药资源普查与研究	上海市药材公司　许锦柏等	市科技进步三等奖	1989
	针刺激活脑内镇痛机能系统	上海医科大学针刺原理研究所	市卫生局针麻科研进步一等奖	1989
	手法针麻肺切除手术临床研究	上海市第一结核病肺肿瘤防治院　上海市针灸经络研究所	市卫生局针麻科研进步一等奖	1989
	针刺镇痛和同神经电针镇痛的脊髓机制及其在临床的应用	中国科学院上海脑研究所、上海职工医学院、上海市第一人民医院	市卫生局针麻科研进步一等奖	1989
	针麻体外心内直视手术的研究	上海第二医科大学附属仁济医院、上海第二医科大学生理教研组	市卫生局针麻科研进步一等奖	1989
	延髓结构在脊髓痛觉传递和针刺镇痛效应中的作用	中国科学院上海脑研究所	市卫生局针麻科研进步二等奖	1989
	脑内一些含单胺能神经元核团之间的纤维联系及其在电针镇痛中的相互作用	中国科学院上海生理所	市卫生局针麻科研进步二等奖	1989
	针麻在神经外科手术中的应用	上海医科大学附属华山医院	市卫生局针麻科研进步二等奖	1989
	针刺麻醉胃大部切除术临床规律探讨	上海中医学院附属曙光医院　上海中医学院基础部、华东师范大学	市卫生局针麻科研进步二等奖	1989
	针麻前列腺手术临床研究	上海市第一人民医院	市卫生局针麻科研进步二等奖	1989
	口腔颌面部针麻手术及实验研究	上海第二医科大学附属第九人民医院、上海第二医科大学生理教研室	市卫生局针麻科研进步二等奖	1989
	针麻用于颌面外科	上海医科大学附属华山医院	市卫生局针麻科研进步二等奖	1989
	体表与内脏相联系的机制及途径的研究	华东师范大学、上海中医学院附属曙光医院	市卫生局针麻科研进步三等奖	1989
	扣带回在针刺镇痛中的作用	华东师范大学	市卫生局针麻科研进步三等奖	1989
	下丘脑腹内侧核微注去甲肾上腺素以及视前区协同针刺镇痛的作用及其机制研究	复旦大学、中国科学院上海药物研究所	市卫生局针麻科研进步三等奖	1989
	隔区内阿片肽及胆碱能系统在针刺镇痛中作用	上海医科大学针刺原理研究所	市卫生局针麻科研进步三等奖	1989
	人体针感与穴位结构的关系及不同神经纤维类别在电针与手捻针针感形成和针刺镇痛中的作用	上海市针灸经络研究所	市卫生局针麻科研进步三等奖	1989
	针麻应用于广泛性子宫切除及盆腔淋巴清除术	上海医科大学附属妇产科医院	市卫生局针麻科研进步三等奖	1989
	针麻扁桃体手术临床研究	上海市第一人民医院	市卫生局针麻科研进步三等奖	1989
	针麻施行腹部输卵管结扎术临床研究	中国福利会上海国际妇婴保健院、上海市针灸经络研究所	市卫生局针麻科研进步三等奖	1989
	面针麻醉的临床应用及其作用途径的探讨	上海市针灸经络研究所、复旦大学生物系	市卫生局针麻科研进步三等奖	1989
	针刺穴位对深部痛和牵涉痛影响的实验研究	华东师范大学、上海中医学院附属曙光医院	市卫生局针麻科研进步三等奖	1989

地 区	研 究 课 题	研 究 单 位	获奖级别	年 份
上海市	保持最佳得气和针药协同作用提高针麻成功率的临床研究	上海市徐汇区大华医院、上海市针灸经络研究所	市卫生局针麻科研进步三等奖	1989
	针麻临床研究的思路与方法	上海市中医文献馆	市卫生局针麻管理奖	1989
浙江省	XR-A自动血片染色仪	浙江省中医药研究院、绍兴坡塘医疗器械厂 周振鹤、黄建新、陈连根、郭力超、沈金美	省科委科技进步三等奖	1989
	补益中草药抗基因突变和DNA损伤作用的研究	浙江中医学院 刘明哲、黄品笺、梁炳圻、赵革平、黄晓帆	省科委科技进步四等奖	1989
	"半刺法"治疗小儿腹泻临床及机理研究	浙江省青春医院、浙江省中医药研究院 林迎春、周振鹤、沈文耀、胡培德、徐明海	省科委科技进步四等奖	1989
	中医基础教学辅助系统	浙江中医学院	省科委优秀软件奖三等奖	1989
福建省	胜红抗炎素胶囊的研制及其治疗盆腔炎	福州市医科所闽清制品厂 林礤石、王建榕	省科委科技进步三等奖	1988
	山楂精降脂片	三明制药厂 聂国钦、邬秀琴、许马温	省科委科技进步三等奖	1988
	《中国药学史纲》	福建中医学院 俞慎初	省卫生厅科技进步一等奖	1988
	循经感传形成机理的研究	省中医药研究所 胡翔龙、吴宝华、游振铨、黎宝娇	省卫生厅科技进步一等奖	1988
	中医辨证分型治疗慢性萎缩性胃炎疗效总结	省中医药研究所、省立医院 杨春波、潘秀珍、徐顺猷、周维湛、张思辛	省卫生厅科技进步一等奖	1988
	重症肝炎654-2治疗与甲皱微循环观察	福州市传染病院 刘健生、毕庶芝、柳惠玲	省卫生厅科技进步一等奖	1988
	省中医药队伍的人力结构	省卫生厅中医处 余育元	省卫生厅科技进步二等奖	1988
	麝香正骨水	福建中医学院 张安桢、金琪泉、王和鸣、林之桐、林子顺	省卫生厅科技进步二等奖	1988
	三伏日灸贴治疗哮喘多指标观察分析	福建中医学院针灸教研室、生理教研室 孙兰英、王大仁、林宏	省卫生厅科技进步二等奖	1988
	中西医结合治疗肺心病急性发作期的研究	省中医药研究所 林求诚、杨震光、吴维钊、周其林、游兰姬	省卫生厅科技进步二等奖	1988
	福建绞股兰资源的质量评价研究	省中医药研究所 归筱铭、陈晓亮等	省卫生厅科技进步二等奖	1988
	肾炎的肺脾论治	厦门市中医院 杜锦海、陈若娇、曾伟民	省卫生厅科技进步二等奖	1988
	桃核承气汤治疗肝性血卟啉病35例报告	漳州市医院 游开泓	省卫生厅科技进步二等奖	1988
	循经感传形成机理的研究	省中医药研究所 胡翔龙、吴宝华、游振铨、黎宝娇	省科委科技进步二等奖	1989
	福建省中药资源普查	省中药资源普查协作组	省科委科技进步二等奖	1989
	重症肝炎654-2治疗与甲皱微循环观察	福州市传染病院 刘健生、毕庶芝、柳惠玲	省科委科技进步三等奖	1989
	显性感传和隐性感传对针刺效应的影响	省中医药研究所 游振铨、吴宝华、张 炜、胡翔龙	省卫生厅科技进步一等奖	1989

地　区	研　究　课　题	研　究　单　位	获奖级别	年　份
福建省	塞内加尔患者的循经感传显著程度与针刺治疗遗尿症疗效的关系	省中医药研究所　蔡宗敏	省卫生厅科技进步一等奖	1989
	中西医结合治疗输卵管阻塞	省立医院　林浩然、董谊贞、王宝珍、郭爱莲、林迎春	省卫生厅科技进步一等奖	1989
	中药木瓜对急性病毒性肝炎的疗效研究与实验观察	福建中医学院　郑智敏、王寿源、田奇伟	省卫生厅科技进步二等奖	1989
	中国草药数据库检索系统(CHDS)	省中医药研究所　归筱铭、蔡立东、陈　立、陈晓亮、林炳辉	省卫生厅科技进步二等奖	1989
	陈皮饮片质量和炮制品研究	省中医药研究所　归筱铭、陈晓亮、钟　颖	省卫生厅科技进步二等奖	1989
	民间药重阳木中活性成分的研究	省中医药研究所　陈仁通、方圣鼎、魏可雄、胥传凤	省卫生厅科技进步二等奖	1989
	经导管灌注抗癌药物结合中医扶正培本治疗晚期癌肿	漳州市一医院　林中尧、潘明继、方瑞风、胡可斌、陈莲舫	省卫生厅科技进步二等奖	1989
	乙型肝炎合剂治疗120例乙型肝炎临床观察	厦门市中医院　康良石、林永发、康培生、高墀岩、何其昌	省卫生厅科技进步二等奖	1989
	"重升跌打止血散"应用的基础研究	三明中药厂、福建卫生学校、省中医药研究所　曲嘉瑞、谢振家、归筱铭、陈莺芳、高恒民	省卫生厅科技进步二等奖	1989
江西省	计算机辅明针灸疹疗专家系统	江西大学、江西中医学院　刘　清、黄延龄、李宗俊	省科委、科技进步三等奖	1989
山东省	山东蕨类植物研究	山东中医学院　李建秀、周凤琴、丁作超、马天波、颜　历	省科委二等奖	1989
	中药保健香囊和保健兜兜的研制	山东中医学院实验药厂　张文高、贾文成、黄文玉	省科委三等奖	1989
	ZHC—1型多功能保健垫	山东中医学院、山东省医疗器械研究所　张文高　王日君、王国才、张　强、房秋寒	省科委三等奖	1989
	明期门穴区与相应神经干相关内脏对中枢的投射关系—CT—RP法和CB—HRP法研究	山东中医学院　蔚大金、李　强、张连才、李翠美、张学祥	省科委三等奖	1989
	子午流注灵龟八法自动教学系统	山东中医学院　刘守明、任永安、徐洪文、郑永清、刘仲源	省科委三等奖	1989
	果实及种子类中药的电泳鉴别研究	山东中医学院　石俊英、宋广运、谢　荣、王少杰	省教委三等奖	1989
	"金匮肾气丸"及部分单味中药抗衰老机制的实验研究	山东中医学院　舒守琴、余美娟、姚晓渝、李　税、周恩平	省教委三等奖	1989
	中药鉴别紫外谱线组法研究	山东中医学院　袁久荣	省教委三等奖	1989
	正常人舌下静脉及舌面pH值调研分析	山东中医学院　秦吉华、孙芝莲、王　莉、刘庆林	省教委三等奖	1989
	《胎产心法》	山东中医学院　田代华、郭君双	省教委三等奖	1989
	潍坊市农村卫生保健供求与发展对策	山东中医学院　朱　凯、韩荣方、孟乐弟	省教委三等奖	1989
河南省	钩拉复位固定器治疗胫骨平台骨折	洛阳正骨研究所　宋广献	省中医药科技成果进步二等奖	1989

地　区	研　究　课　题	研　究　单　位	获奖级别	年　份
河南省	高血压病中西医结合辨证分型个体化治疗方法学研究	省中医研究院　邓启华	省中医药科技成果进步二等奖	1989
	中医治疗小儿外感（感染性）高热的临床及实验研究	河南中医学院　李晏龄	省中医药科技成果进步二等奖	1989
	肺宝防治小儿反复呼吸道感染临床观察与实验研究	河南中医学院一附院　高智铭	省中医药科技成果进步三等奖	1989
	新药柴胡口服液的研制	河南中医学院　王浴铭	省中医药科技成果进步三等奖	1989
	心脉丰治疗心肌缺血的临床及实验研究	河南中医学院　柴建明	省中医药科技成果进步三等奖	1989
	中药煮散的实验及临床应用研究	许昌市中医院　董霄汉	省中医药科技成果进步三等奖	1989
	慢性创伤性骨髓炎所致骨缺损的中西医结合治疗	洛阳正骨研究所　程春生	省中医药科技成果进步三等奖	1989
	经皮穿刺三棱形内固定针治疗新鲜股骨颈骨折的研制及临床应用	扶沟县中医院　宋新安	省中医药科技成果进步三等奖	1989
	眼压宁治疗青光眼的临床及实验研究	省眼科研究所　赵名媛	省中医药科技成果进步三等奖	1989
	速效脚气粉的临床疗效研究	郑州市向阳骨髓炎研究所　袁卓峰	省中医药科技成果进步三等奖	1989
	益心汤治疗冠心病临床与实验研究	省中医研究院　曹健生	省中医药科技成果进步三等奖	1989
	针灸治疗化疗引起的白细胞减少症的临床实验研究	河南中医学院　黄喜梅	省中医药科技成果进步三等奖	1989
	益肾护髓方治疗放化疗引起的白细胞减少	省肿瘤研究所　邵梦阳	省中医药科技成果进步三等奖	1989
	县级中医院住院病历书写、护理文书书写和医疗统计规范研究总结报告	南阳地区卫生局中医科	省中医药科技成果进步三等奖	1989
	孙思邈养性——天门冬方延缓衰老作用机理的研究	河南省中医研究院　李淑英	省中医药科技成果进步三等奖	1989
湖北省	用实验外科方法探讨肺血吸虫病的原理、病理、生理和发病机理的实验研究	湖北中医学院附院　徐　泽、司迎光、潘　凯、赵　力、	省科学技术进步二等奖	1989
	多法联用治疗外感高热急症的临床及实验研究	湖北中医学院附院、徐晋文、刘跃光、熊家平、陈克进、柯新桥	省科学技术进步三等奖 省卫生厅医药卫生科技成果二等奖	1989
	右心时相的变化与肺动脉压的相关性	湖北中医学院附院　汤泰秦、毛树松、周惠香、刘　青、聂淑媛	省卫生厅医药卫生科技成果一等奖	1989
	肺动脉高压的六种无创性检测术的对比研究	湖北中医学院附院　汤泰秦、邵企红、朱建宏、汪鲁莎、崔晓溪	省卫生厅医药卫生科技成果一等奖	1989
	用酶联免疫吸附法检测乙肝标志质量控制的研究	湖北中医学院附院　郁晓红、肖　琳、王伯祥、李景渊、李延福	省卫生厅医药卫生科技成果三等奖	1989
	几种常见肝病与微量元素关系的研究	湖北中医学院附院、湖北省地质实验研究所、李延福、崔世高、汪宝林、吴寿善、张均昌	省卫生厅医药卫生科技成果三等奖	1989

地区	研究课题	研究单位	获奖级别	年份
湖北省	尿液微量人绒毛膜促性腺激素放射免疫快速测定法及其临床应用	湖北中医学院附院　杨德英、尹传慈、朱　毅、文哲双	省卫生厅医药卫生科技成果三等奖	1989
	吴绍基胃病治疗系统	湖北中医学院附院　王秋琴、张安宁、朱善年、叶振英	省卫生厅医药卫生科技成果三等奖	1989
	吕维端中风治疗系统	湖北中医学院附院　花延伟、万建林、万春桂	省卫生厅医药卫生科技成果三等奖	1989
	程淳夫部分皮肤病诊治系统	湖北中医学院附院　沈立琳、蔡　乐、肖建桥	省卫生厅医药卫生科技成果三等奖	1989
	中药育官片治疗功能性原发性不孕症及月经失调的临床与实验研究	湖北中医学院附院、湖北中医学院、杨文兰、盛文彦、张世芳、胡思青、梅振翼	省卫生厅医药卫生科技成果三等奖	1989
	痔疮止血栓基础与临床研究	湖北中医学院　黄志杰、章正天、金　枝、何功培、韩建伟	省卫生厅医药卫生科技成果三等奖	1989
	中医外感病专家系统	湖北中医学院　徐木林	省卫生厅医药卫生科技成果三等奖	1989
	雷公藤致畸致突变实验研究及临床观察	湖北省中医药研究院	省卫生厅医药卫生科技成果三等奖	1989
	针法灸法学教学方法改革	湖北中医学院　梁韦忠	省教委教学成果一等奖	1989
	微机计算机《中药学》考试管理系统	湖北中医学院　杨永良、林培、刘夏芳、郝建新、周祯祥	省教委教学成果二等奖	1989
湖南省	肝阳上亢证的研究	湖南医科大学中西医结合研究所	省科委科技进步二等奖	1988
	常见病辨证论治系统微型机的应用研究	湖南中医学院	省科委科技进步四等奖	1988
	新药益龄精	长沙老年病研究所	省科委科技进步四等奖	1988
	黄芪散与微线汤配合埋线外敷治疗矽肺合并结核	新化县中医院	省科委科技进步四等奖	1988
	中医肝病证候临床辨证标准的研究	湖南医科大学中西医结合研究所	省卫生厅科技进步三等奖	1988
	绞股兰的开发应用研究（总皂甙分离提取工艺及其系列产品研究）	省中医药研究院	省卫生厅科技进步三等奖	1988
	生脉散对缺血心肌的保护作用及改善心功能研究	湖南医科大学第一附属医院	省卫生厅科技进步四等奖	1988
	“疳疾灵”治小儿疳疾的研究	湘潭县中医院	省卫生厅科技进步四等奖	1988
	“剩余法”—干支纪时计算新法	湘潭市中医院	省卫生厅科技进步四等奖	1988
	“七味白术散”袋泡剂的研究	省中医药研究院	省卫生厅科技进步四等奖	1988
	湖南省山区药物资源调查研究	省中医药研究院	省科委科技进步二等奖	1989
	安化保健茶	省中医药研究院	省科委科技进步四等奖	1989
	李聪甫慢性肾炎中医诊疗专家	省中医药研究院	省卫生厅科技进步二等奖	1989

地区	研究课题	研究单位	获奖级别	年份
湖南省	湖南侗族医药研究	省中医药研究院	省卫生厅科技进步三等奖	1989
	补脾益气方——固表防感冲剂预防感冒的研究	省中医药研究院	省卫生厅科技进步三等奖	1989
	“十全大补丸”的剂型改进及升白细胞作用的研究	省中医药研究院	省卫生厅科技进步三等奖	1989
	《马王堆医书考注》	湖南中医学院	省卫生厅科技进步三等奖	1989
	药物腰围、护膝治疗腰腿痛的研究	省中西医结合研究会	省卫生厅科技进步三等奖	1989
	气虚证脉象临床研究	湖南中医学院	省教委科技进步二等奖	1989
广东省	广东省中药资源普查	广州中医学院 刘心纯、符红、周诚、赖小平、戴水萍、蔡永光、陈建南、赖秀珍	广东省人民政府二等奖	1989
四川省	偏食法塑造大白鼠脾气虚动物模型	成都中医学院 罗光宇、黄秀凤、杨明钧、欧芳春、彭成	省科委科技进步三等奖	1989
	青银注射液的临床及实验研究	泸州医学院、省中药研究所 冯文宇、彭启灿、钱永龄、肖铭玉、李丙元	省科委科技进步三等奖	1989
	蚊虫驱避剂——复合香酊的研制	四川省医学科学院皮肤病防治研究所、寄研所、劳卫所 殷明坤、唐素华、廖廷锡、曹仲华、康中玉	省科委科技进步三等奖	1989
	5/6肾切除制作慢性肾功能衰竭动物模型	成都中医学院附院 易明娟、徐万慧、叶传蕙、谢子清、李进辉	省科委科技进步三等奖	1989
	斑蝥生物学特性的研究	省中医药研究院南川药物种植研究所 张含藻、胡国强、刘沙	省科委科技进步三等奖	1989
	鲜滩中药方治疗痫证的临床及实验研究	眉山鲜滩癫痫专科医院、省中药研究所、乐山卫生局、眉山县人民医院、眉山县中医院 曾俊辉、邓文龙、钟玉林、周育成、吉建勋	省科委科技进步三等奖	1989
	实验小动物活动节律自动记录及分析系统	成都中医学院1081总厂115设计所 宋开源、陈尔录、杨实、刘世炽、尤寿修	省科委科技进步三等奖	1989
	针刺复合小剂量硬膜外麻醉胃大部切除临床研究	成都中医学院附院、四川省人民医院、华西医大附一院、治县人民医院、绵竹县人民医院 秦必光、李德华、彭其芳、蒲顺礼、杨宗典	省科委科技进步三等奖	1989
	李仲愚杵针疗法经验整理研究	成都中医学院附院 李仲愚、钟枢才、杜辛、曾升平、刘全让、李淑仁	省科委科技进步三等奖	1989
	针术与躯体感受系统及调整体温关系的实验研究	省中医药研究院、临床医学研究所 董泉卢、董新民	省科委科技进步三等奖	1989
	青银注射液的临床实验研究	泸州医学院、省中药研究所 冯文宇、彭启灿、钱永龄、肖铭玉、李丙元	省中医管理局科技进步二等奖	1989

地区	研究课题	研究单位	获奖级别	年份
四川省	JP—1型经络皮部治疗	省中医药研究院针灸所、国营新兴仪器厂　李伯宁、陈有培、黄　蜀、魏　中、李　瑛	省中医管理局科技进步二等奖	1989
	《中医眼科学》	成都中医学院、成都中医学院附院　王明芳、廖品正、曾樨良、邓亚平、池秀云	省中医管理局科技进步二等奖	1989
	杵针疗法经验整理研究	成都中医学院　李仲愚、钟枢才、杜　辛、曾升平、刘全让、李淑仁	省中医管理局科技进步二等奖	1989
	《遵生八笺》校刊整理	成都中医学院　阙再忠、赵立勋、李莹珍、王大淳、李　戊	省中医管理局科技进步二等奖	1989
	速效枣仁安神胶囊	重庆医科大学、重庆中药厂、省中医药研究院中药所、重庆医科大学附一院、附二院、重庆市第二中医院、重庆南温泉工人疗养院　马有度、邹跃华、邓文龙	省中医管理局科技进步三等奖	1989
	珍珠七十丸移制试验	若尔盖藏医院　旦科、尼美、尕而桑、雷　勇	省中医管理局科技进步三等奖	1989
	多功能药检信息处理系统	凉山州卫生局凉山州药检所、凉山州医疗器械修配所　张仲义、李耕冬、罗显福、	省中医管理局科技进步三等奖	1989
	强身宝口服液用于虚证的治疗	成都市中医药研究所　胡鸿宾、冯菊龙、李洪成、童立英、丁培琳	省中医管理局科技进步三等奖	1989
	《喉科指掌》校刊整理	成都中医学院　熊大经	省中医管理局科技进步三等奖	1989
	《许叔微伤寒论三种》校刊整理	成都中医学院　陈治恒、傅元谋、刘　杨、翟慕东	省中医管理局科技进步三等奖	1989
	点校《医经溯洄集》	成都中医学院　章升懋	省中医管理局科技进步三等奖	1989
	《中医护理古籍整理研究》	成都中医学院附属医院　陈松慧、廖正烈、钟枢才、刘言正	省中医管理局科技进步三等奖	1989
	《金匮要略论注》点校	成都中医学院　邓明仲、张家礼	省中医管理局科技进步三等奖	1989
	鲜滩中药方治疗痫证的研究	眉山县鲜滩癫痫专科医院、省中医药研究院中药所、眉山县人民医院、眉山县中医院、乐山市卫生局　曾俊辉、邓文龙、钟玉林、周育成、吉建勋	省中医管理局科技进步三等奖	1989
	绞股兰开发利用研究	省中医药研究院　中药研究所车锡昌、鲁灵恩、陈泉生、朱果、范维衡	省中医管理局科技进步三等奖	1989
	四川五味子植物开发利用研究	省中医药研究院、中药研究所汤国华、陈古荣、赵萍萍、徐学民、肖铭玉	省中医管理局科技进步三等奖	1989
	中引86—1薏苡仁引种栽培技术研究	省中医药研究院药物种植所、重庆中药材公司北培公司　黄正方、赵忠云、谢德明、尤得水、孟中贵	省中医管理局科技进步三等奖	1989
	斑蝥生物学特性研究	省中医药研究院、药物种植所　张含藻、胡周强、刘　沙	省中医管理局科技进步三等奖	1989

地区	研究课题	研究单位	获奖级别	年份
四川省	六分之五肾切除制作大白鼠慢性肾衰模型	成都中医学院附属医院　易明娟、徐万慧、叶传蕙、谢子清、李进辉	省中医管理局科技进步三等奖	1989
	偏食法塑造大白鼠脾气虚动物模型	成都中医学院　罗光宇、黄秀风、杨明钧、欧芳春、彭　成	省中医管理局科技进步三等奖	1989
	温病卫气营血穴温变化的研究	泸州医学院　王德华、谢朝良、文佛生、徐应抒、李跃英	省中医管理局科技进步三等奖	1989
	青蒿油制剂治疗部分皮肤病研究	泸州医学院　冯文宇、郑久安、邱华荣、钱永龄、朱玉祥	省中医管理局科技进步三等奖	1989
	炮附子炮制工艺的研究	成都中医学院　徐楚江、杨明、沈映君、邹文铨、黄维良	省中医管理局科技进步三等奖	1989
	针刺小剂量硬膜外复合麻醉胃大部切除临床研究	成都中医学院附院、省人民医院、华西医大附一院、三台县人民医院、绵竹县人民医院　秦必光、李德华、彭其芳、蒲顺礼、杨宗典	省中医管理局科技进步三等奖	1989
贵州省	瘀证患者红细胞变形性及体外血栓研究	贵阳中医学院第二附属医院　陈治英、余登霞、庄生一、李雪梅、黄礼明	省科委科技进步四等奖	1989
	侗族医药搜集整理	黔东南人民医院、黔东南州民族医药研究所　陆科闵、王福荣、王名立、杨秀芳、王　政	省科委科技进步四等奖	1989
	福寿松花蛋的研制与临床药理及实验研究	贵阳中医学院、贵阳蛋禽食品加工厂、贵州省中医研究所、贵阳食品公司　谢宝贵、孟宪益、邓镜铣、李志伟、田世昌	省科委科技进步四等奖	1989
云南省	股骨颈内固定三棱针及打拔器	云南中医学院　曲　萍、房　兴	省科委科技小发明二等奖	1989
	云南省中药资源普查系列调查研究	云南省中药普查办公室	省人民政府科技进步二等奖	1989
	低焦油混合型安全卷烟研制	云南省中医药研究所及玉溪卷烟厂	省人民政府科技进步三等奖	1989
	地道"南药"微量元素研究	云南中医学院　王兴文、顾琼珠、孙少荣	省卫生厅中医药科研成果二等奖	1989
陕西省	应用电子计算机整理中医古籍的研究	陕西省中医药研究院　武长春、江汉栋、郭卫红、马飞生、高兰莉	省卫生厅、省中医管理局二等奖	1989
	《中国灸疗学》	陕西省中医药研究院、卫生部、北京中医学院、陕西中医学院　章逢润、耿俊英、史宇广、殷克敬、聂咏梅	省中医管理局二等奖	1989
	乙转灵治疗慢性乙型肝炎临床和实验研究	陕西省中医药研究院　张瑞霞　高军宏、成冬生、陈先喜	省中医管理局二等奖	1989
	复发性口疮中医辨证加耳针治疗及患者免疫功能与自身抗体的测定	西安医科大学口腔医院　刘书翰、赵振怀、付清川、王　筠	省中医管理局三等奖	1989
	BIP生物信息处理机	陕西省中医药研究院、西安交通大学　李金池、薛　枫、钱蓓娟、齐　龙	省中医管理局三等奖	1989
	《伤寒论研究文献摘要》	陕西中医学院　杜雨茂、蒋泽霖、管福海、乔宝璋、王宗柱	省中医管理局三等奖	1989

地区	研究课题	研究单位	获奖级别	年份
陕西省	中西医结合单纯胆囊切除不置引流的临床研究	西安医科大学　曹思之、党正祥、赵瑞国、关五娣、范培锡	省中医管理局三等奖	1989
	中西医结合治疗溃疡病急性穿孔临床研究	西安医科大学　赵瑞国、党正祥、龚铁群、曹思之、关五娣	省中医管理局三等奖	1989
	慢性布鲁氏杆菌病的中医辨证分型治疗	陕西中医学院、陕西省卫生防疫站　杜雨茂、胡德育、董正华、孙丁立、张复利	省中医管理局三等奖	1989
甘肃省	中药泄宁治疗溃疡性结肠炎的临床研究	甘肃省中医院　刘国安等	省卫生厅科技进步二等奖	1988
	乙型慢活肝中医治疗研究	甘肃省新医药学研究所　裴正学等	省卫生厅科技进步三等奖	1988
	中风病中医治疗研究——重用岷当归组方治疗中风病研究	甘肃省中医院　夏永潮等	省卫生厅科技进步三等奖	1988
	沙棘抗癌作用研究	甘肃省新医药学研究所　张培珍等	省卫生厅科技进步三等奖	1988
	沙棘民间单验方调查、总结验证	甘肃省新医药学研究所　石长栓等	省卫生厅科技进步三等奖	1988
	沙棘的药理与毒性研究	兰州医学院　张培模等	省卫生厅科技进步三等奖	1988
	甘肃省苦豆子药物资源和生物学特性的调查研究	甘肃省新医药学研究所　石长栓等	省卫生厅科技进步三等奖	1988
	沙棘营养成份和毒理学研究	甘肃省防疫站　徐明高等	省卫生厅科技进步三等奖	1988
	“中国高原花粉”口服液研制和生产	兰州医学院　赵承侠等	省卫生厅科技进步三等奖	1988
青海省	中医药防治慢性高原反应	青海省中医院　郭永惠	省科研成果三等奖	1989
宁夏回族自治区	枸杞基础医学研究	宁夏医学院、宁夏医科所、宁夏医学院附属医院、北京中医院、中国医科院、宁夏药检所	自治区科技成果三等奖	1988
	枸杞临床试验	宁夏医学院	自治区科技成果四等奖	1988
	枸杞药理试验	宁夏药品检验所、宁夏化工研究所、上海第一医学院、苏州医学院、苏州药品检验所	自治区科技成果四等奖	1988
	“赤栀黄合剂”为主治疗深度黄疸重症肝炎的临床观察	宁夏医学院传染病学教研室	区卫生厅科技成果一等奖	1988
	针麻腹股沟疝修补术临床与解剖的研究	宁夏医学院附属医院、宁夏医学院	区卫生厅科技成果二等奖	1988
	中西医结合治疗肝炎后肝硬变失代偿期107例的临床观察	宁夏医学院附属医院传染科	区卫生厅科技成果三等奖	1988
	大黄合剂对四氯化碳所致大白鼠肝脏损伤修复作用的组织化学和超微结构的研究	宁夏医学院	区卫生厅科技成果三等奖	1988
	苦豆子的7种生物硷对小鼠免疫功能的影响	宁夏医学院微生物教研室	区卫生厅科技成果三等奖	1988
	穿山龙治疗慢性布鲁氏病5868例疗效观察	宁夏地方病防治所	区卫生厅科技成果三等奖	1988
	槟榔、南瓜子合用治疗绦虫病用药剂量的研究	宁夏医学院中医教研室、宁夏医学院附属医院中医科	区卫生厅科技成果三等奖	1988

附注：省、市、自治区中医药科研获奖项目系根据各省市提供资料汇编

【出版、重印中医药书目】

类别 \ 项目	书　名	编著(译者)	出版单位	出版年月	开本	页数	价格(元)
中国医学	中国医学百科全书（中医基础理论）	任应秋主编	上海科学技术出版社	1989.9	16	261	7.60
	简明家庭中医百科全书	唐由之等主编	人民军医出版社	1988.12	32	609	6.95
	中医学概要（全国中等中医药学校教材）（供中药士专业用）	刘明德主编	江苏科学技术出版社	1988.9	16	234	3.25
	中医学概要（中国乡村医生教材）	宋桂琴、初航主编	人民卫生出版社	1989.7	32	447	4.40
	中医学概要（中等卫生职业学校教材）	郑国治主编	广西科学技术出版社	1989.9	16	256	6.20
	实用中医学（上册）*	北京中医医院、北京市卫生职工学院中医部编	北京出版社	1988.10	大32	683	精装 11.85 平装 9.35
	实用中医学（下册）*	北京中医医院、北京市卫生职工学院中医部编	北京出版社	1988.10	大32	654	精装 11.50 平装 8.85
	中医学三百题	《中医学三百解》编委会编	上海古籍出版社	1989.11	32	806	精装 10.30
	中国医学史（中医基础系列教材之二）	陈道瑾主编	上海科学技术出版社	1988.8	16	192	3.15
	中国医学史（高等医药院校教材）（供中医、中药、针灸专业用）*	甄志亚主编傅维康副主编	上海科学技术出版社	1989 4	16	147	2.25
	中国医学史纲	孔健民著	人民卫生出版社	1989.10	32	271	8.10
	陕西中医史话	《陕西中医史话》编写小组编写	陕西科学技术出版社	1987.12	32	139	1.40
	江西中医学院三十年	江西中医学院院史编写组编写	江西科学技术出版社	1989.4	32	160	1.95
	湖北中医学院院史	湖北中医学院编志办公室编	武汉出版社	1989.3	32	341	4.65
	云南中医学院院史（1960—1988）	张德厚主编	云南科学技术出版社	1989.6	32	264	6.00
	近代中西医论争史	赵洪钧编著	安徽科学技术出版社	1989.5	大32	288	4.00
	中国现代化研究	张士舜主编	黑龙江科学技术出版社	1989.6	32	338	5.50
	祖国医学之最述要	刘双柱编著	学术期刊出版社	1988.12	32	93	1.70
	易学十讲（医学与易学）*	邹学熹著	四川科学技术出版社	1988.10	32	154	1.50
	公众诊所	梁剑波著杨颖审校	科学普及出版社广州分社	1988.2	32	182	1.55
	中医自学丛书（第一分册　基础）*	杨医亚主编	河北科学技术出版社	1989.10	大32	190	2.70
	中医自学丛书（第四分册　方剂）*	杨医亚主编	河北科学技术出版社	1989.10	大32	410	5.20
	中医自学丛书（第七分册　金匮）*	杨医亚主编	河北科学技术出版社	1989.10	大32	568	7.00

类别＼项目	书名	编著(译者)	出版单位	出版年月	开本	页数	价格(元)
中国医学	中医自学丛书（第八分册 温病)*	杨医亚主编	河北科学技术出版社	1989.10	大32	270	3.60
	中医自学丛书（第十三分册 五官科)	杨医亚主编	河北科学技术出版社	1989.10	大32	289	3.25
	中医四大经典著作题解*	方兰清等编	江西科学技术出版社	1989.2	32	259	2.25
	中医科研知识集解	薛 涛编	陕西科学技术出版社	1988.2	32	283	2.30
	中医科研设计与统计方法（高等中医药院校协编教材）	贺石林主编	湖南科学技术出版社	1989.2	16	321	6 60
	中医问题研究（当代中医丛书）	侯占元编著	重庆出版社	1989.1	32	161	1.95
	中医入门指要	朱进忠主编	山西科学教育出版社	1987.12	32	518	4.00
	医学入门	(明)李挺著 邓必隆等校注	江西科学技术出版社	1988.9	大32	1422	精装 15.70
	中医生手册	广州中医学院《中医生手册》编写组编	广东科学技术出版社	1988.8	32	677	5.80
	中医实习手册	张载信主编	安徽科学技术出版社	1988.8	32	742	6.60
	中医药主题词表	高等医学院校《中医药主题词表》编写组编	北京科学技术出版社	1987.4	16	544	精装 10.50
	上海中医药指南	孟宪益主编	上海科学技术出版社	1989.9	32	311	4.05
	常用医学工具书手册	王顺清编著	重庆出版社	1988.7	32	217	2.30
	中国医籍字典	上海中医学院中医文献研究所编	江西科学技术出版社	1989.2	大32	530	精装 8.90
	简明中医古病名辞典	马汴梁主编	河南科学技术出版社	1988.12	32	248	4.80
	中医精华浅说(续一)	马有度等主编	四川科学技术出版社	1989.6	32	339	3.15
	中医文献学	薛凤奎主编	湖南科学技术出版社	1989.3	16	196	4.10
	古典医著选（全国中等中医药学校教材）（供中医士专业用	皮袭休主编	江苏科学技术出版社	1988.10	16	353	5.10
	敦煌古医籍考释	马继兴主编	江西科学技术出版社	1988.10	大32	508	精装 8.90
	敦煌医粹一敦煌遗书医药文选校释	赵健雄编著 徐鸿达 张士卿协编	贵州人民出版社	1988.12	大32	291	5.20
	古今图书集成医部全录（点校本）第二册医经注释(下)卷四七至卷七0）（中医古籍整理丛书）	(清)陈梦雷等编	人民卫生出版社	1988.5	16	540	精装 9.30

类别 \ 项目	书名	编著(译者)	出版单位	出版年月	开本	页数	价格(元)
中国医学	古今图书集成医部全录(点校本)第三册诊断(卷七一至卷九二)(中医古籍整理丛书)	(清)陈梦雷等编	人民卫生出版社	1988.5	16	590	精装 10.25
	近代中医珍本集(伤寒分册)	陆拯主编	浙江科学技术出版社	1988.8	大32	920	精装 10.00
	近代中医珍本集(妇科分册)	陆拯主编	浙江科学技术出版社	1989.6	大32	892	精装 15.00
	医古文(中等中医职业技术学校教材)	尤月云主编	湖南大学出版社	1989.2	16	244	5.30
	医古文(高等中医院校教学参考丛书)*	段逸山主编 赵辉贤副主编	人民卫生出版社	1989.3	16	755	14.75
	医古文(高等医药院校教材)(供中医、中药、针灸专业用)*	段逸山主编 赵辉贤副主编	上海科学技术出版社	1989.5	16	395	5.40
	医古文选读(全国高等中医院校函授教材)*	隋德俊主编	湖南科学技术出版社	1989.6	16	381	7.60
	医古文、中医基础理论、中医诊断学(湖南省高等教育·中医专业自考指导丛书)	湖南中医学院自考办公室主编	湖南科学技术出版社	1989.8	16	281	6.60
	医古文选译	徐永年等编	黑龙江科学技术出版社	1989.2	32	234	2.60
	医古文语法与修辞	高纪武编著	青海人民出版社	1987.11	大32	804	5.10
	医古文常用词解	白锦燕编著	内蒙古人民出版社	1988.6	大32	498	5.40
	中国历代名医百家传	张志远主编	人民卫生出版社	1988.11	32	211	2.10
	历代中医学家评析	姜春华编著 姜光华整理	上海科学技术出版社	1989.9	大32	348	6.00
	华佗神医秘传*	彭静山点校	辽宁科学技术出版社	1989.9	大32	342	5.35
	中医百家医论荟萃	黄自立编	重庆出版社	1988.7	大32	754	精装 8.95 平装 7.55
	山东名医论著选录(第一集)	张青林、张奇文主编 徐家安、孙昭水副主编	山东大学出版社	1988.11	大32	622	7.80
	盛国荣医学论文集	盛国荣著	厦门大学出版社	1988.6	32	372	3.50
	中医各家学说(高等医药院校教材)(供中医专业用)*	任应秋主编 裘沛然、丁光迪副主编	上海科学技术出版社	1989.4	16	289	4.05
	中医百家谈	卢祥之等编	科学技术文献出版社重庆分社	1989.4	32	433	6.40
	古令中医名言录	王侃、李文香编	甘肃科学技术出版社	1988.10	36	276	2.85

类别＼项目	书　　名	编著(译者)	出版单位	出版年月	开本	页数	价格(元)
中国医学	古代名医的学风与建树	龙月云编	湖南科学技术出版社	1988.12	32	183	1.90
	中医人名辞典	李云主编	国际文化出版公司	1988.5	32	967	精装 15.00
	闽台医林人物志（福建史志资料丛刊）	俞慎初主编	福建科学技术出版社	1988.8	32	161	1.90
	倡命门太极说的孙一奎（中国历代名医学术经验荟萃丛书）	魏子孝编著	中国科学技术出版社	1988.12	32	88	1.05
	活血化瘀名家王清任（中国历代名医学术经验荟萃丛书）	陈士奎、孙怡编著	中国科学技术出版社	1988.12	32	83	1.05
	荟萃温病学说的王士雄（中国历代名医学术经验荟萃丛书）	吴家清编著	中国科学技术出版社	1988.12	32	91	1.10
	普及中医的陈修园（中国历代名医学术经验荟萃丛书）	陈瑞春编著	中国科学技术出版社	1988.12	32	91	1.10
	倡导养阴的朱丹溪（中国历代名医学术经验荟萃丛书）	冷方南、王齐南编著	中国科学技术出版社	1988.12	32	103	1.20
	正传医学的虞抟（中国历代名医学术经验荟萃丛书）	朱建贵编著	中国科学技术出版社	1988.12	32	74	0.95
	倡火热论的刘完素（中国历代名医学术经验荟萃丛书）	徐岩春、傅景华编	中国科学技术出版社	1989.7	32	83	1.10
	博极医源的孙思邈（中国历代名医学术经验荟萃丛书）	赵健雄、郭　志编著	中国科学技术出版社	1989.7	32	86	1.10
	典要仲景学说的尤怡（中国历代名医学术经验荟萃丛书）	徐凌云、高荣林编著	中国科学技术出版社	1989.7	32	82	1.05
	金针拨障术大师黄庭镜（中国历代名医学术经验荟萃丛书）	高健生编	中国科学技术出版社	1989.8	32	93	1.20
	晚年从医一点通（一点通百科丛书）	王道坤、尹婉如编	甘肃人民出版社	1989.5	32	397	4.00
	您的中医顾问*	本书编写组编写	江苏科学技术出版社	1988.8	32	715	5.90
	医中百误歌浅说	马有度主编	人民卫生出版社	1989.10	32	223	3.05
	中医饮食忌口常识*	郑启明编著	广西人民出版社	1985.5	64	56	0.35
中医基础理论	中医基础学（全国中等中医药学校教材）（供中医士、中药士、中医护士、针灸医生专业用）	袁银根主编	江苏科学技术出版社	1988.6	16	224	2.75
	中医学基础（高等医药院校教材）（供药学、中药专业用）*	李向中主编	人民卫生出版社	1988.10	16	274	3.55

类别＼项目	书名	编著(译者)	出版单位	出版年月	开本	页数	价格(元)
中医基础理论	中医学基础（中等中医职业技术学校教材）	蔡朝鸿主编	湖南大学出版社	1989.1	16	189	3.80
	中医基础概论（乡村医生自学丛书）	许志忠主编 程振芳、李恒副主编	甘肃科学技术出版社	1988.5	16	133	2.61
	中医基础理论（高等中医院校教学参考丛书）	印会河、张伯讷主编	人民卫生出版社	1989.2	16	334	6.35
	中医基础理论（高等医药院校教材）(供中医、针灸专业用)*	印会河主编 张伯讷副主编	上海科学技术出版社	1989.4	16	145	2.20
	中医基础理论（上册）（英汉对照实用中医文库）	张恩勤主编	上海中医学院出版社	1989.6	大32	246	9.00
	中医基础理论（全国高等中医院校函授教材）*	李德新主编	湖南科学技术出版社	1989.6	16	167	3.55
	中医基础理论现代研究	陈达理、周立红编	上海中医学院出版社	1989.6	32	254	2.60
	中医理论现代研究（中医现代研究丛书）	沈自尹主编	江苏科学技术出版社	1988.6	16	368	7.80
	中医学基本常识及针灸学（全国中等卫生学校教材)(供卫生医士、口腔医士、护士、助产士专业用）	周萍主编、彭泽南主审	安徽科学技术出版社	1989.1	16	207	2.95
	中医全息论（当代中医丛书）	宋为民、吴昌国著	重庆出版社	1989.1	32	258	2.75
	中医学导论（中南五省中医学院教材）	黄吉棠主编	广东高等教育出版社	1988.9	16	150	3.40
	卫济宝书、集验背疽方（中医古籍整理丛书）	(宋)东轩居士撰 (宋)李　迅撰	人民卫生出版社	1989.10	大32	110	2.60
	韩氏医通（中医古籍整理丛书）	(明)韩　懋著 丁光迪点校	人民卫生出版社	1989.10	大32	51	1.35
	寿世保元*	(明)龚廷贤编	上海科学技术出版社	1989.8	大32	733	精装 11.30
	辨症玉函（明清中医珍善孤本精选二）	(清)陈士铎著	上海科学技术出版社	1989.5	32	252	3.65
	医学原始（明清中医珍善孤本精选三）	(清)王宏翰著	上海科学技术出版社	1989.6	32	430	6.05
	黄帝内经素问（白话中医古籍丛书）	崔月犁主编 王洪图编	中外文化出版公司 春秋出版社	1988.8	32	599	5.45
	新编黄帝内经纲目	李今庸主编	上海科学技术出版社	1988.11	16	572	精装 16.35
	内经讲义	郭　湉编著	人民卫生出版社	1989.6	32	630	10.25
	内经讲义（全国高等中医院校函授教材）*	傅贞亮主编	湖南科学技术出版社	1989.7	16	338	6.75
	内经讲义（高等医药院校教材)(供中医、针灸专业用)*	程士德主编 孟景春副主编	上海科学技术出版社	1989.10	16	211	2.95

类别 \ 项目	书名	编著(译者)	出版单位	出版年月	开本	页数	价格(元)
中医基础理论	内经类证论治	王进全、李玺主编	陕西科学技术出版社	1987.4	大32	477	3.95
	内经病证辨析	张吉、聂惠民编著	辽宁科学技术出版社	1988.11	32	453	5.15
	内经虚词用法简表	申鸿砚编著	河北科学技术出版社	1989.3	32	176	1.80
	灵枢经（白话中医古籍丛书）	崔月犁主编 宗全和编	中外文化出版公司 春秋出版社	1988.8	32	310	3.15
	难经（白话中医古籍丛书）	崔月犁主编 王洪图　烟建华编	中外文化出版公司 春秋出版社	1988.8	32	109	1.55
	难经校释*	南京中医学院校释	人民卫生出版社	1989.10	32	171	1.85
	中医生理入门（中医自学丛书）	邓铁涛、欧明主编	广东科学技术出版社	1989.4	32	197	2.40
	中医脏象学（中南五省中医学校教材）	张六通主编	湖北科学技术出版社	1988.7	16	158	3.15
	脏象学（中医基础系列教材之三）	王新华编	上海科学技术出版社	1988.9	16	185	3.10
	经络学（高等医药院校试用教材）(供针灸专业用)*	李鼎主编 肖少卿副主编	上海科学技术出版社	1989.10	16	115	1.85
	经络穴位解说*	靳瑞、杨锦森编著	科学普及出版社广州分社	1989.1	16	209	4.50
	折叠式经穴层次解剖图解（头颈部分）*	严振国主编	上海科学技术出版社	1988.7	折叠64		0.78
	折叠式经穴层次解剖图解（躯干部分）*	严振国主编	上海科学技术出版社	1988.7	折叠64		0.78
	折叠式经穴层次解剖图解（上肢部分）*	严振国主编	上海科学技术出版社	1988.7	折叠64		1.05
	折叠式经穴层次解剖图解（下肢部分）*	严振国主编	上海科学技术出版社)	1988.7	折叠64		0.78
	折叠式经穴层次解剖图解（中英穴名对照）	严振国主编	上海科学技术出版社	1989.8	32	22	0.45
	西方子明堂灸经　灸膏肓俞穴法	(宋)庄绰编 李鼎、吴自东校注	上海中医学院出版社	1989.4	32	184	1.95
	十二经六十六穴及奇经八穴的临床应用*	甘肃省中医学校张应泰编	甘肃科学技术出版社	1989.9	32	83	1.35
	《奇经八脉考》研究	湖北省中医药研究院医史文献研究院编	广东科学技术出版社	1988.6	大32	150	精装 5.00
	中医病理	赖畴等编著	广东科学技术出版社	1988.7	32	593	4.20
	病理学（高等医药院校教材）(供中医、针灸专业用)*	魏　民主编 李雪梅副主编	上海科学技术出版社	1989.5	16	181	4.15
	中医病机学（中南五省中医学院教材）	区永欣主编	广东高等教育出版社	1988.6	16	136	2.60

类别 \ 项目	书名	编著(译者)	出版单位	出版年月	开本	页数	价格(元)
中医临床学	实用中医临床手册	李德新主编	辽宁科学技术出版社	1989.3	32	1160	14.30
	中医临证手册	刘兰芳、刘典功编著	四川辞书出版社	1988.7	32	752	5.80
	临症见解*	广东省中医院编	人民卫生出版社	1989.10	32	51	0.65
	痛证论	罗仁、邓文均编著	华南理工大学出版社	1988.12	大32	219	3.00
	活血化瘀文摘专集(1949～1986)	唐文华主编	上海医科大学出版社	1989.2	16	767	18.00
	中医临证三字诀	胡翘武、胡国俊编著	安徽科学技术出版社	1988.6	32	210	1.65
	医学三字经白话解*	北京中医学院中药教研组编	人民卫生出版社	1988.8	32	77	0.56
	中医证候辨治轨范	冷方南主编	人民卫生出版社	1989.2	32	360	6.00
	提高中医疗效的方法*	贾何先、王辉武编著	重庆大学出版社	1989.1	32	212	2.00
	乡村医生中医临床顾问	张奇文、朱鸿铭编著	山东科学技术出版社	1989.7	32	276	3.00
	中医诊断学(高等医药院校教材)(供中医针灸专业用)*	邓铁涛主编 郭振球副主编	上海科学技术出版社	1989.10	16	205	2.90
	中医诊断学(高等中医院校教学参考丛书)*	邓铁涛主编 郭振球副主编	人民卫生出版社	1989.9	16	701	13.90
	中医诊断学(全国高等中医院校函授教材)*	湖南中医学院主编	湖南科学技术出版社	1989.6	16	196	4.10
	中医诊断学(中医专业自学考试指导丛书)*	成都中医学院自考办公室编	四川科学技术出版社	1989.6	32	178	2.10
	中医诊疗基础(乡村医生自学丛书)	许志忠主编 程振芳、李恒副主编	甘肃科学技术出版社	1988.5	16	99	2.02
	证治概要*	欧阳锜著	人民卫生出版社	1988.12	32	443	3.35
	中医数值诊断与论治方元	江荣禧著	广西科学技术出版社	1989.5	32	215	2.75
	中医疾病证候辞典	王雨亭等著	人民军医出版社	1988.6	32	374	3.90
	辨证录	(清)陈士铎著 王永谦点校	人民卫生出版社	1989.10	大32	893	精装 31.45
	中医难症论治	熊寥笙著	重庆出版社	1988.7	32	152	1.25
	中医诊断心法(中医心法丛书)	程绍恩等编著	北京科学技术出版社	1988.9	32	197	2.00
	辨证论治心法	程绍恩、王贵臣编著	北京科学技术出版社	1987.9	32	125	0.80
	证治心法要诀*	卢第编著	青海人民出版社	1988.6	大32	469	3.40
	中医证候鉴别诊断学*	赵金铎主编 张镜人、张震副主编	人民卫生出版社	1989.7	16	589	11.85

类别＼项目	书名	编著(译者)	出版单位	出版年月	开本	页数	价格(元)
中医临床学	脉学阐微*	邢锡波著	河北科学技术出版社	1988.12	32	86	0.90
	脉经校释*	福州市人民医院校释	人民卫生出版社	1988.8	32	694	4.55
	观甲诊病	覃保霖、覃自容著	广西民族出版社	1988.11	32	92	1.35
	问诊（诊断丛书）	李文旭编	科学普及出版社广州分社	1987.10	32	171	1.10
	中医舌诊*	北京中医学院中医系中医基础理论教研室编	人民卫生出版社	1989.8	32	95	1.05
	脏腑辨证与临床应用	范世凯、平兆愈编著	山西科学教育出版社	1988.3	32	186	1.80
中医治疗学	简易中医疗法*	湖南省中医药研究所编	人民卫生出版社	1988.11	32	132	1.10
	常见病简易疗法手册	范正祥主编	人民卫生出版社	1988.12	32	397	4.30
	中国民间疗法	刘道清主编	中原农民出版社	1987.12	大32	1125	精装 11.50
	常见病症中草药自我疗法*	陈远志等编	福建科学技术出版社	1988.7	32	211	1.30
	中医推拿学*	上海中医学院编	人民卫生出版社	1989.8	16	352	7.40
	推拿学（高等医药院校教材）(供针灸专业用)*	俞大方主编	上海科学技术出版社	1989.10	16	256	3.65
	家庭简易推拿	金义成著	福建科学技术出版社	1989.4	32	158	1.70
	家庭简易推拿法*	臧福科等编	河北科学技术出版社	1988.12	32	175	1.60
	推拿疗法与医疗练功*	安徽医学院附属医院运动医学科编著	人民卫生出版社	1989.8	32	376	3.80
	推拿速成手册	潘崇海等编	上海科学技术出版社	1989.9	32	303	3.85
	推拿挂图*	栾长业编、施术刘振清摄影	山东科学技术出版社	1988.5	对开	6	7.00
	实用推拿手法彩色图谱	孙树椿主编	中国医学科技出版社	1988.8	16	173	精装 17.00
	按摩推拿手法萃锦	李茂林编著	人民卫生出版社	1989.7	32	363	5.30
	按摩学基础（全国盲人按摩专业统编教材）	刘成编写	华夏出版社	1989.8	16	56	2.80
	内科按摩学（全国盲人按摩专业统编教材）	杨永谦编写	华夏出版社	1989.8	16	94	3.90
	伤科临床推拿法*	沈跃生等编著	金盾出版社	1989.8	32	240	4.90
	伤科按摩学（全国盲人按摩专业统编教材）	郁国民编写	华夏出版社	1989	16	176	6.55
	新法按摩治疗软组织损伤	张增俭编著	河北科学技术出版社	1988.12	32	76	0.90

类别 \ 项目	书名	编著(译者)	出版单位	出版年月	开本	页数	价格(元)
中医治疗学	伤筋民间手法治疗*	李昌仪编著	广西人民出版社	1988.4	64	61	0.35
	妇科按摩学（全国盲人按摩专业统编教材）	刘冠玮等编写	华夏出版社	1989.8	16	32	1.95
	小儿推拿图解	金义成编	上海科学技术文献出版社	1988.8	全张		塑料袋装 2.50
	儿科按摩学（全国盲人按摩专业统编教材）	吴振廷编写	华夏出版社	1989.8	16	46	1.85
	李墨林按摩疗法	李墨林、陶甫合著	人民卫生出版社	1989.9	32	231	2.40
	简易自我按摩疗法*	严明森著	福建科学技术出版社	1988.5	32	60	0.40
	自我按摩与家庭保健	徐文、崔秀荣编	湖北科学技术出版社	1988.7	32	195	1.75
	自我保健按摩	石禾、逌清编	湖南科学技术出版社	1989.7	32	88	1.20
	美容健康经穴按摩（全身系列成套手法）	卜义长著	人民体育出版社	1988.12	32	143	1.90
	按摩与抓痧*	林惠珍编著	福建科学技术出版社	1989.3	32	95	1.15
	老年健身圈穴位按摩操	丁言沁等编写	上海科学技术出版社	1989.4	32	67	0.80
	点穴按摩与时间治疗	狄建新编著 段生银整理	甘肃科学技术出版社	1989.4	32	84	0.96
	疏通经络点穴法	徐裕才、黄为民编著	科学出版社	1989.10	32	164	2.50
	少林点穴法穴位挂图	德虔标穴 冯增欣绘图	北京体育学院出版社	1988	3	4	袋装 1.80
	点穴疗法*	黄鼎坚编著	广西科学技术出版社	1989.2	32	88	1.10
	点穴疗法(英文)	贾立惠、贾兆祥编著 钱佩德等译	山东科学技术出版社	1988	大32	303	12.50
	穴位药物注射疗法	刘建洪、何冬梅编著	江西科学技术出版社	1989.4	32	214	2.20
	穴位贴药疗法*	王肖岩著	湖南科学技术出版社	1989.7	32	93	1.35
	穴敷疗法聚方镜	莫文丹编著	广西民族出版社	1988.8	32	336	2.60
	实用耳穴诊治学手册	古励、周立群编著	山西科学技术出版社	1989.6	32	138	2.25
	实用耳穴诊疗法	杨传礼编	对外贸易教育出版社	1989.6	32	176	2.50
	耳压祛痰疗法	陈克编	上海翻译出版公司	1989.1	32	102	1.60
	穴位磁场疗法	侯升魁编著	宇航出版社	1989.3	32	91	1.00
	中药贴敷疗法	张树生等编著	中国医药科技出版社	1988.4	32	520	4.20
	中医药物贴脐疗法	谭支绍编著	广西科学技术出版社	1989.8	32	268	3.40

类别 \ 项目	书名	编著(译者)	出版单位	出版年月	开本	页数	价格(元)
中医治疗学	中国民间敷药疗法	刘光瑞、刘少林著	科学技术文献出版社	1988.12	32	147	1.65
	针灸学(全国中等中医药学校教材)(供中医士、中医护士专业用)	王新明主编	江苏科学技术出版社	1988 6	16	252	3.20
	针灸学(高等中医院校教学参考丛书)	杨甲三主编	人民卫生出版社	1989.1	16	895	18.35
	针灸学(中医专业自学考试指导丛书)	杨介宾编	四川科学技术出版社	1989.5	32	155	1.95
	针灸学(高等医药院校教材)(供中医专业用)*	邱茂良主编 张善忱副主编	上海科学技术出版社	1989.10	16	328	4.70
	简明针灸学(高等西医院校教材)	周荣兴、李复峰主编	黑龙江教育出版社	1989.1	16	130	2.75
	针灸学简编*	中医研究院编	人民卫生出版社	1989.8	大32	414	5.00
	简明中国针灸	潘朝曦、张铭编著	同济大学出版社	1989.8	大32	275	3.80
	中国针灸学概要*	北京中医学院等编	金盾出版社	1989.5	16	208	9.00
	针灸秘验*	彭静山、费久治著	辽宁科学技术出版社	1989.9	32	258	3.05
	针灸腧穴学	杨甲三主编	上海科学技术出版社	1989.10	16	593	20.80
	腧穴学(高等医药院校试用教材)(供针灸专业用)*	杨甲三主编 曹一鸣副主编	上海科学技术出版社	1989.10	16	199	2.90
	常用腧穴临床发挥*	李世珍著	人民卫生出版社	1989.9	32	973	精装 10.70
	针灸(中医入门丛书)*	杨医亚编著	人民卫生出版社	1988.12	32	184	2.20
	针灸常识(全国中等藏医学校试用教材)	王占斌主编	青海人民出版社	1988.11	16	74	1.20
	针法灸法学(高等医药院校教材)(供针灸专业用)*	奚永江主编 司徒铃副主编	上海科学技术出版社	1989.4	16	118	1.85
	针灸学理论与实践	孙永沛编著	黑龙江科学技术出版社	1989.6	32	532	6.30
	子午流注传真	王立早编著 单玉堂审校	江西科学技术出版社	1989.2	大32	154	2.30
	子午流注与灵龟八法(修订本)*	郑魁山编著	甘肃科学技术出版社	1989.9	32	149	1.90
	中国针灸大全(上编、针灸学基础)	王雪苔主编	河南科学技术出版社	1988.10	16	631	12.00
	实用针灸大全	刘汉银编著	北京出版社	1988.11	32	487	6.25
	袖珍针灸手册	王云凯等编	河北科学技术出版社	1988.12	64	410	2.50
	针灸大辞典*	程宝书主编	北京科学技术出版社	1988.12	16	579	精装 15.00
	中国针灸史话(英文)*	傅维康著	外文出版社	1988	32	36	1.00

类别＼项目	书　名	编著(译者)	出版单位	出版年月	开本	页数	价格(元)
中医治疗学	中国针刺麻醉发展史	张　仁著	上海科学技术文献出版社	1989.3	32	87	1.60
	针灸穴名国际标准化手册（中、英文对照）	王德深编	人民卫生出版社	1988.9	16	159	4.55
	针灸穴名解*	高式国著	黑龙江科学技术出版社	1989.3	32	141	1.95
	实验针灸学实验指导	林文注主编	上海中医学院出版社	1989.6	大32	169	2.25
	针灸取穴法（英文）*	杨甲三编 孟宪坤、李学武译	外文出版社	1988	16	72	3.55
	针灸简易取穴法	黎文献等编	科学普及出版社广州分社	1988.7	大32	296	3.40
	针灸腧穴主治歌	诸成炎编著	陕西科学技术出版社	1988.7	32	179	1.70
	中国针灸最佳时间治疗学（英文）	刘炳权著、王齐亮译	山东科学技术出版社	1989	16	125	精装 15.00
	中国针灸荟萃（针灸治疗卷上册）	邱茂良主编	湖南科学技术出版社	1988.9	16	398	精装 12.10 平装 9.70
	针灸集锦（修订本）	郑魁山编著	甘肃科学技术出版社	1988.12	大32	503	6.35
	中医针法集锦	刘冠军主编	江西科学技术出版社	1988.10	大32	1066	精装 13.50
	针灸医籍选（高等医药院校试用教材）(供针灸专业用)*	靳瑞主编 郭诚杰副主编	上海科学技术出版社	1989.4	16	170	2.45
	中国针灸治疗学	邱茂良主编	江苏科学技术出版社	1988.11	16	613	12.80
	针灸治疗学（高等医药院校试用教材）(供针灸专业用)*	杨长森主编　何树槐副主编	上海科学技术出版社	1989.4	16	225	3.10
	中国灸疗学	章逢润、耿俊英主编	人民卫生出版社	1989.2	16	522	精装 13.35
	针术临床实践*	陈积祥主编	陕西科学技术出版社	1987.5	32	316	2.10
	针灸实验录*	申倬彬著	陕西科学技术出版社	1987.7	32	208	1.40
	现代针灸医案选*	刘冠军编	人民卫生出版社	1988.8	32	440	3.35
	实用针灸医案选	周志杰著	陕西科学技术出版社	1988.12	32	217	2.60
	各家针灸学说（高等医药院校试用教材）(供针灸专业用)*	魏稼主编	上海科学技术出版社	1989.10	16	104	1.70
	常见病症的针灸辨证施治	徐恒泽等编著	人民卫生出版社	1988.12	32	170	1.90
	200种常见疾病的针灸治疗	张剑秋等编	上海科学技术出版社	1989.3	32	169	2.10

类别 \ 项目	书　名	编著(译者)	出版单位	出版年月	开本	页数	价格(元)
中医治疗学	针灸歌括一百首	彭述宪编著	陕西科学技术出版社	1987.8	32	67	0.63
	新编针灸治疗歌诀	周志杰、刘秀旭编著	陕西科学技术出版社	1988.10	32	202	2.25
	急症针灸集验	方吉庆等编	山东科学技术出版社	1988.8	32	119	1.00
	急症针灸	张仁编著	人民卫生出版社	1988.5	32	370	2.50
	针灸防治哮喘	邵经明编著	上海翻译出版公司	1988.3	32	100	1.30
	针灸防治菌痢	邱茂良编著	上海翻译出版公司	1988.3	32	83	1.15
	针灸防治病毒性肝炎	邱茂良编著	上海翻译出版公司	1988.7	32	82	1.25
	针灸防治肾及输尿管结石	朱中义编	上海翻译出版公司	1989.6	32	84	2.00
	眼科针灸疗法	李贺诚编著 冯宗榴、李儒珍审校	科学普及出版社广州分社	1987.5	32	266	1.75
	针刺戒烟(英文)	孙学全著 萧　珙等译	中国山东科学技术出版社	1988	32	192	
	针灸验方	张文进编著	山西科学教育出版社	1988.12	32	308	3.50
	微针疗法（当代中医丛书）	郭长青等编著	重庆出版社	1989.1	32	229	2.60
	小宽针针刺综合疗法	黄荣发、黄东平编写	河南科学技术出版社	1989.2	32	225	2.10
	经络电冲击疗法文集	中国经络电子医疗保健研究会编	山西科学教育出版社	1989.2	32	255	3.60
	针灸气功经穴图谱（英汉文对照）*	本社编、潘远根译、周颖绘	湖南科学技术出版社	1989.9	32	150	3.20
	中国民间刺血术*	刘少林著	科学技术文献出版社重庆分社	1989.2	32	216	1.90
	四季药膳(《卫生知识》丛书第二辑	马有度、包明儒编著	重庆出版社	1988.8	32	70	0.62
	大众药膳（修订本)*	彭铭泉、杨　帆编	四川科学技术出版社	1989.4	32	347	3.60
	大众四季药膳	彭铭泉、彭　红编著	四川科学技术出版社	1989.2	大32	399	5.40
	中国药粥谱*	乐依士、王献华编著	辽宁科学技术出版社	1989.3	大32	226	2.40
	四时八节饮食保健	徐敬武、白赝编著	中国食品出版社	1988.9	32	245	2.30
	滋补中药保健菜谱（增订本)	黄德燧编著	科学技术文献出版社重庆分社	1988.10	32	250	2.10
	补益药治病与健身	吴　涛编	江西科学技术出版社	1988.11	32	252	2.00
	中国药茶	张宏俊等编著	人民卫生出版社	1989.2	32	196	2.20

类别＼项目	书名	编著(译者)	出版单位	出版年月	开本	页数	价格(元)
中医治疗学	中国药酒（家庭保健丛书）	梁颂名、徐怀玉编	科学普及出版社广州分社	1988.3	32	281	2.40
	补身必读	黄木坤著	广东科技出版社	1989.5	32	319	3.80
	饮食须知（中医古籍整理丛书）	(元)贾铭著 程绍恩等点校	人民卫生出版社	1988.11	大32	82	1.40
	防治心血管病的饮食*	冯德编著	中国食品出版社	1988.4	32	206	1.70
	癌症的中医饮食调养	周岱翰著	广东高等教育出版社	1988.8	32	137	1.60
	能治病的蔬菜与水果(《卫生知识》丛书第二辑)	董天恩、董洪涛编著	重庆出版社	1988.5	32	91	0.70
	水果与医疗	李荣和等编著	北京科学技术出版社	1988.9	32	208	2.00
	饮食与中老年保健	范世凯编著	山西科学教育出版社	1988.6	32	129	1.00
	老年营养与食疗（老龄知识丛书）	索颖编著	北京师范学院出版社	1988.6	大32	264	2.70
	体质食疗学	匡调元著	上海科学技术出版社	1989.12	32	76	1 15
	中医食疗法（全国中等中医药学校教材）	刘继林等编	山东科学技术出版社	1988.8	16	186	2.30
	饮食疗法（合集）*	胡海天、梁剑辉编	广东科技出版社	1989.4	32	454	4.80
	饮食疗法	韩文领等编著	宁夏人民出版社	1989.4	32	231	2.25
	食物疗法精萃*	王桢编著	山西科学教育出版社	1987.8	32	488	2.10
	简明饮食治疗手册	王慕同主编	中国食品出版社	1989.5	32	525	5.60
	营养疗法	林筱海等编	科学普及出版社广州分社	1988.2	32	310	2.40
	食疗便方	洪明远等编	福建科学技术出版社	1989.8	32	269	2.80
	常见病饮食疗法*	曹武君、刘展羽编著	金盾出版社	1988.10	32	306	3.80
	神经衰弱疗养食谱*	陈存红著	香港宏业书局、广西民族出版社	1988.11	32	156	1.50
	中医小儿食物保健疗法	梅玛力　李秋英编著	世界图书出版公司	1989.2	32	193	3.10
	中国传统食疗与健美	连汝安、刘正才编著	中国和平出版社	1989.	32	142	1.85
	食物养生180题	孟庆轩、陈国珍编著	金盾出版社	1989.2	32	196	3.00
	中国养生大全(上下册)	张有寯主编 陈祖瑞副主编	天津人民出版社	1988.11	32	1200	12.55
	中医养生学（中医养生康复系列丛书）	刘占文等编写	上海中医学院出版社	1989.1	大32	475	5.80
	中医养生学	韩　冰、葛　琦	天津教育出版社	1989.4	32	182	2.45
	古代养生杂谈	主编曲祖贻编著	北京出版社	1989.4	32	160	1.85

项目 类别	书　名	编著(译者)	出版单位	出版年月	开本	页数	价格(元)
中医治疗学	养生类纂 类修要诀	(宋)周守忠纂集 韩靖华校点 (明)胡文焕辑、孙炜华校点	上海中医学院出版社	1989.9	32	198	2.30
	中老年养生手册	刘茂甫著	陕西人民出版社	1989.3	23	220	2.50
	老年养生之道	赵继承编著	福建人民出版社	1989.2	32	194	2.20
	养生四十讲*	袁云、谢坤编著	上海文化出版社	1989.5	32	164	1.45
	实用养生法*	曲　元编著	甘肃人民出版社	1989.9	32	121	1.35
	古今男女养生精要（大众保健丛书之三）	王　勋主编	国际文化出版公司	1988.11	32	305	2.70
	咽唾养生	周荣基著	巴蜀书社	1989.4	32	101	1.05
	意拳养生法*	晏耀辉著	人民卫生出版社	1989.8	32	84	0.91
	中医保健顾问	张志真、郭世滋等编	世界图书出版公司	1989.2	32	287	3.95
	趣味保健疗法（大众保健丛书之一）	王　勋主编	国际文化出版公司	1988.6	32	310	2.45
	传统体育保健	山东省高校《传统体育保健》编写组编写	石油大学出版社	1988.12	大32	309	3.15
	男女回春秘诀	竺晓兰编	鹭江出版社	1989.6	32	140	1.90
	腰痛防治体操*	(日) 岩仓博光著、张建华译	广东科技出版社	1987.10	32	77	0.50
	中医长寿学	王其飞主编	辽宁科学技术出版社	1989.3	32	680	6.95
	长寿秘诀选注	张奇文主编	山东科学技术出版社	1988.10	32	188	精装 3.75 平装 1.85
	养生与长寿（中外健康长寿经验集锦）	石一仁编	民族出版社	1989.9	32	202	2.95
	中国道家秘传养生长寿术*	边治中著	黑龙江人民出版社	1988.7	36	117	1.40
	道教气功养生学	李远国著	四川省社会科学院出版社	1988.6	32	582	4.50
	边氏功法（中国道家秘传养生长寿术）	边治中著	农村读物出版社	1988.8	32	180	2.15
	先天一元气功（中国道家古气功功法）	陈炎烽等著	广东科技出版社	1989.1	32	183	2.50
	医学气功入门	王若水等编著	上海科学技术出版社	1989.8	32	165	2.80
	气功强身法（修订本）*	蒋敏达等编	上海教育出版社	1989.7	32	124	0.98
	气功与强身治病	黄孝宽编著	北京体育学院出版社	1988.10	32	239	2.10
	马家气功——强身、治病*	马春著	山西人民出版社	1987.8	32	80	0.60
	武当保健医疗气功（科普保健丛书）*	孙海云编著	上海交通大学出版社	1989.7	32	121	1.50
	养气功健身法*	马礼堂著	人民体育出版社	1988.12	32	150	1.70

类别 \ 项目	书　名	编著(译者)	出版单位	出版年月	开本	页数	价格(元)
中医治疗学	马礼堂养气功（中央电视台电视讲座教材）	马礼堂主讲	学术期刊出版社	1988.10	32	128	1.90
	养气功*	马礼堂主讲	湖北科学技术出版社	1988.11	32	366	4.30
	养气功问答与实践——附六字诀、洗髓金经、太极功*	马礼堂编著	人民体育出版社	1988.12	32	183	2.00
	马礼堂养气功荟萃*	马礼堂著	湖南科学技术出版社	1989.3	32	292	精装 4.80 平装 3.95
	太湖气功养生法*	李志如编著 袁洪业整理	福建科学技术出版社	1989.3	32	235	2.35
	百症练功指南——养生功练习法	孙真主编	人民军医出版社	1989.5	32	149	2.30
	导引养生功全书（功法卷上）(炎黄文化丛书)	张广德编	山东文艺出版社	1988.2	32	320	3.85
	保健气功	薛文智、唐世林编	中国人民大学出版社	1989.5	32	180	2.40
	简易健身功法*	黄民杰等编著	福建科学技术出版社	1989.4	32	264	2.90
	中老年简易气功图解	袁子府编	江苏科学技术出版社	1989	折叠32		0.55
	中老年健身功法精选	姚　明主编	学苑出版社	1988.12	32	148	1.90
	强身祛病实用气功	王寅、张宝英编著	山西科学教育出版社	1988.9	32	358	4.25
	实用气功疗法问答	赵宝峰编著	河北科学技术出版社	1989.8	32	246	3.00
	气功疗法集锦（四）	陶秉福、杨卫和编	人民卫生出版社	1989.5	32	495	4.65
	气功疗法100问*	赵宝峰编著	甘肃人民出版社	1989.7	32	95	1.30
	气功治病200例	司徒可传编	广西民族出版社	1988.8	32	291	2.50
	中国气功处方百法	董刚昭编著	广东高等教育出版社	1989.7	32	309	3.95
	气功外气疗法	王　寅编著	山西科学教育出版社	1987.8	32	203	1.75
	气功自控快速疗法	张明武编著	民族出版社	1989.11	32	227	2.40
	太极彩球气功与常见病的防治	陈威生编	广东科技出版社	1988.9	32	118	1.70
	简明气功疗法——治疗常见病	陈宝年编	陕西人民出版社	1989.5	32	122	1.68
	对症气功（人体生命再生工程一期辅册）	韩秋生编著	鹭江出版社	1989.1	大32	252	3.00
	自控气功——防治肿瘤的有效功法	张明武著	科学出版社	1988.12	大32	46	0.65
	癌症的气功防治（医疗气功丛书）	杨增顺主编	河北科学技术出版社	1989.6	32	232	2.50
	抗寒气功术	左建设著	陕西科学技术出版社	1988.4	32	39	0.60

类别 \ 项目	书　　名	编著(译者)	出版单位	出版年月	开本	页数	价格(元)
中医治疗学	中国民间武功治病锦方	《武林》编辑部编辑	科普出版社广州分社	1988.9	32	170	1.60
	健美减肥气功疗法*	周士渊等编	清华大学出版社	1989.9	32	108	1.80
	气功美容法（现代人丛书）	吴真谛著	民族出版社	1988.12	32	129	1.55
	中华气功学	胡春申著	四川大学出版社	1989.4	16	365	精装 8.50 平装 7.20
	中华气功（第四辑：常用医疗保健气功）*	吴根富、章胜利编著	浙江科学技术出版社	1989.2	32	110	1.00
	中华气功精选（一）	吕凤刚主编	轻工业出版社	1989.4	32	448	5.00
	中华气功精选（二）	吕凤刚主编	轻工业出版社	1989.4	32	492	5.70
	中华奇功（上）	刘晓河著	学苑出版社	1988.10	32	246	2.55
	中华奇功（下）	吴鑫编	学苑出版社	1988.10	32	204	2.00
	中华益智气功	陈永灿编	江苏科学技术出版社	1989.7	32	250	2.90
	气功精选*	金冠等编	人民体育出版社	1988.12	32	435	4.00
	中国流行气功选*	邱陵编	广东科技出版社、万里书店有限公司	1989.7	32	306	3.80
	中国流行气功选续篇*	邱陵编	广东科技出版社、万里书店有限公司	1989.3	32	218	2.80
	中国古代气功选注	邱陵编	广东科技出版社	1988.12	32	181	2.10
	慎真篇三家注（中国气功丛书）	(宋)张伯瑞著 (清)董德宁等注 史平点校	华夏出版社	1989.5	大32	269	4.65
	中国气功史	李志庸编著	河南科学技术出版社	1988.6	大32	447	5.50
	中国气功学术发展史（中国气功养生学第一卷）	王卜雄、周世荣著	湖南科学技术出版社	1989.7	大32	518	精装 9.80 平装 8.20
	中国气功心理学	王极盛著	中国社会科学出版社	1989.5	32	342	4.30
	中国气功辞典*	吕光荣主编 吴家骏副主编	人民卫生出版社	1989.10	16	529	精装 16.40
	气功传统术语辞典	四川省国医气功研究所编	四川科技出版社	1988.8	32	527	5.30
	实用医学气功辞典	马济人编	上海科技出版社	1989.9	32	555	精装 9.00
	凡人神功（记著名气功大师赵学忠）	黄　旭等编	新时代出版社	1989.4	32	170	4.00
	中国气功萃义	吉良晨著	学苑出版社	1989.1	大32	151	2.50
	中国气功心理学	王极盛著	中国社会科学出版社	1989.5	大32	342	4.30
	气功教程	嘉　樵编	东北工学院出版社	1989.2	32	117	1.80
	气功秘旨*	莫文丹著	广西科学技术出版社	1989.5	32	374	3.40

类别 \ 项目	书名	编著(译者)	出版单位	出版年月	开本	页数	价格(元)
中医治疗学	气功导论	曹建主编	高等教育出版社	1989.5	大32	279	3.45
	气功入门	张六通主编	科学普及出版社	1989.6	32	342	4.00
	气功入门(续集)	余楠等主编	学苑出版社	1988.11	32	280	3.70
	气功新十三式	吴兆祥著	人民体育出版社	1989.9	32	49	1.20
	怎样练好自发动功	姚雨山著	广东科技出版社	1989.4	32	90	1.80
	气功练功要领	严新著	科学出版社	1988.12	大32	46	0.65
	中老年简易气功图解	袁子府编	江苏科学技术出版社	1989.	折叠32开		0.55
	中国功法百家	董刚昭主编	广东高等教育出版社	1988.10	32	631	6.50
	少林气功内劲一指禅*	王瑞亭著	陕西科学技术出版社	1988.2	32	102	0.95
	少林气功内劲一指禅功法(初级班、提高班教材)	王瑞亭、阙巧根编著	陕西科学技术出版社	1988.8	32	249	2.95
	少林正宗气功	德虔编著	北京体育学院出版社	1988.8	32	100	1.30
	少林气功(修订本)(少林武术集锦)*	德禅法师传授 德虔、德炎、德伟整理	河南科学技术出版社	1988.8	32	46	0.55
	少林气功*	林厚省编著	广东科技出版社 万里书店有限公司	1988.10	32	74	1.00
	少林秘传绝技练功法	吴佳明编	福建科学技术出版社	1989.1	36	193	1.55
	少林内气外放功	姜立中、林舜容编著	同济大学出版社	1989.6	32	164	1.80
	少林十大健身功法	秦庆丰编著	人民体育出版社	1989.8	32	218	4.00
	当代科学新天地——严新气功介绍*	明真编著	新华出版社	1988.9	32	318	3.60
	瑰宝之光——严新与气功*	钱 成 周新编	工人出版社	1989.3	32	353	4.20
	严新气功现象	李伦编著	北京工业大学出版社	1989.1	32	358	5.10
	严新、功法、故事、童子长寿九步功、九心轮内功图解	辽宁省气功科学研究会《美术大观》编辑部编	辽宁美术出版社	1989.4	16	96	4.50
	中国鹤翔庄气功*	赵金香著	北京出版社	1989.5	32	326	4.15
	鹤翔庄气功修炼指南	王美芝、陈英茨编	学苑出版社	1989.1	32	202	2.10
	中国自在气功*	赵金香著	北京出版社	1989.1	32	252	3.85
	八分钟气功(后元功)	上海市总工会宣教部编绘	上海中医学院出版社	1988.12	折叠式88	4	1.00
	八分钟气功(鹰形功)	上海市总工会宣教部等编绘	上海中医学院出版社	1988.12	折叠式88	4	1.00
	八分钟气功(龙形功)	上海市总工会宣教部等编绘	上海中医学院出版社	1988.12	折叠式88	4	1.00

类别 \ 项目	书名	编著(译者)	出版单位	出版年月	开本	页数	价格(元)
中医治疗学	八分钟气功（鹤形功）	上海市总工会宣教部等编绘	上海中医学院出版社	1988.12	折叠式88	4	1.00
	八分钟气功（虎形功）	上海市总工会宣教部等编绘	上海中医学院出版社	1988.12	折叠式88	4	1.00
	一分钟脐密功	张弘强、杜文杰编著	甘肃科学技术出版社	1988.12	64	140	0.68
	藏密气功	中国气功科学研究会藏密气功研究会编	求实出版社	1989.7	32	147	2.70
	通经功*	杨启编著	广东科技出版社	1988.8	32	88	0.95
	松身功	陈少莲、曹美宝著	百家出版社	1988.10	32	38	0.59
	益智延年内劲功	张木森编	科学出版社	1988.11	32	124	1.75
	开智功（青少年气功系列读物）	袁海龙编	陕西人民出版社	1989.2	32	172	2.00
	虚明功（中国传统气功）*	田宏计、远天宇著	河北科学技术出版社	1989.3	32	374	3.30
	万苏建八卦循导功	万苏建等编著	人民军医出版社	1989.4	32	170	2.75
	四正气功*	天南逸叟著	长春出版社	1989.9	32	122	2.15
	大雁功	杨梅君著	科学出版社	1988.12	大32	69	0.96
	中国元极功法（卷一）	张志祥编	科学出版社	1989.8	32	219	精装 5.95
	意拳站桩	王玉芳著	科学出版社	1989.1	大32	36	0.60
	峨眉临济气功（峨眉十二庄述真）	傅伟中编著	北京体育学院出版社	1988.9	32	174	2.20
	武当气功述真	裴锡荣编著	三联书店上海分店	1989.2	大32	185	3.05
	太上清静真功(功法图解)	尹耀奎著	北京出版社	1989.4	32	87	2.30
	智能气功（动功理法）*	庞鹤鸣著	农村读物出版社	1988.12	32	200	2.70
	形神庄气功（功法与功理）	庞　明编著	安徽科学技术出版社	1989.1	32	227	2.50
	中国慧莲功(上乘功法)	陈林峰著	西安交通大学出版社	1988.12	16	113	3.95
	人体气觉——Y法（中国气功丛书）	姚贞香著	华夏出版社	1989.5	大32	151	2.60
	五运六气详解与运用*	权依经　李民听编著	甘肃科学技术出版社	1988.8	大32	237	2.90
	增订真气运行法*	李少波著	甘肃人民出版社	1989.1	32	149	1.90
	增演易筋洗髓内功图说（末附繙译音释）(共六册)		学术期刊出版社	1988.11	16	660	23.20
	二十八式易筋经*	常维祯著	人民卫生出版社	1989.10	32	65	0.87
	从气摄生图说*	张弘强　杜文杰著	甘肃科学技术出版社	1989.9	大32	188	2.40

类别＼项目	书　名	编者(译者)	出版单位	出版年月	开本	页数	价格(元)
中医治疗学	易筋经十四段功法录(英文)	常维祯著、洪允息英译	外文出版社	1988	34	117	2.45
	易筋经十四段功法录(阿拉伯文)	常维祯著、夏阿班译	外文出版社	1987	34	/	2.70
	瑜伽——气功与冥想*	柏忠言、张蕙兰编著	人民体育出版社	1988.12	32	629	5.60
	瑜伽健身法	(日)佐保田鹤治著 阎海编译	天津科学技术出版社	1988.4	大32	118	1.10
	中国硬气功	王涤尘选编	黑龙江科学技术出版社	1988.12	32	217	2.85
	中国硬气功功法荟萃	莫文丹选编	科学普及出版社广州分社	1989.6	32	303	4.00
	当代神医(气功、特异功能医疗集锦)	杨土琯等著	黑龙江人民出版社	1988.8	32	424	3.75
	海内奇人	本社编	人民体育出版社	1989.9	32	332	4.40
	经络气功(英文)	李丁编著、侯敏、李　车翻译	外文出版社	1988	34	260	4.65
	明堂浅义(气功经络学浅说)	廖厚泽、吉贵宝编	上海科学技术文献出版社	1989.5	32	53	1.50
	中华气功点穴法精粹	黄孝宽编著	北京体育学院出版社	1988.5	32	152	1.35
	十二手点穴气功	李汉明编著	湖北科学技术出版社	1988.6	32	155	2.30
	少林秘传武功与点穴	林厚省编著	青岛出版社	1988.10	32	342	3.90
	因是子静坐法汇编	孙维峰主编	江苏科学技术出版社	1989.3	32	221	3.20
	性命法诀明指	赵避尘编著	学术期刊出版社	1988.11	大32	628	精装 25.00
	性命圭旨	屈丽萍点校描图	山西人民出版社	1988.12	32	274	2.95
医案、医话(临床经验)	历代名医老年病案评析	刘正才主编	上海翻译出版公司	1988.6	大32	205	2.25
	陕西名老中医经验选	杨文儒等主编	陕西科学技术出版社	1988.2	32	248	2.00
	徐大椿医书全集(上册)	(清)徐大椿撰	人民卫生出版社	1988.3	16	928	精装 13.70
	医案助读	黄煌编著	中国医药科技出版社	1988.5	32	240	2.20
	孔氏医案(孔子文化大全)*	孔继菼著 张奇文、刘德泉校评	山东科学技术出版社	1988.5	大32	277	
	问斋医案(点校本)(中国古籍整理丛书)	(清)蒋宝素撰 黄初贵、覃业姣点校	人民卫生出版社	1989.5	大32	180千字	3.40
	王孟英医案	(清)王士雄撰 陆芷青、刘时觉校点	上海科学技术出版社	1989.7	32	179	2.10

类别＼项目	书　名	编者(译者)	出版单位	出版年月	开本	页数	价格(元)
医案、医话(临床经验)	天仙正理	冲虚子、伍守阳撰、郭叔信点校	山西人民出版社	1988.10	32	110	1.40
	大成捷要	劳山道人、玄中子、朱文彬识郭任治点校	山西人民出版社	1988.10	32	110	1.55
	金仙证论	柳华阳真人撰屈丽萍点校	山西人民出版社	1988.10	32	89	1.30
	邓占元医萃	邓培德等整理	内蒙古人民出版社	1988.1	32	101	0.60
	五十年临证得失录	靳文清编著徐秀峰整理	山西科学教育出版社	1988.4	32	150	1.55
	跛鳖斋医草	龚士澄著	安徽科学技术出版社	1988.7	32	278	2.85
	太和医案选	姚树棠著	陕西科学技术出版社	1988.7	32	141	1.35
	丁甘仁医案续编	丁甘仁著	上海科学技术出版社	1989.6	大32	296	6.60
	恽铁樵遗著选（见智录续篇读金匮翼）	董其圣、潘文奎编注	上海科学技术文献出版社	1989.10	32	79	1.75
	蒲辅周医疗经验*	中医研究院编	人民卫生出版社	1989.10	32	241	2.45
中医各科	中医内科学（全国高等中医院校函授教材）*	南京中医学院主编	湖南科学技术出版社	1989.1	16	302	5.00
	中医内科学（中等卫生职业学校教材）(供医士专业用)	何泉光主编	广西科学技术出版社	1989.7	16	198	4.80
	中医内科学（高等医药院校教材）(供中医、针灸专业用)	张伯臾主编董建华、周仲瑛副主编	上海科学技术出版社	1989.10	16	298	4.15
	实用中医内科学*	方药中等主编黄文东总审	上海科学技术出版社	1989.10	16	659	精装17.20
	袖珍中医内科手册	赵淑媛等编	陕西科学技术出版社	1986.11	64	241	1.05
	中医内科临床手册	夏德馨主编	上海科学技术出版社	1989.1	32	420	3.90
	伤寒总病论（中国古籍整理丛书）	(宋)庞安时撰邹德琛、刘华生点校	人民卫生出版社	1989.7	大32	212	6.20
	桂枝汤类方证应用研究	江尔逊、龙治平主编	四川科学技术出版社	1989.4	32	279	2.90
	伤寒论汤证论治	李文瑞编著	人民军医出版社	1989.2	16	456	10.80
	伤寒论（白话中医古籍丛书）	崔月犁主编高　德编	中外文化出版公司	1988.8	32	248	2.65
	简明伤寒论注解及临床应用	赵凌云编著	春秋出版社学术期刊出版社	1989.1	大32	331	4.80
	伤寒论研究	王琦主编	广东高等教育出版社	1988.12	16	557	9.25
	伤寒论讲解	王琦主编	河南科学技术出版社	1988.12	16	524	10.50

类别 \ 项目	书名	编者(译者)	出版单位	出版年月	开本	页数	价格(元)
中医各科	伤寒论讲义（高等医药院校教材）(供中医专业用)*	李培生主编 刘渡舟副主编	上海科学技术出版社	1989.4	16	228	3.15
	伤寒论讲义（全国高等中医院校函授教材)*	李培生主编	湖南科学技术出版社	1989.7	16	326	6.60
	伤寒论辞典	刘渡舟主编	解放军出版社	1988.9	32	602	6.90
	伤寒防治60问(《健康咨询》小丛书)	贝菊佩、王东胜编	江苏科学技术出版社	1989.3	32	47	0.90
	金匮要略（白话中医古籍丛书）	崔月犁主编 冉光德、张家礼编	中外文化出版公司春秋出版社	1988.8	32	265	2.90
	金匮要略（高等中医院校教学参考丛书）	李克光主编	人民卫生出版社	1989.8	16	700	27.15
	金匮要略浅注（新校注陈修园医书）	林庆祥校注	福建科学技术出版社	1988.7	32	254	1.90
	金匮要略讲义（全国高等中医院校函授教材）	何　任主编	湖南科学技术出版社	1989.7	16	274	5.45
	金匮要略讲义（高等医药院校教材)(供中医专业用)*	李克光主编 杨百茀副主编	上海科学技术出版社	1989.10	16	272	3.85
	温病学（高等医药院校教材)(供中医专业用)*	孟澍江主编 王乐匋副主编	上海科技术出版社	1989.4	16	250	3.40
	温病的理论与临床	沈凤阁主编	江苏科学技术出版社	1988.3	16	502	7.50
	温病学方论与临床	白　锋主编	上海中医学院出版社	1988.8	32	333	2.55
	温病名著精华	盛增秀等编著	科学技术文献出版社重庆分社	1989.5	32	373	3.60
	温疫萃言	(清)林之翰纂述 宋立人点校	上海科学技术出版社	1989.7	32	179	2.85
	温病条辨（白话中医古籍丛书）	崔月犁主编 孟澍江、沈凤阁编	中外文化出版公司春秋出版社	1988.8	32	413	3.95
	叶天士《外感温热篇》浅释	林可华等编著	福建科学技术出版社	1989.4	32	177	2.20
	外感热病证治要义	时逸人原著时振声改编	中国医药科技出版社	1988.11	32	170	2.20
	吴中医集（温病类）	《吴中医集》编写组编	江苏科学技术出版社	1989.3	16	485	10.95
	温病学多选题评述	张腊荣主编	上海科学技术出版社	1988.9	32	155	1.30
	温热求新（当代中医丛书）	黄星垣　郭铭信著	重庆出版社	1989.1	32	193	2.20
	中风（健康小丛书）	全国爱国卫生运动委员会中华人民共和国卫生部主编	人民卫生出版社	1989.7	32	52	0.82
	中风条辨	张茂珍编著	河南科学技术出版社	1988.10	32	146	1.50

类别＼项目	书　名	编著(译者)	出版单位	出版年月	开本	页数	价格(元)
中医各科	中风病的家庭康复	邓禄清、温美香编著	华南理工大学出版社	1989.5	16	168	精装 8.50 平装 7.50
	实用中医血液病学	焦中华、张天芳编著	青岛出版社	1989.6	32	501	7.00
	血证要览	丘和明、杨明均主编	上海中医学院出版社	1989.1	32	244	2.50
	血瘀证的诊断和治疗	俞芝江编著	上海中医学院出版社	1989.8	32	138	1.60
	痰证论	侯天印、王春华编著	人民军医出版社	1989.8	32	369	5.20
	漫谈胃肠病的中医治疗	李克绍著	科学技术文献出版社重庆分社	1988.12	32	76	1.40
	中西医结合治疗肝病的研究*	韩经寰、李凤阁等	人民卫生出版社	1989.10	大32	303	5.95
	中西医结合治疗胆石症	张士国主编	四川大学出版社	1989.5	32	363	3.60
	实用中医肾脏病学	陈贤编著	科学普及出版社广州分社	1989.6	32	258	3.65
	景岳全书、杂证谟选读(中医内科参考读物)	刘孝培等编著 邱宗志点校	重庆大学出版社	1988.7	16	190	2.53
	奇难杂证新编	邓铁涛主编	广东科技出版社	1989.4	大32	302	4.00
	高血压在中国（中国中西医现代研究丛书）	邝安堃、龚兰生主编	湖南科学技术出版社	1989.10	大32	227	4.20
	糖尿病在中国（中国中西医现代研究丛书）	邝安堃主编	湖南科学技术出版社	1989.9	大32	341	精装 7.80 平装 6.15
	内科学及护理（全国中等中医药学校教材)(供中医护士专业用)	吕素英主编	江苏科学技术出版社	1989.9	16	337	4.55
	中医外科学（全国中等中医药学校教材)(供中医士专业用)	吴恒亚主编	江苏科学技术出版社	1988.8	16	198	2.75
	中医外科学（高等医药院校教材)(供中医专业用)*	顾伯康主编	上海科学技术出版社	1989.4	16	243	3.35
	实用中医外科学*	顾伯华主编	上海科学技术出版社	1989.10	16	665	精装 17.80
	中医外科（中医入门丛书）	邱嗣康编著	人民卫生出版社	1989.2	32	289	3.55
	《医宗金鉴·外科心法要诀》新释	李世忠等编著	北京科学技术出版社	1989.2	32	411	4.40
	外科正宗	(明)陈实功著 裘钦豪等点校	上海科学技术出版社	1989.9	32	339	4.85
	外科证治全生(点校本)(中医古籍整理丛书)	(清)王维德著 孟　然点校	人民卫生出版社	1989.5	大32	107	1.80
	中医外科外治法	赵尚华、钟长庆编著	山西科学教育出版社	1989.1	32	323	3.50

类别 \ 项目	书　名	编著(译者)	出版单位	出版年月	开本	页数	价格(元)
中医各科	中医皮肤病学精华	张曼华、许德清编著	广东高等教育出版社	1988.12	16	340	精装 11.25
	中西医结合防治老年皮肤病（中西医结合防治老年病丛书）	张志礼主编	人民卫生出版社	1989.9	32	161	3.00
	洋金花治疗银屑病的临床应用	刘刚编著	黑龙江科学技术出版社	1989.5	32	36	0.78
	痔瘘疾病临床指南	徐元庚编著	云南人民出版社	1989.6	32	238	3.50
	丁氏痔科学	丁泽民等著	上海科学技术出版社	1989.9	32	351	精装 7.50
	中医伤科学（全国高等中医院校函授教材）*	汤邦杰主编	湖南科学技术出版社	1989.4	32	285	5.75
	中医伤科学（高等医药院校教材）(供中医专业用)	岑泽波主编 吴诚德副主编	上海科学技术出版社	1989.10	16	257	3.65
	武当伤科	喻德元编著	江西科学技术出版社	1989.1	32	155	1.50
	武术伤科	吴诚德主编、谢可永等编写	科学普及出版社广州分社	1989.2	32	301	3.75
	筋伤学（高等中医药院校骨伤科系列教材）(供骨伤专业用)	郭维淮、娄多峰主编	河南科学技术出版社	1988.8	16	162	2.50
	中国骨伤科学（卷五、急救学）	林安侠主编	广西科学技术出版社	1989.2	16	164	4.10
	中国骨伤科学（卷六、内伤病学）	吴诚德主编	广西科学技术出版社	1989.4	16	111	3.20
	中国骨伤科学（卷七、骨折与关节脱位）	尚天裕主编	广西科学技术出版社	1989.4	16	223	5.20
	中国骨伤科学（卷八、筋骨缝损伤）	孙树椿主编	广西科学技术出版社	1988.12	16	123	3.30
	中国骨伤科学（卷九、骨关节痹痿病学）	王和鸣主编	广西科学技术出版社	1988.10	16	195	4.00
	中国骨伤科学（卷十、骨疾病学）	沈冯君主编	广西科学技术出版社	1989.2	16	121	3.35
	刘寿正正骨经验（修订版）*	北京中医学院东直门医院编	人民卫生出版社	1989.8	大32	401	4.90
	手法治疗骨折彩色图谱	袁方编著	人民卫生出版社	1989.1	8	218	精装 76.80
	中医妇科学（全国高等中医院校函授教材）	黄绳武主编 毛美蓉副主编	湖南科学技术出版社	1989.1	16	169	2.95
	中医妇科学（高等医药院校教材）(供中医专业用)	罗元恺主编 曾敬光副主编	上海科学技术出版社	1989.4	16	189	2.70
	中医妇科（中医入门丛书）	朱承汉主编	人民卫生出版社	1989.6	32	158	2.20
	简明中医妇科学（英文）		江苏科学技术出版社	1988	32	328	
	妇科学及护理（全国中等中医药学校教材）(供中医护士专业用)	夏桂成主编	山东科学技术出版社	1988.8	16	188	2.20

类别＼项目	书名	编著(译者)	出版单位	出版年月	开本	页数	价格(元)
	女科辑要 胎科心法（中医古籍整理丛书）	(清)沈尧封辑 李广文等点校 (清)阎纯玺撰 田代华点校	人民卫生出版社	1988.10	大32	481	5.95
	法门寺妇科胎前产后良方注评*	苏 礼、洪文旭编	陕西科学技术出版社	1988.3	32	58	0.75
	妇科三百证*	刘兰芳、刘典功编写	江西科学技术出版社	1989.1	32	267	2.25
	孙朗川妇科经验	孙平抚编撰	福建科学技术出版社	1988.6	32	202	1.40
	女科经微	卢国治、宋树德编著	陕西科学技术出版社	1988.9	32	156	1.70
中	中西医结合治疗更年期综合征	张丽蓉主编	中国医药科技出版社	1988.5	32	211	2.20
	中医男科学	王 琦、曹开镛主编	天津科学技术出版社	1988.7	16	231	精装 7.90
	中医儿科（中医入门丛书）	南京中医学院附属医院儿科编	人民卫生出版社	1988.12	32	223	2.70
	中医儿科学（全国高等中医院校函授教材）*	袠诚伟主编	湖南科学技术出版社	1989.1	16	234	3.95
医	中医儿科学（高等医药院校教材）(供中医专业用)	江育仁主编 王玉润副主编	上海科学技术出版社	1989.4	16	179	2.60
	中医儿科学（中医专业自学考试指导丛书）	萧正安编	四川科学技术出版社	1989.2	32	142	1.45
	儿科学（中等中医职业技术学校教材）	张 亮主编	湖南大学出版社	1988.9	16	136	3.40
各	中医儿科临证备要	王庆文、董克勤著	人民卫生出版社	1988.10	32	505	3.80
	中西医结合儿科诊疗手册	李凤仙、袁美凤编	中山大学出版社	1989.4	32	210	3.40
	中医论母乳喂养	沈明秀、蔡莲香编著	人民卫生出版社	1988.10	32	177	1.70
	儿科学及护理（全国中等中医药学校教材）(供中医护士专业用)	曹济民主编	山东科学技术出版社	1988.8	16	224	2.70
科	中医优生秘诀	张达旭著	广西科学技术出版社	1989.8	32	107	2.35
	中医五官科学（全国中等中医药学校教材）(供中医士专业用)	廖品正主编	江苏科学技术出版社	1989.4	16	207	2.95
	五官科学（中等中医职业技术学校教材）	李传课主编	湖南大学出版社	1989.1	16	214	4.30
	中医耳鼻喉科学（全国高等中医院校函授教材）	谭敬书主编	湖南科学技术出版社	1989.1	16	253	4.70
	中医耳鼻喉科学（高等医药院校教材）(供中医专业用)	王德鉴主编 干祖望副主编	上海科学技术出版社	1989.4	16	136	2.55

类别 \ 项目	书名	编著(译者)	出版单位	出版年月	开本	页数	价格(元)
中医各科	中医眼喉科学（全国中等卫生学校试用教材）（供中医士专业用）	全国中等卫生学校试用教材《中医眼喉科学》编写组	四川科学技术出版社	1989.2	16	124	1.55
	中医眼科（中医入门丛书）	张梅芳编著	人民卫生出版社	1989.2	32	146	2.05
	中医眼科学（全国高等中医院校函授教材）*	廖品正主编	湖南科学技术出版社	1988.1	16	164	3.35
	中医眼科学（高等医药院校教材）(供中医专业用)*	廖品正主编 陆绵绵副主编	上海科学技术出版社	1989.4	16	157	3.30
	喉科指掌（点校本）(中医古籍整理丛书)	(清)张宗良著 熊大经点校	人民卫生出版社	1989.5	大32	52	1.60
	嗓音病的中医论治	蔡福养、工永钦编著	人民卫生出版社	1988.12	32	206	2.35
	中医口腔病症学	李　刚、徐国榕编著	人民军医出版社	1989.2	32	536	7.20
	常见癌症中医治疗	王衍生著	浙江科学技术出版社	1988.12	32	125	1.05
	癌的扶正培本治疗	潘明继编著	福建科学技术出版社	1989.1	大32	416	精装 7.45
	肿瘤临证备要*	李　岩著	人民卫生出版社	1989.3	大32	375	7.00
	中医急症手册	邹学熹等编著	四川科学技术出版社	1989.2	32	469	4.25
	中医急症研究	国家中医药管理局医政司中华全国中医学会内科学会编	上海中医学院出版社	1989.5	32	734	7.80
	中医急症临床问答	贾河先等编	科学技术文献出版社重庆分社	1989.3	32	176	2.00
	中医急症救护技术教材（中、英文对照）	中国红十字学会主编	人民卫生出版社	1988.10	32	93	1.15
中药学	中医药入门	刘启友等编写	江西科学技术出版社	1989.7	32	601	5.90
	中药学（上下册）(上海中医学院中医基础系列教材之七)	叶显纯主编	上海中医学院出版社	1988.7	大32	935	6.00
	中药学（中等中医职业技术学校教材）	李钟文主编	湖南大学出版社	1988.9	16	277	6.00
	中药学（高等医药院校教材）(供中医、中药、针灸专业用)*	凌一揆主编 颜正华副主编	上海科学技术出版社	1989.4	16	322	4.50
	中药学（全国高等中医院校函授教材)*	林通国主编	湖南科学技术出版社	1989.4	16	361	7.35
	中药学歌括	阎伯谦编著	黑龙江科学技术出版社	1988.6	32	236	1.95
	历代中药文献精华	尚志钧等著	科学技术文献出版社	1989.5	32	575	6.60

类别＼项目	书　名	编著(译者)	出版单位	出版年月	开本	页数	价格(元)
中药学	中药文献检索与应用（高等医药院校选用教材）(供中药专业用)	施顺清主编	上海科学技术出版社	1989.9	16	148	3.50
	中药现代化（当代中医丛书）	岳凤先、陈晶岩著	重庆出版社	1989.1	32	182	2.10
	中草药中毒急救	赵棣华主编	成都电讯工程学院出版社	1989.6	大32	334	5.40
	中药与健美	周文泉、刘正才著	人民卫生出版社	1989.3	32	154	1.85
	补药手册	江克明编	上海科学技术出版社	1989.9	32	215	2.40
	中药大辞典（缩印本全两册）(下册)*	江苏新医学院编	上海科学技术出版社	1988.4	32	1274	精装 12.65
	临床中药辞典	熊辅信著	云南科技出版社	1988.7	16	581	精装 12.15 平装 9.80
	生药学	苏中武、乔传卓主编	上海医科大学出版社	1989.7	16	462	10.00
	药用植物学（广东省中等专业教育自学考试试用教材）(中药专业用)	符　红主编	广东高等教育出版社	1988.2	16	194	2.20
	药用植物学（全国中等卫生学校试用教材）(供药剂士专业用)*	全国中等卫生学校试用教材《药用植物学》编写组编写	四川科学技术出版社	1989.2	16	174	2.05
	药用植物学（高等医药院校教材）(供中药专业用)*	丁景和主编 曾乃章副主编	上海科学技术出版社	1989.10	16	363	5.00
	常用中草药栽培（中国农村致富技术函授大学农民技术员培训教材）	俞长芳编	中国广播电视出版社	1987.7	32	262	
	中药材栽培技术（专业户万有问答丛书　种植业）	王　瑜等编	浙江科学技术出版社	1988.10	32	164	1.25
	中草药栽培（脱贫致富丛书）	刘景云编 甘肃草原生态研究所编辑	甘肃科学技术出版社	1989.3	32	48	0.54
	常用中药种植技术	姚宗凡编著	金盾出版社	1989.3	32	214	5.90
	药用蔬菜*	张超良等编	广西科学技术出版社	1989.2	32	104	1.20
	药用花卉	王鉴钧、麦英杰编	广西科学技术出版社	1988.8	32	148	1.70
	庭院花卉的药用*	王云章编	山西科学教育出版社	1987.8	32	408	3.60
	四川森林药用真菌	陈守常编著	四川民族出版社	1988.11	32	308	3.20
	金钱龟养殖与药用	温桂敖编著	科学普及出版社广州分社	1988.9	32	101	1.10
	中药材贮藏保管知识*	米圣和编	人民卫生出版社	1988.2	32	130	0.73

类别＼项目	书名	编著(译者)	出版单位	出版年月	开本	页数	价格(元)
中药学	中药储藏技术	孔文彦编著	华夏出版社	1988.11	32	416	4.50
	中草药加工技术（中国农村致富技术函授大学农民技术员培训教材）	俞长荣、孟庆妍编	中国广播电视出版社	1987.7	32	198	
	中药鉴定学（高等医药院校教材）(供中药专业用)	任仁安主编 陈瑞华副主编	上海科学技术出版社	1989.10	16	661	8.75
	实用中药材鉴别手册	吴淑荣、孔增科编著	天津科学技术出版社	1988.1	16	358	精装 9.15 平装 6.75
	常用中药材真伪鉴别*	广东省药材公司等编著	广东科技出版社	1989.8	16	238	6.00
	中药采集收购鉴别手册*	范崔生主编	江西科学技术出版社	1989.2	32	863	精装 8.50
	中国药用植物种子的形态鉴别（上册）	胡正海等编著	西北大学出版社	1988.10	大32	278	4.00
	广西多来源药材及混杂品种的调查与考证（广西中药资源普查丛书）	叶　强编著	广西科学技术出版社	1989.8	32	432	6.00
	中药组织鉴别彩色图谱	王玉玺主编	人民军医出版社	1989.7	16	202	精装 29.00
	中药易混饮片鉴别	孙安嘉、缪细泉编著	黑龙江科学技术出版社	1988.10	32	175	1.90
	中草药有效成分提取与分离*	徐任生、陈仲良主编	上海科学技术出版社	1989.9	32	487	6.80
	中药化学（高等医药院校试用教材）(供中药专业用)*	肖崇厚主编 陆蕴如副主编	上海科学技术出版社	1989.10	16	477	6.45
	中药化学实验操作技术	阙毓铭主编	中国医药科技出版社	1988.8	大32	252	3.50
	本草学	黄胜白，陈重明编著	南京工学院出版社	1988.6	16	272	4.50
	本草纲目（全四册）	李时珍编	中国书店	1988.5	32		精装 26.00
	本草纲目选译	杨孝麒编著	湖南科学技术出版社	1989.3	大32	294	3.80
	本草纲目导读	唐明邦著	巴蜀书社	1989.5	大32	393	3.95
	图经本草（辑复本）	(宋)苏颂撰 胡乃长　王致谱辑注	福建科学技术出版社	1988.8	大32	622	5.25
	重订本草徵要	（明）李中梓原著、丁甘仁等增撰、耿鉴庭重订	北京科学技术出版社	1986.12	32	176	1.15
	本草蒙筌（中医古籍整理丛书）	(明)陈嘉谟撰 王淑民等点校	人民卫生出版社	1988.5	大32	459	精装 4.80
	本草分经（明清中医珍善孤本精选四）	（清）姚澜著	上海科学技术出版社	1989.10	32	212	3.20

类别＼项目	书名	编著(译者)	出版单位	出版年月	开本	页数	价格(元)
	中国本草图录(卷一)	萧培根主编 连文琰本卷主编	商务印书馆（香港） 人民卫生出版社	1988.11	16	270	精装
	中国本草图录（卷二）	萧培根主编 连文琰本卷主编	商务印书馆（香港） 人民卫生出版社	1988.11	16	272	精装
	青海民间草药（青海医药卫生科普丛书）	青海省卫生厅主编	青海人民出版社	1987.12	32	126	0.81
	秦岭巴山天然药物志	李世全主编	陕西科学技术出版社	1987.5	16	922	精装 15.30
	中药药剂学（高等医药院校试用教材）(供中药专业用)*	曹春林主编 施顺清副主编	上海科学技术出版社	1989.10	16	615	8.20
中	常用药剂手册	白文洲编著	陕西科学技术出版社	1988.3	32	127	1.20
	中药炮制学（全国中等中医药学校教材)(供中药士专业用)*	金世元主编	江苏科学技术出版社	1989.2	16	185	2.65
	中药炮制学（高等医药院校教材)(供中药专业用)*	徐楚江主编	上海科学技术出版社	1989.4	16	188	2.70
	历代中药炮制法汇典（现代部分）	王孝涛主编	江西科学技术出版社	1989.5	大32	411	精装 6.80
	全国中药炮制规范	中华人民共和国药政管理局编	人民卫生出版社	1988.9	大32	475	精装 5.50
药	湖南省中药材炮制规范*	湖南省卫生厅编	湖南科学技术出版社	1989.1	32	430	4.30
	中药针剂	赵新先编著	海天出版社	1989.3	大32	682	精装 21.00
	药酒与膏滋*	胡龙才编著	江苏科学技术出版社	1989.5	32	134	1.40
	中药药理学（高等医药院校试用教材)(供中药专业用)*	王筠默主编 姜名瑛副主编	上海科学技术出版社	1989.4	16	140	2.10
	中药药理学*	周金黄、王筠默主编	上海科学技术出版社	1989.12	16	334	7.10
学	药理学（高等医药院校试用教材)(供中医、中药专业用)*	王钦茂主编 李仪奎副主编	上海科学技术出版社	1989.10	16	306	4.30
	《药性赋》新编*	杨敏书等编	河南科学技术出版社	1988.8	32	190	1.80
	新编药性歌括	王儒飞、陈涌编著	陕西科学技术出版社	1988.1	32	84	0.83
	中国基本中成药(一部)	冷方南主编	人民卫生出版社	1988.6	16	503	精装 8.90
	家庭常用成药（修订本)*	蓝太富等编	四川科学技术出版社	1989.7	32	187	2.25
	新编实用中西成药	杨志贤等主编	四川科学技术出版社	1989.6	32	599	5.85
	中成药成分分析	任日若主编	青岛出版社	1988.8	32	526	4.85

类别＼项目	书名	编著(译者)	出版单位	出版年月	开本	页数	价格(元)
中药学	中药商品知识（上册）	《中药商品知识》编写组编写	广东科技出版社	1988.12	16	453	6.40
	中药商品知识（中册）	《中药商品知识》编写组编写	广东科技出版社	1989.2	16	368	5.20
	眼科常用中药及方剂	李贺诚编著 张梅芳审校	广东高等教育出版社	1989.3	32	240	3.50
	实用伤科中药与方剂*	郑怀贤、冉德洲主编	四川科学技术出版社	1989.5	大32	372	4.50
方书方剂	中医方剂学（中南五省中医学院教材）	尚炽昌主编 赖天松副主编	广东高等教育出版社	1988.12	16	256	4.00
	中医方剂学（中医专业自学考试指导丛书）*	成都中医学院自考办公室编	四川科学技术出版社	1989.6	32	211	2.40
	中医方剂学（全国高等中医院校函授教材）*	傅瑞卿主编 林通国副主编	湖南科学技术出版社	1080.7	16	248	5.10
	方剂学（乡村医生自学丛书）	许志忠主编 程振芳、李恒副主编	甘肃科学技术出版社	1988.5	16	187	3.58
	方剂学（中等中医职业技术学校教材）	贺又舜主编	湖南大学出版社	1988.12	16	211	4.95
	方剂学（高等医药院校教材）(供中医、中药、针灸专业用)*	许济群主编 王绵之副主编	上海科学技术出版社	1989.4	16	256	3.70
	方剂学（全国中等中医药学校教材）(供中医学校各专业用)*	王蓉新主编	江苏科学技术出版社	1989.9	16	252	3.50
	现代方剂手册	王致谱等编写	福建科学技术出版社	1988.7	32	394	2.80
	中医方剂手册	江西中医学院附属医院 龚鹤鸣、潘佛岩编写	江西科学技术出版社	1989.5	64	378	精装 2.65
	中医方剂题解*	江平安等编写	江西科学技术出版社	1989.4	32	302	2.90
	现代实用方剂	邵启惠等编写	上海科学技术文献出版社	1989.7	32	361	4.30
	简明方剂辞典	江克明、包明蕙编著	上海科学技术出版社	1989.2	大32	1265	精装 16.65
	中药方剂近代研究及临床应用	谢运明等编著	陕西科学技术出版社	1989.4	大32	511	6.40
	治法与方剂（中医入门丛书）	高体三、尚炽昌著	人民卫生出版社	1989.8	32	317	5.00
	中医处方指南*	朱玉祥	金盾出版社	1989.8	32	260	5.00
	中医方剂临床应用	成大权、成振荣编著	山西科学教育出版社	1988.11	32	415	4.40
	理伤续断方	(唐)蔺道人撰 王育学点校	辽宁科学技术出版社	1989.9	32	38	0.82
	各方类证书大全（明清中医珍善孤本精选一）	(明)熊宗立著	上海科学技术出版社	1988.12	32	235	2.60
	医方集宜（中国医学珍本丛书）	(明)丁凤辑	上海科学技术出版社	1988.11	32	300	精装 5.45

项目 类别	书名	编著(译者)	出版单位	出版年月	开本	页数	价格(元)
方书方剂	草木便方	(清)刘善述原著、赵素云等整理	重庆出版社	1988.9	32	606	5.40
	古方新用*	权依经编著	甘肃人民出版社	1989.7	32	154	1.85
	奇难杂症古方选*	潘文昭等编	广西科学技术出版社	1989.2	32	76	1.00
	难症萃方*	乔玉川著	科学技术文献出版社重庆分社	1989.8	32	195	1.90
	临床奇效新方	赖天松主编 李振琼副主编	北京科学技术出版社	1989.10	32	510	5.60
	百病良方（第一集）(增订本)*	贾河先编著	科学技术文献出版社重庆分社	1989.5	32	255	2.75
	百病良方（第二集）(增订本)*	贾河先、王辉武编著	科学技术文献出版社重庆分社	1989.5	32	243	2.65
	百病良方（第三集）*	贾河先编著 郭铭信审订	科学技术文献出版社重庆分社	1989.5	32	173	2.10
	百病良方（第四集）	贾河先、邱运梨编著	科学技术文献出版社重庆分社	1989.5	32	250	2.85
	百病良方（第五集）	贾河先、赵鸿鸣编著	科学技术文献出版社重庆分社	1989.6	32	167	1.95
	现代名医百病良方	麻能评等编	广西科学技术出版社	1989.4	16	114	2.40
	急诊中医良方*	刘文巨等编写	江西科学技术出版社	1988.12	32	184	1.70
	汤头趣味速记法	李惠德、张继昌著	北京科学技术出版社	1987.12	32	75	0.60
	温病条辨方歌括	孔祥琦编著 冯胜芳校	中国食品出版社	1988.12	32	135	2.00
	当代中医实用临床效验方	刘寿永、江丹主编	学苑出版社	1989.1	大32	960	13.50
	民间中草药验方选	许飞鹏、蔡安长审	福建科学技术出版社	1989.4	64	173	1.05
	百病实用秘验方	李成业等著	三秦出版社	1989.2	32	277	3.00
	阳萎早泄证治及验方	孙文奇编著	湖南大学出版社	1989.5	32	69	0.90
	中国中医秘方大全（上册　内科分卷）	胡熙明主编	文汇出版社	1989.10	32	790	精装 20.00
	中国中医秘方大全（中册　外科分卷，伤骨科分卷）	胡熙明主编	文汇出版社	1989.10	32	1051	精装 20.00
	中国中医秘方大全（下册妇产科分卷、儿科分卷、肿瘤科分卷）	胡熙明主编	文汇出版社	1989.10	32	902	精装 20.00
	中国秘方全书	周洪范编著	科学技术文献出版社	1989.2	大32	782	精装 13.00
	少林伤骨科医治秘方	范应莲编著	四川人民出版社	1988.12	48	75	0.76
	男女科古今名医秘方	杨光和等编	学术期刊出版社	1989.3	32	218	2.40

类别＼项目	书　名	编著(译者)	出版单位	出版年月	开本	页数	价格(元)
方书方剂	中国民间实用医方（第1集）	蒋长远、刘少林编	华夏出版社	1988.11	32	202	2.50
	家庭常用偏方精选	杜惠芳编著	科学技术文献出版社重庆分社	1989.5	32	99	1.55
	家用偏方1000则	石光华编著	湖北人民出版社	1989.4	32	153	2.00
	偏方治大病（民间医疗经验小丛书）	高允旺编著	山西科学教育出版社	1988.1	32	119	1.00
	时方的临床应用	陈宝田编著	广东科技出版社	1989.7	32	176	2.00
	小柴胡汤的临证应用*	叶锦文著 蒋泽林、王永清整理	陕西科学技术出版社	1987.7	32	120	0.90
	一方治多病	杨文儒、马兴民编著	陕西科学技术出版社	1987.8	32	503	3.35
	中医美容方法荟萃	刘国晖、张毅编著	四川科学技术出版社	1989.1	32	195	1.95
	延年益寿精方选续集	王峻等编	四川科学技术出版社	1989.2	32	178	1.85
	药酒配方800例	李明哲编	轻工业出版社	1988.11	32	339	3.20
	健身茶配方	梁兴才编著	广西科学技术出版社	1988.9	32	139	1.40
少数民族医学	蒙医耳鼻喉科研究（蒙古文）	布和德力格尔主编	民族出版社	1989.5	16	208	3.80
	无误蒙药鉴（蒙古文）	占布拉道尔吉著、根敦扎拉森译 旺吉拉·苏雅拉图校勘	内蒙古人民出版社	1988.8	大32	483	3.75
	藏医诊断学（全国中等藏医学校试用教材）(藏文)	桑旦编写	青海民族出版社	1987.10	16	97	1.10
	藏医诊治论文选(藏文)	多吉杰博编	民族出版社	1988.3	大32	423	精装 3.20
	藏医如意大全（藏文）	图卜旦整理	甘肃民族出版社	1989.3	32	320	3.20
	藏医论述部释疑(藏文)	洛桑年扎著	民族出版社	1989.7	32	472	4.90
	维吾尔医学基础理论（维吾尔医大专试用教材)(维吾尔文)	阿吉·阿布里米提·玉素甫编	新疆人民卫生出版社	1988.8	16	306	3.03
	维吾尔医基础理论学(维医中专班试用教材)(维吾尔文)	阿不力米提·玉苏甫，阿不力米提·买买提编著	新疆人民卫生出版社	1988.1	16	169	1.00
	维吾尔医学皮肤病及外科学（维吾尔医大专试用教材)(维吾尔文)	伊布拉音·卡尔·阿吉·伊布拉音·巴拉提编	新疆人民卫生出版社	1987.5	16	159	1.33
	维吾尔医学儿科学（维吾尔医大专试用教材）(维吾尔文)	尼买提拉汗·阿吉编	新疆人民卫生出版社	1988.7	16	190	2.19

类别＼项目	书　名	编著(译者)	出版单位	出版年月	开本	页数	价格(元)
少数民族医学	维吾尔医学五官科学(维医专科学校试用教材)(维吾尔文)	阿布都哈的尔·阿吉·买买提·阿布里米提·阿西木编	新疆人民卫生出版社	1987.5	16	146	1.65
	维吾尔医学制剂学与复方学(维吾尔医专科学校试用教材)(维吾尔文)	茹克亚木·沙地克编	新疆人民卫生出版社	1987.7	16	338	4.03
	哈医接骨术(哈萨克文)	哈力著	新疆人民卫生出版社	1988.10	32	113	0.60

注：1. 本目录据中国版本图书馆1989年收藏的中医书籍样书整理

2. 书名后有*者为重版书

（吴素蓉）

郭伯涵

郭伯涵（公元 1911～1988 年） 江西省九江市人。主任医师。曾任江西省第三、五、六届人民代表，省卫生厅中医处副处长，中华全国中医学会江西分会副会长，江西中医学院附属中医院副院长。出身中医世家，1931年毕业于上海中医专门学校，先后在上海、九江、吉安等地开设诊所，1951 年筹办九江大公联合诊所。善治妇科疾病，对温病学研究颇深。曾长期工作在血防第一线，对中医治疗血吸虫病的研究有独到之处。

张鹏举

张鹏举（公元 1915～1988 年） 陕西省榆林市人。中国共产党党员。榆林地区中医院名誉院长、中医内科主任医师。曾任中华全国中医学会第一届理事，陕西省第五届政协委员，陕西省中医学会副理事长，榆林地区中医学会常务理事长。1936 年榆林中学肄业后随伯父张鸿儒学医。两年后自开中药店坐堂应诊。医术精湛，疗效卓著，尤对内科、妇科疾病有其独特见解，在省内外群众中享有盛誉。1986、1987 年连续两年被榆林地区中医院党委评为模范党员，1986 年被榆林地区机关党委评为优秀共产党员，1987 年被卫生部命名为全国卫生文明先进个人。

徐光棣

徐光棣（公元1922～1988 年） 河北省武安县人。中共党员，主任医师。曾任天水市政协委员，秦城区人大代表，市中医学会理事。18 岁拜刘绍武为师，3 年后独立行医，1956年先后在联合诊所、天水市联合医院、市人民医院、市中医医院任职。擅长中医儿科。对技术精益求精，医德高尚，深受群众尊敬。曾先后被评为市先进工作者、五好职工、市卫生系统先进工作者。发表论文《用中药及干柿树叶治愈二例特发性血小板减少性紫癜》、《中医治疗流行性腮腺炎的经验介绍》、《急性传染性黄疸型肝炎的辨证论治》等多篇。

叶桔泉（公元 1896～1989 年） 浙江省吴兴县人。中共党员、七届全国政协常务委员、中国科学院学部委员、农工民主党中央咨监委员会副主席、中国药科大学一级教授、日本东洋医学会顾问。曾任南京药学院院长、农工民主党中央副主席等职。青年时代随名医研修中医，深得赞赏。1917 年独立开业，揣摩得失，力求创新，以精湛的医道闻名乡里。三十年代发表了《整理中国医药须设医院实验说》一文，受到国内外医药界高度重视和称赞。并先后参与创办“国医研究院”，

叶桔泉

和创办"单方实验研究社"。1954 年参加江苏省中医院筹建工作，同年调职江苏省卫生厅。1955 年起先后在中国科学院、江苏省中医研究所、中国医学科学院江苏分院等处任职。在七十多年的医药生涯中，严于律己，精心笔耕，先后出版医药著作 27 种，共 35 册，发表科学论文和科普文章数百篇，约 1000 万字，并将稿酬几乎全部捐献给了医药研究机构。

沈波涵

沈波涵（公元 1900～1989 年） 江西省清江县人。中共党员，江西中医学院主任医师，副教授，江西省政协第三、四、五届委员，省中医药学会第一届理事，省妇产科学会名誉主任委员。1921 年求学于上海中国医学院内科系，1927 年毕业后在南昌市罗家塘江西中医院工作，1934 年江西中医专门学校任教，1938年南昌市开业行医，1949年后先后在清江县农业学校、联合诊所、省中医进修学校、江西中医学院任职。擅长中医妇科，颇负盛名。在近 30 余年临床科研和教学实践中，勤学不倦，博采众长。著有《中医中药治疗晚期子宫颈癌》等著作。

冯泉福

冯泉福（公元 1902～1989 年） 北京人。主任医师。曾任中华全国中医学会北京分会理事，儿科专业委员会理事等职。生于中医世家，20 岁随父学医，25 岁独立行医。是"冯氏捏积"第四代传人。解放后，毅然将冯氏祖传秘方和医术献于国家。1959年到北京中医医院工作。几十年来倾心于中医事业，孜孜不倦地为少年儿童的健康努力工作，以高尚的医德和高超的医术深受广大群众的敬重。1983年荣获北京市少年儿童先进工作者。

张之亮

张之亮（公元 1904～1989 年） 甘肃省秦安县人。中医主任医师。1928 年拜师学医。1936 年在兰州开业行医。1943 年入西北大学历史系学习，毕业后到兰州工业学校执教国文、历史，兼任校医。1952 年调兰州女子师范学校任教，同时在兰州市第二联合诊所兼任中医师。1956年调甘肃省中医学校任教。在50多年医教生涯中，治学严谨，医术精湛，品德高尚，深受群众爱戴。著有《金匮要略浅释》一书及《对无黄疸型肝炎的认识和治疗》、《慢性咳嗽治疗点滴谈》等多篇论文。

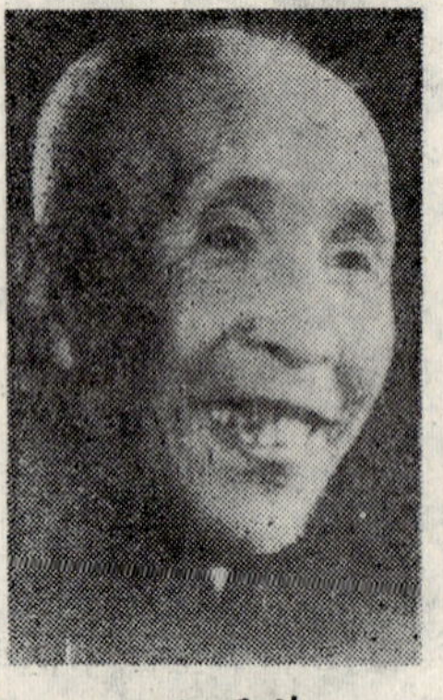

赵圣谕

赵圣谕（公元1907～1989年） 辽宁省本溪市人。中共党员，儿科主任医师。历任市中医学会名誉理事长、市一至九届人大代表。出生于中医世家，早年随父习医，1928年悬壶于本溪。1951年调市中医院工作。擅长中医儿科，精通中医理论，50年代主持创立的儿科中药散剂，其疗效突出而名誉山城。辛勤工作30余年，先后12次受到省、市有关部门的表彰。

陈一鸣

陈一鸣（公元1908～1989年） 广东梅县石扇镇人。中共党员，主任医师。曾任中华全国中医学会广东分会理事、梅县地区和原梅州市分会理事长、原梅州市第一届政协副主席等职。自幼从医，业师于梅县名医陈映垣，学成后开设诊所。从医60余年，治学严谨，博极医源，对技术精益求精，对李东垣的脾胃学说精研至深，用之临证，多愈难治之症，享有崇高的声望。一生有多篇论文刊登发表。

刘耀三

刘耀三（公元1912～1989年） 四川省温江县人。中医内科专家，成都中医学院教授、夜大函授部顾问。曾任县卫生工作者协会常务委员、副主任委员，县第一届人民代表大会代表。自幼承家学，苦心攻读，1942年正式行医，1956年调入成都中医学院。从事医教五十余年，治学严谨，学识渊博，为祖国培养了大批中医药人材。著有《脏腑证治新编》一书以及《心脏研究》、《三焦问题的研究》、《痢疾病的探讨》等论文。

范鸿海

范鸿海（公元1912～1989年） 江西省新建县人。主治医师。曾任南昌市中医学会常务理事，江西省中医学会理事，省中医外科学会常务理事。生于中医世家，自幼随父学习外科，1933 年在南昌独立开办诊所。1958 年入洪都中医院任职。擅长中医外科，在群众中享有盛誉。著有《中医药验与选集》一书以及《痈疽辨证论治》、《对乳房疾病的辨证及治疗》、《中医外科外用药配制与使用之探讨》等学术文章 20 余篇。

高雨生

高雨生（公元 1913～1989 年） 福建省福州市人。中共党员，中医主任医师，省中医学会常务理事，福州市中医学会常务理事、秘书长。曾任福建省二至五届政协委员，台江区一至五届人民代表，福建卫生工作者协会常务委员兼社会服务部部长等职。自幼读私熟，后专修汉文。1930 年入神州医学会中医讲习所学习中医，1935 年在名医郑友孙诊所实习，1936 年独立开办中医诊所。1956 年先后在福建医学院附属医院、政和医院、省金鸡山工人温泉疗养院任职。在 50 多年从医生涯中，医术精湛，医德高尚，并为实现祖国统一做了大量工作。先后被评为台江区除害灭病模范、福州市劳模、省卫生先进工作者、福州市科协活动积极分子。

王福民（公元1913～1989 年） 辽宁省营口县人。中医杂志顾问、主任医师。1936 年就读于华北国医学院，1939 年在北京开业行医。1941 年在重庆标准药厂、1944 年在重庆陪都中医院任职。解放后在重庆西南卫生部先后任工人医院、第七人民医院、第一中医院副院长。1957 年调北京中医研究院编审室任职。精通中医古典医籍、有丰富的临床经验和医院管理经验。

王福民

伍绍歧

伍绍岐（公元 1913～1989 年） 广东省台山县人。中医主任医师，广西壮族自治区第六届人民代表大会常务委员，中国农工民主党广西区委前副主任委员，广西中医学院咨询委员，前副院长。1936 年毕业于广东中医药专科学校，后在广州、梧州、德庆、贺县等地从事医教工作。1953 年起先后在广西省人民中医院、广西中医专科学校和广西中医学院任职。精通中医基础理论，有《伍绍岐诊疗经验录》、《中医治疗法则》、《中医常见病辨证治疗》、《医学讲稿选》等著作。

陈雨苍（公元 1914～1989 年） 福建省闽候县人。福建中医学院教授。少年随父学医，1936年在琯头开业，1937年入福州大庙中医专科学校学医，1940 年上海中国医学院学医，1955 年后先后在福建省中医进修学校、

陈雨苍

福建中医学院、福建医大附属一院任职。擅长中医内、妇科。著有《经带征治》等及论文多篇。

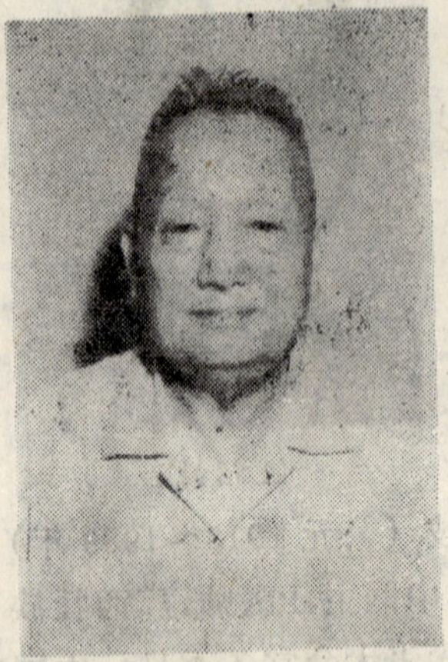

黄绳武

黄绳武（公元 1914～1989 年） 湖北黄陂县人。中共党员，中医妇科专家、教授。历任中华全国中医学会湖北分会理事、中医妇科学会主任委员，湖北中医学院附属医院副院长等职。生于中医世家，1932 年湖北国医专科学校习医，以其学业优异留校任教。一生勤奋笃学，治学严谨，博采精收，不懈探求，在中医界享有盛誉。晚年潜心著述，主编《中医学百科全书·中医妇科》，全国高等医药院校教材《中医妇科学》。著有《"傅青主妇科"评注》一书。

敖保世（公元 1916～1989 年） 江西省

敖保世

新余市人。中共党员，主任医师。历任江西省第六届人大代表，新余市政协常委，市中医院名誉院长，中华全国中医学会新余分会名誉理事长。30 年代初，随名医学医，1934 年考入江西中医专门学校学习，1942 年参与创办"私立新余中医学校"。建国后，先后在新余中西医联合诊所、县中医院、县人民医院、市中医院任职。在 50 多年的医教生涯中，医术精湛，医德高尚，对工作认真负责，一丝不苟，深受人民的赞扬和爱戴。曾先后获全国、省卫生系统先进工作者和市优秀党员等荣誉称号。出版著作《中医诊断治疗学》、《六暑辨证论治》、《敖保世医案》、《寿康医集》。

裴 慎

裴慎（公元 1917～1989 年） 甘肃省武山县人。主任医师。历任甘肃省劳动局兰州医院名誉院长，甘肃省政协常委，中华全国中医学会甘肃分会顾委会副主任等职。1937 年考入南京中央大学文科学习，后因抗日战乱，乃辍学专攻中医，先后拜江南名医余无言、欧阳予仲为师，并在著名艺术大师刘海粟门下兼习绘画。一生孜孜不倦，勤奋好学。历经50余年行医、文苑生涯，终成驰名三陇的一代名医；同时又因诗词书画等方面的高深造诣享有“陇上板桥”的之称。出版著作有《裴慎医案选》、《伤寒论方证治》、《本草骈比》等及30余篇医学论文。

忻德宇

忻德宇（公元1918～1989年） 浙江嘉兴人。中医主任医师。曾任嘉兴市人大代表。1939年就读于上海国医学院，学成后自办诊所。解放后先后在嘉兴王店镇卫生院、县卫生院、市第一医院任职；1979～1981年在浙江医科大学任教。医术精湛，擅长中医内、妇科。对晚期血吸虫病的中医治疗有独特研究，有较多学术著作发表。曾参与《浙江省药用植物志》、《瘟疫论译注》等编审工作。

石冠卿

石冠卿（公元1918～1989年） 河南省濮阳县人。河南中医学院教授。曾任全国人大代表、全国中医学会理事、河南中医学会常务理事等职。18岁从师名医梁向荣，尽得其传，悬壶数年，闻名乡里。1953年起先后在县徐镇卫生所、县人民医院任职。1957年入江苏中医学校师资研究班就读，毕业后到河南中医学院任教。中医理论造诣颇深，一生撰写出版60余万字的专著《黄帝内经素问选注》和《汤液醪醴论释》、《标本病传论释》、《标本中气》、《癥瘕治验》等多篇论文。

王宝亭

王宝亭（公元1918～1989年） 甘肃省天水市人。中共党员，主任医师。14岁自学医书，3年后投师于王礼泉先生门下，1942年出师后开业行医。解放后，先后在联合医院、天水市人民医院、市中医医院任职。擅长中医妇科。穷毕生精力，对医术孜孜不倦，着力追求。工作严肃认真，一丝不苟，深受群众爱戴。曾先后被评为市卫生工作模范、先进工作者，省科技先进代表，省卫生系统先进工作者。一生编写出《中医入门捷径七歌诀》、《脉诀歌》、《伤寒应诊与治疗歌》、《小儿科歌》、《问三阴三阳歌》等多篇学术经验歌诀。

杨润芳（公元1920～1989年） 河北省定县人。主任医师。历任区政协常委，区科协二届、三届委员，区医药卫生学会副理事长，北京市中医学会理事，门头沟区中医院副院长等职。自幼从父学医，早年曾在石家庄国

杨润芳

医学校，北平国医大学学习，从医40余年，在临床医学和教学中积累了丰富经验，为中医事业的发展勤勤恳恳、兢兢业业地工作，培养了大批中医人材。发表论文《应用中药止咳糖浆疗效小结》、《中医处方的套用与化裁》、《阴虚闭经》等。

崔尚志

崔尚志（公元1924～1989年） 黑龙江省齐齐哈尔市人。辽宁中医学院教授。历任中华医学会辽宁分会心血管专业委员会副主任委员、中国中西医结合研究会辽宁分会委员等职。1948年参加革命，同年加入中国共产党。1950年哈尔滨医科大学毕业，曾先后在中国医科大学附属医院、东北战犯管理所、沈阳市公安干部学校等处任职。从事医教40余年，治学严谨，医德高尚，精心育人，诲人不倦。一生撰写发表论文几十篇。

李家达（公元1924～1989年） 广东省佛山市人。骨伤科主任医师。历任佛山市政协

李家达

副主席，广东省政协委员，民革广东委员会常委，佛山市中医院名誉院长，中医学会佛山分会名誉会长等职。1939年师承其父，得到父辈真传。临症50年，博采众长，学而不倦，治学严谨，桃李满园。在学术上，无私奉献，把祖传秘方，毫不保留献给中医事业。研制的佛山红药，为骨伤科外用药开辟了新的途径。撰有专著《骨折与脱位的治疗》及多篇论文。

陈正光

陈正光（公元1925～1989年） 四川省璧山县人。中共党员，主任医师。历任中德医学会北京分会理事，中医手法研究会理事等职。1953年福建医学院毕业后，在福州协和医院工作。1955年调入中医研究院，先后在广安门医院、中医研究院骨伤科研究所任职。擅长手法治疗，热心于中医骨伤科的医疗、教学、科研工作，研制并广泛应用临床的“息伤宁”外用酊剂，受到医务界和患者的赞颂。

曾参与编写《中医骨伤科学》、《杜正明正骨经验概述》等著作。

付少岩

付少岩（公元 1927～1989 年） 江西省都昌县人。中医主任医师。历任抚州地区中医学会理事长，省中医学会常务秘书，抚州市政协委员。从小随父学医，1955 年毕业于江西省中医进修学校，由卫生厅分配在江西省抚州地区人民医院任职。临床工作 30 余年，临床经验丰富，中医基础理论水平较高。一生发表论著十余篇。

孟宪益

孟宪益（公元 1937～1989 年） 江苏徐州人。中共党员，主任医师。上海市卫生局中医处处长，中华全国中医学会上海分会秘书长，中华传统医学仪器学会上海分会秘书长。曾任上海市传染病院副院长，上海市中医医院院长等职。1962 年毕业于上海中医学院，从事中医工作 33 年，对传染病的临床治疗有较深的造诣。一生撰写论著 30 余篇，其中《中药诱生人白细胞干扰素的研究》、《香菇与干扰素》、《上海市中医药治疗病毒性甲型肝炎2888例临床总结分析研究》分别获市、国家中医药科技奖。

【中外交流】

△中医专家组访问阿拉伯联合酋长国 应阿联酋卫生部邀请，由施奠邦、关幼波、张鸿恩、吕仁和、路文堂一行五人组成的中医专家组于 2 月 25 日至 3 月 8 日访问阿拉伯联合酋长国。专家组此次出访，不仅圆满完成了医疗任务，扩大了中医药在海湾地区的影响，并为今后两国传统医药合作建立了联系。

△第四届中国传统医学讲演会 于 2 月25日在北京召开。这次会议是由中国医疗国际交流中心和日本滋姆拉株式会社共同举办。该会的日方医学界代表 120 名。北京中医学院院长高鹤亭、群马大学医学部第一内科教授小林节雄在会上分别作了题为《中国中医教育的现状和展望》的学术报告和《最近的哮喘治疗与汉方》的特别演讲。卫生部副部长胡熙明出席这次讲演会并致词祝贺。

△日本东京康仁医院院长五十畑義昭先生访华 2月 27 日至3月 3 日，在日本《中国针法》医学研究会理事长、著名针灸学者平井荣三郎先生的陪同下，来我国进行了友好访问。访问期间五十畑院长除了向我国卫生部有关领导表示愿意无偿捐赠贵重的医疗诊断设备外，还参观了中日友好医院、中国中医研究院针灸研究所、北京中医学院东直门医院等单位，与我国有关学者辛育龄、邓良月等进行了交谈。

△日本汉方协会中国研修旅行团访问张仲景国医大学 以矢数圭堂为团长、饭岛弘为副团长的日本汉方协会中国研修旅行团一行23人于3月 14 日对张仲景国医大学进行为期两天的友好访问。双方介绍关于张仲景学术思想研究近况，互相赠送最新著作和期刊杂志，并就今后中日学术交流计划，互访和互

派留学生问题进行了交流和磋商。

△国际传统医学手法座谈会　3月18日在广西中医学院举行。来自新加坡、泰国、澳大利亚、日本等四个国家和港澳地区以及全国10个省、市、自治区的73名代表出席了会议。会议的主要议题是：交流手法医学经验，讨论手法医学的有关问题；讨论蕴酿成立国际手法医学协会筹备组。

△厦门国际中医培训交流中心代表团应邀至新加坡访问交流　中国厦门国际中心培训交流中心代表团一行3人，应新加坡同济医药学院邀请于3月28日赴新参观访问和学术交流，并与新加坡中医师公会建立起双边关系，互派学员、讲师在国外举办国际中医学习班，还就成立亚太地区中医师联谊会及发展国际中医组织等问题进行了广泛的研讨，取得一致意见。

△北京中医学院高鹤亭、卢泳才、方廷钰访问美国　应美国哈佛医学院坎布里奇附属医院行为学主任丹尼尔·布郎教授的邀请，北京中医学院高鹤亭副教授、卢泳才教授、方廷钰副教授4月7日至24日访问了美国旧金山、纽约、华盛顿、波士顿，并在这些城市作了学术作报告，同坎布里医院院长约翰·奥布林先生就合作防治艾滋病等方面进行了商谈，并签署了协议书，1990年开始执行。

△东京医药专门学校访问浙江中医学院　以浮舟修治为团长的东京医药专门学校访华团73人于4月18日至24月访问浙江中医学院，双方就中药、药性、药膳方面进行了交流。

△日本医药研修团访问张仲景国医大学　以藤本莲风为团长的日本医药研修团一行12人于4月27日对张仲景国医大学进行了为期两天的友好访问。双方就关于《伤寒论》中药物和方剂的研究、药物剂量及临床应用、日本学者参加中国“张仲景学说研究基金会”的有关问题、办理该团全体团员入会手续进行了讨论。

△国际针灸临床学术会议　5月2日至5日在天津召开。国内外200多名代表出席了会议，收到论文300余篇，以中、美、日三种文字摘要收集其中107篇汇编成册。论文内容涉及内、外、妇、儿、五官科等疾病。会议期间还抽出一部分时间安排了临床操作表演和论文答辩，受到与会代表欢迎。

△中日专家进行学术交流　应黑龙江省中医研究院、哈尔滨市中山中医慢性病研究所邀请，以森下敬一为团长的日本自然医学会代表团于5月3日到哈尔滨，对中医、中药与疾病防治、身体保健等方面进行了广泛的学术交流。

△第三届国际中草药研究学术讨论会　5月19日至20日在日本国岐阜市岐阜药科大学举行。会议由国际中草药研究会会长、岐阜药科大学生药学教研室主任水野瑞夫教授筹备并主持。中国、日本等国家的许多知名专家、教授参加了会议。会议交流学术报告10余篇。会议期间分别组织了两次关于“在中成药制剂中怎样更合理地提取生药成分和制剂规范化”以及“怎样才算是优质生药”的专题讨论会，松浦药业株式会社的研究人员在会上结合研究工作提出了许多精辟而新颖的见解，与会的中方代表亦阐述了各自的论点。

△中医整形新技术在国际会上交流　应第六十二届国际在南亚整形学会邀请，哈尔滨市骨伤科医院副主任医师张进学，于最近前往日本出席该会议。张氏的学术论文《闭式针锯截骨术治疗膝内外翻畸形》，被选为本次会议宣读的五篇优秀论文之一，受到与会代表的高度评价。

△中医药项目参加苏联莫斯科举行的“中国科技日”活动　7月14日至23日国家中医药管理局参加了国家科委组办的苏联莫斯科“中国科技日”展览。在30多个不同内容的展览中，中医药有40多个项目以展板、实物、录像等形式介绍了我国中医药科研成果，

吸引了大批苏联观众。在展览会期间，上海中医药研究院陈汉平研究员作为中国专家代表团成员，作了有关针灸研究的专题讲演，受到苏联专家、学者的好评。

△黑龙江中医学院黄柄山教授赴美交流　应美国得克萨斯州奥斯汀市奥斯汀免疫健康诊所研究所邀请，黑龙江中医学院教授、副院长黄柄山于8月8日至9月14日赴美参加了在奥斯汀市召开的专业医务人员研究用中医药防治艾滋病及其它慢性康复期治疗的学术研讨会，并在会上作了学术报告。在美期间，与奥斯汀中医临床研究所鲍尔医生签订了意向性办学协议，被该所聘为名誉主任，并获该市荣誉市民称号。

△第三届亚细安中医药学术大会　9月2日至3日在泰国曼谷召开。以卫生部副部长胡熙明为团长的中国代表团一行5人作为特邀代表参加了会议。亚洲十几个国家近千名代表出席了会议。大会用泰语或汉语宣读了44篇中医药学术论文，被邀请的中国10位中医药教授和学者在会上宣读了论文。中国代表团团长胡熙明在大会开幕式上致词，并在会上首先作了《当代中国中医事业的发展及国际交流与合作的前景》的学术报告。大会通过了第三届亚细安中医药学术大会宣言，并决定第四届亚细安中医药学术大会于1992年在新加坡举行。

△国际针灸教育研讨会　9月5日在北京召开。来自美国、日本、加拿大、瑞典、意大利等15个国家的33名专家、教授和国内50多位代表，共同交流了有关针灸教育的现状与教学经验，针灸教育机构的必备条件，合格针灸医师具备的素质，不同层次的教学内容和形式，合理的选拔和考核措施。收到国内外论文100余篇，大会交流52篇，其中国外21篇。国家中医药管理局副局长田景福到会并讲了话。世界针灸联合会名誉主席鲁之俊教授，世界卫生组织驻华代表凯恩博士，世界针联副主席阮文仪先生及世界针联执委黑须幸男、戈亚努谢夫斯基也在会上致词并讲了话。

△第二届国际气功会议　9月10日至15日在西安召开。国内外500名代表出席会议。收到国内外论文600多篇，经过专家审定，选出200多篇汇编成册，用中英两种文字正式出版。其中涉及气功医疗、养生、保健、外气实验以及气功在体育、军事、天文、地矿、工农业生产的应用等各个领域，集中反映了近几年来国内外气功研究的最新成果。

△昆明医学院魏书均教授赴夏威夷讲学　云南省针灸学会副会长、昆明医学院教授魏书均应美国夏威夷大学“东西方中心”的邀请，于9月30日至10月7日出席了“国际生物能医学学术讨论会”。出席这次会议有世界各国100多名学者。魏书均教授作为这次会议的主要发言人，在开幕式之后，首场作了“中医辨证论治研究”的学术报告，受到普遍欢迎。

△医易相关研究会贵阳国际学术讨论会　于10月14日至17日在贵州省贵阳市举行。来自国内外的158名代表出席了会议，收到论文326篇，专著5本。会议对医易理论、医易应用、医易思维与现代科学方面进行了交流讨论。

△首次国际耳穴诊治学术讨论会　10月16日至19日在北京举行。参加会议的有来自7个国家和地区代表共97人。会议收到论文146篇，涉及生理、病理、形态、生物化学、组织化学等基础学科及临床观察、实验研究、文献分析、机理研究等内容，反映了近年来国际耳穴诊治研究的状况。代表们就耳穴诊治学术发展的现状和前景进行热烈讨论。这次会议对于加强国际间交流与合作、促进学术水平的提高具有深远的意义。

△坦桑尼亚卫生代表团访华　应国家中医药管理局的邀请，以坦桑尼亚卫生部首秘（副部级）查哈拉·努鲁女士为团长的坦桑尼亚卫生代表团一行4人，于10月23日抵京，

对我国进行为期 10 天的友好访问。卫生部副部长兼国家中医药管理局局长胡熙明教授等与该团进行了会谈，双方就两国进一步开展在传统医学领域里的交流与合作交换了意见。

△胡熙明率团参加世界卫生组织国际标准针灸穴名科学组会议　应世界卫生组织总干事中岛宏博士的邀请，卫生部副部长兼国家中医药管理局局长胡熙明教授作为该组织特邀顾问率中国针灸代表团一行 6 人赴瑞士日内瓦参加了 10 月 30 日至11月 3 日由世界卫生组织召开的国际标准针灸穴名科学组会议。与会代表一致通过了由世界卫生组织西大区推荐的四个标准化穴名方案。

△第一届国际传统康复医学学术会议　11 月 12 日在北京召开。苏联、美国、日本、港澳台等来宾 100 余人及国内 400 余人出席了大会。大会共收到国内外论文 500 余篇，经过专家会议的评定，最后评出主会场宣读论文 16 篇，分会场宣读论文 107 篇，书面交流 136 篇，并汇编入论文集。

△第二回日中医药学术交流会　于 11 月 23 日在大阪举行。关西地区约 200 名医师参加了会议。本次会议以“中医学气的理论”为题，进行了学术交流。中国方面欧阳锜、肖德馨、刘志明三位教授分别作了题为“气的理论探讨”、“气分药之运用规律”、“气的调治（老年病为主）”的学术报告，受到日本医学界的欢迎。

【消息】

1 月

△《新中医》第 5 期讯：由国家中医药管理局主办的《中国中医药报》于 2 日在北京创刊发行。李先念同志为创刊题词，彭真同志题写了报名。

△《健康报》7 日报道：四川中医现代化工程专业研究会最近在成都成立。该会主要任务是遵循中医理论体系，采用有组织地对中国针灸工程、中医气象工程，中医心理学工程等进行研究。

△《中国中医药报》23 日报道：荣毅仁、孙起孟、卢嘉锡等上书国务院，建议尽快理顺中药管理体制，加强药材市场管理。

2 月

△《中医药信息报》4 日报道：武汉中药学会振兴中药基金会“振兴中药学术奖”最近在武汉首次颁奖。获得贡献奖 3 个，优秀论文奖61个。胡熙明同志寄亲笔题词以示祝贺。

△《中国中医药报》27 日报道：由中国企业管理协会举办的 1988 年度全国企业管理优秀奖（金马奖）评选活动于 11 日结束。天津达仁堂制药厂以其良好的效益、优秀的产品、先进的技术、科学的管理、团结的集体而获得“金马”。这是全国中西制药企业中唯一获奖的单位。

△《中国中医药报》20 日报道：台湾中医药研究所所长、台湾中医医药学院附属医院副院长陈太羲教授，最近接受厦门国际中医培训交流中心主任朱玉珍的聘请，成为台湾首位受聘于大陆的客座教授。陈老先生应聘后，对中心的教学和临床基地的建设提出许多好建议，并为中心寄赠了有关中医药概况的书籍与资料，寄望在增进两岸学术交往中，中医能走在前头。

3 月

△《中国中医药报》13 日报道：江苏省灌南县中医院院长周达春获得第 37 届尤里卡国际发明博览会金牌。他研制成功的“五妙水仙膏”是此届博览会唯一的药物奖。

△《新中医》第 6 期、第 8 期讯：以台湾中医药学会理事长、台湾中医药学院教授魏开瑜为名誉团长、台北市中医师公会理事长黄民德为团长的台北市中医师公会访问团一行 58 人，于 26 日参观访问了广州中医学院。台湾同行对大陆中医药学术发展赞不绝口。访问团于 28 日抵京，会见了原国家中医药管理局副局长诸国本，转交了陈立夫先生关于中医问题的一封信。信中说：“中国医药之弘

扬，全赖大陆。希望两岸中医团体，多多取得联系，多多交换出版品，及对病理之会商。”据悉，此信已送卫生部副部长胡熙明处，胡熙明向陈立夫转送了他主编的《中医年鉴》1986年、1987年卷各一册。

△《中国中医药报》4月3日报道：26日，参加七届二次人代会的中医界代表在河北饭店举行座谈会，就加强我国中医中药工作、治理整顿中医药行业进行了讨论。七届人大常委、著名中医专家董建华教授主持了会议，卫生部副部长兼国家中医药管理局局长胡熙明向代表通报了当前中医药工作的情况。

△《新中医》第8期讯：中国中西医结合研究会海南省分会于31日在海南省中医院成立。来自各医疗单位的40多名代表，通过选举产生了研究会的常务理事会。

4月

△《中国中医药报》6月26日报道：国务院7日召开会议，研究解决当前中药工作存在的问题。于5月27日发出了《关于解决中医药有关问题的会议纪要》。

△《中医药信息报》8日报道：以增进中医针灸医学研究，力争取得美国针灸医师资格为宗旨的美国中医针灸协进会年初在美国纽约成立。成立协进会的目的是推动研究，提高针灸治疗水准，并争取中医针灸在美国的合法地位与权益。

△《上海中医药报》5月20日报道：9日以台北市中医师公会理事长黄民德为团长的台北市中医师公会访问团一行45人到上海中医学院参观，表达了“希望海峡两岸开展中医药学术相互交流，共同发扬中华民族特有的医学，以造福于世人”的意向。该学院刘嘉湘教授、张洪度副教授、柴剑宇副研究员和徐莲英副教授分别向该访问团介绍了大陆癌症的治疗及其成果，针灸医师的训练、执业和治疗，气功在医疗上的运用和中药制剂的制造等。访问团还参观了该院医史博物馆和中草药标本陈列室。

△《中医药信息报》5月13日报道：全国高等中医药教育会于9日在京成立。卫生部副部长胡熙明当选为名誉理事长，傅世垣任理事长；万德光、高鹤亭、陆德铭、李任先、张殿璞、项平当选为副理事长。

△《中医药信息报》8月5日报道：首届唯象中医学研讨会9日至12日在南京召开。全国16个省和自治区66名代表出席了这次会议，并成立了旨在用易经思想综合古今中医知识的唯象中医学研究会。编刊大型中医丛书《唯象中医学丛书》和开展唯象中医学函授是该研究会成立后的主要奋斗目标。

△《中国中医药报》5月29日报道：全国第一家县级市中医药管理局于10日在河南省邓州市正式成立。这标志着中医药事业日益受到各级党和政府的重视。

△《中医药信息报》5月6日报道：中国药学会成都分会药膳专业学会16日在成都成立，药膳专家彭铭泉被聘为药膳专业委员会主任委员，华西医科大学教授沈联德、副教授明海泉，成都中医学院高级实验师何玉权被聘为副主任委员。该会宗旨是把广大药膳研究者组织起来，进行药膳的研究和开发，使药膳更好地为人民强身健体、防病治病、延年益寿作出贡献。同时，广泛开展国际间药膳学术交流，使中国药膳进一步推向世界，造福人类。

5月

△《新中医》第8期讯：广州中医学院首届台湾大专函授班于4日在该院举行开学典礼。函授班学制3年，每月在台面授1天，学员每年到该院上课临床实习和考试30天，期满考试合格者可获函授大专毕业证书。

△《中医报》27日报道：安徽省首次中医医院联谊会5日至8日在长兴县召开。全省中医医院、中医专科医院的院长参加了会议，会议交流了卫生改革的经验，对中医院管理模式展开了热烈的讨论，并决定“联谊会”每

年召开一次。

△《中医药信息报》27日报道：《中华本草》编委会首次会议5日至10日在江苏省扬州市召开。全国61名代表出席了会议。与会者认为，这次计划编撰的《中华本草》，将是一部继《本草纲目》之后，反映当代学术水平的划时代的本草学巨著，它将全面系统地整理本草学的历史成就与现代科研成果，具有承先启后、继往开来的深远意义。

△《中医报》7日报道：新疆首家中药材技术事务所在乌鲁木齐成立。该所将向用户提供新疆中药材家种家养技术和中药材供求信息，示范新疆优良药材品种，开展良种中药材购销业务，面向全疆提供中药材技术服务。

《中国中医药报》6月5日报道：国家中医药管理局局长胡熙明10日会见了以台湾中国医药学院副院长、附属医院院长王廷辅先生为团长的台湾中国医药学术教育访问团，表示希望今后能密切海峡两岸中医药同道间的联系，推动中医药学术交流。访问团还参观了中国中医研究院等地，并就中西医结合方面的问题进行了学术交流。

△《中医报》27日报道：全国省级中医院院长管理研讨班16日在京举行开学典礼。国家中医药管理局局长胡熙明参加并讲了话。研讨班培训的规格是高层次。讲学师资有国内知名的管理专家、教授，还邀请了美国霍普金斯大学卡伦·戴维斯教授和美籍华人著名的管理学专家胡德伟教授。这些专家除系统介绍美国及世界各国的卫生事业管理外，还对我国的卫生事业管理，特别是中医药事业管理与学员进行了广泛的研究和讨论。

△《健康报》16日报道：中国国针培训中心北京分部正式成立。该分部将为国际友人开展中医专业培训和中医医疗，并在培训中心原有的基础上增设了中医气功、养生、按摩学习班，学习时间为7天至3个月。可为外籍学员承办入学手续和入境签证。

△《上海中医药报》20日报道：北京现代中医临床免疫研究所研制的"戒烟灵"在比利时布鲁尔尤里卡世界发明博览会上获"联合国大学"金奖。戒烟灵以中药为原料，用现代科技手段精制而成。

△《中医报》27日报道：经台湾当局新闻出版部门批准登记的《华佗医药》杂志在南雄市创刊。该杂志为月刊，重在介绍大陆著名中医精华。陈淇泽先生任总编辑，广州中医学院代院长李任先、广东省政协副主席黄耀燊等12名国内专家担任该刊特聘顾问。

6月

△《新中医》第10期讯：海南省针灸学会成立大会暨学术交流会4日在海口市举行，会议产生了海南针灸学会第一届名誉理事长、理事长及理事等学会负责人。

△《中国中医药报》5日报道：由西藏自治区医院、国家教科委、中国中医研究院等共同协作编著的《四部医典系列挂图全集》藏汉本、藏英本，目前在拉萨通过科技鉴定，即将出版发行。本书以彩色连续图画的形式，系统介绍了医药卫生科学理论及实践技术，不但在祖国医药学历史中绝无仅有，在世界医药学历史中亦属罕见，是医学内容与艺术表现相结合的产物。

△《上海中医药报》20日报道：中医未来研究中心在哈尔滨成立，该中心的主要任务是开展多种形式的学术活动，作好中医未来预测工作。

△《上海中医药报》20日报道：国际针灸医师考核委员会在京成立。经世界针灸学联合总部秘书处批准，每年分别在4月和9月接受世界各国具有相当针灸专业大学专科毕业水平的针灸工作报告申请，通过考核，合格者将得到医师水平证书。

△《新中医》第11期讯：经国家教委批准，山西中医学院于30日正式成立。该院属5年制本科，设中医、中药、针灸三个系和研究生部，同时设有500张病床的附属医院。

7月

△《中医药信息报》8月12日报道：孙思邈医德纪念碑落成典礼于8日至10日在孙思邈故里陕西省耀县隆重召开。全国560余名代表出席了纪念碑揭碑仪式。共镌碑石11块。

8月

△《中医报》17日报道：南通市中医院技术顾问、市中医研究所名誉所长朱良春的"顽痹从肾论治"在首届北京国际科技博览会上获银奖。朱氏创制的益肾壮督治其本，蠲痹通络治其标的益肾蠲痹丸，经361例的临床观察，总有效率达95.3%。

△《中国中医药报》21日讯：全国第一家中医眼病研究所——陕西省宝鸡市中医眼病研究所正式成立。这家中医眼病研究所由著名眼科医生赵培荣创办。

△《新中医》第11期讯：世界针灸学会联合会秘书长王雪苔教授26日在世界针联总部秘书处举行的艾滋病与针灸专题座谈会后发表声明，驳斥了美国《纽约邮报》关于"针灸感染艾滋病"的传闻。

9月

△《中医药信息报》23日报道：西南地区最大的中医临床、教学和科研中心——成都中医学院附属医院病房医技综合大楼建成，并于1日正式剪彩启用。大楼总面积为18767平方米，主体工程地面十五层，地下一层、大楼启用后新增设病床400张。

△《中国中医药报》90年1月1日报道：西藏医学院落成典礼3日在拉萨举行。阿沛·阿旺晋美同志为学院题词。

△《中国中医药报》4日报道：全国中医药中专教育研究会成立大会与经验交流会在北京召开。全国21个省市30个中医中专学校的代表出席了会议。会议主要议题是：成立"全国中医药中专教育研究会"；讨论制定中医、中药两个专业的建设标准；交流有关中医药中专教育的办校方向；研讨深化教育改革及开办中医护士专业教育的经验。

△《中国中医药报》10月23日报道：国内同行中第一流的中等专业学校——天津市中药制药学校18日举行了新校落成暨新生开学典礼。目前，学校已开设西药合成、制剂、分析、中药商品、中药制药工艺、中药植物培养等专业。

△《中国中医药报》10月2日报道：22日全国医药中药商业优秀业务员评选活动在北京揭晓。全国28个省市自治区的93名优秀业务员，经过两天紧张比赛，决出一等奖10名，中药占4名。在颁奖仪式后，国家中医药管理局副局长诸国本，中国药材公司总经理张洪魁等，同中药组一等奖获得者合影留念，并鼓励他们再接再励，为提高中药职工的政治素质和业务素质努力做出更大的贡献。

△《中医药信息报》23日报道：由英国皇家医学会会员、福州市第一医院肿瘤科主任医师潘明继编著的我国第一本《艾滋病的中医防治》由香港出版发行。书中阐述了艾滋病的中西医结合治疗法和气功、饮食、精神疗法与预防。

△《中国中医药报》25日报道：由国家中医药管理局主编，中医古籍出版社出版《中华人民共和国建国四十年中医药科技成就》一书首发式，于23日在京举行。李鹏、宋健等领导同志为该书题词，崔月犁、胡熙明及国家有关部委的同志，著名中医药专家等出席了首发式。该书从19个专题，全面系统地介绍了四十年来中医药科技发展的主要成就。

△《中国中医药报》25日报道：中医药界又有3人进入1988年度国家级有突出贡献的中青年中医药学科学、技术、管理专家行列。他们是分别澄清了千余年来五加品种混乱问题的李维贤，从事中西医结合治疗心血管病的钱振准及从事眼科医疗四十余载的广安门医院眼科主任医师韦玉英。

10月

△《中医报》7日报道：国家中医药考试中心、国际针灸考试中心在京成立。两个考试中心是国家中医药考试委员会和国际针灸专业人员水平考试委员会的办事机构，设在北京中医学院，其业务工作由国家中医药管理局管理。两个考试中心将根据国家中医药管理局发布的《中医师、士管理条例》(试行)的规定，承担国内中医师资格考试和国外针灸专业人员的水平考试，检查中医院校教学质量及国家规定的其它统一考试。

△《健康报》12日报道：由中国体育气功研究会和《气功与体育》杂志社联合举办的第二届国际气功会在西安召开。来自中、苏、美、日、新加坡、南朝鲜等国家和地区的近600名气功师、学者参加了会议。会议强调指出，当前应防止在气功问题上弄虚作假，搞神秘化、商品化，以保证气功事业科学、健康发展。

△《中西医结合杂志》第11期讯：中国糖尿病中西医结合医疗中心于27日在河北省沧州市正式成立。该"中心"由中顾委委员、中国红十字会会长崔月犁同志担任名誉理事长，国际糖尿病协会副主席、中国糖尿病基金会主席、中国协和医科大学池芝盛教授担任理事长。该"中心"成立旨在广泛组织联系国内外糖尿病学研究领域内的专家、学者，汇集国内外先进的诊断和治疗技术，用中西医结合的方法开辟一条包括诊、药疗、食疗、护理和康复体疗等内容，具有我国特色的综合治疗糖尿病的新途径。

△《文汇报》30日报道：《中国中医秘方大全》由文汇出版社出版。该书载方5000余首，逾200万字，完整收集了建国40年来各地医家的祖传秘方和经验方，所载方剂均经过临床验证并在各种中医药交流活动中得到肯定。29日，上海市卫生局、文汇报社、文汇出版社联合举办了该书的首次发行活动。

△《新中医》第10期讯：首部反映我国中医历史、现状和成果的大型彩色画册——《当代中医》出版。全书载彩色图照500幅，分为春满杏林、悠久历史、医疗保健、人才培养、科学研究、药物园地、民族医药、国际交往8个部分，还收有历届党和国家领导人接见老中医及观察中医药工作的珍贵历史照片和题词。

11月

△《健康报》9日报道：8日，国家中医药管理局在北京正式颁发了《关于加强气功医疗管理若干规定（试行)》。卫生部副部长兼国家中医药管理局局长胡熙明在新闻发布会上指出，当前气功医疗市场管理混乱，必须采取果断措施，进行管理、整顿，否则正常的医疗秩序将难以维持。

△《中国中医药报》27日报道：北京市药材公司于20日纪念北京同仁堂药店开业320周年，李鹏总理为同仁堂题词，胡熙明、白介夫、吴仪、甘国平等到会祝贺，乐氏家属成员陶慧敏介绍了同仁堂发展史。

12月

△《中国中医药报》12月4日报道：世界医学气功学会于16日在北京成立。全国人民代表大会常务委员会副委员长习仲勋为名誉主席，中华全国中医学会会长崔月犁任主席。该会是继世界针灸学会联合会后又一个由中国人任主席，总部设在北京的国际性学术团体。

△《中国中医药报》18日报道：7日，国家工商行政管理局商标局在"我国加入商标国际注册马德里协定暨首批商标国际注册申请庆祝会"上，向同仁堂等前3名提出商标国际注册申请的企业颁发了纪念牌。

△《中医药信息报》23日报道：李时珍药物馆在李时珍的故乡——湖北蕲春县建成。邓小平同志为药物馆题写了馆名。

△《南京中医学院学报》第4期讯：江苏省中医学会时间医学研究会成立暨第一次学

术交流会在南京举行。出席代表共51人，省中医管理局陈尧副局长出席讲了话。代表们进行了学术交流并选举了首届理事会，一致推选宋为民为主任委员。

△海南省卫生厅提供：中华全国中医学会海南省分会成立大会于30日在海南省科协召开。出席代表100余人，会议通过了该会章程，选举产生了第一届理事会。

二、中医药机构

【1989年全国中医药人员、机构、床位及中医药院校（或系、专业）**招生、毕业、在校学生数】**

		单位	数字	合计
中医药卫生技术人员	中医师	人	229,830	
	中西医结合高级医师	人	5,312	
	中医士	人	95,097	
	中药师	人	56,302	544,001
	中药剂士	人	70,695	
	中药剂员	人	42,183	
	其他中医	人	44,582	
中医医疗机构	县及县以上中医医院	个	1,958	
	中医学院附属中医院	个	35	
	中西医结合医院	个	24	2,449
	中医门诊部(所)	个	379	
	其他中医院	个	53	
中医药研究机构	研究所一级（独立）	个	55	
中医床位	县及县以上中医医院	张	151,177	
	中医学院附属中医院	张	12,251	
	中西医结合医院	张	6,281	
	中医药研究院(所)	张	1,369	174,224
	中医门诊部（所）	张	600	
	其他中医院	张	2,546	
高等中医药院校和高等医药院校中医药系	高等中医药院校	所	29	
	高等医药院校中医药系(或专业)	个	15	
	在校学生数	人	32,925	
	1989年招生数	人	7,340	
	1989年毕业数	人	7,254	
中等中医药学校和中等西医卫校设中医药专业	中等中医药学校	所	51	
	中等西医卫校设中医药专业	所	111	
	在校学生数	人	17,170	
	1989年招生数	人	5,608	
	1989年毕业数	人	4,520	

【1989年各地区中医药卫生技术人员数】

地区	合计	中医师	中西医结合高级医师	中药师	中医士	中药士	其他中医	中药剂员
全国总计	544,001	229,830	5,312	56,302	95,097	70,695	44,582	42,183
北京市	10,939	5,769	985	1,383	874	1,421	253	254
天津市	7,361	4,952	26	898	332	625	325	203
河北省	22,999	11,663	709	1,778	4,380	2,738	895	836
山西省	19,463	8,833	405	1,885	3,734	1,753	1,386	1,467
内蒙古自治区	14,959	6,495	69	1,190	3,592	2,292	518	803
辽宁省	19,911	9,995	86	3,465	1,861	2,835	832	837
吉林省	12,919	6,140	365	1,824	1,571	1,973	411	635
黑龙江省	18,294	9,109	323	2,620	2,302	2,154	583	1,203
上海市	8,038	5,910	47	393	871	456	42	319
江苏省	21,382	11,630	156	2,577	2,210	2,527	994	1,288
浙江省	19,027	6,851	73	1,476	3,116	3,059	2,321	2,131
安徽省	15,452	7,225	19	2,108	2,393	1,632	1,180	895
福建省	14,852	5,452	131	1,008	2,760	2,621	1,429	1,451
江西省	21,074	7,470	73	2,285	2,960	2,980	3,148	2,158
山东省	27,478	12,048	69	5,596	3,763	3,724	1,109	1,169
河南省	32,578	13,843	133	3,932	5,808	3,975	2,152	2,735
湖北省	35,808	15,426	147	4,699	4,997	6,401	2,115	2,023
湖南省	37,019	13,601	124	4,824	4,826	5,912	2,723	5,009
广东省	35,400	10,446	40	1,094	7,346	6,833	2,488	7,153
广西壮族自治区	14,819	4,983	52	908	2,649	1,482	4,047	698
海南省	2,623	828	3	145	317	563	298	469
四川省	66,104	24,974	324	4,594	17,731	6,160	7,527	4,794
贵州省	8,610	3,106	201	1,005	1,458	830	1,286	724
云南省	11,295	5,482	29	1,028	2,185	810	1,420	341
西藏自治区	1,102	522	9	69	430	38	29	5
陕西省	23,033	8,602	278	1,397	6,566	2,823	2,266	1,101
甘肃省	12,044	4,302	275	765	2,428	897	2,299	1,078
青海省	2,546	1,264	13	217	568	281	90	113

地　　区	合 计	中医师	中西医结合高级医师	中药师	中医士	中药士	其他中医	中药剂员
宁夏回族自治区	2,248	1,031	45	350	336	354	35	97
新疆维吾尔自治区	4,624	1,878	103	789	733	546	381	194

【1989年全国中医机构、床位、人员数和构成】

	实有数			构成（%）		
	机构(个)	床位（张）	人员(名)	机构(个)	床位(张)	人员(名)
总计	2,504	174,224	269,644	100.0	100.0	100.0
县及县以上中医院	1,958	151,177	218,125	78.2	86.8	80.9
中医学院附属医院	35	12,251	24,158	1.4	7.0	8.9
中西医结合医院	24	6,281	8,792	1.0	3.6	3.3
其他中医院	53	2,546	2,262	2.1	1.5	0.8
中医门诊部（所）	379	600	8,535	15.1	0.3	3.2
中医药研究院(所)	55	1,369	7,792	2.2	0.8	2.9

【1989年全国中医机构中医药卫生技术人员数】

	单位	合 计	中医师	中西医结合高级医师	中药师	中医士	中药士	其他中医	中药剂员
总计	人	88,897	49,822	1,697	10,458	8,504	11,979	1,332	5,105
县及县以上中医院	人	73,660	40,555	997	8,297	7,683	10,484	1,143	4,501
中医学院附属医院	人	7,416	4,950	417	1,055	108	621	28	237
中西医结合医院	人	1,014	538	76	149	73	128	8	42
其他中医院	人	655	321	3	48	110	101	24	48
中医门诊部（所）	人	3,693	1,897	22	355	495	555	114	255
中医药研究院(所)	人	2,459	1,561	182	554	35	90	15	22

【1989年全国中医机构中医药人员数及比重】

	人员总数（人）	其中：			
		中医人员	占人员总数的%	中药人员	占人员总数的%
总计	269,664	59,658	22.12	27,542	10.21
县及县以上中医院	218,125	49,381	22.64	23,282	10.67
中医学院附属医院	24,158	5,086	21.05	1,913	7.92
中西医结合医院	8,792	619	7.04	319	3.63
其他中医院	2,262	455	20.11	197	8.71
中医门诊部（所）	8,535	2,506	29.36	1,165	13.65
中医药研究院(所)	7,792	1,611	20.68	666	8.55

【1989年各地区中医医疗机构、床位数】

地区	合计		县及县以上中医医院		中医学院附属中医院		中西医结合医院		其他中医医院		中医门诊部（所）	
	机构数	床位数	机构数	床位数	机构数	床位数	机构数	床位数	机构数	床位数	机构数	床位数
全国总计	2,070	172,255	1,958	151,177	35	12,251	24	6,281	53	2,546	379	600
北京市	20	3,452	15	2,634	1	485	1	163	3	170	35	15
天津市	18	2,354	14	1,417	2	635	—	—	2	302	4	—
河北省	96	7,193	94	6,462	1	410	1	321	—	—	36	102
山西省	102	5,213	99	4,893	1	100	1	200	1	20	1	—
内蒙古自治区	77	3,524	74	3,474	—	—	—	—	3	50	34	25
辽宁省	73	11,035	70	9,882	1	503	1	500	1	150	20	90
吉林省	59	5,914	54	4,654	1	600	3	630	1	30	2	—
黑龙江省	89	8,065	81	7,066	2	651	3	298	3	50	13	—
上海市	16	1,839	13	1,126	3	713	—	—	—	—	4	—
江苏省	74	8,620	73	8,405	1	215	—	—	—	—	6	—
浙江省	63	5,530	57	4,614	1	500	1	270	4	146	17	—
安徽省	62	4,264	58	3,705	2	506	—	—	2	53	11	5
福建省	73	5,562	71	4,618	1	464	1	480	—	—	—	—
江西省	97	6,927	94	6,077	1	350	2	500	—	—	6	—
山东省	108	8,369	106	7,915	1	404	—	—	1	50	4	—
河南省	136	11,913	134	11,263	1	500	1	150	—	—	4	—

地区	合计		县及县以上中医医院		中医学院附属中医院		中西医结合医院		其他中医医院		中医门诊部（所）	
	机构数	床位数	机构数	床位数	机构数	床位数	机构数	床位数	机构数	床位数	机构数	床位数
湖北省	76	8,346	73	6,916	1	750	1	630	1	50	9	50
湖南省	108	13,607	105	13,026	2	330	1	251	—	—	3	—
广东省	94	8,136	89	6,957	3	1,059	1	60	1	60	17	—
广西壮族自治区	63	4,915	60	3,929	2	853	1	133	—	—	20	12
海南省	9	537	9	537	—	—	—	—	—	—	2	—
四川省	201	17,753	182	14,786	2	753	4	1,413	13	801	26	158
贵州省	57	3,159	52	2,529	2	580	—	—	3	50	5	—
云南省	74	3,937	65	3,142	1	276	1	282	7	237	34	12
西藏自治区	12	383	12	383	—	—	—	—	—	—	1	—
陕西省	79	4,978	73	4,471	1	260	—	—	5	247	24	—
甘肃省	60	2,639	58	2,559	—	—	—	—	2	80	6	—
青海省	33	1,216	33	1,216	—	—	—	—	—	—	—	—
宁夏回族自治区	11	640	11	640	—	—	—	—	—	—	6	—
新疆维吾尔自治区	30	2,235	29	1,881	1	354	—	—	—	—	29	131

【1989年全国民族医医院机构、床位、人员情况】

机构分类名称	机构数(个)	床位数(张)	人员数(人)	卫生技术人员数(人)	其中：民族医师士	中医师士	西医师士	民族药师士	中药师士	西药师士	无职称民族医	民族药剂员	中药剂员	西药剂员
合计	101	3,160	5,584	4,156	1,604	160	352	410	88	71	64	73	5	15
蒙医医院	40	1,262	2,020	1,518	574	59	110	181	39	31	20	35	1	8
藏医医院	38	949	1,451	1,012	562	19	66	71	3	7	15	5	—	3
维医医院	15	849	999	722	177	11	38	131	8	6	29	33	2	4
傣医医院	1	30	66	53	—	8	6	—	4	3	—	—	1	—
其他民族医院	7	520	1,048	851	291	63	132	27	34	24	—	—	1	—

【1989年各地区民族自治地方卫生机构中医、民族医人员情况】

地区	专业卫生人员总数	其中：少数民族	中医	其中：少数民族	民族医	其中：蒙医	藏医	维医	傣医
总计	592,461	163,731	44,250	14,758	5,353	3,335	1,523	495	—
河北	2,402	631	282	68	—	—	—	—	—
内蒙古	119,044	25,704	10,605	3,818	3,106	3,106	—	—	—
辽宁	10,737	4,113	887	446	195	195	—	—	—
吉林	27,191	10,913	1,120	341	21	21	—	—	—
黑龙江	789	79	84	3	15	15	—	—	—
浙江	597	12	76	—	—	—	—	—	—
湖北	14,026	6,794	2,871	1,708	—	—	—	—	—
湖南	11,217	4,980	908	450	—	—	—	—	—
广东	1,424	131	103	9	—	—	—	—	—
广西	132,[illegible]46	33,296	11,679	2,261	—	—	—	—	—
海南	8,916	1,040	326	71	—	—	—	—	—
四川	27,848	7,321	2,791	1,022	171	—	171	—	—
贵州	31,368	9,727	1,148	420	—	—	—	—	—
云南	54,444	14,702	3,956	1,246	—	—	—	—	—
西藏	10,062	7,781	981	945	923	—	923	—	—
甘肃	6,616	1,636	955	128	154	7	147	—	—
青海	12,410	3,405	1,084	483	404	38	282	84	—
宁夏	23,104	2,461	1,402	124	—	—	—	—	—
新疆	98,120	29,005	2,992	783	454	43	—	411	—

【1989年各地区民族医医院机构、床位、人员情况】

地区	机构数(个)	床位数(张)	人员数(人)	卫生技术人员数(人)	其中：民族医师士	中医师士	西医师士	中西医结合高级医师	民族药师士	中药师士	西药师士	无职称民族医	其他中医	民族药剂员	中药剂员	西药剂员
全国总计	101	3,610	5,584	4,156	1,604	160	352	23	410	88	71	64	11	73	5	15
内蒙古自治区蒙医医院	32	935	1,611	1,213	517	11	74	—	163	5	15	13	—	34	—	4

地区	机构数(个)	床位数(张)	人员数(人)	卫生技术人员数(人)	其中：											
					民族医师士	中医师士	西医师士	中西医结合高级医师	民族药师士	中药师士	西药师士	无职称民族医	其他中医	民族药剂员	中药剂员	西药剂员
辽宁省																
蒙医医院	1	70	104	78	5	23	7	—	—	29	—	—	—	—	1	—
其他民族医医院	1	300	707	589	281	9	73	—	27	8	19	—	—	—	—	—
黑龙江省																
蒙医医院	1	55	75	52	3	11	16	—	—	4	10	—	—	—	—	—
湖北省																
其他民族医医院	1	120	167	130	—	38	17	4	—	20	1	—	1	—	—	—
广东省																
其他民族医医院	1	10	27	22	3	2	8	—	—	—	—	—	—	—	—	—
广西壮族自治区																
其他民族医医院	3	50	92	74	2	14	20	—	—	3	3	—	—	—	1	—
四川省																
藏医医院	2	80	79	48	28	5	5	—	2	—	—	—	—	—	—	—
云南省																
藏医医院	1	—	16	11	—	10	—	—	—	—	—	—	1	—	—	—
傣医医院	1	30	66	53	—	8	6	—	—	4	3	—	8	—	1	—
西藏自治区																
藏医医院	12	383	815	541	296	—	25	3	57	—	3	2	—	—	—	—
甘肃省																
藏医医院	5	67	109	86	65	—	6	—	—	3	—	—	1	—	—	1
青海省																
蒙医医院	4	102	132	105	21	10	11	—	6	—	4	7	—	1	—	4
藏医医院	18	419	432	326	173	4	30	—	12	—	4	13	—	5	—	2
新疆维吾尔自治区																
蒙医医院	2	100	98	70	28	4	2	—	12	1	2	—	—	—	—	—
维医医院	15	849	999	722	177	11	38	16	131	8	6	29	—	33	2	4
其他民族医医院	1	40	55	36	5	—	14	—	—	3	1	—	—	—	—	—

【1989年全国卫生部门县及县以上中医医院按隶属关系机构、床位、人员数及平均每院床位、人员数】

	机构数(个)	床位数(张)	人员数(人)	平均每院	
				床位数(张)	人员数(人)
合计	1,728	134,050	194,316	77.6	112.5
国家中医药管理局属	2	980	1,971	490.0	985.5
省、自治区、直辖市属	16	3,941	6,724	246.3	420.3
直辖市区、省辖市、地区(自治州、盟)属	254	39,339	59,303	154.9	233.5
省辖市区、地辖市属	241	21,604	31,469	89.6	130.6
县（旗）属	1,215	68,186	94,849	56.1	78.1

【1989年各地区平均每千人口中医医院床位数和中医人数*】

地区	中医医院床位数	中医	中医师、士	地区	中医医院床位数	中医	中医师、士
全国总计	0.16	0.33	0.29	山东	0.10	0.21	0.19
				河南	0.14	0.26	0.24
北京	0.34	0.67	0.65	湖北	0.16	0.43	0.39
天津	0.27	0.65	0.62	湖南	0.23	0.35	0.31
河北	0.12	0.28	0.27	广东	0.14	0.34	0.30
山西	0.19	0.50	0.45	广西	0.12	0.28	0.18
内蒙古	0.17	0.50	0.48	海南	0.08	0.23	0.18
辽宁	0.28	0.33	0.31	四川	0.17	0.47	0.40
吉林	0.25	0.34	0.32	贵州	0.10	0.18	0.14
黑龙江	0.23	0.35	0.33	云南	0.11	0.25	0.21
上海	0.14	0.53	0.53	西藏	0.18	0.45	0.44
江苏	0.13	0.22	0.21	陕西	0.16	0.55	0.47
浙江	0.13	0.29	0.24	甘肃	0.12	0.42	0.31
安徽	0.08	0.20	0.18	青海	0.28	0.45	0.43
福建	0.19	0.33	0.28	宁夏	0.14	0.31	0.30
江西	0.19	0.37	0.28	新疆	0.15	0.21	0.18

* 中医和中医师、士人数均包括中西医结合高级医师

【1989年全国主任、副主任、主治医师人数及比重】

	单位	主任			副主任			主治		
		合计	中医师	西医师	合计	中医师	西医师	合计	中医师	西医师
全国	人	11,279	1,131	10,148	77,938	8,273	69,665	434,033	72,215	361,818
中西医比重	%	100.00	10.03	89.97	100.00	10.61	89.39	100.00	16.64	83.36
卫生部门	人	7,451	578	6,873	54,659	5,845	48,814	253,788	41,703	212,085
中西医比重	%	100.00	7.76	92.24	100.00	10.69	89.31	100.00	16.43	83.57
医院	人	5,447	516	4,931	42,795	4,788	38,007	193,639	35,561	158,078
中西医比重	%	100.00	9.47	90.53	100.00	11.19	88.81	100.00	18.36	81.64

【1989年全国主任、副主任、主管药师人数及比重】

	单位	主任			副主任			主管		
		合计	中药师	西药师	合计	中药师	西药师	合计	中药师	西药师
全国	人	10,276	128	10,148	70,399	734	69,665	373,265	11,447	361,818
中西药师比重	%	100.00	1.25	98.75	100.00	1.04	98.96	100.00	3.07	96.93
卫生部门	人	370	94	276	3,020	546	2,474	24,864	7,961	16,903
中西药师比重	%	100.00	25.41	74.59	100.00	18.08	81.92	100.00	32.02	67.98
医院	人	145	24	121	1,627	245	1,382	19,146	6,238	12,908
中西药师比重	%	100.00	16.55	83.45	100.00	15.06	84.94	100.00	32.58	67.42

【1989年全国县及县以上医院床位与人员之比】

	每张床位与总人员之比	占人员总数比重(%)			占卫生技术人员比重(%)					每名医生与护理人员之比	每名护理员与护师、士之比
		卫技人员	管理人员	工勤人员	医生	护理人员	药剂人员	检验人员	其他卫技人员		
中医医院	1:1.44	80.30	8.87	10.27	42.87	27.74	18.12	3.74	7.52	1:0.65	1:9.34
综合医院	1:1.37	77.27	8.03	14.01	37.76	40.42	9.94	4.70	7.18	1:1.07	1:8.00

【中医医疗机构】

中国中医研究院广安门医院

地址：北京市宣武区广内北线阁5号 电话：3013311 邮政编码：100053

院长：阎孝诚

职工998人。卫技人员中，中医194人，其中主任医师8人、副主任医师19人、主治医师65人、住院医师97人、中医士5人；中西医结合163人，其中主任医师22人、副主任医师39人、主治医师63人、住院医师39人；西医68人，其中主任医师3人、副主任医师13人、主治医师24人、住院医师27人、医士1人；中药65人，其中副主任中药师1人、主管中药师6人、中药师12人、中药士46人。

床位总数为480张，其中内科117张，外科42张，妇科37张，骨科40张，肿瘤科87张，皮肤科16张，针灸科45张，泌尿科20张，肛肠科41张，眼科35张。

中国中医研究院西苑医院

地址：北京市海淀区西苑医院 电话：2563344转520 邮政编码：100091

院长：房定亚

职工969人。卫技人员中，中医139人，其中主任医师3人、副主任医师9人、主治医师58人、住院医师69人；中西医结合75人，其中主任医师9人、副主任医师27人、主治医师34人、住院医师5人；西医29人，其中主任医师1人、副主任医师5人、主治医师18人、住院医师5人；中药46人，其中主管中药师8人、中药师22人、中药士16人。

床位总数为500张，其中内科377张，妇科39张，外科45张，儿科39张。

北京中医学院附属东直门医院

地址：北京市东城区海运仓3号 电话：446841 邮政编码：100700

院长：杜怀棠

职工1100人。卫技人员中，中医301人，其中主任医师7人、副主任医师47人、主治医师113人、住院医师134人；中西医结合54人，其中主任医师3人、副主任医师24人、主治医师27人；西医41人，其中主任医师2人、副主任医师4人、主治医师17人、住院医师18人；中药95人，其中副主任中药师4人、主管中药师13人、中药师19人、中药士59人。

床位总数为485张，其中内科181张，针灸科31张，骨科38张，按摩科16张，外科89张，妇科39张，乳腺科30张，口腔科10张，眼科11张，耳鼻喉科10张、儿科30张。

中日友好医院

地址：北京市和平里樱花东路　电话：4221122　邮政编码：100029

院长：耿德章

职工2942人。卫技人员中，中医166人，其中主任医师6人、副主任医师43人、主治医师35人、住院医师82人；西医433人，其中主任医师36人、副主任医师89人、主治医师106人、住院医师202人；中药51人，其中副主任中药师2人、主管中药师7人、中药师6人、中药士36人。

床位总数为1300张，其中中医400张，西医900张。

北京中医医院

地址：北京市美术馆后街23号　电话：446621　邮政编码：100010

院长：李乾构

职工1297人。卫技人员中，中医251人，其中主任医师23人、副主任医师37人、主治医师54人、住院医师131人、中医士6人；中西医结合73人，其中主任医师20人、副主任医师21人、主治医师32人；西医51人，其中主任医师2人、副主任医师7人、主治医师33人、住院医师7人、医士2人；中药105人，其中副主任中医师7人、主管中药师10人、中药师39人、中药士49人。

床位总数为505张，其中内科114张，外科78张，儿科36张，妇科30张，骨科40张，针灸科39张，肿瘤科41张，综合26张，皮肤科38张，肛肠38张，ICV 25张。

天津中医学院第一附属医院

地址：天津市和平区多伦道169号　电话：22.6971　邮政编码：300020

院长：石学敏

职工1020人。卫技人员中，中医336人，其中主任医师5人、副主任医师59人、主治医师77人、住院医师192人、中医士3人；中西医结合70人，其中主任医师3人、副主任医师16人、主治中医师32人、住院医师19人；西医6人，均为住院医师；中药115人，其中主任中药师2人、副主任中药师5人、主管中药师22人、中药师36人、中药士50人。

床位总数为300张。其中内科111张，骨科19张，眼科19张，外科34张，针灸81张，妇科18张，按摩18张。

天津中医学院第二附属医院

地址：天津市河北区王串场正义道二号路　电话：662507　邮政编码：300150

院长：田芬兰

职工610人。卫技人员中，中医170人，其中主任医师3人、副主任医师6人、主治医师49人、住院医师112人；中西医结合26人，其中主任医师2人、副主任医师2人、主治医师17人、住院医师5人；西医17人，其中主任医师1人、副主任医师1人、主治医师5人、住院医师10人；中药64人，其中副主任中药师2人、主管中药师3人、中药师11人、中药士32人。

床位总数为340张。

天津市中医医院

地址：天津市河北区中山路125号　电话：662431　邮政编码　300140

院长：刘大功

职工604人。卫技人员中，中医247人，其中主任医师5人、副主任医师12人、主治医师29人、住院医师190人、中医士11人；中西医结合12人，其中副主任医师6人、主治医师6人；西医5人，其中副主任医师2人，主治医师3人；中药55人，其中主管中药师2人、中药师13人、中药士40人。

床位总数为341张，其中内科116张，脑内科30张，老年科20张，外科64张，骨外科56张，妇科15张，眼科25张，急诊科25张。

天津市区中医院情况

全称	所有制	病床总数(张)	职工总人数	中医人数	西学中人数	西医人数	中医临床科室数	详细地址
和平区中医院	全民	100	202	50		43	5	天津市和平区贵州路43号
南开区中医院	全民	150	218	60		37	8	天津市南开区广开四马路卿云里16号
红桥区中医院	全民	100	150	45		6	13	天津市红桥区西于庄城坊里大街35号
河西区中医院	全民	120	219	60		37	13	天津市河西区南楼五号路6号
汉沽区中医院	全民	80	88	27		14	7	天津市汉沽区太平街
北郊区中医院	全民	120	86	14		10	7	天津市北郊区三百万集贤道口
河东区中医院	全民	100	216	57		37	10	天津市河东区张贵庄路35号
东郊区中医院	全民	100	97	21		6	7	天津市东郊区张贵庄跃进路24号
西郊区中医院	全民	100	131	10		40	5	天津市西郊区杨柳青镇十五街建设路35号

天津市县中医情况

所有制	医院数	病床总数(张)	职工总人数	其中		
				中医人数	西学中人数	西医人数
全民所有制县中医院	4	307	960	114		98
集体所有制县中医院						
合计	4	307	960	114		98

河北中医学院附属医院

地址：河北省石家庄市长安西路3号
电话：48185 邮政编码：050011

院长：李恩复

职工562人。卫技人员中，中医105人，其中副主任医师6人、主治医师43人、住院医师50人、中医士1人；中西医结合2人，均为主治医师；西医45人，其中副主任医师13人、主治医师26人、住院医师6人；中药39人，其中主管中药师2人、中药师6人，中药士31人。

床位总数为402张，其中内科156张，外科30张，妇科39张，儿科32张，骨科32张，眼科9张，耳鼻喉科9张，针灸科51张，肛肠科44张。

河北省地市中医院情况

全称	所有制	病床总数(张)	职工总人数	中医人数	西学中人数	西医人数	中医临床科室数	详细地址
北戴河疗养院	全民	640	156		42		12	河北省北戴河东经路198号
沧州市中西医结合医院	全民	351	488	31	1	104	3	河北省沧州市南环西路23号
石家庄市中医院	全民	320	379	125	18		16	河北省石家庄市中山中路47号
邯郸市中医院	全民	300	464	102		32		河北省邯郸市和平路311号
秦皇岛市中医院	全民	100	196	68	5	13	13	河北省秦皇岛市海洋路65号
保定市中医院	全民	70	114	31		9	11	河北省保定市联盟中路2号
承德市中医院	全民	100	206	60	1	13	11	河北省承德市西大街152号
张家口市中医研究所附属医院	全民	310	313	60	1	40	17	河北省张家口市乔东区东河沿56号
衡水地区中医院	全民	60	73	25		9	6	河北省衡水市胜利西路
保定地区中医院	全民	252	334	101	3	23	14	河北省裕华西路32号
沧州地区中医院	全民	100	134	40	5	1		河北省沧州市运河区
石家庄地区老年病医院	全民	30	50	8	1	17	1	河北省石家庄市桥西工农路77号
廊坊中医院	全民	168	20	39	3	27	11	河北省廊坊市廊北路
沧州市中医门诊部	全民		68	28		4		河北省沧州市新华中路139号
邢台市中医院	全民	122	185	43	10	14	9	河北省邢台市东门里街42号
唐山市中医院	全民	150	260	22	52	8	11	河北省唐山市新华道北侧

河北省县中医情况

所有制	医院数	病床总数	职工总人数	其中		
				中医人数	西学中人数	西医人数
全民所有制县中医院	133	4993	7810	3384	20	593
集体所有制县中医院	1	30	45	7		2
合计	134	5023	7855	3391	20	595

山西省中医研究所附属医院

地址：山西省太原市并州西街12号　电话：223284　邮政编码：030012

院长：曹家骥

职工480人。卫技人员中，中医78人，其中主任医师1人，副主任医师10人、主治医师23人、住院医师43人，中医士1人；中西医结合56人，其中主任医师6人、副主任医师29人、主治医师20人、住院医师1人；西医12人，其中主任医师1人、副主任医师5人、主治医师3人、住院医师3人；中药41人，其中副主任中药师2人、主管中药师11人、中药师13人、中药士15人。

床位总数为308张，其中内科130张，外科55张，妇科31张，儿科11张，五官科6张，肛皮科13张，老年病科28张，神经科14张，针灸科20张。

内蒙古自治区中蒙医医院

地址：内蒙古自治区呼和浩特市新城区健康街15号　电话：26231　邮政编码：010020

院长：苏　力

职工620人。卫技人员中，中医93人，其中副主任医师9人、主治医师32人、住院医师29人、中医士22人；蒙医61人，其中副主任医师5人、主治医师21人、住院医师32人、蒙医士3人；中西医结合18人，其中主任医师1人、副主任医师8人、主治医师9人；西医56人，其中副主任医师5人、主治医师20人、住院医师15人、医士16人；中药42人，其中副主任中药师1人、主管中药师7人、中药师11人、中药士23人；蒙药18人，其中主管蒙药师1人、蒙药师2人、蒙药士15人。

床位总数为360张，其中内科179张，肛肠科27张，急诊科6张，蒙医109张，蒙医脑系科39张。

辽宁中医学院附属医院

地址：辽宁省沈阳市皇姑区北陵大街33号　电话：463257　邮政编码：110032

院长：袁家麟

职工1210人。卫技人员中，中医321人，其中主任医师5人、副主任医师28人、主治医师90人、住院医师194人、中医士4人；中西医结合76人，其中主任医师3人、副主任医师31人、主治医师29人、住院医师13人；西医26人，其中副主任医师4人、主治医师8人、住院医师9人、医士5人；中药82人，其中副主任中药师2人、主管中药师8人、中药师42人、中药士30人。

床位总数为830张，其中骨科100张，外科96张，内科250张，针灸科100张，肛肠科50张，急症科50张，干诊科30张，妇产科48张，儿科30张，眼科40张，皮肤科16张，口腔科10张，耳鼻喉科10张。

辽宁省地市中医院情况

全称	所有制	病床总数(张)	职工总人数	中医人数	西学中人数	西医人数	中医临床科室数	详细地址
沈阳市中医院	全民	300	339	205	1	35	13	辽宁省沈阳市和平区三好街23号
大连市中医院	全民	360	520	114	2	43	24	辽宁省大连市中山区解放路321号
鞍山市中医院	全民	20	93	31		3	12	辽宁省鞍山市铁西区兴盛广场
抚顺市中医院	全民	450	718	98	8	101	7	辽宁省抚顺市新抚区东六路
本溪市中医院	全民	350	387	111	6	9	25	辽宁省本溪市平山区站前
锦州市中医院	全民	252	278	68	6	18	8	辽宁省锦州市太和区凌南西里29号
丹东市中医院	全民	500	480	147	4	40	13	辽宁省丹东市锦山大街95号
营口市中医院	全民	301	435	97	7	48	12	辽宁省营口市站前区永健街永青里10号

全称	所有制	病床总数(张)	职工总人数	中医人数	西学中人数	西医人数	中医临床科室数	详细地址
阜新市中医院	全民	252	334	90	1	10	20	辽宁省阜新市海州区新华街115号
辽阳市中医院	全民	330	446	91	17	21	18	辽宁省辽阳市东六街40号
铁岭市中医院	全民	240	230	56	3	5	12	辽宁省铁岭市银州区工人街
朝阳市中医院	全民	200	148	50	3	14	10	辽宁省朝阳市沈承大街4段13号
盘锦市中医院	全民	120	193	33		20	6	辽宁省盘锦市双台子区

辽宁省县中医情况

所有制	医院数	病床总数(张)	职工总人数	其中		
				中医人数	西学中人数	西医人数
全民所有制县中医院	53	5710	7289	1654	45	1037
集体所有制县中医院	8	980	889	209	8	119
合计	61	6690	8178	1863	53	1156

长春中医学院附属医院

地址：吉林省长春市工农大路14号　电话：56941　邮政编码：130021

院长：刘冠军

职工723人。卫技人员中，中医276人，其中主任医师14人、副主任医师50人、主治医师93人、住院医师113人、中医士6人；中西医结合45人，其中主任医师4人、副主任医师15人、主治医师22人、住院医师4人；西医25人，其中副主任医师6人、主治医师10人、住院医师5人、医士4人；中药55人，其中主管中药师12人、中药师15人、中药士28人。

床位总数为600张，其中内科176张，外科88张，骨科88张，妇科44张，儿科44张，针灸科44张，眼科44张，干部病房28张。

吉林省地市中医院情况

全称	所有制	病床总数(张)	职工总数	中医人数	西学中人数	西医人数	中医临床科室数	详细地址
长春市中医院	全民	401	644	178			12	吉林省长春市曙光路17号
吉林市中医院	全民	160	245	167			13	吉林省吉林市德胜路
四平市中医院	全民	185	146	12			5	吉林省四平市铁东区三马路18号
通化市中医院	全民	201	240	114			9	吉林省通化市新华大街118号

全称	所有制	病床总数(张)	职工总数	中医人数	西学中人数	西医人数	中医临床科室数	详细地址
浑江市中医院	全民	54	115	89			8	吉林省浑江市浑江大街273号
辽源市中医院	全民	120	176	44			8	吉林省辽源市德康路65号

吉林省县中医院情况

所有制	医院数	病床总数(张)	职工总人数	其中		
				中医人数	西医人数	西学中人数
全民所有制县中医院	41	3742	6429	1845	729	
集体所有制县中医院	13	912	2005	574	235	
合计	54	4654	8434	2419	964	

黑龙江中医学院附属医院

地址：黑龙江省哈尔滨市动力区和平路16号　电话：221401　邮政编码：150040

院长：于耀才

职工1069人。卫技人员中，中医238人，其中主任医师2人、副主任医师22人、主治医师72人、住院医师142人；中西医结合69人，其中主任医师6人、副主任医师25人、主治医师38人；西医49人，其中主任医师1人、副主任医师4人、主治医师18人、住院医师23人、医士3人；中药94人，其中副主任中药师3人、主管中药师25人、中药师23人、中药士43人。

床位总数为657张，其中内科264张，肿瘤20张，外科60张，肛肠科30张，妇科50张，儿科23张，骨科100张，针灸科110张。

黑龙江省地市中医院情况

全称	所有制	病床总数(张)	职工总人数	中医人数	西学中人数	西医人数	中医临床科室数	详细地址
哈尔滨市中医院	全民	322	489	156	1	74		黑龙江省哈尔滨市道里区中医街
齐齐哈尔市中医院	全民	300	496	195	2	81		黑龙江省齐齐哈尔市
牡丹江市中医院	全民	250	252	78	1	37		黑龙江省牡丹江市
佳木斯市中医院	全民	352	483	121	1	70		黑龙江省佳木斯市
鸡西市中医院	全民	123	241	79		43		黑龙江省鸡西市
大庆市中医院	全民	320	570	125		105		黑龙江省大庆市

黑龙江省县中医情况

所有制	医院数	病床总数(张)	职工总人数	其中		
				中医人数	西学中人数	西医人数
全民所有制县中医院	65	5366	9172	1487	14	586
集体所有制县中医院	8	800	831	101		102
合计	73	6166	10003	1588	14	688

上海中医学院附属曙光医院

地址：上海市普安路185号 电话：3261650 邮政编码：200021

院长：石仰玉

职工1114人。卫技人员中，中医287人，其中主任医师3人、副主任医师23人、主治医师91人、住院医师167人、中医士3人；中西医结合6人，其中主任医师5人、主治医师1人；西医186人，其中主任医师10人、副主任医师33人、主治医师47人、住院医师95人、医士1人；中药54人，其中主管中药师6人、中药师23人、中药士25人。

床位总数为450张，其中内科118张，外科107张，妇科15张，伤科44张，儿科30张，眼科15张，血液科24张，肾炎科14张，肿瘤科29张，肝炎科20张，耳鼻喉科17张，皮肤科17张。

上海中医学院附属龙华医院

地址：上海市宛平南路725号 电话：4385700 邮政编码：300032

院长：朱大年

职工860人。卫技人员中，中医189人，其中主任医师3人、副主任医师24人、主治医师55人、住院医师96人；中西医结合3人，其中主任医师2人、副主任医师1人；西医58人，其中主任医师3人、副主任医师24人、主治医师11人、住院医师20人；中药42人，其中主管中药师2人、中药师10人、中药士26人。

床位总数为350张，其中内科80张，外科78张，妇科24张，儿科16张，伤科42张，眼科4张，耳鼻喉科5张，肝科29张，肿瘤科27张，针灸科29张，晚期血吸虫病专题10张，肾炎专题6张。

上海中医学院附属岳阳医院

地址：上海市岳阳路45号（住院部）、青海路44号（门诊部） 电话：4374450 2536300 邮政编码：200031

院长：张天

职工622人。卫技人员中，中医165人，其中主任医师4人、副主任医师17人、主治医师50人、住院医师94人、中医士1人；中西医结合17人，其中主任医师1人、副主任医师4人、主治医师2人、住院医师10人；西医50人，其中主任医师3人、副主任医师7人、主治医师12人、住院医师28人；中药19人，其中主管中药师5人、中药师14人、中药士8人。

床位总数为200张，其中伤科40张，内科56张，外科27张，痔科21张，妇科11张，泌尿科10张，推拿科23张，针灸科12张。

上海市中医医院

地址：上海市眉州路34号 电话：5417870 邮政编码：200090

院长：朱德馨

职工434人。卫技人员中，中医137人，其中主任医师2人、副主任医师13人、主治医师31人、住院医师87人、中医士4人；中西医结合7人，其中主任医师1人、副主任医师2人、主治医师2人、住院医师2人；

西医 14 人，其中主任医师 1 人、副主任医师 3 人、主治医师 2 人、住院医师 6 人、医士 2 人；中药 29 人，主管中药师 7 人、中药师 6 人、中药士 16 人。

床位总数为 108 张，其中内科 30 张，老年科 10 张，妇科 4 张，外科 23 张，眼科 2 张，伤科 18 张，肿瘤科 21 张。

上海市中医门诊部

地址：上海市石门一路 67 弄 1 号　电话：2580112　邮政编码：200041

主任：曹家骏

职工 212 人。卫技人员中，中医 76 人，其中主任医师 1 人、副主任医师 6 人、主治医师 32 人、住院医师 32 人、中医士 5 人；中西医结合 3 人，其中副主任医师 2 人、主治医师 1 人；西医 13 人，其中主治医师 3 人、住院医师 7 人、医士 3 人；中药 12 人，其中主管中药师 2 人、中药师 3 人、中药士 7 人。

上海市区中医院情况

全　称	所有制	病床总数(张)	职工总人数	中医人数	西学中人数	西医人数	中医临床科室数	详细地址
南市区中医院	全民	102	313	37		64	8	上海市南市区方浜中路59号
香山中医院	全民	102	234	75	1	16	9	上海市卢湾区香山路28号
天山中医院	全民	213	318	38		92	9	上海市娄山关路天山四村122号
闸北区中医院	全民	40	134	19		26	8	上海市闸北区共和新路1700弄75弄
东海中医院	全民	36	86	42		8	9	上海市杨浦区锦州路300号
普陀区中医院	集体	50	158	43		32	7	上海市普陀区西康路1000号

上海市县中医情况

所有制	医院数	病床总数（张）	职工总人数	其中		
				中医人数	西学中人数	西医人数
全民所有制县中医院	2	80	155	48	1	13
集体所有制县中医院	4	339	768	169	1	142
合　计	6	419	923	217	2	155

江苏省中医院

地址：江苏省南京市汉中路 155 号　电话：641166　邮政编码：210005

院长：唐蜀华

职工 900 人。卫技人员中，中医 249 人，其中主任医师 7 人、副主任医师 47 人、主治医师 64 人、住院医师 130 人、中医士 2 人；中西医结合 14 人，其中主任医师 2 人、副主任医师 9 人、主治医师 3 人；西医 25 人，其中主任医师 1 人、副主任医师 3 人、主治医师 15 人、住院医师 6 人；中药 91 人，其中副主任中药师 4 人、主管中药师 18 人、中药师46人、中药士23人。

床位总数为215张，其中内科89张，外科28张，妇科23张，儿科16张，眼科2张，肛肠科15张，针灸科、骨伤科18张。

浙江省中医院

地址：浙江省杭州市邮电路54号 电话：28001 邮政编码：310006

院长：徐志瑛

职工895人。卫技人员中，中医159人，其中主任医师3人、副主任医师17人、主治医师61人、住院医师73人、中医士3人；中西医结合4人，其中主任医师1人、副主任医师3人；西医165人，其中主任医师12人、副主任医师30人、主治医师66人、住院医师49人、医士8人；中药59人，其中主任中药师1人、副主任中药师1人、主管中药师7人、中药师20人、中药士30人。

床位总数为500张，其中内科160张，外科100张，儿科40张，妇科20张，血液肿瘤科50张，骨伤推拿科55张，综合病区55张，干部病区20张。

浙江省地市中医院情况

全称	所有制	病床总数(张)	职工总人数	中医人数	西学中人数	西医人数	中医临床科室数	详细地址
杭州市中医院	全民	370	648	132		110	4	浙江省杭州市环城西路59号
宁波市中医院	全民	160	242	89		4	6	浙江省宁波市孝闻巷64号
温州市中医院	全民	152	216	47		15	1	浙江省温州市大士门
湖州市中医院	全民	200	276	85		19		浙江省湖州市南街
嘉兴市中医院	全民	180	222	75		107		浙江省嘉兴市勤俭路底
绍兴市中医院	全民	88	204	50		31		浙江省绍兴市上大路179号
金华市中医院	全民	300	334	82		49	5	浙江省金华市胜利街79号

浙江省县中医院情况

所有制	医院数	病床总数(张)	职工总人数	其中		
				中医人数	西学中人数	西医人数
全民所有制县中医院	59	3286	5478	1272	12	2283
集体所有制县中医院	1	50	77	13	0	12
合计	60	3336	5555	1285	12	2295

安徽中医学院附属医院

地址：安徽省合肥市梅山路27号 电话：336764 336765 邮政编码：230031

院长：徐宝圻

职工684人。卫技人员中，中医152人，其中副主任医师5人、主治医师50人、住院医师 92 人、中医士 4 人；西医 73 人，其中主任医师 2 人、副主任医师 11 人、主治医师 35 人、住院医师 24 人、医士 1 人；中药 42 人，其中副主任中药师 1 人、主管中药师 5 人、中药师 30 人、中药士 6 人。

床位总数为 406 张，其中中医内科 50 张，西医内科 31 张，妇科 25 张，神经内科 30 张，推拿科 36 张，儿科 13 张，外科 31 张，泌尿科 8 张，五官科 5 张，眼科 8 张，中医外科 12 张，中医骨科 27 张，痔科 15 张，肿瘤科 15 张，干部病房 100 张。

安徽中医学院附属针灸医院

地址：安徽省合肥市六安路 75 号 电话：273133 邮政编码：230061

院长：周逸平

职工 126 人。卫技人员中，中医 47 人，其中主任医师 2 人、副主任医师 7 人、主治医师 9 人、住院医师 26 人、中医士 3 人；西医 7 人，其中主任医师 1 人、副主任医师 3 人、主治医师 3 人。中药 9 人，其中中药师 6 人，中药士 3 人。

床位总数为 150 张，其中内科 100 张，外科 50 张。

福建省地市中医院情况

全称	所有制	病床总数(张)	职工总人数	中医人数	西学中人数	西医人数	中医临床科室数	详细地址
福州市中医院	全民	200	229	67	8	12	16	福建省福州市鼓东路
厦门市中医院	全民	208	362	89	2	27	13	福建省厦门市镇海路12号
三明市中医院	全民	86	106	37	1	10	10	福建省三明市三元区长安路2号
泉州市中医院	全民	270	282	79	2	23	7	福建省泉州市城南东大路
漳州市中医院	全民	300	405	81	4	31	9	福建省漳州市打锡巷
宁德市中医院	全民	100	141	39		8	5	福建省宁德市东湖路

福建省县中医院情况

所有制	医院数	病床总数(张)	职工总人数	其中		
				中医人数	西学中人数	西医人数
全民所有制县中医院	58	3161	3369	871	12	253
集体所有制县中医院	10	413	551	199		64
合计	68	3574	3920	1070	12	317

江西中医学院附属中医院

地址：江西省南昌市八一大道 153 号 电话：62606 邮政编码：330006

院长：陈瑞春

职工 579 人。卫技人员中，中医 110 人，其中主任医师 1 人、副主任医师 11 人、主治医师 47 人、住院医师 39 人、中医士 12 人；中西医结合 6 人，其中主任医师 1 人、副主任医师1人、主治医师4人；西医20人，其中主任医师2人、副主任医师5人、主治医师8人、住院医师3人、医士2人；中药42人，其中副主任中药师2人、主管中药师11人、中药师28人、中药士1人。

床位总数为350张，其中内科136科，外科140张，儿科10张，妇科15张，针灸科39张，眼科10张。

江西省地市中医院情况

全称	所有制	病床总数(张)	职工总人数	中医人数	西学中人数	西医人数	中医临床科室数	详细地址
洪都中医院	全民	250	345	102	20	14	15	江西省南昌市民德路246号
南昌市中西医结合医院	全民	400	563	13	12	140	26	江西省南昌市八一大道8号
赣州市中医院	全民	270	263	60	5	14	10	江西省赣州市西津路42号
赣州地区中西医结合医院	全民	100	138	8	3	27	1	江西省赣州市
上饶市中医院	全民	55	200	46	2	22	9	江西省上饶市东门路61号
新余市中医院	全民	146	226	53		15	15	江西省新余市建设东路
鹰潭市中医院	全民	137	159	34		37	9	江西省鹰潭市胜利东路45号
景德镇市中医院	全民	180	276	79	3	7	9	江西省景德镇市大月山(西郊)
萍乡市中医院	全民	150	225	76		3	11	江西省萍乡市城关区站前二路
宜春市中医院	全民	200	222	42	1	25	12	江西省宜春市中山中路243号
抚州市中医院	全民	208	176	53		17	11	江西省抚州市大公路142号
九江市中医院	全民	80	107	31	2	5	10	江西省九江市滨湖路6号
吉安市中医院	全民	125	146	50		28	10	江西省吉安市中山东路37号

江西省县中医院情况

所有制	医院数	病床总数(张)	职工总人数	其中		
				中医人数	西学中人数	西医人数
全民所有制县中医院	81	3985	5771	1421	83	684
集体所有制县中医院	2	70	66	19		12
合计	83	4055	5837	1440	83	696

山东中医学院附属医院

地址：山东省济南市文化西路42号
电话：20414　邮政编码：250011

院长：吕同杰

职工855人。卫技人员中，中医198人，其中主任医师11人、副主任医师34人、主治医师74人、住院医师75人、中医士4人；西医51人，其中副主任医师12人、主治医师16人、住院医师21人、医士2人；中药89人，其中副主任中药师2人、主管中药师17人、中药师35人、中药士31人。

床位总数为404张，其中内科98张，外科33张，骨科68张，痔瘘科28张，儿科18张，针灸科26张，血液科28张，妇科23张，眼科18张，推拿科10张，耳鼻喉科6张，保健科20张，急诊科28张。

山东省地市中医院情况

全称	所有制	病床总数(张)	职工总人数	中医人数	西学中人数	西医人数	中医临床科室数	详细地址
荷泽地区中医院	全民	143	288	61		24		山东省荷泽市丹阳路
济南市中医院	全民	220	407	122		86		山东省济南市共青团路
青岛市中医院	全民	305	367	114		7		山东省青岛市
淄博市中医院	全民	182	238	51		5		山东省淄博市周村区
枣庄市中医院	全民	95	270	45		35		山东省枣庄市
烟台市中医院	全民	115	201	53		9		山东省烟台市
潍坊市中医院	全民	252	378	94		56		山东省潍坊市工农路
济宁市中医院	全民	120	258	53		31		山东省济宁市
泰安市中医院	全民	100	166	41		4		山东省泰安市
惠民地区中医院	全民	102	159	40		4		山东省滨州市
德州地区中医院	全民	180	186	38		16		山东省德州市
聊城地区中医院	全民	170	261	66		31		山东省聊城市
临沂地区中医院	全民	304	474	85		104		山东省临沂市
日照市中医院	全民	80	163	53	23	14	8	山东省日照市东关北路

山东省县中医院情况

所有制	医院数	病床总数(张)	职工总人数	其中 中医人数	其中 西学中人数	其中 西医人数
全民所有制县中医院	106	11386	27058	18940	4013	4105
集体所有制县中医院	6	210	420	298	60	62
合计	112	11596	27478	19238	4073	4167

河南中医学院第一附属医院

地址：河南省郑州市人民路15号　电话　28901　28982　邮政编码：450000

院长：吕靖中

职工848人。卫技人员中，中医175人，其中主任医师3人、副主任医师33人、主治医师54人、住院医师78人、中医士7人；中西医结合40人，其中主任医师2人、副主任医师2人、主治医师33人、住院医师3人；西医52人，其中副主任医师9人、主治医师36人、住院医师7人；中药105人，其中副主任中药师2人、主管中药师27人、中药师53人、中药士23人。

床位总数为500张，其中内科206张，外科164张，妇科40张，儿科30张，针灸科30张，眼科30张。

河南省洛阳正骨医院

地址：河南省洛阳市白马寺　电话：51284　邮政编码：471013

院长：郭维淮

职工598人。卫技人员中，中医89人，其中主任医师1人、副主任医师14人、主治医师26人、住院医师47人、中医士1人；中西医结合4人．其中主任医师1人、副主任医师2人、主治医师1人；西医44人，其中主任医师1人、副主任医师5人、主治医师7人、住院医师26人、医士5人；中药30人，其中主管中药师1人、中药师13人、中药士16人。

床位总数为500张。其中骨科470张，内科30张。

河南省地市中医院情况

全　称	所有制	病床总数(张)	职工总人数	中医人数	西学中人数	西医人数	中医临床科室数	详细地址
郑州市中医院	全民	425	596	97	15	76	15	河南省郑州市友爱路
郑州市第二中医院	集体	160	180	43	4	25	10	河南省郑州市铭功路
开封市第一中医院	全民	273	355	110	4	11	11	河南省开封市财政街东街54号
开封市第二中医院	全民	105	160	50	5	17	12	河南省开封市西郊解放路
洛阳市中医院	全民	250	316	83	5	31	12	河南省洛阳市玻璃厂路
洛阳市第二中医院	全民	200	309	75	2	29	12	河南省洛阳市南昌路口
平顶山市中医院	全民	163	276	72	2	31	12	河南省平顶山市中兴路北段
安阳市中医院	全民	300	372	129	5	20	13	河南省安阳市解放路中段
鹤壁市中医院	全民	100	150	44	1	18	10	河南省鹤壁市汤河街13号
新乡市中医院	全民	200	242	70	7	10	10	河南省新乡市向阳路1号
焦作市中医院	全民	210	354	49	23	48	12	河南省焦作市解放西路
濮阳市中医院	全民	15	43	30	1	9	3	河南省濮阳市胜利路中段
许昌市中医院	全民	204	276	38	7	28	17	河南省许昌市前进路

全　　称	所有制	病床总数（张）	职工总人数	中医人数	西学中人数	西医人数	中医临床科室数	详　细　地　址
漯河市中医院	全民	120	140	30	7	12	10	河南省漯河市交通路南段
三门峡市中医院	全民		5	3				河南省三门峡市黄河路中段
商丘地区中医院	全民	200	284	59	0	62	12	河南省商丘市民主东路70号
周口地区中医院	全民	300	283	61	2	51	12	河南省周口市七一路西段
驻马店地区中医院	全民	140	178	54	1	14	12	河南省驻马店市解放路西段
南阳地区中医院	全民	100	154	40	2	14	10	河南省南阳市七一路西段
信阳地区中医院	全民	203	270	50	7	10	11	河南省信阳市解放路84号

河南省县中医院情况

所有制	医院数	病床总数（张）	职工总人数	其中		
				中医人数	西学中人数	西医人数
全民所有制县中医院	101	6213	7946	1731	110	808
集体所有制县中医院	2	350	468	82	2	54
合　计	103	6563	8414	1813	112	862

湖北中医学院附属医院

地址：湖北省武汉市武昌区花园山4号　电话：877461　邮政编码：430061

院长：艾利民

职工1336人。卫技人员中，中医140人，其中主任医师2人、副主任医师2人、副主任医师14人、主治医师52人、住院医师70人、中医士2人；中西医结合19人，其中主任医师14人、副主任医师5人；西医182人，其中主任医师3人、副主任医师33人、主治医师69人、住院医师73人、医士4人；中药67人，其中副主任中药师1人、主管中药师18人、中药师30人、中药士18人。

床位总数为750张，其中传染科44张，内科160张，妇科74张，针灸科40张，皮肤科20张，外科129张，乙肝病房40张，干部病房51张，骨科40张，儿科53张，五官科39张，眼科20张，口腔科12张。

湖北省中医药研究院附属医院

地址：湖北省武汉市洪山区珞瑜路232号　电话：701404转207　邮政编码：430073

院长：王柏枝

职工225人。卫技人员中，中医63人，其中副主任医师4人、主治医师23人、住院医师36人；中西医结合4人，其中主任医师1人、副主任医师3人；西医16人，其中副主任医师1人、主治医师11人、住院医师

4人；中药17人，其中主管中药师1人、中药师6人、中药士10人。

床位总数为130张，其中内科51张，外科8张，妇科4张，皮肤科4张，眼科7张，骨伤科28张，肾科15张，针灸科8张，舌诊5张。

湖南中医学院第一附属医院

地址：湖南省长沙市韶山路105号 电话：32994 邮政编码 410007

院长：谭新华

职工749人。卫技人员中，中医169人，其中主任医师2人、副主任医师38人、主治医师193人、住院医师127人、中医士1人；中西医结合4人，均为副主任医师；西医53人，其中副主任医师9人、主治医师21人、住院医师23人；中药70人，其中主任中药师1人、副主任中药师3人、主管中药师13人、中药师39人、中药士14人。

床位总数为600张，其中老干科23张，骨伤科63张，妇产科46张，耳鼻喉科15张，中西医结合外科47张，外科47张，眼科54张，针灸科36张，小儿科18张，内科152张，碎石科31张，皮肤科9张，肛肠科20张，传染科68张。

湖南中医学院第二附属医院

地址：湖南省长沙市蔡锷北路185号 电话：22978 邮政编码：410005

院长：贺执茂

职工315人。卫技人员中，中医78人，其中副主任医师13人、主治医师37人、住院医师28人；中西医结合5人，其中主任医师1人、副主任医师2人、主治医师2人；西医25人，其中副主任医师2人、主治医师21人、住院医师2人；中药43人，其中副主任中药师1人、主管中药师10人、中药师17人、中药士15人。

床位总数为180张，其中内科60张，肛肠科40张，外科20张，伤科40张，针灸科20张。

湖南省地市中医院情况

全称	所有制	病床总数(张)	职工总人数	中医人数	西学中人数	西医人数	中医临床科室数	详细地址
长沙市中医院	全民	228	374	104		26	10	湖南省长沙市书院路1号
株洲市中医院	全民	343	396	75		37	7	湖南省株洲市人民中路50号
湘潭市中医院	全民	201	284	83		12	14	湖南省湘潭市人民路76号
岳阳市中医院	全民	106	158	68		14	14	湖南省岳阳市洞庭北路
衡阳市中医院	全民	415	406	100	2	9	14	湖南省衡阳市蒸相北路9号
衡阳中西医结合医院	全民	251	357	20	2	91	9	湖南省衡阳市江东岸湖北路102号
邵阳市第一中医院	全民	255	291	52		34	9	湖南省邵阳市东风路103号
邵阳市第二中医院	全民	151	162	40		10	13	湖南省邵阳市城西南路2号
常德市中医院	全民	250	266	76		28	13	湖南省常德市人民西街
湘西自治州中医院	全民	104	131	34	1	8	8	湖南省吉首市文艺路马坡岭

湖南省县中医情况

所有制	医院数	病床总数(张)	职工总人数	其中		
				中医人数	西学中人数	西医人数
全民所有制县中医院	95	10828	11711	2382	5	1208
集体所有制县中医院	—	—	—	—	—	—
合　计	95	10828	11711	2382	5	1208

广州中医学院附属广东省中医院

地址：广东省广州市大德路111号　电话：887233　邮政编码：510120

副院长：张壮战

职工750人。卫技人员中，中医157人，其中主任医师2人、副主任医师30人、主治医师52人、住院医师75人；中西医结合53人，其中主任医师2人、副主任医师16人、主治医师24人、住院医师11人；西医12人，其中副主任医师2人、主治医师2人、住院医师8人、医士2人；中药77人、其中主任中药师2人、副主任中药师1人、主管中药师6人、中药师45人、中药士23人。

床位总数为412张。其中内科130张，儿科22张，外科52张，骨科85张，痔科36张，妇科35张，眼科7张，针灸科28张，观察床17张。

广州中医学院附属医院

地址：广东省广州市机场路口　电话：662540　邮政编码　510405

院长：丘和明

职工1032人。卫技人员中，中医314人，其中主任医师13人、副主任医师55人、主治医师136人、住院医师110人；中西医结合6人，均为副主任医师；西医71人，其中主任医师1人、副主任医师6人、主治医师27人、住院医师37人；中药83人，其中主管中药师3人、中药师34人、中药士46人。

床位总数为634张。其中内科138张，外科46张，儿科33张，妇科45张，眼科35张，耳鼻喉科35张，骨伤科91张，皮痔科33张，肿瘤科71张，针灸科45张，综合科41张，康复科37张，留观室24张。

广东省地市中医院情况

全　称	所有制	病床总数(张)	职工总人数	中医人数	西学中人数	西医人数	中医临床科室数	详细地址
广州市中医院	全民	305	665	124	3	78	18	广东省广州市珠玑路16号
深圳市中医院	全民	200	265	60	3	52		广东省深圳市解放西路
珠海市中医院门诊部	全民		29	6				广东省珠海市吉大景乐路
汕头市中医院	全民	50	184	30	3	22		广东省汕头市新兴路10号
韶关市中医院	全民	80	220	44		34		广东省韶关市武江南61号

全称	所有制	病床总数（张）	职工总人数	中医人数	西学中人数	西医人数	中医临床科室数	详细地址
惠州市中医院	全民	160	234	44		32		广东省惠州市下角
中山市中医院	全民	133	245	40		33		广东省中山市石岐城区
江门市中医院	全民	210	402	57		32		广东省江门市跃进路62号
佛山市中医院	全民	320	419	77	5	44		广东省佛山市亲仁路6号
阳江市中医院	全民	140	269	30		11		广东省阳江市漠阳街
湛江市第一中医院	全民	160	206	39		22		广东省湛江市赤坎区海滨7号
湛江市第二中医院	全民	170	203	45		25		广东省湛江市霞山区解放西路2号
茂名市中医院	全民	60	161	26		10		广东省茂名市油城五路7号
肇庆市中医院	全民	100	141	26		11		广东省肇庆市端州6路20号
清远市中医院	全民	175	172	22		10		广东省清远市牛皇庙
东莞市中医院	全民	140	291	60		30		广东省东莞市城内区东城街60号

广东省县中医院情况

所有制	医院数	病床总数（张）	职工总人数	其中		
				中医数	西学中人数	西医人数
全民所有制县中医院	83	5381	10143	1739	255	1567
集体所有制县中医院	10	192	2551	247	12	108
合计	93	5573	12694	1986	267	1675

广西中医学院第一附属医院

地址：广西壮族自治区南宁市园湖路2号 电话：22294 邮政编码：530023

院长：黎伟台

职工691人。卫技人员中，中医120人，其中副主任医师13人、主治医师35人、住院医师63人、中医士9人；中西医结合7人，其中副主任医师3人、主治医师4人；西医81人，其中副主任医师20人、主治医师33人、住院医师27人、医士1人；中药30人，其中主管中药师6人、中药师13人、中药士11人。

床位总数为485张。其中内科175张，外科100张，小儿科45张，针灸科50张，妇产科40张，痔瘘科50张，推拿科25张，急诊科8张。

广西中医学院第二附属医院

地址：广西壮族自治区南宁市南京路38

号　电话：21003　邮政编码：530011

院长：韦永兴

职工554人。卫技人员中，中医108人，其中副主任医师9人、主治医师33人、住院医师61人、中医士5人；中西医结合3人，均为副主任医师；西医77人，其中副主任医师13人、主治医师30人、住院医师30人、医士4人；中药16人，其中主管中药师1人、中药师6人、中药士9人。

床位总数为405张，其中内科110张，外科90张，妇产科35张，儿科35张，五官科25张，针灸科8张，骨伤科45张，神经科31张，急诊观察室10张。

海南省中医医院

地址：海南省海口市和平北路　电话：22705　邮政编码：570003

院长：宋洪巽

职工345人。卫技人员中，中医60人，其中副主任医师11人、主治医师21人、住院医师27人、中医士1人；中西医结合3人，其中副主任医师1人、主治医师2人；西医42人，其中副主任医师3人、主治医师21人、住院医师17人、医士1人；中药37人，其中主管中药师4人、中药师7人、中药士26人。

床位总数为236张，其中内科116张，外科40张，骨伤科40张，五官整容科40张。

海南省地市中医院情况

全　称	所有制	病床总数(张)	职工总人数	中医人数	西学中人数	西医人数	中医临床科室数	详细地址
海口市中医院	全民	120	176	71	3	70	7	海南省海口市文明东路
通什市中医院	全民	30	90	22	2	33	4	海南省通什市

海南省县中医院情况

所有制	医院数	病床总数(张)	职工总人数	其中		
				中医人数	西学中人数	西医人数
全民所有制县中医院	6	151	324	91	18	169
集体所有制县中医院						
合　计	6	151	324	91	18	169

四川省地市中医院情况

全称	所有制	病床总数(张)	职工总人数	中医人数	西学中人数	西医人数	中医临床科室数	详细地址
重庆市中医研究所附院	全民	302	351	65	10	21	8	四川省重庆市一号乔
泸州医学院附院	全民	170	242	45	2	18	12	四川省泸州市忠山
重庆市中医院	全民	111	292	90	2		14	四川省重庆市小什字
成都市中医院	全民	283	424	149	2	17	10	四川省成都市红星街
自贡市中医院	全民	330	471	76	7		11	四川省自贡市大安区
广元市中医院	全民	191	263	48	2	26	11	四川省广元市
攀枝花市中医院	全民	105	184	35		24	8	四川省攀枝花市炳草岗
泸州市中医院	全民	160	229	72		21	5	四川省泸州市
绵阳市中医院	全民	118	141	42		11	19	四川省绵阳市
遂宁市中医院	全民	200	186	47	4	14	15	四川省遂宁市中区
内江市中医院	全民	174	230	91	10	20	24	四川省内江市
甘孜州藏医院	全民	50	46	22		4	5	四川省康定县城关

四川省县中医院情况

所有制	医院数	病床总数(张)	职工总人数	其中 中医人数	西学中人数	西医人数
全民所有制县中医院	100	7317	9877	2520	4	726
集体所有制县中医院	71	5441	7148	1947	7	869
合计	171	12158	17025	4467	11	1595

贵阳中医学院第一附属医院

地址：贵州省贵阳市外环城东路 119 号　电话：25055　邮政编码：550001

院长：沈冯君

职工 588 人。卫技人员中，中医 79 人，其中副主任医师 6 人、主治医师 33 人、住院医师 40 人；中西医结合 50 人，其中副主任医师 14 人、主治医师 36 人；西医 20 人，其中主任医师 1 人、主治医师 13 人、住院医师 5 人、医士 1 人；中药 36 人，其中主管中药师 4 人、中药师 10 人、中药士 22 人。

床位总数为 330 张。

贵阳中医学院第二附属医院

地址：贵州省贵阳市飞山街 83 号　电话：523162　524687　524822　邮政编码：550000

院长：孙成榆

职工 458 人。卫技人员中，中医 56 人，其中副主任医师3人、主治医师20人、住院医师33人、中医士2人；中西医结合8人，其中副主任医师2人、主治医师6人；西医58人，其中主任医师1人、副主任医师7人、主治医师42人、住院医师8人、医士2人；中药16人，其中副主任中药师1人、主管中药师5人、中药师10人、中药士10人。

床位总数为274张，其中内科127张，外科45张，骨科25张，妇产科27张，综合病房50张。

贵州省中医研究所附属医院

地址：贵州省贵阳市百花大道34号

电话：42251　42257　邮政编码：55008

院长：张光富

职工138人。卫技人员中，中医18人，其中副主任医师1人、主治医师12人、住院医师6人；中西医结合5人，其中副主任医师1人、主治医师4人；西医17人，其中副主任医师2人、主治医师14人、住院医师3人；中药3人，其中主管中药师1人、中药师1人、中药士1人。

床位总数为200张，其中内科50张，外科50张，儿科25张，妇产科25张，血栓病50张。

贵州省地市中医院情况

全称	所有制	病床总数(张)	职工总人数	中医人数	西学中人数	西医人数	中医临床科室数	详细地址
毕节地区中医院	全民	170	244	84	4	87	8	贵州省毕节县城清毕南路
黔东南州中医院	全民	35	116	49		37	6	贵州省凯里市北京东路
黔南州中医院	全民	207	307	125	22	70	13	贵州省都匀市新市街
黔西南州中医院	全民	148	240	81	1	94	8	贵州省兴义市湖南街

贵州省县中医情况

所有制	医院数	病床总数(张)	职工总人数	其中		
				中医人数	西学中人数	西医人数
全民所有制县中医院	51	1751	2650	568	29	360
集体所有制县中医院	5	307	364	108	3	44
合计	56	2058	3014	676	32	404

云南中医学院附属医院

地址：云南省昆明市光华街104号　电话：22056　邮政编码：650021

院长：吴生元

职工576人。卫技人员中，中医183人，其中主任医师5人、副主任医师11人、主治医师 47 人、住院医师 114 人、中医士 6 人；中西医结合 9 人，其中副主任医师 1 人、主治医师 8 人；西医 128 人，其中主任医师 3 人、副主任医师 12 人、主治医师 36 人、住院医师 70 人、医士 7 人；中药 30 人，其中主管中药师 7 人、中药师 14 人、中药士 9 人。

床位总数为 262 张，其中内科 52 张，妇科 30 张，干部 20 张，儿科 36 张，外科 48 张，五官科 30 张，痔瘘科 46 张。

云南省地市中医院情况

全称	所有制	病床总数(张)	职工总人数(人)	中医人数	西学中人数	西医人数	中医临床科室数	详细地址
昆明市中医院	全民	402	543	115		78	12	云南省昆明市东风东路27号
东川市中医院	全民	50	78	27		9	9	云南省东川市古铜路
昭通地区中医院	全民	120	161	38		20	10	云南省昭通市
曲靖地区中医院	全民	54	69	35		1	10	云南省曲靖市交通路
玉溪地区中医院	全民	20	141	63		17	7	云南省玉溪市红塔路上段
文山州中医院	全民	60	84	31		8	9	云南省文山县开化镇
思茅地区中医院	全民	150	204	48		18	11	云南省思茅县南正街21号
西双版纳州傣医院	全民	30	66	16		6		云南省景洪县
楚雄州中医院	全民	194	200	56		24	10	云南省楚雄市鹿城西路74号
保山地区中医院	全民	100	100	38		2	9	云南省保山市
怒江州中医院	全民	18	42	8		6	7	云南省泸水县六库镇
迪庆州藏医院	全民		16	11			2	云南省中甸县

云南省县中医院情况

所有制	医院数	病床总数(张)	职工人数	其中		
				中医人数	西学中人数	西医人数
全民所有制县中医院	45	1424	1920	484	1	301
集体所有制县中医院	8	520	561	129	1	89
合计	53	1944	2481	613	2	390

西藏自治区藏医院

地址：西藏自治区拉萨市娘热路 10 号

电话：23428　邮政编码：850000

院长：强巴赤列

职工 427 人。卫技人员中，藏医 146 人，其中主任医师 5 人、副主任医师 23 人、主治医师35人、住院医师60人、藏医士23人；中西医结合14人，其中副主任医师1人、主治医师6人、住院医师7人；藏药27人，其中主任藏药师2人、副主任藏药师1人、主管藏药师6人、藏药师13人、藏药士5人。

床位总数为170张，其中内科106张，外科23张，妇儿科18张，藏医科23张。

西藏自治区地市中医院情况

全称	所有制	病床总数(张)	职工总人数	中医人数	西学中人数	西医人数	中医临床科室数	详细地址
山南地区藏医院	全民	50	62	32		14		西藏自治区山南地区泽当镇
日喀则地区藏医院	全民	50	100	31		28		西藏自治区日喀则市
阿里地区藏医院	全民	15	29	15		7		西藏自治区狮泉河
昌都地区藏医院	全民	28	60	23		11		西藏自治区昌都地区昌都镇
那曲地区藏医院	全民	56	81	31		9		西藏自治区那曲地区那曲镇

西藏自治区县中医情况

所有制	医院数	病床总数	职工总人数	其中		
				中医人数	西学中人数	西医人数
全民所有制县中医院	6	10	52	45	1	6
集体所有制县中医院						
合计	6	10	52	45	1	6

陕西中医学院附属医院

地址：陕西省咸阳市安定路　电话：5378　邮政编码：712000

院长：张武翔

职工572人。卫技人员中，中医155人，其中副主任医师12人、主治医师59人、住院医师82人、中医士2人；中西医结合35人，其中主任医师1人、副主任医师15人、主治医师18人、住院医师1人；西医30人，其中副主任医师3人、主治医师20人、住院医师3人、医士4人；中药55人，其中主管中药师6人、中药师23人、中药士26人。

床位总数为300张，其中内科68张，传染科37张，外科41张，妇科30张，儿科21张，眼科12张，针灸科14张，肿瘤科17张，骨伤科20张，急诊科40张。

陕西省中医药研究院附属医院

地址：陕西省西安市西华门20号　电话：718712　邮政编码：710003

院长：赵玉哲

职工354人。卫技人员中，中医89人，其中主任医师1人、副主任医师7人、主治医师45人、住院医师32人、中医士4人；中西医结合45人，其中主任医师2人、副主任医师23人、主治医师20人；西医17人，其中副主任医师1人、主治医师8人、住院医师6人、医士2人；中药35人，其中副主任中药师1人、主管中药师7人、中药师9人、中药士18人。

床位总数为260张。

陕西省地市中医院情况

全称	所有制	病床总数(张)	职工总人数	中医人数	西学中人数	西医人数	中医临床科室数	详细地址
西安市中医院	全民	300	593	144	18	39		陕西省西安市东大街183号
宝鸡市中医院	全民	300	356	68	2	83		陕西省宝鸡市西关
安康地区中医院	全民	255	345	68	5	46		陕西省安康市新城巴山东路
商洛地区中医院	全民	70	86	25		15		陕西省商州市西关
榆林地区中医院	全民	150	288	55		40		陕西省榆林市南郊
铜川市中医院	集体	154	210	44		22		陕西省铜川市红旗街

陕西省县中医情况

所有制	医院数	病床总数(张)	职工总人	其中		
				中医人数	西学中人数	西医人数
全民所有制县中医院	65	2664	4356	1247	11	512
集体所有制县中医院	2	87	159	39		26
合计	67	2751	4515	7286	11	538

甘肃省中医院

地址：甘肃省兰州市七里河区王家堡27-39号　电话：35211　邮政编码：730050

院长：杨守义

职工563人。卫技人员中，中医121人，其中主任医师4人、副主任医师9人、主治医师22人、住院医师74人、中医士12人；中西医结合28人，其中主任医师2人、副主任医师6人、主治医师19人、住院医师1人；西医29人，其中主任医师1人、副主任医师2人、主治医师14人、住院医师11人、医士1人；中药33人，其中副主任中药师1人、主管中药师9人、中药师15人、中药士8人。

床位总数为500张。内科32张，外科61张，痔瘘科51张，干部病房20张，心脑内科65张，呼吸消化科65张，针灸科59张，急诊科18张，按摩科18张，小儿科30张，骨科81张。

甘肃省地市中医院情况

全称	所有制	病床总数(张)	职工总人数	中医人数	西学中人数	西医人数	中医临床科室数	详细地址
庆阳地区中医院	全民	222	281	43	9	29	10	甘肃省西峰市炮台巷22号
武威地区中医院	全民	80	79	23		10	5	甘肃省武威市东关街复兴南路1号
天水市中医院	全民	100	113	46	2	2	8	甘肃省天水市环城西路
临夏州中医院	全民	70	87	27	1	5	5	甘肃省临夏市
金昌市中医院	全民	30	28	10		2	4	甘肃省金昌市
白银市中医院	全民		8	6		1		甘肃省白银市

甘肃省县中医情况

所有制	医院数	病床总数(张)	职工总人数	其中		
				中医人数	西学中人数	西医人数
全民所有制县中医院	58	2559	3591	946	62	316
集体所有制县中医院						
合计	58	2559	3591	946	62	316

青海省中医院

地址：青海省西宁市七一路220号 电话：77036 邮政编码：810000

院长：胡国栋

职工461人。卫技人员中，中医95人，其中主任医师2人、副主任医师5人、主治医师43人、住院医师39人、中医士6人；中西医结合7人，其中主任医师1人、副主任医师5人、主治医师1人；西医23人，其中主任医师2人、副主任医师6人、主治医师12人、住院医师2人、医士1人；中药37人，其中副主任中药师1人、主管中药师6人、中药师11人、中药士19人。

床位总数为346张，内科134张，外科28张，妇产科40张，针灸科24张，肛肠科32张，骨伤科36张，疮疡科12张，急诊科16张，保健科24张。

青海省地市中医院情况

全称	所有制	病床总数(张)	职工总人数	中医人数	西学中人数	西医人数	中医临床科室数	详细地址
玉树藏族自治州藏医院	全民	62	47	24			5	青海省玉树州结古镇
海西蒙古族藏族自治州蒙藏医院	全民	25	37	11	4	1	6	青海省海西州德令哈镇幸福路7号

全　　称	所有制	病床总数(张)	职工总人数	中医人数	西学中人数	西医人数	中医临床科室数	详细地址
黄南藏族自治州藏医院	全民	50	65	28		4	5	青海省黄南州同仁隆务镇
海南藏族自治州藏医院	全民	54	39	15		3	2	青海省海南州恰卜恰镇
果洛藏族自治州藏医院	全民	20	21	11			2	青海省果洛州大武镇

青海省县中医院情况

所有制	医院数	病床总数(张)	职工总人数	其中		
				中医人数	西学中人数	西医人数
全民所有制县中医院	24	655	708	410	58	35
集体所有制县中医院						
合　计	24	655	708	410	58	35

中国宁夏伊斯兰气功医疗康复中心

地址：宁夏回族自治区银川市解放西街76号　电话：26674　22282　邮政编码：750001

院长：杨华祥

职工54人。卫技人员中，中医9人，其中副主任医师1人、主治医师4人、住院医师3人、中医士1人；中西医结合5人，其中主治医师3人、住院医师2人；西医6人，其中副主任医师1人、主治医师1人、住院医师4人；中药5人，其中主管中药师1人、中药师3人、中药士1人；气功医师10人。

床位总数为60张，其中中西医结合科20张，中医科10张，气功治疗科10张，骨伤科5张，康复美容科10张，男性病科5张。

宁夏回族自治区地市中医院情况

全　　称	所有制	病床总数(张)	职工总人数	中医人数	西学中人数	西医人数	中医临床科室数	详细地址
宁夏回族自治区中医院	全民		54	21		2	8	宁夏回族自治区银川市新市区银巴路口
银川市中医院	全民	193	304	62	7	24	13	宁夏回族自治区银川市解放西街153号
固原地区中医院	全民	70	92	13	6	8	4	宁夏回族自治区固原县城西关路
石嘴山市中医院	全民	26	69	14		8		宁夏回族自治区石嘴山市石嘴山区

宁夏回族自治区县中医院情况

所有制	医院数	病床总数(张)	职工总人数	其中		
				中医人数	西学中人数	西医人数
全民所有制县中医院	7	345	509	112	2	52
集体所有制县中医院						
合计	7	345	509	112	2	52

新疆维吾尔自治区中医医院

地址：新疆维吾尔自治区乌鲁木齐市黄河路 53 号　电话：53611　53612　53622　53623　邮政编码：830000

院长：金洪元

职工 498 人。卫技人员中，中医 69 人，其中主任医师 1 人、副主任医师 7 人、主治医师 24 人、住院医师 34 人、中医士 3 人；中西医结合 26 人，其中主任医师 2 人、副主任医师 4 人、主治医师 20 人；西医 23 人，其中主任医师 1 人、副主任医师 3 人、主治医师 8 人、住院医师 6 人、医士 5 人；中药 40 人，其中主任中药师 1 人、主管中药师 6 人、中药师 30 人、中药士 3 人。

床位总数为 354 张，其中内科 126 张，外科 113 张，妇科 44 张，儿科 20 张，针灸科 42 张，干部病房 9 张，急诊留观察 8 张。

【中医药院校】

北京中医学院

地址：北京市和平街北口
电话：4213841　邮政编码：100013

院长：高鹤亭

职工 1,249 人。医药专任教师 475 人，其中教授 24 人、副教授 103 人、讲师 159 人、助教117 人、教员 72 人。

在院硕士研究生113 人，1989 年招硕士研究生 19 人、毕业 35 人；在院博士研究生 17 人，1989 年招博士研究生 10 人、毕业 2 人；在院外国留学生 73 人。

附属机构：北京中医学院附属东直门医院，气功研究所，中医基础理论研究所，中药研究所，临床医学研究所，实验药厂，《北京中医学院学报》编辑部。

专业设置	学制	在校学生数	1989年毕业人数	1989年招生人数
中医	5 年	687	87	90
中医养生康复	5 年	90	10	30
中医基础	5 年	58	18	30
中药	3 年	81		18
中药	4 年	374	65	49
中药制药	4 年	29		29
针灸	4 年	198	25	40
卫生事业管理	3 年	78		16
护理	3 年	37		
中医(夜大)	3 年	144		144
中药(夜大)	3 年	44		26

北京针灸骨伤学院

地址：北京市朝阳区八间房 8531 信箱
电话：5007131　邮政编码：100700

院长：陈绍武

职工 377 人。医药专任教师 81 人，其中教授 1 人、副教授 21 人、讲师 20 人、助教 26 人、教员 13 人。

专业设置	学制	在校学生数	1989年毕业人数	1989年招生人数
针灸	5 年	105		37
骨伤	5 年	97		34
针灸	3 年	82		
骨伤	3 年	67		

在院硕士研究生 7 人，1989 年招硕士研究生 3 人。

北京联合大学中医药学院

地址：北京市东城区东四十条 27 号　电

话：440443　邮政编码：100013

院长：方　生

职工199人。医药专任教师85人，其中教授3人、副教授17人、讲师51人、助教14人。

专业设置	学制	在校学生数	1989年毕业人数	1989年招生人数
中医	5年	265	73	67

北京市中医学校

地址：北京市通县梨元乡　电话：9525931　邮政编码：101101

校长：李进贵

职工83人。专任教师45人，其中高级讲师2人、讲师11人、助理讲师11人、教员21人。

专业设置	学制	在校学生数	1989年毕业人数	1989年招生人数
中医士	4年	233	39	42
中医护士	3年	90		

北京市医药器械学校

地址：北京市朝阳区劲松二中内　电话：5001117-322　邮政编码：100021

校长：戴浩森

职工99人。专任教师64人，其中高级讲师7人、讲师19人、助理讲师35人、教员3人。

专业设置	学制	在校学生数	1989年毕业人数	1989年招生人数
中药制剂	4年	40	42	

北京卫生学校

地址：北京市宣武区南横西街94号　电话：332860　邮政编码：100053

校长：于友葵

职工359人。专任教师149人，其中高级讲师22人、讲师47人、助理讲师61人、教员19人。

专业设置	学制	在校学生数	1989年毕业人数	1989年招生人数
中药士	3年	137	49	

中日友好医院卫生学校

地址：北京市和平里樱花东路　电话：4222957　邮政编码：100013

校长：刘晓勤

职工44人。专任教师30人，其中高级讲师2人、讲师8人、助理讲师6人、教员14人。

专业设置	学制	在校学生数	1989年毕业人数	1989年招生人数
中药士	3年	5		

房山区卫生学校

地址：北京市房山区大石河　电话：9321140　邮政编码：102400

职工96人。专任教师52人，其中高级讲师3人、讲师10人、助理讲师17人、教员22人。

专业设置	学制	在校学生数	1989年毕业人数	1989年招生人数
中医士	4年	48		

门头沟区卫生学校

地址：北京市门头沟区大峪南路30号　电话：8772581　邮政编码：102300

职工42人。专任教师26人，其中高级讲师2人、讲师8人、助理讲师4人、教员12人。

专业设置	学制	在校学生数	1989年毕业人数	1989年招生人数
中医士	4年	40		

天津中医学院

地址：天津市南开区西湖村　电话：703426　邮政编码：300193

院长：戴锡孟

职工656人。医药专任教师276人，其中教授8人、副教授66人、讲师140人、助教55人、教员7人。

专业设置	学制	在院学生数	1989年毕业人数	1989年招生人数
中医	5年	304	62	30
中医外伤	5年	45	28	
中医康复	5年	62		
中医骨伤	5年	75	30	
针灸	5年	150	30	30
中药	4年	121	30	30
中医大专班	3年	92		60

在院硕士研究生97人，1989年招硕士研究生30人、毕业30人；在院博士研究生2人，1989年招博士研究生1人；在院外国留学生12人。

附属机构：天津中医学院第一附属医院，第二附属医院，中医研究所，中药厂，《天津中医》编辑部。

天津市中医学校

地址：天津市静海县静海镇文化里1号 电话：942599 邮政编码：301600

职工60人。专任教师41人，其中讲师7人、助理讲师25人、教员9人。

专业设置	学制	在校学生数	1989年毕业人数	1989年招生人数
中医士	4年	30		30
中医护士	3年	67		29

天津市中药学校

地址：天津市北郊区刘家房子 电话：572461 邮政编码：300400

校长：贾连瑞

职工95人。专任教师51人，其中高级讲师4人、讲师15人、助理讲师31人、教员1人。

专业设置	学制	在校学生数	1989年毕业人数	1989年招生人数
中药制药	4年	127		
中药商品	4年	96	43	50
中药材（职工班）	4年		34	
中药材（职工班）		109		34

天津中医学院中专班

地址：天津市南开区西湖村 电话：703737 邮政编码：300193

专业设置	学制	在校学生数	1989年毕业人数	1989年招生人数
中药士	3年		63	

塘沽卫生学校

地址：天津市塘沽区杭州道80号 电话：982686 邮政编码：300451

职工72人。专任教师30人，其中高级讲师1人、讲师10人、助理讲师13人、教员6人。

专业设置	学制	在校学生数	1989年毕业人数	1989年招生人数
中医护士	3年	121		

河北中医学院

地址：河北省石家庄市新石南路 电话：31950 邮政编码：050091

院长：宗全和

职工416人。医药专任教师142人，其中教授9人、副教授37人、讲师57人、助教39人。

专业设置	学制	在院学生数	1989年毕业人数	1989年招生人数
中医	5年	771	120	170
针灸	5年	59		59
针灸	3年	126	32	

附属机构：河北中医学院附属医院，河北省中医药研究所，《河北中医学院学报》编

辑部。

张家口医学院中医系

地址：河北省张家口市长青路14号　电话：3571、3563　邮政编码：075029

系主任：任启瑞

中医药教师共31人，其中副教授6人、讲师8人、助教15人、教员2人。

专业设置	学制	在系学生数	1989年毕业人数	1989年招生人数
中医	5年	170	62	44

承德医学院中医系

地址：河北省承德市翠桥路　电话：224592-247　邮政编码：067000

系副主任：张华珠

中医药教师共24人，其中副教授5人、讲师9人、助教8人、教员2人。

专业设置	学制	在系学生数	1989年毕业人数	1989年招生人数
中医	5年	160	40	40
中医	3年	34		

河北医学院邯郸分院中医系

地址：河北省邯郸市丛台路甲42号　电话：24817　邮政编码：056002

系主任：田成庆

中医药教师共33人，其中教授1人、副教授4人、讲师14人、助教7人、教员7人。

专业设置	学制	在校学生数	1989年毕业人数	1989年招生人数
针灸	3年	120	40	40

廊坊市卫生学校

地址：河北省廊坊市建国道14号　电话：22828　邮政编码：102800

校长：王印儒

职工185人。专任教师95人，其中高级讲师12人、讲师42人、助理讲师26人、教员15人。

专业设置	学制	在校学生数	1989年毕业人数	1989年招生人数
中医士	4年	51		

石家庄地区卫生学校

地址：河北省石家庄市农机街8号　电话：743534　邮政编码：050061

校长：张声远

职工172人。专任教师88人，其中高级讲师11人、讲师50人、助理讲师25人、实习教员2人。

专业设置	学制	在校学生数	1989年毕业人数	1989年招生人数
中西医结合医士	4年	27		

沧州卫生学校

地址：河北省沧州市西环中路33号　电话：23282　邮政编码：061001

校长：张春兰

职工250人。专任教师112人，其中高级讲师2人、讲师41人、助理讲师36人、教员15人。

专业设置	学制	在校学生数	1989年毕业人数	1989年招生人数
针灸医士	3年	42	51	

安国卫生职业中等专业学校

地址：河北省安国东山　电话：2275　邮政编码：071200

职工22人。专任教师15人，其中讲师2人、助理讲师13人。

专业设置	学制	在校学生数	1989年毕业人数	1989年招生人数
中医士	3年	107		50
中药材	3年	6		

张家口地区卫生学校

地址：河北省张家口市桥西区平门路20号　电话：5156　邮政编码：075029

职工161人。专任教师77人，其中高级讲师3人、讲师25人、助理讲师32人、教员17人。

专业设置	学制	在校学生数	1989年毕业人数	1989年招生人数
中医士	4年	50		50

唐山市卫生学校

地址：河北省唐山市新华西道　电话：25419　邮政编码：063004

职工312人。专任教师187人，其中高级讲师31人、讲师62人、助理讲师77人、教员17人。

专业设置	学制	在校学生数	1989年毕业人数	1989年招生人数
中医护士	3年	41		

邢台地区卫生学校

地址：河北省邢台市桥西区钢铁北路　电话：2503　邮政编码：054056

职工178人。专任教师84人，其中高级讲师9人、讲师46人、助理讲师18人、教员11人。

专业设置	学制	在校学生数	1989年毕业人数	1989年招生人数
针灸医士	3年	121	40	40

山西中医学院

地址：山西省太原市晋祠路19号　电话：663020　邮政编码：030024

院长：翟维敏

职工222人。医药专任教师102人，其中教授5人、副教授37人、讲师27人、助教34人。

附属机构：山西中医学院附属医院，制药厂(筹)。

专业设置	学制	在院学生数	1989年毕业人数	1989年招生人数
中医	5年	420	86	80

大同医学专科学校中医系

地址：山西省大同市新建南路　电话：524600　邮政编码：037008

系副主任：王鸿源　巩玉玺

中医药教师共28人，其中副教授2人、讲师14人、助教6人、教员6人。

专业设置	学制	在系学生数	1989年毕业人数	1989年招生人数
中医	3年	209	102	50

山西省中医学校

地址：山西省太原市双塔东街14号　电话：224224　邮政编码：030012

校长：朱　坚

职工173人。专任教师57人，其中高级讲师15人、讲师30人、助理讲师8人、教员4人。

专业设置	学制	在校学生数	1989年毕业人数	1989年招生人数
中药士	3年	86	44	

山西省中药材学校

地址：山西省太原市北营民航南路8号　电话：774794　邮政编码：030031

校长：张清芳

职工255人。专任教师91人，其中高级讲师7人、讲师34人、助理讲师42人、教员8人。

专业设置	学制	在校学生数	1989年毕业人数	1989年招生人数
中药商品	2年	100		55
中药商品	4年	75		75
中药鉴定	4年	45		45
中药制药	4年	45		

长治市卫生学校

地址：山西省长治市环东路　电话：22073　邮政编码：046011

校长：牛长盛

职工 75 人。专任教师 49 人，其中高级讲师 1 人、讲师 15 人、助理讲师 13 人、教员 20 人。

专业设置	学制	在校学生数	1989年毕业人数	1989年招生人数
中医护士	3年	120		

雁北地区卫生学校

地址：山西省大同市动南关小东门 4 号　电话：232037　邮政编码：037004

校长：朱晋章

职工 165 人。专任教师 87 人，其中高级讲师 18 人、讲师 38 人、助理讲师 34 人、教员 7 人。

专业设置	学制	在校学生数	1989年毕业人数	1989年招生人数
中医士	3年	50		50

忻州地区卫生学校

地址：山西省忻州市健康西街　电话：23483　邮政编码：034000

职工 158 人。专任教师 87 人，其中高级讲师 11 人、讲师 44 人、助理讲师 12 人、教员 20 人。

专业设置	学制	在校学生数	1989年毕业人数	1989年招生人数
中医士	3年	193	40	40

运城地区卫生学校

地址：山西省运城市红旗西路　电话：3354　邮政编码：044000

职工 186 人。专任教师 85 人，其中高级讲师 11 人、讲师 48 人、助理讲师 21 人、教员 5 人。

专业设置	学制	在校学生数	1989年毕业人数	1989年招生人数
中医士	3年	93		

山西省盲人中级卫生学校

地址：山西省太原市王村南路 12 号　电话：774103　邮政编码：030012

职工 64 人。专任教师 17 人，其中高级讲师 1 人、讲师 5 人、助理讲师 2 人、教员 9 人。

专业设置	学制	在校学生数	1989年毕业人数	1989年招生人数
按摩医士	4年	82		25

内蒙古蒙医学院

地址：内蒙古自治区通辽市　电话：33560　邮政编码：028041

院长：苏荣扎布

职工 916 人。医药专任教师 188 人，其中教授 1 人、副教授 21 人、讲师 69 人、助教 96 人、教员 1 人。

专业设置	学制	在院学生数	1989年毕业人数	1989年招生人数
蒙医	5年	382	79	50
蒙医(专科)	3年	81		
蒙药(专科)	3年	61		30

附属机构：内蒙古蒙医学院附属医院

内蒙古自治区医院附设卫生学校

地址：内蒙古自治区呼和浩特市昭乌达路　电话：46631 转 389　邮政编码：010017

校长：成慧琳

职工 51 人。专任教师 33 人，其中高级讲师 3 人、讲师 12 人、助理讲师 18 人。

专业设置	学制	在校学生数	1989年毕业人数	1989年招生人数
中西医结合医士	3年	53		53

专业设置	学制	在校学生数	1989年毕业人数	1989年招生人数
中药士	3年	80		
蒙药剂士	3年	21		21

呼伦贝尔蒙医学校

地址：内蒙古自治区海拉尔市河东区学府路　电话：3596

校长：宝音德力格尔

职工155人。专任教师71人，其中讲师20人、助理讲师49人、教员2人。

专业设置	学制	在校学生数	1989年毕业人数	1989年招生人数
蒙医士	3年	81		41
蒙药士	3年	40		
蒙护士	3年	120	41	40

巴盟卫生学校

地址：内蒙古自治区临河市永安街　电话：2084　邮政编码：015000

职工248人。专任教师80人，其中高级讲师4人、讲师24人、助理讲师20人、教员32人。

专业设置	学制	在校学生数	1989年毕业人数	1989年招生人数
蒙医士	3年	60		

伊盟卫生学校

地址：内蒙古自治区东胜市　电话：3140　邮政编码：017000

职工229人。专任教师98人，其中高级讲师6人、讲师51人、助理讲师37人、教员4人。

专业设置	学制	在校学生数	1989年毕业人数	1989年招生人数
蒙西结合医士	3年	122	41	41
蒙妇幼医士	3年	40		40
蒙护士	3年	80	40	

乌盟卫生学校

地址：内蒙古自治区集宁市文化路9号　电话：225791　邮政编码：012000

职工259人。专任教师103人，其中高级讲师1人、讲师33人、教员22人。

锡林郭勒盟卫生学校

地址：内蒙古自治区锡林浩特市那达慕街　电话：2802　邮政编码：026000

职工164人。专任教师62人，其中高级讲师9人、讲师17人、助理讲师32人、教员4人。

专业设置	学制	在校学生数	1989年毕业人数	1989年招生人数
蒙医士	3年	82	42	42
蒙妇幼医士	3年	40	40	

赤峰卫生学校

地址：内蒙古自治区赤峰市红山区园林路　电话：33826　邮政编码：024000

职工241人。专任教师116人，其中高级讲师29人、讲师45人、助理讲师33人、教员9人。

专业设置	学制	在校学生数	1989年毕业人数	1989年招生人数
中医士	3年	121	44	40
民族医士	3年	31		

辽宁中医学院

地址：辽宁省沈阳市崇山东路　电话：462567　邮政编码：110032

院长：刘鹏举

职工877人。医药专任教师340人，其中教授17人、副教授62人、讲师109人、助教152人。

在院硕士研究生91人，1989年招硕士研究生16人、毕业22人；在院博士研究生2人。

附属机构：辽宁中医学院附属医院　附

专业设置	学制	在校学生数	1989年毕业人数	1989年招生人数
中医	5年	551	158	101
中药	4年	121	69	
骨伤	5年	146		28
中药制药	4年	57		57
针灸	5年	226	40	38

属卫生学校，中医基础研究所，中医临床研究所，中药研究所，针灸研究所，医史文献研究所，附属药厂，《辽宁中医杂志》社，《中医函授通讯》杂志社。

沈阳药学院

地址：辽宁省沈阳市文化路103号 电话：483706 邮政编码：110015

院长：靳瑞征

职工1,234人。医药专任教师368人，其中教授17人、副教授81人、讲师128人、助教131人、教员11人。

专业设置	学制	在院学生数	1989年毕业人数	1989年招生人数
中药	4年	208	65	27
中药制剂	4年	31		31

在院硕士研究生90人，1989年招硕士研究生15人、毕业33人；在院博士研究生15人，1989年招博士研究生4人、毕业2人；在院外国留学生47人。

附属机构：沈阳药学院药物制剂研究所，中药及天然药物研究所，制药工业研究所，应用化学研究所，高等药学教育研究所，制药厂，《沈阳药学院学报》、《中国药物化学杂志》、《药物制剂信息》、《高等药学教育研究》杂志社。

辽宁中医学院附属卫生学校

地址：辽宁省沈阳市皇姑区崇山东路79号 电话：467036 邮政编码：110032

校长：杨永广

职工13人。专任教师4人，其中讲师3人、助理讲师1人。

专业设置	学制	在校学生数	1989年毕业人数	1989年招生人数
中医护士	3年	396	150	

沈阳市中医药学校

地址：辽宁省沈阳市新民火车站北 电话：3490 邮政编码：110300

职工132人。专任教师60人，其中高级讲师2人、讲师20人、助理讲师2人、教员36人。

专业设置	学制	在校学生数	1989年毕业人数	1989年招生人数
中医士	4年	45		45
中医护士	3年	140		140

阜新市卫生学校

地址：辽宁省阜新市海州区西山路77号 电话：25807 邮政编码：123000

职工140人。专任教师80人，其中高级讲师16人、讲师21人、助理讲师36人、教员7人。

专业设置	学制	在校学生数	1989年毕业人数	1989年招生人数
蒙医	4年	40		40
蒙药	3年	43		

辽阳市中医药学校

地址：辽宁省辽阳市文圣区北门街 电话：33668 邮政编码：111000

职工153人。专任教师61人，其中高级讲师6人、讲师32人、助理讲师18人、教员5人。

专业设置	学制	在校学生数	1989年毕业人数	1989年招生人数
针灸推拿医士	4年	120		80
中药士		80		40

铁岭市卫生学校

地址：辽宁省铁岭市银州区龙首山东 电话：24311 邮政编码：112000

职工 200 人。专任教师 91 人，其中高级讲师 10 人、讲师 33 人、助理讲师 30 人、教员 18 人。

专业设置	学制	在校学生数	1989年毕业人数	1989年招生人数
中医士(职工)	3年	40		40

长春中医学院

地址：吉林省长春市工农大路 15 号 电话：52265 邮政编码：130021

院长：邓明鲁

职工 685 人。医药专任教师 163 人，其中教授 13 人、副教授 39 人、讲师 46 人、助教 65 人。

专业设置	学制	在院学生数	1989年毕业人数	1989年招生人数
中医	5年	670	97	150
中药	4年	173	36	46
针灸	5年	113		30
骨伤	3年	126		44

在院硕士研究生 82 人，1989 年招硕士研究生 22 人、毕业 26 人。

附属机构：长春中医学院附属医院，附属护士学校，中医研究所，药厂。

长春中医学院附属卫生学校

地址：吉林省长春市红旗街工农大路 14 号 电话：56940 邮政编码：130021

校长：王 兵

职工 30 人。专任教师 30 人，其中高级讲师 5 人、讲师 6 人、助理讲师10 人、教员9 人。

专业设置	学制	在校学生数	1989年毕业人数	1989年招生人数
中医护士	3年	179	42	55
针灸推拿医士	3年	31	28	
中药士	3年	41		41

浑江中医药学校

地址：吉林省浑江市浑江大街 273 号 电话：3841 邮政编码：134300

职工 292 人。专任教师 59 人，其中高级讲师 3 人、讲师 20 人、助理讲师 17 人、教员 19 人。

专业设置	学制	在校学生数	1989年毕业人数	1989年招生人数
中医士	3年	50		50
中医护士	3年	50		50

吉林卫生学校

地址：吉林省吉林市珲春街53号 电话：25739 邮政编码：132061

校长：金和雍

职工 190 人。专任教师 109 人，其中高级讲师 13 人、讲师 31 人、助理讲师 52 人、教员 13 人。

专业设置	学制	在校学生数	1989年毕业人数	1989年招生人数
针灸推拿医士	3年		45	

延边卫生学校

地址：吉林省延吉市新兴街 电话：515502 邮政编码：133000

职工 195 人。专任教师 110 人，其中高级讲师 26 人、讲师 23 人、助理讲师 53 人、教员 8 人。

专业设置	学制	在校学生数	1989年毕业人数	1989年招生人数
中药士	144	43		50

通化市卫生学校

地址：吉林省通化市民主路88号 电话：2035 邮政编码：134001

职工 187 人。专任教师 98 人，其中高级讲师 18 人、讲师 36 人、助理讲师 31 人、教员 13 人。

专业设置	学制	在校学生数	1989年毕业人数	1989年招生人数
中医士	3年	100		

黑龙江中医学院

地址：黑龙江省哈尔滨市动力区和平路14号　电话：220652　邮政编码：150040

院长：栗德林

职工976人。医药专任教师299人，其中教授17人、副教授77人、讲师155人、助教50人。

专业设置	学制	在院学生数	1989年毕业人数	1989年招生人数
中医	5年	465	169	98
中药	4年	244	59	62
针灸	5年	265	62	42
推拿	5年	28		28
骨伤	5年	221		40
中医护理(专科)	3年	80	37	40

在院硕士研究生104人，1989年招硕士研究生31人、毕业39人；在院博士研究生16人，1989年招博士研究生6人、毕业1人；在院外国留学生9人。

附属机构：黑龙江中医学院附属医院，中药研究所，中医基础理论研究所，中医实验研究中心，中药厂，《中医药学报》编辑部。

黑龙江省中医药学校

地址：黑龙江省佳木斯市　电话：22385

专业设置	学制	在校学生数	1989年毕业人数	1989年招生人数
中医士	3年	110		
针灸医士	3年	52	32	
中医护士	3年	163	51	60
中药士	3年	160	51	53
中医士(自费)	3年	60		60
针灸医士(职工)	3年	77		
中医士(职工)	3年	203		203
中药士(职工)	3年	80	60	

邮政编码：154007

校长：崔天东

职工207人。专任教师99人，其中高级讲师4人、讲师37人、助理讲师35人、教员23人。

绥化地区卫学校

地址：黑龙江省绥化市西直北路8号　电话：4155　邮政编码：152062

职工257人。专任教师87人，其中高级讲师12人、讲师34人、助理讲师32人、教员9人。

专业设置	学制	在校学生数	1989年毕业人数	1989年招生人数
民族医士	3年	40		

上海中医学院

地址：上海市零陵路530号　电话：4385400　邮政编码：200032

职工1,048人。医药专任教师317人，其中教授40人、副教授86人、讲师94人、助教97人。

专业设置	学制	在院学生数	1989年毕业人数	1989年招生人数
中医	5年	617	135	103
针灸	5年	241	33	43
推拿	5年	239	28	33
中药	4年	120	58	22
中医(夜大)	4年	39	34	
中药(夜大)	3年		38	

上海市医药学校

地址：上海市浦东沈家弄路700号　电话：8847179　邮政编码：200135

副校长：舒一平

职工185人。专任教师73人，其中高级讲师2人、讲师32人、助理讲师31人、教员8人。

专业设置	学制	在校学生数	1989年毕业人数	1989年招生人数
中药	4年	154	40	
中药	2年	33		

闸北中医学校

地址：上海市大统路933号 电话：6627277 邮政编码：200070

校长：高正兴

职工89人。专任教师49人，其中高级讲师3人、讲师24人、助理讲师14人、教员3人。

专业设置	学制	在校学生数	1989年毕业人数	1989年招生人数
中医士	4年	101		29
中医士(职工)	3年	47	40	17
中医护士	3年	77	62	

上海中医学院附属卫生学校

地址：上海市宛平南路650号 电话：4381576 邮政编码：200030

副校长：何宗麟

职工63人。专任教师35人，其中高级讲师4人、讲师23人、助理讲师8人。

专业设置	学制	在校学生数	1989年毕业人数	1989年招生人数
推拿医士	4年	30	30	
中医护士	3年	82	41	
中药士(职工)	3年	17		
针灸推拿医士(职工)	3年	74		

普陀区卫生学校

地址：上海市延长路1600号 电话：6611093 邮政编码：200051

专业设置	学制	在校学生数	1989年毕业人数	1989年招生人数
中药	3年	136	62	38

职工123人。专任教师61人，其中高级讲师5人、讲师19人、助理讲师35人、教员2人。

南京中医学院

地址：江苏省南京市汉中路282号 电话：641462 邮政编码：210005

院长：周仲瑛

职工1,012人。医药专任教师440人，其中教授13人、副教授101人、讲师183人、助教143人。

专业设置	学制	在院学生数	1989年毕业人数	1989年招生人数
中医	5年	812	171	123
针灸	5年	254	52	41
中药	4年	264	64	41
推拿	3年	91	40	31
中医外科	5年	60		30
中医养生康复	5年	30		30
中药制药	4年	30		30

中国药科大学中药学院

地址：江苏省南京市吉祥庵 电话：654902 邮政编码：210038

院长：严永清

职工199人。医药专任教师85人，其中教授9人，副教授29人、讲师20人、助教28人。

专业设置	学制	在院学生数	1989年毕业人数	1989年招生人数
中药	4年	150	60	90
中药鉴定	4年	60		
中药制药	4年	60		
中药药理	5年	30		

在院硕士研究生36人，1989年招硕士研究生12人、毕业7人；在院博士研究生8人，1989年招博士研究生3人、毕业2人；在院外国留学生4人。

扬州医学院中医系

地址：江苏省扬州市淮海路6号 电话：42334 邮政编码：225001

系主任：王树槐

中医药教师共 33 人，其中副教授 4 人、讲师 19 人、助教 9 人。

专业设置	学制	在系学生数	1989年毕业人数	1989年招生人数
中医	5 年	155	42	32

南京中医学院附属医院卫生学校

地址：江苏省南京市汉中路 155 号 电话：669464 邮政编码：210005

校长：曹世宏

职工 16 人。专任教师 10 人，其中讲师 5 人、助理讲师 4 人、教员 1 人。

专业设置	学制	在校学生数	1989年毕业人数	1989年招生人数
中医护士	3 年	189	48	70

江苏省中药学校

地址：江苏省镇江市东门外京岘山路 电话：32151 邮政编码：212003

职工 82 人。专任教师 49 人，其中高级讲师 3 人、讲师 6 人、助理讲师 12 人、教员 28 人。

专业设置	学制	在校学生数	1989年毕业人数	1989年招生人数
中药	4年	136		45

南京第二卫生学校

地址：江苏省南京市双龙巷 22 号 电话：636030 邮政编码：2100038

职工 136 人。专任教师 69 人，其中高级讲师 6 人、讲师 25 人、助理讲师 30 人、教员 8 人。

专业设置	学制	在校学生数	1989年毕业人数	1989年招生人数
针灸推拿医士	3年	41		
中医护士	3年		40	

苏州卫生学校

地址：江苏省苏州市书院巷 20 号 电话：226646 邮政编码：215002

职工 185 人。专任教师 101 人，其中高级讲师 18 人、讲师 32 人、助理讲师 41 人、教员 10 人。

专业设置	学制	在校学生数	1989年毕业人数	1989年招生人数
中医士	4年	90		

苏州第二卫生学校

地址：江苏省苏州市吴县木渎镇 电话：475476 邮政编码：215101

职工 71 人。专任教师 29 人，其中高级讲师 1 人、讲师 15 人、助理讲师 7 人、教员 6 人。

专业设置	学制	在校学生数	1989年毕业人数	1989年招生人数
中医士	4年	49		49

常州卫生学校

地址：江苏省常州市局前街 223 号 电话：604741 邮政编码：213003

副校长：陈海泉

职工 146 人。专任教师 74 人，其中高级讲师 11 人、讲师 30 人、助理讲师 30 人、教员 3 人。

专业设置	学制	在校学生数	1989年毕业人数	1989年招生人数
中医士	4年	131		

南通卫生学校

地址：江苏省南通市启秀路 9 号 电话：513096 邮政编码：226001

职工 149 人。专任教师 77 人，其中高级讲师 10 人、讲师 34 人、助理讲师 25 人、教员 8 人。

专业设置	学制	在校学生数	1989年毕业人数	1989年招生人数
中医士	4年	50		
针灸推拿医士	3年	156	40	76

启东卫生学校

地址：江苏省启东县汇龙镇环城北路156号　电话：2536　邮政编码：226200

校长：张德宏

职工72人。专任教师34人，其中高级讲师1人、讲师9人、助理讲师20人、教员4人。

专业设置	学制	在校学生数	1989年毕业人数	1989年招生人数
中药剂士	3年	49		

连云港中药学校

地址：江苏省连云港市新浦海连东路　电话：51492　邮政编码：222001

校长：吴国法

职工99人。专任教师51人，其中高级讲师2人、讲师18人、助理讲师18人、教员13人。

专业设置	学制	在校学生数	1989年毕业人数	1989年招生人数
中药剂士	3年	300	100	100

淮阴卫生学校

地址：江苏省淮阴县王营镇　电话：22361

职工189人。专任教师99人，其中高级讲师17人、讲师33人、助理讲师40人、教员9人。

专业设置	学制	在校学生数	1989年毕业人数	1989年招生人数
中医护士	3年	49		49

盐城卫生学校

地址：江苏省盐城市建军西路156号　电话：24913　邮政编码：224001

校长：朱建华

职工205人。专任教师109人，其中高级讲师11人、讲师46人、助理讲师38人、教员14人。

专业设置	学制	在校学生数	1989年毕业人数	1989年招生人数
中医士	4年	201		99

南通市海安卫生职工中等专业学校

地址：江苏省南通市曙光中路24号　电话：2536　邮政编码：226600

职工50人。专任教师28人，其中高级讲师1人、讲师10人、助理讲师16人、教员1人。

专业设置	学制	在校学生数	1989年毕业人数	1989年招生人数
针灸推拿医士	3年	50	48	

浙江中医学院

地址：浙江省杭州市庆春路　电话：771914　邮政编码：310009

院长：葛琳仪

职工555人。医药专任教师206人，其中教授7人、副教授32人、讲师74人、助教92人、教员1人。

在院硕士研究生31人，1989年招硕士研究生9人、毕业14人；在院外国进修生8人。

专业设置	学制	在校学生数	1989年毕业人数	1989年招生人数
中医	5年	571	182	84
骨伤	3年	37		37
针灸	5年	99		30
针灸	3年	30	30	
推拿	3年	69	19	27
中药	3年	128	32	34

附属机构：浙江中医学院附属医院，附

属门诊部，医学分子研究所，实验药厂，生化厂，《浙江中医学院学报》编辑部。

浙江省医药学校

地址：浙江省宁波市文教路1号　电话：44409　邮政编码：315000

校长：竺芝芬

职工62人。专任教师31人，其中高级讲师3人、讲师11人、助理讲师15人、教员2人。

专业设置	学制	在校学生数	1989年毕业人数	1989年招生人数
中药	4年	171		
制药	4年	41		

台州卫生学校

地址：浙江省台州临海市望天台35号　电话：2517　邮政编码：317000

校长：陈式钧

职工141人。专任教师69人，其中高级讲师3人、讲师24人、助理讲师25人、教员17人。

专业设置	学制	在校学生数	1989年毕业人数	1989年招生人数
针灸推拿医士	3年	80		40

丽水卫生学校

地址：浙江省丽水城关凤凰山　电话：31183　邮政编码：323000

校长：胡官春

职工132人。专任教师87人，其中高级讲师8人、讲师26人、助理讲师34人、教员19人。

专业设置	学制	在校学生数	1989年毕业人数	1989年招生人数
中医士	3年		44	

金华卫生学校

地址：浙江省金华市人民东路42号　电话：25287　邮政编码：321000

校长：李　飞

职工194人。专任教师120人，其中高级讲师25人、讲师56人、助理讲师36人、教员3人。

专业设置	学制	在校学生数	1989年毕业人数	1989年招生人数
中药士	3年	60		46

安徽中医学院

地址：安徽省合肥市梅山路24号　电话：62548　邮政编码：230038

院长：高尔鑫

职工693人。医药专任教师278人，其中教授9人、副教授61人、讲师95人、助教98人、教员15人。

专业设置	学制	在院学生数	1989年毕业人数	1989年招生人数
中医	5年	490	142	70
中医	3年	92		30
针灸	5年	180	27	30
推拿	3年	93	44	30
药学	4年	120	30	30
中药	4年	148	30	30

芜湖中医学校

地址：安徽省芜湖市九华山路邢象山7号　电话：34072　邮政编码：241000

校长：吴恒亚

职工206人。专任教师76人，其中高级讲师16人、讲师23人、助理讲师33人、教员4人。

专业设置	学制	在校学生数	1989年毕业人数	1989年招生人数
中医士	3年	82	51	40
中药士	3年	121	42	40
针灸医士	3年	19	22	
推拿医士	3年	20	20	
中医护士	3年	48	45	40

安徽省医药学校

地址：安徽省合肥市合作北路　电话：74810

校长：方先舟

职工77人。专任教师 33 人，其中高级讲师 1 人、讲师 9 人、助理讲师 17 人、教员 6 人。

专业设置	学制	在校学生数	1989年毕业人数	1989年招生人数
中药商品	4年	51		
中药制剂工艺	4年	51		50
中药商品（职工）	3年	47	39	47

福建中医学院

地址：福建省福州市五四北路 53 号　电话：570746　邮政编码：350003

院长：杜　建

职工 558 人。医药专任教师 164 人，其中教授 7 人、副教授 38 人、讲师 77 人、助教 108 人。

专业设置	学制	在院学生数	1989年毕业人数	1989年招生人数
中医	5年	554	148	100
骨伤	5年	121	34	20
针灸	5年	132	20	30
推拿	3年	61	20	20
中药	3年	90	30	30
中西医结合临床	3年	98		50

在院硕士研究生 21 人，1989 年招硕士研究生 5 人、毕业 5 人。

附属机构：福建中医学院附属第一人民医院，第二人民医院，福建省中医药研究所，福州屏山制药厂，《福建中医药》杂志社。

福建医药学校

地址：福建省福州市洪山桥中店 42 号　电话：710410　邮政编码：350002

校长：张庆春

职工 58 人。专任教师 38 人，其中高级讲师 1 人、讲师 4 人、助理讲师 28 人、教员 5 人。

专业设置	学制	在校学生数	1989年毕业人数	1989年招生人数
中药材	2年		39	
中药材	4年	120		40

漳州卫生学校

地址：福建省漳州市芗城区英雄路　电话：22674　邮政编码：363000

校长：宋肇祥

职工 126 人。专任教师 67 人，其中高级讲师 8 人、讲师 20 人、助理讲师 34 人、教员 5 人。

专业设置	学制	在校学生数	1989年毕业人数	1989年招生人数
中药剂士	3年	134	44	45
中药剂士（职工）	2年	33	50	

泉州卫生学校

地址：福建省泉州市县后街 50 号　电话：23475　邮政编码：362000

校长：陈国华

职工 135 人。专任教师 80人，其中高级讲师 9 人、讲师 28 人、助理讲师 27 人、教员 16 人。

专业设置	学制	在校学生数	1989年毕业人数	1989年招生人数
中医士	3年	89	48	
针灸医士	3年	45		

龙岩卫生学校

地址：福建省龙岩市陵园路 90 号　电话：20388　邮政编码：364000

校长：阮祖望

职工 80 人。专任教师 46 人，其中高级讲师 4 人、讲师 15 人、助理讲师 16 人、教员 11 人。

专业设置	学制	在校学生数	1989年毕业人数	1989年招生人数
中医士	3年		50	

江西中医学院

地址：江西省南昌市阳明路 20 号　电话：67708　邮政编码：330006

院长：杨扶国

职工 752 人。医药专任教师 371 人，其中教授 6 人、副教授 72 人、讲师 149 人、助教 136 人、教员 8 人。

专业设置	学制	在院学生数	1989年毕业人数	1989年招生人数
中医	5年	627	177	70
针灸	5年	123		40
骨伤	5年	123		40
药学	4年	207	48	53
中药	4年	181	50	32
中药制药	4年	34		34

在院硕士研究生 4 0人，1989 年招硕士研究生 10 人、毕业 10 人；在院外国留学生 2 人。

附属机构：江西中医学院附属中医院，附属制药厂。

江西省医药学校

地址：江西省南昌市青云谱　电话：41454　邮政编码：330001

职工 52 人。专任教师 34 人，其中高级讲师 1 人、讲师 7 人、助理讲师 21 人、教员 5 人。

专业设置	学制	在校学生数	1989年毕业人数	1989年招生人数
中药	2年	99	50	49

抚州中医学校

地址：江西省抚州市焊东大道 137 号　电话：3280　邮政编码：344000

校长：傅淑清

职工 93 人。专任教师 65 人，其中高级讲师 7 人、讲师 28 人、助理讲师 33 人、教员 8 人。

专业设置	学制	在校学生数	1989年毕业人数	1989年招生人数
中医士	2年	100	50	50
中药士	3年	155	48	52
伤科推拿医士	3年	99		
中医护士	3年	150	50	

吉安地区卫生学校

地址：江西省吉安市竹笋巷 9 号　电话：4771　邮政编码：343000

职工 138 人。专任教师 65 人，其中高级讲师 7 人、讲师 38 人、助理讲师 17 人、教员 3 人。

专业设置	学制	在校学生数	1989年毕业人数	1989年招生人数
中医护士	3年	56	52	

上饶地区卫生学校

地址：江西省上饶市前进路 38 号　电话：3145

职工 337 人。专任教师 153 人，其中高级讲师 24 人、讲师 51 人、助理讲师 60 人、教员 18 人。

专业设置	学制	在校学生数	1989年毕业人数	1989年招生人数
中医护士	3年	101	50	

山东中医学院

地址：山东省济南市经十路 23 号　电话：646911　邮政编码：250014

院长：邹积隆

职工 846 人。医药专任教师 342 人，其中教授 18 人、副教授 93 人、讲师 179 人、助教126人。

专业设置	学制	在院学生数	1989年毕业人数	1989年招生人数
中医	5年	660	201	165
中药	4年	209	49	59
中医少年班	8年	146		
针灸	5年	208		41
骨伤	5年	160		70
推拿	3年	30		30

在院硕士研究生64人，1989年招硕士研究生22人、毕业25人；在院博士研究生6人，1989年招博士研究生6人。

附属机构：山东中医学院附属医院，中医文献研究所，实验药厂。

山东省中医药学校

地址：山东省莱阳市文化路2号 电话：832025 邮政编码：265200

校长：王德玉

职工299人。专任教师109人，其中高级讲师15人、讲师46人、助理讲师40人、教员8人。

专业设置	学制	在校学生数	1989年毕业人数	1989年招生人数
中医士	4年	239		80
针灸医士	3年	241	79	80
中药士	3年	240	80	160
中医士(职工)	3年	29	50	
中药士	2年	27	30	
中医护士	3年	280		200

曲阜中医药学校

地址：山东省曲阜城内西关 电话：412330 邮政编码：273100

校长：翟福举

专业设置	学制	在校学生数	1989年毕业人数	1989年招生人数
针灸医士	3年	40		
中医护士	3年	80		40

职工36人。专任教师29人，其中高级讲师2人、讲师16人、助理讲师8人、教员3人。

青岛第二卫生学校

地址：山东省胶州市徐州路73号 电话：2313 邮政编码：266300

校长：吴学先

职工96人。专任教师52人，其中高级讲师1人、讲师13人、助理讲师25人、教员13人。

专业设置	学制	在校学生数	1989年毕业人数	1989年招生人数
中医士	3年	40		

泰安市卫生学校

地址：山东省泰安市迎胜东路8号 电话：2140 邮政编码：271000

职工136人。专任教师86人，其中高级讲师5人、讲师16人、助理讲师40人、教员25人。

专业设置	学制	在校学生数	1989年毕业人数	1989年招生人数
中医护士	3年	40		40

河南中医学院

地址：河南省郑州市金水路东段 电话：556695-253 邮政编码：450003

院长：尚炽昌

职工1,007人。医药专任教师380人，其中教授12人、副教授80人、讲师175人、助教108人、教员5人。

专业设置	学制	在院学生数	1989年毕业人数	1989年招生人数
中医	5年	983	293	121
中药	4年	297	61	76
针灸	5年	158	43	51
骨伤	5年	149		54
五官	5年	48		48

在院硕士研究生40人，1989年招硕士研究生12人、毕业9人。

附属机构：河南中医学院第一附属医院，第二附属医院，中药厂，中药试验场，《河南中医》编辑部。

张仲景国医大学

地址：河南省南阳市卧龙岗　电话：332497　邮政编码：473061

校长：赵清理

职工 154 人。医药专任教师 111 人，其中教授 2 人、副教授 8 人、讲师 27 人、助教 48 人、教员 26 人。

专业设置	学制	在校学生数	1989年毕业人数	1989年招生人数
中医	3年	700	150	168

附属机构：张仲景国医大学附属门诊部，张仲景国药厂，《国医论坛》杂志编辑部。

河南省医药学校

地址：河南省开封市体育场东路　电话：24885　邮政编码：475001

校长：王金名

职工 167 人。专任教师 82 人，其中高级讲师 2 人、讲师 18 人、助理讲师 40 人、教员 22 人。

专业设置	学制	在校学生数	1989年毕业人数	1989年招生人数
中药制药	2年	125	41	41

云阳中医中药学校

地址：河南省南召县云阳镇　邮政编码：474676

校长：孙仁民

专业设置	学制	在校学生数	1989年毕业人数	1989年招生人数
中医士	3年	111	39	50
中药士	3年	216	102	92
中医护士	3年	237		94

职工 146 人。专任教师 70 人，其中高级讲师 5 人、讲师 34 人、助理讲师 19 人、教员 12 人。

焦作市中医中药学校

地址：河南省焦作市学生路一巷　电话：3359

职工 146 人。专任教师 56 人，其中高级讲师 8 人、讲师 31 人、助理讲师 11 人、教员 6 人。

专业设置	学制	在校学生数	1989年毕业人数	1989年招生人数
中医士	3年	211	42	97
中药士	3年	177		
中医护士	3年	234	80	89

安阳市中医中药学校

地址：河南省安阳市彰德路　电话：26000

职工 225 人。专任教师 225 人，其中高级讲师 9 人、讲师 33 人、助理讲师 19 人、教员 18 人。

专业设置	学制	在校学生数	1989年毕业人数	1989年招生人数
中医	4年	260		53
针灸	4年	54		
中医	3年	33		
中西医结合医士	4年	264		56

河南省盲人按摩学校

地址：河南省郑州市洛阳路青岛路 29 号　电话：23484

校长：邹贤路

职工 160 人。专任教师 32 人，其中讲师 8 人、助理讲师 14 人、教员 10 人。

专业设置	学制	在校学生数	1989年毕业人数	1989年招生人数
按摩医士	3年	182	50	48

安阳卫生学校

地址：河南省安阳市棉漳路10号 电话：24084 邮政编码：455000

校长：夏登高

职工215人。专任教师86人，其中高级讲师12人、讲师35人、助理讲师38人。

专业设置	学制	在校学生数	1989年毕业人数	1989年招生人数
针灸医士	3年	85		43

安国卫生职业中等专业学校

地址：河南省安国东山 电话：2275 邮政编码：

校长：石焕斗

职工22人。专任教师13人，其中讲师1人、助理讲师12人。

专业设置	学制	在校学生数	1989年毕业人数	1989年招生人数
中医士	3年	142		68

信阳卫生学校

地址：河南省信阳市工区路 电话：223130 邮政编码：464000

校长：别玉甫

职工282人。专任教师152人，其中高级讲师35人、讲师44人、助理讲师61人、教员12人。

专业设置	学制	在校学生数	1989年毕业人数	1989年招生人数
针灸医士（职工）		32		32

湖北中医学院

地址：湖北省武昌云架桥110号 电话：874738 邮政编码：430061

院长：张六通

职工856人。医药专任教师223人，其中教授7人、副教授51人、讲师117人、助教22人、教员26人。

专业设置	学制	在校学生数	1989年毕业人数	1989年招生人数
针灸	5年	222	46	41
护理	3年	98		29
中医	5年	590	201	108
骨伤	5年	178		51
中药	4年	213	83	47

在院硕士研究生68人，1989年招硕士研究生17人、毕业23人。

附属机构：湖北中医学院附属医院，中西医结合研究所，脏象肝病研究所，中医工程研究所，中药研究所，附属药厂，《湖北中医杂志》。

宜昌医学专科学校

地址：湖北省宜昌市夷陵路159号 电话：23781 邮政编码：443003

系副主任：谭复成

中医药教师共26人，其中教授1人、副教授1人、讲师12人。

专业设置	学制	在系学生数	1989年毕业人数	1989年招生人数
中医	3年	111	47	21

湖北省制药工业学校

地址：湖北省武昌南湖周家湾 电话：872952 邮政编码：430064

校长：邓宗光

职工176人。专任教师70人，其中高级讲师2人、讲师21人、助理讲师42人、教员1人。

专业设置	学制	在校学生数	1989年毕业人数	1989年招生人数
中药制剂	2年	45	50	

武汉市卫生学校

地址：湖北省武汉市解放大道320号 电话：356856 邮政编号：430030

校长：罗德安

职工291人。专任教师185人，其中高

级讲师 27 人、讲师 61 人、助理讲师 91 人、教员 6 人。

专业设置	学制	在校学生数	1989年毕业人数	1989年招生人数
针灸推拿医士	3年		49	
中医护士	3年	230	41	40

黄冈卫生学校

地址：湖北省黄州镇体育路马家港 6 号 电话：54475 邮政编码：436100

校长：刘培高

职工 237 人。专任教师 130 人，其中高级讲师 19 人、讲师 45 人、助理讲师 41 人、教员 25 人。

专业设置	学制	在校学生数	1989年毕业人数	1989年招生人数
中药士	3年	103		
推拿针灸医士	4年	198	51	48

十堰市卫生学校

地址：湖北省十堰市人民路 15 号 电话：51124 邮政编码：442000

校长：徐兴汉

职工 8 0人。专任教师 43 人，其中高级讲师 2 人、讲师 10 人、助理讲师 19 人、教员 12 人。

专业设置	学制	在校学生数	1989年毕业人数	1989年招生人数
中医	4年	40		
中药	3年		39	
针灸	3年	50		50

鄂西土家族苗族自治州卫生学校

地址：湖北省恩施市午阳大街四巷 28 号 电话：22880 邮政编码：445000

校长：苏振才

职工 138 人。专任教师 70 人，其中高级讲师 6 人、讲师 42 人、助理讲师 19 人。

专业设置	学制	在校学生数	1989年毕业人数	1989年招生人数
针灸按摩医士	3年	52		
中药士	3年	96	46	

宜昌卫生学校

地址：湖北省宜昌市茶庵村 电话：24717 邮政编码：443000

职工 225 人。专任教师 104 人，其中高级讲师 16 人、讲师 27 人、助理讲师 34 人、教员 27 人。

专业设置	学制	在校学生数	1989年毕业人数	1989年招生人数
中药剂士	3年	42		

宜昌地区当阳卫生学校

地址：湖北省当阳市玉阳镇 电话：2042 邮政编码：444100

职工 85 人。专任教师 53 人，其中高级讲师 2 人、讲师 7 人、助理讲师 19 人、教员 25 人。

专业设置	学制	在校学生数	1989年毕业人数	1989年招生人数
中医护士	3年	42		

郧阳地区卫生学校

地址：湖北省十堰市 电话：51347 邮政编码：442000

职工 138 人。专任教师 74 人，其中高级讲师 5 人、讲师 29 人、助理讲师 27 人、教员 13 人。

专业设置	学制	在校学生数	1989年毕业人数	1989年招生人数
中医护士	3年	90		50

荆州地区卫生学校

地址：湖北省江陵县荆州镇 电话：68952 邮政编码：434100

职工252人。专任教师120人，其中高级讲师24人、讲师54人、助理讲师27人、教员15人。

专业设置	学制	在校学生数	1989年毕业人数	1989年招生人数
中医护士	3年	105		55

咸宁地区卫生学校

地址：湖北省咸宁市温泉镇温泉路35号 电话：55160 邮政编码：437100

职工170人。专任教师77人，其中高级讲师8人、讲师31人、助理讲师29人、教员9人。

专业设置	学制	在校学生数	1989年毕业人数	1989年招生人数
中医护士	3年	48		

沙市中医院附属中医学校

地址：湖北省沙市市毛家坊69号 电话：3436

职工35人。专任教师23人，其中高级讲师1人、讲师8人、助理讲师14人。

专业设置	学制	在校学生数	1989年毕业人数	1989年招生人数
针灸推拿医士	3年		49	
中医护士	3年	230	41	40

湖南中医学院

地址：湖南省长沙市韶山路107号 电话：33123 邮政编码：410007

院长：肖佐桃

职工832人。医药专任教师328人，其中教授7人、副教授69人、讲师189人、助教63人。

专业设置	学制	在院学生数	1989年毕业人数	1989年招生人数
中医	5年	699	197	96
针灸	5年	131		25
中药	4年	244	65	60
骨伤	3年	64		31
护理	3年	65		26
五官	3年	102		30
外科	3年	33		33
中药	3年	25		25

湖南省医药学校

地址：湖南省长沙市南区奎塘体院路41号 电话：31676 邮政编码：410014

职工86人。专任教师35人，其中高级讲师6人、讲师15人、助理讲师11人、教员3人。

专业设置	学制	在校学生数	1989年毕业人数	1989年招生人数
中药经营	3年	165		10
中药制药	3年	65	40	

吉首卫生学校

地址：湖南省湘西土家族苗族自治州吉首市荣昌路19号 电话：2660 邮政编码：416000

职工191人。专任教师80人，其中高级讲师16人、讲师41人、助理讲师19人、教员4人。

专业设置	学制	在校学生数	1989年毕业人数	1989年招生人数
中药士	3年	146	44	50
针灸推拿医士	2.5年	138		50

郴州地区卫生学校

地址：湖南省郴州市人民西路25号 电话：25569

职工205人。专任教师108人，其中高级讲师19人、讲师63人、助理讲师20人、

专业设置	学制	在校学生数	1989年毕业人数	1989年招生人数
中医士	3年	274	99	45
中医士(职工)	3年		21	

教员 6 人。

邵阳市卫生学校

地址：湖南省邵阳市宝庆西路 44 号 电话：4147 邮政编码：422000

职工 282 人。专任教师 109 人，其中高级讲师 20 人、讲师 59 人、助理讲师 27 人、教员 3 人。

专业设置	学制	在校学生数	1989年毕业人数	1989年招生人数
中医护士	3年	130	50	50

常德地区卫生学校

地址：湖南省常德市人民中路东湖巷 电话：22887 邮政编码：415000

职工 226 人。专任教师 99 人，其中高级讲师 15 人、讲师 53 人、助理讲师 29 人、教员 2 人。

专业设置	学制	在校学生数	1989年毕业人数	1989年招生人数
中医士	3年	90		23

益阳地区卫生学校

地址：湖南省益阳市桃花仓 电话：24748 邮政编码：413000

职工 256 人。专任教师 80 人，其中高级讲师 9 人、讲师 49 人、助理讲师 14 人、教员 8 人。

专业设置	学制	在校学生数	1989年毕业人数	1989年招生人数
中医士	3年	84		42

岳阳市卫生学校

地址：湖南省岳阳市东茅岭 电话：22309 邮政编码：414000

校长：余绍胜

职工 180 人。专任教师 82 人，其中高级讲师 8 人、讲师 20 人、助理讲师 10 人、教员 6 人。

专业设置	学制	在校学生数	1989年毕业人数	1989年招生人数
中医士	3年	47		

衡阳市卫生学校

地址：湖南省衡阳市衡邵路 84 号 电话：24514 邮政编码：421001

职工 281 人。专任教师 124 人，其中高级讲师 21 人、讲师 72 人、助理讲师 18 人、教员 13 人。

专业设置	学制	在校学生数	1989年毕业人数	1989年招生人数
中药士	3年	85		41
中医护士	3年	42		

株州中医学校

地址：湖南省株州市南区高家坳 电话：22295 邮政编码：412002

职工 160 人。专任教师 93 人，其中高级讲师 15 人、讲师 32 人、助理讲师 24 人、教员 22 人。

专业设置	学制	在校学生数	1989年毕业人数	1989年招生人数
针灸推拿医士	3年	120		40
中药士	3年	47		47
中医护士	3年	120		39

广州中医学院

地址：广东省广州市三元里国际路 1 0号 电话：661233 邮政编码：510407

院长：李任先

职工 1,134 人。医药专任教师 497 人，其中教授 18 人、副教授 92 人、讲师 223 人、助教 164 人。

在院硕士研究生 128 人，1989年招硕士研究生 23 人、毕业 54 人；在院博士研究生 11 人，1989 年招博士研究生 2 人；在院外国留学生 72 人。

附属机构：广州中医学院附属医院，附

专业设置	学制	在校学生数	1989年毕业人数	1989年招生人数
中医	5年	838	194	141
骨伤	5年	112		36
五官	5年	60		30
针灸	5年	203	40	37
中药	4年	220	39	57

属广东省中医院，附属骨伤科医院，附属三亚中医院，附属中医药学校，三亚热带医学研究所，《新中医》编辑部，《广州中医学院学报》编辑部。

广东省医药学校

地址：广东省广州市沙河区龙洞　电话：705886　邮政编码：510520

校长：张烈福

职工90人。专任教师52人，其中高级讲师1人、讲师16人、助理讲师29人、教员6人。

专业设置	学制	在校学生数	1989年毕业人数	1989年招生人数
中药商品	3年	44	53	

湛江中医学校

地址：广东省湛江市霞山文明东路4号　电话：227434　邮政编码：524003

校长：柯万宪

职工70人。专任教师47人，其中高级讲师2人、讲师13人、助理讲师19人、教员13人。

专业设置	学制	在校学生数	1989年毕业人数	1989年招生人数
骨伤医士	3年	108		57
五官医士	3年	105		54
中医士(职工)	3年	41		41

新兴中药学校

地址：广东省新兴县新城镇南外果园路　电话：23269　24172　邮政编码：527400

职工48人。专任教师26人，其中高级讲师7人、讲师9人、助理讲师6人、教员4人。

专业设置	学制	在校学生数	1989年毕业人数	1989年招生人数
中药士	3年	64		50

广州市白云区卫生学校

地址：广东省沙河区龙岗路64号　电话：705202　邮政编码：510500

职工68人。专任教师35人，其中高级讲师4人、讲师9人、助理讲师18人、教员4人。

专业设置	学制	在校学生数	1989年毕业人数	1989年招生人数
中药剂士	3年	111	51	
中医护士	3年	56	69	
中医士(职工)	3年	41		41
中药士(职工)	3年	27		

广州市医药中专学校

地址：广东省广州市河南山岗昌岗东路石马岗　电话：448349　邮政编码：510260　校长：叶　平

职工61人。专任教师36人，其中高级讲师4人、讲师12人、助理讲师11人、教员9人。

专业设置	学制	在校学生数	1989年毕业人数	1989年招生人数
中药商品	4年	49		
中药制药	4年	40		40
中药制药工艺	4年	74		

广州市护士学校

地址：广东省广州市龙津西路逢源正街尾　电话：815069　邮政编码：510150

职工115人。专任教师58人，其中高级

专业设置	学制	在校学生数	1989年毕业人数	1989年招生人数
中医护士	3年	50		50

讲师 5 人、讲师 32 人、助理讲师 12 人、教员 9 人。

广州市卫生学校

地址：广东省广州市人民北路 604 号　电话：343851　邮政编码：510180

职工 128 人。专任教师 78 人，其中高级讲师 10 人、讲师 33 人、助理讲师 28 人、教员 7 人。

专业设置	学制	在校学生数	1989年毕业人数	1989年招生人数
中药士	3 年	32		32

梅县卫生学校

地址：广东省梅州市梅江区黄塘　电话：222083　邮政编码：514031

职工 127 人。专任教师 66 人，其中高级讲师 9 人、讲师 31 人、助理讲师 11 人、教员 15 人。

专业设置	学制	在校学生数	1989年毕业人数	1989年招生人数
中医士(职工)	3 年	21		21

汕头卫生学校

地址：广东省潮州市南门左　电话：733421　邮政编码：515608

校长：陈作登

职工 147 人。专任教师 75 人，其中高级讲师 14 人、讲师 31 人、助理讲师 23 人、教员 7 人。

专业设置	学制	在校学生数	1989年毕业人数	1989年招生人数
中医士(职工)	3 年		46	

惠阳卫生学校

地址：广东省惠州市东坡亭　电话：230618　232512　邮政编码：516020

校长：粟国俊

职工 155 人。专任教师 84 人，其中高级讲师 8 人、讲师 38 人、助理讲师 28 人、教员 10 人。

专业设置	学制	在校学生数	1989年毕业人数	1989年招生人数
中医士(职工)	3 年	205	40	71

广州番禺县中等卫生专业学校

地址：广东省番禺县市桥镇桥东路 66 号　电话：22157　邮政编码：511400

校长：林传优

职工 30 人。专任教师 15 人，其中讲师 1 人、助理讲师 7 人、教员 1 人。

专业设置	学制	在校学生数	1989年毕业人数	1989年招生人数
中医士	3 年	51		
中医护士	3 年	30		

湛江卫生学校

地址：广东省湛江市赤坎寸金路 37 号　电话：333392　邮政编码：524037

职工 155 人。专任教师 91 人，其中高级讲师 7 人、讲师 33 人、助理讲师 24 人、教员 27 人。

专业设置	学制	在校学生数	1989年毕业人数	1989年招生人数
中药士	3年	91	41	46
中医士(职工)	3年	88		

清远市卫生学校

地址：广东省清远市清城镇牛皇庙　电话：33039　邮政编码：511500

职工 34 人。专任教师 19 人，其中高级讲师 1 人、讲师 7 人、助理讲师 4 人、教员 7 人。

专业设置	学制	在校学生数	1989年毕业人数	1989年招生人数
中医士	4 年	50		
中医护士	3 年	49		
中医士(职工)	3 年	46		

广西中医学院

地址：广西壮族自治区南宁市明秀东路21号　电话：34562　邮政编码：530001

院长：韦贵康

职工732人。医药专任教师188人，其中教授3人、副教授51人、讲师70人、助教63人、教员1人。

专业设置	学制	在院学生数	1989年毕业人数	1989年招生人数
中医	3年	87		53
中医	5年	694	159	140
针灸	3年	45		
中药	4年	271	61	61
中药	2年	33	33	

在院硕士研究生9人，1989年招硕士研究生2人、毕业3人。

附属机构：广西中医学院第一附属医院，第二附属医院，附设护士学校，传统医药研究所，制药厂，《广西中医药》杂志编辑部，印刷厂。

广西药科学校

地址：广西壮族自治区南宁市茅桥　电话：29293　邮政编码：530023

校长：吴唐庆

职工221人。专任教师137人，其中高级讲师5人、讲师58人、助理讲师49人、教员25人。

专业设置	学制	在校学生数	1989年毕业人数	1989年招生人数
中药士	2.5年	227	96	45
民族药剂士	3年	147	98	

广西中医学院附设护士学校

地址：广西壮族自治区南宁市园湖路　电话：28898　邮政编码：530023

校长：赵淑鸣

职工41人。专任教师20人，其中讲师5人、助理讲师14人、教员1人。

专业设置	学制	在校学生数	1989年毕业人数	1989年招生人数
中医护士	3年	239	69	90

南宁地区卫生学校

地址：广西壮族自治区宾阳县黎塘　电话：2332　邮政编码：530409

职工162人。专任教师95人，其中高级讲师4人、讲师24人、助理讲师48人、教员19人。

专业设置	学制	在校学生数	1989年毕业人数	1989年招生人数
民族医士	3.5年	147		50

柳州地区卫生学校

地址：广西壮族自治区柳州市跃进路126号　电话：24553　邮政编码：545002

职工89人。专任教师49人，其中高级讲师3人、讲师20人、助理讲师21人、教员5人。

专业设置	学制	在校学生数	1989年毕业人数	1989年招生人数
民族扶贫医士	3年	40		40

玉林地区卫生学校

地址：广西壮族自治区玉林市县西路　电话：5348　邮政编码：537000

校长：杨镇铭

职工285人。专任教师71人，其中高级讲师6人、讲师28人、助理讲师36人、教员1人。

专业设置	学制	在校学生数	1989年毕业人数	1989年招生人数
针灸推拿医士	3年	98		48

融水民族卫生学校

地址：广西壮族自治区融水县　电话：2604　邮政编码：545300

校长：骆能西

职工 65 人。专任教师 38 人，其中讲师 12 人、助理讲师 13 人、教员 13 人。

专业设置	学制	在校学生数	1989年毕业人数	1989年招生人数
民族医士	3.5年	50		
民族医士	3年	50		50
民族护士	3.5年	151		
民族护士	3年	50		50

海南省卫生学校

地址：海南省海口市秀真区先烈路　电话：62169　邮政编码：570011

校长：吴玉清

职工 100 人。专任教师 58 人，其中高级讲师 6 人、讲师 26 人、助理讲师 13 人、教员 13 人。

专业设置	学制	在校学生数	1989年毕业人数	1989年招生人数
中药剂士（职工）	3 年	32	36	

成都中医学院

地址：四川省成都市十二桥街　电话：669241　邮政编码：610075

院长：李明富

职工1,061人。医药专任教师 344 人，其中教授 18 人、副教授 88 人、讲师 146 人、助教 91 人、教员 1 人。

专业设置	学制	在校学生数	1989年毕业人数	1989年招生人数
中医	5 年	792	232	121
骨伤	5 年	120		40
五官	5 年	78		39
针灸	5 年	306	43	60
中药	4 年	239	60	59
中医(专科)	3 年	154		83

在院硕士研究生 58 人，1989 年招硕士研究生 14 人、毕业 27 人；在院博士研究生 10 人，1989 年招博士研究生 10 人。

附属机构：成都中医学院附属医院，成都中医学院附属医院针灸学校，成都中医学院中医古籍文献研究所，药厂，《成都中医学院学报》、《中医药信息报》编辑部。

泸州医学院中医系

地址：四川省泸州市忠山　电话：4412　邮政编码：646000

系主任：何庭华

中医药教师共 65 人，其中教授 3 人、副教授 7 人、讲师 39 人、助教 12 人。

专业设置	学制	在系学生数	1989年毕业人数	1989年招生人数
中医	5 年	298	63	60

南充卫生学校

地址：四川省南充市和平东路　电话：24983　邮政编码：637000

校长：毛远明

职工 128 人。专任教师 60 人，其中高级讲师 9 人、讲师 34 人、助理讲师 36 人、教员 3 人。

专业设置	学制	在校学生数	1989年毕业人数	1989年招生人数
中医(专科)	3 年	41		41
中医（函授大专）	4 年	33	107	
中医士	4 年	40		40

四川省中药学校

地址：四川省峨眉山市　电话：2807　邮政编码：614201

校长：王光武

职工 256 人。专任教师 103 人，其中高级讲师 14 人、讲师 30 人、助理讲师 37 人、

专业设置	学制	在校学生数	1989年毕业人数	1989年招生人数
中药商品	4 年	359		80
中药制药	4 年	287		80
中药商品（职工）	3 年	204	96	71
中药制药（职工）	3 年	80	33	32

教员 22 人。

成都中医学校

地址：四川省成都市红星中路 44 号 电话：28208 邮政编码：610017

校长：白淑仪

职工 121 人。专任教师 74 人，其中高级讲师 10 人、讲师 31 人、助理讲师 32 人、教员 1 人。

专业设置	学制	在校学生数	1989年毕业人数	1989年招生人数
中医士	2 年	40		
中药士	3 年	78	40	40
针灸按摩医士	2 年		40	

成都中医学院附院针灸学校

地址：四川省成都市新罗路 电话：69763 转 535 邮政编码：610072

职工 42 人。专任教师 24 人，其中高级讲师 3 人、讲师 12 人、助理讲师 8 人、教员 1 人。

专业设置	学制	在校学生数	1989年毕业人数	1989年招生人数
针灸医士	3 年	80		40
针灸医士	4 年	81		
中医护士	3 年	121	37	40

重庆中医学校

地址：四川省重庆市市中区山城巷 80 号 电话：46413 邮政编码：630010

校长：韩为琨

职工 180 人。专任教师 56 人，其中高级

专业设置	学制	在校学生数	1989年毕业人数	1989年招生人数
中医士	3 年	40		40
骨伤医士	4 年	40		
中药士	3 年	80	40	40
中医护士	3 年	119		40
骨伤医士（职工）	3 年	32		32
针灸推拿医士（职工）	3 年	23	25	

讲师 9 人、讲师 20 人、助理讲师 27 人。

绵阳中医学校

地址：四川省绵阳市绵州南路 380 号 电话：23053 邮政编码：621000

校长：张锡常

职工 147 人。专任教师 102 人，其中高级讲师 11 人、讲师 32 人、助理讲师 51 人、教员 8 人。

专业设置	学制	在校学生数	1989年毕业人数	1989年招生人数
中医（专科）	3 年	40		40
中医士	4 年	80		
针灸医士	3 年	120	41	40
中医护士	3 年	119	40	40
中医士（职工）	3 年	40		40
中医护士（职工）	3 年	10	12	

万县中医学校

地址：四川省万县市乌龙池 12 号 电话：24159 邮政编码：634000

校长：黄吉庆

职工 122 人。专任教师 43 人，其中高级讲师 9 人、讲师 26 人、助理讲师 8 人。

专业设置	学制	在校学生数	1989年毕业人数	1989年招生人数
中医士	4 年	40		
中医护士	3 年	158	40	40

达县中医学校

地址：四川省达县市张家湾 电话：23796 邮政编码：635000

校长：徐德盛

职工 99 人。专任教师 56 人，其中高级

专业设置	学制	在校学生数	1989年毕业人数	1989年招生人数
中医士	3 年	40	39	
针灸医士	3 年	38	41	
针灸医士	4 年	82		40
中医士（职工）	3 年	103	33	35

讲师 7 人、讲师 20 人、助理讲师 24 人、教员 5 人。

内江中医学校

地址：四川省内江市中区东兴镇新江路 49 号　电话：23713　邮政编码：641003

校长：吴自强

职工 53 人。专任教师 34 人，其中高级讲师 4 人、讲师 11 人、助理讲师 17 人、教员 2 人。

专业设置	学制	在校学生数	1989年毕业人数	1989年招生人数
中医士	4 年	40		
中药剂士	3 年	40	40	
中医护士	3 年	80	40	40

自贡卫生学校

地址：四川省自贡市自流井区雨台山　电话：221602　邮政编码：643000

校长：成万钧

职工 144 人。专任教师 68 人，其中高级讲师 13 人、讲师 40 人、助理讲师 14 人、教员 1 人。

专业设置	学制	在校学生数	1989年毕业人数	1989年招生人数
中医士	4 年	40		

涪陵地区卫生学校

地址：四川省涪陵市乌江路 7 号　电话：22014　邮政编码：648000

校长：张先新

职工 233 人。专任教师 74 人，其中高级讲师 17 人、讲师 30 人、助理讲师 16 人、教员 11 人。

专业设置	学制	在校学生数	1989年毕业人数	1989年招生人数
中医护士	3 年		41	

攀枝花卫生学校

地址：四川省攀枝花市西区河门口　电话：8412　邮政编码：617065

职工 104 人。专任教师 44 人，其中高级讲师 7 人、讲师 13 人、助理讲师 15 人、教员 9 人。

专业设置	学制	在校学生数	1989年毕业人数	1989年招生人数
民族医士	4年	39		

贵阳中医学院

地址：贵州省贵阳市市东路 1 号　电话：22633　邮政编码：550002

院长：朱凤堂

职工 755 人。医药专任教师 312 人，其中教授 31 人、副教授 25 人、讲师 148 人、助教 79 人、教员 31 人。

专业设置	学制	在院学生数	1989年毕业人数	1989年招生人数
中医	5 年	662	160	110
中药	4 年	159	36	40
针灸	5 年	76		
骨伤(专科)	3 年	92	28	26
中药炮制(专科)	2 年	41		41

在院硕士研究生 14 人，1989 年毕业 6 人。

附属机构：贵阳中医学院第一附属医院，第二附属医院，贵阳中医学院微量元素研究所，骨伤科研究所，实验药厂，《贵阳中医学院学报》、《微量元素》杂志编辑部。

贵阳市卫生学校

地址：贵州省贵阳市花溪大道北段 42 号　电话：22084　邮政编码：550003

校长：冯春生

职工 205 人。专任教师 119 人，其中高级讲师 15 人、讲师 35 人、助理讲师 69 人。

专业设置	学制	在校学生数	1989年毕业人数	1989年招生人数
中药士	3年	21		21

遵义中医学校

地址：贵州省遵义县南白镇　电话：2521　邮政编码：563100

副校长：赵伟光

职工 49 人。专任教师 32 人，其中讲师 4 人、助理讲师 20 人、教员 8 人。

专业设置	学制	在校学生数	1989年毕业人数	1989年招生人数
针灸医士	3年	48		
中药士	3年	50		
中医护士	3年	50	49	50

贵阳中医学院附设中医护士班

地址：贵州省贵阳市东新路 381 号　电话：25495 转 233　邮政编码：550001

职工 4 人。专任教师 2 人，其中讲师 1 人、助理讲师 1 人。

专业设置	学制	在校学生数	1989年毕业人数	1989年招生人数
中医护士	3年	40		40

毕节卫生学校

地址：贵州省毕节城关惠泉路 126 号　电话：3263　邮政编码：551700

职工 113 人。专任教师 62 人，其中高级讲师 7 人、讲师 22 人、助理讲师 22 人、教员 11 人。

专业设置	学制	在校学生数	1989年毕业人数	1989年招生人数
民族医士	3年	129	40	40

铜仁地区卫生学校

地址：贵州省铜仁市城关锦江路 25 号　电话：2467　邮政编码：554300

校长：王彦凡

职工 128 人。专任教师 61 人，其中高级讲师 14 人、讲师 25 人、助理讲师 15 人、教员 7 人。

专业设置	学制	在校学生数	1989年毕业人数	1989年招生人数
中医士	3年	38		
民族医士	3年	80	39	40
民族妇幼医士	3年	40		

黔西南州卫生学校

地址：贵州省兴义市富民路 49 号　电话：2340　邮政编码：562400

职工 104 人。专任教师 49 人，其中高级讲师 6 人、讲师 17 人、助理讲师 18 人、教员 8 人。

专业设置	学制	在校学生数	1989年毕业人数	1080年招生人数
民族医士	3年	83	35	40
民族妇幼医士	3年	123		40

黔南布依族苗族自治州卫生学校

地址：贵州省都匀市文明路 1 号　电话：2331　邮政编码：580000

专业设置	学制	在校学生数	1989年毕业人数	1989年招生人数
民族医士	3年	135	41	52
民族妇幼医士	3年	132	40	52

安顺地区卫生学校

地址：贵州省安顺市共和路 120 号　电话：22176　邮政编码：561000

职工 160 人。专任教师 74 人，其中高级讲师 9 人、讲师 29 人、助理讲师 34 人、教员 2 人。

专业设置	学制	在校学生数	1989年毕业人数	1989年招生人数
民族医士	3年	131	37	40
民族助产士	3年	81		40

云南中医学院

地址：云南省昆明市白塔路 6 号　电话：24972　邮政编码：650011

院长：宣明盛

职工543人。医药专任教师239人，其中教授4人、副教授57人、讲师81人、助教73人、教员24人。

专业设置	学制	在校学生数	1989年毕业人数	1989年招生人数
中医	5年	463	157	58
中药	4年	187	41	69
针灸推拿	3年	164	27	58

在院硕士研究生10人，1989年招硕士研究生2人，在院外国留学生1人。

附属机构：云南中医学院附属医院，云南省高校心理卫生研究所。

玉溪卫生学校

地址：云南省玉溪市文化路5号　电话：222082　邮政编码：653100

校长：李兴如

职工112人。专任教师57人，其中高级讲师10人、讲师12人、助理讲师28人、教员7人。

专业设置	学制	在校学生数	1989年毕业人数	1989年招生人数
中医士	4年	49		
中医护士	3年	117		

曲靖卫生学校

地址：云南省曲靖市南门街128号　电话：2473　邮政编码：655000

职工132人。专任教师68人，其中高级讲师14人、讲师33人、教员3人。

专业设置	学制	在校学生数	1989年毕业人数	1989年招生人数
民族医士	4年	50		

楚雄卫生学校

地址：云南省楚雄市东爪　邮政编码：675005

职工185人。专任教师97人，其中高级讲师2人、讲师22人、助理讲师28人、教员45人。

专业设置	学制	在校学生数	1989年毕业人数	1989年招生人数
民族医士	4年	199	51	50

保山卫生学校

地址：云南省保山市城关镇小梨园　电话：2371　邮政编码：678000

校长：董致和

职工91人。专任教师53人，其中高级讲师5人、讲师14人、助理讲师25人、教员9人。

专业设置	学制	在校学生数	1989年毕业人数	1989年招生人数
中医护士	3年	151	50	50

大理卫生学校

地址：云南省大理市洱河北路　电话：5815　邮政编码：671000

职工105人。专任教师49人，其中高级讲师5人、讲师18人、助理讲师15人、教员11人。

专业设置	学制	在校学生数	1989年毕业人数	1989年招生人数
民族医士	4年	98		51

文山州卫生学校

地址：云南省文山城郊西山脚　电话：2732　邮政编码：663000

职工106人。专任教师44人，其中高级讲师3人、讲师12人、助理讲师17人、教员12人。

专业设置	学制	在校学生数	1989年毕业人数	1989年招生人数
民族医士	4年	50		50

西藏藏医学院

地址：西藏自治区拉萨市团结新村后 电话：23326 邮政编码：850000

院长：强巴赤烈

职工46人。专任教师22人，其中副教授1人、讲师9人、助教7人、教员5人。

专业设置	学制	在院学生数	1989年毕业人数	1989年招生人数
藏医	4年	106		28

陕西中医学院

地址：陕西省咸阳市渭阳路1号 电话：2766 邮政编码：712083

副院长：杜雨茂

职工683人。医药专任教师259人，其中教授1人、副教授45人、讲师94人、助教96人、教员23人。

专业设置	学制	在校学生数	1989年毕业人数	1989年招生人数
中医	5年	582	180	104
中药	4年	134	34	32
针灸	5年	175	32	35
骨伤	5年	34		34

在院硕士研究生71人，1989年招硕士研究生12人、毕业33人。

附属机构：陕西中医学院附属医院。

宝鸡市中医学校

地址：陕西省宝鸡市十里铺大庆路1号 电话：4852 邮政编码：721004

副校长：陈文恩 刘少明

职工126人。专任教师57人，其中高级讲师2人、讲师30人、助理讲师21人、教员4人。

专业设置	学制	在校学生数	1989年毕业人数	1989年招生人数
中医士	4年	162	49	40
中药士	3年	152	80	50
针灸推拿医士	4年	158	35	30
中医护士	3年	74		40

陕西省自强中等专业学校

地址：陕西省宝鸡市东十里铺 电话：3641 邮政编码：721004

校长：马得喜

职工80人。专任教师35人，其中高级讲师1人、讲师7人、助理讲师6人、教员21人。

专业设置	学制	在校学生数	1989年毕业人数	1989年招生人数
按摩医士	4年	106	25	30

汉中地区卫生学校

地址：陕西省汉中市伞铺街112号 电话：2605 邮政编码：723000

校长：张日光

职工327人。专任教师81人，其中高级讲师8人、讲师41人、助理讲师22人、教员10人。

专业设置	学制	在校学生数	1989年毕业人数	1989年招生人数
中医士	3年	93		

渭南地区中医学校

地址：陕西省渭南市杜桥 电话：2915 邮政编码：714000

校长：林德英

职工166人。专任教师77人，其中高级讲师14人、讲师33人、助理讲师24人、教员6人。

专业设置	学制	在校学生数	1989年毕业人数	1989年招生人数
中医士	4年	76	40	
中医士	3年	100		50
中医护士	3年	118	50	36
中药士	3年	112	29	

甘肃中医学院

地址：甘肃省兰州市定西东路35号 电话：27121 邮政编码：730000

院长：丛春雨

职工 390 人。医药专任教师 147 人，其中教授 6 人、副教授 38 人、讲师 36 人、助教 62 人、教员 5 人。

专业设置	学制	在校学生数	1989年毕业人数	1989年招生人数
中医	5 年	509	106	98
中药	3 年	121	31	47
针灸	3 年	135	50	44
藏医	3 年	30		30

在院硕士研究生 18 人。

附属机构：甘肃中医学院附属医院，附属门诊部。

甘肃省中医学校

地址：甘肃省兰州市七里河区安西路168号 电话：34190 邮政编码：730050

校长：伊达伟

职工 120 人。专任教师 72 人，其中高级讲师 10 人、讲师 15 人、助理讲师 35 人、教员 12 人。

专业设置	学制	在校学生数	1989年毕业人数	1989年招生人数
中医士	3 年	107	52	
中医士	4 年	45		45
针灸医士	3 年	133	40	45
中药士	3 年	124		45
中医护士	3 年	124	40	45

甘肃省医药职工中等专业学校

地址：甘肃省兰州市七里河区清水营 电话：37173 邮政编码：730050

校长：吴再衡

职工 52 人。专任教师 21 人，其中讲师 6 人、助理讲师 12 人、教员 3 人。

专业设置	学制	在校学生数	1989年毕业人数	1989年招生人数
中药士	3 年	64		40

庆阳地区卫生学校

地址：甘肃省西峰市卫校巷 54 号 电话：3445 邮政编码：745000

职工 90 人。专任教师 41 人，其中高级讲师 2 人、讲师 12 人、助理讲师 16 人、教员 11 人。

专业设置	学制	在校学生数	1989年毕业人数	1989年招生人数
中医士	3 年	38		

武威卫生学校

地址：甘肃省武威市东关街市民路 49 号 电话：2335 邮政编码：733000

校长：刘学仁

职工 118 人。专任教师 59 人，其中高级讲师 6 人、讲师 17 人、助理讲师 20 人、教员 16 人。

专业设置	学制	在校学生数	1989年毕业人数	1989年招生人数
中医士	4 年	80		40

陇南地区卫生学校

地址：甘肃省武都县汉王乡杨家坝 电话：2504 邮政编码：746041

职工 115 人。专任教师 58 人，其中高级讲师 2 人、讲师 13 人、助理讲师 27 人、教员 16 人。

专业设置	学制	在校学生数	1989年毕业人数	1989年招生人数
中药士	3 年	120	39	40

甘南州卫生学校

地址：甘肃省甘南州合作东路 52 号 电话：2947

职工 97 人。专任教师 63 人，其中高级讲师 3 人、讲师 11 人、助理讲师 20 人、教员 29 人。

专业设置	学制	在校学生数	1989年毕业人数	1989年招生人数
藏医士	4 年	119	42	40

临夏州卫生学校

地址：甘肃省临夏市民主东路52号 电话：2123 邮政编码：731100

校长：杨荣青

职工78人。专任教师64人，其中高级讲师4人、讲师16人、助理讲师16人、教员10人。

专业设置	学制	在校学生数	1989年毕业人数	1989年招生人数
中医士	3年	40		

平凉地区卫生学校

地址：甘肃省平凉市盘旋东路31号 电话：2040 3309 邮政编码：744000

校长：辛斌枢

职工127人。专任教师67人，其中高级讲师11人、讲师24人、助理讲师17人、教员15人。

专业设置	学制	在校学生数	1989年毕业人数	1989年招生人数
中医士	4年	38		

天水市卫生学校

地址：甘肃省天水市秦城区 电话：4094 邮政编码：741000

职工99人。专任教师59人，其中高级讲师10人、讲师20人、助理讲师26人、教员3人。

专业设置	学制	在校学生数	1989年毕业人数	1989年招生人数
中医士	4年	40		

青海医学院中医系

地址：青海省西宁市昆仑路84号 电话：43103 邮政编码：810001

系副主任：王玮

中医药教师共44人，其中副教授2人、讲师20人、助教15人、教员5人。

专业设置	学制	在校学生数	1989年毕业人数	1989年招生人数
中医	5年	155	34	30

宁夏医学院中医系

地址：宁夏回族自治区银川市南郊 电话：32831转 邮政编码：750004

系主任：赵学存

中医药教师共32人，其中副教授3人、讲师9人、助教15人、教员5人。

专业设置	学制	在校学生数	1989年毕业人数	1989年招生人数
中医	5年	115		42

宁夏卫生学校

地址：宁夏回族自治区银川市新市区 电话：77170 邮政编码：750021

校长：张熙之

职工205人。专任教师88人，其中高级讲师14人、讲师29人、助理讲师43人、教员2人。

专业设置	学制	在校学生数	1989年毕业人数	1989年招生人数
中药士	3年	40		

新疆中医学院

地址：新疆维吾尔自治区乌鲁木齐市新医路10号 电话：43394 邮政编码：830000

院长：张绚邦

职工202人。医药专任教师84人。其中教授2人、副教授17人、讲师26人、助教38人、教员1人。

专业设置	学制	在院学生数	1989年毕业人数	1989年招生人数
中医	5年	160		40
中医	4年	2	71	
针灸	5年	159		40
民族医	4年	69		40

附属机构：新疆中医学院附属中医医院。

昌吉州卫生学校

地址：新疆维吾尔自治区昌吉州延安北路　电话：42202

职工117人。专任教师43人,其中高级讲师8人、讲师18人、助理讲师7人、教员10人。

专业设置	学制	在校学生数	1989年毕业人数	1989年招生人数
中医士	3年	39		

【中医药研究机构】

中国中医研究院

地址:北京市东直门内北新仓18号　电话：4014411　邮政编码：100700

院长：陈绍武

职工4,249人。科研人员中，中医799人，其中研究员19人、副研究员101人、助理研究员310人、研究实习员324人；中西医结合109人,其中研究员60人、副研究员42人、助理研究员6人、研究实习员1人；中药85人，其中副研究员4人、助理研究员27人、研究实习员40人；西医573人，其中研究员70人、副研究员120人、助理研究员227人、研究实习员125人。

下属研究所：针灸研究所，骨伤科研究所，中药研究所，图书情报研究所，医史文献研究所，基础理论研究所。

在院硕士研究生122人,1989年招生29人，毕业36人;在院博士研究生24人,1989年招生5人，毕业3人。

附属机构：西苑医院，广安门医院，研究生部，中医杂志社，卫生学校，科技服务部，针灸骨伤学院。

中国中医研究院中药研究所

地址：北京市东直门内北新仓18号　电话：4014411-2954　邮政编码：100700

所长：姜廷良

职工360人。科研人员中,中医3人,其中研究员2人、助理研究员1人；中药297人，其中研究员22人、副研究员53人、助理研究员103人、研究实习员119人。

下属研究室：第一药理研究室，第二药理研究室，第三药理研究室，第四药理研究室，生药研究室，中药剂型研究室，中药炮炙研究室，中药化学研究室，中药分析化学研究室，仪器分析室，中药文献研究室，中药理论研究室，图书资料室。

在所硕士研究生12人,1989年招生4人、毕业6人。

附属机构：中药实验药厂,《中国中药杂志》社。

中国中医研究院针灸研究所

地址：北京市东直门内北新仓18号　电话：4014411　邮政编码：100700

所长：邓良月

职工343人。科研人员中,中医134人,其中助理研究员4人、研究实习员10人;中西医结合47人，其中研究员6人、副研究员2人、助理研究员5人；西医65人,其中研究员9人、副研究员12人、助理研究员4人、研究实习员10人。

下属研究室：临床第一、第二、第三研究室，针法第一、第二研究室,腧穴研究室，灸法研究室，耳针研究室，中医科，针灸基础原理第一、第二、第三、第四研究室，经络研究室。

在所硕士研究生9人，1989年招生2人、毕业5人；在所博士研究生5人。

附属机构：《中国针灸》编辑部，《针刺研究》编辑部。

中国中医研究院骨伤科研究所

地址：北京市东直门内北新仓18号　电话：4014411-2507　邮政编码：100700

所长：蒋位庄

职工218人。科研人员中,中医32人，其中副研究员3人、助理研究员10人、研究实习员19人；中西医结合64人，其中研究员8人、副研究员4人、助理研究员31人、研究实习员 21 人；中药 7 人，其中副研究员 2 人、助理研究员 3 人、研究实习员 2 人；西医 20 人，其中研究员 2 人、副研究员 3 人、助理研究员 3 人、研究实习员 12 人。

下属研究室：骨折临床研究室，中医传统手法临床研究室，颈椎病临床研究室，脊柱与内脏相关疾病临床研究室，腰腿痛临床研究室，骨病临床研究室，老年骨病临床研究室，中医骨伤基础理论研究室，药物基础理论研究室，生物力学基础理论研究室，组织形态基础理论研究室。

在所硕士研究生 7 人。1989 年招生 3 人，毕业 1 人，在所博士研究生 2 人，1989 年招生 2 人、毕业 1 人。

附属机构：《中国骨伤》编辑部。

中国中医研究院基础理论研究所

地址：北京市东直门内北新仓 18 号　电话：4014411 转 2501　邮政编码：100700

所长：包景珍

职工 212 人。科研人员中，中医 31 人，其中研究员 1 人、副研究员 5 人、助理研究员 7 人、研究实习员 18 人；中西医结合 4 人，其中研究员 1 人、副研究员 2 人、助理研究员 1 人；中药 4 人，其中副研究员 1 人、研究实习员 3 人；西医 28 人，其中研究员 6 人、副研究员 7 人、助理研究员 10 人、研究实习员 5 人。

下属研究室：中医辨证第一、二、三研究室，中医养生研究室，治则研究室，中药化学研究室，中药剂型改革研究室，医用仪器研究室，免疫研究室，生化研究室，病理研究室，细胞研究室，生理研究室，药理研究室，电子计算机研究室，仪器分析研究室，电子显微镜研究室。

在所硕士研究生 6 人，1989 年招生 3 人，毕业 3 人；在所博士研究生 2 人。

附属机构：中医门诊所，中德合作中医诊所。

中国中医研究院中国医史文献研究所

地址：北京市东直门内北新仓18号　电话：4014411-3239　邮政编码：100700

所长：李经纬

职工 61 人。科研人员中，中医 22 人，其中研究员 1 人、副研究员 4 人、助理研究员 14 人、研究实习员 2 人；中西医结合 4 人，均为研究员；西医 4 人，均为助理研究员。

下属研究室：医史一室，医史二室，文献一室，文献二室，图书资料室，医史博物馆，单秘验方研究室。

在所硕士研究生 14 人。

北京市中药科学研究所

地址：北京市安定门外外馆东街甲 14 号　电话：4214844 4214515　邮政编码：100011

所长：周时来

职工 99 人。科研人员中，中药64 人，其中高级工程师 8 人、工程师 21 人、助理工程师 35 人。

下属研究室：科研部，质量监测站，实验生产部，技术开发部，档案、图书、情报信息中心。

北京市中医研究所

地址：北京市东城区美术馆后街 23 号　电话：4011391　邮政编码：100010

所长：危北海

职工 60 人。科研人员中，中医 4 人，其中研究员 2 人、研究实习员 2 人；中西医结合 3 人，其中副研究员 2 人；中药 5 人，其中副研究员 1 人、研究实习员 2 人；西医 21 人，其中研究员 1 人、副研究员 6 人、研究实习员 3 人。

下属研究室：生化研究室，生理研究室，微循环研究室，微生物免疫研究室，形态研究室，经络研究室，药理研究室，药化研究室，中药制剂改革研究室，中医文献研究室，气功研究室。

在所硕士研究生 10 人，1989 年招生 4 人、毕业 9 人。

北京中医学院中医基础理论研究所

地址：北京市北环东路11号 电话：4212731-334 邮政编码：100013

所长：胡定邦

职工60人。科研人员中，中医28人，其中研究员4人、副研究员8人、助理研究员8人、研究实习员8人；中西医结合30人，其中研究员3人、副研究员7人、助理研究员10人、研究实习员10人。

下属研究室：中医文献研究室，中医基础理论研究室，中医内经研究室，中药研究室，方剂研究室，老中医经验研究室，针灸形态研究室，肝病研究室，气血生化研究室，中医免疫研究室，中医病理研究室。

在所硕士研究生35人，1989年招生7人、毕业6人；在所博士研究生7人，1989年招生3人、毕业1人。

北京中医学院气功学研究所

地址：北京市和平里北口11号 电话：4212731-688 邮政编码：100013

所长：杨秦飞

职工57人。科研人员中，中医5人，其中助理研究员1人、研究实习员4人；中西医结合10人，其中研究员1人、副研究员3人、助理研究员5人、研究实习员1人；中药4人，其中研究员1人、副研究员1人、助理研究员1人、研究实习员1人；西医10人，其中研究员1人、副研究员3人、助理研究员5人、研究实习员1人。

下属研究室：生理研究室，病理研究室，生化研究室，免疫研究室，微量元素研究室，气功信息研究室，临床研究室。

天津市中西医结合骨科研究所

地址：天津市河西区解放南路 电话：282917-273 邮政编码：300202

所长：康良玉

职工130人。科研人员中，中医5人，其中研究员2人、副研究员1人、助理研究员2人；中西医结合96人，其中研究员5人、副研究员11人、助理研究员20人、研究实习员60人；中药1人。

下属研究室：病生理室，组培室，同位素室，药理室，动物室，矫形义肢室，生物力学室，绘图室。

附属机构：《中华骨科杂志》编辑部。

天津市中西医结合急腹症研究所

地址：天津市南开区三纬路122号 电话：220035 邮政编码：300100

所长：吴咸中

职工70人。科研人员中，中医5人，其中研究员1人，副研究员1人、助理研究员2人、研究实习员1人；中西医结合19人，其中研究员5人、副研究员8人、助理研究员3人、研究实习员3人；中药2人，其中助理研究员1人、研究实习员1人；西医32人，其中研究员1人、副研究员2人、助理研究员4人。

下属研究室：药物研究室，药理研究室，病生研究室，生化室，细菌室，免疫室，同位素室，病理室，情报资料室，仪器室。

河北省中医药研究所

地址：河北省石家庄市长安西路3号 电话：46812 邮政编码：050011

所长：郑兆华

职工54人。科研人员中，中医30人，其中副研究员3人、助理研究员14人、研究实习员13人；西医1人，为研究实习员。

下属研究室：临床研究室，资料情报研究室。

附属机构：河北省中医药研究所门诊部。

山西省中医研究所

地址：山西省太原市并州西街14号 电话：229606 邮政编码：030012

所长：曹家骥

职工110人。科研人员中，中医10人，其中研究员2人，副研究员2人、助理研究员2人、研究实习员4人；中西医结合24人，其中研究员2人、副研究员7人、助理研究员 4 人、研究实习员 11 人；中药 15 人，其中副研究员 1 人、助理研究员 1 人、研究实习员 13 人；西医 17 人，其中研究员 2 人、副研究员 2 人、助理研究员 2 人、研究实习员 11 人。

下属研究室：中医基础理论研究室，中药研究室，方剂研究室，中心实验室，眼病研究室，肝病研究室，细菌免疫研究室，病理研究室，图书情报研究室。

在所硕士研究生 5 人，1989 年毕业 2 人。

附属机构：山西省中医研究所附属医院，康洁日化联合厂，保健食品厂中药炮制加工站

内蒙古自治区中蒙医研究所

地址：内蒙古自治区呼和浩特市新城区健康路 15 号　电话：26231　邮政编码：010020

所长：宋一亭

职工 66 人。科研人员中，中医 14 人，其中副研究员 2 人、助理研究员 4 人、研究实习员 8 人；中西医结合 1 人，为副研究员；中药 13 人，其中副研究员 1 人、助理研究员 2 人、研究实习员 10 人；西医 3 人，其中副研究员 1 人、研究实习员 2 人。

下属研究室：中医基础理论研究室，蒙医理论研究室，药物实验室，生理病理实验室，生化实验室，情报图书资料室。

附属机构：《内蒙古中医药》杂志、《蒙医药》杂志编辑部。

辽宁省中医研究院

地址：辽宁省沈阳市皇姑区黄河大街七段六号　电话：462923　邮政编码：110031

院长：孙启风

职工 563 人。科研人员中，中医 16 人，其中研究员 1 人、副研究员 2 人、助理研究员 3 人、研究实习员 10 人；中西医结合 1 人，为研究员；中药 29 人，其中副研究员 3 人、助理研究员 4 人、研究实习员 25 人；西医 8 人，其中研究员 2 人、副研究员 1 人、研究实习员 5 人。

下属研究室：心脑血管病研究室，剂型研究室，药理研究室，病生理研究室，本草研究室，动物室，生殖不孕研究室，生化研究室，中心试验室，药化研究室，人参研究室，同位素研究室，医史文献研究室，中心情报室，图书馆。

中国农业科学院特产研究所

地址：吉林省吉林市左家特区　电话：04414-4110　邮政编码：132109

所长：姜春生

职工 700 人。科研人员中，中医 2 人，均为助理研究员；中药 40 人，其中研究员 1 人、副研究员 7 人、助理研究员 16 人、研究实习员 16 人；西医 3 人、其中助理研究员 1 人、研究实习员 2 人。

下属研究室：野生经济动物研究室，动物疫病研究室，野生禽类研究室，人参研究室，山葡萄研究室，野生果树研究室，土肥植保研究室，西洋参研究室，科技情报研究室，计算测试中心。

在所硕士研究生 15 人，1989 年招生 2 人、毕业 2 人。

附属机构：职工医院，中药试制厂，《特产研究》编辑部，《国外特种经济动植物》(译丛）编辑部。

吉林省中医中药研究院

地址：吉林省长春市工农大路 17 号　电话：52491　邮政编码：130021

院长：刘庆欣

职工 408 人。科研人员中，中医 108 人，其中研究员 4 人、副研究员 15 人、助理研究员 26 人、研究实习员 56 人；中西医结合 12 人，其中研究员 1 人、副研究员 3 人、助理研究员 4 人、研究实习员 4 人；中药 97 人，其中研究员 5 人、研究实习员 6 人、助理研究员 18 人、研究实习员 58 人；西医 35 人，其中研究员 1 人、副研究员 7 人、助理研究

员 14 人、研究实习员。

下属研究所：中医研究所，中药研究所，老年医学研究所。

附属机构：吉林省中医中药研究院附属医院，药厂，珠海东鑫有限制药公司。

吉林省中医中药研究院中药研究所

地址：吉林省长春市工农大路 17 号 电话：52291 邮政编码：130021

所长：王本祥

职工 71 人。科研人员中，中药 71 人，其中研究员 5 人、副研究员 7 人、助理研究员 17 人、研究实习员 34 人。

下属研究室：药理室，植化室，方剂室，生药室，动物饲养室。

吉林省中医中药研究院老年医学研究所

地址：吉林省长春市工农大路 17 号 电话：52291 邮政编码：130021

所长：杨瑞松

职工 40 人。科研人员中，中医 12 人，其中助理研究员 4 人、研究实习员 8 人；中西医结合 3 人，均为副研究员；中药 13 人，其中研究员 3 人、副研究员 3 人、助理研究员 2 人、研究实习员 8 人；西医 2 人，其中助理研究员 1 人、研究实习员 1 人。

下属研究室：生化研究室，药理研究室，营养研究室，临床研究室，细胞研究室。

长春中医学院中医研究所

地址：吉林省长春市工农大路 15 号 电话：53506-417 邮政编码：130021

所长：南 征

职工 28 人。科研人员中，中医 7 人，其中副研究员 1 人、助理研究员 3 人、研究实习员 3 人；中西医结合 4 人，其中研究员 1 人、副研究员 2 人、助理研究员 1 人；中药 13 人，其中副研究员 3 人、助理研究员 3 人、研究实习员 7 人；西医 2 人，其中副研究员 1 人、助理研究员 1 人。

下属研究室：中医基础临床研究室，中成药研究室，植化质控研究室，药理研究室，生化免疫研究室，古医籍文献整理研究室，

在所硕士研究生 2 人，1989 年招生 1 人。

黑龙江省中医研究院

地址：黑龙江省哈尔滨市香坊区三辅街 72 号 电话：53086 邮政编码：150036

院长：张 缙

职工 564 人。科研人员中，中医 386 人，其中研究员 12 人、副研究员 44 人、助理研究员 132 人、研究实习员 210 人；中西医结合 1 人，为研究员；中药 61 人，其中研究员 1 人、副研究员 9 人、助理研究员 17 人、研究实习员 34 人。

下属研究所：中医临床研究所，针灸经络研究所，中药研究所，文献研究所。

在院硕士研究生 36 人，1989 年招生 16 人、毕业 4 人。

附属机构：黑龙江省中医研究院附属医院，药厂，《黑龙江中医药》杂志社。

黑龙江省中医研究院针灸经络研究所

地址：黑龙江省哈尔滨市香坊区三辅街 72 号 电话：53086 邮政编码：150036

所长：王福隆

职工 85 人。科研人员中，中医 46 人，其中助理研究员 11 人、研究实习员 35 人；中西医结合 11 人，其中研究员 3 人、副研究员 4 人、助理研究员 4 人；西医 1 人，为助理研究员。

下属研究室：针灸经络研究室，针灸临床研究室，针法灸法研究室，实验针灸研究室，针灸腧穴研究室，非药物治疗研究室，针灸文献研究室，针灸器械研制室。

在所硕士研究生 18 人，1989 年招生 3 人，毕业 3 人；在所博士研究生 2 人，1989 年招生 1 人。

上海市针灸经络研究所

地址：上海市宛平南路 650 号 电话：4390339 4382190 邮政编码：200030

所长：陈汉平

职工 162 人。科研人员中，中医 113 人，其中研究员 2 人、副研究员 12 人、助理研究员 23 人、研究实习员 76 人；中西医结合 15 人，其中副研究员 5 人、助理研究员 6 人、研究实习员 4 人。

下属研究室：临床研究室，免疫研究室，生化研究室，生理研究室，病生研究室，中心一室，中心二室、情报研究室、文献研究室、形态研究室、针灸器材研究室。

在所硕士研究生 7 人，1989 年招生 4 人；在所博士研究生 3 人，1989 年招生 3 人。

附属机构：《上海针灸杂志》社。

上海市气功研究所

地址：上海市宛平南路 650 号 电话：4394141 4383936 邮政编码：200030

所长：柴剑宇

职工 109 人。科研人员中，中西医结合 67 人，其中研究员 2 人、副研究员 7 人、助理研究员 22 人、研究实习员 36 人。

下属研究室：气功原理研究室，气功效应研究室，气功文献情报研究室，中心实验室。

在所硕士研究生 9 人，1989 年招生 2 人、毕业 5 人。

附属机构：上海市气功研究所附属医疗门诊部。

上海中医学院中医文献研究所

地址：上海市南昌路 218 号 电话：3275670 3273691 邮政编码：200020

所长：肖敏材

职工 45 人。科研人员中，中医 35 人，其中副研究员 4 人、助理研究员 16 人、研究实习员 9 人；中药 3 人，其中助理研究员 1 人、研究实习员 1 人；西医 2 人。

下属研究室：现代文献研究室，古籍研究室，上海地区中医学术研究室，医史研究室，年鉴编辑室。

上海市中医药研究院中药研究所

地址：上海市零陵路 530 号 电话：4385400-314 邮编：200032

所长：李仪奎

职工 41 人。科研人员中，中西医结合 5 人，其中副研究员 3 人、助理研究 2 人；中药 30 人，其中研究员 1 人、副研究员 2 人、助理研究员 13 人、研究实习员 8 人。

下属研究所：植物细胞工程研究室，肿瘤药物研究室，炮制研究室，复方药理研究室，中草药有效成份研究室，农药残留量研究室，药膳研究室，中草药标本室。

在所硕士研究生 1 人。

上海医科大学中西医结合研究所

地址：上海市乌鲁木齐中路 12 号华山医院内 电话：4333999-517

所长：沈自尹

职工 50 人。科研人员中，中西医结合 33 人，其中研究员 6 人、副研究员 10 人、助理研究员 17 人。

下属研究室：脏象研究室，老年医学研究室，肿瘤研究室，心血管病研究室，肝炎研究室，四诊研究室，妇科虚证研究室，儿科研究室。

在所硕士研究生 4 人，1989 年招生 2 人、毕业 1 人；在所博士研究生 2 人，1989 年招生 1 人、毕业 1 人。

上海市中医文献馆

地址：上海市瑞金二路 154 弄内 电话：4335009 邮政编码：200020

馆长：王翘楚

职工 35 人。科研人员中，中医 20 人，其中研究员 3 人、副研究员 1 人、助理研究员 9 人、研究实习员 7 人；中西医结合 2 人，均为副研究员；中药 1 人，为助理研究员。

下属研究室：老中医经验及民间医药研究室，中医情报研究室，中医文献研究室，中医教研编辑第一、二室，中医政策及管理研究室。

江苏省中医药研究所

地址：江苏省南京市迈皋桥十字街 100

号 电话：653221 邮政编码：210037

所长：陈 廉

职工 252 人。科研人员中，中医 57 人，其中研究员 1 人、副研究员 2 人、助理研究员 11 人、研究实习员 30 人；中西医结合 64 人，其中研究员 5 人、副研究员 16 人、助理研究员 17 人、研究实习员 11 人；中药 19 人，其中研究员 4 人、副研究员 1 人、助理研究员 4 人、研究实习员 6 人；西医 48 人，其中副研究员 3 人、助理研究员 11 人、研究实习员 32 人。

下属研究室：生理研究室，药理研究室，药物研究室，病理研究室，文献情报研究室，实验动物室。

在所硕士研究生 13 人，1989 年招生 8 人、毕业 5 人。

南京中医学院中医药文献研究所

地址：江苏省南京市汉中路 282 号 电话：649121-381 邮政编码：210005

副所长：张民庆

职工 29 人。科研人员中，中医 15 人，其中研究员 2 人、副研究员 6 人、助理研究员 5 人、研究实习员 2 人；中药 12 人，其中研究员 2 人、副研究员 4 人、助理研究员 2 人、研究实习员 4 人。

下属研究室：方剂文献研究室，中药文献研究室，基础理论文献研究室。

在所硕士研究生 13 人，1989 年招生 1 人、毕业 10 人。

浙江省中医药研究院

地址：浙江省杭州市天目山路 26 号 电话：882214 邮政编码：310007

院长：樊良卿

职工 200 人。科研人员中，中医 56 人，其中研究员 3 人、副研究员 9 人、助理研究员 18 人、研究实习员 26 人；中西医结合 5 人，其中助理研究员 3 人、研究实习员 2 人；中药 20 人，其中副研究员 4 人、助理研究员 2 人、研究实习员 14 人；西医 30 人，其中副研究员 6 人、助理研究员 16 人、研究实习员 8 人。

下属研究室：基础研究室，中药研究室，文献研究室，临床研究室，情报研究室，针灸研究室，气功研究室。

附属机构：浙江省中医药研究院附属门诊部，药厂，《浙江中医杂志》社。

浙江中医学院分子医学研究所

地址：浙江省杭州市庆春街老浙大内 电话：776721 邮政编码：310009

职工 27 人。科研人员中，中医 2 人，其中助理研究员 1 人、研究实习员 1 人；中西医结合 17 人，其中副研究员 2 人、助理研究员 5 人、研究实习员 6 人；中药 5 人，其中助理研究员 3 人、研究实习员 1 人；西医 1 人，为助理研究员。

下属研究室：免疫学研究室，细胞生物学研究室，生化研究室，中药研究室，微量元素与健康研究室。

安徽中医学院神经病学研究所

地址：安徽省合肥市梅山路 电话：63966 转 邮政编码：230038

所长：杨任民

职工 20 人。科研人员中，中医 9 人，其中副研究员 1 人、助理研究员 5 人、研究实习员 3 人；中西医结合 4 人，其中研究员 1 人、副研究员 1 人、助理研究员 2 人；中药 1 人。

下属研究室：神经生化研究室，神经生理研究室，神经遗传研究室。

在所硕士研究生 4 人，1989 年毕业 2 人。

安徽中医学院针灸经络研究所

地址：安徽省合肥市梅山路 电话：63237 邮政编码：230061

所长：周逸平

职工 48 人。科研人员中，中医 12 人，其中副研究员 1 人、助理研究员 1 人、研究实习员 10 人；中西医结合 2 人，其中副研究员

1 人、助理研究员 1 人；西医 27 人，其中副研究员 6 人、助理研究员 13 人、研究实习员 8 人。

下属研究室：经穴脏腑研究室，针刺调整研究室，针刺镇痛研究室，穴位针感形态研究室，经络研究室，电子研究组，情报资料组。

附属机构：针灸经络研究所附属医院。

江西省中医药研究所

地址：江西省南昌市文教路 101 号　电话：331921　邮政编码：330006

所长：蔡秉仁

职工 115 人。科研人员中，中医 38 人，其中副研究员 6 人、助理研究员 16 人、研究实习员 10 人；中西医结合 6 人，其中研究员 3 人、副研究员 2 人、助理研究员 1 人；中药 18 人，其中副研究员 1 人、助理研究员6 人、研究实习员 6 人；西医 21 人，其中助理研究员 4 人、研究实习员 13 人。

下属研究室：文献图书情报研究室，临床研究室，中药研究室，气功针灸研究室，

附属机构：江西省中医药研究所附属医院

山东省中医药研究所

地址：山东省济南市山大南路　电话：48477、48475　邮政编码：250014

所长：俞昌正

职工 136 人。科研人员中，中医 30 人，其中副研究员 5 人、助理研究员 13 人、研究实习员 12 人；中西医结合 4 人，其中研究员 2 人、副研究员 1 人、助理研究员 1 人；中药 49 人，其中研究员 8 人、副研究员 9 人、助理研究员 13 人、研究实习员19 人。

下属研究室：中药化学研究室，生药研究室，药理研究室，病理研究室，中药炮制研究室，中药制剂研究室，中医临床研究室，情报资料研究室，中心实验室。

山东中医学院文献研究所

地址：山东省济南市经十路 23 号　电话：646911-360　邮政编码：250015

所长：田代华

职工 15 人。科研人员中，中医 12 人，其中研究员 2 人、副研究员 2 人、助理研究员 3 人、研究实习员 5 人。

下属研究室：古代文献研究室，现代文献研究室。

在所硕士研究生 5 人，1989 年招生 2 人，毕业 5 人；在所博士研究生 3 人，1989 年招生 1 人。

河南省中医研究院

地址：河南省郑州市城北路 7 号　电话：22590　邮政编码：450003

院长：邱保国

职工 217 人。科研人员中，中医 62 人，其中研究员 3 人、副研究员 7 人、助理研究员 16 人、研究实习员 36 人；中西医结合 10 人，其中研究员 1 人、副研究员 2 人、助理研究员 7 人；中药 16 人，其中研究员 1 人、副研究员 2 人、助理研究员 6 人、研究实习员 7 人；西医 1 人，为助理研究员。

下属研究室：消化研究室，仲景研究室，针灸研究室，心血管研究室，老年病研究室，泌尿研究室，肿瘤研究室，呼吸研究室，中药研究室，基础研究室。

河南省中药研究所

地址：河南省郑州市东明路　电话：26719　邮政编码：450004

所长：张万诚

职工 50 人。科研人员中，中医 1 人；中药 29 人，其中副研究员 2 人、助理研究员 9 人、研究实习员 18 人。

下属研究室：制剂室，药材室，中试室，药理药化室，情报室，临床药理门诊部。

湖北省中医药研究院

地址：湖北省武汉市武昌珞瑜路 23 号　电话：701404　邮政编码：430074

院长：李同生

职工 435 人。科研人员中，中医 123 人，

其中研究员2人、副研究员17人、助理研究员12人、研究实习员9人；中西医结合8人，其中研究员3人、副研究员4人、助理研究员1人；中药33人，其中助理研究员7人、研究实习员18人；西医31人，其中副研究员6人、助理研究员15人、研究实习员5人。

下属研究（所）室：中西医结合研究所，骨科研究所，医史文献研究室，图书情报室。

附属机构：湖北省中医药研究院附属医院。

湖北省中医药研究院骨伤科研究所

地址：湖北省武昌珞瑜路232号　电话：701404-251　邮政编码：430074

所长：李同生

职工19人。科研人员中，中医18人，其中研究员1人、副研究员1人、助理研究员5人、研究实习员8人。

下属研究室：李同生骨伤科证治经验研究室，生物力学研究室，正骨手法外固定研究室，中医骨伤科基础理论研究室。

湖北中医学院脏象肝病研究所

地址：湖北省武昌花园山10号　电话：875694 邮政编码：430061

所长：王伯祥

职工46人。科研人员中，中医14人，其中副研究员1人、助理研究员7人、研究实习员6人；中西医结合4人，其中研究员3人、副研究员1人；西医12人，其中副研究员1人、助理研究员6人、研究实习员5人。

下属研究室：脏象研究室，肝病研究室，脾胃研究室，中医生物医学工程研究室，生化研究室，免疫研究室，细胞研究室，电生理室，细胞电生理室，微抗及图象处理室，临床肝病检查室，消化窥镜室，电子显微镜室，腹腔镜手术室。

在所硕士研究生3人，1989年招生1人，毕业1人。

湖南省中医药研究院

地址：湖南省长沙市麓山路167号　电话：83627　邮政编码：410006

院长：刘祖贻

职工428人。科研人员中，中医111人，其中研究员4人、副研究员20人、助理研究员56人、研究实习员30人；中西医结合7人，其中研究员3人、副研究员1人、助理研究员3人；中药89人，其中研究员1人、副研究员10人、助理研究员39人、研究实习员39人；西医37人，其中副研究员3人、助理研究员19人、研究实习员12人。

下属研究室：中医临床研究所，中医基础理论研究所，中药研究所，中心实验室，情报研究室。

在院硕士研究生5人，1989年招生2人，毕业3人。

附属机构：药厂，《湖南中医杂志》编辑部

湖南省中医药研究院中药研究所

地址：湖南省长沙市麓山路167号　电话：83627-237　邮政编码：410006

所长：贾本真

职工45人。科研人员中，中药44人，其中副研究员8人、助理研究员14人，研究实习员22人；西医1人，为助理研究员。

下属研究室：药物化学研究室，分析研究室，药理研究室，生药研究室，民族医药研究室，剂型改革研究室

湖南省中医药研究院中医基础研究所

地址：湖南省长沙市麓山路167号　电话：83627-232　邮政编码：410006

所长：李肇夷

职工45人。科研人员中，中医26人，其中副研究员9人、助理研究员12人、研究实习员5人；中西医结合1人，为研究员；中药15人，其中研究员1人、副研究员1人、助理研究员4人、研究实习员8人；西医1人，为副研究员。

下属研究室：文献理论研究室，临床理论研究室，基础理论研究室。

广东省中医研究所

地址：广东省广州市淘金路159号　电话：751097　邮政编码：510060

所长：陆志博

职工36人。科研人员中，中医19人，其中研究员1人、助理研究员7人、研究实习员11人；中西医结合3人，副研究员1人、助理研究员1人、研究实习员1人；中药4人，其中助理研究员1人、研究实习员3人。

下属研究室：中医理论研究室，中药研究室。

在所硕士研究生4人。

广西壮族自治区中医药研究所

地址：广西壮族自治区南宁市古城路20号　电话：23514　邮政编码：530022

所长：郑学忠

职工186人。科研人员中，中医8人，其中副研究员2人、助理研究员5人、研究实习员1人；中药105人，其中副研究员18人、助理研究员23人、研究实习员21人。

下属研究室：中医研究室，中药研究室，植化研究室，药理研究室，情报资料室，仪器分析室，制剂室，实验动物室。

四川省中医药研究院

地址：四川省成都市人民南路四段51号　电话：554425　邮政编码：610041

院长：郁文骏

职工862人。科研人员中，中医96人，其中研究员8人、副研究员5人、助理研究员38人、研究实习员45人；中西医结合45人，其中研究员10人、副研究员5人、助理研究员20人、研究实习员10人；中药280人，其中研究员7人、副研究员50人、助理研究员96人、研究实习员127人；西医116人，其中研究员1人、副研究员5人、助理研究员33人、研究实习员77人。

下属研究所：临床医学研究所，针灸经络研究所，省中药研究所，药物种植研究所。

附属机构：附属骨伤骨病专科医院，药厂，《中药药理与临床》编辑部。

四川省中医药研究院临床医学研究所

地址：四川省成都市四道街37号　电话：663053　邮政编码：610031

所长：冯沛银

职工246人。科研人员中，中医58人，其中研究员1人、助理研究员2人；中西医结合21人，其中研究员3人、助理研究员1人；中药21人，其中助理研究员2人、研究实习员2人；西医15人，其中研究员1人、助理研究员2人、研究实习员4人。

下属研究室：生理研究室，中药研究室，血液研究室，文献研究室，电脑研究室，骨伤研究室，图书情报研究室。

四川省中医药研究院针灸经络研究所

地址：四川省成都市四道街37号　电话：665866　邮政编码：610031

所长：李伯宁

职工26人。科研人员中，中医18人，其中副研究员1人、助理研究员5人、研究实习员13人；中西医结合2人其中研究员1人、副研究员1人；西医5人，其中助理研究员2人、研究实习员3人。

下属研究室：针灸临床研究室，经络研究室，针灸推拿研究室。

四川省中药研究所

地址：四川省重庆市南岸黄桷垭　电话：481615　邮政编码：630065

所长：黄衡

职工385人。科研人员中，中医2人，其中研究员1人、助理研究员1人；中西医结合2人，均为助理研究员；中药235人，其中研究员7人、副研究员31人、助理研究员77人、研究实习员111人；西医3人，其中助理研究员2人、研究实习员1人。

下属研究室：生药研究室，药物化学研

究室，药理研究室，中药栽培研究室，中药炮制与制剂研究室，中心实验室，中药综合开发室，临床药理门诊部，实验动物研究室，图书情报研究室。

在所硕士研究生1人，1989年毕业2人。

附属机构：四川省中药研究所药厂，《中药药理与临床》编辑部

四川省中医药研究院药物种植研究所

地址：四川省南川县三泉　电话：南川县118转　邮政编码：648408

所长：何大志

职工172人。科研人员中，中医4人，其中助理研究员1人、研究实习员3人；中西医结合1人，为助理研究员；中药43人，其中研究员1人、副研究员5人、助理研究员12人、研究实习员25人。

下属研究室：资源研究室，品选研究室，土药化研究室，栽培研究室。

附属机构：药物种植所药厂，鹿场，标本园。

成都中医学院中医古籍文献研究所

地址：四川省成都市十二桥街15号　电话：669241　邮政编码：610075

所长：凌一揆

职工13人。科研人员中，中医11人，其中研究员1人、副研究员2人、助理研究员5人、研究实习员2人；中药2人，其中研究员1人、助理研究员1人。

重庆市中医研究所

地址：四川省重庆市市中区北区路1号　电话：53369　邮政编码：630013

副所长：冯涤尘

职工468人。科研人员中，中医95人，其中研究员2人、副研究员7人、助理研究员21人、研究实习员63人；中西医结合155人，其中副研究员13人、助理研究员29人、研究实习员47人；中药68人，其中副研究员4人、助理研究员16人、研究实习员32人；西医36人，其中副研究员3人、助理研究员4人、研究实习员15人。

在所硕士研究生3人。

下属研究室：基础研究部，痔核研究室，中医内科急症研究室，针灸研究室，老年医学研究室，中药剂改研究室，电子计算机研究室，急腹症研究组，眼科研究组，脉管炎研究组，肾盂肾炎研究组，肺癌研究组。

在所硕士研究生3人。

附属机构：重庆中医研究所附属医院，"全国急症培训中心"，《中医急症通讯》编辑部。

贵州省中医研究所

地址：贵州省贵阳市市东路10号　电话：22416　邮政编码：550002

所长：周惠明

职工101人。科研人员中，中医12人，其中副研究员3人、助理研究员4人、研究实习员5人；中西医结合9人，其中研究员2人、副研究员3人、助理研究员4人；中药36人，其中副研究员3人、助理研究员15人、研究实习员18人。

下属研究室：临床研究室，中药药化研究室，民族医药研究室，中药药理研究室，情报资料室。

附属机构：贵州省中医研究所附属医院。

贵州微量元素研究所

地址：贵州省贵阳市市东路1号　电话：25003　邮政编码：550002

所长：朱梅年

职工23人。科研人员中，中西医结合5人，其中副研究员1人、助理研究员2人、研究实习员2人；中药18人，其中研究员2人、副研究员1人、助理研究员8人、研究实习员8人。

下属研究室：基础研究室，临床研究室，药物研究室，中心实验室。

在所硕士研究生1人。

附属机构：微量元素专科门诊部，《微量元素》杂志编辑室。

云南省中医中药研究所

地址：云南省昆明市莲花池　电话：51957　54494　邮政编码：650023

所长：吴华

职工 77 人。科研人员中，中医 41 人，其中副研究员 4 人、助理研究员 8 人、研究实习员 28 人；中西医结合 2 人，均为副研究员；中药 13 人，其中副研究员 2 人、助理研究员 2 人、研究实习员 8 人；西医 9 人，其中助理研究员 2 人、研究实习员 7 人。

下属研究室：中药化学研究室，中药剂型研究室，中医临床研究室，民族医药研究室，耳针研究室，图书情报研究室。

附属机构：云南省中医中药研究所附属医院，《云南中医杂志》编辑部。

陕西省中医药研究院

地址：陕西省西安市西华门大街 20 号　电话：713310　邮政编码：710003

院长：赵建础

职工 686 人。科研人员 407 人，其中研究员 7 人、副研究员 59 人、助理研究员 183 人、研究实习员 158 人。

下属研究室：中医基础研究一室，中医基础研究二室，中药药理研究室，中药化学成分研究室，中药剂型生药研究室，食疗研究室，中心仪器室，实验动物研究室，文献医史研究所。

在院硕士研究生 17 人。

附属机构：陕西省中医药研究院附属医院，附属肛肠医院，科研实验药厂，《陕西中医》、《陕西医学》杂志编辑部。

陕西省中医药研究院文献医史研究所

地址：陕西省西安市西华门 20 号　电话：713310-471　邮政编码：710003

所长：赵建础

职工 22 人。科研人员中，中医 15 人，其中研究员 1 人、副研究员 4 人、助理研究员 7 人、研究实习员 3 人。

下属研究室：中医基础理论文献研究室，中医临床文献研究室，针灸文献研究室，应用电子计算机整理中医文献研究室，医史研究室。

陕西中药研究所

地址：陕西省咸阳市毕塬路　电话：3509　邮政编码：712000

所长：关超

职工 214 人。科研人员中，中医 2 人，其中副研究员 1 人、助理研究员 1人；中西医结合 3 人，其中助理研究员 1 人、研究实习员 2 人；中药 50 人，其中副研究员 11 人、助理研究员 21 人、研究实习员 18 人；西医 1 人，为研究实习员。

下属研究室：植化研究室，新药开发研究室，药理研究室，药用植物栽培研究室，药用动物研究室。

附属机构：中间试验药厂，《西北药学》杂志编辑部。

新疆维吾尔自治区中医研究所

地址：新疆维吾尔自治区乌鲁木齐市解放北路 29 号　电话：77222　邮政编码：830002

副所长：火树华

职工 97 人。科研人员中，中医 15 人；中西医结合 11 人，其中研究员 2 人、副研究员 3 人；中药 15 人；西医 1 人。

下属研究室：心血管病研究室，血液病研究室，老年病研究室，中医药情报资料研究室，中医基础理论研究室。

【中医药学术团体】

中华全国中医学会

地址：北京市和平里东街樱花路甲四号　电话：4218311　邮政编码：100013

会长：崔月犁　副会长：胡熙明　施奠邦　刘志明　高辉远　王绵之　王永炎　李顺成　陈彤云　张镜人　王一章　凌一揆　副秘书长：陆长宏　肖含　肖德馨　会员

39000余人。

分科学会：内科学会，外科学会，妇科专业委员会，儿科专业委员会，眼科学会，骨伤科学会，肛肠学会，中医理论整理研究会，医学气功研究会，医古文研究会，老年病学会，推拿学会，中药学会，耳鼻喉科学会。

中国中西医结合研究会

地址：北京市东直门内北新仓18号 电话：4014411-3026 邮政编码：100700

理事长：吴咸中 副理事长：田景福 唐由之 陈可冀 沈自尹 廖家桢 秘书长：廖家桢 副秘书长：陈士奎 危北海 会员22700人。

分科学会：急腹症专业委员会，活血化瘀专业委员会，虚证与老年病专业委员会，肿瘤专业委员会，骨伤科专业委员会，妇产科专业委员会，儿科专业委员会，急救医学专业委员会，微循环专业委员会，精神疾病专业委员会，呼吸病专业委员会，中药专业委员会，肝病专业委员会，周围血管疾病专业委员会，四诊研究专业委员会，皮肤性病专业委员会，风湿类疾病专业委员会，耳鼻喉科专业委员会，血液病专业委员会，医学影像专业委员会，心血管疾病专业委员会，基础理论专业委员会，眼科专业委员会，消化疾病专业委员会。

中国针灸学会

地址：北京市东直门内北新仓18号 电话：4014411-3063/3065 邮政编码：100700

会长：胡熙明 副会长：王雪苔 陈佑邦 陈绍武 陈汉平 程莘农 贺普仁 曹小定 秘书长：李维衡 副秘书长：古励 田从豁 会员10000人。

分科学会：针灸临床研究会，经络研究会，针法灸法研究会，针刺麻醉研究会，实验针灸研究会，腧穴研究会，针灸文献研究会，针灸器材研究会。

中华全国中医学会内科分会

地址：北京市和平街北口北京中医学院 电话：4212731 邮政编码：100013

主任：王永炎 副主任：焦树德 路志正 张镜人 巫君玉 杨明钧 秘书长：晁恩祥 副秘书长：任占利

下设中风学组，肺系病学组，心病学组，肝病学组，肾病专业委员会，脾胃病学组，疑难病学组，辨证与检测学组。

中华全国中医学会外科学会

地址：北京市广安门北线阁广安门医院内 电话：3013311 邮政编码：100053

主任：朱仁康 副主任：陈彤云 顾乃强 施汉章 秘书长：王沛

下设疮疡专题学组，胶原病专题学组，肿瘤专题学组，牛皮癣专题学组，男性病专题学组，周围血管病专题学组，乳腺病专题学组，皮肤癌专题学组。

中华全国中医学会骨伤科学会

地址：上海市北京西路1623号 电话：2565939 邮政编码：200040

主任：施杞 副主任：郭维淮 李国衡 李同生 武春发 孙树椿 刘柏龄 张安桢 岑泽波 秘书长：石印玉 副秘书长：韦以宗 朱云龙

下设学术部，教育部，科技情报部，秘书部。

中华全国中医学会妇科专业委员会

地址：天津市南开区天津中医学院内 电话：703426 邮政编码：300193

主任：哈荔田 副主任：高金亮 罗元恺 蔡小荪 秘书长：高金亮 副秘书长：吴炳岳 吴高媛

中华全国中医学会儿科专业委员会

地址：山东省济南市省卫生厅内 电话：26921-123 邮政编码：250011

副主任：张奇文 江育仁 马新云 王玉润 张锡君 秘书长：张奇文 副秘书长：朱锦善 李开法

中华全国中医学会肛肠学会

地址：江苏省南京市金陵路一号（南京

市中医院） 电话：626137 邮政编码：210001

会长：丁泽民 副会长：史兆岐 李润庭 金虎 尹伯约 秘书长：史兆岐 副秘书长：张树义

中华全国中医学会医古文研究会

地址：北京市和平里北街北京中医学院内 电话：4212731转 邮政编码：100013

副主任：刘振民 陈增真 刘健 段逸山

中华全国中医学会医学气功研究会

地址：北京市和平里北街 电话：4212731—402 邮政编码：100013

理事长：高鹤亭 副理事长：冯理达 焦国瑞 林雅谷 王莒生 秘书长：杜洛伊 副秘书长：钱菊卿

下设外事组，科研组，组织组，医疗组，增视组。

中华全国中医学会北京分会

地址：北京市东单三条甲7号 电话：550460 邮政编码：100005

理事长：方和谦 副理事长：余靖 巫君玉 路志亚 李乾构 杨光 秘书长：李惠治 副秘书长：郑庸 马静 会员2542人。

分科学会：基础理论专业学会，内科专业学会，妇科专业学会，儿科专业学会，皮肤、外科、五官、眼科专业学会，正骨按摩学会，肛肠科学会，医学气功科学会，中药专业学会。

中华全国中医学会天津分会

地址：天津市河西区佟楼佟卫里14号 电话：317875 邮政编码：300074

理事长：赵藕善 副理事长：李少川 戴锡孟 张大宁 秘书长：郐大正 副秘书长：李宜中 韩冰 陈宝义 会员1050人。

分科学会：基础理论学会，内科学会，妇科学会，儿科学会，推拿学会，骨伤科学会，综合学科学会。

中国中西医结合研究会天津分会

地址：天津市河西区佟楼佟卫里14号 电话：317875 邮政编码：300074

会长：吴咸中 副会长：王今达 边天羽 李景德 尚天裕 秘书长：原希偃 副秘书长：闵兆銮 会员660人。

分科学会：风湿类疾病专业委员会，呼吸专业委员会，精神病专业委员会，妇产科专业委员会，皮肤病专业委员会，耳鼻喉科专业委员会，骨伤科专业委员会，急腹症专业委员会。

中国针灸学会天津分会

地址：天津市河西区佟楼佟卫星14号 电话：317875 邮政编码：300074

理事长：石学敏 副理事长：李宜中 秘书长：郐大正 会员206人。

分科学会：基础理论学会，临床学会，器材学会。

中华全国中医学会河北分会

地址：河北省石家庄市富强大街 电话：612762 邮政编码：050011

会长：王立山 副会长：郑兆华 马新云 于鸿玲 王其飞 郑英州 张伯石 高濯风 李彬 夏锦堂 李恩复 秘书长：赵玉庸 副秘书长：孙万珍 会员3286人。

分科学会：内科分会，外科分会，妇、儿科分会，肛肠分会，推拿分会，眼科分会，中药分会，气功分会，老年医学分会，基础理论分会。

中国中西医结合研究会河北分会

地址：河北省石家庄市富强大街19号 电话：612762 邮政编码：050011

理事长：傅大为 副理事长：陈巽昭 李彩瑞 李恩 毕庚本 纪民育 秘书长：李恩 副秘书长：赵元璋 董淑萍 叶增茂 会员502人。

分科学会：皮肤科专业委员会，妇产科专业委员会，儿科专业委员会，骨伤科专业委员会，神经精神病专业委员会，肿瘤专业委员会，急腹症专业委员会，老年虚证专业委员会，微循环专业委员会，耳鼻喉专业委员会，血液专业委员会，心血管专业委员会，肝病专业委员会，呼吸专业委员会，风湿专业委员会，口腔科专业委员会。

河北省针灸学会

地址：河北省石家庄市富强大街19号 电话：612762 邮政编码：050011

会长：郑兆华 副会长：高玉椿 李彩瑞 赵云生 袁德霞 江鸿祺 程连瑚 秘书长：赵云生 副秘书长：陈敬平 宋国英 韩华明 会员336人。

分科学会：经络研究会，针灸临床研究会，针法灸法研究会，俞学研究会，针灸实验研究会。

中华全国中医学会山西分会

地址：山西省太原市东华门28号 电话：382791 邮政编码：030013

会长：蒋天佑 副会长：金振堂 师怀堂 秘书长：蒋天佑 副秘书长：赵尚华 马宁启 会员1424人。

分科学会：中医基础理论分会，内科分会，外科分会，妇科分会，儿科分会，肛肠分会，五官科分会。

中国中西医结合研究会山西分会

地址：山西省太原市并州西街12号 电话：223577-11 邮政编码：030012

理事长：贾得道 副理事长：于载畿 刘万程 包尚恕 杨占林 秘书长：刘万程 副秘书长：李国章 王宁 会员1150人。

分科学会：皮肤科专业委员会，耳鼻喉专业委员会，急腹症专业委员会，眼科专业委员会，活血化瘀专业委员会，肛肠专业委员会，骨伤科专业委员会，经络专业委员会。

中华全国中医学会内蒙古分会

地址：内蒙古自治区呼和浩特市 电话：23701 邮政编码：010020

理事长：云曙碧 副理事长：肖康伯 吴德树 王与贤 王俊奇 秘书长：孔庆洪 会员1200余人。

分科学会：妇科专业委员会，儿科专业委员会，内科专业委员会，针灸专业委员会，中医基础理论专业委员会。

中华全国中医学会辽宁分会

地址：辽宁省沈阳市皇姑区黄河大街七段6号 电话：464439 邮政编码：110032

理事长：王镇藩 副理事长：史常永 刘忠德 秘书长：史常永 副秘书长：于景宏 陈玉琦 张信

分科学会：内科专业委员会，外科专业委员会，骨伤科专业委员会，针灸专业委员会，肛肠专业委员会，妇产科专业委员会，辨证施护委员会，仲景学说委员会，推拿专业委员会，中医基础学组，古典医籍学组，人体科学学组，医院管理学组。

中国中西医结合研究会辽宁分会

地址：辽宁省沈阳市省中医研究院内 电话：464484 邮政编码：110032

会长：王镇藩 副会长：朱俊贵 秘书长：薛万达

下设血证学会，肿瘤学会，老年病与虚证学会，急症学会，软组织骨科学会，气功学会，眼科专业委员会。

辽宁省针灸学会

地址：辽宁省沈阳市崇山东路29号 电话：462567-391 邮政编码：110032

会长：马瑞林 副会长：徐斌 王耀斌 石荣 副秘书长：张信 郝学君 会员 560人。

分科学会：经络组，治疗组，针法灸法组，实验组。

中华全国中医学会吉林分会

地址：吉林省长春市东民主大街副2号 电话：825126 邮政编码：130061

理事长：刘冠军 副理事长：刘柏龄 苗洪范 李学中 王耀廷 秘书长：王庆文 副秘书长：南征 井枫林 会员844人。

分科学会：肛肠专业委员会，针灸专业

委员会，骨伤科专业委员会，内科专业委员会，外科专业委员会，妇科专业委员会，儿科专业委员会，仲景学说专业委员会，医古文、医史专业委员会，气功、推拿专业委员会，五官专业委员会，男科专业委员会，老年病专业委员会。

中国中西医结合研究会吉林分会

地址：吉林省长春市东民主大街副2号 电话：825126 邮政编码：130061

会长：刘庆欣 副会长：谭家兴 苗洪范 王保义 吴胜东 秘书长：谭家兴 副秘书长：何莉 会员646人。

分科学会：活血化瘀专业委员会，肝病专业委员会，急腹病专业委员会，软组织疼痛专业委员会，精神医学专业委员会，虚证老年病专业委员会，中青年学术研究委员会。

中华全国中医学会黑龙江分会

地址：黑龙江省哈尔滨市南岗区大成街36号 电话：225786转362 邮政编码：150009

会长：张金良 副会长：张琪 栗德林 赵京 高树人 秘书长：赵京 副书秘长： 李国清 王克勤 会员2078人。

分科学会：内科专业委员会，妇科专业委员会，儿科专业委员会，外科专业委员会，肛肠科专业委员会，骨伤科专业委员会，蒙医专业委员会，中医基础理论专业委员会，中药专业委员会，护理专业委员会，医学气功专业委员会，中医院管理专业委员会。

黑龙江省针灸学会

地址：黑龙江省哈尔滨市香坊区三辅街72号 电话：53086 邮政编码：150001

会长：张缙 副会长：于致顺 于跃才 王凤仪 孙恩泽 刘家荫 张一民 郑艺钟 秘书长：裴廷辅 副秘书长：李育勤 李复峰 李凤兰 会员1200人

分科学会：针灸临床专业委员会，针法灸法专业委员会，经络与腧穴专业委员会。

中华全国中医学会上海分会

地址：上海市北京西路1623号 电话：2532271 邮政编码：200040

理事长：王玉润 副理事长：施杞 张镜人 黄羡明 顾伯华 朱南孙 钱永益 副秘书长：郭尧清 王佐民 会员3333人。

分科学会：内科学会，外科学会，妇科学会，儿科学会，针灸学会，伤科学会，推拿学会，肛肠学会，眼科学会，气功学会，喉科学会，老年病学会，肾病学会，肝病学会。

中国中西医结合研究会上海分会

地址：上海市北京西路1623号 电话：2532271 邮政编码：200040

理事长：沈自尹 副理事长：施杞 赵伟康 陈梅芳 秘书长：蒋槐 副秘书长：周冶萍 会员1200余人。

下设虚证与老年病专业委员会，妇产科专业委员会，皮肤科专业委员会，肿瘤专业委员会，急腹症专业委员会，骨伤科专业委员会。

中华全国中医学会江苏省分会

地址：江苏省南京市湖南路8号 电话：308870 邮政编码：210009

会长：张华强 副会长：江育仁 朱良春 周仲瑛 李国光 秘书长：张锦清 会员4212人。

下设内科专业委员会，外科专业委员会，妇科专业委员会，儿科专业委员会，肛肠专业委员会，推拿专业委员会，伤骨专业委员会，皮肤专业委员会，眼科专业委员会，耳鼻喉科专业委员会，心病研究会，肝病研究会，脾胃病研究会，肺系病研究会，肾病研究会，温病研究会，急症研究会，气功研究会，肿瘤研究会，内经研究会，医古文研究会，中医院管理研究会，中医护理研究会，中药研究会，仲景学说研究会，老年医学研究会，医史研究会，检测研究会，青年中医研究会，内病外治法(筹)研究会，中医美容研究会，男性病研究会，时间医学研究会，局解研究会及中医多学科联络组。

中国中西医结合研究会江苏分会

地址：江苏省南京市湖南路8号 电话：308871 邮政编码：210008

理事长：陈 萍 副理事长：顾亚夫 陈 廉 徐长桂 任光荣 秘书长：陈德华 副秘书长：丁冠明 黄秀珍 会员1772人。

下设骨伤科专业委员会，急腹症专业委员会，皮肤科专业委员会，肝病专业委员会，中药专业委员会，肾病免疫学组，肿瘤病学组，乳房病学组，微循环学组，周围血管病研究学组。

中华全国中医学会浙江分会

地址：浙江省杭州市江城路302号 电话：662417 邮政编码：310002

会长：何 任 副会长：王绪鳌 杨继荪 冯鹤鸣 盛循卿 于诗俊 秘书长：张泳泉 副秘书长：黄光华 朱鹏飞 王锡贞 会员 3276人。

分科学会：医史学会，外科学会，推拿学会，伤科学会，内科学会，妇科学会，儿科学会，肛肠学会，眼科学会，中药学会，基础理论学会，景岳学说研究会，医学气象筹备组，中医院管理学会，医学气功研究会，医古文学会，肿瘤研究会，蛇伤学会，肾病学会，耳鼻喉科学会。

中国中西医结合研究会浙江分会

地址：浙江省杭州市天目山路26号 电话：82214 邮政编码：310028

理事长：戴 迪 副理事长：王竹昌 于诗俊 王 曼 王绵云 官云志 周朗生 洪用森 秘书长：官云志 副秘书长：钟达锦 周 俊 胡培德 樊良卿 会员1000人。

下设微循环与莨菪药专业委员会，急腹症专业委员会，肛肠专业委员会，皮肤病专业委员会，妇科专业委员会，儿科专业委员会，活血化瘀专业委员会，肾病专业委员会，眼科专业委员会。

浙江省针灸学会

地址；浙江省杭州市江城路302号 电话：662417 邮政编码：310002

会长：王绪鳌 副会长：高镇五 王坤根 李栋森 阮少南 许文焕 秘书长：王坤根 副秘书长：吴士高 王樟连 会员425人。

下设针灸治疗学会，刺法灸法学会，针灸基础学会。

中华全国中医学会安徽分会

地址：安徽省合肥市省卫生厅内 电话：63996 邮政编码：230001

会长：王任之 副会长：陈可望 孟德海 查少农 孟昭威 秘书长：孟德海 副秘书长：夏晋和 会员700人。

分科学会：内科专业委员会，儿科专业委员会，妇科专业委员会，推拿专业委员会，肛肠专业委员会，骨伤专业委员会，中药专业委员会。

中国中西医结合研究会安徽分会

地址：安徽省合肥市梅山路安徽中医学院附属医院内 电话：331326 邮政编码：230031

理事长：李 毅 副理事长：孙弼纲 金乃时 贺承钧 秘书长：孙弼纲 副秘书长：原存信 徐国榕 会员340人。

下设软组织疼痛专业委员会，活血化瘀专业委员会，技术服务部。

安徽省针灸学会

地址：安徽省合肥市 电话：73133 邮政编码：230061

理事长：陆亚一 副理事长：罗庆道 秘书长：张自云 会员231人。

下设天然医学咨询部。

中华全国中医学会福建分会

地址：福建省福州市古屏路17号 电话：522750 邮政编码：350003

会长：黄春源 副会长：俞长荣 蔡友敬 肖 熙 秘书长：王宜万 副秘书长：林颖 肖钦朗 叶威礼 会员2300人。

下设中医内科专业委员会，妇科专业委

员会，儿科专业委员会，推拿专业委员会，外科专业委员会，骨伤专业委员会，草医药专业委员会，肛肠科专业委员会，理论整理专业委员会，中医护理专业委员会，陈修园学说研究会，医学气功专业委员会，中医心理学研究会，青年中医学术研究会，林如高学术研究会，中医院管理研究会，中医药仪器研究会。

中国中西医结合研究会福建分会

地址：福建省福州市古屏路17号　电话：32750　邮政编码：350003

理事长：黄春源　副理事长：林求诚　庄子长　张安桢　叶孝礼　秘书长：余育元　副秘书长：林祥慎　赵竞成　会员778人。

下设儿科专业委员会，急腹症专业委员会，微循环专业委员会，急救医学专业委员会，妇产科专业委员会，五官科专业委员会，虚证与辨病研究专业委员会，肝病学组。

福建省针灸学会

地址：福建省福州市古屏路17号　电话：522750　邮政编码：350003

会长：藺云桂　副会长：梁栋富　黄建章　陈以教　秘书长：梁栋富　副秘书长：肖钦朗　吴炳煌　吴泳仁　会员361人。

中华全国中医学会江西分会

地址：江西省南昌市八一大道江西省中医院内　电话：62606　邮政编码：330046

会长：杨扶国　副会长：姚奇蔚　杨卓寅　洪广祥　邵公厚　秘书长：陈瑞春　副秘书长：任正心　黄存垣　会员2005人。

分科学会：内科学会，外科医会，儿科学会，妇科学会，五官科学会，肛肠学会，骨伤科学会，推拿学会，气功学会，中医管理学会。

中国中西医结合研究会江西分会

地址：江西省南昌市文教路101号　电话：331921　331741　邮政编码：330006

理事长：周标　副理事长：徐炽段　余鹤龄　秘书长：汤益民　副秘书长：龚琼模　李国贤　会员1012人。

下设活血化瘀专业委员会，急救专业委员会，骨伤科专业委员会，急腹症专业委员会，眼科专业委员会，精神病科专业委员会，妇产科专业委员会。

江西省针灸学会

地址：江西省南昌市八一大道江西中医学院内　邮政编码：330046

会长：魏　稼　副会长：宗瑞麟　黄延龄　秘书长：黄延龄　会员366人。

下设学术宣传组，信息交流组，经络腧穴研究组，刺灸临床研究会。

中华全国中医学会山东分会

地址：山东省济南市青年东路1号　电话：23921-145　邮政编码：250011

理事长：向　克　副理事长：张灿玾　吕同杰　蔡剑前　秘书长：蔡剑前　副秘书长：张吉人　卢尚岑　会员1702人。

分科学会：内科学会，外科学会，儿科学会，针灸学会，推拿学会，五官科学会，肛肠学会，气功学会，中医基础理论学会，中医多学科研究会。

中国中西医结合研究会山东分会

地址：山东省济南市青年东路1号　电话：613270　邮政编码：250011

理事长：张奇文　副理事长：邹积隆　王荣江　陈克忠　田　文　王继寅　秘书长：王继寅　副秘书长：俞昌正　顾振东　田代华　会员623人。

下设颈肩腰腿痛专业委员会，急腹症专业委员会，儿科专业委员会，眼科专业委员会，呼吸专业委员会，耳鼻喉科专业委员会。

中华全国中医学会河南分会

地址：河南省郑州市纬五路东段　电话：51279　邮政编码：450003

理事长：张　磊　副理事长：李振华　郭维淮　乔保均　韩俊钦　秘书长：韩俊钦　副秘书长：周世印　李纪源　会员1706人。

分科学会：外科学会，妇科学会，儿科

学会，骨伤学会，推拿学会，医古文研究会，气功学会，针灸学会，中医理论研究会，仲景学说研究会，肛肠学会，眼科学会，内科学会；及中药、中医肿瘤、中医男性病学会筹备组。

中国中西医结合研究会河南分会

地址：河南省郑州市纬五路东段　电话：555045　邮政编码：450003

理事长：韩俊钦　副理事长：李晏龄　于真玲　邵梦杨　秘书长：宁　选　副秘书长：邱保国　李　忠　会员775人。

下设虚证、老年病、心血管专业委员会，眼科专业委员会，骨科专业委员会，急腹症专业委员会，活血化瘀专业委员会。

河南省针灸学会

地址：河南省郑州市纬五路东段　电话：555045　邮政编码：450003

会长：毕福高　副会长：王宗学　孙六合　秘书长：王宗学　会员424人。

中华全国中医学会湖北分会

地址：湖北省武汉市武昌东湖路27号　电话：811592　邮政编码：430077

会长：李今庸　副会长：李同生　孙国杰　章真如　艾利民　秘书长：梅国祥　副秘书长：徐晋文　会员1712人。

分科学会：内科学会，皮外科学会，妇科学会，骨伤科学会，儿科学会，中药学会，针灸学会，按摩学会，肛肠学会，青年中医药研究会。

中国中西医结合研究会湖北分会

地址：湖北省武汉市武昌东湖路27号　电话：811592　邮政编码：430077

理事长：涂用宏　副理事长：史世勤　李鸣真　勒明辅　余青萍　秘书长：舒达夫　副秘书长：陈珞珈　胡思吉　徐升阳　会员700余人。

中华全国中医学会湖南分会

地址：湖南省长沙市北站路16号　电话：26285转　邮政编码：410008

理事长：崔洪源　副理事长：肖佐桃　欧阳錡　夏度衡　高　德　王奇成　秘书长：李　芳　副秘书长：谭克陶　朱文锋　朱佑武　会员3604人。

分科学会：内科学会，针灸学会，外科学会，肛肠科学会，妇科学会，儿科学会，眼科学会，耳鼻喉科学会，骨伤科学会，推拿学会，中药学会，民族医药学会，医学气功学会，科研管理研究会，草医药研究会，马王堆医书研究会。

中国中西医结合研究会湖南分会

地址：湖南省长沙市麓山路167号　电话：83827-222　邮政编码：410006

理事长：虞佩兰　副理事长：孙材江　王明辉　杨蕴祥　张自强　秘书长：王明辉　副秘书长：朱　杰　何　锐　吴　轰　会员1532人。

下设学术委员会，咨询委员会，科普委员会，急腹症专业委员会，骨伤科学专业委员会，活血化瘀专业委员会，虚证与老年病专业委员会，皮肤病专业委员会，眼科专业委员会，耳鼻喉专业委员会，精神病专业委员会，儿科专业委员会，急救医学专业委员会。

湖南省针灸学会

地址：湖南省长沙市韶山路84号　电话：33123　邮政编码：410007

会长：谢国荣　副会长：肖木生　许人华　秘书长：严　浩　副秘书长：彭楚湘　会员171人。

中华全国中医学会广东分会

地址：广东省广州市大德路111号广东省中医院内　电话：887233转231　邮政编码：510120

理事长：岑泽波　副理事长：陈全新　尤润珠　陈宏珪　刘惠纯　秘书长：尤润珠　副秘书长：陈全新　刘亦选　尹根立　梅运筹

分科学会：内科学会，外科学会，骨伤学会，肛肠学会，妇科学会，儿科学会，针灸学会，中药学会，按摩学会，气功学会，护理学会，名老中医研究会，五官科学会。

中国中西医结合研究会广东分会

地址：广东省广州市先烈南路17号大院　电话：766275转207　邮政编码：510060

理事长：欧　明　副理事长：王建华　李　委　周国雄　梁湛聪　秘书长：李　委　副秘书长：张礼康　罗日永　朱伯威　刘义海　余少琼　崔巍　会员1152人。

广东省针灸学会

地址：广东省广州市大德路111号广东省中医院内电话：887233转231　邮政编码：510120

会长：陈全新　副会长：欧阳群　林文仰　靳　瑞　秘书长：陈全新　副秘书长：郑心仪　会员300人。

中华全国中医学会广西分会

地址：广西壮族自治区南宁市桃源路35号卫生厅内　电话：23986　邮政编码：530021

会长：张　羽　副会长：曾昭明　黄谨明　韦贵康　班秀文　秦家泰　王鉴钧　许式谦　李少强　张洪源　秘书长：黄谨明　副秘书长：李钖光　黄汉儒　邓家刚　会员1647人。

分科学会：内科学会，外科学会，儿科学会，骨伤科学会，基础理论、医古文学会，肛肠科学会，气功学会，推拿学会，青年中医药研究会。

中国中西医结合研究会广西分会

地址：广西壮族自治区南宁市区卫生厅学会办公室　电话：23986　邮政编码：530021

会长：兰芳馨　副会长：谭家祥　黄祥祺　任仕琨　秘书长：黄祥祺（兼）副秘书长：林中昌　齐幼龄　曾宝昌　会员583人。

下设内科专业委员会，外科专业委员会，儿科专业委员会，骨伤科专业委员会，蛇伤防治专业委员会。

广西壮族自治区针灸学会

地址：广西壮族自治区南宁市区卫生厅内学会办公室　电话：23986　邮政编码：450003

会长：兰芳馨　副会长：许式谦　王登旗　黄荣活　秘书长：肖继芳　副秘书长：陈　士　王　诚

中华全国中医学会四川分会

地址：四川省成都市上汪家拐街34号　电话：26576　邮政编码：610041

会长：邓明仲　副会长：李克光　李明富　杨明钧　郁文俊　凌一揆　秘书长：杨明钧　副秘书长：罗士信　余定国　徐洪勋　会员3300余人。

分科学会：内科专业委员会，外科专业委员会，妇科专业委员会，儿科专业委员会，骨伤科专业委员会，眼科专业委员会，医史专业委员会，仲景学说专业委员会，中药专业委员会，医院管理专业委员会，民族医药专业委员会。

中国中西医结合研究会四川分会

地址：四川省成都市文庙西街80号　电话：26576　邮政编码：610041

理事长：邓明仲　副理事长：吴康衡　黄星垣　文长青　陈文彬　张基谟　秘书长：吴康衡　副秘书长：曾桂芳　刘言正　会员900余人。

下设活血化瘀专业委员会，虚证与老年病专业委员会，外科专业委员会，呼吸病专业委员会，肿瘤专业组。

四川省针灸学会

地址：四川省成都市上汪家拐街34号　电话：26576　邮政编码：610041

会长：李仲愚　副会长：郝怀仁　张邦燊　李伯宁　秘书长：李伯宁　副秘书长：严仁芳　会员340人。

下设针灸专业委员会，推拿专业委员会，医学气功专业委员会，针麻专业委员会，实验针灸专业委员会，头针研究学组，耳针研究学组。

中华全国中医学会贵州分会

地址：贵州省贵阳市市北村　电话：23943-594　邮政编码：550002

理事长：袁家玑　副理事长：王祖雄　贺志光　刘尚义　秘书长：曹　柱　副秘书长：张厚权　徐学义　刘丽华　会员700余人。

分科学会：内科学会，外科学会，妇科学会，肛肠学会。

中国中西医结合研究会贵州分会

地址：贵州省贵阳市市东路10号　电话：22416　邮政编码：550002

理事长：陆鸿滨　副理事长：周延龄　杨勤槐　孙　洽　张凤群　沈冯君　孙成瑜　秘书长：李志伟　副秘书长：黄茂泉　吴家驹　会员629人。

下设呼吸病组，血液病组，肾病学组，心血管组，消化病组，活血化瘀组，软组织组，妇科组，老年病组，针灸组，传染病组，肿瘤组，骨伤科组，皮肤病组。

贵州省民族民间医药研究会

地址：贵州省贵阳市市东路10号贵州省中医研究所内　电话：22416　邮政编码：550002

会长：赵　松　副会长：杨济中　陆科闵　张厚权　罗廷华　秘书长：李志伟　副秘书长：袁正谦　缪美淑　余俊生　会员100人。

中华全国中医学会云南分会

地址：云南省昆明市光华街104号　电话：28218　邮政编码：650021

会长：欧振康　副会长：詹文涛　苏　涟　杨荣辉　姚克敏　戴慧芬　魏述微　秘书长：杨荣祥　副秘书长：余鸿猷　沈家骥　会员884人。

下设内科专业委员会，妇科专业委员会，儿科专业委员会，推拿按摩专业委员会，骨伤科委员会，外科专业委员会，中药专业委员会，眼科专业委员会。

中国中西医结合研究会云南分会

地址：云南省昆明市人民东路东栗巷8号　电话：29308　邮政编码：650051

理事长：欧振康　副理事长：张　震　苏涟　杨荣辉　于兰馥　秘书长：张　震　副秘书长：赵天敏　孙培毅　会员709人。

下设急腹症专业委员会，虚证与老年病专业委员会，风湿类疾病专业委员会，妇产科专业委员会。

云南省针灸学会

地址：云南省昆明市五华山卫生厅内　电话：28218　邮政编码：650021

会长：欧振康　副会长：张沛霖　苏涟　秘书长：张沛霖（兼）副秘书长：孙培毅　周幼民　会员280人。

中华全国中医学会陕西分会

地址：陕西省西安市西华门20号　电话：716873　邮政编码：710003

会长：卢希谦　副会长：米伯让　张学文　白武刚　赵建础　申生桢　午雪峤　秘书长：郑志文　副秘书长：杨文儒　吴生昌　刘绍国　张德兴　会员1613人。

分科学会：内科学会，外科学会，妇科学会，儿科学会，中药学会，中医基础理论学会，医学气功学会，肛肠学会，眼科学会，骨伤科学会，肿瘤学会。

中国中西医结合研究会陕西分会

地址：陕西省西安市西华门20号　电话：710470转　邮政编码：710003

理事长：卢希谦　副理事长：赵建础　王志义　白武刚　王朝宏　马　援　党正祥　杨　俊　秘书长：郑志文　副秘书长：杨文儒　会员773人。

下设内科专业委员会，急腹症专业委员会，眼科专业委员会，骨伤科专业委员会。

陕西省针灸学会

地址：陕西省西安市西华门20号　电话：716873　邮政编码：710003

会长：雷自申　副会长：赵建础　郭诚

杰　郝金凯　章逢瑞　秘书长：郑志文　副秘书长：王学礼　张德兴　会员216人。

下设针灸临床，经络专业委员会，刺灸、俞穴学组。

中华全国中医学会甘肃分会

地址：甘肃省兰州市畅家巷63号　电话：25811　邮政编码：730030

会长：石国璧　副会长：贾斌　华占福　旦巴　杨守义　秘书长：翟衍庆　副秘书长：赵文鼎　张正昭　叶盛德　滕贵明　会员705人。

分科学会：真气运行研究会，肛肠学会，民族医学会，儿科学会，妇科学会，内科学会，医古文学会，中医基础理论研究会，骨伤科学会，外科学会。

甘肃省针灸学会

地址：甘肃省兰州市七里河王家堡20号　电话：35211　邮政编码：730050

会长：石国璧　副会长：金安德　梁水源　张忠权　周汶　秘书长：刘福　林佩冲　副秘书长：刘履坦　马明非　马坤范　会员627人。

下设实验针灸专业研究会，临床针灸专业研究，针灸文献专业研究会，经络专业研究会，腧穴专业研究会，针法灸法专业研究会，针麻专业研究会。

中华全国中医学会青海分会

地址：青海省西宁市七一路省中医院内　电话：77695　邮政编码：810000

理事长：张翼　副理事长：胡国栋　马正国　王道瑞　秘书长：曹正逵　副秘书长：汪辉东　张杰　会员297人。

分科学会：内科学会，外科学会，针灸学会，气功按摩学会，儿科学会，妇科学会，骨伤科学会，肛肠学会。

中国中西医结合研究会青海分会

地址：青海省西宁市北大街84号　电话：47167　邮政编码：810000

理事长：庞世同　副理事长：李树毅　陈祥林　贺捷　马正国　秘书长：沙成金　副秘书长：黄淑贞　迟吉成　王炼　会员184人。

分科学会：骨伤科外固定分会，内科学组，儿科学组，妇科学组，外科学组。

青海省针灸学会

地址：青海省西宁市七一路省中医院内　电话：77036　邮政编码：810000

会长：秦德奎　副会长：李景荣　耿显　索南才让　秘书长：黄淑贞　副秘书长：马崇乾　文绍敦　会员110人。

中华全国中医学会宁夏分会

地址：宁夏回族自治区银川市民族北街150号　电话：23359　邮政编码：750001

理事长：董平　副理事长：王又恩　常清　蒋厚文　戴玉勤　王凤山　张衡达　秘书长：王又恩　副秘书长：于炳信　卢化平　侯玲玲　会员270人。

下设学术工作委员会，组织工作委员会，咨询服务工作委员会，编审工作委员会，骨伤专业委员会，妇科专业委员会，中药专业委员会，肛肠专业委员会。

中国中西医结合研究会宁夏分会

地址：宁夏回族自治区银川市民族北街150号　电话：23359　邮政编码：750001

理事长：黄辉钊　副理事长：王又恩　刘峰岚　李玉幸　孙鸿鹏　张衡达　邹先珍　秘书长：范亚龙　副秘书长：于炳信　曹福崇　会员169人。

下设肝炎学组，骨伤学组，活血化瘀学组，急腹症学组，学术工作委员会，组织工作委员会，科普工作委员会。

宁夏回族自治区针灸学会

地址：宁夏回族自治区银川市南郊宁夏医学院　电话：31488-269　邮政编码：750004

会长：牛琦　副会长：戴玉勤　蔡升华　李迎春　王又恩　秘书长：刘润茂　副秘书长：夏立宏　会员168人。

下设临床针灸学组，经络腧穴学组，实验针灸学组。

中华全国中医学会新疆分会

地址：新疆维吾尔自治区乌鲁木齐市龙泉路66号 电话:25422 邮政编码:830001

会长：张绚邦 副会长：刘昌寿 金洪元 王振海 秘书长：牟全胜 副秘书长：李兴培 沈宝藩 王多让 会员1400人。

分科学会：中医基础理论研究会，内科专业委员会，妇儿专业委员会，外科专业委员会，推拿科专业委员会，肛肠科专业委员会，骨伤科专业委员会，青年中医药研究会（筹）。

新疆维吾尔自治区针灸学会

地址：新疆维吾尔自治区乌鲁木齐市龙泉街卫生厅内 电话：24230 邮政编码：830001

会长：买买提明·沙北尔 副会长：洪圣达申旭德 赵光 秘书长：洪圣达 会员18 0人。

【中医药期刊杂志一览表】

名称	创刊年月	出刊周期	字数(万字)	发行数(册)		编委会			主编或副主编	编辑部				地址	电话	邮政编码
				国内	国外	主任	副主任	委员人数		主任	副主任	职工数(人)	其中编辑人数			
中国医药学报	1986.7	双月	15	10,000	300	崔月犁	胡熙明 刘志明 王绵之 李顺成 张镜人 凌一揆 施奠邦 高辉远 王永炎 陈彤云 王一章	16	董建华	王玉英	陈能进	7	5	北京市和平里东街樱花路甲4号	4216650	100013
中医杂志	1955.1	月刊	14	130,000	2,000	胡熙明	董建华	56	副主编：钮思源	宋祖慰	朱步先 杨纲	22	15	北京市东直门内北新仓18号	4014411—3034	100700
中医杂志(英文版)	1981.9	季刊				吕炳奎	季钟朴	61	钮思源			6	3	北京市东直门内北新仓18号	4014411—3038	100700
中西医结合杂志	1981.7	月刊	13	30,000 40,000	340	季钟朴	陈可冀 侯灿 沈自尹 陈维养	77	季钟朴		陈文绮 陈贵廷	11	8	北京市西苑草场1号	2563344—584	100091
中国针灸	1980.8	双月	10	50,000	1,000				主编：王本显	王本显		7	7	北京市东直门中国中医研究院	4014411—2946	100700
中医药图书情报	1985.11	季刊	8	2,500				36	主编：薛清录 副主编：林文超 王若水 程宝书			4	3	北京市东直门中国中医研究院图书情报研究所内	4014411—3278	100700
针刺研究	1976.10	季刊	12.5	1,500	50				主编：马廷芳		王少荣	5	3	北京市东直门内北新仓18号	4014411转2925	100700
中医教育	1982	双月	7	4,000		傅世垣	王永炎	25	主编：刘振民	贾维胜		5	4	北京市北三环东路11号	4212731转336	100013

名称	创刊年月	出刊周期	字数(万字)	发行数(册)		编委会			主编或副主编	编辑部				地址	电话	邮政编码
				国内	国外	主任	副主任	委员人数		主任	副主任	职工数(人)	其中编辑人数			
中国中药杂志	1955.7	月刊	10	15,000	200			53	主编：徐国钧 副主编：毛华训 孙南君 冉小峰	毛华训		2	7	北京市东直门内北新仓18号	4014411—2966	100700
中华医史杂志	1947.3	季刊	11	4,000	150	程之范	李经纬 耿鉴庭 蔡景峰 陆肇基		程之范	陆肇基		3	2	北京市东直门内北新仓18号	4014411—3237	100700
国外医学、中医中药分册	1978.11	双月	11	10,000							黄小愚 张志军	8	6	北京市东直门内中医研究院图书情报所	4014411—3225	100700
北京中医	1982	双月	12	61,200	1,800			52	主编：佘靖	李惠治	刘殿永	6	5	北京市东单三条甲7号	557767	100005
北京中医学院学报	1959.10	双月	10	3,000	200		董建华 印会河 刘渡舟 王绵之 杨甲三 李家实 王永炎 肖德馨		主编：刘渡舟 副主编：王永炎	刘金生		6	4	北京市和平街北口北京中医学院内	4212731—322	100029
天津中医	1984.10	双月	7.2	400	118	何世英	吴咸中 赵藕善 戴锡孟 王一章 李振华 郭霭春 边天羽 汪钧 高金亮	36		杨亚谷	林职广	7	5	天津市南开区西湖村	703737	300193
天津中医学院学报	1982	季刊	8	3,200		哈荔田	郭蔼春 曹公寿 阮士怡	18	主编：郭蔼春	郭蔼春		4	2	天津市南开区西湖村	703737	300193
中草药	1970	月刊	8	13,000～14,000	240	沈家祥	仇有珍 韩长奇 顾学裘 陈钧鸿	38	主编：仇有珍 副主编：金秀莲		金秀莲	7	5	天津市南开区鞍山西道	711320转72	300193

名称	创刊年月	出刊周期	字数(万字)	发行数(册)		编委会			主编或副主编	编辑部				地址	电话	邮政编码
				国内	国外	主任	副主任	委员人数		主任	副主任	职工数(人)	其中编辑人数			
中国气功	1986.2	季刊	8	140,000	1000	左　林	张天戈	10	左　林 张天戈	张天戈		8	4	河北省北戴河海滨东经路198号气功康复医院	41057	066100
河北中医	1979.10	双月	8	6,000		夏锦堂	高濯风　马新云 宗全和　李恩复	54	夏锦堂	史定文		5	4	河北省石家庄市青园街62号	612687转53	050021
山西中医	1985.1	双月	9	7,000	150	孙建成		39	副主编： 崔天悦			3	2	山西省太原市东华门23号	382791—529	030013
中医药研究	1984	双月	8.5	12,500	700	卢祥之		45	主编： 卢祥之 副主编： 王仲峰			46	11	山西省坞城南路27号	775294	030006
内蒙古中医药	1982.7	季刊	7	4,500		沈湘汉	肖康伯　吴德树 孔庆洪　胡志坚 苏　力　伊广瑞	53	主编： 孔庆洪 副主编： 胡志坚 刘玉书 成贵珈	刘玉书	成贵珈 许志忠 张志民	4	3	内蒙古自治区呼和浩特市健康路	26231—265	010020
辽宁中医杂志	1958.11	月刊	8	7,200	250	刘鹏举	陆上平　龙济瀛 高德林	37	主编： 陆云平 副主编： 高德林		高德林 董维龄	10	9	辽宁省沈阳市崇山东路79号	462567—221	110032
中医函授通讯	1982.1	双月	10	56,250					杨连生			4	3	辽宁省沈阳市北陵大街三段5号	465857	110032
实用中医内科杂志		季刊												辽宁省沈阳市皇姑区黄河大街7段6号	64439	110031

名称	创刊年月	出刊周期	字数(万字)	发行数(册)		编委会			主编或副主编	编辑部				地址	电话	邮政编码
				国内	国外	主任	副主任	委员人数		主任	副主任	职工数(人)	其中编辑人数			
吉林中医药	1979	双月	8	4,000	140	鲁安平	苗洪范　邓明鲁	35	高光震		王广尧	9	6	吉林省长春市工农大路15号	53374	130021
长春中医学院学报	1984	季刊	12	1,000		邓明鲁	夏洪生			高光震		10	7	吉林省长春市工农大路15号	53374	130021
黑龙江中医药	1965	双月	8	5,000		张　琪	张金良	5	主编：张　琪 副主编：刘万山	张　缙	刘万山 王品艳	6	4	黑龙江省哈尔滨市香坊区三辅街72号	53086	150036
中医药学报	1973	双月	9.6	8,000	40	栗德林	王永庆	36	王永庆 李笑然(副)	王永庆	李笑然	8	5	黑龙江省哈尔滨市和平路14号	220801—337	150040
中医药信息	1984.3	双月	8	12,000	32	栗德林	王永庆	36	主编：王永庆 副主编：李笑然	王永庆	李笑然	6	4	黑龙江省哈尔滨市和平路14号	220801—337	150040
针灸学报	1985	季刊												黑龙江省哈尔滨市和平路14号	220801	150040
上海中医药杂志	1955.6	月刊	8.5	48,000	800	陆德铭	施　杞　严世芸	54		王若水	黄宣能 茹小华	14	13	上海市零陵路530号	4382934	200032
上海针灸杂志	1982.2	季刊	8	15,000	1,000	陈汉平	赵增午　方幼安 陈作霖　曹小定	41		赵增午	黄琴峰	5	4	上海市宛平南路650号	4383453	200030
中成药	1978.8	月刊	8	10,000	300	任德权	张元珍　程述祖 郭济贤	66	主编：张元珍	张元珍		5	5	上海市人民路324号	3289639	200002
江苏中医	1956.10	月刊	7.5	25,000	500	王一峰	李国光　江育仁	70	张华强		徐上池	9	7	江苏省南京市中央路42号	711580	210008

名称	创刊年月	出刊周期	字数(万字)	发行数(册) 国内	发行数(册) 国外	编委会 主任	编委会 副主任	编委会 委员人数	主编或副主编	编辑部 主任	编辑部 副主任	编辑部 职工数(人)	编辑部 其中编辑人数	地址	电话	邮政编码
南京中医学院学报	1959.6	季刊	10.5	2,000		周仲瑛	项 平 陈子德	37	周仲瑛	黄 煌	顾荣复	5	4	江苏省南京市汉中路282号	649121—329	210005
浙江中医杂志	1956	月刊	8	28,000	400	王锦云	赵树珍 陆 拯 王坤根	26	主编：陆拯 副主编：方春阳 吕 直	陆 拯	方春阳 吕 直	7	5	浙江省杭州市天目山路26号		310007
气功	1980.12	月刊	4.8	400,000	2,000											
浙江中医学院学报	1977	双月	9	4,000	200	葛琳仪	蒋文昭 高秋松 华祝考	21	主编：蒋文照 副主编：华祝考 高秋松	蒋文照	华祝考 高秋松	6	6	浙江省杭州市青春路	771914	310009
中医临床与保健	1989	季刊				陆亚一	李济仁 吴华强 张琼林 苏椿郎	86	主编：邓大学 副主编：吴达生 王书德					安徽省合肥市永红路1号	277688	230061
安徽中医学院学报	1981.12	季刊	10	3,500		高尔鑫	刘中本	41	刘中本		马宗华	5	4	安徽省合肥市梅山路	333966转236	230038
江西中医药	1951	双月	10	5,000	150	洪广祥	皮持衡 魏 稼	36	主编：洪广祥 副主编：匡奕璜		匡奕璜	5	3	江西省南昌市阳明路20号	223131—260	330006
江西中医学院学报	1988.10	半年	10			杨扶国	洪广祥 魏 稼 皮持衡	50	主编：杨扶国 副主编：匡奕璜		匡奕璜	5	3	江西省南昌市阳明路20号	223131—260	330006

名称	创刊年月	出刊周期	字数(万字)	发行数(册)		编委会			主编或副主编	编辑部				地址	电话	邮政编码
				国内	国外	主任	副主任	委员人数		主任	副主任	职工数(人)	其中编辑人数			
山东中医杂志	1981	双月	11	15,000	140	周凤梧	张奇文 蔡剑前 张灿玾	34	主编：丛林 副主编：李庆升	丛　林	李庆升	12	9	山东省济南市经十路23号	646911—359	250014
山东中医学院学报	1977.2	双月	12	3,000	140	周凤梧	邹积隆 刘献琳	17	主编：丛　林 副主编：李庆升	丛　林	李庆升	12	9	山东省济南市经十路23号	646911—359	250014
福建中医药	1956.7	双月	10	45,000	1400	俞长荣	庄子长 张安桢 杜　建 俞慎初	53	俞长荣	叶挺兴	刘友梁	7	6	福建省福州市五四北路53号	571708	350003
河南中医	1976	双月	8	13,000	200	李振华	赵清理 杨玉书	34	李振华	李僖如		7	6	河南省郑州市河南中医学院内	554174转526	450003
中医研究	1988	季刊												河南省郑州市城北路7号	22075	450004
中医正骨	1989	季刊				郭维淮	李国生 岑泽波 孙树椿 刘柏龄 武春发	54	主编：郭维淮					河南省洛阳市启明南路1号		471002
国医论坛	1986.2	双月	8	8,000	17	赵清理	廖国玉 赵安业	23	主编：赵清理	赵体浩	刘玉三	7	5	河南省南阳市张仲景国医大学内	332497	473061
湖北中医杂志	1979.9	双月	8	8,000	140				张六通 左覃鑫	左覃鑫		8	6	湖北省武汉市武昌区云架桥	875763	430061
大众中医药	1985	季刊	7	20,000	200	柳菊兴	杨友信 王　平	55	主编：柳菊兴 杨友信 副主编：刘铁林 王　平	王　平	沈帼英 李克强	4	3	湖北省黄石市公园路1号		435002

名称	创刊年月	出刊周期	字数(万字)	发行数(册)		编委会			主编或副主编	编辑部				地址	电话	邮政编码
				国内	国外	主任	副主任	委员人数		主任	副主任	职工数(人)	其中编辑人数			
湖南中医杂志	1985.5	双月	9	7,444		欧阳锜	谭日强 刘炳凡 夏度衡 肖佐桃 刘祖贻	56	欧阳锜	朱佑武		5	5	湖南省长沙市麓山路167号	82852	410006
湖南中医学院学报	1979.7	季刊	10	2,100		谭日强	肖佐桃 胡天雄		谭日强		李文海 周逸之		5	湖南省长沙市韶山路107号	33123	410007
广州中医学院学报	1984.9	季刊	9.6	2,000	12		何柏苍 罗元恺	23	欧明 区永欣			3	2	广东省广州市三元里机场路10号广州中医学院内	661233—268	510407
新中医	1969.12	月刊	9	110,000	1,000		黄吉棠 邓铁涛 罗元恺	15	副主编：黄吉棠	曾德寰 程方		8	9	广东省广州市三元里	661233—485	510407
中药材	1978.1	月刊	10	15,000		李军	徐国钧	105	冯明开	元四辉		5	4	广东省广州市桨栏路66号	882760	510130
广西中医药	1965.3	双月	7.2	6,600		谭家祥		65	主编：班秀文 副主编：刘坚	刘坚	杨福耀	6	5	广西壮族自治区南宁市明秀东路21号	32101转422	530001
中国中医骨伤杂志	1985.5	双月	12	16,000	2,200	施杞	韦以宗	36	韦以宗	韦以宗	谢佩玲	8	4	广西壮族自治区南宁市新民路32号	27585	530012
四川中医	1982.10	月刊	10	20,000	200	傅灿冰		80	主编：金家浚	金家浚		6	5	四川省成都市文庙西街80号	26595	610041
成都中医学院学报	1958	季刊	10	5,000		凌一揆		33	主编：凌一揆 副主编：黄英志	黄英志		5	4	四川省成都市十二乔街15号成都中医学院内	69241转69242	610017

名称	创刊年月	出刊周期	字数(万字)	发行数(册)		编委会			主编或副主编	编辑部				地址	电话	邮政编码
				国内	国外	主任	副主任	委员人数		主任	副主任	职工数(人)	其中编辑人数			
贵阳中医学院学报	1979.7	季刊	10.8	7,000		袁家玑	王祖雄	31	主编：邱德文		吴元黔	5	4	贵州省贵阳市市东路1号	24759转224	550002
云南中医杂志	1980.2	双月	7	4,000	200	张　震	吴　华	47	主编：张　震 副主编：杨健武	杨健武		5	4	贵州省贵阳市莲花池	51957	650223
云南中医学院学报	1978.1	季刊	7	3,000		戴慧芬	苏　涟　许子健 吕光荣	25	主编：戴慧芬 副主编：吕光荣		马逢昇 吴家骏	5	4	云南省昆明市白塔路云南中医学院		650011
陕西中医	1980.2	月	8	11,500	187	李经纶	米伯让	42		黄　洁		7	6	陕西省西安市西华路1号	2766转2788	710003
陕西中医学院学报	1978	季刊		5,000		张学文	孙继芬	22		李天德	王友和	4	3	陕西省咸阳市陕西中医学院内	2766转2788	712083
陕西中医函授	1981.9	双月	10	20,000		张学文	孙继芬　白武刚	25		王景洪			4	陕西省咸阳市陕西中医学院内	2766转2788	712083
甘肃中医学院学报	1984.7	季刊	10	3,000		丛春雨		15	主编：丛春雨 副主编：宁　波			7	4	甘肃省兰州市定西东路35号	27121—287	730000
新疆中医药	1981.3	季刊	9	3,000		张绚邦	刘昌寿 阿不都里米提· 玉素甫　火树华 牟全胜	29	主编：张绚邦 副主编：牟全胜	牟全胜		3	2	新疆维吾尔族自治区乌鲁木齐市龙泉街66号卫生厅内	25422	830001

索　　引

索　　引

A

B

E

F

G

H

J

K

L

M

N

P

Q

R

S

T

W

X